/ 동북아 근대공간의 형성과 그 영향 /

동북아 근대 공간의 형성과 그 영향

초판 인쇄 2022년 3월 15일 **초판 발행** 2022년 3월 31일

엮은이 리샤오동 · 이정길 **펴낸이** 박성모 **펴낸곳** 소명출판 **출판등록** 제13-522호

주소 서울시 서초구 서초중앙로6길 15, 2층

전화 02-585-7840 **팩스** 02-585-7848 **전자우편** somyungbooks@daum.net **홈페이지** www.somyong.co.kr

값 58,000원

ISBN 979-11-5905-685-7 93910

동북아 근대 공간의 형성과 그 영향

Fomation and its Influence of Modern Space in Northeast Asia

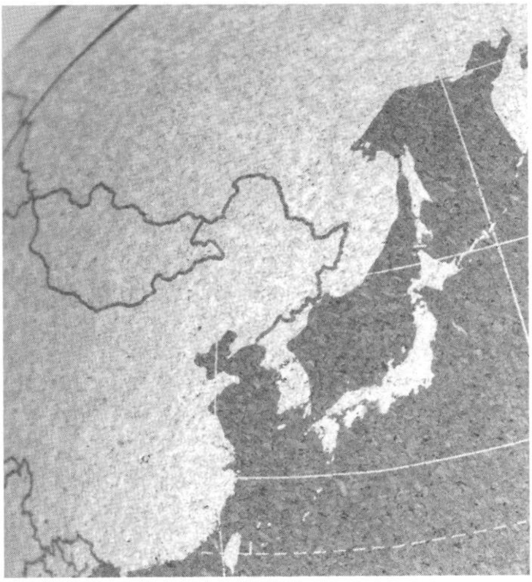

리샤오동 · 이정길 엮음

시인 출판

서론

'동북아'를 말하는 의의

리샤오동
이정길 옮김

일본 시마네현립대학교 북동아시아지역연구센터Institue for North East Asian Research(이하, NEAR센터)는 인간 문화 연구 기구의 지역 연구 추진사업의 연구거점으로서, 2016년부터 '동북아의 근대적 공간형성과 그 영향'이라는 공동 프로젝트를 추진해 왔다. 이 책은 그 프로젝트의 최종 성과라 할 수 있다.

NEAR센터는 2000년 시마네현립대학교가 설립될 당시, 동북아 연구를 대학의 주력분야로 삼는다는 우노시게아키宇野重昭 초대학장의 의지에 따라 개설되어 '동북아학'의 창성을 일관되게 추구해 왔다. 우노 학장은 "동북아학의 핵심은 서구로부터 만들어진 아시아 개념을 넘어 열린 세계사적 시점에서 아시아가 서구의 변화를 촉진시키고, 그렇게 변화된 구미와의 촉발관계에서 세계사적 과제를 재조명하여 아시아 혹은 동북아의 난문을 해명할 가능성을 모색하는 것"[1]이라고 언급했는데, 그의 생각은 본 프로젝트에서도 살아 숨쉬고 있다.

본 프로젝트에 대한 최근 5년간의 상세한 소개는 이 책 마지막 장에 위치한 「지금까지의 연구 발자취」에 할애하기로 하고, 서론에서는 본 프로젝트의 목적, 특징, 의의, 그리고 프로젝트를 진행하는 과정에서의 논의와 각 논문을 필자의 이해에 입각하여 설명하고자 한다.

1. '콘택트 존contact zone'을 통해 바라보는 동북아 '근대'

1) 동북아를 말하는 의의

'역사가 과거와 현재 간의 대화'라면, 현재를 사는 우리는 각기 다른 문제의식에서 출발해 과거의 시공간 속에 존재했던 무수한 사실들 중에서 각자 고찰하고자 하는 대상을 고르는 게 자연스러울 것이다.

지금까지도 동북아를 대상으로 한 수많은 연구가 있었다. 그중 첫째는 국가를 주요 액터로 삼아 동북아 지역의 안전보장이나 환경, 자원 등의 문제에 대처하는 국제정치적 접근을 들 수 있다. 둘째는 동북아 내의 접양성 또는 근린과의 관계성을 의식하여 지역경제발전의 기회를 찾으려는 접근이 있었다. 셋째는 협애한 내셔널리즘에 대한 비판적인 시각으로 국민국가의 경계선의 극복을 목표로 한 '동북아 공동체'를 구축한다는 접근이 있었다. 이렇게 동북아는 논자의 문제의식에 따라 그 범위가 자유자재로

---

1 宇野重昭,『北東アジア学への道』(「北東アジア学創成シリーズ」・第1巻), 国際書院, 2012, p.40.

신축되는데, 태평양 건너편에 있는 미국이 포함되거나, 한중일 3국으로만 국한될 수도 있다. 또는 지역진흥의 전략적 차원에서 동북아시아가 언급될 수도 있다. 본 프로젝트도 동북아를 연구대상으로 삼고 있기에 종래의 접근과 문제의식을 상당 부분 공유하고 있다.

본 프로젝트의 특징으로는 다음 3가지를 들 수 있다. ① 동북아 '근대'를 중심으로 역사와 사상, 문화적 시점에서 접근하는 것 ② 몽골과 러시아소련 시베리아 지역을 연구대상으로서 중시하는 것, 그리고 ③ '동북아'를 경계선이 아닌 하나의 네트워크로 파악하여 다양한 '콘택트 존접양지역'에서의 접촉과 변화에 주목하는 것이다. 이를 토대로 한 프로젝트의 목적은 다음과 같다.

첫째, 역사, 사상, 문화적 접근에서 보면, 동북아는 서구의 동점으로 인해 불가피하게 '근대'를 맞이하게 되었지만, 이 지역은 몽골, 러시아·소련, 중화 그리고 일본 등 다양한 제국이 흥망했다는 오래되고 독자적인 역사와, 유럽 기독교 문화권에서는 볼 수 없는 종교적 다양성이 상호작용하는 공간이라 할 수 있다. 이러한 공간은 근대 이후, 근대국가 시스템으로 수렴되고 획일화되었지만, 그 과정 속에서 많은 문제도 발생시켰다. 따라서 근대 이전의 역사적 맥락에서 동북아의 역사, 사상, 문화를 재조명하고, 동북아의 다양함과 서구발 '근대'와의 상호촉발을 고찰함으로써 근대국가의 획일성에 의해 간과되기 쉬운 동북아의 독자성을 이끌어 낼 수 있을 것이다. 이와 동시에 우리는 '근대'화라는 불가피한 과정 속에서 다양한 성격을 지녔던 동북아의 '근대'와, 경우에 따라 '근대'라는 외형을 취하면서도 서구발 '근대'와는 이질적인 내실, 즉 재해석된 '근대'를 발견하게 될 것이다.

둘째, 몽골과 러시아소련 시베리아 지역을 중요시함으로써 종래의 동북아 지역 연구가 범하기 쉬운 '편중'을 피할 수 있다.

제2차 세계대전 중 미국에서 발달하기 시작한 지역 연구는 국가 전략에 이용될 수 있는 정치적, 실용적인 성격뿐만 아니라 관점도 서구중심주의적이었다. 일례로 중국 연구를 보면, 오랫동안 '충격-반응' 모델과 '근대화'론이 학계를 지배하였다. 이는 1980년대 '중국중심사관폴 · 코언'과 '방법으로서의 중국미조구치 유조'과 같은 내발적 요소를 중시하는 관점으로부터 비판을 받게 되고, 향후 오리엔탈리즘에 대한 비판의 유력한 토대가 되었다. 하지만 내발적 관점도 한자와 유교로 상징되는 '중화'만을 시야에 둔다는 결함이 있다. 중화 내부에는 자체의 '변태'성 및 중화권의 지역적 다양성에 의한 '반중화'도 다양하게 존재하였기에 정치나 사상문화로서의 중화도 수많은 대립과 문화적 상호촉발에 의한 변화 과정이라 할 수 있다. 예를 들어 동아시아 유교의 성격을 생각할 때 원조元朝의 몽골을 빼놓을 수 없으며 유교의 내외 지역에서의 토착화Nativization 과정 또한 다양했다. 이러한 다양성은 결국 '근대'와의 접촉 속에서 보다 복잡함을 더하게 되었다. 하지만 '중화'와 '반중화' 모두 '중화'라는 틀을 중심으로 한 사고이기에, '중화'적 논리와 이질적인 '비중화'의 측면은 경시되기 쉬웠다. 예를 들어 청조清朝의 정치적 통치는 '과거제'뿐만 아니라 '팔기八旗'를 말해야 하는 것이 '비중화'의 무게를 상징하는 전형적인 사례이다.

이에 비해 최근 '중화'적 틀에 대한 안티테제로서 '신청조사新清朝史'라 불리는 연구가 주목받고 있다. 예를 들어 청조의 '만주적 특성Manchuness'을 중시하여 몽골을 비롯한 '내륙 아시아' 시점에서 청조의 '비중화' 측면을 다루고 있다Mark Elliott, Evelyn Sakakida Rawski 등. 특히 '중화'와 '비중화'를 둘러싸고 중국과 미국 연구자들 사이에 논쟁이 일고 있다. 이는 '중화'로 치우치기 쉬운 종래의 접근에 대한 궤도 수정을 재촉한다는 점에서 의의가 크다. 한편 연구자들은 내셔널리즘의 영향으로부터 자유롭지 못하기에 학술분야에서의 연구 관점도 첨예하게 대립하고 있으며, 논쟁의 내용 또한 모종의 정치성에서 벗어나지 못하는 측면도 있다.

본 프로젝트는 위와 같은 지역 연구의 흐름을 염두에 두면서, 몽골 및 러시아와 같은 '비중화'를 중요한 요소로 규정하여, '동북아'를 특정 경계를 갖는 지역이라기보다 지리적 공간과 사상적 공간을 포함한 '콘택트 존접양지역'-역참驛站이나 우한과 같은 '조약항', 다롄과 같은 근대적 도시 공간, 쓰시마·제주·류큐/오키나와와 같은 도서지역, 그리고 비가시적인 통치이념·개념·사상의 접촉·제도·조약·교과서·유학 등에 주목하여 여러 관계성 및 연쇄성으로 짜여진 네트워크로 본다. 이것이 본 프로젝트의 세 번째 특징이다.

본 프로젝트가 동북아 '콘택트 존'에서의 상호촉발과 변용에 주목함으로서 근대국가 시스템은 논의를 위한 암묵적인 전제가 될 수 없으며 서구발 '근대'를 기준으로 한 오리엔탈리즘도 우리의 의식 속에서는 대척점에 서게 될 것이다. 뿐만 아니라 전근대 동북아에 존재했다고 여겨지는 '화이華夷'질서도 상대화될 수 있다. 예를 들어 '조공-책봉'이라는 중화의 논리와 이를 지지하는 유교 이념 외에, 몽골이나 티베트의 시점에서 중화 왕조를 바라보면 거기에는 '화이'와 다른 논리도 존재하고 있음을 깨닫게 될 것이다. 더욱이 근대국가적 시점에서 역사상의 '중국'을 상상한다는 시점도 탈구축될 것이다. 말하자면 본 연구는 서구중심주의와 정통적인 '전통'이라는 의미에서의 중화중심주의를 탈구축한 후에 '동북아'를 재조명하려는 것이다.

2) '근대'가 동북아에 초래한 것

'근대'라 하면, 그 근원인 서구에서도 다양한 성격을 가지겠지만, 무엇보다도 '서구의 근대'로 개괄하여 언급하는 것은 '서구' 이외의 '비서구'와 대치해서 다루고 있기 때문이다. 한편 '근대'가 동점하기 전 '비서구'인 동북아 지역은 민족, 종교 등 문화의 다양성에 더하여, 역사상 많은 '제국'들의 지배에 의해 수많은 영역지도가 그려졌다는 점에서 고정된 개념으로 거론되지는 않았다. 그런 의미에서 비서구인 동북아의 '근대'를 말할 때 서구의 '근대'도 하나의 불가결한 참고 대상이 되었다.

이 책에서는 서구의 '근대'를 조금 광의적으로 보고자 한다. 즉 근대는 서양인조차도 '낭패후쿠자와 유키치'케 했던 증기기관, 전신, 인쇄 등 근대적 물질 문명을 가리킨다. 또 사상이나 문화 면에서 '근대'는 이념적으로 개인주의, 자유주의, 자본주의시장경제, 정치적으로는 근대적 입헌제도로 대표될 뿐만 아니라, 사회주의나 아나키즘과 같은 사상이나 운동, 제도를 포함한다. 나아가 동북아의 '근대'에는 제국주의, 식민지주의도 중요한 부분을 차지한다.

동북아의 '근대'는 지금까지도 다양한 시점에서 다루어져 왔지만, '근대화'론이나 그와 대조적인 '내발적 발전'론, 그리고 '문화촉변'론 등 논자의 입장 차이와 관계없이 모두가 서구의 '근대'를 염두에 두고 있다. 동북아는 다양성이 넘치는 지역인 만큼 '근대'의 모습도 다양하다. 그렇다고 해서 본 프로젝트가 동북아 '근대'의 다양한 성격을 표현하는 데만 자족한다는 것은 아니다. '근대'로 수렴되었던 동북아의 '근대화'가 지역의 다양성에 따라 (왜곡된 형태도 포함하여) 여러 형태로의 길을 걷는(혹은 걷게 되는) 역사 속에 끼어 들어가서 각지역의 '근대'가 갖는 특징과 의미를 고찰하는 것이다.

동북아 '근대'를 말할 때 서구의 근대가 필수불가결적인 참고 대상이라면, 먼저 서구 '근대'의 동점이 동북아에 무엇을 초래하였는지를 생각해봐야 한다. 동북아에 동점한 서구의 '근대'는 '배타적 영역성', '근대국가의 균일성', '근대성' 및 '강박관념의 형성'을 초래하였다.

먼저 배타적 영역성에 대해 살펴보자.

동북아 지역은 주로 농경을 생업으로 삼아 정주형 생활을 하는 사람들이 '중화제국'을 구성하였다. 특히 '중화제국'에서는 '보천지하普天之下'라는 일원적인 '천하' 세계관에 기반한 지배가 이루어졌으며, '조공 · 책봉'이라는 느슨한 지배 · 종속 관계가 있었다 하더라도 일원적인 '왕토' 안에서의 경계는 애매했다. 하물며 몽골과 같은 유목민족이나 바다를 생활기반으로 삼았던 사람들에게는 스스로를 불편하게 만드는 배타적 경계선을 의식할 리 만무했다.

반면 근대국가의 특징을 보면 배타적 경계선을 두어 그 범위 내의 인민을 국민으로 편입시켜 독립된 국민국가를 구성함과 동시에 대외적으로 배타적 주권을 갖게 되었다. 서구 근대의 동점은 동북아 지역에 있던 '무위의 치無爲之治'로 인한 느슨한 지배관계, 뚜렷한 경계선을 갖지 않았던 세계, 그리고 사람들의 의식 등을 크게 변화시켰다. 즉 근대를 둘러싼 서구와 동북아 간의 인식의 격차는 많은 대립과 분쟁을 야기하는 계기가 되었다.

우선 애매했던 영역성 위에 조약으로 인한 배타적 경계선이 도입되어, '외압'으로 인한 구심적인 내셔널 아이덴티티가 형성되었고, '외부'의 간섭, 침입으로부터 스스로를 보호하고 자주, 자립을 추구하기 위한 배타적 주권을 확립한다는 근대국가의 창출이 지상 과제가 되었다. 물론 각 지역의 정치체제에 있어 '외압'은 근대서구열강이 처음은 아니었지만, 외적의 압력에 저항하기 위해 추구했던 자주·자립성은 근대국가의 창건이라는 형태로 나타났던 것이다. 더욱이 여기에 과학적 근거를 마련해 준 것이 사회진화론인데, 많은 사람들에게 약육강식의 세계에서 '생존'하기 위한 배타적인 국가를 형성하고 '부강'을 실현해 '강자'가 되고자 하는 목표를 추구케 하였다.

예를 들어 다면상多面相의 청국은 다양하고 유연한 통치이념으로 200년 이상의 평화를 유지하였다. 하지만 20세기 초에 이르러 청국은 '방행헌정倣行憲政'을 비롯한 일원적인 근대국가를 추구해야만 했고, 이러한 근대국가 창출의 기세는 오늘날까지도 국민 형성과 영토문제를 지속시켜 내셔널 히스토리를 극복하기 위한 높은 장벽으로 작용하고 있다.

둘째는 '근대국가의 균일성'이다. 근대국가는 대외적으로 배타적 주권과 대내적으로 완전한 영토를 확보하여 균일적인 내셔널 아이덴티티를 가진 국민 창출을 기본으로 한다. 서구 '근대'의 동점으로 동북아 국가들은 어쩔 수 없이 근대국가 건설을 지상과제로 하여 '상상의 공동체'를 창조하는 과정에 돌입하였다.

그러나 느슨하고 다원적으로 공존하던 문화를 균일하고 일원적인 국민국가라는 틀에 끼워 넣는 과정에서 많은 문제를 야기시킬 수 밖에 없었다. 예를 들어 근대국가에 대한 인접지역의 상상들이 중첩되어 영토를 둘러싼 국가 간의 대립이 나타났다. 또 이질적이면서도 공존했던 다양한 문화가 근대국가라는 틀 속에서 일원화되는 과정에 강제와 억압을 낳을 수밖에 없었다. 이러한 현상은 대외적 식민지배와 내부적 국가건설 과정 모두 나타났다. 또한 국내의 경우 one nation-one state 이념을 바탕으로 한 내셔널 히스토리 구축을 통해 민족창출이 지향되었지만, 실제로는 다민족 국가로 구상되어야만 했다. 이는 민족 분단은 물론 소수민족 문제를 낳았고, 그 불씨는 오늘날 국제관계와 국내정치의 불안요소로도 작용하고 있다. 가령 청조는 다양하고 유연한 통치이념으로 안정적인 통치를 유지할 수 있었지만, 경직된 근대국가의 원리 앞에서 더이상의 유연성을 발휘할 수 없었다. 즉 청조가 경직된 원리를 바탕으로 추진한 근대국가 건설은 국내 불안정이나 분열의 위험을 막고자 민족형성에 더욱 힘을 쏟았으나 내셔널리즘 및 애국주의만을 발현시킬 뿐이었다.

셋째는 서구발 '근대'가 가져온 근대성이다. 산업혁명의 원동력인 철도, 전신, 근대적 무기 및 군함과 같은 가시적인 웨스턴 임팩트가 동북아의 정치, 경제, 사회를 크게 바꿔놓았다. 예를 들어 근대의 세계화는 영국에서 차 문화를 보급시켰고, 이는 다시 아편전쟁을 촉발시켜 동북아 정치에 지각변동을 초래하였다. 또 시베리아 철도 부설이 동북아 정치역학을 변화시켜 러일전쟁에 영향을 미치는 중요한 요소가 되었다. 그리고 이러한 국내외적 상황 속에서도 전례 없는 규모와 밀도 높은 무역 루트로 이루어진 경제적·인적 네트워크는 국경을 초월하여 형성되었다. 또 비가시적인 자유 평등과 같은 근대적 이념, 입헌정치 등의 근대적 제도, 자유무역경제 등 유럽에서 수백 년에 걸쳐 형성된 근대적 문화는 동북아 각 지역에 자유주의, 사회주의, 아나키즘과 같은 다양한 모습의 '근대'로 유입되었고 서로가 충돌하면서 각 지역에서 현대를 향한 새로운 전통을 형성해갔다.

한편 외래요소의 수용에 있어 수동적인 입장부터 적극적으로 '근대'를 포용해 간다는 입장까지 동북아 내 사람들의 대응은 다양했고 그로 인한 갈등도 많았다. 즉 서구로부터 근대를 수용하는 과정에서 지역 내 사람들은 각자가 직면한 과제나 각각의 토착사상, 문화 등에 기초하여 '근대'를 '재해석'하였다. 이는 근대를 수용하는 과정에서의 오해 및 왜곡이라는 점과 독자적인 근대를 구축하기 위한 지역 내 사람들의 격투를 의미하는 것이었다.

더욱이 '근대'를 수용하는 과정에서 생긴 타임래그는 동북아에서의 수용 그 자체에 중층적인 성격을 초래하였다. 예컨대 일본에서 서구의 근대적 문화와 사상을 수용한 량치차오의 저작이 조선에서 널리 읽힌 것처럼 동북아 지역 내의 사상적 접촉과 연쇄가 일어났던 것이다.

넷째는 서구의 근대가 가져온 강박성을 들 수 있다. 동북아 지역 내 지식인들은 서구로부터 근대를 수용하는 데 앞장섰지만, 그에 따른 정신적 외상도 동반되었다. 지식인들이 근대문물 도입의 중요성을 주창한 것은 서구에 대한 자신들의 후진성을 인정하는 것이었고, '문명, 반개, 야만'이라는 서구중심주의적인 가치판단을 스스로 수용했음을 의미하는 것이기도 했다. 그러한 인식하에 '부강'과 '일등국'으로의 진입은 강박관념이 되었던 것이다. 뿐만 아니라 이러한 강박관념으로 생긴 억압성은 국민국가 내부의 '중심-주변', '내지-외지'라는 구조 속에서 재생산되고 있었다. 예컨대 류큐/오키나와 사람들은 근대적 국민이 되기 위해 자신들의 인식 속에 국민국가로의 '동화'라는 '관념'을 심어야만 했다.

상기와 같이 서구의 '근대'가 갖는 배타적 영역성, 균일성, 근대성 및 억압·강박성은 동북아 지역에서 커다란 변동을 일으켰는데, 이 책은 이러한 충돌 및 대립을 수반하는 접촉을 이념, 제도, 교류 등의 측면에서 고찰한다.

하지만 이 고찰은 단순히 서구의 '근대'가 동북아에 무엇을 초래하였는가에 그치지 않는다. 일찍이 서구중심주의적인 '문화진화론'이 식민지 행정 속에서 좌절과 파탄됨을 보고, 서구 내에서 자문화 중심주의를 부정하는 입장이 나타나게 된 것과 같이,[2] 이 책은 서구의 근대에 대한 반문이 되어, '미완의 프로젝트'로서의 '근대'를 보다 보편적인 시점에서 재조명하기 위한 새로운 출발점이 될 거라 기대한다.

3) 네트워크, '콘택트 존'

본 프로젝트는 동북아를 근대국가 논리에 따른 경계선이 아닌 하나의 네트워크로서 여러 힘들이 서로 부딪히며 이질적인 문화들이 뒤섞여 있는 결절점을 '콘택트 존'으로 바라본다.

'콘택트 존'이란 개념은 시바 요시노부斯波義信의 연구에서 착안하였다. 그는 송나라 이후 '상업혁명'에 따른 중국사회의 변화를 '촌락'이 아닌 '시市'의 발달을 통해 분석한다. 시바 요시노부는 중국사회의 기초단위인 시를 윌리엄 스키너가 말하는 '스탠다드 마케팅 타운standard marketing town'과 같은 개념으로 본다.[3] '시市'는 물건의 유통, 사람의 이동과 접촉, 및 다양한 관계로 짜여진 '장場'이고, 중국사회는 이러한 무수한 결절점인 '시市'로 짜여진 네트워크이다. 이러한 인식은 종래의 '가, 촌, 향, 국, 천하'라는 단위로 중국을 파악하는 방법과 비교하여 관계성, 교류적 측면을 중시함

---

2 平野健一郎, 『国際文化論』, 東京大学出版会, 2000, 제3장을 참고할 것.

3 斯波義信, 「第III章 社会と経済の環境」, 橋本萬太郎 編, 『民族の世界史 5－漢民族と中国社会』, 岩波書店, 1983, p.224.

으로써 다양한 주체가 서로 작용하는 실태에 접근하여, 보다 중국사회의 역동성을 파악할 수 있을 거라 생각된다.

위와 같은 인식은 동북아를 재조명할 때 참고가 될 수 있는데, '시市'라는 결절점을 이문화 간의 '콘택트 존'으로 생각해 보는 것이다. 동북아를 종래의 국가, 왕조와 같은 정체로 분석하는 것이 아니라 사람, 물건, 정보, 관념, 사상 간의 접촉의 장이라 할 수 있는 '콘택트 존'에 의해 연결된 네트워크로 본다면 정체 중심으로 인식했던 동북아와는 다른 양상의 동북아가 부각될 것이다.

그리고 동북아에 있어 각각의 '연결' — '콘택트 존' — 을 '근대'라는 배경 속에서 생각할 경우, 가시적인 지리적 콘택트 존과 사상적 · 정신적인 콘택트 존을 중층적으로 생각할 수 있을 것이다.

우선, 지리적인 콘택트 존은 여러가지 성격을 갖지만, '근대'와의 관계에서 보면, 그 특징을 크게 ① 복수의 요인이 교착하여 상호작용하는 하이브리드성과 복잡성, ② 주연성周緣性과 변경성邊境性으로 나눌 수 있다. ①의 경우, 역사적으로 사람들의 이동 중계지였던 몽골의 '역참', '쇄국' 시대의 대외적 창구가 되었던 광둥이나 나가사키, 화이질서 하에서 '양속'적 성격을 띠었던 류큐와 쓰시마, 다문화가 뒤섞여 있었던 구만주 지역, 그리고 조약항으로서 근대도시로 성장한 상하이와 우한 등을 들 수 있다. 또 ②는 국민국가의 주변부가 되었던 오키나와, 쓰시마, 제주 및 사할린 등을 가리킨다.

본래 네트워크란 조밀함의 차이는 있어도 경계선은 중시되지 않는다. 하지만 동북아 지역 내에 근대화가 진행됨에 따라 배타적인 경계가 그어지고, 근대국가 내부에서 '중심-주연' 구조가 형성된 셈이다. 근대국가는

'안'과 '밖'의 경계선을 명확하게 그어 대내적으로는 균질성을 대외적으로는 배타성을 추구한다. 서구 근대의 동점이 동북아의 근대화를 규정함과 동시에 근대국가 내부의 주변으로 밀려난 지역은 억압받고 희생되는 구조가 되었다. 그중에서 '콘택트 존'은 자체의 하이브리드성 때문에 근대화의 흐름을 타고 크게 발전한 도시나 지역이 적지 않았던 반면, 근대국가의 논리에 의한 균질화 과정에서 주연부로 편입되어 당시까지 가지고 있던 독자성과 자율성을 상실하게 된 지역도 많이 있었다. 본서에서는 다양한 '콘택트 존'을 중심으로 '근대화'의 명암을 다룰 것이다.

둘째 사상적 정신적 콘택트 존을 보면, 웨스턴 임팩트 속에서 동북아 지역 사람들은 자주자립을 위해 어쩔 수 없이 근대국가의 창출을 지상과제로 추구하게 되었다. 예컨대 량치차오梁啓超의 '신사학新史学'을 보면, 중국에서 구래의 사학은 어디까지나 '조정의 전유물'에 지나지 않았고, '자치통감'도 군주에게 제공하기 위한 것이라 비판하면서 사학은 '국민의 거울이며 애국심의 원천'[4]이라 주장한다. 량치차오梁啓超는 민족주의를 제창하며 중국인들이 우승열패의 세계 속에서 자립할 수 있도록 '사계혁명史界革命을 일으키지 않으면 나라를 끝내 구할 수 없다'[5]며 '신사학'이라 칭하는 내셔널 히스토리 구축을 제창했다.

이처럼 서구문명이 만들어낸 근대적 이념이나 문명의 정신은 동북아 사람들에게 있어 보편적인 공리에 부합하는 것으로 수용된 반면, 자신들이 살아남기 위한 불가피하고도 유일한 선택지이기도 했다. 즉 동북아에서 근대 계몽사상의 창도에는 근대화되지 않으면 멸망한다는 강박관념이 항

4 梁啓超, 「新史学」, 『飲氷室合集 · 文集九』, 中華書局, 1989, p.1.
5 위의 글, p.7.

상 뒤따랐던 것이다.

동시에 새로 도입된 근대적 가치를 각 지역에 정착시키는 것 또한 난제였다. 즉 어떻게하면 구래의 것과 타협할지가 큰 과제였을 뿐만 아니라, 원래 '보편'적이라 여겨졌던 근대적 가치관에 대한 이해는, 실제로 문화적 이질성에 의해, 각 지역에서는 번역 불능성, 오독, 재해석이 야기되고 있었기 때문이다. 이렇게 동북아 근대적 공간에서의 가치관의 충돌과 상호촉발은 복잡한 양상을 가져왔다. 게다가 각 지역에서 '동'과 '서'의 상호작용으로 생긴 사상적 공간은 고립된 상태로 머무르지 않고, 지역 내에서 연쇄적으로 연결되어 서로 영향을 끼치는 중층적인 공간으로 발전하였다.

한편, 동북아의 근대적 공간 형성에 직접적인 영향을 준 서구발 '근대'도 다양했다. 자유주의, 사회주의 및 무정부주의 등은 동북아 사람들에게 여러 '근대'상을 안겨주었고, 이러한 사상이 공시적으로 각 지역의 문화적 배경 속에서 수용되고 재해석되었다. 또한 서구의 근대에 대항하고자 조선의 '동학'과 같은 자생적인 '근대'도 추구되었다.

더욱이 동북아 근대에 다양성과 복잡성을 초래한 또다른 요소로 지역 내 타임래그를 들 수 있다. 순조롭게 근대화를 진행시킨 국가와 좌절된 국가, 근대화를 위한 환경과 조건이 갖추어지지 않았던 국가 그리고 근대화에 뒤쳐진 국가 내부의 주변 지역 등, 이렇게 동북아의 근대화 과정은 여러가지 국내외 환경이나 정치적 역학으로 인해 지극히 복잡한 양상을 띠고 있다. 게다가 식민지화—서구에 의한 식민지화뿐만 아니라, 일찍이 근대화에 성공한 일본의 식민지 획득도 포함—가 한층 동북아 내 근대화의 타임래그를 증폭시켰다. 이로 인해 동북아 지역내 민주화 문제도 여전히 현재적 과제로 남게 되었다.

이렇게 가시적 및 사상적인 근대화란 그 성격이 적극적인지 수동적인지의 여부와 이상적인지 아님 생존전략이었든지 간에 웨스턴 임팩트를 받은 동북아에서 불가피한 목표가 되었다. 하지만 이를 오리엔탈리즘적 관점을 반영한 '충격-반응'과 같은 도식적 설명으로만 국한시킨다면 이 책은 아무런 의미가 없을 것이다. 이 책은 동북아에서의 근대적 공간의 형성 과정을 하나의 문화적 교착과 '촉변' — 접촉과 변화 — 의 과정으로 보고 있다. 그리고 이러한 교착과 '촉변'의 특질을 파악하기 위해, '근대화'라는 표면적인 스토리에 더하여 지리적 및 사상적인 '콘택트 존'에 초점을 맞출 것이다.

2. 이 책의 내용과 그 특징

이 책은 동북아 지역 내 각 분야 연구자들이 집필한 총 24편의 글로 구성되어 있지만, 동북아의 다양한 역사와 문화의 전체상을 충분히 제시한다고 볼 수는 없다. 그럼에도 불구하고 이 책의 집필자들은 '동북아의 근대'라는 테마와, 이 공간에서의 '접촉'에 초점을 맞추어 동북아 '근대'의 특징을 그려낼 수 있었다. 물론 연구대상에 대한 시대, 지역, 연구영역, 접근방법, 견해의 다양성으로 인해 제대로 된 구성을 갖추기가 결코 쉽지 않았지만, 전체 구성을 ① 배태기부터 근대전야까지의 동북아, ② 서구 '근대'의 수용과 재편, ③ '콘택트'에서 보는 '빛'과 '그림자'라는 세 부분으로 나누어 이 책의 의의를 확인하고자 한다.

1) 배태기에서 근대전야까지의 동북아

우선 서구의 근대가 동점하기까지 동북아시아의 다양성과 특징을 원·청시대의 중층적이고 유연한 통치구조를 통해 보여준 것이 이이야마 도모야스飯山知保와 오카 히로키岡洋樹의 글이다.

이이야마 도모야스는 중국을 강남江南 사회 중심으로 바라보는 송·원·명이란 단대사斷代史적 시점 대신에 12~14세기 화북사회에 주목하여 비非중국왕조인 몽골제국의 통치가 화북 지역에 미친 영향과 유산들을 다루었다. 필자는 주로 몽골 지배기에 있어 화북사회의 관원 등용방법을 다루었는데 몽골시대의 통치체제는 주현관아州縣官衙 이외에도 제색호계諸色戶計의 관할기구와 투하投下·위하位下라는 다층적 구조를 이루고 있었다. 이 중 후자의 두 주체는 중앙정부의 의향과 관계없이 독자적으로 면역免役및 관위수여를 행했다. 이렇게 자율적인 권익을 갖고 있던 몽골 왕후들 때문에, 이들과의 커넥션근각(根脚)이 관위를 획득하기 위한 결정적인 요소가 되었다. 필자에 따르면 비호자의 후원에 의한 승진요행(僥倖) 방법이 '당시 관계官界에서는 왕도라고도 할 수 있는' 것이었다. 비호관계는 비호주庇護主가 사망하거나 실각하면 사라지는 불안정한 것이었기에 금원金元·원명元明 교체기 내내 화북사회 내 유력자층의 흥망은 격심하였다. 이는 송·원·명 시기를 통해서 강남사회가 보여준 일정한 연속성과는 대조적이었다. 따라서 필자는 화북사회의 몽골적 요소를 경시하고 강남사회만을 보는 시점을 무조건적으로 적용해서는 안 된다고 지적한다. 그리고 애당초 중국도 근대국가라는 선입관을 탈구축한 일종의 농목접양지대農牧接壤地帶로서 보다 넓게 동북아 속에서 재조명할 필요가 있음을 역설하였다.

그리고 오카 히로키는, 근대국가의 통치가 다양성의 공존을 허용하지 않은 결과, 특정한 자민족의 역사만을 특권화시키고 그 외에는 타자로 주연화周緣化시켜버리는 현실에 대해서, 몽골을 예로 들어 다양한 얼굴을 가진 청 제국이 어떻게 다양한 문화적 주체들의 역사인식을 내부에 공존시킬 수 있었는지를 규명하였다. 청 지배하에서 몽골은 팔기八旗의 일부를 구성하는 기인旗人으로서 내속몽고內屬蒙古와 '외번外藩=바깥의 몽골'이라 불리는 몽골의 지배씨족 속하의 여러 집단들로 나뉘어 있었다. 지배씨족들의 권위는 청황제가 왕공王公 타이지라는 작위를 수여함으로 담보되었다. 이러한 경우에, 왕공 타이지들의 계보—근원根源—상의 기술은 호법왕의 계보와 씨족의 왕통보王統譜로 연결된다. 또한, 왕공들이 청조를 위해 세운 공적들을 기록한 왕공전기王公傳記의 기술은 그 이상으로 중요시되었다. 이렇게 만주족은 복속해 온 몽골왕족의 여러 집단들을 통합하기 위해서 몽골의 권위의 원천인 칭기스 칸 이래의 왕통과, 티베트 불교를 신봉하는 호법왕이란 역사인식을 함께 받아들였다. 그 결과 청조는 칸 혹은 호법왕으로 몽골을 자신의 통치체제에 포섭할 수 있었던 것이다. 필자는 이렇게 다양한 얼굴을 지닌 청 제국이 시행했던 능숙한 통치가 근대에 이르러 단일한 민족적 문맥으로 회수된 결과로 발생한 어려움이야말로 앞으로 주목해야 할 문제라고 지적했다.

이렇게 오카 히로키가 지적한 청의 다양한 얼굴은 네르친스크 조약을 둘러싼 몽골적 요소를 다룬 S. 촐론Chuluun, 막북漠北 몽골의 역참驛站을 고찰한 나카무라 아쓰시中村篤志 그리고 청의 지배층인 만주족 시점에서 본 대중화大中華에 관해 다룬 한둥위韓東育의 글을 통해서 보다 구체적으로 규명되고 있다.

S. 촐론은 러-청 간에 맺어진 네르친스크 조약을 몽골 문제로 간주하고

조약 체결 전의 몽-러, 청-러 관계 및 몽골 내부의 상황을 고찰하였다. 1670년대부터 러시아는 아무르 유역을 차지하는 데 의욕적이었던 데 반해 청은 옛 땅과 속민을 보호하기 위해 러시아 측에 요새 건축 금지와 속민 반환을 요구하였고 결국 알바진을 포위하여 몽골의 투시에트 칸이 사건에 개입하도록 압력을 가했다. 이때 투시에트 칸은 갈단 보쇽투, 자삭투 칸과 대립각을 세우고 있었고 셀렝게강과 우데강 유역에 닥친 러시아와 원주민 관할 문제를 놓고 갈등을 빚고 있었다. 그리고 터키, 타타르와 전쟁을 치르고 있던 러시아는 동방정세를 평화적으로 해결하기 위해 특사 골로빈을 파견했다. 골로빈은 청나라와 협상하기 위해 투시에트 칸이 청나라 측에 붙지 않도록 몽골 측과 속민에 대한 응수를 하면서도 협의를 거듭했다. 동시에 투시에트 칸과 젭춘담바에게는 네르친스크 조약 협상의 중개자가 되기를 원했다. 결국 골로빈은 몽골 내부의 분쟁을 이용해 무력을 사용하여 많은 몽골 귀족들을 귀속시킨 뒤 조약 체결을 위해 네르친스크로 진입하였다. 이처럼 네르친스크 조약 체결의 이면에는 몽골의 요소가 크게 작용하고 있었다.

나카무라 아쓰시中村篤志는 청조 통치하 막북漠北 몽골의 하라친 역참驛站을 예로 들어 '콘택트 존'으로서의 역참이 갖는 의의를 고찰하였다. 청의 봉금제封禁制와 맹기제盟旗制에 의해서 이동이 제한을 받는 중에도 하르하 전체 인구의 3~4%가 소속된 기旗를 떠나 장기간의 요역(알바)에 종사했고, 이로 인해 인구의 유동성이 발생했다. 그리고 요역의 30~40%를 차지하는 임무는 청조가 자신의 지배를 강화하기 위해 설치한 역참과 관련된 것이었다. 역참은 사람들의 이동과 교류를 뒷받침하는 중요한 존재였다. 여기에 사원이나 상점들이 병설되면서 역참은 라마와 상인들이 상주하는 광역적인 교류의 장으로 성장하게 된다. 하라친 역참은 40~50리 규모로 내몽골 여러 부部의 병사들이 관리하였다. 그리고 하르하의 병정들도 역참업무를 보조하기 위해 다수 포진해 있었다. 하라친 집단은 마이너리티였음에도 불구하고 하르하보다 우위에 있었고 역참관리의 중심적 업무를 담당했으며 하르하 사회와 공주共住·협동관계를 성립시키고 있었다. 이렇게 토착화한 하라친 집단은 청조의 붕괴와 막북 몽골의 독립을 계기로 몽골에 귀순을 청원하게 되었다. 1930년대에 역참이 자취를 감추면서 하라친 집단도 역사의 무대에서 사라졌지만, 실제로 이들은 여전히 집단성을 유지하고 있다. 이처럼 제국은 경계를 만드는 한편 지역과 지역을 연결하는데, 이는 사람과 물자의 유동을 활성화시키고 경계를 애매하게 만들어 다양성과 유동성을 한층 증가시켰다.

한둥위韓東育는 몽골의 관점에서 다루어진 위의 연구들과 달리 청조의 중화中華에 주목하였다. 필자는 청의 강희제와 반청 유교 지식인 증정 간의 화이華夷를 둘러싼 논쟁을 기록한 『대의각미록大義覚迷録』과 청말 마지막 황제의 퇴위를 선언한 「청제손위조서清帝遜位詔書」라는 두 편의 텍스트를 거론하며 양자 속에 일관된 '중화대의中華大義' 논리를 분석하였다. 청 지배층은 한민족이 아니기에 스스로의 지배 정당성과 법리적 근거의 논증이 요청되었다. 필자는 강희제가 증정을 논박할 때 다름 아닌 중화의 논리를 가지고 화이는 천리 인류를 기준으로 해야 한다는 것, 황제는 덕이 있는 자가 즉위해야 한다는 것, 중화는 대일통大一統을 대의로 삼아야 한다는 것, 화華와 이夷의 구별은 군신의 예와 분리해서는 안 된다는 것, 그리고 천하일가天下一家 하에서는 화이의 경계를 강조해서는 안 된다는 것 등을 설명하며 증정을 논파하였다. 이 경우 강희제와 증정은 유교에서의 두 가지 화이관의 연장선에 있었던 것이 된다. 즉 증정은 화이지변을 강조하는 공자의 이념, 강희제는 '천하일체天下一體'라는 맹자 이념의 연장선에서 각각의 지론을 전개한 것이었다. 필자에 의하면 강희제가 사용한 논리와 이념은 청조가 종지부를 찍게 된 '청제손위조서'에도 이어졌다. 청 황제는 '대일통'의 이념을 지키고 '천명인심天命人心'이라는 논리에 따라서 스스로 퇴위를 선택하고 '오족공화五族共和'라는 중화대의를 지킨 것이다.

한편 중화 내부를 주목하면, 동북아 수많은 전통 중 하나인 유교 중심의 중화 전통에 다양성이 있음을 보여주는 사와이 게이이치澤井啓一와 이노우에 아쓰시井上厚史의 글이 있다.

먼저 사와이 게이이치는 유교의 '심학心學'을 제재로 삼아 유교의 '토착화(대중화)'라는 관점에서 서구와 다른 동아시아 전통에서의 차이를 논하였다. '심학'은 '이기론'을 성립시킨 주자학의 수양 방법 문제를 극복하기 위해 탄생했다. 중국에서는 주자학이 제창하는 유교텍스트를 바르게 학습하는 방법에 대해 '마음의 수양'을 중시하는 육구연 등을 거쳐 '이'를 인간에게 선험적으로 내재하는 '양지'로서 파악하여 '사상마련事上磨練'—일상에서의 여러가지 행위를 통하여 '이'를 직각直覺적으로 파악하는 방법—을 제창하는 양명심학이 성립된다. 그 유행이 유교 대중화를 가져왔다. 한편 조선의 이황에 의해 성립된 '성리학'은 주자학을 발전시킨 것으로 인식되고 있지만 역시 '마음의 수양'에 관심을 가지고 양명학에 대해 일상생활 속에서 여러가지 "예"를 계속 실천해야 한다는 방법을 제창한다. 이러한 이황의 주장에 수정을 가한 게 이이였는데 그는 현실적인 실천을 중시하고 주자학의 수양론을 조선사회에 적합하도록 재해석하여 심학을 토착화시켰다. 또 일본의 경우 야마자키 안사이山崎闇斎가 중국과 조선에서 공시적으로 수용된 심학을 신도와 결합시켰고 나카에 토쥬中江藤樹는 왕학 좌파에 관심을 보이는 등 종교성을 띤 신앙과 정신적인 수양방법이라는 형태를 취하고 있었다. 이렇듯 동아시아에서 심학이라는 '유교적 프랙티스'의 토착화 과정은 각 지역에서 '아비투스'를 형성시켰고 이는 근대화 과정에서 지역적 차이를 가져왔다.

그리고 이노우에 아쓰시는 조선의 근대적 국가형성의 역사를 18세기로 거슬러 올라가 조선의 전통사상에 의거하여 독자적인 국가 구상 및 특징을 논하였다. 필자는 정조의 글을 독해하여 정조가 텍스트에 표명한 것이 유교정치사상의 근대적 사고인 '군민일치·만민평등'이라는 '민국'이념이 아니라 '임금을 중심으로 한 절대주의적 정치체제의 확립을 선언한 것'이라 하였다. 또 조선시대 역대 군주들의 텍스트에 숱하게 나타난 '민국'이라는 표현에 대해서 민국의 나라 또는 '민은 곧 나라'라는 의미로 보고 그 속에서 근대국가의 성질을 찾으려는 일부 연구에 오류가 있다고 지적한다. 즉 '민국'은 '백성'과 '나라'로 나누어 이해해야 하며, 탕평군주로 일컬어지는 영조나 정조의 텍스트에 자주 언급된 '민국'은 '백성과 나라의 이익'을 중시해야 함을 의미하고 있으며, 이는 영조와 정조뿐만 아니라 조선시대의 많은 지식인들에게도 공유되었던 애민사상을 나타낸 것이라 주장한다. 조선왕조는 '애민愛民'과 '민국民國'으로 상징되는 '유교적 무민정책'으로 정권운용을 꾀했던 것이다. 필자에 따르면 조선의 국가구상은 서구적 국민국가와는 달리 '원에서 고려왕조를 거쳐 조선왕조로 계승된' '애민'사상에 그 독특한 특징을 지닌 것이다.

몽골과 중화 시점에서 다룬 상기의 글에 더하여 류지안훼이劉建輝는 만주에 초점을 맞추어 청조시대부터 근대에 걸친 만주의 생태, 이민, 철도를 중심으로 고찰했다. 우선 청조가 이동을 제한하기 위한 봉금封禁정책이나 유조변柳條邊에 따른 행정적 구분, 그리고 외부로부터의 유입을 금지하기 위한 반경 수백 킬로미터에 달하는 여러 개의 수렵 겸 기병 군사훈련의 장으로서의 위장圍場의 설영設營 등은 만주에 광범위한 미개간 토지와 풍부한 삼림, 초원자원을 남겼다. 제2차 아편전쟁 이후 청조는 세수 증가와 국토 방위를 목적으로 봉금을 해제하고 이민실변정책을 취하게 되었으며 만주 지역으로의 이민정책을 추진했다. 이 정책은 중화민국 성립 후에도 계승되어 1930년에 이르러는 만주 인구가 3,000만 명을 넘게 되었다. 그리고 철도를 비롯한 인프라 정비도 이루어졌는데 러시아, 만철滿鐵뿐만 아니라, 청조, 민국정부도 차관을 포함한 대대적 투자로 수많은 철도를 건설하였고 6,000km에 달하는 철도 연선에 도시군도 탄생했다. 이에 더하여 1909년까지 총 25개소의 개항장도 만들어졌다. 이렇듯 만주의 근대는 결코 만주국 시대에 홀연히 출현한 것이 아니라, 지금까지 별반 중시되지 않았던 만주의 풍부한 유산을 토대로 성립된 것이었다.

상기의 글들은 서구의 근대가 동점東漸하기까지 동북아의 많은 독자적 전통을 제시하였다. 금·원시대의 '화북'사회, 다시 말해 몽골을 포함한 동북아 속에서 분석해야 한다는 것은 근대국가라는 선입견이 갖는 문제점을 지적한 것으로 그런 의미에서 중국을 탈구축한 것이라 할 수 있다. 또한 청조의 통치에서 볼 수 있듯이 중화라 일컬어지는 제국은 천하를 염두한 대중화大中華이념을 가지고 좁은 한민족 중심의 소중화小中華와 대치시키면서도 실제로는 서구적 조약 시스템을 포함하여 다양한 통치 이념을 공존시키고 있었다. 즉 이러한 유연성이 있었기에 청은 이질적인 문화들을 하나로 묶을 수 있었던 것이다. 더욱이 중화라고는 하지만, 그 속에는 다양한 성격이 내포되어 있었다. 예를 들어 주자학을 중심으로 한 공통의 유교 전통을 배경으로 다른 지역의 유교적 관습을 통해서 각각 독자적인 하비투스가 생성되고, 각 지역의 특색을 반영한 통치 이념도 형성시켰던 것이다. 이렇듯 동북아의 근대화 과정을 생각할 때 동북아 내 여러 지역의 독자적 전통과 역사에 의해 형성된 여러 전제들은 불가결한 출발점이라 할 수 있다.

2) '근대'의 수용 · 재편 · '재해석'

동북아는 근대화 과정에 돌입하면서 제도와 체제를 재편하게 되었다. 즉 동북아 각 지역의 토착은 외래 문명 및 문화와의 접촉 속에서, 외부로부터 들여온 세계관, 이념 및 논리와 충돌하였기에 그 과정에서 많은 혼란과 알력이 생길 수밖에 없었고 '근대'에 대한 각 지역의 수용 방식도 다양한 양상을 띠게 되었다.

우선, 이시다 도루石田徹와 야나기사와 아키라柳澤明 글은 조약을 배경으로 동서 논리의 교착 실태를 상세하게 그려냈다.

이시다 도루는 막말 · 메이지 초기 쓰시마를 무대로 일차 사료를 통한 이국선의 내착과 도항 사례들을 재현하고 이를 통해 조일 간의 전통적 '통신', '교린' 관계에 대한 서구 근대의 영향을 고찰하였다. 쓰시마는 일본과 조선 사이의 외교와 '번병藩屛'의 최전선이었으며, 직접 교류에 종사한 번사들은 조선과의 외교 현장에서 많은 경험과 지식을 쌓고 있었다. 또 쓰시마와 부산의 초량왜관에 근무하던 번사들은 쓰시마와 조선을 오가는 이국선의 내착 및 도항을 관리하였다. 번사들은 안세이 5개국 조약1858의 조인 이후 근대적 규범으로 서구 열강을 접해야 했던 막부 · 메이지정부와 양이로만 보았던 조선 간의 긴장 속에서 온순해져야만 했다. 조약체제와 '통신'체제와의 논리 차이를 민감하게 감지한 쓰시마번사들은 전통적인 교류방식을 중시한 조선에 대한 배려로 서구열강과 조약을 체결했던 사실을 조선 측에 알리기 까지 증기선에서의 조선 도항, 쓰시마 기항과 이국인의 상륙 및 자유 행동의 보류 등을 정부막부·나가사키 봉행소에 제언하였다. 그러나 '헤르타호 내착 사건'1870을 보면 그들의 외교감각이 활용되지 못함으로써 결국 독일군함의 도항이 조일관계의 악화를 초래하게 되었다.

야나기사와 아키라는 러청외교의 커뮤니케이션 갭을 18세기 초와 19세기 중엽의 사례로 접근하여 텍스트에 대한 검증을 통해 그 의미를 고찰했다. 18세기 초 러시아네르친스크 장관와 청 사이의 외교 문서는 알바진인의 기인旗人에 의해 러시아와 만주어 번역으로 이루어졌으나, 번역 과정에서 나타난 단순 오역의 연쇄와 오역을 호도하는 조작 등에 의해, 기본적 사실을 포함해 러시아 원문과 만주어역이 크게 달라 러-청 간의 인식이 어긋나면서 교섭다운 교섭을 하지 못했다. 한편 19세기 중엽의 아이훈조약에서는 조약체결 교섭의 통역은 러시아인이었으며, 조약문도 만주어를 포함해 러시아 측이 작성했다. 또한 베이징 조약에서는 조약안을 러시아어에서 한어로 번역하는 것이 러시아 측에 의해 이루어졌다. 러시아는 문해력 우위를 이용해 한어로의 번역과정에서 의도적으로 조작된 번역원의 러시아어 표현을 왜곡하여 표현을 애매하게 만드는 등 청 측이 고수했던 부분을 러시아 측 문서에 반영시키지 않는 방식으로 자신들에게 유리하게 해석하였다. 이와 같이, 조약 텍스트 간의 이동異同을 검증할 능력을 지니지 못한 청에 대해, 러시아 측은 언어 문해력의 우위를 이용해 근대적 주권과 관련한 교섭에서 실질적으로 편무적인 권리를 손에 넣었다.

다음으로 주목할 것은 강력한 '웨스턴 임팩트'하에서 동북아 국가들이 자립·자주를 지키기 위해 예외 없이 자신들의 독립된 정치체제 창출과 재편을 통한 근대국가를 목표로 삼았다는 점이다. 모테기 도시오茂木敏夫의 글은 근현대 중국의 근대화 과정 속에서 중국적 질서를 지탱하는 이념에 대한 검토를 통해 재편 과정에서의 변용과 의의를 논하였다. 또 이노우에 오사무井上治와 황커우黄克武의 글은 각각 몽골과 중국의 근대국가 추구과정에서 민족과 역사를 둘러싼 지식인들의 사고와 갈등을 고찰했다.

모테기 도시오는 전통적인 중국적 질서를 지탱하는 이념의 특징들을 고찰하고 그것들이 근현대에 어떻게 변형되어 저류底流에서 문제화되었는지를 검토하였다. 필자는 중국적 질서의 이념과 실태를 인격자에 의한 지배, 무위의 치無爲之治, 균질적인 전체, 예禮의 매개성, 덕치德治의 정치문화, 중국/비중국의 이원화 등으로 정리하는데, 특히 균질적인 전체의 특징에 대해서는 만물일체萬物一體의 이념에 의해 인간 부류를 본래적인 동일성으로 생각하고 내면의 완성을 찾는 전통이 근현대 사상 통제의 모멘트를 내포하고 있었음을 지적한다. 위와 같은 이념 및 실태를 지닌 전통적 질서는 곧 19세기에 근대적인 형태를 취하면서 전통적 이념을 통해 설명하는 따옴표가 붙은 '근대'적 재편을 거쳐, 20세기에는 서구를 모델로 한 근대적 재편을 해나간다. 그 과정에서 무위의 치에 의해 '결과적으로 다양성 공존이 실현'되었던 것이 근대로의 일원화 과정에서 중국/비중국이 근대국가로 재편되고, 균질적인 전체라는 발상 하에서 군자의 내면이 타자의 내면에 영향을 미친다는 논리가 사상 통제로 이어지게 된 것이다. 필자는 20세기 중국적 질서 문제를 전통과의 관계성에서 위치짓는 한편, 무비판적으로 전통에 기대는 자세도 경계하였다.

이노우에 오사무는 호리부랴트 지식인 잠차라노1881~1942의 주요 저작들을 고찰함으로써 잠차라노의 자립적인 신생 몽골국가 구상과 몽골국가의 일국사 구축에서 보이는 근대적 공간형성을 둘러싼 사색들을 규명하였다. 청년기의 잠차라노는 상트페테르부르크에서 서구의 근대를 배우는 한편 필드워크를 통해서 러시아 제국이 그의 고향인 아가 초원을 식민지로 지배하고 있다는 실태에 관한 인식을 심화시켰다. 1911년, 잠차라노는 신해혁명 이후 독립을 선언한 복드 칸 정권하의 몽골로 이주하였으며, 그곳에서 몽골이 독립에서 자치로 격하되는 외교적 좌절의 현장을 목도했다. 격동하는 정치적 상황에 휘둘리는 가운데, 잠차라노는 군주주권의 '인권을 보장하는 근대헌법을 지닌 의회제 입헌군주국'을 구상하고 있었다. 하지만 그로부터 얼마 지나지 않아 소련헌법을 모델로 한 헌법제정 작업에도 참가했다. 이렇게 일련의 저작 속에서 알 수 있는 그의 지향점은 주변의 그랜드 파워grand power로부터 자립한 독립 근대주권국가의 창출이었다. 그리고 이 독립국가는 고대로부터 연속되며, 공통의 특징을 지닌 국민들로 이루어진 공동체였다. 잠차라노는 '몽골민족의 원초적인 지리적 공간' 속에서 흉노를 포함한 역사상 가장 오랜 북방민족들로부터 연면히 이어져 오는 '몽골민족'으로 구성된 공동체를 상상했고 유럽 열강과도 비견될 강력한 근대국가를 구상했던 것이다.

황커우의 글은 China Proper라는 서구에서의 조어가 일본에 의해 '중국본부'로 번역된 후 중국에서 유행되었던 경위를 실증했다. 논문은 언어의 번역, 유포, 그리고 의미의 변천에 대한 고찰을 통해서 청조부터 판도를 이어받은 중국이 근대국가건설의 아이덴티티를 형성해가는 과정을 그려냈다. China Proper는 본래 서구인이 청조를 이해하기 위해 만들어 낸 말이고 번역어로 사용된 '본부' 관념은 전통적인 "(행)성"에 대응하고 있어 종래 화이질서하의 '번부'와 구별되었다. 그것이 1870년대에 일본어로 번역된 후, 중국은 '중국본부'만을 가리키게 되었고, 그 이외의 지역(예를 들어 만몽만주와 몽골 등)은 중국에 속하지 않는다는 담론이 생겨났다. '중국본부'의 개념이 1890년대 중국에 수입된 후 청조 말의 종족혁명론도 '본부 18성'의 범위 안에서 한족 국가의 건국을 제창했다. 중화민국 건국 후, 특히 1930년대에 일본의 침략이 심화되면서 중화민족 의식이 강해지는 가운데 '중국본부' 개념은 일본의 침략을 정당화하는 말로서 규탄되게 되었다. 그 뿐만 아니라 중국에서 민족적 경계를 없애는 일원적인 통일을 중시해야만 하는가, 그렇지 않으면 다민족성을 전제로 하는 '다원일체'를 중시해야 하는가, 와 같은 중국의 네이션 빌딩을 둘러싼 현재적인 과제가 제기되었다.

더욱이 동북아에서 서구 근대의 수용은 통시적 성격을 띠고 있지만, 동시적으로 수용이 진행되지는 않았다. 수용은 단순한 교체replacement가 될 수 없으며 각 지역 '근대'의 창도자들이 고유의 사상적, 문화적 전통에 입각하여 당면한 과제를 달성하기 위해 '근대'를 자신들의 목적에 맞게 주체적으로 이해하고 '재해석'한 것이었다. 장인성張寅性, 리샤오동李曉東, 야마모토 겐소山本健三의 글은 각각 유길준과 후쿠자와 유키치福沢諭吉, 량치차오梁啓超와 호즈미 노부시게穂積陳重, 신채호와 크로포트킨을 예로 들어 스코틀랜드 계몽사상, 근대 자연법, 아나키즘에 대한 동북아 지식인의 수용과 그 특징을 밝혔다. 또한 이정길李正吉의 글은 한국의 민주주의적 문화의 형성과정을 조선 말기로 거슬러 올라가 고찰했다.

장인성은 근대 한국의 계몽지식인 유길준이 후쿠자와 유키치의 역저를 통해 존 힐 버튼John Hill Burton을 비롯한 스코틀랜드 계몽사상에 대한 수용 여부를 고찰했다. 필자는 유길준의 『서유견문』과 후쿠자와의 『서양사정외편』이는 버튼의 『경제학 교본』의 부분역이다을 중심으로 텍스트 비교 분석을 통해 근대 동아시아 계몽사상의 사상적 연쇄와 특징을 밝혔다. 필자에 따르면 버튼의 학설을 정확하게 전달한 후쿠자와에 대해 유길준은 『서유견문』에서 스코틀랜드의 계몽사상을 유교적 관념에 입각하여 이해하고 재해석하였다고 한다. 예를 들어 유길준은 '문명' 대신 '개화'라는 개념을 선호하였고, 인간이 사회 속에서 자기 개선의 능력을 갖고 야만에서 문명으로 자연스럽게 진보한다는 '문명단계설' 속의 '천품天稟'과 대조적으로 '인품人稟'을 들어 개화는 무엇보다도 '학문으로 사람의 도리를 교회教誨하고 법률로써 사람의 권리를 수호'한다는 '인품'의 문제라 주장하였다. 또 후쿠자와가 right의 역어로 사용한 '통의通義'를 유길준은 유교적 맥락에서 '당연한 정리正理'라는 뜻으로 사용했으며, 이는 자유가 방종으로 흐르는 것을 제어하는 것이라고 밝혔다. 그 밖에도 후쿠자와가 사회=인간의 교제를 국내사회와 국제질서로 나누어 이원적으로 파악한 데 비해 유길준은 사회를 '인세人世'로 지칭하고 '공도公道'와 '정리正理'를 국내·국제적 교제 모두 적용하는 보편적 원리로 삼았다.

리샤오동은 청 말기 중국의 근대서양법 계수과정에서의 사상적 연쇄를 호즈미 노부시게穂積陳重와 량치차오梁啓超를 예로 들어 고찰하였다. 청조 말기 중국의 계몽사상가 량치차오는 유교 안에서 서양의 자연법적 사고를 발견하였는데 그러한 영감은 호즈미 노부시게의 논문 「예와 법禮と法」1906에서 얻은 것이었다. 노부시게는 메이지 민법전을 둘러싼 논쟁에서 서양 역사법학적 입장에 입각하여 구 민법전에 큰 영향을 끼친 자연법론을 비판하였으나 머지않아 그는 역사법학의 저류를 이루는 자연법사상을 깨닫게 되었다. 그는 중국의 전통 법 배후에 유교적인 덕德·예禮가 있고 그것이 정의 관념과 같이 이념화될 경우 서양 근대적 자연법 사고에 접목될 수 있음을 시사하였다. 노부시게로부터 영감을 얻은 량치차오는 예와 법의 관계를 법리학 관점에서 논의하고 후에 관자전管子伝을 저술하여 관자 안에서 이상적인 예와 법의 결합을 찾아냈다. 량치차오의 주장을 고찰한 다나카 고타로田中耕太郎가 유가의 예와 법가의 법과의 제휴와 조화는 법과 도덕, 자연법과 실정법과의 법률철학적 가교 문제라고 지적한 것처럼 지식인들은 서구의 '근대'를 적극적으로 수용하였지만 세뇌된 것이 아닌, 여타 갈등 속에서 '근대'와 자국의 전통을 가교하는 노력을 한 것이었다. 이것은 동북아 지식인들에 의한 보편적인 지적 투쟁을 의미하는 것이었다.

야마모토 겐소는 『조선혁명선언』1932의 저자인 신채호의 아나키즘 수용에 대한 고찰을 통해 신채호의 사상이 나타내는 크로포트킨적인 협동주의와 폭력혁명주의의 아말감을 축으로 한 조선 고유의 근대성을 고찰했다. 사회진화론이 동북아에 압도적인 영향력을 가지고 있었던 시대에 상호부조와 연대야말로 진화의 주요인이라 주장한 크로포트킨의 아나키즘이 오스기 사카에大杉栄에 의한 일본어역의 중역으로 조선에 소개되었다. 필자에 따르면 과학 지상주의적인 논리와 도덕적 순수성을 존중하는 크로포트킨주의는 아나키스트들에게 약육강식으로 이해되고 있었던 사회진화론의 야만성과 폭력성을 부각시키는 것이었다. 그 때문에 조선에서 크로포트킨주의는 일본에 의한 식민지화를 정당화하였던 사회다윈주의에 대한 비판의 무기로서 신채호와 같은 지식인을 크게 고양시켰다. 게다가 그것은 과학적 진리이기 때문에 일체의 타협은 허용되지 않았다. 신채호는 폭력을 통해 제국주의에 정면으로 대항한다는 폭력혁명론을 제창했다. 이러한 성격은 일본에서의 크로포트킨주의의 전개와는 다른 것이었다. 필자에 따르면, 제국주의적 폭력에 철저하게 대항하는 강력한 주체를 창출하려 한 신채호의 모색이야말로 조선에서의 아나키즘 수용의 독자성을 드러내는 것이었다.

이정길은 한국 민주주의가 1945년 이후 '외부'로부터 처음 '주어진 것'이 아니라, 한국 민주주의의 연원을 자체의 역사 속에서 찾고자 한 시도이다. 그의 글은 조선 말기1876~1899를 세 국면으로 나누어 민주주의 이념에 대한 조선 민중들의 인식의 성장과정을 '선거, 분권, 인권, 평등' 등의 민주주의적 이념에 따라 고찰하였다. 구체적으로 보면, 제1국면의 개화사상에 '선거, 분권'이라는 근대적 의식이 포함되어 있었지만, 그것들은 극히 일부의 지식인 사이에 한정되어 있었다. 제2국면에서는 민중들 사이에 널리 퍼졌던 동학의 '시천주' 사상 속에 '사민평등과 인도주의'가 포함되어 있었으며, '보국안민' 사상 속에 유교적 민본사상과 뒤얽힌 형태로 '인권, 평등' 의식이 함양되고 있었다. 그리고 제3국면은 1896년에 창간되어 널리 읽혔던『독립신문』과 독립협회 주최의 토론회에서 근대적인 '인권, 평등, 법제도' 등이 언급되면서도 전통적인 성격을 유지한 민주주의적 이념이 널리 침투되어 있었다. 필자는 이러한 과정 속에서 배양된 민중의 민주주의적 의식을 결코 간과해서는 안 될 중요한 역사적 자원이라 말한다. 조선 말기의 역사를 되돌아보면 청 · 일 · 러 사이에서 농락 및 굴절되면서도 '근대'를 추구했던 역사는 식민지 시대를 지나면서도 맥맥히 해방 후 한국 민주주의의 발전으로 이어졌던 것이다.

이와 같이 조약으로 상징되는 서구의 근대와 동북아의 재래적 논리 사이의 어긋남과 교착은 당시까지 유지되었던 지역 내 국제 관계의 균형에 균열이 시작됨을 의미하는 것이라 할 수 있다. 또한 동북아 각국의 지식인들은 '근대'를 수용하는 과정에서 근대국가라는 새로운 틀 속에서 어떻게 자신들의 민족, 역사를 창출할 것인지, 그리고 근대적 사상, 제도를 도입하는 과정에서 어떻게 자국의 역사적, 문화적 전통을 정당하게 자리매김할 것인지를 모색했다. 이러한 모색은 동북아에 다양한 형태의 근대화를 가져왔던 것이다.

3) '콘택트'에 보이는 '빛'과 '그림자'

서구의 '근대'는 이념이나 사상, 제도에만 한정되는 것이 아니다. 서구발 산업혁명은 근대의 세계화를 가져왔고 자본주의의 발전은 제국주의, 식민지주의를 낳았다. 이와 같은 '근대'가 동북아와 '콘택트'를 하면서 지역 내에서는 다양한 형태의 근대가 나타났다. 빛과 그림자가 언제나 인접해 있듯이 '근대'에 의한 '빛'과 '그림자'도 순수한 형태로는 말할 수 없는 복잡한 사안임은 말할 필요도 없을 것이다.

우선 나미히라 쓰네오波平恒男, 마쓰다 도시히코松田利彦, 왕중천王中忱, 바리셰프 에두아르Barshev, Eduard의 글은 '근대'의 식민지적 지배, '중심-주변' 구조가 만들어낸 차별, 억압성 등의 문제를 다루었다.

나미히라 쓰네오의 글은 류큐琉球/오키나와의 근대라는 시점을 통해서 근대 일본제국이 지닌 특이성과 동화주의 문제에 천착한 연구이다. 필자는 먼저 메이지 정부에 의한 강제병합으로부터 오키나와 지상전까지의 66년간을 류큐·오키나와의 근대로 설정한다. 그 위에 도쿠가와 막부 시기에 통신通信의 나라에서 번속藩屬으로 격하되어 일본으로 병합된 류큐·

오키나와의 역사를 되돌아보면서, 오키나와가 가진 국내 식민지로서의 성격을 규명했다. 그리고 이런 일들을 행한 일본제국은 동시대의 서구 여러 제국들과 비교해도 초국가주의적 성격을 지녔으며, 천황에 대한 거리로 인간, 민족의 가치를 결정하는 차별적인 구조를 이루고 있었다고 주장한다. 필자에 따르면 일본은 류큐를 처분한 뒤 내지연장주의 정책을 채택하여 동화주의를 진척시켰지만, 그 동화주의란 천황을 정점으로 해서 천황에 대한 거리에 의해 그 격차가 결정되는 차별적 구조와 중화주의적인 차별적 발상을 동시에 지닌 것이었다. 더욱이 류큐·오키나와가 생활양식이나 사상적 측면에서 일본 본토와 현저히 달랐음에도 불구하고 '일본 국민정신의 우월성이란 신념에 입각한'야나이하라 다다오(矢内原忠雄) 동화주의를 강제했다는 점에서 영국의 자치주의형 식민지 통치원칙과는 대조적이었다. 이는 똑같이 동화주의형을 채택했던 프랑스와 비교해도 자연법적 인간관이 결락된 것이었다. 그리고 이런 차별적 구조를 청산하지 못한 점은 오늘날의 오키나와 문제로 이어졌다.

마쓰다 도시히코는 대한제국기 한성=식민지기 경성의 상수도 부설사업에 대한 고찰을 통해 식민지 지배하 차별구조의 실태를 밝혔다. 지금까지 식민지 지배하 한성경성의 일본인과 조선인의 거주공간 분화에 따른 격차라는 '이중구조론'은 자주 지적되어 왔지만, 필자는 차별구조에는 이분법으로 파악되지 않는 역사와 국제관계가 있었다고 지적한다. 고종은 대한제국의 독립을 유지하기 위해 '세력균형정책'을 펴고 있었는데, 그러한 배경 하에 한성의 수도 건설을 둘러싼 열강 간의 이권쟁취 결과, 미국 기업이 사업을 도급하게 되었다. 사업은 한성 전체로의 급수라는 근대적 인프라 정비의 측면도 있어 조선인 주민도 수혜자였다. 그러나 일본이 대한 제국을 보호국으로 만든 후에 열강은 이권 회수에 착수하였고 수도사업에 대해 강경한 태도를 취하게 되었다. 한일합방 이후 다국적 신디케이트 Syndicate가 소유한 대한수도회사가 일본 신디케이트에 의해 인수되었다. 일본은 조선인에게도 수돗물의 수요가 있다는 것에 대해 부정적이었다. 필자는 총독부의 관할하에 들어간 수도사업의 실태를 면밀히 고찰하였는데, 배수관 부설공사 지역을 비롯해 수도이용 가구 수, 급수전(공설 공용 수전과 전용 수전 · 사설 공용 수전의 사용별 대우) 등에 있어서 수도이용을 둘러싼 내지인과 조선인 간의 격차가 적어도 1910년대에는 확대일로를 걷고 있었음을 논증하였다.

왕중천은 전전戰前 일본의 주도로 만들어진 '몽강蒙疆'에서 활약한 화가 후쿠자와 쇼조深澤省三의 몽골에서의 활동과 작품에 대한 분석을 통하여 후쿠자와에 의한 '몽강' 이미지 및 의의를 고찰하였다. '몽강'은 전쟁을 배경으로 형성된 것으로 몽강정권의 지배 범위도 고정된 지역이 아니라 유동적이며 다층적 성격을 지녔다. 몽강은 단지 이국적 정취가 넘치는 공간이었을 뿐 아니라, 일본군의 점령을 배경으로 만들어진 대일협력 정권에 의해 지배되는 정치적 공간이었다. 이러한 몽강에 1938년 후쿠자와는 일본 화단畫壇에서 명성을 쌓은 후에 들어와 종군화가로서의 길을 걸었다. 그리고 현지 유력 인사들과의 교류를 통해 몽강정권 및 군부 고위층과 인맥을 쌓았다. 그는 '몽강 제민족의 융화, 친선을 도모하기' 위한 '몽강 미술가 협회'의 조직자로도 활약하며 현지의 예술전통을 되살리는 동시에 대동아공영권 건설에 의식적으로 참여했다. 필자의 고찰에 의하면, 몽강 시기 후쿠자와의 프로파간다적인 작품은 대부분이 정권 상층부와 그 관계자를 모델로 하였으며, 하층사회에 대한 시선이 결여된 동시에 전시 상태의 분위기가 전혀 드러나지 않는다고 한다. 그러나 후쿠자와의 대표작 중 하나인 〈몽고 군민軍民 협화도〉에 나타난 구도와 일본'군'과 현지'민'의 시선의 엇갈림과 긴장감으로부터, 화가의 의도와 달리 화가의 직감이 무의식중에 '불협화음'을 나타내기에 이른 것이다.

바리셰프 에두아르는 러시아혁명 후인 1920년 사할린주에서 일어난 니콜라예프스크 사건과 일본의 사할린주 점령을 고찰했다. 사할린의 니콜라예프스크는 러시아 극동의 전략적 요충지였다. 이 지역은 광산업이 발달했으며 다수의 중국인과 조선인이 노동자로 일하고 있었다. 러시아혁명 이후 극동지역 곳곳에 사회주의 정권이 잇따라 들어서면서 빨치산 운동은 사할린까지 파급되었다. 1920년 니콜라예프스크를 점령한 빨치산이 구 '지배계급' 주민에 대한 '붉은 테러'를 감행했고, 나아가 일본이 출병하자, 빨치산이 철수할 때 초토화 작전을 벌여 반볼셰비키 정권 지지자와 대일 무역자를 대량으로 학살했다. 이 과정에서 노동자로 일하던 일부 중국인과 조선인도 용병으로 동원되어 학살에 관여했다. 상륙한 일본군은 사할린주에 대한 보장 점령 방침을 정하고 군정을 펼쳤다. 군정 하에서 일본군은 러시아 시민의 인권을 무시하고, 생활, 이동을 엄격히 제한한 한편, 니콜라예프스크에 남겨진 가용자원을 모두 압수했다. 이는 니콜라예프스크에 있어 제노사이드에 버금가는 재해였다. 사할린 사람들은 혁명주의적 테러와 일본 군국주의 사이의 딜레마에서 큰 희생을 강요당했다. 뿐만 아니라 니콜라예프스크 사건은 일본 군국주의를 더욱 경직시키고 동북아 정세를 더욱 격화시키는 계기가 되었다.

억압과 차별에 중점을 둔 상기의 글들과 달리 모리나가 다카코森永貴子, 조성윤趙誠倫, 나히아娜荷芽의 글은 근대의 혁명과 식민지주의 등을 포함한 근대정치가 만들어낸 격동에 의해 농락당하면서도 '콘택트 존'에서 역동적으로 살아가는 사람들에게 초점을 맞춰 고찰했다.

모리나가 다카코는 러시아의 차茶 무역을 들어 지금까지 충분히 주목받지 못했던 19세기 이후의 캬흐타, 한구를 중심으로 전개된 러시아 상인의 활동과 그 의의에 대해서 고찰했다. 19세기 초까지 공식적으로 청의 '광동 체제'에서 배제된 러시아는 청과 캬흐타를 통해 모피무역을 중심으로 하는 버터 무역을 하고 있었는데, 19세기 중반 이후 청의 문호개방과 러시아 국내의 차소비 급증에 의해 캬흐타 무역은 크게 변화했다. 실제로 러시아는 19세기 말에서 20세기 초에 걸쳐 영국을 능가하는 세계최대의 중국차 소비국이 되었다. 차 무역의 활성화는 버터무역의 대가인 교환상품을 준비할 필요성에 따라 러시아 국내 섬유제품의 생산도 자극하였다. 이윽고 버터 무역이 폐지된 후 러시아 상인이 직접 중국 시장에 참가하여 한구를 중심으로 다른 나라가 하지 않던 제다업까지 전개하고 캬흐타를 거쳐 러시아에 수출했다. 또 수에즈운하의 개통으로 오데사 경유의 바다를 통한 차 무역 루트도 개통되었다.

이와 같이 육해 루트를 이용한 광범위한 차 무역 루트와 다양한 민족성, 지역성에 뿌리내린 상인 네트워크는 글로벌하게 전개된 러시아의 차 무역을 지탱하였으며 이는 정부의 의도만으로 통제할 수 없었다. 반대로 러-청 간 차 무역의 종언은 양 제국에서 일어난 혁명에 의한 것으로 이와 같은 정치적 요소는 국경을 초월한 경제활동을 방해하는 최대 요인이 되었다.

조성윤은 국가 중심의 역사관에서 벗어나야만 하는 제주도민의 입장에서 역사적으로 형성된 그들의 트랜스 내셔널 정체성을 논했다. 트랜스 내셔널 정체성의 형성과정은 제주인들의 삶이 끊임없이 정치권력에 의해 농락당해 온 역사이기도 했다. 필자에 따르면 제주는 탐라국 시대에 자율적으로 운영된 정치체제하에서 적극적으로 타지역과 교류했던 역사를 지니고 있다. 그러나 조선시대의 중앙집권체제하에서 제주도민들은 250년간이나 '출륙금지령'에 묶여 있었다. 식민지 시대의 제주도민들은 종속적인 지위에 놓여 차별적인 대우를 받았지만 한편으로는 생계를 위해 동북아 각지로 이동하였고, 오사카에서는 제주도민을 중심으로 결속력이 강한 재일제주인 사회가 만들어졌다. 사실 제주도민들의 생활 감각에서 보면 국가로의 귀속의식과는 별개로 서울보다도 오사카항이 심리적으로 훨씬 가까웠다. 제주도민들은 제주도와 긴밀하게 연결되는 네트워크를 형성하였다. 전후의 '밀항세대', 또 1980년대 이후의 뉴커머도 이러한 근대적 국경을 넘나들었던 제주도민의 삶의 역사 속에서 분석할 수 있는 것이다.

끝으로 나히야는 교육의 관점에서 중화민국이 성립된 후인 1912~1932년 동안의 군벌혼전기에 내몽골 지식인과 엘리트들이 민족문화의 보존과 발전을 위해 각종 문화단체와 학교 창설에 힘썼던 점을 고찰했다. 중화민국이 성립된 후에 '오족공화五族共和'라는 이념하에 '몽장교육蒙藏教育'의 실시 목표가 명문화되었지만 군벌이 할거하는 가운데 중앙과 지방정권의 대몽골정책은 일관성을 가지지 못했고, 대對몽골문화와 교육정책도 실제로 실시되지 않은 사례가 부지기수였다. 한편 이 시기에 활발했던 몽골 민족운동과 방향성을 같이 하는 것으로 몽골 지식인을 주체로 하는 문화적 활동 및 교육사업이 번성했다. 그 대표적인 예로서 민족문화의 계승과 몽골 전체의 진흥을 취지로 하는 동몽서국과 몽골문화촉진회가 있으며 동북몽기사범학교東北蒙旗師範学校 등의 조직과 학교가 계속해서 창설되었다. 몽골 지식인들은 학교교육을 통한 청년의 의식개조와 함께 한족 지식인에게는 중국어 저작을 통해서 몽골의 입장을 호소했다. 또한 자금부족으로 경영난에 직면한 많은 단체는 지방 정권과 거래를 했다. 몽골의 유식자들은 중국 내셔널리즘 고양기에 자민족의 '민족성'을 전망했던 것이다. 그들의 노력에 의해 길러진 인재는 훗날 몽골인에 대한 문화계몽활동에 있어 중추적 역할을 담당하게 된다.

위의 글들은 다양한 '콘택트 존'에서의 접촉에 대한 고찰을 통해 식민지주의 또는 근대국가의 배타성이나 이데올로기 투쟁에 의해 주변화된 지역이나 그곳 사람들 속에 각인된 억압이나 비극을 밝힌 한편, 근대국가의 틀로 인한 제한 속에서도 종래의 동북아 네트워크를 활용하면서 독자적이고 역동적으로 발전해 나가는 사람들의 모습을 명확히 하고 있다. 달리 말하면, 서구 중심주의에서는 볼 수 없는 동북아 근대의 형성과 전개 과정을 근대의 '빛'과 '그림자'라는 여러 측면에서 농담濃淡과 타임래그를 통해 입체적으로 나타내고 있지 않을까 생각한다.

이러한 동북아의 '근대'를 이해할 때, 어디의 누가 보다 정확하게 서구의 근대에 접근하고, 선진적인가 라는 물음으로부터 자유로워지면, 우리는 동북아 여러 지역에서 서구의 근대에 대한 저항과 수용의 다양한 형태, 바꾸어 말해서 각 지역에서의 근대적 사상 공간 형성의 다양성과 특징들을 확인할 수 있을 것이다. 또한 이는 서구의 근대를 재조명하는 계기가 될 것이라 확신한다.

지금까지 이 책에 실린 모든 글들을 개관해 보았다. 하지만 어디까지나 필자의 '필터'가 작용하였기에 모든 논점을 포괄했다고는 말할 수 없다. 서론에서 다루는 각 논문에 대한 개관은 이들에 의해 표현되고 있는 동북아의 다양성과 독자성을 접하기 위한 단서를 제공하는 것이니 구체적인 사항에 대해서는 각 글들을 읽어주길 바란다.

2016년도부터 발족한 본 연구 프로젝트 멤버로는 일본 시마네현립대학교 이노우에 아쓰시 교수2016~2017 대표, 이노우에 오사무 교수, 이시다 도루 부교수, 야마모토 겐소 교수, 마에다 시호 조교수2016~2017, 이정길 조교수2018~현재, 리샤오동2017~현재 대표과 프로젝트 연구 파트너 기관인 국제일본문화연구센터 류지안훼이 교수, 마쓰다 도시히코 교수2017~현재, 도호쿠대학교 오카 히로키 교수, 와세다대학교 야나기사와 아키라 교수, 류큐대학교 나미히라 쓰네오 명예교수, 쓰쿠바대학교 바리쉐프 에두아르 조교수 등 총 12명의 구성원과 중국 동북사범대학교 한둥위 교수, 칭화대학교 왕중천 교수, 내몽골대학교 나히야 부교수, 타이완중앙연구원 근대사연구소 황커우 특빙연구원, 서울대학교 장인성 교수 등 총 5명의 해외연계연구자로 구성되어 있다.

이 외에도 프로젝트 연구과정에서 많은 국내외 연구자들의 협조를 받아 연구활동을 충실히 수행해 왔는데 이 지면을 빌려 그분들께 특별한 감사의 말씀을 드리고 싶다. 특히 오카 히로키 교수와 야나기사와 아키라 교수는 프로젝트 기획 단계부터 참여하여 연구의 주제와 방향에 대해 함께 논의했다. 그리고 류지안훼이 교수, 한둥위 교수, 나미히라 쓰네오 명예교수, 장인성 교수, 황커우 특빙연구원은 연구보고뿐만 아니라 각종 심포지엄, 워크숍의 공동개최나 성과출판에서도 지원을 아끼지 않았다. 또 이 책의 감수를 맡아 주셨던 한국외국어대학교 중앙아시아 연구소 이평래 교수, 시마네현립대학교 이시다 도루 부교수, 성균관대학교 동아시아 법·정치연구 류일현 선임연구원, 그리고 번역에 힘써 주셨던 11명의 번역자분들(역자소개 참조)께 심심한 사의를 표한다. 마지막으로 이 책이 한국에서 출판될 수 있도록 각고의 협조를 아끼지 않았던 성균관대학교 성균중국연구소 이희옥 소장님과 소명출판 박성모 대표님과 여러 관계자분들께 특별히 감사의 말씀을 드리고 싶다.

차례

제2부 '근대'의 수용 · 재편 · 재해석

제3부 '콘택트'로 보는 '빛'과 '그림자'

/ 제1부 /

배태기부터 근대 전야까지의 동북아시아

몽골과 '중국'의 접양接壤 지대로서 12~14세기 화북

이이야마 도모야스

정녕 옮김

1. 들어가며

최근 10~16세기의 중국[1]사 연구에서 커다란 영향력을 지닌 '송·원·명 이행론The Song-Yuan-Ming-Transition'이 흥륭興隆하고 있다. 이와 같은 현상은, 송·원·명이란 단대사斷代史적인 시점을 배제하고, 해당 시기 중국사회의 문화적·경제적·사회적 연속성 혹은 단절을 검토할 때, 그 결과를 "early

1 널리 알려진 대로 '중국'은, 시대·지역 혹은 개인에 따라서 그 범위와 뜻이 바뀔 수 있는 극히 가변적인 용어이자 개념이다. 따라서 역사연구를 수행할 때 함부로 사용해서는 안 된다. 한자사용권 외부에서 '중국'에 해당하는 용어로서 가장 널리 보급된 China Proper는, 직역하면 '중국본토'가 될 것인데 이는 일본어 연구에서도 종종 사용된다. 필자가 아는 한, 이 용어는 몽골고원·티베트·신장(新疆) 등이 '중국본토'와 함께 청조 황제의 지배하에 들어가, 상황에 따라서 그 전체가 '중국'이라 불리게 되는 청대 이후에 대해 사용되는 경우가 많은 것 같다. 하지만 본고가 대상으로 삼고 있는 13~14세기 사료에 보이는 '중국'은, 현재의 운남성(雲南省)·귀주성(貴州省) 등을 포괄하는 경우는 거의 없으며 China Proper와 비교해도 훨씬 작은, 지리적이라기 보다는 문화적인 개념이다. 따라서 본고에서 따옴표 없이 사용하는 '중국'은, 13~14세기 사람들이 생각하는 '중국'을 지칭한다. 그리고 이는, 청대에서 근대에 걸친 역사연구에서 논의의 표적이 되고 있는 '중화세계'처럼, 지리상의 개념을 넘어 사상·언어·경제나 그 밖의 문화활동 등 다양하고 다층적인 사상(事象)으로 이루어진, 일종의 정치·문명권을 의미하지 않는다.

modern"의 도래로 이어지는 역사 속에 어떻게 자리매김할 수 있을까 하는 관심의 확장에서 비롯한다. 이런 주장의 효시가 된 논문집 *The Song-Yuan-Ming Transition in Chinese History* Smith · von Glahn 2003의 서문을 보면, 그 제창 목적은 송에서 명까지의 약 6세기를, 이른바 '당송변혁'의 영향을 더욱 증폭시키는 동시에 근대 중국사회의 요람이 된 시대로서 파악하는 것에 있다고 설명되어 있다.[2] 종래 '송원'과 '명청' 사이에 명백한 연구상의 단절이 존재했던 중국사 연구 상황을 감안할 때, 이런 주장의 신선함은 원·명을 통시적인 고찰 대상으로 삼은 점에 있었다고 말할 수 있겠다. 해당 논문집에 수록된 여러 논고들에서는, 왕조교체를 초월하여 존속한 사인층士人層, 과거 응시자층과 그 사회적 영향력의 증대, 농업기술의 진전, 지속적인 경제발전과 상업 네트워크의 확대 등이 논의되었고, 10~16세기 동안의 사회변용이 보여주는 명확한 연속성을 조명하는 결론이 도출되었다고 총괄할 수 있다. 당송변혁에서 이어지는 사회적 변용의 연속성을 중시하는 이들 견해는, 이후의 연구들에서 사실상 논의의 전제가 되어 있으며, 1000년부터 1550년 무렵까지를 가리켜 "middle period"라 부르는 관행도 정착되고 있는 것처럼 보인다 Ebrey · Smith 2016.

한편으로, 이러한 송·원·명 이행론이 갖는 공간적인 범주에 관해 주의할 점으로서, 이제까지의 거의 모든 관련연구가 이른바 '강남江南'을 그 고찰대상으로 삼고 있다는 사실이 있다. 그리고 바로 이 점이, 송·원·명 이행론의 주제의 하나인 '비非중국왕조'의 지배와 그 영향에 관한 논의의, 하나의 명확한 한계가 되고 있다고 말할 수 있다. 즉, 앞에서 언급한 연구

2 그리고 이보다 앞선 선구적 시각에서 이루어진 연구로 中砂(1997)이 있다.

들은, 중국실제로는 강남사회에 대한 비중국왕조의 지배력의 침투가 한정적이었다고 주장한다. 이로부터 읽어낼 수 있는 사고방식은, 오해를 무릅쓰고 말하자면, 비중국왕조몽골제국의 지배라는 것이 "'중국'이란 역사적 흐름에 삽입된 지극히 단기간의 이상 현상"이라는, 말 그대로 19세기 이전부터 반복되어 온 역사관의 지극히 직선적인 계승이다. 여기에는 중대한 의문점疑義이 있다. 즉 이러한 연구에서는, 앞에서 언급한 *The Song-Yuan-Ming Transition in Chinese History*라는 연구서의 제목에서 '요遼'와 '금金'이 빠진 점이 상징하는 것처럼, 이런 비중국왕조의 지배를 보다 오래 경험한 10세기 이후의 화북[3] 사회의 역사가 거의 고려되지 않는다. 바꾸어 말하자면, 13세기 후반으로부터 불과 한 세기도 안 되는 기간동안만 몽골의 지배를 받은 강남의 경험을 가지고, 10~16세기에 걸친 외래 정복자의 '중국' 지배 전체를 논하고 있는 것이다.

사실 1980년대 전반까지는 이러한 연구경향에 대해 이해 가능한 측면이 있었다. 당시까지는 문헌 자료의 부족으로, 10~16세기 화북의 역사에 관해서는 정치사·제도사의 틀을 뛰어넘는 연구가 어렵다고 생각되었다. 하지만 그 이후로 현지조사가 성행한 덕분에 비각사료碑刻史料들이 발견·활용되었고, 그 결과 1990년대부터 해당 시기 화북 재지在地 유력자층의 동향, 유력한 사회집단인 수리조직·종교집단·촌사村社의 변천 등에 관한

3 중국어권에서의 '화북'의 용법에서는, 섬서(陝西)나 하남(河南)이 그 범위에서 빠지는 경우가 있다. 본고에서는 12~13세기 주센(女眞)의 지배하에 있던 중국의 북반(北半)(몽골시대의 한어 사료에서 '한지(漢地)'라 불린 지역과 거의 겹친다)을 '화북'이라 부르기로 하겠다. 지리개념으로서 '화북'의 생성과 그 변동폭에 관해서는, 久保(2014)를 참조. 그리고 금대에 출현한 '한지=금국(金國)'의 경계 문제에 관해서는, 북송과 키타이=요(遼)의 병존 상황에서, 원래는 경계를 넘어 왕래하는 것과 자신의 정치적 귀속의식은 무관했지만, 점차 특정 왕조에서 다른 왕조로 월경하여 출사(出仕)의 대상을 바꾸는 것을 '불충(不忠)'이라 보는 규범이 형성되었고, 그런 규범이 당시의 '국경'을 형성하게 했다고 보는 Standen(2007)의 논의에 따르겠다.

연구가 진전되었다. 그리고 이러한 연구를 통해 얻어진 화북사회에 관한 새로운 지식에 의해서, 송·원·명 이행론에서 제시된 강남사회 상황을 다른 지역에 그대로 적용할 수 없다는 사실이 점차 명백해지고 있다.

본고의 목적은 이러한 연구상황을 감안하여, 몽골 지배하에서 화북사회가 어떻게 변용되었는가를, 관원등용을 매개로 한 재지 유력자층과 국가의 관계에 주목하여 논하는 데 있다. 구체적으로는, 몽골시대 화북에서의 관위 획득에 관한 상징적인 두 개의 사례에 입각해서, 몽골 지배가 얼마나 재지 유력자층의 종래의 존재양상을 바꾸었고, 이런 변화를 10~16세기의 중국사에서 어떻게 자리매김해야 하는가를 논하고자 한다. 그리고 이런 목적을 달성하기 위해, ① 사인士人, 과거응시능력이 있다고 간주된 지식인층과 몽골지배, ② 몽골 통치시스템의 특색, ③'비非 사인'인 관원 배출자층의 발흥을 각기 검토해보도록 하겠다.

2. 화북의 사인층士人層과 몽골지배

11세기에 과거가 제도적으로 확립되고 응시자층이 급격히 확대된 이후로, 중국사회에서 지식인이란, 실제로 응시를 지향하는지 아닌지 상관없이, 대체로 과거에 응시할 수 있는 능력을 지닌 이들을 의미하게 되었다. 이들은 관위의 획득에 일반적으로 적극적이었는데, 이는 신유학도학(道學)·이학(理學)의 중요한 목적이 경세제민이었기 때문이었다. 따라서 1234년의 화북정복 완료에서부터 1314년까지 80년간에 걸쳐 과거가 시행되지 않았고, 과거가 재개된 이후에도 극히 소수의 급제자만이 허용되었던 몽골의 통치기간은, 사인층에게 '암흑시대'를 의미했다고 보는 연구가 20세기 후반까지 주류를 이루었다. 하지만 최근의 연구에서는, 몽골 지배하에서도 유학적 교양의 연찬研鑽이 명백한 연속성을 갖고 지속되었고, 또한 몽골 정권도 이를 높이 평가함과 동시에 연구성과의 출판이나 사인의 등용 등을 대대적으로 시행했음이 명백해지고 있다宮(2006). 실제 화북에서도, 유인劉因·허형許衡같은 이른바 '북방이학北方理學'의 거물들이 몽골 지배 하에서 그 학술활동을 지속한 결과, 『송원학안宋元學案』의 편집방침 등, 후세에 지대한 영향을 미쳤다.

그렇다면, 과거제도가 안정적인 출사出仕의 경로가 되지 못하는 상황에서, 몽골 지배하의 사인들은 어떻게 관위를 획득하고 관계官界에서 활동했을까? 본고에서는 먼저, 이러한 의문의 대답을 생각함에 있어 절호의 실마리를 제공하는 곽욱郭郁, 약 1259~?이란 사인의 출사와 승진의 배경을 개관하고자 한다. 그리고 이를 위해서, 곽욱의 업적을 칭송하기 위해 편찬된 복주로유학교수서동편福州路儒学教授徐東編 『운사복재곽공언행록運使復齋郭公言行錄』과, 그 자매편이라 할 수 있는 편찬자 불명 『편류운사복재곽공민행록編類運使復齋郭公敏行錄』모두 지순(至順) 2년(1331)에 작성된 서문이 있음의 내용을 살피고자 한다.[4]

곽욱은 1259년 무렵 대명부大名府, 현재의 화북성 대명현(大名縣)에서 출생하여, 6세에 독서를 시작했다. 정확한 시기는 알 수 없지만, 진정眞定의 후극중侯克中, 생몰년 미상에게 『역易』을 배웠다. 그리고 19세 때에 '유아儒雅를 인정받아' 강회행성江淮行省에 의해 강회행추밀원령사江淮行枢密院令史에 피충辟充, 추천되어 임명되었다. 그의 스승인 후극중이 남송 정복에 큰 역할을 했고, 당시 강회행

4 지면관계상, 두 서적의 서지학적 특징을 언급하거나, 사료를 이용한 논의는 전개하지 않는다. 자세한 것은 飯山(2011), pp.370~396; Iiyama(2016a)를 참조.

추밀원을 주도적으로 운영하고 있던 사격史格, 1221~1279과 '심우心友'였던 점이 곽욱의 발탁과 관계가 있을 가능성이 크다. 그리고 원정元貞 원년1295, '정길하남왕貞吉河南王'과 '성재우승마공성재우丞馬公'의 비호를 얻게 되면서 인생의 전기를 맞이한다. 정길하남왕은 당시 하남행성좌승河南行省左丞이었던 부릴기데이Bürilgidei; Chin. 卜憐吉歹, 생몰년 미상였다. 그는 오랑하다이Uriyangqadai, 1200~1271의 손자이자 아주Aǰu, ?~1280의 아들로, 조부와 부친에 이어 옛 남송령南宋領 경략에 종사하고 있었다. 그리고 성재우승마공은 당시의 하남행성우승河南行省右丞이던 마소馬紹, 생몰년 미상였다. 부릴기데이는 공신의 자손이었을 뿐 아니라, 성종成宗 테무르재위 1294~1307가 죽은 뒤 아유르바르와다 옹립에 나섰던 인물 중 하나였다. 그 결과 인종仁宗 아유르바르와다재위 1311~1320가 즉위한 뒤 그의 신임을 받았다. 그리고 황경皇慶 원년1312에는, 아유르바르와다 측근의 유신儒臣 중 하나인 왕약王約의 추거推擧를 받아 하남왕에 봉해졌다. 이처럼 부릴기데이는 당시 몽골 정권에서 중요한 지위에 오른 인물이었다.

곽욱은 이러한 부릴기데이의 추거로 대도大都의 중서성 막관中書省幕官으로 전임되었고, 중서답랄한승상中書答剌罕丞相, 즉 하르가손Qarγasun, 생몰년 미상에게 재능을 인정받아 도성연都省掾이 되었다. 그리고 대덕大德 9년1305에 승무랑선휘원도사承務郎宣徽院都事로 입류入流하였고, 대덕 11년1307에는 승덕랑강절행성도사承德郎江浙行省都事로서 항주杭州에 부임했다. 그 이후에는 중앙에서 도사都事나 중서검교中書検校 등 문서행정과 관련된 중견 관직을 역임했고, 지방에서도 지주知州를 경험했다. 연우延祐 7년1320 부친의 상喪을 마친 뒤에는, 지고우부知高郵府를 시작으로 강남의 지방행정상의 요직을 역임하였고, 태정泰定 4년1327에는 복건등처도전운염사福建等処都転運塩使(3품)에 취임하였다. 당시가 이원吏員들이 입류入流하기까지 점점 더 긴 시간이 소요되고, 용관冗官문제가 불거지던 시대였음을 생각하면, 예외적으로 순조로운 승진이었다고 할 수 있겠다. 곽욱은 이 기간 동안 자신을 『역易』에 정통한 유학자라 인식하여, 임관한 곳의 사인들과 적극적으로 교유하였고, 이들의 출판활동과 학술토론을 지원하는 후원자로서 활약하였다. 이러한 모습은 원 이전과 이후 시대 과거관료들의 모습과 하등 다를 바 없었다.

그러나 당연하게도, 비호관계庇護關係는 비호해주는 이가 죽거나 실각하면 해소된다. 부릴기데이는 1329년 이전에 사망한 것으로 추정되며, 그 일족도 천력天曆의 내란1328에서 패배한 쪽의 파벌에 가세했기 때문인지 몰라도, 하남왕호河南王号의 보유자는 몽골시대 말기 후흐테무르Küketemür, ?~1375가 대두하기 이전까지는 확인되지 않는다. 또한 『원사元史』 아주전阿朮伝이나 제왕표諸王表 등에서 부릴기데이의 존재가 전혀 언급되지 않은 점도, 그 일족의 몰락을 방증하는 것이라 보인다. 곽욱은 이미 70세를 넘었는데, 당시 70세는 규정상 관직을 은퇴할 연령이었다. 비호자를 잃어도 관계官界에 남기 위해서는, "70세 이상이어도 유능하고 인망이 있으면 예외로 한다"는 규정만이 최후의 보루였을 것이라 생각된다. 이러한 상황을 감안한다면, 곽욱의 하급 관리들이나 관할지역의 사인들이 써 내려간 '곽욱은 늙었지만 점점 더 유능해지고 있습니다'는 내용의 시문들로 가득 찬, 앞서 언급한 『운사복재곽공언행록』·『편류운사복재곽공민행록』은 바로 곽욱이 관계에서 생존하기 위해 편찬되었다고 보는 것이 타당하다 생각된다.

이러한 비호자의 후원에 의한 승진은, 한문 사료에서는 통시대적으로 '요행徼倖', '요행僥倖' 등이라 불렸고 표면적으로는 거센 비판의 대상이었다. 하지만 『운사복재곽공언행록』·『편류운사복재곽공민행록』을 포함한 몽골시대의 한문 사료, 특히 화북 지역에서의 사료에는 이같은 '요행'을 떳떳하지 못한 것으로 보는 시각이 전혀 느껴지지 않으며, 오히려 이를 자랑스럽게 특기하는 경향마저 분명히 확인된다. 정리하자면, 곽욱의 경력은 절대 예외적인 것이 아니라, 당시의 관계官界에서는 왕도王道라 할 수 있을 정도의 성공사례였다. 이런 성공을 몽골지배의 문맥 속에 자리매김하기 위해서는, 몽골시대의 통치·관리등용시스템을 보다 전체적인 차원 속에서 이해할 필요가 있다.

3. 몽골시대 화북 통치·관리등용시스템

몽골시대 '중국' 지배의 특색은 다층적인 통치체제에 있다. 몽골제국은 모든 영역에서, 피정복지 종래의 통치시스템과 몽골적인 주종개념에 입각한 분민分民제도의 병존이라는, 중층적인 지배를 실행했다. 피정복지의 주민은 먼저 인구조사를 통해 그 직능에 따라 가족단위로 분류되었다(이렇게 서로 다른 직능을 지닌 다양한 '호戶'를 한문 사료에서는 '제색호계諸色戶計'라 총칭한다). 그리고 이렇게 분류된 다음에, 카안과 그 일족을 포함하는 중요한 몽골 왕후王侯들이나 장령將領에 분배되었다. 이러한 분배는 몽골의 지배 하에 있던 유라시아 전체에서 실시되었고, 일단 분배가 이루어지면 카안은 개입하지 않았다. 따라서 분민의 인구증가 등은 소유자의 경영수완과 관리기술에 맡겨지게 되었다. 화북에서는 1236년에 분배'분발(分撥)'가 이루어졌는데, 직능별로 분류된 사람들은 십진법에 따라 편성되어'10호'·'100호'·'1000호'·'10000호', 왕후들의 투하投下·위하位下, Mon. ayimaγ로 편입되었다. 각각의 왕후들은 '케식Mon. kesig; Chin. 怯薛'이라 불리는 세습되는 측근집단을 거느렸으며, 이들을 자신의 투하의 관리관에 임명하거나, 혹은 이들에게 중앙정부의 관위를 제공하거나 하였다. 한편으로, 분배는 강남을 비롯한 옛 남송령에서도 이루어졌는데, 실제 어떤 식의 통치가 이루어졌는지는 사료가 결락된 탓에 그다지 알려져 있지 않다. 하지만 남아 있는 사료를 볼 때, 화북인당시의 법제용어로는 '한인(漢人)'이 남방인南方人, '남인(南人)'을 지배한다는 구조였을 것이라고 상정해 볼 수 있다. 원래 강남에서도 제색호계에 관한 통치기구(해운만호부海運萬戶府 등)가 존재하였고, 이들은 새로이 유력한 사회세력이 되었을 것이다. 하지만 몽골 왕후의 존재감은 화북에 비하면 희박했을 것이라 생각된다植松(1997); Lee(2014).

몽골시대 화북 지방통치기구의 구체상을 보면, 일반적으로 서로 통속統屬 관계가 없는 3종의 통치주체가 존재했다고 할 수 있다. ① 주현관아州縣官衙, ② 제색호계 관할기구, ③ 투하·위하가 그것인데, 이중에서 ②와 ③은 독자적으로 면역免役과 관위官位 수여를 행했다. 이처럼 중앙정부의 의향에 상관없이 특권을 수여한다는 것은, 우선 몽골 전후 왕조에서는 발견되지 않는 현상이다. 그러나 이렇게 몽골 왕후들이 자율적 특권을 갖고 있었다 해도, 이것이 일부 선행연구들이 지적하는 것처럼, 행성行省·투하·위하들이 중앙에서 떨어져 나오고자 했음을 의미하지는 않는다는 점에 주의할 필요가 있다. 오히려 그런 지적들이 상정하고 있는 중앙⇔지방이란 이원대립적 도식을 초월하여, 몽골 왕후들은 카안에 종속되면서도 그 자율적 권익을 지속적으로 보증 받는 식으로, 화북에서 존속했다고 이해해야 할 것이다堤(1995); 岡(2002); 杉山(2004), pp.187~240; 飯山(2011), pp.236~246; 川本(2013).

이런 상황에서, 몽골 왕후와의 세대를 뛰어 넘은 연줄근각(根脚)이야말로 몽골시대 관위를 획득하거나 승진할 때에 그 관건이 되었다. 이는 몽골왕후의 의향이 규정상 관리등용·승진제도에 구속을 받지 않는 경우가 많았기 때문이다. 이백여李伯璵, 풍원馮原 편, 『문한류선대성文翰類選大成』 권116 「송주안보유대도서送朱安甫遊大都序」1317에는, 이와 같은 연줄을 얻기 위해 멀리 강남에서부터 대도를 찾아오는 구직자들의 모습이 다음과 같이 기록되어 있다.

괄창栝蒼, 현재의 절강성(浙江省) 여수시(麗水市)은 경사京師에서 5천 리 떨어져 있으며, 강회江淮, 대체로 오늘날의 강소성(江蘇省)에서 안휘성(安徽省) 일대까지는 뱃길을, 서연徐兗, 현재의 강소성 북부에서 산동성(山東省) 중부까지는 육로를 통해, 몇 달에 걸쳐 배나 가마를 타고 (경사에-필자 주, 이하 동일) 도착하게 된다. 도착하면 생활비가 상당히 높아서, 여비나 식비 마련에도 대단히 고생하게 된다. 그러나 (궁성의) 오문午門 밖에는 동남東南, 강남(江南), 즉 옛 남송령(南宋領)에서 유력遊歷해 온 인사人士들이, 서로 어깨를 맞부딪힐 정도로, 입추의 여지도 없이 머물고 있다. 생각건대 이들이 멀리 경사까지 온 것에, 목적이 없을 리 없다. 목적이 있는 이상, 스스로 믿는 바가 있기 마련이다. 유자儒者들은 그 학재學才를, 재지才知가 있는 자는 그 문장을, 언변이 뛰어난 자는 그 계략을, 이렇게 하나의 예藝에 뛰어난 자는 그 예에 의지한다. 각자가 믿는 바에 의해서 (목적이 달성되기를) 원하며, 원해서 그것이 달성되고, 믿는 바에 의해 (바라는 것이) 얻어지면, (추천자에 의해) 조정朝廷에 보고가 들어가니, 아침에 주상奏上되어, 저녁때에는 부름을 받는 일도 가능하다.

栝距京師半萬里, 水浮江淮, 陸走徐兗, 舟御輿戛, 累數月然後至. 至則米珠肉玉, 旅食費良苦. 然午門之外, 東南人士遊其間者, 肩相摩, 武相踵也. 蓋其遊, 未始無所求. 其求也, 未始無所挾. 儒者挾其學, 才者挾其文, 辨者挾其畫, 巧者挾其藝. 隨其所挟, 而致其求, 求焉而遂, 挟焉而獲, 則上書闕下, 朝奏夕召可也.

이 문집의 저자인 허유임許有壬은, 몽골시대 최초의 과거1315에 급제한 인물이었다. 그런데 이런 허유임조차도 이 글에서 자신의 벗에게 대도大都에서의 엽관獵官을 권하고 있는 것이다. 사회적 신분의 높고 낮음에 상관없이 몽골왕후의 인정을 받기만 하면, 말 그대로 '아침에 아뢰어 저녁에 부름을 받는 일도 가능'했다. 이렇게 형성된 연줄은, 비호자의 승인을 얻기만 하면 기본적으로 피비호자의 자손에게도 계승되었다. 그리고 비호자의 핏줄이 몰락하지 않는 한, 피비호자가 몽골제국에서 누리는 정치적 지위도 유지된다고 인식되었다. 또한 비호자의 지위가 약진하면, 마찬가지로 비피호자의 지위도 향상될 가능성이 충분했다.

곽욱의 영달은 이러한 통치·관리등용시스템 속에서 이루어졌다. 하지만, 자신의 정치적 성공이 그 후속세대로 이어졌는가 하는 관점에서 보면, 곽욱은 몽골통치 시스템에 가장 잘 순응해서 화북에서 가장 큰 성공을 거둔 인물은 결코 아니었다. 다음 절에서 예시할 혼원 손씨渾源孫氏야말로, 몽골 지배하의 관계官界에서 몽골적 주종관계에 입각해서 안정적으로 영달한다는 것이 무엇인지를 보여준, 가장 좋은 사례라 할 수 있다.

4. 혼원 손씨渾源孫氏와 그 영달

산서성 대동시 혼원현 서류촌山西省大同市渾源縣西留村에 남아있는 '손공량가족묘孫公亮家族墓'는, 화북에 현존하는 몽골시대의 가족분묘선영(先塋) 중에서도 그 보존상태가 상당히 양호한 편에 속한다. 현재 분묘 그 자체의 흔적은 거의 확인할 수 없지만, 몽골시대의 비각碑刻 11기가 남아 있어, 그 선영을 건설한 손씨의 1190년에서 1324년까지의 역사를 상당히 상세히 설명하여 밝힐 수 있다.[5]

몽골시대에 존귀하고 이름이 높은 지위를 손에 넣은 많은 한인 가계家系들과 마찬가지로, 혼원渾源 손씨 또한 몽골의 금국金國 침공에 즈음하여 대두한 일족이었다. 혼원 손씨가 금대 말기 이전에 어떠했는지에 관해서는, 거의 아무것도 알려져 있지 않다. '가문을 일으킨 조상'으로 불리는 손위孫威, 1183~1240는, 1211년 칭기스 칸의 금국 침공이 시작되면서, 양친의 만류를 물리치고 금국 북변의 중요거점이던 서경대동부西京大同府 수장守將 밑에서 병졸 생활을 시작했다. 자세한 경위는 알 수 없지만, 그 이후 손위는 몽골군에 참가하였고, 몽골 측 대동大同 수장에 의해 의군천호義軍千戶에 임명되어 평산부平山府의 갑옷 제조 장인들을 통괄하게 된다. 언제부터였는지는 알 수 없지만 손위는 그 의형義兄인 사신杜伸에게서 갑옷 제작술을 배우고 있었다. 그 결과로 얻게 된 갑옷 제작 능력과 주변에 대한 통솔력이 평가받으면서, 손위의 이러한 승진이 가능하게 되었다고 보인다. 아마도 손위는 무구의 제작과 수선에 주로 종사하면서, 칭기스 칸과 우구데이 카안의

5 그 상세는 Iiyama(2016b)를 참조할 것.

치세 기간 동안, 몽골군에 종군하며 각지의 전장을 전전했을 것이다. 손위가 칭기스에게 갑옷을 헌상하여 '예케 · 우란yeke uran'이란 이름을 하사 받은 것도 그 무렵이다. 이후 우구데이 카안재위 1229~1241 치세 동안에도 싸움터를 전전하는 가운데, 손위는 포로로 잡은 사람들을 자신의 부하로 편입시켰으며, 한편으로 우구데이에게 갑옷을 진상하여 그와 얼굴을 익히게 되었다.

손위의 아들 공량公亮은 이 가계의 흥륭을 결정지은 인물이다. 그는 아버지의 직위를 계승한 뒤, 갑옷의 제조를 통해서 구육 · 뭉케 · 쿠빌라이 3대의 칸과 카안을 섬겼다. 그리고 자신의 사비로 갑옷을 헌상함으로써 쿠빌라이의 신임을 얻었다. 몽골고원에서 태어나 자랐다는 점, 몽골어가 유창했다는 점, 그리고 어려서부터 카안 주위를 출입한 덕분에 몽골 궁정의 전례典禮에 밝았다는 점 등의 이유로, 손공량은 한층 더 비약할 수 있는 기회를 얻는다. 손공량은 처음부터 갑옷 제조와 관련된 것 이상의 역직役職을 노리고 있었으며, 결국 감찰어사監察御史에 발탁됨으로써 제국의 중화지역 통치에 관여하기 시작했다. 그리고 제형안찰부사提刑按察副使 등 감찰계통의 직무를 역임하게 되었다. 남송 정복이 완료되면서, 손공량은 다시금 기술자로서 능력을 인정 받아서, 옛 남송령 수공업자 집단의 통괄제도와 공납 품목 · 수량 등을 책정하였으며, 최종적으로는 강서등처행공부상서江西等処行工部尚書(정3품)에 올라 1285년에 관직에서 은퇴하게 된다.

손공량의 장남 손공孫拱, 1241~1306은 부친에게서 갑옷 제조를 담당하는 직위를 물려받은 다음, 조부 · 부친과 마찬가지로, 쿠빌라이가 양양襄陽과 번성樊城의 공략을 시작했을 때 그에게 갑옷을 헌상하는 방법으로 쿠빌라이로부터 인정받았다. 그리고 그 이후에도, 장식으로 꾸민 갑옷이나 방패를 헌상함으로써 카안의 신임을 얻었다. 그리고 이와 동시에, 남송 침공에 필요한 갑옷의 제작에서도 활약했고, 보정로保定路에 설치된 제거국提擧局을 관할하게 된 결과, 마침내 그 지역의 행정권까지 손에 넣는다. 손공은 그 이후, 성종 테무르 치세에 노총관路総管으로 전직했고, 익도로총관益都路総管 재임 중에 사망했다. 그의 동생인 손경孫撤, 1249~1296은 케식으로 근무한 뒤, 아마도 일족의 직무 때문에 중앙에서의 무구제작·관리와 관련된 직위에서 일하게 되었던 것으로 보인다. 이 직위는 다음 세대로 계승된다.

손공의 장남인 겸謙, 1255~1298도, 숙부인 손경과 마찬가지로 1278년에 케식으로 들어간 이래, 황태자 친킴에게 봉사하면서 갑옷을 헌상하여 포상을 받았다. 1285년에는 부친의 직위를 승계하여 보정등로갑장제거保定等路甲匠提擧가 되었고, 나얀의 난에서는 무구제작으로 공적을 세웠다. 이후 성종 테무르가 즉위하자 그에게 갑옷을 헌상하여 인정받았고, 계속해서 진기한 갑옷들을 헌상하였다. 하지만 손겸은 44세의 젊은 나이에 급사했고, 그의 갑옷제조 직위는 사촌동생인 손의孫誼에게 계승된다. 손의에 관해서는, 1310년 시점에서 첨무비원사겸령보정등로군기인장제거僉武備院事兼領保定等路軍器人匠提擧와, 무비원武備院에서 직위를 겸임하고 있음이 확인된다. 그리고 손해孫諧에 관해서는, 1324년에 조렬대부朝列大夫·하동산서도선위부사河東山西道宣慰副使의 직위를 갖고 있었음이 기록에서 확인된다. 상세한 것은 알 수 없지만, 갑옷제조와 관련된 직위를 계승하면서, 동시에 행정관으로서 경력도 쌓고 있었음을 알 수 있다.

몽골시대 혼원 손씨는, 갑옷 제조라는 특수한 기능을 통해서 연줄을 중시하는 몽골적인 군신관계에 잘 적응함으로써 존귀하고 이름 높은 지위를 구축한, 지극히 몽골시대적인 유력 가계였다. 그의 집안 대대로, 출사出

仕하는 이들은 먼저 갑옷을 제조하는 장인들을 감독하는 직무로부터 시작하였다. 그리고는 역대 카안들에게 갑옷을 헌상하여 그들로부터 인정받았고, 최종적으로 행정관을 겸하게 되는 식의 경력을 걸어갔다. 관직과 이에 뒤따르는 사회적 지위의 안정적 확보라는 점에서, 동시대 화북사회 속에서도 대단히 성공을 거둔 가계였다고 생각해도 무방할 것이다. 이와 비슷한 사례는 동시대 한문 사료에서도 빈번히 발견된다.

5. 맺으며 – 화북사회 역사에서 몽골지배가 갖는 의의

본고의 내용은, '송·원·명 이행론'이란 논의를 재검토하려는 의도로 화북의 동시대 상황을 개관한 결과 얻어진 것이다. 그런데, 이는 단순히 '중국사회'의 지역적 차이를 보여주는 것을 넘어서, 동북아시아라는 보다 넓은 시야에서 '중국사'를 상대화할 필요성을 제기하고 있다고 생각한다. 이와 관련하여, 오웬 라티모어Owen Lattimore, 1900~1989가 지난 세기 중엽에 화북의 역사지리적 위상에 관해 수행한 일련의 논의는, 대단히 풍부한 시사점들을 제공하고 있다고 생각한다. 라티모어는 '농목접양지대'에서 발생한 새로운 국가시스템이나 통치체제가, 시간이 지나면서 정복활동을 수반하며 주변지역으로 전파되고, 그 과정에서 보다 많은 변천을 거치면서 광역적인 사회변동을 초래한다는 가설을 세웠다. 그리고 이런 사회적 변동이 새로운 '중국사회'의 기반이 되는 현상이 '중국' 역사상 수차례 발생했다고 주장했다Lattimore(1940). 그렇기 때문에 라티모어는, '유목'과 '중국' 사이에 명확한 경계선을 긋는 것을 양쪽의 문화·사회적 틀을 처음부터 불변하고 고정된 설정으로 간주하려는 행위라 하여 부정하였다.

이상과 같은 양자택일적 인식과는 달리, 몽골시대 화북에는 명백히 '북아시아적' 특질을 지닌 몽골제국의 분절적 국가·사회구조, 즉 오카 히로키岡洋樹 씨가 지적하는 것처럼, '칸을 정점으로 하는 위계질서 구조를 지니면서도, 이를 구성하는 각 사회단위가 고도로 자립·완결되어 있기 때문에, 상부의 단위가 하부의 주민통치에 직접 관여하지 않는 시스템'이, 전통적인 중국의 통치시스템과 병존하면서, 사회·통치시스템이나 재지 유력자층들의 존재양상에까지 영향을 끼치고 그 변용을 초래했다岡(2002), p.21. '유목'인가 '중국'인가 하는 양자택일적인 관점을 버리고 라티모어처럼 접양지대 그 자체가 갖는 특질에 보다 주목한다면, 몽골시대는 명백히 그 전파/확대기에 해당한다고 말할 수 있을 것이다. 가령 몽골이 중국에서 물러난 이후 화북을 정복한 명조에서도, 군사제도 등에서 몽골시대의 유산을 찾아볼 수 있다. 그러나 국가구조라는 점에서 볼 때, '원명元明교체'는 화북 역사에서 '북아시아적' 특질을 감퇴시킨, 또 하나의 중대한 전환점이 되었다. 이런 가운데, 몽골과의 연줄에 의해 번영했던 화북의 관원가계官員家系들은, 1390년대 이후 동시대의 사료에서 모두 자취를 감추게 된다.

10~16세기 역사를 개관해 보면, 북송·금대→몽골시대→명대라는 화북에서의 두 차례의 왕조교체로, 국가와 사회 관계는 큰 폭으로 변화했다. 그리고 그 결과, 금원金元·명청明清 교체기에 재지 유력자층들은 극적인 흥망을 겪게 된다. 이는 송원宋元 시대에서 명대에 걸쳐 재지 유력자층에서 일정한 연속성(몽골시대의 사장社長 배출층이 이후 진鎭의 설립자가 되는 강남의 상황 등)이 확인되는 남방 중국의 상황과는 명백히 상충되는 것이었다. 명청 시대를 다루는 사회사 연구들은, '근세'의 도래를 알리는 커다란 전환점으로

서 16세기 중반에 주목하고는, 이 시기에 보이는 이갑제里甲制·위소제衛所制의 이완·붕괴, 사회의 '군사화', 그리고 백은白銀의 유입 등의 현상들이 기존의 사회질서를 동요시켰고, 그로 인한 생존경쟁의 와중에서 보다 효율적으로 사회자본을 획득·집적할 수 있는 사회조직(이른바 종족宗族이나 상방商幇 등)이 전全 '중국'적으로 발흥했다고 설명하였다Szonyi(2002); Faure(2007). 하지만 이들 연구 역시, 그 연구대상은 동남의 연해지역이 중심이었고, 동시대의 화북사회는 '후진지역'으로 간주할 뿐 별다른 관심을 보이지 않았다.

하지만 최근 이러한 경향에 대해서 재검토가 이루어지고 있다. 즉, 해당 시기의 화북사회 연구에 남방에서 유래하는 사회적 변동을 무조건으로 덧붙여 설명할 것이 아니라, 몽골고원 혹은 중앙아시아와의 경제적·문화적 관련성에도 유의해야 한다는 제언이 이루어지고 있다. 필자에게 그 타당성을 모두 검증할 능력은 없다. 하지만, 본고에서 개관했던 화북사회에서의 몽골지배와 그 영향은 이상의 제언과 그 맥락을 같이하는 것처럼 생각된다. 그리고, 동북아시아 혹은 중앙 유라시아 속에서 '중국'과 그 역사를 파악하거나, 혹은 이를 해체해야 할 필요성을 다시금 제시하였다고 생각한다.

참고문헌

Ebrey · Smith(2016) : Patricia Buckley Ebrey · Paul Jakov Smith, eds., *State Power in China, 900-1325*, Seattle : University of Washington Press, 2016.

Faure(2007) : David Faure, *Emperor and Ancestor: State and Lineage in South China*, Stanford: Stanford University Press, 2007.

飯山(2011) : 飯山知保, 『金元時代華北社会と科挙制度－もうひとつの「士人層」』, 東京 : 早稲田大学出版部, 2011.

Iiyama(2016a) : Tomoyasu Iiyama, "A Career between Two Cultures: Guo Yu, A Chinese Literatus in the Yuan Bureaucracy", *The Journal of Song-Yuan Studies* vol.44, 2014(published in March 2016).

Iiyama(2016b) : Tomoyasu Iiyama, "Steles and Status: Evidence for the Emergence of a New Elite in Yuan North China", *Journal of Chinese History* vol.1, 2016.

Lattimore(1940) : Owen Lattimore, *Inner Asian Frontiers of China*, New York : The American Geographic Society, 1940.

Lee(2014) : Sukhee Lee, *Negotiated Power: The State, Elites, and Local Governance in Twelfth to Fourteenth Century China*, Cambridge (Massachusetts) : Harvard University Asia Center, 2014.

川本(2013) : 川本正知, 『モンゴル時代の軍隊と戦争』, 東京 : 山川出版社, 2013.

宮(2006) : 宮紀子, 『モンゴル時代の出版文化』, 名古屋: 名古屋大学出版会, 2006.

中砂(1997) : 中砂明徳, 「江南史の水脈—南宋・元・明の展望—」, 『岩波講座世界歴史11 中央ユーラシアの統合』, 東京 : 岩波書店, 1997.

岡(2002) : 岡洋樹, 「東北アジアにおける遊牧民の地域論的位相」, 岡洋樹 · 高倉浩樹 共編, 『東北アジア地域論の可能性』(東北アジア研究シリーズ 4), 仙台 : 東北大学東北アジア研究センター, 2002.

Smith · von Glahn(2003) : Paul Jakov Smith · Richard von Glahn, eds., *The Song-Yuan-Ming Transition in Chinese History*, Cambridge (Massachusetts) : Harvard University Asia Center, 2003.

Standen(2007) : Naomi Standen, *Unbounded Loyalty: Frontier Crossings in Liao China*,

Honolulu : University of Hawai'i Press, 2007.
杉山(2004) : 杉山正明, 『モンゴル帝国と大元ウルス』, 京都 : 京都大学出版会, 2004.
Szonyi(2002) : *Michael Szonyi, Practicing Kinship: Lineage and Descent in Late Imperial China*, Stanford : Stanford University Press, 2002.
堤(1995) : 堤一昭, 「李璮の乱後の漢人軍閥－済南張氏の事例」, 『史林』 제78권 제6호, 1995.
植松(1997) : 植松正, 『元代江南政治社会史研究』, 東京 : 汲古書院, 1997.

대청국大淸國에 의한 역사기술의 몽골사적 맥락

오카 히로키
정녕 옮김

1. 들어가며

근대 국가통치의 특징을 통치의 '균질함'에서 찾는다고 한다면, 해당 사회는 특정한 시점에서 문화적·법적으로 동질한, 통합된 '국민네이션'의 창출을 경험해야 하며, 이와 동시에 그 역사도 단일한 국민의 역사로 수렴되기 마련이다. 하지만 그 사회의 '근대'에 선행했던 통치가 '제국'적 광역성과 다양성을 지녔던 경우, 역사인식의 통합은 보다 복잡한 일이 된다. 20세기 초 많은 제국들이 해체되고, '국민국가' 역사라는 새로운 역사서술이 창출되었다. 이 새로운 역사는, 제국시대의 다양한 역사 맥락들로부터 소급적으로 선택된 특정한 '자민족' 역사만을 특권화했으며, 예전에는 공존하고 있었던 「타자」의 역사관을 외부화 혹은 주변화했다.

대청국도 그러한 다양한 역사서술을 지니고 있던 '제국'이었다. 최근 주로 만주사滿洲史의 입장에 기초한 연구에서, 이 제국을 일부러 '다이칭·구룬'이란 만주어 명칭으로 부르는 경우가 있다. 이는 한자 문화권인 일본에서, 이 제국을 '중화세계' 맥락에서 벗어나, 만주 국가로서 측면을 드러내고자 하는 전략에 기반한 것이라 생각된다. 스기야마 기요히코杉山清彦는 청 제국의 다면성을 가리켜 '(청조의) 황제는 여러 얼굴을 갖고 있지만, 보는 쪽에서는 자신을 향하고 있는 얼굴밖에 보이지 않는다'고 절묘하게 표현하고 있다.[1] 청 제국에서는, 중화세계 뿐 아니라 몽골, 티베트, 이슬람 등 다양한 문화적 주체들이 각자의 역사인식을 지니고 있었다. 이는 현재의 '소수민족사'의 근원이라 할 것이다. 청조는 여러 얼굴을 가진 황제가 통치하는 가운데, 어떻게 이들 다양한 역사인식을 공존시킬 수 있었는가? 본고에서는 이 문제를 몽골을 사례로 들어 고찰하도록 하겠다.

2. 대청국의 몽골 통치 범주로서의 '바깥의 몽골(외번外藩)'

대청국이 몽골 민족에 대해 어떤 통치이념을 갖고 있었는가 하는 문제 제기 자체는, 근대의 '몽골 민족'을 전근대 시기에도 소급하여 상정하고 있다는 의미에서, 지극히 근대적 지향성을 지닌 질문이다. 그러므로 논의를 위해서는, 먼저 청대 몽골 통치 틀을 근대의 민족으로서 '몽골'이란 개념에서 일단 해방시켜, 원래 청대에 '몽골'이 통치 틀로서 어떤 의미를 갖고 있었는가를 물을 필요가 있다. 당연하지만 '몽골'이란 개념 자체는 존

1 杉山清彦, 「大清帝国支配構造試論－八旗制からみた」, 『近代世界システム以前の諸地域システムと広域ネットワーク』, 2004~2006년도 과학연구비 보조금(기반연구(B)) 연구성과보고서 (연구과제 16320080) 연구대표자 모모키 시로(桃木至朗), 2007, pp.104~123.

재했다. 우선 팔기八旗에서는, 잘 알려진 것처럼 팔기몽고八旗蒙古라는 조직명에 '몽골'이 명시되어 있으며, 이로부터 그 민족적인 출자出自를 찾아낼 수도 있겠다. 하지만 이들의 정체성은, 오히려 황제에게 신속臣屬하는 지배 엘리트로서 '팔기'의 구성원인 '기인旗人' 신분에 있었다고 생각된다. 몽골 고원에 살던 차하르, 훌룬보이르의 바르가 등 일부 집단은 '내속몽고內屬蒙古'라 불렸는데, '내속'이란 말은 팔기의 관할하에 있다는 것을 의미한다.

팔기와 대치되는 것이 한어漢語로 '외번外藩'이라 불리는 범주이다. 통치 범주로서 '외번'의 뜻을 알기 쉽게 파악하고자 한다면, 그 만주어 명칭인 'tulergi golo' 혹은 'tulergi monggo'와 몽골어 명칭 'γadaγadu mongγul'을 비교해 보면 된다. 만주어의 'tulergi'와 몽골어의 'γadaγadu'는 '외外'를 의미하므로, 전체로서는 '바깥의 몽골'이란 의미가 된다. 'golo'는 내지의 '성省'에도 사용되고, 한어의 '번藩'과 '성' 같은 의미의 차이를 내포하지 않는다. 한편으로, 몽골어 명칭에서 '외번'은 단적으로 '몽골'을 의미한다.

'외번'은 지리적 개념이 아니므로, '외번'이라 불리는 '지역'의 존재는 상정되어 있지 않다. 청 초기에 몽골의 여러 집단은 'monggo gurun몽골국' 혹은 'monggo몽골'이라 불렸을 뿐으로, '외外'라는 수식어는 붙어 있지 않았다. 이는, 누르하치 시기에 만주와 접촉했던 몽골의 여러 집단이, 만주와는 별개의 정치적 주체로 인식되었음을 보여준다. 실제로 누르하치는 만년에조차, 호르친의 오오바에게 한이란 칭호를 사용하게 하여,[2] 일단 대등한 외국으로 취급하고 있었다. 팔기와 별개로, 만주 측에 속한 몽

2 위의 글, p.78. 그리고 Iui zhi · Ĵiγačidai Buyandelger., "Non qorčin-u noyalaγči uuba baγatur qaγan čola aburγsan tuqai", *öbür mongγul-un yeke surγaγuli-yin erdem sinǰilgen-ü sedkül*, 2006.5, pp.72~77.

골 왕족 속하를 의미하는 'tulergi monggo'라는 범주를 설정한 것은 태종 초기의 일이라 생각된다.[3] 이후 이것이 청대를 통해 독자적인 통치 범주를 형성했고, 새로 온 여러 집단이 그 바깥에 배치되게 된다.

'바깥의 몽골'은, 민족으로서의 몽골인을 지칭하는 것 이상으로, 만주어로 버일러beile, 버이서beise라 불리는 왕족들이 통솔하는 여러 집단을 지칭한다. '버일러'와 '버이서'는 몽고어의 '노얀noyan'과 '타이지tayiji'에 대응하며, 지배 씨족의 구성원을 의미하는 존칭이다. 몽골의 지배 씨족은 '외外' 버일러, 버이서라 불렸으며, 반면 만주 왕족인 아이신기오로 씨족은 '내內' 버일러, 버이서라고 불렸다. 즉 초기 대청국은, 내외의 버일러·버이서와 그 속하라는 두 개의 큰 부분으로 구성되었다고 하겠다. 이들 두 왕족은 후세에 '외왕공外王公'·'내왕공內王公'으로 범주화되어 '왕공 신분'을 구성했다. '바깥의 몽골'은 이번원理藩院의 관할 아래에 놓이게 되었다.[4]

이처럼 '바깥의 몽골외번'이란 몽골의 지배 씨족 속하를 지칭하는 통치구분상 개념이며, 청조의 통치구조에서 몽골이란 '민족통치' 범주가 존재했던 것은 아니다.

'바깥의 몽골' 지배 씨족의 신분적 지위는, 청대에 '왕공 타이지'(화석친왕和碩親王·다라군왕多羅郡王·다라패륵多羅貝勒·고산패자固山貝子·진국공鎮国公·보국공輔国公·두등頭等－4등 타이지)라는 작위 수여를 통하여 공인되었다. 작위 수여는 황제가 전결하는 사항이었으므로, 지배 씨족의 권위는 황제권과 불

---

3 Li Boowen. "γadaγadu, doturγadu mongγul gedeg ner-e-yin egüsün ulariγsan asaγudal-du", 『蒙古史研究』 제9집, 呼和浩特 : 内蒙古大学出版社, 2007, pp.159~171.

4 이번원의 조직에 대한 간명한 개관으로서는 다음을 참조할 것. 趙雲田, 『理藩院 清代治理辺陲的枢紐』, 烏魯木斉 : 新疆人民出版社, 1995; Chia Ning. *Lifanyuan and the Management of Population Diversity in Early Qing(1636-1795)*. Max Planck Institute for Social Anthropology Working Paper No.139, Max-Planck-Gesellschaft, Halle(Saale), 2012.

가분하게 연결되었다고 할 수 있겠다.

이들 지배 씨족은 청조에 복속하기 이전부터 그 지위를 갖고 있었으며, 그 이외의 씨족들은 모두 속민屬民인 하르츠qaraču, 평민 신분을 구성하였다. 이러한 기본적 신분구성은 청대에도 이어졌다.

3. 청대 '바깥의 몽골' 왕공 타이지 계보

통치 범주로서 '바깥의 몽골'의 기반은 속민인 하르츠 신분에 대한 지배 씨족의 권위에 있었으며, 북원北元 시기 이래로 그 권위는 청조 황제에 의한 왕공 작위 수여에 의해 공인되었다. 그렇다면, 개개의 왕공 타이지들에게 요구된 것은 지배 씨족의 여러 갈래 중에서 자신이 어디에 속하는지를 특정하는 일이었다.

청조가 외번의 왕공 타이지들의 계보를 정기적으로 제출하게 한 것은 건륭 연간 초기의 일이다. 『대청회전칙례大清會典則例』건륭조에는 다음과 같은 기록이 있다.

> 一, 보계. 건륭 2년, 지旨를 봉하다. 몽고왕 찰살극 등의 가보와 이력을, 짐은 모두 아직 자세하고 명석하게 알지 못한다. 너희 원院은, 당일의 습봉의 근원을 장將하고, 각 기들의 부락을 작량酌量하여, 서서히 가보를 수修하여 주문奏聞하라. 이를 흠하다. 지에 준하여 의주함에, 몽골의 왕 찰살극 등은, 본디 태조와 태종 때에, 수성향화輸誠向化하여, 속들을 이끌고 귀부하였는데, 각기 그 기록된 노적勞績을 논하고, 봉하여 왕패륵패자공일등태길으로 삼고, 기분좌령을

편설했다. 그 과이심 등 10기의 왕태길은, 성조 때에, 모두 태황태후·황태후의 인척에 이어지기 때문에, 일찍이 세차를 장하여 구주具奏한다는 안이 있다. 지금 다시 고정考訂을 덧붙여 조책造册하여 주문하며, 그 이외 나머지 오회찰살극 등은, 마땅히 조책송원造册送院을 준竣하여, 다시 판리를 행하고자 한다. 그리고 외번의 객이객·청해·액로특등에게 행령行令하여, 함께 석봉錫封의 근원, 습작의 세차를 핵명覈明하여, 조책한 뒤 원에 보내어 지를 봉하고자 한다. 몽골왕 등의 가보는, 이후 5년마다 선록진정繕錄進呈하여, 구책舊冊을 환출換出하라. 이를 흠하다.

一, 譜系。乾隆二年奉旨, 蒙古王扎薩克等家譜履歷,朕皆未甚明晰。爾院將當日襲封根源酌量各旗部落,徐修家譜奏聞。欽此。遵旨議奏,蒙古王扎薩克等原繫太祖太宗時,輸誠向化,率屬歸附,各論其所著勞績,封為王貝勒貝子公一等台吉,編設旗分佐領,其科爾沁等十旗之王台吉,在聖祖時因皆繫太皇太后·皇太后姻戚。曾將世次具奏有案。今重加考訂造册奏聞外,其餘五會扎薩克等,應竢造册送院,再行辦理。並行令外藩之喀爾喀·青海·厄魯特等,一并覈明錫封根源襲爵世次,造册送院奉旨。蒙古王等家譜,嗣後五年繕錄進呈,換出舊冊. 欽此.[5]

이를 보면, 건륭제가 몽골 왕공의 가보家譜와 이력을 알기 위해 '가보' 제출을 요구했음을 알 수 있다. 이로부터 8년 후, 가보 제출은 10년에 1번으로 개정되었다.[6] 『이번원칙례』에는, 작위를 이어받을 때에 '근원uɣ eki'을 제출하도록 규정되어 있다.[7] 실제로 외번 몽골 각 기旗들은 후술하듯이

---

5 『欽定大清会典則例』(乾隆朝) 권140, 理藩院·旗籍清吏司·譜系, 24下~25下.

6 『欽定大清会典則例』(乾隆朝) 권140, 理藩院·旗籍清吏司·譜系, 25下

7 『欽定理藩院則例』 권3, 습직상(襲職上)에 기록된 내용은 이하와 같다. "内外扎薩克各旗呈報承襲台吉塔布嚢人員, 各開具等級源流, 按其房分支派名數, 全行繪譜報院, 分別准駁承襲. 不得含混呈報."

'근원' 당책檔冊을 이번원에 제출하고 있었다.

또한 몽골 국립 역사중앙 아카이브에는, 각 기들이 10년마다 작성했던 타이지 계도系圖들이 보존되어 있다. 필자가 조사한 세첸·한 부部 중말기中末旗의 경우, 타이지의 5개의 갈래 별로 계도를 작성했는데, 이를 모아서 자삭의 도장을 찍은 전기全旗 타이지 계도가 작성되었다.[8] 바로 이것을 이번원에 제출한 것으로 보인다.

작위를 수여·계승할 때는, 먼저 기旗가 맹盟을 통해서 18세 성년에 달한 왕공 타이지의 자식을 이번원에 보고하면, 이번원이 이를 상주上奏하는 식으로 이루어졌다. 가령, 건륭 9년1744 2월 19일의 상주문을 보면, 다음과 같이 성년에 달한 타이지의 이름을 열거하고, 황제에게 일괄적으로 작위 수여를 주청奏請하고 있음을 볼 수 있다.

> 의정대신議政大臣, 이번원理藩院 사무를 겸무하는 병부상서兵部尚書, 고산액부固山額駙, 이차가급二次加給, 십사차기록十四次紀錄, 신臣 반디 등이 삼가 상주합니다. 성년에 달한 타이지·타브낭 등에게 품급品級을 내리는 건. 할하 세첸 한 다미랑이 바친 문서에, 내 친동생 돈당이 성년에 달했습니다. 아바가의 자삭 다라군왕多羅郡王 소놈라브당이 바친 문서에, 우리 기旗의 4등 타이지·하문의 아들 울지트, 잠양자브, 곰보체첑, 샤라브, 차박자브, 체렝다시, 4등 타이지·도르지라

(몽골어문 : dotuγadu γadaγadu ǰasaγ olan qosiγun-u tayiǰi tabunang ǰalγamǰilaqu arad-i ergün medegülküi-dür öber öber-ün ǰerge des uγ ekin-i γarγaǰu bičiged ger-ün salburi ner-e-yin toγan-i büridken ger-ün üy-e-yin bičimel-dür ǰiruǰu ǰurγan-dur medegülǰü yabuγulqu egegülkü yabudal-i ilγan salγaǰu ǰalγ amǰilaγul. qasi kereg-iyer ergün medegülǰü bolqu ügei bolγaγtun).

8 상기 아카이브가 소장 중인 계도 사료에 기초하여 필자가 복원한 중말기 타이지의 계보에 관해서는, 岡洋樹, 『清代モンゴル盟旗制度の研究』, 東京 : 東方書店, 2007의 권말 부록을 참조하기 바란다.

시의 장남 후, 차남 체왕, 4등 타이지 · 하문의 동생 욘당, 4등 타이지 · 남자르의 아들 욥체렝, 이들이 모두 성년에 달했습니다. (…중략…) 그러므로 전례에 비추어 할하 세첸 한 다미랑의 기旗, 아바가의 자삭 다라군왕 소놈라브당 등 11기 중에서, 한의 동생 1명을 두등頭等, 패륵貝勒의 아들 4명을 2등, 패자貝子의 아들 1명을 3등, 타이지, 타브낭의 아들 541명을 모두 4등 타이지로 삼겠습니다. 신臣인 우리들이 멋대로 이를 행할 수 없으므로 삼가 상주합니다. 유지諭旨를 청請합니다.[9]

청대 몽골의 계보에 관한 정보를 담고 있는 또 하나의 사료는 몽골문 연대기들이다. 할하가 청조에 복속하기 직전에 저술된, 할하의 잠바 다이칭이 찬撰한 『아사락치 역사』는 각 부部 왕족들의 상세한 계보를 기록하고 있다.[10] 청대에 들어오면, 다르마 · 구시가 찬撰한 『금륜천복金輪千輻』1739이나, 라시풍숙이 찬撰한 『볼로르 · 에르흐』 등[11]에 상세한 계보가 기술되어 있다. 이들 기록에는, 인도로 거슬러 올라가는 호법왕護法王이나 칭기스 이래의 보르지긴 씨족의 왕통 계보에, 청대 왕공 타이지 계보가 이어지고 있다.

연대기와 청조에 제출된 계보는 그 기술 방식이 다르지만, 몽골 지배 씨족의 계보라는 점에서 접점을 갖는다. 이는 청조가 몽골 지배 씨족의 권위를 왕공 타이지로서 계승해 준 것에서 유래한다. 연대기에서 만주로 이어지는 호법왕의 계보가 각 부 왕공 타이지들의 계보에 이어지고 있는 것은,

9 中國第一歷史檔案館 · 中國人民大學國學院西域歷史語言研究所 編, 『淸朝前期理藩院滿蒙文題本』 劵 3, 呼和浩特 : 內蒙古人民出版社, 2010, pp.236~256.

10 *Асрагч нэртийн түүх. XVII зууны Монгол түүхэн сурвалжийн тулгуур эхүүд*, Улаанбаатар: Болор Судар хэвлэлийн газар, 2011.

11 18세기까지 몽골 연대기에 관해서는, 森川哲雄, 『モンゴル年代記』, 東京 : 白帝社, 2007에 상세히 기술되어 있다.

청대 몽골 왕공 타이지들의 지위와 모순되지 않는 것이다.[12]

4. '바깥의 몽골' 왕공 타이지들의 공적 기록으로서 전기사료

연대기나 계도系圖와는 별개로, 청대에는 몽골 왕공들의 전기傳記가 작성되었다. 청대 전기 기술은 주로 몽골 왕공들이 청조를 위해 행한 공적들을 기록한 것이다. 앞에서 말했던 것처럼, 청조는 몽골 여러 부 지배 씨족들의 권위를 공인하는 한편으로, 청조를 위해 행한 공적들을 작위수여를 위한 평가에 반영시킨다는 입장을 취하고 있었다. 『대청회전大清會典』강희조(康熙朝) 권142, 이번원1, 작급爵級에는 다음과 같은 기술이 있다.

> 처음 외번 49기는 공功이나 친親으로써, 혹은 국國을 거擧하여 수복輸服함으로써, 친왕親王·군왕郡王·패륵貝勒·패자貝子·진국공鎮國公·보국공輔國公에 봉해졌다. 질秩은 모두 내왕內王 등에 조照하고, 태길台吉·탑포낭 등塔布囊은 더불어 급給함에 품급으로 하였다. 도통都統 이하 효기교驍騎校 이상 등의 관官을 설設할 것, 내內에 조하여 관리한다. 대저 국가일체國家一體의 인仁, 주편周徧함이 이와 같다.[13]
>
> 初外藩四十九旗, 或以功, 或以親, 或以擧國輸服, 封親王·郡王·貝勒·貝子·鎮國公·輔國公,秩皆照内王等, 台吉·塔布囊等, 俱給以品級. 設都統以下驍騎校以上等官, 照内管理. 葢國家一體之仁, 周徧如此.

12 다만, 청대의 신분개념으로서 왕공 타이지가, 오이라트 계통의 여러 집단들도 칭기스 및 칭기스의 여러 동생들 계통의 보르지긴 씨족들과 동격의 왕족 신분으로 취급하고 있는 점은, 북원 시기 몽골의 신분개념과 결정적으로 다른 점이라고 지적해야 할 것이다.

13 『大清會典』(康熙朝) 권142, 理藩院 1, 爵級, 1b.

이상에서 보았듯이, 몽골 왕공에게 작위를 수여함에 있어 그 평가 기준이 된 것은, 몽골의 왕통에 속한다는 점 이상으로, 복속 이후의 공적이나 청 조정과의 친소親疎, 그리고 청 초기의 복속이었다. 순치順治 7년1750 정월 계유癸酉에 오르도스의 샨다를 다라패륵多羅貝勒에 봉封한 칙서에 다음과 같이 기록되어 있는 것은 그 하나의 예일 것이다.

> 오르도스의 샨다, 너를 네 소속의 형제, 민民을 데리고 에린친 · 지농과 함께 복속하였기에 다라패륵多羅貝勒으로 삼았다. 짐朕의 두터운 마음에 등을 돌려 도망하거나 난행亂行을 일으킨다면 다라패륵의 작위cola를 강등하겠다. 적으로부터 도망친다면 정해진 율律에 따를 것이다. 그 외의 죄라면, 다라패륵의 작위를 자자손손에 이를 때까지 강등하지 않을 것이다.
>
> ordus-yin šanda čimayi öber-ün qariy-a-tu aq-a degü, ulus-iyan abun erinčen ǰinung-luγ-a oruba kemen törü-yin noyan bolγaba. kündü sedkil-i minu ebdeǰü, urbaqu, bosqu, samaγu üile-yi egüskebesü törü-yin noyan čola-yi oγuγata baγuraγulqu. dayisun-ača buruγulabasu, toγtaγaγsan čaγ aǰa-bar bolqu. tegün-eče busu yala bolbasu, törü-yin noyan čola-yi ür-e-yin ür-e-dür kürtele ülü baγuraγulqu bui.[14]

이처럼 샨다는 '형제, 민民을 데리고' 복속했다는 것을 그 공적으로 평가 받았다. 복속한 이후 왕공 타이지들의 공적은 각 기旗로부터 이번원에 제

14 中国第一歴史档案館 · 内蒙古自治区档案館 · 内蒙古大学蒙古学研究中心 編, 『清内秘書院蒙古文档案滙編』 第三輯, 呼和浩特 : 内蒙古人民出版社, 2003, pp.100~101; 「順治帝封鄂爾多斯部山達為多羅貝勒之誥命」, 順治 7年 正月 19日.

출되었다. 그것이 앞서 언급한 '근원uγ eki'이라 불리는 기록들이다. 여기에서는 그 일례로, 건륭 44년1779 11월 초5일 자 세첸 칸부部 중말기中末旗의 자삭 고산패자固山貝子 이담다브를 소개하기로 하겠다.[15]

(1a) 할하 세첸 칸 부 자삭 고산패자 · 이담다브, 나의 근원, 일족의 공적을 열거한 바를 조사한 책자.

(1a) qalq-a-yin sečen qan-u ayimaγ-un ǰasaγ-un qosiγun-u beyise idamǰab, minu uγ eki, obuγ, törül ǰidkügsen γaǰar-i bayičaγaγsan debter.

(2a) 자삭 고산패자 이담다브, 나의 근원은, 세첸 칸 숄로이, 그의 장자長子 마치리 일뎅 투세트, 그 아들 다리 · 일뎅 지농에게, 성주聖主인 성조聖祖는 유지諭旨를 내리셨다. 다리, 너는 본디 할하 좌익左翼 세첸 한의 숙부로 조부는 일뎅 지농이었다. 네 속하屬下 알바투를 이끌고, 세첸 한과 함께 복속해 왔다고, 네게 자비를 베풀고, 과분하게도 고산패자로 삼았다고, 유지를 내리시고, 강희 30년에, 은사恩賜를 받아 자삭 고산패자에 봉하고, 기旗 · 좌령佐領을 편성했다. 그 후, 패자貝子 다리의 몸은 늙고

(2a) ǰasaγ-un qosiγun-u beyise idamǰab, minu uγ, sečen qan šolui tegünü nigedüger köbegün mačari ildeng tüsiyetü, tegünü köbegün dari ildeng ǰinung-dur, sėngǰu boγda eǰen ǰarliγ baγulγaγsan anu, dari či iǰaγur ǰegün γar-un qalq-a-yin sečen qan-u abaγ-a ebüge ečige ildeng ǰinung bölüge. činu

15 몽골 국립 역사중앙 아카이브 M-168, Д.2, х/н122. 세첸 한 부 비슈렐트 자삭 기(旗) 자삭 이담다브의 근원, 일족, 공헌을 조사한 당책(档冊)(Сэцэн хан аймгийн Бишрэлт засгийн хошууны засаг Ядамжавын уг эх, овог төрөл, зүтгэсэн зүтгэл, газрыг байцаасан данс).

qariyatu albatu-ban abču, sečen qan-luγ-a qamtu oruǰu irebei kemen čimayi örüsiyeǰü ketürkei-e qosiγun-u tayiǰi bolγabai kemen ǰarliγ baγulγaǰu, engke amuγulang-un γučiduγar on-dur, kesig kürtegen ǰasaγ-un qosiγun-u beyise ergümǰileǰü qosiγu sumu ǰokiyaǰuqui. qoyin-a beyise dari-yin biy-e

(2b) 병들었다고 상주上奏하여, 강희 31년에 다리의 친아들 쳄벨로 하여금 자삭 고산패자를 잇게 하였다.[16] 쳄벨이 병으로 죽은 뒤, 강희 40년에, 쳄벨의 친동생 라브당에게 자삭 고산패자를 잇게 했다.[17] 패자貝子 라브당은, 강희 54년에 바르훌 군軍에게 전달할 낙타 3천 마리, 양 10만 마리를 보낼 때, 낙타 50마리, 양 6,952마리를 공출하였다. 또한 강희 58년, 성경盛京으로부터 출진한 군軍을 지원하여, 말 500마리를 바쳤다.[18] 라브당이 병으로 죽은 후, 옹정雍正 10년, 라브당의 장자 왕질에게 자삭 고산패자를 잇게 하였다. 패자 왕질이 타이지였을 때, 강희 55년과 56년 두 해에, 공公 ǰan Kang dan이 곡물을 수송할 때, 자신의 가축으로부터 908마리의 낙타를 바치고, 그 자신도 두 해 동안 힘써 일했다. 또한 건륭 원년, 3년, 5년의 3년간 타미르성城 군영軍營에서 3개월간 주반駐班으로 일했고, 건륭 7년부터 17년까지, 오르혼성城을 지켰다. 할하 4 아이막의 병사 1천을 8차례, 매년 3개월간 관할하며 주둔하였다.[19] 패자

16 『王公表傳』 권57, 전41 「扎薩克固山貝子達哩列傳」에는, 아해성백륵(阿海成伯勒, aqai čengbel)이라 기록되어 있다. 이 '근원' 당책이 『왕공표전』의 소재로 이용되었다고 한다면, 쳄벨의 이름이 다르다는 사실은, 기운사(祁韻士) 등이 '근원' 당책 이외의 사료도 참조하고 있었음을 보여준다 하겠다.

17 『王公表傳』 同傳에는 강희제의 갈단 친정(親征) 당시 사적이 기록되어 있는데, 이 '근원'에는 보이지 않는다.

18 라브당의 강희 54년과 58년 사적에 관해, 『王公表傳』 同傳은, "五十四年, 獻駝助郡. 五十八年, 復獻馬. 輸奬之"이라 간단히 기록하고 있을 뿐이다.

19 여기에서 보이는 왕질의 2등 타이지 시절 사적은 『왕공표전』 同傳에는 전혀 보이지 않는다.

貝子 왕질이 병으로 죽은 뒤, 건륭27년, 왕질의 친아들인 나 이담다브에게, 은사를 내리시어 자삭 고산패자를 잇게 하였다. 나 패자 이담다브가 타이지였을 때, 건륭 20년, 올리야스타이 군영에서 4 아이막의 주반장군駐班将軍 사무를 대행하는 자삭 송두브[20]의 협리協理로 일하였고, 도적 아마르사나 등의 처자와 식구를 수용하였으며, 22년에 공公 체렝도요드[21]와 더불어 투세트 한 부의 왕 차박자브 등 여러 기旗의 부족한 공납 말을 징수하였고, 군영의 주반駐班이자 협리協理로 근무하였다. 나 패자 이담다브는, 건륭 30년, 올리야스타이 군영의 주반駐班으로 근무하였고, 또한 30년에서 34년까지 러시아 방면에 설치된 세첸 한 부의 잡륜卡倫 병사를 관리하며 주재하였다. 또한 37년, 38년, 42년의 3년간, 올리야스타이 군영에서 두 차례 3개월 동안 주반駐班으로 일하였고, 한 차례 관용官用의 말과 가축들을 관리했다.[22] 나 패자貝子 이담다브의 증조부 패자 고故 다리 이래로, 내게 이르는 4대의, 성姓은 키야드, 씨氏는 보르지기드이다.

건륭乾隆 44년 겨울 중간 달, 초 5일

(2b) ebedčitei nasun bolba kemen ayiladqaǰu, engke amuγulang-un γučin nigedüger on-dur, dari-yin törügsen köbegün čembel-dür ǰasaγ-un qosiγun-u beyise ǰalγamǰilaǰuqui. čembel-ün biy-e ebedčin-iyer ügei boluγsan-u

---

20 자삭 송두브는, 투세트 한 부 좌익중좌기(左翼中左旗, 에예티 자삭) 자삭 두등(頭等) 타이지였다. 『왕공표전』 권52, 찰살극일등태길손독포열전(扎薩克一等台吉遜篤布列傳)(15下)에, "乾隆二十年, 駐烏里雅蘇台, 偵阿睦爾撒納叛逃, 偕烏里雅蘇台大臣阿蘭泰等, 馳赴賊牧, 収其孥属"란 구절이 있다.

21 체렝도요드는, 세첸 한 부 우익중전기(右翼中前旗, 조릭트 자삭) 보국공(輔國公). 다만, 『왕공표전』 권58, 전(傳)42 「찰살극보국공차릉다악특렬전(扎薩克輔国公車凌多岳特列傳)」에는 대응하는 기사가 없다.

22 이담다브의 올리야스타이에서의 주반(駐班), 잡륜(卡倫) 관리, 관용 가축 관리 등 사적은 『왕공표전』의 그의 항목(傳)에는 없다. 『왕공표전』 권57, 전41 「찰살극고산패자달리열전(扎薩克固山貝子達哩列傳)」.

qoyin-a, engke amuγulang-un döčidüger on-dur, čembel-ün törügsen degüü rabdan-dur ǰasaγ-un qosiγun-u beyise ǰalγamǰilaǰuqui. beyise rabdan, engke amuγulang-un tabin dörbedüger on, bar köl-ün čerig-tür oruγulǰu ögkü γurban mingγan temege arban tümen qoni yabuγulqu-dur, tabin temege, ǰirγuγan mingγ-a yisün ǰaγun tabin qoyar qoni küčün bariǰuqui. basa engke amuγulang-un tabin naimaduγar on, mügden-eče morduγuluγsan čereg-tür tusalaǰu tabun ǰaγun mori bariǰuqui. rabdan-u biy-e ebedčin-iyer ügei boluγsan-u qoyin-a, nayiraltu töb-ün arbaduγar on, rabdan-u aqamad köbegün wangǰil-dur, ǰasaγ-un qosiγun-u beyise ǰalγamǰilaǰuqui. beyise wangǰil tayiǰi yabuqui-dur engke amuγulang-un tabin tabuduγar ǰirγuduγar qoyar on-dur, güng ǰan kang dan amu ǰögeküi-dür, qubi-yin mal-ača yisün ǰaγun naiman temege küčün bariǰu biy-e-ber qoyar ǰil-dür ǰidküǰü yabuba. basa tngri-yin tedkügsen-ü terigün on, γurbaduγar, tabuduγar ene γurban on-du tamir-un qota-yin čereg-ün küriyen-dür, γurban sar-a-bar ǰisiyan saγuǰu, tngri-yin tedkügsen-ü doluduγar on-ača arban doluduγar on kürtel-e, orqun-u qota-yi qaraγalǰan saγulγaγsan, qalq-a dörben ayimaγ-un nige mingγan čereg-yi naiman udaγ-a ǰil büri γurban sar-a-bar ǰakirču saγuǰuqui. beyise wangǰil-un bey-e ebedčin-iyer ügei boluγsan-u qoyin-a, tngri-yin tedkügsen-ü qorin doludu γar on, wangǰil-un törügsen köbegün idamǰab nadur, kesig kürtegeǰu ǰasaγ-un qosiγun-u beyise ǰalγamǰilaba. beyise idamǰab bi tayiǰi yabuqui-dur, tngri-yin tedkügsen-ü qoriduγar on, uliyasutai-yin čereg-ün küriyen-dü dörben ayimaγ-un ǰisiyan-u ǰangǰun-ü kereg-yi sidkegči ǰasaγ šungdüb-luγ-a tusalaγči-yin qubi-dur yabuǰu, qulaγai amurasana nar-un em-e keüked ger ama-yi quriyaǰu yabuɣad, qorin qoyaduɣar on-du güng čerendoyud-un qamtu tüsiyetü qan-u ayimaɣ-un wang čibaɣǰab-un ǰerge kedün qosiɣun-u dutaɣsan alban-u mal-i kögen ɣarɣaǰu, čereg-ün küriyen-ü ǰisiyan-du tusalaɣči-yin qubi-du saɣuǰu yabuǰuqui. beyise idamǰab bi tngri-yin tedkügsen-ü ɣučiduɣar on uliyasutai-yin čereg-ün küriyen-ü ǰisiyan-dur saɣuǰu, mön ɣučiduɣar on-ača ɣučin dörbedüger on kürtel-e, orus ǰüg talbiɣsan, sečen qan ayimaɣ-un qaraɣul čereg ǰakirču saɣuba. basa ɣ učin doluduɣar naimaduɣar, döčin qoyaduɣar ene ɣurban on-dur, uliyasutai-yin čereg-ün küriyen-dü qoyar udaɣ-a ɣurban sar-a-bar ǰisiyan saɣ uǰu, nigen udaɣ-a alban-u mori mal ǰakirču saɣuǰuqui. beyise idamǰab, minu elünče ebüge ečige beyise aɣsan dari-ača inaɣsi nadur kürčü iretel-e dörben üy-e, yasu kiyud, obuɣ borǰiged.

tngri-yin tedkügsen-ü döčin dörbedüger on ebül (-ün dumdadu) sarayin sineyin tabun.

이 당책에는, 세첸 칸 숄로이의 손자로, 초대 자삭 고산패자였던 다리의 복속과 수작授爵이 기술되어 있다. 그리고, 이어서 쳄벨, 라브당, 왕질을 거쳐 이담다브에 이르는 역대 자삭들의 청군에 가축을 공출한 공적과 군영에서의 주반, 잡륜의 관리 등 근무 이력들이 열거되어 있다. 이런 식의 서술은 '근원uɣeki'이라 불리는데, 그 내용은 그 부 왕공들의 직계 조상인 숄로이까지 올라가며, 어디까지나 역대 자삭들이 청조에 복속한 이후, 이들이 청조에 대해 세운 공적들을 기록하고 있다. 이 당책은 건륭제가 건륭 44년 7월 29일 『흠정외번회부왕공표전欽定外藩蒙古回部王公表傳』의 편찬을 명할 때 각 기들이 제출한 것인데,[23] 이러한 것들은 이 당책들 이외에도 반복해서 작성되었다. 기운사祁韻士가 찬撰한 『흠정외번몽고회부왕공표전』[24]은, 몽골 각 부部 역대 왕공들의 봉작표封爵表(iledkel)와 전傳(šastir)으로 이루어져 있다. 전은 「총전總傳」과 개별 왕공전으로 구성되어 있으며, 그 형식은 '근원' 당책의 기술과 유사하다. 이 둘의 관계를 생각할 때 흥미로운 점이 있다. 몽골 국립역사 중앙 아카이브에 소장된 도광道光 7년1827에 작성된 중말기中末旗 '근원' 당책에는, 그 후반부에 『왕공표전』 권57, 전41 '찰살극고산패자달리열전扎薩克固山貝子達哩列傳'의 몽골어판이 기재되어 있다. '근원' 당책 전반부와 표전을 비교해 보면, 기재된 내용과 문장의 표현 모두 취사선택과 가필이 이루어져 있다. 이로부터 『표전』을 찬술할 때, '근원' 당책을 그 소재로 사용했음을 알 수 있다. 또한 자삭트 한 부部와 관계된 당책들을 모은, 이른바 『자삭트 한 부사部史』에 수록된 해당 부 각 자삭들의 '근원uγ eki'도[25] 각 자삭들이 복속한 이후 공적들을 기록하고 있다.

---

23 Naγur "ongniγud qosiγun-u beyise tümenbayan öber-ün uγ ündüsü ebüge ečige-yin-iyen ǰidkügsen γabiy-a-yi bayičaγaǰu medegülügsen bičig-ün tuqai", Dumdadu ulus-un mongγul sudulul. 34-düger boti, 2006-1(No.203), 2006, pp.51~54; Bökeündüsü, "《ongniγud baraγun γarun qosiγun-u qosiγun-u beyise qoyar ǰerge temdeglegsen tümenbayan-u uγ ündüsün ečige ebüge-yin ǰidkügsen γabiy-a-yi bayičaγaǰu ergün bariγsan bičig》-ün tuqai. Dumdadu ulus-un mongγul sudulul. 39 düger boti, 2011-4, No.236, 2011, pp.37~41. 두 사람은, 건륭 44년 9월 16일 자 옹니우드 우기패자(右旗貝子) 투멘바얀의 선조 오치르 이래 사적들을 이번원에 보고한 문서를 소개하고 있다. 그 앞머리에 이번원의 다음과 같은 명령, 즉 '맹장(盟長)이 있는 곳에서 전달된, 이번원이 명하여 보낸 문서들 중에, 유지(諭旨)를 삼가 받들어, 분명히 전달하고 사서(史書)를 작성하여 영원히 남기기 위해, 각자의 근원(uγ ündüsün), 몇 대를 승습(承襲)했는지, 공적의 유무를 조사하여, 보고하라'는 명령으로 이를 작성했다고 기록되어 있다. 두 사람은 이를 같은 해 7월 29일의 『표전』 편찬을 명하는 유지를 전달한 것이라 본다.

24 『왕공표전』의 찬자 기운사와 『표전』 성립 경위에 관해서는, 宮脇淳子, 「祁韻士纂修, 『欽定外藩蒙古回部王公表伝』考」, 『東方学』 제81집, 1991, pp.1~14; 宝日吉根(包文漢), 「蒙古王公表伝纂修考」, 『内蒙古大学学報(哲学社会科学版)』, 1987년 제3기, pp.19~32; 包文漢, 「蒙古回部王公表伝的編纂與研究－代前言」, 『蒙古回部王公表伝』 第一輯, 呼和浩特 : 内蒙古大学出版社, 1998, pp.1~ 17; 林士鉉. 『清代蒙古與満洲政治文化』 政治大学史学叢書 17, 国立政治大学歴史学系, 2009, pp.77~101 등을 참조할 것. 참고로 『표전』의 몽골문은, 이번원에서 한문과 만문(滿文)으로부터 번역한 것이다.

이러한 계보 기술 스타일의 배경이 되는 것으로, 청 초기 이래 왕공들의 공적과 승습承襲 경위를 기록한 이력이라 할 수 있는 고誥와 칙敕의 존재를 지적할 수 있다. 실제로 작위 승습이 이루어질 때, 이번원이 제출된 고명誥命을 승습 근거로 삼는 사례가 보인다.[26]

앞에서 설명한 것처럼, 『왕공표전』 편찬시 상정上呈된 각 기 왕공들의 경력은 이들이 청조에 복속한 시점까지 올라가 설명하는 것에서 멈춘다. 하지만, 『왕공표전』에서 왕공들의 사적과는 별개로 만들어진 몽골 각 부部의 '총전總傳'은, 원 태조元太祖의 몇 세손인가를 명시함으로써, 왕공들의 연원을 원 제국 시기까지 거슬러 올라가 설명한다. 그 일례로서 내內 할하 바린부部의 '총전'을 보면, 그 앞머리에 다음과 같이 기록되어 있다.

> 바린巴林 부는 고북구古北口 밖에 있으며, 경사京師와 960리里 떨어져 있다. 동서로 251리, 남북으로 233리에 걸쳐 있다. 동쪽은 아로과이심阿噜科爾沁과 경계하고, 서쪽은 극십극등克什克騰과 경계한다. 남쪽으로는 옹우특翁牛特과 경계하며, 북쪽으로는 오주목심烏珠穆沁과 경계한다. 원元 태조太祖 16세손 아이초박라특阿爾楚博羅特은 화이삭제합살이和爾朔齊哈薩爾를 낳았다. 아들이 둘 있었는데, 그 장자는 오파십烏巴什으로 찰로특부총전扎噜特部総傳에 상세하다. 차자는 소파해蘇巴

25 А. Очир, Ж. Гэрэлбадрах. *Халхын Засагт хан аймгийн угсаатны бүрэлдэхүүн, гарал*, Улаанбаатар; Соёмбо принтинг, 2003. pp.403~432.

26 가령, 『제본(題本)』 권1에 수록된 「관리이번원사무과친왕윤례등제호제특찰살극다라액이덕니군왕차릉라포탄병고청준기장자승습본(管理理藩院事務果親王允禮等題浩斉特扎薩克多羅額爾徳尼郡王車凌喇布坦病故請准其長子承襲本)」(pp.554~560)에 「če(冊)」이 인용되어 있는데, 아마도 고명(誥命)일 것이다. 또한 노르가 소개한 옹니우드 우기(右旗) 한산왕공(閑散王公) 투멘바얀의 사적들을 상정(上呈)한 적봉당안관(赤峰档案館) 소장의 건륭 44년 9월 16일 자 문서에도, 고명(誥命, g'oming)이 인용되어 있다. Nayur의 전게 논문을 참조할 것. 고(誥)와 칙(敕)에 관해서는, 鞠徳源, 「明清誥敕命文書簡述」, 『清代档案史料叢編』 제7집, 北京 : 中華書局, 1981, pp.299~315; 程大鯤, 「清代誥敕命制度探析」, 趙志強主 編, 『満学論叢』 제1집, 2011, pp.116~122를 참조할 것.

海인데, 달리한낙인達爾漢諾顔이라 칭称하였고 그 소부所部를 부르기를 바린巴林이라 하였다.

巴林部, 在古北口外, 至京師九百六十里, 東西距二百五十一里, 南北距二百三十三里, 東界阿嚕科爾沁, 西界克什克騰, 南界翁牛特, 北界烏珠穆沁. 元太祖十六世孫阿爾楚博羅特, 生和爾朔斉哈薩爾. 子二. 長烏巴什, 詳扎嚕特部総伝. 次蘇巴海, 称達爾漢諾顔, 号所部曰巴林.[27]

이상에서, 바린 부의 계보가 '원 태조' 칭기스 칸까지 거슬러 올라간다는 것을 간략하게 명시한 다음, 다얀 한의 5번째 아들인 알츠볼드 이후의 계보를 기록하고 있음을 알 수 있다. 이러한 점은, 각 왕공들의 '근원' 당책이나, 후술할 팔기에 편입된 왕족들의 계보 기술과는 다른 『왕공표전』만의 특징이다.[28]

보르지긴씨 왕족들의 일부는 청조의 정복과정에서 팔기로 편입되었다. 다음으로 볼 사료는, 바린 부와 마찬가지로 내內 할하의 5 오톡의 하나인 바요드 부의 왕족으로, 누르하치 시대에 만주 쪽에 투항하여 팔기인 양황기만주鑲黄旗満洲로 편입된 구르부시의 사적에 관한 기술이다.[29]

(3a) 좌익매륜左翼梅倫 duicin 좌령佐領의 구르부시gurbusi 액부額駙는 본디 바요드 패자貝子였다. 천명天命 6년 11월에 처음으로 모든 몽골의 속하 민民들을 이

27 『欽定外藩蒙古回部王公表伝』권28, 전13, 巴林部総伝, 1a-1b.

28 『왕공표전』과의 관계는 알 수 없지만, 이 이후 『흠정대청회전사례(欽定大清會典事例)』(가경조(嘉慶朝)) 권 730-736 「봉작(封爵)」에는, 각 부의 역대 봉작 기사 앞머리에 태조 칭기스 및 그 동생들에 대한 언급이 보인다.

29 바요드 부의 계보에 관해서는, 岡洋樹, 『清代モンゴル盟旗制度の研究』 제3부 제2장, 「内ハルハ・バヨド・オトグの系譜について」, pp.249~265를 참조.

끌고 태조太祖를 따른 이래로, 태조는 자비를 베풀어 친자식인 공주를 주고 화석액부和碩額駙로 삼았다. 팔기만주八旗滿洲 300인을 모아 주고, 하나의 좌령佐領을 편성했다. 그 자신이 이끌던 속민들을 또 하나의 좌령으로 편성하여, 두 개의 좌령을 전관專管하게 했다. 태조는 자비를 베풀어 칭 조릭투라는 칭호를 내렸고, 처음의 관직은 3등자子로 (3b) 하였다.

(3a) dashūwan meiren duicin nirui / gurbusi efu dade bayut beise jakūci[30] bihe, / abkai fulingga ningguci aniya omšon biyade, fukjin yaya monggo i harangga jušen be / gajime / tayidzu ejen be baime dahame jihe manggi / taidzu ejen gosime beye de banjiha / gungju bufi hošoi efu obuha jakūn gūsai manju ilan tanggū šufame bufi, emu nirui banjibuha, beye gajiha harangga jušen be emu nirui banjibufi, juwe nirui obume / salibufi buhe, / taidzu ejen gosime cing joriktu seme colo bufi, sucungga tušan ilaci jergi jinggini / (3b) hafan obuha,[31]

위 문장에서는 구르부시가 바요드 부의 왕족패자(貝子)이었음이 서술될 뿐이며, 칭기스 칸과의 관계는 전혀 명시되지 않는다. 그리고 같은 사료에 '몽골 할하의 바요드 패자 선조 등의 이름에 관한 당책'이란 제목이 붙은, 구르부시 일족의 계보가 수록되어 있다. 그 앞머리 부분에는 다음과 같은 기술이 보인다.

30 여기에는 'jakūci(제8의)'라 기록되어 있는데 착오라 생각된다.

31 『고이포십부마사적고(顧爾布什駙馬事蹟稿)』, 텐리(天理)대학도서관 소장본, 3a. 이 사료와 구르부시에 관해서는, 졸고 『清代モンゴル盟旗制度の研究』(東京; 東方書店, 2007) 제3부 제2장 「内ハルハ・バヨド・オトグの系譜について」(pp. 249~265)를 참조하기 바란다.

몽골 할하의 바요드 패자貝子의 선조 등의 이름에 관한 당책檔冊. 양황기鑲黃旗의 두이친 좌령佐領 구르부시 액부額駙는 본디 몽골국의 바요드 패륵貝勒이었다. 시라무렌 지방의 사람이었다. 선조와 자손 각 대代의 이름에 관한 당책檔冊. 구르부시 액부의 선조는 알츠볼드. 그의 장자長子는 하사리 노얀, 이름은 후르하치, 그에게 5명의 자식이 태어났다. 장자長子는 위젱 노얀, 이름은 우바사이이며 자루드에 있다. 차자次子의 이름은 수바하이로 바린에 있다. 셋째의 이름은 우반으로 훙기라드에 있다. 넷째는 타분이며 바요드에 있다. 다섯째의 이름은 항할으로 우제드에 있다. 넷째 타분에게는 네 명의 자식이 태어났다. (10b) 그 장자의 이름은 부라하이이며 정황기正黃旗에 있다. 차자次子는 칭 바투르로 정백기正白旗에 있다. 셋째는 부르간으로 양백기鑲白旗에 있다. 넷째는 에세이인데 양황기鑲黃旗에 있다. 에세이에게는 세 명의 자식이 있었다. 그 장자가 구르부시이다. 가장 먼저 속민들을 이끌고 천명天命 6년에 태조太祖에게 투항한 공적에 의하여, 태조는 자신의 딸을 공주로 주고 자작子爵으로 삼았다.

monggo kalka i bayot beyise i / da mafari sei gebu i dangse, / kubuhe suwayan i duicin nirui / gurbusi efu dade monggo gurun i baiyot beyile bihe, šara murun bai niyalma, / da mafa ama juse omosi i jalan jalan i gebu dangse / gurbusi efu / da mafa alcubolot, erei ahūngga jui hasari noyen, gebu hūrhaci, ede sunja haha jui / banjiha, ahūngga jui, weijeng noyen, gebu ubasai, jarut debi, jacin haha / jui gebu subahai, barin debi, ilaci haha jui gebu uban, gunggeret de bi, / duici haha jui tabun bayot de bi, sunjaci haha jui gebu hanghal ujet debi, / duici haha jui tabun de duin haha jui banjiha, ahūngga jui gebu (10b) burahai, gulu suwayan debi, jacin haha jui cing baturu gulu šanggiyan debi, / ilaci haha jui burgan, kubuhe šanggiyan debi, duici haha jui esei, kubuhe / suwayan debi, esei ilan haha jui banjiha, ahūngga jui / gurbusi yaya onggolo harangga jušen be gajime / abkai fulingga ningguci aniya / taidzu ejen be baime dahame jihe gung de / taidzu ijen beye de banjiha / gungju be bufi, jingkini hafan obuha.[32]

위의 문장을 보면 구르부시의 계보에 대한 기술이 알츠볼드까지 거슬러 올라가는데, 역시 칭기스에 관한 언급은 결여되어 있다. 그리고 알츠볼드가 다얀 한의 5번째 아들이라는 사실도 언급되지 않는다.[33]

이처럼 청대 외번 왕공들의 전기는, 기본적으로 청조에 복속한 이후의 공적들을 기술하는 것이 중심이 된다는 점에서 공통점을 갖는다. 이 점에서 호법왕護法王인 칭기스 계통의 계보인 연대기들과는 그 기술의 틀이 다르다 하겠다.

---

32 『고이포십부마사적고(顧爾布什駙馬事蹟稿)』 10a-10b, 몽골 할하 바요트 패자의 선조들의 이름을 기록한 당책(monggo kalka i bayot beyise i da mafari sei gebu i dangse).

33 참고로, 팔기만주기인(八旗滿洲旗人) 계보를 정리한 『팔기만주씨족통보(八旗滿洲氏族通譜)』 권 66~71에는, '附載滿洲旗分内之蒙古姓氏'라 하여 몽골 여러 성(姓)에 관한 기술이 있다. 그러나 모두 '隷滿洲旗分之蒙古一姓'이라 기록되었을 뿐이며, 보르지긴 씨족에 관해서도 청대 이전의 선세先世에 관한 기술이 빠져 있다. 『八旗滿洲氏族通譜(影印本)』, 遼寧省図書館古籍部整理, 瀋陽 : 遼瀋書社, 1989, pp.717~788.

5. 청조의 '외번' 통치의 이념

16세기 말에 급속히 대두한 이래 400년의 역사를 지닌 몽골의 패권을 무너뜨린 신흥 만주족들에게, 보르지긴 씨족을 비롯한 몽골 지배씨족들의 권위를 만주족 한의 지배권력 밑으로 통합시키는 일은, 상당한 섬세함이 요구되는 정치적 과제였을 것이라 생각된다. 만주족은, 마지막 대大 한 릭덴의 강권적인 통합을 피해 복속해 온 몽골의 왕족들을 받아들이면서, 그들이 지녔던 지배씨족으로서의 지위와 속민들에 대한 지배권을 그대로 인정했다. 하지만 이는 동시에, 몽골 권위의 원천인 칭기스 칸 이래의 왕통王統과, 티베트 불교를 신봉하는 호법왕으로서 역사 인식도 수용한다는 것을 의미했다. 만주족은 청의 존속기간 동안, 연대기들에서 보이는 몽골 역사기술의 틀을 직접 부정하지 않았다. 사강 세첸의 『에르데니인 톱치蒙古源流』를 한역하고, 『사고전서四庫全書』에 수록한 사실은 이러한 청조의 태도를 잘 보여준다.[34] 만주족의 한들은 자신을 호법왕으로 자리매김함으로써, 불교적 호법왕으로서의 권위를 역사적인 기반으로 삼고 있던 몽골의 역사인식을 포섭할 수 있었다. 칭기스 계통이 가지는 세속적 권위 역시, 이들을 왕공으로서 대우함으로써 별다른 무리 없이 청조의 통치체제로 포섭할 수 있었다.

그러나 청조가 무엇보다 높이 평가하여 수작授爵에 반영시킨 왕공 타이지들의 공적은, 일족을 이끌고 복속해 왔다는 사실과 만주의 대외전쟁 등

34 『사고전서』 및 전판(殿版) 『몽고원류(蒙古源流)』 원본이 청조에게 건네진 경위에 관해서는, 岡洋樹, 「殿版『蒙古源流』とツェングンジャヴ」, 『アジアにおける国際交流と地域文化』, 1992~93년도 과학연구비 조성금(총합연구A) 연구성과 보고서(과제번호 04301046, 연구대표자 長澤和俊), 1994, pp.42~47을 참조할 것.

에서 이들이 세운 공헌이었으며, 칭기스 후예라는 사실 자체는 이에 해당하지 않았다. 그리고 그런 공적들을 기록한 '근원' 당책이나 『왕공표전』 내용에는, 몽골의 역대 카안으로 소급되는 지배씨족으로서 정통성이나, 호법왕으로서 사적들은 포함되지 않는다.

한편으로, 청조의 전기 기술이 몽골 연대기 기술에 미친 영향도 지적할 수 있겠다. 가령 19세기 중엽인 도광道光 21년1841에 작성된 할하 연대기로, 갈단이 찬撰한 『에르데니인 에리헤』를 보면, 18세기의 연대기에서 보이는 왕공 타이지들의 계보에 대한 기술이 자취를 감추고, 그 대신 『왕공표전』이 인용되고 있다.[35] 그리고 마찬가지로 19세기 오르도스의 연대기이자 도광 15년1835에 곰촉자브가 찬한 『소브드 · 에리헤』에서는, 다얀 한의 여러 자식들의 계보가 언급되고는 다음과 같은 기술이 이어지고 있다.

> 또한 차하르 팔기에 태조 칸의 후예도 있는데, 표전表傳에는 보이지 않는다. (…중략…) 이처럼 앞뒤의 이름과 자손이 보이지 않는 자들이나 다양한 후대의 갈래를 각각의 기旗의 표전을 통해서 알 수 있다.
>
> ǰiči basa čaqar naiman qosiγun-dur tayizu qaγan-u salburi ür-e ču bui / bolbaču iledkel šastir-a ese γarγaǰuqui (…중략…) ene metü deger-e dour-a / ner-e ür-e ese ileregsed ba, busu basa doruγsi üy-e-yin salburi sačural-i / öber öber-ün qosiγud-u iledkel šastir-ača olǰu medekü bolai

35 『에르데니인 에리헤』에 보이는 『방략(方略)』과 『왕공표전』 인용에 관해서는, 일찍이 죠셉 플레쳐가 지적한 바 있다. 이에 관해서는, Joseph F. Fletcher, A Source of the Erdeni-yin erike, *Harvard Journal of Asiatic Studies* 24, 1962~1963, pp.229~233.

이러한 기술을 통해서 독자들에게 『왕공표전』을 참조하도록 촉구함과 동시에, 자신의 계보를 기술하기 위한 정보원源으로서도 이용하고 있음을 알 수 있다.[36]

6. 맺으며

청대 몽골은 외번이라는 통치 범주로 설정됨으로써, 내지=중국본토와는 다른 독자적인 통치이념과 역사서술 공간을 가질 수 있었다. 청 황제 자신을 호법왕이라 자리매김함으로써, 연대기에 기술된 몽골 역대 한의 호법의 역사와 청 황제의 지배가 이어졌다. 한편으로 청조는 몽골의 지배씨족들을 왕공 신분으로 대우했다. 따라서 이들의 권위는 황제권에서 유래하게 되었다. 왕공들은 자신의 지위를 증명하기 위해, 계도系圖나 '근원根源'이라 불리는 계보를 제출했다. 하지만 이 계보에 기록된 것은 이들이 복속한 이후 청조를 위해 세운 공적들로, 칭기스 계통 혹은 불교적 군주로서 권위는 기록되지 않았다. 이렇게 불교적 역사관과는 그 기술의 틀을 달리하는, 즉 일종의 공적전功績傳으로서 전기를 기술하는 양식이, 호법왕의 역사나 지배씨족들의 계보기술과 공존하게 된 것이다.

청조는, 내지의 여러 성省들에서 명 왕조의 통치를 계승했던 것과 마찬가지로, 몽골에서도 그 통치의 역사적 맥락을 부정하지 않고 이를 황제권 밑으로 포섭했다고 할 수 있겠다. 이런 체제는 역사기술에도 반영되었다.

---

36 Walther Heissig, "Subud erike kemekü bičig", *Die Familien und Kirchengeschichtsschreibung der Mongolen* Teil II, Wiesbaden : Otto Harrassowitz, 1965. p.62.

청조가 중국식 정사正史를 편찬하는 한편으로, 몽골에서는 불교사적인 연대기 기술이 유지되었다. 그리고 이와 동시에, 공적전의 성격을 지닌 몽골 지배씨족들의 전기 기술도, 비록 연대기의 기술의 틀과는 약간 어긋나기는 하지만, 공존하였고, 청조가 관찬官撰하는 역사기술이 몽골 연대기 작성에 영향을 미치기도 했다.

스기야마 기요히코杉山清彦가 갈파한 것처럼 청조는 여러 얼굴을 가진 제국이었다. 청조의 황제가 중국식 천자인가, 아니면 몽골의 한인가를 질문하는 것은 그다지 의미가 없다. 역사적으로 볼 때, 오히려 이러한 여러 얼굴의 제국이 근대에 들어와 단일한 민족적 맥락으로 수렴되어 간 경위와, 그 차이가 불러일으킨 어려움들에 주목하는 편이, 본 심포지엄의 과제인 '근대적 공간의 형성'을 논함에 있어, 보다 의미 있는 하나의 역사적 시각을 얻는 데 도움이 되지 않을까 생각한다.

네르친스크 조약에서의 '몽골'에 대하여

영유와 결정

S. 촐론
호리우치 가오리* · 류일현** 옮김

몽골사 연구에서 이제까지 거의 다루어지지 않았던 과제 중 하나로 1689년에 네르친스크 요새에서 체결된 네르친스크 조약이 있다. 이것은 청러 간에 맺어진 조약이라고는 하나, '몽골' 문제이며 그 운명을 좌우하는 것이었다. 네르친스크 조약 체결 전의 정세, 당시의 몽-러 및 청-러 관계의 모습, 몽골인의 러시아에의 관여를 둘러싼 역사적 환경 등에 주목하는 것으로 17세기 몽골사가 가지는 복잡한 문제에서 해답을 얻을 수 있을 것이다. 네르친스크 조약 그 자체의 문제에 대해서는 국외의 연구자들에 의해 일찍이 상세한 고찰이 있어 왔다. 그래서 이번에 필자는 이 조약이 체결되기 전후 '몽골' 문제를 밝히고자 한다. 네르친스크 조약이라는 역사적인 사건에 관해서 몽골 국내에서는 전혀 연구가 이루어지지 않고 그것을 주제로 한 연구서도 아직 출판되지 않았다. 또한 러시아, 중국, 일본

---

* 몽골어 → 일본어.
** 일본어 → 한국어.

에서는 동 조약에 대한 연구를 수행한 자가 있지만 자국의 이익이나 입장에서 논하고 있을 따름이다. 한편으로 몽골사 연구에서는 현 시점에서 이 문제를 전문적으로 다룬 논문조차 없다. 말하자면, 사학연구의 바깥에 내버려두고 있었던 것이다. 오늘날에도 이어지는 중-러 관계의 기원 및 그 공적 관계의 시작을 네르친스크 조약에서 발견할 수 있으며, 이와 동시에, 이 사건을 통해 양국 간 관계의 역사적 경위를 찾을 수 있다.

우리들의 역사 자료에는 네르친스크 조약에 관한 명확한 기술이 없다. 이 조약의 원본은 현재 러시아 외무성 부속 러시아제국 외교문서관(이하 АВПРИ라고 한다)에 보관되어 있는데, 라틴어 및 만주어 전문과 러시아어문 사본이 있을 뿐이다. 또한 러시아 국립 고문서관(이하 РГАДА라고 한다)에도 러시아어 사본이 소장되어 있다. 이제까지 원본의 전문은 공개되지 않았다. 그래서 필자는 돌에 조각된 한문을 V.S. 먀스니코프의 저서로부터 알게 되어 그 번역을 이용하였다. 필자는 이제까지 중국 제1역사문서관, 대만의 역사관 및 고궁박물관의 소장품 등을 조사하여 왔으나 원본을 찾지 못했다. 향후 공문서관 등에서 발견되기를 기대하고 있다.

러시아 황제는 대략 70년에 걸쳐 몽골 및 만주와의 교류를 시도하였고, 17세기 후반부터는 그의 동방정책을 수정하였다. 이것은 몽골의 귀족을 거치기 보다, 좀 더 직접적으로 만주/청국과의 교류를 확립하는 쪽을 중요시하였기 때문이다. 그렇다고 하더라도 역시 그 국교에서 가장 중요한 과제는 '몽골'인들에게 있었다.

몽골 귀족 내에서는 할하와 준가르의 갈등, 자삭트 한과 투세트 한의 불화, 러시아와 할하 귀족의 불신 등이 발생하고, 청러 간에서는 아무르, 아르군강, 다우르다우리아 지역의 선주민 문제로 인해 관할 및 영지에 관한 논쟁이 발발하였다. 이러한 매우 어려운 시기에 러시아 측으로부터 이 조약의 발효를 둘러싼 문제 제기가 있었다. 그렇지만 이것은 갑자기 발생한 것은 아니다. 1670년대 말부터 네르친스크, 아르군강 유역에서 유목하는 몽골 귀족, 새롭게 이주해 온 러시아 초소 관계자, 선주민들 사이에서 몇 번이나 불화가 일어났다. 물론 이 문제는 러시아가 각지에서 실시한 정책과 직결된다. 네르친스크 조약을 둘러싼 청-러 관계에 대해서는 지금까지도 연구자의 주목을 끌어 왔기 때문에, 필자는 주로 동 조약 체결 전야 '몽골' 문제에 주안점을 두고자 한다.

네르친스크 요새가 몽골 관련 사료에서 나타나는 것은 1670년대 이후이다. 러시아인 연구자들은 이 조약의 목적이 청나라와 우호적인 이웃 관계 수립, 외교 활성화, 교역 확대에 있었다고 설명한다.[1] 그런데 본 발표에서는 그 목적이 다른 데 있었음을 간략히 논하고자 한다.

1670년대부터 러시아는 알바진 문제, 아무르·흑룡강·네르친스크 등지의 선주민 관할, 수렵, 요새 신설과 같은 여러 문제의 처리에 직면하게 된다. 러시아는 지리적 위치, 농경, 천연 자원이라는 점에서 조건이 매우 좋은 이 지역을 의욕적으로 지배하에 두고자 했다. 이에 반해 청나라 측은 옛 땅과 속민을 러시아로부터 지키고 요새 건축 금지 및 속민의 반환을 수차례나 러시아에 권고하였으며 사절을 통해 문서를 보내기도 했지만 효과가 없었다. 그러던 중 1680년대에는 아무르강 유역에서 청의 병사가 군을 결성하고 나아가 알바진 등의 요새를 포위하였다. 청은 몽골의 투세트 한 차홍도르지 등에게 이 사건에 개입하도록 강하게 압박하였으나 그

1 *Внешняя политика государства Цин в XVII в.*, Ред. Л. И. Думан. М., Наук, 1977, стр.276.

는 곧바로 개입하지는 않았다. 러시아인 연구자인 D. T. 야코블레바는 1676년 강희제가 투세트 한 차홍도르지나 운두르 게겐 젭준담바 등에게 물품을 하사한 것이 반러시아적 태세로 이끌기 위한 행위였다고 하고, 1689년까지 이 관계는 강고한 것이었다고 결론지었다.[2] 그런데 실제로는 몽골 측이 그와 같은 관계를 구축하거나 청조의 시도에 적극적으로 따르려고 했던 것은 아니고, 자신의 이익을 최우선으로 하여 교류하고 있었다. 이것은 러시아어나 만주어로 된 공문서로부터 분명하다. 한편, 투세트 한가家에서는 커다란 내부 문제가 발생하고 있었다. 여기에 서쪽으로부터 오이라트의 갈단 보식트가 자삭트 한과 결탁하여 접근하고 있던 것, 또한 북쪽으로부터도 러시아인들이 셀렝게셀렝가강 및 우데우다강 유역까지 진출하여 선주민 관할 문제를 복잡하게 만들고 있던 것 등도 영향을 주었다.

투세트 한 차홍도르지 등은 위와 같은 문제에 대해 곧바로 러시아에 적대하지 않고 외교를 통하여 해결을 모색하였지만, 생각한대로 성과를 얻지 못하였다. 러시아 측도 또한 동방 정세를 주시하고, 신속한 평화적 해결을 위하여 실적이 있는 외교관 F. A. 골로빈을 전권대사로 파견하게 되었다. 러시아를 둘러싼 국제 관계 역시 좋지 않아 투르크와 타타르 등과는 전쟁이 한창이었다. 알바진 뿐만 아니라 셀렝게, 네르친스크, 이르쿠츠크, 예니세이 성채에서도 불만과 항의가 끊이지 않았다.[3]

이러한 정세 속에서, 러시아 궁정은 고위 인재를 모아 사절단을 임명하였다. 그 정사正使가 F. A. 골로빈이다. 그는 보고서에서 '위대한 전권대사 겸 지방관великий, полномочный посол и воевод'을 자칭하였다.[4] 이 사절단에는

2 Яковлева, П.Т., *Первый русско-китайский договор 1689 года*, М. : Наука, 1958. стр.76~77.
3 위의 책, стр.127.

에라톰스크 주재 대표자 이온 에브스타페비치 블라소프, 서기 세미온 코르니츠키,[5] 이반 유딘, 백인대장 알렉세이 신냐빈 등이 있었다. 그들에게 기대되었던 임무는 주로 다음과 같은 것이었다. ① 아무르 남안의 선주민이 예로부터 러시아에 세금을 바치고 있었음을 인정하게 할 것, ② 아무르 유역의 경계를 정하고 알바진 문제를 해결할 것, ③ 통상관계를 수립할 것, ④ 알바진 재건을 위하여 500명의 포병을 거느린 군대 2,400명을 셀렝게 요새로 보낼 것 등이었다.[6] 이에 대항하여 알바진에는 3만의 청나라 군이 있었다. 그런데 F. A. 골로빈에게 있어 청과의 문제를 정리하기에 앞서 처리해야 할 큰 문제는 '몽골' 안건이었다. 몽골 문제의 핵심은 이미 발생하고 있던 셀렝게, 바이칼, 다우르 지역에서의 관할 문제와 몽골에서의 요새 건축이었다. 러시아 측은 가장 높은 지위에 있는 투세트 한 차홍도르지나 운두르 게겐 젭준담바 등과 이 문제를 조정하는 것을 중요시하였다. F. A. 골로빈을 필두로 하는 러시아 사절단은 1686년 1월 26일에 모스크바를 출발하였다. 그들은 1687년 가을까지 안가라강 부근에 있는 리브노이 요새에 주재하던 중에 자바이칼로부터 상세한 정보를 수집하는 한편, 청에 사절로 부임한 N. 베뉴코프와 I. 파보로프 등과도 만났다. N. 베뉴코프는 황제의 선물을 투세트 한에게 바쳤는데, 먼저 살던 속민들을 반환하도록 요청받은 것과 만주 황제가 러시아와의 싸움에 참가를 요청하기 위해 투세트 한에게 사절을 파견한 것을 보고하였다. 이것은 러시아가 대단

---

4 Шастина, Н. П., *Русско-Монгольские посольские отношения XVII века*, М., 1958, стр.119.

5 АВПРИ. Ф-163, Трактаты. оп.1. д. No.22, 1689.[Нерчинский договор между Россией и Китаем от 27 августа 1689 г]. л.2-3об.-заверенная копия, русский язык., л. 6-6 об. - подлинник, латинский яз., л.7-11 -подлинник, маньчжурский язык.

6 Трусевич, Х., *Посольскія торговыя сношенія Россіи съ Китаемъ (до XIX вѣка)*. М., Человѣколюбиваго Общества, 1882, стр.30.

히 심각한 상황에 있음을 의미하였다. 즉, 군대를 준비할 만큼의 힘이 없는 러시아로서는 세력이 있는 투세트 한 가家가 적군인 만주 측에 붙어서 일전을 벌이게 된다면 전황이 가혹하리라는 것은 눈에 뻔했다. 이런 가운데 F. A. 골로빈은 최우선적으로 투세트 한 가家와 협의하여 문제의 해결에 노력하는 것이 네르친스크 조약 체결보다도 중요하다고 생각하였다. 러시아 황제도 그들이 모스크바를 떠나기 전에 투세트 한 차홍도르지 등과 협의를 하도록 지시를 내렸으며,

И окольничему де Федору Алексеевичю Головину из Селенгинского острогу с Очирой Саин-ханом обо всяких делех ссылатись возможно.

표도르 알렉세비치 골로빈은 셀렝게 요새로부터 오치라이 사인 한과 모든 사항에서 함께 대처할 수 있을 것이다.[7]

라고 내다보고 있었다. 그런데 F. A. 골로빈이 이 문제에 착수하려고 해도 사절 관리당국은 전혀 들으려고 하지 않았다.

러시아 황제는 1685년 12월 13일—즉 F. A. 골로빈 등의 출발 전에, 청과의 조약체결에 있어 도움을 구하기 위하여 투세트 한 차홍도르지 앞으로 서한을 썼다. 당연히 이 서한은 러시아 사절들이 직접 전달하였다. 거기에는

Очарою Сайн-хану, тем нашего царского величества великих послов любительным пересылкам верить, и службу свою и радение со всеми

7 *Международные отношения в Центральной Азии. XVII-XVIII вв. Документы и материалы.* Книга 1, Составители Б. П. Гуревич., В. А. Моисеев. М., Наука, 1989, стр.179.

улусными людьми своими нам, великим государем, нашему царскому величеству, оказать совершенно и явственно, и к воинскому промыслу на неприятелей дать все владения своего силы, за которую службу и радение мы

오치라이 사인 한, 귀하는 우리 차르에게 충성을 다하여 우리들의 적에 대항하여 함께 싸울 것을 맹세하였다. 지금도 우리 차르의 명에 따라 우리 백성과 우호적으로 살고 있다. 만일 어떠한 불만이 있으면 앞에 천거한 사절들에게 알리고, 과실이 있는 자를 찾아내 처벌해야 할 것이다. 그리고 위에서 말한 우리의 위대한 사절들이 귀하와 함께 업무를 담당하는 것이라면, 필요에 따라 적에 대하여 군대를 준비하고 위대한 우리 사절 등을 믿으며, 차르에게 세금을 납부하고 있는 것에 모두 함께 기뻐하고 전력으로 그들을 원조하여야 할 것이다.[8]

라고 특별히 쓰고 있다. 그런데 투세트 한 입장에서 보자면 러시아의 관할 아래 들어간 사실 따위가 없기 때문에, 전부터 살던 속민을 되찾는다는 강한 자세를 바꾸지 않았다. 1686년 가을, F. A. 골로빈은 자신의 특사를 운두르 게겐 젭준담바에게 파견하는 것에 대하여 러시아 황제에게 상주하였다. 그런 가운데 운두르 게겐 젭준담바의 지위에 대하여

государи, что мунгальские все владетели имеют ево, Кутухту, духовного чину в великом почитании и во всяких великих делех без его повеления

8 РГАДА, Ф-62. [Сношения России с Китаем], оп. 2, 1685 г., д. Мг 2, лл. 29. Список XVII в.

поступати не смеют

몽골의 귀족들은 모두 호탁트를 정신적으로 크게 존경하며 어떠한 안건이라도 그의 말을 기다리지 않고 시작하는 것을 두려워한다.[9]

라고 언명하고 있다. 운두르 게겐 젭준담바에게 사절을 보내, 그들이 러시아 사절과 어떠한 목적으로 만날 것인가, 교전할 작정인가, 호탁트 및 몽골의 귀족들은 어떠한 생각을 가지고 있는가 등 중국에 관련된 모든 사항을 잘 파악해서 문서로 보내도록 하였다. 그 무렵 러시아가 관계를 가지고 있던 유력 귀족 중 한 사람이 호트고이드를 관할하는 겐뎅 홍타이지이다. 러시아어 사료에서는 그를 '게겐 호탁트'라고 부르고 있다. 그는 갈단 보식트의 세력 확대로 압박을 받으며 툰킨스키, 흡스굴호 동남부, 셀렝게, 에그강 유역에 살고 있었기 때문에 F. A. 골로빈은 꽤 신중하게 교류하였다.

이런 것도 있어 러시아는 1686년의 후렝벨체르(러시아어 사료에는 "*Кербильчил*"로 되어 있다) 회맹의 동향을 주시하고, 그 후 셀렝게 및 바이칼 남부에서 몽골 측의 침입을 어떻게 막을 것인지가 중요한 과제가 되어 있었다. 1687년 5월에 이르쿠츠크 당국이 낸 문서에는 몽골과 만주가 속민의 보호를 목적으로 요새를 더 많이 건축한다는 내용이 기록되어 있다. 후렝벨체르 회맹에 참가한 강희제의 칙사 및 운두르 게겐 젭준담바 등의 의사록에는 만주 사절의 이야기로서, 알바진 및 네르친스크까지 도중의 마을들을 경유하면서 무기를 운송하고 있음이 기록되어 있다. 러시아는 그들이 맹세를 했기 때문에 습격당하는 일을 경계하였다. 바꾸어 말하자면 러시

9 РГАДА, Ф-62. [Сношения России с Китаем], оп.2, 1685 г., д.No.2, ч.2, лл.352~354. Подлинник.

아 측은 네르친스크 및 알바진으로 가는 도중에 몽골과 만주에 의해 위해를 입을지도 모른다고 보고 있었던 것이다.

F. A. 골로빈은 투세트 한과 운두르 게겐 젭준담바 이외에 겐뎅 홍타이지, 에르흐 홍타이지, 빈트 아하이 등의 투세트 한 계통의 유력 귀족과도 교류하고 그 중 일부를 아군으로 끌어들여 충성을 맹세하도록 의욕적으로 대처하였다. 그는 1687년 가을에 우데에 도착하였다.[10] 그리고 가장 처음 맞아들인 사람이 운두르 게겐 젭준담바와 투세트 한 차홍도르지의 사절이었다. 운두르 게겐 젭준담바의 사절 게첼 라마 로도이 셍게는 종자 및 상인들과 함께 서한 등을 가지고 왔다. 당해 사절의 내방 직전 투세트 한 차홍도르지는 강희제에게,

orus-yin čaγan qan-u tabun mingγan elči ilegegsen kemeǰü bičig-tei elči ireǰi qariba. üge-yi inu niruγu degere sumun elči ilegeǰü egüber ba ǰegün-tegegür alin-a ire gegsen γaǰar-tur čiγulγalaǰu törü kikü genem. bisiči olan čerig ǰegün eteged siqaǰi yabunam. kemen sonustanam. manu qariyat ulus-i abuγad, ǰaq-a ǰaq-a-ača šoγ kiǰi bayiqu ni olan či bolba, qaγan inü törü kikü duratai metü boluγad ulus ni tung maγad ügei samaγu itegel ügei tulada sigiid-ün yadaγsaγar öni bolba. edüge ene elči-ber čaγan qan-du činaγ si kelegsen üges-ün aliba qariγu bai geküdü ni učir-i meden bolγaγuqu-yin tulada kümün ilegebe

러시아의 차강 한의 5천 명 사절이 파견되었다고 하여, 서신을 가진 사절이

10 Шастина, Н. П., *Русско-Монгольские посольские отношения XVII века.*, М., 1958, стр.123.

왔다가 돌아갔다. 차르의 메시지를 가진 심부름꾼을 파견하여 여기나 동방이나 어디에서든 오라고 한 장소에 모여 회의를 열고 정치를 하고 있다. 많은 병사가 동방으로 진군하고 있다고 듣는다. 우리 관할의 백성을 붙잡아 여기저기에서 나쁜 짓을 하는 자도 많아졌다. 칸은 수습하려고 하는 것 같으나, 사람들이 분명 소란을 피우고 신용도 없으므로 대처가 늦어져 오늘에 이르렀다. 이번에 이 사절로 하여금 차강 한에게 보낸 서신의 답장이 있다고 하는 것이므로, 이것을 보고하기 위하여 사람을 파견하였다.[11]

는 서신을 보냈다. 이것은 러시아인들과의 사이에 어떠한 문제가 발생했을 때 만주황제가 잘못된 행동을 하지 않도록 경계하고 통지한 것이다. F. A. 골로빈은 몽골의 사절들을 정중하게 맞아들이고, 그들의 방문 목적을 꼼꼼히 살폈다. 투세트 한과 운두르 게겐 젭준담바가 보낸 서한에는,

Да Геген-кутухта поздравляет великому и полномочному послу в добром лиздоровье великий и полномочный посол пришел в Удинской. Да что он, великий и полномочный посол, идет для перемирных договоров на китайскую границу, и от великих де и полномочных послов он, Кутухта, к себе и улусным людем задору никакова не чает, о том радуется. А что де на китайскую границу они, великие и полномочные послы, идут для вечного умирения чрез их Мугальскую [землю], и им

11 *Дайчин гү рний дотоод яамны монгол бичгийн гэрийн данс (Галиг, орчуулга, хө рвүү лэг)* Боть 6. Орчуулга, хөрвүүлэ, тайлбар сэлтийг хийсэн М. Баярсайхан, Т. Отгонтуул, Э. Мөнх-Учрал. Улаанбаатар. 2011. тал 57.

де, Геген-кутухте, и тайшам оттого имеет быти сумнение для того, что де с ним, великим и полномочным послом, идут // ратные люди многие, также брацкие и тунгуские люди, чтоб де он, великий и полномочный посол, брацких и тунгуских людей с собою не брал, потому что те брацкие люди ушли из их мугальских улусов и живут в стороне царского пресветлого величества. И те де брацкие люди, мня прежние к себе досады, какова дурна не учинили, потому что в прежних годех с великими государи, их царским пресветлым величеством, бывали у них ссоры многие, и о тех де ссорах Геген-кутухта и Ачирой Сайн-хан к великим государем писал многажды. И против де их писем от великих государей, их царского пресветлого величества, к ним, Кутухте и Ачирой Сайн-хану, отповеди не бывало и по се число

전권대사가 우데에 무사히 도착한 것에 게겐 호탁트가 축하의 말씀을 드린다. 그리고 우호조약을 체결하기 위하여 중국 변경으로 향하는 전권대사가 호탁트와 우리들 여러 울루스에 나쁜 일을 저지르지 않을 것을 믿고 기쁘게 생각한다. 항구적인 안녕을 얻고자 몽골 땅을 경유하여 중국 경계로 향하는 전권대사들에게 많은 병사, 또한 브라츠키부랴트와 퉁구스인들도 동행하고 있는 점에 의혹을 가지고 있다. 전권대사, 여러분들에게 브라츠키와 퉁구스인들도 데리고 가지 말라고 요청한다. 왜냐하면 그들 브라츠키인들은 몽골로부터 차르 편으로 옮겨갔다. 그리고 그 브라츠키인들이 이전과 같이 나에게 위해를 주지 않을 것을 바라고 있다. 그 이유는 지금까지 여러 해 동안 그들 문제로 차르와 수 차례나 다투어 왔기 때문이다. 그리고 이 다툼들에 대하여 우리 게겐 호탁트와 오치라이 사인 칸은 차르에게 수 차례에 걸쳐 편지를 썼다.

그렇지만 우리 호탁트와 오치라이 사인 칸은 아직 답신을 받은 적이 없다.[12]

라고 되어 있다. 투세트 한 차홍도르지와 운두르 게겐 젭준담바는 외교관계를 허물어뜨리지 않도록 유의하면서 문서를 보내, 몽골로부터 이주해 나간 사람들을 반환할 것과 F. A. 골로빈 대사 등이 몽골인에게 위해를 가하지 말 것 등을 요청하였다. 그뿐만 아니라, 러시아 사절과 상인이 청나라에서 활동하는 것에 대해서는 지체 없이 원조할 것도 표명하였다. 그러나 F. A. 골로빈은 브라츠키, 셀렝게 지역의 몽골인이 결코 운두르 게겐 젭준담바나 투세트 한 차홍도르지 등의 '속민이 아님'을 밝히고 역대 러시아 황제에게 예로부터 세금을 납부해 왔다고 반론하였다. 이에 대하여 몽골 사절 게첼 로도이 셍게는,

Преж де сего, как те ясашные люди перешли в сторону их царского пресветлого величества, изменя им, и ясак платят не в давных летех, а преж де сего бывали под их мунгальским владением

세금 납부자들이 그들로부터 도망하여 차르 측으로 들어가 세금을 내게 된 것이 얼마 되지 않았다. 그 전까지 그들은 몽골 관할하에 있었다.[13]

라고 명백한 사실을 들어 회답하였다. 전부터 살고 있는 납조자納租者인 그들 속민이 러시아에 세금을 바치게 된 지 겨우 몇 년밖에 되지 않았던 것이 분명하다. 하지만 F. A. 골로빈은 사절과 만날 때 이것은 알렉세이 미

12 РГАДА, Ф-62. [Сношения России с Китаем], оп. 1, кн. 13, л. 15-15 об. Список XVII в.
13 РГАДА, Ф-62. [Сношения России с Китаем], оп. 1, кн. 13, л. 18. Список XVII в.

하일로비치가 황제였던 시대부터 시작한 것이라고 주장하고, 오히려 셀렝게 및 다우르 땅으로부터 몽골로 도망간 사람들을 반환하라고 항의하였다. 또한 이 회합에서는 한 가지 흥미로운 것이 논의되고 있다. 청-러간 조약 체결은 처음에 알바진 근처에서 행할 생각으로 사절을 파견하여, 그것이 어렵다고 하면 몽골을 경유하여 중국 경계 부근에서 조약을 체결하는 것으로 한다고 기록되어 있다. 즉, 이 조약 체결을 네르친스크에서 하는 것은 처음부터 확정되어 있던 것이 아니었던 것 같다. 양자는 몇 가지 중대 사안에 대하여 함께 알아보았다. 예를 들면, 몽골 사절이 전년도 알바진에서 붙잡힌 사람들의 거소居所를 확인하려고 한 반면, 러시아 사절은 청나라에서 어떠한 인물이 조약 체결에 참가할 것인지를 묻고 있다. 이 회합 후에 러시아 대사 F. A. 골로빈은 몽골 사절들을 식사로 융숭하게 대접하고 다음과 같은 편지와 선물을 건냈다. 즉,

гичюл Лодой Сенге сукно красное аглинское 4 аршина, юфть кож красных, 2 соболя в косках, мех заечей, выдра большая; Ирдени Немчи -лабе лисица красная, 3 соболя в косках, мех заечей, кожа красная, выдра; Ачарой Сайн-хана посланцу мех заечей, соболь в коске; Ширишурееву посланцу за дары сукно кармазин 4 аршина, мех заечей, соболь в коске; мунголом, которые были с посланцы двум человеком, 2 кожи красных да 2 соболя

게첼 로도이 셍게에게는 4아르신 길이의 영국산 붉은 천, 붉은 러시아 가죽, 발톱 달린 검은담비 모피 2점, 토끼 모피, 자이언트수달 모피를, 에르덴 놈치 라마에게는 붉은여우 모피, 발톱 달린 검은담비 모피 3점, 토끼 모피, 붉

은 가죽, 수달 모피를, 오치라이 사인 칸의 사자에게는 토끼 모피, 발톱 달린 검은담비 모피, 세데시리의 사자에게는 4아르신 길이의 붉은 나사의 얇은 천, 토끼 모피, 발톱 달린 검은담비 모피를, 몽골인 사자 2명에게는 붉은 가죽 2점, 검은담비 모피 2점.[14]

을 주었다. 투세트 한 차홍도르지와 운두르 게겐 젭준담바는 러시아 사절단이 지참한 편지를 읽을 수 없어서, 셀렝게에 발단 위젱을 사자로 파견하여 번역해서 다시 보내도록 요구하였다.[15] 그 편지에는 운두르 게겐 젭준담바가 알바진에서 일으킨 전쟁의 진상을 이미 잘 알고 있지만 우리는 귀방의 반감을 사게 되는 일은 일체 하고 있지 않으며, 만약 오늘까지 어떠한 불만 및 의견이 있다면 전권대사에게 전하여 해결토록 해야 한다고 적혀 있었다. 그 다음에,

мунгальской Кутухта, потому ж в тех наших великих государей делех радение свое прилагал и имел с ними, нашего царского величества великими и полномочными послы, любительные пересылки и к государству нас, великих государей, нашего царского величества, ко всякому доброхотению имел желательство.

몽골의 호탁트, 예하는 우리 차르의 업무에 개입하고 우리 차르가 임명하여 파견한 전권대사 등과 선의 있는 생각을 교환하고 차르의 나라를 위하여

14 РГАДА, Ф-62. [Сношения России с Китаем], оп.1, кн.13, л.23. Список XVII в.
15 *Русско-монгольские отношения 1685-1691. Сборник документов.* Сост. Г. И. Слесарчук. Ответственный редактор Н. Ф. Демидова. М., Восточная литература РАН, 2000, стр.112.

모든 면에서 호의적이기를 바랍니다.[16]

라고 쓰고 있는 것처럼, 네르친스크 조약의 체결 시 몽골의 투세트 한 차홍도르지와 운두르 게겐 젭준담바가 주된 중개자가 될 것을 바라고 있었다. 러시아 전권대사 F. A. 골로빈이 운두르 게겐 젭준담바 등에게 보낸 서한에는,

ǰibǰun-damba qutuɣ-tu-du orus-yin ilegegsen bičig. tngri-yin ǰiyaɣabar yeke eǰen qoyar qaɣan, yeke qoyar noyad iwan owligsi yibadča swin yeke baɣ-a čaɣan ɣaǰar-i eǰelegseger olan qaɣan eǰen-tei ɣaǰar uridu qoyidu baraɣun ǰegün tere ɣaǰar-i ečige ebüge-eče inaɣsi oduu-a či bolba bide eǰelegseger tere qoyar qaɣan gegen-i elči yeke elči owaɣuli niwča inamis nig beren isgei soodur owligsi yibiiči gowaluwabin qalqa-yin ǰibǰun- damba qutuɣ-tudu ina ɣlaɣsaɣar amuɣulang-i medegülünem, sonusba bi yeke eǰen čaɣan qan-i albatu-yi örüsiyeǰi tusalaǰi bayinam geküi-yi selengge-yin čigi orus-ača bisi čigi qota-yin orus-ača sonusba bi, teyimü tulada inaɣlaɣsaɣar ene bičig bariba ünen tulada urid-iyar ilegebe. bi tende keǰiy-e kürküle qoyar qaɣan-i qoɣur dumda törü-yin tulada qoyar yeke čaɣan qan-i gegen-i ǰarliɣ-iyar amuɣulang qan-du sumun elči ilegekü, tende-eče amuɣulang qan yaɣu geküle tere elči-yin üge-yi tere čaɣ-tu yaɣu kelelčeküle ǰalqaɣuraqu ügei elči ilegeǰi tan-du ayiladqaǰu bayiqu bayinam, üneker inaɣlaɣsan tulada, bi sanaɣaban

16 위의 책, стр.104.

urid ayiladqaba, tan-i qayiralaqu-du ene elči-ber bičig baqan beleg bariγ ulba.bičig-yin qariγu, ene elči-ber, bi amuγulang geǰi bičig qayiralan, ilegegsen elči-yi mini qayiralan ende keregtü yaγuma-yi ǰoriγ-iyar qudalduγul.yeke qa γan noyad, yeke blam-a quwaraγ bügüdeger amuγulang boltuγai. bi inaγlaγ saγar kičiyen kereg yambar učir, amuγulang-i ayiladqaγulǰu bayisu

젭준담바에게 러시아가 보낸 문서 : 하늘이 정함에 따라 위대한 주군인 두 분의 위대한 두 노용, 이반 알렉세비치와 스벤(표트르를 가리키는 것으로 생각된다－인용자 주)이 크고 작은 하얀 대지를 다스리고, 각각의 주군을 받들어 동서남북 각지를 선조 대대로, 현재도 우리가 계속하여 다스리며, 이 두 한의 빛 있는 사자, 위대한 사자 오콜리니치 지방관 브랸스키 표도르 알렉세예비치 골로빈이 할하의 젭준담바 호탁트에게 경애하며 안녕을 보고 올립니다. 저는 들었습니다. 大군주 차강 한의 속민을 자애하고 도와주고 있다는 것을, 셀렝게 방면의 러시아인과 다른 방면에 있는 마을의 러시아인으로부터 저는 들었습니다. 그리하여 경애하며 이 문서를 올렸습니다. 진심을 위하여 먼저 보냈습니다. 저는 그곳에서 언제라도 두 칸 사이의 정사를 위해 두 명의 위대한 차강 한의 명에 의해 강희제에게 급사를 파견합니다. 그로부터 강희제가 무엇이라 분부를 내리시더라도, 그 사자가 그 때 무슨 말씀을 올리더라도, 근면한 사자를 파견하여 고승高僧께 전달해 올리겠습니다. 진심으로 경애하기 때문에 저는 제 어리석은 생각을 먼저 아뢰었습니다. 고승을 존경하여 이 사자로 하여금 문서와 변변치 못한 물건을 헌상하였습니다. 문서의 답신은 이 사자로 하여금. 저는 안녕하다는 문서를 주어 파견한 사자를 생각하여 여기에서 필요한 것을 마음껏 매매하게 하십시오. 大한, 노용들, 대라마와 승려 모두 안녕하시길. 저는 경애하여 삼가 사안의 전말 및 인사를 올립니다.[17]

F. A. 골로빈이 이 편지를 보낸 것은 유력 귀족과 적극적으로 교류함으로써 청에 관한 정보를 얻고, 셀렝게와 그 부근의 요새에서 문제가 발생하는 것을 방지하고, 관할 문제를 안정시키기를 바랐기 때문이다. 운두르 게겐 젭준담바의 사절이 오기 한 달 전 달라이 세첸 노용의 사자 보식트 조릭트가 이르쿠츠크를 방문하여, 백인대장 알렉세야 시도로비차 신냐빈과 만났다. 보식트 조릭트가 지참한 1통의 편지는 번역을 통해 키릴 문자로 되었다. 그것이 РГАДА에 소장되어 있다. 즉,

Енде есе биде. Босого Зориктуйги тероне гет куинь учирту илгексен. Ер тендесе чини укчи идкесен белек аяга лонхо цекме курчи иребо тенде эце чини илгиксен элчи. Сидор Васильев, Иван Офонасьев терегулен арбун дербун некурте иребе. Тере негуткуин учирту зуб саяхан гычи манду аил лак кобо харалди, нутук туни, гаргачи хоюр теге эге чини алба ини абчи ба элдее гичи айлат хаксен биле тере угани(?) харюхани икилен ноинтой зюблечи хароэгни келеку байна. Загора зач[в]сарту шок болху чибейце гичи. Элчи берх кургул бе игуино койно зару сетереди инакши чинакши эли бен илгицчыди менду бен меделцеди··· худалду аралзи бен. Уриду ясугар абулцади баяхула тере унду мани сайн азаму эдечи уриду илгиксин элчир. Бу[я]нту Тусату Хочин Булго теде дербу биле Хочин Болго хоюри алачи кенерта аба акчикусен

17 *Dayičing gürün-ü dotuɤadu yamun-u mongɤol bičig-un ger-ün dangsa*, Erkilegčid J̌iɣačidai Buyandelger, Borǰigidai Oyunbilig, Wu Yuanfeng, Öbür mongɣol-un arad-un keblel-ün qoriy-a, Kökeqota, 2005, boti 6. tal-a 108-111.

егомони дербун мурин гурбан торго хорин бис табин чай арбан табун тамаки сангун ман туни ине тегексе тегус кочу скеди угилтей алаксен кумуни цага заяги целден Алексей Сидорович бейде улутай байну[18]

라고 몽골어를 키릴문자로 쓰고 있다. 그 내용은 다음과 같다.

Послан де в-Ыркуцкой острог от мунгальского тайши Цецен-ноена улусной ево человек Босого Зорикту для всякого переговору, а что велено говорить, то писанов листу, а в листу пишет: Послан де был к нашему тайше из-Ыркуцка Сидор Васильев, а с ним в товарыщах иркуцкие казаки Ивашко Уксусов, 14 человек, а что де было послано наперед сего с нашим посланцом з Босого Зориктуем и с Сидором с товарыщи от великого полномочного посла, от окольничего и воеводы Федора Алексеевича Головина с товарыщи, и те де подарки до нашего Цецен-ноена дошли, а что было подарков, и тому подам де письмо. А о чем де говорил Сидор, чтоб де быть в совете и в любви, и отдать бы де нашим тайшам изменников братцких Тертейских и Конкодорского родов, и о том де у нас, тайшей, будет совет: что тех братцких мужиков, хотя де и выпустим на породные земли, ясак бы де имать Белому царю и нашему тайше, и в том бы де никакие нашим тайшам и промеж острогами никакой споны не чинить, а посланцом де велено говорить без боязни. А которой посланец был у нас в Мунгальской земле Сидор с товарыщи, и тот де

18 РГАДА, ф-1121.[Иркутская приказная изба], оп. 1, д.23. 97. No.135, стр.24.

посланец отпущен с нами до Иркуцка в добром здоровье, чтоб де и впредь к нашим // тайшам посланцы ездили, и наши мунгальские посланцы к вам также безо всякие ссоры, и впредь бы де нам промеж себя торги сводить. А преж де сего посланы были от нашего тайши посланцы, 4 человека: Буйту, Тусату, Хочин, Булгуй. И ис тех де наших 4-х посланцов Хочин повешен, Болгой убит, а у тех де наших посланцов взято нашего тайши казны: 4 коня, 3 камки, 20 кумачей, 50 бакчей чаю, 15 бакчей табаку, и то бы де указали великие государи сыскать стольнику Алексею Сидоровичю, а сыскав, велел бы де к нашему тайше отослать, чтоб де впредь о том не ссоритца.

몽골의 체첸 노용 타이지 관할하 보식트 조릭트가 이르쿠츠크 요새에 사자로서 내방하였다. 무엇에 대하여 논의하였는지는 문서에 있다. 그 문서에는 다음과 같이 쓰여 있다. 오콜리니치 표도르 알렉세비치 골로빈 대사가 이르쿠츠크로부터 시도르 바실예프를 필두로 이르쿠츠크의 카자흐인 이바시코 욱수소프 등 14명의 종자를 포함한 사자를 우리 타이지가 있는 곳에 파견하였다. 보식트 조릭트와 함께 대사가 보낸 선물을 우리 타이지에게 가지고 왔다. 시도르가 우리에게 우호적으로 살고, 배반한 테르메이와 홍고도르 씨족의 부랴트인들을 우리 타이지 등에게 인도하겠다고 말했다. 이것에 대해서 우리 타이지들이 논의하여 부랴트인들을 옛 땅으로 돌려보냈다고 해도 우리 타이지 및 차강 한에게 세금을 바치게 하도록 하였다. 이것을 우리 타이지들과 귀방의 요새에 알리고 어떠한 소동도 일으키지 않기 위하여, 대사에게 두려워하지 말고 전하라고 말했다. 우리 몽골에 온 사자 시도르는 종자와 함께 돌아갔다. 향후에는 귀방의 사자와 우리 사자가 다투는 일 없이 상호 왕래하며 교역하도록 하자. 이전에 우리 타이지 보얀트, 투사트, 호칭, 불고이 네 사람을 보냈다. 그 중 호친을 매달았다. 불고이는 붙잡아 죽였다. 우리 타이지의 공유 곳간에서 말 4두, 비단 3본, 직물 20본, 차 50괴, 연초 15괴를 빼앗았다. 이후에 싸우지 않도록 차강 한은 스톨리크 알렉세이 시도르비치에게 명하여 우리 타이지들에게 그 물건들을 반환시켜라.[19]

무역을 하고 상호 교류하여 우호적으로 지내자는 바램은 F. A. 골로빈으로서도 안성맞춤이었기 때문에 즉시 사자를 보냈다.

이와 같이 러시아 전권대사는 몽골의 유력 귀족들과 교류하며 네르친스크 조약의 사전 준비를 위하여 의욕적으로 활동하였다. 네르친스크 조약은 한편으로 알바진 및 아무르강 유역의 문제처럼 보이지만, 실제로는 그것에 필적하는 문제로서 '몽골'인 문제가 있었음을 위의 주고받은 서신으로부터 알 수 있다. 셀렝게, 네르친스크, 우데, 이르쿠츠크의 요새 관리자들 사이에서 발생하고 있던 관할 문제 및 몽-만 관계의 활성화 등에 의해 F. A. 골로빈을 필두로 하는 러시아 사절단은 그 어느 때보다도 더 주의 깊게 관찰할 필요가 있게 되었다. 그래서 F. A. 골로빈은 운두르 게겐 젭준담바에게 보낸 서한에서,

Также б ты, мунгальской Кутухта, нам, великим государем, нашему царскому величеству, радение свое показал, и х китайскому богдыханову высочеству писал и к мирным договором ево приводил

19 *Русско-монгольские отношения 1685-1691. Сборник документов*, Сост. Г. И. Слесарчук. Ответственный редактор Н. Ф. Демидова. М., Восточная литература РАН, 2000, стр.102.

> 몽골의 호탁트, 고승께서는 우리 차르의 안건에 개입하여 중국 황제에게 편지를 써서 평화와 우호의 조약으로 이끌어 주시지 않겠습니까.[20]

라고 삼가 청했던 것이다. 그 무렵 셀렝게, 헨티 산맥 동북부에 살고 있던 세첸 한 부의 패륵貝勒 체브덴의 세력이 강력하였다. 그래서 1687년 청국에 갈 때 체브덴 지역에 들러 전권대사 활동에 대하여 논의하기로 하였다. 도중에 그들의 말을 몽골인들에게 빼앗겼으므로 체브덴에게 찾아 줄것을 요구하였다. 체브덴은 말을 찾아 그들에게 건넨 다음, 운두르 게겐 젭준담바에게 갈 것을 조언하였다. 운두르 게겐 젭준담바도 역시 우르가 부근에서 숙영할 것을 충고하고 투세트 한 차홍도르지와 면회하도록 하였다. 투세트 한 가家는 이 호기를 이용하여 잃었던 속민들을 돌려 받을 생각이었다. F. A. 골로빈은 투세트 한 차홍도르지와 운두르 게겐 젭준담바 등 몽골의 유력 귀족들을 수차례 정찰하게 하였다. 그러한 유력 귀족의 한 사람인 시부타이 하탄바타르—투세트 한의 사촌동생으로 아바타이 사인 한의 손자—는 4천여 명의 속민과 함께 셀렝게 강 유역에 살고 있었다.[21]

1688년 1월 주민 S. Ya. 코로빈이 몽골인의 내부사정에 대하여 F. A. 골로빈에게 제공한 정보에는 운두르 게겐 젭준담바에게 청에서 특사가 온 것, 오이라트의 갈단 보식트가 후렝벨체르 회맹에 참가하지 않은 것, 투세트 한과 갈단 보식트의 사이가 틀어진 것, 청나라 사절이 여름 동안 운두르 게겐 젭준담바의 거처에 있게 된 경위, 자삭트 한과 투세트 한의

---

20 РГАДА, Ф-126. [Монгольские дела], 1687 г., д. № I, л. 1. Подлинник.

21 Бантышъ-Каменскій, Н. *Дипломатическое собраніе дѣлъ между Россійскимъ и китайскимъ, государствами съ 1619 по 1792-й годъ. Казань.* Типографія Императорскаго Университета, 1882, стр.55.

대립, 쿠칸 한이 네르친스크 및 알바진에 2만 군사를 출진시키려고 하고 있는 것등이 포함되어 있었다.[22] 그 정보를 토대로 F. A. 골로빈은 셀렝게 요새에서 운두르 게겐 젭준담바의 사절 발단 위젱을 맞이하여, 정보에 대한 정밀한 검토를 하였다. 두 번에 걸친 양자의 회합에서, F. A. 골로빈은 셀렝게 요새 및 브라츠키인 거주지에서 몽골로 이주한 사람들의 반환과 러시아 마을의 안전보장 등을 언급하고 몽골 귀족의 내분에 대하여 유감의 뜻을 표명하였으며, 평화조약 체결과 그에 관한 주의점을 물었다. 사절 발단 위젱과의 회합 후 5항의 보고서라는 제목으로 과거와 현재의 관련성을 기록한 것을 몽골 사절에게 건냈다.

이반 하차노프 등에게 사절 바르단 위젱을 수행시켜 파견하고 편지를 번역시켰다.[23] 회합 후 우데 요새에 체재한 F. A. 골로빈의 업무 및 활동은 모스크바의 사절관리국에 보고되었다. 1688년 3월에는 네르친스크의 코사크인 V. 카잔체프와 I. 소콜로프 등으로부터 몽골인이 네르친스크에 유입된다는 풍문과 셀렝게 정세,[24] 4월에는 네르친스크 당국으로부터 만주-몽골군이 네르친스크, 셀렝게를 공격한다는 것, 몽골의 달라이 세첸 노얀과 관련 사항, 운두르 게겐 젭준담바가 갈단에 대한 전투 원조를 만주에 요청한 것, 아하이 다이친에게 사자를 파견한 것 등이 F. A. 골로빈에게 제보되었다. 주목해야 할 점은 몽골인을 통하여 청나라의 정보를 수집하고 있었던 것이다.

1688년 6월 중순에 운도르 게겐 젭준담바의 사절 발단 위젱이 우데 요

---

22 *Русско-монгольские отношения 1685-1691. Сборник документов*, Сост. Г. И. Слесарчук. Ответственный редактор Н. Ф. Демидова. М., Восточная литература РАН, 2000, стр.121~122.

23 위의 책, стр.126~137.

24 위의 책, стр.142~143.

새를 다시 찾았다. 그 내방의 주된 목적은 다음의 것이었다. 즉, 겨울에 되기 전에 러시아 전권대사가 청나라 이번원理藩院에 사절을 파견하는 것이라면 몽골을 통과하기까지는 원조를 할 것, 중국에서의 사절 수락 업무를 할 것, 우루고 부근에서 상업 활동을 할 것 등을 전하고, 만주 황제가 있는 곳까지 두 개의 문이 있어 그 중 하나는 네르친스크, 또 하나는 셀렝게 요새라는 것을 이야기하면서 우호 조약의 체결을 바라고 있음을 표명하였다.[25] 러시아 측이 명확한 답신을 주지 않은 채 수 일이 지날 무렵, 갈단 보식트와 할하 귀족의 전쟁 및 청국 사절의 셀렝게 방문 소식이 S. Ya. 코로빈과 트로비스스크의 관리 I. R. 하차노프에 의해 F. A. 골로빈에게 보고되었다. 이것은 러시아 전권대사 F. A. 골로빈을 매우 당혹스럽게 만들었다. 몽골의 유력 귀족들과 조약을 체결할 것인지 어떨지, 직접 청나라로 향할 것인지 아니면 알바진이나 네르친스크로 향할 것인지의 기로에 서게 되었던 것이다. 만일 몽골의 투세트 한 및 운두르 게겐 젭준담바와 조약을 맺으면 새롭게 대두한 갈단 보식트와는 어떤 관계를 맺어야 할 것인가, 할하-오이라트 전쟁은 어느 쪽이 승리할 것인가, 청국과는 따로 조약을 체결해야 하는가 아닌가 등 많은 문제가 부상하였다.

그 직후 운두르 게겐 젭준담바의 사절 게첼 롭상 다이칭이 우데를 방문하여 몽골 내부 정세에 대한 상세한 정보를 가져왔다.[26] 그것은 갈단 보식트가 자삭트 한과 동맹을 맺고 운두르 게겐 젭준담바 및 투세트 한에 대항하고 있다는 것, 러시아가 군사 면에서 원조할 것, 청국이 사절을 파견하

---

25 위의 책, стр.150~151.

26 Шастина, Н.П., *Русско-Монгольские посольские отношения XVII века*, М., 1958, стр.144~145.

면 셀렝게로 오게 한다는 것 등이었다. 몽골인에 대한 F. A. 골로빈의 높은 평가는 이것으로 인하여 떨어졌다고 해도 좋다. 1688년 10월의 사절 관리국 보고서에 의하면, 투세트 한과 갈단의 전쟁 및 몽골 내부의 다툼이 격해지고 할하 귀족들은 점점 화합을 잃고 있었다.[27] 게다가 이 무렵 청나라 사절 알나이가 투세트 한 차홍도르지의 지역을 경유하여 우데를 방문하고, F. A. 골로빈과 만났는데 그때 네르친스크 조약 체결 장소가 결정되었다. 네르친스크가 선택된 것은 청러 간 의견 대립이 가장 뿌리 깊었다는 것, 다른 러시아 요새를 경유해서 오는 데에도 어려움이 적다는 것, 할하 땅과 같은 내분이 적다는 것 때문이다. 또한 다른 사람에 의해 지적되지 않았지만 필자의 지금까지의 연구에 비춰보면 '은 광상鑛床'을 러시아 측에 남겨 두기 위해서였다는 것을 알 수 있다. 즉 아르군강 지류로 네르친스크 요새 가까이를 흐르는 알타티, 문그티라는 이름의 강 근방에 금과 은 광상이 있음을 1670년대에 파벨 슐긴 장관 시대에 러시아인들이 발견하였다.[28] 이것은 러시아인이 1640년대부터 세첸 한으로부터 얻은 정보를 토대로 '은' 광상을 찾아 발견한 것으로, 그들의 관리하에 두는 것이 네르친스크 조약으로 정해졌다.

F. A. 골로빈은 약속한 대로 네르친스크로 향했다. 그런데 그 도중에 바이칼과 셀렝게 사이에서 몽골과 오이라트의 대집단이 이동하고 있음을 듣고 급하게 계획을 변경하였다. 길을 되돌아가 우데 요새에 도착한 뒤 무력을 사용하여 본진에서 이탈한 사람들을 붙잡았다. 이로 인하여 F. A. 골로빈이 있는 곳으로 몽골의 일부 타이지들이 복속해왔다. 몽골인들로서

---

27 위의 책, стр.149.
28 *Нерчинск*, Редактор В. А. Дутов. Чита, 2013, стр.14.

는 화기를 사용한 전쟁은 이것이 처음이었다. F. A. 골로빈은 그 자초지종을 적어 모스크바에 보냈다. 이 사건에 대하여 N. P. 샤스티나가 셀렝게 요새에서 아주 대단히 위압적이었음에 기인하는 것처럼 설명한 것은 너무나 일방적인 견해이다. 그렇게 말하는 것도 바로 그 도망한 사람들이 러시아의 속민이 아닌 것은 의심의 여지가 없기 때문이다. 이 전투의 혼란을 틈타 자이상 6명, 다르가 2명, 숄렝게 13명, 라마 1명, 평민 1,200명이 러시아 측에 남아 공식적으로 속민이 되었다.[29] 이것에 대하여 공문서에는

> воевода Федор Алексеевич Головин с ратными их царского величества людьми их, // мунгалов, на них не пропустил, и был у него с ними бой, и на том бою мунгалов побито и в полон взято множество со всеми их пожитки и скотом, а которых побили, и тот скот взяли их царского величества ратные люди. И их де тайши, и Доржи, и Елдень [с] зайсаны, и со всеми своими подданными улусными людьми били челом им, великим государем, в вечное подданство и дали ему, окольничему и воеводе, для подлинного уверения детей своих // родных и братей и племянников в оманаты, которые аманаты их ныне в Удинском остроге. И как их окольничей и воевода принял, и они, тайши, сами при нем, окольничем и воеводе, по своей вере шерть учинили и обещались им, великим государем, ясак платить.

몽골인들은 수많은 목숨을 빼앗기고 가축 등과 함께 사로잡혔다. 전사한

29 Шастина, Н. П., 앞의 책, 1958, стр.152~153.

> 몽골인들의 가축은 차르 병사의 것이 되었다. 그리고 타이지 도르지, 에르덴 자이상 등이 그 울루스와 함께 차르를 알현하고 영원히 속민이 될 것을 선언하고 이것을 보증하기 위해 자신의 형제 사촌들을 우딘스크 시에 남겨 두었다. 그리고 시장이 그들을 인수한 뒤에, 그들은 그 앞에서 자신들이 믿는 것에 따라 선서를 하고 차르에게 조세를 바치고 있다.[30]

라고 쓰여 있다.

게다가 러시아는 약 80명의 특사를 몽골에 파견하여 귀족들을 다양하게 꾀어 러시아의 관할 하에 두고자 활발히 움직였다. 이 영향도 있었던 것인지 1688년 여름부터 이듬해 1689년 봄까지 새롭게 복수의 집단이 몽골을 떠나 자바이칼에 들어왔다.

내부의 교전 및 러시아의 여러 정책 등에 의해 1689년 1월부터 몇 명의 유력 귀족들이 러시아의 관할에 들어가기 위해 조약을 맺고자 러시아로 갔다. 초기에는 1688년 7월 튠킨스키 가까이에서 살고 있던 몽골인 집단 2개,[31] 1689년 1월 아바타이 사인 한의 증손자 다시 홍타이지dasi qung tayiǰi의 아들 에르흐 홍타이지erke qung tayiǰi, 빈트 아하이bintu aqai[32] 등이 각각 귀순하고자 러시아로 향하였다. РГАДА 소관사료에서 빈트 아하이, 에르흐 홍타이지 등이 러시아에 보낸 서한이 새롭게 발견되었다. 여기에 빈트 아하이의 편지를 싣는다.

---

30 *Русско-монгольские отношения 1685-1691. Сборник документов*, Сост. Г. И. Слесарчук. Ответственный редактор Н. Ф. Демидова. М., Восточная литература РАН, 2000, стр.231.

31 *Исторический выбор : Россия и Бурятия в XVII - первой трети XVIII века. Документы и материалы*, Иркутск, 2014, стр.327.

32 *AsaraƔči neretü-yin teüke*, Эх бичгийн цогц судалгаа хийсэн доктор(Ph.D)Д.Заяабаатар. Улаанбаатар. Болор судар, 2011, tal-a 79.

eǰen yeke čaɣan qaɣan-du mörgünem. eǰen yeke čaɣan qaɣan-u bičig tamaɣ-a ǰaɣun siru qoyar sayin čengme arban bulaɣayir minü ɣar-tu bariɣulba. bi yeke mörgüǰi bayarlaba bi. ula ügei alba ügei geǰi qayiralaɣsan-du yeke bayarlaba mörgübe. eǰen yeke čaɣan qaɣan-du bintu aqai bi mörgünem. urid iregsen ǰaɣun ɣučin ulus albatu-yin tulada mörgügsen bile. eǰen yeke čaɣan qaɣan-i ǰarliɣ ene geǰi. ɣurban ǰilese uruɣsiki ulus albatu-yi ürebe. ɣurban ǰilese qoyisiki ulus albatu-yi qayiralaba geǰi. mikeyida eleksei bayiǰi fbayibul ibang ayiči, simon tolmači ene ɣurban tolmači bintu aqai mini elči durɣul-i kiy-a baɣsi-du eǰen yeke čaɣan qaɣan-i ǰarliɣ ene geǰi bičigülbe. eǰen yeke čaɣan qaɣan-ai ǰarliɣ ulus-i tan-i tamaɣ-a bičig-tü ög gegsen ǰarliɣ ügei geǰi ene bayising-giyin noyad ese ögbe. eǰen yeke čaɣan qaɣan-du bintu aqai bi mörgübe. ene ulus albatui-gi min qayiralamu geǰi mörgübe. eǰen yeke čaɣan qaɣan-du mörgünem bintu aqai bi. eǰen yeke čaɣan qaɣan-u öndür yeke urtu ɣar-tu tüsigsen qoyin ulus albatui-yi mini qayiralamu geǰi mörgünem bi. ulus albatum min ügeyirebe sürüg adaɣu min dayin abuba. ǰil-i-yin sara-yin mönggü tariy-a qayiralamu geǰi mörgünem geǰi. eǰen yeke čaɣan qaɣan-u öndür yeke urtu ɣar-tu erke qung tayiǰi erdeni qung tayiǰi tüsigsen bile. tayiǰi gem ügei bayital-a urbaǰi očiba. erke qung tayiǰi (gi) albatu-ig bariǰi očiba. bintu aqai bi eǰen yeke čaɣan qaɣan-i sanaǰi mörgüǰi saɣunam bi. ene mörgüǰi ayiladqaɣsan-i qariɣu-gi mongɣol bičig orus bičig qayiralamu geǰi mörgünem. eǰen yeke čaɣan qaɣan-du mörgünem. bintu aqai bi elči ilegey-e gegsen bile. ene bayising-giyin noyad eǰen yeke čaɣan qaɣan-u ǰarliɣ ügei geǰi elči ülü ilegenem. elči ilegeltei učir bolqu-du elči ilegey-e geǰi mörgünem. bintu aqai öber-ün γar-iyar bekelebe

주인이신 위대한 차강 한께 무릎 꿇어 절합니다. 주인이신 위대한 차강 한의 문서인장, 산호 100개, 나사 2점, 가죽 10점을 저에게 주셨습니다. 저는 크게 엎드려 기쁩니다. 역마도 세금도 면해 주셔서 매우 기뻐 엎드려 절합니다. 주인이신 위대한 차강 한에게 빈트 아하이 저는 무릎 꿇어 절합니다. 앞서 온 130명의 속민을 위해 절한 것입니다. 주인이신 위대한 차강 한의 칙령은 이것이라고. 3년도 더 된 예전의 속민은 놓쳤습니다. 여기 3년의 속민은 주셨다고. 미키타 알렉세비치, 파벨 이바노비치, 세멘 톨마치 등 3명의 통역자가 빈트 아하이 저의 사자 도르골이 히야 박시에게 주인이신 위대한 차강 한의 칙령은 이것이라고 쓰게 하였습니다. 주인이신 위대한 차강 한의 칙령 중에 너의 인문印文을 넘기라고는 되어 있지 않아, 이 바이싱요새의 귀족들은 넘기지 않았습니다. 주인이신 위대한 차강 한에게 빈트 아하이 저는 무릎 꿇어 절하였습니다. 저의 이 속민을 주십사 엎드려 말씀 드렸습니다. 주인이신 위대한 차강 한에게 엎드려 절합니다. 빈트 아하이 저는. 주인이신 위대한 차강 한의 높고 크고 긴 손을 의지한 뒤로는 저의 속민을 주십사 엎드려 말씀 드립니다, 저는. 우리 속민은 빈궁하였습니다. 우리가 키우던 말들은 적이 빼앗았습니다. 매년 매월의 은전과 작물을 주십사 엎드려 말씀 드립니다. 주인이신 위대한 차강 한의 높고 크고 긴 손을 에르흐 홍타이지, 에르덴 홍타이지가 의지하였습니다. 타이지는 과실도 없는데도 등지고 투항하였습니다. 에르흐 홍타이지는 속민을 데리고 투항하였습니다. 빈트 아하이 저는 주인이신 위대한 차강 한을 사모하며 엎드려 삽니다. 이 엎드려 상주한 것에 대한 답신은 몽골 문자와 러시아 문자로 주실 것을 엎드려 말씀 드립니다. 주인이신 위대한 차강 한에게 엎드려 절합니다. 빈트 아하이 저는 사자를 보내려고 말씀드렸던 것입니다. 이 바이싱요새의 귀족들은 주인이신 위대한 차강 한의 칙령이 없다고 하여 사자를 보내지 않습니다. 사자를 파견할 사태가 된 때에는 사자를 보내겠다고 엎드려 말씀 드립니다. 빈트 아하이가 자신의 손으로 썼습니다.[33]

라고 쓰여 있듯이, 러시아의 술책에 빠져 귀순을 위한 문서를 올리고 있다. F. A. 골로빈의 주도로 9항의 조약 원문이 작성되었다.[34] 이것은 러시아가 몽골 및 청과 처음으로 체결한 조약договор의 하나이며, 네르친스크 (조약) 7개월 전에 마무리되었다. F. A. 골로빈은 러시아에 귀순한 자와 납조자로부터 받은 보고를 시베리아 당국에 보냈다. 제법 많은 귀족이 귀순을 표명하였다. 예를 들면, 체렌 타이지, 체렌자브 빈투 아하이 타이지, 도랄 타보낭, 제브 에르뎀, 에르뎀 촉트, 메르겐 아하이라고 하는 귀족들의 이름을 들 수 있을 것이다.[35]

이와 같이 F. A. 골로빈은 단기간 내에 몽골의 유력 귀족들에게 적극적으로 접근하여 활동하고, 때로는 고압적으로 때로는 동료들 사이에 대립을 일으키면서 1689년 8월에 조약 체결을 위해 '네르친스크'를 방문하였다. 이 무렵 투세트 한 차홍도르지와 운두르 게겐 젭준담바는 갈단 보식트 세력에 밀려 흑룡강과 흥안령, 할하강 동측에서 살게 되었다.

셀렝게와 바이칼 호 근처로 이동한 사람들의 관할 문제는 비교적 완화

33 РГАДА, Ф- 214.[Сибирские приказ]. Оп.3., No.544, лл.343~344.

34 *Русско-монгольские отношения 1685-1691, Сборник документов.* Сост. Г. И. Слесарчук. Ответственный редактор Н. Ф. Демидова. М., Восточная литература РАН, 2000, стр.186~190.

35 Бантышъ-Каменскій, Н. *Дипломатическое собраніе дѣлъ между Россійскимъ и китайскимъ государствами съ 1619 по 1792-й годъ*, Казань. Типографія Императорскаго Университета, 1882, стр.59.

되어 유력 귀족들은 귀순을 표명하고, 투세트 한과 운두르 게겐 젭준담바 등은 옛 땅을 떠나 이동하고, 갈단 보식트의 군대는 후퇴하여 호브드 땅에 잠정적으로 자리잡았다. F. A. 골로빈에게 있어서는 말하자면 걱정거리가 줄어든 호기로서, 이를 이용해 조약 체결을 서둘렀다. 1689년 8월 12일, 실카강과 네르차강 사이에 있는 네르친스크의 작은 요새 가까이에 사방팔방에서 온 총 500명이 한자리에 모였다.

양국의 참가자에는 중국의 흠차대신 방판대신 영시위내대신 송고투, 내대신 고산액진 일등공 나가추, 퉁궈강, 고산액진 랑탄, 고산액진 반다르샤, 흑룡강장군 사브추, 호군총령 라마, 이번원상서 원다, 러시아의 흠차경계획정대신 대사 표도르 알렉세예비치 골로빈, 세묜 코르니츠키, 블라소프 등이 있고,[36] 프랑스 출신의 제르비용이 라틴어 통역을 담당하였다. 교섭은 공식적으로는 라틴어로 진행되었으며, 영지의 결정을 비롯하여 난제가 많고 각자가 이익을 지키려고 하여 말다툼이 일어났다.

러시아 연구자 P. T. 야코블레바는 청의 사절이 곧바로 전쟁을 선언한 것에 비해 러시아 사절은 온화한 대응으로 쓸데없는 유혈을 바라지 않았다고 하지만,[37] 굳이 그러했다고 하더라도 군사력이나 병력 등의 면에서 당시 러시아가 청군과 교전할 힘을 가지고 있지 않았다는 사실도 고려할 필요가 있을 것이다.

1689년 8월 14일부터 27일까지 2주간에 걸쳐 논의를 한 끝에, 청러 간의 최초의 조약인 네르친스크 조약 체결이 완료되었다. 이 조약에 의해 아

36 АВПРИ. Ф-163. Трактаты. оп.1. д. No.22. 1689.[Нерчинский договор между Россией и Китаем от 27 августа 1689 г]. л. 2-3об. - заверенная копия, русский язык., л. 6-6 об. - подлинник, латинский яз., л.7-11- подлинник, маньчжурский язык.

37 Яковлева, П.Т., *Первый русско-китайский договор 1689 года*, М., Наука., 1958, стр.168.

홉 개 항이 규정되었다. 즉 흑룡강 북쪽에서 흐르는 초르나라고 하는 우룸강 가까이에 있는 게르비치고르비챠강을 경계로 하여 흑룡강 남쪽을 청나라의, 외흥안령 북쪽을 러시아의 관할 하로 하도록 국경을 정하고, 흑룡강으로 흘러 들어가는 아르군강으로 국경선으로 하며, 메이렐케Мэргэлэг[38]강 부근의 러시아 인을 퇴거시키는 것을 정했다. 또한 만주어 원문에는,

emu hacin ne yagsa i bade oros gurun i araha hoton be yooni necihiyeme efulefi yagsa i bade tehe oros i niyalma eiten jaka be gemu cagan han i bade amasi gocibume

약사(알바진) 땅에 러시아가 남겨 놓은 마을/집, 건물을 전부 해체하고 약사(알바진) 땅에 거주하는 러시아인과 잡다한 물건을 모두 차강 한의 영역으로 되돌린다[39]

고 하고 양국의 수렵자가 이와 같이 정한 경계를 절대로 넘지 않도록 하며, 한 사람이든 두 사람이든 마음대로 월경하여 밀렵하는 일이 있으면 붙잡아 각자의 땅을 관할하는 장관 및 직원에게 보낸다고 정했다. 만일 몇 사람이 실수로 가 버려도 양국의 이 우호적인 생활을 유지하고 교전하는 것은 바람직하지 않다고 하여 지금까지의 모든 안건은 문제삼지 않기로 한 것 외에, 현재 중국에 있는 러시아인 및 러시아에 있는 중국인에 대해

38 필자는 아르군강 유역, 하이라얼, 훌룬호수 등 N. G. 스파파리가 갔던 장소 및 흑룡강, 네르차강, 치치하얼 등 알레신스키가 부임했던 지역에 2015년 9월 9일부터 16일과 익년 10월 27일부터 11월 3일 두 번에 걸쳐서 관련된 땅과 선주민의 역사 및 문화에 관계있는 자료를 수집하였다.

39 АВПРИ. Ф-163. Трактаты. оп.1. д. No.22, 1689. [Нерчинский договор между Россией и Китаем от 27]; августа 1689 г]. л.. 7-11. - манж хэлний эх.

서는 상호 주고받는 일은 없도록 하였다.[40] 이것은 이전의 큰 문제였던 다우르 귀족인 간투무르 일족의 사안과 관련 있다.

양국 간에 교역 관계를 일상화하고 전용 인문印文을 취득할 것, 합의하여 체결한 날 이후에 도망하는 자가 있으면 반드시 반환할 것, 양국의 대신들이 만나서 경계 사이의 전쟁을 멈추게 할 것, 서로 양보하여 우호적으로 양호하게 오래도록 확고하게 정한 땅을 넘어 어긋나는 일이 없도록 한다는 명확한 항목도 두었다.[41]

조약은 러시아어, 라틴어, 만주어로 2부씩 작성되고, 양국의 경계에는 중국어, 만주어, 러시아어로 새긴 비석을 세우도록 정했다. V. S. 먀스니코프는 게르비치강 가까이에 있었던 비문에서 중국어 원문을 입수했다고 기록하고 있다.[42]

이와 같이 청러 간에 맺어진 최초의 조약이 되는 네르친스크 조약은 체결 초기부터 '몽골' 문제에 직면하였다. F. A. 골로빈의 적극적인 활동 및 고압적인 자세, 심각한 내부 정세 등에 의해 몽골인의 영향력이 작아지게 되었다고는 해도, 청러 간의 개입과 관할민을 둘러싼 대립, 선주민의 관할 문제, 귀족간의 동맹, 귀순 행위와 같은 몽골인과 관련된 여러 문제가 이 조약을 둘러싼 활동과 밀접한 관계가 있었다는 것은 지금까지 논의된 바와 같다. 청러 간에 체결된 이 조약은 경계, 관할, 교역 문제를 조정하기

---

40 АВПРИ. Ф-163. Трактаты. оп.1. д. No.22, 1689.[Нерчинский договор между Россией и Китаем от 27」; августа 1689 г]. л. 2-3об.-заверенная копия, русский язык., л. 6-6 об. - подлинник, латинский яз., л. 7-11-подлинник, маньчжурский язык.

41 *Русско-китайские отношения 1689-1916. Официальные документы*, М., Восточная литератур а., 1958,стр.10.

42 Мясников, В.С., *Договорными статьями утвердили Дипломатическая история русско- китай ской границы* XVII-XX вв. М., 1996, стр.452.

위한 첫 걸음이 되었을 뿐만 아니라, 그 후 체결된 몇몇 조약 및 협정의 기초가 되기도 하였다. 그리고 그때마다 몽골 문제가 거론되었고 관례적으로 몽골인이 개입하였다. 네르친스크 조약은 몽골의 그 후 다양한 문제를 명확히 하고 법적 관점에서도 일을 해결하는 초석이 되었다. 이 점에 유의하면서 더욱 깊이 연구해 나아갈 예정이다.

역참驛站의 수인守人*
몽골국 하라친 집단의 역사와 기억

나카무라 아쓰시
정녕 옮김

1. 들어가며

본고에서는 청조 치하 막북漠北 몽골에서 광역적인 인구 이동과 이를 뒷받침한 역참驛站에 관해서 이제까지의 연구성과들을 정리하고, 특히 '하라친 역참'에 주목하여 그 성립에서 현재에 이르기까지 지역사회에서 어떻게 자리매김되고 있는지를 고찰하겠다.

새삼스럽게 말할 필요도 없겠지만, 역참은 통치자가 그 지배를 강화하기 위한 인프라로서 부설하는 것이다. 청대 몽골에서도 역참은 청조 중앙에서 파견된 관료·병사, 이를 지원하는 물자, 그리고 무엇보다도 행정문서 등, 지배의 근간과 관련되는 사람과 물자 및 정보의 이동을 뒷받침하고 있었다.

---

* 본 연구는 JSPS과연비(科研費)(국제공동연구 가속기금(국제공동연구강화) : 16KK0021, 기반연구B : 18H00723, 기반연구C : 21K00902)의 조성을 받은 것이다.

이러한 의미에서 볼 때, 역참은 몽골 사회에서는 외재적인 존재였다. 그러나 후술하겠지만, 이러한 역참을 유지하고 관리한 이들은 몽골 각지에서 모여든 사람들이었다. 역참 그 자체가, 민족이나 계층, 생업과 목적을 달리 하는 다양한 사람들이 모여 살면서 교류하는 접촉지대contact zone이기도 했다.

이렇게 역참을 접촉지대란 관점에서 연구하는 것은, 몽골사 연구에서도 중요한 의미를 갖는다. 먼저 종래의 폐쇄적 사회상像을 갱신한다는 의미가 있다. 청조 통치하 몽골사회는, 한인漢人의 몽지蒙地로의 유입이나 몽골인과의 교류를 제한하는 봉금제封禁制, 그리고 기본행정단위인 기旗를 세분화하고 이를 초월한 이동을 금지한 맹기제盟旗制 등에 의하여, 월경越境과 이동의 자유가 제한된 폐쇄적 사회인 것처럼 이해되어 왔다.[1] 최근 이런 이해를 재고하려는 움직임이 시작되어, 제도로부터 '일탈'한 다양한 이동의 양태가 규명되고 있지만,[2] 광역적인 이동을 포괄적으로 논의하는 수준에는 이르지 못하였다. 이러한 의미에서 볼 때, 몽골 전역을 망라하는 형태로 설치되어 광범위한 이동을 뒷받침한 역참은 중요한 연구대상이라 할 수 있다.

다음으로는, 근현대와의 연속성이다. 졸고中村·뭉흐바타르(2019)에서는, 청조가 붕괴된 이후에도 역참이 계속 이용되었고, 현재도 지역 사람들의 기억에 남아 있음을 확인했다. 이 사실은, 청조의 지배 도구인 역참이 지역사회에 정착했음을 보여준다. 청조 지배의 내재화內在化와 근현대에 미친 영

---

1 청조는 몽골을 내(內)자삭 6맹(盟) 49기(旗), 외(外)자삭 할하 4부(部)(4맹) 86기와 서(西)오이라트 계열 집단의 여러 부와 기로 편성하는 등 행정단위(기)를 세분화했다. 선행 연구들의 문제점에 관해서는 中村(2018)에서 정리했다. 그리고 본고에서 말하는 막북 몽골이란 할하 4부와 호브드 지방의 여러 기를 지칭한다.

2 막북에 관한 주요 연구로, 堀内(2016)는 일상의 유목에서의 월경, 岡(2020)는 몽골인들의 교역과 돈벌이를 위한 월경을 논하였다. 순례를 위한 월경 사례를 소개한 萩原(2020)도 있다.

향을 생각함에 있어 역참은 적절한 사례라 할 수 있겠다.[3]

하지만 역참에 관한 연구는 이제 막 시작되었을 뿐이며, 연구의 축적은 아직 충분하지 않다. 그러므로 본고에서는 졸고를 중심으로 하여 최근의 성과들을 총괄한 다음, '하라친 역참'을 예로 들어, 이상과 같은 문제에 대해 어떠한 논의들이 가능할지를 제시해 보도록 하겠다. 지면상의 제한도 있기 때문에, 개별적인 실증은 별도의 논고를 기약하도록 하겠다는 점에 대해 미리 양해를 구한다.

2. 청조 치하 막북 몽골에서의 인구 이동과 역참

필자는 본 프로젝트의 성과인 이전 논고中村(2018)에서, 논의의 전제가 되는 청대 막북 몽골사회의 인구이동에 관해 검토하였다. 앞서 언급한 대로, 봉금제와 맹기제에 입각한 사회상을 수정하기 위해서는, 먼저 인구이동을 수치상으로 파악할 필요가 있다는 생각 때문이다. 이하에서 그 요점을 정리해 보도록 하겠다.

사람이 이동하는 데는 다양한 동기가 있으며, 그 형태와 기간도 각기 다르다. 특히 도망 등 비합법적 이동은 수치상으로 추적하기 어렵다. 그러므로 필자는, 다름 아닌 청조 자신이 의무화하고 수치상으로 관리하고 파악한 이동, 즉 각종 공무와 요역에 수반한 이동에 주목했다.

---

3 그 일례로, 청대 형성된 타이지(台吉)의 혈통 분기(分岐)에 기초한 사회집단이, 오늘날에도 지역구분으로 기억되고 있는 사례가 있다(岡(2007) : 195~216). 그러나 이런 연구는 아직 소수에 불과하다.

청조가 몽골에 부과했던 각종 의무알바(alba)의 중심은 요역노동봉사이었다. 그리고 대표적 요역으로, 러시아와의 국경에 설치된 초소잡륜(卡倫) : qarayul와 역참örtege의 관리 업무가 있었다. 이들 요역 업무는 기본적으로 가족 단위로 장기간 종사해야 했는데, 그 구체적인 항목과 총 숫자는 『4부 알바 분배책』Нацагдорж · Насанбалжир(1962)을 통해 알 수 있다. 이 사료는 할하 4부 전체에 부과된 알바의 항목과 총 숫자, 각 부의 부담 분배에 관한 조정과 합의를 기록한 것으로,[4] 할하 전체의 상황을 파악할 수 있다.

가령, 도광道光 10년1830에 이루어진 분배에 관한 기사를 보면, 알바로 파견된 사람의 숫자는 합계 4,516호戶로, 이 수치는 총 인구의 4% 정도였다고 생각된다.[5] 그리고 이 중에서 역참에 파견된 이들의 숫자는 1,313호로, 모든 알바 부담자의 약 30%에 해당한다. 도광 30년1904에는, 알바 전체가 3,357호로 약간 줄어들었지만, 역참에는 도광 10년과 거의 동일한 수치인 1,322호가 파견되었다. 총괄하자면, 당시 할하 4부에서는 전체 인구의 3~4%가 소속 기 밖으로 나가 장기간 알바에 종사하였고, 그 30~40%가 역참 임무였음을 알 수 있다.

주의해야 할 것은, 이상의 수치는 확실히 파악가능한 숫자에 불과하며 실제 동원된 이들의 수는 그보다 훨씬 많았을 것이란 점이다. 기旗 수준의 알바 분배책을 보면, 역참이나 초소 등지에서 임무를 수행하는 관군官軍에게 가축 등 생활물자를 배송하는 역무役務, 자삭 타이지, 관리들이 외지(멀

4 청대에는 부나 기 수준에서도 이러한 부담, 즉 알바를 분배하는 당책(檔冊)을 작성하고 있었는데, 그 대부분은 몽골 국립중앙문서관에 소장되어 있다. 기 수준의 알바 분배책을 분석한 연구로는 岡(2007) : 147~158, 中村(2011)가 있다.

5 할하 4부의 총인구는, 약간 시대가 내려가지만 마이스키의 1918년 인구통계를 참조했다. 상세한 것은 中村(2018)을 참조할 것.

게는 북경이나 열하熱河까지)에 부임할 때 이들을 수행하는 역무, 죄인을 호송하는 역무 등, 장기간에 걸쳐 고향을 떠나야 하는 알바들이 다수 존재하고 있었음을 파악할 수 있다中村(2011). 이러한 기 수준의 요역을 합친다면, 장기간 기 바깥에서 강제로 거주하고 노동해야 했던 사람들은 상당한 수에 달할 것이라 생각된다.

그리고 이렇게 공무로 이동하는 사람들을 지원하고 있던 것이 바로 역참이다.

막북 역참에 관해서는, 일찍이 日比野1948가 역참의 성립과정과 운용체제, 당시 상황 등을 논한 이래로, 제도적 연혁을 정리한 金峰1979a; 1979b; 1981, 韓2000 이외에는 눈에 띄는 연구가 없었다. 그러나 최근에, 알타이 군태軍台의 성립과정과 동원체제, 역참 알바를 둘러싼 대립을 논한 芦2014; 2017, 역참의 소재지와 루트의 해명, 지도와의 대조 작업을 수행한 뭉흐바타르Мөнхбаатар 2016; 2020, 후슬레2016, 二木2019, 역참 점유지를 둘러싼 소송과 청조 측의 자세를 논한 朝魯孟格日勒2020 등이 발표되면서 연구가 크게 진전되고 있다.

필자 역시 졸고中村(2018)를 통해서, 역참 관리체제의 특징과 지역사회의 역참 상황에 대해 논한 바 있다. 특히 역참에 사원이나 상점이 병설되어 있었고 그런 시설에 라마, 한인상인, 러시아인 상인들이 상주해 있었다는 사례를 예로 들어, 관군이 주둔하며 고정적으로 존재하고 있었던 역참은 상인과 근린 주민 모두에게 접근하기 쉬운 곳이었고, 역참에 주둔하는 관군 자체가 상인에게 중요한 고객이었음을 밝혔다. 그리고 이를 통해서 역참을 둘러싸고 다양한 사회 및 경제관계가 존재함을 지적했다.[6]

다음으로 中村 · 뭉흐바타르2019에서는, 이흐 후레yeke küriy-e, 庫倫, 지금의 울란바

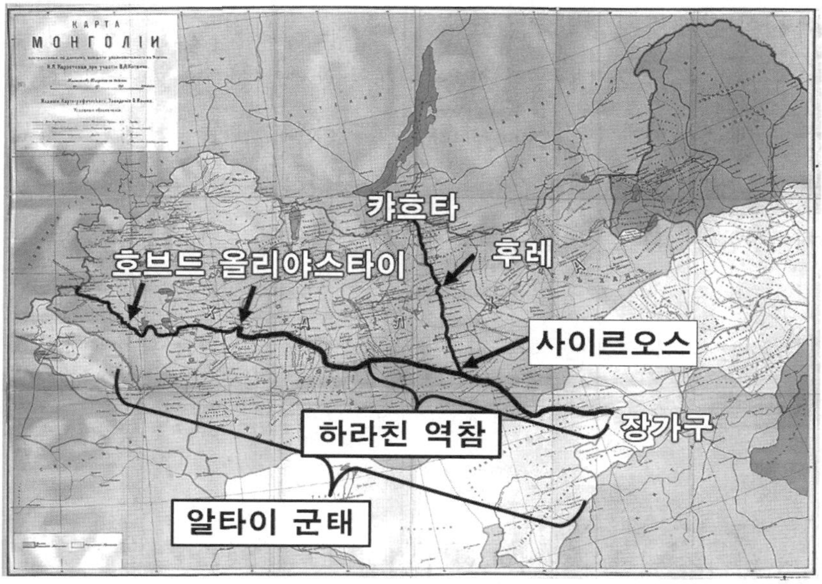

〈그림 1〉 청대 막북 몽골의 주요 역참 (Коростовец et al. 1914에 삽입된 그림을 토대로 작성)

타르. 앞으로 후레라 칭한다에서 남쪽으로 향하고 있는 14개 역참(〈그림 1〉)[7]을 대상으로 하여, 역참 명칭의 변천, 청대 지도에서 묘사된 방법, 일기사료의 기술이나 현지 조사 결과들을 분석했다. 그 결과, 역참은 우물 등 마실 물이 있는 곳을 중심으로 하여 외부와는 구별되는 자신의 토지를 점유하고 있었다는 것, 또한 많은 역참에 창고나 사원이 병설되어 있었고, 유목사회에서 하나의 거점 역할을 했다는 것, 청조가 붕괴한 이후에도 역참이 계속 이용되었기 때문에 현대에도 해당 지역사회에 역참에 대한 기억

6 이미 설명한 것처럼, 기 외부에 주둔하는 관군에게는 정기적으로 그가 소속된 기로부터 물자가 보내졌다. 이는 그 기에 상당한 부담이 되었기 때문에, 납입지(納入地) 근처의 한인 상인과 계약하여 운반을 청부시키는 등 대책을 강구하는 기도 있었다(Оюунжаргал(2016)). 이러한 광역적 경제관계에 대해서는 아직 불명확한 점이 많다.

7 코로스토베츠와 고트비치 등이 작성한 1914년의 지도((Коростовец et al.(1914))에 기초하여 작성했다.

이 남아 있다는 것 등을 지적했다.

이상의 연구로부터 다음과 같은 두 개의 과제를 설정해 볼 수 있다. 첫째로, 해당 사회에서 인구이동이 많았고, 특히 역참에 동원된 몽골인이 많았다는 것을 전제로 해서, 역참을 다양한 광역적 교류가 이루어진 장으로 재인식한다. 둘째로, 역참이 현재에도 해당 지역민의 기억에 남아 있다는 것을 전제로 하여, 역참을 통한 근현대와의 연속성을 분석한다. 다음 제3절부터는, 막북 역참 중 '하라친 역참'을 사례로 삼아 이상의 과제에 관하여 고찰해 보도록 하겠다.

3. 하라친 역참의 역사와 할하 사회

막북 역참의 주요 도로를 표시한 것이 〈그림 1〉이다. 이중 가장 중요한 루트는 알타이 군태軍台라 불리는, 장가구張家口와 몽골 서부 거점 올리야스타이uliyasutai, 烏里雅蘇台 등을 잇는 동서 루트였는데, 여기에서 중부의 후레, 러시아 국경 캬흐타kiyaɣt, 恰克図를 연결하는 선, 그리고 각지의 기旗 등을 잇는 지선들이 뻗어 나갔다. 이 알타이 군태의 대략 동쪽 절반, 즉 제44태하다트까지를 통상적으로 '하라친qaracin, 喀喇沁[8] 역참'이라 부른다. 막북 하

8 하라친에 관해서는 梅山(2006) 등을 참조. 청조에 복속한 후 팔기몽고(八旗蒙古)로 편입된 집단과는 별개로, 오랑하이 씨족을 중심으로 한 집단들은 투메드와 함께 내(內)자삭의 조스트(卓索図) 맹(盟)을 형성했다. 조스트맹은 지리적으로 가장 장성(長城)에 가까웠고, 일찍부터 농경화가 진전되었으며, 청말에는 개명적인 군셍노로브 왕과 그 밖에 많은 지식인들을 배출했다(이에 관한 개설로는 브렝사인(2015)이 알기 쉽다). '하라친'은 부족 명칭 이외에 행정단위나 지역명칭으로도 사용되는데, 본고에서는 막북 역참에 파견된 하라친 출신자라 불린 사람들을, 따로 구별하여 '하라친 집단'이라 부르기로 한다.

21	següji (叟吉布拉克)	33	modon (默端)
22	toli bulaγ (托里布拉克)	34	qabirγ-a (哈比爾噶)
23	tögörig (圖固哩克)	35	šibutai(希保臺)
24	moqorγasiγun (穆胡爾噶順)	36	laγus(老薩)
25	qoniči(霍呢齊)	37	ǰirim(吉埒木)
26	bilgekü (畢勒格庫)	38	saγsurγ-a (沙克舒爾噶)
27	qačabči (哈濟布齊)	39	čabčar (察布察爾)
28	ǰalatu(札拉圖)	40	qasiyatu (哈沙圖)
29	ǰügebüri (卓布哩)	41	ǰegere(哲林)
30	borooboo (博勒鄂博)	42	ongin(翁錦)
31	kütüldolon (庫圖勒多倫)	43	üneged (烏訥格特)
32	taldolon (塔拉多倫)	44	qadatu (哈達圖)

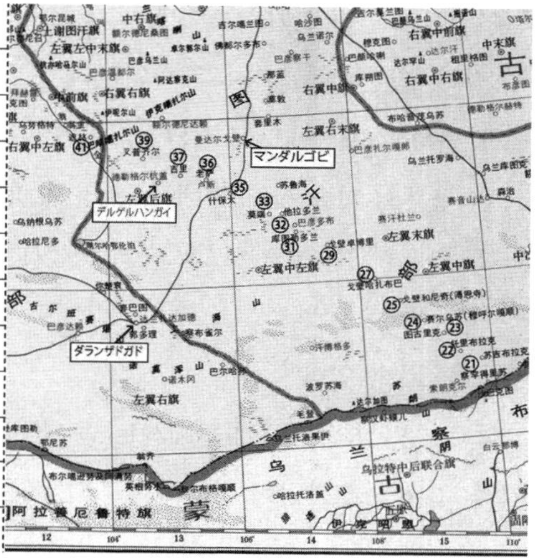

〈그림 2〉 막북 하라친 역참 주요부분(譚1987: 56, Нацагдорж & Насанбалжир 1962: 25, 『이번원칙례(理藩院則例)』 권31 우정상(郵政上)의 내용에 기초하여 작성)

라친 역참의 명칭과 그 대략적인 위치를 표시한 것이 〈그림 2〉이다. 알타이 군태는 장가구를 기점으로 해서 일련번호가 붙어 있는데, 이하 본고에서도 〈그림 2〉에 표기된 번호를 이용하겠다.[9]

이런 역참을 유지하고 관리하는데 중심 역할을 담당한 이들이 바로 강희康熙와 옹정雍正 연간에 할하에 파견된 하라친 등 내몽골 제부諸部[10] 병사

9 〈그림 2〉의 몽골어 명칭(로마자 전사(傳寫))는 주로 『4부 알바 분배책』 도광 10년 병정(兵丁) 파견표(Нацагдорж · Насанбалжир(1962) : 25)에 의거했고, 한어 명칭은 『이번원칙례(理藩院則例)』권31 우정상(郵政上)에 따랐다. 일기 사료 등에서는 별칭으로 기재되기도 하는데, 여기에서는 생략했다.

10 하라친 역참에는 투메드 등에서 파견된 병정도 있었다. 현재의 하라친 집단에도, 투메드나 조스트맹 이외에 바린, 온뉴드, 차하르 등의 성(姓)을 지닌 이가 있다고 하는데(Цолоо(2013) : 243), 상세한 내력은 불분명하다. 그리고 Цолоо(2013)에 대해서는, 몽골 국립과학 아카데미 역사학민족학연구소의 나착도르지 씨에게 가르침을 받았다. 이 지면을 빌어 감사드린다. 그리고 '하라친 역참'이 통칭으로서 공적인 사료에 정착되는 것은 건륭(乾隆) 19년(1754) 무렵이다(中村(2021a)).

들이었다. 그 총 인원수는 명확하지 않지만, 규정상으로 각 역마다 관원 몇 명과 병정 17~18명이 배치되었다.[11] 그리고 역참의 업무를 보조하기 위해 할하의 병정들도 소집되었다. 앞서 언급한 『4부 알바 분배책』 도광 10년 부분의 기술 바로 뒤에는, 하라친 역참으로 파견된 병정 수를 정리한 표Нацагдорж · Насанбалжир1962 : 25가 있는데, 이를 보면 할하 4부가 '순라병čaүtaү-a, 巡邏兵' 252호戶, '보조qabsurү-a, 補助' 119호(역참마다 약 16호)를 파견했음을 알 수 있다.

하라친 역참의 창시에 관해서는 졸고中村2021a에서 검토한 바 있다. 이하에서 그 내용을 간단히 정리해 보겠다. 이제까지는, 일찍이 나상발지르Насанбалжир(1964) : 52가 말한 것처럼, 그것은 강희 58년1719에 창시되었다고 이해되어 왔다. 이에 대해서 최근 芦2017 : 74~75는, 함풍咸豊 21년1871 올리야스타이 장군의 상주문 속에 역참의 하라친 병兵이 주둔한지 '130년 되었다'는 기술이 있다는 점 등을 근거로, 옹정雍正 9년1731 무렵을 창시 시기로 보고 있다.

芦가 주장하는 것처럼, 분명히 강희 58년에 살호구殺虎口를 기점으로 하는 역참이 설치되기는 했지만, 그 후 옹정 2년1724에 이르러서야 비로소 장가구張家口를 기점으로 하는 형태로 결정되었기 때문에, 옹정 9년설은 타당한 것처럼 생각된다. 하지만 옹정 9년설이 타당하다고 해도, 그렇다면 강희 58년설은 무엇을 근거로, 왜 확산되었는가?

나상발지르의 근거는 앞에서 언급한 『4부 알바 분배책』 기사 내용이다. 광서光緖 25년1899, 하라친 역참 부참령副參領이 직접 아문衙門의 옛 당책檔冊을

11 『이번원칙례(理藩院則例)』 권31 우정상(郵政上).

조사하고, 강희 58년 21개 역참을 '처음으로 설립할 때, 하라친, 투메드, 자삭 패자貝子 기旗로부터 인력을 선발하여' 할하로 이주시켰다Нацагдорж · Насанбалжир(1962) : 195고 맹盟에게 보고하고 있다. 그 근거가 역참 아문이 보관하던 사료라는 점, 그리고 이것이 할하 4부가 협의하는 공간에서 공유되고 있었다는 점은 주목할 가치가 있다.

하라친 집단의 내력에 대해서는 아직 불명확한 점이 많다. 현재로서는, 강희 58년에 하라친 등 내몽골 관군이 처음으로 할하 역참에 동원되었고, 옹정 9년 무렵에 주둔할 사람 수와 제도 등이 결정되었다고 이해하기로 하겠다.

이와 같은 이해가 타당한지 아닌지 그 판단은 잠시 보류하기로 하고, 여기서 주목해야 할 것은 당사자인 하라친 집단 자신이, 거슬러 올라갈 수 있는 가장 오래된 해인 강희 58년을 창시된 해라고 주장했다는 점, 그러니까 자신들이 보다 유서 깊은 존재라고 주장했다는 점이다. 그 이유까지 포함해서, 이후 할하 사회에서 역참이 어떻게 자리매김했는지에 대해 고찰해 보겠다.

그 후 역사에서 중요한 사건은 건륭乾隆 21년1756에 일어난 칭군자브의 난亂일 것이다. 이 반란에 호응한 할하 일부가 역참 임무를 방기했다는 점 때문에 '철역撤驛의 변變'이라고도 불린다森川(1979). 역참에 대한 습격과 약탈이 발생하는 가운데, 하라친 집단은 역참의 유지에 진력했다. 이 사건의 결과로, 막북의 안정적 통치에 역참이 얼마나 중요하며, 이 역참에 내몽골 병사가 상주하는 것이 얼마나 중요한지가 명백해졌다. 바로 이 점이 할하 사회에 대한 하라친 역참의 우위로 이어졌을 가능성이 있다.

이러한 우위성을 보여주는 일례로 토지 점유 문제를 들 수 있다.

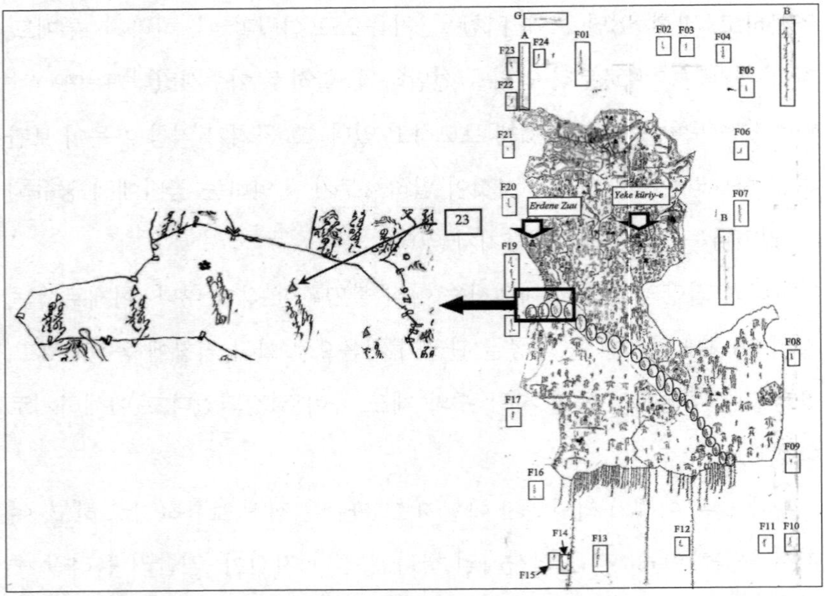

〈그림 3〉 역참 토지(中村 · 뭉흐바타르 2019 : 105 그림 4(그림 원본은 Inoue 2012 : 213 · 215)

'역참 토지'는, 규정 상 40~50리 넓이이며 전체로 볼 때 띠 모양帶狀으로 할하 땅을 가로지르고 있다(〈그림 3〉). 역참 토지가 하나의 기旗 사이를 통과하기 때문에 그 기의 영지가 분할되거나, 어떤 기의 토지 대부분을 역참이 차지하는 사례도 있었다. 따라서 역참과 기 사이에 토지분쟁이 발생하기도 했다. 이러한 소송을 분석한 朝魯孟格日勒2020에 따르면, 청조는 일관되게 당초건륭 45(1780)에 등기된 역참 토지의 경계선을 변동시키지 말라는 결정을 지속적으로 내렸다. 따라서 소송 결과 맹이나 기의 경계선이 수정되기도 한 것에 비하면, 역참은 '부동不動의 토지'였다고 한다.

하지만 실제 사회생활이 어떠했는지는 이상과는 별개 문제다. 위의 논문에 인용된 사료들을 보아도, 하라친 집단과 할하는 당초 역참 토지의 경계선이 결정된 이후에도 '사이 좋게 더불어 유목했고', 가경嘉慶 연간 이전까지는 '오보OBOO'도 세우지 않고 있었다. 가경 16년1811에 차하르 도통都統이 역참에 대해, 경계관리를 철저히 하고 역참 토지에서 할하 유목민들이나 한인들을 쫓아내라고 지시하고 있는데同: 64~66, 이를 뒤집어 생각하면, 그만큼 많은 수의 할하와 한인들이 역참 토지에서 잡거雜居하고 있었다고 생각해 볼 수 있다. 역참 토지는 서서히 엄격하게 관리되어 갔던 듯하다. 그러나 여기서 확인해 두어야 할 사항은, 하라친 집단은 할하나 한인들을 '내쫓는' 입장이었고, 맹이나 이번원理藩院은 하라친 역참 토지를 지키는 입장을 취했다는 점이다.

역참 알바 문제를 놓고 보아도, 하라친 역참이 갖는 우위성을 확인할 수 있다. 앞서 말한대로, 하라친 역참에는 할하 관군도 파견되어 역참 업무를 보조하고 있었다. 따라서 어떤 비율로 부담을 나누어 질 것인가 하는 문제가 발생하였다. 芦2017에 따르면, 동치同治 이전에는 하라친과 할하가 6대 4의 비율로 부담을 나누었는데, 동치 9년1870에 회민回民 반란군이 막북을 침입한 사건을 계기로 역참 업무에 대한 부담이 늘어났다. 부담 배분이 2대8이 되는 일까지 발생하게 되자, 할하 측은 부담을 경감해 줄 것을 호소하였다. 할하 측의 주장에 따르면, 하라친 측은 넉넉하게 지급과 보충을 받았지만, 자신들은 각자 준비한 가축들로 임무에 임하고 있다는 것이다. 이런 주장에는 둘 사이의 역학관계가 단적으로 드러나 있다.

동치 이전에도 하라친 집단이 할하 측으로부터 가축이나 펠트를 받는 조건으로, 이들에게 역참 토지에서의 유목을 허가했다는 식의 사례가 있는데,[12] 이를 통해서도 하라친 측의 경제적 우위와 더불어, 할하 측과의 일상적인 교류 및 공동관계가 존재했음을 확인할 수 있다.

이상에서 볼 때, 하라친 집단은 할하 부部가 대부분을 차지하는 막북 사회에서 소수자였음에도 불구하고, 역참 관리의 중심을 담당하고 역참 토지를 점유했으며 청조의 보호까지 받았기 때문에, 정치 및 경제적으로 우월한 위치에 있었음을 알 수 있다.

4. 사이르오스 역참의 구조

그러면 다음으로 역참의 실제 상황을 살피기로 하겠다. 졸고中村(2021a · b)에서는, 문헌과 현지조사를 통해서 사이르오스sair usu(賽爾烏蘇) 역참의 유구遺構에 관해 분석한 바 있다. 이하에서 약간 연구상의 발견을 덧붙이면서 그 개요를 정리해 보겠다. 사이르오스 역참은 제32태 탈 돌론tala dolon을 지칭하며, 현재의 몽골국 돈드고비 현縣 울지트 솜 지역에 해당한다. 여기에서 서쪽으로 똑같이 32역을 가면 올리야스타이에 닿는다는 점에서 정확히 중간 지점이며, 이곳에서 북쪽의 후레와 캬흐타로 이어지는 길이 나뉜다(〈그림 1〉). 무엇보다 여기에는 제24태에서 제44태까지의 역참을 관리하는 자르가치ǰaryuči 아문이 설치되어 있었기 때문에,[13] 사이르오스 역참은 말 그대로 막북 역참망의 '중추'라고 할 수 있다.[14] 규모 면에서도 아마 막

---

12 사료집 『혁명 이전 몽골의 토지관계』 No.47, 도광 27년(1847) 문서(Шархүү(1975) : 151). 이 사료집에는 그 밖에도 역참의 토지를 둘러싼 소송들이 많이 기재되어 있다.

13 한문 법제사료에서는 「관참장경(管站章京)」 등으로 쓰여 있으며 이번원의 낭중(郎中)이나 주사(主事) 급이 임명된다. 현지에서는 때로 '大臣(amban)' 등으로 불렸고(Позднеев(896) : 172), 역참의 통행관리 뿐 아니라, 일반 기(旗)와의 사이에 분쟁이 발생했을 때 이를 조정하기도 하는 요직이었다(朝魯孟格日勒(2020)).

14 『考察蒙古日記』 3월17일조(条) 「此地為蒙古台路中樞, 西北行三十二台至烏里雅蘇台, 更西通科布多, 阿尔泰, 北達庫倫十四台」.

북 최대였을 것이며, 다른 역참의 상황과 구조를 생각할 때에도 하나의 기준이 될 것이다.

포즈드네에프의 광서 18년1892 일기Позднеев(1896) : 172~179에는, 이 역참의 상황이 상세히 기록되어 있다. 그 일부를 발췌해 보겠다.

> 역참의 건물은 4개의 구區로 나뉘며 계곡 사이사이에 산재해 있다. 가장 남쪽에 만주인들이 숭배하는 관제關帝를 모시는 묘廟가 있으며, 한 겹 담장이 이를 둘러싸고 있다. 이 관제묘에서 북쪽으로 200사젠약 427m 떨어진 모래 벌판에 사이르오스의 우물이 있으며, 여기서 다시 200사젠 떨어진 곳에 몽골인 역무자들의 장막이 있다. 이 장막에서 다시 북쪽으로 가면 몽골인들의 절佛寺이 있다. 절과 역무자들의 장막 중간에 불로 굽지 않은 벽돌로 만든 정사각형의 작은 건물이 있다. 몽골인들은 이것을 소브라가佛塔라 부른다. 서쪽의 구획, 그러니까 역무자들의 장막과 관제묘 사이, 약간 장막 쪽에 가까운 곳에 자르가치의 주거가 있다. 그리고 이로부터 약간 북쪽에 두 개의 건물이 있는데, 이는 자르가치의 근무공간과 그 부하들의 주거공간이다.

사방 1km 정도 범위에, 남쪽에는 관제묘 북쪽에는 불교사원이 있으며, 중앙에는 장막과 자르가치 일행의 주거와 아문이 있다고 정리할 수 있겠다. 이 관제묘는 중국식으로 담으로 둘러싸여 있었고, 중정中庭의 중앙에 향로, 그 뒤에 묘廟와 창고가 위치하는 3중 구조였다고 한다同 : 175~177.

사이르오스의 현지조사는 2018년 8월 1일과 9월 9일 두 차례 실시했다. 드론으로 전체의 구조를 파악한 뒤, 휴대형 GPS로 보행계측을 실시했다. 간이적인 계측이며 수치와 건물 외곽은 대략적인 것이다.

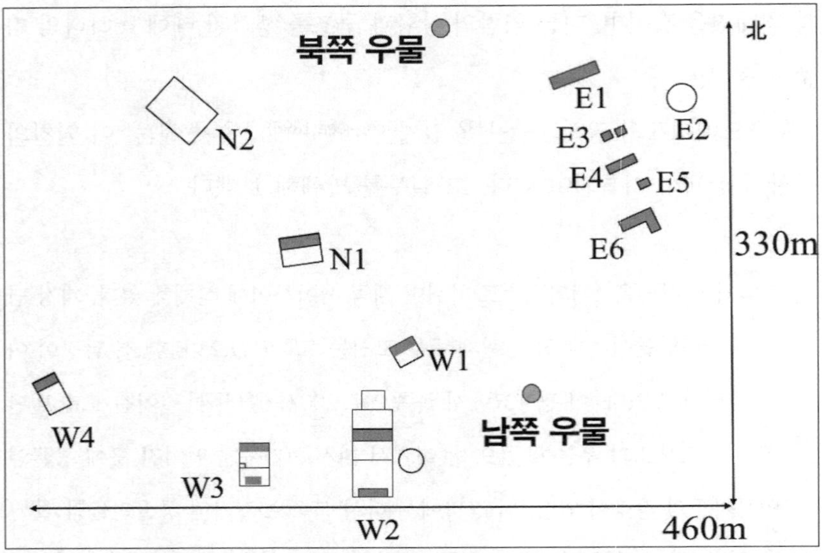

〈그림 4〉 사이르오스 중앙구(中村 2021b : 104를 일부 수정한 것. 채색되어 있는 부분은 그 유물이나 유구를 볼 때 건물터라고 추정되는 장소)

중앙구區의 전체적인 구조가 〈그림 4〉다. 대략 동서로 460m, 남북으로 330m의 지역이며, 우물을 기준으로 그 동쪽에 작은 규모의 건물군, 그 서쪽에 사합원식四合院式 건물의 커다란 흔적이 두 개 있다. 이 중에 하나가 사이르오스에서 가장 커다란 유구遺構(W2)인데, 동서로 약 21m 남북으로 약 42m(철형凸型의 북쪽 끝까지를 포함하면 남북 약 70m)이며, 중정을 가운데 둔 2중 구조를 취하고 있다. 서쪽의 두 유구는 그 축선軸線이 정남향이란 점이 큰 특징이다. 다른 건물터나 후술할 사원터 축선이 동남향이란 점과 대조적인데, 이 점으로부터도, 두 건물이 나머지와는 다른 시기에 건설된 특별한 건물이었음을 알 수 있다. 종합적으로 생각해서, W2가 자르가치 그리고 그 서쪽의 W3이 서기관의 집무소 겸 주거공간이었을 것이라 추정된다.

남쪽 끝에 있는 관제묘는 W2로부터 남남동으로 약 350m 떨어진 곳에 위치하고 있다. 현지 정보제공자인 D 씨의 안내로 간신히 도착했는데, 그 곳에는 사방 15m 크기의, 따로 알려주지 않으면 유적임을 알아차리기 힘든 언덕이 있었다. 이곳에서는 벽돌, 둥근 기와, 그리고 도기 파편 정도가 발견되었고, 유구 등의 흔적은 없었다.[15] 이 지역에 관제묘가 있었음을 알려주는 기록으로는 필자가 알고 있는 한에서는 가경 18년1813 기록이 가장 오래된 것인데,[16] 걸려있던 편액扁額 문구 '칙봉충의신위령우관성대제勅封忠義神威靈佑關聖大帝'를 읽어보면, 그 창건은 건륭 33년1768 가까이 거슬러올라갈 수 있다.[17] 원래 막북 지역 관제묘는 후레 등 일부 중요도시의 것이 알려져 있을 뿐이기 때문에岡(2000), 이 관제묘는 지방이나 역참에 설치된 상당히 드문 사례로서 앞으로 연구해 볼 여지가 있다.

마지막으로 북쪽 사원에 관해 서술하겠다. 이 사원은 타린 호랄타린 사원이라 불리며, 문헌사료에 따르면 도광 17년1837에 이 지역에 정착되었다고 한다Банзрагч · СайнхүҮ(2004) : 220.[18] 앞서 언급한 포즈드네에프에 따르면, 이 사원은 티베트식 건축이며, 청해青海, 티베트, 돌론노르多倫諾爾, 후레 등지에서 수집한 많은 불상과 경전이 있었고, 란잔바라는 이름의 활불活佛을 받들

---

15 D 씨는 자신의 부모에게 들은 이야기라 하면서 다음과 같이 이야기했다. 즉, 묘(廟) 바로 옆에 우물이 있었다는 것, 묘 바로 앞에 불상, 그리고 안쪽 끝에 황제 그림(아마도 관제를 그린 그림일 것이다)이 걸려 있었다는 것, 그리고 묘 자체는 한인들이 세웠지만 굽지 않고 햇빛에 말린 벽돌을 사용했기 때문에 건물이 풍화되어 버렸다는 것 등이다.

16 昇寅, 『使喀爾喀紀程草』에 '南有關帝廟, 亦係土屋'라는 구절이 있다.

17 편액은 만주어와 몽골어 및 한문 세 언어로 쓰여 있었다(Позднеев(1896) : 176). 관우(關羽)에 대한 봉호(封号)가 어떻게 변천했는지에 대해서는, 太田(2019): 41, 70가 상세하다. 太田는, 건륭 33년에 '영우(靈佑)'란 봉호가 추가된 이유를 준가르 회부(回部)의 평정에서 찾고 있는데, 만약 그렇다면, 사이르오스에 관제묘가 세워진 이유도 설명이 된다. 그 설립과 현지 수용 등은 앞으로 연구해야 할 과제다.

18 상세한 것은 후술한다. 그리고 몽골사원 역사유산 프로젝트의 홈페이지에서도 사진과 기록을 볼 수 있다. (https://mongoliantemples.org/mn/2020-07-08-04-38-38/old-aimags-in-mongolian-mn/482?view=oldtemplemn: 최종검색일 2021년 3월 31일)

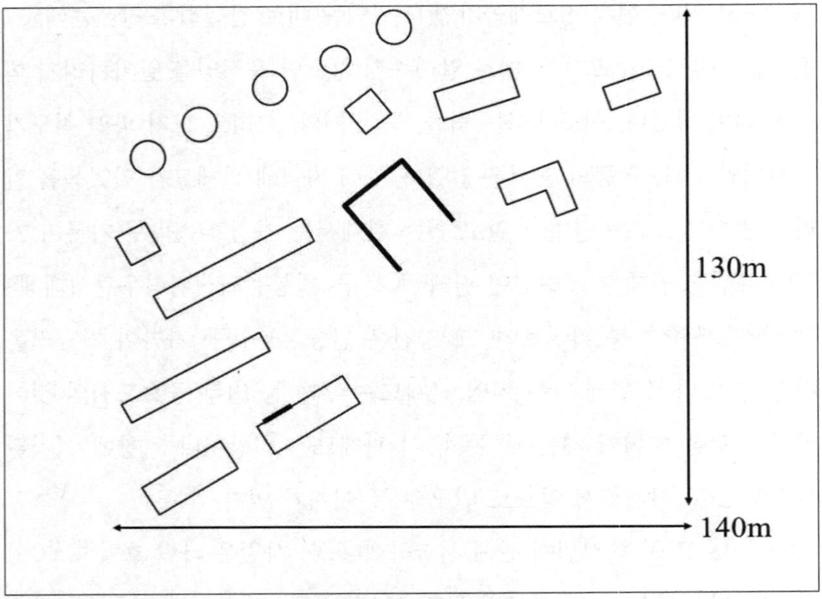

〈그림 5〉 타린 호랄의 유구 분포도(中村 2021b : 104에서 인용)

었는데, 상주하는 라마는 5, 6명 정도였다고 한다[同 : 177~178]. W2에서 거의 정북방으로 1.3km 떨어진 곳에 자리잡고 있다. 동서 140m, 남북으로 130m 정도 지역에서 몇 개의 유구를 확인할 수 있으며, 모두 동남쪽을 향하고 있는 점이 특징이다(〈그림 5〉).

이상의 내용을 정리하면 다음과 같다. 막북 역참의 중요거점인 사이르 오스 역참은 그 중앙에 사합원식四合院式 아문, 남쪽에 막북에서 보기 드문 관제묘, 그리고 북쪽에 상당한 규모의 불교사원을 갖고 있었다. 이 역참은, 청조 관리와 하라친과 할하 양쪽의 역정驛丁 들이 주둔하고, 라마와 한인 상인들 등이 거주하거나 왕래하는 다원적인 공간이었다.

5. 하라친의 역참사원과 그 이후

본 절에서는, 이제까지 본고에서 확인한 지식들에 입각해서, 하라친 역참에 병설된 불교사원의 내력과 특징, 역사적 그리고 현대적 의의에 관해서 고찰하겠다.

앞서 언급한 사이르오스 이외에도, 불교사원은 종종 역참에 병설되어 있었다中村(2018) : 176~179. 후레보다 남쪽에 위치한 14개 역참 중에서도, 대략 7개 역참 주변에 사원이 존재했다는 기록이 있다中村 · 뭉흐바타르(2019) : 111, 115. 다만, 사원의 유래와 역참과의 관계에 대해서는 불명확한 점이 많다.[19]

하라친 역참 중에는, 사이르오스보다 동(남)쪽에 위치한 제22태 토리볼락의 자음사慈蔭寺, 제25태 호니치의 부은사溥恩寺처럼 칙건사원勅建寺院도 존재했다.[20] 그러나 이에 반해, 사이르오스보다 서쪽의 하라친 역참에서는, 거의 모든 역참 종사자들 스스로가 발원자가 되어 사원의 운영과 유지에 종사했다는, 말 그대로 역참사원이 만들어졌다는 점이 특징이다.

이들 역참사원에 대해서는 『몽골사원사』Банзрагч · СайнхҮҮ(2004)가 상세하다. 이 책에는 1930년대 대숙청기大肅淸期에 작성된 지방사원의 조사기록들이 수록되어 있으며, 아래의 하라친 역참 서쪽 역참사원들에 대한 기록도 이 시기의 것이다.[21]

---

19 역참에는 원래 많은 사람들이 모여들기 때문에, 근처에 사원이 생긴다 해도 이상한 일은 아닐 것이다. 그러나, 후술하는 바와 같이 역참 종사자가 자신들의 구심체로서 사원을 세운 사례는 드물다고 생각한다. 할하의 역참 종사자들은 원칙적으로 수년마다 교체되기 때문에, 역참을 구심체로 하는 불교사원을 세울 만한 동기가 없기 때문이다.

20 자음사는 강희제(康熙帝)의 막북 친정(親征)시 솟아 나왔다 하는 우물에서 유래한다(『夏湘人出塞日記』 乾隆 5년(1740) 9월 25일조(條)). 그리고 부은사는 함풍(咸豊) 연간에 칙건(延清 『奉使車臣汗記程詩』 「游溥恩寺二首」의 주석 「寺系咸豊年間奉旨敕建」)되었는데, 가경(嘉慶) 18년(1813)에는 이미 100명 이상의 라마를 거느리는 사원이 되었다(昇寅 『使喀爾喀紀程草』).

이 사료를 중심으로 하고 여기에 청말 일본인 여행기, 현지조사 결과 등을 종합하여, 사이르오스 서쪽 하라친 역참사원들[22]을 정리한 것이 〈표 1〉이다. 얼핏 보아도 거의 모든 역참들에 사원이 있다는 것을 알 수 있다. 게다가 전체 14개 사원 중에서 8개 사원No.31 · 32 · 35~38 · 42 · 44이, 하라친 집단의 장경章京과 라마 등에 의해 건립, 관리되고 있음을 알 수 있다. 이 글에서 개별 사원들에 대한 검토는 생략하지만, 그 일례로서 앞에서 언급한 사이르오스 역참 타린 사원에 관한 기술을 일부 인용해 보겠다.

> 1766년건륭 31, 탈이라는 장소에 장경章京 단다를 비롯한 역참의 하라친들이 10명 정도의 라마와 함께 펠트제 게르 사원을 짓고 (…중략…) 각지를 이동하여 71년이 흐른 뒤1837(도광17), 후툴 역참제31태의 사원에서 갈라져 나와 사이르오스 역참 쪽에 정착bayuǰu하여 경당經堂을 건설했다. (…중략…) 촉친과 군렉 두개의 경당이 있다. 라마들의 게르가 2개, 고정 가옥bayising이 17개, 일반인들의 고정 가옥이 28개 있다.同 : 220 · 431

위의 기술에는 먼저 고정 가옥이 40개 이상 존재했다고 하는데, 이는

---

21 그 서문(同 : 4~5)을 보면, 본서가 1910년대 복드 칸 정권 하에서 작성된 기록(몽골국 중앙도서관 및 중앙문서관에 소장) 이외에도, 1936~38년에 작성된 국가보안국(현재의 중앙정보국) 소장사료를 사용했다고 한다. 후자의 사료는 아마도 1937년 1월 내무장관 명령으로 이루어진 사원과 라마에 관한 전국조사(아리온사이항(2001) : 201). 원전사료는 Агваан(1991) : 20~21)) 보고서일 것이며, 숙청으로 파괴된 지방사원의 역사, 파괴직전의 모습이 기록된 귀중한 사료이다. 그리고 본서는 키릴문자와 몽골문자(종서문자)의 합벽본(合壁本)이다. 이하 인용시에는 먼저 키릴문자 페이지 번호를 기록하고, 그 다음에 몽골문자 페이지 번호를 기재한다. 등장하는 총 325개 사원에는 일련 번호가 붙어 있으며, 하라친 역참 서쪽 사원은 No.310~317[同 : 218~222, 429~431]에 기록되어 있다.

22 사이르오스의 타린 사원은 동쪽 제31태 후툴의 사원에서 갈라져 나왔다고 한다. 따라서, 표에는 31태도 기재되어 있다.

필자의 현지조사(〈그림 5〉)와 비교할 때 상당히 많다는 인상을 준다. 앞에서 유구가 동서로 140m 남북으로 130m라 했지만, 다시 조사한다면 주변에 또 다른 유구가 발견될 가능성도 있다. 그리고 사원의 발전이 크게 두 단계로 나뉜다는 것, 즉 먼저 건륭 연간에 게르를 사원으로 이용하는 형태로 시작한 뒤, 이어 도광道光 17년 무렵 현재 위치에 정착하고 그 후 발전했다는 것을 알 수 있다.

〈표 1〉 하라친 역참사원

번호	역참 이름	Банзрагч · СайнхҮҮ 2004: 218~222, 429~431	몽골사원 역사유산 프로젝트 ※1	노무라(野村) 1937: 457~460	현지 조사
31	고도륵다륜(庫図勒多倫)	317번: 후툴 사원 하라친 역참의 장경(章京)이 1767년(건륭 32)에 창시함. 70년 후인 1837년(도광(道光) 17)에 정착.	왼쪽과 동일	-	미실행
32	탑랍다륜(塔拉多倫)	318번: 타린 사원 하라친 백성들이 1766년(건륭31)에 창시함. 1837년(도광 17)에 후툴 사원에서 갈라져나와 정착.	왼쪽과 동일	아문(衙門), 라마묘(喇嘛廟), 관제묘(関帝廟)	사원
33	모당(默端)	310번: 차강하드 사원 ※2 1863년(동치(同治) 2)에 창시됨. 5년 후인 1868년(동치 7)에 정착.	왼쪽과 동일	불탑	미실행
34	합비이갈(哈比爾噶)		-	-	미실행
35	희보태(希保台)	313번: 하라친 역참의 쇼보타이 사원 간단다시린 하라친 역참의 라마가 1733년(옹정(雍正) 11)에 창시함. 1887년(광서(光緒) 13)에 정착.	왼쪽과 동일	묘(廟)	사원
36	로사(老薩)	315번: 하라친 역참의 불탑 자스의 사원 역참 백성들이 1848년(도광 28)에 창시함. 1851년(함풍(咸豊) 원년)에 정착. 백탑사(白塔寺)라고 불림.	왼쪽과 동일	묘	사원
37	길랄목(吉埒木)	311번: 헵툴의 자스라고 하는 사원 지림 역참의 하라친이 1826년(도광 6)	왼쪽과 동일	중간지점에 커다란 묘(廟)	사원

번호	역참 이름	Банзрагч · СайнхҮҮ 2004: 218~222, 429~431	몽골사원 역사유산 프로젝트 ※1	노무라(野村) 1937: 457~460	현지 조사
		에 창시함. **1856년(함풍 6)에 정착.**			
38	사극서이갈(沙克舒爾噶)	312번: 멩게트 사원 간단초인홀린 하라친 역참의 장경들이 1856년(함풍 6)에 창시함. **1881년(광서7)에 정착.**	왼쪽과 동일		사원
39	찰포찰이(察布察爾)	-	창건연도와 내력은 불명	-	사원
40	합사도(哈沙図)	-	창건연도와 내력은 불명	-	사원
41	철림(哲林)	-	**1780년(건륭45)에 창시됨.**	묘	미실행
42	옹금(翁錦)	-	'옹기 역참의 사원' 등으로 불림. **19세기 중엽에 창시됨.**	묘	미실행
43	오눌격특(烏訥格特)	-	'(근처에) 역참이 있었던' 연도는 불명	-	미실행
44	합달도(哈達図)	-	'하다드의 역참사원' 1764년(건륭29)에 창시됨.	-	미실행

※1 : 몽골사원역사유산 프로젝트: https://mongoliantemples.org/mn/2020-07-08-04-38-38/old-aimags-in-mongolianmn

※2 : 이 사원의 장소는 명확하지 않지만, 野村1937의 기록에 따라 일단 제33태라고 판단했다.

주목해야 할 것은 이들 역참사원이 정착한 연대이다(표 중에 고딕체로 표기). 기록을 보면, 사원들은 주로 1830~80년대, 특히 1830~50년대에 집중적으로 정착했음을 알 수 있다. 이처럼 정착 시기가 대체로 동일하다는 것은, 무언가 배경이 있었을 것으로 생각된다. 아직 직접적인 사료가 발견된 것은 아니지만, 하나의 가설로서 자연재해와 경제적 곤궁을 생각해 볼 수 있다. 도광 연간, 특히 도광 16년1836에는 투세트 한 부部가 대규모 눈 피해를 입었고, 하라친 역참에 인접해 있던 투세트 한 부 좌익후기左翼後旗에서는 그 후 20년 정도 가축과 인구 모두 감소하는 경향을 보였다中村(2003). 이 사실에서 추측할 때, 역참 주변의 경제상황도 상당히 어려웠을 것으로 생각된다. 그 결과, 도광 24년1844에는 알바 부담 비율을 둘러싼 새로운 법이 시행되는 등二木 1984 사회제도 자체도 흔들렸던 듯하다. 그리고 앞서 언급한 芦2014; 2017에서도 지적된 것처럼, 동치同治 연간에는 늘어난 역참 부담을 놓고 할하 사회와의 알력도 고조되었다. 특히 동치 9년1870에 회민 반란군이 막북을 침입하자, 그 진압에 동원된 병사와 물자의 이송으로 역참의 부담이 증가했다.

이와 같이 사회 전체가 곤궁해지고 사회환경이 급격하게 변화하는 가운데, 사원을 건립함으로써 집단이 단결할 상징적인 구심체를 만들 뿐 아니라, 재산의 집중과 보호, 혹은 중앙 종교계와의 관계 구축 등 정치 및 경제적 효과를 기대했을 가능성이 높다.[23]

이렇게 생각하는 근거는, 청조가 붕괴된 이후 현재에 이르기까지 하라친 집단이 보여준 담론과 행동에 있다. 1911년 청조가 붕괴되자 막북 몽골은 독립을 선언했고, 그 결과 복드 칸 정권이 탄생했다. 하라친 집단은 본래 청조의 역무役務를 담당하는 집단이었기 때문에, 원칙적으로 청조 붕괴 후 고향으로 돌아가야 했다. 하지만 할하 땅에서 보낸 세월과 당시 정치적 상황을 생각할 때, 이들은 내몽골로 되돌아간다는 선택지를 염두에 두지 않았을 것으로 생각된다. 하라친 집단이 같은 해 12월 1일 독립이 선언되자 마자 곧바로 귀순을 탄원했다는 사실이, 그 입장을 잘 보여준다

23 물론 할하 사회에서도 동일한 배경과 동기로 사원을 건설하려는 움직임이 있었다 해도 이상하지 않다. 가령, 앞에서 언급한 몽골사원 역사유산 프로젝트의 돈드고비 현 페이지에는 77개 사원이 게재되어 있는데(https://mongoliantemples.org/mn/2020-07-08-04-38-38/old-aimags-in-mongolian-mn/10?view=oldtemplesmn), 이를 보면 〈표 1〉에 기재된 역참사원 외에도 6개 정도의 사원이 똑같이 1800년대 후반에 창건되었음을 알 수 있다. 그 하나인 오르도흐 사원은 원래 좌익후기의 사원이었는데, 침입해 온 회민들을 피해서 지금의 땅에 정착했다고 한다(Банзрагч · Сайнхүү(2004) : 221~222, 433). 다만, 이들 사원은 지역도 다양하고 하라친 역참사원과 같은 공통성도 발견되지 않는다. 앞으로의 연구과제로 남겨 둔다.

고 할 수 있다.

모하르가숑, 자이르막 역참[24] 대표자가 제출한 탄원서는 다음과 같다.

> 우리 하라친 역참은 원래 황제의 유지諭旨로 중요한 군태軍台의 알바를 맡게 되었다. 그런데 남쪽 토지는 이미 의존해서 살아가기 곤란하게 되었다. 따라서 우리 관민들은 200년 가까이, 할하 부가 제공한 토지에서 생활하면서 알바를 계속해 왔다. 그리고 이에 더해서, 예로부터 지금까지 복드 게겐의 슬하에서 역참마다 사원을 세워, 주군의 만수를 비는 독경을 하고 황교黃敎를 퍼뜨려 왔다.[25]

귀순을 위해 내세운 구실이라고는 해도, 이들이 할하 사회에 정착하고 토착화했다는 증거로, 역참마다 사원을 세웠다는 것을 들고 있는 점은 주목할 필요가 있다.

정부는 이 탄원서를 받은 뒤, 이들의 귀순과 기의 설치를 인정함과 동시에, 대표자인 참령 2명을 자삭에 임명하고 작위를 내렸다. 그리고 하라친 역참을 남북 두 개의 기로 편성했다.[26] 하지만 공대共戴 8년1918, 이들 두 개의 역참 기는 경제적 곤궁 등을 이유로 스스로 철폐를 청원했고, 마지막에는 결국 복드 칸의 샤비로 편입되었다.[27] 청대 하라친 역참사원들이 할하 불교계, 특히 후레나 이흐샤비와 어느 정도 교류가 있었는가 하는 문제는

24 모하르가숑은 제24태, 자이르막은 제35태 쇼보타이의 별칭이다. 두 역참에는 복수의 역참을 통괄하는 참령을 두었다.
25 몽골 국립중앙문서관 A11-1-503. 공대(共戴) 원년 11월 18일(1912년 1월 6일)자 문서.
26 위의 문서. 기의 설치를 인정한다는 유지는 같은 해 11월 9일(1911년 12월 28일)에 내려졌다.
27 몽골 국립중앙문서관 A234-1-56. 공대 8년 10월 29일 자 문서.

앞으로의 과제가 될 것이다. 하지만, 중앙과의 종교적 관계가 할하로의 귀순과 그 후 처우에 유리하게 작용했음은 틀림없을 것이다.

그러면 하라친 역참의 후예들은 어떻게 되었을까? 1930년대 숙청으로 사원들도 파괴되어 지상에 아직 그 흔적이 남아 있는 사원은 거의 없다. 국가가 관리하는 시스템으로서의 역참도 사라졌다. 이처럼 하라친 집단은 역사의 표면상으로는 확실히 자취를 감추었지만, 실제로는 지금도 흩어지지 않고 계속 고향에 거주하고 있다.

역참 조사중 사원 주변의 게르에서 길을 물으면 그 게르의 주인이 하라친인 경우가 많았고, 그 중에는 대대로 토지와 사원을 지켜왔다고 말하는 이도 있었다. 이렇게 역참 주변에 살고 있는 하라친 집단은 거주지 및 출신지 별로 보다 세세하게 서로를 구별하고 있었다. 가령 '투그릭의 하라친'이란 식으로 표현하는 것이다. 이렇게 구별할 때 사용된 지명은, 확인한 것만으로도 투그릭, 차부치르, 멩게트, 로사, 쇼보타이, 차강하드, 보얀트 7개였는데, 이것들은 모두 역참이나 역참사원을 가리킨다.[28] 이하 몇 가지 사례를 예시해 보겠다.

앞서 언급한 사이르오스의 정보제공자 D 씨는 자신이 보얀트의 하라친이라고 소개했다. 그리고 그의 선조는 청조의 가축 무리와 역참을 관리했고, 하라친 사람들은 능력이 뛰어나고 성실한 이가 많기 때문에, 이 계곡(보얀트의 하라친을 지칭함)에서는 노동영웅 2명과 인민연극원 2명 등 12~13명의 뛰어난 인재들이 배출되었다고 말해 주었다. 또한 타린 사원은 자신

---

28 앞의 5개는 역참의 명칭이다. 차강하드는 표1 No.33 모동(黙端)에 기록된 같은 이름의 사원과 그 주변 집단을 가리킨다고 생각된다. 제34태 하비라가 근처 사원의 명칭이다. 보얀트는 사이르오스 주변을 가리킨다.

〈그림 6〉 투그릭 사원터의 불탑(2018년 6월 필자 촬영)

들이 대대로 소중히 지키고 있다고 하였다. 그리고 이 주변 하라친 사람들은 사이르오스 남쪽에 있는 오보를 지금도 모시고 있으며, 제사 때는 다른 지역 하라친 사람들도 모인다고도 말했다.

제38태 삭스루가 근처의 헤브툴 사원을 지키고 있는 D 씨도 자신을 하라친이라 소개했는데, 그 증조부가 헤브툴의 함바 라마였다는 인연으로 선조들의 땅을 지키고 있다고 말했다.

또한 길안내를 부탁한 울지트 솜 중심지에 사는 H 씨는, 자신이 투메드라는 성을 갖고 있고, 모친이 로사 사원의 활불에게 양육되었기 때문에, 자신은 로사의 하라친이라고 말했다.

제40태 하사트는 별칭인 투그릭으로도 불리는데, 이 역참사원을 지키는 E 씨는 자신이 하라친이고, 자신의 조상은 이 사원의 라마였다고 말했다. 그리고는 자신은 선조의 땅을 계속 지킬 것이라고도 말했다. 사원에

〈그림 7〉 로사 사원터의 불탑(2018년 6월 필자 촬영)

는 옛날 한인들이 살면서 석회나 구운 벽돌을 만들었다고 했다. 사원터 북쪽에는 새로운 불탑이 건립되어 있었고(〈그림 6〉), 현재 투그릭에 연고가 있는 사람들이 모금을 통해 사원을 부흥시킨다는 목표를 세우고 있다고도 말했다.

이처럼 하라친 집단은 현재 자신들이 역참에서 유래했음을 자각하고 있으며, 직접적으로는 옛 사원터를 중심으로 하여 정체성을 형성하고 있음을 알 수 있다. 단지 유구를 지키는 정도가 아니라, 투그릭처럼 현대에 다시 부흥이 이루어지고 있는 사원도 있다. 이것이 바로 최대급 규모를 자랑하는 제36태 로사 사원이다. 『몽골 사원사』에는 '백탑사白塔寺'로 불렸다고 기록되어 있는데Банзрагч · СайнхҮҮ(2004) : 219, 430, 현지조사 때도 바로 그 상징인 백탑이 두 기 신설되어 있었음을 볼 수 있었다(〈그림 7〉). 로사 역시 현재 부흥이 진행되고 있다고 한다. 이런 부흥을 누가 주도하고, 누가 관여하며, 어떠한 부흥을 지향하고 있는지 흥미로운 점들이 많지만, 이에 관해서는 추후 과제로 삼기로 하겠다.

6. 맺으며

이제까지 몽골 사람들의 유목생활과 이동 및 교류 범위는, 청조의 지배하에 놓이면서 크게 제한되었다고 생각해왔다. 하지만 막북 할하 4부에서는 적어도 인구의 3~4% 이상이, 청조가 부과한 공무alba 때문에 장기간 기旗 밖에 나가 있었다. 즉, 청조 스스로가 사람들의 이동을 만들어냈다고도 말할 수 있는 것이다.

이러한 사람들의 이동을 뒷받침한 것이 역참이었다. 역참은 일차적으로는 지배를 위한 인프라였으며, 몽골지배에 필요한 인재와 물자 및 문서 등을 원활하게 이동시킬 목적으로 만들어졌다. 하지만 다른 한편으로, 역참은 다양한 사람들과 정보를 연결해주는 접촉지대이기도 했다. 1,300호가 넘는 할하 관군이 역참에 파견되어 있었고, 이들이 소속된 기로부터 생활물자도 운반되었다. 청조의 관리, 사절, 행정문서 등이 역참을 왕래했을 뿐 아니라, 한인과 러시아인 상인들이 역참을 거점으로 삼아 장사를 했고, 때로는 불교사원이 병설되기도 했다. 이처럼 역참은 초원 지역에서 다양한 사람들이 몰려드는 중심지였다.

본고에서는 이 중에서 특히 간선幹線인 알타이 군태의 동쪽 절반 하라친 역참을 분석했다. 하라친 등 내몽골 출신의 관군들이 강희 연간18세기 초부터 이 역참에 배속된 이래, 이들은 청조가 붕괴할 때까지 대대로 역참의 유지와 관리를 담당했다. 역참에는 할하 관군도 파견되어 역참 업무를 보조하고 있었기 때문에, 이들과의 사이에 공주共住와 협동관계도 성립되어 있었다. 하라친 집단은 할하 사회 속에서 수적으로는 소수자였지만, 청조로부터 역참 토지의 점유를 인정받았고, 정치 및 경제적으로도 상당히 보호받았기 때문에, 사회적으로 우위를 점하고 있었다.

역참의 다원성은 역참 유구의 현지조사를 통해서도 확인할 수 있었다. 본고에서는 제32태 사이르오스 역참을 예로 들었는데, 이곳은 막북 역참의 분기점이자 관리관자르가치이 주둔하는 중요 거점이었다. 조사 결과, 고비 평원 한 가운데에 역참의 아문과 관제묘, 불교사원이 연이어 세워져 있었고, 이곳에 청조의 중앙 관리와 내몽골 출신의 하라친 병, 할하 병은 물론, 한인과 러시아인들까지 함께 거주하고 왕래하는 다원적 공간이 성립해 있었다는 것을 알 수 있었다.

이처럼 왕래가 극심한 역참 주변에 선조 대대로 거주해 온 하라친 집단은, 집단의 구심체 역할을 기대하면서 역참마다 사원을 세운 것으로 생각된다. 하지만 자세히 들여다보면, 사원이 정착한 연대가 대체로 1830~80년대, 특히 50년대에 집중되어 있는데, 여기에는 무엇인가 커다란 사회적 변용이 관련되어 있었던 것으로 보인다. 이 시기에는 자연재해와 이에 뒤따르는 사회적 변용, 그리고 회민반란 등 정치 및 경제적으로 긴장을 고조시키는 사태가 잇달아 발생하고 있었기 때문에, 이런 혼란 속에서 집단의 정치 및 경제적 단결의 구심체 역할을 기대하고 사원의 건설을 추진했을 가능성도 있다. 이들 사원은 청조가 붕괴된 이후에도 일정한 역할을 수행했다. 하라친 집단이 복드 칸 정권에 귀순을 탄원할 때, 이들 집단은 할하 땅에 확실히 뿌리내리고 살아왔다는 토착성의 징표로서 역참마다 사원을 세웠다는 것을 표명했던 것이다.

한 때는 독립된 기를 만들기까지 했지만 그 기는 철폐되었고, 1930년대 대숙청으로 사원도 파괴되었다. 그러나 하라친 집단은 오늘날에도 역참 주변에 계속 살고 있으며, 각 역참 이름을 사용하는 작은 지역 집단을 이루고 있다. 각 집단의 핵심에는 지금도 사원터가 있으며, 선조 대대로 그곳을 지키는 '수인守人'들이 과거의 기억을 계승하고 있다. 그리고 일부 사원은 부흥되고 있으며, 소수자로서 하라친 집단은 다시금 사원을 구심체로 하여 집단성을 되찾고자 한다.

이상이 본론의 개요이다.

제국은 변경 사회의 안팎에 종래 존재하지 않았던 경계를 만든다. 하지만 다른 한편으로, 제국에 편입됨으로써 지방과 중앙, 지방과 지방이 연결된다. 그 결과, 경계를 뛰어 넘어 사람과 물자의 움직임이 활발해지고, 마침내 제국 자신이 그려 놓은 경계가 애매하게 된다. 막북 몽골의 알바를 둘러싼 사람들의 이동, 역참 시스템과 그 유지 및 관리에 관련된 사람들의 이동 또한 그러한 일례라고 할 수 있다.

이렇게 제국 통치에서 유래하는 경계와 그 동요, 그리고 그 결과로 발생한 접촉지대는, 지역사회에 보다 복잡한 다원성과 다양성 및 유동성을 불러온다. 하라친 역참의 사례는 그 하나의 증거가 될 것이다. 본래 할하 부족과 유목생산이 지배적이던 막북 사회에서, 압도적으로 소수자인 하라친 집단이 수백 년에 걸쳐 할하 땅에서 집단성을 유지할 수 있었던 것도, 청조의 제국 통치의 결과라 볼 수 있을 것이다.

이러한 접촉지대로서 역참 연구는 아직 막 시작된 단계에 불과하며, 아직 해명하지 못한 문제들도 많다. 이는 향후의 연구과제로 삼기로 하겠다.

참고문헌

Агваан, Ш., *Х. Чойбалсан ба дотоод явдлын яам*, Улаанбаатар : Улсын Аюулгүй Байдлыг Хангах Ерөнхий Газар, 1991.

アリウンサイハン, マンダフ, 「モンゴルにおける大粛清の真相とその背景 —ソ連の対モンゴル政策の変化とチョイバルサン元帥の役割に着目して」, 『一橋論叢』126(2), 2001.

Банзрагч, Ч. · Сайнхүү, Б(Eds.), *Монголын хүрээ хийдийн түүх*, Улаанбаатар : Соёмбо принтинг ХХК, 2004.

ブレンサイン 編著, 『内モンゴルを知るための60章』, 東京 : 明石書店, 2015.

朝魯孟格日勒, 「清代外モンゴルにおける駅站の牧地実態に関する一考察—シェート・ハン部の諸駅站と旗との間の牧地境界画定過程」, 『アジア・アフリカ言語文化研究』 100, 2020.

フスレ, ボルジギン, 「張家口＝フレー間の道」, 『昭和女子大学国際文化研究所紀要』 23, 2016.

二木博史, 「ホショー内における平民の貢租賦役負担—清代ハルハ・モンゴルの場合」, 『内陸アジア史研究』 1, 1984.

________, 「外邦図にえがかれたイフフレー南方の旧街道の現地調査」, 『日本とモンゴル』 138, 2019.

萩原守, 「オドセルとナワーンの事件(1877年)から見る清代のモンゴル人社会」, 松原正毅 編著, 『中央アジアの歴史と現在—草原の叡智』, 勉誠出版, , 2020.

韓儒林, 「清代蒙古駅站」, 『穹廬集』, 石家荘 : 河北教育出版社, 2000.

日比野丈夫, 「阿爾泰軍台について—その歴史と現状」, 『東方学報』 16(日比野丈夫, 『中国歴史地理研究』 京都 : 同朋舎, 1977에 재수록), 1948.

堀内香里(Хориучи, К.), "Манжийн үеийн монгол дахь нутгийн хязгаар ба нүүдлийн мал аж ахуй; халх баргын шижээгээр", S.チョローン · ホルチャ · A.A.ボリソフ · 岡洋樹 編, 『ユーラシアの遊牧—歴史 · 文化 · 環境』, 東北アジア研究センター, 2016.

Inoue, O., "Old Maps Showing Erdene Zuu Monastery from the Private Archive of Prof. W. Kotwicz", Tulisow, Jerzy · Osamu Inoue · Bareja-Starzyńska · Agata and Dziurzyńska Ewa eds., *In the Heart of Mongolia*, Cracow : Polish Academy of Arts and Sciences, 2012.

金峰, 「清代蒙古台站的管理機構」, 『内蒙古大学学報(2012)哲学社会科学版』, 1979a(1·2).

____, 「清代外蒙古北路駅站」, 『内蒙古大学学報·哲学社会科学版』 1979b(3·4).

____(Altanorgil), "Mongγol örtege neres-ün tuqai", *Mongγol teüke-yin tuqai ögülel-üd* , Köke Qota : Öbür Mongγol-un Arad-un Keblel-ün Qoriy-a, 1981.

Коростовец, И.Я. · Котвич, В.Л., *Карта Монголии*, Санкт-Петербург : картографическ ого заведения А.Ильина, 1914.

芦婷婷, 「晚清蒙古台站弊端」, 『内蒙古民族大学学報-社会科学』 6, 2014.

______, 「阿爾泰軍台的幇台抗差研究」, 『清史研究』 2017(2), 2017.

森川哲雄, 「チングンジャブの乱について」, 『歴史学·地理学年報』 3, 1979.

Мөнхбаатар, Ш., "Их Хүрээнээс Сайр-Ус хүртэлх өртөөний нэрсийг нягтлах нь", *"Цай ны зам"-ын эрдэм шинжилгээний анхдгаар бага хурлын илтгэлийн эмхтгэл*, Улаанбаатар, 2016.

_____________, "Халхын дөрвөн аймгийн өртөөний байршлыг нутгийн зургаар тодруулах нь", Гэрэлбадрах, Ж.(ed.), *Монгол нутгийн зургийн судалгааны зарим асуудал*, Улаанбаатар : Адмон Принт ХХК, 2020.

中村篤志, 「19世紀ハルハ·モンゴル旗社会の統計史料-シェート·ハン部左翼後旗の"戸口家畜冊"について」, 『内陸アジア史研究』 18, 2003.

________, 「清朝治下モンゴル社会におけるソムをめぐって-ハルハ·トシェートハン部左翼後旗を事例として」, 『東洋学報』 93(3), 2011.

________, 「清朝治下ハルハ=モンゴル社会における人の移動と駅站」, 『北東アジア研究 別冊』 4, 2018.

________, "Манжийн үеийн Харчин өртөө ба Сайр ус(清代のハラチン駅站とサイル=オス)", S. チョローン·ホルチャ·A.A.ボリソフ·岡洋樹·堀内香里 編, 『ユーラシア遊牧民の歴史的道程』, 東北アジア研究センター, 2021a.

________, 「清代モンゴルの駅站衙門サイルオス:現地調査からみた遺構の分布状況」, 『アジア流域文化研究』 12, 2021b.

中村篤志·ムンフバートル, 「清代モンゴルのフレー以南14駅站に関する基礎的考察」, 『内陸アジア史研究』 34, 2019.

Насанбалжир, Ц., *Ар монголоос Манж чин улсад залгуулж байсан алба*(1691-1911), Улаанбаатар : Шинжлэх Ухааны Академийн хэвлэл, 1964.

Нацагдорж, Ш. · Насанбалжир, Ц.(Eds.), *Дөрвөн аймгийн алба тэгшитгэсэн данс*, Улаанбаатар : Шинжлэх Ухааны Академийн хэвлэл, 1962.

野村栄三郎, 「蒙古新疆旅行日記」, 上原芳太郎 編, 『新西域記』 下巻, 東京 : 有光社, 1937.

岡洋樹, 「清代のモンゴルと関帝信仰」, 山田勝芳 編, 『東北アジアにおける関帝信仰の歴史的現在的研究』(平成 9 ~11년도 과학연구비 보조금(기반연구(C)(2))연구성과 보고서), 2000.

______, 『清代モンゴル盟旗制度の研究』, 東京 : 東方書店, 2007.

______, 「清朝中期におけるモンゴル人の人口流動性について」, 岡洋樹 編著, 『移動と共生の東北アジア－中蒙露朝辺境にて』, 東北アジア研究センター, 2020.

太田出, 『関羽と霊異伝説－清朝期のユーラシア世界と帝国版図』, 名古屋 : 名古屋大学出版会, 2019.

Оюунжаргал, О., "Манжийн үеийн Халх дахь "тосгон"-ы тухай", S. チョローン · ホルチャ · A. A. ボリソフ · 岡洋樹 編 ,『ユーラシアの遊牧 : 歴史 · 文化 · 環境』, 東北アジア研究センター, 2016.

Позднеев, А., *Монголия и Монголы: результаты поездки в Монголию, исполненные в 1892-1893 гг*, Санкт-Петербург : Императорскаго Русскаго географическаго общества(일본어 번역은 東亞同文會編纂局 譯, 『蒙古及蒙古人』, 東京 : 東亞同文會編纂局, 1908. 중국어 번역은 張梦玲 外 譯, 『蒙古及蒙古人』 1, 呼和浩特 : 内蒙古人民出版社, 1983), 1896.

Шархүү, Ц., *Хувьсгалын өмнөх Монгол дахь газрын харилцаа*, Улаанбаатар : Улсын Хэвлэлийн Газар, 1975.

譚其驤主 編, 『中国歴史地図集』 8, 北京 : 中国地図出版社, 1987.

Цолоо, Ж., *Халхын аман бичгийн хэлийн дурсгал*, Улаанбаатар : Адмон Принт ХХК., 2013.

梅山直也, 「八旗蒙古の成立と清朝のモンゴル支配 : ハラチン · モンゴルを中心に」, 『社会文化史学』 48, 2006.

『대의각미록大義覚迷録』에서 「청제손위조서清帝遜位詔書」까지

한둥위

김동건* · 홍영미** 옮김

1. 들어가며

중원왕조의 지리적 측면에서 보자면 만주족은 숙신시대부터 대대로 중국 동북변경 지역에 살고 있었다. 그 땅이 좁은 의미의 중화 권역 속에서 이夷=동 적狄=북에 위치하고 있었기 때문에 명청정혁明清鼎革, 명청혁명 전후에는 호로胡虜, 노추奴酋, 노이虜夷 등 이적을 멸시하는 호칭이 만청만주 청나라족계에 대해 사람들이 습관적으로 사용하는 멸칭이 되었다. 그 뿐만 아니라 남명南明정권을 포함한 동아시아 제국이 "숭정제는 죽고 홍광제弘光은 포로가 되다(숭정제는 명, 홍광제는 남명)" 등과 같이 일련의 역사사건을, "중화는 국토를 상실하다" 혹은 "더이상 중국은 없다" 는 식으로 과장해서 표현했기 때문에 화이변태華夷變態라는 일본인에 의한 극단적인 설이 중화권내에서

* 1~3절.
** 4절.

일시적으로 널리 유행하는 말이 되었다.[1] 그러나 강희·건륭시대에 때때로 준가르부 관련 사무를 '이정夷情'이라 일컬었던 『악양권공행략岳襄勤公行略』가경년간과 도광·함풍·동치 삼대의 대외교섭 안건을 정리한 『주판이무시말籌辦夷務始末』에서는 청조는 결코 자신을 '이적'으로 보지 않고 당당하게 '중화'로 자인하고 있다. 그 논리를 간단하게 말하면 타자를 '이적'이라 꾸짖을 수 있는 사람이나 민족은 당연히 이적이 될 수 없고, 적어도 현재는 이미 이적이 아니라는 것이다. 그렇다고는 하지만 청나라 초기의 군사력을 통한 고압적인 정책을 통해서 얻은 정치적 아이덴티티는 일상적이고 자연스러운 의미에서의 '문화적 아이덴티티'와는 다른 것이며,[2] "빛나는 무력으로 사방이 두려워 하는 모습"은 청인의 자기 과신과 타인의 평가 사이에 오랜기간에 걸쳐 형성된 간극을 메우기에는 부족했다. 이는 역사가들이 청조에 부여한 "의를 사모하여 귀화한 것이지 힘으로써 정벌한 것이 아니다"[3]라는 후세의 평가가 실은 이전에 발생한 중요한 연결고리를 생략하고 있다는 것을 의미한다. 즉, 청조가 정치적 아이덴티티와 문화상의 아이덴티티를 일치시키고자 하여 지불한 고생과 노력을 말이다. (소개하는) 관련 역사 기록들이 이러한 문제를 인식하는 데 중요한 문서가 될 것임을 의심치 않는다.

---

1 林春勝·林信篤 編, 『華夷変態』 上冊, 東京 : 東洋文庫, 1958, 第1頁.

2 '정체성 정치(政治身份認同)', '문화적 정체성(文化身份認同)' 문제에 대해서 다음을 참조 바람. 黃俊杰, 「中日文化交流史中的"自我"与"他者"的互动 : 类型及其涵义」, 載『台湾东亚文明研究学刊』 第四卷第二期, 台北 : 台湾大学, 2007.12.

3 赵尔巽, 『清史稿』 卷526, 「列传·属国一」, 北京 : 中华书局, 1977年版 第48册, 第14575页.

2.『대의각미록』의 문제설정

『대의각미록』(이하 『각미록』이라고 약칭)은 청나라 옹정 7년1729에 제5대 황제인 옹정제 윤진1678~1735이 증정1679~1735의 반청안건을 둘러싸고 간행·반포한 정치적 저술이다. 전 4권, 상유 10도上諭十道, 심문기록審訊詞 약간, 증정의 공술 47편, 장희張熙 등의 공술 2편과 증정의 「귀인설歸仁説」 1편 등이 포함되어 있다.[4] 이 글에서 논하는 바는 증정과 여유량 등 반청 사인士人을 향하여 발표한 것처럼 보이지만 실제로는 한인 전체를 향해 두 가지의 매우 중요한 문제에 대하여 매서운 질문을 던지고 있다. 첫 번째는 청조가 명조를 대신한 것은 정통성 또는 법리적인 근거를 가지고 있었는가 하는 문제이다. 두 번째로 옹정황제가 천자로서 갖추어야할 덕성과 품행을 가지고 있는가 하는 문제이다. 전자는 천 년이라는 오랜 세월에 걸쳐 계속되어온 '화이'논쟁을 반영하는 것이며, 후자는 정치 최고통치자의 도덕적 자율능력을 묻는 것이다.

『각미록』(이하 『각미록』에서의 쪽수를 기재한다)이 보여주는 독특한 문제는 옹정과 증정의 '대의'에 대한 전혀 상반된 이해 속에서 전개된다. 증정의

4 『대의각미록』은 『清史资料』 第四辑, 北京 : 中华书局, 1983年版, 1~3쪽을 보아 주시길 바람. 이 문제와 관련된 기록과 토론에 대해서는 『清实录』 第七·八册, 『世宗实录』 1-2, 『清实录』 第九册 『高宗实录』 1, 北京 : 中华书局, 1985; 冯尔康, 『雍正传』, 上海三联书店, 1999; 孟森, 『明清史论著集刊』, 中华书局, 1959; 『明清史论著集刊续编』, 中华书局, 1986; 王柯, 『民族与国家 : 中国多民族统一国家思想的系谱』, 北京 : 中国社会科学出版社, 2001; 黄裳, 『笔祸史谈丛』, 北京出版社, 2004; 杨念群, 『何处是"江南" : 清朝正统观的确立与士林精神世界的变异』, 北京 : 三联书店, 2010; 稲葉君山, 『清朝全史』 上下卷, 東京 : 早稲田大学出版部, 1914(본문에서는 但焘의 번역을 사용했다. 『清朝全史』 上册, 上海社会科学院出版社, 2006年); 安倍健夫, 『清代史研究』, 東京 : 創文社, 1971; 石橋崇雄, 『大清帝国』, 東京 : 講談社, 2000 등을 참조할 것.
(역자주) 한국에서도 최근 『대의각미록』이 완역 출판되어 본 논문에 인용된 부분의 번역에 있어 참고, 활용했다는 점을 밝혀둔다. 옹정제, 이형준·최동철·박윤미·김준현 역, 『대의각미록』, 서울 : 도서출판b, 2021.

원래 생각은 그가 잡히기 전에 자신이 집필한 『지신록知新錄』 등 청조와 옹정제를 비판한 문장속에 집약되어 있지만, 옹정제는 증정 및 배후 조종자의 언사 하나하나도 피하지 않고 모두 회답하고 있다. 말할 것도 없이 '화이지변華夷之辨'은 증정의 모든 감정의 경향과 가치판단의 기준이 되는 것이었다. 그 생각의 일부는 오랫동안 화하족이 자기 주변의 비한민족 세계를 "오복五服"으로 설정한 것에 유래하는 것이지만 그러나 그의 저술은 『상서·우공尚書·禹貢』과 『국어·주어상國語·周語上』의 규정보다도 더욱 극단적인 것이었다.154쪽 "천天은 사람과 사물을 낳고 거기에는 이理가 관통되어있지만 각각에는 차등이 있고 중토中土는 바름을 얻었기 때문에 음양은 덕을 합쳐 사람이 되고 사방의 변경四塞은 기울어져 음험하며, 비뚤어지고 올바르지 않으면 이적이 되고, 이적의 아래는 금수다."27쪽 이 말속에 증정의 "화하 중심주의"의 경향이 있는 것은 말할 것도 없다. 증정은 중토 이외에는 "기울어져 험악하고 비뚤어져 올바르지 않기 때문에"라고 멋대로 결정하고, 나아가 윤리도덕상에 있어 '이적'과 '중화'가 어깨를 나란히 할 어떠한 가능성도 지워버리고 있다. 설령 중토와 금수 사이에 존재하는 '이적'이 바로 '금수'라는 불리워질 정도까지는 아니라고 해도, 그 다음에 계속되는 문장에서 "중화의 밖, 사면은 모두 이적이다. 중토와 약간 가까운 곳에 사는 자는 얼마간 사람의 기운이 있지만 멀어질수록 금수와의 차이가 없어진다"55쪽고 하였다. 이러한 표현은 일부 중화의 감화를 받은 자 이외에 중화로부터 멀리 떨어진 이적은 이미 금수와 다르지 않다고 공언하는 것과 마찬가지이다. 하물며 "이적은 (인류와) 종을 달리하니異類 금수와 같다고 매도한다"고 운운하는 것은,21쪽 이적이란 바로 '금수'라고 말하는 것과 같은 것이다. 이적이 즉 금수라면, 청조가 명나라를 대신한 것을 칭하여 "이적이 하늘의 자리天位를 훔치고 화하를 오염시켰다53~55쪽"고 말한 것은 '금수'가 "천위를 훔치"고 "화하를 오염"시켰다고 하는 것과 마찬가지다. 이렇게 '화이'를 정리하면 청조의 군주가 중화의 황제로서 적합한가 어떠한가의 문제는 저절로 답이 나올 것이다. 실제로 옹정제와의 대화에 앞서 증정은 옹정제에 관한 무수한 악평을 거듭하여 말했다. 예를 들면 "모부謀殺, 아버지 살해, 핍모逼母, 어머니를 핍박하여 자살하게 함, 시형弑兄, 형을 죽임, 도제屠弟, 동생을 죽임, 탐재貪財, 재물을 탐함, 호살好殺, 살인을 좋아함, 주정酗酒, 음색淫色, 호색, 주충誅忠, 충신을 죽임, 호유好諛, 아첨을 좋아함, 호영好佞, 입발린 말 좋아함" 등이다. 증정이 기록한 옹정제의 모습이 이와 같이 매우 타락한 도덕관의 소유주인 것은, 증정에게 있어 만청족이 원래 '중화'가 아니고, '중화'가 아닌 이상 "이적에게 군주이 있는 것은 제하諸夏에 (왕이) 없는 것보다도 못하다"는 성인의 잠언이 영원히 바른 것이기 때문이다. 그러나 증정 일파의 청조 비판의 논리적 전제에는 꼭 필요한 주연周延이 결락되어 있다. 마치 양날의 칼과 같이, 상술의 증정의 담론은 사람들에게 옹정제가 자신의 도덕적 모습을 위하여 자세하게 설명하지 않으면 안되는 이유를 이해시키는 것과 동시에, 청조에게 '중화'의 위치와 명조를 대신할 법리적 근거를 획득하게 하여 증정의 논리를 역이용할 수 있는 편리를 제공하였다. 이는 황가의 최고 리더에게 입혀진 '비도덕'이라는 오명을 스스로 벗어 버리는 것에 의해 그것이 천하에 널리 알려져, "덕 있는 자가 군주가 된다"는 명제가 도리어 증정이 말한 '중화' 가치를 맞받아 칠 수 있는 예리한 공격무기가 된다는 것을 의미한다. 옹정제가 신랄하고 엄격한 비판에 직면해도 "태연자약하게 평온한 마음으로 조그마한 분노도 가지지 않고 웃으면서 이를 보고 있"120쪽을 수 있었던 이유는 아마도 이 때문이었다. 더욱이 다음과 같은 옹정제에 의

한 상식적인 반론은 (다음과 같이) 증정의 부주의한 저급함과 직관을 분명히 드러내어준다. 첫 번째로 '인수人獸'의 차이는 천리인륜을 기준으로 하는가, 그렇지 않으면 '화이'의 출신지역에 의해 정해지는가? 두 번째로 중화의 황위는 덕이 있는 자가 거기에 있어야 하는가 그렇지 않으면 반대인가? 세 번째로 '중화'는 '대판도'를 무대로 하는가, 그렇지 않으면 "한쪽 구석一隅"를 낙토로 삼아야 하는가? 네 번째로 '화이'의 구별은 "군신"의 예와 분리할 수 있는가? 다섯 번째로 '천하일가'의 논리하에서 '화이'의 경계를 억지로 나눌 필요가 있는가?

위와 같은 옹정제의 반문은 옹정제쪽에서 보자면 진정한 의미에서의 중화 가치기준에 의거한 것이었다. 먼저 옹정제는 "인륜을 다하는 자를 사람이라 하고 천리를 멸하는 자를 금수라고 한다. 화·이에 의해 사람과 금수를 구별할 수는 없다"8쪽고 생각했다. 즉 사람과 금수는 함께 천지 속에 있고 함께 음양의 기를 받아 그 중 영명하고 빼어난 것을 얻은 자는 사람이 되고 그 편협되고 다른 것을 얻은 자는 금수가 된다. 이 때문에 사람의 마음은 인의를 아는 것이지만 금수에게는 윤리가 없다. 어찌 태어난 곳이 중국인지 외지인지에 의해 사람과 금수를 나눌 수가 있겠는가27~28쪽라는 것이다. '천리인륜'의 유무야말로 사람과 금수를 구별하는 것이라면 증정이 명조의 영역에서 비교적 떨어져 있는 자를 일률적으로 '금수'라고 꾸짖는 담론은 분명히 지나친 것처럼 보인다. 그것은 "오늘날 몽고의 48기, 할하기旗 등은 군주를 존경하고 윗사람과 친하고 삼가 법을 준수하고 도적이 생기지 않고 살인사건도 드물게 있을 뿐으로 간사함, 허위, 절도, 사기의 악습도 없고 화목하고 평화롭고 고요한 기풍이 있는데 이것을 어떻게 금수로 볼 수 있겠는가? 우리 청조도 산해관 밖에서 창업한 이래로 인의의 마음을 가지고 인의의 정치를 행하였으며 옛 현명하고 훌륭한 군주라 고 해도 우리 왕조에 필적할만한 자는 드물다. 그리고 중국에 들어온 이후 이미 80여 년이 되었고 널리 도와 교화를 펼쳐 예악은 발전하고 정치와 문학의 성대함은 찬연하게 갖추어져 있다. 그런데도 어째서 (청조를)이류나 금수라고 부를 수가 있는가"21쪽라고 하는 것으로부터도 알 수 있을 것이다. 옹정제는 '금수'인가 어떤가 하는 문제는 '중토'로부터의 거리와는 관계가 없으며 오히려 예악의 유무와 크게 관계된다는 것을 분명하게 하려고 했다. 중요한 것은 사실을 일탈한 그들의 비난이 변경에서 생활하는 각 민족의 자존심을 쉽게 상처입히고 더우기 원망도 부른다는 것이었다. 옹정제는 다음과 같이 말하고 있다. "이적의 이름은 본조에서는 기피하지 않는다. 맹자는 '순은 동이의 사람이며 문왕은 서이의 사람이다'라고 말하고 있다. 원래 태어난 곳은 바로 지금 사람의 적관籍貫, 조상이 살았던 곳과 같은 것이다. 하물며 만주인은 한인의 대열에 가져다 붙이는 것을 수치스럽게 생각한다. 준가르부가 만주인을 (한족을 가르키는) 만지蠻子라고 부르자 만주인은 이를 듣고 (이적임을 자랑스러워 했기에) 분노하고 미워하지 않는 자가 없었다. 그런데도 역적(의 증정)이 (이 말이) 이적을 빈정대는 것으로 생각하였으니 진실로 취생몽사아무것도 하는 일 없이 무자각하게 일생을 보낸다의 금수로다."22쪽 특히 중원의 사람이 변경의 사람들보다 우위에 선 입장에서 권세를 내세우고 약한 자를 괴롭힐 때 이에 관련된 언행으로 원한을 살 수 있는 것이다. 이 점은 일찍이 누르하치 시기에 꾹 참다가 억제하지 못하여 폭발시킨 전례가 이미 있었다.

우리나라는 원래 공순하고 일찌기 조금도 뽐내고 법을 어긴 자가 없었는데도 (명조는) 홀연히 비어備禦, 관직명 소백지를 파견하여 고관과 같이 망의를 입고 옥대를 하고 크게 위압하며 더러운 말을 내뱉고 여러모로 모욕을 주었고 문서상의 간악함도 받아들이기 힘든 것이었다. 이는 만주족이 원망하는 것의 일곱 번째이다.[5]

위에 기술된 바에 관련하여 두 번째 문제를 언급하겠다. 즉, 중화의 황제 자리는 덕이 있는 자가 거기에 있어야 하는가, 아니면 반대인가라는 문제이다. 청의 명에 대한 반감은 가장 근본적으로는 명조가 이미 변경에서의 도덕적 존경을 잃은 데에서 왔다. 그리고 그들 지역에서의 존경 획득 여부는, 명나라 조정에 군자가 있는 지, 왕의 교화가 존재하는 곳 — 그것은 "예악의 제정과 징벌에 관한 명령이 천자로부터 나온다"라는 도의의 전제를 구성하는 것 — 인지 어떤지를 결정하는 것이었다. 이 전제가 이미 존재하지 않는 것이라면 '이적' 혹은 '금수'는 이전에 가르키는 대상과는 다른 것일 뿐만 아니라 때로는 천지가 뒤집힐 정도의 역전도 생길 수 있는 것이었다. "역적 여유량들은 이적을 금수와 비교하고 있으며 아직도 하늘이 (중국) 내지內地에 유덕의 자가 없음을 싫어하여 우리들 외부의 이적에게 명하여 내지의 군주로 삼았다는 것을 알지 못한다. 만약 역적 (여유량들의) 논의에 따르면 이들 중국인은 모두 금수보다 못한 것이 되지 않는가? 또 어째서 중국을 안으로 하고 이적을 밖으로 하는가? (여유량들은) 자기를 욕하고 있는 것인가? 다른 사람을 욕하고 있는 것인가?"5쪽라고 말한 것이다.

옹정제는 명대의 셀 수도 없는 실덕失德을 거론하며, 명청 혁명은 결코

5 孟森(「清太祖告天七大恨之真本研究」, 『明清史论著集刊』, 中华书局, 1959, 第210页)을 참고할 것.

모든 것이 무력에 의한 정벌이었던 것이 아니라 그 가운데에는 청조가 하늘을 따르고 사람들의 기대에 응하여 도를 체득하여 덕을 존숭하는 '대의'가 있었다고 설명한다. "명대는 가정嘉靖 이후 군신은 덕을 잃고 도적이 사방에서 봉기하여 생민生民은 도탄의 괴로움을 맛보았다. 변방에 사는 사람들에게 편안한 날은 없고 그 때의 세상을 어떻게 막혔다고 말하지 않을 수 있겠는가?"5쪽라고 하며 "우리 청조가 천하를 손에 넣은 것은 병력만으로 의한 것이 아니다. 태조 고황제누르하치가 국가를 수립한 당초에는 갑옷 입은 병사는 겨우 13인으로, 그 후에 아홉 성九姓의 군대를 모아 명의 사로四路의 군대에 이겼다. 세조 장황제순치제에 이르러 경사京師, 북경에 들어갔을 때 병사는 10만을 넘지 않았다. 10만의 병으로 15성의 천하를 항복시켰으니 어찌 인력으로 강제할 수 있는 것이었겠는가? 진실로 도덕으로 감화시키고 신뢰를 얻어, 황천皇天이 돌봐주시고 민심이 모두 따르고 하늘과 사람이 모두 하나가 되었다. 이런 까닭에 북경에 이르자 명의 신민은 모두 우리 청조를 위하여 힘이 되어 분주히 움직였다. 이 때 사졸을 통솔하던 자는 명의 장교였다. 갑옷을 입고 무기를 든 자는 명의 군사였다. (그들이 청의 편을 든 것은) 이는 모두 천명에 순응하여 때를 따랐기 때문이며 대의에 통달하여 청조의 일통태평一統太平의 대업을 보좌했다. 그리고 그 자들은 또한 죽간과 비단竹帛, 전적에 이름이 기록되고 정이鼎彝, 공로가 있는 인물의 이름을 새겼다고 하는 고대의 제기에 공훈을 새겼으니 어찌 현명하다고 하지 않을 수 있겠는가?"21~22쪽라고 말한다. 이러한 이야기는 약간 과장된 점이 있지만, 만약 진정으로 청을 원망하고 있던 명의 유민 주순수朱舜水도 청병이 산해관 입관 뒤에도 파죽지세의 기세가 있었던 것은 명군의 배반에 의한 것이라는 것을 인정하지 않을 수 없었다는 반성의 글을 본다면,[6] 옹정제의 말이 모두 과장이었다고 할 수 없다는 것을 알 수 있다. 그 중에서도 명조의 군신이 안팎으로 서로 의심했기 때문에 화이의 마음을 떠나게 했다는 옹정제의 다음 분석은 사실상 틀린 것은 아니었다고 할 수 있다.

> 짐이 (명태조) 홍무제의 보훈寶訓을 읽었는데, 명태조 때 백성들을 막고 변방을 방어한 것을 신념으로 삼았던 것처럼 보인다. 명태조는 원래 원말에 간교한 백성의 거병하여 군사를 일으킨 것에서 흥성했으니, 후세의 사람이 그 옛 지혜를 모방할 것을 두려워하여 급급하게 간교한 백성을 막으려 한 것이다. 그 위엄과 덕은 몽고의 무리들을 어루만지기에 충분하지 않았기에 전전긍긍하여 변방의 환란을 막으려고 했다. 그러나 명대에 여러 번 몽고의 침입을 받아 수많은 백성의 고혈을 낭비하고, 중국은 이 때문에 피폐해졌다. 그리고 명을 멸망시킨 자는 유민 이자성이다. 옛부터 성인이 사람을 감화시키는 도리는 오직 '성誠' 한 글자에 있을 뿐이다. 만약 농락하거나 방비하려는 생각이 있다면 '성'이 아니다. 내가 성실하지 않게 대우한다면 남도 또한 성실하게 대해주지 않는 것이다. 이는 일정한 정리情理이다. 따라서 명대의 군주는 처음부터 백성의 마음을 의심하여 (백성을) 일체로 볼 수 없었다. 또한 어떻게 마음으로 기뻐하고 진실로 복종하는 효용을 얻을 수 있었겠는가? 먼저 몽골을 두려워하는 마음이 있어 (천하를) 일가로 볼 수 없었다. 또한 어떻게 중외를 일통하는 규범을 성립시킬 수 있었겠는가?84쪽

이는 청이 흥성하고 명이 쇠퇴한 도덕적 전제와 법리적 근거를 드러내

---

6 朱舜水, 「中原阳九述略」「致虏之由」, 朱谦之 辑, 『朱舜水集』 上册, 中华书局, 1981, p.1.

는 것이다. "생각컨대 인민을 생육하는 길은 그저 덕이 있는자가 천하의 주군이 되는데에 있을 뿐이다. 이것이 천하를 일가로 만물일체를 만드는, 예부터 지금에 이르는 만세토록 변하지 않는 항구적인 법칙常經이다. 이것은 끼리끼리 모이고 나뉘는 평범한 이類聚群分들이 동향이나 국토에 대한 삿된 마음과 얕은 식견으로 멋대로 할 수 있는 것이 아니다. 서경·채중지명蔡仲之名에 '황천은 친함이 없고 그저 덕이 있는 자만을 보호한다'고 하였다. 생각컨대 덕이 천하의 군주가 되는 것에 충분하면 하늘은 기쁘게 그를 도와 천하의 군주로 삼는다. 덕으로서 감복시키지 않고 신뢰를 얻지 못했는데, 특정 지역에서 태어난 사람을 뽑아 하늘을 보좌하는 천자로 삼는다는 도리를 들어 본 적이 없다. 또한 서경·태서하泰誓下에 '나를 돌보아주면 군주이지만 나를 학대하면 원수다'라고 하였다. 이것이 민심이 향하는 바의 지극한 실정일 것이다. 억조 백성이 마음으로 귀순하는데 덕을 논하지 않고 그저 출신 지역을 선택한다는 이치는 들어본 적이 없다. 또한 맹자 이루편에 '하늘을 따르는 자는 번성하고 하늘에 거스르는 자는 망한다고 하였다'. 오직 덕을 가진 자라야 하늘을 잘 따를 수 있는 것이다. (군주의 명을) 하늘이 내려주신 것 인데 어떻게 어느 지역 사람인가에 의해서 차별되는 바가 있을 것인가."3~4쪽 이런 문맥에서 "출신지역으로 사물을 판단한"다는 오래된 규칙이 저절로 "덕으로 국가를 수립한다"라는 자격과, "덕으로서 하늘의 뜻을 따른다"라는 논리로 교체된 것이다. 이치에 들어맞기 때문에 언어에 기세가 있었는지 옹정제의 말에는 현저히 정서적인 경향이 보인다. 이러한 경향에 의해 때로 '성인'의 본 뜻을 곡해하는 경향이 보인다. "공자는 '이적에 군대가 있다하더라도 그것은 중원의 여러나라들에 군주가 없는 것만도 같지 못하다'라고 말하고 있다.

이적에게 군주가 있다면 성현의 부류일 것이며, 중원의 여러 나라에 군주가 없었다면 금수의 부류가 될 것이다. 어찌 지역의 내외가 상관이 있겠는가?"21쪽

그러나 결국 "중외일통의 규범"이 '유취군분類聚群分, 비슷한 것으로 모으고 무리로 나눈다'이라는 틀과 "향곡강역鄉曲疆域, 동향이나 국토"에 사로잡힌 천박한 생각을 타파한 것은 "하늘아래 왕토가 아닌 것은 없다"는 '중화천하'의 대의에 부합된다. 이와 같이 적극적으로 '중화판도'의 확대와 확립에 참여한 모든 민족이 당연히 일률적으로 존중과 추대를 받아야 하는 것이지, 어떻게 '화이'와 '내외'를 엄격하게 구별할 필요가 있는 것인가? 이와 같은 문맥에서 '중화'는 '대판도'를 무대로 삼는가, 그렇지 않으면 좁은 '한 구석一隅'을 낙토로 삼아야 하는냐는 옹정제의 세 번째 질의에 대해 증정은 자주 말문이 막혔다. 옹정제는 다음과 같이 말한다. "우리 청조가 군주가 되어 중토에 들어와 천하에 군림한 이래로 몽골과 가장 변방에 있던 여러 부족 모두 판도에 귀순·복속되었다. 이와 같이 중국의 영토가 개척되고 멀리까지 넓어진 것은 중국의 신민에게 있어 큰 다행인데 어떻게 아직도 화이와 중외의 구분이 있다고 논할 수가 있는가?"5쪽 이와 같이 판도의 먼 지역에의 확대는 실제로 그때까지의 중화 정권 모두가 발끝에도 미치지 못했던 (만주·한족·몽골·티베트·위구르의) "오족의 통합"과 봉화를 올릴 필요가 없다는 평화의 이상을 실현한 것이다. "옛날에 한·당·송의 전성기는 20~30년의 태평을 가져온 것에 불과하고 오늘과 같이 장구한 시기에 걸친 안정적인 통치는 없었다. 사람들은 젖니를 갈 때부터 백발이 될 때까지 전쟁을 보지도 않고 부모와 처자식이 한데 모여 산다. 이는 조정의 정치가 공명정대하여 큰 공적을 가져온 것이 아니겠는가? 한·당·송·명의 시대

는 영토는 아직 넓지 않았고 서북의 여러 곳이 모두 강적이어서 변경으로부터의 경보는 끊이지 않고 봉화가 멈추는 일도 없었다. 중원의 백성은 모두 세금에 고통을 받고 분주하게 명령을 따르는데 지치고 또 위태롭고 괴로웠다. 지금 본조의 영토는 광대하고 중외는 신하로 복종하고 있다. 이 때문에 해와 달이 비추는 아래, 살아있는 자들은 두 손을 들어 축하하고 태평을 노래하지 않는 자가 없다."22~23쪽 옹정제는 청조의 영토확대가 명대의 범위 밖으로 영토 면적을 넓혔을 뿐만 아니라 광범위하게 "중화일통"의 대의를 실현했음을 강조했다. 그러니 이들을 어떻게 "봉건-이적"이라 명명할 수 있겠는가? "새외塞外, 만리장성 이북의 몽골로 말하자면 옛날에 몽골은 각각 부락을 만들고 서로 싸우고 있었다. 원 태조 칭기스 칸 때에 이르러 통일되었다. (그러나) 명의 이백여 년이 지난 뒤, 우리 태조황제가 신성한 무력을 분연히 일으켜 사방이 귀순하고 다시 통일을 이루었다. (이렇게) 우리 왕조의 영토는 넓어지고 중외는 일가가 되었다. (이는) 천고에 비교할 데가 없는 것으로, 생각컨대 이는 천시와 인사를 점진적으로 갖추어 나가 그렇게 된 것이다. 봉건제로서 오랑캐를 통제한다는 것은 더욱 통할 수 없는 의론이다"62쪽라고 말하고 있다. 어떤 학자는 다음 세 군데의 땅에 중요한 암시가 감추어져 있음을 주목한다. 그것은 북경 · 성경盛京, 현재의 선양 · 열하熱河, 현재의 청더이다. 즉, 수도 북경은 중국 국내를 통제하는 전략적인 위치에 있고, 부도副都인 성경에 진좌하면 동북 전역을 지킬 수 있다. 그리고 열하는 몽골고원과 더욱 광대한 지역의 크고 작은 실무를 유효하게 장악할 수 있다. 이렇게 형성된 청조는 다음과 같이 판도를 드러낸다. 즉, "만滿, 동북부의 만주 · 몽골 · 한의 일부분", "한漢, 중국내지"와 "번藩, 몽골 · 티베트과 위구르 지구"로 구성된 광대한 영토이다. 그 영토 면적의 광대함은 명조의 영토 전부 이외에도 몽골족과 티베트족의 세계까지 펼쳐졌고 심지어 아랍세계 일부까지도 포함되었다. 명조의 면적으로도 한참 따라 가지 못하는 이 거대국가는, 한 · 만 · 몽 · 장 · 회 '오족'의 통합을 완성시켰다. 그 상징적인 의의는 북경의 건청궁, 옹화궁雍和宮과 열하 피서산장의 정문 편액匾額에 남겨져 있다. 즉, 건청궁은 그저 한족과 만족의 이중 문자로 쓰여진 편액이며, 옹화궁에 이르러서는 몽골족 · 장족 · 한족 · 만족의 4종의 문자로 발전적으로 변화되어 있다. 그리고 피서산장의 '여정문麗正門'에는 더 나아가 몽고족 · 회족 · 한족 · 장족 · 만주족 등 5종의 문자가 병기되어 있다. 이는 '화華'를 대표하는 명조가 달성하지 못했던 '오족통합'의 꿈을 '이夷'라고 칭해지며 경시되던 청조가 실현시켰다는 것을 의미한다.[7] 증정의 그 후 태도의 변화는 물론 협박을 받았다는 부분도 있겠지만 "우리 청조 영토의 광대함과 중외일가를 이룬 것은 일찌기 없던 일이다"63쪽라는 발언이 사실이 부합하지 않는다고도 할 수 없었기 때문일 것이다.

증정은 '존왕양이' 중 '양이'에 특히 고집했기 때문에 그가 '화이관'으로 청조를 비난하는 것의 이유가 성립되기 힘들어지게 될 때, 한쪽의 '존왕' 대의가 증정의 주장을 더욱 궁지에 몰리게 하고 심지어 논리가 통하지 않는 것으로 만들었다. '화이지변'은 군신의 예와 분리될 수 있는가 라는 옹정제의 네 번째 질문이 여기에서 나온 것이었다. 옹정제는 먼저 정면으로 다음과 같이 물었다. "인생 · 천지 간에 가장 중요한 것으로 윤리도덕보다도 높은 것은 없고, 군신 관계는 오륜의 시작으로서 부자관계보다도 더욱 무겁다. 천하에 부모를 모르는 자가 없는 것과 마찬가지로 군주를 모

7 石橋崇雄, 『大清帝国』, 東京 : 講談社, 2000, 第23~59頁.

르는 자는 없다."26쪽 옹정제는 계속해서 증정에게 질의하며 다음과 같이 말한다. "성지에 따라 묻노니, 너가 저술한 역서逆書 『지신록知新錄』이라는 책에는 '어찌하여 인간이 가지고 있는 군신의 의를 한족과 이적의 큰 구분에서 사용해야 하는가? 관중은 주군의 원수를 잊어버렸지만 공자는 왜 이를 용서하고 도리어 인仁하다고 했는가? 아마도 화이지변이 군신의 윤리보다도 더 중요했기 때문이다. 중화와 이적은 곧 사람과 사물 관계의 경계이며 천하에 가장 우선해야하는 도리第一義이다. 이러한 까닭에 성인이 관중의 (이적으로부터 중화를 지킨) 공적을 인정한 것이다'. 또한, '사람과 이적사이에 군신의 구분은 없다'는 말도 했다. 군신관계는 오륜의 시작으로, 첫번째 인륜이 빠져있는데 사람 행세가 가능하다는 도리는 결단코 없는 것이다. 증정은 당시에 사람과 이적 사이에 군신의 구분은 없다고 말하였으나, 이전에 누구를 자신의 군주로 삼았었는지도 모르면서 지금에 이르러 달갑게 머리를 숙이고 다시 군신의 의를 이적의 구분에 옮겨 적용하겠는가? 그렇지 않으면 시종일관 이적과는 군신의 명분이 없다는 입장을 취하겠는가?"52~53쪽라고 따져 물었다. 증정의 양이에 대한 편집적인 자세는 확실히 관중의 "군주를 얻어 도를 행한다"의 본 뜻의 모든 것에 부합하는 것은 아니었고, 한편 옹정제의 증정 오류에 대한 지적에도 '존왕'에 대한 인식은 극단적인 측면이 있다. 그러나 옹정제의 이어지는 논의는 '정치'와 '교화'의 직능분담상에 있어, 증정이 '치도治道'에 대해 조금도 경험이 없다는 것과 이 때문에 그의 이론 설계상에 있어 서생 기질적인 부분이 있으며 현실에 맞지 않는 탁상공론이라는 것을 폭로해 내었다. 더욱이 중시해야 할 것은, 증정의 언론이 이민족 정권의 합리성을 부정할 뿐만 아니라 역대왕조의 한민족 제왕도 그의 입에서 나오는 제멋대로 식의 논의에서 모두 무학무능의 '광곤光棍, 무뢰배'이 되어버린다는 것이다. 이러한 오만하고 고집불통같은 발언은 의심할 바도 없이 바로 옹정제가 논적을 격파하는 데 한층 편리한 돌파구를 마련해주는 것이었다. 옹정제가 볼때 증정은 난신에 의한 찬탈이라는 오수를 성현의 몸에 뿌렸을 뿐만 아니라 자기자신을 명청 양조의 '반신적자叛臣賊子'로 만든 것이다. 옹정제는 증정에게 다음과 같이 말한다. "성지에 따라 너에게 묻노니, 저술한 역서『지신록』에서 '황제란 마땅히 우리 학문의 유자儒者가 되어야 하는 것으로 세속의 영웅이 되어서는 안된다. 주나라 말기에 시국이 바뀌어 군주의 지위에 있었던 자의 대부분이 무학이었으며 모두 세속의 영웅이었고, 그 중에는 노회하고 매우 교활한 자도 있었다. 이들은 이른 바 광곤무뢰배이다. 만약 바른 군주의 지위를 논한다면 춘추 때의 황제는 공자, 전국 시대의 황제는 맹자, 진 이후의 황제는 정주程朱, 정자와 주자, 명말의 황제는 여자呂子, 여유량가 각각 되었어야 했다. 그러나 지금은 모두 권세를 믿고 설치는 흉폭한 자豪強에 의해 점거되었다. 우리 유자야말로 황제가 되는데 가장 적합하다. 세속의 영웅 따위가 황제의 대임을 운영할 수 있을 턱이 없다'고 말하고 있다. 공맹이 대성인, 대현인인 이유는 인륜을 밝히고 가르침을 세우고 만세의 인심을 바르게 하고 천고의 대의를 밝혔기 때문이다. 어찌 공자, 맹자가 황제가 되어야한다는 도리가 있을 것인가? 공자는 '군주를 섬기고 예를 다한다'고 말한다. 또한 '신하는 군주를 섬김에 충으로써 한다'고 말한다. 또한 '군주는 군주이고 신하는 신하이며 아비는 아비이며 자는 자이다'라고 했다.『논어』향당편을 보면 공자는 군주와 부친君父의 앞에서 매우 경외하고 조심하는 태도를 갖추었다. 맹자는 '신하노릇을 하고자 한다면 신하의 도리를 다해야 한다'고 했다. 또한 '제나라 사람은 내가 왕을 공경하는 것에 미치지 못한다'고 말했다. 공맹은 자리를 얻어 도를 행해도 그저 스스로 그 신하된 자의 불변의 도리常經를 다하는 것 뿐이었을 것이니, 어찌 평범한 유생의 몸으로 자기가 황제가 되려고 했겠는가? 만약 증정의 주장에 따른다면 난신적자가 왕위를 찬탈하고 군주를 업신여기는 일을 공자와 맹자에게 강요하는 것이다. 성현을 모독하는 것은 어떤 마음에서 나온 생각인가? 그리고 한나라 당나라 이래 성군과 명철한 군주가 대대로 적지 않다. 한 고조, 당 태종, 송 태조, 금 태조, 원 태조·세조는 화란을 수습하고 스스로 태평성대를 만들어 모두 천명에 귀순하여 그 공덕은 크게 드러났다. 그런데, 지금 그들을 싸잡아서 무뢰배라고 평가한다. 증정은 절절히 명나라가 멸망한 것을 한스러워하지만 주나라 말기의 시국 변화 후의 황제가 모두 무뢰배였다고 한다면 명태조도 또한 무뢰배와 같은 반열에 있게 된다. 증정은 단순히 본조의 반신적자일뿐만이 아니라 명나라의 반신적자이기도 한 것이다."47~49쪽 만약 한인 황제들조차 무뢰배에 불과하다면 만주족의 황제가 그에 포함되지 않기 위해서 어떻게 할 수 있는가? 그러나 이같은 진술과 문제설정은 역사라는 공정한 기록에 사실을 무시하는 흐리멍텅함과 왜곡을 쉽게 가져오는 것이 되어 결국에는 역사를 소거하는 것과 마찬가지가 된다. 옹정제는 먼저 원조元朝를 예로 다음과 같이 말하고 있다. "역대 이래로 지금까지 원나라와 같은 경우 한인과 이적의 천하를 통일하여 하나로 하고 국가를 백 년 동안 유지하고 영토는 매우 넓어 그 정치의 규모에는 매우 미덕이 많았는데도 후세에 이를 칭찬한 자는 지극히 적다. 원나라 때의 명신, 학자가 이를 칭송하는 글을 썼고, 당시의 대단함을 기록하여 역사서에 실린 것도 또한 빛나게 갖추어져 있는데 후세인들은 고의로 이를 폄훼하는 말을 늘어놓고 대체적으로 인물을 기록할 것은 없고 공적을 기록하기에 부족하다 하였다. 이는 그저 사심을 품은 비루한 식견을 가진 사람이 외래의 군주를 찬미할 바에야 이를 폄훼하고 매몰시킬려고 했을 뿐이다."7쪽

계속하여 옹정제는 정직하게 역사를 적을 수 있는지의 여부가 역사서술과 현실정치에 미치는 거대한 영향에 대해서 토론했다. "문장, 저술에 관한 일은 당대의 진실을 후세에 전하는 것이며 서적에 권계勸戒를 적을 때는 공평한 마음으로 정도에 따라 논해야 한다는 것을 몰랐기 때문에 외국에서 (중국에) 들어가 대통황제의 지위을 계승한 군주에 대해서는 그 선악을 특히 공평에 입각해 써야만 하고 크고 작은 일을 빠뜨리지 않아야 한다. 외국의 군주가 이와 같이 명철하고 인애하다는 것을 중국 출신의 군주가 보면 자연스럽게 분발하는 마음을 가지기를 기대하는 것이며, 외국에서 온 군주는 옳고 그름에는 틀림이 없다는 것을 보고 올바른 도리가 언제나 존재한다는 것을 믿고 반드시 선을 할 용기를 가지고 악을 하는 것을 깊이 경계할 것이다. 이것이 문예의 공이고 어떻게 치국의 도를 해야할 지 보충해준다. 만약 고의로 이것을 폄훼하고 매몰시켜 그 선함을 생략하여 전달하지 않고 그 악을 무고하여 망령되이 기재한다면, 중국의 군주가 중국에 태어났을 뿐인데 저절로 훌륭한 명성을 얻게 될 것이고, 덕을 수련하고 인을 행할 필요가 없으며 그렇게 해도 융성한 통치를 달성할 수 있을 것이라고 생각하게 된다. 한편 외국에서 (중국에) 들어와 대통을 계승한 군주는 설령 밤낮으로 노력하고 힘써 정치의 이치를 궁구해도 결국은 서적에 실려 칭찬받는 것은 바랄 수 없기 때문에 선을 행하려는 마음은 저절로 나태해져버린다. 그렇게 되면 내지 백성의 그 괴로움은 그치지 않을 것이다. 그것이 인심, 세도에 미치는 해악은 이루 다 말할 수도 없을

것이다.7~8쪽 옹정제는 "화곤부월華袞斧鉞, 곤룡포보다도 영광스럽고 도끼보다 무섭다. 사관의 평가를 말함"의 도리를 깊이 이해하는 사람이었고 그 때문에 고의적인 불공평한 평가와 인신공격을 받았을 때 그는 억울해하며 그때마다 언표로 드러냈다. "짐은 만민을 내려다보면서 실로 나의 적자처럼 여겨왔다. 짐은 고요한 밤에 마음을 어루만지며 스스로 비판받을 일이 없음을 자신한다"26쪽 고 했다. 그는 사실을 무시한 반대자들이, (황제가) 하루종일 정치를 생각하고, 아침저녁으로 경계하며 백성을 위하여 정무를 진지하게 행하고 있다는 것을 이해하고 위로하지 못할 뿐만 아니라, 그를 존숭하고 황제로서 받들어 줄 리가 없다는 것을 알고 있었다. 증정 일파의 사람들이 "숭정의 갑신년1644년, 명 멸망연도으로부터 오늘에 이르기까지, 그리고 덕우남송 공종의 연호부터 명의 홍무까지, 그 중간의 명나라 전후의 두개의 세계에서는 모든 제도가 황폐해지고 붕괴되고 만물은 사라지고 자취를 감추었으니 그 때의 공적으로 논하기에 충분한 자는 없고 그 때의 인물로 기술할만한 자도 없다"고 말했을 때 옹정제는 매우 감상적으로 되었다. 그는 "본조는 태조누르하치, 태종홍타이지, 세조순치제이래 성군이 계속 이어지고 있다. 성조강희제는 재위 62년간 인애하고 관대하며 예의 바르고 검약하시면서, 정치에 힘쓰고 백성을 아끼셨다. 하늘의 법도乾綱, 군권를 수중에 두고 만기를 총람하였고, 그 문덕과 무공은 삼대하은주를 초월하고 역수曆數를 장구히 이어갔던 일은 고대 이래로 미증유의 일이었다. 짐은 조상의 위대한 터전을 계승하고 하늘을 공경하고 선조를 본받는 것을 마음으로 삼아왔고, 인재를 등용하고 정치를 행함에 있어 하나라도 지성에 근본하지 않은 것이 없었다. 6년 동안 아침저녁으로 경계하고 삼가는 마음은 참으로 하루와도 같았다. 짐은 덕이 부족하나 조종을 본받는 것에 열심히 힘써 감히 조금도 게으르지 않았다. 이를 어떻게 원나라의 정치와 비교할 수 있을 것인가"라고 말했다. 만약 중원의 주인이 된 외족의 군주만에 대해서 이와 같이 비난한다면 할 수 없지만, 명조의 황제에 대해서도 비난은 다음과 같이 예외가 아니었다. "옛날에 명대의 가정 · 만력 때에 패관야사에서 그 군주를 무고하고 비방하는 것은 한둘이 아니었다. 예를 들면, 『우의횡의록優疑竑議錄』, 『탄원잡지彈園雜誌』, 『서산일기西山日記』 등 여러 저서는 모두 조정을 헐뜯고 비방하여 무고가 궁정에 쓰는 술병에 까지 미쳤는데도, 당시에는 여전히 발각되지 않았기 때문에 오늘날에 이르기까지 세상에 전해져서 사람의 견문을 현혹시키고 있다."25쪽

증정의 비판의 창끝은 사실 모든 권력자에게 향해 있었고, 그는 권력자를 갈아치우고 대신할 것을 시도했기 때문에, 그 권력자 중에서도 외족의 군주는 가장 먼저 타도하지 않으면 안되는 대상이었다. 그렇기 때문에 만약 '화이'의 경계가 더이상 존재하지 않는다면 증정일파도 계속해서 한민족 지역의 민중을 현혹시키는 것의 모든 정당성을 잃게 된다. 그래서 '천하일가'의 논리하에, '화이'의 경계를 나눌 것을 강조할 필요가 아직 있는가라는 근본적인 문제가 옹정제가 철저히 논쟁상대를 격파하는 최종병기가 된 것이다. 사실 청조는 중원왕조가 자기들에게 부여한 '이적'이라는 호칭에 대해 별로 그렇게 신경 쓰지 않았다. 이른바 "이적의 이름은 본조가 꺼리는 바가 아니다"라는 것이 바로 그것이다. 다만 거기에는 한가지 조건이 필요했다. 그에 대해서는 어느 학자는 다음과 같이 말한다. "옹정제 · 건륭제 이후의 청조는 이와 같은 위엄있는 기백에 눈을 떴다. 예를 들면 만약 '이夷'가 야만을 의미한다면, 우리는 화이지 이가 아니다. 만약 '이'가 그저 이민족이라는 것만을 의미한다면 우리는 이이며, 화가 아니

라도 전혀 상관없다."[8] 청조는 이와 같은 "위엄있는 기백"을 가지고 '이적' 개념을 문화가 저급하다는 멸칭에서 단순하게 지리적인 의미에서 유래하는 명칭에의 변경으로 개조하는데 성공했다. 그리고 이러한 성공을 실현한 열쇠는, 청조의 광대한 영토에 있어 일찍이 중원왕조가 지칭했던 "이만융적夷蠻戎狄"은 이미 전부 "중토"에 들어가 있어 "화이"의 사이에는 이미 경계가 될 것이 존재하지 않았다는 것이다. 옹정제의 이와 같은 자신은, 이론상으로는 증정의 담론 내지는 유가철학의 논점을 이용해서 논박한 것에서 연유한다. "성지에 따라 너에게 묻노니, 너가 쓴 반역의 책『지신록』속에 '천하는 한 집안이며 만물은 하나에 근원한다'고 말하고 있다 (…중략…) 이미 천하가 한 집안이며 만물은 근원이 하나라고 한다면 어떻게 다시 중화와 이적의 구분이 있을 것인가? 너 증정은 그 광패한 말을 방자하게 늘어놓는 것만 알 뿐 스스로가 모순된다는 것을 모른다.『중용』에 '중화를 이루면 천지가 자리잡고 만물이 생육한다'고 했다. 구주, 사해는 광활함에서 보자면 중화는 (천하의) 백분의 일을 가지고 있는 것에 불과하다. 그 동서남북도 하늘이 덮어주고 땅이 실어주는天覆地載 큰 은혜 가운데에 함께 하니 곧 이것은 하나의 이理와 하나의 기氣가 있다는 것이며 어떻게 중화와 이적에 두개의 천지가 있겠는가? 성인이 말하는 바의 만물이 자란다고 한 것은 사람도 만물 속에 있다는 것을 말하는 것이다. 이적도 그 생육 속에 포함되어 있음을 몰랐던 것인가? 아니면 생육 속에 포함되지 않은 것인가? 증정에게 이를 어떻게 생각하는지를 묻노라"55쪽라고 말했지만, 이는 실제로는 '중외일통'의 거대한 판도에 기반한 주장이었다.

---

8 安倍健夫,『清代史の研究』, 東京 : 創文社, 1971, 第43頁; 王柯,『民族与国家 : 中国多民族统一国家思想的谱』, 北京 : 中国社会科学出版社, 2001, 第154~155页.

중외일통 상황에 대해서는 "우리 왕조가 천명을 받들어 중외 신민臣民의 군주가 되었는데 양육과 보호를 받는 자들에 대해 어떻게 화이를 가지고 차별하겠는가? 그리고 중외의 신민이 이미 함께 우리 왕조를 받들어 군주로 삼았으니, 성의를 다하고 충순을 바쳐서 신민의 길을 다하는 자들이라면 더욱 화이로 구별하는 것에 의해 다른 마음을 생기게 해서는 안된다. 이로써 천도를 헤아리고 인리人理를 검증하면 사해의 끝과 해가 뜨는 곳까지 온 천하의 군중 가운데 '대일통'이 우리 왕조에 있는 것을 모르는 자가 없다 (…중략…) 아마도 종래의 화이의 설은 동진東晋, 유송劉宋, 육조시대에 중원을 잃고 지방에 안주하고 있던 시대에 비로소 생겨난 것으로, 피차의 영토와 덕이 비슷하여 서로를 넘어설 수 없었다. 이 때문에 북인은 남조를 섬나라 오랑캐島夷라고 비방하고 남인은 북조를 변발한 오랑캐索虜라고 비난 했다. 그 당시의 사람들이 덕을 닦아 인을 행하는 것에 힘쓰지 않고 쓸데없이 구설로 상호비방하는 것을 일삼으면서 지극히 비루한 견해를 만들어 냈던 것이다. 지금 역적들이 천하일통·화이일가華夷一家의 시대에 망령되이 중외를 구분하고 사리에 맞지 않는 분노를 조장했다. 어찌 천도를 거스리고 이치에 어긋나서 아버지도 없고 군주도 없으니 벌과 개미만도 못한 이류가 아니겠는가?"4~5쪽라고 설명한다. 또한 "화이지변은 아마도 옛날의 역대군주들이 중외를 일통시키지 못하여 각자 피아의 경계를 만든 것에서 생긴 것일 뿐이다"84쪽라고 하였다. 이와 같이 강대하며 움직이기 힘든 논리와 사실 앞에서, 증정의 '공술'하는 바에 아첨하는 부분이 있기는 하지만 강역에 대해 감탄하는 묘사는 실정에서 벗어난 것은 아니었다. "대개 오직 하늘만이 지극히 '성誠'한데 오직 지극한 '성'만이 내외를 막론하고 덮을 수 있는 것이며 감동시켜 드디어 통하게 될 수 있는 것이다. 그러므로 『중용』에서 말하는 '성'은 반드시 '하늘'을 미루어 지극히 해야하며 오직 '성'만이 하늘과 합치해 높게 빛나며 끝없이 넓고 유구해 하늘의 뜻과 세상이 차이가 없게 되는 것이다. 이것이 우리 황상이 몽골과 중국을 합하여 일통의 번성함을 이룰수 있었던 이유이며 무릇 하늘이 덮는 곳은 대부분 판도에 귀순하고, 무릇 우리에 속하는 백성에 있어 모두 경사스럽고 다행한 일이니 어떻게 화이·중외의 구분이 있겠는가! 의리가 지극히 정미한 곳에 이르렀고 품행이 지극히 높은 곳에 이르렀으니, 요순이 다시 나타나더라도 한마디 말도 더 보탤 것이 없을 것이다. 우리 황상께서는 지배지역이 넓고 하늘 한복판에 융성함을 열었을 뿐만 아니라, 도덕이 광대하여 만세의 규범을 세우셨다. 인군人君은 자신을 수양해 하늘에 짝하지 못하고 억지로 중외와 화이를 나누었으니, 여기에 이르러 진정 부끄러움을 감출 곳이 없을 것이다"89쪽라고 하였고, 증정은 심지어 『귀인설歸仁說』에서 다음과 같이 말하고 있다. "대개 사람生人은 매우 미혹하니大迷, 지금에 이르러서야 큰 깨달음大覺을 얻은 것은 매우 다행이다 (…중략…) 그 명분은 대의大義를 바로잡으려 한다는 것이나 실상은 도리어 사람의 대의에 위배되는 것이라는 점을 모르고, 말로는 도를 밝히겠다고 하지만 결국은 당연한 상도常道에 대단히 어둡다는 것을 모른다.154쪽 증정의 이 때의 '깨달음覺悟'이 분명히 그 후 『대의각미록大義覺迷錄』이라는 텍스트로 응결되는 것이다.

3. 『대의각미록』의 구조 분석

옹정제와 증정의 논변을 관찰해보면 그 내용이 공자와 맹자의 두 가지 화이관의 평행선이 연장된 것에 지나지 않음을 알 수 있다. 다만 사람들이 보는 것처럼 『각미록』에서의 쌍방의 의론은 모두 공·맹의 이론을 확대해석하고 있는 곳이 적지 않고, 특히 증정의 견해에서 매우 극단적으로 드러난다.

공자가 살았던 춘추시대에는 이적은 반드시 중하中夏의 바깥에 거주하고 있었다고는 할 수 없었고, 이수伊水·낙수洛水에 거주한 융戎, 육혼陸渾의 융, 혹은 적융과 백적이라고 불리워지던 융적은 모두 아직 중국 안쪽에 살고 있었다. 서주西周 정치권력의 점차적인 쇠퇴는 화하 내부의 '하극상' 야망을 환기하고, 주변 부족이 중국을 넘보는 격렬한 풍조를 불러일으켰다. 이와 같은 내우외환의 자연스러운 연동은, 중원왕조가 "(천자의) 팔일무를 정원에서 춤추게 한다"『논어』·팔일와 같은 (하극상에 의한) 예악이 폐지되는 것을 그저 참고 지켜볼 수 밖에 없게 하고, 또한 "남이와 북적이 서로 번갈아 침략하여 중국의 운명이 겨우 한 올의 실처럼 끊어지지 않고 유지되고 있었다"『춘추공양전』·희공 4년는 이적의 계속적인 침입에 의해 화하華夏문명이 위기에 직면하게 된 것을 의미한다. 이는 공자로 하여금 (신하가 군주의 예인 팔일무를 춤추게 하는 것에 대해) "이것을 차마한다면 무엇을 차마하지 못하겠는가"라는 태도로 (중국)안의 "명분名을 바르게 하고", 주나라 왕권의 예악 질서를 방위하게 하고, 나아가 "오랑캐에게 군주가 있다해도 그것은 중원의 여러 나라에 군주가 없는 것과 같지 못하다"는 '화이지변'의 관념으로 외부로부터의 소란에 저항하게 한 것이었다.『논어』·팔일 내우외환의 자연스러운 연관과 비슷한 형태로 공자의 반드시 "명분을 바르게 하겠다"와 '화이지변'에 관한 행동의 동시 출현은 공통적인 문화 주제를 돌출시키게 된다. 즉, "주나라는 하, 은 이대를 거울 삼았으니 찬란하구나. 나는 주를 따르겠다"라는 문제이다. 이는 중화 우월 의식이라는 문명의 강화와 심리적 자기 아이덴티티 행위의 실제적인 발생은 "천자가 질서를 잃다(천자가 통치권을 잃다)"와 "이적이 번갈아 침략이적의 침입"한다는 양쪽으로부터의 자극에 그 근원이 있다는 것을 의미한다. 외부형식적으로 본다면 고도로 강화된 '중화' 우월 의식은 이적의 침입을 받아 형성된 것으로 보인다. 그것은 기사회생의 문명론 원리와 부합하는 것이다. 그리고 그 내적 논리는 옛날에 (주나라 왕실을 대신하려 하지 않고) 화하의 뒤를 감히 바라지도 않았던 초장왕의 "중원의 솥을 묻는 행위"가 일면에서 보자면 화하 예악 가치를 존중하고 있다는 것과 그것을 스스로 포기한 후의 나쁜 결과와 안타까움을 확실히 보여준다. 이와 같은 상황속에서는 "주에 따르는 것從周", 그리고 오직 "주에 따르는 것"이야말로 화하 문명의 우월감을 회복할 수 있었던 것이다.[9]

이와 같은 우월감을 회복하기 위한 가장 중요한 전제와 급무는 어떻게 하면 "존왕양이"를 실행할 수 있는가 하는 것이다. '존왕'의 뒤에는 "천→천자→천하"라는 말할 것도 없는 논리가 숨겨져 있고, 이 때문에 "존왕"은 사실상 '천하일통' 의식의 절대성을 반영한다. 그러나 '양이' 자체는, '천하'를 넓혀나갈 때 반드시 설정하지 않으면 안 되는 문명낙차와 "예악·정벌은 천자로부터 나온다(천하에 질서가 있다면 제정과 징벌에 관한 명령이 천

9 朱熹, 『四书集注 · 八佾』, 引尹氏语 : "三代之禮, 至周大备". 이 밖에 "종주"의 언론은 「雍也」, 「子张」, 「泰伯」 편에도 빈번히 등장한다.

자로부터 나온다)" 행위 근거의 하나이기 때문에, 화하문명에 대한 방위와 아이덴티티의 승인은 '천하' 유지 논리를 옹호한다는 의의를 동시에 부여받았다. 그래서 화하를 방위하는 것은 "환공이 중국을 구하여 이적을 몰아내『춘추공양전』 희공 4년"었다란 행위가 도덕적으로 칭찬받았을 뿐 아니라 심지어 존왕과 양이 둘 중 어느 쪽인가를 반드시 선택해야만 했을 경우 후자가 중요하다는 것이 언제나 최대한으로 클로즈업되었다. 공자가 그렇게나 높이 관중을 칭찬한 원인은 여기에 있다. 이것이 의미하는 것은 정치 권력과 문명의 권위가 동시에 위태로워졌을 때, 공자가 가장 우선해서 지키려고 했던 것은 문명의 권위였고, 정치의 내적 모순을 대외적인 문명투쟁으로 전환시키는 것에 뛰어났다는 것이다. 이러한 (문명투쟁) 전환과정에 있어 만약 어떤 사람이 '이적', '금수' 라고 불리워지는 것을 바라지 않는다면 토론할 필요가 없는 "중화의 대의"에 반드시 복종해야만 한다는 것이다.

그 쌍방향 통제 논리는 다음과 같이 표현할 수 있다. 즉 예악정치를 옹호하는 것 자체는 화하문명을 옹호하는 것과 마찬가지이며, 예악을 파괴하는 내부 투쟁은 스스로 격을 낮추어 이적이 되게 하는 것일 뿐만 아니라 스스로를 이류異類로 타락시키게 하는 것이다. 한층 더 말하자면 '화이지변'이라는 중대 문제 앞에서 화하족속 내부에 있는 모든 논쟁의 불일치는 모두 이 주요 모순에 지위를 양보할 필요가 있다. 그것은 효과적으로 "천→천자→천하"의 체계를 지키는 것과 함께 화하 인사중국인의 "대의大義"와 "대절大節"도 엄격하게 규정한 것이다.

그 후에 중원과 주변에서 분쟁이 일어날 때 마다 공자의 '양이' 사상은 중요한 작용을 발휘했고, 이는 악비岳飛·문천상文天祥·사가법史家法과 같은 민족적 영웅이 차례로 출현하게 하는 가치 기준이 되었다. 그러나 "머리를 풀어헤치고 옷깃을 왼편으로 하는 것披髮左衽"이라는 표현이 생활습관을 가지고 '중화' 이외의 민족을 깔보게 되는 발단이 되었다. 이 때문에 그후의 계승자들은 이런 종류의 서술에 있어 점차로 극단적으로 치닫게 된다.

중국의 고전에서는 "집에 거주하는 것室居"과 '화식火食'의 여부로 인류와 동물계를 구별하는 물질적인 표상으로 삼아왔다. 유소씨의 "갖가지 짐승을 피하게 했다"와 수인씨의 "비린내를 제거했다"『한비자』·오두는 바로 이 문제를 가르키고 있다. 옛날의 단순 생산생활방식의 차이는 여기에서 나아가 문명적인가 야만인가하는 가치의 색채를 띠게 된다. 『예기』 왕제편의 규정은 다음과 같다. "중국·사방 오랑캐, 오방의 백성은 모두 특성이 있어 변화시킬 수 없다. 동방을 '이'라고 하고 머리를 풀어헤치고 몸에 문신을 새긴다. 불을 써서 조리하지 않고 먹는 자가 있다. 남방을 '만'이라고 하고 이마에 문신을 새기고 걸을 때 발가락이 서로 향하게 걷는다. 불로 조리하지 않고 먹는 자가 있다. 서방을 '융'이라고 부른다. 머리를 풀어헤치고 가죽 옷을 입는다. 곡식을 먹지 않는 자도 있다. 북방을 '적'이라 부른다. 짐승 모피를 입고 굴에 산다. 곡식을 먹지 않는 자도 있다." 중요한 것은 이와 같이 한번 규정되면 쉽게 바꾸기 힘든 선입견이 생기고 오랜 기간에 걸친 시간적인 문제도 있다. 그래서 명대가 되어도 사조제謝肇淛가 『오잡조五雜俎』에서 다음과 같이 말한다. "동남지역 사람은 수산물을 먹는다. 서북의 사람은 육축六畜, 소·말·양·돼지·닭·개을 먹는다. 모두 비린내 나는 것을 모른다 (…중략…) 성인의 가르침을 받은 자는 불로 조리한 것을 먹는 것으로 중국을 이적과 구별하고 인류를 금수와 구별시킨다." 그것은 생산방식상에서 농업과 유목을 나누는 것이고 나아가 문명의 정도에 의해 '인류'와 '금수'의 경계를 구분 하는 것이기도 하다. 그러한 "중국·오랑캐는 옮겨 변화시키려 해서는 안된다"와 '별別, 다름'과 '수殊, 차이' 같은 차별적인 태도는 "출신성분"과 "출신지역"라는 의미에서의 '혈연'과 '지연' 관념을 절대화 시켰다. 이는 주희의 『자치통감강목』에 체계적으로 드러나 있다.

그러나 이상과 같이 공자의 양이 사상의 극치인 가혹하고 엄격한 '화이관經, 원칙' 이외에, 변화해 가는 것을 허용하고 타자의 생각을 포용하는 '화이관權, 임시방편'이 있었다. 이 관념을 제창하고 발양한 것은 맹자와 그 후학들이다. 맹자가 공자와는 다른 '화이관'을 제시할 수 있었던 이유는 전국시대에 이르면 춘추시대 내부의 이적은 이미 점차로 소멸해가게 되고 사람들의 의식 속에 이적은 모두 전국 칠웅의 밖에 있거나 아득히 먼 존재가 되어 버렸기 때문이다. 이는 '화이지변' 보다도 오래전에 "천→천자→천하"의 논리하에 발생한 "하나一, 통일"가 천하 백성들을 결속시키는 가장 중요한 가치가 되었다는 것을 의미한다. 거기서 양혜왕이 돌연히 "천하가 어떻게하면 안정되어 지겠습니까"라고 말했을 때 맹자가 "천하를 통일하는 것입니다"라고 한 것은 거의 무의식에서 나온 대답이었다『맹자』·양혜왕상. 여기서의 "하나"라는 것은 분명히 "천하"의 모든 지역을 점령하는 것을 가르키는 것이 아니라 사람을 죽이지 않는 어진 임금에 의해 통일된다고 하는 유교세계에 전체적인 의의를 부여하기 위한 언어이다. 이 전체적인 것 속에는 이른 바 '외계'가 논리적으로는 존재하지 않는다. 중요한 것은 "천하일체"의 원칙은 맹자로 하여금 이전의 "화이지변을 엄격하게 한다"는 좁은 시야와 사고방식을 초월하게 하여 "화하융합"의 동질화 운동을 위해 무한한 공간을 부여했다는 것이다. "순은 제풍에서 태어나 부하로 옮겼다가 명조에서 졸하다. 동이東夷의 사람이다. 문왕은 기주에서 태어나 필영에서 졸하다. 서이西夷의 사람이다. 지역이 떨어진 것은 천여리이며 시대가 뒤떨어진 것은 천여 년이다. 뜻을 얻어 중국에 행함에 있어서 부절을 합한 것과 같다. 선성, 후성 모두 그 헤아려봄에 똑같다"『맹자』·이루하라고 하는 맹자의 이 관점은 동한의 하휴何休의 "공양삼세설公羊三世說"의 "지금 보는 세상에 이르러 다스림은 태평으로 나타났고 이적은 출세하여 벼슬을 함에 이르러 천하의 원근·대소 하나와 같다"라는 설과 비교하면 400년 이상 빨리 나타났다.[10] 그러나 당의 정안程晏의 "내이격內夷檄"과 청의 피석서皮錫瑞의 『춘추편』도 이것과 분명히 근원을 같이 한다고 생각된다.[11] 당나라 때 한유의 『원도原道』에 이르러 이른바 "공자가 『춘추』를 지으실 적에 제후들이 오랑캐의 예를 사용하면 오랑캐로 취급하고 오랑캐가 중국으로 진전하면 중국으로 취급하셨다"라고 한 것은 비록 공자 사상적인 요소가 없지는 않지만 주요한 성분은 맹자의 주장에서 나온 것이다.[12]

이와 같이 옹정제와 증정간의 논변의 바탕을 구성하는 공자와 맹자의 '화이관'은 『각미론』에서 일관되게 보여지는 것을 알 수 있다. 증정이 '화이지변'에 대해서 언급할 때 핵심 관점은 기본적으로 공자 쪽에서 온 것인데 게다가 편협한 공자 일파의 사고 방식이다. 한편 옹정제가 반박 의견

---

10 何休(『春秋公羊经传解诂·隐公元年』)를 참조.

11 程晏은 다음과 같이 말한다: "四夷之民长有重译而至, 慕中华之仁义忠信, 虽身出异域, 能驰心于华, 吾不谓之夷矣. 中国之民长有倔强王化, 忘弃仁义忠信, 虽身出于华, 反窜心于夷, 吾不谓之华矣.(窃心于夷, 非国家之窃尔也. 自窃心于恶也.) 岂止华其名谓之华, 夷其名谓之夷邪? 华其名有夷其心者, 夷其名有华其心者, 是知弃仁义忠信于中国者, 即为中国之夷矣, 不待四夷之侵我也, 有悖命中国, 专倨不王, 弃彼仁义忠信, 则不可与人伦齿, 岂不为中国之夷乎? 四夷内向, 乐我仁义忠信, 愿为人伦齿者, 岂不为四夷之华乎? 记吾言者, 夷其名尚不为夷矣, 华其名反不如夷其名者也." 董诰等编著도 참조할 것. 『全唐文』(九) 卷821 『内夷檄』, 北京: 中华书局影印版, 1983, 第8650页. 피천석은 또한 다음과 같이 말한다. "春秋有攘夷之义, 有不攘夷之义", "夷狄进至于爵, 与诸夏同, 无外内之异矣. 外内无异, 是不必攘, 远近小大若一, 且不忍攘, 圣人心同天地, 以天下为一家, 中国为一人, 必无因其种族不同, 而有歧视之意", "是中国夷狄之称, 初无一定". 皮锡瑞의 『经学通论·春秋』(北京: 中华书局, 1954, 第8~9页)을 참조 바람.

12 졸고를 참고 바람. 韓東育, 「華裔秩序的發生邏輯與早期展開」, 『思想史研究』, 第11号, 東京大学, 2010.3.

을 낼 때는 있기는 하여도 맹자를 근거로 삼는 것이 많다. 설령 극단적으로 맹자사상을 발휘하는 게 적지 않다고 하더라도 말이다. 증정은 자신의 '화이관' 이론의 근원에 대해서 다음과 같이 인정했다. "(이적 배제를 주장하는) 여류량의 설을 버릴 수 없었고, (그 설이) 『춘추』의 요지라는 생각을 굳게 품어, 말을 할 때 본조가 성인이 아니라고 나쁘게 말하지 않으면, 공자가 『춘추』를 잘못 지었다고 비방하는 것이 될 것이다."144~145쪽 "여유량의 문장을 읽으면 (…중략…) 뜻하지 않게 여유량의 설에 영향받고 있었다는 것을 실로 깊이 알게되었다. 근년에 여의 잡문과 남겨진 시를 같이 읽고 『춘추』가 말하는 화이의 구분이 심지어 군신의 의보다도 중요하다고 말하고 있고 그리고 오늘날에는 성인이 있는데도 없는 것처럼 생각하고 치세가 있는데도 없는 것처럼 생각하여 이를 강목의 범례에서 다 밝히지 못한 은미한 뜻이라고 말하기도 하였다. 처음 들었을 때는 의심도 있었지만 오래 듣다보니 이를 믿게 되었다. 이는 아마도 그 생각이 공자의 『춘추』를 빙자하였고 주자의 강목을 사례로서 가져다 붙였기 때문이다."163~164쪽

이와 같이 "공자→주희→여유량"이라는 계열이 일단 성립되면 "맹자→한유→옹정제"라는 계열도 자연히 그것과 대립하게 되어 충돌은 피할 수 없게 된다. 공자 계열의 생각방식으로는, "족속"과 "문명"을 종종 일체로 보고, "화-이"의 구별이란 즉, "문文-야野"의 차별를 의미한다. 그리고 "화-이"란 우열을 구별하는 근본적 기준이 된다. 그러나 맹자 계열에서는 "문명"은 원래 '중화'에 속하는 것이지만 "문명"의 담당자와 실천자가 "족속"에 정해져있는 것이 아니고, 심지어 "족속"을 초월할 수도 있는 것이다. 거기서 "도덕"과 "도덕"을 실천하는 "능력"의 유무가 시비를 판단하는 참된 가치기준이 되는 것이다. 이는 맹자가 다른 사상들이 필적할 수

없을 정도의 개방성을 가지고, (한족에게) 갇혀 버린 공자 계열의 좁은 사상적 제한을 이미 초월했다는 것을 나타낸다.

이는 적어도 청조 정권의 정통성 선양에 이중의 편의를 제공했다. 먼저, 맹자는 순과 문왕이 동이 · 서이 출신이란 것을 문제삼지 않고 그들에게 "뜻을 행하여 중국에서 얻었다(중국에서 도덕주장을 실행한 것)"는 합리성을 부여하여, 청조가 중원의 주인이 되어 좁은 화이관의 지역적 요인을 해결했다. 두 번째로 "일부一夫인 주왕紂王을 주벌하였다는 것은 들어보았어도 아직 군주를 시해했다는 것은 듣지 못했다"고 하는 "혁명"의 기준은 "덕이 있는 자가 천하에 있다(덕을 행하면 천하를 얻는다)"는 의의에서 청조의 "변경 지역으로부터의 혁명" 행동에 도덕적인 장애를 깨끗이 제거했다. 이렇게 보아야, 왜 증정이 저술 속에서 끊임없이 공자, 주자와 여유량을 인용하고, 옹정제가 증정을 신문할 때 빈번하게 맹자와 한유의 관점을 인용했는지 등에 대해 각자의 취사선택의 원인을 해석할 수 있다.

그러나 증정이 옹정제로부터 신문 받을 때 취한 두려워하며 아첨하는 태도가 증정이 '중화'의 입장을 포기한 것으로 파악하는 것은 너무 단순한 판단일 것이다. 증정의 외유내강함은 그가 중화의 문화에서의 "천심, 공자, 도통" 등의 가치를 공개적으로 굳게 지키며 "하를 사용하여 이를 변화시킨다(중화에 의한 이적의 교화)"는 원칙을 은밀히 지켜 나간 것에서 드러난다. 증정은 다음과 같이 말한다. "공자의 마음은 곧 하늘의 마음이다. 지금 성심聖心과 공자의 마음이 하나가 되었으니 곧 이는 하늘의 마음과 하나가 된 것이다. 그리고 상서祥瑞가 곡부曲阜에 나타난 것은 마침 성묘聖廟의 공사를 일으킬 때이니 이는 상천上天이 성심과 공자의 마음이 하나가 된 것을 기뻐하기 때문이며, 운남 · 귀주 · 산서 등의 성에서 상서가 나타난 것보다도 그 경사가 더욱 크다. 그 성덕이 공자와 합하여 상천께서 기뻐하심이 더욱 지극했기 때문이다. 이는 아무것도 없는 가운데 문명의 밝게 빛나는 번성한 때이며 극성의 모임이며 백성들에게 일찍이 없던 일이다."95쪽 "군주의 마음이 바로 하늘의 마음이고 군주의 덕은 바로 하늘의 덕인 것이다. 무릇 하늘이 하고자 하는 바를 군주는 하늘의 마음을 체현하여 실행한다. 군주은 그렇게 하는 가운데 털끝만큼도 자기의 뜻을 개입시키지 않은 채, 모든 일에서 천명을 받들 뿐이다. 따라서 위대한 군주를 천자라 일컫는데, 하늘의 뜻과 사업을 훌륭히 계승해 따르며 하늘과 일체를 이루어서 실로 하나의 기가 관통하므로 자식이 아버지를 모시는 것과 같다. 하지만 하늘은 은미하여 파악하기 어렵고, 그 본체는 오직 이를 통해서 드러날 뿐이다. 고로 선유들은 '하늘은 곧 이'"라고 말했다."115쪽 "예로부터 성명한 군주들이 이전삼모『서경』의 편명, 요전 · 순전 · 대우모 · 고요모 · 익직에 드러나있고 사책에 기록되어 있으며 조서詔書를 통해 전해지고 있지만 그 정밀한 사고와 신묘한 힘을 이처럼 심후하고도 지극하게 하늘이 부여하신 이는 없었다. 지극하기에 하늘의 마음을 체득하여 깊이 백성을 위하는 경지에 이르신 것이니 저술하실 때 조차 마음이 밝게 신령과 융합하여 도통道統 · 치통治統 · 심법心法 · 성학聖學이 하나의 기운으로 이어져 있는 것이다."162쪽 종래 학자들의 파악으로는 홍타이지가 (민족명을) 여진에서 만주로 바꾸고, 국호를 금에서 청으로 한 것은, 중화의 문맥에서 '명'과 비견하여 아름답게 하려는 의도가 있었고, 태종의 숭덕 개원은 명나라의 '숭정'과 상호 대응하기 위해서 였다는 관점을 취하는 경우가 많다. 여진과 금의 명칭을 폐지한 것은 새롭게 자기를 '중국' 범주에 넣을 가능성을 암암리에 내포한 것이라고 한다.[13] 대체로 이러한 관점은 대체적으로 옹정제와 증정의 모든 변론이, (황제) 자신의 행동과 청조가 중원의 주인이 된 것은 모두 중화가치 표준의 정당한 조치에 부합한다는 것을 확인하고 싶었다는 것에 지나지 않았다는 것을 증명하고 싶어하는 것일 뿐이다.

그러나 옹정제가 말하는 중화는 '대중화'이지 '소중화'가 아니다. '화이일가'이며 '화이분립'이 아니다. '천하일통'이며 "안팎이 멀리 떨어져 있"는 것이 아니다. '족속평등'이며 "화이에 높고 낮음이 있"는 것이 아니다. "중화는 소속이 정해져 있지 않다"라는 대의의 새로운 규정은 "중화는 이미 오래전에 어느 족속이 전유하고 있던 것을 가르키는 것이 아니라, 그것은 단일 족속의 지역적인 공공 가치를 뛰어 넘었다는 것을 의미하는 것이다. 그것이 추구하는 것은 좁은 의미에서의 한화漢化가 아니라 "'동화'이다. 게다가 "오족" 간에 서로를 맘에 들어하고 받아들이는 '동화'이다.

이와 같은 맹자의 "나는 중화의 법을 가지고 오랑캐의 도를 변화시켰다는 말은 들었지만 오랑캐에게 중화가 변했다는 말은 듣지 못하였노라"『맹자』·등문공상와 미묘한 차이를 가진 사상과 행동은, 증정이 최후까지 포기하지 않았던 '문화'의 입장이 이미 옹정제의 '대의'가 창도하는 '대중화大中華' 사상이었다는 것을 의미하고 있다. 왜냐하면 "대중화"의 세계에 있어서만 '중원'과 '변방'의 차이를 따지지 않을 수 있고, "세상에 화이가 있는 것을 모른다"는 일통의 천하에서 "중화대의"는 비로소 안정을 얻을 수 있기 때문이다. 바로 이와 같은 전제가 있었기 때문에, 옹정제는 자기의 도덕적 품행에 대해서 사실에 반하는 비방과 소문을 용납하지 않았던 것이

---

13 金启孮, 「从满洲族名看清太宗文治」, 載王钟翰主 编, 『满族历史与文化』, 北京 : 中央民族大学出版社, 1996, p.13; 孟森, 「满洲名义考」, 『清史论著集刊续编』, 中华书局, 1986, pp.1~3; 汪晖, 「现代中国思想的兴起」 上卷 第二部 『帝国与国家』, 北京 : 三联书店, 2004, p.536 등을 참조.

다. 왜냐하면 옹정제는 청조 황제는 전조의 황제보다도 자율의 의의를 잘 이해하고 있다고 생각했으며, 그렇지 않았다면 '천명'의 전이는 있을 수 없다고 생각하고 있었기 때문이다.[14]

또한 옹정제는 "명청 교체明清易代"의 가치에 대해 비판하는 것도 용납하지 않았다. 왜냐하면 중화에게 이처럼 광대한 영역을 가져오고, 역대 모든 중원정권이 달성하지 못했던 '오족통합'을 실현한 것이 어떻게 '중화대의'의 추진과 실천이 아닐 수 있겠는가 하는 것 때문이었다. 당연히 이런 전제하에서 그는 얻기 힘든 대국을 파괴하려고 하는 자를 용서할 수 없었고, 좁은 문화민족주의로 정치적으로 통일된 국가를 분열시키려고 꾀하는 자를 용서할 수 없었다. 그 의미에서 '문자의 옥'이 일어난 것은 사상면의 속박, 비방에 대한 숙청 등의 목적 이외에 '화이지변'을 이용해서 국가의 통일을 파멸시키려 하는 것을 막고 대일통 국면을 지키려고 한 심모원려深謀遠慮가 내포되었기 때문이 아닐까? '화이지변' 및 그것에 관련된 내용을 언급한 311책의 금서는 확실히 후세인이 역사의 원래 모습을 파악하려 할 때 상당한 장애가 되었고, 오늘날 그들 금서의 복원작업이 가진 중요한 의의를 보여준다. 그러나 금서를 단속하는 과정 중에 한민족의 문화를 집대성한 거작 『고금도서집성古今圖書集成』과 『사고전서四庫全書』가 만들어졌고 이 거작들이 중화역사문헌中華文史 영역에서 선인의 성과를 집대성하

14 사실상 강희제의 6차에 걸친 강남 순유에 소요된 비용은 거의 황제 개인기구인 "내무부"가 부담을 했고, 순행 연로에 있는 지방의 재정에는 부담 시키지 않았다. 강희년간에 시행한 "인구를 늘리고, 세금을 영원이 늘리지 않는다(滋生人丁, 永不加賦)"(1712)라는 부역제도의 개혁과 옹정제의 "인두세를 토지세로 통일한다(攤丁入畝)"(1723)는 "지정은제(地丁銀制)"는 개명적인 조치로서 백성에게 도움이 되었을 뿐만 아니라 국가재정에도 큰 이익을 가져왔다. 이러한 조치는 명조의 반청 한인세력을 약화시킨다는 목적이 있었지만 덕으로써 국가를 세우고 백성과 이익을 다투지 않는다는 것은 청조의 기본적인 사고방식이었는지도 모른다.

여 새롭게 발전할 단서를 열고 그때까지 없었던 공적을 세운 것은 의심할 바가 없을 것이다. 또한 청조 전반기의 강성함과 함풍기咸豐, 1850~1861, 광서기光緖, 1875~1908의 쇠약함은 별개로 파악해야 할 것이다.

그것은 다음의 모순된 현상을 이해하는데 도움을 줄 것이다. 즉 그 후에 청조타도를 신념으로 삼은 쑨원孫文은 "몽고 오랑캐를 몰아내고 중화를 회복하자驅逐韃虜 恢復中華"는 슬로건을 내세우는 한편, "오족일체五族一體"의 국민 결속과 공전의 광대한 영토라는 유산을 도리어 더욱 중요시했다. 또한 다음 문제는 연구자가 한걸음 더 나아가 생각을 할 필요가 있다고 생각한다. 즉, 그것은 『논어』 자한편의 "문왕이 이미 계시지 않으니 문文이 이 몸에 있지 않겠는가" 속의 "문"을 어떻게 해석할 것인가 라는 것이다. 공자는 분명히 문왕의 계승자 신분으로 정치를 펼쳐나가는 것을 포부로 삼았다. 만약 문왕이 맹자가 말하는 "서이의 사람"이라면 공자에 의해 '중화' 최고의 상징으로 생각된 문왕의 "문"은 '화하'의 문이 아니라 '이적'의 "문"이라고 이해되어야 하겠지만 실제로는 그렇지 않았다.

어떤 학자는 옹정제의 '중외일가'의 관념에 대해서 다음과 같이 말하고 있다. "이와 같은 이론적 용기는 중국의 역사상 아마 중화, 이적을 구분하지 않고 '짐은 그저 이들을 하나처럼 아낀다'던 당 태종만이 그와 전후로 호응하고 서로 동조한다고 말할 수 있을 것이다. 덧붙여 재미있는 것은 옹정제는 순수한 이적이며, 당 태종의 혈액에도 이적선비족의 피가 흐른다는 것이다. 당 태종부터 옹정황제에 이르기까지, '중화를 귀하게 여기고 이적을 천하게 보는 것'에 반대하는 것으로부터 중외를 일가로 보는 과정으로부터 중국과 중화민족이 점차로 정비되어온 역사의 궤적을 뚜렷하게 알 수 있다."[15]

청조가 후인을 위해 남긴 "대중화大中華"라는 유산 앞에서, 명조 및 명 이전의 "소중화주의"의 회복이라는 운동은 어떤 식으로 그것을 제창하고 실천하려 해도 이 운동의 의의에는 한계가 있었음이 분명하다. 설령 "화이변태"의 여론이 크게 이용되어 일찍이 다른 지역의 "민족주의"를 촉진하는 유도제가 되고, 심지어 악용되어 동아시아 지역의 근대 "국가주의"의 부화기孵化器가 되었다고 하더라도 말이다.

4. 「청제손위조서清帝遜位詔書」와 '대의大義'의 마지막 표현

건륭제는 즉위 후 한 달 남짓에 증정 등을 체포하라는 명령을 내렸다. 그 이유는 옹정제가 여유량을 사형에 처한 선례에 따르면, '짐' 자신을 공격하는 것은 그런대로 용서할 수 있지만, 부황父皇을 공격하는 것은 절대로 용서할 수 없다는 것이었다. 건륭제가 황위를 계승한 후에도 당연히 '황고皇考, 서거한 부황'를 공격한 사람이 살아남아 있는 것을 허락할 수 없었다.[16] 그러나 이러한 이유는 큰 의혹을 불러일으켰다. 즉 건륭제가 옹정제를 본받은 것이라면, 옹정제가 증정을 관대하게 대한 방법을 어떻게 거스를 수 있겠는가? 건륭제는 다른 서적들을 단속하면서 다음과 같이 말했었다. "파기해야만 하는 책이 있다는 것을 들으면 분명히 또 신기하고 기쁘게 여겨 함부로 몰래 보거나 심지어 몰래 필사해 보존하고, 여러 사람이 서로 전하며 베끼는 일은 모두 면할 수 없을 것이다."[17] 문장의 표면적 의미로 보면 건

15 郭成康, 「朝皇帝的中国观」, 『清史研究』, 2005年第4期.
16 「上谕 : 高宗圣训严法纪门」, 『清代文字狱档』 下册, 上海书店出版, 1986, p.968.
17 中国第一历史档案馆 编, 『纂修四库全书档案』 上, 上海古籍出版社, 1997, p.446.

륭제는 사람들이 그 책을 읽는 것이 바람직하지 않다고 여기지만, 주의 깊은 사람에 의한 분석은 어쩌면 또 다른 면을 건드렸을지도 모른다. 즉 건륭제가 증정을 죽이고 『대의각미록』을 폐기하여 금서禁書로 만든 것은, 아마도 금지할수록 더욱 더 사람들의 호기심을 일으키는 점을 이용한 것으로, 명목상 제거한 것이지만 사실상 유포한 것과 같다.[18] 만약 이러한 가능성을 완전히 배제할 수 없다면, 건륭제 시대가 옹정제 시대보다 훨씬 더 '만한일체滿漢一體'와 '화이무간華夷無間'을 강조했다는 사실이야말로 논리적으로 모순되지 않는 것이다. "만족, 한족 모두 짐의 군신백관君臣百官인즉, 모두 짐의 다리와 팔이요, 눈과 귀와 같으며, 본래 일체이고 길흉화복이 언제나 일치한다. 일손이 필요한 때에는 능력을 헤아려 관직을 주고, 다만 그 사람과 지역의 적합함을 고려해야지 만·한에 대한 편견을 가져서는 안 된다. 변강의 제提나 진鎮 역시 다만 짐이 선별하여 임용할 뿐, 만·한을 따지지 않는다 (…중략…) 금후 만약 이처럼 만·한을 구분하고, 기旗와 민民을 차별대우하는 자가 있다면 짐이 반드시 엄하게 심의하여 처벌할 것이다."[19] 그러나 '만·한을 차별하지 않는다'는 것은 만주족이 개성상실을 전제로 일방적으로 소위 '한화漢化'를 완성해야 한다는 것을 의미하지 않는다. 오히려 반대로 만주족이 다른 민족과 함께 국가의 '팔과 다리, 눈과 귀'가 될 수 있다는 것은 단 하나를 의미하고 있다. 그것은 팔, 다리, 눈, 귀라는 존재의 전제가 단지 상호 불가분 관계 뿐 아니라 서로 대체불가하다는 점이다. 따라서 옹정제가 걸핏하면 '일통一統'이라거나 말만 하면 '일가一家'라는 무조건적 '혼일混一'을 희망한 것과 달리, 건륭제는 오히려 각 민족의

18 石橋崇雄, 『大清帝国』, pp.215~216.

19 「高宗纯皇帝实录」 卷八(雍正十三年十二月), 『清实录』 第九册 「高宗实录(一)」, 中华书局, 1985, p.303.

개성을 부각시키거나 심지어는 선양한다는 관념을 편협한 민족의식을 초월한 '대중화大中華' 체계에 이식하여, '부동不同'에서 '대동大同'으로 나아가는 '화이부동和而不同, 화합하면서도 자기 입장을 지키다'의 길을 걸었다. 패멀라 카일 크로슬리Pamela Kyle Crossley는 건륭제가 아버지의 명을 어기고 증정을 죽이고 또 『대의각미록』을 금지시켜 폐기한 것에 대한 분석을 통해, 건륭제는 줄곧 만주족에게 수치스러운 점이 있다고 생각하지 않았고, 만주족이 중원을 차지한 것은 한족에 교화되었기 때문이 아니라 누르하치와 황태극皇太極이 '천자天子'의 마음을 견지했기 때문에 만주족이 명조明朝를 대체하게 되었다고 여겼음을 지적하였다. 이에 사람들은 만주족이 라마교藏傳佛教를 우대함으로써 티베트를 다스리고 몽골을 정복하였으며 유교 문화를 받아들여 강남 문인들을 끌어들였으나, 한편으로는 샤머니즘을 존숭함으로써 만주족의 자의식을 유지하였음을 보았다. 문화정책은 만주족 정권이 유지될 수 있던 관건이지만, 만주족 문화정책의 성공비결은 그것의 '한화' 정도에만 있는 것이 아니라, 청 정부가 탄력적이고 순응적인 문화정책을 채택하여 제국 내 각 민족을 통합함으로써 하나의 다원적 문화 세계관을 함께 구축한 데에 있다. 이 다원적 문화 세계관을 떠나서는 이 방대한 국가를 통솔할 수가 없다.[20] 그것은 누군가가 만·한, 만·몽, 만·회 등 제 민족 간의 평등 관계에 영향을 미칠 때, 건륭제와 그 후계자들이 모두 그것을 가차 없이 '심의하여 처벌'하고 공평을 견지한 이유가 무엇인지에 대한 우리의 이해를 돕는다. 감숙甘肅 순무巡撫인 악창鄂昌은 만주족으로 「변방음塞上吟」이라는 시를 지어 몽골을 '오랑캐'라고 모욕하였다. 건륭제가 그것을 듣고 대노하

20 史景迁, 温洽溢·吴家恒 譯, 『雍正王朝之大义觉迷』, 广西师范大学出版社, 2011, pp.262~263.

며 "대저 몽골은 청조 선대로부터 진심으로 귀순하였고 만주와는 본래 일체이다. 네가 그것을 오랑캐로 본다면, 이것이 자신을 비방하는 것과 무엇이 다르며, 근본을 잊은 것이 아니면 무엇인가?"라고 하고, 여러 죄에 대한 형을 병과倂科하여 조서를 내려 자결하게 하였다.[21] 동치 원년1862, 섬서陝西 지역에서 회족이 봉기하였다. 이에 대한 조정의 태도는 "한족과 회족의 불화는 어디서든 그러하다. 모두 국가의 백성이니 반드시 시비와 도리를 따져서 공평하게 처리해야 한다. 한족과 회족에 대한 편견이 조금이라도 있어서 편중되어서는 안 된다. 그래야만 비로소 신복信服하게 할 수 있다".[22]

족속의식의 약화는 각 민족에게 평등한 존엄을 가져다주었고, 각 민족 고위층 인사의 협력을 촉성하였다. 옹정 7년1729에 성립된 '군기처軍機處'는 역대로 청조의 최고 결책 기구로 여겨졌다. 그러나 우리가 '만주족의 청 왕조'라는 편견을 가진 채로 구성원의 족속을 자세히 살펴보면, 옹정제 시기의 군기처 대신에는 만주족 윤상允祥뿐 아니라 한족인 장정옥張廷玉과 장정석蔣廷錫도 있음을 발견할 수 있고, 건륭제 시대에는 만주족인 악이태鄂爾泰, 눌친訥親, 해망海望뿐 아니라, 한족인 장정옥과 서본徐本, 몽골족인 납정태納廷泰와 반제班第 등도 있었다. 건륭 6년 이후 군기처 서열은 줄곧 악얼태, 장정옥, 서본, 눌친, 해망, 반제, 납정태 순이었고, 거의 변화가 없었다. 게다가 『청사고淸史稿』의 기록에 따르면, 건륭제 시기 군기처에는 한족이 두 명뿐이었지만, 그들의 지위는 매우 높았다. 장정옥은 태보太保와 대학사大學士의 관직을 맡은 삼등백三等伯 작위였으며, 서본은 태자太子 태보와 대학사

21 「高宗纯皇帝实录」 卷四百八十五(乾隆二十年三月庚子), 『清实录』 第十五册 〈高宗实录(七)〉, 中华书局, 1985, p.75.

22 「穆宗毅皇帝实录」 卷十七(同治元年正月丁未), 『清实录』 第四十五册 〈穆宗实录(一)〉, 中华书局, 1985, p.469.

관직을 맡아 악얼태를 제외한 모든 동료보다 지위가 높았다. 악얼태의 지위가 변함없이 군기대신의 우두머리였던 이유는 그가 '개토귀류改土歸流, 변방의 토사를 폐지하고 중앙에서 유관을 파견'와 '혼일화이混一華夷' 과정에서 세운 불후의 공적과 정비례 한다. 청 말에 이르러서도 군기처는 여러 민족이 협력하는 전통을 바꾸지 않았다. 오욱생吳郁生, 字蔚若, 號鉢齋, 江蘇吳縣人, 영경榮慶, 字華卿, 鄂卓爾氏, 蒙古正黃旗人과 세속世續, 字伯軒, 索勒豁金氏, 滿洲正黃旗人 등 군기대신은 국세가 쇠약해지는 광서제와 선통제 시기에도 여전히 손발을 맞춰 협력했다.[23]

청조의 민족정책과 인사 포부는 일찍이 강렬한 정치적·사회적 영향을 미쳤고, 이후 원세개袁世凱가 국회 대표 의석을 분배할 때 몽골과 티베트의 구성원 비율을 어떻게 높일지를 강력히 주장하는 결과를 낳았다.[24] 이러한 긍정적인 반응은 언제나 한족 사대부 및 그들이 종사한 학술작업에 구체적으로 드러났다. 사람들은 다른 유가 경전과 판이하게 혈통이 아닌 문화로 황실 정통을 주장하는 『춘추·공양전』이 이미 부지불식간에 저명학설로 변해있음을 발견하였다. 저명한 금문 경학가 장존여莊存與, 1719~1788는 공양학의 대맥에 의거하여 원말에 조방趙汸이 지은 『춘추속사春秋屬辭』를 바탕으로 하여 『춘추정사春秋正辭』라는 책을 썼다. 이 책에서 장존여는 상투적인 '통삼통通三統'이나 '장삼세張三世' 명제에 대하여는 더 이상의 서술을 하지

23 赵尔巽, 「表十六·军机大臣年表(一·二)」, 『清实录』 卷176 中华书局, 1977, pp.6229 ~6320 참고.
24 "내각총리대신 원세개가 아뢰길, 이번 달 초 6일, 국회의 선거 및 개회장소를 상황을 참작하여 융통성 있게 처리해도 좋다는 명을 받았습니다. 원래 생각한 회원은 주·현마다 각 1인, 기(旗)마다 각 1인, 장소는 베이징으로 정했습니다. 20일 넘게 절충하였지만 오정방(伍廷芳)이 양보하지 않아 후에 선거구 24곳, 성(省)마다 한 곳, 내·외몽골에 한 곳, 전후 티베트에 한 곳, 선거구마다 3인의 회원으로 강제로 정하였습니다. 인원수가 너무 적어 대중이 정서적으로 불복함에 따라 지금 선거구를 28곳으로, 성마다 한 곳, 몽골과 티베트를 합쳐서 여섯 곳, 선거구마다 6인으로 바꾸니 총 168인으로 자정원(資政院)의 정원과 큰 차이가 나지 않습니다." 「宣统政纪」 卷六九(宣统三年十二月上), 『清实录』 第六十册, p.1266 참고.

않고, '건오시建五始'와 '종문왕宗文王'을 법리 기초로 만들거나 '효'를 예의 원칙으로 삼는 등의 방면에 중점을 두었다. 어느 학자가 지적한 것처럼 장존여는 '대일통大一統'의 명제를 '건오시'의 천도론天道論과 '종문왕'의 예제론禮制論 명제 뒤에 두었다. 이러한 배치 자체의 의의는 그가 '기세경譏世卿'을 실천하는 가운데 충분히 드러났다. 바꿔 말하면 법통의 건립은 종법분봉宗法分封 관계의 연속성을 근거로 할 수 없고, 반드시 천의天意를 참조하여 사회관계를 재건해야 한다는 것이다. 장씨는 금문 경학에 의거해, 오랑캐와 중국의 구분을 제거하고 내외의 구분을 없애는 일련의 대일통이론을 재구성하여 왕조의 합법적 이론으로 삼으려고 하였다. 문제는 '건오시'가 새로운 왕의 출현을 위해 합법성을 제공한다면, 어째서 '신왕新王을 만드는' 동시에 제도와 의궤를 새로 만들지 않고 '종문왕'을 하는가? 왕휘汪暉에 따르면, '건오시'와 '종문왕' 사이에는 복잡한 관계가 있는데, "중국(의 화하족)이 이적夷狄의 땅에 들어가면 이적화 되고" 혹은 "이적이 중국에 들어오면 중국화된다"는 예의의 근거가 바로 장씨의 '종문왕' 원칙이다. 이에 대하여 왕씨는 그것을 "효자의 품행으로 왕의 일을 행하는 것이라고 귀결하였다". 이처럼 독창성이 풍부한 분석은 장존여의 기본적 방향에 대한 당대 학자들의 파악 수준을 보여준다. "'종문왕'과 '일호주一乎周'는 추상적인 예의 원칙이지 어떤 특정 통치민족의 차별적 정책 혹은 관점에 덧붙여진 것이 아니다."[25] 그런데 좀 더 자세히 관찰해보면 다음과 같은 발견을 할 수 있을 것이다. 즉 장존여의 '하늘로부터 명을 받는다'는 원칙은 아마도 '명청 왕조교체' 행위가 예로부터 존재한 합법성을 내포함을 암시한다는 것이다.

25 汪晖, 「今文经学与清王朝的合法性问题」, 『现代中国思想的兴起』 上卷 참고.

공양자公羊子가 이르길, 왕이 누구냐? 대답하기를, 문왕이다. 그것을 듣고 이르길, 하늘의 뜻을 받들은 왕을 일컬어 태조太祖라 하고, 후계 왕을 일컬어 계체繼體라 한다. 계체는 태조를 계승했다. 그는 감히 하늘의 명을 받았다고 이르지 못하고, 태조로부터 받았다고 말했다. 이는 자고로 그러했다. 문왕은 하늘의 명을 받은 태조로, 성강成康 시기 이후는 문왕을 계승한 계체이다. 무왕武王 같은 명덕明德이 있는 왕도 문왕으로부터 왕도를 계승했다고 하니, 이를 천도天道라고 한다. 무왕도 감히 자기 뜻대로 하지 못하는데, 그 자손이 어디 감히 그러하겠는가? 명命은 문왕의 명을 일컫고 위位는 문왕의 왕위를 일컬으며, 법은 문왕의 법을 일컫는다. 이로써 선조를 존숭하고 하늘을 존숭한다.[26]

이는 '혈통'보다 '수명受命'이야말로 가장 중요한 것임을 의미하고, '출신'보다 '천도'야말로 정통政統의 근본임을 의미한다. "문왕은 서주岐周에서 태어나고 비영畢郢에서 사망한 서이西夷 출신이다" 라는 사실은 상술한 장존여의 논증에서 명확히 언급되진 않았지만, 이는 어디까지나 역사적으로 이미 발생한 사실이고, 또 이후 중화세계 역시 문왕이 지닌 중화의 상징 의의에 대하여 조금도 의혹을 제기한 적이 없다. 따라서 화이·내외 사이에는 이미 완강하게 고수해 온 구별 가치 등 함의를 연구할 가치가 없다. 어쩌면 이것이 장존여의 진실한 생각을 반영했을지도 모른다.

사실상, 건륭제 시대 후기부터 심요沈垚, 장목张穆, 공자진龚自珍 등을 대표로 하는 지식인들이 잇따라 변방 사무에 관심을 가지면서 국가의 안정을 위해 전심전력으로 방안을 제시하기 시작했다. 공자진은 '회족은 모두 내

26 庄存与, 「春秋正辞·奉天辞第一」, 『皇清经解』 卷三七五, p.3 참고.

지인'이라고 주장하면서[27] '화이의 차이'를 개의치 않았고, 서북을 안정시킬 방책을 상소하며 신강新疆을 내지와 동일시하여 "그 땅을 영토로 삼고, 그 주민을 백성으로 삼아 장차 천만 년간 버릴 것이 한 치도 없는 땅을 얻은 바는 중외가 한 가족이기 때문이다. 이는 이전 역사와는 판이하다"고 주장하였다.[28] 비단 그뿐만 아니라, 위원魏源도 『성무기聖武記』를 편찬함으로써 청조가 대표하는 정통지위를 완전히 인정하였다. 지방의 사대부들은 그들이 건륭, 도광, 광서 등 서로 다른 시기에 편찬한 『봉황청지鳳凰廳志』를 통해 국가와 그 민족의 평등정책에 대한 민간의 인정을 점진적으로 확증했다. 세심한 연구자라면 『봉황청지鳳凰廳志』에서 남방의 묘족을 묘사할 때의 기술에서 '묘만苗蠻'에서 '묘인苗人', 다시 '묘민苗民'으로의 변화가 분명하게 나타나고 있음을 발견했을 것이다.[29] 아베 타케오安部健夫는 "개토귀류는 묘족의 한화를 통해 '오랑캐 문화의 중원화夷性華化'의 실현 가능성을 증명한 살아있는 광고였다"는 점을 지적했다.[30] 왕가王柯 교수는 심지어 "늦어도 도광제가 재위1821~1850한 19세기 전반기에 이르면 청 제국의 구조 중 서남부의 비非한족 지역은 이미 완전히 '내지'로 여겨졌다". 따라서 "기미羈縻 대상이던 '외이外夷'는 더 이상 청조 판도 내의 비한족이 아니라 제정 러시아 같은 외국이었다". 이는 "강희제와 옹정제 시대, 청조는 이미 영토와 변경, 그리고 주권의식(예를 들어 러시아와 맺은 각종 조약-인용자)의 기초 위에 중국 국내의 비한족과 외국을 구별할 수 있는 능력을 지니고 있었다. 옹정제가 청조 판도 안에서 '화이·중외'의 구별에 반대한 것은 비

---

27 龚自珍, 「上镇守吐鲁番领队大臣宝公书」, 『龚自珍全集』 第五辑, 上海人民出版社, 1975, p.311 참고.
28 龚自珍, 「御试安边绥远书」, 『龚自珍全集』 第一辑, p.112 참고.
29 张双志, 「清朝皇帝的华夷观」, 『历史档案』, 2008 第3期 참고.
30 安倍健夫, 『清代史の研究』, p.42 참고.

한족이 중화 문화를 받아들여서 '귀화'하는 것을 전제로 하고 있다"는 것을 의미한다. 다시 말해, 옹정제는 비한족이 중화 문화를 받아들이게 하여 청조 영토 내의 화이 구분을 취소하고자 했다. 이것이 바로 명대 이래 '개토귀류' 사상의 핵심이다.[31]

청조 지배영역 내부의 일체화는 청조 역대 군주의 '중화대의大意'에 대한 사고과정과 실천궤적을 증명했다. 각 시기 강역 내의 '오족五族' 특히 한족 사대부의 상술한 '대의'에 대한 이론상의 협력과 행동상의 호응은, 유례없이 거대한 '중국'의 실체화를 실현시켰고 상하 조화로운 국면을 열었다. 이러한 의미에서 옹정제가 집안의 수치가 밖으로 드러날 우려를 무릅쓰고서 대담하게 관례를 깨고 증정 사건을 친히 심리한 행위는 청조가 정통의 지위를 확립하는 과정에서 의심할 여지 없이 중대한 전환작용을 발휘하였다. 훗날의 동향은 옹정제가 이러한 작업이 가장 필요한 때에 이를 완성하였음을 분명하게 보여준다. 증정과 여유량은 한족이 '소중화' 식견을 전환하여 '대중화' 의식을 새롭게 형성하는 것을 도우면서 모종의 타인이 대체 불가한 반면교사적 의의를 부여받았다. 그러나 수천 년 동안 동시에 병존한 뿌리 깊은 두 종류의 '화이관'을 일이백 년의 시간만을 사용하여 이·만·융戎·적을 망라하는 '중화대의'로 완전히 통일하기를 기대하는 것은 곤란하다. 건륭제 시기에 화신和珅을 대표로 하는 고위층 부패 관원들이 초래한 전성기 청조의 쇠락은 사람들이 일찍이 증정에 의해 과장되었던 청조

31 王柯, 『民族与国家 : 中国多民族统一国家思想的系谱』, pp.158~159 참고. 명·청 시기, 중국 서남 및 일부 다른 소수민족이 집거하는 지역은 토사土司 제도를 시행하였고 그 직무는 세습되어 명의상으로만 조정의 책봉을 받을 뿐이었다. 토사들은 오만방자하게 생사여탈을 제멋대로 하였다. 이러한 제도는 국가의 통일과 지역경제·문화의 발전을 방해하였다. 옹정제는 즉위 후 운남, 귀주, 광서, 사천, 호남 각지의 수많은 토사를 폐하고 전국 통일적인 주현州縣 제도로 개정하였다.

의 부도덕 현상이 이 시기에 이미 만연한 현실이라고 믿게 만들기에 충분했다. 한지漢地와 혈연·지연의 관계가 전혀 없이 천명과 도의에만 의지하여 건국하고 자립한 청조의 입장에서, 이는 의심할 여지 없이 청조의 존재 이유와 근거 등 거대한 문제들을 다시 건드리고 있었다. 그러나 서세동점과 그에 따른 판도 넘보기는 청조가 직면한 내부 갈등이 불현듯 외부로 향하게 만들었다. "형제 사이에 분쟁이 있어도 외부의 침략에는 일치단결하여 대응한다"는 논리는 청조 내부 정체성 확립을 가속화시켰을 뿐 아니라, 종래에 한족과 변경지역 민족 사이에 사용되어 온 '화이지변華夷之辯'과 '내외지별內外之別'을 국내 각 민족이 일치하여 외부에 대응하는 '신 화이관新華夷觀'으로 대체시켰다. 총체적인 국가로서의 청조의 개념과 윤곽도 이로 인해 또렷해졌다. 청사 전문가들의 지적에 따르면, 선교하려는 영국 사신들에 대하여 건륭제가 "중화와 오랑캐의 구분이 매우 엄격하다"는 이유로 단호하게 거절한 행위는 아마도 청조 황제가 처음으로 민족의의로서의 '중화'를 중국 각 민족의 잠재적인 적—'외이'와 대칭한 것으로 보인다. 청조의 문헌에서 '중국'과 '외국'이 특히 서양 각국과 대칭되는 현상이 나날이 빈번해졌다. 건륭제가 세계적 대세에 어두워 일방적으로 '화이지변'으로써 서방 국가를 제지한 행위는 물론 거론할만한 가치가 없지만, 이 중에는 나날이 다가오는 서양의 위협이 은연중 내포되어 있고, '중화민족'의 자아인식이 등장하려 하고 있다.[32] 그것은 판도로 민족을 구분하고, 의도적으로 종래 예의·문화를 가리켜온 '중화'를 '문화+행정범주'를 단위로 하는 '중화민족'으로 전환하였으며, 이미 이러한 전환의 총체적 기조가 되었다.

32 郭成康, 「清朝皇帝的中国观清史」, 『研究』, 2005 第4期 참고.

게다가 청조 외부의 압박이 크면 클수록 '중화민족'의 총체적 의식은 더욱 강해져서,[33] 영국과 프랑스 등 유럽 열강이 '민족국가'라는 명목을 내걸고 신강과 티베트 사무에 간섭할 때, 유럽의 그런 식의 이념과 방법은 기대한 효과를 얻지 못하였다. 페어뱅크John King Fairbank는 이 점을 발견하고는 "중국 지도자가 국가의 통일을 견지하였기 때문에 민족주의는 적당한 해결방법을 찾지 못했다"고 지적했다.[34]

그러나 어쨌든 아편전쟁 이후의 내우외환으로 청조의 집권능력은 공전의 도전을 받았다. 중·영, 중·프, 중·일 전쟁 등 외부의 타격과 양무, 개량, 혁명으로 이어진 내부 격변도 이 거대한 정치 실체가 되돌릴 수 없이 쇠퇴하도록 만들었다. 특히 신해혁명이 '만청을 몰아내고 중화를 회복하자'는 기치를 내건 후 청조 스스로도 '명청 교체기'보다 더 거대한 반청 풍조에 직면해야만 했다. 이나바 이와키치稻叶君山의 극단적 표현에 따르면, "외족外族이 중원의 대통大統을 계승하는 것이 과연 백성들의 행운이라 할 수 있을까? 이홍장 일파가 과연 중국인의 사상을 잘 알아 그것을 대표할 수 있었을까? 결코 그렇지 않다. 소위 한족 본위사상이라는 것은 곧 주류가 되었다. 300여 년동안 청조의 영주英主와 현상賢相은 사상의 융합을 급무로 추구하였다. 하지만 만한갈등의 흔적을 숨길 수 없게 되면서 융합은 역사가 되어버렸다".[35] 사실상 '배만혁명排滿革命'이 발생한 후 청조는 전례 없는 혼란과 위독한 상태에 급속도로 빠져들었다. "오늘날 국내가 분열

33 예를 들어 페어뱅크는 "하나의 자각적인 민족 실체로서의 중화민족은 최근 백 년 이래 중국과 서방 열강의 대항 중 나타난 것이다. 그러나 하나의 자유로운 민족 실체로서는 수천 년의 역사를 거쳐 형성된 것"이라고 지적했다. 费孝通, 「中华民族的多元一體格局」, 『北京大学学报』 1989 第4期 참고.

34 费正清(John King Fairbank), 『中国 : 传统与变迁』, 世界知识出版社, 2002, p.447 참고.

35 稻葉君山, 但焘 譯, 『清朝全史』 上册, 上海社会科学院出版社, 2006, p.5.

되고 반역이 사방에서 일어나며 존망의 위급함이 바로 눈앞에 놓여있다",[36] "최근 동남의 소란으로 경보가 자주 들리고, 러시아는 이 기회를 이용하여 만주리滿洲里를 얻어야만 만족할 것 같다",[37] "외무부는 주駐러 사신 육정상陸征祥의 전보에 의거하여 알리길, 러시아 외무부의 뜻에 따르면 중국이 몽골에 군대를 주둔시키고 식민하는 것을 원치 않는다. 또 내치 업무는 몽골이 스스로 처리하게 한다",[38] "현재 전반적인 대세가 뒤흔들리고, 민심이 동요하며, 성패와 운의 좋고 나쁨을 감히 예측할 수 없다. 세상의 변화가 극에 달하여 이미 모진 고난의 시기에 처해졌다."[39] 이러한 상황에서 청조는 적어도 선택 가능한 세 가지 발전 방향이 있었다. 첫째는 원조가 막북漠北, 몽골 고비사막 이북 지역까지 후퇴하여 '북원'이 된 것처럼, '팔기'역량도 '만주'로 퇴수退守하여 황태극 입관 전의 '청나라' 자립상태로 돌아가는 것이다. 둘째는 사용 가능한 모든 무장역량을 동원하여 한족 국가와 결사적으로 싸우는 것이다. 셋째는 주변국 세력의 침투에 복종하고 몽골·티베트·위구르부의 '독립'을 방임하여 대청제국을 와해시키는 것이다. 이러한 선택이 사실화될 수 있던 이유는 '법명숭만法明崇滿, 명제를 본받고 만주족의 문화를 중시한다' 논리하의 '다원일체' 구조가 청조에게 부여한 '중국의 황제'(한지를 통할)와 '천가한天可汗'(만주·몽골·티베트·위구르를 관리)의 이중적 신분이 그 응집력과 호소력을 완전히 상실한 것은 아니었기 때문이다.[40] 이에 다시 응집하기 위해 '만주'로 돌아가는 것이 청 황실의 첫 번째 반응이

36 「宣统政纪」 卷六七(宣统三年十一月上), 『清实录』 第六十册, p.1236 참고.
37 「宣统政纪」 卷六八(宣统三年十一月上), 『清实录』 第六十册, p.1246 참고.
38 「宣统政纪」 卷六九(宣统三年十二月上), 『清实录』 第六十册, p.1264 참고.
39 「宣统政纪」 卷六九(宣统三年十二月上), 『清实录』 第六十册, p.1273 참고.
40 刁书仁·刘晓东·田毅鹏, 「从"法明崇满"到"五族共和": 清代多民族统一国家建构的思想轨迹[笔谈]」, 『学习与探索』 2011 第2期 참고.

되었다. 숙친왕肅親王 선기善耆가 일본인 카와시마 나니와川島浪速와 결탁하여 일본에 종속된 괴뢰정권을 세우려고 시도한 것은 틀림없이 이러한 반응의 구체적 표현인 것이다. 게다가 일설에 따르면 이전에 어느 왕공王公이 청 황실의 동북 이전을 고려한다는 소문이 있다. 예를 들어 주봉천駐奉天 일본영사도 조이손趙爾巽이 사람들을 보내 봉천의 고궁을 급하게 수리하는 것을 발견하였고, 철량鐵良과 장인준張人駿이 몰래 봉천으로 가는 등 일일이 말하지 않겠다. 중요한 것은, 청 황실이 일단 동북으로의 철회를 결정하면, 원세개가 그것을 막을 힘이 없다는 것이었다. 당시 북경 경찰 중에는 만주족이 매우 많았고, 1만 2천 명에 달하는 금위군은 풍국장馮國璋이 통솔하게 되었지만, 다수의 사병과 중하급 군관은 여전히 만주족이었다. 그런데 북양군이 이미 최전선으로 가서 혁명군과 대치 중이었으므로 만약 청 황실이 최후의 승부를 건다면 남북 양측이 모두 힘들 다해 모면하려는 국가분열 국면이 벌어질 가능성이 컸다. 다음으로 청 황실의 운명을 결정한 어전御前회의에서 황친과 측근들은 "필사적인 자세를 취했"을뿐 아니라, 여러 가지 대결계획도 제기하였다. "내각이 봉천 팔기 만·몽·한 종실 내무부 총대표의 전보를 대신 전달하여 아뢰길, '만약 혁명당이 여전히 투항하지 않았다면, 동성東省 팔기 자제는 반드시 결사대를 조직하여 북군에 가입하고 기일을 정해 남쪽을 정벌해야 합니다'라고 했다. 조이손이 상황을 조사한다고 썼는데 도대체 얼마나 많은 군영을 편성하여 훈련시킬 수 있는 것인지, 언제 군대를 이뤄 출동할 수 있는 것인지 빨리 상주하시오."[41] 세 번째 현상은 몽골 왕공들이 청 황실과의 돈독한 관계를 고려하여 잇따라

41 「宣统政纪」 卷六九(宣统三年十二月上) 『清实录』 第六十册, p.1263 참고.

'독립'을 선언한 것을 보여준다. 1911년 말, 칼카喀爾喀친왕 나언도那彦图의 주도로 24인의 왕공세작이 공동 서명하여 '몽골전체대표'의 명의로 원세개에게 편지를 보내 "만약 공화국의 요청을 따른다면 우리들은 아마도 쿠룬庫倫의 전철을 밟게 될 것이다"라고 으름장을 놓았다. 또 해명하길, "쿠룬이 독립을 선언한 것은 대황제에 대한 반역이 아니다", "민주공화제로 바뀐다는 소문 때문에 일존一尊에 의해 다스려지던 효력을 잃은 것이다".[42] 이와 동시에 신강 이리伊犁 등 지역도 러시아의 사주하에 여러 차례 분규를 일으켜, 청조는 원대화袁大化에게 엄하게 방비하고 나태해지지 말라고 명하였다. 티베트에 대해서 청조는 '주서장판사대신駐藏辦事大臣'에게 전보로 명하길, "시국이 어렵고 위태한" 때이니 응당 "힘써 그 어려움을 감당하라"고 당부했다.[43] 청정부도 영국인의 사주에 따른 '한족 쫓아내기' 풍조가 이미 노골적으로 그들의 야심을 표현하고 있음을 잘 알고 있었다.[44] 상술한 상황들은 여러 번藩의 가한칸, 몽골의 군주인 동시에 내지의 황제인 청조가 왕조의 지속을 위해 가능한 모든 자구책을 무수히 시행해야 했고 또 그럴

---

42 喻大华, 「'清室优待条件'新论：兼探溥仪潜往东北的一个原因」, 『近代史研究』 1994 第1期 참고. '쿠룬독립사건'은 1911년 10월 무창(武昌)기의 폭발 후에 발생했다. 당시 외몽골 왕공 고위층이 이 기회를 이용하여 '임시총리몽골국무아문'을 세웠다. 그들은 쿠룬의 각 기(旗)에서 몽골병정들을 동원하고, 러시아의 도움으로 11월 30일 청조의 주쿠룬판사대신(駐庫倫辦事大臣)에게 문서를 건네며 쿠룬에서 외몽골의 '독립'을 선언하였다. 12월 28일, 쿠룬에서 '대몽골제국 일광(日光)황제' 철포존단파(哲佈尊丹巴) 생불의 '등극'의식을 거행하였으며, '공대(共戴)'를 연호로 하여 '대몽골제국'의 성립을 정식으로 선포하고 몽골의 '독립' 정부를 구성하였다. 그러나 청 정부는 시종일관 그들이 제멋대로 하도록 방임한 적이 없다. 평정 상황에 대해서는 「宣统政纪」 卷六七(宣统三年十一月上)·卷六八(宣统三年十一月下), 『清实录』 第六十册, 中华书局, 1987, pp.1237·1251·1254 참고.

43 「宣统政纪」 卷六八(宣统三年十一月下), 『清实录』 第六十册, p.1255. 사실상 적지 않은 변리와 군대를 주둔시켜 요진을 지키던 자들이 국세가 점차 쇠약해지는 것을 보고는 잇따라 '개결(자리가 비어 후임을 알아봄)'을 신청하며 싸움터에서 도망치려고 했다. 그러나 청조는 대부분 '불가'라고 답하며 책임지고 요새를 지키라고 명했다. 「宣统政纪」 卷六八(宣统三年十一月下), 『清实录』 第六十册, pp.1240·1252·1256·1261·1263·1266 등 참고.

44 [美]李约翰(John Lea), 『清帝逊位与列强：第一次世界大战前的一段外交插曲』, 江苏教育出版社, 2009 참고.

만한 상황이 되었음에도 그렇게 하지 않았음을 의미한다. 그 예상을 뛰어넘는 최종 결단에 대하여, 어떤 학자는 중국 역사의 내재적 논리와 외력의 상호작용 결과 최후에 우리 앞에 나타난 것이 청조가 곧 멸망하려던 때 놀랍게도 만주족 통치자가 제시한 "만·몽·한·회·장 오족의 완전한 영토를 합하여 대중화민국으로 한다"는 빈틈없이 논리적이고도 내포하는 의미가 명확한 '대중화'·'대중국' 개념이라고 지적하였다.[45] 또 어떤 학자는 청 황제의 퇴위 사건을 다음과 같이 평가한다. "남북화의와 「청제손위조서清帝遜位詔書」 반포 전에 청제국의 강역은 대부분 해체의 위기에 처해져 있었다. 이 같은 존망 위기의 고비에 청 황실이 과감하게 신해혁명을 받아들이고 굴욕적이지만 영예롭게 퇴위함으로써 이렇게 큰 제국의 강역이 청 황실에 대한 충성·신복과 함께 평화적으로 중화민국에 양도되었다. 현대 중국의 구축과 미래 중국영토의 완전함과 공고함을 위하여 지울 수 없는 공헌을 한 것이다".[46] 여기서 말한 "미래 중국을 위해 지울 수 없는 공헌을 한" 것이 바로 오랫동안 관심받지 못한 심지어 잊혀졌던 역사적 문헌—「청제손위조서」(이하 「손위조서」로 약칭)이다.

「손위조서」는 총 319글자로, 1912년 2월 12일에 청 선통제인 애신각라 부의愛新覺羅溥儀가 융유隆裕태후의 명령을 받들어 천하에 반포하였다. 청조 268년의 역사가 「손위조서」라 불리는 종이 한 장의 공포로 끝을 알렸다.

> 짐은 공경하게 융유태후의 의지懿旨, 태후의 명령를 받든다 : 앞서 혁명군의 봉기에 각 성이 호응하여 전국이 들끓어 백성들이 도탄에 빠졌기에, 원세개에게

45 郭成康, 「清朝皇帝的中国观」, 『清史研究』 2005 第4期 참고.
46 高全喜, 「立宪时刻 : 论「清帝逊位诏书」」, 广西师范大学出版社, 2011, p.136 참고.

관원을 파견해 혁명군 대표와 대국大局을 논하고 국회를 소집하여 정치체제를 공동으로 결정하도록 특명을 내렸다. 그러나 몇 개월간 타당한 방법을 정하지 못하였고 남북은 분리되어 서로 대립하고 있으며 의논은 도중에 중단되었고 병사들은 황야에 야영하고 있다. 하루빨리 국가체제를 정하지 않으면 민생은 하루도 편할 날이 없는 것이다. 지금 전국 인민의 마음이 대부분 공화로 기울었다. 남부와 중부 각 성은 앞서 공화를 제창하고 있고, 북방의 장수들도 그 뒤를 따라 공화를 주장하고 있다. 민심이 향하는 바를 천명天命은 알 수 있다. 나 또한 어찌 우리 황가 일성一姓의 존귀와 영광을 위하여 만백성의 좋고 싫어하는 바를 떨쳐낼 수 있겠는가. 이에 밖으로는 대세를 살피고 안으로는 여론을 살펴서, 특별히 황제를 데리고 통치권을 전국에 공공의 것으로 돌려 공화입헌의 국체로 정한다. 가까이는 국내의 전쟁에 지쳐 치안회복을 원하는 마음을 위로하고, 멀게는 옛 성인의 천하위공天下爲公의 뜻에 부합하고자 한다. 원세개가 이전에 자정원 선거를 통해 총리대신이 되었으니, 이 신구교체의 시기에 마땅히 남북통일의 방법이 있을 것인즉, 원세개가 전권을 가지고 공화정부를 조직하여 군민과 통일의 방법을 협상하도록 한다. 요컨대 인민들이 안도하고 세상이 평안하길 바라며, 이에 만·몽·한·회·장 오족이 화합하여 영토를 완전히 하여 하나의 대중화민국이 되게 한다. 나와 황제도 퇴위하여 평안하고 한가로이 유유자적한 세월을 보낼 것이다. 오랫동안 국민의 우대를 받으며 태평의 완성을 친히 보았으니 어찌 좋지 않겠는가?[47]

「손위조서」의 확장 부분에는 다른 두 '명령' 및 관련 '우대조건'이 포함

47 「宣统政纪」 卷七〇(宣统三年十二月下), 『清实录』 第六十册, 中华书局, 1987, p.1293 참고. 여기서는 조서 원문 중의 "钦此" 두 글자를 생략하였다.

되어 있다.[48] 「손위조서」의 가치와 의의에 관해서는 지금까지 정설은 없다. 그러나 다음 두 가지 착안점은 비교적 명확하다. 하나는 미래에 착안한 분석이고, 다른 하나는 전통에 착안한 해석이다. 전자는 다음 몇 가지 방면에서 「손위조서」의 '헌법'적 의의를 논증하였다. 첫째, 그것은 남방정권의 민족혁명 격정을 희석 혹은 저지하여 프랑스혁명과 유사한 추세를 모면하게 했다. 둘째, 청 황제의 퇴위를 통해 전통왕조는 굴욕적이지만 영예롭게 왕권을 입헌공화정체에 넘겨주었고, 중국 전통 정치제도의 구조를 전체적으로 변화시켰다. 셋째, 청 황제 퇴위 우대조건은 단순히 하나의 정치적 유상몰수가 아니라 건국계약의 일종으로, 제제帝制의 부활에 모종의 제약을 가했다. 넷째, 「손위조서」는 중화민국의 두 가지 주제를 확립하였다. 하나는 공화정체의 건립이고, 다른 하나는 인민이 헌법을 제정하여 '오족공화'를 실현하는 것이다. 다섯째, 천명의 유전流轉 문제이다. 「손위조서」는 인민주권이 중화민국의 새로운 천명인 것에 대한 동의를 내포하고 있다. 이에 따르면 현대중국—중화민국 헌법 제도의 중요한 구성으로서 「손위조서」는 일종의 '중국판 명예혁명'이다.[49] 이와 다른 혹은 대립적인 후자의 착안점은 많은 부분 여러 전통 특히 '혁명'의 전통을 향하고 있다. "탕무혁명湯武革命이 개시한 고전적 혁명 건국 사상은 근대 중국에 거의 유일하게 현실적 정치 정합 관념의 기초를 제공하였다. 혁명 전통의 역사적 연속성이 근대 이래로 다사다난한 이 오래된 국가가 국가통일과 민족 단결을 최대한 유지하고 최종적으로 인민주권의 중국적 형식을 것이지, 결코 협의 문건의 법리적 연속성과 관계가 없다." 이런 의미에서 「손

48 「宣统政纪」 卷七〇(宣统三年十二月下), 『清实录』 第六十册, pp.1293~1297 참고.
49 高全喜, 『立宪时刻 : 论「清帝逊位诏书」』 표지 내용 소개 참고.

위조서」는 "헌정건국론이 말하는 '정치계약'의 기초를 다졌다고는 할 수 없지만, 당시 보편적으로 신봉된 '대일통'의 정치 관념을 드러내기엔 족하다. 이 '대일통' 정치 관념이 바로 탕무혁명의 역사적 실천과 경학해석에서 비롯된 것이다".[50] 이 두 가지 분석은 「손위조서」에 각각 중대한 현실적 의의 혹은 전통적 가치를 부여하고 있다. 그 '함축된 표현 속의 심오한 뜻'을 좀 더 밝히고자 한다면, 해석자에게 유리한 각종 암시를 그 속에서 어렵지 않게 찾아낼 수 있을 것이다. 다만 우리가 어떻게 헌정의 각도에서 「손위조서」에 근대적 의의를 부여하던지 청 황제 퇴위는 청이 자주적으로 근현대의 전환을 완성할 수 없었다는 기본 사실을 의미한다. 이와 동시에 사람들이 '신해혁명'과 '탕무혁명'의 어떠한 공통분모를 희망하든 '신해혁명'은 어쨌든 '탕무혁명'이 아니고, 청 황제의 '선양'도 전통 '혁명'의 전복적 정치순환과 등가가 될 수 없다. 이는 「손위조서」의 배후에 전자와 다르고 후자와도 다른 실마리가 숨어있음을 의미한다. 중요한 것은 이 실마리가 청조와 연관된 역사적 과정 중에 형성되었고 외부에서 강제로 주입할 수 없다는 것이다. 민국 2년1931, 북양정부 고문을 맡은 일본인 아리가 나가오有賀長雄는 "중화민국은 순전히 민의에 의해 건립된 것이 아니고, 실제로는 청 황제가 통치권을 넘겨주면서 성립된 것"이라는 '국권 수수授受설'의 관점을 제시한 적이 있다.[51] 이 견해는 비록 수많은 논쟁을 불러일으켰지만, 이러한 '현장보도'는 적어도 후세의 '추론'과 '해명'을 배제하고 있다. 특히 「손위조서」의 주요 논리가 『대의각미록』과 긴밀

---

50 凌斌, 「从汤武到辛亥 : 古典革命传统的现代意义」, 『新史学』 第七卷, 中华书局, 2013, pp.23~25 참고.
51 有贺长雄, 「革命时统治权转移之本末」, 『西法东渐 : 外国人与中国法的近代变革』, 中国政法大学出版社, 2001, p.108 참고.

하게 호응하고 일관적이라는 사실을 발견했을 때, 그 '자성'의 용기, '자존'적 선택, '자살'적 단호함 같은 청조 멸망 직전의 모든 반응이 비로소 진실에 가깝게 해석될 수 있다.

우선, 청 황제 퇴위의 근거는 '천명과 민심'이 '왕조의 운세'를 결정한다는 판단기준이지 현대인이 말하는 '진보' 혹은 '역행'과 같은 추상적 관념론이 아니다. 즉, 「손위조서」 가운데 "민심이 향하는 바를 천명은 알 수 있다"는 '천명을 어기지 않는' 역사적 추세는 청조가 민국에 통치권을 넘겨준 가치 근거일 뿐 아니라, 청이 명에게서 '왕조를 쟁취한' 충분한 이유이기도 하다. 다시 말해, 「손위조서」와 '명청 교체' 후의 『대의각미록』 사이에는 사실상 전통적 문맥에서 말하는 상호호응이 형성되어 있었다. 옹정제가 증정을 심문할 때의 오만한 말투를 제하면, 두 역사 문헌의 국운 성쇠 이치에 문제 삼을만한 차별이 없다는 것을 어렵지 않게 발견할 수 있다. "성지에 따라 너에게 묻노니, 악종기岳鐘琪에게 보낸 서신에서 '도의를 갖춘 이를 인민이 따르지 않은 적이 없고, 민심이 귀속되는 이에 하늘이 어긋난 적이 없다. 예로부터 제왕은 위대한 공적을 성취하고 대업을 건립할 수 있었다. 천지에 참여하고 만세에 모범이 되었던 자라면, 어찌 사심과 편견이 그 흉중에 개재되어 있겠는가!' 등의 말을 했다. 우리 왕조는 덕과 공을 쌓아왔다. 태조 고황제누르하치에 이르러 압도적으로 뛰어난 무예로, 여러 나라를 통일하여 국가를 창건하는 공을 이루었다. 태종 문황제황태극께서는 제통帝統의 대업을 계승해 확장시켰고, 세조 장황제순치제께서는 중정한 법도를 확립해 질서를 안정시키고建極綏猷, 중외에 군림해 통치하였다. 이는 바로 천명에 순응하고 민심을 따라 위대한 공적을 성취하고 대업을 건립하여, 천지와 함께함으로써 만세의 모범이 되었던 지극한 도리이다. 너는 본조에서 태어나고도, 열조列祖에게 천명과 민심이 귀의하게 되었다는 것을 무시한 채, '도의를 갖춘 이를 인민이 따르지 않은 적이 없고, 민심이 귀속되는 이에 하늘이 어긋난 적이 없다'고 지껄였다. 이 말은 무엇을 가르키는 것인가?"『대의각미록』, 26~27쪽 다만 강해지는 추세에 있는 자의 발언과 쇠퇴하는 추세에 있는 자의 포고는 그 심경이 이미 천양지차이다. 그런 까닭에 「손위조서」의 의의는 일반 문헌과 비교 가능한 것이 아니다. '신해혁명'이 발발한 후 "전국 인민의 마음이 대부분 공화로 기울었다"는 등의 호응하는 자세는 "만백성의 좋고 싫어하는 바"인 '천명'의 변화를 진실되게 반영하고 있음을 표명할 뿐 아니라, "전국이 들끓어 백성들이 도탄에 빠진" 국면에 직면해도 "타당한 방법"을 제시하지 못하는 청조가 "천명은 알고 있다"는 가치의 깨우침 속에서 단호하게 자결할 필요가 있다. 그렇지 않으면 청조의 일관적인 '천명과 민심'론은 기만, 곧 '부도덕한' 거짓말임을 의미한다. "밖으로는 대세를 살피고 안으로는 여론을 살펴서, 특별히 황제를 데리고 통치권을 전국에 공공의 것으로 돌려 공화입헌의 국체로 정한다"는 청조의 선언이 믿을만할 뿐 아니라 증거도 있음을 발견했을 때, 「손위조서」에서 "멀게는 옛 성인의 천하위공의 뜻에 부합하고자 한다"는 표현을 청은 "만회할 힘이 없었다"는 변명으로 간단히 판단해 버려서는 안 된다. 선택 가능한 '세 가지 발전 방향'을 주동적으로 포기하는 등 청조의 중대한 결정은, '천명과 민심'론이 반영하는 바가 곧 청조 입국 이래로 일이관지一以貫之한 정치원칙이라는 것을 의미한다. 그것은 '대중화' 가치체계에 대한 두터운 믿음과 실천의 과정 중에 형성되었다. 이처럼 한결같은 정치적 반응과 선택이야말로 연구자들에게 충분히 중시되어야 할 것이다.

다음으로, '공적인 것을 취하고 사적인 것을 버리는' 정치적 스탠스와

'차마 스스로 파멸할 수 없다'는 인륜적 배려는 「손위조서」를 고찰할 때 필수 불가결한 전승 실마리 가운데 하나가 되어야 한다. 솔직히 말해서 한족의 만주족 모멸과 배척행위는 일찍이 청 황실의 격분과 원한을 불러일으켰다. 그러나 청조가 비이성적 대항은 '남북분리'를 초래하고 '백성들을 도탄에 빠뜨릴' 뿐임을 깨달은 후 그 사고 방향은 빠르게 "황가 일성의 존귀와 영광"에서 벗어나 굴욕적이지만 영예롭게 '중화일체'의 천하 대국으로 돌아갔다.

옛날에 천하에 군림한 자는 백성의 생명을 보전하는 것을 중요하게 생각했고 사람을 양육하는 바(토지)를 가지고 사람을 해하는 것을 차마 하지 못하였다. 지금 장차 새로이 국체를 정하려 함에 있어 먼저 큰 혼란을 멈추고 평안을 유지하고자 하지 않음이 없다. 만약 다수 백성의 마음을 거슬러서 끝없는 전쟁의 참화를 다시 열게 되면, 학살이 끊이지 않고 반드시 종족의 참혹한 고통을 연출하게 될 것이다. 왕실과 종묘를 놀라게 하고 백성이 박해를 받게 된다면 후환은 어찌 다시 말할 수 있겠는가? 양쪽의 손해를 비교하여 그중 가벼운 것을 취하는 것은, 바로 조정이 시대의 변화를 관찰하고 살펴 백성의 고통을 나의 일처럼 생각하기 때문이다. 무릇 너희 북경 안팎의 신민은 이 뜻을 잘 체현하도록 힘써야 할 것이다. 전체 국면을 위해서 이해를 깊이 헤아리고, 들뜨고 교만하거나 과격한 헛된 말을 하거나 하여 국가와 백성이 함께 피해를 입는 일이 없도록 하라. 민정부・보군통령步軍統領・강규제姜桂題・풍국장 등에게 명하여 엄밀히 방비하고, 적절히 (백성을) 지도하게 하여, 모두로 하여금 조정의 하늘에 순응하고 민심을 따르는 대공무사大公無私의 마음을 잘 알게 하라. 국가가 관직을 설치하고 직분을 분배하여 이로써 백성이 지켜야 할 도덕을 만드는 것에 이르러, 안으로는 내각, 육부, 내무부, 도찰원, 이번원, 밖으로는 총독, 순무, 포정사, 안찰사, 도원을 두는 것은 뭇 백성을 편안히 하기 위함이지 한 사람과 일가만을 위하여 설립한 것이 아니다.[52]

청조에게 "옛날에 천하에 군림한 자"란 물론 하나의 추상적인 정치부호가 아니다. 그 가장 진실된 함의는 청조의 일통천하 이념에 대한 자기표현일 것이다. 다시 말해서, 이러한 대국의식은 훗날 사람들이 이식한 억측과 추측이 아니라 청조가 집대성한 중화 가치체계에 뿌리를 두고 있어야 하고, 또 옹정제와 건륭제 '성세'의 일관된 주장 속에서 생장해야 한다. 『대의각미록』에는,

예로부터 천하를 소유한 제왕들은 만민을 위무하고 보호하며 은혜를 사해에 베풀지 않음이 없었다. 상천上天의 돌보심과 명을 받고, 만백성의 환심을 한데 모아서 능히 전국을 통일하고 대대로 복을 누릴 수 있었다. 무릇 인민을 생육하는 도道란, 덕이 있는 자가 천하의 군주가 되는 것에 있을 뿐이다. 이것이 천하를 일가로 만물을 일체로 만드는, 예부터 지금까지 만세토록 변함없는 항구적인 법칙常經이니, 끼리끼리 모이고 나뉘는類聚群分 평범한 이들이, 동향이나 국토鄕曲疆域에 대한 삿된 다음과 얕은 식견私衷淺見으로 망령되이 찬성한다 반대한다 할 수 있는 것이 아니다.3쪽

무릇 천지는 인애로서 마음을 삼아, 만물을 덮고 떠받침에 무사하게 헤아린다.3쪽

52 「宣统政纪」 卷七〇(宣统三年十二月下), 『清实录』 第六十册, pp.1293~1294 참고.

건륭제의 『고종순황제실록高宗高宗春皇帝實錄』 권8卷八에는

> 무릇 인주人主가 천하에 군림함에 통치하는 전국은 모두 일체에 속한다. 만주인이든 한인이든 일찍이 나누어 차별하지 않았다. 멀리는 몽골과 번이蕃夷도 또한 차별하지 않았다. 본조는 역대 황제 이래로 짐에 이르기까지 모두 이러한 공명정대하고 넓은公溥 마음이며 털끝만큼도 경계를 나누는 생각이 없다는 것은 온 세상 신민들이 알고 보아온 바이다.[53]

이는 손중산의 좌우명인 "천하위공"을 극찬할 때, 『대의각미록』과 「손위조서」 중 그것과 거의 완전히 일치하는 견해에 대해서도 역사적 존중과 전통적 경의를 부여해야 함을 뜻한다.

셋째로, 우리가 손위조서를 고찰하는 최종적 기준이 '오족통합'의 '중화대의'가 되어야 한다는 것이다. 상술한 바와 같이 '화이일가' 논리 하의 '오족통합'은 옹정제가 증정 등의 논적論敵을 때려 부순 비장의 무기이자 증정 일파가 인정하지 않을 수 없던 가장 설득력을 지닌 거대한 사실이었다. 사실상 전례 없이 광활한 '대일통' 국면은 '오족' 인민이 장기적으로 협력하고 공동으로 분투한 결과이다. 거기에는 만주족을 포함하는 '중화민족'의 모든 심혈이 주입되었다. 이는 무수한 일 중에 가장 건드려서는 안되는, 파괴하는 것은 말할 필요도 없이 불가한 마지노선이다. 이런 이유로 '배만혁명'이 발생한 후 청조를 가장 고통스럽게 한 것 중에 '남북분리'와 '만·몽·회·장'의 분리 추세, 그리고 외국 열강이 기회를 틈타 손을

53 「高宗纯皇帝实录」 卷八(雍正十三年十二月), 『清实录』 第九册, 中华书局, 1985, p.303.

뻗쳐온 것보다 더한 것은 없다. 이는 「손위조서」 본문 중의 "마땅히 남북 통일의 방법이 있을 것이다", "요컨대 인민들이 안도하고 세상이 평안하길 바라며, 이에 만·몽·한·회·장 오족이 화합하여 영토를 완전히 하여 하나의 대중화민국이 되게 한다"는 등의 기대가 발생하게 된 근원이자, 민국정부에게 소위 '우대조건'을 제시한 가장 근본적인 목적이기도 하다. "황실 우대 8조, 황족 대우 4조, 만·몽·회·장 대우 7조를 상의하여 정한다. 상주문을 보니 그런대로 꼼꼼하다. 특별히 황족 및 만·몽·회·장족 등에게 공시하니, 이후 반드시 경계를 없애고 함께 치안을 유지하여 세계의 태평을 다시 보고 공화의 행복을 서로 나누어야 한다. 이에 대한 나의 기대가 크다."[54] 하지만 '오족통합'으로 성립된 국가는 중화 전통과 근대 문명이 서로 결합한 '문화+행정 판도'이지 서양의 '국제법'을 전제로 하는 단순한 '민족국가'가 아니라는 점을 짚고 넘어가야 한다. 이 점은 '민족혁명'의 길을 처음 질주한 손중산을 충분히 거대한 힘으로 결국 '오족공화'의 궤도에 되돌려 놓았다.[55] 게다가 '중화민국'이든 '중화인민공화

---

54 「宣统政纪」 卷七〇(宣统三年十二月下), 『清实录』 第六十册, p.1294 참고.

55 손중산의 절실한 민족주의 경향은 하마터면 중국을 넘보는 일본 우익에 의해 이용될 뻔했다. 다들 알다시피, '흑룡회' 및 일본의 낭인들은 한때 손중산의 신해혁명에 도움을 준 적이 있다. 그러나 1927년 우치다 료헤이(內田良平)는 당시를 회상하며 다음과 같이 말했다. "우리가 목숨을 걸고 손중산의 혁명을 원조한 것은 그것과 일본의 이익이 일치했기 때문이다"(西尾陽太郎解說, 「內田良平自伝」, 『硬石五十年譜』, 葦書房, 1978, p.77 참고). 그에 따르면 손중산이 당시 그에게 말하길 "원래 우리의 목적은 멸만흥한에 있다. 혁명 성공의 동이 틀 무렵, 만주·몽골·시베리아를 일본에 주어도 좋다"(段云章 編, 『孙文与日本史事编年』, 广东人民出版社, 1996, p.40 참고). 이 사건의 진상은 알 수 없지만, "일본 대륙 낭인들이 손중산의 혁명을 지지한 것은, 동북지역을 최종적으로 일본 제국주의의 세력범위에 집어넣으려는 목적에 사로잡혀 시작되었다. 그들로 하여금 이러한 가능성을 발견하게 한 것은 중국혁명파가 제시한 '멸만흥한'의 정치적 주장이었다". 주목할 점은 1905년 7월 30일 '동맹회'의 주비회의가 '흑룡회' 영수인 우치다 료헤이의 거처에서 열렸다는 것이다. '만주족을 몰아내고, 중화를 회복한다' 등 16글자로 된 입회선서도 이 회의에서 처음으로 공개되었다. '흑룡회'의 야망은 여기서 끝난 것 같지 않다. 그들의 설명에 따르면 '만주'를 정복해야만 다음 단계인 '대륙경영'의 기초를 다질 수 있었다. 1912년 중화민국 임시정부가 성립된 후, 손중산은 일본 정부의 승인을 얻기 위하여 송교인(宋教仁)을 일본

국'이든 대표하는 것이 '전국 인민'의 이익이라면 결국에는 모두 '대중화'의 적극적인 수호자이자 세대 계승자가 되어야만 한다. 상당히 흥미로운 현상은, 청 이후의 역대 정권은 중외의 강역 분쟁문제에 관련되면 모두 청조의 '완전영토'를 법리 근거로 삼는데, 예전부터 그랬지만 지금은 더 심하다는 것이다. 사람들은 '전국 인민', '오족', '대중화'의 논법이 「손위조서」에 가장 먼저 나온 사실 등은 잊을 수 있어도, 『대의각미록』과 「손위조서」의 일관된 '중화대의' 및 그 거대한 유산을 무시할 수는 없을 것이다.

그런데 시대의 차이와 강약추세 등의 정치적 배경 외에도 「손위조서」가 『대의각미록』과 다른 점은 또 있다. 그중 가장 큰 차이점은 「손위조서」에는 이미 '화-이'의 우열개념이 전무하고, 군주가 된 자라면 중시해야 할 민심의 향배, 대공무사, 오족일체, 중화일가 등 단순한 정치적 가치만이 남아있다. 이는 청 황제의 퇴위가 국체의 양도이지 화이의 양도가 아님을, 오족의 일통이지 배만의 감정이 아님을, 강역의 대의이지 대우의 좋고 나쁨이 아님을 의미한다. 「손위조서」가 체현한 군주에서 민주로, 군주제에서 공화로, 제국에서 민국으로의 변화와 '천하일가'의 고차원적 스탠스는 오히려 한족 민족주의자가 과격한 언행을 하도록 하여 자존감이 낮은 것

으로 보내 알선하고자 했었다. 그러나 일본의 중국 영토에 대한 의도를 어렴풋하게 감지한 후, 손중산은 곧 송교인에게 "만약 승인을 받으면 오히려 영토 보전이 어려울 수도 있다. 화의를 진행하지 말자"고 지시했다. 일본이 기회를 틈타 영토를 요구할지 여부를 알 수 없는 상황에서 송교인도 방일을 연기하기로 했다(王柯, 「民权・政权・国权 : 辛亥革命与黑龙会」, 『二十一世纪』, 香港中文大学中国文化研究所, 2011年 10月号 참고). '만주족을 몰아낸다'는 주장은 아직도 일본인이 꾸며낸 '본부' 개념에 의해 상당히 이용되고 있다. 고힐강(顧頡剛) 선생의 당시 반응은 일본인 주장의 영향이 얼마나 큰지를 증명해준다, 즉 "우리의 동쪽 이웃이 우리를 침략할 모략을 품고 있다고 해보자. '본부'라는 이름을 만들어 우리의 18개 성을 부르고, 우리의 변경지역이 원래 있던 것이 아니라고 암시한다. 우리 같은 바보들은 놀랍게도 그들에게 마비되어 어떤 지리 교과서든지 모두 그렇게 부르기 시작했다. 이것은 우리의 치욕이 아닌가?"(顾潮 編, 『顾颉刚年谱』, 中国社会科学出版社, 1993, p.216).

처럼 보이게 만들었고, 한족 내부에서도 이를 낯부끄러워하거나 심지어 불평하는 자가 나오게 되었다. 강유위康有爲가 말하길, "혁명을 논하는 자들은 입만 열면 만주를 공격하는데, 이것은 매우 이해하기 힘든 이상한 일이다. 무릇 몽골, 신강, 티베트, 동삼성의 대중국을 개척하여 이백 년간 하나가 되어 안정적이었던 정부에 대해서 이유도 없이 망령되이 프랑스, 미국 사례를 인용하여 내분을 일으키고 양이攘夷와 별종別種의 논을 주장하여 큰 재난을 일으키는 것을 어째서 멈추지 않는가? 그러나 만주, 몽골은 모두 우리와 동종이며 어떻게 이를 나누어 구분할 수 있겠는가? (…중략…) 또한 중국은 옛날 진晉나라를 거치면서 저족氐, 강족羌, 선비족鮮卑이 중원의 주인이 되었고 위문제 때에 이르러 96대성姓으로 고치고, 그 자손들은 중토에 거주하고 있으며, 그 수는 헤아릴 수 없다. (…중략…) 또한 장강 이남, 오계만五溪灣과 낙월駱越, 민閩,복건, 광廣,광동은 모두 중하의 사람이 여러 만족과 서로 섞여서 오늘날에는 구분할 수가 없다. 당시 중국 백성 수는 겨우 2~3천만이었는데 지금은 4억 명을 세는 가운데 각 종족이 거의 절반이고 성은 중토와 똑같으니 어떻게 참된 중화의 후예와 이적의 후예를 구분해낼 수가 있겠는가? 만약 정치에 있어 전제專制가 좋지 않다고 말하는 것이라면 그것은 전부 한·당·송·명의 구 왕조에 의한 것이지 만주만의 특별한 제도가 아니다 (…중략…) 국조國朝의 제도는 만·한 평등이며 한인이라도 재능이 있으면 필부도 재상이 될 수 있다 (…중략…) 오늘날 혁명가는 날마다 문명을 말하면서 어찌 (만청이 중국을) 한 나라로 통일한 것을 죄로 삼아 사람들을 연좌하는 지경에 이르렀는가. 혁명가는 날마다 공리公理를 말하면서 어찌 이미 존재하는 국가적 종족마저도 분별하는 지경에 이르렀는가? 이 어찌 크게 도리에 어긋난 일이 아니겠는가 (…중략…) 국민이 오늘날 걱정해야만 하는 바는 내부의 분란이 아니라 외부에 저항하는 것이다 (…중략…) 옛날 무술년1898에 북경에 있을 때 정체政體를 묻는 자가 있어 나는 바로 여덟 자로 '만한불분 군민동체滿漢不分 君民同體, 만 · 한은 분리할 수 없고 황제와 임금은 같은 몸이다' 라고 말했다 (…중략…) 그렇기에 이른바 중국이 있을 뿐이며 이른바 만주는 없다. 제통종실帝統宗室은 한의 유씨, 당의 이씨, 송의 조씨, 명의 주씨와 같은 것으로 한 가문에 지나지 않는 것이다".[56] 강유위는 「손위조서」 공포 전후의 청 왕실의 심경을 진실되게 설명해주었다. 어떤 학자가 말하길, "융유 태후와 선통황제는 당시 명의상의 천하 공통 주인共主으로서 시종 화하의 정통으로서 자임하고 조금도 "이민족 정권異族政權"으로 자임하지 않았다. 게다가 조서에서 이른바 '민군民軍', '남중각성南中各省', '북방각장北方各將' 등의 표현이 그저 한족 일파를 가리킨다는 어떠한 의사표명 혹은 암시가 조금도 없었다. 반면 신해혁명은 한족 이외의 다른 민족과 관계가 없었다. 이에 반하여 공화건국론자가 강조하고 있는 것처럼 조서의 전문을 종관하면, 모두 '전국 인민', '만백성', '국내', '천하'와 관련된 것을 이야기하고, 이른바 "통치권을 전국 곳곳에 돌려", "마땅히 남북통일의 방법이 있을 것이다", "통일의 방법을 협상한다", "인민들이 안도하고, 국내가 평안하며, 여전히 만 · 한 · 몽 · 회 · 장 오족이 화합해 영

56 康有为, 「与同学诸子梁启超等论印度亡国由于各国自立书」, 『康有为政论集』 上册, 中华书局, 1981, pp.487~489 참고. 양계초(梁啟超)는 강유의의 중국문제에 관한 사고를 회상하면서 말하길, "최근 한족을 연합하여 만주족을 때려잡는 의논이 매우 성행한다. 선생은 이러한 구분이 갑자기 생겨난 것이라고 여겼는데, 이것이 중국을 분열시키고 외국에 어부지리를 줄 수 있다고 했다. 가령 전제 정치의 악정을 없앨 수 있고, 인민의 공익을 증진시킬 수 있다면 한족이 국민의 대다수를 자처하는 것이 양쪽에 모두 이로울텐데 만주족을 미워할 필요가 있는가?" 또 "최근 각 성의 독립을 제창하는 말들이 많은데, 선생은 중국은 진(秦) 이래로 수천 년간 모두 통일의 역사이므로, 대저 지리상, 인종상, 습관상 그러하지 않을 수 없는 이유가 있을 것이다. 분리되고 싶어도 분리될 수 없다. 극도로 부패해 있고 외환(外懮)도 생겼다"(梁启超, 「南海康先生传第八章」, 『康有为全集』 第12集, 中国人民大学出版社, 2007, p.437).

토를 온전히 하여 하나의 대중화민국이 되기를 늘 바란다"는 등의 말은 중국 영역 내의 각 민족과 인민을 하나의 온전체로 삼지 않음이 없었다.[57] 그것은 또한 지식인층이 이에 호응하고 있다는 사실을 반영했다. 양계초, 양도楊度의 '대민족주의大民族主義'라는 구도(중화민족), 황흥黃興이 '중화민국 민족대동회民族大同會'를 '중화민족대동회'로 고친 것, 그리고 이대조李大釗가 '신新중화민족주의론'을 제창한 것 등은 모두 당시의 국내 대세에 대한 진실된 묘사일 것이다. 게다가 이러한 흔들 수 없는 사실은 이후의 역대 정부에 의해 인식되고 계승된 바였다. 1961년 6월, 주은래周恩來가 사가 히로嵯峨浩, 부걸溥傑, 부의溥儀, 선통제를 접견했을 때 다음과 같이 말했다. "'만주국'을 우리들은 승인하지 않는다. 그러나 선통제는 승인한다". 그는 청조가 했던 '몇 가지 좋은 일'에 대해서도 언급했다. "첫 번째 중국의 수많은 형제민족을 하나로 연합하여 중국의 판도를 900여만 평방킬로미터로 확정한 것이다. 두 번째로 청조는 장기간의 통치를 행하기 위해서 전부田賦를 경감하여 농민들이 충분히 민력을 기를 수 있도록 하여 인구를 4억 명으로 발전시켰다. 이는 현재의 6억 5천만 인구의 기초를 만든 것이다. 세 번째로 청조는 만주어와 한어를 동시에 채용하여 두개의 문화를 점차로 융합, 접근시켜 중국문화의 발전을 촉진하였다. 청조는 판도확정, 인구증가, 문화발전 이 세 방면에 있어 좋은 일을 했다. (…중략…) 청조가 한 나쁜 일은 역사가 이미 결론을 내렸고, 더 이상 언급할 필요는 없을 것이다. 잘한 일은 마땅히 언급을 해야하는 것이다. 한족은 큰 민족이며 역시 굉장히 많은 좋은 일을 했지만, 이를 언급할 필요는 없을 것이다. 이 생각은 내 것

57 凌斌, 「从汤武到辛亥 : 古典革命传统的现代意义」, 『新史学』 第七卷, p.25 참고.

이 아니라 모毛 주석이 몇 번이나 말했던 것이다."[58] 주은래는 일찍이 몇 번이나 청조 강역이 갖추고 있던 '대중화' 의의에 대해서 언급했다. 예를 들면 "청대 이전에 명·송·당·한 등 어느 왕조도 청조와 같은 통일을 이루지 못했다. 청조는 통일을 달성했다"고 여러 번 언급했다.[59] 특히 중요한 것은 주은래의 이하 발언이 중국 정부와 청대의 민족 정책상 계승 관계를 선명하게 드러낸다는 것이다. "우리들은 두 종류의 민족주의에 반대한다. 그것은 바로 대민족주의에 반대하는 것이며(중국에서는 주로 대한족주의에 반대한다), 또한 지방 민족주의에도 반대한다는 것이다. 특히 주의가 필요한 것은 대한족주의에 반대한다는 것이다. (…중략…) 한편 만약 한족 중에 아직 대한족주의의 잘못된 태도를 취하는 자가 있다면, 발전되어 나가서 민족차별의 착오를 저지를 수 있다. 또 다른 한편으로는 만약 형제민족 중에 지방 민족주의의 잘못된 태도가 존재한다면, 발전되어 나갈 경우 민족분열의 경향을 발생시킬 수도 있다. 요컨대 이 두 종류의 잘못된 태도와 경향을 그대로 방임한다면 우리 민족의 단결에 불리할 뿐만 아니라 우리 각 민족의 대립을 불러일으키고 심지어는 분열시킬 수도 있다. 이 문제를 어떻게 해결할 것인가? 극소수 사람들의 문제를 제외하고, 민족문제에 있어 이러한 두 종류의 잘못된 태도와 경향은 바로 인민 내부 모순의 문제이므로 우리들은 응당 인민 내부의 모순을 처리하는 원칙으로 해결해야 한다고 생각한다"[60]고 하며, "신중국 탄생 이후 중국공산당의 영도하에 우

58 周恩来, 「接见嵯峨浩·溥杰·溥仪等人的谈话」, 『周恩来选集』 下卷, 人民出版社, 1984, pp.317·320 참고.

59 周恩来, 「关于我国民族政策的几个问题」, 『周恩来选集』 下卷, p.262 참고. 주은래가 『대의각미록』을 읽은 적이 있는지는 증명할 방법이 없지만, 이 말은 옹정제의 "한·당·송·명 시대에는 국토가 넓지 않았다"는 말과 매우 흡사하다.

60 周恩来, 「关于我国民族政策的几个问题」, 『周恩来选集』 下卷, 人民出版社, 1984, pp.247~248.

리의 헌법과 국가 정책은 민족평등을 규정했다"[61]고 말했다. 이러한 청대의 '화이일가'와 '화제진역化除畛域. 지역 경계를 없앤다'은 이미 신정부에 의해서 '인민 내부'로 불리게 되었고 청대의 근본 원칙總期 또한 이미 신중국의 '헌법'으로 승격되었다. 어느 학자는 '신해혁명' 중 「손위조서」의 의의에 대해서 다음과 같이 말하고 있다. "민족혁명을 내용으로 하는 이 혁명은 민족의 투쟁을 유발하지 않았을 뿐만 아니라 오히려 조화롭게 하였다. 이는 중국 역사에서 전례가 없는 일이며, 세계에 중국 각 민족의 넓은 도량을 보여주었다".[62] 그러나, 우리들이 「손위조서」가 부각시킨 가치는 청조가 줄곧 견지한 '중화대의'이지 일시적 충동이 아님을 이해하게 되었을 때, 개인적 은혜의 색체와 불확실한 요소가 충만한 '도량'설은 더 이상 특별한 지표적 의미를 갖지 않게 되는 것 같다. 『대의각미록』과 「손위조서」를 관통하는 일관된 청조의 대중화 이념과 그 내부 결속의 실태는 해외 '신청사New Qing History'의 초사실적 입론에 기초적인 계몽을 가하였다.

---

61 周恩来, 「关于我国 民族政策的几个问题 」, 『周恩来选集』 下卷, 人民出版社, 1984, p.251.
62 喻大华, 「'清室优待条件'新论 : 兼探溥仪潜往东北的一个原因」, 『近代史研究』 1994 第1期.

동아시아에서의 다양성의 형성

심학心學을 제재로 하여

사와이 게이이치

김동건 옮김

1. 들어가며

본 심포지엄의 테마는 근현대 동아시아의 다양성에 있지만, 여기서는 그 전제로서 근세기의 동아시아[1]에서 어떻게 다양성이 생겨났는지에 대해서 논하기로 한다, 이 지역에 관해서는 이미 니시지마 사다오가 고대에 독자적인 '세계'가 형성되었다고 지적한 이래, 유럽 등과는 다른 '공통성'을 인정받아왔다. 다만 이 논의는 부주의하게 접근하면, 그곳에서 생긴

1 여기에서는 근세기는 15세기부터 19세기까지, 동아시아는 현재의 중국, 조선·한국, 일본을 상정하고 있다. 유교라는 시점에서는 베트남을 포함시키는 의론도 있지만 여기서는 생략한다. 동아시아의 시대구분은 근대국가 성립 이후, 각 국가의 역사, 곧 '일국사'의 시대구분이 사용되고 있어서, 동아시아 전반을 대상으로 한 '표준적'인 시대 구분은 존재하지 않는다. 근세기의 경우에는, 중국에서는 10세기 말에 시작한다는 의론도 있는 데에 비하여, 일본에서는 16세기 말에 근세가 시작된다고 여겨지고, 거기에는 600년 정도 '오차'가 생긴다. 15세기는 중국에서 명조가, 한국에서 조선왕조가 성립한 것, 일본에서는 오닌분메이(應仁文明)의 난(1467~77년에 교토를 중심으로 하여 일어난 큰 내란. 오닌 분메이는 당시의 연호－역자주)이 발생하여 사회적인 변동이 일어난 것을 염두에 두고 설정했다. 물론 이것은 본론을 위한 설정이고, 이러한 시대구분이 일반적으로 받아들여진 것은 아니다.

'차이성'은 '중국적인 것'에서의 일탈, 자칫하면 중국 이외 지역의 '후진성'으로서 정리될 우려도 있다. 그리고 이 논의를 단순하게 근대에 적용시키면, 이번에는 중국을 대신하는 '중심'으로서 일본을 설정하는 것이 되어 버린다. 동아시아에 있어서 '공통성'과 '차이성'의 문제를 '중심과 주연周緣'이라고 하는 도식으로 이야기하는 것을 피하면서, 그 형성과 특색을 이야기할 수는 없을까? 여기서는 그러한 문제에 대한 하나의 시론—결론이 아닌—을 제공해보고 싶다.

본고에서 다루는 내용은 유교의 '토착화Nativization'라는 관점을 도입하는 것에 의해서, 근세 동아시아 각지에서 전개된 '심학'에 있어서의 '공통성'과 '차이성'을 검토하는 것이다.[2] 그 대상이 되는 '심학'에 대해서 먼저 설명해두자면, 지금까지의 일반적인 이해로는 명대 중국에서 성립한 양명학만이 '심학'으로 간주된다. 이러한 이해는 양명학이 등장한 때부터 시작한 것이지만, 여기서는 '심학'의 범위를 조금 더 넓혀서, 조선 왕조에서 성립된 '(조선)성리학'과 그 영향을 강하게 받은 도쿠가와 일본의 야마자키 안사이의 학통까지 포함하는 것으로 한다. 그 이유는 '심학'이라는 사상형태가 근세 유교로서의 주자학이 성립할 때 내재적으로 떠안고 있던 이론적 과제로부터 발생하고 있어서, 그 과제를 극복하는 작업에 있어 각 지역 고유의 조건이 작동하고 있었기 때문에 일견 다른 듯한 복수의 학파가 탄생했다고 간주할 수 있기 때문이다.

---

2 제2절 이후의 서술에 대해서는 많은 연구자의 업적을 참고로 하고 있다. 그 수가 매우 많기 때문에 일일이 열거하지 않은 것에 대해 양해를 구한다.또한 그 업적에 의거하고 있다고는 해도, 구체적인 서술의 책임은 필자에게 있고, 문제가 있다면 그것은 필자의 책임이다. 더욱이 여기서는 한정된 지면의 제약때문에 제2절 이후에 등장하는 유학자들의 담론에 참조자료를 덧붙이지 못한 점에 대해서도 양해를 구한다.

심학의 성립에 있어서 확인되는 '토착화'라는 현상도 또한 동아시아의 근세유교가 발전할 때 생긴 보편적인 형태이다. 여기서 말하는 '토착화'에는, 중국에서 생산된 유교가 주변의 지역에 받아들여져서, 각각의 지역에 적합하게 변용되었다고 하는 잘 알려진 과정뿐만이 아니라, 중국을 포함한 각각의 지역에서 유교가 상층의 사람들로부터 하층으로 확산되어가는 가운데, 하층의 사람들의 생활양식이나 행동양식에 적합할 수 있게끔 변모를 이루었다는 과정도 상정되어 있다. 후자의 '토착화'는 문화사에서 '대중화' 등으로 불리고 있는 현상이기도 하지만, 이것 또한 그 자신들에게 친숙하지 않은 새로운 문화를 수용하기 위해서 만들어진 생산행위로서 수용하는 것이 타당하리라 본다. 이러한 지역적인 분포와 계층적인 분포 속에서 생산된 것을, 이제까지처럼 열화판(상태가 나빠진 것)으로 보는 것이 아니라, 새로이 문물을 받아들인 이들의 '주체적'인 생산물로서 인정하지 않으면 안된다. 그렇게 함으로써 비로소 각 지역의 '독자성'도 설명가능하게 된다.

본고에서는 이런 '토착화' 과정을 해명하기 위해서 브루디외의 프랙티스와 아비투스라는 술어를 도입한다.[3] 이에 의해서 유교는 종래의 사상사

3 브루디외에 의하면, 프랙티스라는 것은 '사회적으로 구성되어, 습관적으로 행해지고 있는' 행위나 활동을 말하며, 아비투스란 '일상생활의 인지, 평가, 행위를 방향지우는 성향(dispositions)의 시스템'이며, '영속적으로 이동가능한 경향성의 체계'로서 '구조화하는' 구조로서 기능할 수 있도록 미리 정해진 구조화된 구조로 여겨진다. 그 결과 "목적을 의식적으로 지향하는 것이나, 목적을 달성하기 위해서 필요한 조작의 의도적인 통제를 전제하는 일 없이 객관적으로 목표에 적합시킬 수 있는" 사태, 곧 "결코 규칙을 따른 결과가 아님에도 불구하고, 객관적으로 '규제되어', '규칙적'이며 그렇기 때문에 지휘자에 의한 조직화의 결과가 아님에도 불구하고 집단으로서 통제된 실천이나 표상을 산출하여 조직화된다"는 것이 발생한다. 이상의 설명은 니시 켄지(西兼志), 「「ハビトゥス」 再考－初期ブルデューからの新たな展望」, 『成蹊人文研究』 第23号, 2015에서 인용했다. 또 브루디외의 의논에 관해서는 상기 니시 논문 외에, 다나베 시게하루, 『人類学的認識の冒険―イデオロギーとプラクティス』, 同文館出版, 1989로부터 많은 것을 배웠다.

가 다루어온 관념적인 활동의 레벨에 머무르지 않고, 개인이나 가족 나아가서는 사회적인 의례행위, 혹은 정치행위에서 문학생산까지의 다양한 실천적인 행위를 생산하는 활동으로서 인정되기 때문이다. 브루디외의 프랙티스는 '습관적 실천'이라고 번역되지만, 그것은 인간의 실천활동의 많은 부분이 의식화되는 것 없이 행해지는 것에 주목한 개념이다. 유교의 의례는 그 대표적인 예인데, 정치적인 실천이나 문학의 생산 등도, 그것이 자신들의 존재를 명시하기 위한 실천행위라고 인정되면, 그것들도 또한 프랙티스인 것이다. 유교라는 이름 아래 집적된 여러 가지의 프랙티스가 중국에서 주변 지역에 전파되는 동안에 각 지역에 적응된 형태로 변용되는 현상이나, 일부 상류계층에게서만 실천되었던 프랙티스가 하층 사람들에 의해 자신들이 실천하기 쉬운 형태로 변용되는 현상이 일어난다. 이것이야말로 유교적 프랙티스의 '토착화'라는 현상이었다.[4]

각 지역에서 토착화가 진행되는 가운데, 각각의 지역에 특유의 아비투스, 곧 일정한 경향성을 띤 체계 같은 것이 생겨난다. 다만 아비투스는 브루디외의 의론에서는 프랙티스를 산출하기 위한 '모태'로서만 설명되어 그것이 어떻게 해서 형성되었는지에 대해서 설명되지는 않았다. 이러한 정의로는 아비투스라고 하는 경향성이 미리 인간 집단에 내재하고 있다고 하는 '문화결정론'과 다를 바가 없어져 버린다. 그래서 본고에서는 다양한 프랙티스가 생산되는 가운데 아비투스가 형성되어, 나아가 이 아비투스가 가진 지향성에 의해서 새롭게 외부로부터 초래된 프랙티스가 변

---

4 필자의 '토착화'에 관한 의론은 『기호로서의 유학』(光芒社, 2000)을 참조. 또한 그것에 기초한 근세 동아시아 유교에 관한 스케치는 「토착화하는 유교와 일본」(2000)(『現代思想』 2014년 3월호)을 참조해주셨으면 한다.

용된다는 관계성이 프랙티스와 아비투스 사이에 존재하는 것으로 생각하기로 한다. 이러한 상호작용이 어느 정도의 세월을 들여서 축적됨에 따라 동아시아 각 지역의 아비투스는 천천히 형성되었다고 이해하는 것이다.

2. 주자학의 탄생과 토착화

근세유교의 큰 특징은 불교에서 가져온 이론에 기반하여 고대유교가 생산한 텍스트류를 재해석하고 거기에서 실천가능한 프랙티스를 만들어낸 데에 있다. 근세유교가 영유한 불교사상의 핵심은, 주로 화엄과 선에서 주장된 의논으로, 유식론이라고 하는 마음의 움직임을 논한 것이었다. 물론 동아시아의 불교에는 밀교나 정토교도 있어, 이들 역시 근세 이후의 '종교'적인 활동에 커다란 영향을 주었지만 유교에는 거의 도입되지 않았다. 한편으로 '기'라고 하는 개념에 의해 세계의 형성 과정이나 그 현상 등을 설명하는 것도 근세 유교에서 사용되고 있다. 이런 것들은 주로 음양가陰陽家나 도가道家 등이 주장한 의논이었으나, 비교적 일찍부터 유교에 도입 되었다. 근세유교는 현실세계에 관한 여러 가지 설명을, 선행하는 토착의 의론에서 도입하여 그 근저가 되는 원리나 법칙을 파악하기 위한 방법론을 불교, 좀 더 정확하게 말하면, 동아시아 사회에 적합할 수 있도록 계속 변용해온 불교에서 영유하는 것으로 의해 성립한 것이다.

근세유교에 있어서의 출발점, 이론과 실천의 완성형은 남송의 주희에 의해서 만들어졌다. 주자학이 성립하기까지의 동향은 당말에서 송에 걸쳐서 일부 지식인이 유교의 재검토에 몰두하고 노력했던 것을 단서로 하고 있지만, 송北宋이 되면 중소지주층이기도 했던 관료층에 의해서 유교를 이용하는 것이 정착된다. 거기에서는 현실정치에 유교를 적용하려고 했던 급진적인 활동에서 그 이전의 '관습'에 기반하여 경전해석이나 시문 제작까지 다양한 형태가 취해졌다. 그 중 하나로써 '도학'도 있었지만 '도학'은 정치실천이나 시문활동보다도 마음의 수양에 관한 이론과 실천의 탐구를 계속해온 소수파에 지나지 않았다. 그런데 북송에서 남송으로 바뀌는 혼란기가 되면 '도학'은 그 담당자들이 대부분 남쪽에 이주하는 것에 의해서 중심을 차지하게 되었다. '도학'의 주류화는 우연성에 의한 부분이 크지만 또한 정치실천에서 경전해석까지의 활동 중 무엇을 중시하는가에 의해 형성되게 되었다. 거기서 생겨난 다양한 의론을 통합한 것이 주희이다.

주희는 마음의 수양을 중시하면서 그때까지의 의론을 정리하여 '이기론'이라고 불리는 원리적인 설명을 구축했다. '기'의 생성 · 소멸에 의해서 인간을 포함한 모든 사물 · 사상을 설명하는 것은 이미 고대에 있어서 성립되었으나, 고대의 소박한 의론에서는 연상連想게임처럼 현상에 있어서의 관련성이 설명된 것뿐이었다. 주희는 그런 현상세계를 지탱하는 원리로서 '이기론'을 구축했다. 이 '이기론'은 현상세계뿐만 아니라 '인성론'이라고 불리는 인간의 선악에 관한 문제에도 동일한 구조가 존재한다고 하는 점에서 획기적이었다. 주희의 중요한 점은 단지 원리론을 확립한 것뿐만 아니라 인간이 '선'한 존재가 되기 위한 방법론을 확립하려고 한 것에 있다. 주희의 의론에서는 현상세계의 모든 존재는 '기' 활동이 있기에 존재하는 것이라는 근원적인 제약이 있는 까닭에 언제나 간섭을 받기에 '순수한 존재'인 채로 있는 것은 불가능하다고 여겨졌다. 거기서 주희가 주장한 것은 인간의 마음의 활동을 근원적으로 유지시키는 '이'=본연지성와 천지우주의 생성운동을 통괄하는 '이'=천리가 동일하다는 것을 전제로 인간 마음 속에 있는 '이'를 인식하고 재활성화시키기위해서는 천지우주의 관찰, 더 나아가 그 이상으로 인간과 천지우주의 동일성에 대해 설명했을 터인 유교 텍스트를 바르게 학습한다는 것이었다. 이에 따라 주희는, 불교의 '좌선'을 도입한 것 때문에 항상 비판에 노출되었던 '도학'의 '정좌靜坐'라고 하는 마음수양 방법 이외의 루트를 개척할 수 있었던 것이다.

주희가 유교의 본류라고 말할 수 있는 텍스트 학습을 실천적인 방법 속에 도입한 것은 주자학을 정통적인 지위로 밀어 올리는 것에 도움이 되었다. 아마도 주자학이 동아시아에 넓게 퍼진 요인은, 다른 학파에 비교해서 더욱 정치精緻한 의론의 구성도 컸겠지만, 텍스트군의 배열에 따른 계제階梯적인 학습이 확립된 것도 한 요인일 것이다. 고대유교에서는 오경—시·역·서·춘추·예—이라 불리는 텍스트가 중심이었으나, 주자학에서는 거기에 사서라고 하는 새로운 텍스트군이 보태어졌다. 사서는 대학·논어·중용·맹자라는 순서로 배우는 것에 의해서 '유교란 무엇인가'라는 명제를 순차적으로 학습할 수 있다고 되어 있었을 뿐만 아니라, 공자·증자·자사·맹자라고 하는 저자의 계보 그 자체가 요순에서 발단하는 '도통', 즉 유교의 정통적인 연속성을 보증하는 것이었다. 사서의 확립에 의해서 주희는 노장이나 불교에 의해 중단된 정통 유교의 부활이라하는 장대한 역사=서사를 확립하는 것에 성공한 것이다. 그러나 사서오경이라고 하는 방대한 텍스트를 학습하는 것이 인격형성이나 사회공헌에 도움되는 것은 어디까지나 학습이 달성된 후의 일이라고 여겨지므로, 그 보증은 꽤 위태로운 것이었다.

주희의 시대에서조차 최대 라이벌이라 여겨진 육구연의 문하는 마음수양에 의론을 집중시켰고 또 사공파事功派라고 불려진 사람들은 현실정치에 있어서의 실천에 기울어져 있어서 주희의 주장에 대한 비판은 컸다. 그 때문에 주희의 후계자들의 시대가 되면, 주희의 실천에 관한 방법론이 시간과 공이 드는 학습이라고 경원된 것은 당연하였고, 그것은 자연스럽게 '이기론'이라고 하는 이론에의 회의로서 확대되어 갔다. 그래서 주희의 문인들은 주희가 작성한 텍스트를 교정해서 출판하는 것뿐만이 아니라 문인들과의 서간교류나 강의에 있어서의 발언 등을 정리해서 세상에 널리 알리는 활동을 적극적으로 추진했다. 더욱이 이러한 자료를 이용하여 주희의 의론을 '이해하기 쉽게' 제시하는 작업도 이루어져, 주자학의 중요개념을 간명하게 해설한 진순陳淳의 『자의상강字義詳講』—『북계자의北溪字義』 혹은 『성리자의』라고도 부름—은, 그 이후의 주자학에 커다란 영향을 미쳤다. 또 남송말의 이종理宗 때 벼슬을 하며 주희 만년에 한때 탄압의 쓰라림을 겪었던 주자학을 복권시키는 것에 진력한 제2세대인 진덕수真德秀는 '궁리'보다도 '함양'을 중시한 실천상의 노력을 자신이 이해하는 주자학의 중심에 두었다. 이러한 그의 인식을 반영한 『대학연의』, 『서산독서기西山讀書記』, 『심경』과 같은 저작도 재차 후대 주자학의 기초가 되었다. 이러한 후계자들의 노력은 지극히 간결한 실천을 주요 저작으로 삼았던 육구연의 학통을 강하게 의식하여 그것에 대한 대항을 기도한 것이었지만, 동시에 그것은 동아시아에 있어서의 주자학의 적합화, 곧 '토착화'의 시작을 고하는 것이기도 했다.

남송에서 주자학을 비롯한 '도학'계의 유교가 발전하고 있던 시기 북방의 금에서는 북송시대에 소식 등이 확립한 '촉학蜀學'이 확산되어 있어 주자학은 거의 받아들여지지 않았었다. 그 후 금이 멸망하고 원이 지배하게 되면서, 그 지역 한족은 피지배 계층으로 취급당해 유교 그 자체가 중요시 되는 일은 없어졌다. 그런데 남송을 쓰러뜨리기 위해서 원군이 남방으로 침공하는 과정에서 주자학을 배우고 있는 남송의 지식인들이 포로가 되고 그들에 의해서 주자학은 처음으로 북방에 소개된다. 거기에서 중하급 관료로서 활동하고 있던 한족한인의 사이에 주자학이 확산되어, 최종적으로는 한인관료를 채용하기 위한 과거에 주자학이 시험과목으로 채용된다. 원나라 시대에 지배 이데올로기로서 주자학의 유용성이 인정됨으로써 중국 전체에 주자학이 확산된 것이다. 더욱이 원조의 지배하에 편입되면서도 가까스로 왕조로서의 존속을 유지하고 있던 고려에서는 중하급 관료로서 활동하던 지식인들에게 주자학이 받아들여졌다. 그들은 신라계 지식인의 자손에 해당하는데 직무 때문에 수도인 북경에 체재하고 있었다. 거기서 그들은 원조의 지식·기술을 배우고 있었는데, 그 중 하나가 주자학이었다. 이윽고 주자학은 그들의 정치개혁에 있어서 중심적인 이념이 되어 중하급의 지식인에게 급속적으로 확산되어 갔다. 고려조부터 조선조로의 전환은 지방의 중소지주층이기도 한 중하급관료층이 주자학의 이념의 실현을 요청하여 일으킨 '역성혁명'이라는 성격을 가지고 있다.

그런데 원조의 지배하에서 편입된 중국 남방 지식인들은 '남인'이라고 불려 관료로의 등용이 제한되는 등의 사회적인 차별을 받았고 각지를 거점으로 하는 동족집단별로 유교를 지켜나갈 수밖에 없었다. 거기에는 사서오경 등의 경서해석이 '가학'으로서 계승되었던 것 이외에 실천적인 학습방법에 대한 재검토도 이루어졌다. 이 같은 남방에서 전개된 주자학에서는 경서연구를 진행하는 것뿐만 아니라, 동족집단을 유지하기 위한 유교적인 규범—주자가례 등—의 실천도 중시되었다. 유교의 '토착화'라고 하는 관점에서 보면, 남방중국은 북방보다도 선진적이어서 프랙티스의 실천에 의해 아비투스가 만들어지는 단계까지 진행되었다고 생각된다. 그 한편으로 남송시대에 대립하고 있던 주자학과 육학陸學의 조정調停도 큰 과제가 되기 시작했다. 남송 말기에는 강남을 중심으로 육학이 우세해져서 주희의 문인들은 그 대항책으로서 주희의 저술을 수집하고 그것의 정리와 교정을 진행했다. 또 주희의 사상을 해설하는 서적도 많이 만들어졌다. 이러한 노력은 명대 초기의 『대전大全』 등에 반영되어 있지만, 거기에 부상한 많은 문제는 주희의 사상이 중년 이후에 많이 바뀌었다는 것이다. 원조의 지배하에서 주자학을 계승해온 사람들에게 있어서 이것은 큰 과제가 되었다. 주희의 사상적 변화를 육학에의 대항이라고 하는 문제와 결부시켜서 파문을 일으킨 것이 강남 출신의 오징吳澄이었다. 그는 유교의 재흥을 목표로 하며 벼슬살이를 했지만 경서연구를 정력적으로 진척시켰을 뿐만 아니라, '유자내외합일지학儒者內外合一之學'을 제창하고 주자학과 육학의 방법론적인 통합을 꾀하여, 주희 만년의 사상적 전환에 의해서 주희와 육구연과의 대립이 해소되었다고 주장했다. 이것은 자료로서 남겨진 주희의 사상변화와 남송시대부터의 실천적 방법론을 둘러싼 주자학과 육학과의 대립 등을 일거에 해결하는 획기적인 아이디어였다.

3. 2개의 심학

주자학과 육학을 조정調停한다고 하는 시도는 학습에 있어서의 방법론뿐만 아니라, 필연적으로 주자학의 '이기론'을 재검토하는 데까지 나아가지 않을 수밖에 없었다. 이것이 본격화되는 것은 명대가 되고 주자학이 체제교학으로서 지위를 얻은 후의 일이지만, 그것은 주자학이 체제교학이 되었기 때문에 이루어진 부산물이기도 했다. 명조 초기에 주자학은 과거의 시험과목이 되었을 뿐만이 아니라, 과거가 원활하게 시행될 것을 목적으로 사서대전 · 오경대전이 편찬되었다. 거기에는 주희에 의한 주석뿐만이 아니라, 북송도학이나 거기에 관한 주희의 의론, 거기에다가 주희의 문인들이 주희의 주석에 보탠 의론까지도 받아들여져서 권위가 매겨지게 되었다. 이 같은 텍스트의 학습에서는 거기에 기재된 문장 전부를 기억하는 것이 요구되어졌으나, 그러기 위해서는 방대한 시간이 필요했기 때문에 과거 과목으로서는 정말로 안성맞춤이었다. 하지만 거기에는 오징의 학설처럼 주자학과 육학을 조정하는 것과 같은 의론도 포함되어 있어서, 주자학이 정통화되었다는 말로 정리될 수 없을 정도의 문제도 잉태하고 있었다.

이러한 흐름을 받아서 진헌장陳憲章 등에 의한 주자학의 '심성론'의 재검토가 이루어지고, 또 정민정程敏政에 의한 '주육조이만동론朱陸早異晩同論'이 제기 되었다. 진헌장은 '정좌'에 의한 마음의 수양을 말하며 그것을 가능하게 하는 이론을 모색하였고, 또 정민정은 당초에는 주희와 육구연의 의견이 달랐지만, 만년에 주희가 육구연의 의론을 받아들인 것에서 양자의 의론은 일치하였다고 주장하여 오징의 의론의 강화에 힘썼다. 중요한 것은 진헌장도 정민정도 자신들이 주자학자라고 생각하고 있었던 점이다. 그들은 주자학의 '토착화'를 촉진하기 위해 활동하였지만 거기에서 '심학'이 생겨나게 된다. 주자학에는 이론과 실천을 둘러싼 구조적인 문제가 있었고 내부에서도 이를 해결하기 위해 모색하는데, 이의 영향을 받으며 더욱 '마음의 이'로 기울어져 이 문제를 해결하려고 한 것이 '심학'이었다. 주자학에서는 천지우주의 생성운동을 통괄하는 '이'=천리와 인간의 마음의 활동을 근원적으로 떠받치고 있는 '이'=본연지성는 동일시되어서, 그것을 함께 '체득'하는 것이 요구되었다. 그 안에서 마음활동에 보다 중점을 둔 이론과 실천방법등을 만들어내려고 하는 시도가 '심학'인 것이다. '심학'이 대두하게 된 배경에는 수양방법에 머무르지 않고 '이기론'이라는 주자학의 가장 근원적인 이론에의 수정이 요청되었다는 이유가 관련되어 있다.

양명학은 당초부터 '심학'이라고 불리고 있었다. 거기에는 기존의 주자학을 '이학', 곧 마음이 아닌 외부의 '이'를 탐구하는 학문이라고 비판하는 인식이 개재되어 있다. 근대가 되면 양명학은 정신과 육체의 통일체라고 하는 근대적인 인간관에 기반하여 '정신'의 확립을 지향하는 의론으로서 높이 평가되지만, 근세에서 양명학을 '심학'이라고 부르는 것은 마음 속에 있는 '이'를 어떤 식으로 해서 재획득할 것인가라는 관점에서 기인하는 학문자세를 가르킨다. 양명학은 마음 속에 있으며 '선'의 근거가 되는 '이'를 부정하지 않기는커녕 오히려 주자학 이상으로 그 존재를 믿고 있던 것이었다. 이러한 '확신'은 인식론적인 이해를 넘어서 직각적直覺的으로 파악하여 포착할 수 있는 것으로 생각되어 있어 근대가 되면 이 점에서 양명학과 '종교'와의 유사성을 인정하기도 했다.

왕수인이 주자학을 비판한 것은 확실하지만 그렇다고 해서 왕수인이

'도학'을 부정한 것은 아니었다. 왕수인은 오징이나 정민정에게서 의론을 계승하여, '도학'의 계보가 이정자의 단계에서, '정이이천에서 주희에게'라고 하는 계보, '정호명도에서 육구연에게'라고 하는 계보로 분기되어, 후자야말로 바른 '도통'이라고 주장한 것이다. 물론 당시 이미 오징과 정민정의 의론에 대해서는 자료적인 미스가 지적되었으나, 왕수인은 그것을 충분히 알면서도 자신의 정통성 근거를 주희의 만년의 전환에 구한 것이다. 이러한 경위를 본다면 양명학이 근대에서 이해되고 있는 것처럼 주자학의 대체품을 공급하는 것을 목적으로 등장한 것이 아니라, 오히려 순정품純正品을 제공하는 것에 있었다는 것을 잘 알 수 있다.

왕수인의 사상에 대해 여기서 상세히 설명할 수는 없지만, '도학'의 정통적인 방법론으로서 '이'의 직각적인 파악을 주장하고 직각적으로 파악할 수 있는 대상이기 때문에 '이'를 상세하게 설명하지 않아도 좋다고 주장한 것은 중요하다. '이'는 주자학에서 인식의 대상객체으로 여겨졌었기 때문에 그 상세한 설명도 요청된다. 그런데 그것을 둘러싸고 주희 자신의 설명에 흔들림이 생기고 그것은 문인들에 의해서 더욱 증폭되었다. 이에 대해서 왕수인은 '이'가 '양지'로서 선험적으로 내재함을 이해하는 것만으로 괜찮고, '이'를 각성시키는 하는 방법에 몰두해야한다고 주장했다. 게다가 그 방법으로서 지금까지의 중심이었던 '정좌'뿐만이 아니라, 일상에 있어서 여러 가지 행위를 통해서 직각적으로 파악하는 것이 제시되어 그것은 '사상마련事上磨練'이라고 명명되었다. 더욱더 중요한 것은 그 방법이 각성=학습단계에 머무르지 않고 각성한 상태를 항상적으로 지속하기 위한 방법이었다는 것이다. 주자학의 수양론, 예를 들어 '경敬'의 공부 등은 '이'의 발현發現이라고 하는 학습단계를 중요시하였기 때문에 '이'가 발현된 이후의 문제에 대해서는 불충분했다. 양명학의 등장은 '항상적인 수양'을 확보한다고 하는 주자학의 과제에 대한 하나의 회답이었다.

양명학의 '사상마련'은 '청규淸規'에 기반한 '작무作務'의 실천이라고 여겨졌던 선禪의 수양방법의 세속판이라고도 할 수 있고, 주자학 쪽에서는 불교와 똑같다는 비판을 불러일으키게 된다. 유교 텍스트에 기반한 용어를 사용하고 있었다고 해도 인간의 마음 속에 존재하는 '이'를 추구하는 방법론에 있어서 양명학은 주자학 이상으로 선에 접근했기 때문이다. 다만, 이 학습의 간편화는 송대에는 '사대부'라고 불린 관료=지주계층에 한정되었던 '도학'을 '대중화'한다고 하는 의미도 가지고 있었다. 양명학의 확산은 관료층뿐만이 아니라 지방 거주 지주계층이었던 '향신'층과 상품경제의 발전에 의해 대두한 상공업자들에게까지 파급되었기 때문이었다. 당초에 '향신'층과 상공업자는 지배계층 하부에서 중간층에 걸쳐 있었기 때문에 이것을 '대중'이라고 부르는 것에 의문이 있을지도 모르겠지만, 이러한 '향신'층과 상공업자가 주체적으로 유교를 받아들였을뿐만 아니라, 이러한 사람들에 의해서 도시부와 농촌의 일반대중에도 유교적인 규범 — 향약이나 '육유연의六諭衍義' 등 — 이 더욱 침투해갔던 것을 생각하면, 양명학의 성립과 유행을 유교의 '대중화', 곧 '토착화'로 간주할 수 있다.

한편, 주자학이 북방에 퍼져서 고려의 중하급관료에 받아들여진 것은 결과적으로 유교국가인 조선의 탄생을 초래하게 되었다. 조선조 초기에는 주자학을 이념으로 하는 정치체제의 확립이나 '주자가례'나 향약의 실천을 요청하는 개혁도 행해졌지만, 이것들은 당시 사회의 실정에 어울리지 않는 급격한 개혁이라는 비판을 받고, 그 결과, 그것을 주도한 급진파는 정쟁에 져서 지방에 은둔할 수밖에 없었다. 이 사람들을 당시 정치권력을 장악하고 있던 문벌파와 대비하여 '사림파'라고 부른다. 한편 문벌파의 사람들도 유교적인 지식을 몸에 지니고 있었지만, 주자학의 사회적 규범을 실천하는 것에는 소극적이었다. '주자가례'나 향약 등의 사회적 규범이 보급된 것은 고려조 후기에 주자학이 전해지고 난 후 약 2세기 정도 경과된 16세기의 일이다. 이는 주자학을 조선사회에 들어 맞도록 토착화가 진행된 증거이겠지만 그에 걸맞는 이론의 변경을 요구받게 된다.

'(조선)성리학'은 그것이 등장한 당시부터 현재에 이르기까지 주자학을 이론적으로 발전시킨 것이라고 하는 것이 일반적인 인식이다. 확실히 '(조선)성리학'은 조선사회에의 적합성뿐만 아니라 양명학을 강하게 의식하면서 성립해왔으므로 '심학'과는 대립하는 입장에 있는 것처럼 보인다. 그러나 '(조선)성리학'은 양명학뿐만이 아니라 명대의 주자학에 대해서 양명학을 바르게 논파하지 못했다고 비판했다. 그런 까닭에 원점인 주희의 의론議論에 회귀할 것이 주장되었다는 점을 유의하지 않으면 안 된다. 동시에 '(조선)성리학'에서는 그들이 주장하는 순수한 주자학으로 돌아가자는 것 보다는, 양명학과 똑같은 개혁으로의 지향성이 인정된다. 명대 주자학은 마음 수양에 관한 실천방법으로 양명학보다 뒤떨어져서, 그것을 보완하기 위해 실천방법뿐만이 아니라 그것을 떠받치는 이론수정까지 하지 않으면 안 되었던 것이 '(조선)성리학'이 등장한 최대의 원인이다. 또 양명학에 대한 경계심이 그에 박차를 가한 것도 크다. 대항 관계가 형성된 것에 의해 한쪽의 의론으로 접근하게 되어 다른 쪽의 의론도 똑같은 방향으로 향하는 현상이 발생했다고 볼 수 있을 것이다.

'(조선)성리학' 성립의 주역이라고 할 수 있는 이황퇴계은 '이기호발'설이라고 불리는 주자학의 이론적인 수정을 제기했다. 물론 이황 자신의 인식에서는 양명학에 대항할 수 없었던 명대 주자학을 극복하여 원점인 주희의 사상으로 돌아가기 위한 행보였지만, 결과적으로 양명학과 마찬가지로 마음 속에 있는 '이'를 중시하는 수정을 행했다. '이기호발'설은, 극한적인 상황에서 '이' 자체가 발동해서 '선善'으로 향하는 것이 가능하다는 의론이다. 주희의 이기론에서는, 이 세계는 '기' 운동으로 성립되어 있어 '이'는 '기'의 운동에 방향성을 줄 뿐 활동하지 않는다고 되어 있었다. 그렇다고는 해도 제자들이 기록한 주희의 많은 발언 중에는 '이' 그 자체의 활동을 인정하는 듯한 사례도 있어서, 이황은 거기에 주목해서 의론을 구축하였으나 그것은 당시의 일반적인 주자학의 이해와는 달랐다.

이황이 기획한 것은 그때까지 선악을 포함한다고 여겨졌기에 수양론에 있어 거의 방치되었던 '정'을, '이'를 주체로 하는 '사단'과 '기'를 주체로 하는 '칠정' — 정확하게 말하면 '사단'은 '이'가 발해서 '기'가 거기에 타고, '칠정'은 '기'가 발해서 '이'가 거기에 탄다고 이황은 설명한다—으로서 재정의하는 것에 의해서 악에 물든 상태에서 선으로의 이행이 가능해진다는 것을 이론적으로 증명하는 것이었다. 이황은 이 이론에 기반한 실천방법을 주장했지만 그것은 동시에 선한 상태를 계속 유지하기 위한 방법이 되었다. 이 수양방법은 일상생활에 있어 다양한 '예'를 계속 실천해 나가는 것으로 되어, 그것이야말로 주희가 말하는 '거경'의 참된 의미라고 이황은 주장하지만, 그것이 양명학의 '사상마련事上磨練'에 대항하는 것이었던 것은 명백하다. 이황은 양명학 연구에 착수했을 뿐만 아니라, 진덕수가 만들고 정민정이 주석을 덧붙인 『심경』『心經附注』의 실천을 주장했다. 이황이 확립한 '(조선)성리학'은 '마음의 수양' 문제에 강한 관심을 향하게 한 또 하나의 '심학'이었다.

4. 심학의 토착화

이황의 이론은 그 후 이이율곡에 의해 수정되어, '(조선)성리학'은 이론적으로는 온당한 주자학에 돌아가서 조선사회에 퍼져나간다. 이이의 수정은 '이'의 '기'에 대한 우위성에 대해서는 이황에 동의하기는 하지만, 이황의 의론에 있어서 핵심적인 문제제기였던 '이' 그 자체의 활동성을 부정하는 것이었다. 이이의 수정은 '이'는 무형무위의 존재이기 때문에 모든 사물·사상에 존재하는 것이 가능하지만, '기'는 유형유위有形有為의 존재이기 때문에 끊임없이 발생·변화·소멸을 반복하여 각각 개별의 사물에 한정되어 있다고 주장한다. 즉, '이'가 '기'의 주재자이라고 하여도, 현실세계는 '기'의 활동에 '이'가 타는 것에 의해서 성립하고 있는 것에 지나지 않는다고 하는 것이었다. 단지 이이의 의론에 있어서 핵심은 이황과 똑같이 주자학의 수양론을 자신들의 사회에 적합하게 하는 것에 있었다. 이이도 또한 주자학에서는 외계의 사물의 작용으로서 기능한다고 여겨진 '정'을 적극적으로 평가하고 있기 때문이다. 이이의 주장은 사물=현실세계에 눈을 돌리는 것이 '마음'의 활동을 어지럽히는 계기로서 부정적으로 받아들여지는 것이 아니라, 오히려 구체적인 실천활동이 선의 발동으로서 수행되기 위한 중요한 계기로서 적극적으로 평가할 것을 주장한 것이라고 이해해야 한다.

그렇다고는 해도 이이의 의론을 잘 보면 '우주론'이나 그것과의 관련에서 '인성론'을 이론적으로 연구하고자 하는 지향성은 강하지 않고, 이이에 있어서는 현실의 세계가 '이'와 '기'의 작용에 의해 존재한다고 하는 것을 확인할 수 있다면 좋다는 정도였다고 여겨진다. 그렇기 때문에 이이의 제일의적인 목적은 이론보다도 현실적인 실천에 있었다고 생각해야 할 것이다. 이이의 주요 저작으로 『성학집요』, 『격몽요결』, 『동호문답』이 거론되나, 그것들은 모두 실천적인 활동 혹은 현실적인 정책에 관련된 것이었다. 『성학집요』는 바쁜 국왕을 위해 진덕수의 『대학연의』를 요약한 것이지만, 단순한 요약이 아니라, 명대 구준丘濬의 『대학연의보大學衍義補』와도 다른 조선사회에 적합하도록 하기 위한 수정이 많이 이루어졌다. 『격몽요결』은 초학자 계몽을 의도한 저작이지만, 주자학에서 초학 입문용으로 되어있던 『소학』의 요점을 제시해 줄 뿐만 아니라 자신한테 어울리는 형태로 주자학을 학습하도록 쓰여졌다. 『동호문답東胡問答』은 향촌에 큰 타격을 준 '공납제'를 변경해서 그 피폐에서 구제할 것을 지향한 '대공수미법代貢收米法'의 도입을 국왕에게 건의하는 의견이 중심이며, 이 '대공수미법'은 조선후기에 '대동법'으로서 정착되는 제도였다. 이처럼 이이의 저술은 국왕이나 양반들—중앙에 진출해서 관료가 된 계층 외에, 향촌의 지도적인 역할을 다하고 있는 지방 거주 계층도 포함된다—에 대한 계몽을 목적으로 집필된 것으로 그의 문제 관심이 어디에 있었는지 여실히 보여준다.

그 후 '(조선)성리학'은 이황의 학통과 이이의 학통으로 나뉘어져 계승되어, 그것이 관료층의 출신모체가 되었기 때문에 정치적인 대립으로 발전하게 된다. 거기에는 이념적인 문제도 다시금 문제화되지만, 전체적으로는 양반계층이라는 동족집단문중의 유지·발전을 위한 사회적 규범의 실천이나 현실적인 정치과제에 대응하는 정책실행의 문제에 관심이 옮겨간다. 이 방향성은 명대 후기의 동향과 아주 많이 비슷하며, 동아시아 전반의 유교 동향이 마음 속에 있는 '이'의 재정의라는 이론을 둘러싼 의론에서 현실사회에 있어서의 유교적인 실천을 둘러싼 의론으로 이행해 간 것에 대해 이야기하고 있다.

한편 명대 후기에서는 왕수인 사후에 학통이 전덕홍錢德洪을 중심으로 하는 수증파修証派, 정통파와 왕기王畿 등의 현성파現成派, 왕학 좌파, 나홍선羅洪先 등의 귀적파歸寂派, 왕학우파로 분열되지만 그것은 '항상적인 수양'이라는 과제를 둘러싼 이해의 차이에서 생겨났다. 귀적파는 '정좌'에 의한 수양을 중시하고, 수증파는 매일의 실천 속에서 수양이 축적된다는 의론을 비판했다. 현성파 쪽은 인간은 태어나면서 '이'가 발현된 상태에 있으므로 수양 그 자체도 필요가 없다고 주장했다. 최종적으로 '욕욕망'도 긍정하게 된 현성파의 주장은 근대가 되면 '인간성 해방'의 선구적인 의론으로서 높이 평가받게 되지만, 동시대에서는 열광적으로 받아들인 사람들이 있었던 한편, 위험한 사상으로서 비판도 받게 되었던 것이다. 이렇게 삼파로 갈라진 양명학은 당초에는 수양의 필요성을 인정하지 않고 현상을 극단적으로 긍정한 현성파가 우세였지만, 이윽고 그 과격함을 경계하는 풍조가 생겨나면서, 일상생활 속에서 수양을 실천하는 것을 말하는 수증파가 세력을 회복했다. 그 결과, 명조 말기에 있어서의 양명학은 수양의 필요성을 부정하는 것도 아니고, 또 엄격한 수양의 필요성을 주장하는 것도 아니라, 일상생활 속에서 조금만 수양을 의식화해서 실천한다는 의론에 도달하게 된 것이다.

다만 양명학이 이렇게 변하면, 우주론적인 '이'에 대한 관심을 상실하고 『주자가례』 등의 일상적인 실천을 중시하는 명대 후기 주자학과 큰 차이가 없어지게 된다. 이러한 주자학과 양명학의 접근을 대표하는 가장 좋은 사례가 동림당이었다. 동림당은 오래동안 쇠퇴해 있던 동림서원을 고헌성顧憲成이 재건하고 그곳을 거점으로 강남의 지주세력을 중심으로 하는 네트워크가 형성된 그룹으로 당시 정치권력을 장악했던 환관세력을 도덕적으로 부패했다고 비난하고 학문적인 수양에 의해서 윤리관을 제고하는 것을 목표로 하였다. 동림당에는 양명학에서 주자학으로 접근했다고 하는 평가와, 주자학에서 양명학으로 접근했다고 하는 평가가 혼재되어 있지만, 아마도 어느 쪽이 출발점이라고도 말할 수 없는 중간적인 존재였다고 생각해야 될 것이다.

이러한 명말의 상황은 현실사회에의 적합화를 꾀하고자하는 '토착화'에 있어서 무엇이 우선되고 무엇이 포기되는지를 잘 보여준다. 주자학이 안고 있던 문제를 날카롭게 지적하는 과정에서 등장한 양명학의 의론은, 이러한 '토착화'에 의해서 사회 속에서 받아들여진 반면, 그 사상적인 임팩트를 상실하는 결과를 초래하였다. 단 양명학과 주자학이 '융합'한 상태를 맞이한 명대 말기의 유교에서는 과거를 염두에 둔 사서·오경의 주석도 많이 생산된 것에 주의해 둘 필요가 있다. 과거대책용의 주석으로서는 한때 정계를 지배하고 '일조편법'의 도입을 진전시킨 장거정의 『사서직해』가 잘 알려져 있지만, 정계의 실력자에 의한 주석이라는 것이 당시 유행한 큰 이유였을 것이다. 동시에 주자학이든 양명학이든, 그러한 이론적인 제약이 없어진 해석이 허용되게 되면, 초횡焦竑처럼 유교『초씨필승(焦氏筆乘)』뿐만 아니라 노장사상『노자익』,『장자익』에 대해서 논하는 사람들이 나타난다. 초횡을 유불도의 '삼교합일'의 입장에 있었다고 생각하는 연구자도 있는 것처럼, 그는 '토착화'에 의해 다양한 사상이 융합된 명조 말기의 사상상황을 잘 반영하고 있었다.

명말의 유교 동향은 유교뿐만이 아니라 여러 가지 텍스트 연구를 행한 '청조고증학'의 전조라고 생각해도 무방하지만 '청조고증학'에서는 주자학에서 소학(입문교육－역자주)으로 설정된 언어와 경서나 사서에 기재되어 있는 예악의 연구가 융성하게 된다. 이것은 유교의 문제관심이 '마음의 이'에서 멀어져서 다른 곳에 질서의 근거를 찾는 것으로 이행한 것을 보여준다. 주자학에는 모든 존재나 활동의 근거로서 '이'가 상정되어 있지만, 그것은 마음의 '이'인 '본연지성'과 천지자연의 '이'인 '천리'로 구분한 다음, 그것이 동일하다는 것이 주장되었다. '심학'은 그 중에서 '마음의 이'에 관심을 둔 동향이었지만, 그러한 동향이 쇠퇴하였다고 해서 바로 천지자연의 '이'에 근거를 구하게 된 것은 아니었다. 그것도 그럴 것이 천지자연에 엄연한 법칙성理法이 존재한다고 하는 이해가 확산되는 것은 서양 자연과학이 본격적으로 학습된 근대까지 기다리지 않으면 안되었기 때문이다.

그렇다고 해도 서양 자연과학을 배우게 되면서, 인간의 도덕적 행위와는 직접 관계없다는 이해도 정착되기 때문에, 유교적인 담론에 있어서 천지자연의 '이법'에 도덕적 행위의 근거를 두는 이론은 생겨나지 않았다. 근세 후기의 동아시아에서 실제로 생겨난 의론은, 주자학 이전에 돌아가서, 현실세계를 '기'의 생성·확산으로서 설명하는 것이었다. 이러한 동향은 근대가 되면 '기의 사상'으로 불려져서, '유물론'적 사고의 맹아로서 높이 평가되는 것이지만, 실제로는 주자학의 '이'를 '이'라고 부르지 않고 규칙성으로서 적용시킨 것 뿐으로 서양의 자연과학처럼 독자적인 법칙을 찾아낸 것은 아니었다. 이 동향은 서양의 자연과학을 받아들일 때에 '수용체'로서 기능하는 데에 머물 수밖에 없었다.

'심학'이 쇠퇴하여 생긴 것은 천지자연의 '이'에 관심을 기울이기보다도 인간의 '마음'의 움직임에 가까운 것에서 규범성을 추구하는 움직임이었다. 18세기 이후의 동아시아에서 강해졌던 언어나 예악에 대한 관심은 이러한 질서원리의 탐구와 결부되어 있었다. 언어는 현재 인간의 의식을 반영한 것이라고 여겨지고 있지만, 그 자체가 독자의 규칙성을 가지고 존재한다고 생각되었다. 즉, 언어에서 '발견'되는 규칙성을 인간의 '마음'의 움직임을 제어하기 위한 근거로서 생각하려고 하는 의론인 것이다. 인간의 이성이나 감정의 발로로서의 언어라고 하는 이해는 현재의 언어이해와 똑같지만 그 목적은 정반대였다. 또 하나의 예악도, 고대 유교에 있어서 인간의 행위에 관한 규칙이지만, 이성이나 감정 등의 '마음'의 움직임을 제어하는 것으로서 논의되어 왔다. 물론 예악이 중시된 것은, 사회적 규범으로서의 의의가 인정되었기 때문이기는 하지만, 이것도 자연과학과 마찬가지로 인간 집단에 독자적인 규칙성이 존재한다는 이해는 서양의 사회학이 소개되기 전까지 충분히 발달하지 못했다. 그렇다 해도 이에 관한 의론은 조금 더 구체적인 설명이 필요하므로 다음 기회에 설명하고자 한다.

5. 일본에 있어서 심학의 전개

마지막으로 지금까지 서술한 2개의 '심학'이 일본에 끼친 영향에 대해서 언급하고자 한다. 다만, 일본에 유교가 널리 받아들여져서 사회적으로 기능하게 되는 것은 중국의 명말 청초에 걸친 시기, 한국에서는 조선조 후기에 해당하는 도쿠가와 시대로 명대 주자학과 나란히 양명학이나 '(조선) 성리학'이라고 하는 '심학', 더군다나 앞서 소개한 주자학이나 '심학'에 비판적인 유교가 거의 동시에 받아들여졌기 때문에 꽤 복잡한 상황이었다. 게다가 일본에서는 과거가 도입되지 않아서 사서대전 등의 표준적인 텍스트가 필요되어지지 않았기 때문에 주자학 등을 접한 유학자들이 각각 자신의 기호에 따라 유교를 만들어 나갔다. 일본사상의 가장 큰 특색으로서 다양성이 꼽히는데, 유교에 대해서 말하자면, 그것은 수용 당초부터 잉태하고 있던 문제가 점점 명확하게 되었다는 것에 불과하다.

물론 일본사의 구분으로 '중세'로 되어 있는 가마쿠라·무로마치 시대에 이미 주자학이 전해지기는 했지만, 선종의 학문적 연구의 일부에 이용되거나, '박사가博士家'서 조정의 학식을 담당하던 사람들에게 받아들여진 정도였고 그 이상은 확산되지 않았다. 그 이유는 '전란戰亂'이라고 불린 사회상황에서는 유교를 이용한 정치가 필요하지 않았기 때문이다. 아시카가足利 학교에서 배운 사람들이 '역점易占'으로 전국 영주다이묘를 섬겼다는 이야기가 남겨져 있으니 전장에서 도움이 되는 지식으로서 '역경'이 활용된 정도였다. 이것과 관계되는 이야기로서 게이안 겐쥬桂庵玄樹의 학통을 이어 '사츠난薩南학파'를 발전시킨 난포분시南浦文之가 『역경』의 '신주'를 배우고 고미즈노오後水尾 천황의 요청을 받아서 궁중에서 '신주'에 의거한 『사서』 강의를 했다고 전해지고 있다. 게이안 겐쥬의 '훈점'을 계승한 '난포분시의 훈독文之點'은 전국 말기의 주자학 수용을 이해하는데 있어 귀중한 자료지만, 거기에서 『대전』 혹은 『대전』에 포함되어 있던 원대 후기에서 명대 전기의 주자학이 받아들여지고 있었음을 알 수 있다. 거기에서는 양명학이 문제가 되지 않았기 때문에 그 이전의 주자학이라고 생각해도 괜찮을 것이다.

무로마치室町시대에서 전국戰國시대에 걸친 상황(대략 조선시대 초중기에 해당함－역자주)은 선종의 승려가 많다고 해도, 일본에 있어서의 유교의 '토착화'가 어떤 식으로 진행되어 있었던가를 아는 데에 크게 참고가 된다. 더욱이 이러한 '토착화'를 생각하는데에 있어 도사지금의 고치현에서 발전한 '남학파南學派'의 존재도 중요하다. 일반적으로 유포되어 있던 미나미무라 바이켄南村梅軒을 기원으로 하는 설은 바이켄의 존재 그 자체가 의심스러운 것 때문에 최근에는 도사라는 장소에서 '자연발생'적으로 성립하게 되었다고 생각되고 있다. 물론 특정의 사상이 '자연'적으로 발생했다고는 생각되어지지 않으므로 지금에 와서는 잊혀져 버린 사람들에 의해서 조금씩 퍼져나갔다고 하는 것이다. 일본의 유교 수용을 중앙 중심으로 구상하는 것, 즉, 교토 문화를 대표하는 구게公家, 교토의 세습귀족과 관리나 선승을 주된 담당자로 생각하는 사고방식은 도쿠가와 시대 전기를 보면 반드시 틀렸다고 말할 수 없으나, 보다 다양한 '토착화'가 전개되고 있었다고 보는 편이 좋다. 특히 오닌應仁의 난 이후 전국시대에는 전란을 피해서 지방으로 달아난 구게와 선승도 많았기 때문에 각 지역에서 유교가 조금씩 받아들여지고 있던 과정을 생각해두어야만 할 것이다.

이러한 토착화가 진행되는 동안에 '(조선)성리학'도 받아들여졌다. 원래 도요토미 정권에 의한 침략의 '전리품'으로서 조선조에 생산된 유교 텍스트—그 중에서는 주자학 텍스트를 조선에서 재출간한 것부터 조선 유학자의 저작까지 다양한 텍스트가 포함되어 있었다—가 일본에 반입되었는데 그 이외에 교역에 의한 텍스트 수입이 있었다. 도사의 유교가 번성하게 된 것은 승려에서 환속하여 민간에서 유교를 가르치던 다니 지츄谷時中의 학습회에 도사번 가로家老, 번의 고위 간부였던 노나카 겐잔野中兼山과 보좌역의 오구라 산세이小倉三省가 참가한 다음부터다. 겐잔은 적극적으로 유교 텍스트를 구입했는데 그 중에는 조선 서적이 많이 포함되어 있었다. 겐잔은 번정개혁으로서 치수사업이나 식산흥업책을 실시하였으나, 그것들은 유교의 일부로서 받아들여졌던 지식·기술을 이용해서 행하여졌던 것이다. 게다가 겐잔은 '풍속개량'을 꾀하여 『주자가례』의 실천 등을 요구하지만, 불교세력의 반발과 그에 동조하는 번내 반대파들의 저항에 의해서 좌절된다. 왕안석이나 한국의 사림파 등의 사례와 마찬가지로 유교 이념을 성급하게 실천하는 것의 폐해가 여기서도 확인된다.

겐잔의 실각에 의해서 도사의 '남학파'는 쇠퇴하지 않을 수밖에 없었지만, 그들의 시도는 야마자키 안사이山崎闇齋에 의해서 계승된다. 원래 교토에서 태어난 안사이는 임제종의 승려로서 도사에 파견되어 겐잔 등의 유교 학습회에 참가한 것을 계기로 불교를 버리고 유교를 택했다. 이것 때문에 안사이는 도사에서 추방되어 교토에 돌아간다. 안사이가 도사에서 '(조선)성리학'에 접한 것은 우연한 일이었지만, 안사이는 이를 이용하여 당시 교토에서 큰 영향력을 가졌던 후지와라 세이카藤原惺窩 등의 '교학파京學派'에 대항하려고 했다. 여기서 세이카로부터 시작되어 하야시 라잔林羅山 등으로 계승되었던 '교학파'에 대해서 설명할 여유는 없으나, 명대 주자학을 중심으로 하여 통치을 위한 지식이나 기술을 확산시키려고 했던 '계몽'적인 입장에 있었다고 말할 수 있겠다. 이런 경향은 특히 라잔羅山에 있어 현저하여, 주자학이 많은 사람들을 매료시킨 수양으로써 인격을 향상시키고자 하는 것에 대한 관심은 희박했다. 안사이는 '(조선)성리학', 특히 그 중에서도 명대 유학을 비판하고 주희로 회귀하는 것을 주장한 이황의 저작을 배우고 독자적인 '심학'을 확립했다. 이런 안사이의 '심학'은 젊은 시절부터 관심을 가졌던神道 신도, 특히 이세신도伊勢神道 중에서도 '마음의 불

제心の祓い'신에게 기원해서 죄 · 부정 따위를 없애고 몸을 깨끗이 하는 일－역자주에 깊은 관심을 향하는 와타라이 신도度会神道를 도입하여 스이카 신도垂加神道라고 불리는 독자적인 신도를 만들어냈다. 안사이의 문인들은 기몬崎門이라고 불리는 유교계와 스이카 신도를 신봉하는 신도계로 나뉘었다고 여겨지고 있으나 기몬에서는 정좌나 가례의 실천을 통한 '마음의 수양'이 주장되었으므로 '심학'적인 경향은 양자의 저변에 깔려 있었던 것이라고 말할 수 있겠다.

도쿠가와 일본의 양명학에서는 나카에 도주中江藤樹가 잘 알려져 있다. 오우미현재의 시가현 출신인 도주는, 이요현재의 에히메현 · 오즈大洲의 가토加藤가를 섬긴 중급무사였지만 유교에 관심을 가지고 있었기 때문에 동료들로부터 고립되었다고 회상하는 것처럼 당시 일반 무사가 유교를 배우는 것은 드문 일이었다. 다만 도주가 관심을 보인 것은 양명학, 게다가 현성파現成派의 왕기王畿의 저작이었다. 이러한 도주의 선택은, 앞서 안사이처럼 우연성에 의한 부분이 크지만, 그럼에도 이미 현성파의 사상이 위험하고 잘못된 것이라는 인식도 퍼져 있는 와중에 그러한 가운데 도주가 '의식'적으로 양명학 서적을 읽었다고 하는 것은 주목할 만하다. 유교를 도덕적 실천 문제에 대한 해답이라고 파악하고, 게다가 '마음의 수양'에 의해 달성된다고 하는 방향으로 발을 내디딘 것에 도주의 존재의의가 인정되는 것이기 때문이다. 다만 도주의 학문의 체계화나 방법론의 확립은 그가 뜻을 이루지 못하고 중간에 사망한 것도 있고 해서 충분하지 않다. 그러한 가운데 주목되는 것은 『효경』을 중시하여, 매일 아침마다 송독하면서 천지의 주재신主宰神에 제사를 모시는 어떤 종류의 종교적 행위를 주장하고 실천한 것이다. 이 주재신은 고대 유교의 '상제' 또는 유교의 '태을신太乙神'과의 관련이 지적되어 있는데, 그것은 인간 마음 속에서 '천군天君'으로 존재한다고 도주는 주장하였다. 도주에게 있어서 마음에 내재하는 '신'은 '신비한 작용'뿐만이 아니라, '신령'적 존재로서 이해되었다.

이와 같이 도쿠가와 초기의 '심학'에는 마음의 수양방법이 종교적이라고도 부를 수 있는 실천행위가 되어 있던 부분에 '토착화'의 특징을 인정할 수 있다. 도주의 종교적인 실천행위는 문인인 구마자와 반잔熊澤蕃山에게는 계승되지 않았으나 반잔은 『효경』에서 이끌어 낸 '심법'을 주장했었기 때문에, 종교성은 약해졌다고는 해도 역시 마음 수양을 중요시했다는 점은 변하지 않았다. 한편, 안사이의 의론도 기몬을 대표하는 사토 나오카타佐藤直方가 '정좌'를 중시했던 것처럼 지식·기술의 습득보다도 인격형성을 중시하는 사상으로서 계승되었다. 또 아사미 게이사이浅見絅斎의 『주자가례』실천은 도쿠가와 중기 이후의 신도론에 큰 영향을 주었다. 메이지기明治期가 되어 유신에 공헌한 유교로서 기몬이나 양명학이 거론되는 것도 사실이 어찌되었든 '토착화'의 일환으로 이러한 유교가 각지에 전승되고 있었기 때문인 것으로 보인다. 일본 '심학'의 특징은 종교성을 띤 신앙이나 정신적인 수양 방법이라는 형태를 취하면서 근대가 되기까지, 아니 근대가 되어서도 존속했다는 점에 있었다.

이상과 같이 근세 동아시아의 '심학'에 대해서 설명했다 . 세세한 문제를 다루자면 여전히 이야기해야 할 것이 많이 있지만, 대략의 과정과 각 지역의 특색은 설명된 것 같다. 근세 전반의 중국과 한국에서 전개된 '심학'의 성립과 '토착화', 또한 근세 전반에 일본에서 다른 학파와 경합하면서 진전되었던 '심학'의 '토착화'에 의해서, 각 지역의 유교는 유교적인 프랙티스를 생산하고 그것에 걸맞는 이론 수정도 이루어졌다. 이러한 각 지역의 유교적 프랙티스의 생산·재생산이 거듭되어지는 가운데 아비투스라고 부를만한 것도 탄생했다. 각 지역에 걸맞는 아비투스의 형성은 이윽고 근세 후기 유교의 전개, 나아가서는 근대의 사상적 전개에 큰 '제약'이 되어 가로막았다. 근대 동아시아의 '근대화'의 지역적인 차이를 생각할 때 이 '심학'의 차이는 많은 시사를 해 줄 것이다. 그 점을 지적하며 마무리하고자 한다.

조선의 근대적 국가 구상

민국과 애민愛民

이노우에 아쓰시
이기원 옮김

1. 들어가며

동북아 지역은 민족적으로도 종교적으로도 문화적으로도 지극히 다양한 지역이며 현재도 이민문제나 영토문제 등 많은 현안 사항을 안고 있다. 동북아시아 지역의 '근대적 공간', 즉 국가형성의 양상에 대해 가와시마 마코토川島真는 다음과 같이 설명한다.

> 동북아나 동남아 대륙의, 현재 국가들의 윤곽이 근세에 형성되었다고는 해도 명확한 국경선은 19세기 구미와의 교섭 과정에서 그어졌다. 원래 동아시아 각 국가간에서는 군사 경계선이나 도로 관리, 징세대상의 확정 등을 위해 필요에 따라 국경선을 만들어 왔는데 국경은 하나의 선으로서 그어지게 되었다. (…중략…) 국경선으로 둘러싸인 영역에 거주하는 사람들은 근대 국가 건설에서 국민으로 인식되었다. 물론 사람의 이동이 활발한 당시, 국민의 확정은 곤

> 관했다. (…중략…) 내셔널리즘은 국가에 충성심을 강조하고 이러한 상황(다중국적이나 다양한 지위의 구입)에 일정 정도의 제동을 걸려고 하는 움직임도 생겨났다. 이에 19세기말에서 20세기 초기에는 국민의 확정과 자국민 보호를 위한 국적법을 정하는 나라도 있었는데 일본이 대만과 조선을 식민지화하고 대만과 한반도에 있는 사람들이 일본국 신민이 되자, 대만 국적이나 만주의 조선계 주민의 국적 문제 등이 발생하여 정세는 한층 유동적이 되었다.[1]

국경은 '19세기에 구미와의 교섭 과정에서 그어진' 인위적인 것이며, '국경선으로 둘러싸인 영역에 거주하는 사람들'은 갑자기 '국민'으로 인식되기에 이르렀지만, '사람의 이동이 활발'한 이 지역에서 '국민'을 확정하는 일은 어려운 작업이다. 특히 일본의 식민지 아래에 있던 대만인과 만주의 조선계 주민의 국적 문제 등 국가와 국민을 둘러싼 정세는 극히 '유동적'이었다고 한다.

나아가 가와시마는 이 지역에서 근대화에 발 빠르게 성공한 사례로 알려진 일본의 메이지 유신도 그러한 평가가 정착하는 것은 일본이 청일·러일 전쟁에서 승리한 이후의 일이며, 1880년대에는 '과연 일본처럼 서양적인 국가 건설을 권장하는 것이 옳은 것인가?'에 대해 아직 결론이 나지 않았으며 청나라와 조선은 메이지 유신에 대한 의심이 제기되었다고 한다.[2]

가와시마의 이 지적은 동북아 지역에서의 '근대 국가' 형성이 동일하게 진행되지 않았음을 알려줄 뿐 아니라 당시 '일본과 같이 서양적인 국가

---

1 川島真, 「東アジアの近代」, 岩波講座, 『東アジア近現代通史』 第一巻, 岩波書店, 2010, pp.36~37.
2 위의 글, p.40.

건설'을 지향하지 않는 선택지가 가능했다는 것을 시사하는 것이다. 조경달도 "근대 조선에는 서구 국민국가 체계의 진입을 불가피한 것이라 인식하면서도 굳이 전통사상에도 의거해 독자적인 국가구상을 실현해 나가려는 사상적 영위가 확실하게 있었다"[3]고 지적하고 있어 근대화와 근대적 국가형성은 반드시 필연적으로 일어나는 역사적인 현상은 아니었음을 인식해 둘 필요가 있다.

이 글은 이러한 인식을 공유하면서 근대화 과정에서 일본의 메이지 유신과는 다른 '전통사상에도 의거하여 독자적인 국가구상'에 돌입한 조선의 '근대국가' 형성의 양상에 초점을 맞추어 그것이 어떠한 시도였는지 그 특징을 그려내고자 한다.

2. '민국'설의 검토(1) – 정조正祖「만천명월주인옹자서万川明月主人翁自序」

최근 한국에서는 조선의 근대화를 '민국'이라는 관점에서 되돌아 보는 작업에 이목이 집중되고 있다. 그 선구자인 이태진李泰鎮은 조선의 '민국' 개념에 대해 다음과 같이 설명한다.

> 18세기가 되어 붕당정치의 한계를 극복하면서 민民의 새로운 동향에 대응하려고 탕평 군주가 중심 논리로 설립된 민국론은 군민일치君民一致, 만민평등万民平等의 세계를 지향하는 것이었다. 유교정치사상의 근대적 지향으로 규정

3 趙景達,『朝鮮の近代思想—日本との比較』, 有志舎, 2019, p.273.

될 수 있는 민국 개념이 서양민주주의 정치사상이 소개되기 이전에 이미 성립되어 있었다는 것은 주목할 가치가 있다고 할 수 있다.[4]

이태진은 '민국'이라는 숙어에 "유교정치사상의 근대적 지향"을 찾고 그 특징을 "군민일치, 만민평등의 세계를 지향하는 것"이라 파악하고 그것이 "서양민주주의 정치사상이 소개되기 이전에 이미 성립되어 있었다"고 결론짓고 있다.

이 '민국'설의 근거가 된 자료가 「만천명월주인옹자서万川明月主人翁自序」이다. 「만천명월주인옹자서」는 정조 22년1798 12월3일, 정조가 죽기 2년 전에 정조 자신이 쓴 텍스트이다. 장문이며 해석은 쉽지 않다. 그러나 '민국'설에 관한 중요한 해석상의 문제를 포함하고 있기 때문에 여기에 전문을 옮겨 본다.

만천명월주인옹은 말한다. 태극太極이 있은 후에 음양陰陽이 있으므로 복희씨伏羲氏는 음양을 점괘로 풀이하여 이치理를 밝혔고, 음양이 있은 후에 오행五行이 있다. 그러므로 우禹는 오행을 기준으로 하여 세상 다스리는 이치를 밝혔다.[5] 물과 달을 보고서 태극, 음양, 오행의 이치를 깨우쳤다. 달은 하나이고 물의 종류는 일만 개나 되지만, 물이 달을 받으면 앞 시내는 달이 되고, 뒤의 시내도 또한 달이다. 달의 수와 시내가 같으니 시냇물이 일만 개면 달 역시 일만 개가 된다. 그러나 하늘에 있는 달은 물론 하나이다.

---

4 李泰鎮, 六反田豊訳, 『朝鮮王朝社会と儒教』, 法政大学出版局, 2000, p.310.
5 [宋] 陳亮, 『龍川集』 巻九. "태극이 있은 후에 음양이 있다. 그러므로 주역에는 음양으로 이치를 밝힌다. 음양이 있은 후에 오행이 있다. 그러므로 홍범은 오행으로 치도를 밝힌다."

천지의 도는 올바른 것을 보여 주고, 일월의 도는 옳아 밝은 것이며,[6] 해와 달이 오직 밝음을 보여 주며, 모든 물건들이 서로 보는 것(만물이 성장하여 그 왕성한 모습을 보여주는 것 – 필자주)은 남방의 괘卦이다. 남으로 향하여 (천하의 일을) 듣고 밝은 데를 향하여 다스리는 것이다.[7] 내가 이로 인하여 세상을 다스리는 좋은 계책을 얻은 바가 있다. 병거는 변하여 관상冠裳이 되고 성부城府의 동굴洞은 뜨락과 거리처럼 환히 트이게 한다. 어진 이를 오른쪽으로 하고 친척을 왼쪽으로 하며,[8] 환관宦官과 궁첩宮妾을 멀리하고 어진 사대부를 가까이한다. 세상에서 말하는 사대부라는 이들이 반드시 사람들이 다 어질다 하지 않는다 해도 편폐便嬖・복어僕御처럼 검고 흰 것을 혼동하여 남과 북을 무너뜨리는 것은 이와 비교하여 같다고 할 수 없을 것이다.

내가 겪은 사람들이 많다. 아침에 들어왔다가 저녁에 나가고, 무리 지어 좇아다니며 가는 듯하고 오는 듯하고, 모양이 얼굴빛과 다르고 눈이 마음과 다른 자가 있다. 트인 자, 막힌 자, 강한 자, 부드러운 자, 바보 같은 자, 어리석은 자, 소견이 좁은 자, 얕은 자, 용감한 자, 겁이 많은 자, 밝은 자, 교활한 자, 뜻만 높고 실행이 따르지 않는 자, 생각은 부족하나 고집스럽게 자신의 지조를 지키는 자, 모난 자, 원만한 자, 활달한 자, 대범하고 무게가 있는 자, 말을 아끼는 자,[9] 말재주를 부리는 자, 엄하고 드센 자, 멀리 밖으로만 도는 자, 명

6 『易』 繫辞下伝 第一章. "천지의 도는 정(貞)하여 보여주며 일월의 도는 정하여 밝은 것이다."

7 『易』 説卦 第五章. "만물이 모두 서로 보는 것은 남방의 괘이다. 성인이 남면하여 천하를 듣고 밝은 곳을 향하여 다스린다." 본래의 인용문 앞에는 "리(離)라는 것은 밝음이다"가 있으며 만물이 성장하여 그 왕성한 모습을 보이는 것은 성인이 남면하여 천하를 다스리기(정치를 듣는 것) 때문이라는 것을 설명하고 있다. 리괘(離卦)의 상에 "대인(大人: 聖人)이 밝음을 계승하여 사방을 밝힌다(離 大人以繼明照于四方)"가 있는 것을 생각해 보면 정조는 '천지의 도'도 '일월의 도'도 '정(貞)'이기 때문에 '정하여 이익이 있다'라는 리괘를 인용하여 리괘의 상에서 '명'을 취하여 자신이 성인이 천하를 올바르게 다스리는 방법을 명확하게 하고 있음을 보여주려고 했다고 생각된다.

8 『漢書』 文帝紀.

예를 좋아하는 자, 실속에만 주력하는 자 등 그 유형을 나누자면 천 가지 백 가지일 것이다. 내가 처음에는 그들 모두를 내 마음으로 미루어도 보고, 일부러 믿어도 보고, 또 그의 재능을 시험해 보기도 하고, 일을 맡겨 단련 시켜도 보고, 혹은 흥기시키고, 혹은 진작시키고, 규제하여 바르게도 하고, 굽은 자는 교정하여 바로잡고 곧게 하기를 마치 맹주가 규장珪璋으로 제후들을 통솔하듯이 하면서 그 숱한 과정에 피곤함을 느껴온 지 어언 20여 년이 되었다.

요즘에 다행히도 태극, 음양, 오행의 이치를 깨닫게 되었고 또 사람을 꿰뚫어 보는 것이 있고, 그 사람을 쓰는 방법은, 대들보와 기둥은 대들보와 기둥의 쓰임을 갖추고, 오리와 학은 그들의 생을 살게 하여 사물은 각각 사물을 따라, 사물에 따라 순응하고,[10] 그중에서 그의 단점은 버리고 장점만 취하며, 선을 드러내고 악은 숨겨 주고, 잘한 것은 안착시키고 잘못한 것은 뒷전으로 하며, 규모가 큰 자는 진출시키고 협소한 자는 포용하고, 재주보다는 뜻을 더 중히 여겨 양단을 잡고 거기에서 중中을 택했다.[11]

그리하여 마치 하늘에 구천의 문이 열리듯 앞이 탁 트이고 훤하여 누구라도 머리만 들면 시원하게 볼 수 있도록 만들었던 것이다. 그리고 나서 트인 자를 대할 때는 규모가 크면서도 주밀한 방법을 이용하고, 막힌 자는 여유를 두고 너그럽게 대하며, 강한 자는 유하게, 유한 자는 강하게 대하고, 바보 같은 자는 밝게, 어리석은 자는 조리 있게 대하며, 소견이 좁은 자는 넓게, 얕은 자는 깊게 대한다. 용감한 자에게는 방패와 도끼干戚를 쓰고,[12] 겁이 많은 자에게는 창과 갑옷을 쓰며, 총명한 자는 차분하게, 교활한 자는 강직하게 대하는

---

9 『論語』 顔淵. "子曰仁者, 其言也訒."

10 『朱子語類』 卷七二, 易八, 咸,鄭可学録. "明道云, 莫若廓然而大公, 物來而順應."

11 『禮記』「中庸」. "舜好問而好察邇言, 隱惡而揚善, 執其兩端, 用其中於民, 其斯以為舜乎."

12 『禮記』 楽記. "干戚之舞非備樂也, 孰亨而祀非達禮也."

것이다. 술에 취하게 하는 것은 뜻만 높고 실행이 따르지 않는 자를 대하는 방법이고, 순주醇酒를 마시게 하는 것은 생각은 부족하나 고집스럽게 자신의 지조를 지키는 자를 대하는 방법이며, 모난 자는 둥글게, 원만한 자는 모나게 대하고, 활달한 자에게는 나의 깊이 있는 면을 보여 주고, 대범하고 무게가 있는 자에게는 나의 온화한 면을 보여 준다. 말을 아끼는 자는 실천에 더욱 노력하도록 하고, 말재주를 부리는 자는 되도록 종적을 드러내지 않도록 하며, 엄하고 드센 자는 산과 못처럼 포용성 있게 제어하고, 멀리 밖으로만 도는 자는 포근하게 감싸 주며, 명예를 좋아하는 자는 내실을 기하도록 권하고, 실속만 차리는 자는 달관하도록 면려하는 것이다.

중니의 제자가 3천 명이었지만 각자의 물음에 따라 대답을 달리했고, 봄이 만물을 화생하여 제각기 모양을 이루게 하듯이, 좋은 말 한마디와 착한 행실 한 가지를 보고 들으면 터진 강하를 막을 수 없을 것 같았던 대순大舜을 생각하고,[13] 나는 명덕을 품으면 서토를 굽어 보살피던 문왕을 생각한다.[14] 한 치의 선寸長, 약간의 기능이 있는 것이라도 남이 아니라 내가 하고 이 세상 모든 선이 다 나의 것이 되도록 한다. 사물마다의 태극, 그 성품을 거스르지 말고 그 모든 존재하는 것이 나의 소유가 되게 하는 것이다. 태극으로부터 미루어 가 보면 그것이 각기 나뉘어 만물이 되지만, 그 만물이 어디에서 왔는가를 찾아보면 도로 일리一理로 귀결된다. 따라서 태극이란 상수가 나타나기 이전에 이미 상수의 이치가 갖추어져 있음을 이름이며, 동시에 형기가 이미 나타나 있는 상태에서 그 이면에 보이지 않는 이치를 말하기도 한다. 태극이 양의를 낳았는데 태극 그 자체는 그대로 태극이고, 양의가 사상四象(老陽, 少陽, 少陰, 老陰)을 낳으

13 『孟子』 尽心上. "及其聞一善言, 見一善行, 若決江河, 沛然莫之能禦也."
14 『書経』 泰誓下. "嗚呼, 惟我文考, 若日月之照臨, 光于四方, 顯于西土, 惟我有周,誕受多方."

면 양의가 태극이 되고, 사상이 팔괘八卦(乾·兌·離·震·巽·坎·艮·坤)를 낳으면 사상이 태극이 된다. 사상 위에 각각 한 획이 생겨 다섯 획까지 이르면(세 개의 산목으로 이루어진 사상 위에 다섯 개를 더하면 팔괘가 된다—필자주) 그 획에는 기우奇偶가 있게 된다. 곱하여 24에 이르면 즉 1,677만여 개가 된다2의 24승=16,777,216. 하나는 모두 이것이 36분分 64승乘에서 기인한 것으로서, 그 수는 우리 백성 수만큼이나 많다. 한계로 하지 않고, 멀고 가까울 것으로도 하지 않고 그 모두를 아량雅量: 품성이 좋고 관대한 마음가짐이 있는 자기의 본분 내에 거두어들이고, 그 지극한 도를 세워 지극한 것에 모이고 지극한 것으로 돌아간다.[15] 왕도는 이것을 따르며 이것이 떳떳한 것이며 이것이 가르침이다. 부석敷錫: 왕의 교령을 널리 시행하는 것을 하여 서민에게 다하여 숙肅: 조심스러운 것, 예乂: 다스리는 것, 철哲: 분명한 것, 모謀: 도모하는 것[16]에 응하는 것이나, 오복五福: 寿, 富, 康寧, 好徳, 終命[17]을 갖추어 평안하여 완만하다. 나는 즉 이것을 받았으니 어찌 진실로 원대하여 깊지 아니한가?[18]

부자가 『주역』의 계사전을 쓰면서 맨 첫머리에 태극을 내세워 사람들을 가르치고, 또 『춘추』를 지어 대일통의 뜻을 밝혀 놓았다. 구주九州 만국이 한 왕이 통솔하고, 천 갈래 만 갈래 물길이 한 바다로 흐르듯이 천자만홍千紫萬紅: 색색의 꽃이 하나의 태극으로 합치된다. 지중땅이 있는 곳은 하늘 가운데 있어 한계가 있으나, 하늘이 감싼 곳과 땅의 밖에는 끝이 없다.[19] 하늘을 나는 자가 하늘에

---

15 『書経』 泰誓下. "嗚呼, 惟我文考, 若日月之照臨, 光于四方, 顯于西土, 惟我有周, 誕受多方."

16 『書経』 洪範, 五事. "恭作肅, 從作乂, 明作哲, 聰作謀". 오사(五事)란 오행에 응하여 인간 동작의 다섯 가지 근본적인 작용을 말한다. 본래는 이 뒤에 "睿는 聖을 만든다(睿作聖)"가 이어지는데 정조가 그것을 성찰하고 있다는 점에 유의.

17 『書経』 洪範, 五福六極.

18 [清] 紀昀(1724~1805), 『閲微草堂筆記』 巻22, 灤陽続録四.

19 [明] 薛瑄, 『読書録』 巻10. "지처천중(地処天中)하여 다함이 있고 천포지외(天包地外)하여 다함이 없다."

있어서, 물속에서 헤엄치는 자가 강에 있어서, 굼틀거리는 것이 움직임에 있어서, 초목이 아는 바 없음에 있어서, 또한 모두가 영췌榮悴: 초목이 무성한 것과 시드는 것하는 것은 상대의 영역을 침범하지 않는다. 그 큰 쪽을 말하면 천하 어디에도 둘 곳이 없고, 그 작은 쪽을 말하면 두 쪽으로 깰 것(크게 숨어 있는 것을 깨트려 사물의 비밀을 밝히는 것－필자주)이 없다.[20] 이것이 바로 위육位育: 귀천 상하가 그 자리에 편안하고 만물이 무도 충분히 생육되는 것의 공으로 참찬參贊: 참가하여 그것을 돕는 일하는 일, 성인이 하는 일인 것이다.

내가 바라는 것은 성인을 배우는 일이다. 이것을 물에 있는 달에 비유한다. 달은 원래부터 하늘에 있어서 밝다. 달이 아래로 비치면서 물을 얻어 빛을 발한다. 용문龍門의 물은 넓고도 빠르고, 안탕雁宕의 물은 맑고 여울지며, 염계濂溪의 물은 검푸르고, 무이武夷의 물은 소리 내어 흐르고, 양자강의 물은 차갑고, 탕천湯泉의 물은 따뜻하고, 강물은 담담하고 바닷물은 짜고, 경수涇水: 감숙성에서 발하여 협서성을 동쪽으로 흐르고 경수, 낙수를 합하여 황하로 합류하는 강는 흐리지만 달은 각기 그 형태에 따른다. 물이 흐르면[21] 달도 함께 흐르고, 물이 멈추면 달도 함께 멈추고, 물이 거슬러 올라가면 달도 함께 거슬러 올라가고, 물이 소용돌이치면 달도 함께 소용돌이친다. 그러나 그 물의 원뿌리는 달의 정기이다. 거기에서 나는, 물이 세상 사람들이라면 달이 비춰 그 상태를 나타내는 것은 사람들 각자의 얼굴이고 달은 태극인데, 그 태극은 바로 나라는 것을 알고 있다. 이것이 바로 옛사람이 만천萬川의 밝은 달에 태극의 신비한 작용을 비유하여 말한 그 뜻이 아니겠는가? 그리고 또 나는, 저 달이 틈만 있으면 반드시 비춰 준다고 해서 그것으로 태극의 테두리를 어림잡아 보려고 하는 자가 혹시 있다면, 그

20 『中庸』第12章. "故君子語大, 天下莫能載焉, 語小, 天下莫能破焉."
21 『孟子集注』梁惠王章句下.

는 물속에 들어가서 달을 잡아 보려는 것과 다를 바 없는 아무 소용없는 것임도 알고 있다. 그리하여 나의 연거燕居 처소에 '만천명월주인옹萬川明月主人翁'이라고 써서 자호로 삼기로 한 것이다. 때는 무오년1798, 정조22 12월 3일이다.[22]

이태진은 이 텍스트의 내용을 다음과 같이 요약하고 있다.

탕평군주들의 민국정치사상은 18세기 후반에 존재한 정조대왕을 통해 거의 완벽하게 체계화 되었다. 그의 「만천명월주인옹자서」는 민국정치사상에 대한 이론적 정립으로 주목할 가치가 있다. 이 문장 자체는 백성을 만천, 군주인 자신을 명월에 각각 비견하여 명월이 모든 하천에 비춰는 것처럼 군주의 뜻이 모든 백성에게 도달하는 정치세계를 그린 것이다. 그는 명월과 만천의 관계에 대한 설명에서 명월을 군주인 자신이며 태양이라고 기술한다. 이어 태극이 음양으로 나뉘고 음양이 사상으로 나뉘는 순서로 역괘가 변전하여 1,677만 4,200여 개에 달하는 것을 기록하고는 그 숫자를 가리켜 우리 백성蒼生의 수라고 하여 군민일체사상을 다시 한 번 선명히 했다. 주희가 같은 일에 대해 "역괘의 무궁한 것이 이와 같다"는 설명에 그친 것에 비하면 전혀 다른 의식세계라고 하지 않을 수 없다.[23]

이태진은 "백성은 만천, 군주인 자신을 명월에 각각 비견하여 명월이 모든 하천에 비취듯이 군주의 뜻이 모든 백성에게 도달하는 정치세계를 그린" 것이며, '군민일체사상'이 반복적으로 표명된 것이라 한다. 그 근거로

22 『弘斎全書』 巻10, 序引三.
23 『朝鮮王朝社会と儒教』, p.306.

서 ① 태극이 분화하여 "곱하여 24에 이르면 즉 1,677만여 개"가 된 것이 '우리 창생의 수'라는 것, ②"물이 흐르면[24] 달도 함께 흐르고, 물이 멈추면 달도 함께 멈추고, 물이 거슬러 올라가면 달도 함께 거슬러 올라가고, 물이 소용돌이치면 달도 함께 소용돌이친다. 그러나 그 물의 원뿌리는 달의 정기이다"는 것은 '명월이 모든 하천에 비취듯이 군주의 뜻이 모든 백성에게 도달하는 정치세계를 그린 것'이라 해석할 수 있는 점, 그리고 ③ 이 해석은 주자와는 '전혀 다른 의식 세계'라는 점, 이 세 가지를 제시하고 있다.

그러나 이 「만천명월주인옹자서」가 실제로 의미하는 내용은 이하의 설명처럼 이태진의 해석과는 약간 다른 것이다.

「태극도설」은 태극→음양→오행이라는 분화를 설명하는데 이것은 물과 달의 관계로 설명할 수 있다. 강에 비치는 달은 수만 개가 있다 해도 하늘에 있는 달은 하나밖에 없다. 『역』은 〈계사전하〉에서 "천지의 도는 올바른 것을 보여 주고, 일월의 도는 옳아 밝은 것"이라 하고, 설괘에서 "만물이 서로 보는 것은 남방의 괘이며 남면하여 듣고 밝을 곳을 향해 다스린다"고 하고, 이괘離卦에서 "옳아서 이익이 있다", "대인으로 밝음을 이어 사방에 비춘다"고 했다. 이러한 언설은 '정貞', '남면南面', '명明'을 키워드로 하여 통치하면 성공하는 것을 가르쳐주어 실제 나는 그러한 것을 알고 '어세馭世의 장책'을 얻을 수 있었다. 나는 지금까지 20여 년에 걸쳐 천백에 이르는 각종 사람들과 만나 '내 마음'과 '내 뜻'으로 그들을 대처해 왔다. 나는 최근 다행히도 '극, 음양, 오행의 이치'를 깨달을 수 있어서 '사람

24 『孟子集注』梁惠王章句下.

의 기술'을 얻고 '명덕'을 체득했기 때문에 문왕이 '서토에 임하'듯이 '기술'에서는 어느 누구에게도 지지 않으며 '만선'은 나에게 귀속되고 '태극'도 '본성'도 내가 소유하고 있다. 태극은 분화하여 만물을 생성하는데 그 이치는 보이는 것이 아니다. 태극이 분화하여 음양, 사상, 팔괘, 나아가 1,677만 정도가 되는 것처럼 우리 '창생백성'도 나로부터 분화한 것이며 그렇다면 바로 내가 몸에 체득한 '아량'을 분유하고 있으며 '유극'에 모두 모이는 것이다. 왕도는 준수해야 하는 것이다. 이 가르침을 나라안 모든 서민에게 넓혀 서민이 숙, 예, 철, 모의 가르침에 응한다면 오복이 도래할 것이다. 공자는『역』〈계사전〉을 짓고 '태극'의 중요성을 가르치고,『춘추』를 지어 '대일통위대한 통일'의 의미, 즉 모든 국가는 '하나의 왕'이 통치해야 한다는 것이며 모든 강의 흐름은 '하나의 바다'로 돌아가며, 모든 색채도 '하나의 태극'에 모인다는 것을 가르쳤다. 모든 것이 '위육의 공에 참찬'할 수 있는 것은 성인이기 때문에 가능한 것이다. 따라서 내가 바라는 것은 '성인을 배우는'것이다. 이것을 물에 비친 달에 비유한다면 달은 빛나서 상공에서 아래로 임하여 용문龍門, 안탕雁宕, 염계濂溪, 무이武夷, 양자揚子, 탕천湯泉 등 모든 성질의 강을 비추고 있다. 물은 항상 달과 행동을 함께 하며 물은 달의 정기로 통일된다. 물이란 세상 사람이며 비추어 나타나는 것은 사람의 형상이며 달이란 태극이며 태극은 나라는 것을 나는 알고 있다. 이것이 바로 옛 사람이 강과 명월에 비유하여 태극의 '신명'을 형용한 이유이다. '용광'이 반드시 비추는 것을 본다면 이것이 혹은 이해될 것이다. 그러나 태극의 원무극이태극은 아무 의미가 없고 무익하며 물 안에서 달을 구하려는 것도 나는 알고 있다. 이것을 우리 집에 써서 '만천명월주인옹'이라 자칭한다, 고 말하고 있다.

텍스트 전체를 통하여 주장되고 있는 것은 나는 이미 세계의 구성원리'극·음양·오행의 이치'를 이해했기 때문에 나는 태극이며 나는 성인처럼 세계를 통일할 수 있을 것이라는, 정조의 통치에 대한 흔들림 없는혹은 불손이라고도 할 수 있는 자신의 표명이다. 따라서 이 텍스트는 '군민일체사상'을 표명했다기보다는 왕을 중심으로 하는 절대주의적 정치체제의 확립을 선언한 텍스트로 간주해야 할 것이다.

이태진이 이 텍스트의 해석을 잘못한 배경에는 "곱하여 24에 이르면 즉 1,677만 여의 획이 된다. 하나는 모두 이것을 36분 64승에 기초하여 우리 창생의 수에 해당한다"의 '창생', "위육의 공에 참찬하는 것은 성인이 할 수 있는 일로 삼는다"는 '위육', 그리고 "물이 흐르면 달도 함께 흐르고, 물이 멈추면 달도 함께 멈추고, 물이 거슬러 올라가면 달도 함께 거슬러 올라가고, 물이 소용돌이치면 달도 함께 소용돌이친다"는 '함께'를 중시한 나머지 "촌장寸長은 남에게 양보하지 않고 만가지 선은 모두 나에게 돌아온다. 사물의 태극, 그 성을 잘못하는 것, 성성은 존재하고 모두 나에게 있다", "구주만국은 한 왕에 의해 통치되며 천류백파는 한 바다로 돌아가고, 천엽만홍은 하나의 태극에 합해진다", "달은 태극이며 태극은 나이다" 등의 왕의 절대주의적 권력을 표명한 언설을 과소평가한 것이 관련되어 있을 것이다.

특히 간과하면 안 되는 것은 『서경』 홍범의 오사五事를 언급하면서 "부석을 하여 서민에게 다하여 숙肅: 조심스러운 것, 예乂: 다스리는 것, 철哲: 분명한 것, 모謀: 도모하는 것에 응하는 것이나, 오복을 갖추어 평안하여 완만하다"라고 기술한 부분이다. 『서경』 홍범·오사의 해당 부분은 본래 "공경은 엄숙함을 이루고 따름은 다스림을 만들고 밝음은 지혜로움을 만들고 총명함은 일을 도모하게 하고 슬기로움은 성스러움을 만든다"라고 하듯이 마지막의 '예睿'는 '성'이 된다고 쓰여 있는데 정조는 이 부분을 의식적으로 삭제했다. 『서경』 홍범은 하늘이 우왕에게 홍범구주를 준 것을 설명한 텍스트로 구주의 첫째가 오행모든 사물이 성립하여 변화하는 원인이 되는 오단원의 성능, 둘째가 오사오행에 대응하는 인간 동작의 다섯 가지 기본적 작용이다.[25] 이 '오사'에서 '예'를 제외했다는 것은 정조가 인간 동작의 기본적 작용으로서 서민에 기대한 것은 '공恭·종從·명明·총聰'의 네 가지였으며, '예'는 성인의 덕으로 연결되는 것인 이상 왕인 자신에게만 해당되는 것으로 이해했다는 것을 시사한다.

『주자어류』 권79에 다음과 같은 홍범, 황극에 관한 두 가지의 언설이 기록되어 있다.

황皇은 군주이며 극은 표준이다. 황극의 군주는 항상 떨어지는 물방울을 얼게 하고 조금도 선하지 않음이 없다. 사람이 오히려 끝마치지 못한다. 그러므로 말하길 극에 협조하지 않으면 타일러 휘말리지 않게 한다.[26] 천자는 백성의 부모가 되고 천하의 왕이 된다고[27] 했다. 이것이 즉 황은 극을 세운다는 것이다.[28]

황은 모름지기 군주가 된다. 극은 모름지기 인군일개의 표의를 위에 세워야 한다. 또한 북극은 하늘 중에 있는데 북중이라 부르는 것은 불가하다. 옥극屋極 : 지붕의 기둥은 옥중에 있고 옥중이라 부르는 것은 불가하다. 인군은 일개의 표의를 위에 세우면 즉 엄숙肅, 징계乂, 밝음哲, 도모謀, 성인聖이 응하는 것이

25 新釈漢文大系, 『書経』 上, 明治書院, 1983, p.149.
26 『書経』 洪範, 皇極.
27 위의 책.
28 『朱子語類』 巻七九, 尚書二, 洪範, 廿節録.

있다. 오복이 갖추어지고 이것을 미루어 백성에게 준다. 백성은 모두 그 표의에 따라 또한 서로 줌에 표의를 보호한다. 아래 글에 '무릇 모든 서민' 이하는 인군이 이 표의를 세운 것을 말한 것이다. 또 모름지기 천하에 허다한 명색의 사람이 있음을 알아야 한다. 모름지기 하나의 도리를 나타내는 곳이라 간주해야 비로소 얻을 수 있다.[29]

주자는 '황은 그 극을 세웠다'에 대해 『서경』 홍범·황극의 본문에 따르면서 여러 사람들이 있어도(사람은 오히려 일정하지 않다) 그것이 법에 맞지 않는다 해도 비난할 만한 것이 아니라면(극이 협조하지 않으면 타일러 휘말리지 않게 한다) 황천자은 백성의 부모가 되어 천하의 왕이 되어야 한다(천자는 백성의 부모가 되어 천하의 왕이 된다)고 하고 또 인군이 모범을 위에서 보여준다면(인군, 일개의 표의를 위에 세운다면) 백성은 '숙, 예, 철, 모, 성에 응하게 되며, 오복이 갖추어지면 '백성과 함께' 행동하고 백성은 모두 그것에 따라 서로 협력하여 그 모범을 지킨다(함께 그 표의를 보존한다), 이것은 이태진이 말하는 상기의 ② '군주의 뜻이 모든 백성에게 도달하는 정치세계를 그린 것'이라 해도 좋은 것처럼 또한 '숙, 예, 철, 모, 성'이라는 오사의 모든 것을 (정조처럼 '성'을 제외함 없이) 백성에게 기대한 것을 보여준다. 주자의 해석은 서경 홍범의 텍스트에 충실한 것이며 오히려 정조는 그것을 의도적으로 혹은 자기류로 다시 쓴 것이다. 그 다시 쓰기는 '군주의 뜻이 모든 백성에게 도달하는 정치세계'를 염두에 둔 것이 아니라 주자가 결코 말하지 않았던 '태극은 나이다', 즉 모든 국가는 '한 명의 왕'에 의해 통치

29 위의 책, 滕璘録.

되어야 하며 모든 색채도 '하나의 태극'에 집중되어야 한다는, 왕을 중심으로 한 절대주의적 정치체제를 설명하기 위한 다시 쓰기이다. 정조가 『서경』 홍범 오사에서 '성'을 제외한 것, 또 '천자는 백성의 부모가 되어 천하의 왕이 된다'를 언급하지 않고 주자의 해석을 무시하여 자신태극의 '신분'으로서의 '창생'만을 설명한 것에 정조의 본래의 의도가 숨어있다.

따라서 정조의 해석은 '역괘의 무궁함이 이와 같다'[30]로밖에 설명하지 않았던 주자와는 '전혀 다른 의식 세계'를 표명한 것이라는 이태진의 판단은 주자가 결코 말하지 않았던 '왕을 중심으로 한 절대주의적 정치체제'의 구축을 정조가 표명한 것으로 이해되어야 한다.

3. '민국'설의 검토(2) – 탕평군주와 '민국'

황태연은 이태진의 '민국'설을 부연하여 효종에서 정조에 걸친 '민국' 개념의 변용에 대해 다음과 같이 설명하고 있다.

> '민국'은 애당초 '민국'의 합성어로 쓰인 것이 아니라 처음에는 '민'과 '국'의 두 단어가 병렬하여 쓰였고, 그것은 민국일체론과 유사하지만 본질적으로 다른 '민국불이론民国不二論'을 펼 때도 마찬가지였다. 가령 효종 7년1656 사간원의 한 계啓에서 "민과 국은 서로 의지하고, 본래 두 몸이 아니다[民国相依, 元非二

30 실제로 이것이 주자의 어느 언설을 보여주고 있는지는 명확하지 않다. 「주자태극도설해(朱子太極図説解)」에 "사람과 사물이 생생하여 변화는 다함이 없는 것"이라는 언설이 있는데 이것은 주렴계의 「태극도설」 본문의 "만물은 생생하여 변화는 다함이 없다"를 해석한 것이며 주자가 역괘 그 자체를 무궁이라는 것을 설명한 것은 아니다.

體]"[31]라고 말한다. 효종 7년에는 가령 "민과 국이 둘 다 편하다[民国两便]"[32]는 표현이 보인다. 이런 대등합성어적 병렬어법은 민·국 일체의 '민국'이라는 합성어가 생겨난 뒤에도 물론 종종 쓰였다. 1778년정조 2 우의정 정홍순鄭弘淳이 논하기를 "쓸모없는 군사를 도태하고 쓸데없는 식비를 줄이는 것은 곧 민과 국이 다 같이 이로운 요도[民国俱利之要道]"[33]라고 한다. 또 1780년정조 4 영의정 김상철金尚喆은 "올 가을 수확을 끝낸 뒤에 도신道臣이 개량하지 않을 수 없는 고을을 먼저 살펴서 점차로 시행한면 민과 국이 둘 다 힘입을 것이다[若於今秋滌場後,道臣先察其不可不改量之邑,漸次設施,則民国俱賴]"[34]라고 말한다. 병렬로 쓰이던 이 '민'과 '국'으로부터 점차 자연발생적으로 민·국 일체의 '민국'이라는 종속합성어가 생겨나 점차 더 많이 이 합성어로 쓰이게 되다. 특히 탕평군주 시절에 민국일체적 종속합성어로 쓰이는 빈도는 급증하여 대동합성어적 사용 빈도를 압도했다. 이러한 합성어적 쓰임이 분명히 80~90% 이상 압도적으로 쓰이게 된 시점은 영조 때다. 이 시기에 민국이 거의 다 일체적 합성어로 쓰여 '백성이 곧 나라다', 또는 '백성의 나라'라는 의미로 정착한 민국 개념을 활용한 민국지책民国之策, 민국의 대정民国之大政, 민국의 대사民国之大事, 민국일사民国一事, 민국의 비계民国之丕計, 민국의 대계民国之大事, 민국중사民国重事, 민국지본民国之本, 민국지무民国之務, 민국지급民国之急, 민국지임民国之任, 민국지중民国之重, 민국지책民国之責등의 어법들도 집중적으로 등장한다. 『승정원일기』에서 민국의 종속합성어적 사용

31 『승정원일기(承政院日記)』 효종 7년 10월 23일 정유.

32 황태연, 『조선시대 공공성의 구조변동』, 한국학중앙연구원출판부, 2016, 44쪽의 주58에서는 출전을 '同前(위와 같음)'이라 표기하고 있는데 『승정원일기』 효종 7년 10월 23일 갑자(甲子)에는 '民国両便'이라는 문자가 보이지 않는다. 『승정원일기』의 '民国両便'의 초출은 영조 즉위년 11월24일 갑자이다.

33 『정조실록』 2년(1778) 윤6월 23일 임오조.

34 『정조실록』 4년(1780) 1월 10일 기축조.

은 숙종 때 총 8회, 영조 때 총 417회, 『일성록』에서 영조 때 총 146회다. 『조선왕조실록』에서는 '민국'이 영조대 31건, 정조대 43건, 순조대 59건 등이다. 대략 영조대를 경계로 큰 변화가 감지된다. 영조 때 세손훗날 정조이 쓰는 합성어적[민즉국적民即国的] '민국'의 용례를 보자면 세손의 상소문에 이런 구절이 있다. "하물며 이 민국의 중대함과 기무의 번잡함을 갑자기 넘겨주는 것을 조금도 머뭇거리며 어렵게 여기지 않으심은 어쩐 일이시옵니까?[況玆民国之重, 機務之繁, 遽以畀之, 不少留難何哉?]",[35] 또 정조 때 판중추부사는 "상진곡을 여러 도에 흩어두는 것은 한편으로 흉년의 구휼자원을 위한 것이고, 다른 한편으로 불시의 수요를 위한 것이라서, 필수적으로 곡식의 수량이 충분히 많고 충실하고 쓰는 정도가 미려尾閭: 물이 끊임없이 세는 바다 깊은 곳에서 새는 일이 없는 뒤에 무릇 모든 쓰는 방도가 스스로 여유가 있는 것이니, 민국이 예비하는 대책[民国預備之策]으로는 이를 능가할 것이 없습니다"[36]라고 말한다. 이 두 인용문에서 '민국'은 '백성과 나라'로 분해 · 병렬시켜 읽으면 말이 되지 않는다. 상진곡의 관리는 '백성의 할 일'이면서 동시에 '나라의 할 일'이 아니라, 오로지 '국가 고유의 업무'이기 때문이다. 따라서 저 인용문들에서의 '민국'은 의심한 바 없이 합성어적 의미의 '백성의 나라' 또는 '민즉국民即国'의 '국민국가'의 의미로 쓰이고 있다. 이런 까닭에 고종 때 김병시가 '민의어국民依於国 국의어민国依於民'을 '민국일체'로 해석하고 이것이 바로 '고지의古之義'라고 갈파한 것이다. 즉 백성과 나라는 '불이불일不二不一 관계'에 있는 것이 아니라, '백성이 곧 국가'인 '민즉국民即国'인 것이다.[37]

---

35 『영조실록』 51년(1775) 12월 8일조.

36 『정조실록』 20년(1796) 6월 22일조.

37 황태연, 『조선시대 공공성의 구조변동』, 한국학중앙연구원출판부, 2016, 44~46쪽.

황태연에 의하면 효종재위 1649~1659 시대에는 '민'과 '국'은 병렬하여 사용되었는데 영조재위 1724~1776의 이른바 탕평당쟁을 종식시키기 위해 각 파의 인재를 평등히 등용하는 것 군주 시대가 되자 '백성이 즉 국가' 또는 '백성의 국가'라는 의미에서 '민국'이 사용되게 되었다고 한다.

그러나 황태연이 여기서 제시하는 자료를 읽는 이상 '민국'을 '백성이 즉 국가' 혹은 '백성의 국가'로 해석하는 것에는 무리가 있다. 컨텍스트를 무시한 무리한 해석으로 이루어진 추론이라고 할 수 밖에 없다. 두 사례를 들어 설명해 보자.

정조가 쓴 합성어적 (민즉국적)'민국'의 용례로 제시하는 "하물며 이 민국의 중대함과 기무의 번잡함을 갑자기 맡기는 것을 조금도 주저하여 어렵게 느끼지 않는 것은 어떠한 일이옵니까?"는 『영조실록』 51년1775 12월 8일조에 이하와 같은 문장 중에서 나온다.

> 아! 신은 나이가 어리고 학문이 천박하며, 식견이 없고 재주가 좋지 않아, 저위儲位를 차지하고 있는 것도 오히려 두렵고, 오로지 무릎을 맴도는 것만 기쁘고 무채舞綵하는 것을 즐거워할 뿐입니다. 비록 예사로운 자구字句 사이에도 끝내 감히 지극한 교화의 다스림을 우러러 돕지 못할 것은 성명께서도 통촉하신 바인데, 또 어찌하여 이러한 막중한 하교를 하십니까? 장문狀聞을 품청하라는 일에 이르러서는 오히려 감히 받들어 행하지 못하고 두 번 세 번 상소하면서 그칠 줄 모르는 것은 진실로 좌우로 생각해 보아도 받들 가망이 없어서 그런 것입니다. 하물며 이 민국의 중대함과 기무의 번잡함을 갑자기 맡기는 것을 조금도 주저하여 어렵게 느끼지 않는 것은 어떠한 일이옵니까?(강조는 인용자)

"아아! 나는 어리고 학식도 재능도 없는데 부끄럽게도 황태자의 자리에 있어 오직 조심하고 근신하고 있어도 부모의 주위에서 놀고 깨끗한 옷을 입는 것밖에는 알지 못합니다. 늘상의 언어만을 늘어놓고 지금까지 임금의 훌륭한 치세를 칭찬하지 못하는 것은 임금님이 알고 계신 바입니다. 어째서 거기에 중요한 가르침 없는 것이 있겠습니까? 임금님이 제가 아뢰는 것을 듣고 계신 것을 알면서 그래도 두 번 세 번에 걸쳐 계속해서 말씀드리는 것은 이것 저것 생각한 결과 결코 임금님이 저의 간청을 승낙하시지 않는다고 생각했기 때문입니다. 하물며 여기 백성과 나라의 중한 책무, 많은 기무를 갑자기 하사하시어 적어도 난제를 내시는 것은 어째서입니까?" 라고 한다.

황태연은 강조한 부분을 "하물며 이 민국의 중대함과 기무의 번잡함을 갑자기 넘겨주는 것을 조금도 머뭇거리며 어렵게 여기지 않으심은[不少留難] 어쩐 일이시옵니까?"로 해석하는데 여기서 '류난留難'이란 '난제를 내는 것'을 의미하는 말이며 '민국의 중대함, 기무의 번잡합'이 그 난제이다. 이 문장은 '왕세손의 네 번째 상소王世孫四疏'라고 제목을 한 것처럼 정조가 왕인 할아버지 영조에 제출한 네 번에 걸친 상소문으로 영조가 황태자인 정조에 대해 언제나 난제를 준 것에 대해 푸념하는 문장이다.

'민국지중'은 실은 이 『영조실록』의 조문을 전후로 하여 『승정원일기』에도 사용 예가 있다. 이 이전의 사용 예는 "아! 신이 나라의 후은을 입어 명승冥升, 남이 모르는 사이 윗자리에 오르는 일하여 여기에 이르렀으니 신에게는 감격하여 도보図報, 보답을 도모하는 일의 길입니다. 적어도 연애涓埃, 아주 사소한 일의 효과가 있어 조금이라도 성치를 보완하려 하여 분골쇄신한다 해도 사양하지 않을 것입니다. 감히 만국의 중함을 돌아보지 않고 포만逋慢, 받은 명령을 게을리 하여 다하지 않는 일의 벌을 달갑게 여기겠습니까?"『승정원일기』 영조 32년(1756) 5월 24일 신묘이며, 이 이후의 사용례는 "엎드려 전하에 바라옵기는 그 이미 면하기 어려운 바, 지금까지 미치지 못하는 것을 행하고 더욱 성례를 더하여 마음을 펴 연등延登, 인재를 초빙하여 등용하는 일하고 선조대왕이 이이에게 효종대왕이 송시열에게 하신 것처럼 이것을 책망함에 군신의 대의로 하고 이것을 북돋우는데 **민국의 중무**[民国之重務]로 한다면 즉 덕상德相은 반드시 이 작은 병으로 하지 않으며 적어도 천명의 경응敬応, 삼가조심하여 따르는 일을 늦게 하여 밝고 좋은 일당一堂, 당 안에 있는 자 모두이 유유하여 만기에 어긋난다면 즉 성학聖学은 여기에서 더욱 무너지고 조상朝象, 조정이 처한 상황은 여기에서 크게 변할 것입니다. 일국의 선비와 서민이 흥기 고무하지 않는 것처럼 태평의 그릇은 날마다 실로 주공奏功할 것입니다"『승정원일기』 정조 3년(1779) 3월 3일 계사이다. 어느 것의 사용례도 '민국지중'을 '백성과 나라에 중한 임무'를 의미하는 말로 사용하고 있다. 따라서 '민국지중'을 '민국의 중대함'이라 해석하는 것에는 확실히 무리가 있다.

또한 정조 대의 사례로 들고 있는 판중추부사이명식의 상소문 중에 "상진곡을 여러 도에 분산시켜 두는 것은, 한편으로는 흉년의 구휼자원을 위한 것이며, 한편으로는 갑작스런 수요를 위한 것입니다. 반드시 곡물의 수량이 충분하게 많아 충실하며 사용하는 정도가 미려尾閭, 계속해서 흘러 나오는 바다의 깊은 곳하여 새는 일 없어야 비로소 모든 방도가 저절로 여유롭게 되니, 민국이 미리 준비하는 계책으로 이보다 더 나은 것이 없습니다"라는 것은 『정조실록』 20년1796 6월 22일조의 이하의 문장 안에 있다.

> 상진곡을 여러 도에 분산시켜 두는 것은, 한편으로는 흉년의 구휼자원을 위한 것이며, 한편으로는 갑작스런 수요를 위한 것입니다. 반드시 곡물의 수량이 충분하게 많아 충실

> 하며 사용하는 정도가 미려尾閭: 계속해서 흘러 나오는 바다의 깊은 곳하여 새는 일 없어야 비로소 모든 방도가 저절로 여유롭게 되니, 민국이 미리 준비하는 계책으로 이보다 더 나은 것이 없습니다. 대개 진휼청을 설치한 이래로 물자가 부족한 데 대한 한탄을 듣지 못하였으니, 이는 축적된 곡물의 수량을 아껴 다른 곳에 떼어준 것이 없었고 지출을 절약하면서 남용한 일이 없었기 때문입니다.(강조는 인용자)

"상진곡이 여러 도에 설치되어 있는데 하나는 기근 때의 구제를 위한 것이며 또 하나는 임시의 수요를 위한 것입니다. 석고는 반드시 충만할 정도로 저장되어 있고 비용이 커다란 손실이 있어서는 안됩니다. 그렇게 하여야만 여러 가지 경상에 여유가 생길 수 있습니다. 백성과 나라의 예방책으로 이것보다 뛰어난 것은 없습니다. 생각해보면 상진곡이 설치된 이래로 아직 부족하다는 탄원을 들은 적은 없지만 석고를 아까워하여 곡물을 이동시키는 일이 없도록 또 경비를 절약하여 사건이 발생하지 않도록 해야 합니다"라고 한다.

황태연은 '민국예비지책民国預備之策, 무과호차無過乎此'를 "민국이 예비하는 대책民国預備之策으로는 이것을 능가할 수 없습니다"고 해석하여 "이 두 인용문에서 '민국'은 '민과 국'으로 분해, 병렬시켜 읽으면 의미가 성립되지 않는다. 상진곡의 관리는 '백성의 일'이면서 동시에 '국가의 일'이 아니라 오직 '국가고유의 업무'이기 때문이다"고 결론짓고 있다. 그러나 '민국예비지책民国預備之策'이란 앞의 문장에서 "곡수유충이지미穀数有充羡之実, 용도무미려지설用度無尾閭之洩"을 가리키고 있어서 '국가고유의 업무'의 불비를 지적하는 것이 아니라 민에게 있어서도 국가에 있어서도 그러한 예비(예방)책을 강구하는 것의 필요성을 설명한 것이며 '무과호차無過乎此'는 '이에 뛰어난 것은 없다'는 의미이다.

따라서 이 두 사례로부터 "병렬하여 사용되고 있던 이 '민'과 '국'에서 서서히 자연발생적으로 민·국일체의 '민국'이라는 종속합성어가 생겨나고 서서히 보다 많은 이 합성어로서 사용되게 되었다"는 황태연의 주장에는 근거가 없는 것이 된다.

문제는 이태진과 황태연이 주목한 영조 대 이후 '민국'이라는 숙어가 갑자기 문서중에 다수 등장하기 시작한 것은 왜인가 이다. 이태진은 그것을 '군민일체사상'의 표명이라 간주하고 황태연은 '민의 국' 또는 '민즉국'의 '국민국가'의식의 표명이라 간주하는데 과연 진상은 어떤 것일까?

4. 조선 왕조의 '민국'의 계보학

다시 한 번 조선왕조시대의 '민국'의 사용례를 검증해보자. 『조선왕조실록』 및 『승정원일기』의 초출은 모두가 성종재위 1469~1494 대의 동일 사례를 든 것이다. 여기에서는 『성종실록』 130권, 성종 12년1481 6월 9일 임자조壬子条를 아래에 옮겨 본다.

> 신이 바라기는, 구진久陳: 시간이 오래 지나 맛이 떨어진 것의 쌀을 말[斗]수를 넉넉히 하여 번상番上: 지방의 군사가 군역 종사를 위해 순번에 따라 서울에 가는 것하는 군사가 파는 면포를 사서 그 해의 풍년이 되어 쌀이 흔해질 때를 기다려 환미換米: 가격을 낮춰 잡곡이나 그 외의 물품으로 쌀을 교환하는 것하면 백성을 구제할 뿐 아니라 본래의 수량本數: 만물의 근본이 되는 도, 인의보다 많아져 창름倉廩: 곡물을 저장하는 창고이 튼튼해질 것입니다. 옛 임

금은 흉년이 아니어도 혹은 전조田租: 소작과의 반을 줄여 받아 민생을 후하게 하였습니다. 하물며 이 민국民國이 둘이면서 편리한 것이겠습니까?

"이것은 군자첨정軍資僉正의 이안李晏이 성종에게 상소한 글이다. 내용은 오래된 쌀을 방출하거나 면포를 구입하여 풍년에 쌀 가격이 내려갈 때 쌀을 구입하면 백성을 구할 뿐 아니라 인의에 맞는 것이며 창고도 안정됩니다. 옛 군주는 흉년이 아니라도 소작과의 절반을 환원하여 민생을 후히 했습니다. 이것이야말로 백성도 나라도 안정되는 것입니다"고 말하고 있다. '민국'의 조선왕조의 초출은 흉년에 쌀의 수량 조절을 국왕에게 요청할 때 언급된 것이었다.

『조선왕조실록』 두 번째의 사례는 『중종실록』 중종 12년1517 2월 26일 임신조壬申条의 이하의 문장이다.

말하길, "하늘은 모든 백성을 낳아 나라의 근본이 되고, 땅은 온갖 곡식을 내어 백성의 생명이 되게 한다. **민국이 아니면 설 수 없고** 민民을 먹이지 않으면 살아갈 수 없다". 이러므로 선왕이 그 백성을 살리고 그 의복을 후히 하려 하면 농상을 으뜸으로 삼지 않음이 없었다. 요堯는 '공경하여 인시人時를 받는 것'[38]을 급무로 삼았고, 순舜은 '농시農時를 때에 맞추어 하는 것'[39]을 임무로 삼았으며, 상商나라는 '소인小人이 의존하는 덕을 알고'[40] 주周나라는 농사로 기초肇基[41]를 삼았다.(강조는 인용자)

---

38 『書経』 堯典.
39 同, 舜典.
40 同, 無逸. "소인은 의지하는 바를 안다."
41 同, 武成." 대왕에 이르러 처음으로 왕적을 바탕으로 삼았다."

이것은 중종中宗, 재위 1506~1544이 『농상교서農桑教書』의 제작을 명하여 팔도에 칙유한 문장의 서두에 나온다. 『농상교서』를 제작하는 데 『송명신주의宋名臣奏議』 권105, 재부문財賦門, 권과勸課, 진정陳靖 〈상태종취인의上太宗聚人議〉를 참고했다고 생각된다. 왜냐하면 『송명신주의』 서두에 이하와 같은 기술이 있기 때문이다.

> 신이 엎드려 말하여 하늘이 모든 백성을 낳아 나라의 근본으로 삼고 땅의 백곡을 낳아 백성의 재물로 삼습니다. 나라는 백성이 아니면 흥기하지 못하고 백성은 재물이 아니면 모이지 않습니다. 그러므로 『서경』에 '근본이 견고하면 나라는 편안하다'[42]의 뜻이 있고 『역경』에 '사람이 모이면 재물을 말한다'[43]는 문장이 있는 것입니다. 그 격언을 생각하면 진실로 요도要道 : 중요한 도리입니다. 무릇 선왕이 백성을 모으는데 어찌 경작을 잘하여 이와 함께 먹고 직물을 짜서 이와 함께 입겠습니까? 그 재산을 늘이는 방법을 열어 보여 농상의 근본을 엿보는 것입니다. 무릇 삶을 기르고 사력을 다하고 전답에 복종하여 가문을 가벼이 여겨 향리를 떠나는 마음이 없다면 나라를 다스리는 도를 아는 것입니다. 사람을 모으는 일을 먼저 하고 사람이 모이면 즉 경작하지 않는 전답이 없어서 집에 비용이 부족함이 없는 것입니다.

중종은 "하늘은 모든 백성을 낳아 나라의 근본이 되고, 땅은 온갖 곡식을 내어 백성의 생명이 되게 한다. **민국이 아니면 설 수 없고** 민民을 먹이지 않으면 살아갈 수 없다"고 말하고 있다. 진정의 상소문에서는 "하늘이 모든 백

42 『書経』 五子之歌. "백성은 오직 나라의 근본이며 근본이 견고하면 나라는 평안하다."
43 『易経』 繫辞下伝.

성을 낳아 나라의 근본으로 하고 땅이 백곡을 낳아 백성의 재물로 삼는다. 나라는 백성이 아니면 흥기하지 못하고 백성은 재물이 아니면 모이지 않는다"가 '민국이 아니면 서지 않는다"로, "백성은 재물이 아니면 모이지 않는다"가 "백성을 먹이지 않으면 살아갈 수 없다"로 변경되어 있다. 주목해야 하는 것은 진정이 "나라는 백성이 없으면 흥성하지 않는다"라고 말하는데 비해 중종은 "백성과 나라가 아니면 나라는 성립하지 않는다"고 하고, 또 진정이 "백성은 재산이 없으면 모이지 않는다"라고 말하는데 비해 중종은 "백성은 먹이지 않으면 살아갈 수 없다"고 말하는 부분이다. 이러한 변경에는 '민'을 중시하고 민과 국을 같은 정도로 중시하는 자세를 보여주는 것으로 농업농상 진흥을 기획한 중종의 의도가 들어 있는 것이라 생각된다.

중종의 '민'을 중시하는 자세는 인조仁祖, 재위 1623~1649에 의해 더욱 선명하게 선언된다. 『인조실록』 인조 20년1642 2월2일 임인조壬寅条에 정언正言, 사간원 정6품의 관리인 하진河溍에 의한 이하와 같은 상소문이 있다.

> 흥망의 기운은 인심의 이합離合에 있으니, 인심이 단단하게 맺어지면 위태로움을 편안하게 할 수 있고 어지러움을 다스려지게 할 수 있습니다. 인심이 횡궤橫潰: 홍수로 제방이 끊어져 무너지는 것해지면 위태로운 것은 더욱 위태로워지고 어지러운 것이 더욱 어지러워지는 것이니, 이는 필연적인 이치입니다. 역대의 흥망은 방책에 분명하니 전하가 애당초 이미 그 이치를 통관하셨겠지만, 오늘날 인심을 잃은 것이 또한 많습니다. 상란喪亂: 나라가 망하고 토지를 잃어 인민이 이산하는 일한 후로 수한水旱: 수재와 한재이 연잉連仍: 계속해서 발생하는 것하여 유민과 아사가 계속되는데도 인은仁恩은 내리지 않고 부역은 날이 갈수록 무거워집니다. 가렴주구하는 자는 나라에 충성한다고 하고 사랑으로 돌보는 자慈祥撫恤는 백성과 한

패거리党: 동료라고 합니다. 백성과 나라를 갈라 둘로 하여 나라의 백성은 털과 가죽의 관계와 같으니, 가죽이 이미 없어지면 털이 실로 어디에 붙어 있겠습니까? 이렇게 하고서도 백성에게 위를 떠받들기를 바란다면 어려운 일입니다.

"나라의 흥망은 인심의 이합에 있고 역대 왕조의 흥망은 임금의 방책에 있습니다. 임금은 그 기미를 이미 알고 계시겠지만 오늘날의 정책은 이미 인심을 잃고 자연 재해와 기근이 계속되고 은덕은 내리지 않습니다. 부역은 점점 무거워지고 있습니다. 가혹한 세금을 거두어가는 자를 '나라에 충성한다'고 하고 선량한 마음으로 곤궁한 자를 구제하려는 자를 '백성에게 아첨한다'고 하는데 그렇게 '민과 국을 둘로 나누어 버리니 민과 국은 털과 가죽과 같은 관계인데도 민가죽이 없어지면 나라털는 어떻게 살아가라고 하는 것입니까? 이러한 상황에 처하여 민에게 임금을 경애하는 것을 바라는 것은 어려운 일입니다"고 말한다. "나라의 흥망은 인신의 이합에 있기 때문에 '민과 국을 둘러 나누는 것이 아니라', 국왕은 더욱 백성에게 다가가 정책을 실시하십시오"라는 주장이다.

이러한 신하의 요구는 영조英祖, 재위 1724~1776의 즉위년에도 등장한다. 『승정원일기』 영조 즉위년1724 9월 25일 을축조乙丑条에 이하와 같은 도제조육조의 속아문이나 군영 등에 설치한 정1품의 자문직인 이광좌李光佐 이하 두 명의 신하들에 의한 상소문이다.

공자는 '천승의 나라를 다스리되 재물 쓰기를 알맞게 하여 백성을 아낀다'[44]라고 하셨으니, 이것은 본래 나라를 다스리는 대법大法입니다. 우리나라는 씀씀이가 해마다 늘어나서 한 해에 거두어들이는 세금으로는 감당할 수 없으니, 감당할 수 없다면 어느 곳으로부터 충당하였겠습니까? 호조와 병조의 봉부동封不動과 선혜청에 비축된 것이 모두 고갈되었고, 뜻밖에 국상을 당하였는데 앞으로 비용이 얼마나 들지 미리 예측하지 않고 국가의 재용을 1필 줄이면 무슨 방법으로 지탱해 갈 수 있겠습니까. 형세가 반드시 명나라 말기처럼 백성에게 거두어들이게 될 것이니, 실제로 크게 잘못될 우려가 있습니다. 훗날 다시 세세하게 진달하겠지만 나라를 다스리는 근본은 재물을 쓰는 것을 절약하는 데 달려 있습니다. 세조대왕께서 황희黃喜, 허조許稠와 함께 의논하여 정하여 제향에 소찬素饌을 쓰도록 하셨습니다. 선대의 성군聖君과 현상賢相이 강론해서 결정한 것으로 지금까지 혜택을 받고 있으니, 검약儉約하는 방도를 이를 미루어 알 수 있습니다. 전하께서 이런 부분에 특별히 힘을 쏟아서 여러 가지 씀씀이를 크게 줄일 수 있다면 이는 백성을 구제하고 나라를 살리는 방도입니다. 도성의 백성은 나라의 근본입니다. 응당 내려 주어야 할 물건도 내주지 못하고 있으니, 도성의 백성이 이 때문에 극심하게 곤궁한 상황에 처하였습니다. 씀씀이를 절약하여 국가의 재정을 넉넉하게 할 방도에 충분히 힘쓰는 것이 어떻겠습니까?

주목되는 것은 서두의 『논어』 학이편의 인용이 본래는 "천승의 나라를 다스리는데 일을 공경하여 믿고 쓰임을 절약하여 사람을 사랑하고 백성을 부리는데 때에 맞게 한다"는 것임에 대해 이광자는 이 '사람人을 사랑한다'의 '사람'을 '민'으로 바꾸고 "쓰임을 절약하여 민을 사랑한다"로 하고 있다는 것이다.[45] '사람'을 '민'으로 변환한 것은 왕에게 '민'에 대한 관

44 『論語』 学而. "道千乘之國, 敬事而信, 節用而愛人, 使民以時."
45 '애인(愛人)'에서 '애민(愛民)'으로의 변경은 이미 중국에 선례가 보인다. 『자치통감』 巻109,

심을 가지게 하고 싶다는 것의 표현일 것이다.

영조의 민民과 농업을 중시하는 생각은 다음 해에 더욱 강조되는 표현이 되어 기록으로 남아 있다. 『승정원일기』 영조 1년1724에 다음과 같은 문장이 있다.

> 농사는 천하의 큰 근본으로,[46] 나라는 백성을 하늘로 여기고 백성은 양식을 하늘로 여기니,[47] 중하게 여기지 않을 수 있겠는가. 그러므로 공자께서 '양식을 충분하게 한다'[48]라고 말씀하셨고 또 '천승千乘의 나라를 다스릴 때에는 백성을 적절한 때에 맞춰서 부린다'[49]라고 하셨으니, 권농[50] 전교를 내린다 하더라고 백성을 때맞춰 부리지 않는다면 백성들이 어떻게 마음을 다하여 농사를 지을 수 있겠는가? 평년에도 소홀히 할 수 없는데 더구나 해마다 기근이 이어져 안으로는 축적된 경비가 없고 밖으로는 적을 막을 준비가 없으니, 옛말에 나라에 3년을 버틸 저축이 없으면 나라가 나라답게 될 수 없다고 하였는데[51] 더구나 1년의 저축도 없는 것이겠는가? 장차 무슨 곡식으로 안으로는 도읍 백성들의 굶주림을 구제하며 밖으로는 변방 백성의 기근을 구하여 살리겠는가? 나라가 오히려 이와 같은데 의지할 곳 없는 저 가난한 백성들이야 이

晋紀31, 安皇帝甲에 "이것은 반드시 절용애민보다 더 좋은 것은 없다"가 있는데 '절용애민'으로 숙어화하여 사용되었다.

46 [宋] 史浩, 『尚書講義』 卷3.

47 『東周列國志』 第81회, "신이 말하길 나라(國)는 백성(民)으로 하늘을 삼고 백성은 음식으로 하늘을 삼는다" 및 명(明)의 湛若水, 『格物通』 卷16, 畏民上, 春秋荘公八年秋師還에도 "무릇 나라는 백성으로 하늘을 삼고 백성은 음식으로 하늘을 삼는다"라는 문장이 있다.

48 『論語』 顔淵.

49 『論語』 学而.

50 『史記』 卷10, 孝文本紀 第10. "위에서 말하길 농사는 천하의 근본으로 힘써서 이것보다 더 큰 것은 없다. 지금 몸을 움직여 일에 종사하는데도 조세의 부역이 있다. 이것은 본말을 이루는 것으로 다른 것이 아니다. 농사를 권하는 길로 아직 갖추어지지 않았으니 전답의 조세를 생략한다."

51 『禮記』 王政. "삼년의 비축이 없다면 나라는 나라가 아니라고 한다."

루 다 말할 수 있겠는가? 여기에까지 생각이 미치고는 밥 먹는 것도 잊고 잠자는 것도 잊었다. 아, 백성은 나라의 근본이며 근본이 단단해야 나라가 편안하니,[52] 옛사람의 말에 '백성이 먹지도 못한다면 어찌 나라의 근본이 될 수 있겠는가'라고 하였다.[53]

"이것은 비망기승지에 전하는 왕명을 기록한 문서로 영조가 신하에 통달한 문장이다. "농사는 천하의 대본"이며 "나라는 백성을 하늘로 삼고 백성은 식량을 하늘로 삼는다"라는 말을 중시하지 않으면 안 된다. 그리고 백성民에게 농사를 권하기에는 적절한 시기를 고려하지 않으면 안 된다. 근년 흉년이 계속되어 국내의 경비도 대외적인 방비도 바닥을 드러내고 있다. 고어古語에 "나라에 삼 년 저축할 것이 없으면 나라는 나라답게 되지 못한다"고 하는데 일 년도 비축하지 않으면 그것은 나라가 아니다. 아아! 백성은 나라의 근본이며 근본백성이 견고하면 나라는 안녕하다. 옛 사람이 "백성을 먹이지 못하는데 어떻게 해서 그들이 나라의 근본이 되겠는가"라 말하지 않는가"라고 말한다.

영조는 즉위 직후부터 농업 진흥에 의한 생산력 강화가 백성과 나라의 기초근본라고 인식하고는 그것을 신하에게 명했다. 이른바 영조는 국왕으로서의 시정방책연설에서 "나라는 백성을 하늘로 삼고 백성은 양식을 하늘로 삼는다"를 자신의 정책 중심에 둘 것을 선언하여 53년간에 이르는 장기 정책을 운용했다. 이 영조의 확고한 정치 자세의 표명이 자신 및 신하의 '민국'에 대한 빈번한 언급을 촉진시켰다고 생각된다.[54]

---

52 『書経』 五子之歌. "백성은 오직 나라의 근본, 근본이 견고하면 나라는 평안하다."
53 『승정원일기』 영조 1년(1725) 1월 1일 경자조.

영조의 이 '농업을 기초로 한 민과 국가의 중시'의 가르침을 계승하여 즉위한 것이 정조正祖, 재위 1776~1800이다. 『정조실록』 정조 즉위년1776에 이하와 같은 문장이 수록되어 있다.

> 여러 궁방宮房: 왕족이 함부로 받은 면세 전결免稅田結을 사정査正하였다. 하교하기를, 무릇 국가에 이롭고 백성들에게도 이로운 일이라면 나의 피부인들 어찌 아끼겠는가?[55] 이것은 우리 선왕께서 일찍이 과인에게 거듭 친절하게 일러 주시던 것이다. 현재 국가의 용도가 부족하고 백성들의 산업도 다한 것과 같다. 백성과 국가를 생각하니 나도 모르게 한밤중에 침상을 서성이게 된다. 궁방의 전결에 이르러서는 혹 법 이외에 더 받은 것도 있고 혹 세대世代가 다 되었는데도 회수하지 못한 것이 있으며, 혹 또한 이미 결수結數가 차게 되었는데도 아직 차지 못한 것으로 가장한 것이 있기도 하여, 단지 국가의 용도에만 손해가 있는 것이 아니라 소민小民들에게 손해를 끼침이 한두 가지가 아니다.[56]

> 궁차宮差: 왕족이 보낸 관리가 조세를 징수하는 법을 혁파하고, 하교하기를, 아! 우리 백성의 생활이 곤궁하여 초췌焦悴함이 극심하다. 내가 즉위한 이래로 감싸 보호하며 불쌍히 여기는 생각이 잊혀지지 않고 마음에 염려됨이 있어서 일찍

---

54 영조가 '민국'을 정책의 중심에 둔 것을 상징하는 언설이 남아 있다. 그것은 "주상(上)이 말하길 나는 이미 몸을 민국에 허락했다"(『승정원일기』 영조 32년(1756) 10월 9일 계유조) 및 "아! 나이가 실로 한 해를 더하려 한다. 또한 한 일을 더한다. 어찌 이루는 것을 즐기겠는가? 즉 나의 일심은 이미 민국을 허락했다"(『승정원일기』 영조 36년(1760) 12월 27일 정유조)등에 보이는 "나는 이미 몸을 민국에 허락했다", "일심은 이미 민국을 허락했다"라는 언설이다. 왕인 자신은 '몸도 마음도 민과 나라의 중요성을 승인(허락)한다'와 신하를 향해 몇 번이나 공언하고 있으며 영조의 '민국'에 대한 강한 책임감을 느끼는 언설이다.

55 『史記』 卷10, 孝文本紀第10. "夫刑至斷支體, 刻肌膚, 終身不息, 何其楚痛而不德也, 豈稱為民父母之意哉."

56 『정조실록』 정조 즉위년(1776) 4월 10일 신해조.

이 잠시도 소홀히 여기지 않았다. 무릇 백성의 힘을 소생시키고 백성의 폐막弊瘼을 제거한다면 서둘러 불 속에서 구출하고 물에 빠진 것을 건져내듯이 하여 거의 자고 먹는 것을 잊으려 하였으니, 이는 내가 지난번에 진실로 백성에게 이롭게 함이 있다면 살점인들 어찌 아끼겠느냐는 하교가 있게 된 것이었다.[57]

정조는 "무릇 국가에 이롭고 백성들에게도 이로운 일이라면 나의 살갗인들 어찌 아끼겠는가?", "진실로 백성에게 이롭게 함이 있다면 살점인들 어찌 아끼겠느냐?"를 자신의 시정 방책으로 선언하고 정권운영에 임했다. 그 정권 운영의 특징은 '군민일체'나 '민즉국'의 '국민국가'가 아니라 '민과 국가를 이롭게 하는 것'을 표방하는 '왕을 중심으로 한 절대주의적 정치체제'의 구축을 목적으로 한 것이었다는 것은 이미 서술한 것과 같다.

5. 조선의 근대국가 구상과 '애민' 사상

탕평군주라 칭하는 영조와 정조가 '민국'을 빈번하게 언급한 텍스트에는 실은 간과하면 안 되는 중요한 개념이 수반되어 있다. 그것은 '애민'이다. 예를 들어 『승정원일기』 영조 7년1731 12월 9일 무진戊辰에 대사헌 이하원의 상소문으로 다음과 같은 문장이 있다.

생각해보면 저 한 톨의 곡식도 모두 백성의 피와 땀에서 나온 것인데 도리

57 위의 책, 9월 1일 기사조.

어 사인私人이 각 읍의 중간에서 이익을 취하는 바탕이 되고 가난한 백성들은 조금의 혜택도 받지 못하니, 상평상평창의 뜻은 어디에 있고 진휼의 명색은 어디에 있습니까. (…중략…) 지금 이후로 떼어 주고 발매發賣하는 정사와 돈으로 바꾸어 상납하게 하는 명령을 일절 막고 금지하여 오직 곡식을 비축하는 것을 위주로 하고, 봄여름에 환곡을 나누어 줄 때 반드시 절반을 창고에 남겨 두고 해마다 바꾸어 주어 늘 남은 비축이 있도록 한다면, 흉년을 만나더라도 백성과 나라에 모두 믿을 곳이 있을 것이니 마땅히 금지 조항을 거듭 세워서 이전의 습관을 따르지 말게 하십시오. 애민의 참된 것은 아껴 쓰는 데 달려 있으니, 쓰는 것을 아끼지 않으면 반드시 재물을 상하게 하고 백성에게 해를 끼치게 됩니다. 우리 전하의 백성을 사랑하는 정성이 이르지 않는 곳이 없어서, 이에 올해에는 거만巨萬의 내탕금內帑金을 덜어 여러 도의 진휼 재원에 보태기까지 하였으니 매우 성대한 거사입니다. 무릇 혈기가 있으면 누군들 감격하여 흐느끼지 않겠습니까? 그렇지만 이를 가지고 백만 생령生靈을 구하는 것은 한 잔의 물을 가지고 한 수레의 장작에 붙은 불을 끄려는 것과 다름이 없습니다. 신은 전하의 애민의 마음은 진실로 지극하다고 생각합니다. 그렇지만 백성을 사랑하는 실질은 이에 있지 않고, 단지 아껴 쓰는 데 달려 있습니다. 어째서이겠습니까? 쓰는 것을 만약 아끼면 재물이 저절로 넉넉해지고 백성에게 미치는 혜택이 풍부해지지 않음이 없습니다.

"한 톨의 곡식은 백성의 고혈에서 나오는 것이기 때문에 곡물을 비축하는 것을 주안점으로 삼아 그것을 백성에게 돌려 준다면 흉년이라도 '백성과 나라는 믿는 바民国俱有所恃가 있습니다. '애민의 실제'는 절약하는 것입니다. 우리 전하국왕의 '애민의 정성'은 정부가 소유하는 재원을 방출하셔서 여러 도의 진휼의 자금으로 보충하신 것에서 드러납니다. 우리 전하의 '애민의 마음'은 여기에 더할 것이 없으시니 '애민의 실제'는 거기재원을 방출한 것에 있는 것이 아니라 절약하는 것에 있습니다. 왜냐하면 국왕이 절약한다면 그 은혜는 백성에게 미치기 때문입니다"라고 하고 있다. "백성과 나라는 모두 믿는 바民国俱有所恃"라는 언설은 얼마나 '애민'이라는 발상에 의거하여 발언되고 있는지가 이해될 것이다.

전술한 것처럼 『승정원일기』 영조 즉위년1724 9월 25일 을축조의 상소문에서 『논어』 학이편의 '쓰임을 절약하고 사람을 사랑한다'는 '사람'이 '민'으로 변경되어 '쓰임을 절약하여 백성을 사랑하는'것으로 된 것은 왕이 '백성'에 관심을 갖게 하고 싶다는 표출일 것이라고 지적했다. 영조는 중종과 인조의 백성과 나라를 중시하는 것을 계승하여 신하의 호소에 진지하게 귀 귀울이면서 그리고 무엇보다도 '애민'의 사상[58]을 공유했다. 따

58 '애민' 사상은 원래 원나라에서 고려왕조를 거쳐 조선왕조에 계승된 것이다. 명의 宋濂他, 『元史』 卷九三, 지제사삼(志第四三) 식화(食貨)1(1369년 성립)에 "洪範八政[食, 貨, 祀, 司空, 司徒, 司寇, 賓, 師]은 식(食)을 으뜸으로 하며 화(貨)가 다음이다. 대개 식화는 양생의 근원이다. 백성은 식화가 아니면 삶을 이루지 못하며 나라는 식화가 아니면 쓰임을 이루지 못한다. 그러므로 옛날에 그 나라를 잘 다스린 자는 백성에게 취하는 일(백성을 착취하는 것)이 없지 않았지만 또 일찍이 백성에게 과하게 취하지 않았다. 그 대요는 들어 오는 것을 측량하고 나가는 것을 이루는 데 있을 뿐이다. (…중략…)이 때문에 한나라에 고민(告緡: 탈세한 자를 고발하는 것), 배와 마차를 셈하는 법령이 있었고, 당나라에는 돈을 차상(借商: 부상에게 빌리는 것), 간가(間架)를 부과하는 '가옥세'의 법이 있었고 송나라에는 경(經), 총제이전(総制二銭: 경제전과 총제전, 모두가 송대에 부과된 세금의 명칭)이 있었다. 모두 백성을 수탈하여 나라에 충족하고 결국에는 백성이 곤궁해서 나라가 망하는데 이른다. 한탄할 뿐이다. 원나라 초기에 백성에게 취하는 것이 아직 정해지지 않았다. 세조(후빌라이)가 입법할 때 하나는 관용에 기초했다. 그것을 쓰는 데에 종척(宗戚: 종족)에 있어서는 즉 세사(歲賜: 매년 신하에 내리는 사급)가 있었고 흉년에는 즉 진휼이 있었다. 대개 친친애민(親親愛民)을 중하게 여긴 것으로 가장 농상의 일에 권권(惓惓: 진심을 다하는 것)하는 것, 이재(理財)의 근본을 안다고 할 수 있다"는 문장이 있다. 『高麗史』巻18, 世家巻18, 毅宗2에 "하나, 백성의 물건(백성의 재물)을 구휼하라. 국가는 동서대비원 및 제위보(濟危寶: 백성의 구호와 질병치료를 담당하는 기관)를 특별히 세워 궁민을 구한다. 그런데 근년에 이 관직에 임영된 자가 대체적으로 그러한 사람이 아니다. 그러므로 혹은 기근이 있다는 것을 모르고 질병이 의부하는 바가 없는 것이 있어 수집하여 구휼하지 못한다. 과인의 애민의 마음은 어떤 것인가"라는 것이 있는 것처럼 원나라→고려 왕조→조선 왕조라는 경로를 통해

라서 영조대의 『승정원일기』나 『조선왕조실록』에 '민국'이라는 말이 숙어로 사용된 것이다. 그리고 정조는 영조의 '농업을 기초로 한 백성과 나라의 중시'라는 생각을 계승하면서 '나라에 이익이 되고 백성에게 이익이 된다'는 것을 기초에 둔 절대주의적 정치체제의 구축을 목적으로 한 것이다.

이러한 영조·정조의 이른바 탕평군주에 의한 정책의 주요 테마가 된 '민과 국민국'의 중시는 순조純祖, 재위 1800~1834대에도 착실히 계승되었다. 『순조실록』 순조 19년1819 9월 10일 기미조己巳条에 이조판서 이존수李存秀의 상신으로 이하와 같은 문장이 기록되어 있다.

> 지금 민국의 사정으로 말하면 양전은 이미 백 년이 경과하여 묵은 땅과 기경起耕된 땅이 서로 바뀌고, 허실이 뒤바뀌었습니다. 백성의 결부結賦는 근거 없이 징수한다는 원망이 있고, 나라의 경비는 날로 감축된다는 탄식이 있습니다. 가장 심한 곳은 옛 양안量案마저 아울러 없어져 부세를 징수할 즈음에 증빙할 것이 없습니다. 개량하는 문제는 신도 진실로 이의가 없습니다. 그러나 그 일은 크나큰 역사요, 그 시행함에 폐단이 생기기 가장 쉬우니, 그 일을 맡은 자가 정중히 여기고 삼가는 뜻을 간직하면, 일이 이루어지고 폐단이 적을 것입니다. 목민의 직책에 있는 자가 조정에서 백성을 사랑하는 덕의德意를 본받지 않아 혜택이 아래에 미치지 않으니, 백성들도 또한 믿지 않은 지 오래 되었습니다.

"현재의 '백성과 나라'의 정세는 어떤가 하면 전답의 측량이 이미 백 년이 지났기 때문에 경작과 방치가 번갈아 시행되고 백성에 대한 세금은 형

'애민의 마음'은 조선왕조시대에 면면히 계승되어 왔다고 생각할 수 있다. '애민'에 관한 자세한 설명은 井上厚史, 『愛民の朝鮮儒教』(ぺりかん社, 2021)을 참조.

편없으며 나라의 재원도 날마다 축소되어 가는데 가장 심한 것은 재세의 징수에 기준이 없다는 것입니다. 측량방법을 개정하는 것에 이견은 없습니다만 그것은 아주 어려운 작업이며, 폐해를 만들기 쉽습니다. 담당관이 꼼꼼하고 진중한 사람이라면 폐해는 적겠지만 목민관이 조정의 '애민'의 덕을 체득하지 못한다면 은혜는 미치지 못하여 백성은 오랫동안 보살핌을 받지 못할 것입니다"라고 하고 있다. '민국'에 관한 정책이 얼마나 '애민' 사상과 떨어질 수 없는 것인가를 볼 수 있을 것이다.

동시대의 유학자였던 최한기崔漢綺, 1803~1879, 자는 芸老, 호는 惠崗도 '민국'과 '애민'에 대해 다음과 같이 기술하고 있다.

> 대체로 백성은 국가에 의지하고 국가는 백성에 의지하는 것이니, 오직 이 백성과 국가가 서로 의지해서 살아가는 것이다. 그러니 어찌 백성들을 망각하여 그들로 하여금 의지할 데가 없도록 만들어서야 되겠는가? 이렇게 되면 반드시 그에 따라 점차로 그릇된 데로 빠져들게 되는데, 누각樓閣에 마음을 쓰면 기교奇巧한 재주를 가진 자를 쓰게 되고, 사냥에 정신을 쏟으면 말 타고 사냥하는 재주를 가진 자를 맞아들이게 되고, 관현管絃의 음악에 뜻을 두면 음탕한 정위鄭衛의 음악이 많이 나오게 되고, 어여쁜 여인에게 마음을 쓰면 연조燕趙의 미녀들이 이르게 되는 것이다. 이처럼 이미 치안에 해로운 것을 즐기는 마음이 있고 또 치안에 해로운 자들을 거두어 쓰면, 어느 겨를에 백성을 치안하는 것에 생각이 미칠 수 있겠는가? 비록 간간이 백성을 사랑하고 세상을 걱정하는 말을 내더라도 이는 모두 의례적으로 겉으로 꾸민 말일 뿐이니, 어찌 현준賢俊한 인재를 등용하여 치안을 이룩해야 한다는 것을 알 수 있겠는가?[59]

"백성은 국가에 의지하고 국가는 백성에게 의지하기 때문에 '백성과 국가는 서로 의존하여' 생을 영위한다. 어째서 백성을 잊어버리고 그들이 의지하는 것을 없애려고 하는가? 그들은 백성 이외의 관심에 빠져 있다. 승진하여 질 나쁜 무리들을 등용하고 사냥에 흠뻑 빠져 있다. 곡학아세를 옆에 두고 음악을 즐기고 미인에 도취되어 치안을 혼란하게 만드는 것을 즐긴다. 치안을 혼란하게 하는 자를 중용하고 생령백성의 치안을 생각할 여유가 없다. 음악에서는 '백성을 사랑하고 세상을 염려하라'고 하지만 그것은 위에 있는 자들뿐이다. 이러한 상황에서 어떻게 현자를 등용하여 치안을 달성할 수 있는가"라고 말한다. '백성과 나라는 서로 의존'하는 것을 주장하면서 또 '백성을 사랑하고 세상을 염려하는' 본분을 망각하고 지위와 권력에 빠진 관리를 통렬히 조롱하고 있다.

마지막으로 철종哲宗, 재위 1849~1863 시대의 유학자 허전許伝, 1797~1886, 자는 以老, 호는 性齋의 '삼정책三政策'을 소개한다. '삼정책'은 철종의 자문에 허전이 1863년 상소한 것으로 삼정田政, 軍政, 還政에 관한 정책 제언서이다. 그중에 다음과 같은 문장이 있다.

> 신이 대답하여 신이 엎드려 아뢰길 우리 전하께서 금일 삼정을 친책천자가 친히 시험하는 일하는 것은 즉 민국의 안위존망의 일대 계분입니다. (…중략…) 지금 진주는 즉 가장 국법에 심하다고 합니다. 이것이 무슨 변고입니까? 팔로의 도결(하급 관리가 공전과 군포를 사적으로 유용하여 그것을 보충하기 위해 결세로 정한 금액 이상으로 징수하는 일－인용자주)한 읍을 통계한다면 즉

---

59 崔漢綺, 『人政』 卷21, 用人門[二], 為民治安.

대부분은 이와 같은 것입니다. 그 징세를 원망하는 곳은 천억만금을 염려하지 않습니다. 백성은 그 삶이 편안하겠습니까?[60] 또한 법이라는 것은 조종의 법입니다. 혹은 민국에 이익이 된다고 해도 원래부터 도신道臣과 수령이 감히 마음대로 고치는 것은 아닙니다. (…중략…) 전하, 전에 말씀하시기를 견탕蠲蕩, 미납한 세금 등을 면제하는 것을 흡족하다 하시는 것은 즉 성심의 즐거움입니다. 반드시 민심이 즐거워하는 것을 즐거워하는 것입니다. 실로 흡족하다 하여 즐겁지 않으면 즉 실로 백성의 혈유孑遺, 조금 남아 있는 것가 쓰러지는 것을 보고 즐거워하지 않는 것에 이르는 것입니다. 어째서 취급取給, 필요한 것만 취하고 여분은 구하지 않는 것의 방법이 없는 것에 구속되는 것입니까? 신이 듣기에 들어오는 것을 측량하여 나가는 것을 이루는 것[61]은 선왕의 제도입니다. 쓰임을 절약하고 백성을 사랑하는[62] 것은 성사聖師의 가르침입니다.

"우리 전하국왕가 삼정에 대해 자문하신 것은 '백성과 나라의 안전과 존망'에 관한 중요한 분기점입니다. 지금 진주는 나라의 법률도 무너져 있습니다. 세금의 부정징수가 횡횡하고 있는데 이것은 어떻게 된 일입니까? 법이란 대대로 정해진 법이기 때문에 가령 '백성과 나라에 이익이 있다'고 해도 어째서 도신이나 수령이 맘대로 바꿀 수 있겠습니까? 전하는 이전부터 세금을 면제하는 것을 기쁘게 여긴 것은 성인의 기쁨이며 백성이 기뻐하는 일은 나 자신의 기쁨이라고 말씀하셨습니다. 기뻐해야 할 일을 기뻐하지 않는 것은 '백성이 어디에도 의지할 곳이 없다'라는 것을 기뻐

60 『史記』春申君列伝. "인민은 삶을 즐기지 못한다."
61 『禮記』王制. "땅의 대소를 이용하여 한 해의 풍모(豊耗)를 보고 삼십 면을 통해 국가의 쓰임을 규제한다. 들어오는 것을 측량하여 나가는 것을 이룬다."
62 『論語』学而.

하지 않은 것입니다. 어째서 남는 것은 징수하지 않는다는 방법의 유무에 집착하십니까? 저는 '수입에 따라 지출을 계산한다'는 것은 선왕의 제도이며 '절약하여 백성을 사랑한다'는 것은 성사의 교훈이라고 들었습니다" 고 말하고 있다.

영조·정조 대의 '민국'의 빈번한 언급은 조선왕조 건국 이래의 '애민' 사상의 전개 과정에서 표현된 현상이며 '민국'은 '백성과 나라의 이익'을 중시하는 정책을 상징적으로 표현한 언어였다는 것을 이해했을 것이다. 그리고 이 '애민'과 '민국'이라는 언어로 상징되는 유교적 무민정책撫民政策을 견지하고 그 실현을 최우선 과제로 하여 정권 운영을 기획한 조선 왕조가 19세기의 폭풍우와 같은 서양의 충격, 즉 서양화=근대화의 소용돌이로 끌려 들어간다.

6. 맺으며

조경달은 '민국' 개념에 근대적 의의를 읽어 내고는 조선에서 근대적 국가 개념이 내재적, 역사적 문맥에서 탄생한다는 해석에 대해 "민본주의가 민국 이념을 낳았다고 한다면 그것은 틀림없이 서구적인 국민국가와는 성격이 다른 국가 구상을 가졌을 것이다. 또 거기에 조선 근대 고유의 국가관을 둘러싼 갈등이 있었던 것은 아니었을까"라는 의문을 던지고 있다.[63]

본고에서 고찰해 온 것처럼 '서구적인 국민국가와는 성격이 다른 국가 구

63 『朝鮮の近代思想－日本との比較』, p163.

상'을 조선의 근대사상에서 찾는다면 그것은 단적으로 '애민'사상에 기초한 '백성과 국가'를 중시하는 국가구상이었다고 생각된다. 그것을 조경달은 '자강'에서 찾아 "자강은 왕도론으로 이해되며 패도론적인 부국강병과는 본래 구별된다. 일본의 영향으로 부국강병이라는 말이 유포되기는 했지만 그러나 '부강'에 포함된 내용은 '자강'이며 거기에는 주자학적 민본주의의 이론이 강하게 작용하고 있었다"[64]고 기술하고 있는데, '애민'과 '자강'이 사상적으로 어디까지 결합되는지는 이후 고찰해야 하는 중요한 과제이다.

조선에는 확실히 '서구적인 국민국가와는 성격이 다른 국가 구상'이 있었다고 생각된다. 무엇보다도 조선유교의 독자적인 특징인 '애민'사상의 발달이 있었기 때문이다. 중국유교에도 일본유교에도 본고에서 고찰한 것 같은 '애민' 그리고 '민국'에 관한 왕성한 사고와 그 결과로서의 텍스트=언설의 생산은 보이지 않는다. 동북아시아의 근대화에 대해 마루야마 마사오는丸山真男의 『일본정치사상사연구』를 당연한 전제로 말하는 것은 동북아시아 지역에서의 '근대적 공간'의 형성이 실제로는 어떠한 것이었는가를 고찰하는 노력의 포기를 의미한다. 이제 '일본은 유교를 버렸기 때문에 아시아에서 빠르게 근대화에 성공하였고 중국과 조선은 유교를 버리지 않았기 때문에 근대화에 늦었다'라는 스토리는 유효기간이 지났다.

동북아시아 각국의 근대화 과정을 남아 있는 텍스트의 면밀 혹은 정확한 해석을 통해 새롭고 신선한 각도에서 고찰하지 않으면 안 된다. 반성을 포함하여 이후 점점 더 이 분야의 연구를 진행해 갈 필요가 있다는 것을 지적하면서 이 글을 마치고자 한다.

---

64 趙景達, 『儒教的政治思想・文化と東アジアの近代』, 有志舎, 2018, p.57.

생태 · 이민 · 철도

준비된 만주의 근대

류지안훼이
박형진 옮김

1. 만주의 근대란?

전후, 만주는 무엇이었는가라는 물음은 아카데미 세계에서도 저널리즘 세계에서도 계속해서 반복되어 왔다. 그러나 그 대부분은 일본 근대사의 연장 위에서 존재한 '만주국'에 대한 검증에 집중되었으며, 그 이전과 이후 해당 지역의 존재방식, 또한 그것이 가진 의미에 대한 고찰은 의외로 적다. 더구나, 급속하게 만들어진 '근대국가'가 어떻게 단기간에 실현될 수 있었는지 그 방출된 에너지가 어떠한 시공간상의 사정을 가지는지, 해당 지역 내외의 사회나 문화에 영향을 주었는지와 같은 물음에 이르러서는 더욱 관심도가 낮다. 말하자면, '만주국'이 무엇이었는가에 대해서는 계속해서 이야기되어 왔지만, 동아시아에서의 '만주', 또한 소위 '만주' 체험은 과연 무엇이었는지에 대한 물음은, 종전 시기 '히키아게引き上げ' 체험을 제외하고, 개인, 더욱이 국가 레벨에서 과연 어디까지 이루어져 왔는

지 커다란 의문을 표하지 않을 수 없다.

'만주'를 말할 때, 그것이 놓인 식민지적 지위에 대한 평가는 차치하고, 모두들 단기간에 달성된 '근대성'을 언급하고, 그것을 해당 지역의 가장 중요한 요소의 하나로 강조한다. 예를 들어, 마오쩌둥毛沢東조차 여전히 항일전쟁 중이었던 연안시대延安時代에 이미 '동북東北은 대단히 중요하다. 우리 당, 또한 중국혁명의 근미래 전도前途로 보아도 동북은 특히 중요하다. 우리들은 설령 지금 가지고 있는 모든 근거지를 잃더라도, 동북만 막는다면 중국혁명은 강고한 기초를 가지게 된다'[1]고 발언하였으며, 만주가 가진 '대공업', '중공업', '대도시'를 혁명 승리의 필수조건의 하나로서 열거하고 있다.

물론 마오쩌둥은 결코 만주에 대한 일본의 식민지 지배를 긍정하는 것이 아니라, 어디까지나 거기에서 달성된 '근대성'을 자신이 통솔하여 중국혁명에 이용하려 한 것에 불과할 것이다. 또한 오해해서는 안 되는 것은, 만주의 '근대성'은 확실히 일본의 식민지적 지배에 의해 최종적으로 성취된 것이지만, 그에 이르는 과정에서 러시아, 또한 그것을 계승한 소련의 만주 경영과 장쭤린張作霖 시대부터 진행되어온 근대화 노선의 성과 등도 일정한 역할을 담당했다는 사실이다.

그리고 만주의 근대성 달성은 단순히 내외의 지배자에 의한 경영만이 아니라, 동북아시아에 있어서 이 지역의 시공간적 특징과 청왕조시대의 관리방식과도 커다란 관계가 있다고 생각된다. 즉 만주는 애초부터 지리적, 또한 역사적으로 이미 그 후의 근대적 전개를 가능하게 하는 여러 요

1 「関于第七届候補中央委員選挙問題」(一九四五年六月一〇日), 中共中央文献研究室編, 『毛沢東文集』(第三巻), 人民出版社, 1996.8.

소를 가지고 있었으며, 만주국 등의 새로운 통치자는 말하자면 그들 요소를 최대한으로 이용하여 제도적으로 근대성을 완성시킨 것에 불과했다고 생각해 볼 수 있다. 하지만 만주 근대 탄생의 전제, 혹은 전사前史라고도 할 수 있는 지리적, 역사적 조건들에 대해서는 종래의 만주 연구에서 그다지 주목받지 못했고, 마치 그 후의 여러 근대적 경영과 관계가 없는 것처럼 역사의 피안으로 밀어내어졌다.

이러한 사정에 비추어, 본고에서는 우선 개략적으로 전근대 만주의 존재방식과 근대로의 이행 프로세스를 되돌아보고, 그것이 소위 '만주국' 성립 후의 식민지적 근대의 전개에 어떠한 의미를 가지고 있었는가를 정리함으로써, 해당 지역의 근대적 공간의 성립에 관하여 보다 종합적, 입체적으로 고찰하려 한다.

2. 유조변柳條邊과 위장圍場, 맹기제도盟旗制度에 의해 관리된 만주

주지하듯, 만주를 포함한 중국의 동북삼성東北三省은 애초부터 청왕조 조종발상祖宗發祥의 땅으로, 17세기 초 개국 이래 긴 기간에 걸쳐 '금관령禁關令' 봉금령(封禁令)이 시행되어, 주변으로부터의 이주나 이동이 금지되어 있었다. 또한 내부 관리로서는 우선 강희康熙년간1661~1722에 성경장군盛京將軍, 길림장군吉林將軍, 흑룡강장군黑龍江將軍을 차례로 설치하고, 각각 요하遼河 유역과 그 동쪽과 북쪽 지역을 관할하게 하여, 이후에는 동북삼성이 되는 행정적인 기반을 다졌다. 그리고 이와 관련하여 삼자간 및 몽고 유목민 지역과의 구분을 명확하게 하기 위해, 만리장성에는 한참 미치지 못하지만 그 경계선상에 높이와 폭 모두 1m 정도나 되는 토제土堤를 만들고 그 위에 일정한 간격으로 약 2m의 버드나무를 세 개씩 꽂은 후, 거기에 그 원목을 밧줄로 묶어 일종의 '벽'과 같은 역할을 담당하는 '유조변柳條邊'이라는 것을 영조營造하였다.

덧붙여 이 '유조변'에는 '노변老邊'과 '신변新邊'이 있는데, 노변(총 길이 850km)은 1661년에 준공되어 위원보威遠堡, 지금의 요녕성(遼寧省) 개원(開原)시를 기점으로 남으로는 봉황성鳳凰城, 지금의 요녕성 단동(丹東)시, 서남으로는 산해관山海關에까지 이르며, 신변(총 길이 345km)은 위원보에서 동북방면으로 연장하여 멀게는 법특法特, 지금의 길림성 수란(舒蘭)시에까지 이르는 것으로 1681년에 완성되었다. 현재 유조변은 구 만주의 '녹색 만리장성'이라 불리게 되었지만, 만리장성과는 달리 강한 군사적 기능을 가지고 있지 않으며, 행정상의 구분 이외에 농경, 유목, 수렵 등 생산양식에 의한 각 민족 간의 구분을 특히 의식하고 있었다. 실제로 노변에는 16개소, 신변에는 4개소의 변문邊門(관문)이 설치되어, '월경'을 통한 조선 인삼의 채집이나 그 외의 밀무역을 단속하고 있었다.

〈사진 1〉 유조변 약도

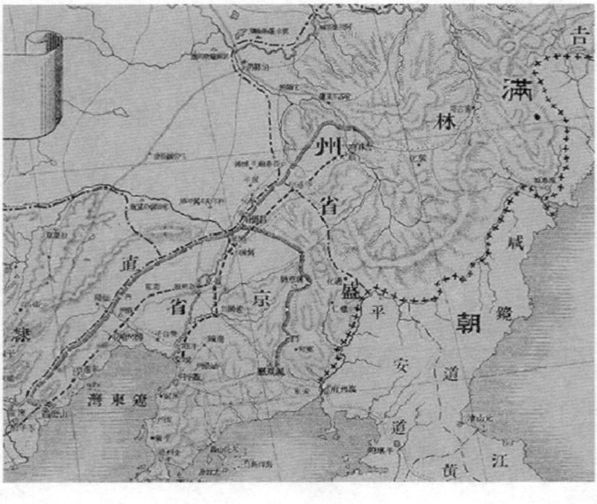

그리고 '유조변' 영조와 병행하여 청정부는 평시의 기병旗兵 군사훈련을 목적으로, 전국통일을 전후로 동북삼성에서 각각 '성경위장盛京圍場', '길림위장吉林圍場', '흑룡강위장黑龍江圍場'이라는 '수렵 조연

狩獵操演'을 통해 기사騎射 등의 무예를 높이는 대규모의 수렵장을 설치했다. '성경위장'은 현재 매하구梅河口 시길림성, 과거 해룡현海龍縣, 휘남현輝南縣, 길림성, 동풍현東豊縣, 길림성, 동요현東遼縣, 길림성, 서풍현西豊縣, 요녕성 등에 걸쳐 동서 240km, 남북 245km라는 광범위한 규모를 이루고 있었다. '길림위장'은 '길림서위장吉林西圍場', '백도눌위장伯都訥圍場', '비극도위장蜚克圖圍場'의 세 부분으로 나뉘는데, 길림서위장은 남황위장南荒圍場으로도 불리며, 지금의 반석磐石 시길림성, 화전樺甸 시길림성, 장춘長春 시 상양구雙陽區, 길림성, 이통 만족 자치현伊通滿族自治縣, 길림성 일대에 해당하고, 백도눌위장은 지금의 부여扶余, 길림성와 유수楡樹, 길림성의 양시와 거의 겹치며, 비극도위장은 대체로 지금의 빈현賓縣, 흑룡강성, 연수현延壽縣, 흑룡강성, 상지尙志시흑룡강성, 방정현方正縣, 흑룡강성, 아성阿城 시흑룡강성의 전지역에 이르고 있다. 그리고 흑룡강위장도 '소악이제위장索岳爾濟圍場'와 '동황위장東荒圍場' 2개로 나뉘지만, 전자는 지금의 내몽골 동부 중몽국경 부근부터 흑룡강성 북부 중소국경 사이, 후자는 흑룡강성 중부를 흐르는 호란강呼蘭河 북동에 각각 위치하고, 양쪽 모두 반경 수백 km를 넘는 광대한 범위를 가지고 있다. 그리고 이들 위장에서 매년 정기, 부정기로 '행위行圍'라는 수렵을 겸하는 군사훈련이 행해졌는데, 역대 황제도 행차 형태로 멀리 북경에서 방문하여 임시적으로 이것에 참가하고 있었다. 그 때문에 위장의 관리는 대단히 엄격해서, 외부로부터 유민의 출입은 물론 부근의 일반 주민에 의한 동물의 수렵이나 수목의 벌채도 엄격하게 단속되었으며, 위반이 있는 경우 당사자뿐만 아니라 관리자인 관료들도 면직되는 등 엄중하게 처벌되고 있었다.

유조변 내의 한민족이나 만주족에 대한 관리체제는 이상과 같은 형태로 시행되고 있었는데, 한편으로 거의 같은 방식의 '봉금封禁' 정책이 실제로

〈사진 2〉 위장에서 사냥하는 황족들

는 유조변 바깥쪽에서 생활하는 몽골족의 유목민 지역에도 실시되고 있었다. 역사적으로 대립하는 시기도 있었던 몽골족에 대해 청왕조는 성립 당초부터 경계했으며, 만몽왕족 간의 정략결혼을 통해 양자의 관계를 강화하거나, 라마교를 보급시켜 사회 전체의 안정을 꾀하기도 하였다. 그 가운데에도 군사력을 약화시키기 위해서 근린의 내몽골에 맹기제도를 도입하였다. 전지역을 24개 부部, 49개 기旗로 재편하는 형태로 각각 작은 지방 단위로 분할한 후, 몽골인 왕족을 통해 관리하였다. 그리고 상호간의 월경에 의한 방목이나 사적인 방장放場의 개설을 법적으로 금하는 한편, 각 영내에의 한민족이나 만주족의 유입, 한민족과 몽골족 간의 통혼 등도 엄격하게 제한했다.

이렇게 청왕조시대의 만주는 조종발상의 땅이었다는 특수한 이유 때문에, 우선 유조변에 의한 민족 간의 분리, 위장에서 실시된 군사 훈련 때문에 생겨난 포위선과 맹기제도에 의한 분할관리라는 형태로 마치 중첩구조와 같이 2중, 3중으로 엄격하게 봉금되어 있었다. 그 덕택으로 약 200년 이상에 걸쳐, 거의 유사 이래 생태계가 그대로 유지될 수 있었으며, 주변과 비교하여 하나의 거대한 미개발 공간을 형성하고 있었다. 그리고 그것이 일단 해금되자 거기에 잠들어 있던 자연자원과 유입인구가 합체되면서 얼마나 강렬한 에너지가 방출되었는가는 더 췌언할 필요도 없을 것이다. 만주의 근대를 고찰함에 있어 이 '공백'의 의미를 가장 먼저 살펴본 것은 이 때문이다.

3. 봉금의 해제

200년 이상 계속된 만주의 봉금정책은 19세기 중반이 되면 중국을 향한 열강의 진출에 의해 커다란 전환점을 맞는다. 우선 1865년에 시작된 제2차 아편전쟁을 틈타, 러시아가 청정부에게 아이훈조약瑷琿條約, 1858년을 체결시키고, 이미 그 이전부터 점령하고 있었던 흑룡강 좌안의 영유와 우수리강烏蘇里江 동쪽 지역을 양국이 공동관리 할 것을 인정케 하였다. 계속해서 전쟁의 종결을 둘러싼 청정부와 영불과의 강화를 중개한 배상으로서 청러 간의 베이징조약北京條約, 1860년이 체결되었으며, 아이군조약으로 정해진 흑룡강 좌안 영유의 유효성과 공동관리지였던 우수리강 동쪽 지역의 단독 영유를 승인하였다. 이미 영불과 맺은 베이징조약으로 은 800만 냥의 배상금을 요구받았던 청정부가 이 때문에 다대한 경제적 데미지를 받았을 뿐만 아니라, 100만 평방미터에 이르는 광대한 영토도 완전히 잃어버리게 되었다. 이 사태를 겪고 청정부는 세수의 증가와 국토의 방위라는 경제와 군사 두 과제를 함께 해결할 수 있는 방책으로서, 급히 실시하기 시작한 것이 소위 '이민실변移民實邊'이라는 것이었다. 즉 종래 엄격하게 단속하고 있었던 내륙부로부터의 이민을 받아들여, 오랫동안 '허변虛邊'이었던 만주지역을 '실변實邊'으로 개조하려는 이민 권장 정책이었다.

'이민실변' 정책의 실시는 단기간에 많은 이민을 동반하여, 만주 주재의 인구를 크게 증가시켰다. 추정치이지만 실시 20수년 후인 1880년대 후반, 그 수는 이미 전쟁 전의 360만에서 배에 가까운 610만[2]에 달해 있었다. 단, 이 단계의 이민 추장推奬은 보수파 등의 반대 때문에 시종 만주 동북지역의 중심에서 전개되었고, 몽골 왕족이 관리하는 서부와 러만 국경 일대 북부에는 거의 이르지 못했다. 그 의미에서 만주의 봉금은 해제되었지만 아직 부분적이었으며 결코 전면적인 해금에는 이르지 않았다고 할 수 있다.

좀처럼 전면 해금에 뛰어들지 않았던 청정부를 결심시켜, 종래의 정책을 완전히 포기하게 한 것은 1894년에 시작한 청일전쟁과 6년 후에 일어난 의화단사건이라는 2개의 대외전쟁이었다. 일본과의 전후 처리로 체결된 청일강화조약清日講和條約에서 청정부는 전승국 일본에 7년 연부로 은 2억 냥의 배상금을 지불할 것을 강요받았고, 또한 그 후 3국간섭에 따라 요동반도 환부還付 배상금으로 3천만 냥을 추가로 지불하지 않을 수 없었다. 한편, 의화단사건 후 열강 8국영·미·불·독·러·일·이·오흥(墺洪)에 대한 배상금은 4억 5천만 냥이었다. 이는 39년간의 분할 지불이었지만 연리 4%로 설정되었기 때문에 총액 9억 8천만 냥까지 올라갔다. 당시 청정부의 세입은 고작 8천 8백만 냥 정도였기 때문에, 양 전쟁에 대한 배상금이 그 후 중국

2 趙文林·謝淑君,『中国人口史』, 人民出版社, 1988.6.

에게 얼마나 커다란 재정부담이 되었는가는 능히 짐작할 수 있을 것이다.

경제뿐만이 아니다. 3국교섭에 의해 일본에게 요동반도 영유를 넘긴 러시아는 그 중개 보상과 대일對日 배상금 차관의 담보로서 우선 1896년 6월에 청정부에 '청러밀약淸露密約'을 체결케 하고, 시베리아 철도의 단락선短絡線이 되는 동청철도東淸鐵道, 만주리(滿洲里)-수분하(綏芬河) 간의 부설권을 획득했다. 이어서 1898년 3월에는 차관 담보를 더해 산동성 등에서 일어난 배외운동에 대한 책임을 이유로 '여순·대련 조차에 관한 청러조약'이 체결되었으며, 여순과 대련에 대한 25년간에 걸친 조차권 및 동청철도 남만주 지선하얼빈-여순 간 철도부설권을 손에 넣었다. 또한 그 후 1900년 의화단사건 발발에 의한 영향이 만주에까지 이르자 러시아는 아직 건설 중이었던 동청철도 남만주 지선의 보호를 구실로 급히 국경을 넘어 남하하여 삽시간에 거의 만주 전지역을 점령했다.

러시아의 남만 점령에 대해 청 정부는 일본 등의 지원을 받으면서 외교에서는 끈질기게 러시아군의 철수를 요구하는 한편, 내치에서는 지금까지 국부적으로만 실시되었던 '이민실변' 정책을 강화하고, 유목지역을 포함한 모든 만주의 해금에 돌입했다. 세수에 의한 재정난의 해소와 이민에 의한 영토의 보전이라는 당초 일석이조 효과를 노린 청 정부는 사건 직후인 1902년 우선 '독변몽기간무대신督辦蒙旗墾務大臣'이라는 새로운 직책을 만들어, 내몽골 서부지역까지 순차적으로 소위 '몽지蒙地'의 해금, 개간에 착수했다. 그 후 1904년에 흑룡강성 장군의 주재지인 치치하얼齊齊哈爾에 '간무총국墾務總局'을 설치하고 또한 1909년에 러시아와의 국경지역을 중심으로 「연변초간장정沿邊招墾章程」을 반포하여 내륙부의 각지까지 개간이민을 공모하고, 모든 수단을 동원하여 '실변' 상황을 조성하려 했다.

4. 내외이민의 유입

청정부의 이러한 노력은 주효했다. 268년간이나 중국에 군림하고 있었던 청왕조는 1911년에 마침내 내우외환으로 붕괴하지만 이 시점의 만주 전지역의 총인구는 이미 2,000만 이상[3]에 달해 있었다. 그 내역을 보면 요녕성은 1,120만, 길림성은 550만, 흑룡강성은 320만, 또한 내몽골의 동부지역도 약 70만을 넘어서 있었다. 그리고 이 증가 추세가 그 후 새롭게 탄생한 중화민국의 같은 시책에 따라 보다 가속화되었다. 1914년, 성립 초기의 국민정부는 종래의 '이민실변' 정책을 답습하고, 연이어 「국유황지승간조례國有荒地承墾條例」, 「변황승간조례邊荒承墾條例」를 반포하고, 저가격으로 국유 미간지를 청부하는 형태로 이민유치를 전개했다. 또한 마적 출신인 봉천 군벌 장쭤린이 1919년에 만주 전역의 실권을 쥐자, 자신의 지반을 다지려는 의도를 더하여 1923년에 '이민여개발계획移民與開發計劃'을 책정하고, 그 실시기관으로 각 성에 '둔간회변屯墾會辨'을 설치하여, 지금까지 이상으로 만주 이민사업에 힘을 더했다. 그 결과, 만주로의 인구유입이 해마다 증가하여 만주사변 발발 직전인 1930년 시점에서 마침내 3,000만 이상[4]에 달해 있었다.

만주로의 이민은 주로 인접한 하북성河北省, 동북성山東省 출신자가 다수를 점하고 있었지만, 이 시기가 되면 조선반도를 시작으로 일본이나 러시아 등 외국으로부터의 이민자도 증가하기 시작했다. 거슬러 올라가면 만주로의 외국 민간인 진출은 제2차 아편전쟁 시기에 체결된 톈진조약天津條約

3 위의 책.
4 東北文化社年鑑編印処 編, 『東北年鑑』, 東北文化社, 1931.5.

에 의한 우장牛莊, 영구(營口)이 개항지로 지정될 때부터 이미 시작되고 있었다. 단, 이 시점에서는 인구가 얼마되지 않았으므로 이민이라고 부를 만한 것은 전혀 아니었다. 상황이 바뀐 것은 반세기도 지난 러일전쟁 후로, 러시아가 가지고 있었던 남만주의 권익을 계승한 일본이 그 승인을 주요 내용으로 하는 '만주선후조약' 중국명 「中日會議東三省事宜」, 1905을 청정부와 맺어, 이 조약과 그 전후에 체결된 '청일추가통상행해조약' 중국명 「中日通商行船続約」, 1903과 '만주 및 간도에 관한 청일협정' 「간도협약」, 중국명 「圖們江清韓界務条約」, 1909 등의 규정에 의해, 대련, 여순구서욱(西澳), 영구, 안동安東, 봉천奉天, 봉황성鳳凰城, 요양遼陽, 신민둔新民屯, 철령鐵嶺, 통강자通江子, 법고문法庫門(이상은 요녕성), 장춘, 길림, 하얼빈, 영고탑寧古塔, 혼춘琿春, 삼성三姓(이상은 길림성), 치치하얼, 하이라얼海拉爾, 아이훈璦琿, 만주리滿洲里(이상은 흑룡강성), 용정촌龍井村, 국자가局子街, 두도구頭道溝, 백초구百草溝(이상은 간도지구) 등의 25개소를 개항시켰다. 그 중에서도 대련, 여순을 포함한 관동주는 일본 단독의 조차지였고, 영구, 안동, 봉천에는 일부 일본인 거류지를 병설했으며, 또한 연변간도지구에 관해서는 조선인의 월경 거주, 토지 개간까지 인정되었다. 이들 개항지의 설치는 중국의 다른 지역과 비교하여 시기적으로는 조금 늦었지만, 한 지방의 규모로서는 반대로 최대급이라고 말해도 좋을 정도로 전면적인 대외 개방이었던 것이다.

소위 외국인의 만주 이주는 지리적인 조건 탓에 우선 조선반도에서 시작되었다. 1881년 청정부가 앞서 언급한 '이민실변' 정책을 실시했기 때문에 봉금을 계속하고 있었던 '길림위장'을 개방하고, 현재의 연변조선민자치구에 '혼춘초간총국남강분국琿春招墾總局南崗分局' 남강은 연변의 옛이름을 설치하여 국내 이민을 유치하기 시작했다. 이에 편승하여 일부 조선인이 감시를 피해 국경을 넘어 이 지역에 정착하게 되었다. 그 인수는 아직 1만 명 정도였지만 그 후 러시아에 의해 동청철도 건설이 시작되자 다수의 조선인이 토목공사 근로자로 고용되어, 연변에 그치지 않고 길림성이나 흑룡강성의 철도 연선에도 진출하여 일부 지역에서는 조선인 촌락까지 만들어지기 시작했다. 그리고 이 상황이 전술한 만주 각지의 개항지에 설치, 또한 한일병합 후의 조선총독부의 유치정책 등에 의해 해를 거듭하여 가속화되었고, 만주사변 발발 직전인 1930년 시점에서 동북삼성의 조선인 이민은 약 60만[5]까지 달해 있었다.

시기적으로 볼 때, 조선반도로부터의 이민에 이어 만주에 이주하기 시작한 외국인은 제정 러시아인들이었다. 1898년의 동청철도 건설 개시에 동반하여, 다수의 철도관계자나 상공업자, 서비스업자, 의사, 변호사, 교원, 종교관계자 등이 잇따라 연선 부속지에 진출하여, 남만주 지선을 포함

〈사진 3〉 장춘 개항지

5 石方, 『黒龍江移民史』, 社会科学文献出版, 2019.11.

한 전선全線이 개통된 1903년에 그 수는 이미 30,000명을 넘어 있었다. 그 후 러일전쟁을 거쳐, 각지의 러시아인이 거의 흑룡강성에 집중하여 거주하게 되었으나, 1911년 단계에서 약 73,000명까지 늘어 있었다. 그리고 제1차세계대전 때 일부 주민의 출정 등에 따라 잠시간 감소했으나, 1917년에 러시아혁명이 발발하자 소비에트 신정권으로부터의 망명이민이라는 형태로 단숨에 다시 증가하여, 혁명 후인 1923년에는 약 20만 명 이상에 달해 있었다. 물론 이는 어디까지 일시적인 현상이었다. 그 후 소비에트 국내의 정세가 안정되고, 또한 동청철도 자체가 1924년에 체결된 '중소해결현안대강협정中ソ解決懸案大綱協定'에 의해 중국과 소련의 공동관리하에 놓이게 됨에 따라, 망명 러시아인들은 일부는 귀국하고, 다수는 만주 이외의 천진이나 상해, 해외의 구주 제국諸國으로 퍼져 나갔다. 그 때문에 실제 1920년대 말까지 하얼빈 등에 남아 있던 러시아인 이민은 무국적자와 소비에트 국적자를 합하여 약 70,000명 전후[6]였다고 추정된다.

조선과 러시아보다 조금 늦게 만주에 찾아온 이들은 일본 이주자였다. 러일전쟁 후 러시아로부터 동청철도 남만주 지선장춘-여순 간 철도을 시작으로 하는 만주의 이권을 계승하자, 일본정부는 1906년에 신속하게 주식회사 남만주철도주식회사남철을 설립하고, 소위 만주경영을 시작했다. 만철 성립에 동반하여 그 전부터 일부 개항지에 불과 5,000명 정도였던 일본인이 대련이나 여순이 있는 관동주와 천진 등 만주 부속지를 중심으로 돌연 증가하여, 불과 2년 사이에 이미 60,000명 가깝게 상승하였다. 그 후, 이 기세는 약간 둔화하였으나 매년 평균 8,000명 정도 증가를 계속하여 1930

6 위의 책.

년에는 민간인만으로도 약 240,000명 전후[7]에 달해 있었다. 덧붙여서 이 240,000명은 거의 도시주민으로 그 내역을 보면, 대련은 약 100,000명, 여순은 약 10,000명, 봉천은 약 20,000명, 그 이외는 거의 개원開原이나 요양, 사평가, 철령, 안동, 하얼빈, 영구 등 만주 연선의 도회지나 개항지에 거주하고 있었고, 후에 세간을 떠들썩하게 했던 소위 농업이민은 아직 1,000명 정도에 불과했다.

5. '만주국'의 탄생 – 근대화에의 계승과 통합

1931년 9월 18일, 소위 만주사변이 관동군의 치밀한 준비에 의해 발발하여, 이듬해 3월 1일에 청 왕조 최후의 황제 푸이愛新覺羅溥儀를 국가 원수로 옹립하는 형태로 '만주국'이 성립했다. 확실히 이 시점에서 만주는 근대에의 도정에 있어서 새로운 단계에 돌입하게 되었지만, 이상에서 정리해 온 것처럼 그 스타트라인은 결코 백지와 같은 상태가 아니었다. 거기에는 일종의 하지下地라고도 불러야 할 것이 이미 18세기 후반부터 조금씩 준비되어 왔다. 그것을 증명하는 또 하나의 구체적인 예로 철도의 건설과 그에 따른 교통망의 정비를 들 수 있을 것이다.

만주의 철도건설에 대해서는 앞서 살핀 러시아에 의한 동청철도나 남만주 지선, 또한 러일전쟁 중에 일본군에 의해 만들어져 조선반도와 연결된 안봉철도安奉鐵道, 안동-봉천 간가 잘 알려져 있지만, 실제로 그 후 중국 측인 청

7 王希亮, 『近代中国東北日本人早期活動研究』, 社会科学文献出版社, 2017.1.

정부, 특히 새롭게 성립된 민국정부로부터도 다대한 투자가 행해져, 중앙, 지방정부 단독이나 민간, 또한 일본과의 합병에 의해 수많은 철도가 건설되었다. 주요한 노선을 나열하면, 경봉철도京奉鐵道, 북경-봉천 간, 1903년에 신민(新民)까지 개통, 후에 러일전쟁 중에 일본군이 만든 신민-봉천 간 신봉철도를 매수하여, 1907년에 전선 개통, 842km와 영구지선구방자(溝幫子)-영구 간, 1900년 개통, 91km, 대통大通지선대호산(大虎山)-통요(通遼) 간, 1927년 개통, 256km, 길장철도吉長鐵道, 길림-장춘 간, 건설비는 일본에 의해 차관 650만 엔을 이용, 1912년 개통, 127km, 사도철도四洮鐵道, 사평가-도남(洮南) 간, 건설비는 일본에 의한 차관 3,700만 엔을 이용, 1923년 개통, 312km와 그 정통지선鄭通支線, 정가둔(鄭家屯)-통요(通遼) 간, 1921년 개통, 114km, 도앙철도洮昂鐵道, 도남(洮南)-앙앙계(昂昂溪) 간, 건설비는 일본에 의한 차관 약 2,000만 엔을 이용, 224km, 제극철도齊克鐵道, 앙앙계-치치하얼-극산(克山) 간, 1932년 개통, 204km, 봉해철도奉海鐵道, 봉천-해룡-조양진(朝陽鎮) 간, 1927년 개통, 263km, 길해철도吉海鐵道, 길림-조양진 간, 1929년 개통, 183km, 길돈철도吉敦鐵道, 길림-돈화(敦化) 간, 건설비는 일본에 의한 차관 2,400만 엔을 이용, 1928년 개통, 210km, 호해철도呼海鐵道, 하얼빈 대안(對岸) 송포(松浦)-해륜(海倫) 간, 1928년 개통, 221km), 천도경편철도天圖經便鐵道, 지방(地坊), 후에 도문강안(圖們江岸)-국자가(局子街), 후에 연길 간, 중일합병, 1924년 개통, 111km 등이 있다. 덧붙여, 만철 통계에 따르면 만주사변 전의 만주 전역의 철도 총거리는 이미 약 6,000km에 달해 있었으며, 10년 후인 1940년에는 약 4,000km 증가하

〈사진 4〉 만주 철도망

여, 마침내 10,000km[8]를 돌파했다 한다.

이렇듯 '만주국'이 탄생하기 전의 만주에서는 대략 그 후의 '근대국가'를 성립시키는 수많은 요소와 조건을 이미 상당히 보유하고 있었다고 할 수 있다. 광대한 미개간 또는 개간 도중인 토지, 풍부한 삼림자원과 초원자원, 3,000만을 넘는 내외의 이민 인구, 지방까지 이어진 철도망, 철도연선에 탄생한 도시군, 25개 이상의 대외 개항지, 이들은 이미 만주국이 성립시에 계승된 근대 50년 이상의 '유산'이었다. 그 의미에서, 만주국은 다시 말해 이들 근대적 기반을 제도적으로 통합하고, 정교하게 한층 더 진전된 근대화 노선에 탑승시킨 것에 불과했다고 해도 과언은 아니다. 확실히 일본에 의한 식민지 지배는 그 후의 만주의 근대화를 모든 면에서 가속시켰으며, 모두에서 인용한 것처럼 마오쩌둥조차 '대공장', '대도시'를 가진 만주를 혁명의 근거지로 삼고 싶었을 정도로 선진적인 지역이 되었지만, 그것은 어디까지 상기 제 요소가 하나의 전제가 되어 있으며, 결코 불과 14년만에 홀연히 출현한 것이 아니다. 물론 그렇다 하더라도 필자는 여기에서 그 후 만주국의 다양한 식민지적 근대의 '달성'을 전면적으로 부정할 생각은 털끝만큼도 없다. 단지 소위 만주의 근대적 '발전'을 고찰할 때, 아무쪼록 이들 만주국 성립 이전의 '원풍경'을 떠올리기를 바란다. 그것은 만주국이 비록 단명했지만 내부에 그치지 않고 주변지역에도 어마어마한 에너지를 방출하였으며, 오랫동안 영향을 주어 온 것을 이해한다면 틀림없이 큰 도움이 될 것이라 확신하고 있다.

---

8 満鉄会 編,『満鉄四十年史』, 吉川弘文館, 2007.11.

/ 제2부 /

'근대'의 수용 · 재편 · 재해석

쓰시마와 이국선

내착來着과 도항

이시다 도루
이형주 옮김

1. 들어가며

본 장에서는 쓰시마對馬島라는 시점에서 '동북아시아의 근대적 공간의 형성'에 대해 생각해 볼 것이다.[1] 허나 애초부터 '아시아'라는 개념/호칭 자체는 그리스·로마–유럽 쪽에서 이름을 붙인 것이며,[2] '동북아시아'라는 지역개념에 이르러서는 더욱더 새로운, 말하자면 현대적인 것이다. 따라서 '동북아시아'라는 개념은 과거를 거슬러 올라가면 그곳에 있는 자생적인 것이 아니라, 현재의 우리가 창조해 나가는 것이다.[3]

1 본고는 필자가 본 프로젝트 중에 발표한 「近世對馬における異國船來着とその對應－對馬宗家文書から考える『北東アジア』」(『北東アジア研究』 別冊四號, 2018. 이하 「近世對馬」 논문), 「對馬から考える『北東アジアの近代的空間』」(同別冊五號, 2019)을 기반으로 필요한 재구성 및 가필을 한 것이다. 또한 본 장에서 언급하는 날짜 표기는 음력이며, 편의적으로 서력 연도만 부기했다.

2 '아시아' 호칭의 타칭성(他稱性)에 관해서는 마쓰다 고이치로(松田宏一郎), 「『亞細亞』の『他稱』性」, 日本政治學會 編, 『年報政治學』, 1998(후에 『江戶の知識から明治の政治へ』, ぺりかん社, 2008에 수록); 마쓰다 고이치로(松田宏一郎), 「『亞細亞』名稱への疑い」, 사카이 데쓰야(酒井哲哉) 編, 『日本の外交』 第三卷, 2013 참조.

또한 현재의 동북아시아를 쓰시마라는 시점에서 바라본다는 것은 동북아시아를 바다에서 생각해 보는 것이기도 하다. 쓰시마는 일본의 중앙(에도·도쿄든 교토든)에서 바라보면 '서추西陬의 일고도一孤島',[4] '절해絶海의 고도孤島',[5] '사면환해四面環海의 절도絶島'[6]라고 불리지만, 이는 뒤집어 생각해 보면 한반도 및 중국대륙으로부터 사람과 물자의 흐름을 가장 먼저 받아들이는 최전선이기도 한 것이다. 더욱 시점을 바꾸어 생각해 본다면, 쓰시마는 동해일본해와 동중국해를 연결하는 결절점에 위치하는 '중심'이 될 수도 있다.[7]

나카미 다쓰오中見立夫는 '"아시아"에 관한 대부분의 '지역'이란, 그곳에서 생활하는 사람들이 역사적인 과정을 통해 만들어낸 것이 아니라, "아시아"의 외부세계에서 창생創生된 개념이다'[8]라고 논했다. 이 점에 대해 필자는 이전 졸고에서 19세기 후반에 작성된 것으로 생각되는 쓰시마종가문서對馬宗家文書 소장 「對馬海邊江前々より異國船襲來漂着度數之書付」를 실마리로 고찰을 했었다.[9] 그 결과 19세기 전반까지 쓰시마에서 생각하고 실제로 느낄 수 있었던 '이국'의 확장, 즉 '지역' 개념의 구체상은 '몽골蒙古'부터 '당唐, 중국', '광남廣南, 완 씨(阮氏)', '교지交趾, 베트남 북부', '파타니大泥, 말레이',

3 히라노 겐이치로(平野健一郎), 「書評－宇野重昭著 北東アジア學への道」, 『中國21』 vol.40, 2014, p.255.
4 『對馬景況槪略』, 나가사키(長崎) 역사문화박물관 소장.
5 『公文錄』 明治十六年·第十九卷·明治十六年一月·內務省第一「長崎縣下對馬國嚴原村ヘ同縣支廳設置ノ件」 중 내무경(內務卿) 야마다 아키요시(山田顯義)의 품의서. 일본 국립공문서관(國立公文書館) 디지털 아카이브.
6 이노우에 도모이치(井上友一), 『對馬ノ實況及行政槪要』, 나가사키(長崎) 역사문화박물관 소장.
7 앞의 「對馬から考える『北東アジアの近代的空間』」.
8 나카미 다쓰오(中見立夫), 「"東北 / 北東アジア"はどのように, とらえられてきたか」, 『北東アジア研究』 七號, 2004, p.54(후에 『「滿蒙問題」の歷史的展開』, 東京大學出版會, 2013에 수록).
9 앞의 「近世對馬」.

'바타비아咬嚁吧', '캄보디아柬埔寨' 등 동남아시아의 여러 나라, 네덜란드, 그리고 쓰시마의 소위 생활권의 일부라고 할 수 있는 조선이었다.

다만 '몽골'에 관해서는 19세기에 직접적으로 관계를 맺고 있던 것은 아니었다. 여기에 '몽골'이 오른 것은 말할 것도 없이 1274년분에이(文永)의 역(役)과 1281년고안(弘安)의 역(役) 두 차례에 걸친 원나라의 일본원정의 충격이 컸기 때문이다. 이는 예를 들자면 도요토미 히데요시豊臣秀吉의 조선 침략임진왜란 · 정유재란, 분로쿠(文祿) · 게이초(慶長)의 역(役), 1592~98년이 현재의 한국 사회에 남긴 "상흔"을 생각해 보면 그렇게 무리가 따르는 추론은 아닐 것이다.[10] 19세기 전반 쓰시마에서 '지역'을 생각할 때 설령 실제 움직임은 단절되었다고 하더라도 '몽골' 또한 빼놓을 수 없는 요소였다는 점은 확인해두고 싶다.

한편 '근대'라는 개념 또한 그 정의는 다양하며, 비서양권에서는 '근대(화)'='서양(화)'라는 도식으로 연역적으로 생각하는 경향이 있기도 하다. 하지만 동시대적으로 생각해보면 '근대'라는 것이 그 자체로 명확하게 파악되고 있던 것은 아니다. 따라서 본 장에서는 '근대'라는 개념으로 생각하는 것이 아닌, 최대한 귀납적으로 '그 이전과의 차이가 생겨나는 부분'에서 '근대'를 발견한다는 접근방식을 취할 것이다.

여기서 필자가 주목하고 있는 것은 '배船'이다. 1975년 이후부터는 항공로도 생겼지만, 그전까지 쓰시마에 접근하는 방법은 해로밖에 없었다. 18세기 말 이후 쓰시마를 포함한 일본 전체가 '이국선異國船'의 도래에 대한 대응을 강요받았는데, 쓰시마의 대응 과정에서 무엇이 어떻게 변해가는

10 실제 1880년대부터 90년대에 걸쳐 쓰시마에서는 분에이(文永)의 역(役)에서 전사한 소 스케쿠니(宗助國)에 대한 현창과 소 스케쿠니를 제신(祭神)으로 삼는 고모다하마 신사(小茂田濱神社)의 격식을 올리기 위한 운동이 펼쳐지고 있었다. 「對馬宗家文書所藏『宗助國戰死始末』關連史料」, 『北東アジア硏究』 31號, 2020 참조.

지를 주시하고자 한다. 구체적으로는 '서양'이라는 요소가 어떠한 의미를 갖고, 당시 현실에 작용하고 있었는지를 살펴봄으로써 '쓰시마라는 시점에서 바라보는 동북아시아의 근대적 공간'에 대해 생각하도록 하겠다.

2. 이국선에 대한 대응체제－두 번의 '내착來着'

18세기 말 간세이寬政 3년1791년 규슈九州 북부와 혼슈本州 서부에 있는 지쿠젠筑前, 나가토長門, 이와미石見의 앞바다에 이국선 한 척이 표류한 것을 계기로, 도쿠가와 막부德川幕府는 같은 해 9월, 150년만에 이국선 대응에 관한 고시문觸書을 발행하기에 이른다.[11] 다음 해에는 락스만Adam Laxman이 홋카이도北海道 동부의 네무로根室에 내항하여 통상을 요구하고, 그 후 분카文化 1년1804에는 레자노프Nikolai Rezanov의 나가사키長崎 내항, 분카 5년1808의 영국 군함 페이튼Phaeton 호號 나가사키 침입 사건, 분카 8년1811에는 러시아 함장 골로브닌Vasily Golovnin 억류 사건 등 수년에 한 번꼴로 이국—서양 여러 나라와의 사이에서 문제가 발생하고 있었다.

이때까지 도쿠가와 막부에서 발행하고 있었던 이국선 표착에 관한 법령은 간에이寬永 16년1639에 기독교 신자 단속의 일환으로 발행한 것으로, 연안의 감시와 함께 수상한 선박이나 인물이 내착來着했을 때는 상륙시키지 않은 채로 취조하여 나가사키로 보낼 것을 규정하고 있었다.[12] 다음 해인

11 후지타 사토루(藤田覺), 『近世後期政治史と對外關係』, 東京大學出版會, 2005, p.211.
12 다카야나기 신조(高柳眞三)·이시이 료스케(石井良助) 編, 『寬保御觸書集成』, 岩波書店, 1934, 문서번호 1228(2). 또한 이 촉서(觸書)는 『通航一覽』에도 수록되어 있으며, 여기에서는 본문의 '지난 해부터 막부의 결정(御定)과 같이(從先年如御定)' 부분에 '생각건대 이 결정문(御定書)은

간에이 17년1640에는 한 단계 나아가 규슈九州, 주코쿠中國, 시코쿠四國의 다이묘大名들에게 '도미반쇼遠見番所, 이국선을 감시하기 위한 해안초소'를 설치하도록 명령하여 감시태세를 강화했다.[13] 가미시라이시 미노루上白石實에 의하면 이러한 단속의 기본방침은 '외국인의 격리'이며, 도미반쇼도 연안 방어를 위해서라기보다는 연안 감시를 위한 시설이었다.[14] 쓰시마번의 경우 덴메이天明 6년1786 시점에서 섬 안의 열두 곳에 도미반쇼를, 여섯 곳에 자이반쇼在番所, 관련경비시설를 설치하고 있었다.[15]

150년 만에 발행된 간세이 3년1791의 고시문은 '이국선이 표착했을 때는 모두, 어떤 경우에도 준비하여, 우선 선구船具는 거두어 들이고 나서 나가사키로 보내는 일은 각각 (막부의 의견을) 물어야 함. 금후 이국선을 발견하면 신속히 방어를 위한 인원을 수배하고, 우선 발견하는 대로 동요하지 않도록 하고, 필담 담당자 혹은 검분 담당자를 보내서 모습을 살펴야 한다'[16]고 하여, 그때까지의 규정보다 더욱 구체적인 검분 시의 지시를 추가

현재 보이는 바 없음(按するに, 此御定書, 今所見なし)'라는 할주(割註)가 달려있다(『通航一覽』附錄卷十五(복각판 第八卷), 淸文堂出版, 1967, p.454). 또한, 야마모토 히로후미(山本博文)에 의하면 '이국선(異國船)에 대해 더욱 진지한 경계태세를 취해지는' 것은 다음 해인 간에이 17년(1640)부터라고 한다. 야마모토 히로부미, 『鎖國と海禁の時代』 校倉書房, 1995, pp.105~106.

13 『通航一覽』 附錄卷十五(復刻版), pp.455~456.

14 가미시라이시 미노루(上白石實), 『幕末期對外關係の研究』, 吉川弘文館, 2011, pp.10~12·257. 동시에 사람의 접촉을 막는 것이 '밀무역(拔荷)' 단속으로도 이어졌다고 한다.

15 나가사키현(長崎縣) 쓰시마역사연구센터 소장·宗家文庫記錄類1·表書札方M22(1), 「寬政五癸丑年異國船漂流之節御備方之儀從 公義御尋ニ付江戶表往復書狀扣」 중 「天明六丙午年御目付末吉善左衛門樣ち御尋ニ付御答書之寫」. 이하 쓰시마 소장 사료는 對馬·記錄類×·×××, 청구기호, 「사료명」으로 표기.

16 다카야나기 신조·이시이 료스케 編, 『御觸書天保集成』 下, 岩波書店, 1941, 문서번호 6525. 이외에 검분을 거절할 때의 처단, 체포, 오즈쓰히야(大筒火矢), 대형 화승총 등 무기 사용 허가, 검분을 거절하지 않을 때는 온편(穩便)히 처리할 것, 해안경비 근무자 이외 사람들의 구경 금지 등이 규정되었다. 원문은 "惣て異國船漂着候ハゝ, 何れニも手當いたし, 先船具は取上置, 長崎表え送遣し候儀, 夫々可被相伺事に候, 以來異國船見掛候ハゝ, 早々手當人數等差配り, まつ見へかゝり事かましく無之樣ニ致し, 筆談役或ハ見分之者等出シ, 樣子相試可申候".

한 것이었다.

이러한 고시문이 있고 난 뒤인 간세이 5년1793 시점에서 쓰시마번에서 확인할 수 있는 이국선이 표류했을 때의 대응은 '하나, 이국선이 바다에 떠 있는 모습을 발견했을 때는 후추府中, 현 이즈하라와 각지에 설치한 도미반쇼에서 서둘러 그 지역의 관리에게 보고하고, 배가 그대로 통과하는지, 혹은 육지 근처에 떠 있는지, 또는 항구 근처에 닻을 내리고 있는지, 그 모습을 순차적으로 보고할 것을 엄히 명함'[17]이라고 하여, '도미반쇼'에서 감시한 내용을 보고하도록 규정한 뒤, 그 후에 이국선이 정박하고 있는지 아닌지 등 상황에 따른 대응법과 정박 시의 인원 동원태세를 자세히 규정한 것이었다.[18]

쓰시마번에서 또 하나 주목하고 싶은 것은 「唐船漂着定式帳」이다.[19] 이 사료 자체는 17세기 말까지 편찬된 것으로 생각된다. 일본으로 입진入津하는 배가 후나이우리府內浦, 현 이즈하라항에 표착했을 때의 대응 항목, '田舍府內 이외의 쓰시마 영내'에 표착했을 때의 대응 항목과 관련 규칙, 일본에서 출발한 배

---

17 원문은 "一 異國船洋中ニ漂候様子見掛候節は府中幷在々ニ設置候遠見番所ら早速其所之役人江申届乗通り候歟, 或は地近漂候歟, 又は浦近く碇を入候歟, 其様子追々遂注進候様堅申付置候".

18 對馬 · 記錄類 1 · 表書札方M22(2)「御內用答」 중 「異國船漂流之節手當左之通御座候」. 인용 시에는 한자, 가나(仮名) 문자, 청탁음(淸濁音) 표시, 궐자(闕字) 등은 최대한 원문대로 했지만, 조사 茂 · 者는 히라가나로 바꾸고 두점(讀點)을 달았다. 이하 쓰시마종가문서(對馬宗家文書)를 인용하는 경우에는 이와 같음.
또한 간세이 5년(1793)과 간세이 9년(1797)에 쓰시마 근해에 출몰한 이국선에 대한 대응이 계기가 되어 쓰시마에서는 한층 더 체제 정비가 진행되었다. 가미시라이시 미노루의 앞의 책 제2장 외에 마쓰오 신이치(松尾晋一), 「境界領域における『異國船』問題 – 寬政期の對馬海峽を事例として—」, 長崎縣立大學國際情報學部 編, 『硏究紀要』 第一二號, 2011; 마쓰오 신이치, 「寬政九年の對馬情報と幕府の異國船對策」, 『日本歷史』 第八二六號, 2017 참조.

19 국사편찬위원회 소장 對馬島宗家文書記錄類2892(이하 對馬島宗家文書記錄類은 '國編記'로 약기). 또한 國編記2792도 같은 이름의 사료이며, 기재 내용은 행수 및 개행 등에 차이가 보이지만 대략 國編記2892와 같다. 단 본문 말미에 든 사례가 國編記2892는 조쿄(貞享) 5년(1688) 사례뿐인 것에 비해, 國編記2792에는 겐로쿠(元祿) 6년(1693) 3월과 4월 사례가 더해져 있다.

'歸帆之船'가 표착했을 때의 대응 항목, 각각의 대응에 동원되는 인원들에 관한 규칙과 그들에게 제출하게 하는 서약서誓詞起請文의 문안文案과 서식, 각각의 사안에 관해 나가사키부교長崎奉行, 나가사키의 통괄자과 막부公儀에 보고할 때의 문안(사정 청취 항목 포함) 등, 문자 그대로 '당선唐船'이 표착했을 때의 대응 방법과 각종 수속, 관계 서류의 서식이 기록되어 있다.

여기에서는 '귀범지선歸帆之船'이 표착했을 때의 대응 항목을 확인하도록 하겠다.[20] 전부 아홉 항목이며, 순서대로 ① 귀범歸帆하는 배의 사정 청취의 개요와 그곳에서 출범出帆시키는 것의 확인, ② 나가사키부교에 대한 주진注進 내용과 방법, ③ 나가사키부교 부재 시의 대응 방법, ④ 귀범하는 배로부터 식료품 요구가 있을 때의 대응 방법, ⑤ 식료품 및 물 지급 시의 대가에 관해, ⑥ 식료품 및 물 지급 시의 대가 수취와 '당인 측唐人方'에서 수령하는 문서手形에 관해, ⑦ 귀범하는 배가 좀처럼 출범하지 않을 때의 대응에 관해, ⑧ 귀범하는 배의 파손 부분을 수리할 때의 대응에 관해, ⑨ 표착한 배에 사망자가 나왔을 때의 매장에 관해 규정되어 있다.

이상의 규정은 19세기 중반에 이르러 다수의 이국선이 내항하게 되었을 때도 그 대응의 기반이 되었다. 쓰시마에 이국선이 내착한 사건이라고 한다면, 만엔萬延 2년1861 2월 3일 쓰시마 아소만淺茅灣 이모자키芋崎에 내착한 뒤, 쓰시마번 주민들과의 마찰로 백성 1명의 희생자를 내면서 같은 해 단 연호를 바꾸어 분큐(文久) 1년 8월 15일까지 이모자키를 계속해서 점거했던 러시아 선박 포사드니크Посадник 호號 사건이 유명하다. 단 본 절에서는 그로부터 약 2년 전인 안세이安政 6년1859 4월 17일 동일하게 쓰시마 아소만에 내

20 國編記2892. 지면 관계상 사료 원문을 포함한 상세는 앞의 「近世對馬」 논문 참조.

착하여 5월 8일까지 3주간 정도 정박한 영국 선박 액티언Actaeon 호號에 주목할 것이다.[21] 이때도 위의 아홉 항목 중 나가사키부교에 관련된 ②와 ③ 이외의 항목이 초동 시에 적용되고 있었다.[22]

더욱이 똑같이 액티언호 내착 사건 때의 쓰시마번의 방침을 살펴보면,[23] 우선 쓰시마번의 오메쓰케大目付, 감찰과 감시를 담당에 대해서는, 이국선 표착 시의 취급에 관해 나가사키부교에게 조회하여 승인을 얻은 대응법으로서, ① 통상通商 목적인 당선唐船의 경우, '입진入津'할 때는 '질인質人'을 확보하여 나가사키로 보내고, '귀범歸帆'할 때는 '질인'을 확보하지 않고 그대로 출범出帆시킬 것, ② 통상 이외의 목적인 당선의 경우, '질인'을 확보하여 나가사키로 보낼 것, ③ 통상 목적인 네덜란드선의 경우는 '입진귀범入津歸帆'할 때 모두 '질인'을 확보할 필요는 없으며, 모두 '귀범'하는 당선과 똑같이 조치할 것, ④ 통상 이외의 목적인 네덜란드선의 경우도 ③과 같이 할 것, ⑤ 류큐선琉球船이 표착했을 때는 '질인'을 확보하여 나가사키로 보낼 것, 이에 더해 당선이 표착했을 때는 땔감과 물 제공을 이행하도록 지시하고 있었다. 여기에서는 쓰시마에서의 '이국선'의 분류를 알 수 있다. 즉 선적船籍으로는 '당선', '네덜란드선', '류큐선'이 있으며, 그 목적이 통상인지 아닌지, 입진인지 귀범인지에 따라 다른 대응을 취하도록 하고 있었다.

또한 오메쓰케와 고리부교郡奉行, 府內 이외의 쓰시마 영내를 관할에 대해서는,

오자키우라尾崎浦에 이국선이 도래한 것과 관련하여, 각종 명령으로서 귀하

21 히노 세이자부로(日野清三郎), 오사 마사노리(長正統) 編, 『幕末における對馬と英露』, 東京大學出版會, 1968, 제1장 및 앞의 「近世對馬」 논문 참조.
22 對馬 · 記錄類 1 · 表書札方M29, 「安政六己未年英吉利船尾崎浦江來泊記錄」.
23 위의 글.

들을 파견함. 이와 관련하여 이국에 관한 취급異國取扱은 이전과 달리 러시아, 영국, 프랑스, 네덜란드, 미국 등의 나라들은 통상허가 조약通商御免之御條約을 이미 맺고 있으므로, 公邊막부의 취급 방법에 준하여 모두 온순穩順해야 하니, 지역의 경비 인원들堅之人數이나 무기兵具를 이국인의 눈에 띄지 않도록 하기를 바람. 말하자면 일본인이 표착했을 때와 같은 모습을 보여주고, 차분하게 있도록 명심해야 함.

이라고 하며, ① 당선이 표착했을 때는 종래의 '막부公邊'의 지시대로, ② 당선 이외의 선박이 표착했을 때는 땔감과 물을 요구할 경우 '매우 혹독하게隨分過嚴' 가격을 매길 것, 음식 등을 요구할 경우는 '시골이라 충분히 준비할 수 없다'고 답하고, '닭 및 계란 야채 등鷄且卵野菜等'은 인근 마을에 있으면 이 또한 높은 가격을 매길 것, ③ 위 항목에서 받은 대금은 물품명과 함께 번주藩主에게 신고할 것, 나가사키부교에게 조회한 뒤 보고할 것, ④ '막부公邊'의 '제이諸夷, 서양 여러 나라'에 대한 취급은 '각별히 온순格別穩順'히 하고 있으므로, 불복이 있을지도 모르나 이는 '막부公邊'의 뜻에 어긋나는 것이 되므로, 가능한 한 성실히 할 것, ⑤ '이인異人'이 요구한 땔감, 물, 음식 이외의 매매는 엄히 금할 것은 명령했다.[24]

여기서는 전년1858에 체결된 이른바 안세이 5개국 조약「安政五個國條約」, 「修好通商條約」이 이국선 내착 시의 대응에 영향을 미치고 있었음을 알 수 있다. 즉 '이국에 관한 취급異國取扱'에 관해서는 지금까지와 달리 러시아, 영국, 프랑스, 네덜란드, 미국과는 통상허가 조약「通商御免之御條約」 체결을 마쳤으므

24 실제 액티언호 측으로부터 식료 등의 요구가 있을 때는 일단 높은 가격을 제시했었다. 앞의 「近世對馬」 논문 참조.

로, (이들 나라의 선박이 내착한 것이면) '막부公邊' 즉 막부의 방침에 따라 '모두 온순히萬端穩順' 취급해야 하며, '경비 인원들堅之人數'이나 '무기兵具'도 상대를 자극하지 않도록 주의해야 했다.

이상은 쓰시마에 이국선이 내착했을 때의 대응 체제인데, 쓰시마에 내착한 선박은 그것이 표착선이 아니거나 쓰시마가 목적지가 아닌 이상 쓰시마에 도착한 뒤 다른 목적지를 향해 출항한다. 액티언호 또한 그러했으며, 액티언호가 5월 8일 쓰시마 아소만을 출항한 뒤, 다음 날인 9일 부산에 입항하여 24일까지 2주간 정도를 초량왜관 앞바다에 정박하면서, 초량왜관에서 근무 중인 쓰시마번의 번사藩士들은 이에 대한 대응을 강요받게 되었다.[25] 그 대응 태세 또한 확인해 두고자 한다. 본 절에서 살펴볼 또 하나의 '내착'이다.

액티언호는 5월 9일 오전 왜관 앞바다의 '가미노쿠치上ノ口, 위 항로'에 내착했다. 액티언호가 아소만에 정박하고 있던 것 등을 알리는 서한을 왜관에서 확인한 것은 5월 13일의 일로, 그때까지 동안 왜관에서는 번의 방침 등을 알지 못한 채 독자적인 판단으로 대응에 나서야 했다. 그중에서 왜관 관수倭館館守, 왜관의 책임자 다와라 군자에몬俵郡左衛門은 '온편을 위한 방안을 꾀하고자 하는 것이 가장 중요하다穩便之道被取計度段, 專一之事二候'는 방침을 세웠다. 9일과 10일은 교착상태에 빠졌지만 11일에는 액티언호 측과 면담을 하게 된다. 이때 다와라는 '본국으로부터 질책의 대상으로서 나는 어떠한 엄한 벌을 받게 될지라도, 왜관에 있는 다른 분들은 상관없도록 나 혼자 책임지

25 액티언호의 부산입항 사건에 관해서는 특별한 주기(注記)가 없는 한 對馬·記錄類2·朝鮮關係B60, 「安政六己巳年異船來舶覺」에 의한다. 또한, 부산 초량왜관에 이국선이 내착한 것은 액티언호가 처음이 아니다.

고 맡아서 (액티언호 측 사람의) 상륙 대면을 허락하기로 결정했다'[26]는 비장한 각오로 임하고 있었다.

13일 번으로부터의 통지를 알게 된 왜관에서는 '본국으로부터 지시가 도착했는데, 왜관當館과 같은 방식으로 이국선에 대응하셨다고 하며, 본국이 평온하다는 점, 무엇보다 외부로부터의 평판에도 문제가 없었기 때문에, 처리하신 내용도 안심된다'[27]며 안도하고 있었다. 이때 왜관 측에 구두로 전달된 사항(4월 액티언호가 쓰시마에 내착했을 때 쓰시마에서 보낸 것)에는,

> 이번에 내착한 이인異人을 수일 동안 체류케 하고, 그때마다 곳곳으로 상륙시켜 배회케 하는 것은 본국에서는 바람직하지 않은 일도 있겠으나, 현재 막부公邊에서는 통상 조약通商之御條約을 맺은 나라에는 모두 온순穩順한 태도를 취하고 계시므로, 이러한 방법에 준하여 취급해야 하며, 결국 참지 못하고 이의異議를 낳고 병단兵端을 야기하게 되면, 번주藩主만의 문제가 아니며, 곧 일본 전체에 큰 화를 초래本朝一般之大患を招하는 중요한 일임을 이 일에 관계하는 사람들은 깊이 분별해야 한다深く可被加勘辨候事.

라는 지시 내용이 담겨있었다.

「安政六己巳年異船來舶覺」을 통해 역시 '통상 조약通商之御條約'을 체결한 나라에 대해서는 '온순穩順'을 관철하고 있다는 점, 혹여 충돌하여 병단兵端을 야기하게 되면 쓰시마번만의 문제가 아닌 '일본 전체에 큰 화를 초래'

26 원문은 "御國許ち之御叱を的として拙者如何體之御嚴科ニ被 仰付候而も在館之銘々ニ不相抱, 一己ニ引請, 揚陸對面をも差免筈ニ決定いたし候".

27 원문은 "御國許ち之御左右(지시나 명령을 뜻함 – 인용자)御到來有之, 御當館御同樣之異船御取扱之由, 平穩之次第, 先以御目計も相立, 御掛引之程御安心之御事ニ候".

하게 되므로, '깊이 분별해야 한다'고 지시하고 있다.

「安政六己巳年異船來舶覺」을 통해 볼 수 있는 '온편穩便·온순穩順'한 대응의 구체상을 조금 더 살펴보면, 왜관에서의 대응에 임한 번사들은 가지구火事具, 화재 발생 시에 착용하는 복장와 진바오리陣羽織, 갑옷 위에 입는 민소매 겉옷를 착용하고, 목검과 나무 막대를 지참한 채로 대기하는 등 '난폭하게 행동하지 않도록亂妨二不出様' 주의를 하고 있었으며, 액티언호 측과의 첫 대면11일으로부터 일주일 정도가 지난 17일이 되어서야 왜관관수는 '방어태세 준비防禦之御備立'를 위해 '햐쿠메百目, 100目 즉 375g 정도 무게의 탄환을 사용하는 대포 2기의 준비에 착수했으며, 18일에 햐쿠메키즈쓰포신을 목재로 만든 햐쿠메 2기를 제작하여 배치했다.

한편 액티언호 측의 인원들은 왜관관수와 접촉한 뒤, 가능한 범위 안에서 자유행동을 하고 있던 것으로 보이며, 11일 첫 상륙 시에는 왜관 부지 내의 '변천辯才天을 모시는 사당'을 구경하거나 '중산中山, 현 용두산'을 산책했고, 또한 다음 날인 12일에도 왜관 부지 주변을 탐색했다(왜관 측은 이를 멀리서 포위하듯이 감시했다).[28] 이러던 중 12일 아침에는 왜관의 수문守門 앞에 열린 조시朝市를 목격하고, '소 2마리, 계란 1,000개, 오리 120마리, 백미 1표, 기타 야채牛貳疋, 鷄卵千, 鴨貳百羽, 白米壹俵, 付野菜'를 주문했는데, 마침 그곳에 있던 훈도조선 측의 일본어 통역관가 응하여, 바로 대응해줄 수 없으므로 동래부사東萊府使의 지시를 기다려서 준비하겠다는 것과 '대료代料'는 받지 않겠다는 것을 전달했다. 쓰시마에서는 소를 제공하는 일을 둘러싸고 마찰이 있었지만, 조선에서는 특별한 마찰이 없던 것으로 보이며, 이들 '주문품'은 24일 액티언호가 떠날 때 배 안에 실려 있었다.[29]

---

28 또한, 왜관 부지 안의 상황에 관해서는 다시로 가즈이(田代和生), 『新·倭館』, ゆまに書房, 2011 참조.

또한 액티언호가 내착했을 때 왜관 측과 조선 측은 정보를 교환하고 있던 것으로 보이며, 액티언호 측이 12일에 왜관 부지 주변을 탐색했을 때는 초량왜관에서 고왜관1678년까지 사용했던 두모포왜관까지 이동한 것으로 보이는데, 이때 조선 측은 '많은 수의 조선인이 가로막자 (액티언호 측의 사람이) 도검을 뽑아 꺼냈다고 한다朝鮮人多人數ニ而立塞候時は刀劍を拔放候由' 고 왜관 측에 연락을 주기도 했다. 연계하고 있었다고는 할 수 없겠지만, 함께 액티언호에 대처하고 있었다고는 할 수 있을 것이다.

3. 또 하나의 '이국선'

앞에서는 '이국선'이 내착했을 때의 태세에 대해 「唐船漂着定式帳」과 안세이 6년1859 4~5월 액티언호가 쓰시마에 내착 및 부산에 도항했을 때의 사료를 통해 검토했다. 하지만 쓰시마종가문서對馬宗家文書를 보면 사실 액티언호가 내착하기 전, 또 하나의 내착사건이 있었음을 알 수 있다. 즉 당시의 첨단기술이 사용된 '증기선'의 내착이다. 단 '선적船籍'으로 보면 이 사례는 '일본선'이었으며 '이국선'이 아니었다. 다만 '이국식' 선박이었다는 점에서 종래보다 신경을 써야 할 부분이 늘어난 것이었다.

쓰시마종가문서 소장 「安政五戊午年公義蒸氣船御國來着記錄」[30]에는 액티

29 '소(牛)의 제공'에 관해서는 앞의 「近世對馬」 논문 참조. 또한 액티언호의 내착에 관해서는 '食料注文' 건도 포함하여 5월 24일에 조선 조정에도 보고가 전달됐고, 28일에는 필요한 식료를 제공하는 것으로써 '유원지의(柔遠之意)'를 표하기로 결정됐다. 그렇다고 한다면 조정의 결정 이전에 인도한 것이 된다. 『日省錄』 哲宗 10년 5월 24일조, 5월 28일조, 『備邊司謄錄』 哲宗 10년 5월 28일조.

30 國編記4991. 사료 후반에는 이와 관련된 「諸方書狀控」도 수록되어 있다. 또한 이하 특별한 주기

언호가 내착하기 1년 3개월 전인 안세이 5년1858 2월 18일 새벽 쓰시마의 후나이우라府內浦, 현 이즈하라항에 막부의 증기선이 내착했을 때의 쓰시마번의 대응이 기록되어 있다. 본 절에서는 이 사료를 다소 자세하게 검토하고자 한다.

이때 내착한 증기선은 막부의 메쓰케目付, 감찰과 감시를 담당 기무라 즈쇼木村圖書, 가이슈, 요시타케와 고부쇼講武所, 막부의 무예훈련기관 시한師範 가쓰 린타로勝麟太郎를 비롯한 일본인 140명, 네덜란드인 19명 총 159명이 승선하고 있었다. 이 선박은 훗날 미국에 파견되는 사절이 이용하게 되는 간린마루咸臨丸이며, 이때가 최초의 연습 항해였다.[31] 간린마루는 2월 16일에 나가사키를 출항하여 같은 날 규슈 서부에 있는 고토 열도五島列島의 가바시마樺島에 정박하고, 다음 날인 17일 고토 열도를 출발했으나 악천후로 인해 쓰시마로 내착하게 된 것이었다.[32]

쓰시마에 내착한 일행은 승조원 중 기무라 즈쇼를 비롯한 27명이 중 2명은 네덜란드인이 쓰시마에 상륙하여 일박했다. 쓰시마번 측에서는 지휘소를 항구 근처에 자리한 고리부교쇼郡奉行所, 부내 이외의 쓰시마 영내를 관할하는 관청로 정하고, 그들의 숙소와 식사 등 응접 태세를 서둘러 준비함과 동시에 숙소 근처의 통행규제와 화재예방 등을 위해 항구 근처 주민들에 대한 규제 등을 내렸

(注記)가 없는 한 '막부(公義) 증기선'의 쓰시마 내착에 관해서는 본 사료에 의한다.

31 간린마루는 막부가 새로 구입하여 안세이 4년(1857) 8월 나가사키에 도착한 선박이며, 연습 항해였기 때문에 네덜란드인이 이를 지도하기 위해 동승했다. 海軍有終會 編, 『幕末以降帝國軍艦寫眞と史實・新裝版』, 吉川弘文館, 2018(초판 1935), 도이 료조(土井良三), 『軍艦奉行木村攝津守』, 中公新書, 1994, 판카텐데이케(Willem Johan Cornelis ridder Huijssen van Kattendijke), 미즈타 노부토시(水田信利) 역, 『長崎海軍傳習所の日々』, 平凡社, 1964.

32 이때의 항해에서는 쓰시마를 출발한 후 히라도(平戶) 앞바다를 거쳐 나가사키로 귀항했다. 판카텐데이케의 앞의 책. 또한, 기무라 기하치로(木村紀八郎), 『軍艦奉行木村攝津守傳』, 鳥影社, 2011; 가나자와 히로유키(金澤裕之), 『幕府海軍の興亡』, 慶應義塾大學出版會, 2017, 제3장도 참조.

다.[33] 이때 기무라 등의 응대를 맡은 돈야초問屋町의 고요탓시나미御用達並, 특권 어용상인에 준하는 역직(役職) 후루야 우자에몬古谷卯左衛門과 후지사키 도쿠에몬藤崎德右衛門에 의하면2월 26일부 보고서, 기무라 즈쇼는 그들에게 쓰시마에서 이키壹岐 및 조선까지의 거리, 왜관의 근무자 수, 쓰시마의 산물, 번주藩主가 현재 쓰시마에 있는지 등을 물었으며, 후루야와 후지사키는 답할 수 있는 안의 범위에서 회답했다.[34]

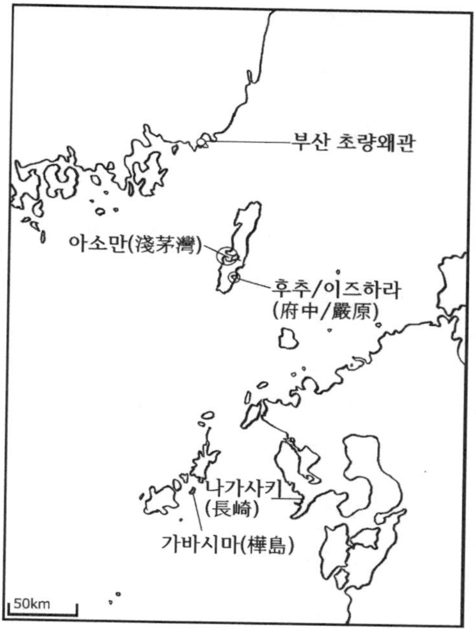

〈그림 1〉 본 장 관련 지도
(일본 국토지리원 · 지리원지도GSI MAP[35]을 기반으로 저자가 작성)

이러한 문답 중에는 '조선인의 주거를 구경하고 싶은데, 어디에 있는가朝鮮人住居を見物いたし度, 何方江罷在候哉'라는 질문도 있었다. 이에 대해서는 '표류민은 와있지만 잠시 숨어있어서 지금은 보이지 않습니다. 중요한 용무가 있을 때는 객관客館이라고 하는 여기에서 동북 방향에 있는 건물에, 그 외에는 해변 근처에 객관이 있어서 그곳에 주거하고 있습니다漂民参り居候得共, 態と相隱, 只今叅居不申候, 御重用之節は客館と唱是より艮之方二相當相設有之候, 御重用外は濱揚立二客館有之, 其所二相住居申候'라고 대답했고, 또한 '거리를

33 당시 후나이(府内)의 지리정보에 관해서는 嚴原町誌編集委員會 編, 『嚴原町誌』(嚴原町, 1997) 付圖 『(文化八年)對州接鮮旅館圖』; 우에시마 사토시(上島智史), 「近世對馬における城下町の空間構造」, 『歷史地理學』 53卷4號, 2011(특히 표 3) 참조.

34 문답 내용에는 흥미로운 점이 많지만 본고의 논지와는 떨어져 있으므로 다른 논고를 기하고자 한다.

35 https://maps.gsi.go.jp/

배회市中徘徊할 때 표민가漂民家, 조선으로 송환하기 위해 쓰시마로 이송된 조선인 표류민의 임시체류 시설. 항구에 면해 있으며 고리부교쇼에 접해 있다－인용자 쪽을 향하시고, 가선을 소재로 시도읊으셨으므로, **다른 이야기를 하면서 서둘러 지나쳤**市中徘徊之せつ漂民家之方被目差, 駕船をも被相詠候付, 四方山之事ニ相轉し早く通り拔申'다고 보고하고 있다(이하 사료의 강조 부분은 인용자에 의함). 기무라의 흥미 관심은 물론이거니와, 후루야와 후지사키가 적극적으로 조선인을 보여주지 않으려 주의하고 있던 것을 볼 수 있다.

기무라 등은 18일에 일박을 한 뒤 19일에는 쓰시마 후추를 둘러보고 하치만구 신사八幡宮를 참배했는데, 이때 같이 상륙한 네덜란드인도 '거리를 배회市中徘徊'한 것으로 보이며, 이때의 상황도 보고되어 있다.[36] 네덜란드인은 길 위의 가게들을 구경하고, 길가에서 어린아이들을 발견하자 '특히나 귀여워하는 것처럼 보였殊外愛し候振ニ相見'다고 한다. 참고로, 18일은 배에서 일박을 했던 가쓰 린타로 등도 다음날인 19일에는 상륙하여 쓰시마번 관계자와 인사를 하고, 하치만구 신사와 가이간지海岸寺를 둘러보았다.

그런데 이 증기선의 내착은, 실은 막부로부터 사전에 어느 정도 예고된 것이기는 했다. 안세이 3년1856 10월 18일에 메쓰케 겸 가이군덴슈죠海軍傳習所, 막부의 해군사관 양성 시설 책임자 나가이 겐바노카미永井玄蕃頭, 나오유키의 가신家臣이 쓰시마번의 나가사키키키야쿠長崎聞役, 각 번(藩)과 나가사키부교 사이의 연락 등을 담당 오다 기헤에小田儀兵衛를 호출하여, 막부의 증기선이 '쓰시마 영해御國御領海'까지 항행할 것과 함께 그 선박의 표식과 돛의 문양에 대해 통지했다. 다만 이

36 단, 판카텐데이케에 의하면 '거리의 要所는 곳곳마다 폐쇄되어 있었기 때문에 모두 화를 내고 배로 돌아갔다(町の要所は到るところ閉鎖されていたので, 皆立腹して船へ引き揚げてきた)'고 한다. 또한 기무라 즈쇼의 면담 요구를 쓰시마번주(藩主) 소 요시요리(宗義和)가 거절한 것으로 이해한 듯하며(國編記4991에는 번주 면회에 관한 건은 특별히 기록되어 있지 않다), 판카텐데이케의 쓰시마번에 대한 인상은 그다지 좋지 않다. 판카텐데이케, 앞의 책, p.79.

때 통지된 배는 간린마루가 아닌 간코마루觀光丸였다.[37]

또한 안세이 3년1856 10월 24일부 오다 기헤에의 서한에서는 시마즈島津가, 구로다黑田 가, 소宗 가, 마쓰다이라松平, 島原藩 가, 마쓰라松浦 가, 오무라大村가의 각 나가사키키키야쿠들이 연명連名으로 간코마루에 승선한 네덜란드인들이 기항지에서 상륙하여 배회하게 하지 않도록 해달라는 진언을 나가사키부교쇼長崎奉行所, 나가사키를 관할하는 막부 관청에 올렸다.

오다에 의한 그 이유는 이하와 같다.

> 하지만 계속 말씀드리듯이 러시아魯西亞, 영국嘆咭唎, 미국亞墨利國과 조약條約을 맺으셔서 當湊나가사키에 도래渡來할 때는 상륙유보上陸遊步를 허락하시어 네덜란드인과 같은 허락을 받게 되었습니다만, 대체로 어느 곳에서든 이국인이 상륙하는 일은 엄히 금하고 있는데, 이번은 막부江戶表의 지시를 받은 것임에 더해 막부의 관리들御役々樣께서도 승선하시므로 지휘를 해주실 것이겠지만, 네덜란드인들에게 위와 같이 지시하신다면, 서서히 다른 이국인들에게도 전해져서 이후 정박 등을 할 때, 위=나가사키의 사례에 준하여 조약을 맺은 나라의 사람들이 마음대로 상륙하게 되면 다시 말씀드릴 것도 없으며, 이러한 자들은 한결같이 지리학에 밝고, 해안의 측량은 물론 토지의 넓고 좁음 등도 조사하여, 마침내 번병藩屛을 담당한다는 주군의 생각도 유지되지 않게 될지 모르며,

37 간코마루는 안세이 2년(1855)에 네덜란드 국왕 빌럼(Willem) 3세가 막부(將軍, 쇼군)에 선물한 목조외륜선(숨빙(Soembing) 호)으로 일본이 소유한 최초의 증기선이었다. 안세이 4년(1857) 3월에 나가사키에서 에도로 항행하고 에도에 개설된 군함조련소에서 연습선이 되었다. 앞의 『幕末以降帝國軍艦寫眞と史實・新裝版』; 가쓰 가이슈(勝海舟), 『海軍歷史』 卷之三~五, 海軍省, 1889, 造船協會 編, 『日本近世造船史』, 弘道館, 1901 참조.

안세이 3년1856 시점에서는 아직 앞 절에서 언급한 안세이 5개국 조약安政五個國條約은 체결되지 않았으며, 여기서 언급되고 있는 '조약條約'이란 이미 체결되어 있었던 '화친조약和親條約'을 뜻하는 것으로 생각된다. 나가사키에서의 상륙유보上陸遊步는 해금되었지만, 각 번에서는 아직 금지하고 있는 상태였다. 막부의 선박에 네덜란드인이 동승하게 되어 각지에 기항했을 때도 이들이 상륙하게 된다면, 그것이 다른 '이국인'에게도 파급될 수 있다는 점, 그리고 그들 '이국인'은 '지리학'에 밝으며, 해안 측량 등은 말하자면 정찰 행위이고, '번병藩屛'으로서의 역할도 수행할 수 없게 될지 모른다는 점 등을 염려하고 있던 것이었다. 여기서도 역시 서양과의 조약 체결이 큰 전환기가 되었음을 알 수 있다. 또한 오다는 '쓰시마는 특히 이국선이 해마다 다수 통과하므로, **방어를 최우선으로 여기는 곳**이기 때문에……[御國之儀は別而異國船年每ニ多數乘通候付, **防禦方第一之御國柄**ニ御座候事故……]'라고 하며, 쓰시마번이 놓인 지리적 상황에 기반하여 '방어를 최우선으로 여기는 곳防禦方第一之御國柄'이라는 자기인식을 나타내고 있는 점에도 주목하고 싶다.

이상의 내용은 같은 해 11월 9일에 제1보10월 17일 건로 쓰시마에 도착했다. 이를 전달받아 같은 달 20일부로 쓰시마번 도시요리年寄, 쓰시마번 최상위 가신들은 구미가시리與頭, 쓰시마번 가신들의 행동 통제를 담당, 오메쓰케大目付, 감찰과 감시를 담당를 비롯한 번 내부 각 부서에 막부의 증기선이 내항한다는 것과 만일 난파하여 조난했을 때의 구조체재에 관해서도 통지를 내렸다. 그중 하나는 부산의 왜관관수에게 보낸 것으로, 그 통지 내용은 나머지 것들과 다소 상이했는데, 만일 증기선이 조선에 내착했을 시에는 '이국선'으로 간주될 수 있으며, 더욱이 '막부의 선박이라는 것을 보이게 되면 조선은 거창하게 대응할 듯하다公義御役船と申儀御打出二相成候而は外向大造之御手入相成候趣'고 하면서, 조선

측이 과도하게 대응할 수도 있으므로, 막부의 선박이라는 사실은 최대한 숨기고, '조선에는 나가사키에서 만든 선박이며 공개 중인 선박이므로 표류선이 아니라는 것을 알리外向江は長崎表製造之船ニ而乘樣廻海之船ニ付, 漂流船ニ無之趣相斷' 도록 하라는 것 등을 지시했다.

앞에서 살펴본 간린마루의 내착은 위의 통달 및 진언으로부터 약 1년 반이 지난 후의 사건이었는데, 앞서 봤듯이 네덜란드인도 상륙하여 '거리를 배회市中徘徊' 하고, 심지어 조선으로 도항한다는 소문도 있던 것 같다. 따라서 쓰시마번에서는 기무라 즈쇼 및 나가사키부교쇼에 조선 도항과 쓰시마 기항을 보류하도록 진언해야 한다고 판단했고, 실제로 안세이 5년1858 3월 28일 오다 기헤에가 기무라 즈쇼와 나가사키부교쇼에 진언을 올렸다. 우선 판단 내용을 보자.

> 이번 내착하는 증기선에 승선한 네덜란드인의 상륙에 관한 건에 관해, 승선한 메쓰케 님으로부터 사전 통지가 있었는데, 이 건에 관해서는 이전 나가사키키키야쿠 오다 기헤에가 다른 번의 나가사키키키야쿠들과 함께 나가사키부교쇼에 진언한 내용은 이전 문서로 작성한 대로이며, 아직 그 답변도 오지 않은 상태로, Ⓐ 특히 쓰시마에는 항상 조선인이 있고 이번에도 마침 표류민이 있기 때문에 네덜란드인의 상륙에 관한 건은 쓰시마번宗家으로서는 승낙하기 어려우며, 우선 네덜란드인의 상륙에 관한 건은 아무쪼록 금지해 주시도록 고요탓시御用達, 어용상인을 통해 메쓰케 님과 이야기를 한 적도 있는데, 그리 간단히, 이번 네덜란드인의 상륙에 관한 건은 막부公邊로부터 말씀도 있기 때문에, 메쓰케 님의 권한으로는 금지해주시기 어려울 것이다. 끝내 상륙하여 이곳저곳을 돌아다녔던 일은 이전의 기록에도 있으며, Ⓑ 이뿐만 아니라 조선국으로의 도항도 바라

고 있다는 소문도 있는 것 같은데, 이 경우에는 (조선과 일본)양국의 통신 관계에 있어 대단히 바람직하지 않은 사태兩國御通信之道ニおゐて誠ニ御不都合千萬之場가 되어버리며, 쓰시마번宗家의 역직役職에 있어서도 흘려들을 수 없으므로, 이번 안쇼야쿠 카리야쿠案書役仮役, 임시로 임명된 문서작성 담당자 에구치 가에몬江口嘉右衛門을 에도로, 힛토소에야쿠세키 안쇼야쿠筆頭添役席案書役, 필두 보좌역 겸 문서작성 담당자 우미즈 젠쿠로海圖善九郎를 나가사키로 파견하여, (에도와 나가사키) 양쪽에서 Ⓒ 조선국으로의 도항은 물론 쓰시마 기항이 바람직하지 않은 여러 사정을 진언하는 전말을 잘 알아듣게 하여 보냈다. 또한 서장 필사집을 참조할 것.

여기서 주목하고 싶은 것은 앞의 후루야 및 후지사키와 동일하게 쓰시마에서 네덜란드인이 조선인을 목격하는 것을 매우 경계하고 있는 점(Ⓐ), 더욱이 증기선이 조선으로 도항하게 된다면 양국 관계에 커다란 악영향을 미칠 것이라고 지적하고 있는 점(Ⓑ)이다.

쓰시마번은 안세이 3년1856 사전통달이 있었을 때, 이미 증기선이 막부의 선박이라고 조선 측에 알려지는 것을 최대한 피하려 하고 있었다. 여기서 '대단히 바람직하지 않은 사태御不都合千萬之場'가 구체적으로 어떠한 것인지는 확실하지 않으나, 쓰시마번은 조선 측이 증기선이나 네덜란드인에 대해 부정적인 대응을 할 것을 생각하고 있던 것으로 보인다. 쓰시마번은 이러한 상황을 피하고자 에도와 나가사키에서 막부 측에 증기선의 조선 도항 및 쓰시마 기항과 네덜란드인의 상륙 및 자유행동을 보류해야 한다고(Ⓒ) 주장한 것이다.

다음으로 나가사키에서 기무라 즈쇼에 올린 진언을 보도록 하자. 우선 증기선의 조선 도항에 관해서는 '그 나라(조선)에 일본 선박이 왕래하는 것에 대해서는 이전부터 정해진 수량이 있고, 선박마다 쓰시마노카미對馬守, 藩主가 조선의 예조禮曹에 보내는 서한을 지참하여 건너갑니다. 이 정해진 수량 외에 임시 용건으로 선박을 보낼 때는 스이코吹嘘, 文引라고 하는 쓰시마노카미對馬守의 인장을 찍은 서한을 지참하게 되어 있습니다'[38]고 하며, 조선으로 도항하는 선박에 관해서는 세세한 규정이 있음을 설명했다. 그리고 이들 규정 외의 선박은 '화표선和漂船, 일본 표류선'으로 간주되어 항로와 선적물 등 여러 조사를 받아야 하며, 조사가 수개월에 이르는 경우도 있다. 하지만 이는 상선의 경우로 막부의 선박은 전례도 없으므로 한층 더 엄중한 수속이 진행될 수 있고, 쓰시마번으로서도 어떻게 대처해야 할지 모르겠으며, 또한 조선은 '좌우간 옛 격식을 내세우는 것이 그 나라의 풍속이므로, 곧바로 귀국할 수 없을 것兎角舊格を押立候國風ニ御座候得ば速ニ御歸船之御都合ニ被爲至間敷'이라고 조선 도항 시에 발생할 수 있는 바람직하지 않은 상황을 자세히 설명한 후에, 나아가 '선박의 형태나 네덜란드인이 승선한 이유 등 수상히 여길 이유도 있으므로, 대처하기에도 대단히 당혹스럽습니다御船形幷蘭人乘組之御譯柄等不審ニ存候廉も可有之旁, 處置方當惑至極奉存候'라고 하면서 네덜란드인이 동승한 증기선으로 조선에 도항하는 것은 매우 문제가 있다고 주장했다.

또한 네덜란드인이 '거리를 배회'하는 것에 대해서는 우선 쓰시마에는 조선인 표류민이 항상 체재하고 있다는 점, 그리고 쓰시마와 조선의 왕래 경위를 설명하고, 역관사問慰行라는 사절이 막부의 경조사 및 쓰시마 소宗가의 길흉 시에 쓰시마로 파견되는데,[39] 이 사절조차 자유행동이 허락되

38 원문은 "彼國江和船往來之儀は以前ち員數之定有之, 每船從對馬守彼國禮曹江宛候書翰持渡候儀ニ御座候, 右定式員數之外不時之用向有之, 手船差渡候節は吹嘘と唱對馬守印證有之書を持渡候儀ニ而".

39 역관사(譯官使, 問慰行)에 관해서는 이케우치 사토시(池內敏), 『絶海の碩學』, 名古屋大學出版會, 2017; 이케우치 사토시(池內敏), 「對馬藩における譯官使接遇の諸樣相」, 『歷史の理論と教育』 152

지 않음에도 불구하고 네덜란드인이 '마음대로 돌아다니는勝手ニ遊歩' 모습을 쓰시마에 체재 중인 조선인이 보고 듣게 된다면 '예전부터 막부와의 통신 관계가 있는 나라이기 때문에, 쓰시마노카미가 사정설명을 할 때 바람직하지 않은 부분도 있다古來より 公義と之御通信之國柄ニ付, 對馬守會釋向(사정 설명—인용자)ニ取不都合之所も有之'고 하며, 쓰시마가 조선과 통교를 할 때 불편한 일이 발생한다고 지적했다. 그리고 '이번에 이국 상선의 입항을 허가하게 된 사정을 조선에 알리게 될 때까지 조선은 물론 쓰시마 기항도 보류해주신다면 쓰시마노카미對馬守의 역직에 있어서도 매우 감사하고 안심할 수 있겠습니다今般異域之商船入津御免ニ相成候次第, 朝鮮國江御打出ニ相成候迠之間は彼國は素對府御寄船御見合共被成下候得者, 對馬守御役職ニ取難有安心仕'라고 하면서 조선 측에 서양과의 조약을 체결한 것을 알리기까지는 쓰시마에 증기선을 기항하는 것을 보류해주도록 요구했다.[40] 아울러 혹시 날씨나 파도 사정으로 쓰시마에 어쩔 수 없이 기항해야 한다면 이즈하라에서 북쪽으로 7리 정도 떨어진 구스보우라久須保浦가 '쓰시마에서는 최상의 항구對州ニ而は最上之浦柄'이므로 그곳에 계류할 것을 권했다.

이러한 진언에 대해 기무라 즈쇼는 4월 12일 '서면의 사정에 관해, 조선으로는, 외국이기 때문에 애초부터 도항하지 않을 생각이며, 쓰시마 기항에 관한 건도 헤아리고 있다書面之趣朝鮮江は外國之儀素ゟ不相越候積, 對州江之儀も相含居候事'고 회답하여, 쓰시마번 측의 요구를 전면적으로 받아들였다. 또한 같은 해 7일 3일부 기록에는 쓰시마번 에도가로江戶家老, 에도에 있는 쓰시마번 번저(藩邸)의 책임자

號, 2019 등 참조.

40 또한 안세이 5개국 조약(安政五個國條約) 체결의 통지는 만엔 1년(1860)에 이루어졌다. 『近代移行期の日朝關係』, 溪水社, 2013, 제2장.

사스 이오리佐須伊織도 가이보가카리로주海防掛老中, 막부의 외교문제 및 해안방어정책 담당 홋타 마사요시堀田正篤, 조센고용오키키朝鮮御用御聞, 막부의 조선문제 담당 마쓰다이라 다다마스松平忠優, 하야시 후쿠사이林復齋에게 서면을 통해 진언을 올렸고, '쇼군의 동의를 얻었御內意に及'음이 보고되어 있다.

이상과 같이 쓰시마번은 막부 증기선의 조선 도항 및 쓰시마 기항에 대해서는 극도로 부정적이었으며, 또한 이러한 일들이 발생하지 않도록 하기 위해 분주했다. 어떤 상황에서도 쓰시마번은 '조선'을 그 이유로 사용했다. 조선 도항에 관해서는 기존의 규정을 전면에 내세워 막부의 선박더욱이 증기선이 조선으로 건너가는 일은 선례가 없으며, 또한 조선이 '좌우간 옛 격식을 내세우는 것이 그 나라의 풍속兎角舊格を押立候國風'이라는 것을 강조했다. 쓰시마에서의 네덜란드인이 자유행동을 하는 것도 표류민들에게 목격될 수 있다는 것, 더욱이 역관사譯官使가 쓰시마에 파견되었을 때의 선례를 꺼내 들었다. 쓰시마는 풍부한 조선외교 경험과 지식을 무기로 막부중앙정부에 대해 우위로 교섭을 진행하고 자신의 주장을 관철한 것이다.[41]

---

41 에도시대를 통틀어 막부의 정규 사절이 조선에 건너간 일은 없었지만, 게이오(慶應) 2년(1866) 말부터 도쿠가와 요시노부(德川慶喜) 주도로 가이코쿠부교(外國奉行, 막부의 외교사무를 담당) 히라야마 즈쇼노카미(平山圖書頭) 파견 계획이 진행되고 있었다. 쓰시마번은 막부 사절 파견을 계속하여 조선 측에 타진했지만, 조선 측은 이를 계속 사절했다(앞의 『近代移行期の日朝關係』 제2장). 심기재(沈箕載)는 이 막부 사절 파견 때에 쓰시마 측의 활약이 있었음을 지적하고 있다(심기재, 『幕末維新日朝外交史の研究』, 臨川書店, 1997, p.44). 확실히 『每日記』 貳番(일본 게이오기주쿠대학(慶應義塾大學) 미디어센터 디지털 컬렉션) 게이오 2년(1866) 11월 23일조를 보면 로주(老中, 막부의 상설 최고직) 이타쿠라 가쓰키요(板倉勝靜)에게 '종래의 격식에 얽매이지 않고 최근 5개국과 맺은 교제 법칙(조약)에 준하여 처치를 취하고, 국위를 세우도록 잘 명심해야 한다고 말씀해주시길 바랍니다(從來之古格ニ不拘近來五ヶ國交際之法則ニ準所置を加, 御國威相立候樣厚相心得可申段, 御沙汰奉願度御座候)'라고 요청하고 있다. 쓰시마번 내에서도 분큐(文久) 3년(1863) 이후 조선 정책의 쇄신을 꾀하고 적극책을 막부에 건백(建白)하기도 했으므로 그 영향을 생각할 수 있다(기무라 나오야(木村直也), 「幕末期の朝鮮進出論とその政策化」, 『歷史學研究』 六七九號, 1995). 쓰시마번 내부도 '일치단결'은 아니었던 것으로 보이는데, 이 점에 대해서는 이어서 과제로 삼고 싶다.

4. 또 하나의 '도항'

우리는 제1절에서 액티언호가 쓰시마에서 부산으로 도항한 사례를 보았다. 본 절에서는 또 하나의 '도항' 사례를 검토한다. 이는 메이지明治 3년1870 5월 2일에 독일프로이센 군함 헤르타Hertha호가 쓰시마 아소만 오자키우라尾崎浦에 내착하고 정박한 뒤, 다음 날인 3일 부산으로 도항하고 그다음 날 출항한 것이다.[42] 부산에 정박한 기간만 따져보면 고작 하루에 지나지 않았으나, 이 사례는 쓰시마의 사람들도 도항하는 쪽에 들어가 있었다는 점에서 이때까지의 것과는 달랐으며, 또한 위에서 보아온 쓰시마번의 입장이 바뀌었다는 점, 더욱이 조일외교에도 커다란 영향을 끼쳤다는 점에서 중요한 의미가 있다. 선행연구에서는 간단히만 언급되었으므로 본 절에서는 당시의 기록에 근거하면서 다소 상세히 상황을 고찰하고자 한다.

일본은 독일과 메이지 2년1869년 1월 10일에 수호통상항해조약修好通商航海條約을 체결했다.[43] 그 후 독일 공사는 외무경外務卿 및 외무대보外務大輔와 때때로 대화를 하고 있었는데, 메이지 3년1870 4월 12일의 대화에서 독일공사 막스 폰브란트Max von Brandt는 외무경 사와 노부요시澤宣嘉 및 외무대보 데라시마 무네노리寺島宗則 측에 대해 나가사키에 정박 중인 '우리나라 군함으로 아직 개항하지 않은 항구를 구경하러 갈 것我國軍艦にて未だ開ざる港江見物二罷越候積り'이라고 이야기한다. 사와 및 데라시마가 '사가, 시모노세키, 우와

42 독일 군함 헤르타호의 부산 무단 입항 사건에 관해서는 다보하시 기요시(田保橋潔), 『近代日鮮關係の研究』 上卷, pp.235~238, 심기재, 앞의 책, 제3장; 『近代移行期の日朝關係』 제3장을 참조. 또한 조선 측의 사료에도 이 사건에 대한 기재는 있지만, 입항한 날짜는 '四日'로 되어 있어 쓰시마 측의 기록과 하루의 차이가 있다.

43 『大日本外交文書』 第二卷第一冊, 문서번호 15. 사료 중 '폐'에 해당하는 '面惑'은 '迷惑'으로 표기하는 것이 일반적이나, 여기서는 원문을 따라 '面惑'으로 표기.

지마, 히로시마, 가고시마, 구마모토 등이다佐賀, 下關, 宇和島, 藝州, 鹿兒嶋, 肥後などに候'고 대답했다. 또한 여기서 폰브란트가 쓰시마를 거론하고 있지 않다는 점에 주의해 두고 싶다. 이때 폰브란트가 밝힌 항행 목적은 '사가와 구마모토 그 외 항구에 가는 것은 다른 이유가 없으며, 단지 우리나라의 국기를 보여주기 위함이다佐賀肥後其他之港ニ相越候ハ他之子細無之, 唯我國旗を示す爲ニ候', '이 항해는 그저 구경과 국기를 보여주기만 하는 것으로, 정부에게 폐를 끼칠 만한 것을 각 번에 요청하는 일은 결코 없을 것이다此行ハ唯々見物と國旗を示す而已之事にて, 政府之面惑あとなる樣乃義各藩へ申込候樣之事決して無之候'라는 것으로, 사와 및 데라시마는 그 자리에서 외무소승外務少丞 마와타리 하치로馬渡八郎를 폰브란트 일행에 동행시키기로 결정했다.[44] 14일에는 태정관太政官이 해당 건을 주코쿠中國, 시코쿠四國, 규슈九州의 여러 관계 번현藩縣에 통달했다.[45]

폰브란트 일행이 나가사키에 도착한 후, 마와타리는 나가사키현지사長崎縣知事 노무라 모리히데野村盛秀와 면담하고, 지사의 지시에 따라 나가사키에 근무하고 있던 이즈하라번嚴原藩, 版籍奉還 후 對馬藩에서 개칭의 통사通詞 나카노 교타로中野許太郎를 헤르타호에 동승시키기로 했다. 헤르타호는 5월 1일 나가사키를 출항하여 2일 쓰시마 아소만 오자키우라에 정박한 뒤, 다음날인 3일에 부산으로 도항하여 초량왜관 앞바다에 정박하고 그다음 날인 4일에 출항했다.[46]

헤르타호가 부산으로 도항한 경위에 대해 조금 더 상세히 보도록 하자.

---

44 『外務卿等ノ各國公使トノ對話書』第七卷, 「明治三年對話書十二・獨國之部一」, 아시아 역사자료센터(JACAR) : B03030042200, 20~22번째 화상. 또한 『外務省日誌』 메이지 3년(1870) 제13호(4월 12일항)도 참조.

45 『太政官日誌』 메이지 3년(1870) 제18호(4월 14일항).

46 『嚴原藩史草(稿)』, 나가사키(長崎) 역사문화박물관 소장.

헤르타호가 왜관 앞바다에 정박한 후, 나카노 교타로가 상륙하여 왜관관수 반 누이노스케番縫殿介에게 진술한 경위설명에 따르면,

> 독일국獨逸國의 군함으로 동국同國의 공사가 타고 있고, 일본 여러 번의 중심지를 유람日本諸藩之城下遊覽하고 싶다고 요청하여 이미 허용을 받았으며, 관련 외무소승 마와타리 하치로도 타고 있습니다. 다만 아소만 구경淺海見物을 한 뒤, 때에 따라서는 조선으로도 도항時宜に依り朝鮮海へも寄船之□할지 모르므로, 일을 돕기 위해御用便之爲 통역을 한 명 동함同艦에 태운다는 것을, 나가사키현청長崎縣廳으로부터 사가라 단조相良丹藏에게 통달이 있던 점[47]

이라고 되어있다. 즉 '일본 여러 번의 중심지를 유람日本諸藩之城下遊覽'하는 것의 일환으로 '아소만 구경淺海見物'을 한 뒤, 때에 따라서는 조선으로도 도항時宜に依り朝鮮海へも寄船할지도 모르므로, '일을 돕기 위해御用便之爲' 통역을 한 명 동승시키도록 '나가사키현청長崎縣廳'으로부터 이즈하라번 나가사키키키야쿠 사가라 단조에게 통달이 있어서 나카노가 동승하게 된 것이다. 여기서 '아소만 구경淺海見物'과 '조선으로도 도항朝鮮海へも寄船'을 '누가' 발언했는지를 말해주는 사료는 없기 때문에 명백하게 알 수 없다.

다만 이 메이지 3년1870 5월이라는 시기는 사실 조일외교상 중요한 시기였다. 이른바 '서계문제書契問題'로 인해 메이지 초년 이래로 계속 정체되어 있던 국교 교섭이 이 시기 '정부등대론政府等對論'이라는 현장에서 나온 지혜

47 『每日記』明治三年三分冊ノ二 5월 5일조, 일본 국립국회도서관 소장. □는 사료 한가운데의 접히는 부분에 해당되므로 판독 곤란. 이하 특별한 주기(注記)가 없는 한 헤르타호에 관한 사료는 본 사료에 의한다.

를 통해 움직이기 시작한 것처럼 보였던 시기인 것이다.[48] 나카노의 설명을 듣고 나서 관수館守 반 누이노스케番縫殿介는,

> 사정이 어쩔 수 없다고는 하나, 왜관에서의 교섭當地之駈引에 있어서는 대단히 마음이 아플甚だ痛心 따름입니다. 그런데 외무소승으로부터 편지로 서둘러 상담하고 싶은 것이 있어 지금 독일 군함에 승선하고 있다고 전해왔는데, 애초부터 일본의 선인船印이 있는 선박의 입항이 아니며 외향外向(조선을 뜻함–인용자)은 양이에 한창攘夷之只中이므로, 몰래 승선하는 것과 같은 일이 있어서는 더욱 의심을 받고, 후일의 장해가 될 수 있으므로,

라고 하며, 조선이 '양이에 한창攘夷之只中'인데 독일 선박에 나카노가 동승하고 있던 것은 '왜관에서의 교섭當地之駈引' 즉 진행 중인 국교 교섭에 있어서 '대단히 마음이 아플甚だ痛心' 사태일 뿐만 아니라, 앞으로의 악영향도 헤아릴 수 없다는 것을 걱정했다. 후술하듯 이 우려는 적중하게 된다. 왜관 측은 조선 측의 사정을 파악하고 있던 것이라 할 수 있다.

이상의 경위에서는 앞선 제2절의 간린마루咸臨丸 기항을 둘러싸고 볼 수 있었던 쓰시마번의 '교섭에 강한 면모'를 볼 수 없다. 앞 절에서 쓰시마번은 중앙을 상대로 교섭을 하고 자신들의 주장을 관철했다. 하지만 이번 케이스에 관해서는 이즈하라번舊 쓰시마번은 교섭은커녕, 애초에 도항을 관지關知하고 항의하는 것조차 불가능했다.

다만 앞 절에서 보았듯이 나카사키키키야쿠長崎聞役 오다 기헤에小田儀兵衛

---

48 앞의 『近代移行期における日朝關係』.

는 증기선의 조선 기항이 내포하고 있는 문제를 파악하고 움직였지만, 이번 나가사키키키야쿠 사가라 단조相良丹藏에게는 그러한 움직임이 없었다. 움직이지 못했던 것인지 움직일 필요를 못 느꼈던 것인지는 사료가 없으므로 명백히 알 수 없고, 사가라를 추궁하고자 하는 것은 아니지만 둘을 비교해 보면 커다란 차이점으로 부각된다.

폰브란트는 조선 측 고관과의 대면을 희망하고 왜관 측에 그 중개를 의뢰하여, 만약 당일5월3일 안에 대면이 불가능하다면, 다음날 호위 병사 200명 정도를 이끌고 직접 서한을 전달하러 가서 '만일 조선 측이 폭발하는 등의 일이 있다면 어쩔 수 없는 사정이며, 국민을 위해서는 죽는 것도 유감이라고 생각하지 않는다萬一も朝鮮暴發之擧有之候節は, 不得止次第, 國民之爲ニハ死も遺憾とは不存候'고 하는 등 상당히 강경한 자세를 보인 것으로 보인다.

이에 대해 반 누이노스케는 '비상 임시 처치非常權宜之所置'를 취하고 소통사小通事, 조선 측의 통역관 최재수崔在守에게 연락하여 훈도와 별차(양자 모두 통역관)에게 통지와 절충을 시도했으나, 훈도와 별차로부터의 회답은,

> 조정에서 최근 엄달嚴達도 있었고 양이攘夷는 국내에서 하나로 결정된 일이므로, 설령 어떻게 탄원하여도 면담은 이루어질 수 없음은 여러분이 잘 알고 계신 대로입니다. 하지만 왜관의 여러분들의 후의에서 나온 의견館中御厚誼ニ被爲出候御內諭之趣에 관해서는 저희만으로는 답변 드리기가 어렵기 때문에, 직접 훈도가 앞으로 반복하여 동래부사와 부산첨사釜山僉使께 말씀드리도록 하겠습니다. 다만 동래부사와 부산첨사께서도 똑같은 판단을 내리시면, 다시 왜관까지 갈 것도 없으므로 그 내용을 편지로 전달하겠습니다.

라는 것이었다. 왜관 측이 예측하고 있던 대로 폰브란트의 희망이 실현될 가능성은 거의 없었다. 여기서는 '왜관의 여러분들의 후의에서 나온 의견館中御厚誼二被爲出候御內諭之趣'이라는 부분에 주목하고자 한다. 이 응답에서 조선 측은 아직 왜관 측의 '후의御厚誼'를 의식하고 있었다.

하지만 위의 전달내용이 동래부사에게 전해지자 동래부사는,

> 애초에 이양선異樣船 중에 귀국인貴國人, 쓰시마인이 타고 있다는 것은 어찌 된 일입니까. 이양선에 서계라는 것은 무슨 일입니까. 교의交誼가 없는 나라에 서계를 왕복을 하는 작법作法은 없으며, 설령 서계를 받는다고 하여도 조정의 처분이 결정되기까지는 아랫사람으로서 마음대로 처리할 방법도 없을 뿐만 아니라, 또한 이양선에 관해서는 면담할 수 없으니 이 점을 이해해주시고, 귀국 사람을 한 명도 이양선에 태우는 일이 반드시 없도록 해주십시오. 이양선 안의 사람을 상대할 때는 동승한 사람들은 분별하지 않을 것(이니).

라는 태도를 밝혔다. '왜 이양선異樣船, 이국선에 귀국인貴國人, 쓰시마 사람이 타고 있는가'라는 비판의 화살은 쓰시마번으로 향한 것이다. 이 사건은 바로 조선 조정으로 전달되었는데, 5월 12일 조선 조정은 쓰시마에 대해 이 이양선 왕래의 전말을 설명케 하고 '힐책詰責'을 하기로 결정을 내렸다.[49]

날이 밝아 4일이 되면 '오늘 아침에 이르러 (부산 근린의-인용자) 각 읍邑으로부터 출병이 있어서 서서히 부산과 고관古館 사이에 모여 있으며, 독일 군함은 계속해서 대포를 연사하고 결국 이변異變도 일어날 수 있기에 한가

49 『日省錄』高宗篇七, 高宗 7년 庚午 5월 12일.

롭게 좌시하고 있을 수 없으므로'[50]라는 기록이 말해주듯 상당히 긴박한 상태가 되어있었다. 여기서 왜관 측은 '마와타리 공사의 거처로 호출이 있어 양측의 연락을 맡은 외국인을 통해 훈도로부터 받은 편지의 내용과 함께, 오늘 사태로 일본과 조선 사이의 교제에 장해가 생기지 않을 것이라고도 할 수 없으며, 일본 정부에 폐를 끼치는 것은 물론 쓰시마에서도 한층 더 괴로운 상황이니 이들 상황을 부디 이해해주지 않겠습니까'[51]라고 마와타리와 폰브란트에 대해 사정을 설명했다. 이에 결국 폰브란트는 '우리가 이곳에 계선繫船하고 조선 측의 관리와 면담하는 것을 무리하게 바란다면 일본과 조선 사이의 교제에 폐가 생기고, 쓰시마에도 폐를 끼치는 일이 있게 된다면 일본 정부에 대해 송구스러운 일이므로 바로 오늘 이곳을 출범出帆하겠습니다'[52]라고 즉일 부산 출항에 대한 의향을 비추고, '우리나라 사람이 혹시 조난하여 왜관 근처에 표착하면 부디 연휼을 베풀어 주시도록我國之者若難破船ニ逢, 和館近所江致漂着候節は何卒御憐恤を被加被下候樣'이라고 하며 왜관 근처에서 독일 선박 조난 시의 구호를 의뢰한 것이었다.

이 헤르타호의 부산 입항이 이렇게까지 소동을 일으키게 될 것이라고 아마 마와타리는 생각지도 못했을 것이다. 왜관 측은 '이번 외무소승이 이곳當所=왜관으로 항해한 일건一件은 원래 (일본)조정에서 알고 있던 것이 아니며, 오늘 일도 마와타리는 대단히 걱정하고 있던 것으로 생각된다'[53]고

50 원문은 "今朝ニ至候而は各邑之出兵追々釜山古館之間江致屯集, 獨逸軍艦ニハ頻リニ大砲致連發, 頓而異變も可相生際, 安閑と座視難罷在候得ば".

51 원문은 "馬渡公使之居所江誘引有之取次夷人を以訓導來紙之趣且今日之機會詰句日本と朝鮮との交際故障相生間敷ニも無之, 日本政府ニおゐて迷惑被存候は素, 對州ニ在而尙更苦念之事ニ候處, 是等之事情何と御聞取可被下候哉".

52 원문은 "我々此所ニ致繫船朝鮮役人と可致對面段, 强而相望候時ハ日本と朝鮮之交り御迷惑差起, 對州ニ於而も御難儀相掛候樣有之候而は, 日本政府ニ對シ御氣之毒ニ候間, 速ニ今日當所可致出帆候".

53 원문은 "此節外務少丞當所航海之一件元朝廷御聞濟之事ニ無之, 今日之行懸リ馬渡ニも甚心配之樣被

마와타리를 관찰하고 있었다. 이때 마와타리는 '일본 조정에 대한 보고朝廷御届向'에 관련하여 왜관이즈하라번 측에 대해 소위 입막음(?)을 하고 있던 듯하며, 이 사태를 정부에 보고하는 일은 자신이 할 것이니 왜관/이즈하라번은 간단한 보고에 그치도록 지시했다. 왜관 측은 '위의 사람마와타리이 무언가 이야기를 할 것도 있는 것처럼 생각되므로, (일본)조정에 대한 보고는 위의 사람의 뜻에 맡기며, 대략적으로만 보고해 주시기를 바랍니다'[54] 라고 기록하고 있다.

하지만 이 '도항'은 큰 문제가 되었다. 입항으로부터 1개월이 지난 6월 3일 훈도 안동준安東晙과의 절충 속에서 더욱 선명한 표현으로 나타났다. 안동준은,

> 일본국日本國의 인호隣好를 돌이켜 보면 제속諸屬, 일본을 구성하는 각 나라=각 번(藩)으로 추정의 사람들이라도 우리의 적의 배我敵船에 승선하여 우리나라에 올 리가 없는데, 하물며 쓰시마의 사람이면서 우리나라의 말을 알고 조일 양국 인호隣好의 의誼가 있음을 아는 사람을 승선시킨 것, 이는 우리를 우롱하는 것인가, 혹은 조롱하는 것인가, 또한 이를 심각하게 받아들이면 이번 천황 칭호를 우리나라가 불허할 것을 알고 우리나라에 생트집을 잡아 우리나라에 죄를 만들어 외국인과 공모하여 필경 우리나라를 쓰러트리려는 책략이라고 해야 하겠습니까.[55]

相察".

54 원문은 "同人何か駈引も可有之事かと相察申候間, 朝廷御届方之都合, 同人內意ニ任セ大要而已被仰上被下度奉希候".

55 『朝鮮事務書』 卷之五, JACAR : B03030164300, 20번째 화상.

라는 조선 조정의 분노를 왜관 측에 전달한 것이었다. 제1절에서 본 것처럼 조선은 이국선이 내착했을 때도 식료품, 땔감, 물 등은 지급함으로써 '유원지의柔遠之意'를 표하고 있었으나, 1866년에는 미국의 무장상선 제너럴셔먼 호와의 충돌, 프랑스와의 사이에서 병인양요 등 계속해서 서양과의 사이에서 교전이 일어났으며, 1868년에는 독일인 상인 에른스트 오페르트가 당시 집권자였던 흥선대원군의 부친 남연군의 능묘 도굴을 시도한 '남연군묘 도굴사건'이 일어났다.[56] 안동준은 이점에도 언급하고 있으며 '덕산德山이라는 곳에 있는 선묘先廟를 부수고 영골御靈骨을 가져갔습니다. 이 원怨은 실로 골수에 사무쳐 함께 하늘을 이지 못할 원수이며, 분격절치忿激切齒의 극치에 견딜 수가 없습니다'[57]라고 서양에 대한 적의를 노골적으로 드러냈다. 헤르타호 내착 사건은 이러한 '우리의 적我敵'의 배에, 하필이면 쓰시마의 사람이 동승하고 있었다는 충격적인 사건이었던 것이다. 이러한 조선 측의 분노는 앞에서 본 것과 같이 왜관 측에서는 어느 정도 상정하고 있었지만, 마와타리나 나가사키현청에서는 알 수 없는 것이었다. '일을 돕기 위해御用便之爲' 편의를 꾀할 생각으로 통사通詞를 동승시킨 것이 당시 진행 중이던 조일외교에 커다란 타격을 주어버린 것이었다.

즉 이를 계기로 조선에서는 쓰시마, 나아가서는 일본에 대한 불신감이 높아져 이른바 '왜양일체관倭洋一體觀'이 형성되어 갔다. 그때까지 '통신御通信'의 상대이며 '후의御厚誼'을 느낄 수 있는 상대였던 쓰시마와 일본은 당시 조선이 적대시하고 있던 '양이攘夷, 서양'와 같다고 간주받게 되었으며, 이 일

56 앞의 『近代移行期の日朝關係』 제2 · 5장도 참조.

57 주54와 같음. 원문은 "德山と申處に有之候先廟をこほち御靈骨をも掠去り候, 其怨實に骨髓に徹し共に天を不戴の讐, 忿激切齒の至りに不被爲堪".

본관日本觀은 이후의 조일관계, 나아가서는 한일관계에 영향을 끼쳐나가는 것이다.[58]

5. 맺으며

이상 19세기 쓰시마의 '근대적 공간의 형성과 그 영향'에 대해 살펴보았다. 본 장의 시점에서 바라본 '근대적 공간', 즉 '이전과의 차이'는 '이국선'과 '서양', 그 두 요소가 혼재하는 '증기선'의 등장에 의해 초래되었다. '이국선 내착'이라는 것 자체는 그 이전부터 있었지만 18세기 말부터는 그 질이 변하여 서양 여러 나라의 선박, 그것도 증기선이 빈번히 출몰하게 된다. 이러한 가운데 쓰시마의 '이국선 내착'에 대한 대응에 커다란 영향을 끼치고 있던 것은 서양과의 조약 체결과 안세이 5개국 조약安政五個國條約의 체결이었다. 이 조약의 체결로 인해 이때까지는 네덜란드뿐이었던 부분에 미국, 영국, 프랑스, 러시아가 더해진 것이다. 이 때문에 쓰시마번의 대응도 '온순穩順'에 주의해야만 했다. 혹시 무언가 문제가 생기게 되면 쓰시마번만의 문제가 아니라 막부 또한 말려들게 하는 커다란 문제가 되기 때문이다. 액티언호가 부산 초량왜관에 내착했을 때 왜관관수는 번의 지시가 도착할 때까지 수일간 독자적으로 판단을 내려야 했는데, 그 판단은 번의 지시와 일치하는 '온순穩順'한 대응이었다. 또한 조약체결에 의해 개항장에서 외국인이 '자유유보自由遊步'하는 것을 허가받게 되었으나, 쓰시

58 거꾸로 말하면 그때까지 설령 '서계문제' 등으로 교섭이 진전되지 않고 막혀 있었다고 하더라도, 일본은 '적'도 '양이(攘夷)'의 대상도 아니었다는 것이다.

마번을 비롯한 관계 각 번은 그것이 개항장 이외의 곳으로 점차 퍼져 나갈 수 있음을 강하게 경계하고 있었다.

한편으로 증기선은 서양 나라들만의 것이 아니라 안세이 3년1856부터는 막부도 소유하게 된다간코마루 및 간린마루. 일본의 선박이면서 서양식 선박이라는 점에서 쓰시마에서는 조선과의 관계를 생각하여 그 선박과 탑승하는 서양인에 대한 주의를 강화했다. 쓰시마번에서는 이들이 쓰시마에 체류하고 있는 송환 예정 표류민들의 눈에 들어가지 않도록 노력함과 동시에 증기선이 조선 도항하는 것, 또 쓰시마에 기항하는 것을 꺼리면서 그렇게 하지 않도록 막부目付, 長崎奉行, 幕閣에 요청하고 그 요구를 관철했다. 즉 이때 우선되었던 것은 쓰시마번과 조선의 관계에 문제를 일으키지 않는 것이었다.

하지만 메이지유신明治維新 후가 되면 쓰시마번이즈하라번의 영향력은 서서히 약해져 간다. 외무성 관원도 동승한 독일 군함 헤르타호가 나가사키에서 쓰시마로 기항, 다음날 부산으로 도항했지만, 이 도항에 대해 이즈하라번은 반대 및 저항은 하지 못하고, 오히려 나가사키현지사의 지시를 받아 조선통사朝鮮通詞 1명을 동승시키기 위해 협력했다. 즉 나가사키에서는 독일 군함과 외무성에 대한 배려가 우선되고 있던 것이다.

단 부산 초량왜관에서 독일 군함의 내착은 중대한 문제였으며 당시 진행 중이었던 조일교섭에 대한 큰 저해요인이 될 것, 또한 조선 측이 강력하게 반발하리라는 것을 정확하게 예측하고 있었다. 이 부분은 이즈하라번 내부 적어도 이즈하라와 왜관이 통일된 견해를 갖고 행동하지 않았다는 것을 시사하고 있다.

결과적으로 조선 측은 독일 군함에 쓰시마의 통역에 타고 있었다는 점에서 쓰시마에 대한 불신감이 격해졌으며, 나아가서는 조선의 일본관日本觀이 극도로 악화하고, 그때까지 '인호隣好의 의誼'가 있는 상대에서 '왜양일체倭洋一體'로 간주되며 일본은 혐오 내지 비난의 대상이 된 것이다. 문제의 중대함을 이해하고 있었던 쪽에 있어서는 이보다 원통한 일은 없었을 것이다. 또한 이즈하라번 자체도 독일 군함의 부산 내착으로부터 1년여가 지난 메이지 4년1871 7월에는 폐번치현廢藩置縣에 의해 소멸하고 조일외교의 무대에서 모습을 감추게 된다.

러·청 외교에서 커뮤니케이션 갭의 실상

18세기 초와 19세기 중엽 두 사례를 통해

야나기사와 아키라
송영화 옮김

1. 들어가며

필자는 이전의 글柳澤(2017)에서, 17세기 후반부터 19세기 중엽에 이르는 청러 간 외교 교섭에 대하여 매개언어와 번역자·번역 시스템의 변천을 개관하였다. 그리고 큰 흐름으로서 17세기 후반부터 18세기 전반에 걸쳐 라틴어와 몽골어가 주요한 매개 언어로서 기능한 점, 18세기 중엽 이후에는 러시아 측이 만주어 운용 능력을 향상시킨 결과, 만주어滿州語가 협상을 매개할 기회가 늘어났다는 점, 나아가 19세기에 이르러 러시아 측은 한자어의 문해력도 향상시켜 러시아어와 만주어·한어 사이의 번역을 러시아 측이 거의 홀로 할 수 있게 되었다는 점을 보였다. 그러나 각 시기에 외교 공문이나 조약 번역의 정확도를 실제 사례를 들어 구체적으로 검토하는 데에 이르지는 않았다.

따라서 본고에서는 매개언어로서 라틴어와 몽골어가 병용되는 관행이 성립된 직후인 18세기 초와, 러시아 측이 번역을 한 손에 장악한 19세기 중엽부터 각각 하나의 사례를 들고자 한다. 그리고 번역이 실제로 어느 정도의 정밀도로 행해지고 있었는지, 원문과 번역문에 명백한 차이가 있는 경우, 그것은 단순한 오역인지, 혹은 의도적인 수정 · 생략인지, 의도적이라고 한다면 그것은 어떠한 배경 하에 무엇을 목적으로 하여 행해졌는지, 번역에서 기인하는 커뮤니케이션 갭이 실제적인 외교 교섭에 어떤 영향을 미쳤는지 등을 검토한다. 나아가 약 150년의 시간을 두고 두 사례 사이에, 커뮤니케이션 갭의 존재 방식이 어떠한 변화를 이루었는가 하는 점에 대해서도, 일정한 전망을 시도하고자 한다.

2. 18세기 초의 사례

1) 18세기 중엽 이전의 매개언어와 번역자 현황

17~18세기에 청러 간에 교환된 조약이나 왕복 공문의 언어 구성과 번역자의 변천에 대해서는 이미 이전의 글에서 검토했지만, 다시 간결하게 개관해 두고자 한다.

매개언어에 대해서는 1676년강희 15에 러시아 사절 스파파리Н. Г. Спафарий가 베이징에서 청과 절충한 결과 러시아에서 청 측 문서는 러시아어에 라틴어역을 첨부하고, 청에서 러시아 측 문서는 만주어에 라틴어역을 첨부한다는 합의가 이루어졌다. 이로 인해 라틴어가 주요한 매개언어의 지위를 차지하게 되었는데, 1680년대 이후 청나라는 러시아에 보내는 공문에 러시아어 번역도 첨부하게 되었다. 또한 청에서 네르친스크 등 러시아의 지방당국에 보내는 공문도 18세기 초까지는 동일한 구성이었으나, 1703년강희 42 네르친스크 장관이 네르친스크에는 만주어·라틴어를 이해할 수 있는 자가 없었으므로 라틴어 대신 몽골어역을 사용해 달라고 요청함에 따라, 이에 응하여 변경되었다. 한편, 네르친스크 장관 등으로부터 청 측에 보내는 문서는 러시아어로만 된 경우가 많아, 몽골어 번역이 첨부되는 경우는 드물었다. 또한 대면으로 구두에 의한 교섭에서는 라틴어 통역 인원수가 한정되어 있기 때문에, 몽골어가 주요한 매개 언어의 지위를 유지했다. 캬흐타 조약을 체결한 블라디슬라비치C. Владиславич 사절단1725~28의 경우도, 청조가 두 차례에 걸쳐 러시아에 보낸 사절단1729~33의 경우도, 구두로 교섭할 때 몽골어가 중요한 역할을 하였던 것이 확인된다.[1]

번역자에 대해서는 청나라 측에서 라틴어⇔만주어를 번역한 것은 당연히 가톨릭 선교사였다. 1680년대부터 18세기 후반까지 사이에 「만문아라사당滿文俄羅斯檔」의 「내각원주內閣原注」[2] 등에 의해 번역에 종사한 것을 확인할 수 있는 주요 선교사로 남회인南懷仁, Ferdinand Verbiest, 서일승徐日昇, Tomás Pereira, 장성張誠, Jean-François Gerbillon, 파다명Dominique Parennin, 기리안紀理安, Kilian Stumpf, 대진현戴進賢, Ignaz Kögler, 백진白晋, Joachim Bouvet, 송군영宋君栄, Antoine Gaubil, 전덕명錢德明, Jean Joseph Marie Amiot을 들 수 있다. 이 가운데 특히 장성, 파다명, 송군영, 전덕명 4명은 장기간에 걸쳐 번역자로서 활동했다. 번역 수준에 관해서는 별도로 검토할 필요가 있으나 기본적으로는 그들은 만

1 예를 들어 1726년 11월 블라디슬라비치가 옹정제를 알현했을 때 옹정제의 말은 러시아 측 몽골어 통역 트레챠코프(A. Третьяков)를 통해 블라디슬라비치에 전해졌다. РКО XVIII-2 : No.196 : 415.

2 「만문아라사당(滿文俄羅斯檔)」에 대해서는 柳澤(2001)를 참조하기 바란다. 「내각원주(內閣原注)」란 러시아 관계 문서가 내각몽고당(內閣蒙古堂)을 경유했을 때 첨부된 몽고당의 문서 처리 과정에 관한 주기(注記)이다.

주어에 상당히 익숙했기 때문에 의미전달에 큰 문제는 없었을 것으로 예상된다.

또, 러시아어⇔만주어 번역자는 18세기 전반에 이를 때까지는 아무르 방면의 러시아 투항자를 모체로 편성된 양황기鑲黃旗 만주 관하의 러시아 니루에 속하는 이른바 '알바진인'이었다. 「만문아라사당」의 「내각원주」에 따르면, 네르친스크 조약 후 1707년강희 46년 초까지는 로드혼Lodohon이 혼자서 번역을 맡았으며,[3] 같은 해에 로드혼이 사망하자, 쿠시마Kusima, 야가오Yag'ao/Yag'oo로 교체되었다. 야가오는 1734년옹정(雍正) 12년, 구시마는 1737년건륭(乾隆) 2년까지 번역자로 활동했고, 후술할 내각 아라사문관俄羅斯文館의 설립·운영에도 관여했다.[4] 그후에는 러시아문관 출신으로 보이는 인물이나 러시아 측의 베이징 유학생 등이 번역에 종사하게 된다.

몽골어의 경우 구체적인 번역자명은 사료에 드물게 나타나지만, 만주어⇔몽골어 간 번역은 내각몽고당內閣蒙古堂의 본래 업무로, 인력에 큰 불편이 없었던 것으로 추정된다.

한편, 러시아 측 번역자에 대해서는 본고에서는 심도 있는 검토는 하지 않지만, 라틴어에 대해서는 대외관계를 관장하고 있던 사절청使節庁, Посольский приказ이나, 1718년에 설립된 외무참의회外務参議会, Коллегия иностранных дел에서 라틴어 번역자가 있었으며, 큰 문제는 없었다고 생각된다. 몽골어에 대해서도, 17세기 말에는 사절청에 이미 번역자가 있었지만, 후술하는 북

3 그는 러시아 니루의 초대 좌령(佐領) 울란게리(Ulanggeri)의 아들로, 강희 25년(1686)에 울란게리가 병사한 후 니루의 관리를 계승했다.

4 그들의 이름은 러시아 사료에도 보이며, 쿠시마 야가오의 러시아 이름은 코지마 드미트리예프(Козьма Дмитриев), 야코프 사빈(Яков Савин)이었다고 알려져 있다(PKO XVIII-5 : No.470 : 731~732). 코지마는 '백인대의 50인장'으로 불린 예가 있으며, 효기교(驍騎校)의 직에 있었던 것으로 생각된다.

경유학생이 귀국하기까지는, 만주어를 직접 번역하는 것은 불가능했다.[5] 다만, 이상은 중앙정부의 이야기로, 위에서 기술한 바와 같이 네르친스크와 같은 지방당국과의 교섭에서는 몽골어가 주요 매개언어였지만 사실 몽골어에 관해서도 러시아어, 몽골어 쌍방으로 읽고 쓰는 것에 숙달된 인재는 부족했다.[6] 따라서 러시아가 청나라에 보내는 공문은 대부분의 경우 러시아어였으므로 청 측에서는 러시아어의 정확한 이해가 필수적이었다.

2) 1704~6년 왕복공문 텍스트 비교

그렇다면 당시 청나라와 러시아 지방 당국 간의 문서 왕복에서 번역은 어느 정도의 정밀도로 이루어지고 있었던 것일까. 1704[강희 43]~1706[강희 45]년 사이에 이번원[理藩院]과 네르친스크 장관 무신-푸시킨[П. С. Мусин-Пушкин] 사이에 교환된 일련의 공문을 그 사례로 들고자 한다. 내용은 몽골 북동부의 오논강 또는 울자강 부근에서 쌍방의 주민이 충돌하여 사망자가 발생한 사건에 관한 것이다. 이하, 관계 문서를 ①~③의 번호로 표시하여 원문과 번역문을 대조해 본다.

문서 ①: 네르친스크 장관이 이번원 앞으로 보낸 공문(1704년 7월 20일 자)

본 문서의 러시아어 원문 텍스트는 유감스럽게도 입수되어 있지 않다.

---

5 한 가지 예를 들자면, 1692년 11월에 시베리아청에서 사절청으로 회송된 청나라의 3건의 공문은, 라틴어와 '몽골어'로 이루어져 있었으며, 라틴어는 바로 번역되었지만, 사절청의 몽골어 번역자 쿨빈스코이(П. Кулвинской)는, 해당 '몽골어'는 '오래된 중국 혹은 보그도이의 말'이므로 번역할 수 없다고 하였다.(РГАДА : Ф.62, оп.1, 1692 г. No.2 : 11) 즉, 실은 몽골어가 아니라 만주어였던 것이다.

6 이를테면 네르친스크 조약 체결 교섭에 임할 때 러시아 측 전권 골로빈(Ф. А. Головин)은 그에게 있는 몽골어 통역은 "러시아어를 충분히 알지 못하고 완전히 번역할 수는 없다"고 서술하고 있다(РКО XVII-2 : 330).

그러나 『청대중아간계당안사료선편清代中俄関係檔案史料選編』은, 「아라사래문당俄羅斯来文檔」 수록의 러시아어 원본에서 직접 한역漢訳하고 있으므로, 원래 모습을 엿볼 수 있다『選編』1 : 115; 附録 : 241~244. 만주어역은 「만문아라사당」에 수록되어 있으며滿俄 2 : 431~445, 「내각원주」에 의하면, 본 문서는 1704년강희 43년 12월 3일에 이번원으로부터 내각으로 송달되고, 시위侍衛 로드혼ロドホン이 번역한 후, 같은 달 11일에 강희제에게 정람呈覧되었다. 전문은 매우 길기 때문에 전반부만을 다루기로 하고, 내용상의 조정에 따라 편의상 A~D의 네 부분으로 나누어 현대의 한역과 당시의 만주어역을 〈문서 ① 대조표〉에 실었다. 전체를 통해 세부 표현이나 고유명사의 표기만이 아니라, 내용에 관한 차이가 다수 발견되므로, 주된 차이점을 아래에 열거한다.

〈문서 ① 대조표〉 네르친스크 장관이 이번원 앞으로 보낸 공문(1704년 7월 20일 자)[7]

러시아어원문으로부터의 한역[8]	만주어역문[9]
A	
上帝护佑至圣神威之大君主, 大俄罗斯, 小俄罗斯, 白俄罗斯全境之独裁君主, 奄有东方, 西方, 北方众多国家和地方之世袭国君与统治者, 大公彼得·阿列克谢耶维奇沙皇陛下御前大臣兼西伯利亚边境城市涅尔琴斯克军政长官彼得·萨维奇·穆辛－普希金及同僚等, 特向奄有亚细亚洲中国及秦国各地至圣皇帝殿下议政大臣会议议政王大臣, 领侍卫内大臣及内阁各近侍大臣敬致友爱问候之意, 并祝贵大臣政躬康泰, 诸事顺遂。	abkai fejergi be uheri bilume hūwašabure / ## dulimbai amba gurun i / ## colgoroko enduringge genggiyen ejen i hanci bisire aliha amban, / ashan i amban de hūwaliyasun i doroi ereme hargašame / sain be fonjime oros cagan han i nibcoo i hoton i da / sy tol ni ke, we ye we da, piye te ri sa fin i / jui mu sin bu ši gin se
상제가 비호하는 지성으로서 신위있는 대군주, 대러시아·소러시아·백러시아 모든 국경의 독재 군주, 동방·서방·북방의 많은 나라와 지방을 장악하는 세습의 국군(国君)으로서 통치자, 대공 표트르 알렉세예비치 황제 폐하의 어전 대신이자 시베리아 변방의 성시 네르친스크의 군정 장관인 표트르 사비치 무신 푸시킨 및 동료들이 아시아주의 중국 및 진나라 각지	천하를 두루 무육하는 대중국 지고의 성스러운 명군을 가까이 모시는 상서·시랑에게 화(和)의 도를 갖고 바라건대 인사하기 위하여, Oros Cagan Han의 Nibcoo 성(城)의 장(長), 궁정관으로서 군정관인 Piye te ri Safin의 아들 Mu sin Bu Ši gin들이,

7 /은 행바꿈, #는 대두(抬頭)를 표시.

러시아어원문으로부터의 한역[8]	만주어역문[9]
를 장악하고 있는 지성(至聖)황제 전하의 의정대회의의 의정대신, 영시위내대신(领侍衛内大臣) 및 내각의 각 근시대신(近侍大臣)에게 삼가 우애의 인사를 보내며, 아울러 귀 대신의 신체 건강과 제반 일의 순조로운 진행을 기원한다.	
B	
径启者：查ⓐ本年一七〇四年七月十七日敝国大君主，大俄罗斯，小俄罗斯，白俄罗斯全境之独裁君主， 大公彼得·阿列克谢耶维奇沙皇陛下所属交纳毛皮实物税之ⓑ通古斯人巴里纳吉尔族道罗古奇，波奇戈尔族布山及布里亚特人阿兰扎等，前来涅尔琴斯克衙门并带来名为额尔德尼之蒙古人一名。ⓒ据彼等报称：彼等沿额尔古纳河上行 ⓓ至鄂嫩河附近，于额尔古纳河右岸，该地按条约规定属我大君主陛下管辖，将该窃贼额尔德尼擒获。 又称， 此次共有二十名蒙古人来至彼等通古斯人处行窃，袭击巴里纳吉尔族有名望之通古斯头人涅尔丘利，将该头人打死，抢走其马匹，剥走其衣服。上述通古斯人等叩请我大君主陛下开恩， 敕令涅尔琴斯克衙门收押该窃贼并予以审讯。	oros han i ⓐ meni emu minggan / nadan tanggū duici aniya, i io liya biyai juwan nadan de / alibume unggihe, nibcoo de bisire mini yamun de oros / han i alban bure ⓑsolon ba li na h'or sy k'o h'o harangga / tor h'o c'y da bo c'y k'or sy k'o h'o harangga, bu šan / da bu ra ts ki ye harangga i a ran sa i emgi jafafi / gajiha hūlha monggo i gebu ⓒir diyan i alaha gisun, oros / han i bai birai sekiyen i wesihun be weisime erhune hanci / ⓓo non bira de jifi solon sebe hūlgaki seme be / orin niyalma jifi hūlgame ba li na ir sy k'o h'o sere / harangga solon i dalaha niyalma i gebu niyei cu liya be / wafi morin be gaifi, etuku be gemu sufi gamaha sembi, tere / solon i habšaha de meni oros han i gisun, mini yamun de / afabufi, solon, jai hūlhai jabun be gaisu sehede,
배계(拜啓). ⓐ 올해 1704년 7월 17일에, 우리나라의 대군주 대러시아 · 소러시아 · 백러시아 전역의 독재군주로서 대공인 표트르 알렉산드로비치 황제폐하에 속하는 모피실물세를 납부하는 ⓑ 퉁구스인의 파리납길리족(巴里納吉爾族)의 도라고기(道羅古奇), 파기과리족(波奇戈爾族)의 포산(布山) 및 부랴트인 아난찰(阿蘭扎) 등이 네르친스크 관청에 액이덕니(額爾德尼)라고 하는 몽골인 1명을 연행해 왔다. ⓒ 그들의 보고에 의하면, 그들은 아르군강을 따라 거슬러 올라가며, ⓓ 오논강 부근에 이르러, 그 토지는 조약의 규정에 의하면 우리 대군주 폐하의 관할에 속하는데, 도적 액이덕니를 붙잡았다. 또 말하기를, 이번에 합계 20명의 몽골인이 그들 퉁구스인에게 와서 도둑질을 하고, 파리납길족의 명망 있는 퉁구스인 열이구리(涅爾丘利)를 습격하여 그 지도자를 살해하고, 그 말을 빼앗아가, 옷을 벗겨 갖고 갔다. 상술의 퉁구스인이 우리 대군주의 은총을 간청하였으므로, 네르친스크 관청에 그 도적을 구속하고 심문하라는 칙령이 있었다.	Oros Han이 ⓐ 우리 1704년 7월 17일에 보냈다. Nibcoo에 있는 나의 아문에서, Oros Han의 공물을 바치는 ⓑ Solon의 Ba li na h'or sy k'o h'o에 속하는 Tor h'o c'y, da bo c'y k'or sy k'o h'o에 속하는 Bu šan da, Bu ra ts ki ye에 속하는 A ran sa가 함께 연행해 온 도적인 몽골인, 이름은 ⓒ Ir diyan가 진술한 바로는, "Oros Han의 땅의 강 원류를 거슬러, Ergune의 가까이의 ⓓ O non강에 와서, Solon 등을 약탈하려고, 우리들 20명이 와서 훔치려고 하여 Ba li na ir sy k'o h'o라고 하는 소속의 Solon 지도자, 이름은 Niyei cu liya를 죽이고, 말을 취하고 옷을 벗겨 가져갔다"고 한다. 그 Solon이 고소했을 때, 우리들의 Oros Han의 말로는, 나의 아문에 맡기고, Solon 및 도적의 진술을 받아내라고 했으므로,
C	
敝处已在涅尔琴斯克衙门对该窃贼额尔德尼进	monggo / ir diyan be mini yamun de gajifi jabun

러시아어원문으로부터의 한역[8]	만주어역문[9]
行审讯，审讯时该犯供称，彼名额尔德尼，系贵国皇帝殿下达彦宰桑台吉所管之丹仁贝依旗胡尔拉特族纳税牧民。该台吉驻克鲁伦河上游之布恩杜古伊地方，其属下之牧民人数甚众，但该犯声称不知究竟为数几何。该犯等二十人于ⓔ**本年即一七〇四年，据称于二十一天前，**未经台吉许可，为采伐供支撑帐幕，制作马鞍用之木料以及为制箭猎雕取翎，行至鄂嫩河附近之山岭时，ⓕ**与俄罗斯大君主所属交纳毛皮实物税之通古斯人相遇。 额尔德尼与其同伙走散，一人进入森林伐木猎雕。**其同伙中属上述台吉者有：波纳罗奇季耶，沙拉阿玛金，多莫汉，奥穆顿，奥金托沃戈，巴瓦伊，托康，巴基德伊，查甘，伊尔齐，康齐奇尔，查哈莱，纳普图基等。另有六名系别族人， 该犯不知其姓名。ⓖ**敝国大君主，大俄罗斯，小俄罗斯，白俄罗斯全境之独裁君主，大公彼得·阿列克谢耶维奇沙皇陛下所属交纳毛皮实物税之通古斯人等遂围捕彼等。该额尔德尼对其同伙与敝国大君主大皇帝陛下所属交纳毛皮实物税之通古斯人如何发生冲突之详情一无所知，**因当时彼未曾在场等语。	gaime fonjihade, / terei alaha gisun, bi / ## colgoroko enduringge ejen i alban jafara taiji dan jin biye su, / dayan jaisang ni harangga fejergi niyalma, mini gebu ir diyan, / dan jin biye su i kʻor ra sy kʻo hʻo, kur lun buir / tu hūi sekiyen i bade tehe niyalma i ton labdu ofi / ejeme mutehekū, taiji i gisun akū, meni cisui orin niyalma / moo be sacifi boo arame enggemu weileme daimin be butafi / dethe be gaifi niru idume, o non bira i hanci genefi / alin de dosika, ⓕ**oros han i harangga alban bure solon / mini ahūn i emgi acafi bujan i dolo daimin buthašame / taiji i harangga fejergi urse i jakade genehe,** ša riya ja ma hin, do mo hʻan, o mu don, o kin to we hʻo, ba / wai, do kʻon, ba hi diye, dza hʻan, ir di si, guwan si / sir, dza ha lai na bu tu gi se ci tulgiyen, jai ninggun / niyalmai gebu be sarkū, ⓖ**tese oros han i alban bure encu / halai solon sei abalame genehe be ucarafi terei dorgi ilan / niyalma waha,** ir diyan bi tubade bihekū ojoro jakade sarkū, / sembi,
본관은 네르친스크 관청에서 도적 액이덕니를 심문했다. 심문에서 동인이 진술했을 때, 그는 이름을 액이덕니라고 말했는데, 귀국황제폐하 달언(達彦) 자이산 다이지 관내의, 단인(丹仁)베이세기(旗)의 호이랍특(胡爾拉特)족의 목민이다. 동(同) 타이지는 케룰렌강 상류의 포은두고이(布恩杜古伊) 땅에 살고 있는데, 그 속하의 목민인 사람의 수는 상당히 많지만, 동인(同人)이 주장한 것에는 총계가 어느 정도의 수인지 모른다. 그들 20명은 ⓔ**금년 즉 1704년 공술에 의하면, 21일전에** 타이지의 허가를 얻지 않아, 천막의 지주를 만들거나 안장을 만들기 위해 목재를 벌채하고, 활(箭)을 만들기 위해 독수리를 사냥하여 날개를 취하고자 하여, 오논강 부근의 산릉에 가면, ⓕ**러시아의 대군주에 속하는 모피실물세를 납부하는 퉁구스인과 조우했다. 액이덕니는 동료들과 함께 도망쳤는데, 혼자서 숲에 들어가 나무를 베어 독수리를 사냥하고 있었다.** 동료의 뒤에, 상술한 타이지에 속하는 자로서, 파납라기계야(波納羅奇季耶)·사랍아마김(沙拉阿瑪金)·다막한(多莫漢)·오목돈(奧穆頓)·오금탁옥과(奧金托沃戈)·파와이(巴瓦伊)·탁강(托康)·파기덕이(巴基德伊)·사감(查甘)·이이제(伊爾齐)·강제기이(康齐奇爾)·	몽골인 Ir diyan 을 나의 아문으로 데려와 공술을 받기 위해 심문하였더니, 그가 한 말은, 「나는 지고하신 성주(聖主)님의 공물을 바치는 타이지인 Dan jin 패자(貝子), Dayan jaisang의 속하(屬下)다. 나의 이름은 Ir diyan이다. Dan jin패자의 Kʻri ra tsʻy kʻo hʻo, Kur lun buir tu hūi의 원류의 땅에 살고 있다. 사람의 수가 많기 때문에 기억이 나지 않는다. 타이지의 지시 없이, 우리들은 마음대로 스무 명이서, 나무를 베어 집을 짓거나 안장을 만들기 위해, 독수리를 사냥하고 날개를 잡아 활에 붙이기 위해 Onon강 근처로 가서 산에 들어갔다. ⓕ**Oros Han에게 속하는 공물을 바치는 Solon인 나의 형과 만나, 숲 속에서 독수리를 사냥하면서, 타이지의 속하의 사람들에게로 향했다.** Ša riya ja ma hin, Do mo hʻan, O mu don, O kin to we hʻo, Ba wai, Do kʻon, Ba hi diye, Dza hʻan, Ir di si, Guwan si sir, Dza ha lai, Na bu tu ki들 외에, 6명의 이름은 전혀 모른다 ⓖ **그들은 Oros Han의 공물을 바치는 다른 성(姓)의 Solon들이 사냥을 하러 나갔다가 마주쳤는데, 그 가운데 3명을 죽였다.** Ir diyan 나는 그 장소에 없었기 때문에 알지 못한다.

러시아어원문으로부터의 한역[8]	만주어역문[9]
사합래(査哈莱)・납보도기(納普図基)가 있었다. 그 외에 6명이 있었지만 다른 부족의 사람으로, 동인(同人)은 그 성명을 모른다. ⓖ **우리나라의 대군주, 대러시아・소러시아・백러시아・러시아전역의 독재군주로서 대공인 표트르 알렉세이비치 황제폐하 속하는 모피실물세를 납부하는 퉁구스인들이, 결국 그들을 에워싸고 사로잡았다. 액이덕니는 그 동료와 우리나라의 대군주・대황제폐하에 속하는 모피실물세를 납부하는 퉁구스인과 어떻게 충돌을 일으켰는지는지,** 자세한 것은 전혀 알지 못한다. 왜나하면 당시 그는 그 자리에 없었기 때문이다.	
D	
ⓗ **据查被打死者有上述之沙拉阿玛金, 多莫汉, 奥穆顿等三名及上述向敝国交纳毛皮实物税之涅尔丘利一名。其余通古斯人将额尔德尼捕获。**查上述贵国属民人等既系进入我大君主大皇帝陛下境内并打死通古斯人一名, 此一罪行 ⓘ **应由我大君主大皇帝陛下降旨发落。**此案之罪魁祸首乃系上述之沙拉阿玛金, 多莫汉及奥穆顿等三人。	ⓗ **ša a ma hin, do mo h'an, o mo don dorgi ir diyan be / miye riye, o liya sere gebungge solon se jafaha,** ša riye / a ma hin, do mo h'an, o mo don ese orin niyalma cisui / genefi oros han i ergi solon be wame, weile baime baita dekdebume / yabuha,
ⓗ **조사에 의하면, 살해된 것은 상술한 사랍아마금(沙拉阿瑪金)・다막한(多莫漢)・오목돈(奧穆頓) 3명, 및 상술한 우리나라에 모피실물세를 납부하는 열이구리(涅爾丘利) 1명이다. 다른 퉁구스인이 액이덕니를 붙잡았다.** 상술한 귀국의 속민들은, 우리 대군주・황제폐하의 영역내에서 퉁구스인 1명을 살해했지만, 그 범행에 대해서, ⓘ **우리 대군주・황제폐하로께서 칙명을 내려 처분할 것이다.** 이 사건의 수괴는 상술한 사랍아마금(沙拉阿瑪金)・다막한(多莫漢)・오목돈(奧穆頓) 3명이다.	ⓗ **Ša a ma hin, Do mo h'an, O mo don 가운데 Ir Diyan을 Miye riye, O liyas라고 하는 이름의 Solon들이 붙잡았다.** Ša riye ja ma hin, Do mo h'an, O mo don들 20명은, 제멋대로 가서 Oros Han 측의 Solon을 죽여, 죄를 범해 일을 저질렀다.

먼저 전문에 해당하는 A 부분에서는 서두의 러시아 황제의 장대한 칭호가 만주어역에서는 완전히 생략되어 있다. 또한 원문에서는 다음 본문 중에 여러 번 나타나는 러시아 황제의 칭호도 항상 생략되어 있다. 이것은 명백히 의도적으로 번역하지 않았던 것으로 생각된다.

---

8 『選編』1 : 115 부록.
9 「滿文俄羅斯檔」滿俄 2 : 431~443.

B는 러시아 측의 퉁구스인이 청나라의 몽골인 이르데니[10]를 네르친스크로 연행하여 그를 포함한 20명의 몽골인 중 한 무리가 러시아령을 침입하여 절도·살인을 저질렀다고 호소하였음을 전하는 부분인데, 러시아어 원문한역과 만주어역 사이에는 다음과 같은 명백한 차이가 있다.

강조 ⓐ : 원문에서는 첫머리의 1704년 7월 17일은 퉁구스인들이 몽골인 이르데니를 연행하여 네르친스크 관청에 호소한 날짜이나, 만주어역에서는 문서의 발송일인 것처럼 씌어 있다.

강조 ⓑ : 3명의 인물 이름 사이에 만주어역으로는 "da"가 들어가 있는데, 이는 번역자가 러시아어의 "да"를 접속사(「및」이라는 뜻)로서 이해하지 않고, 인명의 일부로서 번역했기 때문이라고 생각된다.

강조 ⓒ : 원문에서는 강조 아래는 이르데니를 연행해 온 퉁구스인들의 진술인데, 만주어역에서는 이르데니 자신의 진술인 것처럼 쓰여 있다.

강조 ⓓ : 오논강 일대가 러시아 측 속지라는 구절이 만주어역에서는 생략되어 있다. 이는 위와 같이 해당 부분을 이르데니 자신의 진술로 해석해 버리면, 이르데니가 청나라에 송환된 후 오논강 일대도 청 측 몽골인의 유목지라고 말한 것(문서 ②의 E 참조)과의 모순을 처리할 수 없게 되므로, 고의로 애매하게 한 것이 아닌가 추측된다.

C는 네르친스크에서의 심문에 대한 이르데니의 진술 내용인데, 마찬가지로 원문과 만주어역의 차이를 나타내면 다음과 같다.

---

10 이 인물의 이름은 장소에 따라 다양하게 표기되어 있는데, 이하의 서술에서는 사료인용부를 제외하고 뒤에 열거한 문서 ②의 만주어 텍스트로 보이는 이르데니(Erdeni)로 통일한다.

강조 ⓔ : 만주어역에서는 '1704년', '21일전前'이라는 정보가 생략되어 있다.

강조 ⓕ : 원문은 러시아 측 퉁구스인과 조우한 후, 청 측 20명은 흩어졌고, 이르데니는 혼자 삼림 속에서 행동하고 있었다고 하지만, 만주어역에는 "Oros Han에 속하는 공을 바치는 Solon인 나의 형"이라는 원문에 보이지 않는 인물이 등장하여, 이르데니는 이 인물과 함께 다른 행동을 취하고 있었다.

강조 ⓖ : 만주어역에는 청 측이 러시아 측 3명을 살해하였다고 하는, 원문에 없는 기술이 있다.

D는 이르데니의 진술을 받아, 러시아 측이 이 충돌 사건에 대해 조사한 내용을 제시하는 부분이다. 대체로 원문과 만주어역의 괴리가 크며, 후자는 간략하지만 구체적인 차이점은 다음과 같다.

강조 ⓗ : 원문은 충돌로 발생한 사망자를 청 측 3명, 러시아 측 1명인데, 만주어역에는 청 측 3명이 사망했다고 적혀 있지 않으며, 상기와 같이 강조 g 부분에 청 측이 러시아 측 3명을 살해했다고 기재되어 있다. 또한 만주어역에서는 원문에서 러시아 측의 사망자로 되어 있는 인물의 이름이 이르데니를 잡은 사람인 것처럼(단, 철자의 차이가 크다) 적혀 있다.

강조 ⓘ : 만주어역에는 이 사건에 대해 러시아 황제로부터 처분이 내려질 것이라는 문구가 없다.

이상과 같이 대략적으로 비교해보더라도, 문서 전체를 통해 사건의 개요를 이해하는 데에 중요한 정보조차, 만주어역이 원문의 의미를 정확하게 전달하지 못하고 있다는 점은 명백하다.

문서 ②: 이번원이 네르친스크 장관에게 보내는 공문(강희 44년 2월 10일)

이 문서는 문서 ①에 대한 이번원의 답신으로, 문서 ①과 함께 청나라에 송환된 이르데니의 진술을 받아 러시아에 반박한 것이다. 만주어滿洲語와 몽골어 텍스트는 「만문아라사당」에 수록되어 있으며滿俄 2 : 473~489, 내각원주에 의하면 러시아어로 번역한 것은 로드혼이다.[11] 러시아어 텍스트는 『18세기의 러중관계18世紀の露中関係』 제1권에 로드혼 번역으로 추정되는 텍스트와 네르친스크에서 작성한 몽골어로부터의 러시아어 번역 양쪽이 수록되어 있다PKO XVIII-1 : No.20 : 68~72. 〈문서 ② 대조표〉는 본 문서를 문서 ①에 준하여 편의상 A~F의 부분으로 나누어,[12] 만주어 원문과 로드혼 번역이라고 생각되는 러시아어 텍스트를 비교한 것이다.

〈문서 ② 대조표〉 이번원(理藩院)이 네르친스크 장관 앞으로 보낸 공문 (강희44년2월10일 자)

만주어텍스트[13]	러시아 번역[14]
A	
Otulergi golo be dasara jurgan i bithe, oros i nibcoo i hoton i da / piye te ri de unggihe,	Тульрки колобьдасара из Мунгальского приказу лист в руской Нерчинской город воеводе Педру. К тебе послали.
이번원의 글. Oros의Nibcoo성(城)의 장(長) Piye te ri에게 보냈다.	외번을 관리하는 몽골청으로부터 공문을 러시아 네르친스크성의 군정관 페드로에게. 그대에게 보냈다.
B	
sini alibume unggihe bithede, mini yamun de / bisire	Твой посланный в лисдах – у меня в приказе есте

11 「滿文俄羅斯檔」 滿俄 2 : 517~521; 『選編』 1 : 245.

12 A~D의 기호는 각각 문서 ①에서 동일 기호로 나타낸 내용과 대체로 대응한다. 또한, F 이하도 본문은 이어지지만, 생략되어 있다.

만주어텍스트[13]	러시아 번역[14]
oros han i alban bure solon bo šan da, bu ra sy ki / ye i harangga a ra sa sei jafafi gajiha hūlha monggo ir / diyan i alaha gisun, be oros han i ba i birai sekiyen i wesihun / ergune i hanci onon bira de meni orin niyalma solon sebe hūlgaki / seme jifi solon i dalaha niyalma niyer cu liye be wafi morin, etuku be / gaiha sembi seme mini yamun de habšaha manggi,	руского царя ясашныя солонны Пошанда, брацк ого роту Аранца с товарыщ, бымали, привезли м унгальского вора Иритен. Сказывал : мы руског о царя земли, поверх Аргуне вершенне реки; бли си Ононна реки те наших тувацети человек соло ннов красти готят, пригодили, солонского голов ны человек Нерчуля, ево упив коня и лопоти взял и. Те для того у меня в приказе пил челом,
너희가 보낸 글에, "나의 아문(衙門)에 있는 Oros han의 납공하는 Solon의 Bo Šan da, Bu ra sy ki ye 소속의 A ra sa들이, '붙잡아 온 도적 몽골인 Ir diyan이 진술한 말은, '우리들은 Oros han의 토지 상류에 있는 Ergune에 가까운 Onon강에서, 우리 20명이 Solon들을 훔치려고 와서, Solon의 지도자인 Niyer cu liye를 살해하여, 말과 의복을 빼앗았다'고 한다'고 나의 아문(衙門)에 호소했기 때문에,	너희가 보낸 공문에 "우리 관청에 러시아 황제의 납공 솔론인인 보산다(ボシャンダ), 부라토(ブラート)족의 아란차(アランツァ) 등이 몽골의 도적 이루텐(イルテン)을 잡아 데려왔다. 말하기를, '우리는 러시아 황제의 땅 아르군 상류의 강, 오논 강 근처로, 우리 20명은 러시아인을 약탈하려고 왔다. 솔론의 지도자인 네르퀴리(ネルチュリ)를 죽이고 말과 의복을 취했다'고 한다. 이 때문에 우리 관청에 탄원하여,
C · D	
monggo ir diyan be / gajifi fonjici, alarangge, bi / ## colgoroko enduringge ejen i alban jafara taiji dan jin biye su i harangga / diyan jaisang ni fejergi niyalma, meni taiji i gisun akū, meni orin / niyalma cisui moo be sacifi boo arame enggemu weileme, daimin be / butafi dethe be gaifi niru idume, onon birai hanci alin de / dosika, oros i han i harangga alban bure solon mini ahūn ša riya, / a ma hin se ci tulgiyen, jai gebu be sarkū, ninggun niyalma, oros han i / alban bure encu halai solon sei abalame genehe be ucarafi terei / dorgi ilan niyalma be waha, ir diyan bi tubade bihekū ojoro jakade / sarkū sembi, ša riya a ma hin sei orin niyalma cisui oros i / han i solon be wame weile baime baita dekdebume yabuha,	сдало те мунхальской Ириденя привезли, сорош ав, сказываля : Высочетсва богдоского царя яса шной тайща Танчин-бесу, ево улусные, Даян-час ан, ево нижные люди. Нашево таши слово : нету, мы двацети человек вольно лес рупили избы дел ати, сетла делати, орлов промышлети, берее има ти стрелы берити. Близи Оной-реки на канмень всошли руского царя бодданы ясашные солон, м оево брата, Шараамагин (оприче их иныя имен н е знаю) 6 человек. Рускаго царя ясашные иного роду солонны облавити годили, побали в тех в ни х дри человек, те убили. И при тен я дам не был. Дак потому не знаюте - Шараамагин, оне двадце ти человек, вольно руского царя солонов те бопи вают, вину ищут, дела бодмают.
몽골인 Ir diyan를 끌고 와서 물었을 때, 말하기를, '나는 지고의 성주(聖主)에게 공물을 바치는 타이지 Dan jin biye su 소속의 Diyan 쟈이산의 속하인 자다. 우리 타이지의 말이 없었지만, 우리들 20명은 마음대로 나무를 캐어 집을 짓거나 안장을 만들기 위해, 독수리를 사냥하여 날개를 취해 활에 달기 위해, Onon강에 가까운 산에 들어갔다. Oros Han의 공물을 바치는 Solon으로, 나의 형인 Ša riya a ma hin 외에, 또한 이름을 모르는 6명이, Oros han에게 공물을 바치는 다른 성(姓) Solon이 사냥에 갔다 마주쳐, 그 가운데 3명을 살해했	그 몽골인 이리데니(イリデニ)를 데려왔다. 신문할 때 말하기를, '보그도이 황제 전하에게 납공하는 타이샤인 탄친 베스의 우르스 다얀 차산의 속민이다. 우리들 타이샤의 말이 없이, 우리들 20명은 스스로의 생각으로 집을 만들기 위해, 안장을 만들기 위해, 나무를 베었다. 날개를 취해 활을 만들기 위해. 오논강 가까이의 산에 들어갔다. 러시아 황제에게 신민으로 속해 납공하는 솔론, 나의 형제, 샤라마긴(그들 이외의 다른 이름은 모른다) 6명. 러시아 황제에게 납공하는 타족(他族)의 솔론인을 약탈하러 갔다가 마주쳐서 그 중 3명을 죽였

만주어텍스트[13]	러시아 번역[14]
다. Ir diyan 나는 그 장소에 없었기 때문에 모른다'고 한다. Ša riya a ma hin들 20명은 제멋대로 Oros의 Han의 Solon을 살해하여 죄를 범해 일을 저질렀다."	다. 그때 나는 그곳에 없었다. 그 때문에 모른다[고 한다]. 샤라마긴과 20명은, 자유의사로 러시아 황제의 솔론인을 공격하여, 죄를 범하여 사건을 일으켰다."
E	
benjihe ir diyan de fonjici, / jaburengge, mini gebu erdeni, bi kalkai danjin beise i gūsai uksin, yadame / ofi, meni emu nirui sira emegen dalafi, be uheri orin niyalma acafi / beye teile herulun i amargi ulja birai kundulen gebungge bade moo / sacime gurgu daimin buthašame bisire de oros i harangga kamnigan i / juwe tanggū funcere niyalma uksilefi jidere be sabufi, be buruaha, / kamnigan se meni amargici farganjifi, meni hoki nabtoki i jergi duin / niyalma be waha, mini morin tuhere jakade, jafabuha, sira emegen i / jergi tofohon niyalma amasi burulame tucike, kamnigan se mimbe jafafi, / nibcoo i hoton de gamaha manggi, bi ere songkoi nibcoo i da de / alaha bihe, nibcoo i da minde fonjihangge, sinde geli encu gisun bio,/ meni kamnigan i dorgi emu niyalma be, suweni hoki niyalma / waha, si sabuhao seme eruleme fonjiha de, bi minde / encu gisun akū, meni hoki niyalma suweni kamnigan be / waha be, bi sabuha ba akū seme alaha, ereci / tulgiyen, nibcoo i da de bi umai onon birai hanci / alin de dosika, ša riya a ma hin se oros han i / kamnigan i ilan niyalma be waha seme alaha ba akū, / onon i bira inu meni kalkai nukteme yabure ba, be / onon birai ebergi ulja bira de bihengge yargiyan, (…중략…) meni hoki / oros i ilan niyalma be waha ba oron akū,	те привезли Ириденна, у нево спрашивали. Отвечал : Мое име Рдим, мунгальского Данзан, были ево четверти служилые, нужно сдало наши отной содни сира-омокон в голови, мы всех давацети человек в месте Голостые Закурлон, назате Улча-реки, Кунтулне на именном на месте лес рупили, зверей, орлов промышлели; были те руских ботданные камника боле двухсот людей, в куяках приехали. Увидев, мы бопежали, камника за нас, босле наконили, наших товарыщов Нандоки, дех чедверых человек, убили, мой конь упал, сдолоси, бьмали сира-омокон, тех бетинацати человек, назати бобежали, вышли камника. Оне меня, бымав, в Нерчинской город увезли де. Стало я едак ж нерчинскому воевоте сказвал было. Нерчинской воевода у меня сорошвал, у л тебе об ети, иныя речи, если те наши камника в тех отново человек ваши товарыщ человек убили, ды видел ли тедак мучили. Сорашивали тея у меня. И иных речей нет : наша товарыщ люди ваших камниканов убили ли, я не видал, не знаюте. Сказвал, обричеетого, в Нерчинской воеводе я : никак плиси Ононну-реки на гребте ушли те Шараамагин; оне руского царя камника дрех человек те убили ли, дак не сказавал. На Ононне-реке ино нащи мунхалы кочевали, годят на места; мы Ононна-реки посю сдорону на Улче-реке были, (…중략…) не знад ли те мы товарыщ руских дри человек убили,
보내온 Ir diyan에게 물어보자, 그가 답변하기를, "나의 이름은 Erdeni. 나는 Kalka의 Danjin 패자(貝子)의 기(旗)의 피갑(披甲)이다. 가난하기 때문에 우리들의 같은 니루(ニル)의 Sira emegen이 이끌어, 우리 총원 20명이 모여, 무기 없이 Herulun의 북쪽의 Ulja 강의 Kundulen이라고 하는 이름의 땅에서 나무를 베어 짐승 · 독수리를 사냥하고 있었을 때, Oros소속의 Kamnigan의 200여 명이 무장하고 온 것을 보고, 우리들은 도망쳤다. Kamnigan들은 우리의 뒤를 쫓아와	이리덴(イリデン)을 보내 왔으므로 그를 신문하였다. 대답하기를, "나의 이름은 루딤(ルディム), 몽골의 단잔(ダンザン) 부대를 섬기는 자다. 가난해져서 같은 중대의 시라 오모콘(シラ=オモコン)을 우두머리로 하여, 우리들 총 20명은 함께 무장하지 않은 상태로 쿠루론(クルロン) 너머로 울차강의 쿠르뒤룬(クントゥルン)이라는 이름의 땅에서 나무를 베고, 짐승이나 수리를 사냥하고 있었다. 러시아에 신민으로 속하는 카무니카(カムニカ) 200명 이상이 무장을 갖추고 왔다.

만주어텍스트[13]	러시아 번역[14]
서, 우리의 동료인 Nabtoki등 4명을 살해했다. 나의 말(馬)이 넘어졌기 때문에 붙잡혔다. Sira emegen등 15명은 뒤로 도망쳤다. Kamnigan들은 나를 붙잡아, Nibcoo의 성에 데리고 갔기 때문에, 나는 그대로 Nibcoo의 장(長)에게 말했다. Nibcoo의 장(長)이 나에게 묻기를, '너는 더 다른 할 말이 있느냐. 우리 Kamnigan의 가운데 한 사람을, 너희 동료가 죽였다. 너는 보았는가'라고 형구(刑具)를 사용하여 물었을 때, 나는 '나에게는 달리 할 말이 없다. 나의 동료가 너희의 Kamnigan을 죽인 것을 나는 본 적이 없다'고 말했다. 그 외에 Nibcoo의 장(長)에게, 나는 결코 'Onon강 근처의 산에 들어갔다'든지, 'Ša riya a ma hin들이 Oros Han의 Kamnigan의 3명을 죽였다'든지 말한 적이 없다. Onon강도 우리의 Kalka가 유목하고 있던 땅이다. 우리가 Onon강의 이쪽 방향의 Ulja강에 있던 것은 사실이다. (…중략…) 우리들의 동료는 Oros의 3명을 죽였다는 것은 사실무근이다."	이를 보자, 우리들은 도망쳤다. 카무니카는 우리를 쫓아와서, 우리의 동료인 난도키(ナンドキ) 등 4명을 죽였다. 나의 말이 넘어져, 붙잡혔다. 시라 오모콘들 15명은 도망쳐 돌아왔다. 카무니카는 나왔다. 그들은 나를 붙잡아, 네르친스크성에 데려갔다. 나는 마찬가지로 네르친스크의 군정관에게도 말했다. 네르친스크 군정관은 이에 대해 다른 이야기가 있는지, 우리들의 카무니카 가운데 한 사람을 너희 동료들이 죽였다, 너는 보았느냐고 물어보며 고문하였다. 나에게 이것을 묻기 시작했다. 다른 이야기는 없다. 우리 동료가 너희 카무니카들을 죽였는지 어떤지, 나는 보지 못했고, 모른다. 그 외에 내가 네르친스크에서 군정관에게 말한 것은, 결코 오논강 근처 산릉에 샤라마긴이 가지 않았다는 점이다. 그들이 러시아 황제의 카무니카 3명을 죽였는지 어떤지, 이와 같은 것은 말하지 않았다. 오논강에서 때때로 우리들 몽골인은 유목하고 있었는데, 각 장소에 가 있다. 우리들은 오논강 이쪽 편인 우루차(ウルチャ)강에 있었다. (…중략…) 우리들이 러시아인 3명을 죽였다고 하는 것은 모른다."
F	
te ir diyan sere erdeni i jabunde, be / umai onon alin de dosifi oros i ilan niyalma be waha ba akū, / kalkai da fe nukteme yabuha ulja bira de gurgu buthašame / moo sacime daimin butame bisire de, oros i harangga kamnigan i / juwe tanggū funcere niyalma, meni tehe bade dosifi, nabtoki i / jergi duin niyalma be waha, mimbe jafaha, sira emegen i jergi /482/ tofohon niyalma burulame tucike sembi, ir diyan sere erdeni i / jabun be tuwaci, suweni kamnigan i juwe tanggū funcere niyalma, / meni harangga bade dosifi, nabtoki i jergi duin niyalma be waha / sehe bime, suwe ir diyan sere erdeni i jergi orin niyalma be / onon birai alin i hanci dosifi, abalame tucike suweni ilan / solon be waha sehengge ambula jurcenjihebi.	Ныне Ирдяне, те Рьдныи отвечал : мы никак на О нон на камень годив, руских дрех человек убили нет, мунхальской прежные сдарые кочевали, гад или Улча на реке звере промышляти, лес рупити, орлов ловити, были те руские подданны камника боле двухсот людей. Мы на месте жили, всошлш н пдоки, тех четверых человек упили, меня быма ли, сира-омокун, тех бятнадати человек, бобежа ли, вышли те Ирideбоот веду посмотряв ващи ка мника боле двухсот людей на нащи на ботданны е места пригодили Набдоки тех четырех человек упили. Было же вы Иридан звали Рьдныи, тех два цети /л. 13/ человек на Онон на реке с камин плис всошли, облавити вышли, ващи дроих солоннов упили. Те речи много беременял.
지금, Ir diyan라고 하는 Erdeni의 공술에는, "우리는 결코 Onon강에 들어가서 Oros의 3명을 죽인 적이 없다. Kalka가 오래전부터 유목하고 있던 Ulja강에서 짐승을 사냥하거나 나무를 베거나 수리를 사냥하고 있었을 때, Oros소속의 Kamnigan 200여 명이, 우리가 있던 곳으로 들어와서, Nabtoki등 4인을 죽였다.	지금, 이리데나, 즉 이루데니가 대답하기를, "우리들은 결코 오논으로, 산으로 가서 3명의 러시아인을 죽이지 않았다. 몽골의 오래 전 사람들은 유목했다. 울쟈강에서 사냥을 하거나, 나무를 베거나, 독수리를 잡기위해 갔다. 그 러시아의 신민인 카무니카은 200명 이상 있었다. 우리들은 그 장소에 머무르고 있었다. 들어와서, 나

만주어텍스트[13]	러시아 번역[14]
나를 붙잡았다. Sira emegen등 15명은 도망쳤다"고 한다. Ir diyan이라고 하는 Erdeni의 공술에 의하면, 너희의 Kamnigan 200명 등이 우리 속지에 들어와 Nabtoki등 4명을 죽였다고 하는데, 너희가, Ir diyan이라고 하는 Erdeni등 20명이 Onon강의 산 가까이에 들어가, 사냥에 나온 너희 3명의 Solon을 죽였다고 하는 것은, 크게 어긋나고 있다.	프도키(ナプドキ) 등 4명을 죽이고, 나를 붙잡았다. 시라 오모콘 등 15명은 도망치기 시작했다". 이 이루데보[?]의 대답을 보면, 너희의 카무니카가 200명 이상으로 우리들에게 속하는 장소에 와서, 나프도키들 4명을 죽였다. 너희는, 이리덴(イリデン), 즉 리데니 등 20명이 오논강에서, 산의 근처에 들어가, 약탈하고, 너희 3명 솔론인을 죽였다[고 한다]. 말을 크게 바꾸고 있다.

먼저 만주어 원문을 보면, 문서 ①의 내용을 요약한 B · C 부분에서는 이르데니의 일행이 오논강 근처의 산중에 들어간 것, 러시아 측의 속민과 충돌하여 3명을 살해한 것이 기술되어 있으며, 이르데니의 형도 등장한다. 당연하게도 이들은 문서 ①의 오역을 답습한 것이다. 한편 E 부분에서 청나라에서 재차 신문을 받은 이르데니는 그들이 벌채 · 수렵을 했던 곳은 오논강이 아니라 울자강 근처이며, 그곳에서 러시아 측의 솔론(퉁구스)인과 충돌했지만, 러시아 측의 3명을 살해한 사실은 없다고 진술하였다. 이에 따라 이번원은 F 부분에서, 분쟁 발생지와 그 귀속, 청 측이 3명을 살해했다는 사실의 유무에 대해, 러시아 측의 주장에 의문을 제기했다. 단, 분쟁 발생지가 오논강인지 울자강인지에 대해서는 확실히 쌍방의 인식이 실질적으로 엇갈리고 있었다고 할 수 있지만, 3명 살해의 유무는 원래 문서 ①의 원문에 그러한 내용은 없었으므로, 오역 때문에 생긴, 실제가 아닌 논점일 뿐이다.

다음으로 로드혼에 의한 러시아어 번역에 대해 검토하고자 한다. 번역의 완성도를 정확하게 평가하는 것은 어렵지만, 기본적으로는 만주어 원문에 있는 내용을 특별히 생략하거나, 존재하지 않는 내용을 덧붙인 것은

13 「滿俄俄羅斯檔」滿俄 2 : 473~489.
14 PKO XVIII-1 : No.20 : 68~70.

없으며, 충실하게 번역하려고 한 흔적이 보인다. 그러나 문장 자체는, 예를 들어 п과 б, т과 д, г과 х 등이 구분되어 적혀 있지 않고, 러시아어 정서법에 대한 지식의 결여가 역력하다. 명사·형용사의 격변화나 동사의 어미변화도 매우 부자연스럽다. 대체로 러시아인이 완전히 의미를 알 수 없는 정도는 아니지만, 읽기에 힘든 문장이었을 것으로 추측된다.[15]

또한 네르친스크에서 몽골어에서 러시아어로 번역된 텍스트에는 로드혼 번역과 같은 정자법이나 문법의 오류는 없지만, 명백한 오역이나 원문의 내용이 완전히 번역되지 않은 곳이 곳곳에서 발견된다. 예를 들어 본문의 첫머리 부분은 다음과 같다.

> Ваши де ясашные тунгусы изымали нашего ясашного мужика Аранза с товарыщи и привезли в Нерчинск. А в листе де вашем написано, бут то де они, Ордени, приезжали в двадцати человеках для воровства и от гону табунов, и бутто де убили нарочитого ясашного тунгуса, и коня и платья ево взяли.

너희들의 납공納貢 퉁구스인들이 우리에게 납공하는 남정男丁 아란즈 등을 잡아 네르친스크로 연행했다. 그리고 너희들의 공문에는, 그들, 오르데니가, 20명으로 절도를 하고 말떼를 쫓기 위해 온 것처럼, 또 고의로 납공 퉁구스인을 죽이고, 그 말과 의복을 빼앗은 것처럼 적혀 있다.

---

15 이러한 성질의 텍스트이기 때문에, 문장의 뜻을 정확하게 파악하는 것은 매우 어렵다. 〈문서 ② 대조표〉에는 일역을 언급하였는데, 참고하는 정도에 지나지 않는다. 아마도 당시 네르친스크 당국은 주로 몽골어에서 러시아어로 번역된 것에 근거하여 내용을 파악한 것으로 추측되지만, 후술하는 것처럼 이것도 반드시 정확하다고는 말하기는 어려운 것이었다.

그러나, 문서 ①의 B에 의하면, 아란즈는 이르데니등을 붙잡은 러시아 주민의 한 사람이며, 문서 ①의 만주어역도, 문서 ②의 로드혼역도, 올바로 그렇게 해석하고 있다. 원래 몽골어에서 러시아어 번역된 이 서두의 한 문장에서, 잡힌 인물을 아란즈로 하고, 다음 문장에 갑자기 오르데니(이르데니)가 등장하여 매우 부자연스럽다.

또, 문서 ②에는 1759년에 레온티에프A. Леонтьев가 번역했다고 여겨지는 러시아어 텍스트도 존재한다РГАДА : Ф.62, Оп.1, 1704 г. No.2 : 55~59об. 만주어로부터 번역된 것으로 생각되며, 문장 자체는 매끄럽지만 본래 뜻에 충실한, 완전한 번역은 아니다.

문서 ③ : 네르친스크 장관이 이번원 앞으로 보낸 공문(1706년 8월 18일 자)

본 문서는 문서 ②에 대한 러시아의 답신으로, 『고궁아문사료故宮俄文史料』에 러시아어 원문과 만주어역 모두 수록되어 있다『고궁아문사료』 No.9 : 37, 245~248. 『18세기의 러중관계』에도 러시아어 텍스트가 있는데PKO XVIII-1 : No.33 : 87~88, 『고궁아문사료』에 기초한 것이다. 「만문아라사당」의 「내각원주」에 따르면,[16] 본 문서는 1706년강희 45년 12월 15일에 내각에 보내져, 로드혼이 번역했다. 몽골어책에 대해서는 언급이 없고, 러시아어만 있었던 것으로 생각된다. 〈문서 ③ 대조표〉는 문서 ①·②에 따라 내용을 A~G 부분으로 나누어,[17] 러시아어 원문과 만주어역을 대조한 것이다. 원문과 번역문의 주요 차이점은 아래와 같다.

---

16 「滿文俄羅斯檔」 滿俄3 : 27; 『選編』 1 : 278.

17 문서 ②의 F에 해당하는 내용이 문서 ③에 없기 때문에, 〈문서 ③ 대조표〉에서는 F라는 기호를 건너뛰었다. 또, G 이하도 본문은 계속되지만, 생략되어 있다.

〈문서 ③ 대조표〉 네르친스크장관이 이번원 앞으로 보낸 공문(1706년 8월 18일)

러시아어 텍스트[18]	만주어역문[19]
A	
Божьей милостью Пресветлейшаго и Державнейшаго Великаго Государя Царя и Великаго князя Петра Алексеевича всея Великия и Малыя и Белыя Росии самодержца, и многих государств и земель, восточных и западных и северных отчича и дедича, и наследника, и Государя и обладателя, Его царскаго величества Сибирские земли порубежнаго города Нерчинска Столник и воевода Петр Савич Мусин-Пушкин с товарыщи Пресветлейшаго Азиатских Китайских и Хинских стран обладателя Богдыханова Высочества в Мунгалской приказ превосходительнейшим Господам ближним людям, сущу великия думы преторианских благородных начальником по объявлению любительного нашего приветства здравия и всякого благопоспешения Вашему Превосходительству получити желаем.	# amba gurun i / ## colgoroko enduringge abkai fejergi be uheri bilume hūwašabure genggiyen ejen i tulergi / golo be dasara jurgan i amban, dorgi yamun i hanci bisire ambasa de saimbe / fonjime nibcoo i hoton i da sy tol nike we ye we da, piye te ri, mu / sin pu ši gin se alibume unggihe,
신의 은총으로 광휘와 권력이 있는 대군주, 짜르로서 대공인 표트르 알렉세예비치 전(全)대(大)·소(小) 및 소러시아의 독재자, 동방, 서방 및 북방의 여러 국가와 지방의 세습영주로서 상속자, 군주로서 지배자인 폐하의, 시베리아지방 변경의 성시 네르친스크의 궁정관·군정관 표트르 사비치 무신-푸쉬킨 등이, 광휘가 있는 아시아의, 중국과 힌(ヒン) 여러 나라의 지배자인 보그두이한 전하의 몽골청[이번원]의 제각하, 근신과 귀족 대회의에 참가하는 장관들에게 호의적인 인사를 보냄으로써 건강과 모든 성공을 제 각하가 누리기를 바란다.	대국의 지성으로 천하를 두루 무육하는 명주(明主)의 이번원 대신, 내각의 근시 대신들에게 안부를 묻고 Nibcoo성(城)의 장(長), 궁정관·군정관인 Piye te ri, Mu sin pu ši gin등이 보냈다.
B·C·D	
В прошлом 1705 году майя в 2 день явился в Нерчинску в приказной избе перед нами Нерчинской сын боярской Семен Молодой из китайскаго государства и подал лист ⓙ на мунгалском языке, а в том листу написано : ⓚ наши де ясачные тунгусы изымали вашего ясачного мужика Аранза с товарыщи и привезли в Нерчинск, ⓛ а в листу де нашем написано, что де Ирдени приезжали в двадцати человеках для воровства и оттону табунов и убили нарочито де ясачного тунгуса, и коня и платье ево взяли,	meni emu minggan nadan tanggū sunjaci aniya / ma i ya biya de, meni nibcoo yamun de meni sen ba yar sy k'oi siye / miyan mo lo dem i gajifi alibuha / # amba gurun ci unggihe bithede, ⓚ meni alban bure solon be, suweni alban bure / niyalma a ran dza se jafafi nibcoo de benjihebi, jai suweni ir diyan ni / ya i jergi adun be hūlhafi gamaha sain niyalma be waha alban bure solon i / morin etuku be durime gaiha niyalma be jafafi

러시아어 텍스트[18]	만주어역문[19]
지난 1705년 5월 2일에, 네르친스크 행정청이 우리에게, 네르친스크의 소귀족 세묜 몰로도이가 중국으로부터 [귀환해]출두하여, **ⓙ 몽골어 공문**을 제출했다. 그것에는 다음과 같이 적혀 있었다: **ⓚ 우리의 납공 퉁구스들이, 너희의 납공민인 아란즈 등을 붙잡아 네르친스크로 연행했다. ⓛ 그래서, 우리의 공문에 적혀 있는 바에 의하면,** 이루데니(イルデニ) 등은 20명으로 절도를 하고 가축을 몰아내기 위해, 고의로 납공 퉁구스인을 살해하여, 그 말과 의복을 빼앗았다.	우리 1705년 5월에, 우리의 Nibcoo 아문에서 우리 소귀족 Siye miyan mo lo dem이 지참하여 제시한, 대국으로부터 보낸 글에는, **ⓚ 우리에게 납공하는 Solon을, 너희에게 납공하는 자 A ran dza 등이 붙잡아 Nibcoo에 연행했다.** 또한, 너희들이 Ir diyan ni ya 등의, 말을 훔치고, 선량한 자를 죽이고, 납공하는 Solon의 말과 의복을 빼앗은 자를 잡아,
E	
ⓜ и вы де ево, Ирдения, в приказе спрашивали, и он де сказался, человек де он тайши Данжин Бея улусу даена Зайсана; да он же де Ирденей сказал ездили де они в двадтцати человеках своею охотою, а не по отпуску тайши своего, промышлять орлов для перьев и добывать лес на юрты и на седла, и они де взъехали близ Онона реки на хребет, а наибольшей де у них был Шарамыгин и нашего де великого государя ясачные тунгусы съехалися с ними и облавою убили де у них трех чоловек, а он де, Ирденей, в то время с ним, Шарамыгином, не был, и боя де их отчего у них учинился бой, и того не ведает, **ⓝ а как де он Шарамыгин с товарыщи з дватцатью человеки убил нашего ясачного тунгуса, и он де Ирденей в то время был в отъезде а был де на речке Удзе на хребте Кулдюлюне** и наехали де на них ста з два тунгусов в куяках, и они де того убоялися и побежали и тунгусы де за ними гналися и убили у них четырех человек, а под ним де, Ирденеем, лошадь упала и они де тунгусы в то число ево схватали а он де, Шарамыгин, ушел в пятнатцати человеках; и схват де ево Ирденея, они, тунгусы привезли в Нерчинск.	**ⓜ ir diyan ni ya be / yamun de beideme fonjihade,** jaburengge, be taiji dan jin biye su u lu su, / da ye na jaisang ni harangga niyalma, meni orin nihyalma gūnin cisui jihe, / taiji umai same unggihe ba akū, meni cisui daimin i dethe butame, boo / arara, enggemu weilere moo be sacime, o non i bira i hanci alin i butereme / genehe bihe, meni orin niyalma i dorgi de ša ra ma hin dalahabi, oros / han i alban bure solon i emgi emu bade acafi abalara de, oros i ilan / niyalma be waha, tere ir diyan ni ya se afandure fonde, ša ra ma hin / tubade akū bihe, tese ai turgun de afanduha be bi sarkū sembi, **ⓝ ša ra ma hin i jergi orin niyalma, meni alban bure solon sebe, ul de siye / birgan, herulun alin i dade amcanara jakade,** meni juwe tanggū solon uksilehe / umesi gelefi burulaha be, meni solon se amcanafi duin niyalma be waha, ir / diyan ni ya yaluha morin tuhere jakade, tere nergin de solon sede jafabuha, / ša ra ma hin i jergi tofohon niyalma burulaha, ir diyan ni ya be jafafi / nibcoo de benjihe,
ⓜ 그곳에서 너희가 이루데니(イルデニー)를 행정청에서 신문했을 때, 그가 진술하기를, 자신은 타이샤(タイシャ)인 단진 베이(ダンジン=ベイ)의 속민으로, 다엔 자이산(ダエン=ザイサ)의 우루스(ウルス) 사람이다. 또한, 그 이루데니가 말하기를, 그들 20명은 자신의 의사로, 타이샤의 허가를 받은 것이 아니라, 날개를 취하기 위해 독수리를 사냥하려고, 또 천막이나 안장을 만들기 위해 목재를 얻으려고 나왔다. 그들	**ⓜ Ir diyan ni ya를 아문(衙門)에서 심문할 때,** 공술하기를, "우리들은 타이지인 Dan jin biye su u lu su da ye na 자이산의 속민이다. 우리들 20명은 마음대로 왔다. 타이지는 알면서도 보낸 적이 전혀 없다. 우리들은 마음대로 독수리의 깃털을 취하거나, 집을 짓거나 안장을 만들거나, 나무를 베기 위해, O non 강 근처의 산을 따라 나아가고 있었다. 우리 20명 가운데 Ša ra ma hin이 장(長)이었다. Oros의 한에게 납공하는

러시아어 텍스트[18]	만주어역문[19]
은 오논강 부근의 산릉에 들어갔다. 그들의 장(長)은 샤라무긴(シャラムイギン)이었다. 우리 대군주에게 납공 퉁구스들이 그들과 조우하였을 때, 포위하여 3명을 죽였다. 다만, 그 이루데니는, 그때 샤라무긴에게 있지 않았기 때문에, 무엇이 원인이 되어 싸움이 일어났는지 알지 못한다. **ⓝ샤라무긴 등 20명이 우리쪽의 납공 퉁구스인을 죽였을 때, 이르데니는 나가있었는데, 우자강(ウザ河), 쿠르뒤륜(クルデュリュン) 산릉에 있었다.** 그리고 200명의 무장한 퉁구스인들이 그들을 발견하자 그들은 겁에 질려 달아났다. 퉁구스인들은 좇아가 그들 4명을 죽였다. 이루데니의 말이 쓰러졌다. 그곳에서, 그 퉁구스인들은 그를 붙잡았다. 샤라무긴은 15명과 도망쳤다. 이루데니를 붙잡았을 때, 그들 퉁구스인은 네르친스크로 연행했다.	Solon과 함께 사냥을 하고 있었을 때, Oros의 3명을 죽였다. Ir diyan ni ya들은 싸울 때에, Ša ra ma hin에게 있지 않았다. 그들이 어떤 이유로 싸웠는지를 나는 모른다」고 한다. **ⓝŠa ra ma hin 등 20명이, 우리의 납공하는 Solon들을 Ul de siye개천, Herulun산에서 따라잡았을 때,** 우리 200명의 Solon은 무장을 갖추고 있었다. 크게 두려워하여 도망쳤는데, 우리 Solon들은 뒤좇아서, 4명을 죽였다. Ir diyan ni ya이 타고 있던 말이 쓰러져서, 그 자리에서 Solon들에게 붙잡혔다. Ša ra ma hin등 15人은 도망쳤다. Ir diyan ni ya을 붙잡아 Nibcoo로 연행했다.
G	
Да что в том же вашем листу написано, будто в нашем листу к вам написано, что убито наших трое человек тунгусов а ваших четыре человека и чтоб про убивство тех людей розыскать подлинно ль убиты, и розыскав о том к вам писать, и то вы писали, знатно с листа нашего переводчик перевел не так, как в нашем листу написано, потому что по розыску явилось убито ваших три человека, а у великого государя одного человека ясачного тунгуса именем Нарауля убили, и о том к вам в Китайское государство в вышеписанном листу, которой лист подан был Семеном Молодым, писано, имянно что убит на том бою наш тунгус один человек, а не семь человек.	meni ilan solon be waha, suweni duin niyalma be waha / turgun be getukeleme baicafi unggireo seme alibume unggihe, aika mende jai / bithe arafi unggire de baicame bahaci mende mejige isibureo, geli meni oros / han de alban bure emu na ra u liya gebungge solon emhun bihe be suweni / nadan niyalma wahangge yargiyan seme, siye miyan mo lo dem de bithe jafabufi / unggihe bihe,
너희[청 측]의 공문에는, 마치 우리가 너희에게 보낸 공문에서 우리 쪽 세 명의 퉁구스 인과 너희 네 명이 죽임을 당했다는 것처럼 적혀 있다. 그래서 이들의 죽음에 대해서 정말로 살해당했는가를 조사한 결과 판명된 것은 너희에게 보낸 것처럼, ——단지, 너희의 쓰는 방식으로부터 우리의 공문을, 번역자가 우리의 공문에 쓰여 있는 대로 번역하지 않았음을 알 수 있는데——조사 결과, 너희 3명과 대군주의 1명 납공 퉁구스인, 나라우리(ナラウリ)라는 자가 살해된 사실이 밝혀졌다. 이것에 대해서는, 너희 중국에 보낸, 세묜 몰로도이에 의해 전달된 상기의 공문에, 이 싸움으로 우리 쪽 퉁구스인 1명이 살해되었다고 명기되어 있어, 7명이 아니다.	우리 3명의 Solon을 죽이고, 너희의 4명을 죽인 사정을 밝혀 조사해 보내달라고 정송(呈送)했다. 혹은 우리에게 다음에 글을 보낼 때 조사하여 가능하면 우리에게 소식을 전해달라. 또한 우리의 Oros의 한(ハン)에게 납공하는 Na ra u liya라는 이름의 Solon이 한 명만 있었던 것을, 너희의 7명이 죽인 것은 사실이라고, Siye miyan mo lo dem에게 글을 지참시켜 보냈다.

A 부분에는 여느 때처럼 러시아 황제의 칭호가 완전히 생략되어 있다. B·C·D 부분에는 다음과 같은 차이를 볼 수 있다.

강조 ⓙ : 몰로도이가 네르친스크에 지참한 공문이 몽골어로 된 것이었다는 정보가 만주어 텍스트에는 없다. 이유는 명확하지 않지만, 해당 문서(문서 ②)는 실제로는 러시아어와 몽골어로 이루어져 있었으므로, 고의로 생략했다고도 생각된다. 또한 이 청 측 공문에서의 인용(발췌)부가 어디까지 이어지는지도 문제인데, 러시아어 원문에서는 E의 말미까지로 판단되지만, 만주어역에서는 명확하지 않다.[20]

강조 ⓚ : 러시아어 원문에는 러시아 주민이 청나라의 아란즈 등을 잡았다고 적혀 있다. 이는 상기와 같이 문서 ②의 몽골어 텍스트를 러시아 측이 오역한 것에 근거하는데, 만주어 번역은 아마도 문서 ②의 원문을 감안하여 '올바르게' 수정하고 있다.

강조 ⓛ : "а в листу де нашем написано, что(그리고 우리 공문에 쓰여진 바에 의하면)"에 상당하는 문구가 만주어역에 없다. 러시아어 원문은 역시 몽골어에서 러시아어로 번역된 것에 기초하는데, '우리'는 러시아 측을 의미한다. 따라서 다음의 문장은 "청 측이 보낸 공문(문서 ②)에 인용되었던 러시아 측 공문(문서 ①)의 내용"이

18 『故宮俄文史料』 No.9 : 37, 144~146; РКО XVIII-1 : No.33 : 87~88. 러시아어 텍스트는 『故宮俄文史料』144~146을 기초로 하여, 현대의 정서법으로 고쳤다.

19 『故宮俄文史料』 245~248; 「滿俄俄羅斯檔」滿俄 3 : 23~27.

20 E 가운데 이르데니의 진술이 끝나는 부분, 즉 "tese ai turgun de afanduha be bi sarkū sembi(그들이 어떠한 이유로 싸웠는지를 나는 모른다)"의 직후에 인칭이 바뀌어, 러시아 측이 1인칭으로 표현되므로, 여기까지를 청 측 공문의 요약이라고 볼 수 있을 것이다.

지만, 만주어역에서는 청 측 공문의 지문地文처럼 이해된다.

E의 부분에 관해서는 다음과 같은 차이점이 있다.

강조 ⓜ : 원문의 "и вы де ево, Ирдения, в приказе спрашивали(그곳에서 당신들이 이르데니를 행정청에서 심문하였다)"에 따르면 신문한 주체는 '너희들' 즉 청 측으로 해석할 수 있다.[21] 다만, 문서 ①·문서 ②와 비교해 보면, 이하 진술한 서면은, 이르데니가 네르친스크에서 진술한 것과 송환 후에 청 측에 진술한 것을 주고받은 내용으로 되어 있다. 한편, 만주어역은 직전의 "납공하는 솔론의 말과 의복을 빼앗은 자를 잡아"라는 문구를 보면, 신문 주체를 러시아 측으로 해석하고 있는 것 같지만, 명확하지 않다. 혹은 상기와 같은 원문 자체의 애매함을 감안하여 굳이 모호하게 처리했는지도 모른다.

강조 ⓝ : 청 측이 러시아 측 납공 퉁구스인을 살해했을 때, 이르데니가 그 자리에는 없었고 "на речке Удзе, на хребте Кулдюлюне(Ul de siye개천, Herulun산릉)"에 있었다는 원문의 내용이 만주어역에서는 완전히 다른데, 청 측 일행이 러시아 측 집단에 "ul de siye / birgan, herulun alin i da(울데시예 개천, 헤룰룬 산기슭)"에서 따라 잡혔다는 이야기로 되어있다. 이 이야기는, 원래 문서 ②의 E 부분에 보이며, 여기에서는 지명이 "herulun i amargi ulja birai

21 러시아어 원문은 일관되게 간접화법을 사용하고 있으므로 인용부분이라 하더라도 1인칭은 러시아, 2인칭은 청나라를 가리킨다.

kundulen gebungge ba"(Herulun의 북쪽 Ulja강의 Kundulen이라는 이름의 토지)로 되어 있다. 그러나 문서 ②의 몽골어 책을 러시아 측이 오역한 결과, 그 오류가 문서 ③의 러시아어 원문에 반영되었다. 그래서 만주어역은 그것을 어설프지만 '올바르게' 고치려고 한 것이 아닌가 생각된다.

이어지는 G 부분은 한 눈에도 알 수 있듯이, 러시아어 원문과 만주어 번역이 완전히 다르다. 원문은 일련의 분쟁에서 러시아 측 3명과 청 측 4명이 사망했다는 사실이 없으며, 실제로 사망한 것은 러시아 측 1명과 청 측 3명이라고 기술하고, 나아가 러시아 측 공문(문서 ①)이 정확하게 번역되지 않았기 때문에 오해가 생겼다고 지적하고 있다. 그러나 만주어역은 원문의 문맥을 왜곡하여 오히려 문서 ②의 F에서 청 측이 제기한 내용에 대응하는 형태인데, 러시아 측 3명 사망과 청 측 4명 사망이라는 정보의 관계에 대해 재조사를 요구한다는 내용이다. 이 문서에서, 번역문을 청 측의 종래의 인식에 맞추려는 의도 이외에 원문을 충실하게 번역하면, 문서 ①를 번역한 로드혼 자신의 체면과 관련되므로 이를 호도하려는 의도도 느껴진다.

3) 문장 ①~③에서 보이는 번역의 실태

문서 ①~③의 내용 전체를 보면 문서가 왕복할 때마다 오역에서 기인하는 쌍방의 인식 차이가 증폭되어, 점차 수습할 수 없는 상태로 빠진 모습이 보인다. 그러한 사태를 초래한 근저에 단순한 오역이 연쇄적으로 작용했음은 물론, 이와 더불어 특히 청나라는 러시아에서 온 공문을 서면 그대로 충실하게 번역하는 것이 아니라, 해당 안건에 대해 청나라가 파악하고 있는 사실 관계 · 인식에 역문의 내용을 무리하게 맞추려는 경향과, 번역자 자신의 과거 오역을 호도하기 위한 작위를 간파할 수 있을 것이다. 덧붙여, 문서 ③에 대하여 청나라는 1707년강희 46년 정월에 2건의 공문을 네르친스크 장관에게 보내 반박하고, 재차 사건해결을 위한 선처를 요구하였으나「滿文俄羅斯檔」滿俄 17 : 58~61; 滿俄 19 : 1~7 · 18~29;『選編』1 : 129 · 130 : 274~276, 러시아 측이 반응한 흔적은 없었으며, 결국 쌍방의 인식 차이는 좁혀지지 않았다.

본고는 극히 한정된 사례를 든 것에 불과하지만, 그래도, 18세기 전반 양국 간의 언어 소통에 관해서, 특히 러시아어와 몽골어를 매개 언어로 러시아 지방 당국과 협상이 취약한 기반 위에 있던 것은 충분히 엿볼 수 있을 것이다. 덧붙여 이 사례는 로드혼이 주된 러시아어 번역자였던 시기의 것이지만, 쿠시마 · 야가오가 뒤를 이은 시기 이후에 대해서는 별도로 검증이 필요하다. 단, 쿠시마 자신이 수도京城에서 태어난 사람이었으며, 난해한 러시아어를 정확히 번역할 자신이 없다고 언명하고 있는 것을 생각하면柳澤 2017 : 151, 번역의 정확도가 크게 향상되었다고는 생각하기 어렵다.

3. 19세기 중엽의 사례

1) 18세기 후반~19세기 중엽 매개언어와 번역자의 추이

18세기 후반부터 19세기 전반에 걸쳐 양국 간의 언어 커뮤니케이션 방식은 크게 변화하였다. 단적으로 말하면, 러시아가 우선 만주어, 이어서 한어의 운용능력을 크게 향상시켰던 것이다. 그 원동력은 1727년 캬흐타 조약에 의거해, 정교 전도단과 함께 북경에 상시 체류하게 된 어학 유학생이었다. 1740년대 이후 숫자는 적지만 중앙의 외무참의회1802년 이후는 외무성, Министерство иностранных дел나 이르쿠츠크 총독부 등에는 베이징 유학생 출신의 번역자가 계속 근무하게 되었다. 그들은 외교사절단에 자주 참가하여 구두교섭에서도 큰 역할을 하였다. 또한 19세기에 이르러 정교 전도단의 성직자 중에도 만주어나 한자어에 숙달하여 중국학이나 몽골학 등을 깊이 연구하는 인재가 나타났다. 비츄린Иакинф/Н. Я. Бичурин, 카파로프Палладий/П. И. Кафаров 등이 대표적이다.

한편 청 측도 1708년강희 47에 '내각아라사관內閣俄羅斯文館'을 설립해 러시아어 번역자 육성에 나섰고, 옹정 · 건륭기에도 내각아라사관의 진흥을 위해 여러 방안을 강구했다. 18세기 후반에는 내각아라사관 출신으로 보이는 인물이 문서번역이나 구두통역의 현장에서 활동한 예도 있지만, 러시아 측과 같이 전문가를 양성하는 데는 이르지 못했다. 이러한 상황 아래 매개언어로 라틴어 · 몽골어의 역할이 줄어들어, 쌍방의 교섭은 주로 러시아 측의 번역자 · 통역이 만주어 · 한어를 사용하여 매개하게 되었다. 이는 청나라에서 보면 러시아에 의한 번역의 정확성을 검증할 수 없어 문서 해석이 의심스러울 때, 라틴어와 같은 매개언어에 근거할 수 없는 상태가 되었음을 의미한다.

2) 19세기 조약에서 텍스트의 이동異同

러시아가 외교상의 이익을 위해 언어 활용능력상의 우위를 이용한 것은 1850~60년대에 체결된 조약에 반영되어 있으며, 이미 몇 가지 사례가 지적되고 있다.

1858년의 아이훈조약에서 러시아는 러시아어와 만주어, 청나라는 만주어와 몽골어의 조약문을 상대방에게 교부했으나 아무르강 좌안을 러시아령으로 한다는 규정에 관해, 러시아어 텍스트와 만주어·몽골어 텍스트 사이에 아무르강Sahaliyan ula/흑룡강과 숭가리강Sunggari ula/松花江의 합류점보다 하류를 아무르강으로 표기할지, 숭가리강으로 표기할지 차이가 있다. 이것을, 아무르강과 숭가리강의 항행권을 러시아와 청나라 선박에만 부여하고, 제3국 선박의 항행을 금지한다는 규정과 대조하면, 러시아어에 따르는 한, 러시아선박이 합류점으로부터 숭가리 강을 더 거슬러 올라가서 항행할 수 있다고 해석할 수 있게 된다矢野(1967) : 88. 아이훈에서의 조약 체결 교섭 때 통역을 맡은 것은 러시아 측의 시시마료프Я. П. Шишмарёв로, 조약문 자체도 만주어를 포함하여 러시아가 작성했다『選編』 3 : 416 : 504~509.[22] 이러한 상황이, 러시아가 위와 같이 조작하는 것을 가능하게 했던 것이다.

단, 아이훈조약의 경우, 어느 언어의 텍스트를 해석의 기준이 되는 조약문으로 할지는 조약 자체에는 명시되어 있지 않으며, 쌍방이 상대방에게 교부한 텍스트 중 만주어만이 공통된다. 따라서 청 측이 만주어 텍스트를 근거로 하여, 합류점보다 상류의 숭가리강은, 러시아선박의 항행을 인정한다고 한 국경을 구성하는 하천에는 포함되지 않는다고 주장할 여지도 남아 있었다는 점을 주의해야 한다.

1860년의 베이징조약에는 번역상의 이동異同을 자국에 유리하게 이용한다는 러시아의 전략이 보다 현저하게 나타나 있으며, 이미 야노 진이치矢野

22 청나라의 수석 대표였던 흑룡강 장군 변산(奕山)은 만주어 자체도 불편하여 만주어 베이스로 진행되는 교섭 내용을 부도통(副都統) 지라민가(ジラミンガ)가 한어로 번역해주는 상황이었다(Невельской(2009) : 348~350.

仁一(1967)가 몇몇 사례를 들어 정밀하게 검토했다. 야노가 지적한 사례 중 대표적인 것 하나는 새로이 러시아령으로 정해진 연해海地지방에 거주하고 있는 청나라 주민의 취급에 관한 규정(제1조)이다. 이 조항에서는 러시아령으로 하는 경계구역이 구체적으로 정의되어 러시아어 텍스트에는 "만약 위에서 서술한 토지에 중국 신민의 거주지가 있으면, 러시아 정부는 그들을 같은 땅에 머물게 하고 종전처럼 어로, 사냥에 종사하는 것을 허용해야 한다"고 적혀 있다. 한편, 한문 텍스트에는 "위에서 말한 것은 바로 텅 빈 넓은 땅으로, 중국인이 살고 있는 곳과 중국인이 차지한 어획지에 마주치면, 러시아는 모두를 점령할 수 없으며, 여전히 중국인이 평소대로 어렵하는 것을 허락한다"[23]고 적혀 있으며, 러시아어에서 보이지 않는 "위에서 말한 것은 바로 텅 빈 넓은 땅으로上所言者乃空曠之地"라는 구절이 들어 있다. 러시아어 텍스트는 새롭게 러시아령이 된 지역에 실제로 거주하는 청 측의 주민을 퇴거시키는 것을 금지하고 있을 뿐이지만, 한문 텍스트는 러시아령이 되는 것은 주민이 없는 공허한 땅뿐이며, 청 측이 거주하는 토지는 청이 관할하는 영역으로서 남는 것으로 이해할 수 있다. '텅 빈 넓은 땅空曠之地'이라는 문구를 삽입하는 것은 교섭에서 청 측 대표단이 주장한 것으로, 그들이 이를 매우 중시하고 있었음은 공친왕 혁흔奕訢 등의 함풍 10년 9월 23일 자 상주문에서도 명백하다『選編』3 : 775 : 1002~1004. 혁흔奕訢 등은 나아가 10월 2일에 조약에 조인한 것을 보고하는 상주문에서 러시아 측 전권자인 이그나티예프가 새롭게 획정하는 국경선을 써넣은 지도에 서명을 요구한 것, 그러나 서명한다면, 청 측 주민의 거주지까지 포

23 원문은 "上所言者乃空曠之地, 遇有中国人住之処及中国人所占漁猟之地, 俄国均不得占, 仍准中国人照常漁猟".

함한 전역을 러시아가 점거하는 것을 인정하게 된다고 하여 거부했음을 밝히고 있다『選編』3 : 784 : 1015~1016. 즉 청나라는 위의 한 구절을 삽입하여, 연해지방의 일부는 청의 관할 하에 남게 된다고 믿고 있었다는 것을 알 수 있지만, 러시아어 텍스트에는 이러한 것이 반영되어 있지 않다. 그리고 실제로도, 러시아는 '텅 빈 넓은 땅' 운운하는 것에 개의치 않고 연해 지방 전역의 실효 지배를 점차 진행해 나갔다.

이상은 선행연구에서 지적된 예이지만 베이징조약에서는 과거에 별로 주목을 받지 못했으나 러시아어와 한문 텍스트의 차이가 조약 해석에 실질적인 영향을 미친 예가 이외에도 존재한다. 이는 동 조약 제8조에 규정되어 있는 양국 국민이 상대국 내에서 저지른 범죄에 대한 재판 관할권·적용법에 관한 것이다. 이하 문제의 개요를 제시하는 동시에, 그러한 텍스트 간의 차이를 낳은 번역작업의 실태에 대해서도 약간의 검토를 하고자 한다.

3) 베이징조약 제8조를 둘러싼 문제의 소재

이 문제를 검토하며, 먼저 송소렴宋小濂의 『북요기유北徼紀游』의 한 구절을 소개한다.

> 중국과 러시아 간의 조약은, 무릇 양국 인민이 범죄를 저지르면 어느 나라에서 그런 일이 일어나더라도, 본국으로 송환하여 각각 자국인을 심판해야 한다고 규정하고 있다. 신묘辛卯의 봄, 화인華人 조봉란趙鳳蘭이 러시아령 박격나부博格羅夫에서 돈 문제로 말다툼을 벌이다가 화기로 러시아 상인 라자나부拉子羅夫를 쏴 죽였다. 러시아 관원은 곧 조봉란을 체포하였으나 중국으로 보내지

않고 그대로 아무르성省으로 보내 심리하였다. 중국 관원은 종종 조약에 의거하여 러시아 당국자에게 조회하여 이 범인을 중국에 보내 심리하도록 요구했으나, 러시아 당국자는 결국 들어주지 않았다. 한 달 남짓 후, 이번에는 러시아인이 막하漠河 상류 수십 리의 [아무르] 강변에서 중국 금광의 병정兵丁의 재물을 강탈하고, [중국 측은] 그 자리에서 범인을 잡아 연행했다. 그의 나라로 돌려보내려고 하였으나 강의 얼음이 막 녹기 시작하였으므로 시간이 조금 걸렸다. 그러자 러시아 당국자는 곧 조약 위반이라며 강가의 역참이 [중국 측의] 위탁을 받아 문서를 송달하는 것을 금지하고 증기선의 화물을 수송하는 것을 금지해 [양국관계는] 거의 결렬될 것 같았다. 강의 교통이 회복되자 곧 돌려보내니 비로소 우호가 원상회복되었다. 동일한 조약인데도 그는 공공연히 위반하여 그것을 당연한 것으로 간주하고, 우리가 위반하지 않았는데도 불구하고 위반이라고 트집을 잡아 분쟁을 일으키려고 한다. 러시아는 이 얼마나 무뢰한가!宋(1984) : 63

이 기사는 신묘광제 17(1891)년에 아무르강 부근에서 발생한 두 사건에 대해 서술한 것이다. 송소렴은 1911년에 서흑룡강순무, 이어 민국기에 흑룡강도독인 인물인데, 당시에는 막하漠河 금광의 책임자로서 국경 부근에서 발생하는 여러 문제에 관해 러시아와 조정하는 입장에 있었다. 흥미로운 점은 첫머리의 한 문장에서 "조약에서는 무릇 양국의 인민이 범죄를 저지르면 어느 나라에서 그런 일이 일어나더라도 본국으로 송환하고 각각 자국인을 심판해야 한다고 되어 있다"는 점이다. 즉, 조약에서는 범죄 발생지에 관계없이 범인이 소속된 측이 자국법에 근거하여 처벌한다고 되어 있는데도, 러시아 측이 이를 지키지 않는다고 하는데, 당시 유효했던 조약에 실제로 그러한 규정이 존재하고 있었던 것일까.

해당 조문은 베이징조약 제8조라고 생각되는데, 이 한문 텍스트에는 "만약 살인, 약탈, 중상, 살인모의, 고의적 가택방화 등 중한 사건이 있다면, 밝게 조사하여, 러시아 내국인 범죄자일 경우는 본국에 넘겨 법에 따라 죄를 다스린다. 범죄를 저지른 중국인은, 범죄를 저지르는 곳에 있든, 다른 곳에 있든, 중국의 법에 따라 죄를 다스린다若有殺人搶奪重傷謀殺故焼房屋等重案, 查明, 係俄羅斯国人犯者, 将該犯送交本国, 按律治罪。係中国人犯者, 或在犯事地方或在別処, 俱聴中国按律治罪"고 적혀 있다中華民国外交部保存之前清条約協定 : 中俄続増条約 : 漢文簽署本. 그리고, 본안은, 서두에 "중국에 있는 러시아 상인, 러시아에 있는 중국상인"이라고 적혀 있듯이, 쌍방의 국민이 상대국에 체재하는 경우에 관한 제반 규정을 담은 것이다.[24] 따라서 한문 텍스트에 근거한다면, 확실히 중국(청국)인이 러시아에서 살인·강도 등의 중죄를 범했을 경우, 중국이 자국법에 따라 처벌하는 것처럼 이해할 수 있다. 그런데, 대응하는 러시아어 텍스트는 다음과 같다.

> 중대한 범죄, 예를 들어 살인, 무거운 상해를 수반하는 강도, 살인 미수, 악의를 가진 방화 및 그와 유사한 행위에 대해서는 심리 후 범인이 만약 러시아인이라면 자국의 법률에 의한 처분을 위해 러시아로 보내진다. 만일 중국인이라면 처벌은 범죄가 행해진 장소의 지방 당국에 의해 이뤄지며, 혹은 국가의 규정이 요구하는 경우 범인은 처벌을 위하여 다른 도시 또는 주로 보내진다.

---

24 다만 러시아어 텍스트에서는, 한어로 '중국상인'이라는 부분은 그저 "китайские(중국인)"으로 되어 있다.

В преступлениях важных, как-то : убийстве, грабеже с нанесением опасных ранений, покушении на жизнь другого, злонамеренном поджоге и том. подоб., по произвединии следствия, виновный, если он будет русский, отсылается в Россию для поступления с ним по законам своего государства, а если китайский, то наказание его производится или начальством того места, где учинено преступление, или, если того потребуют государственные постановления, виновный для наказания отправляется в другой город или область. РКО 1689-1916 : 37.

즉, 러시아인은 "자국의 법률에 의한 처분을 위해 러시아로 보내진다"고 명기되어 있지만, 중국인에 관해서는 처벌은 '범죄가 행해진 장소' 또는 '다른 도시 또는 주'에서 행해진다고 되어 있을 뿐이며, 중국으로 송치한다고도, 중국 측의 법률에 의해 재판한다고도 적혀 있지 않다. 따라서 러시아어 텍스트의 이 부분에 근거하는 한, 1891년의 사건에 대해 러시아가 취한 조치는 조약에 입각한 것이지만, 한문 텍스트에 따르면 부당한 것이 된다.[25] 이상으로, 국경의 현지에서는 베이징조약 체결 후 30년 이상

25 제8조는 매우 복잡하게 구성되어 있는데, 우선 첫머리에서 러시아 상인이 중국에, 또 중국인이 러시아에 체재할 경우에는 본국 정부의 보호 하에 놓여, 러시아 측이 카슈가르와 우르가(庫倫)에 영사를 두는 것 외에 청도 만약 희망한다면 러시아의 수도 또는 다른 장소에 영사를 둘 수 있다고 되어 있다. 그리고 '양국 상인에 관련한 일체의 문제(Все дела, касающиеся купцов того и другого государства/凡両国商人遇有一切事件)'에 대해서 1858년 체결된 톈진조약 제7조에 근거하여 범죄는 영사와 현지 관헌에 의해 범인의 소속국법에 의해 심리된다고 기술되어 있다. 조문의 기초가 된 톈진조약 제7조는 청조가 러시아에 개항한 상하이, 닝보 등의 항구도시에서의 재판 절차를 정한 것인데, 본조는 그것을 러시아에 체재하는 중국인까지 확장하여 쌍무적인 것처럼 이해된다. 그러나 뒤의 단에는 '상인 간의 상거래와 관계없는 문제들, 예를 들면 언쟁, 불평(Дела, не касающиеся торговых между купцами сделок, например : споры, жалобы и проч./其不関買売, 若係争訟之小事)에 대해서는 범인은 본국법에 의해 처벌된다고 되어 있고, 더욱이 중대 범죄에 관해 위에 인용한 부분이 계속된다. 즉, 여기까지를 보면, 본조의 러시아어

이 지나도, 조약 텍스트 사이의 어긋남에서 기인하는 쌍방의 인식의 틈이 메워지지 않았던 것을 알 수 있다.[26]

4) 베이징조약 체결 교섭에서 번역 실태

그렇다면 1860년의 베이징조약 체결 과정에서, 해당 조문은 어째서 텍스트 간의 차이를 남긴 채 확정된 것일까? 필자의 생각으로는, 유감스럽게도 이용 가능한 모든 사료 중 이 문제를 직접 언급한 것은 발견되지 않는다. 예를 들어 상술한 함풍 10년 9월 23일 자 혁흔奕訢 등의 상주는 청나라가 러시아 측이 준비한 조약안에 대해 '텅 빈 넓은 땅'의 삽입 등 몇 가지 조건을 달았음을 전하고 있으나, 제8조에 대해서는 언급하지 않았다. 러시아 측의 기록에도 이 문제를 직접 언급한 것을 발견하지 못했는데, 조약문의 번역이 어떻게 이루어졌는지에 대해 러시아 측 전권 이그나티예

텍스트는 서두에서 규정한 범죄자의 처벌은 범인이 소속한 국법에 따른다는 원칙을 후반부에 덧붙여 중대범죄에 관한 특례를 마련하고 있는 것처럼 해석할 수 있다. 그런데 한문 텍스트 읽으면, 중대 범죄에 대한 조치도 첫머리에 나타난 원칙의 범위 내에서 세칙을 정하고 있을 뿐인 것처럼 읽을 수 있다.

26 사실, 이러한 인식의 차이는 1868년에 연해지방남부에서 발생한 청 측의 금채굴자 등과 러시아 측의 충돌사건('만즈전쟁(マンズ戦争)'이라고 한다)에 관해 이미 표면화되고 있었다. 이때 러시아 측에 체포된 청 측의 속민에 대해서 청 측은 베이징조약 제8조의 한문 텍스트를 인용해송환을 요구했지만, 러시아 측은 러시아어 텍스트를 방패로 삼아 반박했다고 한다[『籌辦夷務始末』(同治朝) 巻61 「富明阿毓福奏烏勒興阿与俄官会議収到送回八十人按律分別辦理摺」(同治7年8月庚申)]. 청조의 영사재판권에 대한 인식에 대해서 아오야마 하루토시(青山治世)[2014 : 198~199]는 1872년 청일수호조규개정안교섭(日清修好条規改定交渉) 중에 청 측 대표의 진흠(陳欽)이 "각 나라가 [외국에 거류하는] 자신들의 백성을 관리하는 것은 각국의 통례다"라고 기술한 것에 관해 총리각국사무아문(総理各国事務衙門)은 이미 1867~68년의 단계에서 재류외국인에 대한 법권은 거류국에 있는 것이 구미제국 간의 통례임을 인식하고 있었다는 점을 지적하여, 진흠의 발언은 청 측이 '단지 일구이언의 외교를 하고 있었다'거나, 또는 '법권 또는 영사재판권에 대한 인식이 청조 정부 안에서 아직 통일되지 않았던' 결과로 보고 있다. 그러나 본고에서 든 사례를 감안한다면, 당시 청조 정부는 적어도 러시아 사이에서는 상대국에 거류하는 자국민에 대한 법권은 자국 측에 귀속하는 것이 조약에 의해 규정되어 있다고 인식하고 있었던 것이 된다. 그렇다면 일본과의 협상에서 상기 발언에 대해서도 다른 각도로 재검토할 여지가 있을 것이다.

프가 외무부에 보고한 것 중에 다음과 같은 기술이 있다.

> 칙령을 받자마자 러시아 사절단은 조약문과 그 중국어 번역 텍스트의 최종 수정에 착수했다. 조약의 최초 텍스트는 보그두한[함풍제]에 상람上覽 되었음에도 불구하고 중국 측 전권들의 강한 반발에 부딪혀, 중국어를 수정할 때, 불필요한 고집으로 일체를 어그러뜨리지 않도록, 중국 측이 행한 몇 가지 수정을 받아들여, 체결되는 각 조항의 러시아어와 중국어 서면이 어긋나는 것을 피하기 위해, 여러 곳에서 러시아어 텍스트를 바꿔야만 했다.Отчетная записка : 300

문장 중 '칙령'이란 함풍 10년 9월 26일 자 혁흔 등에 대한 상유上諭로, 함풍제에게 정람呈覽된 조약문안을 "결정된 의론은 온당히 정리된 것 보이니 의론된 바에 비추어 처리하도록 하라定議尚属妥協, 即著照所議辦理"로 평가하는 내용이다『選編』3 : 778 : 1010. 이에 따라 조약문의 최종 텍스트가 갖춰진 것인데, 위의 이그나티예프의 보고에서 볼 수 있듯이, 러시아어에서 한어로의 번역은 완전히 러시아 측의 손으로 이루어졌다. 물론 수정 전 최초의 조약안에 대해서도 마찬가지였다고 보아도 좋을 것이다. 위의 보고에는 번역에 실제로 종사한 인원의 이름은 기록되어 있지 않지만, 사절단에 통역으로서 수행했던 타타리노프A. A. Татаринов 외에도, 정교 베이징 전도단의 구리카르포프(Гурий/Г. Карпов) 등이 참여했다고 생각된다.[27] 이러한 상황이라면

27 타타리노프(1817~76)는 원래 의사로, 제12차 정교 베이징 전도단(1840~49)에 참가해 베이징에서 한의학을 배우고, 몇 개의 저작을 남겼다. 귀국 후에는 외무성에서 번역자로서 근무했으며 추구차크(타르바가타이) 영사를 지내기도 했다. 그리(1812~82)가 이끄는 제14차 정교 베이징 전도단(1858~64)은 베이징에 도착한 지 얼마 되지 않았으나 사전에 러시아 국내에서 한자어 준비 교육을 받고 있었다(Скачков(1977) : 153~154 · 171~172).

이그나티예프 자신은 위의 보고에서 청나라의 요구에 따라 러시아어 텍스트를 수정했다고 술회하고 있지만, 실제로는 러시아 측이 어떻게 번역하든 자유이며, 청 측에 텍스트 간의 이동異同을 검증할 수단은 없었던 것이다. 상술한 제8조의 중죄를 지은 범인에 대한 처벌 규정도 러시아어 텍스트의 뜻이 한역 과정에서 교묘히 흐려진 채 확정되어, 10월 2일1860년 11월 2일의 조인 교환에 이르렀다고 생각된다.

그러나 베이징조약에는 해석상에 의심스러운 부분이 발생했을 경우에 어떤 언어의 텍스트에 근거하는 것인지 명기되어 있지 않다. 따라서 야노矢野는 "베이징조약은 러시아어는 원문이고, 한문은 러시아어에서 번역된 것이지만, 조약문으로서 양국 전권의 서명 조인을 본 이상, 그 가치의 효력에 차이가 없다"고 지적하고 있다矢野(1967) : 56. 그러나 조약 말미의 제15조에 러시아어 조약문(한문으로는 '조규원문条規原文')을 한문으로 번역해 서명 날인했다고 명기되어 있는 것을 생각하면, 실제로 해석상의 문제가 발생했을 때, 러시아어의 '원문'에 의거한 러시아 측의 입장이 강했을 것은 상상하기 어렵지 않다. 더 나아가, 러시아인이 청나라 영내에서 중죄를 범하여 체포되었을 경우, 만약 청 측이 러시아 측에 처벌을 맡기지 않으면, 베이징조약의 어느 쪽 텍스트이건 간에 명백히 조약 위반이 된다. 한편, 청국인이 러시아 영내에서 중죄를 범하여 체포되었을 경우, 러시아가 러시아어 텍스트를 내세워 청 측에 송치하지 않고, 조약문 해석을 둘러싸고 분규가 발생하더라도, 범인의 신병은 실제로 러시아 측에 있으므로, 청나라는 러시아에 송치를 강요할 수단이 없다. 이러한 시스템에 의해 양국 국민이 상대국 내에서의 중죄를 저지른 경우, 사실상 러시아만이 일방적으로 자국민에 대한 재판 관할권 · 자국법 적용을 누리게 되었다.

4. 맺으며

본고에서는 18세기 초와 19세기 중엽의 두 가지 사례를 통해 각 시기 외교 공문·조약의 번역과 커뮤니케이션 갭의 실상에 대해 검토하였다. 물론 이러한 몇 안 되는 사례만으로는 150년간의 추이를 전체적으로 증명하기에는 너무나 불충분하지만, 본고에서 제시한 내용을 다음과 같이 개괄하는 것은 가능할 것이다.

외교교섭 시에 상대방의 주장을 정확하게 이해하고, 자신의 주장을 상대방에게 정확하게 전달하는 데에 언어적 장애가 해소되어, 정보가 완전히 공유되는 상태를 만약 '근대적'이라고 한다면, 18세기 전반前半 청조와 러시아의 관계는 번역에 따른 정보 전달의 불안정성이 해소되지 않았다는 점에서 '전근대적'이었다고 할 수 있다. 라틴어와 몽골어를 매개언어로 하는 관행이 우선 성립되기는 했으나 본고의 2절에서 다룬 사례처럼, 그것이 충분히 기능하지 못한 경우도 있었다. 또한 적어도 청나라는 단순한 오역이 아니라 러시아 황제의 칭호를 생략하거나, 러시아 측 공문의 내용을 청 측의 기존 사실 인식에 맞도록 왜곡하는, 이른바 '내향'의 논리에 의한 의도적인 '오역'도 볼 수 있었다.

다만 동시에 주의할 것은 커뮤니케이션을 매개하는 언어의 문해력이 어느 한쪽에 편재하는 일은 없었다는 점이다. 즉, 자국의 주요 공용어(만주어·러시아어)와 매개언어(라틴어·몽골어) 간의 번역은 쌍방에서 가능하며, 러시아어와 만주어 사이를 직접 번역하는 능력은, 수준에 문제가 있다고 해도, 청 측에만 있었다.

이에 대해, 19세기 중엽에는 라틴어, 몽골어와 같은 매개언어의 역할이 감소되어 쌍방의 주요 공용어(만주어, 한자어와 러시아어) 간에 직접 번역이 이루어졌다. 다만 이는 러시아가 일방적으로 만주어·한어의 운용능력을 획득함에 따라 생겨난 일이며, 반대로 청나라는 번역에 따른 정보전달이 어긋난다 하더라도 이를 검증할 수 없는 상태에 있었다. 이러한 정보 전달 상의 장애가 한쪽에서만 해소되고 있는 상태를 '반근대적半近代的'이라고 부를 수도 있을 것이다. 그리고 러시아는 이러한 언어 활용 능력상의 우위를 교묘하게 이용하여 본고의 3절에서 본 바와 같이 조약문의 번역에 조작을 가함으로써, 자국에 유리한 상황을 만들어 냈던 것이다.

주지하다시피, 베이징조약 체결 후 청조는 총리각국사무아문総理各国事務衙門을 설립하고 동문관同文館을 부설하여 서양언어 번역사 양성에 착수한다. 그 결과 언어 활용 능력의 편재 상태는 점차 해소되어, 진정한 의미에서의 '근대적' 외교가 성립되어 갔다고 생각되지만, 그 실상에 대해서는 추후에 검토하고자 한다.

참고문헌

1. 사료 · 사료집

РГАДА: Российский государственный архив древных актов.

РКО 1689-1916: *Русско-китайские отношения : 1689-1916 : Официальные документы*, Москва, 1958.

РКО XVII-2: *Русско-китайские отношения в XVII веке : Материалы и документы : Том 2, 1686-1691*. Москва, 1972.

РКО XVIII-1 : *Русско-китайские отношения в XVIII веке: Материалы и документы: Том 1, 1700-1725*. Москва, 1978.

РКО XVIII-2 : *Русско-китайские отношения в XVIII веке: Материалы и документы: Том 2, 1725-1727*. Москва, 1990.

РКО XVIII-5 : *Русско-китайские отношения в XVIII веке: Документы и материалы: Том 5, 1729-1733*. Москва, 2016.

Отчетная записка : *Отчетная записка поданная в Азиатский департмент в Январе 1861 .года Генарал-Адъютантом Н. П. Игнатьевым о дипломатических сношениях его во время пребывания в Китае в 1860 году*, С.-Петербург, 1893.

「滿文俄羅斯檔」: 中国第一歴史檔案館 内閣全宗,「滿文俄羅斯檔」.

『故宮俄俄文史料』:『故宮俄文史料:清康乾間俄国来文原檔』, 国立北平故宮博物院文献館, 1936.

宋小濂(黄紀蓮 標点注釈),『北徼紀游』, 黒龍江人民出版社, 1984.

『選編』 1: 中国第一歴史檔案館編『清代中俄関係檔案史料選編』第一編, 中華書局, 1981.

『選編』 3: 故宮博物院明清檔案部 編,『清代中俄関係檔案史料選編』 第三編, 中華書局, 1979.

「中華民国外交部保存之前清条約協定」.

『籌辦夷務始末』(同治朝), 中華書局, 2008.

青山治世,『近代中国の在外領事とアジア』, 名古屋大学出版会, 2014.

柳澤明,「中国第一歴史檔案館所蔵のロシア関係満文檔案について」,『満族史研究通信』10, 2001.

柳澤明,「17~19世紀の露清外交と媒介言語」,『北東アジア研究』別冊3, 2017.

矢野仁一,「清代満洲を繞るロシヤとの国境問題交渉」英修道・入江啓四郎監修,『中国をめぐる国境紛争』巌南堂書店(矢野仁一,『清朝末史研究』, 大和書院, 1944에 재수록), 1967.

Невельской, Г. И., *Подвиги русских морских офицеров на Крайнем Востоке России.: 1849-1855*, Хабаровск(初版 : С.-Петербург, 1878), 2009.

Скачков, П. И., *Очерки истории русского китаеведения*, Москва, 1977.

중국적 질서의 이념

그 특징과 근현대에서의 문제화

모테기 도시오
류일현 옮김

1. 들어가며

동북아시아를 하나의 의미 있는 공간으로서 구상하려는 경우, 이 지역의 현재를 역사를 거슬러 자리매김해 보는 일은 유익할 것이다. 애당초 이 지역이 어떠한 사회에 의해 구성되고 거기에 어떠한 질서가 존재하고 있었나, 그것을 뒷받침하는 이념과 실태는 어떠한 것이었나, 또한 그러한 이념과 실태를 가졌기 때문에 서양에서 유래한 근대의 가치와 작법이 이 지역에 확대하여 왔을 때 그 서양 근대 패권하에서 이 지역이 어떻게 변용하고 거기에 어떠한 문제가 발생하였는가를 생각함으로써, 이 지역의 현재가 부각되고 그로부터 장래 있어야 할 질서를 구상하기 위한 귀중한 힌트를 발견할 수 있다고 생각한다.

본고는 이와 같은 질문에 대하여 중국에 있어서의 개략적인 스케치를 시도하는 것이다. 필자는 평소 중국으로부터 그 주변으로 확대되는 지역

세계와 그 질서를 중화세계中華世界, 중화세계질서中華世界秩序 등으로 부르며, 이 지역 질서의 성격에 대하여 생각함과 동시에 그러한 지역 질서를 구상하는 것의 의미에 대해서도 생각하고 있다.[1] 본서에서는 중국 외에 한반도와 일본, 나아가 몽골과 러시아 등 동북아시아를 구성하는 각각의 세계관도 고찰하기 때문에 그것들과 맞대어 생각하기 위하여, 중국을 중심으로 한 확산으로서 정리하기보다는 약간 중국 내부적인 정리의 방식을 시도한다. 그러므로 잠정적으로 중국적 질서中国的秩序라고 부르며 논의를 진행하기로 한다.

중국적 질서를 지탱하는 이념에 대하여 검토하는 것이지만, 이념은 실제로는 그 질서를 구성하는 국가, 사회 혹은 거기에서 살아가는 사람들에게 '올바르다正しい'고 널리 받아들여지는 사상과 가치의 막연한 집적에 지나지 않으며, 하나로 수렴하여 명시적, 체계적으로 말할 수 있는 이념이 당초부터 존재하고 있던 것은 아니다. 일반적으로 질서가 원만하게 기능하는 때에는, 종종 그 이념이 명시적으로 말하여지는 경우는 없다. 오히려 그 질서가 원만하게 진행되지 않게 되고 어떠한 위기에 직면한 때에 '원래는……'이라고 특별히 명시적인 설명이 필요하게 되는 것이다.[2] 그때는

1 최근의 관련된 졸론(拙論)으로 「華夷秩序とアジア主義」(長谷川雄一 編, 『アジア主義思想と現代』, 慶應義塾大学出版会, 2014), 「中華世界秩序論の新段階」(東京女子大学紀要, 『論集』 第65巻 1号, 2014), 「中華の秩序とその近代−中華世界秩序論の新段階再論」(『中国哲学研究』 第28号, 2015), 「「冊封・朝貢」の語られる場−中華世界秩序論の新段階三論」(『東アジア近代史』 第20号, 2016)을 들어 둔다.

2 마루야마 마사오(丸山眞男)는 정통 교의는 이단의 발생에 대응하여 생긴다고 한다. "최초에 이단이 있었다는 것이 나의 명제이다. 결코 정통에 대응하여 이단이 나오는 것이 아니라, 먼저 이단이 나온다. 이단이 나와서 이건 안 되는데 라고 하면서, 비로소 자신을 무장하여야 한다는 것에서 정통 교의가 나오는 것이다."(丸山, 『自由について 七つの問答』, 編集グループSURE, 2005, p.16). 또한 새로운 왕조 성립시에 주창되는 이념과 그 이념에 의해 설명되는 제도라 하더라도, 그것은 전대의 모순과 혼란을 극복하고 개선하는 재질서화이다. 즉, 부조리에 직면하여 '있어야 할', '올바른' 질서가 이야기된다는 구도와 다름없다.

이용할 수 있는 사상과 가치의 단편, 이용할 수 있는 과거의 기록이나 기억 중에서 필요에 따라 적절한 것이 취사선택된 다음, '올바른' 이념이라는 이야기가 구성되는 것이다. 그러므로 위기의 내용에 따라, 즉 어떠한 문제에 직면하고 있는가에 따라 선택되는 사상이나 과거는 달라지게 될 것이다. 또한 시간의 경과를 거쳐 변화한 사상이나 인식된 과거는 반드시 그 시계열과 관련 없이 나란히 놓여져서, 필요하면서 동시에 유익한 것이 적절하게 선택된다.[3] 그러한 의미에서 이념과 그에 따라 '올바르다'고 설명되는 질서는 언제, 어떠한 맥락에서, 누가, 누구를 향하여, 무엇을 위해 말하는 것인가, 각각의 경우에 따라 그 이야기에는 미묘한 차이점이 발생하게 된다. 일관적인 체계로서 설명되고 있는 것처럼 보이는 역대 법전会典이나 정사正史라 하더라도, 그것을 편찬한 그 당시의 권력이 당시 상황 속에서 자신의 '올바름'을 설명하기 위하여 구축한 이야기라는 것은 인식해 두어야 할 것이다.

이러한 점에 유의하면서, 중국적 질서의 실태와 그것을 지탱하는 이념에 대하여 그 특징을 추출해 보고자 한다. 이 작업에서 필자의 관심은 19세기부터 20세기 초에 걸친 근현대에 이 지역이 서양 유래의 근대와 대치함에 있어서 어떠한 변용을 이루었으며, 어떠한 문제가 발생하였나, 그것이 오늘날에 있어 어떠한 문제를 우리들에게 던지고 있는가에 있다. 그리

3 예를 들면, 아편전쟁 후의 난징조약에 규정된 영사재판권을 『당률소의(唐律疏義)』의 선례에 따라 합리화 한다든지, 1880년대 중반의 조선에 대한 직접적 지배 강화를 원나라 시기 다루가치의 선례에 따라 합리화 한다든지 한 것 등을 생각하면 된다. 또한 시가 슈우조(滋賀秀三)가 "당률소의는 가경 13년(1808)에 손성연(孫星衍)이 복각할 때까지 원대의 간행본이 있을 뿐이어서명, 청대 사람들로서는 쉽게 볼 수 있는 책이 아니었다. 그리고 당의 『의절義絶』은 책 없이 기억으로 다룰 수 있을 정도로 간단한 것이 아니다"라고 지적하였다(滋賀, 『中国家族法の原理』, 創文社, 1967, p.506). 19세기 초의 복각이 이 난징조약 해석에 관련되었다고 추측하는 것에 무리는 없을 것이다. '나란히 놓여짐(横倒し)'은 중층화하고 있음에도 주의할 필요가 있다.

고 그것은 본서 전체의 과제에도 공통성을 가지는 것으로 생각된다. 그러므로 여기에서 추출되는 특징은 바로 서양 근대와 대치하였기 때문에 드러나는 특징이라는 점에도 유의할 필요가 있다. 그와 같은 사고의 실험을 통하여, 이 지역의 현재의 자리매김과 장래의 전망에 조금이나마 기여하는 논의가 되었으면 한다. 이하에서, 우선 중국적 질서의 특징을 정리하고 그것이 근현대에서 어떻게 문제화하여 왔는지 그 논리 및 구조에 대하여 검토하고자 한다.

2. 중국적 질서中国的秩序의 이념과 실태

1) 인격자에 의한 지배

다양한 문화, 다양한 가치관이 존재하고 '올바름'에 대하여 다른 생각과 감각을 가진 사람들이 어떻게 공존을 도모하고 질서를 구축해 갈 것인가의 문제에 대하여, 키시모토 미오岸本美緒는 '도덕형道德型'과 '규칙형ルール型'으로 분류하여 흥미로운 논의를 전개하고 있다.[4] '도덕형'은 '보편적인 『올바름』이 존재하고 인간은 그것을 알 수 있다'고 생각하고, 유일한 도덕적 올바름에 따라 질서화를 도모하여 가는 것에 반해, '규칙형'은 '보편적인 『올바름』에 대해서는 판단을 단념하고 공존의 규칙에 초점을 맞추어 간다'고 한다. 전자가 '올바름'은 존재하고 실현할 수 있다고 생각하는데 반해, 후자는 궁극의 절대적인 '올바름'을 그 존재 가능성까지는 포기하

4 岸本美緒, 「徳治の構造－寛容の在り処を中心に」(『中国－社会と文化』 第30号, 2015, 나중에 고쳐서 岸本, 『明末清初中国と東アジア近世』, 岩波書店, 2021에 수록).

지 않더라도 거기에 도달하는 지나치게 큰 비용을 고려하면, '올바름'은 일단 보류하고 합의에 의해 공유 가능한 규칙을 발견해 가자고 하는 것이다. 합의인 이상 상황의 변화에 따라 규칙은 가변적이다. 종교대립으로부터 각자 본인이 믿는 '올바름'을 위하여 다른 '올바름'을 믿는 타자의 존재를 절대적인 '악'으로서 철저하게 말살하려 한 결과 30년 전쟁 등의 참혹함을 경험한 유럽은, 그에 대한 반성에서 '규칙형'을 발견한 것에 반해 전통 중국의 모색은 '도덕형'의 틀 속에서 일관하였다.

전통 중국은 '올바른' 도덕을 갖춘 인격자가 그 도덕성에 따라 통치하는 것으로, 비인격적인 규칙에 의한 '법치法治'가 아닌 '올바른' 인격에 의한 '인치人治'이다. 사람들이 권력자의 판단에 따라 사회생활을 영위하는 것은 그 판단을 내린 권력자의 인격이 도덕적으로 '올바르기' 때문이다. 뛰어난 사람이 상황을 관찰하여 인정과 도리에 비추어 내린 판단은 당연히 '올바른' 것이다. 그 때문에라도 엘리트는 과거를 통해 유교경전의 이해도를 기준으로 선발되고 고결한 인격을 가장 중요한 것으로 하며 전혀 전문기술을 갖추지 않은 아마추어야만 했다('군자는 그릇이 아니다君子不器')『논어』 위정편. 지엽적인 자질구레한 것에 사로잡혀 대국적인 판단을 놓치는 일이 없도록 하기 위함이다. 물론 유교경전을 이해하고 있다고 해서 인격자라는 보증은 없다. 그러나 엘리트는 인격자라고 하는 이야기가 공유되는 장에서는, 만일 엘리트인 자가 도덕에 어긋나는 행위에 다다른 경우 그는 엘리트로서의 존재근거에 대하여 엄격한 질문을 받게 될 것이다. '올바른' 인격으로서의 신뢰를 상실하면 그 판단에 따르는 자가 없게 된다. 그리하여 그 이야기에 반하지 않을 정도로 자기 규제를 할 것이다. 이와 같이 인격자에 의한 지배, 이른바 '인치人治', '덕치德治'가 성립하는 것이다.

엘리트를 선발하는 과거科擧는 최종시험에서 전시殿試라고 하여 황제가 직접 면접하는 것이었는데, 그것은 황제야말로 그 도덕성에 의해 천명을 받은 가장 유덕한 자이기 때문이다. 그 황제의 도덕성에 감화된 백성民은 황제에게 끌려 따르고자 오는 것으로, 황제 통치의 은혜를 입고 황제의 은혜적인 배려와 그것에 의한 선정을 기대할 수 있게 된다. 황제의 높은 도덕성에 의한 교화를 받아들였는지 여부는 지정된 예禮를 실천하고 있는지에 따라 판단된다. 그 생활공간이 '판도', '강역' 등으로 불리는 왕조의 통치공간이 된다. 반대로 황제의 도덕성을 이해할 수 없고, 이끌려 모이지 않는, 즉 중화의 예를 실천하지 않는 사리에 어두운 백성은 황제의 은혜적인 배려는 받지 못하고 방임되는데, 결과적으로 자유가 된다. 다만, 교화에 복종하는 백성의 생활을 어지럽히거나 왕조의 질서를 어지럽힌다고 판단된 경우는 '징벌'된다. 그 판단은 비인격적인 규칙에 의하는 것이 아니라, 유덕자인 황제 개인의 판단, 즉 '예려叡慮'에 의하는 것이다. 개인의 판단이라는 점에서는 예려와 자의에 근본적인 차이는 없다.

이와 같이 전통적인 왕조 국가에서는 사람의 지배 및 장악이 중시되는 것이며, 공간을 경계선으로 한정하고 그 영역 내를 균질적으로 통치하는 것과 같은 속지주의적 영역지배는 구상되지 않는다. 지배하는 공간은 『시경詩經』 소아小雅 북산北山편에서 '넓은 하늘 아래 왕의 땅 아닌 곳이 없고, 모든 땅 끝까지 왕의 신하 아닌 자 없다溥天之下, 莫非王土, 率土之濱, 莫非王臣'라고 하듯이 이른바 왕토사상으로서 이야기되며, 원리적으로는 천하 전체가 황제의 통치 하에 들어가게 되는 것이다.

2) 무위의 치無為之治

인격자에 의한 통치는 적극적인 권력 행사가 아니라 오히려 아무 것도 하지 않는 '무위의 치無為の治'가 바람직하다고 하였다. 인격자의 덕성이 백성에게 어떻게 미쳐 통치가 실현되는가에 대해서는 '군자의 덕은 바람이요 소인의 덕은 풀이다. 풀 위로 바람이 불면 풀은 바람 부는 방향으로 반드시 눕는다君子之德風 小人之德草 草上之風 必偃'『논어』 안연편고 하며, 여기에서 「눕는다」는 자동사로 이야기되는 것처럼 바람과 같이 자연스레 미치게 된 교화를 받아들이는지 여부는 백성 측의 자발적인 선택에 의한다고 한다. 물론 현실에서는 강제도 있는 것이지만, 그 경우는 '징벌' 등 합리화를 위한 변명이 이루어져야 할 것이다. 고대의 순 임금이 '자기를 공손하게 하여 똑바로 남쪽을 향할 뿐恭己正南面而已矣' 으로 '무위無爲로서 다스리는無爲而治' 것과 같이『논어』 위령공편 부작위, 즉 무위에 의한 소극적 지배가 이상이 되는 것이다.

이와 같은 사고는 순 임금 전대의 요 임금의 고사 '고복격앙鼓腹擊壤'에 의해서도 널리 유포되고 있었을 뿐만 아니라, 아동이 문자를 공부하는 교과서로서 널리 사용된『천자문』에서도 '조정에 있으면서 도를 구하고 아무것도 하지 않은 채 (나라를) 공명하게 다스린다坐朝問道, 垂拱平章'라고 되어 있듯이, 어려서부터 이것을 암송하여 공부한 식자층에게는 이 발상이 몸에 배어있었다고 해도 좋을 것이다. 천자가 위에서 옷을 늘어뜨리고 팔짱을 낀 채 앉아 있으면 그 교화에 의해 아래에서는 사람들이 평화로이 덕이 있는 생활을 보내게 되는 것이다.[5]

---

5 小川環樹・木田章義注解, 『千字文』, 岩波文庫, 1997, pp.56~58.

3) 균질적인 전체

덕이 있는 자의 올바른 인격이 올바른 질서로 귀결하는 매커니즘은 사대부로서의 마음가짐을 서술한 가르침으로서 『대학大學』에서 '격물格物, 치지致知, 성의誠意, 정심正心, 수신修身, 제가齊家, 치국治國, 평천하平天下'로 표현되고 있다. 엘리트의 도덕성이 지역사회의 안녕으로, 지역사회의 안녕은 국가의 안녕으로, 즉 개인으로부터 전체로 동심원처럼 확대되어 가는 것이다. 게다가 이 발상은 후쿠자와 유키치福沢諭吉의 '일신독립하여 일국독립한다'『学問のすゝめ』三編 등에도 통하는 것으로 동아시아에서 유교경전으로 교육을 받은 세대에게는 널리 몸에 배어 있었다고 말할 수 있을 것이다.

이와 같은 동심원적 확대에 의해, 도덕적으로 완성된 인격자의 내면이 타자의 내면에 그대로 연속, 침투하고 그 침투가 무한히 확대하여 가는 것으로 '올바른' 질서가 실현된다. 보편적인 '올바름'을 획득하여 완성된 인격의 내면은 완성된 인격인 이상 개개인의 신체를 넘어서 누구에게나 공유될 것이다. 인격자라면 똑같이 느끼고 똑같이 생각하며 똑같이 행동할 것이다! 라는 것이다. 그렇다면 거기에서 실현될 모든 사람들이 인격적으로 완성된 이상적인 상태에서는 '너도 나도 없는', '만물일체萬物一體', 즉 다양성이 없는 한 가지 색의 균질적인 전체가 상상되게 될 것이다. 이것은 서양 근대의 시민사회에서 보여지는 다양한 개인이 다양한 그대로 모여 개성을 발휘하면서 공존하는 사회와는 대척점에 있다. 개인과 개인의 차이는 해소되고 공동성 속에 녹아버린 전체 사회가 될 것이다.

또한 '규칙형'을 취한 서양 근대의 세속국가에서는 '올바름'을 보류함으로써 자립적인 개인의 내면에는 개입하지 않게 되었음에 반해, 전통 중국에서는 내면의 완성이 요구됨으로써 명나라 초 태조에 의해 포고된 육유六諭 등 민중교화라는 논리에 의해 개개인의 내면에 대한 권력의 개입과 장악이라는 회로가 열렸다. 그 연장선상에서 근현대의 기술 진화에 의해 실현된 것이 현대 중국의 사상통제라고 생각할 수도 있을 것이다.

또한 중국에서는 사회를 동질성, 균질성의 한 가지 색으로 덮인 개성 없이 밋밋한 전체로서 생각하는 경향이 있고 다른 타자나 다양한 개인의 존재라는 발상은 희박한 것이, 사상사 연구에서 종종 지적되고 있다.[6] 『대학』을 특히 중시한 주자朱子에 대하여 나카지마 타카히로中島隆博는, 주자가 구상하는 '신민新民' 즉 백성을 새롭게 하는 것에 의한 자기로부터 타자로의 연속적인 계몽 확대에는 인간 부류를 본래적인 동일성으로서 생각하는 특질이 있는 것, 그로 인하여 실현되는 보편성에 있는 것은 "개별적인 내가 아니라 전체를 대리할 정도로 비대해진 대문자大文字의 자기自己"임을 지적하고 "결국은 하나로 회수되어 버리기 때문에 동일한 것으로 환원할 수 없는 복수의 '우리들' 사이에서 유지되고 있는 '공공성公共性'(설령 이것이 강한 보편성을 가지지 않는다고 해도)을 최초부터 무시하고 있는 것은 아닐까"라고 지적하고 있다.[7] 그렇다면 이 사회는 결국 익명화된 균질적인 전체로 변해갈 것이다.[8]

---

6 근세사상사에서 고찰한 伊東貴之, 「中国近世思想史における個と共同性・公共性」(『中国哲学研究』 第24号, 2009), 중국적 국가의 특징에 대해서 고찰한 茂木, 「中国王朝国家の秩序とその近代」(『理想』 第682号, 2009) 등.

7 中島隆博, 『残響の中国哲学』, 東京大学出版会, 2007, 第6章.

8 19세기 이후 근대사회에 공통하는 특징으로서의 균질화와 여기에서 말하는 전통중국의 균질화의 차이에 대해서는 약간 보충을 할 필요가 있을 것이다. 군자의 내면과 동일화하여 개인의 차이를 무시하고 익명화하여 자기와 타인의 차이를 없애버리는 것이 전통중국의 균질화인데, 다양한 개인이 그 외측에 놓여진 규칙에 의해 예외없이 균질하게 다루어져 그 규칙의 이해를 서로 확인하고 철저하게 만드는 것이 근대의 균질화라고 생각하는 것도 가능할 것이다. 제2절에서 논하는 글로벌 규모에서 발생한 20세기적 현상에서는, 그 다양한 개인은 시민사회의 규칙에 더하여 산업사회의 자본 논리가 일률적이고 철저하게 운용되어 균질화를 촉구함으로써 익명화된 집단으로서 '대중'이 되며, 결과적으로 전통중국의 균질화와 비슷하게 되어 버린다. 여기에

이와 같은 올바른 내면이 타자에게 침투하여 공동성을 가지는 균질적인 전체라는 전통 중국의, 특히 그 중에서도 주자朱子(혹은 성리학)의 이미지는 루소의 일반의사와도 통하는 바가 있다. 루소는 신을 상정하지 않고 각 개인의 내면에 의거, 각 개인의 의사와 공동체의 의사를 직접 연결하여 사회질서의 근거로 삼고 그것을 공동체의 내부에 세우려 한 것이었는데,[9] 확실히 개인의 내면이 전체로 융해하여 일반화되어 버리는 모습은 유사한 바가 있을 것이다. 그 의미에서 루소가 그려내는 사회질서는 한학과 잘 어울리고 성리학의 발상을 경험한 명나라 초기의 지식인에게는 위화감이 적었을 것이다. 철학자 나카에 초민中江兆民이 루소에 주목한 것도 이유가 없지는 않을 것이다.[10]

그리고 20세기 초 일본에 온 중국 지식인이 일본 경유로 공화혁명의 상징으로서 루소를 수용한 때에도 같은 논리가 작용하였다고 상상할 수 있다. 청조 타도에 의한 공화정 국가 건설을 목표로 하는 세력을 규합하여 결성된 중국동맹회中國同盟會의 기관지 『민족民報』 제1호1905년 12월 간행에는 그 권두, 제4면에 루소의 초상이 '세계 제1의 민권주의 대가 루소'라고 하여 '세계 제1의 공화국 건설자 워싱턴'의 초상과 나란히 게재되어 있었다. 참고로 목차제1·2면에 이은 제3면에는 "세계 제1의 민족주의 대大위인 황제(중국 민족 개국의 시조)"라는 제목의 황제黃帝 초상이 게재되고, 루소의 다음

서 글로벌한 20세기적 현상과 전통중국과의 융합(혹은 유착) 또는 상승(相乘)을 볼 수 있다.

9 小坂井敏晶, 『増補 民族という虚構』, ちくま学芸文庫, 2011, p.228.

10 다만 나카에 초민(中江兆民)은 당시 프랑스 학예사회에서의 루소의 일반의사 비판(인민이 종래는 선악이 서로 섞여 있는 여러 개인으로 이루어진 과오적 존재임을 무시한 채 인민주권의 절대성을 요구하는 때 다수자의 전제라는 비극이 나타난다 등)의 논조도 감안하여 번역을 하였다. 宮村治雄, 「中江兆民と「ルソー批判」」(宮村, 『理学者兆民－ある開国経験の思想史』, みすず書房, 1989)을 참조할 것.

페이지(제5면)에는 묵자墨子의 초상이 "세계 제1의 평등주의 대가 묵적墨翟" 이라고 하여 게재되어 있었다.

그들은 군주 타도의 선구자로서 명나라 말의 황종희黃宗羲를 '중국의 루소'라고 칭하였다. 황제가 "자신의 대사大私를 공公으로 하였다"고 '천하의 공天下之公'에 의거하여 황제를 비판하였기 때문이다. 물론 군권을 비판하는 민권주의에 혁명가들이 공감한 것은 분명하지만, 그뿐만 아니라 '천하의 공天下之公', '다수인의 공多数人之公', '총체의 공総體之公'이라는 황종희의 관점은 제2절에서 후술하는 것처럼 20세기 혁명가들에게도 공유되고 있고(거기에서는 주자 이래 황종희를 거쳐 청나라 말에 이르는 연속성이 있다),[11] 그와 같은 균질적인 전체성으로 승화해 버리는 사고가 루소의 일반의사의 사회관과 공명共鳴한 것일 터이다.

또한 일본 유학에서 귀국 후 가로회哥老會 조직을 발전시켜 새롭게 '신사회新社會'라는 결사를 만들어 구국운동을 한 루오이농羅一農에 대하여, 그가 살던 집에 '사성사四聖師'를 마련하여 관우, 묵자, 루소, 마르크스를 아침 저녁으로 예배하였던 것을 소개한 야마다 마사루山田賢는 그 마르크스에의 귀의에 대하여 "마치 재산을 공유하는 대등한 형제들의 '일가一家'로서, (…중략…) 중국은 마치 (…중략…) 형제들의 '가家'로서 긴밀한 통합을 회복해야 하고, 마르크스주의는 그러한 토착적 전통의 정념에의 회귀와 하등 모순하는 바가 없었다"고 해독하고 있다.[12] 마찬가지로 루소에 대해서도 그 일반의사가 이미지화 하는 공동성이 '재산을 공유하는 대등한 형제들의

11 溝口雄三, 『中国前近代思想の屈折と展開』, 東京大学出版会, 1981 및 「〈中国の近代〉をみる視点」(溝口, 『方法としての中国』, 東京大学出版会, 1989).
12 山田賢, 『中国の秘密結社』, 講談社新書メチエ, 1998, pp.188~190.

"일가一家"'와 잘 어울리고 공명共鳴하고 있었다고 해독할 수 있을 것이다.

4) 예禮의 매개성

예禮는 덕치 이념을 구현하고 가시화하는 것이었다. 거기에서는 덕치의 여러 가치가 상황에 맞게 적절히 표상되도록 절차나 태도가 정해져, 그 정형을 올바르게 이행할 것이 요구되었다. 행동을 같이 하기만 하면 이념을 하나하나 말할 필요는 없다. 그 의미에서 예는 형식이다. 그 정형화된 예를 이행하고 있으면 그 예가 표상하고 있어야 할 내실이 갖추어 지고 있는 것으로 보고, 그 이상의 내면까지 파고 들어가 문제 삼을 필요는 없다. 정형화된 태도가 표현하는 이야기가 이미 공유되고 있기 때문에, 그 예를 이행하고 있으면 상호 관계는 그 이야기의 틀 속에서 유지되고 안정된 관계를 보전할 수 있는 것이다.

한편, 그 틀을 크게 일탈하지 않는 한에서는 각 참가자가 동일한 예에 서로 다른 의미를 부여할 수도 있고, 정형화된 절차나 태도를 이행함으로써 다른 자들 간의 관계가 구축되는 경우도 있었다. 예를 들면, 정해진 예를 한쪽은 신하로서 좇는 것臣從의 확인으로, 다른 한쪽에서는 교역을 위한 절차로 이해함으로써 쌍방의 의도를 은폐하고 관계가 맺어지는 경우도 있었다. 조공관계이다.

그 의미에서 예의 추상성 및 형식성에는 다양한 것을 매개하여 연결한다는 측면과, 정해진 형식을 이행하지 않는 한 관계는 구축되지 않는다는 점에서는 멀리 떼어 놓는다는 측면이라는 양의성이 존재하는 것이 된다. 즉, 예는 경계 유지 장치였던 것이다.

다양하면서도 광대한 중국적 질서의 자장磁場에서 그 변방에 적지 않게 존재하는 비중국어非漢語·비유교사회非儒敎社會에서는, 중국 왕조가 정한 예를 어느 정도 수용하는(즉 일정한 정도의 중국화를 받아들이는) 것을 통해 그 이상의 내실에 대한 개입을 막는 것이 가능했다. 예의 구조에 편입된 것이기 때문에 역시 중국 왕조의 통치에 편입되지만, 유덕자인 중국 황제에게 일정한 은혜적 배려를 기대함으로써 결과적으로 자신의 풍속관습을 유지, 보전하면서 나아가 우대를 얻을 수도 있었다. 물론 예를 받아들이지 않은 채 중국 왕조와의 관계를 접속하지 않고 교화의 바깥, 즉 '화외化外'에 방임됨으로써 보호는 받지 못하지만 자유는 계속 유지하는 경우도 있었다. 예를 통해 관계를 맺을 것인지 여부는 중국 왕조와 변방의 여러 사회 각자의 생각에 따라 다양한 선택이 가능했다. 이와 같이 중국적 질서의 자장磁場에서는 결과적으로 다의성의 공존이 실현되었다.

다만 이 '다의성의 공존'에는 주의가 필요하다. 이것은 다른 문화로서 인지된 것끼리의 대등한 관계에 의한 다의성이 아니다. 여기에서 문화로서 인지되고 있는 것은 중국 문화뿐이다. 중국 황제가 주재하는 문화는 유일한, 보편적인 그리고 윤리적인 '올바름'을 가지는, 이른바 대문자大文字의 '문화'였다. 어디까지나 기준은 중국(중화)가 독점하고 있고 그 유일한 기준에 의해 화華와 이夷가 변별되며 서열화된다. 화외化外에 놓여져 방임되고 결과적으로 자유를 향수하고 있다는 것은 대등한 대화가 가능한 타자로서 대우받지 못하는 금수禽獸와도 같이 여겨졌던 것의 다른 면이기도 하였다.

중국 왕조가 주변 여러 국가와의 사이에서 만들어 낸 책봉이나 조공 관계도 이러한 논리의 연장선 상에 있다. 중국 왕조가 지정하는 예禮를 바탕으로 중국과의 정식 관계가 성립하고 교류가 가능하게 되는 것인데, 이 관계를 맺을지 여부는 중국과 주변 여러 국가 각자의 생각에 의한다. 개별 사례에 따라 구체적으로는 다양하지만, 예를 들면 책봉이나 조공 관계가 맺어지면 중국 왕조로서도 중국 황제의 훌륭한 덕威德이 높음을 더욱 과시할 수 있게 되고, 평화적 관계가 마련된 것이므로 변방 지역의 군비를 경감할 수 있을 것이다. 주변 국가에서도 중국 왕조라는 뒷배를 얻는 것으로 국왕은 자국 내에서의 권위를 높일 수 있을 것이고, 중국과의 무역 이익을 향수할 수도 있게 될 것이다.

그때 중국과 주변 조공국 사이에는 덕치를 무대로 한 장에서 각자 유교의 여러 개념 및 그 논리를 이용하는 것으로 자신의 이익을 최대한 획득하려는 다툼이 벌어지고 있었다. 예를 들면, 조공국 측이 자신을 소국으로 위치를 정하고 대국 중국을 성실하게 섬기는 자세를 보이면 중국으로서도 대국으로서의 배려, 대우를 보이지 않으면 안 된다. 즉 '소小가 대大를 섬기면 대大는 소小를 보살핀다小事大, 大字小'는 필요가 생긴다. 그렇게 하지 않으면 대국으로서의 도덕성에 상처가 나게 된다. 그러한 덕치가 작용하는 장에서의 정치문화에 대하여 이어서 간단히 논하고자 한다.

5) 덕치德治의 정치문화

덕치를 무대로 한 장에서 대국과 소국, 혹은 중앙과 주변 사회 각각이 유교의 여러 개념 중에서 자기 입장을 우위로 할 수 있는 개념을 선택하는 것으로 직면하고 있는 문제를 자신에게 유리하게 전개하려는 모습은, 이 지역에서 과거의 역사적 유산에 머무르지 않고 근현대, 아니 오늘날에도 계속되는 정치 문화가 되었다고 해도 좋다. 그 몇 가지에 대하여 간단히 언급하고자 한다.

도덕성에 의해 올바른 질서를 구축하는 것은 '왕도王道'로 칭찬되고, 역

으로 무력에 의한 지배는 '패도覇道'로 부정시되는 것인데, 이 '왕도'와 '패도'를 사용한 논의는 쑨원孫文이 1924년 11월 고베에서 했던 '대 아시아주의大アジア主義' 강연이 유명하다. 거기에서는 유럽 문화를 '패도문화', 아시아 문화를 '왕도문화'로 단정하여 제국주의가 비판되었다.[13] 또한 중화인민공화국은 무력에 의한 헤게모니를 '패권주의'라고 비판하여 왔다. 1978년에 체결된 중일평화우호조약의 체결 교섭에서 중국이 당시 대립하고 있던 소련을 염두하여 '반反패권조항'의 삽입을 일본에 집요하게 요구했던 일이 인상적이다. 그 중국이 이듬해 말에 단행한 중국-베트남 전쟁에서는 그 선전포고에서 자신의 군사행동을 베트남의 캄보디아 침공에 대한 '징벌'이라고 정당화하였다. 덕치의 정치적 자장磁場에서 무력 행사는 '징벌'이라고밖에 정당화할 수 없기 때문에, 권력은 무력 행사에 있어 그 무력 행사는 부정한 것에 대한 '징벌'로서의 행위라고 선고할 필요가 있었다. 20세기 말의 중국에도 똑같은 덕치의 자력이 작용하고 있었던 것이다.

그런데 인격자가 지도하는 지역 사회에서는 그 도덕성을 둘러싸고 치열한 주거니 받거니가 벌어지고 있었다. 서민도 지도자의 도덕성을 존경하고 지도를 수용함으로써 자신의 이익 획득을 꾀하고 있었다. 오오사와 마사아키大澤正昭는 송宋대의 재판기록에 의거하여, 서민이 자신의 이익 획득이 여의치 않은 경우 교화되어야 할 '우민愚民'으로서의 지위를 역으로 이용하여 좀 더 적절히 '가르쳐라!'고 소송을 제기하는 모습을 생생하게 그려내고 있다.[14] 그 때 '시강능약恃強凌弱', '이대능소以大凌小'등의 성구成句가 이

---

13 「対神戸商業会議所等団體的演説」(『孫中山全集』 第11巻, 中華書局, 1986). 이것에 대한 약간의 분석으로 茂木前掲, 「中国王朝国家の秩序とその近代」를 참조.
14 大澤正昭, 『主張する愚民たち－伝統中国の紛争と解決法』, 角川書店, 1996.

용되었던 것인데, 이것은 '사대자소事大字小'라고 하여 이야기되는 중국 왕조와 주변 여러 나라와의 사이에서의 흥정과 같은 것이다.

또한 오늘날 중국에서는 지방 정부의 부정 등에 의해 지방에서는 해결할 수 없는 문제를 가진 사람들이, 베이징에 와서 중앙 정부에 직접 호소하는 '상방上訪'이 다수 제기되고 있다. 애초에 중국에서는 '신방信訪'이라는 제도가 있어, 정부에는 국가신방국이 설치되어 있고 이것은 합법적인 진정陳情 제도이다. 거기에는 중앙 정부의 적절한 지위에 있는 지도자는 올바른 지도자이기 때문에 사정의 진실을 이해하면 올바른 판단을 해 줄 것이고, 나쁜 것은 중간에 있는 악덕 관리이다! 라는 이해가 있는 것이다.

이것은 일본 근세사에서 '인정仁政 이데올로기'라고 불리는 것에 상당하는 것이다. 임금에게 직소하는 것으로 임금의 '예려叡慮'에 의한 해결을 꾀하는 농민 봉기의 심성은 조선에도 존재하며, 청일전쟁기의 동학농민전쟁에도 공통성을 가지는 동아시아에 공통하는 심성이기도 하다.[15] 서민은 결코 유유낙낙 위정자를 따르는 것이 아니며, 쌍방이 인정仁政 및 덕치德治의 틀을 사용하여 자신의 이익을 추구하는 흥정이 벌어지는 것이다. 다만 여기에서는 권력에 참가하여 그 결정에 관여한다는 참가 의식은 없다. 체제의 틀을 전제로 하여 그 체제 속에서 서민은 인정을 추구하여 권력의 자혜慈惠에 기대며 위정자는 자신을 다스려 인정仁政을 베풀어, 서로가 '각자의 지위를 얻는各其得所' 일이 기대되고 있는 것이다.

21세기 초, 2002년에 성립한 후진타오胡錦涛 · 원자바오温家宝 정권은 격차

15 인정(仁政) 이데올로기라는 이야기가 동아시아에 퍼져 있는 것에 대해서는 深谷克己 編, 『東アジアの政治文化と近代』, 有志舍, 2000; 金文京, 『水戸黄門「漫遊」考』, 講談社学術文庫, 2012 등이 참고된다.

와 부패가 크게 문제되는 가운데 '화해사회和諧社会'라는 슬로건 하에 '이민위본以民為本'과 '친민정치親民政治'를 강조하였다. 모두가 유교 경전을 근거로 하는 인정仁政 이데올로기이다. 치자와 피치자 관계를 고정화시킨 권력이 백성을 권력에 참가시키지 않은 채 백성들에게 다가가는 한편, 백성 쪽은 그 권력의 인자함仁慈를 기대한다. 이렇게 공산당의 독재는 재확인되는 것이다.

6) 청조清朝의 구조

중국이 19세기에 근대 세계와 대치한 것은 만주의 이민족 왕조인 청나라 시대이다. 20세기가 되어 청조를 타도하고 수립된 중화민국은 법적으로도 청조를 계승하는 중국의 정통 정부로서 성립하였으며, 그것은 중화인민공화국도 같다. 그러므로 오늘날 중국의 공간적 확대와 민족 구성 등은 청나라의 그것을 승계하고 있다. 그런 의미에서 중국적 질서를 다루는 본고에서도 청조清朝에 대하여 약간은 언급해 두지 않으면 안될 것이다.

여기에서는 편의상 청나라를 중국과 비중국이라는 이원적 구조라고 이해하여 둔다. 한토漢土라고도 불리는 명明 이래 중국적 통치 체제를 펼쳤던 지역과, 만주의 옛 땅 및 몽골, 베트남, 투르크계 무슬림이 있는 번부藩部이다. 만滿·한漢·번藩으로 삼

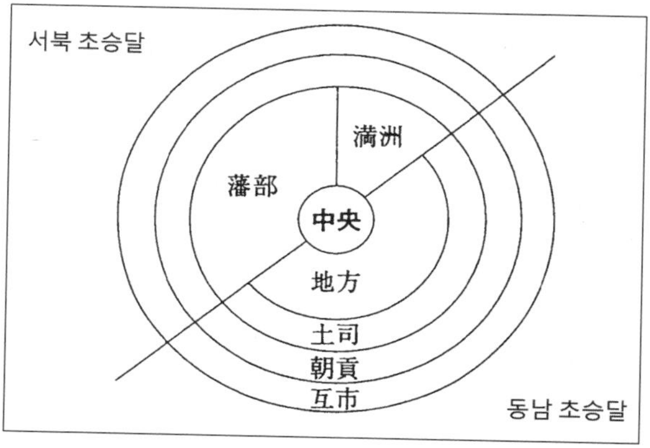

〈그림 1〉 청조의 구조

분하는 이해도 있지만,[16] 중국적 질서에 대해서 생각하는 본고에서는 중국/비중국의 이원화 쪽이 명쾌할 것이다. 〈그림 1〉은 청조清朝의 구조를 이해하기 위하여 마크 맨콜이 설명하는 '동남 초승달the southeastern crescent'과 '서북 초승달the northwestern crescent'을 참고하여 그린 개념도이다.[17]

몽골과의 관계는 칭기즈칸 이래의 내륙 아시아의 대大칸으로서 주권의 정통을 계승하는 내륙 제국으로서, 또한 티베트와의 관계는 불교 공동체라고 하여 이야기 하려는 등, 청조는 비중국세계의 통합에 관해서는 중국어漢語나 유교 등의 중국적 이야기 방식이 아닌 몇 가지의 이야기를 마련하고 있었다. 내륙의 비중국과의 관계에서는 굳이 중국어 및 유교 논리는 개재시키지 않고, 만주 문자滿文나 몽골 문자蒙文로 주고 받는 자세도 취해졌다. 결국 청조의 전체로서의 통합은 황제라는 개인과 그 인격에 있어서 통합되고 있었다고 말할 수 있다. 황제가 누구(만주, 몽골, 한, 티베트, 동투르키스탄의 무슬림, 혹은 그중 몇몇)를 향해 무엇을 이야기하느냐에 따라 어떤 언어의 어떤 이야기가 적절한지가 그때마다 선택되었던 것이다.

그런데 러시아가 동북아시아에 등장하여 중국적 세계와 만난 것은 청조 시대이다. 다만 그 만남은 실제로는 중국과의 만남이라기보다는 오히려 만주와의 만남이었다고 하는 측면도 있다. 그것은 네르친스크 조약1689이

16 예를 들면 石橋崇雄, 『大清帝国への道』, 講談社学術文庫, 2011, p.54. 그렇다고 하더라도 일반적으로 이해를 용이하게 하기 위한 모델은 그 목적에 합치하고 또한 동시에 단순하면 할수록 좋다. 중국적 질서의 특징을 추출함과 동시에 근현대의 변용의 결과, 비중국의 공간도 포함하여 중국의 틀에 포섭되었다는 논의를 위한 모델이기 때문에, 여기에서는 이원 구조를 선택하였다. 다른 모델을 배제하는 것은 아님을 덧붙여 둔다.

17 Mark Mancall, "The Ch'ing Tribute System: An Interpretive Essay", In *The Chinese World Order : Traditional China's Foreign Relations*, edited by John K. Fairbank, Harvard University Press, 1968. 또한, 본고에서 채록한 〈그림 1〉~〈그림 3〉은 茂木, 「中華帝国の解體と近代的再編成への道」(東アジア地域研究会 編, 『東アジ近現代史』 4, 「東アジア史像の新構築」, 青木書店, 2002)에 의한다.

라틴어 정문正文에 더하여 러시아어, 만주어에 의한 조약이었던 것으로 상징된다. 이후 청러 간에 체결된 조약은 아이훈조약1858에 이르기까지 중국어 텍스트는 존재하지 않았다고 한다. 러시아나 청나라를 유라시아에 병존한 포스트 몽골의 근세 제국의 하나라고 생각하는 근년의 역사상[18]에 입각하여 생각하면, 네르친스크 조약 이후의 근대 이전 청러 간의 교섭과 약정은 몽골의 뒤를 잇는 국가끼리의 이해 조정 및 세력권 획정이었다고 생각할 수도 있다. 청러 간의 교섭이 대등하였다고 말할 수 있는 것도 그 때문일 것이다.

그러나 그것을 중국 세계에 향하여 이야기할 필요가 생긴 때, 중국어로 번역되거나 중화의 논리 및 유교적 개념으로 꾸며져 버린다. 그와 같은 화이질서華夷秩序의 구조로 반영시키지 않으면 중국적 질서를 지탱하는 이념의 '올바른正しい' 이야기가 되지 않기 때문이다. 그렇기 때문에 청나라는 러시아와의 관계에서 종사하는 관원이나 사용 언어에서 한족漢人, 중국어漢語를 분리하여 격리하려고 했던 것이다.

19세기 후반이 되면 청러 간 조약에 중국어 텍스트가 채용되게 된다. 다음 절에서 서술하는 것과 같은 청조의 재편이 비중국을 중국의 틀에 편입시켜 가는, 중국으로서의 재편이기도 했음을 단적으로 보여주는 현상이라고 할 수 있다. 중국적 질서의 근현대에 있어서의 양상과 거기에서 어떠한 문제가 발생했는가에 대해서는 다음 절에서 간단히 정리한다. 여기에서는 그와 같이 문제화되는 배경으로서 중국적 질서에 어떠한 특징이 있었는지를 간단히 정리하였다.

18 예를 들면 杉山清彦, 「近世ユーラシアのなかの大清帝国－オスマン,サファヴィー,ムガル,そして"アイシン＝ギョロ朝"」, 岡田英弘 編, 『清朝とは何か』(別冊環 ⑯), 藤原書店, 2009.

3. 중국적 질서의 근현대에 있어서의 변용

1) 이중의 재편[19]

청나라는 18세기 건륭제 치하에서 '성세盛世'를 구가하였으나, 그 말기에는 체제의 느슨해짐이 두드러지게 되었다. 1796년 쓰촨四川·산시陝西·후베이湖北 3성 경계에서 일어난 백련교의 난은 그 진압에 햇수로 9년의 세월을 요하였고, 또한 그 조금 전인 1793년에는 영국이 매카트니를 파견하여 중국적 질서의 작법과는 다른 서양 제국諸國의 논리에 기초한 관계를 요구하는 등 안팎으로 체제를 동요시키는 움직임이 발생하여 19세기 변동의 시대를 맞이하게 되었다.

그렇다고 하더라도 청조가 서양 제국諸國의 근대 논리를 중국적 질서의 논리와는 다른 타자의 논리로서 인식하고 그것에 대하여 종래와는 다른 대응을 하게 된 것은 19세기, 그것도 그 후반 이후의 일이다. 그 중요한 계기 중 하나가 메이지 일본이 가져온 충격이다. 메이지 정부의 성립 이래, 일본은 근대 국가 건설에 매진하고 그 첫걸음으로서 근대 국가의 요건인 영토·국경의 획정과 그 영역에서의 배타적, 일원적 주권의 확립을 목표로 하였다. 이 행동으로 에도 시대를 통해 오랫동안 청-일 양속兩屬의 관계에 있었던 류큐의 귀속 문제가 발생하고, 그 과정에서 일본은 1874년 대만에 출병하였다.

또한 이 시기 신장新疆에서는 야쿠브 베그Yakub Beg가 카슈가르에 이슬람

19 이 항은 茂木前掲, 「中華帝国の解體と近代的再編成への道」 및 「中華世界の構造変動と改革論」(毛里和子 編, 『現代中国の構造変動』 7, 「中華世界－アイデンティティの再編」, 東京大学出版会, 2001)의 내용을 간략히 정리하였다.

정권을 수립하고, 혼란을 틈탄 러시아가 이리伊犂 지방을 점령하는 등 신장은 청조의 통제로부터 벗어나 버렸다.

이러한 변방의 위기에 대처하게 위하여, 청나라는 그때까지의 주변 통치를 변경하여 직접적인 실효지배에 적극적으로 나서게 되었다. 대만에 대해서는 중국적 통치를 수용하지 않아 화외化外에 놓여 있던 선주민 '생번生番'에 대해서 적극적으로 교화를 실시하고 이를 통치에 편입함으로써 전역에 실효 지배를 계속해서 나아가게 되었다. 그 후 1885년 타이완성臺灣省이 설치되어 적극적인 개발정책은 더욱 추진되었다.

한편, 비중국으로서 중국어 · 한족과는 따로 분리되어 있던 신장新疆에는 태평청국 진압에서 활약한 한족 관료인 좌종당左宗棠을 그 휘하의 상군湘軍과 함께 파견하여 카슈가르를 탈환1877, 남아 있던 러시아 점령하의 이리 지방을 따로 교섭을 통해 새롭게 국경선을 획정하여 반환받았다(1881년 상트페테르부르크 조약). 좌종당은 투르크계 무슬림에 대하여 적극적인 교화활동을 하고 동시에 중국 국내로부터 한족의 이민을 장려하는 등, 내지의 한토漢土와의 일체화를 추진하였다. 그 연장선 상에 1884년 신장성新疆省이 설치되어 한토와 일체화된 통치 체제로 재편되고 주민을 직접 통치로 편입해 가는 정책이 진행되었다.

이와 같이 일본 및 러시아의 군사적 압력과 근대적인 국경, 영토 지배에 대치하기 위하여 종래의 변방 통치에 갈음하여 대만과 신장을 직접적, 적극적인 통치로 편입하게 된 것이지만, 그 정책 전환은 여전히 전통적인 이념으로 이야기되고 있었다. 초대 타이완 순무臺灣巡撫인 류명전劉銘伝이 선주민에 대해 '민번民番은 모두 조정의 백성赤子이므로', 귀순한 자는 관대하게 대하는 것이 '조정의 일시동인一視同仁의 지의至意에 맞는다'고 하였고,[20] 좌

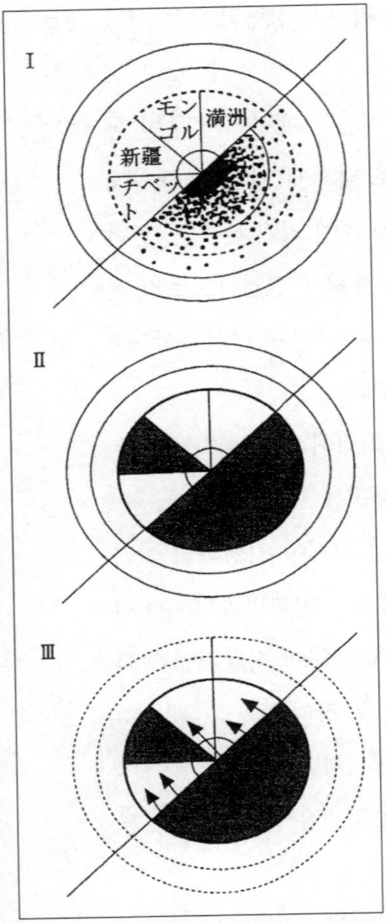

〈그림 2〉 판도에서 영토로

종당左宗棠은 무슬림의 “옛 풍속을 고쳐 없애고 점차 화풍華風에 의해서 하지 않으면 장기간에 걸친 안정은 기대할 수 없기” 때문에 “널리 교육기관을 두어 우선 중국어를 가르치고 자의字義를 이해시키는” 적극적인 교화를 제창하였다.[21] 이 교화는 분명 한화漢化를 그 실질로 하는 것이었으나, 그러나 이와 같이 덕치주의의 맥락에서 이야기되는 것에 의해 보다 보편적인 중화화中華化, 중국화中國化, 즉 유일한 대문자大文字의 ‘문화’로의 교화, 문명화라는 치장을 걸치게 되어 있었던 것이다.

이와 같이 청나라의 변방 지배는 중앙 권력이 예외 없이 면面으로서 균질하게 침투해 나아가야 할, 이른바 근대 국가의 영토지배와 같은 성격으로 재편되어 가게 되었다. 더욱이 그 변방 지배의 재편에 있어서는 종래 중국/비중국의 이원구조가 수정되어 비중국 세계로서 다스려지고 있던 신장을 중국화함으로써 일체화, 균질화가 도모된 것으로, 그와 같은 의미에서 이 재편은 영토지배로의 재편임과 동시에 이원주의를 ‘중국’이라는

20 「督兵剿撫中北両路生番請奨官紳摺」, 『劉壯肅公奏議』(『近代中国資料叢刊』 第20輯, 文海出版社, 1960).
21 「覆陳新疆情形(光緒四年十月二十二日)」, 「逆酋竄辺官軍防剿情形(光緒五年九月初三日)」, 『左宗棠全集』 奏稿七, 岳麓書社, 1996.

틀 아래 일원화해 간다는 또 하나의 재편을 수반하는 이중의 재편이었다.

그런데 이 시기의 이와 같은 재편의 바람직한 모습은 〈그림 1〉의 청나라의 구조에 입각하여 생각하면, 〈그림 2〉와 같이 될 것이다. 종래 청나라의 구조(I)는 중국/비중국으로 나뉘어, 중국 측에서는 중심에서 멀어질수록 황제의 덕화德化는 희미해져 간다, 즉 검은 점의 밀도는 낮아지는 동심원 세계가 관념화되어 있다. 이것과 만주의 옛 땅 및 번부藩部가 자신의 판도로 간주되고 있었으나 그 경계선은 두꺼운 파선(원문에는 물결선波線이라고 하였으나 파선破線의 오기인 듯－역자)으로 나타내었듯이 잠정적인 것에 지나지 않았다. 이 시기의 재편은 우선 이제까지의 판도로서 구분해 왔던 경계를 절대적인 국경으로서 다시 긋고(파선破線의 실선화實線化), 나아가 그 내측에 있어서 '동남 초승달東南の弦月'에서는 중앙 권력이 농담의 차이 없이 균질적으로 칠해지고, 이것이 '서북 초승달西北の弦月'의 일부, 신장新疆에도 미치게 되었다(II). 그 후 청일전쟁으로 바깥 둘레의 조공국을 잃은 이후(바깥 둘레의 점선화點線化), 만주에의 동북3성 총독의 설치 및 동티베트의 시캉성西康省 설치 등 '서북 초승달'의 남은 부분의 동요에 대응하는 작업이 계속되어(III) 이것에 기초하여 근대국가 건설이라는 20세기 중국의 장대한 프로젝트가 시도된 것이다.

2) 균질적인 전체의 행방

전근대의 중국적 질서의 이념과 실태에 대하여, 그 이념이 실태에 어떻게 작용하였는가, 그것이 근현대에 어떻게 변용되었는가를 장기적 변동이라는 측면에서 정리하고 그 특징을 생각해 보고자 한다.[22]

질서 형성의 실태로서 권력과 사회 말단과의 관계, 즉 중앙 권력의 말단

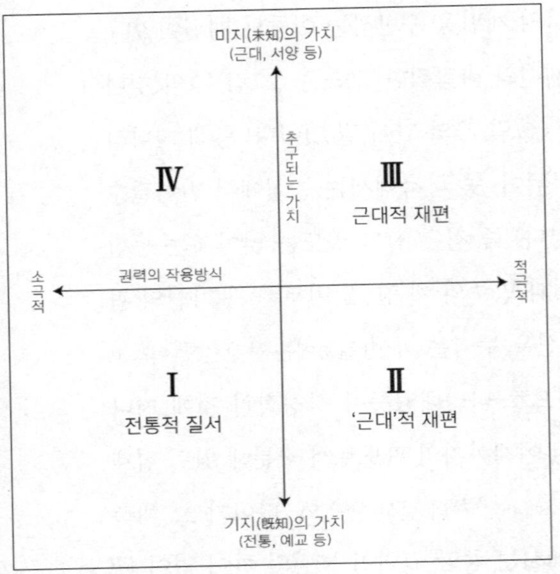

〈그림 3〉 질서형성의 논리

에의 작용 방식과 나아가 그것을 지탱하는 이념에 주목하는 것으로 그 특징을 굳이 단순화하고 대비하여 도식화 하면 〈그림 3〉처럼 될 것이다. 권력의 말단에의 작용 방식이 소극적인가 적극적인가를 횡축으로 하고 그 권력을 정당화하기 위해 추구되는 가치를 덕치德治 및 예교禮教, 전통傳統 등 자기의 내부(기지既知의 가치)에서 구할 것인가, 서양 및 근대 등 타자(미지未知의 가치)에서 구할 것인가를 종축으로 두었다.

전통 중국의 덕치에 의한 질서에 있어서는 권력은 적극적으로 작용하는 것이 아니라, 오히려 백성 쪽에서 이끌려 오는 것이 바람직하다고 하고 있었기 때문에 이것은 제 I 사분면에 위치한다. 그때의 특징을 제1절에서 정리했던 것인데, 그것이 근현대에 어떻게 변용하고 어떠한 문제가 발생했는지를 이하의 고찰에서 정리하고자 한다.

이제 제2절 1)에서 19세기의 재편에 대하여 고찰한 것처럼, 19세기 후반 근대 세계의 영토 지배와 대치하는 가운데 이와 같은 전통적인 도판 지배로는 유효하게 대처할 수 없어, 1870~80년대 근대 국가의 영토 지배에

22 이하의 고찰은 주19에서 열거한 졸론(拙論) 두 편을 그 후 고찰을 통해 크게 수정한 것이다.

알맞도록 청나라는 변방에의 실효 지배를 수립하고 있었다. 중앙 권력이 변방에서 전면에 걸쳐 예외 없이 균질적으로, 골고루 미치도록 적극적으로 행사되어야 한다고 생각하게 되어 좌표축의 좌에서 우로 이동하였다. 그렇다고 하더라도 이 재편은 실질적인 면에서는 근대적인 영토 지배와 동질인 것이었으나, 예외 없는 말단에의 작용에 의한 중국화中國化는 어디까지나 한층 더한 덕치德治의 침투, 교화敎化의 달성으로서 전통적 이념에 의해 설명되고 있었다. 이 재편이 따옴표가 붙은 '근대'적 재편이었던 이유이다. 그러므로 이 이동은 아래쪽 사분면에 있어서의 좌(Ⅰ)로부터 우(Ⅱ)로의 이동이라고 생각하는 것이 적당하다.

그 후 청일전쟁에 패배하고, 시기를 같이 하여 중국에 소개된 진화론進化論의 폭발적 영향으로 이미 존재하는 구미 열강과 같은 국가가 지금의 중국보다 진화한 국가라는 점, 그와 같은 진화한 국가처럼 변혁하지 않으면 중국은 우승열패優勝劣敗의 법칙 하에서 도태되어 버린다는 점이 '과학'적으로 분명하게 되었다. 예전과 같이 하은주夏殷周 옛 왕조 등 이상적인 시대를 자신의 과거에서 구하고 과거의 이상 시대로 회귀하는 복고로서 하는 개혁론이 아니라, 타자인 서양을 모델로 하여 자각적으로 선택하고 19세기의 이중의 재편을 기초로 자신을 서양 제국諸國과 같은 근대 국가로 재편하는 개혁을 진행해 가게 되었다. 이렇게 해서 '근대'적 재편은 괄호를 벗겨낸 근대적 재편이 되었다. 이후 20세기 중국의 질서 형성을 둘러싼 논의는 위쪽 사분면에서 전개되게 된 것이다.

20세기 중국은 '구망救亡'을 최우선 과제로 하여, 결국 공산당에 의해 농민을 게릴라로 동원할 수 있는 체제를 만들어 항일전쟁, 내전, 냉전(아시아에서는 6·25전쟁 등의 열전熱戰!), 중-소 대립으로 계속되는 존망의 위기를 극복하고 '구망'의 달성에 큰 성과를 올릴 수 있었다. 그 사이 도시/농촌 호적의 관리 및 당안봉투档案袋로 상징되는 개개인을 외측에서 물리적으로 관리할 뿐만 아니라 개개인의 내면까지 관리, 장악하여 동원할 수 있는 체제를 만들어 냈다. 그런 의미에서 20세기 중국의 근대 국가로의 재편은 대략 오른쪽 상단(Ⅲ)에서 전개하였다고 해도 좋을 것이다.[23]

국가권력이 개인의 내면도 장악하고 생활 전반에 관여하게 되는 현상은 자립한 개인의 내면에는 개입하지 않는다는 세속 국가를 표방하고 있던 서양에서도 제1차 세계대전 이후에 복지국가, 전체국가(전체주의)의 탄생으로서 나타나게 된 움직임이었다.[24] 그런 의미에서 20세기 중국의 말단으로의 권력 침투라는 제Ⅲ사분면에서 전개된 움직임은 20세기형 국가로의 전환이라는 글로벌적인 추세에도 합치되는 움직임이었다.

거기에다가 앞의 절에서 추출한 중국적 특질도 더하여 독자적 모습도 보이고 있다. 황종희黄宗羲를 '중국의 루소'로 평하여 혁명의 상징으로 했던, 이른바 혁명파는 1905년 진천화陳天華가 '개인의 자유個人之自由'를 비판하여 '총체의 자유總體之自由'를 추구해야 할 것, 그것을 위해서는 '소수인의 자유'를 제한하지 않으면 안 될 것을 말하였고,[25] 쑨원孫文은 1924년 '삼민

---

23 〈그림 3〉은 국민국가의 국가 형성에 대하여 표현한 그림이다. 국가 형성에 대해서는 충분하지 않으나 〈그림 2〉를, 만주, 몽골, 티베트, 투르크계 무슬림 각자 다르게 존재하고 있던 통합 원리를 중화라는 원리에 의한 통합(중화민족으로서의 통합)으로 일원화하고 있던 과정으로서 읽어내는 것이 가능할 것이다.

24 우에무라 타다오(上村忠男)는 20세기의 '전체국가'(칼 슈미트)의 출현에 대하여, "사회에 대한 중립 내지 불개입이라는 19세기적 부르주아 자유주의 국가의 원리를 포기하고, 사회적인 것 일체를 자신 안에서 끝까지 파악하려는 국가, 스스로 사회의 자기조직이고자 하는 국가로 국가의 형태를 크게 변화시켜 가는 것이 된다"고 말하였다(上村, 『現代イタリアの思想を読む』, 平凡社ライブラリー, 2009, p.437).

25 陳天華, 「論中国宜改創民主政體」(『中国近代思想家文庫 楊毓麟・陳天華・鄒容巻』, 中国人民大学出版社, 2014). 또한, 이 논설의 초출(初出)은 제1절 3)에서 언급했던 황제(黄帝)의 초상을 게재한 『民報』 제1호에, '思黄'이라는 다른 이름으로 게재되었다.

주의三民主義' 강연에서 '개인의 자유'를 '흩어진 모래알散沙'로 통하는 것이라고 비판하고 '국가의 자유'를 제창하여 "국가가 자유롭게 행동할 수 있게 되면 중국은 강대한 국가가 될 수 있다"고 말하였다.[26] 제국주의 외부의 적에 대해서는 개인보다 국가가 우선됨과 동시에, 국내에 있어서도 특권적 지배계급인 황제 권력과 대립하여 그것을 배제하기 위해서 개개인의 집합은 '총체總體'로서 일괄되고 있다. 개개인의 집합은 다른 타자를 서로 인정하는, 인간의 복수성複數性에 기초하는 공공성으로서의 사회 및 국가가 아니며, 개개인은 익명화되어 개성이 몰수되고 균질화된 전체성으로서의 '총체'로 이미지 되어 간다. 이것은 그 후 '혁명군중革命群衆'이라든지 '인민人民'으로 개념화 되어 갈 것이다.[27] 군자의 완성된 내면이 타자의 신체를 넘어 그 내면에 이르고, 자기와 타자의 차이相違가 없도록 함으로써 실현되는 균질적인 전체를 이상화하여 이미지화 하는 전통 중국의 인간관, 질서관은 여기에서 연속하고 있다고 해도 좋을 것이다. 주자학, 나아가 그것을 철저하게 한 느낌이 있는 양명학[28]이 근대를 불러들이는 작용도 한 것이다. 전통 중국의 균질적인 전체라는 특질은 글로벌한 20세기형 국가화의 움직임과 합쳐지는 것으로 한층 증폭되어 20세기 말의 중국에서 현실의 것이 되었다고 할 수 있다.

또한 군자의 내면이 타자의 내면에 미친다는 논리는 권력(을 가진 지도자)

26 孫文, 『三民主義』 第二講 「民權主義」(『孫中山全集』 第9巻, 中華書局, 1986).

27 '인민(人民)' 개념에 대해서는 林少陽, 『「修辞」という思想－章炳麟と漢字圏の言語論的批評理論』, 白澤社, 2009을 참고하였다.

28 주자(朱子)는 현실에서는 자기 계몽이 불가능한 '소인(小人)'의 존재도 상정하고 이것을 배제하는 것으로 사실상 타자를 상정하고 있었으나, 왕양명(王陽明)의 '양지(良知)'에는 그와 같은 '불온한 소인'은 상정되고 있지 않다. 타자성의 희박으로서 양명학은 좀 더 철저하였다고 말할 수 있다. 中島隆博, 『悪の哲学－中国哲学の想像力』, 筑摩書房, 2012, pp.40~47을 참조하길 바란다.

에 의한 개인의 내면에의 개입, 즉 사상 통제와 용이하게 연결될 것이다. 예전에는 이념만이 선행하고 그와 같은 내면에의 개입은 현실적으로 실현 불가능이었다. 그것이 근대 테크놀로지 진화에 의해 개개인의 내면의 관리, 통제는 쉽게 실현 가능하게 되었다. 그런 의미에서 주자朱子나 왕양명王陽明의 이상은 20세기 중국이라는 국가에서 상당한 정도까지 실현되었다고 말할 수도 있을 것이다. 한나 아렌트Hannah Arendt가 루소를 전체주의의 기원 중 한 사람으로 들었던 것을 흉내낸다면, 20세기 중국의 사회주의의 기원의 하나로서 주자학에서 양명학으로 전개하는 성리학宋明理学을 들 수 있을 것이다.[29]

3) 인격자 지배의 행방

20세기의 재편이 〈그림 3〉의 제Ⅲ사분면에서 권력의 말단으로의 작용을 철저히 하는 재편이었음은 '구망救亡', '구국救國'의 과제를 달성하기 위해서 유효한 선택이었다. 그러나 그 대가로서 말단의 활력이 사라지고 1970년에는 경제 정체가 문제되었다. 이번에는 경제적 정체와 빈곤이 망국을 초래할지도 모르는 사태가 된 것이다. 그 사이 내전에서 패했을 대만이 개발 독재 하에서 경제 발전을 시작하여 승리했을 대륙보다 풍요롭게 되었다. 새로운 '구망救亡'의 과제에 응해야 할 기사회생의 방책으로 개혁

---

29 마루야마 마사오(丸山眞男)도 루소의 인민관과 독재 사이의 높은 상관관계에 대하여 '덕(德)의 지배'와도 관련시켜 언급하고 있는 것 같다. "루소적 "인민" 관념이 현실의 정치과정 속에 놓여지면, 인민의 일체성을 대표하는 인간 유형이 설정되고, 그렇지 않은 단순한 경제적 인간이 이와 구별된다(citoyen과 단순한 인간, 공산주의적 인간과 단순한 인간). 그러한 인간 유형은 추상적인 것에 의미가 있는 것인데, 그것이 곧 구체적 인간 또는 그 집단과 합일한다. 그것으로부터 그러한 정치적 공민 집단의 단순한 인간에 대한 "독재"가 발생될 공산이 매우 높다(덕의 지배, 과학의 지배)"(『丸山眞男講義録[第三冊]政治学1960』, 東京大学出版会, 1998, pp.200~201).

개방이 내세워져 '방권양리放權讓利', 즉 말단에의 관리, 장악을 완화하고 개개인의 욕망을 자극하여 시장경제로의 이행이 진행되었던 것이다. 이것은 우측 사분면(Ⅱ, Ⅲ)에서 펼쳐진 중앙에서 말단으로의 권력의 적극적인 작용이라고 하는, 19세기 후반 이래 근대 이후 백년에 걸치는 권력의 영위를 제Ⅲ사분면 속에서 좌측 방향을 향해 일정한 정도 되돌리는 정책이었다.

그러나 여기에서 문제가 되는 것은 권력이 작용을 완화하고 결과적으로 말단이 자유도를 높인 것은 생산력의 발전에 기여하는 한도이고, 그 자유는 국가가 허용한 자유였던 것이다. 이것은 천부의 권리로서의 자유와는 논리적으로 다른 것이다. 애당초 권력의 묶음을 느슨하게 하는 결정을 한 것은 우수한 인재를 갖춘 전위로서 국가를 지도하는 공산당이었다.

개혁개방하에서의 사회 모순이 격화되는 가운데 이 문제가 폭발한 것이 1989년의 민주화 운동이었다고도 말할 수 있을 것이다. 당시 민주를 외친 학생, 지식인의 주장에는 인치人治를 비판하고 법치法治, 법제法制의 실현을 주장하는 것도 눈에 띄었다. 뛰어난 지도자, 탁월한 전위당에 의한 판단이므로 '올바른' 것이 아니라, 그 판단을 규제하는 법이나 제도에 의해 '올바름'을 담보해야 한다는 주장이다.

법과 제도에 의한 권력의 규제라는 논의는 사실 이때 처음으로 일어난 논의는 아니다. 이러한 논의는 1940년대 인민공화국 성립 전야에는 헌정을 둘러싼 논의로서 활발하게 이루어졌다. 예를 들면 페이 샤오퉁費孝通은 전통 중국의 전제정치에서 기능하고 있었던 밸런스를 쌍궤정치雙軌政治라고 형용하고 이렇게 말하였다.[30] 전통 중국의 전제정치에서는 황제 권력을 대표하는 관료가 상의하달上意下達로 정책을 집행하려고 하는 공식 채널이 있었으나, 한편으로 황제 권력에는 무위주의無爲主義의 사고 방식도 있고 나아가 촌민의 신망을 얻은 향신鄕紳이 사회의 의향을 권력에 전하는 비공식적 하의상달下意上達 채널이 존재하여 밸런스가 잡혀있었다. 그러나 1930년대 보갑제도保甲制度가 실시되게 되고 양자의 밸런스는 붕괴되어 버렸다. 상의하달의 공식 채널은 강화되었으나, 향신의 비공식 채널은 배제되어 버렸다. 그래서 페이 샤오퉁費孝通은 보다 적극적인 방법으로서 하의상달下意上達 채널의 강화, 즉 "아래로부터 위로의 정치 궤도를 강화하여 권력 남용을 방지할 것"을 주장하고 그것은 '민주와 헌법'이라고 한다.

페이 샤오퉁은 권력이 사회의 말단에 밀접한 형태로 작용하는 것은 현대 사회에서는 필요하다는, 즉 제Ⅲ사분면에서 논의가 전개되는 것은 인정한다. 그러나 권력의 남용을 민주와 헌법에 의해 아래로부터 규제하는 것이 필요하다고 한 것이다. 이 논의는 아래로부터 권력을 규제하고 그 규제에 참가하려 하는 이른바 '권력에의 자유'이다. 그러나 이 적극적 자유를 주장하는 논의는 중화인민공화국 탄생 후 봉인되어 버렸다. 결과적으로 아래로부터 위로의 권력에 대한 적극적인 작용, 권력의 규제를 표현하는 좌표축이 새로 나타나지 않았고, 이 〈그림 3〉은 평면인 채로 새로운 전개를 보여주지 않았다.

한편 후스胡適는 1930년대 개인주의의 입장에서 이 시기의 중국의 사조를 '집단주의Collectivism'라 부르고, 그것은 "민족주의 운동, 공산혁명 운동이 되며 모두 반反개인주의적 경향에 속한다"고 하여,[31] 그 제Ⅲ사분면에

30 費孝通, 『郷土中国』(観察社, 1947), 「再び双軌政治を論ずる」(「砂山幸雄ほか 編, 『原典中国近代思想史』 第7巻 「世界冷戦のなかの選択」, 岩波書店, 2011).

31 「日記 1933年 12月 22日」(『胡適全集』 第32巻, 安徽教育出版社, 2003, p.244). 이 점에 대해서는 欧陽哲生, 「胡適在不同時期対〈五四〉的評価」(『二十一世紀』 第34期, 1996)이 지적하고 있다.

서의 권력의 강한 자장磁場에 불만을 보이고 '권력으로부터의 자유'를 표방하였다. 후스의 이런 자세는 항일전쟁 후에도 일관되고 있다.[32] 후스의 입장은 제Ⅳ사분면에 둘 수 있을 것이다.

이와 같은 의미에서 〈그림 3〉은 결과적으로 20세기 중국이 다다른 주요한 발자취를 표현하는 그림이 되었다. 이 〈그림 3〉은 "중국은 국가주의나 민족주의라고 하는 내셔널리즘의 논리를 우선하였기 때문에 헌정을 왜곡해 왔다"[33]고 하는 20세기의 움직임을 반영하고 있는 것이다. 그런 의미에서 이 그림에서는 그려지지 않았던 문제가 있음이 분명하게 되고, 이 그림의 한계를 드러낸 순간이 1989년의 민주화 운동이었다. 20세기 중국이 다다른 발자취와는 별개로, 20세기 중국에서 벌어진 논의의 가능성을 생각하면 위로부터의 권력 작용 방식이라는 좌우의 좌표축에 더하여, 아래로부터 권력에의 참가, 권력의 규제라는 또 하나의 좌표축을 넣어 그림을 입체화할 필요가 있다. 1989년의 민주화 운동은 그 필요성이 겉으로 드러나게 한 운동이었다고 말할 수 있을 것이다. 어떻게 입체화시킬 것인지, 그에 대한 문제가 제기될 것이다.

4) 전통을 이야기하는 방법—맺음말에 갈음하여

전통 중국 질서의 특징이었던 '균질적인 전체'가 20세기적 상황에서 한층 강해진 것에 대한 비판이 후스의 권력으로부터의 소극적 자유였던 것에 반하여, 전통 중국의 '무위의 치', '인격자에 의한 지배'를 대신할 20세기의 바람직한 질서로서 헌정에 의한 법치를 주창하고 권력에의 적극적

32 예를 들면, 1948년 9월에 발표된 「自由主義」(前掲 『原典中国近代思想史』 第7巻).
33 中村元哉, 「中華民国憲法制定史－仁政から憲政への転換の試み」(『中国－社会と文化』 第30号, 2015).

자유를 주장하며 그것에 의해 또 하나의 좌표축을 더하여 〈그림 3〉을 입체화할 필요성과 그 가능성을 나타내 보인 것이 1940년대의 페이 샤오퉁과 1989년의 민주화 운동이었다.

20세기 중국에서의 질서 문제를 전통과의 관계성에서 역사적으로 위치 짓고자 하는 이와 같은 사고의 조작과는 달리, 금세기 들어서 최근의 중국에서의 전통에 대한 논의는 조금 안이한 전통에의 의존인 것처럼 생각되기도 한다. 정치적으로나 경제적으로나 대국이 된 현재, 예전의 중화 세계를 주재하는 대국으로서의 기억이 상기되어 그와 같은 기억을 대국으로서의 행동 근거로 삼으려는 경향이 현저하게 되고 있다. 다민족 공존의 성공 사례로서 청나라의 통합을 상찬하거나 예전에는 '봉건적'이라고 하여 부정했던 조공 체제를 긍정적으로 평가하고자 하여, 과거의 전통을 표면적으로 모방하고 그것을 대국으로서의 바람직한 자세로 직결시켜 구상하는 자세이다. 조공 체제에는 중국 왕조의 생각과는 별개로 주변 나라들의 생각이 있고 이 질서가 쌍방의 생각이 서로 버티어 대항하는 밸런스 위에 성립한 질서였음은, 사료에 남아 있는 문맥을 신중히 해독하면 분명할 것이다.[34] 사료의 겉면을 그대로 따르는 식의 안이한 전통 이해로 일관하지 않고 사료에서 이야기되는 장場에 입각한 신중한 해독에 의해, 그 사료가 언급된 당시의 맥락을 상상하고 거기에 내포된 가능성과 한계를 이해하는 자세가 요구되고 있는 것이다.

34 이와 같은 관점에서 오늘날의 중화 세계에 관한 논의를 비판적으로 분석한 것으로 茂木, 「『冊封·朝貢』の語られる場」을 참조하였으면 한다.

잠차라노가 그린 몽골의 근대적 공간

이노우에 오사무
정녕 옮김

1. 들어가며

몽골사 연구를 위한 중요 사료군의 하나로 몽골 연대기가 있다. 이 연구의 필독 문헌으로 부랴트 사람 치벤 잠차라노비치 잠차라노Tsyben Zhamtsaranovich Zhamtsarano, 1881~1942[1] 의 『17세기 몽골 연대기』Zhamtsarano(1936)가 있다.

잠차라노는 소련의 정치범으로 1942년에 옥사한 인물이다. 그 때문인지는 몰라도, 소련과 몽골, 서방 각국에서 단속적으로 간행된 그의 학술적 업적은 널리 알려진 반면, 잠차라노 개인의 활동 이력과 사상에 관한 자료나 원고가 공개되는 일은 1990년대 이전까지는 거의 없었다. 그의 명예가 회복된 1956년, 미국의 루펜이 당시 서방 측에 유출되어 집적된 정보와 자료를 이용하여 잠차라노의 평전과 업적 목록을 간행하였다Rupen (1956).

1 몽골어 호칭은 잠스란깅 체벤(Zhamsrangijn Tseveen). 본고에서는, 원문 인용을 제외하고, 국제적으로 정착되어 있는 러시아어 호칭 잠차라노를 택하기로 한다.

그리고 1959년에는 몽골의 린첸이 레닌그라드의 동양학연구소에 소장된 잠차라노 자료 리스트를 작성하여 서방 측 학술지에 발표했다Rinčen(1959). 1961년 이후에는 부랴트에서도 관련학회가 열리고, 아카이브 자료를 이용한 연구가 등장하여 잠차라노 연구가 새롭게 전개되었다. 일본에서는 1973년 다나카 가츠히코田中克彦가 당시 이용 가능한 사료를 활용하여 평전을 저술했다田中(1990) : 174~211. 1990년대에 들어서면, 부리예프Бураев, 도르지예프Доржиев, 가르마예바Гармаева, 냐마Нямаа, 반칙코바Ванчикова, 엥흐투르Энхтур에 의한 잠차라노의 민속학folklore 연구나 계몽지식인 활동에 관한 논고, 러시아, 몽골, 부랴트의 잠차라노 관련 아카이브 목록을 모은 논문집Najdakov(1991), 아카이브 자료를 이용한 평전류, 논저목록류가 간행되었다Tsibikov · Chimitdorzhiev(1997); Reshetov(1998a); Reshetov(1998b); Ulymzhiev · Tsetsegma(1999); Tsetsegmaa(2008); Vanchikova · Ajusheeva (2010); Tsetsegmaa (2011); Narantujaa (2011). 그리고 상트페테르부르크 시절 현지조사 노트도 간행되었다Zhamtsarano(2001); Zhamtsarano (2011); Zhamsrangijin(2014).

일련의 간행물 중에서 특히 중요한 것은, 이제는 희귀해진 옛 간행물이나 수기 원고인 채로 남아 있는 논저들, 그리고 공간되지 않은 교환 서간을 수록한 2권의 잠차라노 선집이다(선집 1=Idshinnorov(1997); 선집 2=Idshinnorov (2000)). 이 선집의 문제는, 전통 몽골문자로 쓰인 저본 텍스트를 키릴 문자로 전시轉寫하는 과정에서 잘못된 전사나, 인쇄시 오탈자로 의심되는 부분이 산견된다는 점이다. 따라서 이상적으로는 본고 역시 저본 자체나 영인본을 이용했어야 했을 것이다. 하지만, 본고에서 이용한 선집에 실린 저술 중에서 그 저본의 간행이 완료된 것은 극히 일부이고, 그나마 현재 그것들을 열람하는 일도 용이하지 않다. 이 때문에 본고에서는 부득이하게 선집에 수록된 텍스트를 사용했는데, 그나마 다행스러운 일은, 이하의 고찰에서 이 전사 텍스트 문제에 영향을 받은 부분은 없다는 점이다.

선집에 수록된 저술들은 잠차라노가 일정한 목적을 갖고 그 주장을 전개하고 있기 때문에, 이로부터 잠차라노의 목적과 주장을 읽어낼 수 있을 것이다. 따라서 본 프로젝트의 테마인 "북동아시아에서의 근대적 공간의 형성과 그 영향"이란 관점에 맞추어, 잠차라노의 저술들로부터 "몽골(을 포함한 북동아시아)에서의 근대적 공간의 형성"을 읽어내어, 그가 어떠한 근대공간을 형성하고자 했는가를 규명하고자 한다.

2. 잠차라노의 약력

3절 이후에 고찰할 내용의 도입부로서, 본절에서는 잠차라노의 생애를 1990년대말 이후 아카이브 자료를 이용하여 쓰인 선행연구를 통해서 정리해 보도록 하겠다Tsibikov · Chimitdorzhiev(1997); Reshetov(1998a); Ulymzhiev · Tsetsegma(1999); Vanchikova · Ajusheeva(2010) : 4~17; Tsetsegmaa(2008); Badamzhav (2011); Tsetsegmaa (2011); Zhamsrangijin(2014) : 14~49. 그리고 이하에서 언급할 잠차라노의 저술 중에서, 3절 이후의 고찰에서 다룰 저술에는 고딕체로 강조 표기하였다.

잠차라노는 1881년 자바이칼 지역의 아가 초원에서 태어났다. 그는 몽골계 언어를 사용하는 호리 부랴트 출신이다.[2] 성년이 된 1903년부터 상

2 잠차라노는 현지조사 노트(Zhamtsarano(2001); Zhamtsarano(2011); Zhamsrangijin(2014))에서 자신을 호리 씨족의 부랴트인(호리 부랴트인), 혹은 아가 씨족의 부랴트인(아가 브리야트인)이라 칭하고 있다. 아가는 호리에서 갈라져 나온 씨족집단이므로, 이 두 호칭 모두 착오는 아니다.

트페테르부르크 대학에서 동양학, 철학, 법학, 언어학 등을 배웠다. 그 후 같은 대학에서 강사로 근무하면서, 이루크츠쿠주州, 몽골, 자바이칼, 내몽골에서 조사를 수행하고 구전자료와 몽골 민속과 관습자료를 모았다.

잠차라노가 유럽의 선진 학문과 지식을 배운 상트페테르부르크는, 그의 모국의 수도였다. 잠차라노가 속한 부랴트인 집단은, 17세기 말에서 18세기에 걸쳐 서쪽에서 정복사업을 진행시켜 온 러시아 제국에게 병탄되었고, 부랴트인 대부분은 오늘날에도 러시아 공화국 혹은 러시아 연방에 속해 있다. 19세기 호리 부랴트의 옛 지식인이자, 러시아 제국 하에서 호리 부랴트인들을 통치한 귀족이 1863년에 저술한 역사서에는, 이들 호리인들이 러시아 제국과 접촉한 결과 어떤 영향을 받았는지가 기록되어 있다. 이들은 다음 12항목으로 정리해 볼 수 있다.

① 이들 호리인은 러시아의 차르 알렉세이 미하일로비치재위 1645~1676의 '사랑에 의해' 네르친스크 관구管區 속민이 되었다.

② 부랴트인 근처에 살던 러시아인의 난폭 행위를 황제 표트르 1세가 '은혜와 사랑'으로 금지시키고, 호리인의 거주지를 지정했다.

③ 호리인의 거주지에 대해 러시아 제국이 검사를 실시할 때1705, 이 역사서 저자의 선조가 협력했기 때문에 러시아 황제로부터 자자손손 후한 대우를 받았다.

④ 부린스키 조약1727으로 러시아 제국과 청 사이 일부 국경이 부랴트인들의 거주지 위에 획정되었다.

⑤ 위에서 언급한 국경획정에 공헌한 호리인 귀족을, 러시아 황제가 호리인 최고통치자로 임명하였다.

⑥ 러시아 황제가 호리인에게 군기軍旗를 주고1727, 러시아 제국군에 비정규병으로 편입시켰다1837.

⑦ 세금이 물납物納에서 전납錢納으로 변경되었다1763.

⑧ 러시아 황제가 냉해 대책을 위해 호리인들에게 농업을 보급시켰고, 이들의 생활이 '수렵과 목축'에서 '농업과 목축'으로 이행했다1790년대.

⑨ 호리인들 중에 러시아 정교도가 출현했다18세기 말.

⑩ 러시아 제국의 국책에 의해 러시아인들이 대규모로 호리인 거주지로 들어와 정착했기 때문에, 호리인들이 다른 곳으로 이주했다18세기 말.

⑪ 러시아 황제가 호리인에게 종두種痘를 배우게 했다1808년 무렵.

⑫ 러시아 황제가 호리인이 신앙하는 불교의 선임 라마를 임명하게 되었다1741~.

즉, 호리 부랴트인이 러시아 제국 통치자의 은혜로 그 속민(국민)이 되었고, 그 거주지가 결정되고 토지조사도 실시되었다는 것이다. 그리고 국경획정 조약에 의해 호리인의 거주지가 러시아 제국 국경내의 영토가 되고, 이들도 그 국민이 되었다. 러시아 제국 국민이 된 호리인의 최고통치자와 최고 종교지도자는 러시아 황제가 임명하는 식으로 제도가 바뀌었고, 종래 존재하지 않았던 근대적 의료기술이 들어왔으며, 제국의 군제軍制와 화폐경제의 침투를 전제로 하는 조세제도의 적용을 받게 되었다. 농업이 보급되었고, 이들의 생활형태에도 변화가 나타났다. 그리고 호리인 중에서 정교도가 출현하거나, 러시아인들의 대규모 이민이 이루어지는 등, 호리 부랴트인이 러시아 제국에 편입됨과 동시에 근대화, 러시아화가 진척되었다井上(2018): 190~201.

잠차라노는 상트페테르부르크 시절 고향 아가 초원에서 수행한 현지조사 노트에서, 이렇게 러시아 영향을 갈수록 강하게 받게 된 상황에 대하여, 다음과 같이 그 실태를 전하고 있다. 과거 10년 사이에 아가 부랴트인의 목축경제는 1/3이 감소하여, 가령 300두를 소유하고 있던 부유한 유목민들의 소가 175~200두로 줄어들었다. 그 이유는 풍요로운 토지가 적고 관개시설도 없다는 점에 있다. 아가 부랴트인이 소유한 토지 규모는 소를 방목하기에 충분하지 않다. 농경은 절대로 불가능하며, 인공적으로 경작하려면 경지를 관개하고 초원에 식림植林하기 위해 우물을 개삭開削할 필요가 있기 때문에 막대한 자본이 필요하다. 초원의 풀은 여름 내내 13센티 정도 자란다. 이를 가축이 먹게 되는데, 금년에는 심한 가뭄 때문에 풀이 자라지 못했다. 매년 가뭄으로 풀이 자라지 못하므로 마른 풀을 먹일 수도 없으며, 인공적으로 만든 관개시설의 수원은 러시아 이민자나 러시아 제국이 설치한 재무사무소에 빼앗긴다. 호리인과 아가인이 가진 수원은 시내 정도 밖에 없는데, 러시아인에게 대규모로 토지를 빼앗기고, 얼마 안 되는 면적의 토지를 받는다 해도 어찌 해 볼 방도가 없다는 것을 부랴트인은 잘 알고 있다. 잠차라노는 이렇게 기록하고 있다Zhamtsarano(2001) : 220~221.[3] 즉, 러시아 제국이 호리 부랴트인과 아가 부랴트인에게 실시한 식민정책, 토지정책, 경제정책들이 이들의 목축경제와 맞지 않아 빈곤화를 초래했다는 것이다. 그리고 잠차라노와 이야기한 한 부랴트인 노동자는, 자신들이 러시아 제국 고관들의 착취 대상일 뿐이라면서 다음과 같이 막말을 내뱉고 있다.

---

3 이 부분은 몽골어 번역(Zhamsrangijin(2014) : 225)에는 일부 빠진 곳이 있다.

우리들은 러시아의 높으신 분들을 위한 젖소다. 우리들이 소를 키우는 방법과 마찬가지로, 짜낼 만큼 짜내면 그들은 우리를 노예로 삼아 죽인다. 젖, 젖, 그리고 마지막에는 도살하여 전부를 먹는다. 이제 분명하다.Zhamtsarano(2001) : 221

이상에서 볼 때, 청년 시절 잠차라노가 러시아 제국의 부랴트에 대한 식민 지배가 부적절하다고 생각했다는 것은 분명하다.

이 당시 청 조정은, 경제와 정치체제를 개혁하고 근대화를 촉진하려는 운동인 '청말의 신정新政'을, 신흥 제국주의 국가 일본과 러시아 제국의 위협에 노출되고 있던 내몽골과 외몽골에도 시행하려고 하였다'대몽 신정책(對蒙新政策)'. 이 '대몽 신정책'은, 대체로 행정기구나 제도의 개혁, 신식 군대와 학교의 설립을 비롯해서, 당시까지 금지되어 있던 한인 농민들의 몽골 이주와 초원 개간을 허가하고, 이제까지 라마에게 주어졌던 대우를 폐지하는 것 등으로 이루어져 있었다. 청 정부가 이와 같은 개혁에 필요한 비용 대부분을 몽골 측에게 부담시키고자 했기 때문에, 할하(외몽골) 왕공들은 불만을 표하며 반발했다. 게다가, 청 정부는 몽골인이 신분에 관계없이 모두 신앙하던 불교 성직자에 대해 불경스러운 정책을 단행하고자 했고, 청 정권은 이미 한인 관료들이 실권을 장악하고 있었기 때문에, 결과적으로 할하(외몽골)에서는 '반청反清 반한反漢' 감정이 고조되었다. 그리고 1910년, 마침내 몽골 지역에서 한인들의 활동을 가로막은 각종 제한이 철폐되면서 대몽 신정책이 강행되었다. 1911년 7월, 할하 불교 수장으로서 몽골인들로부터 "복드성인"라 불리며 존경받던 8세 젭춘담바 활불活佛과 할하 왕공들이 비밀회의를 열고, 청조로부터 독립하기 위해 러시아 제국의 원조를 요청하기로 결정했다. 이처럼 '대몽 신정책'은 몽골 독립의 기폭제가 되었다. 1911년 10월 10일 신해혁명 발발을 계기로, 그 해 12월 몽골은 독립을 선언하고 복드를 국가 수반(복드 칸)으로 추대했다Boldbaatar · Sanzhdorzh · Shirendev(2003) : 41~58; 赵(2004) : 140~177.

잠차라노는 러시아 제국으로부터 정치적 독립과 문화적 자립이 어려운 부랴트를 떠나, 동족인 몽골인이 독립을 선언한 복드 칸 정권 하의 몽골로 이주하여, 후레(현재의 울란바타르)의 러시아 제국 영사관 고문, 복드 칸 정권 외교부 고문, 그 부속학교 교원으로 일하고, 몽골 최초의 초등학교 설립에도 관여했다. 또한 그는 러몽협정1912.11과 러중선언1913.11, 그리고 러몽중 캬흐타 3국협정1915.6에 몽골 측 인사로 관여하고, 독립이 자치로 격하되면서 내몽골을 중화민국으로부터 회수할 희망이 사라지는 외교적 좌절의 현장에도 임석했다. 그리고 그는 몽골 최초의 정기간행물과 신문을 간행하여 유럽의 선진 과학과 사상을 몽골인에게 소개하는 등 계몽적인 문화활동 분야에서도 활약했다. 여기서 복드 칸 정권에서 잠차라노가 수행한 문화적 혹은 학술적 활동 중에 한 가지 주목하고 싶은 것이 있다. 그것은 러시아 제국이 1914년에 제작한 최초의 몽골 지도Kotvich(1914) 작성을 위한 일부 자료를 잠차라노가 제공했다는 사실이다. 여기서 문제가 되는 것은, 다음 5절에서 언급할 탄누 오량하이 지역이 어디에 귀속되는지를 알려주는 지도상의 표시인데, 국경 상으로 탄누 오량하이가 중화민국 쪽에 포함되어 있지만, 그 색깔은 러시아 제국을 의미하는 녹색을 연하게 한 색으로 되어 있다는 점이다. 이 러시아 제작 몽골 지도는 탄누 오량하이를 중화민국에 포함시키고 있기 때문에, 1914년 시점에서 몽골의 중화민국으로부터 독립을 인정하지 않고 있으며, 이와 동시에, 독립을 주장하는 몽골 측과의 분쟁의 땅인 탄누 오량하이가 사실은 러시아 제국이 지배하는 영역임을 드러내고 있다고 할 수 있겠다Inoue(2014). 5절에서 말하겠지만, 잠차라노는 이 지역이 몽골에게 귀속해야 한다고 주장했다. 하지만, 잠차라노 자신이 제작에 협력한 러시아의 몽골지도는, 그의 이러한 주장과는 상이한 것이 되었다. 언뜻 볼 때, 러시아 제국의 배신 혹은 잠차라노의 실책으로 보이는 이 사건에 대해, 그가 어떤 말을 했는지를 보여주는 사료는 아직 발견되지 않았다.

1917년 러시아 2월혁명이 발발하자 잠차라노는 부랴트에서 사회혁명 활동에 관여하면서, 이르쿠츠크대학에서 교편을 잡았다. 그는 넓은 지역에 퍼져 있는 여러 몽골계 집단을 통합하여 일본과 중화민국, 러시아 제국 혹은 소비에트·러시아 영향에서 벗어난 독립국 건설을 지향하는 정치 그룹에 속해 있었다. 한편, 이런 사상에 편승하고자 했던 반혁명 측의 아타만 세묘노프는, 넓은 지역에 퍼져 있는 여러 몽골계 집단을 규합하여 '대몽골국'을 건설하려고 1919년 치타에서 대회를 개최했다. 잠차라노는 그 외교부 장관으로 초빙되었지만 대회에 참가하지 않았다.

1919년 10월 후레에 부임한 쉬슈정徐樹錚이 무력을 동원하여 자치를 반납하도록 압박한 결과, 그해 11월 외몽골 자치가 철폐되었다. 잠차라노는 1920년 코민테른 극동서기국 몽골-티베트부로 소속을 옮기고, 소비에트 러시아에 몽골 독립에 대한 지원을 요청하기 위해 국경을 넘어온 몽골 혁명가들과 협력했다. 이 무렵, 세묘노프 휘하의 웅게른이 백군白軍을 이끌고 몽골에 진입하여, 1921년 2월 중화민국군을 몰아내고 후레에 입성한 뒤 같은 달 22일 외몽골 자치를 부활시켰다. 잠차라노와 몽골 혁명가들은 3월 1일부터 트로이츠코사프스크에서 회합(몽골인민당 제1회 당대회)을 갖고, 몽골인민당을 결성하고 임시인민정부를 수립했다. 이 무렵 잠차라노는,

몽골인민당의 강령인 「대중에 대한 몽골인민당 선언서」(「몽골인민당이 추구하는 10개의 항목」이라고도 함)를 기초하였다. 이보다 앞서 같은 해 2월에 조직된 몽골인민의용군이 캬흐타 일대의 중화민국군과 웅게른의 백군白軍을 격파하고, 6월에는 소비에트 적군 및 극동공화국군과 함께 후레를 해방시켰다. 당시 잠차라노는 몽골대표로서 코민테른 제3회 대회에 참가하였다.

후레 해방 후 7월 11일, 복드 칸을 군주로 하는 입헌군주제 인민정부가 성립되었다(인민혁명 혹은 민족민주혁명이라 칭함). 잠차라노는 몽골에 파견되었고, 복드 칸 정권의 내무부 차관, 전적典籍위원회 연구서기장, 헌법준비위원회 위원, 몽골인민당 중앙위원회 위원, 국가소비자조합 위원, 국가경제평의회 위원, 국립은행 고문 등의 요직을 겸임했다.

1924년 군주 복드 칸이 사망하자, 11월 26일 사회주의 국가 몽골 인민공화국이 성립되었다. 이 해 잠차라노는 『국가의 권리』를 저술했고, 1926년에는 『몽골 땅의 천명天命을 바꾸는 행위의 시작을 불러일으킨 것의 약사略史』(이하 특별한 이유가 없는 한 『혁명약사』라 칭함)를 저술했다. 그리고 이 해 가을부터 이듬해 1927년 봄에 걸쳐 사범학교ojuutny surguul'(학생의 학교)에서 가르친 내용들을 『몽골국의 지세地勢』라는 책으로 정리했다. 1927년에는, 사회주의 정권이 불교, 사원寺院, 라마를 탄압할 것이 아니라, 법으로 이들을 관리하자고 주장한 「몽골혁명청년동맹과 불교」선집 1 : 32~34라는 흥미로운 논문을 작성했다. 그리고 이 해부터 이듬해인 1928년에 걸쳐 앞서 언급한 사범학교에서 가르친 내용을 『몽골국사』라는 책으로 정리했다.

그러나 1928년 10월부터 12월에 걸쳐 개최된 몽골인민당 제7회 당대회에서, 잠차라노가 몸담고 있던 당시 정권은 이에 불만을 품은 코민테른과 몽골인민당 좌파들로부터 우익편향이라 비판받았고 정치적으로도 패배했다. 그 후 잠차라노는 1932년까지 전적위원회에서 연구에 종사했다. 1930년에는 자신의 입장을 밝힌 「인민 잠차라노 치벤으로부터 몽골 인민혁명당 중앙위원회에」선집 1 : 35~48를 제출했고, 「몽골국 학술활동의 의의」선집 1 : 52~56를 저술하여 몽골 인민공화국에 필요한 학술연구 부문들을 제시했다. 또한 제자들과 함께 『몽골의 지세』선집 1 : 57~74를 집필하여 지리학과 인류학 방면의 연구사와 현상을 소개했다.

1932년 5월, 잠차라노는 레닌그라드의 소련 과학아카데미 동양학연구소 초빙을 받아 몽골을 떠났으며, 1937년 8월 11일 체포될 때까지 연구에 종사했다. 이 시기, 즉 그의 연구인생 마지막 시기에 잠차라노는, 몽골 인민공화국 국경 근처에 사는 일부 에스닉 그룹의 민족지인 『다르하드, 흡스굴 호의 오랑하이, 두르부드, 호퉁, 울드, 먕가드, 자하칭, 토르고드, 호쇼드, 다리강가, 알타이의 오랑하이, 카자흐, 함니강 등의 출신과 현황의 기술』(이하, 『민족지』라 약칭함)을 1934년 울란바타르에서 간행하고, 17세기에 몽골어로 기록된 연대기의 문헌학적 연구서인 『17세기의 몽골 연대기』를 1936년 레닌그라드에서 간행했다.

잠차라노는 1942년 5월 14일 오렌부르크 주州의 솔-일레츠크 감옥에서 사망했고, 그의 명예가 회복된 것은 1956년 12월 8일이다.

다음 절부터는, 『국가의 권리』, 『혁명약사』, 『몽골국의 지세』, 『몽골국사』라는 잠차라노의 네 개의 저술을 통해서, 앞에서 목표로 설정한 대로 고찰을 진행해 보도록 하겠다. 이 저술들은 모두, 잠차라노가 1921년 3월 몽골인민당 제1회 당대회를 위해 작성한 「대중에 대한 몽골인민당 선언서」 이후에서 1928년말 그가 정치적으로 패배할 때까지 작성된 것이다. 그 후 저술에는, 잠차라노가 입장의 변화를 의식해서 종래의 지론을 바꾸거나 숨긴 부분이 포함될 우려가 있다. 잠차라노의 원래 생각은, 정치적 패배 이전의 저술 속에 보다 잘 드러나 있을 것이라 생각된다. 이 네 개의 저술은, 그 제목에서 볼 때 몽골국가의 국가주권, 혁명사, 지리지, 고중세사를 다룬 것이라 생각된다. 이들 네 저술을 통하여 잠차라노가 어떠한 근대공간을 만들려고 했는지를 고찰하겠다.

3.『국가의 권리』

이 저술은 1924년에 발표되었다. 책 말미에는, "몽골국 총리대신 사인 노용 칸 님의 하명을 받들어, 국내의 여러 권리들을 간결하게 규명하였다. (…중략…) 몽골의 새로운 국가가 발전할 수 있기를"선집 1: 31, 4~6이라 기록되어 있다. 잠차라노는 막 태어난 몽골 국가를 위해 '국내 여러 권리들'을 간단히 설명하고자 한 것이다.[4] 그리고 그 서문에, "세계의 크고 작은 많은 국가의 법률 중에서 모든 통치 권리들을 처리하는 일들, 그리고 권력과 이익을 지키고 발전시키는 외국의 사례들, 또한 국가의 주권과 지방의 권력 및 이 두 권력이 관계되는 사례들을 간단히 기록하겠다"선집 1 : 17, 3~7고 기술함으로써, 몽골국가의 미래를 위해, 통치권이란 무엇인가, 권력을 보

4 다나카(田中克彦)는, 캬흐타 3국협정에서 중국 및 러시아와 논쟁을 벌인 잠차라노가, 이 저술을 통해 앞으로 도래할 민족 독립의 표현으로서 국가와 그 기구, 근대 각국의 의회제도, 언론의 자유와 이유 없이 체포되지 않을 권리, 이주 자유 등을 논하고, 언론 규제는 국가의 힘을 약화시킨다고 설명했다고 한다(田中(1990) : 197~198). 다나카의 글로는 이외에도, Tanaka Katsu-khiko, "O sochinenij Ts. Zhamtsarano 《Ulsyn erkhe》, posvjashchennom pravitel'stbu Bogdo-khana", Ts. P. Vanchikova, D. V. Dashibalova, M. V. Ajusheeva (eds.), *Istorija, istochnikovedenie, istoriografija, kul'tura i obrazovanie*, Ulan-Ude : Redaktsionno-izdatel'skij otdel BNTs SO RAN, 2008, pp.19~20가 있는데, 필자는 아직 이 글을 읽지 못했다.

호하고 발전시키는 외국의 사례, 국가주권과 지방권력 및 이들의 상호관계를 소개하겠다는 저술 목적을 분명히 밝히고 있다.

1) 국회

우선 잠차라노는 '국회'의 기원에 대해 다음과 같이 말한다. 즉, 동서고금의 크고 작은 국가에서, 주권을 쥔 자들은 자신의 이익과 명성만을 추구하고 대중의 이익을 신경 쓰지 않았다. 그 결과 대중이 봉기하여 국가가 불안정해졌다. 사태가 이렇게 되어서야 권력자는 비로소 각지의 대표자와 회합을 갖고, 다양한 국사를 논의하여 법률을 제정했다. 이렇게 국회를 설치함으로써 국가가 강력해진다는 것을 이해하게 되면서, 국회를 설치하는 국가들이 등장했다선집 1 : 17, 18~29. 잠차라노는 이렇게 국회의 기원을 설명한 다음, 단독 혹은 소수의 위정자에 의한 통치를 폐지하고 의회제 국가로 이행한 근대국가를 소개하고 있다.

그리고는, 일원제와 이(양)원제, 두 제도의 장단점, 당시의 일원제 국가와 이(양)원제 국가를 예시하고 있다. 예시된 나라 대부분은, 잠차라노가 저술한 20세기 초에는 입헌군주국이었다. 그리고, 상원의원의 임명과 하원의원의 선출, 선거권과 피선거권, 선거의 실시방법, 상원의원의 특징, 상하원의 새로운 선출과 그 시기, 국회의 회기, 국회와 의원의 존중이란 식으로 항목을 나누어 각기 간결하게 설명하였다선집 1 : 17, 30~22, 35.

이어 잠차라노는 국회를 개설할 필요와 국회의 권능에 대해 16개 항목에 걸쳐 설명한다선집 1 : 22, 36~25, 6. 이들 16항목 가운데 잠차라노가 제기한 국가의 중요한 권리에 대해 언급하고 있는 것은, 제1항목 "법률을 제정하고 개폐하는 것", 제2항목 "다음 해의 예산을 심의하고 필요하다면 보정을 가하는 것", 제4항목 "외국과 체결한 혹은 앞으로 체결할 조약 내지는 조약안을 심의하는 것", 제5항목 "헌법개정과 지폐인쇄 등 중요한 일들을 심의하는 것"이다. 이들은 모두 잠차라노가 국회의 권능에 포함되는 사항으로서 언급한 것이다. 제5항목에서 '헌법'을 언급한 것을 보면, 잠차라노가 구상하는 몽골국가란 입헌제 국가임을 알 수 있다.

다음으로 주목해야 할 것은 제8항목과 제9항목 내용이다. 먼저 제8항목에, 국회를 통과한 법률은 군주의 재가를 거쳐 시행되며, 군주는 국회의 승인을 얻지 않은 법률을 제정하거나 시행할 수 없다고 기술되어 있다. 그리고 제9항목에는, "국회가 정치와 군주에게 해를 입히면, 칙명으로 해산한다"[선집 1 : 23, 34~24, 8]고 기술되어 있다. 이들 두 항목은 국회와 군주의 상호관계를 언급하고 있는데, 이로부터 잠차라노가 이 시점에서 구상하던 것은 군주제 국가이며, 군주가 지니는 대권 중 하나로 국회해산권을 생각하고 있었음을 알 수 있다.

마지막으로 종교와 정치에 관해 언급한 항목을 소개하겠다. 제6항목에는, "종교란 것은 사람들의 사고의 근간根幹을 이루기 때문에, 모든 종교, 숭배, 포교, 사원 건설, 라마와 승려들의 원칙과 목적 등은 모두 국정과는 별개의 영역에 두는 것이 좋다. 국회와는 관련을 맺게 하지 않는다"[선집 1 : 23, 19~22]고 기술되어 있다. 종교, 즉 몽골인이 널리 신앙하고 있는 불교와 정치의 분리를 제창하였음을 알 수 있다.

이상을 정리하면, 잠차라노가 구상하고 제창한 몽골국가는 의회제에 입각한 입헌군주제 국가였다고 총괄해도 무방할 것이다.

2) 영토와 국토

잠차라노는 다음으로 '영토' 내지는 '국토'에 관해 언급하고 있다. 그는 먼저 다음과 같이 말하고 있다. 본래 "국가라고 하는 것은, 다수의 인간이 함께 하나의 땅에 존재하고, 스스로의 통치를 받고 다른 권리에는 따르지 않는다, 안팎의 대소사를 모두 스스로가 점하고 독립해 있는 것의 명칭이다"선집 1 : 25, 9~12. 즉, 국가란 다수의 인간이 마땅히 존재해야 할 일정한 토지를 갖고, 자기통치권을 지니며, 내정과 외교사항을 스스로 결정하고, 독립된 상태라고 정의한다. 그리고 이렇게 정의된 국가에 대하여, "땅이 없으면 국가는 없다. 국가가 멸망하면 국토란 것은 없어진다. 국토는, 스스로 점유하고 스스로 결정된 국가의 확실한 하나의 상징이다"선집 1 : 25, 12~14라 기술하여, 독립국가는 국토 및 영토와 불가분의 관계에 있다고 주장했다. 그리고 이어서, "국가의 주권을 국가의 영토에 완전히 집행하여 점유하는 것이다. 만일 그 영토에 대해 국가의 주권을 완전히 집행할 수 없거나, 혹은 이런 권리를 타국이 차지했다면, 그 국가는 완전한 자주독립을 성취하고 있지 못한 것이다"선집1: 25, 15~29라고 기술하였다. 이 부분을 볼 때 잠차라노에게 국가의 완전한 자주독립이란, 국가의 주권을 그 영토에 완전히 집행하고 있는 상태를 의미한다. 따라서 "모든 국가의 정부는, 영유하는 국가의 주권을 스스로 점하여 집행하고, 어떠한 일이 있어도 타자에게 이를 빼앗기지 않으며, 그 국가의 영토를 굳게 지키고자 힘쓴다"선집 1 : 25, 19~22라고 기술함으로써, 일국의 정부는 주권을 그 영토에 집행해야 하며 이를 타국에 빼앗겨서는 안된다고 설득하고 있다.

이상에서 잠차라노가 말한 것은, '영토' 개념과 '영토'가 국가의 독립에 갖는 의미 등으로, 현재 혹은 미래 몽골 국가의 '영토'의 소재에 대해서는 명확한 설명이 없다. 이에 대해서는 5절 「몽골국의 지세」에서 언급하기로 하겠다.

3) 국가의 주권

잠차라노는 그 다음으로, 앞서 영토 및 국토와 관련하여 등장한 '주권' 문제에 대해 이야기한다. 그에 따르면, "국가의 주권이란, 국가를 다스린다, 국가를 관리한다, 국가를 지킨다, 국가를 대표한다, 외부와 관계된다 등 여러 권리다"선집1: 25, 25~27. 그렇다면, 이러한 권리는 무엇/누구에게 속하는가? 이에 대해서 잠차라노는, "군주의 권리는 또한 국가의 주권과 거의 일치한다"선집1 : 25, 28~29라고 기술하고 있다. 여기서 그가 군주주권을 제기하였음을 알 수 있다.

잠차라노가 생각한 대권이란 가령 다음과 같은 것들이었다. 국회가 가결한 법률을 재가한다. 장관과 관리를 임명한다. 군대를 통수統帥한다. 법률에 따라 칙령을 내려 사건에 대응한다. 도량형과 화폐를 제정한다. 외국에 대해 자국을 대표한다. 국회의 개회를 선언하거나 해산한다. 은사를 내린다. 품급品級과 칭호, 훈장 등을 사여한다 등이 그가 생각한 대권의 실례였다선집1 : 25, 30~37. 한편, "군주는 커다란 권리를 갖고는 있지만, 정해진 법률을 고의로 어기거나 국가에 해가 될 일을 처리해서는 안된다"선집1 : 25, 39~41라고 기술함으로써, 군주라 해도 법률의 규제를 받아야 한다고 생각하였다.

잠차라노는 다음으로 지방의 자치권 문제에 관해 언급한다. 잠차라노에 따르면, 이는 여러 사람의 의견에 입각하여 관원을 선정하고, 지방 권리와 관련된 일, 가령, 세금의 균분, 역체驛遞 설치, 교육, 의료, 가축질병 예방대책, 늑대의 구제驅除, 자원 보존, 화재 예방, 전통적 생활도덕에 의한 양육,

수지收支 감사 등 모든 것을 협의하는 것이다선집 1 : 27, 23~36. 그리고 국가는 이러한 지방 권리를 부당하게 탄압해서는 안 되며, 지방 자치권을 존중해야 한다. 하지만 지방이 국가의 법률을 위반하거나 대권과 대립하지 않도록, 중앙이 해당 지방에 파견한 관리가 감찰해야 하며, 국가와 지방의 권리 관계에서 발생한 문제는 국회에서 논하면 된다고 기술하였다선집 1 : 28, 9~17.

이상과 같은 잠차라노의 주장은 두 가지로 정리할 수 있다. 먼저 주권은 군주에게 있지만 이는 법률의 규제를 받는다는 것, 그리고 지방에는 자치할 권리가 있고 국가는 이를 존중해야 한다는 것이다.

4) 국민 개인의 권리

잠차라노는 마지막으로 '국민 개인의 권리'에 대해 논한다. 잠차라노는 이러한 개인의 권리를 현대 세계의 많은 강국들이 법률을 통해 존중하고 있다고 언급한 뒤선집 1 : 28, 30~33, 이를 12개 항목으로 정리하고 있다. 그리고 일부 항목에서는, 그런 권리를 제한 혹은 정지시킬 수 있는 정당한 사유와 여러 외국의 관련 사례 등도 제시하고 있다선집 1 : 28, 34~30.

이하에서는 방금 언급한 12개 권리를 순서대로 제시하고, 특히 주목되는 것에 대해서는, 각 항목의 기술 외에 잠차라노가 기록한 것에 대해서도 언급해 두겠다. 먼저 제1은, 국가가 개인의 권리를 침해하는 것을 금하고, 개인의 권리는 평등하게 보호되어야 한다는 것이다. 다음으로 제2는, 신체의 자유와 안전의 권리, 체포와 구류에 대한 적절한 절차, 신속한 재판 절차 등이다. 제3은 주거의 불가침과 영장주의이며, 제4는 재산권은 침해받지 않으며, 공익을 위해 이를 이용할 경우에는 정당한 보상을 해야 한다는 것이다. 제5는 정당한 사유 없이 주거를 침입 받지 않을 권리다. 제6은 표현의 자유, 서신과 통신의 비밀 보장이다. 제7은 거주 이전의 자유와 해외 출국의 자유에 대한 권리다. 제8은 사상, 양심, 언론, 출판 자유의 권리는 공공 복지에 해를 입히지 않는 한 보장된다는 것이다. 그리고 제9는, 결사 자유의 권리는 공공 복지에 해가 되지 않는 한 보장된다는 것이다. 제10은 소란을 일으키지 않는 한 집회와 언론 자유는 보장된다는 것이다. 제11은, 개인은 단독 혹은 다른 이와 연명하여 정부에 사건을 알릴 권리, 즉 청원권을 지닌다는 것이다. 제12는, "모든 개인은 생각이 맞는 종교와 교의敎義를 자유롭게 숭배하고 지키고 설법하며, 널리 전파할 권리를 지니고 있다". 그러나, "적대적이고 유해한 이理를 사용해서는 안된다"는 것이다. 즉, 공공 복지에 해가 되지 않는 한 믿음의 자유는 보장된다는 것이다.

잠차라노는, 개인의 이러한 권리들을 억압하거나 금지하지 않고 발전시키면 국가가 강력해지고, 반대로 개인의 권리와 이익을 존중하지 않고 유린하거나 압박했기 때문에, 민심이 동요하여 정치가 혼란해진 결과 국가가 무너진 경우가 많다고 기술하고 있다선집 1 : 30, 40~31, 3. 이렇게 잠차라노는 개인의 각종 권리, 즉 인권을 존중하는 것이 강력하고 안정된 국가건설에 중요하다는 것을 강조하며 글을 끝맺고 있다.

국민 개인의 권리, 즉 인권은 근대헌법에서 불가결한 원리다. 잠차라노가 이를 강조하고 있다는 점에서, 그가 구상하고 제창한 몽골국가란 헌법을 갖는 근대국가임을 알 수 있다.

5) 『국가의 권리』에서 보는 몽골국가란?

잠차라노가 『국가의 권리』를 통해 제시한 몽골국가란, 인권을 보장하는 근대헌법을 가진 의회제 입헌군주국이며, 군주가 지닌 주권을 영토에 행사하는 독립국가였다.

잠차라노는 청년 시절부터 러시아 제국을 통해 유럽 근대국가의 모습을 알았고 근대적 지식을 익혔다. 잠차라노는 이런 견문과 지식을 가지고, 막 청조로부터 독립을 선언한 복드 칸 정권하의 몽골국으로 돌아왔다. 그러나 잠차라노는, 근대 북동아시아의 국제관계에 휘말린 복드 칸 정권이, 중화민국과 러시아 제국의 흥정 결과 독립과 자치를 상실하게 되는 현장을 지켜보아야 했다. 당시의 총리였던 남낭수렝이 잠차라노에게 언제 『국가의 권리』를 집필하도록 명령했는지는 알 수 없지만, 몽골의 독립과 자치의 상실, 1921년에 군주로 복귀한 복드 칸을 추대한 인민정부 성립이 그 배경에 있었다고 보인다.

잠차라노는 인민정부 성립 이듬해인 1922년 5월 19일부터 헌법준비위원회 위원으로 임명되었다. 잠차라노는 그 준비 과정에서, "영국과 같은 국가의 법률을 간결히 택해서 현재 이루어지고 있는 통치 상황에 합치시켜 집필하면 된다"는 지시를 받고, 이에 따라 영국, 스웨덴, 벨기에, 네덜란드 등의 헌법을 번역하면서, 이것들이 자국 헌법의 모델이 될 것이라 생각하고 있었다.[5] 그러나 코민테른은 이상의 작업을 자본주의적 자유주의사상에 의거한 초안을 만들려는 시도라고 인식하여, 인민정부에 소비에트 헌법의 일부 형식을 채용하도록 압력을 넣었다. 그 결과, 작업이 지연되었고 헌법준비위원회도 일단 폐지되었다. 그리고 군주 복드 칸이 사망한 1924년 5월 소련에서 법률가가 초빙되었고, 10월 헌법준비위원회가 재조직되었다. 잠

5 잠차라노 관계문헌 목록에는 유럽 각국의 헌법을 번역했다고 생각되는 자료의 명칭이 보인다. 잠차라노가 유럽 각국의 헌법을 비교 연구했다는 증거일 것이다(Tsetsegmaa(2008): 59~60; Tsetsegmaa(2011) : 46~47).

차라노는 다시 위원에 임명되었고, **이전의 작업 성과**를 이용하여 불과 3주만에 소비에트 헌법을 모델로 한 초안을 완성시켰다. 이 초안은 제1회 국회 회기 중인 11월 26일에 정식 공포되었고, 그 결과 군주제를 폐지한 몽골인민공화국이 성립되었다Boldbaatar · Sanzhdorzh · Shirendev(2003) : 151~152; Dashdavaa · Kozlov(1996) : 79. 잠차라노가 헌법 준비작업과 병행해서 1924년에 『국가의 권리』를 집필했는지 여부는 명확하지 않다. 하지만 위에서 고딕체로 강조표기한 '**이전의 작업 성과**' 속에, 『국가의 권리』에 담긴 지식이 있었음은 틀림없다. 실제로 그 내용을 1924년 헌법 내용과 비교해 보면, 둘 사이에 큰 차이는, 『국가의 권리』가 주권재군을 주장한 반면, 1924년 헌법은 주권재민을 규정하고 있다는 점 뿐이며, 『국가의 권리』가 제기한 대부분의 사항은 1924년 헌법에 담겨 있음을 알 수 있다. 잠차라노가 『국가의 권리』를 통해 제시한 몽골국가 구상은 1924년 헌법 속에 그 대부분이 활용되었던 것이다.

4. 『몽골 땅의 천명天命을 바꾸는 행위의 시작을 불러일으킨 것의 약사略史』(『혁명약사』)

이 저술은 1926년 5월에 작성되었다.[6] 잠차라노는 이 책 앞머리에서, 노용이라 총칭되는 귀현신사貴顯紳士 혹은 고위고관과 라마들이 정치를 장악했던 이전 정권을 자치정권이라 부르고, 젭춘담바 활불活佛을 무제한 권력을 가진 군주 복드 칸으로 추대했던 독재정권이었다고 기술했다선집 2 :

6 론지드 또한 『혁명약사』의 키릴문자표기 몽골어 텍스트를 발표하였다(Lonzhid(1990)). 간행된 연월일은 이 견해에 따랐다.

152, 4~9. 그리고 이 정권 시기에 청대 신분제도가 대부분 온존되었고, 자삭이라고 불리는 청대 몽골에 설치된 행정구획인 '기旗'의 장長들이나, 활불, 고급관료, 그리고 타이지라 불린 명문귀족 등으로 구성된 상층계급과, 노예와 평민으로 이루어진 하층계급 사이에 모순이 있었다고 기술하고 있다선집 2 : 152, 10~20.

잠차라노는 이러한 모순을 보다 구체적으로 이야기한다. 즉, 상층계급은 특권을 지니고 자유를 누리면서 정치와 대중을 이끌었음에 반해, 하층계급은 자유를 갖지 못하고 항상 억압과 착취를 받으면서 노역과 공역貢役의 부담에 신음하고 있었다는 것이다. 그리고 공대共戴 9년에서 11년 1919~1921에 걸쳐, 쉬슈정徐樹錚 군과 웅게른이 이끄는 백군이 차례로 몽골에 침입할 때, 몽골 상층계급은 칭호·관직이나 실리만을 좇아 국가의 어려움을 돌보지 않고, 정권이 무너져도 하층계급 인민을 지속적으로 착취하였다. 이들은 중화민국정부로부터 훈공과 봉록을 얻을 수 있을 것이라 기대했기 때문에, 정권을 위해 생명과 재산을 내던져 대중의 이익을 지키려고는 생각하지 않았다. 극히 일부만이 정권을 멸망시키지 않고 국가를 지킬 방도를 생각했지만, 이들 역시 자신들이 지닌 상층계급으로서 이익과 특권을 침해 받지 않고 지원을 얻고자 했다선집 2 : 152, 10~153, 12. 잠차라노는 이상과 같이 기술함으로써 계급 간 모순을 비판하고, 상층계급이 국가의 독립보다 자신의 이익을 우선하고 하층계급을 착취했으며, 그리고 몽골의 독립을 인정하지 않는 중화민국에 복종하고자 했다고 비판하였다. 그리고, 1911년 말 몽골이 독립을 선언한 후 벌어진 일련의 사건들에 대해 비판적인 서술을 이어갔다. 즉 1911년 독립을 선언한 몽골은, 그 이듬해부터 러시아 제국, 프랑스, 영국, 독일, 미국, 일본 등에 독립을 통지했지만 무시되었다. 이러한 가운데, 결국 러시아 제국이 책동하여 1912년 몽골의 독립선언을 자치선언으로 격하시키고, 러시아 제국의 경제적 권익을 인정하는 러몽협정을 체결시켰다. 이에 불만을 품은 몽골 측은 같은 해 연말, 외교사절을 러시아 제국의 상트페테르부르크에 보내 각국과 외교활동을 전개하였다. 반면 종주권국인 중화민국은 1915년 캬흐타 3국협정을 전후하여 1915년 쩐루陳籙, 1917년 쩐이陳毅, 그리고 1919년 쉬슈정을 차례로 후레에 부임시켜, 몽골의 자치 철폐를 위해 주로 몽골인 상층계급을 회유하고, 그 결과 회유된 몽골인들이 있었다는 것까지 비판적으로 서술하고 있다선집 2 : 153, 13~154, 18.

이어 잠차라노는, 몽골인민공화국 시대에 정식화된 자치철폐 이후의 역사, 즉, 영사관 구파丘派와 동東 후레파의 결성과 합체, 몽골인민당의 결성, 대표 7인의 소비에트 러시아행과 현지에서의 활동, 몽골인민당 (제1회)당대회 개최 및 몽골인민당 강령의 채택, 몽골인민당 중앙위원회의 설치, 몽골인민의용군의 결성, 임시인민정부 수립에 이은 인민정부 성립까지를 간결하게 서술하며 글을 맺는다선집 2 : 154, 19~156, 17.

잠차라노는 이 저술 마지막에, "우리 몽골국을 인민이 권리를 지니는 찬란한 길로 이끌고자, 직접 천명天命을 바꾸는 길을 가서 독립된 인민정부를 세우게 된 경위는 이상과 같다"선집 2 : 156, 15~17고 기술하고 있다. 계급모순을 내포한 군주독재의 구 정권을 혁명하여 인민정부를 수립한 것은 인민주권의 몽골국을 세우기 위함이었다는 것을 명기함으로써, 몽골 인민공화국이 성립한 가장 정당한 이유를 설명한 것이다.

5. 『몽골국의 지세地勢』

이 저술의 서문에는, "초등학교 교사를 양성하는 사범학교에서 몽골국의 지세를 가르칠 때 쓸 만한 서적이 없기 때문에, 16년 가을부터 17년 봄(1926년 가을~1927년 봄 – 필자)까지 가르친 내용을 간략하게 적었다"고 기재되어 있다선집 2 : 108, 5~9. 모두 21장으로 이루어진 이 저술에서 잠차라노는, 몽골국의 국경, 국경 안에 사는 주민 즉 국민과, 국경 밖에 사는 비非주민 즉 타국 국민인 몽골족, 국민의 인구, 국내 산악, 하천, 호수, 늪지대 등의 지형과 지질, 동식물, 특징적인 식생, 기후, 산업(수렵, 목축, 임업, 농업, 광업), 풍속습관, 종교와 숭배체계, 무역, 예산과 경제운영을 설명하고 있다. 이상의 고찰에서 필자가 가장 중요하다고 생각하는 내용은, 국경으로 구획된 '영토'와 그 안에 있는 '국민'을 제시하고 있는 부분이다. 앞의 3절 2)에서 설명이 유보되었던 '영토'가 바로 이 부분에서 설명이 이루어지고 있다. 이하에서는 '영토'와 '국민'에 초점을 맞추어 고찰해 보도록 하겠다.

잠차라노는 대략적인 국경선의 위치를 제시하면서 몽골국가의 영토를 설명한다. 소비에트 러시아에 접한 북부 국경의 서쪽 절반을 설명하면서, 잠차라노는 국경이 위치하는 10곳의 지명을 언급하고 있는데, 이 중 7곳은 1727년 체결된 캬흐타 조약 내에 삽입된 부린스키 조약에서도 찾아볼 수 있다선집 2 : 108, 26~109, 3; Battör · Mönkhtulga(2004) : 21. 이어서 부린스키 조약에 의해 청조 영토가 된 탄누 오량하이 땅이, 1914년 4월 러시아 제국의 간섭에 의해 러시아 보호령이 되고, 1921년 8월 소비에트 러시아의 지원으로 투바인민공화국이 된 경위를 설명하면서, 예전의 국경과 영토가 변경된 경과를 기술하고 있다선집 2 : 190, 4~8. 마치 잠차라노가 인정하는 국경은 캬흐타 조약 당시의 것인데, 러시아 제국과 소비에트 러시아 때문에 어쩔 수 없이 변경되었다고 호소하고 있는 듯하다.[7]

이상과 같이 국경의 위치를 제시하고 그 안쪽이 몽골국가의 확고한 영토임을 기술한 다음, 잠차라노는 그 국경 안쪽에 거주하는 "국민인 몽골민족"과 국경의 바깥쪽에 있는 같은 민족, 즉 "타국 국민인 몽골민족"이 존재하는 것을 다음과 같이 설명한다. 먼저 제12장에서, "국민인 몽골민족"은 험한 기후와 토양 때문에 그 인구가 적다. 그 대부분은 할하, 두르브드, 차하르, 부랴트, 다르하드 등 많은 부족으로 이루어진 몽골인이며, 투르크 계통의 호통, 카자흐, 오량하이 부족도 있다고 기술하고 있다선집 2:150, 4~20.[8] 제21장에서는, "타국 국민인 몽골민족"의 기원을, 예로부터 몽골민족이 확대되어 다른 민족을 지배해 나가는 과정에서, 그 민족들에게 동화된 것에서 찾고 있다. 그리고 이와 관련된 보다 최근의 상황으로서 다음과 같은 것이 기술되고 있다. 즉, 중화민국 내부의 내몽골, 칭하이靑海, 신장新疆에 거주하는 몽골인을 통치하기 위한 '맹盟'과 그 밑의 '기旗'라는 행정구분과 거주지역 명칭을 열거하면서, 중화민국 지배하에 있는 티베트 동북의 암도 지방이나 중화민국의 일부 성省에도 자신의 언어와 사상을 잃어버린 몽골인 소집단이 있다는 것도 언급하고 있다. 또한 동부 내몽골 지방으로 한인漢人이 대거 유입되어 토지를 점유해 버렸기 때문에 몽골인의 생활이 어려워졌고, 게다가 오랫동안 한인과 함께 살면서 그 통치를 받았기 때문에 한화漢化되었다는 것, 그리고 내몽골 중서부에서도 한인에 의

7 잠차라노는 인민정부 성립 이전인 1921년 6월에서 7월에 걸쳐 모스크바에서 개최된 코민테른 제3회 대회에 몽골대표로 참가하여, 소비에트 러시아 측에게 오량하이를 외몽골에 병합할 것을 주장했다고 한다(靑木(2011) : 62).

8 『민족지』에는 잠차라노가 당시 몽골 국내에서 확인한 약 30개의 에스닉 그룹들이 기록되어 있다.

한 토지점유가 진행되고 있다는 것 등도 기술하였다선집 2 : 150, 21~151, 24. 마지막으로, 러시아 제국 이후 러시아 통치를 받는 부랴트나 토르고드 혹은 칼미크라 불리는 몽골민족들이 있는데, 앞서 언급한 동부 내몽골 3맹盟 몽골인과 마찬가지로 러시아의 지배 하에서 자신의 풍속습관과 민족언어를 잃어가고 있다고 기술하고 있다선집 2 : 151, 24~32. 이처럼 잠차라노는, 국가의 안과 밖을 구획하는 '국경'이라는 선이 있어서, '국경' 안쪽의 '국민'들 중에도 다른 민족 사람들이 있다는 것, 그리고 같은 몽골민족 사람이라 해도 '국경' 바깥에 있다면 '타국 국민'이라는 별개의 범주에 소속된다는 것을 보여주고 있다. 잠차라노가 '국경' 건너편에 있는 같은 몽골민족의 "이화異化"된 모습을 '타국 국민'으로 설명하는 것은, "몽골 '국민'"의 역사 및 문화적 일체성을 보다 명확히 하고자 하는 시도로도 읽을 수 있다.

6. 『몽골국사』

이 저술 마지막 부분에는, "사범학교에서 17년과 18년(1927~1928년 – 필자) 사이에 가르친 내용을 간략히 적었다"선집 2 : 97, 9~10고 기술되어 있다. 본 저술은 그 제목에서 "일국사一國史"임을 알 수 있다. 하지만 잠차라노는 무슨 내용으로 "일국사"를 쓰려고 했는가? 그리고 일국사를 저술한다는 것이 신생 몽골국가에 어떠한 의미를 지녔는가를 본 저술의 서문을 통해서 알아보도록 하겠다.

잠차라노의 "일국사" 구상은 서문 마지막 부분에 단적으로 나타나 있다선집 2 : 9, 1~22. 잠차라노는 먼저, "몽골사를 간결하게 연구하기 위해, 본고를

3부로 나누어 그 각각을 장절로 구별하여 연구하는 편이 좋다"선집 2 : 9, 1~3 고 기술하고 있다. 이에 따라서 제1부선집 2 : 10~22에서는, 기원전 2000년 무렵부터 기원후 1000년까지 몽골 발흥 이전의 고대사를 다루고 있는데, 중국 고대의 5제帝, 하夏, 주周에 해당하는 흉노국匈奴國 이전 시대, 흉노국, 실위몽골室韋蒙古, 원原 몽골,[9] 돌궐국突厥國, 위구르국國, 거란국契丹國, 금국金國을 시대순으로 기술하고 있다. 다음으로 제2부선집 2 : 24~84에서는, 칭기스 칸에서 1368년 토곤 테무르 칸이 현재의 북경을 떠나 몽골로 귀환하기까지 사적을 기술하고 있다. 이 부분은 몽골 발흥에서 원조元朝 북천北遷까지의 고대사 기술이라 할 수 있겠다. 마지막으로 제3부선집 2 : 85~96는 토곤 테무르 칸 이후 몽골 칸의 통치와 몽골 칸 정권의 멸망, 청조통치기, 몽골의 독립운동과 몽골인민공화국 성립까지를 다루고 있다. 이 부분에서는, 중세사에서 혁명사를 포함한 근현대사까지 한 번에 다루고 있다. 이들 3부 모두 상당히 간략하게 기술되어 있다.[10] 이런 구성을 통해 볼 때 잠차라노는 "일국사" 저술에 임하여, 역사란 것은 단절되지 않고 되돌릴 수 없는 시간의 흐름에 따라 전개된다고 하는 이해에 기초하여, 앞에서 언급한 『몽골국의 지세』에 기술된 '국경' 내부에, 아주 오래전부터 연속되며 공통의 특징을 지닌 '국민'으로 이루어진 공동체로서 '국가'가 지속적으로 존재해 왔다는 생각을 갖고 있었음을 읽어낼 수 있다.

이제 서문을 보도록 하겠다. 잠차라노는 다음과 같이 말하고 있다. "전 세계의 많은 나라들의 흥망사와 비교해 보면, 우리 몽골사에도 똑같이 놀

9 '원(原) 몽골(oor mongol)'이란 용어는 그다지 널리 사용되고 있지 않다. 잠차라노는 '원몽골'의 예로서 '유연(柔然)'을 들고 있다.

10 가령 제3부 마지막에서는, 몽골의 독립선언에서 자치로의 격하와 자치 철폐를 거쳐 자치 회복 혹은 인민정부 성립까지를 불과 70 단어 정도로 정리하고 있다.

랄 만한 부분이 있다. 추하거나 저열한 부분은 없다. 따라서 현대 여러 문명국의 중학교와 고등학교에서는, 몽골사를 다른 여러 국가 역사와 함께 가르치고 있다"선집 2 : 6, 2~7. 몽골사는 전세계 많은 나라, 주로 근대 유럽의 열강으로 이루어진 '현대의 여러 문명국'의 역사와 비견된다는 것이 잠차라노의 본의일 것이다. 다음으로 잠차라노는, 몽골사가 장기간에 걸쳐 여러 언어로 쓰여진 역사기록 뿐 아니라, 고대사의 경우 출토물이나 비석, 화폐 등을 포함한, 확실한 증거에 의한 '사실史實'에 입각해야 한다고 생각하고 있었다선집 2 : 6, 11~27. 이는 잠차라노가 당시 유럽 각국의 역사학에서 이루어지던 실증성과 객관성이란 학문방법에 따른, 즉 유럽 학계와 상통하는 방법론으로 뒷받침된 "일국사"를 지향했기 때문일 것이다. 그러면서 그는 "단지 몽골국의 역사만을 기술한다고 해도 아주 곤란한 점"이 있다고 덧붙인다. 몽골인이 사적史籍 등 문자기록을 남긴 지가 시간적으로 얼마 되지 않기 때문에, '몽골 스스로가 기록한 진정한 역사'를 발견하기란 어렵다. 따라서 몽골과 관계된 각국 역사서에 의거할 수밖에 없는데, 몽골어 이외의 언어와 문자로 기록된 많은 사료를 한 개인이 읽는 것은 어렵다. 게다가 사서들이 세계 전역에 산재해 있고, 희귀하거나 없어진 것들도 많다. 이러한 곤란한 점들이 있지만, 간결한 몽골사라면 쓸 수 있을 것이라 말하고 있다선집 2: 6, 28~7, 16.

잠차라노가 '몽골 자신이 기록한 진정한 역사'를 발견하기 어렵다고 기술한 것을 보면, 그는 몽골의 "일국사"가 민족과 공동체 혹은 국민과 국가의 언어와 문자인 몽골어와 몽골문자로 작성된 기록들을 사용하여 실증적이고도 객관적으로 구성되는 것이 이상적이라 생각했다고 추측할 수 있다. 하지만 잠차라노가 발견하기 어렵다고 말했음에도 불구하고, '몽골 자신이 기록한 진정한 역사'의 대표격이라 할 수 있는 몽골 연대기처럼 "몽골 자신이 기록한 역사"도 존재한다. 그리고 『몽골국사』 발문에도 『에르데니인 톱치』, 저자불명의 『알탄 톱치』, 오이라트의 여러 역사서, 갈단 토스락치가 저술한 『에르데니인 에리헤』, 『대원국大元國의 볼로르 에리헤』, 『볼로르 톨리』[11]와 같은 사서들이 열거되어 있다선집 2 : 96, 16~28. 그러나 잠차라노는 다음과 같이 말한다.

> 다른 역사서도 적지 않지만 여기서 열거하지는 않겠다. 나중에 언젠가 때가 되면, 그 각각의 역사서를 비판하고 대조하여 확인하도록 하겠다. 많은 문헌과 사적들을 비교하고 비판한 뒤, 몽골의 역사가 사실을 얼마나 반영하고 있는지를 보겠다.선집 2 : 96, 16~32

이상과 같이 잠차라노는, 몽골 연대기 같은 부류에 속한 다른 많은 역사서에 대해서는, 나중에 사료비판을 거치고, 또한 '몽골사', 즉 몽골의 역사서를 다른 사료와 비교하고 비판하는 과정을 거쳐, 사실이 얼마나 기록되어 있는지를 탐구해야 한다고 생각하였음을 알 수 있다. 잠차라노에게 몽골 연대기는 아직 '진정한 역사'가 아니었던 것이다. 따라서 몽골국가의 "일국사"를, 몽골어라는 그 민족과 공동체 혹은 국민과 국가의 언어와 문자로 작성된 기록을 이용하여 실증적이고도 객관적으로 구성한다고 하는 잠차라노의 이상은, 『몽골국사』에서는 아직 충분히 실현되지 못했다고 말할 수 있겠다.

---

11 여기에 열거된 연대기에 관해서는, Perlee(1958) : 13~30; 包文汉·乔吉(1994) : 20~177; 森川(2007): 143~432를 참조할 것.

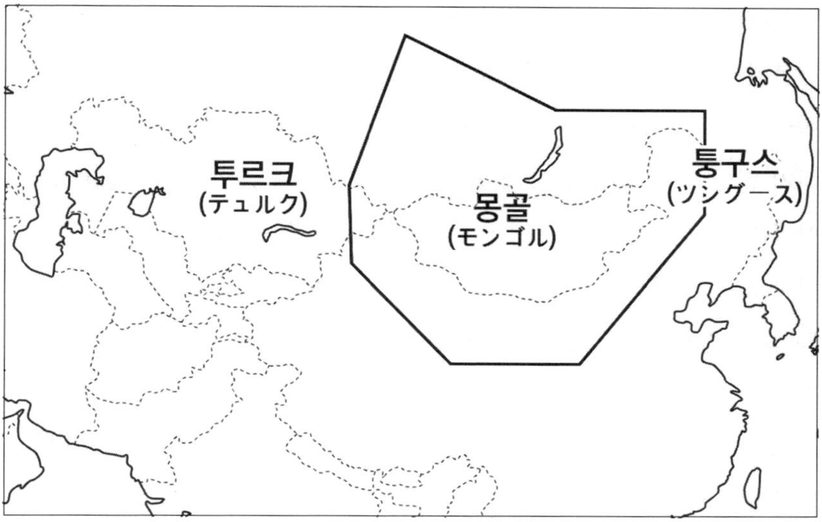

〈그림 1〉『몽골민족의 고향』

그런데 잠차라노가 제1부에서 언급한 고대 북방민족들 중, 투르크 계통의 돌궐과 위구르, 그리고 퉁구스 계통의 여진女眞은 이에 관해 충분한 설명이 없다면, 몽골민족과 직접적 친연親緣관계를 인정하여 몽골국가의 "일국사"에 포함시키기 어렵다. 잠차라노는 이 문제에 대해, "예로부터 몽골민족의 고향은 알타이, 항가이, 헨티의 여러 산맥이며, 몽골민족이 마신 물은 오농강川, 헤를렝강, 톨강, 오르홍강, 셀렝게강, 바이칼호, 앙가라강, 헴강, 헴칙강, 유르게강 등이었다. 남쪽은 알타이 산맥과 흥안령興安嶺 사이에 있는 고비 초원과 황하 만곡부 등의 땅이었다"선집 2 : 7, 16~21고 기술하고 있다. 따라서 잠차라노가 말하는 '몽골민족의 고향'이란 대체로 위에서 제시한 〈그림 1〉의 선 안을 의미할 것이다. 잠차라노가 서문에서 이렇게 구체적인 범위를 언급한 것은 "몽골민족의 원초적인 지리적 공간"을 규정하기 위해서이다.

잠차라노는 이어 다음과 같이 말한다. "중국의 사서를 보면, 기원전 2697년부터 훈육葷粥(흉노)을 북쪽으로 내쫓았다는 기록이 있는데, 훈육이 몽골이라고 기록한 사서는 아직 없다. 확실히 몽골이라는 명칭은 당시에 등장하지 않았지만, 북방의 야만 집단, 즉 북적北狄은 몽골민족이 틀림없다고 한다"선집 2 : 7, 21~27. 이런 주장의 근거가 무엇인지는 알 수 없다. 그러나 잠차라노는, '훈육'은 흉노의 전신이며 흉노를 포함하는 북방민족의 총칭인 '북적'은 몽골민족이라는 견해에 입각해서, 몽골민족이 역사상 가장 오래된 북방민족으로부터 연면하게 이어져 내려오는 공동체라고 주장한다. 그리고 "몽골민족이란 말의 의미는, 단지 몽골어를 사용하는 몽골의 여러 집단만을 말하는 것이 아니며, 아주 오래전 동일한 기원을 가진 투르크, 여진과 만주(〈그림 1〉의 '퉁구스'－필자)의 여러 집단을 더해서 기술하지 않으면 안된다"선집 2 : 7, 27~31고 하여, 몽골과 투르크 및 퉁구스 계통의 여러 집단이 동일한 기원을 갖는다는 주장을 펼치고 있다. 그리고 이들 세 계통 중에서 하나가 발흥해서 나머지 둘과 화북華北을 병합하여 강대화하는 역사를 거듭하는데, 이를 기록한 중국 사서는 같은 민족의 다양한 명칭을 그 명칭들 그대로 표기했기 때문에 구별이 어렵고, 또한 우세한 하나의 민족에게 지배를 받는 다른 민족은 그 지배민족의 명칭으로 기록되는 경우가 있기 때문에, 그 우세한 민족의 역사를 서술하면 필연적으로 그 통치 하에 있는 다른 민족의 역사가 뒤섞인다는 문제를 지적하고 있다선집 2 : 7, 31~8, 22. 즉 잠차라노는 '몽골민족의 고향'에서, 같은 기원을 지닌 고대의 북방 여러 민족 상호간 흥망사를 기록한 중국 역사서에서 그 북방 민족에 대한 역사기술이 혼란스럽고 혼재되어 있다는 이유로, 고대 북방 민족의 역사를 "몽골국가의 고대사"로 통합한 것이다.[12]

본 절을 정리하자면 다음과 같다. 잠차라노는 '고향' 혹은 '국경'과 '영토'라는 경계와 영역 안에, 시간의 진행이란 과학성에 입각해서 역사상 가장 오랜 북방민족에서부터 연면히 존재해 온 몽골민족과 몽골국민으로 이루어진 공동체와 국가가 존재한다고 보았다. 그리고 그 전통적인 언어와 문자로 기록된 문헌사료 이외에도, 역사적으로 몽골민족과 몽골국민이 관계를 맺은 다른 민족과 국가의 언어와 문자로 기술된 문헌사료와 출토물 등을 총동원함으로써, 근대 유럽열강의 역사학이 창조한 일국사와 같이 과학적 객관성과 학문적 실증성을 지닌 "몽골국가의 일국사"를 구성하여, 이를 신생 몽골국가에게 제공하고자 했다.

7. 맺으며

본고에서 언급한 잠차라노의 저술, 즉『국가의 권리』,『혁명약사』,『몽골국의 지세』,『몽골국사』는, 사료와 자료를 인용하고 그 분석과정을 제시하며 주석을 첨부하여 자신의 설을 논증하는 식의 연구가 아니며, 이를 의도한 것도 아니다. 이들 저술이 지향한 바는, 잠차라노가 청년기에 체험

12 잠차라노의 이러한 몽골 고대사 구상은, 최신판 몽골국사(2003년판)에도 이어지고 있다. 그 제1권(Tseveendorzh(2003))은, 석기시대와 청동기 및 석기시대에 이어 '몽골 땅에서 일어난 초기·중기 여러 국가들'로, '흉노제국', '선비(鮮卑), 모용(慕容), 탁발(拓跋) 국가들, 오환(烏桓)', '유연국', '투르크 계통의 여러 칸국(돌궐, 위구르, 키르기스)', '거란제국'을 배열하고, 칭기스 칸으로 이어지는 몽골인과 민족의 역사를 다루는 제2권으로 넘어가고 있다. 이러한 구상은, 잠차라노가 사범학교에서 몽골국사를 강의하던 1924년에 간행된 바트오치르의 저서『몽골국의 예부터 전해져 온 것을 간결하게 기록한 책』에도 보인다(Tachibana · Altanzajaa(2016)). 잠차라노와 바트오치르는 모두 전적위원회에 소속되어 있었기 때문에, 두 사람이 이러한 몽골 고대사 구상을 공유하고 있었을 가능성이 크다.

한 몽골계 부랴트인의 민족적 위기와 같은 어려움을 같은 계통의 몽골인이 겪게 하지 않기 위한 최선의 방법으로서, 아편전쟁 등 침략활동을 통해서 중국을 압도하는 실력을 지녔음을 실증한 근대 유럽열강에 비견될 국민국가를 건설하는 것이었다. 그리고 이를 위해서 일정한 경계선으로 구획된 '영토'와, 그 영토 안에 까마득한 과거부터 과학적이고 객관적으로 실증된 역사와 고유한 특징을 공유하며 존재해 온 공동체로서 '국민', 그리고 영토와 국민을 통치하는 것을 정당화하고 외국에게 내정간섭을 받지 않으며 국내정책을 최종적으로는 자국이 결정할 권리인 '주권'을 갖춘 근대 국가개념을 당시의 "몽골국민"에게 알리는 것이었다. 그리고 "몽골국가"와 "몽골국민"에게는 먼 옛날부터 이어져오는 역사가 존재한다고 주장했다. 이처럼 잠차라노는, 흔들리지 않는 역사를 지닌 국민과 영토, 그리고 그것들을 통치할 주권을 지니며, 인접한 중화민국, 러시아 제국 및 소비에트 러시아와 소련, 그리고 일본에게 유린되는 일 없는 국가라는 근대적 공간을, 근대 북동아시아의 한 구석에 위치한 '몽골민족의 고향'에 근대 유럽열강을 모방하여 구축하겠다는 대망을 제시한 것이다.

참고문헌

1. 사료

선집 1 : Idshinnorov, S., *Zhamsrany Tseveen : Tüüver zokhioluud.* 1, Ulaanbaatar : "Tana" kompanijn khevlekh üjldver, 1997.

선집 2 : Idshinnorov, S., *Zh. Tseveen : Tüüver zokhioluud* 2, Ulaanbaatar : Mongol ündesnij tüükhijn muzej, "Ikh zasag" Khuul' Züjn Deed Surguul', 2000.

『국가의 권리』 : *Ulsyn erkh*, In : 선집 1, pp.17~31.

『몽골 땅의 천명(天命)을 혁(革)하는 행위의 시작을 불러일으킨 것의 약사(略史)』 : *Mongol gazryn boshgyg khalakh javdlyn tulgar bosgosny tovch tüükh*, In : 선집 2, pp.152~156.

『몽골국의 지세』 : *Mongol ulsyn gazar orny bajdal*, In : 선집 2, pp.107~151.

『몽골국사』 : *Mongol ulsyn tüükh*, In : 선집 2, pp.5~97.

『몽골의 지세』 : *Mongol gazar orny bajdal*, In : 선집 1, pp.57~74.

『다르하드, 흡스굴 호의 오랑하이, 두르부드, 호통, 울드, 먕가드, 자하칭, 토르고드, 호쇼드, 다리강가, 알타이의 오랑하이, 카자흐, 함니강 등의 출신·현황의 기술』 : *darqad. köbsügül naγur-un uriyangqai . dörbed . qotung . bayad . ögeled . mingγad . ǰaqačin . torγud . qošud . čaqar . dariγangγ_a . altai-yin uriyangqai . qasaγ . qamniγan nar-un γarul ündüsü bayidal-un ögülel* = Zhamtsarano, Ts. 1979, *Darkhad, khövsgöl nuuryn uriankhaj, dörvöd, khoton, bajad, ööld, mjangad, zakhchin, torguud, khoshuud, dar'ganga, altajn uriankhaj, khasag, khamnigan naryn garal ündes bajdlyn ögüülel*, In : 선집 1, pp.75~128.

2. 연구에 사용한 문헌

Badamzhav, M. D., "Zhamtsarany Tseveenij tovch namtar", In : Narantujaa 2011 : 14~27, 2011.

Battör, Zh.·R. Mönkhtulga (eds.), *1727 ony Oros-Chin ulsyn Buuryn geree*, Ulaanbaatar, [s.n.], 2004.

Boldbaatar, Zh.·M. Sanzhdorzh, B. Shirendev(eds.), *Mongol ulsyn tüükh*, Tavdugaar bot'(XX zuun), Ulaanbaatar : ADMON kompani, 2003.

Buraev, I. D., "Rukopisnyj fond Ts. Zhamtsarano v Arkhive vostokovedov LO IV AN SSSR", In : Najdakov 1991 : 55~63, 1991.

Dashdavaa, Ch.·V. P. Kozlov(eds.), *Komintern ba Mongol : barimtyn emkhetgel*. Ulaanbaatar : Mongol ulsyn arkhivyn khereg erkhlekh gazar, 1996.

Dorzhiev, D. D., "Tsyben Zhamtsaranogoj ug tukhaj", In : Najdakov 1991 : 156~161, 1991.

Garmaeva, Kh. Zh., "Fond Ts. Zhamtsarano Otdela pamjatnikov pis'mennosti Vostoka Instituta obshchestvennykh nauk BNTs SO AN SSSR", In : Najdakov 1991 : 67~73, 1991.

Kotvich, Vl., *Kratkii obzor istorii i sovremennago politicheskago polojeniya Mongolii*, S.Peterburg : Izdaniye O-va "Kartograficheskoe Zavadeniye A. Il'ina", 1914.

Inoue, O., "Materials Related to Mongolian Maps and Map Studies Kept at Prof. W. Kotwicz's Private Archive in Cracow", *Rocznik Orientalistyczny* 67/1, 2014.

Lonzhid, Z., "《Zhamsran Tseveen, Mongol gazar boshgyg khalakh javdlyn tulgar bosgosny tovch tüükh》 bichgijn tukhaj", *Tüükhijn sudlal* XXV (14), 1990.

Najdakov, V. Ts.(ed.), *Tsyben Zhamtsarano : zhizn' i dejatel'nost'*, Ulan-Ude : Uchastok operativnoj poligrafii BNTs SO AN SSSR, 1991.

Narantujaa, Ch. (ed.), *Ikh sojon gegeerüülegch Zhamsrany Tseveen*, Ulaanbaatarkhot : Sansudaj, 2011.

Njamaa, A., "Zhamsrangijn Tseveenij üzel barimtlal, zütgel büteel", In : Najdakov 1991 : 14~28, 1991.

Perlee, Kh., *Mongolyn khuvisgalyn ömnökh üeijn tüükh bichlegijn asuudald*, Ulaanbaatar : Shinzhlekh ukhaan, deed bolovsrolyn khüreelengijn khevlel, 1958.

Reshetov, A. M., "Nauka i politika v sud'be Ts. Zh. Zhamtsarano", *Orient* 2-3, 1998a.

____________, "Bibliografija osnovnykh trudov Ts. Zh. Zhamtsarano", *Orient* 2-3, 1998b.

Rinčen, Y., "L'héritage scientifique du Prof. Dr Žamcarano", *Central Asiatic Journal*, 4(3), 1959.

Rupen, R. A., "Cyben Žamcaranovič Žamcarano (1880-?1940)", *Harvard Journal of Asiatic Studies* Vol.19(1/2), 1956.

Tachibana, M. · L. Altanzajaa, *Ch. Bat-Ochir. Mongol ulsyn ertnees ulamzhlan irsnijg tovchlon temdeglesen bichig*, Ulaanbaatar khot : Erdenezul KhKhK, 2016.

Tsetsegmaa, Zh., *Mongol orond Zhamsrangijn Tseveenij örnüülsen erdem shinzhilgee, sojon gegeerüülelt, nijgem-uls törijn üjl azhillagaa 1911~1931*, Ulaanbaatar khot : "ADMON" KhKhK., 2008.

______________, *Suut erdemten Zhamsrangijn Tseveen*, Ulaanbaatar : "ADMON" KhKhK.

Tseveendorzh, D., *Mongol ulsyn tüükh*, Tergüün bot'(Nen ertnees XII zuuny dund üe), Ulaanbaatar : ADMON kompani, 2003.

Tsibikov, B. · Sh. Chimitdorzhiev, *Tsyben Zhamtsarano*, Ulan-Ude : Izdatel'stvo BNTs SO PAN, 1997.

Ulymzhiev, D. B. · Zh. Tsetsegma, *Tsyben Zhamtsarano : nauchnaja, prosvetitel'skaja i obshchestvenno-politicheskaja dejatel'nosti' v Mongolii, 1911~1931 gg*, Ulan-Ude : Izdatel'stvo Burjatskogo gosuniversiteta, 1999.

Vanchikova, Ts. P. · D. Enkhtur, "Materialyj Ts. Zhamtsarano v Gosudarstvennoj publichnoj biblioteke MIR", In : Najdakov 1991 : 64~66, 1991.

Vanchikova, Ts. P. · M. V. Ajusheeva, *Opisanie lichnogo arkhiva Ts. Zh. Zhamtsarano*, Ulan-Ude : Izdatel'stvo BNTs SO RAN, 2010.

Zhamsrangijn, Ts., *Zhamsrangijn Tseveenij zamyn temdeglelüüd : 1903-1910 on*, Ulaanbaatar : Admon print, 2014.

Zhamtsarano, Ts., *Ethnography and Geography of the Darkhat and Other Mongolian Minorities* (Publications of the Mongolia Society. Special papers, Issue 8), Bloomington, Indiana : Mongolia Society, 1979.

______________, *Putevye dnevniki : 1903~1907 gg*, Ulan-Ude : Izdatel'stvo Buryatskij nauchnyj tsentr Sibirskogo otdelenija Rossijskoj akademii nauk, 2001.

______________, *Putevye dnevniki : 1903~1907 gg*, Ulan-Ude : Izdatel'stvo OAO 《Respublikanskaja tipografija》, 2011.

Zhamtsarano, Ts. Zh., *Mongol'skie letopisi XVII veka*, Moskva-Leningrad : Izdatel'stvo

Akademii nauk SSSR, 1936.

青木雅浩, 『モンゴル近現代史研究1921~1924年』, 東京 : 早稲田大学出版部, 2011.

包文汉·乔吉 編, 『蒙文历史文献概述』, 呼和浩特 : 内蒙古人民出版社, 1994.

井上治, 「ブリヤート人歴史家の歴史記述－モンゴルとロシアの描写を中心に」, 『北東アジア研究』 第29号, 2018.

森川哲雄, 『モンゴル年代記』, 東京 : 白帝社, 2007.

田中克彦, 『草原の革命家たち:モンゴル独立への道』(增補改訂版), 東京 : 中央公論社(초판 1973), 1990.

赵云田, 『清末新政研究 : 20世纪初的中国边疆』, 哈尔滨 : 黑龙江教育出版社, 2004.

언어, 전쟁과 동아시아 국족國族의 경계*

'중국본부' 개념의 기원과 변천

황커우

김동건 옮김

1. 들어가며 – 화이질서에서 현대 국제정치와 국가경계까지

20세기 초반 동아시아 국가 영역의 형성은 "중화민족" 관념과 연관이 있을 뿐만 아니라 당시 보편적으로 사용되다가 지금은 점점 사람들 사이에서 점점 잊혀져 가는 "중국본부(보통 본토라고 번역이 되나 원문대로 '본부'라고 해둔다–역자주)"와 "변강" 개념과도 관련이 있다. 본문에서는 "중국본부" 관념의 기원 및 변화를 토론해보면서, 또한 본부라는 표현의 사용이 본부 밖의 "변강" 지역과도 어떻게 구분되어 표현되었는가를 밝히고자 한다. "중국본부–변강"은 각각 서로 구분되는 개념을 형성하는데, 이 어휘

---

* 본고는 두 분의 익명 심사원으로부터 지적을 받았다. 두 분에게 감사 말씀 드린다. 필자는 중앙연구원의 주제계획 '문화, 역사와 국가형성 : 근대 중국에 있어서의 민족의 경계와 소수민족의 성립역정'의 부분계획 '근대중국민족주의의 핵심적 개념'에 참가했고 본고는 그 연구성과의 일부이다. 20세기 전반의 '중화민족' 관념의 형성, 변천 및 중일전쟁, 중일문화교류와의 관계에 대해서, 黃克武, 「民族主義的再發現–抗戰時期中國朝野對『中華民族』的討論」(北京中國社科院近代史研究所 編, 『近代史研究』, 總214期(2016年7月), pp.4~26)를 참조해주시길 바란다.

의 변화가 (역대와 현재의 강역을 포함하는) 중국이 포괄하는 범위에 영향을 미친 것이 무엇인지, 그리고 본부의 밖 만주와 몽골,신장 위구르,티베트 등지가 중국에 속하는지, 보다 근본적으로는 민족이란 무엇인지, 민족과 국가의 관계는 무엇인지를 다루고자 한다.

중국본부라는 말은 서양어의 China Proper(같은 뜻을 가진 라틴어, 스페인어, 영어 등을 포함)로부터 온 것이다. 이 어휘문제에 관한 논의는 중화질서에서 현대 국제정치, 국경國境으로의 전환과정에서부터 생겨난 논쟁을 염두에 두고 살펴봐야 한다. "중국본부-변강(혹은 속령)" 개념의 출현은 본래 서구학자들이 중국의 역사와 지리 그리고 정치적 통치를 이해하기 위해 만들어낸 어휘에서 비롯된 것으로, 중국의 전통적인 화이질서 하에서 "내지內地-본토本土"와 번부藩部·사이四夷의 지리관에 결부되어 발명된 관념의 하나이다. 또한 이러한 서양 언어의 표현은 번역이라는 과정을 통해 일본에 전해졌으며 다시 중국으로 전해졌다. 근대국가가 형성되던 시기에 일본인들은 중화제국의 변경을 이해하고, 아울러 자신들의 영역을 규정(또는 확장을 시도하는 것까지)하기 위하여 서양 언어인 China Proper를 "지나본부" 혹은 "본부지나"로 번역하였다. 이 표현은 본래 설명을 하기 위한 것이었으나, 이후 일본의 "만주·몽골은 중국에 속하지 않는다는 논의滿蒙不屬於中國論"와 "원·청은 중국이 아니라는 논의元清非中國論" 등의 관점과 결부되었고 동아시아의 지정학적 정치를 해석하는데 사용되었다. 또한 이 표현은 청말에 번역되어 중국어에 유입된 이후에는 또 중국인의 자기인식에도 영향을 주었다. 1930년대 "중화민족"의 의식은 일본과의 전쟁 속에서 점차 강해졌으며, 일련의 학자들은 청말의 "종족혁명"과 민초의 "오족공화" 민족관을 비판하기 시작하였다. 또한 일본 제국주의와 일본의 어용

학자들의 관점을 비판하면서 중국본부와 변강의 구분을 타파하는 것에 심혈을 기울였다. 또한 이러한 관점은 중국 내에서도 많은 논란을 일으키기도 하였다. 근대사에서의 "중국본부-변강"의 변천은 지식 개념의 초국가적 교류를 보여주는 한편, 다른 한편으로는 중일 양국에 있어서의 민족nation 관념의 변천과 국가 경계를 둘러싼 경쟁 및 국내에 있어서의 에스닉 그룹ethnic group과의 경계도 드러내고 있다.

이 논쟁과 관련한 중요한 기존연구로는 쓰촨대학 중국장학연구소中國藏学研究所·인류학연구소人類學研究所의 천보 교수가 발표한 「일본 메이지시대의 중국본부관념日本明治時代的中國本部觀念」2016, 「중국본부개념의 기원과 건립-1550년대~1995년中國本部概念的起源與建構-1550年代至1795年」2017 등의 논문이 있다.[1] 이 두 논문은 과거의 인식, 예를 들어 위키백과에 있는 "중국본부", "중국본토" 등 항목의 해석을 수정·보충할 수 있게 해주었다.[2] 이 연구의 주요 성과로는 첫째, 서양 문헌을 참고하여 해당 어휘의 기원에 대해 논증한 것인데, 저자는 "중국본부"는 스페인어의 'la propia China', 라틴어의 'Sinae Propriae', 영어의 'China Proper' 등 어휘를 중국어로 번역한 것이라고 보았다. 이 표현은 16세기에서 18세기 유럽에 기원하여 점차 정형화되어 틀을 갖추게 되었으며, 그 바탕은 유럽의 혈연적 종속관념과 종족적 지리관념에 있다고 밝혔다.

두번째, 일본 메이지 시기 "지나본부"라는 단어 역시 서양 언어에서 번역했다는 점과 함께 해당 표현이 나타난 이후의 일본 학술계와 사상계에

1 陳波, 「日本明治時代的中國本部觀念」, 『學術月刊』, 2016年 第7期, pp.157~173; 陳波, 「中國本部概唸的起源與建構-1550年代至1795年」, 『學術月刊』, 2017年 第4期, pp.145~166.
2 維基百科 : 「中國本部」, https://zh.wikipedia.org/zh-tw/中國本部. 維基百科 : China Proper, https://en.wikipedia.org/wiki/China_proper.

있었던 변화와 발전을 해명하였다. 저자는 "메이지유신에 이르러 서구 문헌의 영향을 받아 지나본부 등의 번역 방식이 나타나기 시작하였다. 일본 학자들은 점차 관련 개념과 분류체계를 전파하였고 이전에 가지고 있던 화이질서 관념의 전환이 진행되었다. 일본 중심주의가 계속 구축되는 동시에 중국의 모든 부분을 다시 분류하였으며, 동시에 점차 "지나본부"는 즉 "지나"라는 관념이 부각되었다. 이는 일본의 확장주의자들에게 이용되었으며 중국을 분열시킴에 있어 지도적인 관념이 되었다고 밝혔다.

세 번째, 저자는 중국학자, 정치가들이 본부 관념을 사용하는 경우를 다루었다. 그는 "1901년 양계초가 일본어의 지나본부를 중국본부로 수정한 이후, 1910년대에서 1930년대에 이르면서 "중국본부" 개념이 중국에서 비교적 보편적으로 사용되고 문제가 되지 않았던 것 같다"고 하였다.[3]

1939년에 구제강顧頡剛은 이러한 관념과 일본 제국주의 야심의 연관성을 강조하는 글을 썼으며, 이 용어를 폐기할 것을 주장하였다. 네 번째, 저자는 서양의 (신청사新清史지지자들과 유사한 생각을 가진) 한학자漢學者들이 이러한 개념을 잘못 해석하고 있는 것에 대해 비판하였다. 예를 들어, 조셉 에셔릭중국명 周錫瑞은 "서양학자들이 16세기 이래로 그 전통을 이어가면서 역사적으로 이러한 유연성과 풍부했던 관련 체계를 없애 버렸으며, China를 본질화하고 정체화시켰다"라고 밝혔다. 이밖에도 에셔릭은 청이 어떻게 20세기 초에 China로 변했는지를 논증하려고 하였는데, 이 말의 이면에 있는 것은 청清은 China가 아니라는 것이다. 이는 18세기 중엽 이후 서양의 한학 혹은 중국연구가 계속 청을 China로 인식한 학술적 맥락과 상충

3 陳波, 「中國本部概唸的起源與建構－1550年代至1795年」, p.162. 저자는 아마도 1896년 『時務報』에 이 표현이 이미 사용된 것에 주목하지 않은 듯하다.

한다. 그는 대청大淸을 "제국"으로 보았으며, 이로 인해 본부라는 말이 있을 수 있다고 보았다. 위원魏源의 학설을 서양 학문의 맥락에 두고 사람들에게 위원을 유가의 지식인으로서 "중국본부"라는 사상을 가지고 있다는 인상을 심어주었다. 에셔릭의 이러한 주장은 개념을 거꾸로 사용概念倒栽한 것이라 보인다.[4]

천보의 분석에 의해 우리는 "중국본부"라는 표현에 대한 역사적 인식을 심화시킬 수 있었다. 또 신청사에 대한 그의 비판은 중국, 대만학계의 주류적인 입장에도 부합하고 있다. 그러나 중국본부와 관련된 토론에는 아직 좀 더 분석할 수 있는 여지가 남아 있다. 특히 해당 표현이 중국에 들어온 기원은 1896년 『시무보』의 「중국변사론中國邊事論」으로 거슬러 올라가 찾을 수 있으며, 아울러 중국본부라는 표현이 중국지식계의 논쟁을 불러일으킨 사상사적인 의미 또한 다시 생각해볼 수 있을 것이다. 그래서 본문에서는 이러한 측면에 중점을 두려고 한다.

2. 몇 장의 지도로 말해보자면

근대 동아시아 지리관념의 변화와 중국본부(일본인들이 "지나본부"라고 불렀던) 관념의 출현에 대해서는 몇 장의 지도를 두고 말을 시작해볼 수 있다. 첫번째 사료는 『청이경 십팔성 강역전도淸二京十八省疆域全圖』로, 이 지도집은 일본인 도죠 분자에몬東條文左衛門, 1795~1878, 호는 琴台이 1850년가에이(嘉永) 3년,청

4 op. cit., p.164.

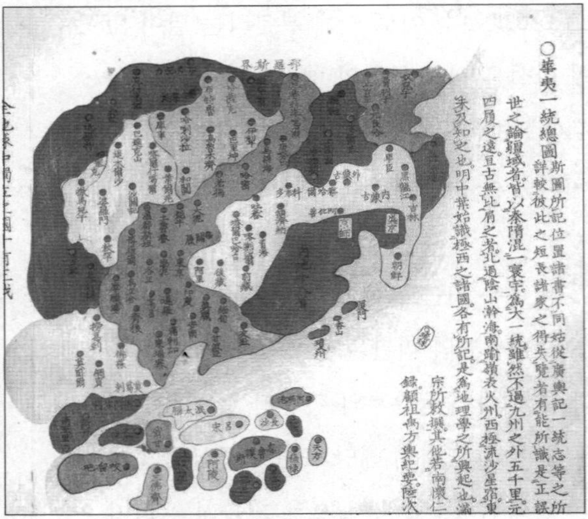

〈그림 1〉〈화이일통도(華夷一統圖)〉

도광(道光) 30년에 만든 것이다.[5] 이 책 가운데 두 장의 지도는 1850년 시기 일부 일본인들이 본 세계와 중국을 보여주고 있다. 첫 번째는 〈화이일통도華夷一統圖〉이며 두 번째는 〈이경십팔성 총도二京十八省總圖〉이다. 이 두 지도는 대략 19세기 중엽 중국을 중심으로 한 화이질서의 천하관을 보여주고 있으며, 이른바 '황국한토皇國漢土, 서양인들의 支那에 대한 호칭'라는 곳은 주로 '이경십팔성二京十八省'과 '내지십팔성內地十八省'(〈그림 2〉를 참조)를 말한다

〈이경십팔성 총도〉의 설명 부분에는 "당우[6]의 십이주와 하의 구주 (…중략…) 처음에는 12성, 22로路였다. 명대에 이경 십삼성二京十三省이 되었다. 청이 건국되고 이경십팔성二京十八省으로 정립되었다. 성省으로 부府를 다스리고, 부로 주州와 현縣을 다스리게 하였다"라고 설명하고 있다. 이 책에는 편집자가 "내지십팔성"(지도에서 표시된)과 "이경십팔성"의 관념만이 있을 뿐, "본부"라는 관념은 보이지 않으며 지나의 범주는 곧 "이경십팔성"이었다는 것을 볼 수 있다. 재미있는 것은 이 지도에서 일본은 화이질서

---

5 東條文左衛門, 『清二京十八省疆域全圖』, 嘉永 3年, 1850.

6 [역자 주] 당우(唐虞)는 중국 고대의 왕인 도당씨(陶唐氏)와 유우씨(有虞氏)를 합쳐서 부르는 표현으로, 중국의 기원인 요순시대를 이르는 말이다

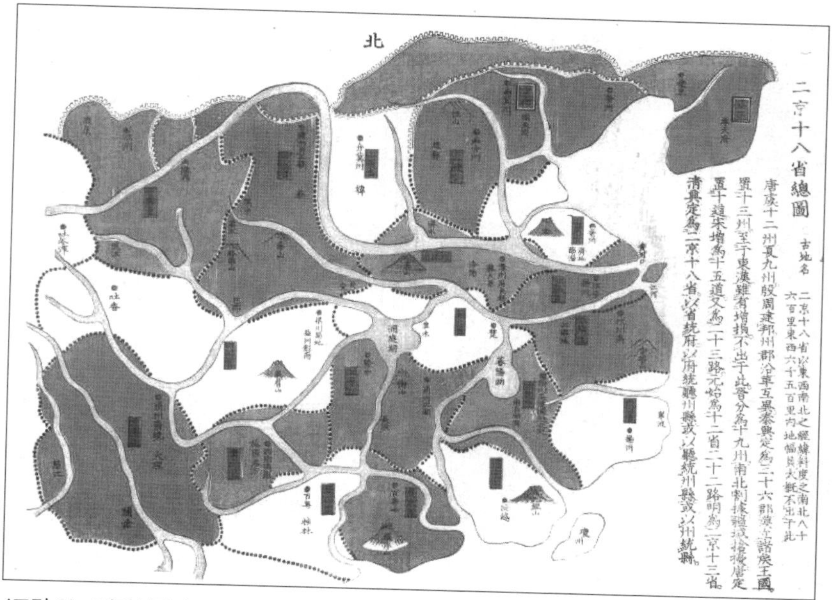

〈그림 2〉〈이경십팔성도(二京十八省圖)〉

내에 들어가 있지 않다는 것이다. 『화이변태華夷變態』, 『중조사실中朝事實』등의 책에서 일본이 스스로를 화하華夏에 비유하면서 청나라를 오랑캐로 봤던 관점과는 차이가 있다.[7]

두 번째 사료는 1899년 쑨원이 제작한 〈지나형세지도支那形勢地圖〉이다. 이 지도는 1899년 말 이전에 제작되어 1900년 2월 홍콩에서 발행되었고 7월

7 명조가 멸망한 이후, 일본학자들은 만주족의 통치하에서 체발역복(剃髮易服, 변발을 틀고 의복을 만주식으로 바꾸어 입게 하는 것)의 청대는 이미 야만으로 전락하였다고 여겼으며, 일본이야 말로 '중화정통'이고 '중국'이라고 생각했다. 1672년 하야시 하루카쓰(林春勝)와 하야시 노부아쓰(林信篤)의 『화이변태』, 1669년 야마가 소코(山鹿素行)의 『中朝事實』은 '本朝'가 '中國'임을 강조하고 있다, 어제의 중원이 이미 오랑캐의 땅이 되었으며 화하(華夏)는 이미 만이(蠻夷)로 전락하였다고 생각하며, 이때 일본을 중심으로 한 화이관이 나오게 되었다. 아울러 당시의 중국을 이국(異國)으로 해석하였다. 여기에 관해서는 Ronald P. Toby, *State and Diplomacy in Early Modern Japan : Asia in the Development of the Tokugawa Bakufu*, Stanford : Stanford University Press, pp.168~230를 참조.

〈그림 3〉 쑨원이 제작한 〈지나현세지도(支那現勢地圖)〉

에는 도쿄에서 발행되기도 하였다. 이 지도는 컬러판으로 인쇄되었으며, 73cm×73cm 정방형으로 1 : 2,950,000의 비례로 제작되었다.

〈지나형세지도〉를 제작하는 과정 중, 쑨원은 청나라 강희康熙연간에 중국에 왔던 천주교 신부들이 제작한 『십팔성 지도十八省地圖』를 참고했을 뿐만 아니라, 러시아, 독일, 영국, 프랑스 등에서 제작한 중국 남북각성의 지도와 지형도 · 지질도 · 항해도 등 전문지도까지도 참고하였다. 그리고 쑨원은 해설에서 다음과 같이 밝혔다.

중국지도는 러시아인들이 측정하여 그린 것이 가장 상세하다. 일찍이 러시아인들은 소하[8]의 지혜를 갖추고 있었고 이미 오래전에 이 중화의 땅을 주머니 속의 물건과 같이 생각하고 있었다. 그러므로 다른 나라의 지도제작자들과 비해 더욱 주의 깊게 지나의 산천과 요새, 성곽, 백성을 관찰하였다. 최근 러시아 수도에서 발간된 중국 동북칠성도中國東北七省圖 및 중국 십팔성도中國十八省圖는 이전의 것들과 비교해보면 정밀함과 조잡함의 격차가 매우 크다. 독일인

8 [역자 주] 소하는 한나라의 정치가로 한고조 유방을 도와 한나라를 건국하는 데 일조하였다.

리히트호펜이 측량하여 제작한 북성北省의 지형도와 지질도 12장은 매우 정밀하다.[9] 프랑스 식민국이 올해 간행한 남성도南省圖 또한 잘 만든 편에 속한다. 이 지도는 러시아, 독일, 프랑스 세 나라 및 영국인의 해도를 편집하여 만들었다. 다만, 길이篇幅의 제한이 있어 그 대강만을 취합할 수 있었을 뿐이다. 정밀하고 상세한 작품은 세부적인 지도를 기다려야 한다. 도로, 철도, 수로, 항로, 산지와 평원의 고저차에 관해서는 각 지역을 현지조사자들이 근래에 측량한 것을 지도에 넣었다. 이미 할양된 먼 변방의 땅과 끊겨버린 철도는 채색하여 따로 표시하였으니 보는 사람으로 하여금 마음을 아프게 한다. 옛사람이 시에서 말하길, "음평에서 도적을 몰아내는 것은 어렵지 않은데 이 같은 강산을 앉아서 남에게 넘겨 주는구나!陰平窮寇非難峪, 如此江山坐付人!"[10]이라고 했는데 붓을 던지고 탄식을 금할 수가 없다.

기해년 겨울에 쑨원 얏센孫文逸仙이 쓴다.

이 지도의 아래에는 "지나국세일반支那國勢一斑"이란 표가 첨부되어있다. 위쪽에는 중국의 면적 및 인구, 18개 성의 구역, 24개 성의 구역(18개성외에 순천부順天府 · 성경부 · 길림성 · 흑룡강성 · 서장 · 신강성이 포함되어야 하므로 개정판에서 보충하였다), 그리고 외국과의 호시互市, 중요한 특산물 등이 열거되어 있다. 그 가운데 면적과 인구는 "지나본부支那本部"와 "속령屬領"으로 분류되어 있으며 후자는 만주, 몽골, 서장과 투르키스탄을 포괄한다. 즉 청말 무렵에 쑨원이 인식하고 있는 중국은 "지나본부("중국본부"로 칭해지는)"와 네

---

9 Ferdinand von Richthofen(1833~1905)는 독일 여행가이자 지리학자, 지질학자, 과학자로 실크로드로 유명해졌다.

10 [역자 주] 남송의 애국시인 육유(陸游,1125~1210)의 시.

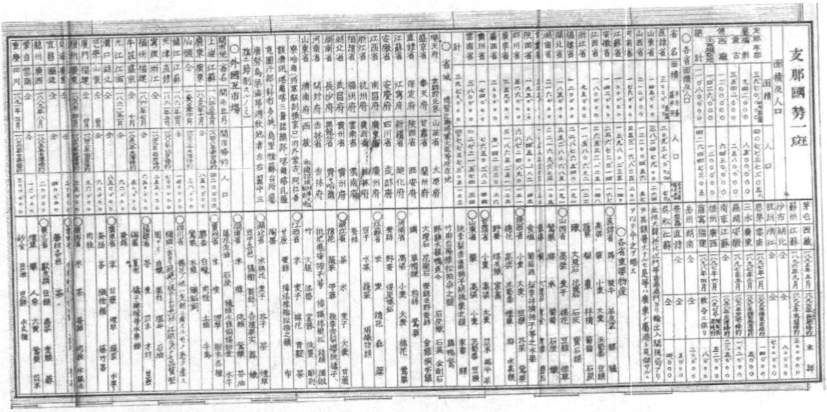

〈그림 4〉 지나국세일반(支那國勢一斑)

개의 속령 지역을 포함하고 있으며, 이를 합치면 중국이 되는 것이다. 이 지도에서는 청말의 혁명가들이 중화제국의 "현재 형세"를 어떻게 근대국가의 경계 이념으로써 그려내고 있는지를 보여준다.

20세기 초 "중국본부"라는 말은 중국어권 세계에 들어온 이후 신속하게 퍼져나갔다. 구제강의 주장에 의하면 1930년대까지 "중국본부, 이 표현은 한 권의 지리교과서에서도 찾아볼 수 없었다고 할 수 있겠지만 이미 익숙하게 사용되고 있었으며, 모두가 당연한 것이라고 생각했다"[11]라고 하였으며, 따라서 중국본부의 밖은 곧 변강이었다. 중국본부라는 표현은 또한 청말 민초 "오대민족"과 "오족공화"의 주장과도 결부되어 "중국인이라 하면 (…중략…) 본부에 사는 인민들이 주요한 부분이다. 본부 밖에도 일부의 인민들이 있으며, 그들은 곧 만주·몽골·회족·장족을 떠올릴 수 있다. 비교적 큰 이 네 개의 민족이 동북에서부터 서남의 변경을 점유하고 있으며, 이밖에 약간의 소수민족이 몇 개의 큰 민족의 범위 안에서 흩어져

11 顧頡剛, 「『中國本部』一名亟應廢棄」, 『顧頡剛全集 : 寶樹園文存』, 北京 : 中華書局, 2011, 卷4, p.88.

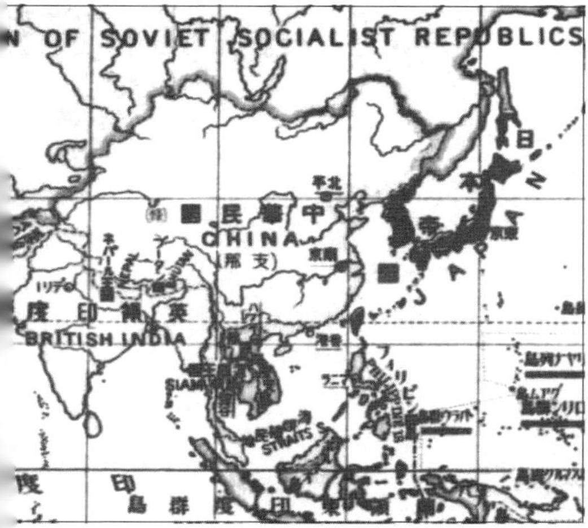

〈그림 5〉 개성관 〈중화민국도〉(開成館 〈中華民國圖〉)

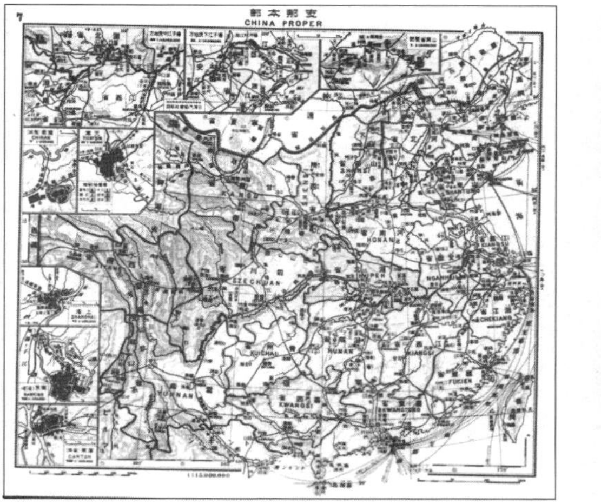

〈그림 6〉 개성관 〈지나본부도〉(開成館 〈支那本部圖〉)

있고, 이로써 오대민족이라는 표현이 생긴 것이다"라고 하였다.[12]

1930년대 일본의 지리서에는 "지나본부"의 지도가 여러 장 있다. 1930년 개성관 〈모범 세계지도開誠館模範世界地圖〉에는 '중화민국'이라는 지도가 있지만, 또 몇 장의 철도지도, 산업지도와 같이 "지나본부"라는 이름의 지도도 첨부되어 있으며, 만주와 몽골도 따로 한 장의 지도로 그려져 있다.[13]

1940년대에 이르러 일본의 침략시기에 제작된 지도들은 더 강렬하게 중국 침략의 의도를 드러내고 있다. 나토리 요스케名取洋之助(1910~1962), 저명 사진가, 독일 유학. 국가주의자가 1940년에 출판한 『정복중화征服中華』의 사진집 중에는 404장의 사진과 24장의 지도가 있으며, 그 중 〈동아요도東亞要圖〉에는 동북삼성東北三省을 "만주국滿洲國"으로 표기하고 있다. 대만·대련·조선·사할린섬 남부를 일본본부와 같은 색으로 채색하였으며, 몽골·서장·신강 등은

12 顧頡剛, 「中華民族是一個」, 『顧頡剛全集 : 寶樹園文存』, 卷4, p.98.
13 東京開成館編輯所, 『開成館模範世界地圖』, 東京 : 開成館, 1930.

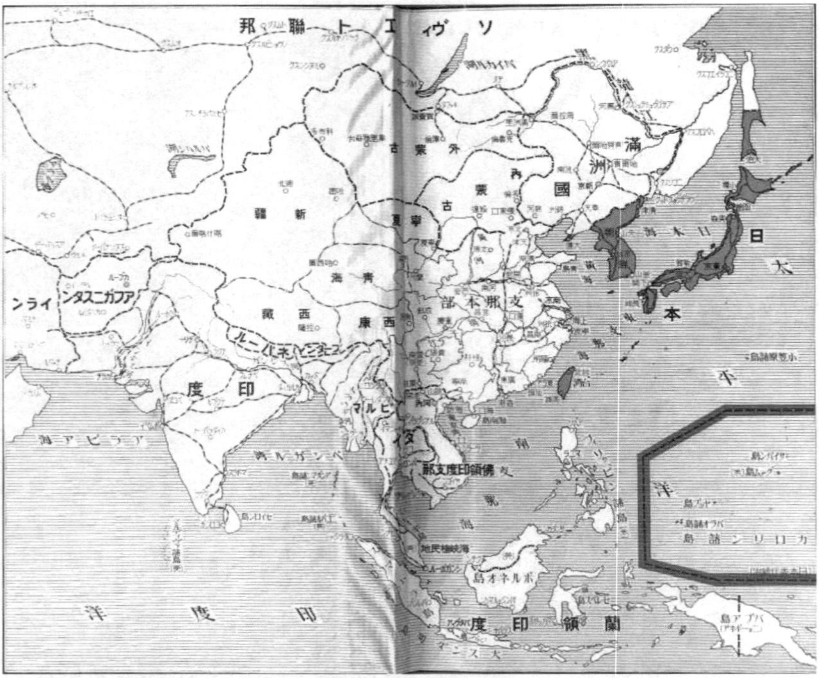

〈그림 7〉『정복화중(征服華中)』 중의 〈동아요도(東亞要圖)〉

〈그림 8〉『정복화중(征服華中)』 중의 〈지나전도(支那全圖)〉

중국의 판도에 포함시키고 있지 않다. 〈지나전도支那全圖〉에 중국은 "지나본토"로만 포함되어 있다.[14]

일본인 외에도, 서양인들 또한 이러한 관념을 채택하였다. 1944년 미군의 전시용 선전기록물인 "Why We Fight : The Battle of China"에서의 지도에는 중화민국을 중국본부 · 만주 · 몽골 · 신강과 서장으로 나누었다.[15]

20세기 학자들 사이에서 "중국본부"라는 주제를 두고 논쟁이 일어난 것은 무엇 때문일까? 그리고 이 논쟁은 동아시아 각국의 영토 형성에 어떠한 영향을 주었는가? 아래의 장에서는 이러한 문제에 대한 해답을 제시해 보고자 한다.

3. 중국본부관념의 기원

—행성제도行省制度에서 중국본부 관념의 도입까지

중국본부 관념이 20세기 초반 중국어권 세계에서 유행하게 된 것은 초언어적인 번역으로 인한 복잡하고 다선적인 관념의 여정에 영향을 주었다.첫 번째, 중국전통에는 "본부"라는 관념은 존재하지 않았다. 1952년 치앤무錢穆가 저술한 『중국역대 정치득실』에서는 중국역사상 '본부'와 '비본부'의 구별이 존재하지 않았다는 점을 특별히 지적하고 있다. 그는 "진시황의 만리장성은 일찍이 동쪽으로는 대동강에 달하여 있고 랴오허遼河 하류지역은 영원히 중국 역사권의 안에 있었으니, 어찌 중국의 본부가 아

14 名取洋之助, 『中支を征く』, 東京 : 中支従軍記念寫真帖刊行会東京支部, 1940.
15 위키백과 : 中國本部 https://zh.wikipedia.org/zh-tw/中國本部

니라고 할 수 있겠는가? 이것은 원래 외부의 적이 의도적으로 옳고 그름을 혼동하게 하여 장차 침략의 구실로 삼으려고 한 것이다"라고 하였다. 이러한 치앤무의 관점은 구제강의 영향을 받은 것이다.[16]

언어학에서의 변화에서 살펴볼 때도 "본부"라는 말은 역시 근대 일본의 일본식 한자라고 할 수 있으며, 중국의 전통적인 표현이 아니다. 천리웨이는 언어학적 연구을 통해 "본-지本-支"의 개념에 대해 지적하기를, 중국전통에서도 "본말"·"원류"·지간支幹과 같은 말은 있지만 "본지本支"라는 조어는 근대 일본의 "대의對意"·"구격區隔, 분할" 개념 아래에서 근대적 개념의 세분화에 의한 것으로 이러한 대조와 분할의 뜻을 더욱 선명하게 함으로써 근대화, 전문화의 필요에 부응하려 한 것이라고 보았다. "본부-지나"·"본선-지선"·"본대本隊-지대支隊"는 모두 근대일본에서 나온 대조어이며 이러한 표현들이 중국에도 유입되었다. 상대적으로 보면, 중국어에서는 부분적인 범주 즉, 독립적으로 충분히 성립할 수 있으면 엄격하게 이원적인 대조로 구분하지 않는다. 일본어의 "대학본부"와 "대학지부"의 엄격하게 대응되고 있는 것에 반해 중국어에서는 "북대北大[17]-북대분부北大分部"·"위원회委員會-지위회支委會" 등의 표현을 사용하고 있다. 또한 천리웨이는 "중국본부"를 예로 들어, "이전 일본에서는 한족의 18개 성이 중국의 핵심이라고 보았으며, 그 결과 "중국본부"라는 용법이 나오게 되었다"고 지적하였다. 위에서 말한 일본어에서 대조·구분하는 사고에서 나온 본부라는 관념은 대조적인 의미의 "지부"를 필요로 하였다. 이러한 이해 속에서 일본인들은 때론 의식적으로, 때론 무의식적으로 몽골과 만주도 그 안에 포함

16 錢穆,『中國歷代政治得失』, 台北 : 三民書局, 1976, p.100.
17 [역자 주] 북경대학.

시켰으며, 중국의 일부 지역 중 행정적인 지배가 확실하다고 보기에 모호한 지방들을 "지부"라고 칭하면서 그 지방에 대한 중국의 통치를 약화시키려고 하였다. 이러한 개념과 중국의 전통적 천하관은 서로 상충한다.[18] 위에서 말한 역사학자들과 언어학자의 논의는 "본부"라는 표현과 근대 일본어와의 관계를 충분히 보여주고 있다.

두 번째, 중국전통과 본부관념이 서로 이어지는 단어는 행성行省이라고 할 수 있다. 원나라 때부터 시작된 중국의 지방행정제도에는 "行中書省줄여서行省"이 있다. 치앤무錢穆는 그 안에 내재된 정신을 두고 "군사통제"와 "전국의 각성各省으로 하여금 지리멸렬하게 하여 뭉쳐서 반항할 수 없도록 하여 어떠한 지역도 단독으로 반항하기 어렵게 하였다"고 하였다.[19] 명나라 때에 이르러 13개의 승선포정사사承宣布政使司로 나누어졌으며, 청대에는 원·명대의 제도를 답습하여 지방행정 기본단위를 "성省"으로 칭하였다. 성의 수는 역대로 증가하였는데, 12~13개의 성에서 청대에는 17~18개로 늘어났다. 18개 성 이외에는 번부藩部와 사이四夷가 있으며 위에서 말한 화이질서의 천하관을 말하는 것이다.

청대 문헌중에 "내지17성", "중토 18성", "내지 18성", "한지漢地 18성" 같이 "17성", "18성"과 상관이 있는 표현들이 여러 종류 보인다. 18성의 관념과 한족의 정주지역 역시 서로 연관이 있다고 할 수 있다. 세 번째, 서양어에서 China Proper중국본부관념은 16세기에서 18세기까지 "스페인어의 la propia China, 라틴어의 Sinae Propriae, 영어의 China Proper" 등의 표현

18 陳力衛, 「なぜ日本語の「気管支炎」から中国語の"支気管炎"へ変わったのか」, 愛知大学中日大辞典编彙所, 『日中語汇研究』 第6号, 2016, pp.1~25.
19 錢穆, 『中國歷代政治得失』, 台北 : 三民書局, 1976, p.98.

이 서양어 문헌에 보인다고 천보陳波가 말한 적이 있다. 천이 가장 이른 사례라고 언급한 것은 1585년 스페인인들이 멘도사Juan González de Mendoza,1545~1618의 『대중화왕국 최저례속풍물사기大中華王國最著禮俗風物史記』라는 책에서 "포르투갈인의 도시 마카오는 광저우廣州와 인접해 있고 광저우는 "중국본부"의 도시이다"라고 한 것이다. 이 시기 지리관념의 발전은 아직 미성숙한 상태라 이 책 역시 "중국본부"가 가진 의미를 구체적으로 설명하고 있지 않다. 위키백과에서 근거한 China Proper 표현의 해석은 다음과 같다.

> 중국본부(다른 말로는 중국본토. 영어의 China Proper 혹은 Inner China)는 서양세계가 역사상 한족 인구가 대다수 거주하고 한족 문화가 지배적인 지위에 있던 중국의 핵심지역에 대해 일컫는 칭호이다. 한족이 강세를 보이는 지역은 왕조에 따라 확장되고 축소되었기에 중국본부의 범위 역시 그에 따라서 변동되었다. 근대에 쓰였던 "중국본부"는 중국과 가장 근접한 한족 왕조인 명조明朝의 강역에서 한족의 주요 거주지역인 양경 십삼성또는 관내 십팔성·내지 십팔성과 대체적으로 일치한다. 이 지역은 대부분 장성의 이남을 지칭하며, 아울러 입관 이전의 청나라가 소재하던 만주 및 몽골, 서장, 신강 등 지역은 포함하지 않는다.

해당 어휘의 기원으로 말하자면, 위키백과에서는 영국의 문학작품 중 하나를 예를 아래와 같이 들고 있다.

> 영국인 윌리엄 윈터보덤William Winterbotham, 1763~1829은 1795년 청 제국의 통치 아래에 있는 중국the Chinese Empire, 中華帝國을 소개하는 책 중에 이미 "China

Proper"라는 개념을 제시한 바가 있다. 제2장 인 "General Description of the Chinese Empire 중화제국개술, 中華帝國概述"의 첫머리에서 그는 "이 광대한 제국에 대한 일반적인 서술을 해보자면, 우리는 다음과 같은 합치점을 따를 수 있다. 첫 번째는 중국본부China Proper, 두 번째는 중국의 타타르Chinese Tartary, 세 번째는 중국의 조공국The States tributary to China이다".[20] 윈터보덤은 명대의 15개 행성行省의 영역을 중국본부China Proper 개념에 넣어 소개하였다. 그리고 시베리아, 만주둥베이, 몽골, 동타타르지금의 신강, 아프가니스탄, 북파키스탄 등에 포함 등 지역을 중국의 타타르에 귀속시켜 소개하였다. 그리고 중국의 조공국은 즉 서장, 조선, 류큐琉球, 안남베트남, 시암태국, 여송필리핀 등을 포괄한다.[21]

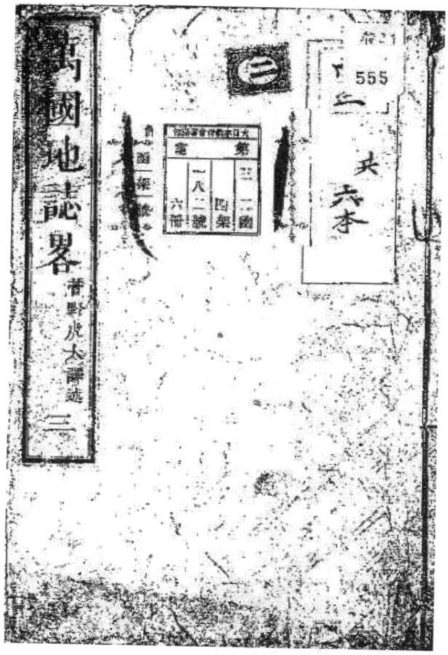

〈그림 9〉『만국지지략』

이러한 인식은 대략 18세기에서 19세기 영어의 China Proper의 개념으로 대체로 명나라의 15개 성의 범위를 지칭하고 있다. 네 번째, 19세기 말 70년대 즈음, 일본은 "지나본부"로 서양의 China Proper를 번역함으로써 중화제국을 인식하려고 하였다. 가장 이른 용례는 1870년에 우치다 마사오1839~1876가 번역편집한 『여지지략輿地誌略』초판이란 책이 있다. 저자에

20 The States tributary to China : In attempting a general description of this vast empire, we shall pursue the following arrangement. 1. China Proper—2. Chinese Tartary—3. The States tributary to China.

21 https://zh.wikipedia.org/wiki/中國本土

〈그림 10〉『만국지지략』 3권에 실려있는 아세아주 전도

의하면 지나는 "본부"와 장성이북("새외塞外의 대부분의 지역을 합친 지역으로 그 판도로 삼은 것이고 "지나본부"는 장성 이내를 가리키는 것)이며 원래 한토漢土이며 당우唐虞 이래 역대 나라의 성쇠, 영웅의 흥망은 모두 이 안에서 일어났다.[22] 또한 일본 국회 도서관의 디지털 라이브러리를 검색하면, 독일학자 구리우린헤르도グリウリンヘルド 저, 스가노 고타菅野虎太 번역의 『만국지지략萬國地誌略』이 있다. 이 저서에 의하면 이른바 "지나령"의 범위에 지나본부, 서

22 内田正雄 編訳, 『輿地誌略』(東京 : 文部省, 1870)2巻, pp.1~2. 천보는 마쓰야마 토안(松山棟庵, 1839~1919)편역의 『地学事始 · 初編』(東京 : 慶應義塾出版局, 1870)에 언급하고 거기에서 "서장은 지나본부의 서쪽에 있다"고 쓰고 있다 (陳波, 『日本明治時代的中國本部觀念』, p.162). 그러나 원서의 1권 13쪽을 확인해보면 실제의 원문은 서장은 (…중략…)지나 본국의 서쪽에 해당하는 나라이다"라고 되어있다.

장, 지나, 타타르, 천산북로, 만주, 몽골, 조선, 경주도琼州島, 현재 하이난도, 대만섬을 포함시키고 있다.[23] 당시의 책에서 지나가 "지나본부"의 밖의 많은 지역도 포괄하고 있다는 것을 알 수 있으며, 바꿔 말하자면, 이후에 일본인이 "지나본부"라고 한 표현을 이용해 중국변강에 속한 중국의 영역을 '약화'시키려고 한 시도는 아직 나타나지 않았다고 할 수 있다.

地名	地積	人口
本部支那	三七四、一一五	三七二、六二三、〇〇〇
滿洲	六三、六六二	一二、〇〇〇、〇〇〇
蒙古	二四八、四四七	四、一五〇、〇〇〇
伊犂	六六、四七六	一、四四〇、〇〇〇
西藏	一〇〇、七二二	六、〇〇〇、〇〇〇
合計	八五三、四二二	三九六、二一三、〇〇〇

〈그림 11〉『지나지지(支那地志)』의 통계표

두 번째 예시는 참모본부 관서국管西局에서 편찬한 『지나지지支那地誌』1887에 있는 "본부지나"라는 표현이다. 시모무라 슈스케下村脩介가 쓴 범례 중의 설명은 다음과 같다. "지나 전체의 구분은 구미사람들이 말한 것에 의하지만 또한 각각 약간 차이가 있다. 지금 이 책은 지나행정의 구획에 의거하여 이를 정하여 본부지나 · 만주 · 몽골 · 이리 · 서장 등 다섯 부분으로 나누었다. 18성을 본부지나로 성경盛京 · 길림吉林 · 흑룡강黑龍江, 3개성을 만주로, 내외몽골 · 칭하이靑海 및 내부 유목지대를 몽골로, 천산남북로天山南北路를 이리伊利로, 전 · 후장前 · 後藏을 서장西藏으로 한다"고 하였다.[24] 이후에 유행하는 오분법五分法의 기원을 대략 이 책에서 찾을 수 있을 것이다.

지나본부(본부지나와 함께)라는 표현이 나온 이후, 일본학자들은 다양한

23 グリウリンヘルド, 菅野虎太譯述, 『萬國地誌略』, 東京 : 養賢堂, 1874.
24 參謀本部管西局 編, 『支那地誌』, 東京 : 參謀本部, 1887.

방식으로 중국을 구분하였다. 천보陳波가 말한 바 있듯이 "중국에 대한 각종 구분법과 그 핵심은 소위 본부와 다른 모든 지역의 관계를 조정하는 것이다"라고 할 수 있으며, "종족적 지역관"을 도입하면서 "지나본부는 즉 한족의 본부"라는 사상이 나오게 되었다.[25] 이러한 "종족적 지리학 분류체계"는 "일본확장주의자와 군국주의자"와 결부되어 본부 밖의 모호한 지역은 중국 고유의 강역이 아니라는 점을 강조하였다. 그래서 "원과 청은 중국인이 아니다"라는 주장元清非中國論과 "만주와 몽골은 중국이 아니다"라는 주장滿蒙非中國論이 이러한 지역관념과 밀접한 관계를 가지고 있다고 할 수 있다.[26]

다섯 번째, 일본의 "지나본부"라는 말이 중국에 유입되면서 "중국본부"라는 표현이 중국어권 세계에 탄생하게 되었다. 『시무보時務報』와 『지신보知新報』가 일본어로 된 간행물들을 번역하면서 처음으로 중국어권 세계에 도입되었는데 그 선구가 된 것은 1896년 『중국 변사론中國邊事論』이다. 고죠 테이키치古城貞吉는 일본어의 "支那"를 "中國"으로 고쳐서 "중국본부"로 사용하고자 하였다. 그러나 같은 유신파 계열 신문인 『지신보』와 『청의보淸議報』는 "지나본부"라는 표현을 계속 사용하였다. 청말민초 시기에 신문과 잡지에서 이 두 표현은 동시에 존재했다.

고죠 테이키치의 번역문은 『동문보역東文報譯』[27]의 칼럼에 게재되었는데 그것은 동방학회록東邦學會錄의 「중국변사론中國邊事論」에서 번역된 것이다. 이 글은 양계초가 주편으로 있던 『시무보』의 제12, 15, 16, 18기期에 네 번에

25 陳波, 「日本明治時代的中國本部觀念」, pp.165~167.
26 위키백과 : 「元清非中國論」, https://zh.wikipedia.org/wiki/元清非中國論
27 [역자 주] 『시무보』의 칼럼 중 하나.

걸쳐 연재되었다. 서두에 있는 고죠의 평론은 다음과 같다.

> 러시아 육군소장 Putiata씨는 연경燕京에 오랜 기간 상주하였고 남쪽으로 배를 타고, 북쪽으로는 말을 타고 다니며 그 발자취를 사백 리에 두루 남겼다. 그리고 중국의 군사軍事를 주의 깊게 관찰하여, 이를 잘 서술하여 책으로 남겼으니, 『관론중국觀論中國』이 그 책이며 그가 심혈을 기울인 것을 알 수 있었다. 중국사람이 읽을 줄을 몰랐다면 어떻게 느낀 것이 있겠는가? 혹은 눈앞에서 구름과 연기가 스치듯 지나가는 것을 기다리고만 있는가? 다만 크게 낙심만 할 것인가? 아! 오늘 중국과 러시아는 서로 보호하고 돕지만, 후일에 오나라와 월나라와 같은 모습이 되지 않을지 누가 알겠는가![28]

이 글에서 "중국본부"과 관련된 부분은 『시무보時務報』 제15책 중 "대개 신강지방은 중국본부로부터 멀리 떨어져 있고 이 깊숙한 곳에 군대를 보내면 그 불리함은 명백한 것이다. (…중략…) 몽골 일대의 땅에는 망망한 황야가 펼쳐져 있다. 우리 시베리아와 중국본부의 사이에 있으며 불모지이고 인구는 희박하나, 가령 군정軍政 상에서 볼 때 이곳은 요충지로 볼 수 있다"라고 하였다.

위의 글에서의 러시아 육군소장은 드미트리 바실리예비치 푸챠차D. V. Putiata, 1855~1915로 러시아 이름으로는 Путята, Дмитрий Васильевич이다. 그는 세르비아-터키 전쟁과 1877~1878년 러시아-터키전쟁에 참전하였으며, 1887년 7월에 중국에 주중무관駐中武官으로 부임하였다. 위의 글에서

28 古城貞吉 譯, 「中國邊事論」, 『時務報』, 第12冊, 1896, p.20.

말한 『觀論中國』은 아마 Orepku Kutauckou Muzhu Ocherki Kitaiskoi (중국명은 『中國生活的概覽』) 일 것이다.[29]

동방협회東邦協會는 일본에서 1890년, 남양南洋지역의 식민화에 심혈을 기울이던 후쿠모토 잇세이福本一誠와 중국내지를 탐험하던 오자와 카츠로小沢豁郎, 그리고 중국 무역에 종사하던 시라이 신타로白井新太郎 세 사람을 발기인으로 시작된 모임이다.[30] 이 협회는 『동방협회회보東邦協會會報』를 발행하였으며, 그 협회의 기조에 대해 "당금當今의 동방의 선진국임을 자처하는 일본제국은 특히 이웃한 모든 국가들의 현 상황을 상세히 검토하여 밖으로 실력을 펼치고 서양 각국과 동양에서의 균형을 유지하려는 계책을 강구하지 않을 수 없다"라고 하였다.[31] 「중국 변사론」은 이 간행물에서 러시아어를 일본어로 번역한 작품을 고조가 다시 중국어로 번역한 것이다. 바꾸어 말하자면, 러시아어-일본어-중국어로 이어지는 번역은 이 표현을 중국어 세계에 탄생시켰다. 1908년 옌후이칭顔惠慶이 편찬한 『영화대사전英華大辭典』에서 proper라는 표현의 아래에는 "China Proper, 중국의 18개 성, 중국본부"라는 해석이 달려있으며, "China Proper"와 "중국본부" 양자의 대역對譯이 정식으로 나온 것이다.[32] 1916년 허메이링赫美玲이 편찬한 『관화官話』 역시 이 번역을 채택하여, China Proper를 "중국의 18성은 중국본부" 로 번역하였다.[33]

---

29 D.V.Putiata 的生平參考維基百科 : https://ru.wikipedia.org/wiki/Путята,_Дмитрий_Васильевич_(1855). 在斯卡奇科夫, 『俄羅斯漢學史』, 北京 : 社科文獻出版社, 2011, p.402. 여기에는 그가 참여한 러시아 동방학회의 기록 일부가 남아 있다.

30 위키백과 : 「東邦協會」, https://ja.wikipedia.org/wiki/東邦協会.

31 日本東亞同文會 編, 胡錫年 譯, 『對華回憶錄』, 北京 : 商務印書館, 1960, p.468.

32 顔惠慶 編, 『英華大辭典』, 上海 : 商務印書館, 1908, p.1773.

33 Karl Ernst Georg Hemeling, ed., *English-Chinese Dictionary of the Standard Chinese Spoken Language and Handbook for Translators, Including Scientific, Technical, Modern, and Documentary*

여섯 번째, 중국본부 관념의 유행에 관해, 중국본부라는 표현이 중국에 전해 들어오고 나서, 빠른 속도로 신문잡지에 "본부 18성本部十八省"이라는 표현이 나타났다. 1901년『청의보』제75책에 실린『지나보전 및 만주처치支那保全及滿洲處置』에는 "본부 18성, 동삼성만주, 몽골, 서장, 천산남북로, 동투르키스탄, 모두 대청제국의 판도라고 부를 수 있다"라고 언급하였다.[34] 1904년『강소江蘇』제8기에 있는「양자강에서의 영국과 독일의 경쟁英德於揚子江之競爭」에서는 "중국본부 18성, 연해지역에는 7성, 연강沿江 지역에는 7성"이라고 한 바 있다.[35] 1907년 여지이呂志伊가『운남잡지雲南雜志』에 쓴『국민이 국토를 보존하는 법을 논한다論國民保存國土之法』에는 "우리나라 인민들은 마음을 합치지 않고 단결하지 않는다. 본부 18성은 18개 작은 나라로 갈라질 것이다"라고 언급하기도 하였다.[36]

일곱 번째, 종족주의 혁명과 본부 표현의 결합이다. 청말 태평천국에 관한 문헌과 혁명 간행물 모두 종족주의 혁명의 관점을 받아들이고 있다. 민국 초기의 "십팔성기十八星旗"는 구체적으로 이러한 종족과 지역이 함께 결부되어 있다는 관념을 나타내고 있으며, 이는 곧 한족의 국가는 18성의 강역과 서로 결합 되어 있다는 것을 보여준다. 추용鄒容의「혁명군革命軍」과 진천화陳天華의「사자후師子吼」의 예를 들어보자. 추용은 한족이 점유하고 있는 "중국본부"가 순서에 따라 차차 번창하였다는 점을 강조하며, "한족 : 한족이란 동양 역사에서 가장 특색있는 인종이자 곧 우리의 동포이다. 중국본

Terms, Shanghai : Statistical Department of the Inspectorate General of Customs, 1916, p.1116.

34 肥塚龍,「支那保全及滿洲處置」,『清議報』第75冊, 1901, p.4735.

35 V.G.T.生,「英德於揚子江之競爭」,『江蘇』第8期, 1904, p.87.

36 呂志伊,「論國民保存國土之法」,『雲南雜誌』, 王忍之等 編,『辛亥革命前十年時論選集』, 北京 : 三聯書店, 1977, 卷2 下冊, p.829.

〈그림 12〉『군중백화선진서(軍中白話宣進書)』, 제4기(민국 초년 추정), 권수 부도(券首附圖)

부에 거주하며, 황하 연안에 머물면서 점차 사방으로 번식해나갔다. 자고로 동양문화의 영도자란 실로 우리 황한 민족皇漢民族뿐이다. 조선, 일본 또한 우리 한족이 번식한 것이다"라고 하였다.[37] 진천화의 『사자후』 제2회에서는 "천하에 다섯 대륙이 있다고 하면, 첫 번째 대륙은 아시아이다. 아시아는 크고 작은 수십 개 나라로 되어 있으며, 가장 첫 번째 대국은 바로 중화이다. 본부는 18성으로 인구는 사만만四萬萬[38]이며 면적은 1,500만 평방리 남짓이다. 속지屬地까지 합치면 4,000만이며 전 세계 육지의 15분의 1을 점유하고 있다. 신해혁명의 성공 이후 "십팔성기十八星旗,중화민국 호북 군정부가 성립했을 때 사용했던 깃발"는 곧 한족이 건국했다는 이념을 구체화하여 헌정하는 의미를 담고 있다"다고 밝혔다.[39]

신해혁명의 성공 이후, 단결을 촉진하기 위해 "오족공화五族共和"가 강조되었다. 민국 초기의 군인 교육 지도책 중 하나는 바로 이 "오족공화"의

37 鄒容, 「革命軍」, 鄒容 · 陳天華, 『革命的火種』, 臺北 : 文景書局, 2012, p.24; 陳天華, 『革命的火種』, p.81에 수록.
38 [역자 주] '四萬萬' 당시 중국 전체 인구에 대한 비유적 표현이다. 1931년 민국정부의 조사에 따르면 이때 중국의 전체 인구는 4억 7천만을 상회하고 있는 것으로 추산하였다.
39 위키백과 : 「十八星旗」, https://zh.wikipedia.org/wiki/十八星旗

사상을 표현하고 지역과 종족을 명확하게 구분하여 그 가운데 "본부 십팔성"을 "한족"이 거주하는 지역과 이 밖에 있는 만 · 몽 · 회 · 장 각 지역으로 나누었다. 실제 "오족공화"는 매우 강한 한족 중심의 이념을 갖추고 있었으며, 한족을 중심으로 한 오족의 평등을 추구할 것을 주장하였다. 이 책에서 저자는 청대의 "외번지방外藩地方"에 대해서 "터럭 하나 누릴 권리가 없었던 곤궁하고 고통스러운 상황은 실로 한 마디로 다 형언할 수가 없다", "지금 민국이 성립되고 만 · 몽 · 회 · 장 사람들을 보기를 친형제와 다름없이 하니 그들이 한족과 동등한 이익을 받고 행복을 누리게 할 방도를 생각해야 하며, 외부인들이 약간의 땅도 침범하게 해서는 안 된다"라고 밝히기도 하였다.[40]

여덟 번째, 1912년부터 1930년대말까지 중국어에서 "중국본부" · "아국본부我國本部"라는 표현은 광범위하게 사용되었으며, 그 배경에 있는 종족 정치의 함의에는 관심을 두지 않았다. 몇 가지 예를 들어보면, 1924년 장제스蔣介石가 랴오중카이廖仲愷에게 보내는 편지에는, "러시아 공산당은 매우 성의가 없다. 중국에 대한 그들의 유일한 방침은 바로 중국 공산당을 그 정통으로 내세우는 것이니, 결코 우리 당과 협력할 수 있다고 생각하지 않는다. 그 중국에 대한 정책은 즉 만 · 몽 · 회 · 장 지역을 모두 소비에트의 일부로 만드는 것이며, 중국본부에 대해 부당한 이익을 얻을려고 책동하지 않을 것이라고 보장할 수도 없다"고 하였다.[41] 또 뤄총위羅從豫는 「918사변전 동삼성과 중국본부 무역의 회고九一八事變前東三省與中國本部貿易之回顧」에서 "과

40 倪菊裳, 「中華民國的國土演說」, 上海新北門振武臺國民教育實進會, 『軍中白話宣講書』 第4編(출판연도 불명, 응당 민국 초년일 것이다), p.9.

41 秦孝儀主 編, 『總統蔣公大事長編初稿』, 臺北 : 中國國民黨黨史委員會, 1978, 1924.3. 14, 卷1, pp.74~75.

거 우리나라 본부의 동삼성 무역은 국내 무역으로 간주되어 왔는데, 지금은 이미 부득이하게 국외 무역의 영역으로 구분할 수 밖에 없게 되었다. 이전에는 본부에서 나오는 대량의 생산품을 끊임없이 동삼성으로 운송하였지만 지금에 와서는 부득이하게 관세와 운송 등 여러 제한을 떠안고 팔게 되었다"고 말하였다.[42] 이 글은 1932년 3월 1일 만주국이 성립된 이후의 상황에 대응하고 있음을 보여준다. 주목할 것은 이 두 저자 모두 "중국본부"라는 표현을 사용하는 것에 문제가 있다고 생각하지 않았다는 점이다.

4. "본부"와 "변강"에 대한 구제강과 페이 샤오퉁의 논쟁

"중국본부"라는 표현이 중국어에 들어온 이후, "변강(또는 "변강민족"의 표현)"에 대응하는 유행어가 되었다. "중국본부"와 "변강" 등의 표현에 가장 먼저 반대의 목소리를 낸 학자는 구제강이다. 구제강은 1930년대에 일련의 글을 발표하며 민족단결을 강조함으로써 외부의 침략에 저항하고자 하였다. 1937년 1월 10일 『신보申報』의 「성기논단星期論壇」에 구제강은 「중화민족의 단결中華民族的團結」이라는 글을 발표하여 중국의 판도 안에는 오직 중화민족만이 있다. (…중략…) 흩어지면 모두 상처 받을 것이고, 합치면 모두 번영할 것이다"라고 하였다.[43] 1939년 2월 13일 그는 또 "중화민족은 하나다中華民族是一個"를 작성하였으며, 『익세보益世報』의 「변강주간邊疆週刊」에 실렸다. 첫머리에 요지를 밝히면서 "무릇 중국인은 모두 중화민족이며, 중

42 羅從豫, 「九一八事變前東三省與中國本部貿易之回顧」, 『中行月刊』 第7卷第4期, 1933, pp.1~13.
43 顧頡剛, 「中華民族的團結」, 『申報』, 1937.1.10, 第7版.

화민족 안에 있는 우리는 절대 어떤 민족으로도 다시 나누어질 수 없고 지금 이후에는 모두 당연히 '민족'이라는 두 글자를 주의 깊게 사용해야 할 것이다"라고 밝혔다. 구제강은 "중국에는 많은 민족이 없으며, 오직 큰 세 개의 문화집단 — 한漢의 문화집단 · 회回의 문화집단 · 장藏의 문화집단만이 있다고 주장한다. (…중략…) 이 세 종류의 문화 중 한의 문화는 스스로 창조된 것이고, 장藏의 문화는 인도의 것을 취한 것이며, 회回의 문화는 아라비아의 것을 취한 것이다. 중국인은 그의 신앙에 따라 하나의 문화집단에 들어갈 수 있으며, 따로 제한은 받지 않는다"라고 하였다.[44] 이 글이 출간된 후 각지 신문에 잇달아 실려 사람들의 주목을 받았다.[45] 계속 1947년 남경의 『서북통신西北通迅』이 창간되었을 때도 또 한 번 실렸으며, 편집자는 "구제강 선생의 이 글은 논증이 상세하고 의론이 정대하며 민족의 단결을 촉진하는 데 있어 가장 영향력이 있는 작품이다. 그 열정이 망망히 넘쳐 사람을 크게 감동시킨다"고도 하였다.[46]

구제강은 "중화민족은 하나다"라고 강력히 주장했으며, "중국본부"라는 표현을 비판하였다. 그는 제국주의가 중국을 분열시키고 국민을 기만하는 선전수단이라고 생각했다. 그가 찬술한 「"중국본부" 일명은 신속히 폐기해야한다"中國本部"一名亟應廢棄」와 「『본부』와 『오족』 두 개의 명사를 다시 논하

44 顧頡剛, 「顧頡剛自傳」, 『顧頡剛全集 : 寶樹園文存』 卷6, p.372.

45 顧頡剛, 『顧頡剛日記』, 臺北 : 聯經出版公司, 2007, 第4卷, 頁221, 1939.4.15. "앞서 『益世報』에 두 편의 글을 발표하였다. 팡(方) 신부가 나한테 전재하는 신문이 매우 많다고 말해주었다. 『중앙일보(中央日報)』, 『동남일보(東南日報)』, 『안휘둔계모보(安徽屯溪某報)』, 『호남형양모보(湖南衡陽某報)』, 『귀주모보(貴州某報)』가 모두 그렇다. 일전에 리멍잉(李夢瑛)으로부터 『서경평보(西京平報)』도 전부 전재했다고 하는 편지를 받았다. 이 두 편의 글이 이렇게 많은 사람의 주목을 받을 줄 예상치 못했다. 또 완장(萬章)의 편지를 받았는데, 『광동모보(廣東某報)』에도 또한 전부 실렸다고 한다."

46 顧頡剛, 「中華民族是一個」, 『西北通訊』(南京) 第1期, 1947, pp.3~7.

다再論『本部』和『五族』兩個名詞」 등의 글은 "본부" 문제에 대해 계통적인 설명이다. 또한 그가 말한 "중화민족은 하나다"라는 관점에도 부합한다. 그가 1934년에 창립한 "우공학회禹貢學會"에서 『우공반월간禹貢半月刊』을 발행했을 때도 이 의제에 집중하였다. 「발간사」에서 그는 "민족과 지리는 뗄래야 뗄 수 없는 두 가지 사안인데 우리의 지리학이 발전하지 못하였으니 민족사의 연구는 어디서 논거를 얻을 수가 있겠는가? 따로 말할 것도 없이, 우리 동쪽 이웃이 모략을 품어 우리를 침략하고 "본부"라는 말을 만들어 우리의 18성을 불렀으며, 우리의 변경이 본래 우리의 것이 아니라고 시사하였다. 뜻밖에 우리의 우둔한 자들이 그들에게 마취된 것처럼, 어떤 지리 교과서에서 이러한 표현을 쓰기 시작하였다"고 지적하였다. 이 글은 잘못된 의론에 대해 이를 학리적으로 논박하는 것에 목적이 있었다고 할 수 있다.[47]

1938년 12월, 원래 천진에 있었던 『익세보』는 전화를 피하기 위해 쿤밍昆明으로 옮겨갔다. 12월 3일 구제강은 환성동로環城東路의 천주교 교당에 가서 위빈于斌 주교와 뉴루어왕牛若望 신부와 만나 "나랏일과 주간의 일에대한 이야기를 나누"었으며, 양측은 『익세보』에 「변강주간」 전문칼럼을 출판할 것을 결정하였다. 12월 9일 팡하오方豪와 뉴루어왕 신부는 당시 구제강을 방문하여 "변강주간을 편찬하기 위한 이야기為辦邊疆週刊事"[48]를 나누었다. 18일 구제강은 일기에 "익세보관에 가서 뉴루어왕 신부를 방문했益世報館訪牛若望神父"다고 적었다.[49]

---

47 顧頡剛, 「發刊詞」, 『禹貢半月刊』 卷1期1, 1934, p.2.
48 [역자 주] 이 담화들은 『顧頡剛日記』에 수록되어 있다.
49 顧頡剛, 『顧頡剛日記』 第4卷, p.169 · 171 · 174.

> 9·18[50] 이전 일본인들은 일찍이 지도상에 만주·몽골과 그들의 본국을 같은 색으로 칠했으나 우리 국민들은 보고도 관심을 두지 않았다. (…중략…) 우리가 이 신문을 간행하는데 있어 일반사람들에게 자기의 강역에 대해 좀 더 자각을 가지게끔 하고, 학자에게는 우리의 민족사와 변강사를 한시도 잊지 않게 할 것이다. (…중략…) 그리고 야심이 가득 차 있는 국가의 침략에 공동으로 저항하고 중화민국의 전 국토가 하나의 정권 아래에 뒤덮일 때까지, 변강이 중원이 되고 나서야 그 손을 멈출 것이다.[51]

이를 통해 구제강의 핵심이 국토의 분열을 피하고 장래에 "변강"을 중원으로 만들어 전국을 단결하게 함으로써 완전한 하나의 국가로 만드는 것에 있었음을 볼 수 있다. 12월 20일에서 21일까지 구제강은 일기에 "「중국본부 명사는 빨리 폐기해야한다中國本部名詞應亟廢棄」 집필을 끝냈다. 3,600자를 썼고 정서를 하고 있으나 아직 마치지 못하였다", "돌아와서 정서를 마쳤다"라고 썼다.[52] 이후 이 글은 1939년 1월 1일 『익세보』의 「성기평론星期評論」에 실렸다. 1937년 1월 27일, 『중앙일보』에는 그가 『익세보』에서 발표했었던 「중국본부 명사는 빨리 폐기해야 한다」가 실렸다. 1939년 2월에서 3월에 또 많은 간행물에도 실렸으며 소흥紹興의 『전선순간前線旬刊』과 영파寧波의 『부흥순간復興旬刊』에도 이 글이 실렸다.[53]

그는 이 표현이 약 40년 전(1898년에서 1900년 전후)부터 중국에서 쓰이

---

50 [역자 주] 9·18사변을 말한다. 일본이 중국 침략을 본격적으로 시작한 날이다.

51 顧頡剛, 「昆明邊疆週刊發刊詞」, 『顧頡剛全集 : 寶樹園文存』 卷4, p.321.

52 顧頡剛, 『顧頡剛日記』 第4卷, pp.174~175.

53 顧頡剛, 「『中國本部』一名亟應廢棄」, 『前線旬刊』 第2卷第2期, 1939.12.21, pp.21~24; 顧頡剛, 「『中國本部』一名亟應廢棄」, 『復興旬刊』, 第8, 9期合刊, 1939.3.21, pp.2~3.

기 시작하였으며, 일본 교과서에서 유래하여 일본인들이 중국을 침략하는 "악의적인 선전"이 되었다고 보았다. 이러한 점은 역사적 사실과도 부합한다. 단 그는 "서양인들이 일본인들이 날조한 이 표현을 수용하여 중국본부를 China Proper로 번역하였다는 점은 역사적 사실과 부합하지 않는다. 이 표현은 사실 일본인들이 서양어를 번역한 것이다"라고 밝혔다.

> 중국의 역대 정부는 어느 한 지방을 두고 이를 "본부"라고 칭한 적이 없다. 그리고 중국의 지리학자들도 국토의 한 부분을 가지고 "본부로 규정하지 않았으며, 40년 전 우리 지리서에서도 이러한 본부라는 명칭을 볼 수가 없었다.[54]
>
> 중국본부라는 명사는 도대체 누구의 붓 아래에서 생겨난 것인가? 그간에는 참고할만한 서적이 적어 찾아볼 도리가 없었다. 다만 우리 지리교과서가 일본의 지리교과서를 번역한 것이며, 일본의 지리교과서에 있는 이 표현을 베꼈다는 것을 알 수 있다. (…중략…) 일본이 날조한 명사를 서양인들이 받아들여 "중국본부"를 "China Proper"로 번역을 하고 있으니, 이는 혹 오랜 역사를 잘 숙지하지 못하여 이러한 오해가 생긴 것이거나, 혹 침략하고자 하는 마음을 두고 일부러 그들이 조장하고 선동한 것이라고 할 수 있을 것이다.[55]

구제강은 이 표현이 유행한 후에 허다한 사람들이 중국에는 중국본부만이 존재한다고 여기고 넓은 변강 지역이 점점 중국의 영토로 인식되지 못하고 있음을 지적하였다. 이는 일본인들이 "역사를 조작하거나 곡해하여 우리의 땅을 빼앗은 것에 대한 증거이다"라고 밝히기도 하였다. 구제강은

54 顧頡剛, 「『中國本部』一名亟應廢棄」, 『顧頡剛全集 : 寶樹園文存』 卷4, p.90.
55 위의 글, pp.90~91.

특히 일본 교토대학의 야노 진이치矢野仁一 교수의 '만몽은 중국이 아니다滿蒙非中國論'는 관점이 다나카 기이치田中義一 수상과 같은 일본의 정치인들에게도 영향을 미쳤다는 점을 예로 들었다. 다나카 수상은 천황에게 올리는 상주문上奏文에서 "이 소위 만주와 몽골이란 역사에 따르면 중국의 영토가 아니며, 중국의 특수한 지역 또한 아니다. (…중략…) 이것은 이미 제국대학에서 전 세계에 발표한 바가 있다"고 하였다. 구제강은, "일본 메이지 천황이 정책을 결정하고 중국 정복에 앞서 만주와 몽골을 빼앗기 위해 중국본부라는 이 표현을 날조하여 만들어내었다. 변강을 본부 밖으로 빼내어 중국 및 세계 사람들을 기만하고, 세상 사람들에게 일본인이 탐내는 것은 오직 중국본부 밖에 있는 지방이며, 결단코 중국의 근본을 침해하려는 것이 아니라고 여기게끔 만들었다"고 보았다.[56] 본부라는 표현이 중국에 미친 영향에 대해 구제강은 다음과 같이 표현하였다.

그들(일본인)의 선전이 중국에 전해지고, 우리는 속았다. 모두가 "본부"라는 지방이 본래 우리나라의 것으로 생각하게 되었으니 통탄할 일이다. "본부"를 제외하고는 원래 억지로 긁어모은 것으로, 있으면 만족스럽다고 할 수 있지만 없어도 아까운 것은 아니라고 여겨, "그냥 내버려 두자!"라고 생각하게 되었으니, 이에 그들은 조금씩 침식해왔고 우리의 저항심은 많이 줄어들게 되었다.[57]

"본부"라고 하면, 사람들에게 바로 동삼성, 내·외몽골, 신강 그리고 서장이 모두 중국의 영토가 아니라는 생각을 들게 하고, 이에 중국은 이 땅을 버

56 위의 글, p.91.
57 위의 글, p.91.

려도 괜찮다고 여겨 제국주의자들이 마음 놓고 침략을 하기 편하게 하였다. 이는 듣는 이의 감정적인 반응을 자극하는 방법을 이용하여 우리의 땅과 인민을 빼앗으려는 것이 아닌가?[58]

구제강은 "중국본부"의 개념을 비판했을 뿐만 아니라 "변강"이라는 표현에 대해서도 의구심을 가지고 있었다. 이는 푸스녠의 영향을 받았을 가능성이 큰데, 푸스녠은 구제강이 주편한 『익세보』의 부록인 『변강주간』에 대해 "변강"이라고 제목을 붙인 것에 관해 나름의 견해를 가지고 있었다. 1939년 2월 1일, 푸스녠이 구제강에게 써보낸 편지에는 "변강"이라는 표현을 신중하게 사용해야 한다는 의견을 밝히면서, "무릇 변강의 사람邊人은 예로부터 천한 명칭이었다. 변강의 땅邊地는 자고로 개화되지 않음의 다른 표현이었다. 이러한 것들은 이러한 느낌을 운남의 지식인들도 가지고 있었으나 사천이나 광동사람들이 쉽게 화낸 것과는 달리 운남사람들이 그러지 않았을 뿐이다". 푸스녠은 아울러 간행물의 제목을 "운남"·"지리"·"서남" 등으로 고치고 "변강"이라는 표현을 폐지해야 한다고 건의하였다. 이 밖도 '민족이라는 표현 또한 신중하게 사용해야 하며 "각종 민족의 명칭을 교묘하게 세워서" 분열을 조성해서는 안될 것이라고 지적하였다.[59]

구제강은 푸스녠傅斯年의 충고를 깊이 염두에 두면서, 2월 7일 그의 일기 중에 "어제 멍전孟真, 푸스녠의 자이 편지를 보내왔다. 내가 『익세보』에서 『변강주간』을 담당한 것을 꾸짖으며 게재한 글이 중화민족을 약소민족으로 해석할 수 있는 부분이 많아 나중에 분열의 화를 부르기에 족하다"고 적었

58 위의 글, p.90.
59 傅斯年, 「傅斯年致顧頡剛」, 『傅斯年遺札』, 北京 : 社科文獻出版社, 2014, pp.721~722.

다.[60] 몇일이 지난 후에 그는 푸스넨의 견해에 자극을 받아 위에서 말한 「중화민족은 하나다」라는 글을 서술하였다. 1942년 구제강은 「청두 변강 주간 발간사成都邊疆週刊發刊詞」에서 변강 연구의 이상은 "변강"·"변민" 등과 같은 표현의 존재를 없애는 것이라고 아래와 같이 밝히기도 하였다.

> 우리 함께 살아가는 사람들은 기꺼이 몸을 일으켜 마음껏 변경의 일을 해내야 한다. (…중략…) 우리가 대외적으로 자유를 쟁취하려면 반드시 먼저 내부의 조직을 강화해야 한다. 그때가 되면 우리나라의 강토는 온전한 것이 될 것이고, 다시는 이런 변강이라는 불길한 표현이 존재하지 않을 것이다. 우리나라의 민족은 전체로서 완전한 것이며, 다시는 변민이라는 서얼과 같은 명사가 존재하지 않을 것이다. 이것이야말로 우리가 꿈꾸는 경지이다.[61]

본부와 변강(변민) 밖에도 구제강은 예를 들어 "한인"·"한족"·"오대민족" 같은 다양한 어휘에 대해 의심하였다. 그는 "중화민족"으로 "한인"·"한족"을 대체하고자 하였으며, 물론 동시에 "한인"·"한족"과 "본부"의 연결고리를 끊으려고 노력하였다. 그는 "한인이라는 두 글자로도 그 의미가 통하지 않음을 단호하게 말할 수가 있다. (…중략…) 우리가 한인이라고 부르는 것은 혈연에서 근원을 두고 있는 것이 아니며 그 문화 역시 일원적인 것이 아니다. 우리는 하나의 정부 아래에서 함께 살아가는 사람들인 뿐이다. (…중략…) 지금 가장 적당한 중화민족이라는 명칭이 있으니 우리는 이전의 불합리한 한인이라는 칭호를 바로 버리고, 교통이 불편하

60 顧頡剛, 『顧頡剛日記』 第4卷, p.197.
61 顧頡剛, 「成都邊疆週刊發刊詞」, 『顧頡剛全集 : 寶樹園文存』 卷4, p.329.

거나 약간 다른 생활방식을 가진 변강 지역의 사람들과 함께 중화민족이라는 하나의 이름 아래로 뭉쳐야 한다".[62] 그는 또 "한인의 문화는 비록 하나의 전통만을 가지고 있지만 셀 수 없는 문화가 뒤섞여 있는 것이다. 한인의 체질에는 특수한 점이 있다고는 하지만 그것도 무수의 체질이 섞인 것이다. (…중략…) 한인의 형체에는 이미 적지 않은 몽·장·회의 피가 있다"라고 하였다.[63]

구제강은 또한 "한족"의 개념을 비판하였다. "한인을 하나의 종족으로 하는 것은 혈통상의 근거가 있는가? 만약 근거가 있다면, 그것이 하나의 순수한 혈통이라고 증명할 수 있어도 그것은 하나의 종족일 뿐이지 민족은 아니라고 할 수 있다. 만약 연구결과에서 그것이 하나의 순수한 혈통이 아니라 이미 대량의 만주, 몽골, 회족, 서장, 묘족苗族 등의 피가 포함되어 있다면, 하나의 종족이라고 할 수 없다. 다만 하나의 종족이 아니면서도 단결하고자 하는 정서가 충만하다면 그럼 그것은 하나의 민족이라고 할 수 있을 것이다. 그것은 어떤 민족인가? 바로 중화민족이다".[64] "중국의 각 민족은 수천 년의 변화를 거쳐왔으며 일찍이 이미 순수한 혈통을 가진 민족은 존재하지 않는다. 특히 이 "한족"이라는 말은 아주 설득력이 없으며, 이 민족은 사방의 이민족이 혼합되어 만들어진 것이지, 근본적으로 이런 종족이 존재하는 것은 아니다".[65] 구제강과 푸스녠의 견해는 일치한다. 푸스녠은 "힘을 다해 '중화민족은 하나다'의 참뜻을 발휘하여, 이夷와 한漢이 일가임을 증명하고 아울러 한족의 역사를 그 근거로 삼아야 한다. 즉

62 顧頡剛, 「中華民族是一個」, 『顧頡剛全集 : 寶樹園文存』 卷4, p.98.
63 顧頡剛, 「我為什麼要寫『中華民族是一個』」, 『顧頡剛全集 : 寶樹園文存』 卷4, p.113.
64 顧頡剛, 「續論『民族』的意義和中國邊疆問題」, 『顧頡剛全集 : 寶樹園文存』 卷4, pp.128~ 129.
65 顧頡剛, 「顧頡剛自傳」, 『顧頡剛全集 : 寶樹園文存』 卷6, p.372.

우리 세대와 같은 북방의 사람 중에 누가 호인胡人의 혈통이 없다고 보증할 수 있으며, 남방의 사람 중에 누가 월粵·묘苗·이黎의 혈통이 없다고 감히 말할 수 있겠는가"라고 밝혔다.[66]

같은 이유로 그는 또한 "오대민족五大民族"을 의심하면서 "오대민족"이라는 표현이 가진 위험성은 중국본부와도 동일하다. (…중략…) 오대민족이라는 이 이름은 적이 만든 것은 아니나 중국인 스스로 자기 손으로 자신을 얽매는 것이다"라고 견해를 밝혔다.[67] 그리고 "오대민족이라는 표현은 겉보기에 그럴듯하지만 실제로는 그렇지 않은데 객관적으로 서로 일치하는 실체가 없기 때문이다. 만주인은 본래 하나의 민족이 아니다. (…중략…) 오늘날 이미 그 전체가 한인들 속으로 융화되었으며 당시에도 하나의 민족이라는 조건을 갖추지 못하고 있었다",[68] "다만 스스로가 부주의하여 잘못된 것이 와전되어 나쁜 결과를 가져온 것을 책망할 뿐이며 (…중략…) 변강에서 각종 위기를 초래하였다"라고 하였다.[69]

또한 구제강은 또 "명사를 만들어 내어 우리의 근본을 분열시킨 예"를 언급했다. 예를 들어 일본과 러시아가 만주를 침탈하면서 "두 나라가 협조하여 나눠 먹으려 하니 여기서부터 남만주와 북만주라는 말이 생겼다", 영국의 세력이 서장西藏에 미친 이후에 중국 정부에는 서장의 내정에 간섭하지 말 것을 요구하며, "내장內藏과 외장外藏이라는 표현을 만들어 내었다"라고 하였다.[70] 게다가 "화북오성華北五省"은 곧 일본인들이 하북河北, 산동山

---

66 傅斯年, 「傅斯年致顧頡剛」, 『傅斯年遺札』, p.722.
67 顧頡剛, 「中華民族是一個」, 『顧頡剛全集 : 寶樹園文存』 卷4, p.95.
68 顧頡剛, 「再論『本部』和『五族』兩個名詞」, 『顧頡剛全集 : 寶樹園文存』 卷4, p.120.
69 顧頡剛, 「中華民族是一個」, 『顧頡剛全集 : 寶樹園文存』 卷4, pp.98~99.
70 顧頡剛, 「再論『本部』和『五族』兩個名詞」, 『顧頡剛全集 : 寶樹園文存』 卷4, p.118.

東, 산서山西, 차하르, 수원綏遠[71]을 합쳐서 부르는 명칭으로 "이는 원래 만주와 몽골 동부에 근접해 있는 오성五省이다. (…중략…) 그들은 이 오성이 동북사성東北四省의 전례에 따라 또 다른 괴뢰국가로 되는 것을 재촉하였다. (…중략…) 또한 화북오성의 특수화와 명료화를 최대한 촉진 시키려고 하였다"라고 밝혔다.[72]

요컨대 구제강은 본부라는 표현이 일본인들에 의해 만들어졌으며, 대략 1900년대 전후 중국으로 전해 들어와서 중국어권 세계에서 유행하였다고 여겼다. 그는 본부개념 뒤에 숨겨진 국제정치의 요소들을 분석하는 글을 썼다. 이러한 표현들이 제국주의자들이 중국을 침략하기 위함이고 자신들의 이익을 위해 이를 만들어내고 중국의 분열을 기도하였다고 보았다. 그렇기 때문에 구제강의 논지의 핵심은 중국 영토에 대한 일본의 야심에 반대하고 아울러 그와 푸스녠 등의 학자들이 강조한 바 있는 "중화민족은 하나다"라는 사상을 지지하는 것이다. 청말민초부터 시작된 민족 관념의 변화에 대해, 구제강은 1939년에 주창한 일원적인 중화민족 관념을 가지고 청말의 "종족혁명"과 민국 초반 이후에 나온 "오족공화"의 주장을 비판하는 한편, 또 다른 한편으로는 1943년에 장개석이 『중국의 명운』에서 주장한 민족론과도 전후 상통하며 서로 호응하는 부분이 있다고 할 수 있다.

구제강의 관점은 페이 샤오퉁의 비판을 받았다. 페이 샤오퉁은 「민족문제에 관한 토론關於民族問題的討論(1939년 4월 9일에 작성되었고 5월 1일 『익세보』의 『변강주간』 제19기에 실렸다)에서 구제강의 앞서 한 주장에 대해 질의하였다. 그는 구제강의 목적은 "우리는 문화 · 언어 · 체질상의 분기에 의거해서 우

71 [역자 주] 쑤이위안(綏遠)은 현재 내몽골자치구 중부에 있는 지역이다.

72 顧頡剛, 「再論『本部』和『五族』兩個名詞」, 『顧頡剛全集 : 寶樹園文存』 卷4, p.120.

리의 정치적 통일에 영향을 주는 일이 없도록 해야 한다"는 것에 있다고 보았다.[73] 페이 샤오퉁은 중화민족은 하나로 단결하는 것이 당연하고, 항일운동을 지속해야 한다. 다만 학리적인 관점에서도 중국은 다민족을 가진 국가라는 것을 인정해야 하며, 소수민족이 존재한다는 객관적인 사실도 당연히 존중받아야 한다는 점을 말하였다. 항일운동 중에서도 역시 중국 내부에 있는 서로 다른 문화·언어·형체를 가진 집단과 존재를 절대 부정해서는 안되며, 문화·언어·형체가 다른 집단에서 공동의 이해관계가 생겨남과 더불어 대내적인 안정과 대외적인 안보에 대한 공통의 필요성이 생겨나면 자연스럽게 단일한 정치단체로 결성될 수 있을 것이다. 그러므로 정치적인 평등을 실현하는 것은 민족문제를 해결하는 중요한 관건이라고 할 수 있다. 정치적인 통일을 모색하는 것은 각 민족 및 경제집단 간의 경계를 제거하는 것이 아니며, 이러한 경계로 발생되는 정치적인 불평등을 해소하기 위함이다.

이러한 사상과 이후에 그가 주장한 "중화민족의 다원 일체적인 구조"의 관념은 같은 맥락에 있다고 할 수 있다.

페이 샤오퉁 또한 구제강이 "중국본부"와 "오대민족" 등의 표현에 대해 논쟁한 것에 질의하였다. 구제강은 "우리에게는 오직 중화민족만 있으며, 그러므로 오래전부터 이러한 중화민족이 있었다"라고 하였지만, 지리상의 "중국본부"와 민족상의 "만·한·몽·회·장"은 모두 객관적 사실과 부합되는 바가 없으며, 이러한 표현은 "제국주의자들이 조성한 것"이 아니라 "중국인 스스로가 자신을 옭아 매는 것"이며 모두 분열을 생기게 할 수

73 費孝通, 「關於民族問題的討論」, 『顧頡剛全集 : 寶樹園文存』 卷4, p.136.

있다는 점을 지적하였다. 페이 샤오퉁은 먼저 명사적인 의미와 그로 인해 생겨날 수 있는 분열에 대해 질문을 던졌다. 그는 '민족은 사실과 부합되지 않는 집단이 아니며, 구제강이 nation민족과 state국가 그리고 race종족 등의 개념을 구분하지 않았고 보았다. "선생님이 말하는 '민족'과 일반적으로 말하는 '국가'에 상당하며, 선생님이 말하는 '종족'과 일반적으로 말하는 '민족'에 상당하다"고 말했다. 페이 샤오퉁은 만약 이러한 단체 혹은 조직이 건전하다면 의미 없는 명사의 분화가 쉽게 생기지 않는다고 보았다. 그는 사람들이 "정치적 슬로건의 힘"을 너무 크게 믿어서는 안 된다, "이는 명사의 역할을 너무나도 중시했기 때문에 무속신앙의 의심이 든다"고 말하였다.[74]

사실 페이 샤오퉁費孝通은 구제강의 관념이 항전과 건국에서 중요한 의미를 가지고 있다는 것을 이해하고 있었으며, 그로 인해 구제강이 쓴「본부와 오족 두개의 명사를 다시 논하다再論本部與五族兩個名詞」와「민족의 의의와 중국의 변강문제를 계속 논하다續論民族的意義和中國邊疆問題」로 페이 샤오퉁에게 응답한 이후 페이 샤오퉁은 더 이상 논의를 이어가지 않았다. 페이 샤오퉁은 1993년에 참석한 구제강 탄생 100주년 학술 토론회에서 당시 구제강과의 논변에 대해 회상하는 담화를 다음과 같이 했다.

> 후에 알게 되었지만 애국 열정에 불타는 구선생은 일본 제국주의가 동북에서 "만주국"을 세우고 또 내몽골에서 분열을 부추긴 것에 대해서 의분으로 가득 차 있었으며, '민족을 이용해 우리나라를 분열시키려는 침략행위에 온 힘

74 費孝通,「關於民族問題的討論」,『顧頡剛全集 : 寶樹園文存』卷4, p.136.

을 다해 반대하였다. 나는 그의 정치적 입장을 전적으로 옹호한다. 한편 그의 관점, 즉 만주와 몽골이 민족임을 승인하는 것은 자승자박이며 혹은 제국주의에게 우리나라를 분열시키는 구실을 부여한다는 관점은 동의할 수 없었다. 또한 이들 '민족'을 승인만 하지 않는다면 적을 내부에 끌어들여 재앙을 초래하는 것은 피할 수 있다는 그의 관점에 대해서도 나는 역시 동의할 수 없었다. 원인은 구실에 있는 것이 아니라 구실을 주지 않도록 해도 타인이 손을 대지 못하도록 막을 수는 없는 것이다. 그러나 정치에 파급되는 이 논쟁은 당시의 형세에 결코 유리한 것이 아니었기에 나는 그 이상 글을 써서 논쟁하는 것을 하지 않았던 것이다.[75]

페이 샤오퉁의 말은, 왜 항일전쟁 후기에 외적의 중국에 대한 모욕에 저항하려고 하는 공통 인식하에서 본부 변강에 관한 의론이 점차 중시받지 않게 되었는 지에 대한 설명이 될 지도 모르겠다. 1940년 이후 "중국본부"라는 표현은 다만 소수의 경제통계 보고서에서만 사용되었을 뿐이다. 1945년 항일전쟁 승리 이후, 제국주의에 의한 위협의 해소·중화민족개념의 확산·근대국가의 확립에 따라 이 표현은 갈수록 사용되지 않게 되었으며, 현대 영어에서의 China Proper의 사용도 감소했고 이제는 중국에서도 "중국본부"라는 표현은 거의 사용되지 않고 있다.[76]

---

75 費孝通, 「顧頡剛先生百年祭」, 『費孝通文集』, 北京 : 羣言出版社, 1999, 卷13, pp.26~32.

76 주의할 것은 위키피디아에 게재된 "China profer "의 중국어판이 원래 "중국본부"를 채용했었지만 최근에는 "한지漢地"로 바뀐 것이다. "중국본부"라는 말은 이미 사용되지 않게 되었기 때문일 것이다.

5. 맺으며

중국 근대사에서 "중국본부" 개념의 변천에는 두 가지 논의가 있다. 하나는 원·명·청 이후 "내지內地"·"중토中土"·"17성十七省"·"18성十八省" 등과 같이 지방제도와 연관한 관념의 변화이다. 다른 하나는 서양의 중국연구에서 China Proper 관념의 다중 번역사와 관련이 있다. 이 두 논의는 "본부는 곧 18성"이라는 표현과 뒤섞여 새로운 명사를 만들었다. China Proper라는 표현의 번역은 서양 문헌 중에서 대체적인 윤곽을 가늠해볼 수 있는데, 이 번역은 유럽에서 러시아, 그리고 다시 일본에까지 도달했으며, 마지막으로 양계초가 맡고 있던 『시무보』와 『청의보』, 유신파의 『지신보』 등 간행물의 번역을 거쳐 중국에 들어왔다. 이러한 표현은 20세기 중국에서 또 아주 복잡한 과정을 거치게 된다. 20세기에 중국본부·변강 등 표현의 확산은 신문잡지와 교과서 등의 유통에도 영향을 미쳤다. 서에서 동으로 이 개념이 번역·전파되는 과정 중에 정치인과 학자들 간의 논쟁을 촉발시키기도 하였다. 청말의 혁명가들이 이 개념을 두고 "종족혁명"을 주장한 것이 대표적인 예라고 할 수 있다.

구제강과 일본학자 야노 진이치矢野仁一 등은 중국본부·변강 및 만주와 몽골 문제에 관련한 논쟁을 벌였다. 또한 페이 샤오퉁은 다원적인 관점에서 구제강의 일원적인 중화민족 관념을 비판하였다. 1930~40년대 본토 논쟁은 중화민족을 둘러싼 토론의 일환으로, 이후 국공 양당의 민족관은 여기에 뿌리를 두고 있다. 국민당은 구제강이 주장한 "중화민족은 하나"라는 관점을 긍정하고 있고 공산당은 페이 샤오퉁이 이후 점차 발전시켜 내세운 "중화민족 다원일체 구조"의 민족관을 지지하였다. 20세기 이후 동아시아의 형세 및 근대 중국국가의 구조와 앞서 말한 논쟁은 밀접한 관련이 있다. 오늘날 구제강과 페이 샤오퉁의 이론 모델을 살펴보면, 전자는 일원적 통일을 강조하면서 민족의 경계를 허물려고 하고, 후자는 다원적 일체를 내세우고 있다. 1949년 이후 스탈린의 민족이론을 기초로 한 "민족식별民族識別"로써 "민족을 구축民族建構"하는 작업을 진행하였으며, 소수집단의 민족의식과 민족신분民族身分을 사실상 강화하였다. 이 이론은 페이 샤오퉁이 주장한 "다원일체"와 부합하지만 다원과 일체의 모순은 오늘날에도 각종 민족문제를 생산하고 있다. 마룽馬戎이 서술한 바와 같이 "중국의 민족건설nation-building을 결국에 "중화민족"으로서 단위를 삼을 것인지, 아니면 정부가 구분한 56개 '민족을 단위로 할 것인지 오늘날까지 이 문제는 여전히 제대로 해결되지 않고 있다.[77] 이러한 현상을 두고 시진핑習近平은 "네 개의 아이덴티티四個認同, 위대한 조국의 인식 · 중화민족에 대한 인식 · 문화에 대한 인식 · 중국 특유의 사회주의 노선에 대한 인식"와 각 민족의 교왕交往, 왕래 · 교류交流 · 교융交融, 융합의 "삼교三交"를 강화할 것을 주장하였다. 그 후에 중국 공산당의 인식에 대해 또 하나가 늘어 "다섯 개의 아이덴티티五個認同"이 되었다. 시진핑의 방식은 실제로 구제강의 이론과 많은 부분에서 유사성을 가지고 있다. "다섯 개의 아이덴티티"를 강화하면서 동시에 각 민족문화가 가진 차이에 대해 존중하는 것을 배제하지 않도록 할 수 있는지, "공민 아이덴티티公民認同"나 "공민의식公民意識"이 특정 정당에 호응하면서 민족 집단의 모순을 해소해줄 수 있을지, 이러한 문제들에 대해 우리는 더욱 사색하고 토론할 필요가 있다.

---

77 馬戎, 「如何認識『民族』和『中華民族』」, 『「中華民族是一個」—圍繞1939年這一議題的大討論』, 北京 : 社科文獻出版社, 2016, p.24.

유길준의 계몽사상과 문명사회 구상*

유길준, 후쿠자와 유키치, 존 힐 버튼의 사상연쇄

장인성

1. 들어가며 – 동아시아 계몽사상과 사상연쇄

동아시아 계몽사상은 개항을 계기로 서구의 근대문명과 근대사상을 수용하면서 출현하였고, 사상연쇄를 통해 동아시아 역내에 유통되었으며, 역내 국가들의 정치사회적, 문화적 상황에 따라 변용하는 모습을 보였다. 스코틀랜드의 문필가 존 힐 버튼John Hill Burton, 1809~1881의 『경제학교본』1852[1]은 동아시아 계몽사상의 형성에 영향을 준 중요한 텍스트의 하나였다. 스코틀랜드 계몽사상은 19세기 중후반에 『경제학교본』의 번역과 사상연

---

* 이 글은 장인성, 「유길준의 문명사회 구상과 스코틀랜드 계몽사상」, 『개념과 소통』 23(한림대학교 한림과학원, 2019)(김영수 외, 『탈서구중심주의와 그 너머 2 – 한국정치사상사의 재구성』, 서울 : 후마니타스, 2022에 재수록)을 축약하고 대폭 수정한 것이다.
직접 인용문의 출처는 버튼(John Hill Burton)의 *Political Ecconomy*는 *PE*, 후쿠자와 유키치(福沢諭吉)의 『西洋事情外編』은 『外編』, 유길준의 『서유견문』은 『견문』으로 약칭한다. 모두 개념어를 살리면서 현대어로 번역하였다.

1 John Hill Burton, *Political Economy, for Use in Schools and for Private Instruction*, London; Edinburgh : William and Robert Chambers, 1852.

쇄를 통해 동아시아에 수용되었다.

버튼의 『경제학교본』은 스코틀랜드 계몽사상을 요령있게 총괄한 교과서였다. 메이지 초기의 계몽사상가 후쿠자와 유키치福沢諭吉, 1835~1901는 『경제학교본』의 절반 정도를 『서양사정 외편』1867[2]으로 번역 출판하여 서양사정과 스코틀랜드 계몽사상을 소개했는데, 이 번역서는 메이지 초기의 베스트셀러였다. 청말 중국에서 활동한 영국인 중국학자 존 프라이어John Fryer, 중국명 傅蘭雅, 1839~1928도 버튼의 책을 『좌치추언佐治芻言』1885[3]으로 한역하여 중국에 소개하였다. 프라이어의 번역서는 복수의 출판사에서 잇달아 출간되었는데, 캉유웨이康有爲, 량치차오梁啓超 등은 이 책을 읽고 자유주의 사상을 습득하기도 했다.

개항기 조선의 계몽사상가 유길준1856~1914이 저술한 『서유견문』1895[4]에도 『경제학교본』의 영향이 보인다. 유길준은 1881년 4월 조사관찰단(신사유람단)으로 도일하여 1년 반 동안 후쿠자와에게 배운 적이 있고, 그후 미국 유학1883~1885을 다녀오기도 했다. 유길준은 유학 시절에 수집한 자료를 참고하여 『서유견문』을 저술했는데, 『서양사정 외편』(이하, 『외편』)은 중요한 참고서였다. 유길준은 후쿠자와의 『외편』을 통해 버튼을 접했고

---

2 福沢諭吉, 『西洋事情外編』, 尙古堂, 1867. 본고에서는 『福沢諭吉全集』 第1巻(東京 : 岩波書店, 1958) 수록본을 사용하였다. 『서양사정 외편』에 나타난 후쿠자와 유키치의 버튼 수용에 관해서는 Albert Craig, *Civilization and Enlightenment : The Early Thought of Fukuzawa Yukichi*, Cambridge : Harvard University Press, 2009을 볼 것.

3 傅蘭雅(John Fryer) 訳, 『佐治芻言』, 上海 : 江南製造總局, 1885. 『좌치추언』의 출간과 사상적 영향에 관해서는 梁台根, 「近代西方知識在東亞的傳播及其共同文本之探索」, 『漢學研究』 第24卷 第2期(2006年 12月); Trescott, Paul B., "Scottish political economy comes to the Far East : the Burton-Chambers political economy and the introduction of Western economic ideas into Japan and China", *History of Political Economy* 21:3(Duke University Press, 1989)에 상세하다.

4 俞吉濬, 『西遊見聞』, 東京 : 交詢社, 1895. 『서유견문』의 저술 동기와 참고 서적에 관해서는 유길준·장인성, 『서유견문－한국 보수주의의 기원에 관한 성찰』, 파주 : 아카넷, 2017, 22~26쪽.

일정 부분 스코틀랜드 계몽사상을 받아들였다.

이 논고에서는『서유견문』을 중심으로 1880년대 유길준의 문명사회 구상[5]에 나타난 근대계몽사상의 수용과 변용의 양상을 밝힌다. 특히 후쿠자와 유키치, 버튼과의 사상적 연관성에 주목한다.『서유견문』은 1880년대 개방개혁의 문맥에서 개인, 사회, 국가의 존재 양태를 모색한 문명사회론이었다. 유길준은 '인민', '국인', '각인'과 '인세', 그리고 '방국', '국가' 등의 개념을 사용하여 개인, 사회, 국가의 현상을 파악하였고 이것들에 관한 자신의 생각을 드러냈다. 본고에서는 유길준이 후쿠자와를 매개로 스코틀랜드 계몽사상을 수용하고 변용하는 양상을 개인, 사회, 국가를 보는 유길준의 관점을 중심으로 해명한다. 유학적 에토스와 관념이 계몽사상에 간섭하는 모습에도 주목한다.

2. 스코틀랜드 계몽사상의 수용과 변용

스코틀랜드 계몽사상은 데이비드 흄David Hume이『인간본성론』1740을 출간한 이후 애덤 스미스Adam Smith가『도덕감정론』제6판, 1790을 발행한 때까지 약 반 세기 동안 이들 두 사상가와 토머스 리드Thomas Reid, 애덤 퍼거슨Adam Fergurson, 윌리엄 로버트슨William Robertson 등이 에든버러를 중심으로 만들어낸 지적 활기를 가리킨다.[6] 스코틀랜드 계몽사상가들은 인간의 본성은 언

---

5 『서유견문』은 1880년대 유길준의 문명사회 구상이 반영된 텍스트이다. 이 책은 1895년 출판되었지만 원고는 1889년 봄에 완성되었다.

6 Christopher J. Berry, "Scottish Enlightenment", *Routledge Encyclopedia of Philosophy* 13, London : Routledge, 1998, p.327; 이종흡,「스코틀랜드 계몽주의와 자본주의적 사회질서」,

제, 어디서나 같고 변함이 없다고 믿었다. 인간은 이성적 존재이기 이전에 사회적 존재라 생각하였다. 사람이 지식을 습득하게 되면 야만에서 문명으로 진보한다고 믿었다. 인간의 경험을 중시한 반면, 가정과 추론을 상정한 사회계약론에는 비판적이었다.[7]

버튼도 사회가 경쟁을 통해 자연상태에서 문명사회로 진보한다고 생각하였다. 버튼은 18세기 스코틀랜드 사상가들보다 리버럴했던 건 아니지만, 19세기 중반에 사회주의자의 거센 공격에 대항하여 리버럴리즘을 옹호하였다.[8] 유럽을 엄습한 급진 혁명과 사회불안을 설명하는 경제 원리의 오류를 지적하는 한편, 문명사회의 양태와 사회제도에 대해 서술하였다.[9] 『경제학교본』은 사회경제Social Economy편 14개 장에서는 사회제도의 진화를 개설하였고 가족의 양태, 개인의 권리와 의무, 국가의 기원과 기능, 정부의 형태와 직무 등을 다루었다. 정치경제Political Economy편 22개 장에서는 사적 소유권과 자유경쟁을 옹호하였다. 『경제학교본』은 스코틀랜드 계몽사상사를 장식할 만한 주요 저술은 아니었지만, 사회경제와 정치경제를 요령있게 개설한 텍스트였다. 근대적인 사회를 구성해야 했던 동아시아 국가들에게 버튼의 보수적 리버럴리즘과 자유주의 사회경제론은 어떤 계몽서보다도 유용했다.

『외편』은 완역이 아니었다. 후쿠자와는 『경제학교본』을 경제론이 아니라 문명사회론으로 읽었다. 사회경제편은 자유경쟁 반대론을 비판한 제7장

『영국연구』 제10호, 2003, 180쪽; 이영석, 『지식인과 사회－스코틀랜드 계몽운동의 역사』, 파주 : 아카넷, 2014. 보다 상세한 논의는 佐々木武・田中秀夫 編, 『啓蒙と社会－文明観の変容』, 京都 : 京都大学学術出版会, 2001.

7 Berry, ibid., pp.23~30.

8 Craig, op. cit., p.76.

9 Trescott, op. cit., p.482.

을 빼고 제1장에서 제18장까지를 번역했고, 정치경제 편은 총론과 사적 소유권을 다룬 장만을 소개하였다. 후쿠자와는 근대사상과 유교사상의 유사성을 드러내는 방식으로 번역함으로써 버튼을 이해할 여지를 높였다. 그는 서양의 신God을 유교의 천天에 비정比定하였다. 스코틀랜드 자연철학에서는 자연을 신의 피조물로 보았고, 유교철학도 자연을 천이 형성하고 천은 자연에 내재한다고 생각하였다. 인간은 교육과 도덕적 훈련을 통해 진보한다는 생각도 같았다.[10]

유길준은 일본유학 중에 접했을 『문명론의 개략』1875 보다는 『외편』에 더 끌렸다. 주체적 개화를 모색했던 유길준의 문제의식은 『문명론의 개략』과 상통하지만, 유길준의 문명사회 구상에는 『외편』이 더 적절한 텍스트였다. 1880년대 조선의 지적 상황과도 무관하지 않을 것이다. 유길준은 『서유견문』 제3편~제6편을 저술하면서 『외편』을 많이 참조하였다. 그런데 『외편』의 문장과 일치하지 않는 대목이 아주 많을 뿐더러 내용도 상당히 다르다. 유길준은 『외편』에 있는 「인간」, 「가족」, 「세상의 문명개화」, 「빈부귀천의 구별」과 같은 장을 취하지 않았다. 사적 소유권을 다룬 장도 다루지 않았다. 유길준은 인민의 자유와 권리를 옹호했지만 자유권의 핵심인 사적 소유권에는 유보적이었음을 알 수 있다.

유길준은 『외편』에 소개된 스코틀랜드 계몽사상을 그대로 조술하지는 않았다. 근대사회로의 진입을 바라면서도 전통을 무시할 수 없었던 고민을 담아 재해석하였다. 재해석의 일단을 엿보기로 하자. 버튼은 사회의 경쟁을 설명하는 대목에서 적당한 경쟁emulation과 야망ambition은 억압해서는

---

10 Craig, op. cit., pp.91~92.

안 되지만, 타인을 해치는 진보의 열정은 규제해야 한다면서 다음과 같이 서술한 바 있다.

> Vanity and selfishness may sometimes mislead at the commencement. It is not impossible, indeed, to follow out profitably a career of injustice and wrong; but independently of all higher motives of religion or morality, It is not wise to do so. The tendency of high civilisation is always to make the interest of every man identical with the public good; and he who tries to serve his own ends by doing harm to his fellow-beings, will generally find the public too strong for him. *PE*, 12 (이하 강조는 필자)

후쿠자와는 다음과 같이 번역하였다.

> 대저 천하 중인衆人 중에는 불의이면서 부귀한 자도 있지만, 원래 천도 인리天道人理의 대의大義에 반하는 것이므로, 이것을 지智라 할 수 없다. 또한 문명이 왕성해지면서 세간 일반을 위해 중인의 이익을 평균하는 풍속이 되기 때문에 그 사이를 살면서 타인의 해가 되고, 오로지 자신의 이利를 탐하고자 한다면 반드시 나의 힘이 미치지 못할 것이다. 『外編』, 401

유길준은 후쿠자와의 문장을 다음과 같이 고쳐 썼다.

> 천하 중인 중에 배우지 못하고 의롭지 않고서도 부귀한 자가 없지 않지만, 천도인리의 본연한 대경大經에 어긋나므로 지智라 할 수 없고 복福이라 할 수도 없

다. 기화氣化가 아직 정해지지 않은 것이다. (…중략…) 또한 정치가 차츰 나아가는 추이를 따라 법률과 권리가 인세의 보동普同[보편]한 이익을 위해 고르고 치우치지 않는[平均不頗] 대기大紀를 세우니, 그 사이에서 타인에게 해를 끼치고 자기의 이익을 독점하는 악습은 사력私力이 미치지 못하는 것이다.『견문』, 133

후쿠자와는 "종교적, 도덕적 동기"버튼를 "천도인리의 대의"로 치환하고 "모든 높은 종교적, 도덕적 동기와 무관하게 그렇게 하는 건 현명하지 않다"라는 버튼의 말을 "천도인리의 대의에 어긋는 것"이라 번역하였다. "천도인리"를 강조함으로써 유교적 함의를 더한 것이다. 유길준은 "천도인리의 대의"를 "천도인리의 본연한 대경"으로 고쳐썼다. 이는 미세한 차이다. 유길준은 법률과 권리가 "인세의 보동한 이익"을 위한 "고르고 치우치지 않는 대기"를 세운다는 대목을 덧붙임으로써 문명사회의 법적, 윤리적 측면을 부각시켰다. 후쿠자와는 자연철학적 관점에서 '신'과 '천'의 상동성을 설정했지만, 유길준은 사회질서와 윤리의 차원을 덧붙였던 것이다.

후쿠자와도『외편』을 저술하면서 버튼을 취사선택한 대목도 있고 번역어를 통해 얼마간 자신의 생각을 담아내기도 했지만, 대체로 버튼의 논지를 충실히 전달하였다. 유길준은 위의 사례처럼 비교적 성실하게 원용하기도 했지만, 대부분 후쿠자와의 번역문과 개념을 재량껏 취사선택했을 뿐더러 자신의 사상을 담아 자유롭게 서술함으로써 스코틀랜드 계몽사상을 주체적으로 수용하였다.『서유견문』은 단순한 서양 계몽사상의 소개가 아니라 유길준의 주체적 관점과 독자적 해석이 담긴 문명론이자 사상서였다. 유길준의 주체적인 이해를 제대로 파악하려면 버튼의 원문, 후쿠자와의 번역문과 면밀히 대조하면서『서유견문』의 텍스트와 개념을 정밀하게 읽어낼 필요가 있다.

3. '개화'와 '문명'

유길준은 자유주의와 상업에 기초한 문명사회를 구상하였다. 사익을 추구하는 인간의 욕망이 용인되는, '공평한 법률'과 '정직한 도리'가 작동하는 문명사회의 실현을 꿈꾸었다. 문명사회는 단계를 거쳐 구현된다고 생각하였다. 유길준은 후쿠자와의 문명사회 단계설을 받아들여 '미개화-반개화-개화'의 사회발전 단계를 상정하였다. 후쿠자와는 『장중만국일람掌中萬國一覽』1869에서 '야만'-'문명'의 2단계를, 『세계국진世界國盡』1869에서 '야만-미개-반개-문명'의 4단계를 제시한 바 있다. 후쿠자와의 단계설은 미국의 지리교과서[11]에서 습득한 것인데, 훗날 『문명론의 개략』1875에서는 '야만-반개-문명'의 3단계로 구분하였다. 유길준은 이 3단계설을 수용하였다.

후쿠자와의 문명사회 단계설은 스코틀랜드 계몽의 문명사회론에서 차용한 것이었다. 스코틀랜드 계몽사상가들은 인간은 진보하는 기질과 능력이 있으며, 사회는 야만에서 문명으로 단계적으로 진보한다고 생각하였다. 애덤 스미스와 후계자들은 미개인, 야만인, 반문명인, 문명인의 각 사회에서는 단계별로 도덕적, 문화적 특징이 있다고 보았고, 산업뿐 아니

11 Sarah S. Cornell, *Cornell's High School Geography*(new ed.), New York : D. Appleton & Co., 1861; Samuel Mitchell, *Mitchell's New School Geography*(new and rev. ed.), Philadelphia : E.H. Butler & Company, 1866. 후쿠자와 유키치의 미국 지리교과서 수용에 관해서는 Craig, op. cit., Chapter 2에 상세하다.

라 사회질서, 정의, 풍습, 예술, 예법도 진보한다고 생각하였다. 사회발전의 발상은 18세기 후반 유럽의 교양인들에게 널리 공유되었고 19세기 들어 교과서를 통해 일반인에게 확산되었다. 버튼의 경제교본과 미첼, 코넬의 지리교본은 대표적인 교과서였다. 후쿠자와는 이 교본들을 읽고 스코틀랜드 문명사회 단계설과 만난 것이다.

유럽에서 'civilisation'은 국내 수준의 문명화를 지향하는 말이었다.[12] 스코틀랜드 문명사회론에서 '클래스class'는 단선적 진보와 시간적 비동시성을 나타내는 말이었다. 그런데 '문명-야만'의 틀은 비서구비문명 사회에 들어오면서 서구사회와 비서구사회를 차별화하는 준거로 변모하였고, '클래스'에는 공간적 동시성의 차원이 더해졌다. 후쿠자와는 '클래스'를 '층급層級'으로 번역했고, 유길준은 '층급'을 '등급等級'으로 치환하였다. '층급', '등급'은 사회발전의 **단계**class를 나타낼뿐더러 미개화야만, 반개화, 문명을 구별하는 **분류**classification의 의미를 가졌다. 문명국가를 향한 의지를 담은 말이었다. 문명사회론은 특정 국가의 국제적 위상과 연관된 문명국가론의 성격을 띠었다.

유길준은 '야만-반개-문명'을 '미개화-반개화-개화'로 고쳐썼다. '문명'이 아니라 '개화' 용어를 사용하였다. 어째서였을까. 일본에서는 1870년대 이후 'civilisation'의 번역어로 '문명', '개화'를 혼용했지만, '문명개화'를 많이 썼다. 후쿠자와도 『서양사정 초편』 권1의 초고1864에서는 '문명'을 썼고 『외편』에서도 'civilisation'을 '세상의 문명개화'로 옮겼다. 번역어 '문명개화'는 'civilisation'의 '문명'명사과 '개화=문명화'동명사의 두

12 유럽의 상류계급은 '문명' 개념을 사용함으로써 미개인과 이들보다 우월한 문명인을 구별하였다. 노르베르트 엘리아스, 박미애 역, 『문명화과정』 I, 파주 : 한길사, 1999, 154쪽.

뜻을 담은 말이었다. 1880년대 조선에서는 달랐다. '개화'가 통용되었고 '문명개화'의 용례는 예외적이었다. 유길준도 '문명개화'나 '문명'을 거의 사용하지 않았다.

한자어 '문명'은 원래 문치에 의한 교화를 뜻한다. 유교사회 조선의 사대부들은 개항 이후에도 중화문명을 여전히 '문명'으로 여기는 심성이 강했다. 1890년대 초반 김윤식은 "대저 개화란 야만인의 풍속을 고치는 것인데, 유럽의 풍문을 듣고 자기의 풍속을 고치는 것을 개화라고들 한다. 동토東土는 문명의 땅이니 어찌 다시 이를 열어 고칠 것이 있겠는가. 갑신의 역적들이 유럽을 숭상하고 요순을 낮추고 공맹을 폄하하여 이륜彛倫의 도를 야만이라 부르고 저들의 도로써 이를 바꾸고자 걸핏하면 개화라 불렀다. (…중략…) 이들이 말하는 개발변화는 문식文飾의 말이다. 개화는 시무를 말한다"[13]라고 주장하였다. 청일전쟁 이후에는 부회론을 동원하여 '개화'를 긍정하는 견해가 나왔다. '개화'의 어원을 『주역』계사전繫辭傳과 『예기』학기學記에 나오는 '개물성무開物成務', '화민성속化民成俗'에서 찾으면서 '개화'를 배척하는 자는 복희, 황제, 당요, 주공, 공자의 죄인이라 비판하였다.[14] '개화'를 긍정했지만 여전히 유교문명관에 비추어 이해했던 것이다.

유길준이 '개화' 개념에 집착한 것도 이와 무관하지 않을 것이다. '문명－야만'이나 '야만－반개－문명'의 틀을 차용한다면 자국 조선을 '반개'나 '야만'으로 자리매김할 수밖에 없다. 근대적 문명 개념에 의탁해서 자국을 규정하는 비주체적 상황에 빠질 수 있다. '개화'는 이를 회피하려는 의지를 담은 말이 아니었을까. 유길준은 '개화'를 행실, 학술, 정치, 법률,

13 金允植,『續陰晴史』(上), 서울 : 국사편찬위원회, 1955, 156~157쪽.
14 『皇城新聞』 1889년 9월 23일 자 논설.

기계, 물품 등 각 영역에 필요한 덕목의 실현의 총체로 파악하였다. 행실, 언어, 예법, 귀천의 지위와 강약의 형세에 따라, 또한 "인생의 도리"를 지키는 정도와 "사물의 이치"를 궁구하는 양상에 따라, 인간사회를 '미개화–반개화–개화'의 세 등급으로 나누었다. 문명화 과정에 초점을 맞춘 분류법이다. 유길준은 개화하는 나라(서양)에도 미개화, 반개화한 자가 있고, 반개화한 나라(조선)에도 개화한 자가 있다고 말한다.『견문』, 377~378 이러한 상대화 논리에 의거했을 때 미개화국, 반개화국도 '지선극미한 경역'으로 나아갈 전망을 갖게 된다. 유길준은 "인생의 도리"(윤리)와 "사물의 이치"(지식)를 준거로 제시하면서 '미개화–반개화–개화'를 공간적 동시성의 차원에서 파악하였다. 시간적 진보를 상정한 스코틀랜드 문명사회 단계론과는 관점이 달랐다.

유길준의 경우 '개화'는 "인간의 천사만물이 지선극미한 경역에 이르는 것"『견문』, 375, "지선극미한 경역"에 나아가는 것『견문』, 159이었다. '지선극미한 경역'에 도달하려면 "개화의 손님賓客", "개화의 병신"이어서는 안 되고 "개화의 주인"이어야 했다. "사물에 대한 지식이 부족한데 타인의 경황을 보고 부러워서 그러하든 두려워서 그러하든, 앞뒤를 추량推量하는 지식이 없고 시행할 것을 주장하여 재물 쓰는 것이 적지 않은데, 실용은 그 분수에 미치지 못하는" "허명개화"를 버리고, "사물의 이치와 근본을 궁구하고 고량考諒하여 나라의 처지와 시세에 합당하게 하는" "실상實狀개화"를 행해야 한다.『견문』, 380~381 주체적 개화를 주장한 것이다. 지식은 실상개화에 필요한 조건이었다. 유길준은 지식이 있어야만 악행을 피하고 양생과 절용, 예의와 염치를 알게 되며, '원려'와 '분발하는 의지'를 갖게 된다고 했다.[15] '행실'과 '도리'는 개화의 요체였다.

'개화'는 인간의 본성일까 후천적 노력일까. 버튼은 "필경 문명은 거의 그 선물을 선용한다. 인간은 어쨌든 그것을 행하는 수단을 갖추고 있고, 실패하면 그 책임은 그 자신에 있다"[16]면서 문명화를 선량한 인간의 본성으로 보았다. 후쿠자와는 버튼의 이 문장을 "필경 문명개화가 목적으로 삼는 바는 기사귀정棄邪帰正의 취의로, 사람에게도 스스로 선을 행해야 하는 성질이 있다. 만일 그렇지 않고 악에 빠지는 것은 스스로 저지르는 죄다"『外編』, 435라고 번역하였다. '기사귀정'이라는 말을 사용하여 문명이 천성적인 것임을 분명히 했다. 유길준은 후쿠자와의 이 문장을 "개화의 큰 목적은 사람을 권하여 사邪를 버리고 정正으로 돌아간다는 뜻이다. 사치와 검약의 분별 또한 개화의 등급에 따라 이루어진다"『견문』, 159라고 고쳐썼다. '기사귀정'의 취의를 받아들이되 사치와 검약의 윤리를 덧붙인 것이다. 사치와 검약을 인간의 본성이나 윤리의 문제가 아니라 개화의 문제로 파악하였다. 유길준은 사치를 악, 검약(절검)을 선으로 보는 유교적 경제 윤리를 물리쳤다. 정미精美한 제조품을 뜻하는 '미물美物'은 사치품이 아니라고 했다. 사치는 인민의 편리도 되고 장인匠人을 권면하여 개화의 경역으로 이끄는 미덕이라 주장하였다.『견문』, 제6편「정부의 직분」

'천품天稟'과 '인품人稟'의 용례에서도 천성에 관한 생각을 읽을 수 있다. 후쿠자와는 '천품'이란 말을 써서 인간의 본성과 타고난 신체적, 정신적

15 유길준이 지식을 중시했다는 사실은 법의 성립과 관련하여 "사람이 있으면 반드시 법이 없을 수 없는 이치이므로, 인간 교제가 시작할 때부터 동시에 그 법도 정해지고, 두 가지가 서로 더불어 진보하는 것이다"(『外編』, 416)를 "사람의 삶이 있으면 법이 없을 수 없으므로 반드시 사람의 지식에 따라 차츰 법의 명칭이 생겨난 것이라 할 수 있다"(『견문』, 135)로 수정한 대목에서도 확인된다.

16 "In the end, civilisation almost always turns its gifts to good account. Man is, at all events, gifted with the means of doing so, and if he fail, the blame is his own"(*PE*, 36).

재질이라는 두 뜻을 표현했다. "사람이 행하는 바를 살피건대, 그 천품은 군거群居를 좋아하고 피차 서로 사귀고 피차 서로 도와 서로 세상의 편리를 통달하는 성질이 있다"『外編』, 391, "사람의 천품에 스스로 몸을 소중히 여기고 몸을 사랑하는 성性이 없는 자 없다"『外編』, 392라고 말했을 때, '천품'은 인간의 본성을 뜻했다. "두 사람이 있어 그 천품에 조금도 우열이 없다고 하더라도 한 사람을 가르치고 한 사람을 버린다면 그 인물은 금세 변해서 운양雲壤이 현격해질 것이다"『外編』, 397~398, "인생의 천품은 서로 다름이 심하다. 근골이 강장한 자도 있고, 신체가 허약한 자도 있다"『外編』, 414라고 말했을 때, '천품'은 타고난 재질을 가리킨다.

유길준의 용법은 후쿠자와(버튼)와 달랐다. 후쿠자와버튼는 정부가 출현하는 문명화 과정을 서술한 바 있다.

> 인생의 천품은 상이함이 심하다. 혹은 근골筋骨이 강장強壮한 자 있고, 혹은 신체가 허약한 자 있다. 혹은 재력才力이 강의剛毅한 자 있고, 혹은 정심精心이 나태한 자 있다. 혹은 남보다 앞서 남을 제制하기를 좋아하는 자 있고, 혹은 남을 좇아 남에 기대어 일을 이루기를 좋아하는 자 있다. 초매이속草昧夷俗의 민간에서는 이 천품의 이동異同이 매우 두드러져서 인생의 해가 됨이 가장 심하지만, 문명이 진보함에 따라 점차 이 불평균을 일치하고, 혹은 완전히 이것을 일치시킬 수는 없어도 그 불평균으로 해서 세상의 해를 생기게 하지 않고 도리어 전화위복의 처치處置를 행하는 일이 있다.『外編』, 414~415

유길준은 이 문장을 다음과 같이 대폭 손질했다.

사람의 천품이 일정하지 못해 근골이 강건한 자도 있고 형체가 허약한 자도 있으며, 또한 재질이 총명한 자와 심지가 유약한 자의 차이가 있다. 또한 이 이치로 인해 남보다 앞서 남을 제어하는 것을 즐겨하는 자도 있고, 남보다 뒤져 그의 제어를 감수하는 자도 있다. 초매한 세계에서는 인품의 차등 때문에 생민의 화해禍害가 더욱 심하지만, 풍기가 차츰 열리게 되면 고르지 못한 인품을 귀일歸一하는 도를 세운다. 하지만 천품한 재주와 기력은 사람의 지력으로 어찌할 수 없다. 그러므로 비록 천품이 귀일하는 길은 없을지라도 학문으로써 사람의 도리를 교회敎誨하고 법률로써 사람의 권리를 수호하여 인생의 정리正理로 신명과 재산을 보전하고, 이 일로 국가의 대업을 만들고 정부의 법도[規度]를 세운다. 이러한 법도의 창설은 사람의 강약과 현우를 따지지 않고 각기 사람의 사람되는 도리와 권리를 귀일하기 위해서이다.『견문』, 136~137

유길준은 '천품'과 '인품'을 구별하였다. **어찌할 수 없는** "천품한 재주와 기력"과 **어찌할 수 있는** "사람의 지력"을 구별하였다. "사람의 지력"은 인품에 해당한다. 후쿠자와의 3부작에 '인품'은 보이지 않는다. 유길준은 '인품'을 상정함으로써 문명의 고정성을 부정하고 "학문으로 사람의 도리를 교회하고 법률로 사람의 권리를 수호"할 전망을 얻을 수 있었다. 교육을 통한 개화의 길을 열어 놓았다. 유길준은 다음 문장을 덧붙여 이 점을 분명히 했다.

사람의 천품이 본래 야만은 아니다. 야만은 교육을 받지 못해 지식이 미개하여 사람의 도리를 행하지 못한 것을 가리킨다. 오늘 야만의 이름이 있어도 내일 사람의 도리를 닦는다면 이들도 개화의 영역에 있는 인민이다. 이 이치를 상세히 따지면 오늘날 어리석고 어두운 야만은 먼 옛날의 미개한 사람과 같은 것이다. 세계에 야만의 종자種落가 따로 있는 것이 아니다. 개화인민이 변하여 야만이 되는 자도 있고, 야만이 변해 개화인이 되는 자도 있다. 도를 어떻게 수행하는지 살펴보는 것이 옳다. 그 근본을 힐문하는 것은 옳지 않다.『견문』, 136

상등인은 법을 사랑하고, 중등인은 법을 두려워하며, 하등인은 법을 싫어한다. (…중략…) 법을 범하지 않는 것은 사세가 감히 그럴 수 없고 처지가 그럴 수 없기 때문이지, 심술이 바르기 때문이 아니다. 그러나 법률상 인품을 의론하여 세 등급으로 구별한 것은 생후 학식의 범위[圈限]와 지각의 수준[層節]에 따른 것이다. 교화가 널리 미치는 정도에 따라 죄를 범하는 수가 줄고 있다. 이로써 보건대 인세의 풍속[俗趨]을 바로잡는 것은 법률을 엄히 정하는 것보다 교화를 힘쓰는 데 있다. 범죄는 대소를 막론하고 반드시 벌하고 용서치 말아야 하는 것이 요체[要道]다.『견문』, 265

인품과 관련된 '사람의 도리'를 행할 수 있을지 '사람의 권리'를 수호할 수 있을지의 여부가 개화, 미개화를 나누는 기준이다. 개화는 인품의 문제이며, 따라서 인민의 계몽지식교육이 필요하다. 인품은 법률의 규제를 받지만, 법률의 작용도 지식과 교화의 정도에 달려 있다. 유길준은 천품과 인품을 구별함으로써 문명사회를 향해 개화할 전망을 열어 놓았다. 개화의 방법은 "고금의 형세를 짐작하고 피차의 사정을 비교하여 좋은 것을 취하고 나쁜 것을 버리는 것"『견문』, 378이고, 개화의 윤리는 '면려勉勵', '경려競勵'였다.『견문』, 제4편 「인세의 경려」

4. '인민'과 '각인'

문명사회에서는 법률의 규율을 받으면서 사회생활을 영위하는 자주적 개인이 요구된다. 유길준도 개체적 인간으로서의 '인민', 국가를 지탱하는 '국인国人'에 관해 서술하였다. 네이션으로서의 '국민'의 용례는 보이지 않는다. 후쿠자와는 버튼의 'nation', 'people', 'men'의 번역어로서 드물게 '인민'을 썼지만 주로 '국민'을 사용하였다. 네이션 형성을 바라는 용법이다. 유길준은 후쿠자와의 '국민'을 '인민'으로 치환하였다. '인민'을 근대사회를 살아가는 주체로 상정하면서도 전통적 '민' 관념과 결부해서 이해하였다. '국인'이나 '국민'도 드물게 사용했지만, 나라안 인민의 총체를 나타내는 말이었다.

유길준은 당시 일본에서 'individual'의 번역어로서 성립한 '개인'을 차용하지 않았다. 조선의 문사들에게 익숙지 않은 말이었기 때문일 것이다. 하지만 개인의식은 있었다. 유길준은 '각인各人', '한 몸一己', '한 사람一人', '일신一身' 등의 말로 개인을 나타냈다. 유길준의 개체의식은 권리론에서 확인된다.

> 방국을 고수하고 그 권리를 보유하려면 그 국인의 각인이 권리를 잘 지켜야 한다. (…중략…) 만일 국중의 인민이 상여相與하는 때에 강한 자가 약한 자를 모욕하고 귀한 자가 천한 자를 업신여긴다면, 강국과 약국이 상대가 안 된다는 것을 자연스러운 이세理勢라 여겨서 강국이 약국의 권리를 침월해도 인민이 당연한 도라 생각하고 사소한 분노도 일으키지 않을 것이다. 그러므로 인민은 저마다 자기 권리의 귀중함을 사랑한 연후에 자기 나라 권리의 귀중

함도 알아 죽음으로 지킬 것을 맹서한다.『견문』, 129

유길준은 인민은 지식을 가져야만 권리의식이 생기며 주권이 침해당했을 때 국가에 충성한다고 말한다. "인민의 지식이 고명하고 나라의 법령이 균평하여 각인 일인의 권리를 보호한 후에야 만민이 저마다 지키는 의기를 다하여 일국의 권리를 지킨다"『견문』, 98~99고 말하기도 했다. '각인'은 권리의 주체로서의 개인을 가리킨다. 방국의 권리를 보전하려면 각인의 권리를 지켜야 한다는 말은 "일신 독립하여 일국 독립한다"는 후쿠자와의 명제를 떠올리게 한다.

인민은 어떠한 자유와 권리를 가져야 할까. 『서유견문』「인민의 권리」편에 관한 논의가 있다. 『외편』「인민의 통의 및 그 직분Individual Rights and Duties—Burton」에 의거하되 『서양사정 초편』과 『서양사정 2편』도 참조하여 작성된 것이었다. 후쿠자와는 다음과 같이 자유를 얘기하였다.

> 전 세계에 어떤 나라임을 막론하고 어떤 인종임을 불문하고 사람들이 스스로 신체를 자유롭게 함은 천도의 법칙a law of nature—Burton이다. 즉 사람은 그 사람의 사람이니 천하는 천하의 천하라고 말하는 것과 같다. 그 태어남에 속박받는 것이 없고, 천God—Burton으로부터 부여받은 자주 자유의 통의通義는 팔 수도 없고 또 살 수도 없다. 사람으로서 행함을 올바르게 하고 타인의 방해가 되지 않는다면, 국법으로도 그 몸의 자유를 탈취할 수 없다.『外編』, 392

후쿠자와버튼는 자유는 "천도의 법칙"이며 자유의 '통의'right는 양도할 수 없다고 했다. "사람의 천품에서 스스로 몸을 소중히 하고 몸을 사랑하는 성

性이 없는 자는 없다"『外編』, 392고 생각하였다. 후쿠자와는 "God"을 "천"으로, "a law of nature"를 "천도의 법칙"으로 번역함으로써 버튼의 천부인권적 자유관념을 옹호하면서도, "자유의 통의"를 멋대로 행사하여 천성을 속박하는 것을 막으려면 '직분'duty을 다해야 한다고 했다. 법률은 인간의 신체를 보전하고 권리를 보장해주는지라 법률을 존중하는 것이 사람의 '직분'이라고도 했다『外編』, 393. 자유는 천부의 권리일뿐 아니라 법률의 규제를 받는 것으로 파악했던 것이다. 후쿠자와는 『초편』과 『2편』에서는 "제멋대로의 방탕"과 구별하여 "일신이 좋아하는 대로 일을 하여 궁굴窮屈한 생각이 없는" 것, "심신의 작용을 활성화해서 일신의 행복을 이루는" 것, "그 나라에 살고 사람과 사귀어 스스럼없고 거리낌 없이 자력으로 생각하는 바를 한다"는 것이라 했다.[17] '자유'와 '방자'를 준별하였다.

유길준은 후쿠자와의 '자유' 개념을 받아들이면서도 차별화된 자유론을 전개하였다. 후쿠자와는 자유의 '통의권리'와 자유의 '직분의무'를 논했지만, 유길준은 권리의 '자유'와 '통의'당연한 정리를 논했다. 후쿠자와의 자유론을 권리론으로 대체하였다. '통의'의 뜻도 달랐다.

> 인민의 권리는 그 자유와 통의를 말한다. (…중략…) 자유는 마음이 좋아하는 대로 어떤 일이든지 좇아 궁굴구애窮屈拘碍하는 사려가 없음을 말한다. 하지만 결코 마음대로 방탕하는 의사도 아니고 법을 어기고 제멋대로 하는 행동도 아니다. 타인의 사체事體는 돌아보지 않고 자기의 이욕利慾을 멋대로 하는 의사도 아니다. 국가의 법률을 경봉敬奉하고 정직한 도리로 스스로 보전하

17 『西洋事情 初編』 巻1 「備考」 및 『西洋事情 二編』 「例言」, 『福沢諭吉全集』 第1巻, 東京 : 岩波書店, 1958, pp.290 · 486~487.

여 자기가 행해야 할 인세의 직분으로써 타인을 방해하지 않고 타인의 방해도 받지 않으며 하고 싶은 바를 자유하는 권리다. 통의는 한마디로 말하면 당연한 정리正理다. (…중략…) 온갖 만물에 그 당연한 도를 지켜 고유한 상경常經을 잃지 않고 상칭相稱한 직분을 스스로 지키는 것이 곧 통의의 권리다.『견문』, 109

유길준은 후쿠자와의 '통의' 개념을 취하지 않았다. 유길준의 경우 '통의'는 '당연한 정리'를 가리킨다. "당연한 도를 지켜 고유한 상경을 잃지 않고 상칭한 직분을 스스로 지키는 것"을 말한다.[18] "타인을 방해하지 않고 타인의 방해도 받지 않"는 "자유하는 권리"를 행사하는 조건은 "국가의 법률을 경봉하고 정직한 도리로 스스로 보전하여 자기가 행해야 할 인세의 직분"을 행하는 것이다. '통의'는 '직분'과 결부된 개념이었다.

유길준은 후쿠자와버튼의 천부자유권 사상을 수용하여 "자유와 통의의 권리는 보천솔토 억조인민普天率土 億兆人民이 같이 갖고 함께 누리는 것이다. 각인 각각 일신의 권리는 태어남과 더불어 생기며 불기독립不羈獨立하는 정신으로 무리한 속박을 입지 않고 공정치 않은 장애窒碍를 받지 않는다"『견문』, 109~110고 했다. '각인', '일신'의 권리와 자주정신을 모색했음을 알 수 있다. 하지만 동시에 개체의 권리를 규제하는 법률과 도리의 작용도 중시하였다.

자유와 통의는 빼앗을 수도 없고 흔들 수도 없고 구부릴 수도 없는 인생의

---

18 유길준은 도쿄 유학 시절(1881~1882)에 후쿠자와를 읽고 'right' 개념을 받아들였을 때 후쿠자와가 사용한 '통의' 개념도 당연히 인지했을 터다. 일본에서 널리 통용된 '權理', '權利'도 접하였다. 「세계대세론」(1883)의 초고에는 '權理'를 썼다가 나중에 '權利'로 수정한 대목이 보인다.

권리이지만, 법률을 준수하여 정직한 도리로 몸을 삼간 연후에 하늘이 준 권리를 보유하여 인세의 낙을 누려야 할 것이다. 자기의 권리를 아끼는 자는 타인의 권리를 보호하여 감히 침범하지 못한다. 만약 타인의 권리를 침범한다면 법률의 공평한 도가 반드시 이를 불허하여 침범한 정도[分數]만큼 범한 자의 권리를 박탈할 것이다. (…중략…) 스스로 훼손한 자의 권리를 제한[虧屈]하는 도는 법률만이 그 당연한 의義를 갖는다. 법률의 공도가 아니고서 권리의 여탈與奪을 행하는 것은 권리의 도적[竊盜]이라 할 수 있고 원수[讎敵]라 할 수 있다. 자유를 과용하면 방탕에 가까우므로 통의로써 조종하여 그 정도를 알맞게[均適] 해야 한다. 자유는 좋은 말에 비유할 수 있다. 만일 말을 부리는 도를 잃는다면 굴레와 고삐를 벗어버리고 방종[斥弛]하는 버릇[氣習]이 자꾸 생긴다. 때문에 통의로 굴레와 고삐를 삼는 것이다. 말을 부리는 도는 법률에 있다. 그러므로 통의는 사물의 정황에 따라 각인의 분한分限이 스스로 있는 것이다.『견문』, 113~114

'자유'와 '통의'의 권리는 '법률의 공도', '정직한 도리'의 규율에 의해 '각인의 분한'을 정했을 때 향유될 수 있다. 통의는 '각인의 분한'을 전제로 하는 '당연한 정리'로서 자유의 방종을 제어하고, 법률은 자유와 통의를 이끈다. 천부권인 자유와 통의는 '법률의 공도'와 '정직한 도리'의 작용을 통해 실현된다. 법률이 기능하지 않으면 통의도 작동할 수 없다. 유길준은 '각인의 분한'인세의 직분에 한정된 '처세의 자유'를 규율하는 법률과 도리를 통해 통의가 구현된다고 생각하였다.

유길준은 통의를 '무계無係의 통의'와 '유계有係의 통의'로 나눴다. '무계의 통의'는 "한 사람의 몸에 속하여 다른 관계가 더 없는 것", 달리 말하면

"사람의 천부에 속하고 천하의 사람이 어떤 사람인지를 논함이 없이 세속 안에서 사귀어 교제를 행하는 자와 세속 밖에 처하여 독립무반獨立無伴한 자라도 통달해야 하는 정리"를 말한다. '유계의 통의'는 "세속에 살면서 세인과 사귀어 서로 관계하는 것", 달리 말하면 세속의 교제 안에서 각인 일신의 직분과는 관계없이 법률로 "세속교도世俗交道의 직분"을 간섭하는 정리를 가리킨다.『견문』, 110 '처세하는 자유'와 관련되며, 각인이 '상여相與'하는 권리를 행사하는 '인세人世'를 상정한 개념이다. 유길준은 인민이 '각인'에 머무르지 않고 사회적 존재로서 '인민의 분한'을 실천하는 '자주하는 생계'를 영위하고, 경제적 자립 능력을 갖춘 자주적 인간이어야 한다고 생각하였다. 민의 자주를 위한 계몽은 문명사회로 나아가는 필요한 요건이었다.

그런데 유길준은 인민을 정치적 주체로 보지 않았고, 인민의 정치적 참가를 용인하지도 않았다. 인민의 선거권을 인정하는 대통령제를 부정하였다.『견문』, 139~140 인민은 군주의 은혜를 받는 정치적 시혜의 대상이었다. 인민은 군주에 충성하고 군주를 대신하여 다스리는 정부에 충순해야만 하는, 납세의 의무를 충실히 수행해야 하는 존재였다.『견문』, 제12편 「애국하는 충성」 인민은 문명사회에 상응하는 근대적 개체로서의 자유와 권리를 향유할 가능성을 부여받은 한편, 종래의 '민'처럼 통치의 대상에 머물러 있었다. 유길준의 '인민' 개념은 전통적인 '국가' 개념과 결부된 것이었다.

5. '인세'와 '교제'

유길준은 법규칙에 의해 규율되는 한편 군주제와 유교윤리로 지탱되는 사회를 지향하였다. 유길준은 '인세'라는 말로 인민이 교제하는 사회를 표현하였다. 버튼과 후쿠자와는 사회에 관해 다음과 같이 서술한 바 있다.

> In all societies of human beings there are common peculiarities of character, and of habits of thought and feeling, by which their association is rendered more agreeable. There are, however, diversities of disposition, and inclinations to peculiar convictions, which have a tendency to separate mankind. It is everywhere admitted, that society only can exist if individuals will consent to exercise a certain forbearance and liberality towards their fellow-creatures, and to make certain sacrifices of their own peculiar inclinations. Thus only can the requisite degree of harmony be attained. *PE*, 3
>
> 억조의 인민은 성정이 서로 같기 때문에 교제의 도가 세상에 행해져도 방해되지는 않지만, 사람들의 의견은 각자 생각하는 자기 몫이 있어 꼭 일치하기는 어렵다. 그러므로 인간의 교제[交]를 온전히 하려면 서로 자유를 허용하고 서로 감인堪忍 하고, 때로는 나의 소견을 구부려서 남을 따르고, 피차가 서로 평균해야 비로소 호합조화好合調和의 친밀함이 생겨난다. 『外編』, 391

'society'의 번역어 '인간의 교제'(혹은 '인간 교제')는 사회를 보는 후쿠자와의 관점을 보여준다. 후쿠자와는 'society'에서 공통된 특성, 공통된 사고와 감정의 습관을 가진 영역(버튼)보다는 인간본성의 보편성과 개별성이 조화를 이루는 '인간의 도', '인간의 교(제)'를 상상하였다. 후쿠자와는 인간의 교제가 행해지는 장으로서 '세간世間'이란 말도 사용했다. 다만 '세간'은 'society'의 번역어에 한정되지 않고 'the world'의 번역어로도 사용되었다.

후쿠자와의 경우 '인간 교제', '교제의 도'를 행하는 주체는 자주적 생계를 영위하는 독립적 인간이었다. '인간 교제의 대본'은 "자유불기自由不羈의 인민이 서로 모여 힘을 부리고 마음을 쓰고, 각각 그 공功에 따라 보상을 얻고, 세간 일반을 위해 마련한 제도를 지키는 것"이었다『外編』, 393. 후쿠자와는 자주적 개인individual을 '자유불기의 인민'으로 번역하였다. 버튼의 상호부조 관념을 받아들여 "본래 인간의 대의를 논한다면, 사람들이 서로 그 편리를 꾀하여 일반을 위해 근로하고, 의기를 지키고 염절을 알고, 수고하면 따라서 그 보상을 얻고, 불기독립으로써 처세하고 교제의 도를 다해야 한다"고 말했다. 또한 "교제의 도"를 이루려면 각자 "덕행을 닦고 법령을 지키지 않으면 안 된다"고 했다『外編』, 393~394. '인간의 교제'는 사회 자체보다는 인간관계를 상정한 말이었다.

'인간의 교제'는 가족생활에서 유추된 것이다. 후쿠자와버튼는 "인간의 교제social economy는 가족으로 본本을 삼는다"『外編』, 390; PE, 2고 했다. 유길준도 "인생이 저마다의 취의를 따라 일신의 이익을 혼자 꾀하는 듯하지만, 그것이 이루어지는 데에는 한 사람의 힘이 아니라 타인과 사귀어 일을 이루는 것이 많다", "세인의 결교結交하는 도는 가족 간의 친애자정親愛慈情에 비해 원래 피차의 차별은 있지만 느림과 급함을 서로 구하고 걱정과 즐거움을 함께하여 현세의 광경을 꾸미고 대중의 복록福祿을 지키는 것"이라 했다.『견문』, 133 '친애자정'의 가족과는 달리 '피차의 구별'은 있지만, 타인과의 교제에서 '일신의 이익'이 성립하는 상호부조의 인세를 상정하였다. "대중의 상여하는 도가 그 부족함을 서로 돕고 편리를 서로 바꾸는" 인세『견문』, 357를 그려냈다.

그런데 국제사회를 파악하는 관점은 달랐다. 후쿠자와버튼는 「각국 교제 Intercourse of Nations with Each Other」 편에서 유럽 국제사회를 "유력자는 비非를 이理로 바꾸고, 무력자는 언제나 그 해를 입는" 권력정치의 세계로 묘사하였다. 또한 유럽 국제사회에서 각국 교제의 모습은 "옛날에 이민夷民이 서로 필부의 용맹을 다툰 것"과 다르지 않아 크게 문명화된 나라에서도 대전쟁을 일으켜 커다란 피해를 초래하여 "실로 크게 탄식해야 할" 상황에 있음에 주목하였다『外編』, 411. 문명사회가 되었음에도 유럽 국제사회가 여전히 야만의 투쟁 상태에 있음을 지적한 것이다.

> 문명국에서는 두 사람 사이에 쟁론이 일어나 싸우고자 하는 자가 있어도 정부의 법으로 이것을 멈추고 쟁론을 누를 수 있다. 대체로 문명의 가르침을 입은 자는 전쟁이 흉사임을 알고, 힘써서 이것을 피한다 할지라도 외국과의 교제에서는 그렇지 않다. 혹은 일을 좋아하는 자가 있어 인심을 선동하고, 혹은 군주가 공명을 탐하고 야심을 멋대로 해서 싸움을 좋아하는 자가 아주 많다. 그러므로 오늘날 유럽의 나라들은 예의문물을 가지고 스스로 자랑하지만, 쟁단争端이 일찍이 그친 적이 없다. 오늘은 문명개화의 낙국楽国을 칭하는 나라도 내일은 폭골유혈曝骨流血의 전장이 된다.『外編』, 413

후쿠자와는 버튼의 서술을 이어받아 국내질서와 국제질서를 이원적으로 파악하는 근대정치관을 드러냈다. 『문명론의 개략』에서도 홉스적 이미지의 국제사회관을 표명한 바 있다.

유길준은 「각국 교제」의 이러한 논지를 취하지 않았다. 보편주의적 관점에서 국제사회를 논하였다. "(마을의 집들이) 이웃하는 경황은 우목友睦하는 신의를 맺고 자익資益하는 편리를 통해 인세의 광경을 조성한다. 사물이 같지 않으므로 사람들의 강약과 빈부는 반드시 차이가 있지만 각기 일가의 문호를 세워 평균한 지위를 보수하는 것은 국법의 공도로 사람의 권리를 보호하기 때문이다"『견문』, 88라고 했다. 사람들이 '신의'와 '편리'에 따라 '인세의 광경'(인간교제=사회생활)을 영위하듯이, 이웃하는 국가들이 만국공법의 규율을 받으면서 '방국의 교제'를 행하는 국제사회를 상정하였다.

> 방국의 교제도 공법으로 제어하여 천지의 무편無偏한 정리正理로 일시一視하는 도를 행하므로 대국도 일국이고 소국도 일국이다. 나라 위에 나라가 다시 없고 나라 아래에 나라가 또한 없다. 일국의 나라[國]되는 권리가 피차가 동연同然한 지위로서 터럭만큼의 차이가 생기지 않는다. 그러므로 나라들이 우화友和한 뜻으로 평균한 예를 써서 약관을 교환하고 사절을 파견하여 강약의 분별을 세우지 않고 권리를 서로 지켜 감히 침범하지 못한다. 다른 나라[邦]의 권리를 공경치 아니하면 이는 자기의 권리를 스스로 훼손하는 것이다. 자수하는 도에서 근신하는 자가 타인의 주권을 훼손하지 않는 까닭이다.『견문』, 88~89

'우애하는 신의', '자익하는 편리'가 만들어내는 '인세의 광경'과, '우화한 뜻'과 '평균한 예'가 만들어내는 '방국의 교제'는 상통한다. 유길준은 조선의 주권이 침해받는 상황에 대응하여 보편주의적 만국평등관과 자연법적 만국공법관을 표방하였다. '공도', '정리'는 소국이 대국에 대적하기 위한 의탁처였다. '국법의 공도', '천지의 무편한 정리'는 국내, 국제의 교제를 규율하는 보편 원리로 상정되었다. 유길준의 만국평등론은 조공체제와 주권국가체제가 중첩된 문맥에서 대국 청국의 조선 속방화 정책에 대항하는 명분이자 주권 보전을 의도한 정치적 수사였다.[19]

유길준은 인민이 교도交道를 보전하면서 신의를 맺고 국법을 준수하면서 편리를 도모하는 인세를 상상하였다. "인세의 공공한 큰 비익裨益", "인세의 보동普同[보편]한 이익"이라는 표현에서 보듯이, 인세는 후쿠자와가 말한 '세간'과 통하는 바 없지 않다. 하지만 "필부의 사력私力으로 할 수 없는 것이며 반드시 공중公衆이 함께 높여야만 하는 것이다"『견문』, 263, "국법의 공도로 사람의 권리를 보호한다"『견문』, 88는 언술에서 보듯이, 인세는 공중이 이루고 국법의 규율을 받는 사회의 이미지를 가진 것이었다. 유길준은 '인간의 교제'가 법률과 도리에 의해 규율되는 인세를 상정하였다. 법률은 "(인세의) 경쟁을 조종하고 습속을 제어하여 서로 범하지 않는 계역界域을 확정하고 서로 빼앗을 수 없는 조목을 엄히 세워 윤리[倫紀]를 바르게 하고 풍속[俗趨]을 바로잡는" "대중의 질서를 유지하는 큰 도구"였다『견문』, 262~263.

유길준이 상정한 문명사회는 법규칙으로 규율되는 사회였다. 유길준은 '합당한 규칙', '엄격한 규칙', '상세한 법규'와 같은 말을 곳곳에서 되풀이했다. 한 대목을 보자.

19 「방국의 권리」 편의 초고인 「국권」에서는 현실주의적 국제정치관을 피력하고 있다. 후쿠자와의 영향이 엿보인다. 하지만 『서유견문』「방국의 권리」 편에서는 보편적 사유에 기초한 사회 관념이 표방되어 있다.

> 세계의 어느 나라[邦]건 지혜智愚의 등급이 높고 낮음을 막론하고 저마다 상칭相稱한 법률이 있어 인민의 상여하는 권리를 보수한다. 하지만 그 도의 좋고 나쁨은 지혜의 등급에 따른다. 자연한 도리에 기초하여 인세의 기강[綱紀]을 세우는 것은 마찬가지지만, 고금의 변천한 시대와 피차의 상이한 풍속에 따른 형도衡度가 저마다 편한 관계를 만들게 되니, 나라[國]마다 같지 않고 지방마다 차이가 나는 일이 저절로 생겨난다. 법률의 본의는 미루어 따져보면 정직한 도를 권하고 억울한 일을 바로잡는 데 있다. 여중輿衆이 각기 상등相等한 지위에 서서 상사相司한 직職이 없다면 시비의 분별과 선악의 상벌은 한 사람이 관련된 때는 자기의 주견을 따르는 것이 옳을 수도 있다.『견문』, 262~263

유길준은 '인민의 상여하는 권리', '인민의 상여하는 사이', '대중의 상여하는 도' 등의 표현에서 보듯이 인민이 '상여相與'하는 평등한 사회를 구상하였다. 인민의 집합인 '여중'은 '상등한' 지위를 가지고 '상사한' 직을 행한다. '상등', '상사', '상여'는 교제의 상호성과 평등성을 나타낸다. 평등한 사회는 "상칭한 법률"이 인민의 사회적 관계를 규율할 때 성립한다. 교역의 원리에 기초한 사회라 하겠다. "대중의 상여하는 도는 부족한 것을 서로 돕고 편리한 것을 서로 바꾸는 것"이었다. 개인-사회 관계는 사회의 규칙을 준수함으로써 비익裨益을 얻는 교역 관계였다.

6. '방국'과 '국가'

개인과 사회의 양태는 국가의 양태와 결부된다. 유길준은 1880년대 개방개혁의 콘텍스트를 견뎌낼 주권국가와 정치체제를 모색하였다. 유길준의 국가론은 '방邦'과 '국國', '방국邦國'과 '국가國家'의 용례에서 그 성격을 읽을 수 있다. 유길준의 용례를 보면, '방'과 '국'의 쓰임새는 구분된다. '방'은 타방과의 관계를 상정한, 대외적 주권을 가진 주권체이다. '국'은 주로 군주·정부와 인민의 관계에서 사용되는데, '나라[國]의 나라[國]인 도리'가 행해지는 대내적 주권과 연관된 정치체를 가리킨다. '국'은 "일족 인민이 한 폭의 대지를 점유하고, 언어와 법률과 정치와 습속과 역사가 같으며, 또한 동일한 제왕과 정부에 복사服事해서 이해와 치란을 공유하는 것"『견문』, 303이라 했다. 대외적 관계에서 상정된 '방'은 대내적 관계에서 '국'이 '국'인 도리를 갖추었을 때 성립하는 것으로 이해하였다.

> 일국의 주권은 형세의 강약과 기원의 선악[善否]과 토지의 대소와 인민의 다과를 논하지 않고, 단지 내외 관계의 진정한 형상形像에 의거하여 단정하나니, 천하의 어떤 나라[邦]도 타방의 동유同有하는 권리를 범하지 않을 때는 그 독립 자수하는 기초로 그 주권의 권리를 스스로 행한즉, 각방의 권리는 호계互係하는 직분의 동일한 경상景像에 의해서 그 덕행 및 습관의 한도[限制]를 세우는 것이다. 이와 같이 방국에 귀속하는 권리는 나라[國]의 나라[國]인 도리를 위해 그 현체現體의 긴요[緊切]한 실요実要이다.『견문』, 85~86

'방국', '국가'는 각각 '방', '국'과 관련된다. '방국'은 "일족의 인민이

한 지방의 산천에 할거하여 정부를 건설하여 타방의 관할을 받지 않는 것"을 가리킨다. 인민은 대권을 가진 군주에게 복사하고, 정부에 승순承順하는 존재이다. 자주의 일가가 다른 집의 간섭을 허용하지 않으며, 자유의 일인이 타인의 지휘를 받지 않는 것과 마찬가지로, '방국'은 타방의 관할이나 지휘를 받지 않는 주권을 갖는다고 한다.『견문』, 85 '국가'와 의미가 겹치는 용례가 없지도 않지만, '방국'은 대체로 주권국가 체제를 감당할 수 있는 국제사회의 주체를 생각할 때 쓰이고 있다.

'국가'는 국내사회에서 인민을 위한 정치를 말하거나 정부-인민 관계나 민본정치를 위한 정부의 역할과 직무를 얘기할 때 사용되었다. 정치체의 양태, 군주·정부·인민의 직분이나 역할을 논할 때 등장한다. 인민이 '국'을 고수하고 도리를 실천할 때, 군주를 섬기고 정부에 순응하여 일국의 체모를 지키고 백성의 안녕을 유지하고자 할 때 '국가'는 성립한다. '방국의 권리'는 대외적 주권을 상정하고, '국가의 권리'는 '나라國의 나라인 도리'로 파악된다. 유길준은 '방국의 이름'이 성립하기 위해서는 '국가'가 바로 서야 한다고 말한다.『견문』, 91~92 '국가'는 종묘사직이나 군주 중심의 통치집단을 가리키며, 전통적인 의미가 강하다.『서유견문』에서 '방국'은 40여 차례 쓰였고, '국가'의 용례는 130회를 웃돈다. 전통적 국가 관념이 여전히 강했다는 사실을 알 수 있다.

고대 중국에서 '邦'은 천자국에 대해 제후국을 나타내는 말이었다. '방국'은 천자국에 대응하는 제후국을 가리키는 말이었다. '國'은 무장한 성읍인 '或'을 '口'으로 에워싼, 씨족적 결합으로 이루어진 대읍大邑을 말하며, 사직왕조를 가리키는 말이었다. '방국'은 '방'의 의미를, '국가'는 '국'을 다스리는 왕조사직을 의미하였다. 그런데 이 '방국', '국가'는 주권국가체제에 편입되는 과정에서 변용하게 된다. '방국'은 'state'의 번역어로 채용되었다. '방국'의 용례는 윌리엄 마틴William Martin의 한역서 『만국공법』1864(원저 Henry Wheaton, *Elements of International Law*)과 『부국책』1880(원저 Henry Fawcett, *Manual of Political Economy*)에 보인다. 도쿠가와 말기 일본에서는 'state'의 역어는 '국', '국가', '방국', '정부' 등 여러 가지였지만, 메이지 시대에 들어 '방국'이 통용되었다. 나카무라 마사나오中村正直의 『자유지리自由之理』1872, 우치다 마사오内田正雄의 『여지지략輿地誌略』1870~1877에도 보인다. 후쿠자와는 3부작에서 '방국'을 채용하지 않고 주로 '국'을 애용하였다. '국가'는 드물게 썼다.[20] '국가'에 막부 전제정치의 이미지가 강했기 때문이다. 'state'의 역어로 '방국'이 유통되었고, '방국'은 천황제 국가가 성립하면서 '국가'로 대체된다.

유길준이 '방국'과 '국가'를 병용한 것은 개항기 질서변동에서 두 국가 관념이 공존했음을 시사한다. 유길준의 국가론은 '방국'의 대내적 기반인 '국가'와 그 주체인 군주를 파악하는 견해에서 독자성을 드러냈다. 유길준은 『외편』 권1 「정부의 근본을 논함」을 저본으로 군주제가 출현하는 역사적 과정을 서술한 바 있다. 후쿠자와버튼의 서술에 의탁하여 현자를 군주로 추대하고 혈통에 의한 왕위 계승과 군주제 세습이 행해지는 내력을 묘사하였다. 하지만 후쿠자와의 아래 논의는 채택하지 않았다.

국군国君의 기립起立은 그 사정이 모호하지만, 수백 년간 대대로 전해져 저절

20 '국가'는 『서양사정』 전편을 통해 6회밖에 안 보이고, 『학문의 권장』에서는 '천하국가'라는 용례로만 2회 등장한다. 『문명론의 개략』에는 전혀 보이지 않는다. '방국'은 이 3부작에 전혀 사용되지 않았다.

로 문벌의 이름을 취하고, 그리하여 또한 견강부회의 설을 세워 더욱더 그 위광威光을 빛내고자 하며, 혹은 이것을 하늘이 내린 작위라 칭한다. 근세가 되면 그 대를 거침이 더욱 오래됨에 따라 그 지위도 또한 더욱 굳어져 용이하게 이것을 움직일 수 없다. 만일 억지로 이것을 움직이고자 한다면 나라의 제도도 함께 변동해야 하는 세가 되었다. 일국 안에서는 인물도 적지 않으므로 문지門地에 관계없이 재덕 있는 자를 골라 군君으로 삼고 국정을 행해도 지장이 없는 이치이지만, 입군立君의 제도로써 나라를 다스리고자 한다면, 국내의 인망을 얻은 명가의 자손을 받들고 흡사 이것을 그 가족의 총명대總名代로 삼아 군상君上의 지위에 세워 인심을 유지하는 것과 같음은 없다. 이는 이른바 이외理外의 편리이다.『외편』, 417

후쿠자와는 세습군주제가 수백 년간 '문벌의 이름'과 '하늘이 내린 작위'에 의해 권위를 부여받고 '어찌할 수 없는 세'가 되었지만, 문벌을 떠나 인심을 얻은 명문의 재덕 있는 자를 '총대리인'으로 삼는 선출군주제가 '이외의 편리'라 말하고 있다. 유길준은 이 대목을 취하지 않았을뿐더러 일부러 군주제를 옹호하고 대통령제를 비판하는 글을 덧붙였다.

만약 하루아침의 우견愚見으로 만세의 큰 기틀을 뒤흔드는 자가 있다면, 정부의 법을 문란하게 하는 데 그치지 않고 임금도 모르는 역신逆臣과 어버이도 모르는 패자悖子의 죄를 면치 못할 것이다. 인민이 많으면 재식才識과 덕망이 한 나라를 통어할 수 있는 자가 반드시 있다. 그래서 합중국에 대통령을 선택하는 법이 있다. 서양학자 중에 이 법을 채용해야 한다는 의론을 펴는 자가 있는데, 이는 사 세에 통달하지 못하고 풍속에 매우 어두워 어린아이의 우스갯소리에도 미치지 못할 뿐이다. 정부가 시작된 제도는 피차에 차이가 있다. 이 의론을 주창하는 자는 제왕정부의 죄인이라 불러도 책임을 벗어나기 어렵다. 그러므로 제왕정부의 인민은 저같이 어리석은 자의 용렬한 주장[庸議]을 변박辨駁하고, 정부의 대대로 전하는 법[規模]을 고수하고, 나라 안의 현능한 자를 천거하여 정부관리에 임용하고, 국인의 생명과 산업을 안보하여 일정한 법률로 태평한 낙을 향유하며, 선왕이 창업한 공덕을 만세에 받들어 지켜야 한다.『견문』, 139~140

대통령제는 조선의 '사세'와 '풍속'에 맞지 않으며, 대통령제 옹호론은 "하루아침의 우견", "어리석은 자의 용렬한 주장"에 지나지 않는다는 것이다. 유길준은 문벌에 관계없이 재덕있는 자를 뽑아 군주로 삼아야 한다는 후쿠자와의 서술에 공감하지 않았다. 선출군주제를 배제했고, 세습군주제를 옹호하였다. '만세의 큰 기틀'인 세습군주제를 흔드는 자를 국가질서를 어지럽히는 '역신', '패자', '제왕정부의 죄인'이라 비난하였다.

유길준은 국가를 통치하는 군주의 권위의 정당성이나 권력의 연원을 따지지 않았다. 군주의 위임을 받아 국가를 운영하는 정부의 역할과 기능, 정부-인민 관계에 관해 소상히 서술하였다. 후쿠자와버튼는 다음과 같은 정부론을 개진하였다.

정부의 체재體裁는 각기 상이하지만, 그 큰 취의는 앞에서도 말했듯이 오직 인심을 모아 꼭 일체를 이루고, 중민을 위해 편리를 꾀하는 것 이외는 없다. 국정의 방향을 나타내고 순서를 바르게 하는 일은 한 둘의 군상君相 또는 의정관議政官의 손이 아니면 행해지기 어렵기 때문에 인심을 모아 일체를 이루지 않으면 안 된다. 중민의 편리를 꾀할 때도 인심이 일치하지 않으면 다수[衆]를 해치고 소

> 수[寡]를 이롭게 할 우려가 있기 때문에 이 또한 정부에서 처치하지 않으면 안 된다. 본래 나라에 정부를 세우고 국민이 이것을 우러러 이것을 지지하는 까닭은 오로지 국내 일반에 그 덕택을 받을 것을 바라는 취의이므로, 정부라는 것도 만일 국민을 위해 이利를 꾀하는 것이 없다면, 이것을 유해무익의 불필요한 것[長物[라 할 수 있다. 특히 그 직분에서 가장 긴요한 일대사는 법法을 평평하게 하고 율律을 바르게 하는 것에 있다. 이는 곧 인민이 삶을 편안히 하고 자유를 얻고 사유물을 보전할 수 있는 까닭이다. 그러므로 정치를 행함에 성실을 주로 하고 공평을 잃지 않으면 가령 일시의 과실이 있을지라도 정부를 준봉遵奉하지 않을 수 없다.『외편』, 417~418

유길준은 이 문장을 아래와 같이 대폭 수정하였다.

> 대개 정부가 시작된 제도는 제왕으로 전하든 대통령으로 전하든 가장 큰 관건[關係]은 인민의 마음을 합하여 일체를 이루고 그 권세로 사람의 도리를 보수하는 데 있다. 따라서 중대한 사업과 심원한 직책은 인민을 위해 태평한 복기福基를 도모하고 보전하는 데 지나지 않는다. 국정의 방향을 지시하고 순서를 준정遵定하는 자는 인군과 대신이다. 이들의 보필輔弼과 참좌參佐의 수중에 있지 않으면 행하기 어려운 일이 많다. 인민은 그 권한을 갖고 있지 않다. 그러므로 위에 있는 자가 중심衆心을 일체로 만들지 않으면 안 된다. (…중략…) 중인衆人의 의론이 공평하다 하여 대수롭지 않은 인민을 혼동渾同하여 정부의 권한을 함께 갖는 것이 어찌 옳겠는가. 국가가 정부를 설치하는 본뜻은 인민을 위한 것이고, 인군이 정부를 명령하는 큰 뜻도 인민을 위한 것이다. 인민이 정부를 경봉敬奉하는 일과 앙망仰望하는 바람은 그 덕화와 은택의 공평

함을 일체 두루 받고 싶어하기 때문이다. 정부가 인민의 이 같은 성의와 이 같은 바람을 저버리고 발행하는 정령政令과 시행하는 법률이 대공지정大公至正한 원리를 잃는다면 세간의 일개 유해무익한 무용지물[長物]이다. 그러므로 정부의 시작된 본뜻을 명심하여 인민으로 하여금 생업을 편안히 하고 신명을 보전하도록 하여 온갖 사물을 성실함으로 주장하고 공평한 의사를 굳게 간직한다면, 일시의 잘못이 있어도 인민이 정부를 원망하지는 않을 것이다.『견문』, 140~141

후쿠자와버튼는 정부를 세운 목적을 '인심일체a concentration of the national will'를 이루고 '중민의 편리public benefit'를 높이는 데서 찾았다. 유길준은 인민의 '합심일체', '중심의 일체'를 이룰 뿐 아니라 이를 토대로 정부의 권세로 '사람의 도리'를 보수하는 데 있다고 기술하였다. '중민의 편리'를 꾀한다는 말을 '사람의 도리'를 보수한다는 말로 고쳤다. 후쿠자와는 정부의 '덕택'을 '국민의 이익'이라는 관점에서 파악했지만, 유길준은 정부의 '덕화와 은택의 공평함'을 '인민의 성의와 바람'이라는 관점에서 설명하였다. '인심일치'를, 후쿠자와는 다수와 소수의 이해관계의 차원에서 보았지만, 유길준은 강자와 약자의 이해관계의 차원에서 파악하였다. 유길준은 질서 보전을 위한 인심일치는 양해했지만, 인민의 정치참여는 부정하였다. "중인의 의론이 공평하다 하여 대수롭지 않은 인민을 혼동하여 정부의 권한을 함께 갖는 것이 어찌 옳겠는가"라는 대목을 일부러 추가하였다. 정부는 인민에게 '덕화와 은택'을 베풀고, 인민은 '성의와 바람'으로 정부를 '경봉'하고 '앙망'하는 정부-인민 관계를 상정하였다. 정령과 법률의 공정성은 이러한 관계를 전제로 한다. 유학적 민본주의의 변형된 형태인 것이 아닐까.

7. 맺으며－주체적 개화와 '변통'

『서유견문』은 문명사회의 실현과 사회질서의 보전을 모색한 유길준의 기획이었다. 1880년대의 유길준은 후쿠자와 유키치를 매개로 스코틀랜드 계몽사상에 접속하였다. 유길준은 후쿠자와를 단지 조술한 것이 아니라 후쿠자와의 텍스트와 개념을 주체적으로 취사선택했고 자신의 생각을 담아 자유롭게 고쳐썼다. 스코틀랜드 계몽사상을 주체적으로 수용한 것이다. 유길준은 '인생의 편리'와 '공공의 비익'이 구현되는, 또한 법질서가 유지되는 문명사회를 구상하였다. 세습군주제와 유교적 덕목을 보전함으로써 사회질서의 급격한 변동을 막고자 했다.

유길준은 근대문명의 단순한 수용'허명개화'이 아니라 한국의 실정에 맞는 변용'실상개화'을 모색하였다. 주체적 개화를 주장하였다. 주체적 개화의 핵심은 군주제의 보전이었다. 유길준은 법이 규율하는 질서있는 사회를 구상했는데, 법률의 권원權原은 최상위와 최대권을 가진 군주였다. 군주는 사회질서의 궁극의 연원이었다. 유길준의 경우 인군이 민 위에 서서 정부를 설치하여 태평을 도모하는 대권을 갖는 것, 그리고 인민이 인군에 충성을 다하고 정부의 명령에 순응하는 것은 '인생의 큰 기강'이었다. "일월처럼 광명하고, 천지와 함께 장구하고, 인력으로 천동遷動할 수 없는 것"이었다. 군주제는 변혁할 수 없는 제도였다. 개화는 타인의 장기를 취하여 자기의 선미한 것을 보수하고 보완하는 것『견문』, 381, 정부의 시무를 시세에 따라 '변역變易', '변통變通'하는 것을 의미하였다.

변역, 변통의 방법은 '개정改正', '윤색潤色', '득중得中'이었다. 유길준에 따르면, 법률은 '국인의 습관'과 '고풍구례古風舊例'에 입각해서 신중히 '개정'

해야 하며『견문』, 270, 인민의 '무계한 자유'가 금수의 자유에 흐르지 않도록 법률로 '윤색'해야만 한다『견문』, 118. 개화는 '과불급'과 '득중'의 논리로 추진해야만 한다. 유길준은 경험을 무시한 채 새로운 것만을 추구하는 이론 중심적 사유를 경계하였다. "지상紙上의 공론을 맹신하고 신기함을 기뻐하며 오래된 것을 버리면 이는 경홀輕忽하는 극도에 이를 것"『견문』, 269이라 역설하였다. 유길준의 개화사상에서 1880년대 개방개혁의 문맥에 대응한 실학과 보수주의의 정신을 엿볼 수 있다.

참고문헌

兪吉濬, 『西遊見聞』, 東京 : 交詢社, 1895.

유길준·장인성, 『서유견문－한국보수주의의 기원에 관한 성찰』, 서울 : 아카넷, 2017.

『西洋事情』(初編·外編·二編), 『福沢諭吉全集』 第1巻, 東京: 岩波書店, 1958 수록본.

『文明論之概略』, 『福沢諭吉全集』 第4巻, 東京 : 岩波書店, 1959 수록본.

『황성신문』, 1889.9.23.

金允植, 『續陰晴史』(上), 서울 : 국사편찬위원회, 1955.

엘리아스, 노르베르트. 『문명화과정』 제1권, 서울 : 한길사, 1999.

이영석, 『지식인과 사회－스코틀랜드 계몽운동의 역사』, 서울: 아카넷, 2014.

이종흡, 「스코틀랜드 계몽주의와 자본주의적 사회질서」, 『영국연구』 10, 영국사학회, 2003.

梁台根, 「近代西方知識在東亞的傳播及其共同文本之探索」, 『漢學硏究』 第24卷 第2期(2006年 12月).

伊藤正雄, 「『西洋事情』の福沢思想史上における重要性－特にチェンバーズ『経済読本』の翻訳について」, 『福澤諭吉論考』, 東京 : 吉川弘文館, 1969.

佐々木武・田中秀夫 編, 『啓蒙と社会－文明観の変容』, 京都 : 京都大学学術出版会, 2011.

Burton, John Hill, *Political Economy, for use in schools and for private instruction,* London and Edinburgh : William and Robert Chambers, 1852.

Berry, Christopher, "Scottish Enlightenment", *Routledge Encyclopedia of Philosophy*, vol.3, London; Routledge, 1998.

Craig, Albert, *Civilization and Enlightenment: The Early Thought of Fukuzawa Yukichi*, Cambridge : Harvard University Press, 2009(일본어역은 アルバート·M. クレイグ, 足立康·梅津順一 訳, 『文明と啓蒙－初期福澤諭吉の思想』, 東京 : 慶應義塾大学出版会, 2009).

Trescott, Paul B. "Scottish political economy comes to the Far East : the Burton-Chambers Political economy and the introduction of Western economic ideas into Japan and China", *History of Political Economy* 21:3, Duke University Press, 1989.

근대 법리학의 중국에서의 수용과 전개

량치차오梁啓超의 자연법 '발견'을 중심으로

리샤오동
김혜진 옮김

1. 들어가며 – '문화운동'으로서의 '법학'

동북아시아에서 '근대'의 수용은 제도의 면에서는 입헌제를 확립하는 것이었음은 의문의 여지가 없다. 이 때에 서양의 근대적 법의 계수는 근대적 법전의 편찬이라는 협의적 의미에 그치는 것이 아니라 법적 사고 방식에 대한 이해를 비롯한 광의의 '법학'의 수용을 의미하며 하나의 '문화운동'[1]이다.

말할 것도 없이 근대까지 동아시아 여러 지역 각각의 오랜 역사 안에 법을 둘러싼 사고가 없었던 것은 아니다. 예를 들어 중국의 경우 일찍이 선진先秦시대부터 법가法家가 발달하여 여러 학파 사이에 법을 둘러싼 논쟁이 활발히 이루어졌다. 그 결과 근대 서양의 법적 사고 방식에 대한 중국에서

1 内田貴, 『法学の誕生—近代日本にとって「法」とは何であったか』, 筑摩書房, 2018, p.46.

의 수용과 이식 과정은 개략적으로 말하면 확실히 이전까지의 법 의식이 근대적인 것에 의하여 대체되어 가는 과정이었다고 할 수 있고, 그 과정 안에서 근대적 법학의 수용이 전통적 이념이나 사상과 어떻게 타협점을 찾을 것인가가 큰 과제였다. 법의 수용이 하나의 문화운동인 한, 토착 문화나 전통을 무시한 단순한 '대체' 작업은 있을 수 없었기 때문이다. 이 점에 대하여 일본에서도 중국에서도 같은 현상을 관찰할 수 있다.

메이지 시대 일본에서는 프랑스인 브아소나드Gustave Émile Boissonade de Fontarabie, 1825~1910의 주도에 의한 민법전(이른바 '구 민법전')이 1890년 공포되었으나 법전 시행에 대한 비판이 일었다. 특히 법전이 갖는 근대 가족법적 성격의 측면에 대하여, '민법이 나와서 충효가 망하다民法出でて忠孝亡ぶ' 라는 법학자 호즈미 야츠카穂積八束의 말로 상징되듯이 일부 민법전 시행 연기를 주장한 사람들은 외국인이 기초한 법전은 일본 고유의 문화나 관습을 충분히 배려하지 않는다고 생각하였다. 야츠카의 형인 호즈미 노부시게穂積陳重, 1855~1926도 이 논쟁에 참가하였다. 노부시게는 논쟁의 성질을 자연법학 대 역사법학의 입장에서의 다툼으로 보고 역사법학의 입장으로 출발하여 구 민법전에 큰 영향을 끼친 자연법론을 비판하였다. 그는 '국민적 감정'[2]의 중요성을 강조하고 '법률제도에는 반드시 역사가 있어야 한다'[3]고 주장하였다.

한편 중국에서도 1906년 청나라 말기 법제개혁 과정에서 「형사민사소송법」의 초안이 션지아뻔沈家本과 우팅팡伍廷芳 등에 의해 제정되었다. 이 초

2 穂積陳重, 「ベンサムの法典編纂提議」, 『法窓夜話』, 岩波書店, 1980, p.266. 또한 内田, 앞의 책 p.159를 참조.
3 内田, 앞의 책, p.157을 참조.

안은 이후 '법리파法理派'와 '예교파禮教派' 사이의 논쟁을 일으켰다. 전자의 '법리파'는 종래의 형법을 근대화하여 서양 여러 나라와 궤를 같이 하는 것이 불평등 조약을 개정하여 영사재판권을 폐지하기 위해서도 꼭 필요하다고 생각하였다. 그에 반하여 후자인 '예교파'는 '서양 법西法'의 도입이야말로 약체화 된 중국을 구하는 유일한 방법이라고 인식하는 한편, 종래의 습관과 풍속에 기초하여 입법해야 한다고 주장하였다. 양자는 전통적인 '예교禮教'의 취급을 둘러싼 논쟁을 벌였다.[4]

일중 양국의 근대 서양법 계수과정에서 일어난 위와 같은 논쟁을 단순히 근대와 전근대, 선진先進과 낙후로 이분화할 수는 없다. 근대적 서양법을 계수하는 과정에서 어떻게 자국의 역사나 문화를 존속시켜 나갈 것인가를 둘러싼 갈등은 일중의 지식인들이 공유해온 경험이었다고 해도 좋을 것이다. 그들이 행한 것은 보편적이라고 여겨진 서양 법치의 구조 안에서 자국의 전통을 정당하게 위치지우려는 시도였다. 근대 중국의 계몽 사상가 량치차오1873~1929가 일본을 경유하여 근대 '자연법'을 '발견'한 것은 하나의 전형적인 사례이다.

4 논쟁의 상세한 내용은 梁治平, 『禮教與法律—法律移植時代的文化衝突』(広西師範大学出版社, 2015)를 참조.

2. 호즈미 노부시게穗積陳重와 량치차오梁啓超

상기 메이지 시대 일본의 민법전 논쟁에서 민법 시행 연기파로서 가담한 호즈미 노부시게는 영국, 독일에서의 유학경험을 가진 '일본 최초의 법학자'[5]이며 일본 서양 법학 수용의 리더이다. 그에 의한 민법전 비판은 법리法理의 측면에서 행해진 것이다.

노부시게는 법전논쟁을 1814년에 행해진 독일의 법전논쟁에 비유하였다. 독일에서의 티보Thibaut와 사비니Savigny 사이의 법전논쟁은 노부시게의 입장에서는, 프랑스 민법을 모방하여 자연법에 근거한 독일 통일 민법의 제정을 주장한 전자와, 법은 민족의 역사와 함께 형성되는 것이라고 하여 민법의 제정에 반대한 후자 사이의 논쟁이었다. 이것은 다시 말하면 자연법파와 역사법파 사이의 논쟁이었다. 노부시게는 일본에서의 법전 논쟁도 '사비니와 티보의 법전 논쟁과 그 성질에서 조금도 다른 점이 없다'[6]고 주장하였다. 그리고 노부시게는 사비니의 역사법학의 입장에서 자연법을 비판하여 민법전의 시행 연기를 주장한 것이다.

다만 원래부터 사비니가 일관하여 자연법에 비판적이었던 것은 아니고 사비니의 법학을 전체적으로 보면 그는 '자연법론을 거부하였다기보다 이미 합리주의적 정신에 역사적 정신이 결합되어 있던 당시의 자연법론을 보다 역사적 계기를 중시하는 방향으로 발전시켰다'[7]고 되어 있다. 이 점에 대하여 일찍이 다나카 고타로田中耕太郎도 '역사법학파가 자연법학파

5 内田, 앞의 책, p.33.
6 穗積陳重, 「法典実施延期戦」, 앞의 책, p.343.
7 内田, 앞의 책, p.121.

와 정 반대의 입장에 있다고 일괄적으로 단언할 수 없으며 역사법학파는 계몽적 자연법학파가 법전편찬의 의의를 강조한 것에 반대한 것이다'라고 지적하여 역사법학자가 법전편찬의 의의를 경시하는 것은 오히려 자연법에 가까워져 있는 것이라고도 인정할 수 있다고 주장하고 있다.[8]

노부시게는 그 후 역사법학의 입장에서 일본의 전통적 법제도 연구에 몰두해갔다. 신 민법의 기초자 중 한명으로 지명된 노부시게는 기초사업을 마친 후 그의 연구를 일본의 오래된 풍속古俗·옛 제도遺制로 돌렸다. 조선제사祖先祭祀, 오인조직五人組, 은거隱居, 앙갚음특히 가족의 복수, 仇討ち 등에 대한 연구는 그의 관심거리였다. 또한 유학적 교양을 갖추었던 그는 중국의 전통에도 관심을 두었다. 본 논문에서 다루는 「예와 법禮と法」은 그 대표적인 연구이다. 그는 이후에 다시 『예와 법률禮と法律』에서 이 글을 기초로 보다 상세한 형태의 논의를 전개하였다.

그러나 전통에 강한 관심을 나타낸 노부시게의 학문자세는 국수주의와는 선을 긋는 것이었다. 우치다 타카시內田貴에 의하면 노부시게는 곧 사비니의 저류에 흐르고 있는 자연법 사상의 중요성을 깨닫게 되어[9] 자연법관념이야 말로 서양법의 발전과 법학의 성립을 뒷받침하는 것이라는 이해에 도달하였다. 자연법으로 대표되는 보편주의적 관점은 역사, 문화의 특수성을 강조하는 특수주의의 함정을 피할 보장이 되기 때문이다. 흥미로운 것은 노부시게가 「예와 법」을 발표한 것은 노부시게가 서양 법학 발전의 원동력의 일익一翼을 담당하는 자연법에 대한 이해를 넓혔던 시기로, 논문은 노부시게의 변화에 의해 촉진된 것이라고 추측되고 있다.[10]

---

8 田中耕太郎, 『法家の法実証主義』, 福村書店, 1947, p.123.
9 内田, 앞의 책, p.121·241을 참조.

노부시게의 이 논문이 게재된 것은 메이지明治 39년1906 1월과 2월이었으나 같은 해에 량치차오는 「중국법리학발달사론中国法理学発達史論」(이하, 「발달사론」이라 칭한다)과 「논중국성문법편제지연혁득실中国成文法編制之沿革得失」이라는 장문의 논설을 발표하였다.[11] 량치차오는 「발달사론」의 글 안에서 호즈미 노부시게의 문장을 인용하는 때, 이것은 『법학협회잡지』 제24권 제1호(와 제2호)에 게재되어 있는 노부시게의 논문 「예와 법」에서 인용한 것이라고 명기하고 있다.[12]

「발달사론」은 중국의 전통에 대한 최초의 '법(리)학'에 관한 역사적 고찰이었으며, 량치차오에 의해 중국의 자연법을 '발견'한 논설이었다고 할 수 있다. 이와 같은 법리학의 역사·전통 시점에서의 고찰 방법은 노부시게로부터의 영향임을 간과하여서는 안된다. 본래 논설의 타이틀에 있는 '법리학'이란 Rechtsphilosophie의 일본어 번역이며 이는 다름아닌 노부시게가 고찰한 번역어이다.[13] 노부시게에 있어 이는 '오늘날 하나의 전문 분야로서의 법철학과 같은 의미가 아니라 개별 법 분야마다 성립하는 실천적인 법학(헌법학이나 민법학 등)의 전제가 되는 "법학"이라는 의미로 이해되고 있다'[14]고 되어 있다. 량치차오는 「발달사론」에서 그야말로 노부시게가 의미한 바의 '법리학'을 중국의 역사적 문맥 안에서 고찰한 것이라고 생각된다.

노부시게와 량치차오의 논문이 발표된 1906년은 중국 헌정사상 심상치

---

10 内田, 앞의 책, p.233.

11 량치차오에 의하면 후자는 전자의 부록으로 저술된 것이지만 너무 장대한 것이 되어버렸고, 게다가 논의는 법리학의 범위를 넘었기 때문에 이를 독립시킨 것이라고 하였다.

12 梁啓超著, 『飲氷室合集·文集15』, 中華書局, 1989, p.78.

13 穂積陳重, 「法理学」, 『法窓夜話』, pp.174~175.

14 内田, 앞의 책, p.168.

않은 해였다. 이 해는, 청나라 정부가清朝政府 높아지는 일방적인 입헌에 관한 여론에 떠밀린 형태로 '예비입헌予備立憲'의 조칙詔勅을 발포한 해로 앞서 언급한 중국 청나라 말기의 「형사민사소송법」 초안을 둘러싼 '법리파'와 '예교파' 사이의 논쟁이 벌어진 해이기도 했다. 무술정변 후 일본에 망명한 량치차오는 일관된 오피니언리더로서 활약하였다. 애초에 입헌정치는 청나라 말부터 중화민국 초기에 걸쳐 량치차오가 가장 지속적인 관심을 갖던 과제였다. 량치차오는 '고의원고古議院考'1896를 시작으로 특히 일본에 망명한 후, 수많은 입헌에 관한 논설을 발표해 나감으로써 줄곧 입헌에 관한 논의를 리드하고 청나라 말의 입헌에 관한 논의를 고조시키는 중요한 일익을 담당하였다. 오피니언리더로서 량치차오의 저술활동은 항상 그 시기의 정치적 현실과 밀접하게 관계되어 있던 것은 말할 것도 없다. 그가 근대 중국의 최대의 저널리스트로 불리고 있는 이유도 거기에 있다.

요컨대, 1906년이라고 하는 '예비입헌'의 상유上諭, 지도자의 말씀가 발포된 해에, 근대적 법률의 편찬과정에서 일어난 '예법논쟁'의 배경 하에서 량치차오는 노부시게의 논문으로부터 힌트를 얻어 「발달사론」을 저술했다. 논설 안에서 량치차오는 '법리학'의 시점에서 중국의 법에 관한 역사와 전통을 고찰하고 예와 법, 자연법과 실정법, 그리고 근대적 법의식과 전통적인 것과의 교착 속에서 중국의 근대적 법의 자세에 대하여 깊게 고찰한 것이다. 이는 동시에 일본 최초의 법학자 노부시게가 갖고 있던 근대 서양 법학과 자국의 전통법 관념 사이의 갈등을 량치차오도 공유하고 있음을 의미한다. 이 글은 정치사상의 시점에서 「발달사론」을 고찰하고, 중국 법리학을 둘러싼 량치차오의 사색에서의 자연법적인 사고를 밝혀 그 의의에 대해 고찰하고자 한다.

3. 자연법과 법 실증 주의[15]

근대 입헌주의가 전제로 하고 있는 근대주권국가는 정치권력을 독점하는 국가와 자유, 권리를 보장받은 개인이라는 양극 구조로 되어 있어 개인의 자유권을 지키고 권력의 남용을 막기 위해 권력의 분립제가 취해지고 있다. 1789년 프랑스 인권선언에서 '권리의 보장이 확보되지 않고 권력분립이 규정되어 있지 않은 모든 사회는 헌법을 보유한 것이 아니다'라고 강조된 것은 근대 입헌주의의 성격을 단적으로 상징하고 있다.

한편, 법은 국민의 권리 · 자유의 보장을 섬기는 것이어야 하지만 이는 국가권력 하에서 입법자에 의해 제정된 제작물이므로 권력자의 자의성을 어떻게 배제할 것인가가 과제가 된다. 그래서 실정법의 상위에 그 정당성을 근거로 하는 자연법을 두어 실정법을 구속하려는 견해가 도출된다.

2000년에 달하는 역사를 가진 자연법론은 한마디로 말하면 보편타당한 자연법이 실정법보다도 우월하다는 것을 설명하는 이론이다. 예를 들어 스토아 학파의 자연법 사상에 의거한 키케로B.C. 106~B.C. 43는 자연법의 현실세계에서의 닮은 모습인 만민법과 시민법을 대치시키고, 토마스 아퀴나스1225년경~1274는 신의 섭리로서 영구법永久法 및 영구법과 연속하는 자연법과 인정법人定法을 대치시켜 실정법에 대하여 자연이나 신과 연결되는 항상 보편적인 자연법에 의한 구속성을 주장하였다. 그로티우스1583~1645 시대가 되어, 자연법의 성격이 크게 전회轉回하였다. 크로티우스의 논의에 보

15 본절의 내용은, 青井秀夫, 『法理学概説』, 有斐閣, 2007; 阿南成一 외, 『自然法の復権』, 創文社, 1989; 阿南成一 외, 『自然法の多義性』, 創文社, 1991; 田中成明 외, 『法思想史』(제2판), 有斐閣, 1997 등의 연구를 참조하였음.

여지는 것처럼, 근대 자연법은 신과의 관계를 단절시키고 자립한 인간의 이성에 의해 '발견'된 것이 되었다. 그러나, 자연법에서 '신神'적인 성격이 사라지더라도 이는 인간에게 보편적으로 타당하고, 실정법에 대해 우위의 법으로서 실정법을 구속하는 것이었음은 변하지 않는다. 17·18세기 근대 자연법은 시민혁명의 지도원리로서 작용하였고 또한 미국의 독립선언이나 프랑스의 인권선언에 의해 구현되었다.

18세기 후반부터 자연법론은 법 실증주의로부터 비판을 받기 시작하였다. 19세기에 이르러 법 실증주의는 자연법론을 대체하여 압도적인 우세에 이르렀지만 서양법사상의 역사 안에서 반복되어 온 양자의 대립구조는 지금까지도 이어져오고 있다. 자연법론과 법 실증주의는 논자나 시대의 차이에 의해 각각 견해가 달라져왔고, 양쪽 모두 논의가 다양하였으나, 양자 사이의 논쟁은 법과 권력, 그리고 법과 도덕 사이의 관계에 대하여 근본적인 문제를 제기하고 있다. 우선 권력(자)의 자의恣意를 방지하는 것을 둘러싼 견해의 차이라고 하는 문제이다. 자연법도 법 실증주의도 법의 지배를 전제로 해왔고, 권력자의 자의에 대한 경계로부터 어떻게 이를 제한하여 권력의 남용이나 입법의 자의를 방지할 것인가, 라는 인식을 공유하고 있다. 그러나, 그 방법에 대하여 양자는 대조적인 처방책을 제시하고 있다.

한편에서는, 입법자의 자의를 제어하기 위해, 자연법론은 실정법의 상위에 자연법이라는 초월적 보편적 정의·도덕 규범을 둠으로써 법제정에 대한 제한을 하거나, 비판적 근거를 제공한다는 방법을 취한다. 현대의 자연법론은 이미 자연법의 근거를 보편적이고 절대적인 신神이나 자연으로부터 구할 수는 없지만, 실정법의 상위에 인권관념 등의 도덕원칙을 내용으로 하는 어떠한 구속적인 초실정적超実定的 원칙을 구하고 있다는 점은 변함이 없다.

다른 한편인, 법실증주의는 자연법의 내용에 대하여 이는 결국 인간의 원망願望이나 정치적 이데올로기라고 하는 주관적 가치관에 지나지 않고, 경우에 따라 이데올로기로서 권력자에 의해 때에 맞춰 사용된다고 하는 불신감으로부터 법과 도덕, 실정법의 효력과 도덕적인 구속력을 준별하고, 법의 타당성을 법의 상위에 두어진 도덕적 구속규범으로부터 구하는 것을 거부하고 실정법으로부터 일체의 윤리적 정치적 가치판단을 배제하여 법의 객관성과 순수성을 주장하였다. 그러나 이와 같은 '악법도 법이다'적인 견해는 역시 많은 비판을 가져왔다. 무엇보다도, 법 실증주의는 정치적 지배의 정당성을 단순히 합법적 지배로 환원해 버린다, 는 비판이다. 즉, 합법적 지배가 그 기술적 수단만으로 정당성을 보증하고 외면만으로 관찰된 국가의 효능效能이 정당성을 산출해나가고 있다는 것을 긍정해 버리게 된다, 는 것이 염려되는 것이다.[16]

이와 같이 법 실증주의는 확실히 자연법의 문제성을 날카롭게 지적하였으나 한편으로는 법 실증주의 자신도 함정을 안고 있다. 얼마나 권력(자)의 자의를 유효하게 제한하고, 사회적 정의를 실현할 것인가는 보편적이고 영원한 과제이다.

다음으로, 도덕과 법의 관계를 둘러싼 대립의 문제이다. 상기와 관련하여 자연법론은 실정법에 대한 구속, 비판의 근거로서 그 상위에 정의를 나타내는 도덕적 규범을 두었다. 토마스 아퀴나스에게 이성理性의 규칙은 정

16 Coicaud, Jean-Marc, 田中治男・押村高・宇野重規 訳, 『政治的正当性とは何か』, 藤原書店, 2000, p.49.

의를 보증하는 것이고, 이성의 첫 번째 규칙은 자연법이었다. 그는 '인간에 의해 제정된 모든 법은 그것이 자연법으로부터 도출되고 있는 한 법의 본질ratio legis에 관계된 것이라 할 수 있다. 이에 반해 어떠한 점에서 자연법으로부터 멀어져있다고 한다면, 이미 그것은 법이 아니라 법의 왜곡coruptio legis이 될 것이다'[17]라는 유명한 말이 보여주듯 자연법으로부터 벗어난 법은 더 이상 법이 아니라고 한 것이다. 그리고 17·18세기의 자연법 사상은 나아가 자연 상태를 상정하고 자유의 관점에서 권리관념을 이해하고 인격의 자유에 도덕적 가치를 인정하였다. 이러한 근대적 자연법적 권리사상은 이윽고 현대 인권규정의 기초가 되었다.

이에 반하여, 법 실증주의는 자연법을 형이상학적 가설이라고 하여 이를 배척하고 실정법 일원론의 입장을 취하였다. 예를 들어 켈젠Kelsen, 1881~1973에 의하면 자연법은 자연이나 신 등으로 전제된 규범이나 가치를 현실에 투사投射하고, 그로부터 규범과 가치를 연역演繹하고 있다, 고 하는 논리적 오인을 범하고 있다. 절대적인 규범으로서의 자연법은 그 내용이 결국, 개인의 주관적 가치관 내지 정치적 이데올로기의 산물에 지나지 않는다. 이에 비해 켈젠은 법질서를 탈 가치화 하고 그것은 어디까지나 특수한 사회적 기술이라는 철저한 법 도구주의의 입장을 취하였다. 켈젠은 법과 도덕을 준별하고 실정법의 효력을 근거 짓는 것으로서 자연법을 대신하여 '근본규범'을 제시하였다. 켈젠에 따르면, 이것은 '역사상 최초의, 대체적으로 실효적인 헌법에 따라 행동하라, 또한 사람들에 대하여도 그렇게 취급하라'고 하는 규범이고 그러한 헌법에 따라 수립된 법질서의 어떠한 정의

17 토마스 아퀴나스(トマス・アクィナス), 稲垣良典 訳, 『神学大全』 第13巻, 創文社, 1977, p.94.

正義 규범에의 합격 여부는 묻지 않는다'는 것이다.[18] 실정법의 효력을 고려하는 때에 정의의 규범을 도외시한다. 그에게 있어서는 권리도 개인이 선천적으로 가지는 것이 아니며 그것은 법의 유일한 본질적 기능인 법적 의무의 반영에 지나지 않는 것이다.[19]

상기의 법과 권력과의 관계, 법과 도덕과의 관계 문제는 서양의 법사상 역사 안에서 논쟁을 반복해온 문제이지만, 문제 자체는 대개 정치사회인 한, 보편적으로 질문되는 문제이기도 할 것이다.

실제, 중국의 법 전통 안에서도 상기의 법과 권력의 문제와 법과 도덕의 관계 문제는 근본적인 문제로서 논의를 거듭해왔다. 게다가 이들 문제를 둘러싼 논의 중에도, 흥미 깊은 것은, 이질적이지만 서양에서의 자연법 vs. 법 실증주의를 방불케 하는 대립 구조가 존재하고 있다. 이는 전통적인 유가儒家와 법가法家의 대립이었다.

일본의 대표적인 자연법론자 다나카 고타로는 이 점에 주목하고 있다. 다나카는 량치차오의 「선진정치사상사先秦政治思想史」에서의 논의를 바탕으로 전통적 법가의 '표준'적 법률관, 법적 안정성의 중요시, 법적 통일 사상을 염두에 두면서 중국은 '근대국가로서 강대해지기 위해서는 오래된 유산인 법가사상으로부터 필요한 영양을 흡수해야 한다'[20]는 견해를 나타내면서도, 법가는 '법을 절대화하고 법 만능주의의 폐해에 빠졌다. 그것은 법과 도덕을 구별Sonderung 하였을 뿐만 아니라 절연Trennung을 주장하기에 이르렀다'[21]고도 지적하였다. 다나카는 '이후의 문제는 요약하자면 유가

18 ハンス・ケルゼン, 黒田覚・長尾竜一 訳,『自然法論と法実証主義』, 木鐸社, 1973, p.153.
19 田中成明 外,『法思想史(第2版)』, 有斐閣, 1997, p.185.
20 田中耕太郎, 앞의 책, p.103.
21 田中耕太郎, 앞의 책, p.95.

와 법가, 왕도王道와 패도覇道 각 입장의 제휴조화提携調和를 기도企図함에 있다. 그리고 이러한 기도는 불가능하지 않다. 이야말로 법과 도덕, 자연법과 실정법이라는 법률철학적 가교의 문제이다'[22]라고 결론지었다. 다나카는 중국에서 법사상전통을 바탕으로 유가와 법가, 도덕과 법, 그리고 자연법과 실정법 사이의 가교라는 중국의 법치건설이 직면하고 있는 문제를 제기한 것이다. 예를 들면 유교 경전에 의존하여 재판을 행한'春秋斷獄'다고 하는 중국의 법제사에서의 유儒와 법法 사이의 결합의 성격과 비슷한 것으로도 보인다. 그러나 주의해야 할 점은 다나카가 제안한 자연법과 실정법 사이의 가교 문제는 확실히 서양근대의 법사상에 기초한 문제의식이고 근대적 법치주의를 전제로 하고 있는 것임을 잊어서는 안된다.

실제로 량치차오는 「발달사론」에서 바로 다나카 고타로가 언급한 바와 같이 서양의 자연법에 대한 '발견'을 통해 법가의 법실증주의를 지양하고 그에 기초하여 중국 법치의 본연의 자세에 대하여 논한 것이다.

4. '변혁적 원리變革的原理'로서의 자연법

1) '자연 · 작위'와 소라이徂徠 · 순자—마루야마 마사오丸山眞男의 경우

서양의 자연법 전통과 근대정치원리의 관련성을 염두에 두고 중국이나 일본의 근대화를 고찰하는 때에 유교적 자연법을 흔히 상기시키게 된다. 다만 그것은 서양의 자연법과 같이 질적인 전환을 이루면서도 근대를 기

22 田中耕太郎, 앞의 책, p.107.

초 짓는 사상으로서 계승된 전통이 아니고, 유교적 자연법의 사고방식은 근대화 과정에서 오히려 부정해야 하는 전통이라는 인식이 주류였다고 해도 좋다.

마루야마 마사오丸山眞男는 유교적 자연법의 양면적인ambivalent 성격을 지적하고 있다. 즉, 유교적 자연법은 실정적 사회질서에 대하여 '자연법의 순수한 이념성을 고수함으로써 실정적 질서에 대하여 변혁적 원리가 될 것인가, 아니면 스스로를 전적으로 사실적 사회관계와 합일시킴으로써 그것의 영원성을 보증하는 이데올로기가 될 것인가'[23]의 어느 쪽인가 라는 양면적인 작용을 해낸다는 것이다. 마루야마는 유교적 자연법이 갖는 '변혁적 원리'의 측면을 인정하면서도 그 자연주의가 '자연법의 순수한 초월적 이념성을 상당히 희박하게 한다'[24]고 지적하고 있다. 마루야마에 의하면 특히 일본의 도쿠가와 막부 체제하에서 주자학朱子學은 그 봉건적 히에라르키Hierarchie를 '자연적 질서'로서 승인한다. '주자학에 내재된 이 "자연적 질서"의 이론이야말로 발흥기 봉건사회에서 주자학을 가장 일반적이고 보편적인 사회 사고방식답게 한 모멘트였다.'[25]

마루야마는 이와 같이 도쿠가와 봉건체제를 선천적인 '자연적 질서'로서 정당화하는 주자학의 이데올로기성을 폭로하는 한편 주자학의 '자연'적 사고를 극복하는 것으로서 오규 소라이荻生徂徠로부터 '작위'라는 근대적 사고의 모멘트를 찾아냈다. 마루야마에 의하면 소라이는 유교 자연철

23 丸山眞男, 『日本政治思想史研究』, 東京大学出版会, 1952, p.203.
24 위의 책, p.203.
25 위의 책, p.204. 무엇보다도 마루야마의 도쿠가와 사회에 있어서 주자학의 '체제교학(體制教学)'으로서의 성격이라는 지적이 당시의 사회적 현실과 동떨어져 있는 것은 일찍이 지적되어 왔다. 예를 들어 梁啓超, 『近世日本社会と宋学』(東京大学出版会, 1985)를 참조하라. 필자는 여기에서 주자학의 '유교적자연법'의 측면을 중심으로 진전시키고 싶다.

학의 여러 범주를 통치의 수단으로 삼고 초월적인 '도道'(규범)를 예악禮楽이라는 외재적인 정치적 지배의 도구로서 위치시켰을 뿐만 아니라 '도'와 천리 자연을 동정同定하는 것을 부정하고, '도'는 어디까지나 제작된 것이고 성인聖人이 그 절대적 작위자였다고 하였다. 소라이의 이러한 '작위'적 사고방식은 결국 '근대'로 이어지는 주체적 인간상의 형성에 길을 여는 것이 되었다.

그리고 소라이의 사상과 관련하여 유가이면서 법가적 사고를 창출한 순자가 자주 거론되고 있다. 순자에 대하여 마루야마는, 한편으로는 '성인은 본성聖人性을 교화시켜 작위爲를 일으키고, 작위가 일어나 예의가 생겨나고, 예의가 생겨나면 법도가 마련된다. 그렇다면 즉 예의 법도라는 것은 성인이 만든 것이 된다'「순자 · 성악편 제23」라는 순자의 주장이 종종 소라이 학의 사상적 연원으로 고찰되는 것[26]에 대하여 '그것은 어느 정도까지는 정당'[27]하다고 인정하고 있다.

그러나 다른 한편으로는, 마루야마에 의하면 소라이에게 있어서 사회관계를 '자연'으로 기초 짓는 주자학적 사고는 '제도의 재정비'를 저해하는 것이었다. 이를 파괴하기 위해 소라이는 '우주적 자연을 성인의 도道의 대상으로부터 배제'하고, 정치적 '작위'와 '자연'으로 준별하였다. 그리고 소라이가 '예악형정禮楽刑政을 벗어나 별도로 소위 도道가 존재하는 것이 아니다(『변도弁道』)'라고 하는 때, 여기에서의 '예악'은 순자와 다르게 '인간 내면성의 개조를 문제로 삼지 않고 오로지 정치적 지배의 도구일 것이라

26 이와 같은 견해가 나타나고 있는 것은 井上哲次郎, 『日本古学派の哲学』(富山房, 1903)을 시작으로, 津田左右吉, 『支那思想と日本』(『津田左右吉全集』 第20巻, 岩波書店, 1965); 岩橋遵成, 『徂徠研究』(名著刊行会, 1969)등의 연구가 있다.

27 丸山, 앞의 책, p.213.

고 하는 점에서 한층 더 인성人性에 비하여 외재적인 것'[28]이었다.

즉, 마루야마에 의하면 순자의 '본성을 교화하여 인위가 일어난다化性起僞'는 것은 자연과 작위를 구별하는 것이고, 따라서 어느 정도 소라이 학의 사상적 근원이라고 할 수 있기는 하다. 그러나 순자의 예禮는 그의 성악설과 밀접하게 관련되어 있고 내면적인 수신과 외면적인 치국평천하는 완전히 연속하여 혼연일체를 이루고 있으므로 소라이와 같이 '예禮'를 순수하게 정치적인 것으로 승화하고 있지는 않다. 마루야마는 양자의 이와 같은 차이는 '순자가 소라이 학에서 이미 발아하고 있는 근대의식과 전혀 무관함을 말해주고 있다'[29]는 견해를 나타냈다. 여기서 '근대의식'이란 '작위'를 의미함은 말할 것도 없다. 이와 같이 마루야마 마사오는 소라이 학을 '주자학 분해과정의 총결산'으로 위치 짓고 있다.[30] 이는 무엇보다도 소라이에게 있어서 '선왕의 도道'는 정치의 도덕으로부터의 자립을 의미하는 것이고, 이로써 소라이 사고방식의 근대성이 인정되었기 때문이었을 것이다.

이상과 같이 마루야마는 '자연·작위'의 구조로써 전근대와 근대를 각각 특징짓고 그 구조를 이용하여 현실 사회에서 히에라르키Hierarchie를 고정하는 주자학의 체제 이데올로기 성격을 선명히 드러냈다. 이와 같은 문제의식에서 출발하여 마루야마는 유교에서의 또 다른한편의 '변혁적 원리'라는 측면에 대하여 특정한 도쿠가와 사회로부터 벗어나 보다 일반적인 유교의 맥락 속에서의 논의를 깊게 하지는 않았다. 그러나 만약 마루야

28 丸山, 앞의 책, pp.211~212.
29 丸山, 앞의 책, p.117.
30 丸山, 앞의 책, p.94.

마의 '자연'인가 '작위'인가라는 문제의식이 아니라 '근대'를 전제로 한 후, 얼마나 '작위'인가 라고 하는 '작위' 본연의 자세에 대하여 고찰한다면 마루야마가 언급한 유교적 자연법에서의 '변혁적 원리'의 측면에도 주목해야 한다. 왜냐하면 그 속에는 근대 자연법에 통하는 사고가 내포되어 있고 그것들은 '근대'의 맥락 속에서 재고할 만하다고 생각되기 때문이다.

구체적으로 말하면 메이지 시대의 일본이나 청나라 말기의 입헌과정은 바로 '작위'의 과정이었다. 그리고 '근대'가 당연한 전제가 되는 한편 유교적 자연법은 다른 형태로 새삼스럽게 '상기想起'되었다. 그것은 한편 '팔굉일우八紘一宇'의 가족국가적 정치체제를 정당화하는 도구로 상기되었고 다른 한편으로는 근대적 입헌정치가 확립되는 가운데 권력자 및 그 하에서 만들어진 실정법에 대하여 우월한 규범으로서 작용한다는 근대 자연법과 유사한 역할을 할 것으로 기대되고 있었다. 후자의 경우 지배자—이는 '때로는 "근대적"이라고 불리는 입장의 반대, 거의 정확한 음화陰画'[31]이고 소라이에게 '작위'의 주체였다—에 대한 견제로서 중요한 무기가 되는 것이다.

그리고 이와 같은 유교적 자연법에서 '변혁적 원리'의 측면은 량치차오의 「발달사론」의 안에서 나타나고 있다.

2) '예禮·법法'과 '순자荀子·관자管子'—노부시게의 경우

앞서 언급한 바와 같이 법전논쟁시에 자연법학을 역사법학의 입장에서 비판한 노부시게는 이윽고 자연법의 서양 법학에서의 의의를 인식하게 되었다. 자연법적 사고가 계몽주의적 이성신앙도 기독교 신앙도 없는 근

31 渡辺浩, 『日本政治思想史 十七~十九世紀』, 東京大学出版会, 2010, p.197.

대 일본에서 정착될 수 없었던 것을 생각하면 노부시게의 이러한 인식의 변화 과정이 큰 갈등을 수반한 것에 틀림없다. 근대 일본에서 근대 자연법 사상은 서양의 법 계수와 함께 수용되었다. 브아소나드는 그 상징이라고 할 수 있다. 메이지 시대 일본은 불평등 조약을 개정하기 위하여 그 조건인 근대적 법전 편찬을 서양의 법학자에게 맡겼다. 브아소나드는 형법과 치죄법治罪法, 형사소송법, 나아가 민법의 기초를 맡았다.[32] 자연법 사상은 프랑스 민법의 근간이 되는 것으로 법 계수와 함께 수용된 것임을 상상하는 것은 어렵지 않다. 노부시게가 브아소나드의 주도에 의한 구 민법을 둘러싼 논쟁을 자연법학과 역사법학 사이의 대립으로 파악한 것에는 그러한 배경이 있었다.

그 후, 노부시게는 서양 근대법학에 대해 이해해 나가는 과정에서 자연법에 대한 인식을 넓혀갔지만, 실제 비非 유럽의 역사문화전통—노부시게 자신이 익히고 있던 유교—에서도 초월적인 존재로서의 자연법적인 발상을 '발견'할 수 있었을 것이다. 실제로 그의 「예와 법」 논문은 그러한 측면을 느끼게 하는 것이었다.

노부시게는 '예'와 '법'을 대비시켜 인간의 행위에 규범을 부여하는 것으로서 '저도低度의 사회'에서 '예'와 '법'을 파악하여 전자로부터 후자로의 발전과정으로 파악하고 있다.

노부시게에 의하면 유교에는 예의 본원本源을 하늘 또는 인간의 본성이라는 '자연'에 귀착하는 흐름과, 순자와 같이 성인에 의한 작위='僞'라는 '인위人為'로 귀착하는 흐름이 있고,[33] 예는 도의道義='도道'의 표창이며,

32 長尾, 앞의 책, p.214를 참조.
33 穗積陳重, 「禮と法」, 『穗積陳重遺文集』 第三冊, 岩波書店, 1934, pp.202~203.

'이를 유형적 종교 또는 유형적 이론'[34]이라고 하고 있다. 여기에서 노부시게는 '자연법'이라는 언어를 사용하지 않는다. 이것은 그에게 있어서 중국은 오래전부터 법제를 발달시켜왔으나, '법률은 있고 법학은 없는',[35] 과학으로서의 법률학은 갖고 있지 않았기 때문일 것이다. 그러나 노부시게가 여기에서 의미한 바의 '자연'은 예를 들면 마루야마 마사오가 논한 주자학적 자연법 사상의 성격, 즉 주자학적 사고에서 '하나는 규범이 우주적 질서天理에 근저를 두는 의미에서, 다른 하나는 규범이 인간성에 선천적으로 내재(본연의 성으로서)하는 것으로 간주되는 것으로'[36] 유교의 윤리적 규범이 2중의 의미로 자연화 되었다고 하는 것과 일치하고 있다고 할 수 있다. 다만 전술과 같이 마루야마는 유교적 자연법을 봉건체제를 정당화하고 고정화하는 이데올로기로서 배격하는 것에 역점을 두었기 때문에 다른 한편의 '변혁적 원리'로서의 측면은 희박하다고 하여 그다지 다루지 않았다. 이에 비하여 노부시게는 근대 국가의 지점에 서서 '자연'적인 예禮로부터 '작위'적인 법으로의 과도 과정, 보다 정확히 말하면 법률이 예禮의 보조적 작용을 하는 '예치주의禮治主義'로부터 '법치'를 주로하고 '예치'를 종으로 하는 '법치주의'로의 과도과정이라고 하면서도 양자를 함께 '사회력社会力'의 기초를 이룬 것으로서 같은 지평에서 분석하였다. 후술과 같이 이와 같은 노부시게의 인식은 량치차오에게 있어서 유가와 법가의 결합 주장을 기초짓는 것이었다고 하여도 결코 과언이 아니다.

이상과 같이 노부시게는 역사법학의 방법 — 역사, 전통, 관습을 중시하

34 위의 글, p.206.
35 穗積陳重, 「世界最古の刑法序」, 『穗積陳重遺文集』 第三冊, 岩波書店, 1934, p.5.
36 丸山, 앞의 책, p.202.

는 방법 — 에서 출발하여 유교전통을 시야에 넣어 '예'와 '법'을 중심으로 고찰하였다. 노부시게의 논의는 그의 논문을 직접 접한 량치차오에게 유익한 힌트를 주었음에 틀림없다. 1906년 청나라 말기의 '예법' 논쟁을 들여다보며, 량치차오는 노부시게의 논문에서 힌트를 얻어 중국에서 '법리학'의 역사에 대하여 사색을 거듭하였다고 생각된다. 왜냐하면 량치차오의 논의 중 역사 전통을 중시한다는 관점뿐만 아니라 자연법과 실정법의 관계를 의식하고 있던 것, 순자와 관자를 통해 중국에서 법의 본연의 자세를 고찰한 것 등의 점에서 모두 노부시게의 논의의 영향을 찾을 수 있기 때문이다.

5. 량치차오에게 있어서의 유교적 자연법과 법리학

1) '대동大同 · 소강小康' —량치차오의 유교인식

량치차오의 「발달사론」에서 중국의 법리학을 둘러싼 논란을 고찰하기 전에, 먼저 일본 망명 후 량치차오의 유교에 대한 파악 방법을 밝혀야 한다. 이는 량치차오 논의의 출발점이기 때문이다.

량치차오 자신이 언급한 바와 같이 그의 유교에 대한 파악 방법은 그 스승인 캉유웨이康有為로부터 큰 영향을 받았다. '청대학술개론清代学術概論'에서 량치차오는 캉유웨이를 '금문학今文学 운동의 중심'[37]으로, 자신을 금문학파의 '맹렬한 선전운동자'[38]로서 위치 짓고 있다.

청나라 말기의 캉유웨이는 「신학위경고新学偽経考」, 「공자개정고孔子改制考」

37 梁啓超, 「清代学術概論」, 『飲氷室合集 · 専集』 34, 中華書局, 1989, p.56.
38 梁啓超, 위의 글, p.61.

등을 저술하여 청나라 말기 중국의 지식계에 큰 충격을 주었다. 캉유웨이는 한나라 시대에 큰 영향력을 갖고 위진魏晋 이후 천 년 남짓 쇠퇴하고 있던 금문학파의 「춘추공양전春秋公羊伝」에 의거하면서, 고문학파古文学派는 공자가 『춘추春秋』에 담은 '미언대의微言大義'를 매몰시켰다고 비난하고 『춘추』는 공자가 옛 것에 기탁하여 제도를 탁고개제托古改制하고자 한 것이라고 주장하였다.

캉유웨이는 「춘추공양전」에서의 '삼세三世'설 — 거란拠乱, 발란撥乱 · 승평昇平, 태평太平 — 과, 「예기禮記 · 예운禮運」에서의 '소강小康' · '대동大同'을 결합시킴으로써 인류사회의 진화 과정을 해석하였다. 즉, 인류사회는 거란세로부터 승평세의 '소강'으로 그리고 최종적으로 태평세의 '대동'으로 진화할 것이라는 주장이었다. 캉유웨이에 의하면 공자는 거란세인 춘추시대 안에서 '대동'의 이상을 명언 할 수 없었기 때문에 이를 자신이 저술한 『춘추』 안에 '미언微言'으로서 채워 넣었다.

캉유웨이의 설에 기초하면서 량치차오는 공자 이후의 유가를 맹자와 순자라는 두개의 흐름으로 나누었다. 즉, 맹자는 공자의 『춘추』를 연구함으로써 그 대동설을 계수하였으나 순자는 공자의 '예禮'를 연구하여 그 소강설을 계수하였다. 공자는 『춘추』에서 태평세의 이상을 '미언'을 통해 나타낸 한편, '대의大義'로서 '보통사람에 대하여 설법하기' 위해 예禮를 말한 것이었다. 량치차오에 의하면 한나라 이후 2천 년 이래의 유학은 결국 순자의 학문만이 계수된 한편 맹자의 학문은 끊겨버렸다. 이러한 인식에 기초하여 캉유웨이의 대동의 가르침을 받은 량치차오는 '순수신맹絀荀申孟, 순학을 물리치고 맹학을 늘린다'[39]을 목표로 시아청요우夏曾佑, 하증우, 탄스통譚嗣同, 담사동 등의 '배순排荀'과 호응하면서 '대동'정신 부흥의 창도에 힘썼다. 량치차오의 순자에 대한 평가는 엄격했다. 그는 다음과 같이 논단하고 있다. '순경荀卿은 실로 유가들 가운데 가장 협애한 자이다. 오로지 본사本師를 숭배하고 바깥 길을 거부했을 뿐 아니라 소종小宗을 존중하고 대종大宗을 잊었다. (…중략…) 그러므로 그가 옳고 그르다고 한 것은 거의 취할 가치가 없다',[40] 여기에서 말하는 '소종小宗'과 '대종大宗'은 '소강小康'과 '대동大同'을 가리키고 있는 것은 틀림없을 것이다. 량치차오는 나아가 순자의 제자인 진나라 재상 이사李斯에 의한 '갱유坑儒'도 순자의 협애주의적인 가르침을 받았기 때문이라고 단죄하였다.

한편 량치차오는 근대 서양의 법치주의를 논하는 때에 전통 법가의 법치주의를 언급하지 않을 수 없었다. 그리고 순자는 당연히 법가사상의 근원으로 손꼽혀져야 했던 것이다. 본래 량치차오 자신도 인정한 것처럼 '공자의 저술언론에 소강의 범위 내에 속하는 것이 8, 90할을 차지하고 있는 것은 부정할 수 없다'.[41] 그로 인해 공자의 소강사상 계승자로서 순자의 사상은 현실의 과제에 대처하는 정치사상으로서 그 합리성을 결코 무시할 수 없었다. 량치차오는 순자에 대해 엄격한 견해를 갖고 있었으나 순자를 무시할 수는 없던 것이다.

이상과 같은 맹자의 이상주의와 순자의 현실주의라는 공자 이후의 나뉘어진 두 흐름은 량치차오가 유교를 파악하는 기본적인 관점으로서 일관하고 있다. 그의 자연법 사상도 바로 이 관점에서 나온 것이다.

---

39 위의 글, p.61.
40 梁啓超, 「論中国学術思想変遷之大勢」, 『飲氷室合集 · 文集』 7, 中華書局, 1989, p.17.
41 위의 글, p.101.

2) 맹자와 순자—량치차오의 경우

상술과 같이 마루야마는, 소라이가 '우주적 자연'과 '선왕의 길', '수신'과 '치국'을 각각 준별한 것에 비하여 순자에는 '자연'과 '작위'가 분별되어 있지 않아 '근대'와는 아무런 인연이 없음無縁을 지적하였으나 순자에 대한 평가에 관하여는 량치차오는 오히려 반대였다.

량치차오에 의하면 본래 유가는 무엇보다도 자연법을 존중하고 있고 유가의 법에 관한 관념은 자연법을 첫번째 전제로 하고 있다.[42] 그러나 순자는 유가이면서 그 자연법을 인정하지 않았다. 성악설의 입장에 선 순자는 예의법도라는 '위僞'를 일으켜 본성의 악을 변화시킨다는 것을 주장한다. 순자가 이렇게 유가적 자연법을 부정함으로써 유교에 새로운 바람을 불어 넣고 법치주의의 길을 열게 되었다. 그럼에도 불구하고 량치차오는 유교적 '자연법'을 부정한 순자는 맹자와 비교하여 훨씬 뒤떨어진다는 견해를 나타냈다. 량치차오에게 있어서 맹자가 뛰어났던 것은 그가 유교적 자연법의 가장 대표적인 구현자였기 때문이다. 그렇다면 유교적 자연법을 높게 평가한 량치차오의 인식은 무엇을 의미하고 있는 것일까.

우선 량치차오의 유교적 자연법에 대한 인식을 보도록 하자. 량치차오는 유교적 자연법을 우주적 자연과 인간적 자연이라는 두 가지의 차원으로 나누어 생각하고 있다.

전자의 우주적 자연에 대하여 량치차오는 이를 『역易』에서 찾고 있다.

> 하늘은 존귀하고 땅은 낮아 건곤이 정해진다. 낮은 것과 높은 것이卑高 줄지

42 梁啓超, 「中国法理学発達史論」, 『飲氷室合集・文集』 15, 中華書局, 1989, p.54.

어져 귀천이 자리를 잡는다.

성인은 천하의 심오함을 봄에 있어, 모든 것을 그 형용에 비유하여 그 사물의 마땅함물의, 物宜을 그려낸다. (…중략…) 성인은 천하의 변화를 봄에 있어, 그 모이고 통한회통, 会通 것을 보아 법칙과 제도전례, 典禮를 행하고 (…중략…) 천하의 지극히 심오함을 말하되 바쁘게 (말)할 수 없다. 천하의 지극한 움직임을 말하되 어지럽게 할 수 없다.

이로써 하늘의 도道를 밝게 하여 백성의 연고를 살피게 된다. 이로써 신물神物을 일으켜 백성의 사용에 앞장선다. (…중략…) 한번 닫고 한번 여는 그것을 변變이라 하고 가고 오는 것이 막힘이 없는 그것을 통通이라 부른다. 보여지는 것을 상象이라 부르고 형태가 있는 것을 기器라고 부른다. 만들어 이를 사용하는 이것을 법法이라 부른다.

—「역(易) · 계사(繫辞)」

여기에서 아래의 두 가지 점이 주목된다. 우선 첫 번째로 우주적 천지의 자연은 인간적 자연과 직결되어 있다고 하는 '천인상여天人相與'이다. 우주적 자연법을 아는 성인은 이에 기초하여 인류사회에 '전례典禮'를 행하고, '법' — 량치차오의 말을 사용하면 '인정법人定法'을 만든 것이다.

그리고 두 번째로 '천존지비天尊地卑'와 '변變 · 통通'의 공존이다. 확실히 한편으로는 '천존지비'라는 상하질서는 '역'의 우주관 속에 고정되어 있다. 마루야마가 뜻하는 바의 '자연'이 내포하는 문제성은 바로 이 점에 달려 있다. 그것은 우주적 자연으로서 천지의 상하관계로써 정치사회에서

가부장제를 선천적으로 규정하였기 때문이다. 그러나 다른 한편으로는 이 우주적 질서는 동시에 끊임없이 '변變·통通'하고 있다. 『역易』에서 '한번 음이면 한번은 양이 되는 것一陰一陽을 도道라고 한다'「역(易)·계사(繫辭)」라고 하는 것처럼 일음 일양하여 상호에 왕래유행하여 변화가 막히지 않게 작용하는, 이것을 천지의 도道라고 하는 것이다. 다시 말하면, '천존지비'는 결코 영원불변의 정적인 것이 아니며 음과 양, 상과 하라는 각각의 사이가 '한번 닫고 한번 열어一闔一闢' 왕래하며 끊임없이 '변變·통通'하는 것이야말로 천지의 도道이다. 그리고 이러한 끊임없이 '변變·통通'하는 우주적 자연은 인간사회와 직결한다고 여겨졌다. 즉, 가부장제적 질서도 영원히 고정된 것이라 할 수 없다는 것이다. 이것은 마루야마가 언급한 유교에서의 '변혁적 원리'라는 측면으로 통하는 것이었다.

량치차오에 의하면 『역易』은 '이異'·'변變'을 관찰하여 그 안에서 '일一'·'항恒'을 찾는 것이다. 공자가 50세가 되어 역을 배우게 된 것은, 『역易』을 자연법으로서 파악하고, 인위법은 자연법을 근본으로 삼아야한다고 생각했기 때문이었다.[43]

나아가 자연법을 인간적 자연으로 한정해보면 인류사회의 자연법을 나타내는 것으로서 량치차오는 이것을 무엇보다도 맹자로부터 찾았다.

> 본성에 따르는 것을 도道라 하고 (…중략…) 도道는 잠시라도 떨어질 수 없다.
>
> —「중용(中庸)」

43 위의 글, pp.54~55.

측은한 마음은 모든 사람이 가지고 있고, 수오羞惡의 마음은 모든 사람이 가지고 있고, 공경의 마음은 모든 사람이 가지고 있고, 시비是非의 마음은 모든 사람이 가지고 있다. 측은의 마음은 인仁이다. 수오의 마음은 의義이다. 공경의 마음은 예禮가 되고 시비의 마음은 지智가 된다. 인의예지는 밖에서 나에게로 녹아 드는 것이 아니다. 누구나 그것을 본래 갖고 있는 것이다.

따라서 보통 비슷한 류의 자는, 모두 서로 같다. 어떻게 유독 사람에 대해서만 이를 의심할 것 인가. (…중략…) 마음에 있어서 유독 똑같이 그러하다고 하는 바가 없다고 할 것 인가. 마음이 똑같이 그러하다고 하는 것은 무엇 인가. 소위 이치이며, 의리이다. 성인이란 먼저 스스로 마음의 똑같이 그러한 것을 얻었을 뿐이다.

—「맹자(孟子)・고자상(告子上)」

량치차오에 의하면 맹자는 인류에게는 보편적인 '보통성'이 있고 그 '보통성'은 곧 자연법으로부터 나오는 것이다. 이러한 보편성은 '심지소동연心之所同然'인 '이치理・의리義'였고, 바로 '사단四端, 사람의 본성에서 나오는 네 가지 마음'이다. 맹자의 설명에 대하여 량치차오는 그것은 '가장 완전完滿'한 이론'[44]이었다고 높게 평가하였다.

확실히, '자연'과 '작위'라는 근대적 파악 방법으로부터 보면 '자연'은 극복되어 배제되어야 하는 것임은 말할 것도 없다. 그것은 왕권신수설이나 가부장제의 상하질서를 선천적으로 고정하는 논리이기 때문이다. 근

44 위의 글, p.55.

대적 정치사회는 무엇보다 인간의 주체적 '작위'에 의한 것이므로 소라이의 사상에서 '작위'의 근간은 반反 '근대' 그 자체였음에도 불구하고, 사고방식으로서는 유교적 '자연'을 극복하는 '근대'로 이어지는 것으로 평가된 것이다.

이에 비하여 근대적 입장에서 출발한 량치차오는 유교적 자연법이야 말로 근대 자연법에 통하는 것으로서 정치적 질서를 창출하는 때에 따라 일어나야 하는 존재라고 생각하고 있다. 맹자와 같은 보편적인 인간의 선한 본성으로부터 출발하여 '대동'사회를 구축하는 것은 량치차오의 이상이었다. 량치차오는 순자적 반 자연법의 주장에 비하여 맹자에 의하여 대표되는 유교적 자연법의 우위를 강조한다. 그리고 유교적 자연법의 독자성—'상·하'가 끊임없이 오가며, 변통하는 자연—은 그의 이상을 지지하는 것이었다. 이와 같은 량치차오의 주장을 이해하는 때에, 량치차오가 직접 인용하고 있는 노부시게의 논의를 무시할 수 없다.

6. 량치차오의 논의 안에서의 노부시게

1) 순자와 관자의 사이—노부시게와 량치차오

량치차오에게 있어서 입헌정치를 확립하는 과정에 현실주의적인 순자의 '소강小康'사상은 중요한 의미를 가진다. 량치차오에게 있어서 역사상의 법치주의는 오로지 국가이익을 중시하고 국가 구성원의 이익을 경시하였다는 단점을 갖고 있는 반면, 소극적 동기로부터 본다면 계급제도와 귀족의 전횡을 타파하고 적극적 동기로부터 본다면 부국강병을 추구한다는[45]

그 시대의 악습을 구원하는 효용을 가지고 있었다. 그러므로 그는 '법치주의는 오늘날 구하는 유일한 주의主義이다'라고 주장하였다.[46]

이와 같은 현실에 대한 인식으로부터 량치차오에게 있어서 순자의 사상은 법가의 형성과 이어진 사상으로서 중요한 의미를 갖게 된다. 이 경우 예치주의禮治主義와 법치주의의 모멘트를 모두 가진 순자를 어떻게 바라볼 것인가가 문제로 나타났다. 이 점에 대하여 량치차오에 대한 노부시게의 논문 「예와 법禮と法」의 영향이 현저하게 보여진다.

우선 「예와 법」의 경우를 보면, 노부시게에 의하면 '예禮'는 하늘이나 천리天理와 동일화된 사람의 본성에 기초한 초월적인 자연'도(道)'을 유형화한 것이며 동시에 인위적으로 만들어진 '형식적 규범'이기도 했다. 그리고 마찬가지로 인위적인 '형식적 규범'으로서의 예와 법에 대하여 노부시게는 다음과 같이 구별하고 있다.

> 예禮는 종교 혹은 덕교德教의 표창이자, 혹은 신앙의 의용儀容이고, 혹은 윤리의 형상이 되거나 사교의 질서가 된다. 따라서 예禮가 규범인 근거는 종교 혹은 덕교의 표창이기 때문이다. 법은 국가 권력에 의해 존재하고 국가의 권력을 수단으로 행해지는 것이므로 법이 규범인 근거는 국권의 표창이기 때문이다.[47]

여기에서 노부시게는 예禮라는 규범의 초월성과 법이 정치권력을 배경으로 하고 있는 성격을 대조시키고 있다. 전자의 초월성은 말할 것도 없이

45 위의 글, pp.91~92.
46 위의 글, p.43.
47 穗積陳重, 「禮と法」, p.214.

유교적 자연법에서의 '하늘天'이나 '도道'에 근원이 있는 반면 후자는 국가를 배경으로 하여 정치권력에 의해 제정된 실정법이었다. 그리고 노부시게는 예와 법을 분화分化의 상징으로 하고, 순자뿐만 아니라 관자도 들어 '순자는 예치의 끝終端을 나타내고, 관자는 법치의 시작始端을 나타내어 전자는 유가로서 법가에 가깝고 후자는 법가로서 유가에 가깝다'[48]고 위치시켰다.

노부시게는 예와 법의 분화과정을 나타내는 것으로서 순자와 관자 사이의 다름을 설명하였다. 이와 같은 위치지움에 대해 량치차오는 거의 동일한 형태로 논설에서 전개하는 한편 량치차오는 노부시게 보다 심도 있게 두 사람의 관계에 대해 고찰하였다.

「발달사론」에서 량치차오는 법치주의의 발생에 대하여 논하는 때에 법치주의를 같은 춘추전국시대에 있던 방임주의放任主義, 인치주의人治主義, 예치주의禮治主義 그리고 세치주의勢治主義와 각각 대치시켜 비교하였다.[49]

우선 방임주의는 노자, 장자 일파를 가리킨 것으로 그것은 백성의 무욕無欲, 과욕寡欲을 전제로 하여 무치無治를 주장하였다. 그러나 이는 비현실적인 것이었기 때문에 다른 모든 주장들로부터 비난을 받았다. 세치주의의 경우 량치차오가 보기에 '세勢'는 곧 권력이고 세치주의는 곧 오로지 권세에 의존하는 정치이다. 그러한 주장은 법가의 일부분의 사람들에 의해 주장되었다. 다만 법치주의는 세치주의와 비교하여 전자는 군주가 법으로서 자기제한을 하는 반면 후자는 군주에 대하여 무제한이었다.[50] 나아가 인치주의

48 위의 글, p.216.
49 梁啓超, 「中国法理学発達史論」, p.69 이하를 참조.
50 량치차오는 「先秦政治思想史」에서, 법치와 동동하기 쉬운 것에서 나아가 "술치주의(術治主義)"를 제기하였다. 『飲氷室合集 · 專集』50, 中華書局, 1989, p.137을 참조.

는 오로지 영웅이나 성인, 현인에 의존하는 정치이다. 다만 그것은 세치주의와 같이 오로지 군주의 '제재력'에 의존하는 것이 아니라, '감화력'에 의존하고 있었다. 인치주의는 묵가와 유가의 순자에 의해 주장되었다.

그리고 예치주의와 법치주의를 비교하는 때에 량치차오는 우선 예치주의의 기원에 대하여 설명하였다. 여기에서 량치차오는 가장 먼저 노부시게의 「예와 법」에서의 견해를 인용하여 이들을 정리하면서 소개하였다. 노부시게는 '원시사회는 예치 사회이고',[51] '예의 범위는 지식의 발전과 반비례하여, 인문의 진화와 함께 그 범위가 점점 축소'되어간다[52]고 설명하여 예禮로부터 법으로의 진화과정을 설명하였다. 이러한 주장은 량치차오에게 그대로 계수되었다. 그는 국가를 예에서 법으로 진화하는 극極으로서 위치짓고 예와 법의 관계를 파악하였다.

량치차오가 볼 때 인치주의에 대한 예치주의와 법치주의의 입장은 일치한다. 량치차오는 다음과 같이 설명한다. '유가가 말하는 예와 법가가 말하는 법은 모두 행위의 표준이다. 유가가 말하고 있는 예에 합치하는가 여부는, 즉 법가가 말하는 법에 적당한지 여부의 것이고, 양자는 형질으로 보나 효용으로 보나 시각이 완전히 같다.'[53] 즉, 인치주의의 '인치'에 대하여 법치와 예치는 함께 공통규범을 두고 있는 것이라고 주장하고 있다. 량치차오에게 있어 유가에서의 예禮라는 규범도 법의 한 형태가 된다. 그리고 바로 그것이 그가 지적한 유가와 법가 사이의 가장 큰 쟁점이다. 량치차오가 볼 때에 유가는 옛 귀족에게 적용하던 법즉, 예(禮)의 적용범위를 확

51 穂積陳重, 「禮と法」, p.202.
52 위의 글, p.208.
53 梁啓超, 「中国法理学発達史論」, p.81.

대하여 일반 평민에게 적용시키고자 한 것에 비해 법가는 반대로 일반 평민에게 적용하던 법률즉 刑의 적용범위를 확대하여 일반 귀족에게 적용시키고자 한 것이다.[54]

이 경우 양자 사이에 끼어 있는 것이 순자였다. '군주는 무리를 잘 부리는 자이다'「순자 · 왕제 제9편」라고 설명하는 순자는 성인聖人인 군주만이 사람들을 통합할 수 있다고 생각하였다. 성인이 '예의법도'를 만들어내고 그것에 질서를 부여하였다. 다만 량치차오에 의하면 '예는 본래 일종의 제재력인 것은 부정할 수 없으나 그것은 사회적 제재력이고 국가적 제재력은 아니다'.[55] 그는 순자를 '사회학 대가'[56]로 칭하였다. 그러나 중국이 직면하고 있던 현실과제는 사회보다도 국가의 부강이었다. 그로 인해 국가의 과제에 대하여 '국가' 주의를 사용해야 했다. 량치차오에게 있어 순자보다도 순자 이론의 연장선에서 성장한 법가의 법치주의가 국가주의에 적합한 것이었다. 그는 '우리나라의 국가주의는 법가로부터 시작된다'고 설명하고 있다.

량치차오는 노부시게가 나타낸 법의 진화과정을 수용하여 예禮로부터 법法으로, 법규범이 '사회적 제재력'으로부터 '국가적 제재력'으로, 라는 진화과정은 중국의 근대국가 건설을 위해 불가피한 길이라고 생각한 것이다. 이 때에 '소강'의 순자 사상이 현실에 대해 큰 의미를 갖고 있음은 물론이다.

그러나 이상과 같은, 법의 진화라는 관점으로부터 포착한다면 량치차오

54 위의 글, p.83.
55 위의 글, p.87.
56 위의 글, p.47.

에게 있어서 논리적으로는 유가보다도 법가 사상이 보다 우위에 서는 것이라고 해야 하는 것이 아닐까.

확실히 량치차오에게 있어서 근대국가의 건설이라는 현실적 목표로 본다면 근대적 법으로의 진화는 막을 수 없는 필연과정이다. 그러나 그에게 법의 진화는 그리 단순하지 않았다.

법치에 비해, 량치차오에 의하면 유가는 본디 인치人治를 존중하는 것이다. 그것은 순자의 '다스리는 사람은 있어도 다스리는 법法은 없다'「순자 · 군도편 제12편」는 것에 의해 단적으로 나타나고 있다. 그는 여기에는 진리의 일면도 있다고 단정하는 한편 유가가 인치를 존중하는 것은 단순한 인치주의가 아니라고 주장하였다. 량치차오에 의하면 확실히 유가는 성인을 숭배하고 있다. 그것은 성인이 자연법을 알고, 자연법에 기초하여 '인정법'을 만들 수 있기 때문이다. 따라서 성인 그 자체를 존중하는 것이 아니라 성인이 만든 법을 존중한 것이다. 량치차오가 유가를 이야기할 때 법가사상을 도출한 순자가 아니라 무엇보다 맹자를 의식하고 있다. 그는 맹자의 말을 인용하였다.

> 지금 어진 마음, 어진 소문이 있음에도 백성이 그 혜택을 입지 못하고, 후세에 모범이 되지 못하는 자는 선왕의 도를 행하지 않기 때문이다. 그러므로 말하기를, 한낱 선만으로 정치를 행할 수 없고, 법은 스스로 운영될 수가 없다.
>
> —「맹자 · 이루장구(離婁章句) 상편」

'선왕의 도'란, 즉 성인에 의해 발견된 자연법—그것은 '인정仁政' · '예禮'에 의해 체현體現된다—에 기초한 도덕의 정치이다. 따라서 량치차오는 맹자가 순자보다 훨씬 현명하다고 평하고 유가는 사실은 인치와 법치를 합쳐 조화시키는 것이라고 주장하였다.[57] 이 경우 '법치'는 앞에서도 언급한 것처럼 '예禮'에 불과한 것이지만, 이 법규범의 형식 부분은 근대국가 창출을 향해 근대적 의의에서의 '법'으로 진화해야 한다고 량치차오가 주장한 것이다.

게다가 량치차오는 '순자는 예치의 마지막을 나타내고 관자는 법치의 시초'이다 라는 노부시게에 의한 위치지움에 따르는 형태로 '사회적 제재력'인 예치를 주장하는 순자를 '사회학의 대가'로 하는 한편, '상하의 예를 정하여 구분하고, 민생을 위한 것들을 갖추고上下設民生體', '백성들에게 나라에 이바지하게 하라民體以為国'는 것을 설파한 관자를 '국가단체설의 시조'[58]라고 하였다. 그리고 량치차오는 나아가 다음과 같이 양자의 관계에 대해 논하였다.

> 사회제재력과 국가강제조직이란 본래 같은 것이다. 예치와 법치는 "작용用"은 달라도 "모양體"은 같고, 두 흐름은 같은 근원을 갖는다. 더구나 상호 보완해야 하며 한편으로 치우치거나 소홀히 할 수 없다. 이것은 진실로 깊고 절실深明體要한 말이다.[59]

'예'와 '법'의 관계에 대하여 노부시게는 예법의 분화와 전자에서 후자로의 진화과정을 논하고 있으나 량치차오는 노부시게의 견해를 기초로 하면

57 위의 글, p.72.
58 위의 글, p.48.
59 위의 글, p.50.

서도 '사회적 제재력'의 예禮와 '국가적 제재력'의 법은 양자택일의 관계에 있는 것이 아니며, 전자에서 후자로 단순히 일방적으로 진화하는 것도 아닌, 명확히 법치와 예치의 상호보완성의 중요성에 대하여 언급한 것이다.

2) 관자의 법치주의

예와 법의 상호보완이라는 관점에 의하면 순자와 관자는 자연히 중요한 의미를 갖게 된다. 순자와 관자의 사이에서 예와 법의 상호보완성을 찾는다는 량치차오의 주장에는, 역시 노부시게로부터의 영향을 찾아볼 수 있다.

「예와 법」 안에서 노부시게는, 순자는 '예禮를 존중함으로써 천하를 다스림을 주된 뜻'[60]으로 하는 한편, '예의禮儀를 밝혀 이를 변화시키고, 올바른 법을 일으켜 이를 다스리고, 형벌을 무겁게 하여 이를 금지하고, 천하를 모두 다스려 나아가게 하여 선으로 맞추어지게 된다'「순자 · 성악편 제23」고 주장하여 예의만으로 천하를 다스릴 수 없고 '예禮와 형刑이 서로 의존할' 필요가 있음을 설명한 것으로 보면, 순자를 예법 분화 시기의 '예치의 종기終期'를 나타내는 것이었다고 생각하고 있다. 이에 비하여 관자는 '법은 예로부터 나온다', '예는 백성을 바로잡는 길이 된다'고 하면서도 '법은 천하의 지극한 도이다', '군신상하 귀천이 모두 법에 따르니 이를 큰 다스림大治이라 한다'고 하여 '법은 치도治道의 근본'[61]이라 하였다. 노부시게는 관자의 사상을 '법치의 시작始期'을 나타낸 것이었다고 하였다. 그것은 무엇보다도 관자는 '법치를 주로 하고 예치를 종從'[62]으로 하였기 때문이다.

---

60 穗積陳重, 「禮と法」, pp.217~218.
61 위의 글, p.219.
62 위의 글.

노부시게에 있어서 '순자로부터 관자로'라는 구도를 량치차오도 기본적으로는 공유하고 있으나, 량치차오는 노부시게보다 심도 깊은 형태로 순자보다도 관자를 평가하였다. 량치차오는 관자의 사상을 후세 민본사상의 원류라고 위치지었다. 그리고 민본사상의 가치를 담보하는 것이 바로 유교적 자연법이다.

량치차오의 관자에 대한 관심은 지속적인 것이었다. 량치차오의 관자에 있어서의 국가사상에 대한 주목은 나아가 1902년에 발표된 논설 '논중국학술사상변천지대세論中國學術思想變遷之大勢'로 거슬러 올라갈 수 있다. 그 안에서 량치차오는 '『관자』라는 책은 정말로 국가사상에 관한 가장 깊고 명석한 책이다'[63]라고 지적하고 있다. 그리고 「발달사론」에서 량치차오는 『관자』의 다음과 같은 구절을 원용하여 관자를 '국가단체설의 시조'[64]라고 위치 짓고 있다.

> 상하를 구분하고, 백성이 본받아 살아가도록 하여 국가를 확고히 세운다. 이로써 국가가 국가를 위하는 방법은 백성들이 규범을 본받아 국가를 위하도록 하는 것이다.[65]
>
> —「제32편 군신 하(君臣下)」

> 선왕은 쉽게 백성들과 일체가 된다. 백성들과 일체가 되면 즉, 이는 나라로써 나라를 지키고 백성으로서 백성을 지키게 된다.
>
> —「제30편 군신 상(君臣上)」[66]

---

63 梁啓超, 「論中国学術思想変遷之大勢」, p.21.
64 梁啓超, 「中国法理学発達史論」, p.48.
65 遠藤哲夫, 『管子・中』, 明治書院, 1991 참조. 이하 같음.

량치차오에 의하면 여기에서 '상하설, 민체생上下設, 民體生', '민체이위국民體以為国'은 '가장 오래된 단체설'이었다. 그 뿐만 아니라 1909년 량치차오는 청나라 말의 국회속개 청원운동이 한창인 때에 『관자전管子伝』을 저술하였다. 거기에서 량치차오는 관자가 중국 최대의 정치가일 뿐만 아니라 학술사상계의 대가이기도 했다고 칭찬하고 있다. 춘추시대에 살았던 관자는 제나라 제환공斉桓公을 보좌하고 제나라를 40년간 다스려 제나라를 춘추시대의 최강국으로 만들어 냈다. 관자 이후 제나라는 수백년간 그의 정치에 따랐다. 말할 것도 없이 관자의 성공은 그가 '국가단체설의 시조'이고, '법치의 시초'를 상징하는 존재였기 때문이다.

『관자』는 다음과 같이 주장하고 있다.

> 법은 백성의 부모이다.
>
> —「제16편 법법(法法)」.

> 법은 천하의 지극한 도道이다. 성군은 (법을) 알맞게 써야하는 것이다.
>
> —「제45편 임법(任法)」

> 법은 천하의 본보기儀이니 의혹을 해결하고 시비를 밝히는 것이고, 백성의 운명이 달려있는 것이 된다.
>
> —「제53편 금장(禁蔵)」

---

66 [역자 주] 원문에는 군신 상편의 표시는 없었으나 본문 내용은 군신 상편의 내용으로 윗 문단의 군신 하편과의 구분을 위해 표기하였음.

관자는 법치주의의 입장을 명확히 내세우고,[67] 법치를 철저히 하기 위해 엄격한 형벌을 주장하였다.[68] 법가로서의 면목이 생생히 드러나는 것이다.

그러나 한편, 관자의 법치주의는 량치차오의 입장에서 순수한 법치는 아니었다. 후세의 논자들은 모두 관자를 법가의 또 하나의 대표적인 정치가인 상앙商鞅과 동일시 하였으나, 량치차오가 볼 때에 양자의 '정술政術'의 형식은 같지만 정신은 완전히 반대였다. 상앙의 법치주의는 오로지 부국강병을 목적으로 하였으나, 관자의 경우 부국강병 외에 나아가 '화민성속化民成俗, 백성을 교화시켜 아름다운 풍속을 이룬다'이라는 목적이 있었다. 『관자』의 '제1편 목민牧民'편에서는, "나라에는 네 가지 강령이 있고四維, 그 중 한 가지가 끊어지면 (나라가) 기울고, 두 가지가 끊어지면 위험해지고, 세가지가 끊어지면 뒤집히고 네 가지가 끊어지면 망한다. 무엇을 네 가지 강령이라 부르는가. 첫째는 예禮, 둘째는 의義, 셋째는 염廉, 넷째는 치恥이다"라고 언급하고 있다. 량치차오에 의하면 '네 가지 강령四維'은 『관자』가 가장 존중하고 추구한 것이었다. 『관자』는 간섭주의를 주장하고 엄격한 형벌을 주장하는 한편 다음과 같이 주장하였다.

> 백성은 반드시 그 바라는 것을 얻고, 그 후에 위에 따른다. 위에 따른 후에야 정치가 잘 행해질 수 있게 된다.
>
> —「제10편 오보(五輔)」

67 위의 책, p.14.
68 위의 책, p.20.

정치가 행해지는 것은 민심에 순응함에 있고, 정치가 피폐해지는 것은 민심을 거스르는 데에 있다.

—「제1편 목민(牧民)」

백성의 관찰은 철저하다. 그러므로 내가 올바르게 하면 곧 나를 명예롭게 하고, 내가 과오를 저지르면 곧 나를 깎아내린다. (…중략…) 그러므로 선왕이 백성을 두려워한 것이다.

—「제32편 소칭(小稱)」

이들 주장은 확실히 후세의 민본사상에 통하는 것이었다. 이상과 같은 관자에 비하여 공자는 한편으로는, "관중管仲의 그릇이 작은가…… 관씨가 예를 아는 사람이라면 누가 예를 모를 것인가"논어·팔일편(八佾) 제3라고 비난하면서도 다른 한편으로는, "환공이 여러 제후를 아홉 번 규합하는데 병거兵車, 무력로서 하지 않은 것은, 관중의 힘이다. 그것은 인이라 할 것이다"논어·헌문(憲問)편 제17, "관중은 환공을 도와 여러 제후에게 패를 안겼고, 천하를 바로잡았다. 백성은 지금에 이르기까지 그 덕을 입고 있는 것이다. 관중이 아니었다면 오랑캐의 옷을 입고 머리를 풀었을 것이다"논어·헌문(憲問)편 제14고 하여 칭찬하였다. 공자는 관자에 대하여 인仁을 높이 평가하고, 관자가 없었다면 우리들은 아직도 야만사회에 머물러 있을 것이라고 하였다. 이에 비하여 량치차오에 의하면 맹자에 의한 관자의 평가는 엄격했다. 맹자에게 있어 관자가 제나라에서 달성한 것은 패업일 뿐이고 그것은 왕도를 주창하는 맹자에게는 사소한 것이었다.[69] 량치차오는 관자의 치술이나 사상이 후세에 그다지 전해지지 않았던 것은 맹자의 관자에 대한 경시라는 과오에 의한 바가 크다고 보았다.

이와 같이 량치차오는 관자에게는 '준치기민峻治其民, 백성을 엄격히 다스린다'과 '경외기민敬畏其民, 백성을 경외한다'이라는 대조적인 두 개의 면이 있고 예와 법의 양면이 병존한 자로서 그를 높게 평가하였다. 나아가 그는 관자와 공자 사이의 큰 차이를 찾아 내었다. 즉, 공자는 "이를 (백성을) 이끄는 것을 법으로서 하고 이를 따르게 하는데 형벌로서 하면, 백성들은 형벌을 면하지만 부끄러움이 없을 것이다. 이를 이끄는 것을 덕으로서 하고, 이를 따르게 하는 것을 예로서 하면 백성들은 부끄러움을 알고 선善에 이르게 된다"「논어 · 위정(為政)편 제2」고 하여 법치는 예치에 필적하지 못한다고 주장하였으나 관자는 공자와 대조적으로 "소위 인의예락仁義禮楽은, 모두 법에서 나온다"「관자 · 제45편 임법(任法)」고 설명하였다. 즉, 법치가 없으면 예치도 행할 수 없다는 것이었다. 이와 같은 대립에 대하여 량치차오는 확실히 관자의 입장을 지지하였다. 그는 한 나라의 백성이 모두 덕례德禮에 의해 교화될 수 있다면 매우 이상적이지만 덕례德禮의 힘은 일부 유덕한 사람=사군자士君子에게만 미칠 수 있을 뿐, 그 이외의 백성에 대해서는 단순히 덕례德禮의 감화感化에 의지하는 것은 효과가 없다고 주장하였다. 관자가 말한 것처럼, '간사함은 벼룩을 금하는 것처럼 막아야 한다. (…중략…) 잘못을 용서하지 않고, 선이 있는 것을 잊지 않으면 백성을 격려하는 길이 된다'「관자 · 제16편 법법(法法)」고 하는 것이다.

이상과 같이 량치차오는 관자의 사상 속에서 예치와 법치의 결합 모델을 찾았다. 량치차오에게 근대국가를 건설하는 과정에서 근대적 법제도

---

69 『孟子 · 公孫丑章句上』 참조.

의 확립은 절대 불가결한 것이었다. 그러나 법치주의는 엄격한 정치적 현상을 구원할 유일한 이념이었다고 하더라도, 그대로 전통적 법가를 들고 나올 수는 없었다. 량치차오에게 예禮라고 하는 형태로 표현되는 유교적 자연법에 포함되어 있는 민본사상의 여러 가치는 맹자로 대표되는 '대동大同'을 상징하는 것이고, 그것은 서양의 근대 자연법 사상에 통하는 가치로서 자연법 사상을 부정하는 법가 사상에 우월한 것이다. 근대적인 법치주의의 추구가 법이 통치자의 지배를 위한 도구로 전락하지 않도록 하기 위하여 유가적 자연법은 량치차오에게 있어서 결코 손을 놓을 수 없는 가치였다. 그러한 의미에서 관자의 사상 속에서 예와 법의 결합은 량치차오가 말하는 중국의 법리학 발달사 중의 한가지 이상理想이었다.

7. 맺으며

상기의 량치차오의 논의는 이후 중화민국 시기에 출판된 그의 『선진정치사상사先秦政治思想史』에도 반영되어 있다. 그에게 있어 유교적 '자연'은 단지 비 근대적인 사고로서 일방적으로 부정되어야 하는 것이 아니며, 또한 그 속에 내포되어 있는 '변혁적 원리'의 측면도 간과되어서는 안 된다. 이와 같은 관점에서 량치차오는 근대적 입장에 서서 다나카 고타로의 말을 빌려, '법과 도덕, 자연법과 실정법의 법률철학적 가교'[70]를 시도한 것이다.

량치차오는 그의 대표작의 하나인 '신민설新民說'에서 '신민新民'의 의미를

70 田中耕太郎, 앞의 책, p.107.

다음과 같이 해석하고 있다. '백성을 새롭게 하는新民것은 우리 백성에게 본래 있던 것을 모두 버리게 하고 그들을 타인에게 따르도록 하는 것이 아니다. 새롭게 하는 것에는 이중의 의미가 있다. 한 가지는 본래 자신에게 있던 것을 단련하여'淬厲' 그것을 새롭게 하는 것이고, 또 한가지는 본래 자신에게 없던 것을 받아들여 자신을 보충'採補'함으로써 새롭게 하는 것이다. 두 가지의 어느 쪽이라도 없으면 효과를 낼 수 없을 것이다.[71] 이것은 '근대'를 수용하는 때의 량치차오의 전통적 사상 자원에 대한 기본적인 입장이었다.

서양의 근대 도입에 전력을 다한 량치차오는 전통적인 가치 속에서 자란 자라는 것을 잊어서는 안 된다. '전통'과 '근대'의 이항대립이 이 정도로 격렬하게 부딪친 것은 그 이전까지의 시대에는 없던 것이었고 그 이후로도 그만큼 긴장에 찼던 적은 없었다. 이와 같은 유래 없는 긴장 속에서 '근대'를 수용한 량치차오는 서양의 가치를 스스로 전통 속에 있던 가치와 대비시키지 않을 수 없었다. 상기의 그의 중국 '법리학'에 대한 탐구는 스스로의 전통적에 대한 재검토 작업이기도 하였다. 이 때에 량치차오는 노부시게와 같은 일본 법학자의 '근대'를 수용하는 때의 갈등을 공유하면서 그들로부터 많은 것을 배운 것이다.

---

71 梁啓超, 「新民說」, 『飮氷室合集 · 專集』 4, 中華書局, 1989, p.5.

조선에서의 아나키즘적 근대

20세기 초 동아시아에서 크로포트킨주의의 확산과 조선혁명선언朝鮮革命宣言

야마모토 겐소
박형진 옮김

1. 들어가며

최근 영국의 역사가 쇼 코니시Sho Konishi는 '아나키즘적 근대'라는 개념을 제기했다. 이는 그가 2013년에 발표한 저서[1]의 제목이기도 하다. 그의 논의에 따르면, 메이지 이후 일본의 근대화 과정은 단순히 '서구 모방'만으로는 설명할 수 없다고 한다. 즉, 일본의 근대성은 『만국공법萬國公法』에 기반한 국제질서나 서양문명의 수용, 혹은 자신의 '서양화'에 진력했던 것만이 아니라 또 다른 측면이 있었다는 것이다. 그것은 주로 러시아발 텍스트의 번역을 통해 유입된 '서구적'이라고는 말하기 어려운 독특한 정신성의 수용이다. 가령 코니시는 다음과 같이 서술하고 있다.

---

1 Sho Konishi, *Anarchist Modernity : Cooperatism and Japanese-Russian Intellectual Relations in Modern Japan*, Cambridge and London : Harvard University Asia Center, 2013, p.426.

러시아어 텍스트를 번역했다 하더라도 그것에 의해 일본인이 「서西」로부터의 탈각이나 문화 내셔널리즘을 지향하게 되었던 것은 아니다. 대신 그러한 작업을 통해 일본인은 트랜스 내셔널한 공감, 우애, 공동경험, 부정에 대해 함께 분개하는 감각을 획득했던 것이다[2](강조－인용자).

"트랜스 내셔널한 공감, 우애, 공동경험, 부정에 대해 함께 분개하는 감각"의 총체를 코니시는 '협동주의적 아나키즘'이라 부르고, 그것을 일본 근대성의 일단을 나타내는 개념으로 위치 짓고 있는 것이다. 일반적으로 '비서구의 근대화'라고 하면 국내외의 경쟁적 관계를 전제로 한 국민국가적 총합과, 자본주의적 경제발전을 축으로 하는 서구를 모델로 한 근대화를 상정하기 쉽다. 하지만 일본에서는 그것과는 별개로, 혹은 그것에 대항하는 협동주의적 아나키즘을 축으로 하는 근대성(아나키즘적 근대)이 있었다는 것이다.

그런데 코니시의 논의는 일본에 한정되어 있다. 하지만 필자는 일본의 근대화 과정이 다른 아시아 국가의 그것과 무관계일 수 없는 이상, 코니시의 논의는 동아시아라는 보다 커다란 시좌에서 전개되어야 한다고 생각한다. 그러한 착상에 도달한 이유는 이 책에서 협동주의적 아나키즘을 대표하는 사상가로서 일본에 큰 영향을 주었다고 이야기되는 인물 중 한 사람이 동아시아 전체의 사회운동에도 거대한 영향력을 행사하고 있었기 때문이다. 그 인물은 러시아의 아나키스트 표도르 크로포트킨Pyotr Alekseyevich Kropotkin, 1842~1921이다.

2 ibid., p.16.

코니시는 "(19세기 말부터 20세기 초에 걸친 시기에) 『상호부조론相互扶助論』은 급속도로 일본의 사회 · 문화운동을 상징하는 텍스트가 되었다"[3]고 쓰면서, 크로포트킨의 사상이 일본에 준 커다란 임팩트를 강조하고 있다. 하지만 후술하듯 그의 영향력은 일본에만 한정되지 않았다. 중국이나 조선에도 크로포트킨주의의 세례를 받아 인민을 구제하려는 사회변혁을 목표로 한 운동에 몸을 던진 젊은 지식인이 적지 않았던 것이다.

본고에서는 그러한 지식인의 한 사람인 신채호申采浩, 1880~1936에 대해 논한다. 이 인물은 조선 출신의 사상가, 혁명가였다. 그는 대표적 격문의 하나인 『조선혁명선언』1923에서 내셔널리즘과 아나키즘이 융합된 래디컬한 폭력혁명론을 항일투쟁의 기조노선으로 두고자 하였다. 필자가 신채호에 특히 주목하는 이유는, 이러한 폭력 긍정론을 제창한 사상가에게 다대한 영향을 준 사상가가 크로포트킨이었다는 사실에 있다. 왜냐하면 크로포트킨의 사상은 적극적으로 폭력의 의의를 인정하는 것이 아니라, 기본적으로 (폭력 투쟁을 사회변혁의 주요인으로 보지 않는다는 의미에서) 온건한 것이었기 때문이다.

이 글이 밝히려 하는 것은 신채호의 『조선혁명선언』이야말로 조선에서의 '아나키즘적 근대'를 상징하는 텍스트였다는 것이다. 즉, 신채호의 텍스트가 나타내고 있는 것은 크로포트킨적인 협동주의와 폭력혁명주의의 아말감을 축으로 하는 근대성이라는 것이다. 이를 위해 우선 『조선혁명선언』이 씌어진 배경과 그 특징을 살필 것이다. 다음으로 일반적으로 폭력혁명 노선의 선언문으로 여겨지고 있는 『조선혁명선언』과 온건한 사회진

3 ibid., p.73.

화론으로 여겨지고 있는 크로포트킨주의가 결합된 요인과 배경을 밝힌다. 마지막으로 일견 상반되는 것처럼 보이는 양자가 일체화되지 않을 수 없었던 잠재된 사정, 즉 조선지식인이 직면했던 조선고유의 근대성 문제를 지적하려 한다.

또한 이 글에서 말하는 '크로포트킨주의Kropotkininism'는 일차적으로 "크로포트킨의 자연과학적 식견에 기반한 세계관을 토대로 한 혁명사상과 실천의 총체"를 말한다. 그러나 그가 세계적으로 영향력 있는 사상가가 될 수 있었던 사정에는, 그러한 사상 및 실천과 동시에 그의 인격이나 삶이 많은 사람들을 매료시킨 측면도 있었음을 덧붙여 두지 않으면 안 된다.[4] 유명한 자서전 『한 혁명가의 회상』 등에 투영된 그의 격렬하지만 도덕적인 삶에서 인생의 모범을 발견한 이도 많았던 것이다.[5]

---

4 나카무라 요시카즈(中村喜和)는 "아나키즘에 대해서는 이미 프랑스의 프루동이나 바쿠닌과 같은 선배가 있었고, 각각 책을 내서 세간의 식자들에게 주목을 받았지만 이론과 동시에 자기 자신의 삶을 이정도로 명쾌하게 제시하여 보여준 사람은 없었다"라고 평가하고 있다. 中村喜和, 「解説－最良のタイプのロシア人の自伝」, ピョートル・クロポトキン, 『ある革命家の思い出 下』, 平凡社, 2011, pp.330~331.

5 『한 혁명가의 회상』은 우선 1898년 9월부터 99년 9월에 걸쳐 잡지 『애틀랜틱 먼슬리(Atlantic Montly)』에서 연재되면서 평판을 얻어 보스턴에서 1899년에 단행본으로 간행되었고, 곧바로 다른 언어로도 간행되었다. 같은 해에 부에노스 아이레스에서 스페인어판이 출판되었고, 1900년에는 독일어판, 1902년에는 프랑스어판과 이탈리아어판이 출판되었다. 또한 양쪽 모두 비교적 단기간에 중판되었다. под ред. И.И. Блауберга, *Петр Алексеевич Кропоткин*, - М. : РОСС ПЭН, 2012, С.393~417.

2. 크로포트킨과 신채호

우선 본고의 고찰대상인 두 사상가의 생애를 간단하게 살펴보겠다.

크로포트킨은 1842년 명문 귀족에 속하는 공작가公爵家에서 태어났다. 그런 탓에 궁정에 속하는 귀족의 자제만 입학할 수 있었던 특권적인 근습학교近習學校에의 입학을 허락받는 등, 유년부터 군사 엘리트가 되는 교육을 받았다. 하지만 그의 지적 관심은 점차 지리학으로 향하게 되었다. 그는 주위의 기대와는 반대로 연구를 위해 자진하여 시베리아에 부임하였고, 군무軍務와 함께 지리학적인 조사를 행하였다.

그리고 그곳에서 사상적 전환을 경험하게 된다. 가장 큰 사건은 그가 시베리아 체재 중에 아나키즘과 만난 것이다. 1864년, 이 시기에 알게 된 시인이자 유형수流刑囚였던 '미하일로프'라는 인물이 프루동의 『빈곤의 철학』을 가지고 있었고, 그것을 빌려 읽었던 크로포트킨은 프루동 사상에 사상에 매료되었다.[6] 프랑스의 아나키스트가 주장한 '신용제도개혁'이라는 평화적인 방법에 의한 문제 해결에 감탄했던 크로포트킨은 형 알렉산더 크로포트킨Alexander Kropotkin, 1841~1886에게 "무이자 자본은 최고의 약이 될 것임에 틀림없다. 또 그 필요성을 사회에 인지시키기 위한 수단이기도 할 것이다"[7]라고 편지를 쓰기도 하였다. 이윽고 진로변경을 결심한 크로포트킨은 엘리트 군인으로서의 커리어를 완전히 버렸다.

그리하여 페테르부르크대학 수학부에 입학한 크로포트킨이었지만, 연

6 Кропоткин П.А, *Великая Французская революция, 1789-1793* / Примеч. А.В. Гордона, Е.В. Старостина; Статьи В.М. Далина, Е.В. Старостина, – М.: Издательство ≪Наука≫, 1979, С.524.

7 Кропоткин П.А, *Переписка Петра и Александра Кропоткиных*, М.-Л., 1933, С.191.

구생활을 보내는 한편으로 사회개혁에의 관심을 심화시키고 있었다. 니콜라이 차이코프스키1850~1926를 중심으로 브나로드(인민 속으로) 운동을 전개했던 선전 서클의 하나였던 대선전협회와 접촉하게 되고, 1874년 체포되어 페트로파블롭스크 요새 감옥에 수감되었다.

그러나 옥중에서 류머티즘과 괴혈병으로 이환罹患한 것이 사태를 타개하는 계기가 되었다. 병태가 악화되자 니콜라이 위수衛戍병원으로 옮기게 되었다. 비록 완전히 자유롭지는 않았으나 감옥에서 나오게 되어 병세가 호전되었기 때문에, 외부와 비밀리에 연락을 취할 수 있게 되었던 것이다. 그리고 76년 6월 마침내 병원에서 탈주했다.[8] 핀란드와 노르웨이를 경유하여 서유럽으로 망명한 후에는 영국, 스위스, 프랑스 등을 전전하며 바쿠닌 계열의 아나키즘 운동에 관여하며 중심적인 역할을 맡게 되었다.

그 후, 몇 번에 걸친 체포, 탈옥을 거치면서도 활발한 집필활동을 통해 아나키즘의 선전활동을 계속하였고 주요저작의 다수가 여러 언어로 번역되었다. 특히 『청년에게 고함』, 『빵의 쟁취』, 『전원, 공장, 작업장』, 『상호부조론』, 『한 혁명가의 회상』, 『러시아문학의 이상과 현실』 등은 세계 각지에서 읽혔다.

이렇게 세계적인 혁명사상가로서 명성을 떨쳤음에도 제1차 세계대전이 발발했을 때 러시아의 대對 독일전쟁을 지지한 일로 그의 명망은 땅에 떨어졌다. 1917년에 2월혁명이 발발하자 러시아로 귀국, 10월혁명 후에는 은퇴를 표명하고 드미트로프라는 마을로 이주했다. 1921년에 사망할 때까지 이 마을에 거주했다.

8 Пирумова Н.М., Петр Алексеевич Кропоткин, – М. : Издательство Наука, 1972, С.81~89 (ナターリヤ・ピルーモヴァ, 左近毅 訳,『クロポトキン伝』, 法政大学出版局, 1994, pp.89~97).

그러나 사후에도 여전히 크로포트킨의 '권위'는 살아있었다. 세계적으로 존경받았던 그의 존재는 소련 정부조차 무시할 수 없었다.[9] 실제로 정치적으로 불리한 상황에 놓여있었던 러시아의 아나키스트들에게 있어 크로포트킨의 유산은 커다란 의지가 되었다. 1921년 모스크바에 설립된 크로포트킨 현창위원회는 자료수집과 크로포트킨의 저작 간행, 기념관 운영 등을 목적으로 설립되었지만, 합법적으로 아나키스트가 활동할 수 있는 많지 않은 거점 중 하나이기도 하였다.

그러나 위원들 사이에는 처음부터 의견의 차이가 있었다. 위원회를 창설한 것은 크로포트킨의 유족과 그와 가까운 입장에 있었던 아나키스트들이지만, 전자가 위원회를 문화적 활동의 거점으로 생각하고 있었던 것에 반해, 후자는 아나키즘 선전의 거점으로 활용하려고 생각하고 있었던 것이다.[10]

또한 소위 '신비적 아나키스트'도 이 위원회의 활동에 관여하게 되었는데, 그들은 사상적으로도 성격적으로도 다른 아나키스트들과 사고방식이 맞지 않았다.[11] 사회혁명 전에 정신적 혁명을 가정하여 프리메이슨적인 계층조직과 종교적 의식을 도입했던 신비적 아나키즘은, 다른 아나키스트들이 보기에는 크로포트킨의 아나키즘과는 전혀 다른 것이었다.[12] 그리하여 신비적 아나키스트들도 '반소 선전활동'과 '반혁명 조직망의 창설'

9 레닌은 만년의 크로포트킨과 그 가족에게 물질적인 지원을 하고 있었다. 또한 신문 각지의 부고 기사에서는 '혁명 러시아의 불굴의 노전사' 등으로 칭해졌다. Там же. С.214~216. [위의 책, pp.243~244).

10 Ручкина Е.В., "Трансформация теории П.А. Кропоткина в идеологии анархистов-практиков в России после революции 1917г", Дис. на соис. уч. ст. канд. ист. наук., 2003, С.170.

11 Там же.

12 Там же.

의 협의가 씌워져 1931년부터 재판이 시작되었다.[13] 그리하여 35년경까지 아나키스트들의 활동은 거의 궤멸상태에 빠지게 되었다.[14]

다음으로 신채호의 생애를 살펴보자. 그는 1880년 충청도의 가난한 양반 가정에서 태어났다. 유년시절부터 유학을 배웠고 1898년에 상경했다. 그리고 1905년 성균관 박사가 되어 그 후에는 저널리스트로 활동했다. 1910년대는 일본의 식민지 지배로부터 도주하여 중국, 그리고 블라디보스토크에서 망명생활을 보냈다. 그 후 상해나 북경에서 항일활동과 역사 연구를 계속했다.

당시 중국은 파리나 동경에서 귀국한 유학생을 통해 아나키즘을 비롯한 서양 사상이 침투하고 있었다. 특히 파리파派는 보다 민족주의적이고 직접 행동적인 아나키즘을 지향하고 있었다. 또한 재중조선인 가운데에도 서양의 혁명사상에 관심을 가진 이들이 있어, 1920년대 중국에서 에스페란토어를 가르치고 있었던 바실리 에로센코Vasili Eroshenko, 1890~1952나 작가이자 북경대학 교수였던 루쉰魯迅, 1881~1936을 통해 아나키즘을 흡수하고 있었다.[15] 신채호도 이 무렵 아나키즘과 만난 것으로 생각된다. 시기는 특정할 수 없지만, 그는 크로포트킨의 『청년에게 고함』과의 만남을 '세례'라 칭하였다 한다.[16]

1920년대에 들어서부터 조선인 아나키스트 이회영李會榮, 1867~1932과 만나 아나키즘에의 이해를 심화시켰다. 또한 일본의 아나키즘 사상, 특히 고토쿠 슈스이幸徳秋水의 사상에도 공명했다고 한다.[17] 이렇게 아나키즘에 경

---

13 Там же. С.171.

14 Там же.

15 구승회 외, 『한국 아나키즘 100년』, 이학사, 2004, 208쪽.

16 위의 책, 168쪽.

도되고 있었던 신채호는 1922년에 의열단義烈團[18] 고문으로 가입하여, 다음 해에 『조선혁명선언』을 집필했다. 중국 만주지역에는 몇 개의 조선인 아나키즘 단체가 발족했는데, 신채호는 그 중 다수에 관여하고 있었다고 한다. 의열단을 시작으로, 그와 같이 직접행동주의를 표방하며 1923년에 결성된 다물단多勿團, 1924년에 결성된 재중조선인무정부주의자연맹在中國朝鮮無政府主義者聯盟 등이 그 예이다. 이들 기관지에서 신채호는 건필을 휘둘렀다.

이렇듯 신채호는 중국 만주지역에서 급진적인 조선인 활동가를 조직화하는 한편 타국의 아나키스트와의 연합을 모색하고 있었다. 예를 들어, 1926년에 조선, 중국, 대만, 일본, 베트남, 인도 6개국의 대표로 구성된 무정부주의동방연맹無政府主義東方聯盟에 가맹했는데, 이는 신채호가 항일민족해방 운동가임과 동시에 트랜스 내셔널한 변혁을 목표로 한 혁명사상가이기도 했다는 것을 드러내고 있다고 해도 좋다.

신채호는 주로 문필활동으로 혁명운동을 지탱했으나, 1928년 대만에서 일본 관헌에 의해 체포되었다. 그 후 2년에 걸친 재판 결과, 징역 10년의 판결을 받아 뤼순감옥旅順監獄에 수감되었다. 그의 조국에서는 31년부터 『조선일보』를 통해 그의 역사 저술 『조선사朝鮮史』의 연재가 시작되었다. 그러나 36년 미완인 채로 옥중에서 서거했다. 완성된 부분은 후에 『조선상고사朝鮮上古史』라는 제목으로 간행되었다.

위와 같이 두 사람의 생애를 비교해 보면, 몇 가지 공통점을 발견할 수

---

17 위의 책, 185~186쪽.

18 의열단은 1919년 11월에 중국 동북지방의 길림성에서 조직된 항일운동단체이다. 북경이나 상해에 체재하는 중국인이나 조선인 급진분자가 참가하고 있었다. 일본의 천황, 요인의 암살 및 각 기관의 파괴를 목적으로 하였다. 高峻石 編著, 『朝鮮革命テーゼー歴史的文献と解説』, 柘植書房, 1979, p.62 참조.

있다. 첫 번째는, 두 사람 모두 학자 기질의 인간이면서도, 한편으로는 조국에의 강한 신념 또한 눈에 띈다는 점이다. 신채호에 관해서는 항일민족해방 운동가이면서 아나키스트라는 정체성에 의문이 들 수 있겠으나, 크로포트킨을 아나키스트라고 한다면 신채호도 역시 아나키스트인 것이다.

3. 크로포트킨주의와 조선

여기서는 신채호를 시작으로 동아시아의 사상가나 혁명가에게 커다란 영향을 미친 크로포트킨주의를 간단히 살펴보겠다. 그리고 그것이 지지받았던 배경을 밝히면서 크로포트킨주의가 당시의 동아시아, 특히 조선에 액추얼한 사상이었다는 것을 드러낼 것이다.

필자 나름대로 정의하자면, 크로포트킨주의는 그의 자연과학적적인 식견에 기반한 세계관을 토대로 하여 성립된 혁명사상과 실천의 총합이며, 그가 말한 '공산주의적 아나키즘'을 말한다. 그것의 가장 큰 특징은 자연계에서의 상호부조를 진화의 가장 중요한 요인으로 하는 자연과학적 사회관에 있다. 크로포트킨에 따르면, 동물계에서도 인간계에서도 상호부조와 연대야말로 진보의 주요인이다. 또한 그것은 개채의 생존에 필요한 수단임과 동시에, 인간적 도덕의 기초를 이루는 요소이기도 하다.[19] 즉, 이것을 인간계로 되돌리는 것이 혁명의 첫 번째 의미여야 한다는 것이다.

하지만, 현실의 인간사회에서 도덕성은 경시되는 경우가 많다. 크로포

---

19 Рябов П.В., *Краткий очерк истории анархизма в XIX-XX веках*; Анархические письма, – М. : КРАСАНД, 2010, С.37.

트킨에 따르면 그것은 인간이 권위주의적으로 인공적, 즉 비인간적인 사회기구 아래에서 사회생활을 강요받고 있는 것에 기인한다. 예를 들어, 그는 다음과 같이 권위주의적 기구의 해악을 지적한다.

> (국가는) 모두 기생충과 같은 지배자의 편을 들고, 모두 프롤레타리아트에 반대한다. 부르주아지의 교육은 태어날 때부터 평등에 반하는 편견을 주입하여 아이들을 부패시킨다. 교회는 여성의 이성을 흐릿하게 만든다. 법률은 평등과 연대의 사상을 교류하는 것을 방해한다. 돈은 프롤레타리아트 사도를 타락시켜 매수하기 위해 쓰여진다. 마지막으로 감옥과 유형지는 매수되지 않은 자를 내쫓기 위해 존재한다. 이것이 국가다.[20]

확실히 이러한 비인간적 사회활동이 계속되면 '자조自助'만으로도 버거운 생활이 되며, 공공에의 관심이 희미해져 타자에 공감하는 힘을 잃어버리게 되는 것은 피할 수 없을 것이다. 그 결과 인간성이 왜곡되어 버리고 도덕 따위는 무용지물이 되기 쉽다. 그가 혁명에 뜻을 둔 것은 그러한 인간사회를 전복하고, 도덕적인 인간성을 회복하기 위함이었다. 그리고 그를 위해 새로운 사회를 재구성하는 원리가 되는 것은 제재나 강제 따위가 아니라 자유이다. 그렇게 생각했기 때문에 크로포트킨은 부르주아지와 관료제가 지배하는 산업사회를 전복하고, 자유와 상호부조 원리에 기반한 공산주의적 아나키즘의 실현을 희구했던 것이다.[21]

---

20 Кропоткин П.А., Речи бунтовщика : Пер. с фр./ Вступ. ст. Д.И. Рублева. Изд. 3-е, - М. : ЛИБРОКОМ, 2010, С.7~8(クロポトキン, 三浦精一 訳, 「叛逆者の言葉」, 『クロポトキン I』, 三一書房, 1970, p.21).

21 Рябов, *Краткий очерк истории анархизма*, Common Place, 2020, С.38.

중요한 것은, 그 전환이 정치혁명이 아니라 사회혁명에 의해서만 가능하다는 것이다. 크로포트킨이 말한 사회혁명은 인류가 진화하는 가운데 통과하게 될 하나의 과정이다. 때문에 그것은 특정한 당이나 계급, 혹은 중앙정부가 수행하는 것이 아니다. 즉 혁명정부도, 혁명독재도 필요하지 않은 것이다. 그러므로 혁명은 어디까지나 생활자인 사람들과 지역이 주역이 되는 "전 민중에 의해 동시적으로 행해지는 경제구조의 총체를 쇄신하는 실험"[22]이라는 것이다. 또한 그 혁명은 국지적인 것이 아니라 "보편적인 성질"[23]을 띤다는 것이 크로포트킨의 견해이다. 왜냐하면 국가 간의 관계는 불안정한 균형 위에 성립되어 있기 때문에, 어느 나라에서 동요가 생기게 되면 필연적으로 다른 나라들로 확대되어 나가기 때문이다.

그리고 도래할 공산-아나키 사회에서는, 국가가 아니라 상호부조와 연대로 맺어진 자유로운 개인이 형성하는 공동체가 사회의 중심이 된다.[24] 또한 사람들이 일하는 목적은 이윤추구가 아니라 필요한 것의 획득과 인간적 생활이 된다.[25] 때문에 이윤을 효율적으로 증가시키기 위해 행해지고, 노동자에게 기계적인 노동을 일생동안 종사시켜 지성과 발명정신을 빼앗아 온[26] 분업제나 집중생산제도 자취를 감추지 않으면 안 된다. 또한 육체노동과 정신노동, 도시와 농촌과 같은 구분도 사라지고, 토지는 도시주민과 농촌주민의 공동경작으로 모든 물자 생산이 공유화·계획화된다. 그리고 생산물은 필요에 따라 분배된다. 게다가 노동시간은 1일 5시간으

---

22 Кропоткин, "Речи бунтовщика", С.17~18(クロポトキン, 「叛逆者の言葉」, p.32).
23 Там же, С.17(クロポトキン, 「叛逆者の言葉」, p.32).
24 Кропоткин П.А., Хлеб и воля, - Иркутск : АДА-Пресс, 2010, С.49(クロポトキン, 長谷川進 訳, 「パンの略取」, 『クロポトキンⅡ』, 三一書房, 1970, p.47).
25 Там же. С.107(クロポトキン, ibid., p.100~101).
26 Там же. С.185~186(クロポトキン, ibid., p.174).

로 한정되어 각자 자신을 향상시킬 충분한 여가를 얻을 수 있기 때문에 일이 괴롭지 않게 되고 생산적인 활동이 된다 한다.[27]

크로포트킨주의는 대략 이러한 것이다. 필자 나름대로 정리하자면, 그것은 아나키즘을 실현하기 위한 공산주의라 해야 할 것이다. 크로포트킨 자신이 서술하고 있는 부분에 따르자면, 공산주의는 자유를 부정하는 경우도 있고 자유 확대에 이바지하는 경우도 있다.[28] 그렇기 때문에 자유, 즉 아나키라는 목적을 확고한 것으로 만들 필요가 있다는 것이 크로포트킨의 신조였다.

> 아나키를 목적 및 수단으로 둔다면 공산주의는 가능하다. 반대로 그 목적과 수단이 없다면 공산주의는 개인의 노예화로 향하게 되며, 그 결과 실패로 끝난다.[29]

그러나 필자의 생각으로는, 크로포트킨이 인기를 얻었던 이유는 저작에서 논해진 사상 그 자체가 받아들여졌다기보다, 반대로 크로포트킨의 삶이나 인격을 포함한 크로포트킨주의의 정신적인 부분이 받아들여졌기 때문이다. 이미 어느 보고[30]에서도 논해진 것이지만, 크로포트킨주의가 확

---

27 Кропоткин П.А., Поля, фабрики и мастерские. Промышленность, соединенная с земледелением, и умственный труд с ручным. Перевод с английского А.Н. Коншина. Под ред. автора. – Пб. – М. : Книгоиздательство Голос труда, 1921, С.216(クロポトキン, 磯谷武郎 訳, 「田園・工場・仕事場」, 『クロポトキンⅡ』, 三一書房, 1970, pp.458~459).

28 Кропоткин П.А., *Коммунизм и анархизм*, Анархия, ее философия, ее идеал. – М.: ЭКСМО-Пресс, 1999, С.613.

29 Там же, С.616.

30 Kenso Yamamoto, "Spreading of Kropotkinism in East Asia : Scientism and Morality", *The 10th East Asian Conference on Slavic Eurasian Studies*, 29 Jun 2019, University of Tokyo.

산될 수 있었던 것은 그것이 과학주의와 도덕주의의 아말감을 이루고 있으며 그 이면성이 20세기 초 동아시아의 사조와 합치했기 때문이다. 왜냐하면 당시의 아시아 각국은 바야흐로 과학과 도덕의 시대를 맞이하고 있었기 때문이다.

앞에서 서술한 것처럼, 크로포트킨의 방법론은 자연과학적인 지식을 베이스로 하고 있다. 그와 같은 사상가가 주목받았던 것은, 과학기술의 적극적 도입을 목표로 했던 20세기 초 과학주의의 융성이라는 시대배경이 있었기 때문일 것이다. 과학기술·공업기술 도입의 시기가 지나자 기존의 사회질서나 규범, 더 나아가서는 자유나 평등 등과 같이 새롭게 일본에 수입된 가치의 근거로서 과학이 적용되기까지 하였다.[31]

19세기 말부터 20세기 초에 걸쳐 다윈의 진화론이나 골턴의 우생학이 소개되자, 그것들은 일본과 서구의 여러 나라에서 국가로서의 대등성의 근거나 사회적 저격자低格者의 배제의 정당화에 활용되었다. 이는 과학이 객관적 진리 자체가 아니라 특정한 가치관에 기반한 정책에 '객관적 올바름'을 부여하는 이데올로기(과학주의)로서 기능하고 있었다는 것을 말하고 있다. 당시 과학주의를 대표하는 이데올로기가 사회다윈주의인 것은 두말할 나위도 없을 것이다. 그것은 종종 사회적 불평등뿐만 아니라, '인종의 우열'이나 '엘리트의 인위적 선발'을 긍정하는 '이유'를 제공했다. 본래 천부인권론자였던 가토 히로유키加藤弘之, 1839~1916가 진화론과 사회유기체론을 융합시켜 '강자의 권리'를 정당화하고 충군과 애국을 제창하는 권력국가 사상을 확립했던 것은,[32] 일본에 있어서 사회다윈주의의 영향의

31 柿本佳美, 「近代日本の優生学の受容と科学主義」, 『医療・生命と倫理・社会』 第8号, 2009, p.107 참조.

전형을 보여준다.

앞에서 서술한 것처럼, 크로포트킨주의는 '상호부조'의 원리를 진화의 주요인으로 위치 짓는 진화론이다. 크로포트킨은 '적자생존'을 강조하는 사회다윈주의를 비판하려는 의도를 가지고 있었지만, 그 점이야말로 상호부조론이 사람들의 마음을 끌었던 이유였다.[33] 즉, 크로포트킨주의도 사회다윈주의와 마찬가지로 과학주의 이데올로기의 하나로서 인기를 획득한 것이다. 단, 전형적인 '강자의 논리'를 정당화하는 이데올로기를 과학적으로 부정하는 이데올로기로서 말이다.

이와 같은 이데올로기 상황은 1900년대 조선에서도 확인할 수 있다. 허버트 스펜서Herbert Spencer, 1820~1903의 사회진화론의 영향을 받은 량치차오梁啓超, 1873~1929의 저작이 『대한매일신보』의 논설에서 활발하게 인용되었기 때문에, 우선 지식인에게 침투하였고, 이윽고 일반인 사이에서도 '생존투쟁', '우승열패'라는 말이 유행어와 같이 사용되었다고 한다.[34] 조선에서 아나키즘이 본격적으로 수용되기 시작된 것은 3·1운동을 전후로 하는 시기이지만, 그 이전은 구태의연한 체제로부터의 탈각과 사회전체의 근대화, 즉 '강해지는 것'이 주요 과제로 간주되었기 때문에 사회다윈주의 쪽이 받아들여지기 쉬웠다고 한다.[35] 실제로 사회진화론은 구국을 위한 강한 정치의식을 불러일으키고 애국계몽운동을 추진하는 힘이 되어, 일부 지식인이 제창한 '신민사상新民思想, 새로운 사상을 가진 신민을 만들어내는 것'의 토대

32 黄家華, 「日本と中国における西欧進化論の受容－加藤弘之の権力国家思想と厳復の「群道」の理念を中心として」, 『年報人間科学』 第20巻 第1号, 1999, p.201.

33 Sunyoung Park, *The Proletarian Wave : Literature and Leftist Culture in Colonial Korea, 1910-1945*, Cambridge and London : Harvard University Press, 2015, p.47.

34 波田野節子, 「李光洙の民族主義と進化論」, 『朝鮮学報』 第136輯, 1990, p.79 참조.

35 구승회 외, 『한국 아나키즘 100년』, 이학사, 2004, 81~82쪽.

가 되었다고 한다.[36]

하지만 말할 것도 없이, 사회다윈주의는 강자의 논리를 긍정하고 열강의 제국주의적인 권력정치를 정당화하는 논리를 포함하고 있다. 특히 일본에 병합된 조선에서는 일본에 의한 침략을 긍정하기 쉬운 사회다윈주의에 대한 비판과 극복이 중요한 과제가 되었다. 그리하여 지식인의 주목을 모으게 되었던 것이 아나키즘=크로포트킨주의였다는 것이다.

그런데 크로포트킨은 '혁명에 있어서 폭력'이라는 문제에 대해 애매한 태도로 일관하고 있었다. 왜냐하면, 그의 저작에는 '반역' '사회혁명' '수탈' 등의 단어가 빈번히 사용되지만, 그가 그것들의 내용이나 의미를 충분하게 밝히고 있다고 말하기는 어렵기 때문이다.

실제 그의 사상에서 블랑키즘Blanquism적인 폭력적인 혁명독재나 바쿠닌과 같은 아나키스트가 상정하고 있었던 혁명음모결사에의 지향이 보이지 않는 것은 확실하다.[37] 하지만 다른 한편으로, "대혁명에 선행하는 폭동을 준비한다"[38]고 서술하고 있듯, 폭력적인 방법을 완전히 부정하고 있었던 것도 아니라고 볼 수 있다.

그렇다고 하더라도 크로포트킨이 기본적으로 폭력적인 수단을 긍정적으로 파악하지 않았고, 적극적으로 그러한 행동을 권장하지 않았다는 것

36 波田野, 앞의 글, p.79 참조.

37 예를 들어, 크로포트킨은 다음과 같이 서술하고 있다. "정부는 하나의 비밀결사에 의해 타도될 수 있고, 더 나아가 그 결사가 정부를 대신하여 수립될 수 있다고 생각한 것은 1820년 이래, 공화주의 부르주아지 가운데 생겨난 모든 혁명조직이 빠진 과오이다. (…중략…) 정부에 대해 일격을 가한 것은 비밀결사도 아니고, 혁명조직도 아니다. 이들의 기능과 역사적 사명은 혁명의 정신을 준비하는 것이다. 그리고 정신이 준비될 때-조력적인 외부사정-최후의 압력은 선도 그룹으로부터가 아니라 결사의 여러 분파의 외부에 있는 대중으로부터 오는 것이다"(Кропоткин, "Речи бунтовщика", C.133~134(クロポトキン, 「叛逆者の言葉」, pp.183~184)).

38 Там же, C.153(クロポトキン, ibid., p.208).

도 확실하다.[39] 결국, 크로포트킨이 도래할 혁명에서 해야 할 일로서 세계에 호소한 것은 "인간으로부터 착취할 가능성이 있는 모든 자들로부터의 완전한 수탈"[40]이라는, 말하자면 "착취자에 대한 복수"[41]로서의 "폭력"이었다. 이렇게 주장한 것은 애타주의적인 그의 인격과 관계없다고 할 수 없다. 크로포트킨은 자신의 학자로서의 성공이나 지적 호기심을 희생해서라도 궁핍한 민중에게 다가가려고 하는 고결한 도덕성의 소유자였다. 즉, 그는 자연과학자임과 마찬가지로, 혹은 그 이상으로 정신과 인간애를 가진 인물이었던 것이다. 자서전에서의 다음과 같은 구절은 그러한 인격을 여실히 말해주고 있다.

> 과학이라는 것은 대단한 것이다. 나는 그 기쁨을 체험했고, 높게 평가해 왔다. 아마 많은 동지들도 그러할 것이다. 지금도 핀란드의 호수나 언덕을 바라보고 있으면 나의 눈앞에는 새롭고 아름다운 결론이 떠오른다. (…중략…) 그러나 내 주변에 있는 것이 빈곤과 곰팡내 나는 한 조각의 빵을 위한 싸움뿐일 때, 어째서 나에게만 그러한 커다란 기쁨을 경험할 권리가 있는 것일까. 그러한 커다란 감격의 세계에 살기 위해 내가 지불한 모든 것은, 스스로 밀을 만들면서 아이들에게조차 충분하게 빵을 먹이지 못하는 사람들의 입에서 비롯

---

39 Смирнова В. К., *《Пропаганда действием》 в теории и практике российского анархизма рубежа XIX – XX вв*, Вестник Таганрогского института имени А.П. Чехова, 2014, С.352

40 Кропоткин, "Речи бунтовщика", С.165(クロポトキン, 「叛逆者の言葉」, p.223).

41 테러리즘을 연구하고 있는 사프로노프나 프도니츠키는 크로포트킨은 민중에 의한 지배자 계급에 대한 복수로서의 폭력은 부정하지 않았다고 주장하고 있다. Сафаронов О.С., *Теория революции в понимании П.А. Кропоткина*, Научные ведомости. Сер. 《История. Политология. Экономика. Информатика》№ 7 (78), Вып. 14, 2010, С.147; Будницкий О.В., *Терроризм в российском освободительном движении: идеология, этика*, психология (вторая половина XIX – начало XX в.), 2-е изд, доп. М., 2016, С.196.

> 되는 것이 아닐까. 인류의 총생산은 아직 극히 낮기 때문에, 누군가의 입에서 비롯되는 것임에 틀림없다.[42]

크로포트킨이라면 『상호부조론』이 주목받아 왔다. 그것은 어떤 의미에서 당연하다. 왜냐하면 이 책은 20세기 초의 지배적인 이데올로기였던 사회다윈주의에 대한 비판으로서 유효한 이론을 제시하고 있다는 의미에서, 획기적인 내용을 가지고 있었기 때문이다. 그러나 그것으로 크로포트킨이 명성을 떨친 사정을 충분하게 설명했다고 말할 수는 없다. 왜냐하면 『상호부조론』이 완성된 형태로 간행된 것은 1902년의 일이며, 그것이 번역되어 일본의 독자가 읽을 수 있는 상태가 되기까지는 그보다 더한 시간이 필요했기 때문이다. 오스기 사카에大杉栄에 의해 일본어 번역본[43]이 출판된 것은 1917년의 일이다. 부언하자면 그해까지 몇 권인가 크로포트킨의 『상호부조론』 이외의 저작이 번역되어 있는 것이다.[44]

그런데 필자는 크로포트킨주의의 수용에는 『상호부조론』 이상으로 『청년에게 고함』이 중요하지 않았을까 하는 가설을 세우고 있다. 왜냐하면 많은 나라들에서 최초로 읽힌 크로포트킨의 저작은 『상호부조론』이 아니라 『청년에게 고함』이었기 때문이다. 실제로 영어, 프랑스어, 스페인어, 이탈리아어, 포르투갈어, 일본어로 최초로 번역된 크로포트킨의 저작은

---

42 Peter Kropotkin, *Memoirs of a Revolutionist*, Boston and New York : Houghton, Mifflin and Company, 1899, p.239(ピョートル・クロポトキン, 高杉一郎 訳,『ある革命家の思い出 下』, 平凡社, 2011, pp.24~25).

43 クロポトキン, 大杉榮 訳,『相互扶助論－進化の一要素』, 春陽堂, 1917. 또한 이 번역의 저본은 1907년 간행된 프랑스어판이다. 岩田重則,「宮本常一とクロポトキン」,『現代思想』(11月 臨時創刊号・第39巻 第15号), 青土社, 2011, p.112 참조.

44 クロポトキン,『青年に訴ふ』, 革命社, 1909; 平民社 訳,『麵麭の略取』, 平民社, 1909;『國家論』, 革命社, 1911; 佐藤寛次 訳,『農工業の調和』, 成美堂, 1912.

『청년에게 고함』이었다.[45] 엄밀하게 말하면 일본에서는 그것 이외의 저작의 초역이 몇 권인가 간행되어 있다.[46] 그러나 본격적으로 완역된 최초의 저작은 우선 1907년에 일간지 『평민신문平民新聞』에 게재되어 1909년에 간행된 오스기 사카에 역 『청년에게 고함』이라 해야 한다.[47]

다른 한편으로 조선에서는 1920년대에 들어와서 당시 대표적인 사회주의 계열의 잡지인 『공제共濟』와 『신생활新生活』에서 크로포트킨의 주요 저작이 소개되게 된다. 여기서 제1탄이 된 것이 『청년에게 고함』이다. 1921년 4월 유진희兪鎭熙, 1893~1949에 의해 오스기 사카에 번역본이 중역되어 『공제』에 게재된 것이다.[48] 많은 나라들에서 아나키스트들이 맨 먼저 읽히게 된 크로포트킨의 저작이 저자 특유의 풋내 나는 정의감에 호소하는, 다소 설교조의 문서였다는 사실은, 20세기 초에 요구되고 있었던 정신의 반영이라고 한다면 지나친 말일까.

크로포트킨은 『청년에게 고함』을 의사, 과학자, 법률가, 기술자, 교사, 예술가와 같은 지적 직업에 종사하려 하는 청년들을 대상으로 썼다. 그는 '지적 엘리트'라고 할 수 있는 청년들에게 자본주의 사회의 구조적 모순을 쉽게 이해시키려고 했던 것이다. 그리고 그들에게 자신의 출세나 이득을 위해 살아가는 것이 아니라, 하루하루 고통받고 모욕당하고 있는 압도적 다수의 노동자를 위해 노력하고, 세계에 진정한 평등과 진정한 우애와

---

45 *Петр Алексеевич Кропоткин*, C.381~431.

46 クロポトキン, 白柳秀湖 訳, 「無政府主義の哲學」, 『社会主義研究(2)』, 社会主義発行所, 1906; 山川均 述, 堺利彦 編, 『動物界の道徳』, 有樂社, 1908.

47 오스기는 『평민신문』에 『청년에게 고함』을 번역 게재한 뒤, 신문지조례 위반으로 기소되어 1907년 스가모(巣鴨)감옥에 투옥되어 같은 해 11월까지 옥중에 있었다. 大沢正道, 『大杉栄研究』, 法政大学出版局, 1971, p.369 참조.

48 金炳辰, 「革命的サンディカリスト大杉栄－「生の創造」に基づいた革命展望』, 博士学位請求論文(総合研究大学院大学文化科学研究科国際日本研究専攻), 2013, pp.170~171 참조.

무한한 자유를 가져오기 위해서 사회주의와 함께 노력하여, 현대사회의 개혁을 위해 진력할 것을 요구한 것이다.[49]

이렇듯 『청년에게 고함』은 젊은이의 이타적인 양심에 호소하는 도덕적인 텍스트였다. 그러한 이유에서인지 그는 일본에서 세계적 문호이며 기독교적 아나키스트였던 레프 톨스토이1828~1910와 나란히 언급되는 존재가 되었던 것이다. 즉, 인도성, 도덕성을 체현하는 인물로서 신격화된 것이다. 이 경향이 특히 강해진 때는 러일전쟁 후였다. 앞서 언급한 코니시는 러일전쟁 후에 급속하게 톨스토이와 크로포트킨이 연결되었던 사실을 지적하면서, 그 현상을 '톨스토이=크로포트킨주의'라고 부르고 있다.[50] 앞에서 서술한 것처럼, 이 단계에서 『상호부조론』의 일본어 번역본은 아직 없었다. 이를 고려한다면 『청년에게 고함』 속에 바로 크로포트킨이 청년 지식인을 매혹했던 요인이 있었다고 생각하는 것은 당연하다고 해야 할 것이다.

그런데 20세기 초에 일어난 톨스토이의 신격화는 1895년에 대만, 1910년에 조선을 병합하는 등 동아시아의 제국으로서 급속하게 세력권을 확대하고 있었던 일본 국가의 폭력성에 대한 비판적인 시선을 빼고는 설명할 수 없다. 그렇다고 한다면, 사람들의 상호부조를 설파하고 약자, 학대받는 자에 대한 공감과 연민을 번지게 하고 있었던 크로포트킨의 교설도, 마찬가지로 20세기 초의 많은 젊은 조선 지식인에게 지지받았던 것은 극히 자연스러운 일이었다고 말하지 않을 수 없다.

---

49 Peter Kropotkin, *An Appeal to the Young, Kropotkin's Revolutionary Pamphlets : A Collection of Writings by Peter Kropotkin, Edited with Introduction, Biographical Sketch and Notes by Roger N. Baldwin*, New York : Dover Publications, INC., 1970, pp.260~282.

50 Konishi, *Anarchist Modernity*, p.207.

이렇게 크로포트킨주의에는 '과학주의'와 '도덕성'이라는 두 가지 면이 있었다. 그것은 20세기 초의 시대정신과 부합한 것이다. 그리고 거기에서 파생된 반국가주의, 반자본주의, 인간주의, 평화주의, 반입신출세주의, 상호부조와 같은 이념은 많은 청년지식인의 마음을 사로잡았던 것이다. 특히 신채호와 같이 빼앗긴 조국의 재흥을 목표로 한 이에게 용기를 불어넣었던 것은 상상하기 어렵지 않다. 왜냐하면 크로포트킨주의는 확실히 약육강식의 경쟁적 세계에서 승리를 구가하는 사람들이나 그것을 정당화하는 사상의 야만성, 폭력성을 부각시키려는 논리를 가지고 있었기 때문이다. 또한 그러한 세계의 존재방식을 비판하고, 저항하려는 자를 옹호하고 그 '반역행위'를 정당화하려는 사상을 포함하고 있었기 때문이다.

4. 『조선혁명선언』과 '아나키즘적 근대'

앞 절에서 확인한 것처럼, 크로포트킨은 폭력적인 수단을 완전히 부정하지는 않았지만, 기본적으로 그러한 방식에서 적극적인 의의를 발견하지는 않았다. 하지만 19세기 말부터 20세기 초에 걸친 시기, 아나키스트에 의한 요인要人의 암살은 세계적인 현상이었다.[51] 그리고 위에서 서술한 것처럼, 신채호가 관여한 의열단도 폭력혁명 노선으로 나아갔다.

신채호가 폭력혁명 매니페스토인 『조선혁명선언』을 쓴 것은 의열단이

51 1881년 알렉상드르 2세 암살로부터 25년간, 프랑스, 이탈리아, 오스트리아, 포르투갈, 스페인, 미국, 그리스, 세르비아, 러시아, 아일랜드, 일본 등의 국가에서 아나키스트에 의한 요인 살해가 행해졌다 한다. Benedict Anderson, *Under Three Flags : Anarchism and the Anti-Colonial Imagination*, London/New York : Verso, 2005, p.4.

일으킨 어느 사건이 계기가 되었다. 그것은 1922년 3월 상하이에서 일본의 육군대장 다나카 기이치田中義一를 암살하려 한 상하이 황포탄黃浦灘부두 사건이다. 이 때 다나카를 향해 발사된 포탄이 옆에 있었던 서양 여성을 맞추었고, 의열단은 상하이의 외국인, 나아가 대한민국 임시정부로부터도 비난받았다.[52] 이러한 여론에 대항하여 폭력혁명 노선의 정당성을 주장하기 위해 씌어진 것이 『조선혁명선언』이다.[53]

이 텍스트에서 신채호는 일본제국주의에 의한 식민지 통치를 '강도정치'로 부른다. 그는 '강도 일본'이 조선을 빼앗고, 경제와 생산 기반을 빼앗고, 조선인에게 과중한 세금을 부과하며, 모든 존재조건을 박탈했다고 규탄한다.[54] 또한 1905년 이후 일본인이 조선인에게 행한 수많은 참혹한 고문拷問을 열거하고, 조선민족은 이니셔티브가 소멸하려 하고 있으며 인간으로서의 자각도 잃어버리고 있다고 고발한다.[55] 그리고 그는 다음과 같이 서술하면서 폭력투쟁에 의한 일본 타도를 호소한다.

> 일본의 강도정치 · 이민족 통치가 우리 민족의 생존의 적이라는 것을 선언한다. 동시에 우리들은 혁명적 수단으로 우리들 생존의 적인 일본을 우리 강토疆土로부터 구축驅逐할 것을 선언한다.[56]

---

52 구승회 외, 『한국 아나키즘 100년』, 216쪽.

53 위의 책, 216쪽.

54 신채호, 『조선혁명선언』; 이호룡, 『신채호 다시 읽기－민족주의자에서 아나키스트로』, 돌베개, 2013, 267쪽(「朝鮮革命宣言(通称「義烈団暴力革命宣言」)」, 高峻石 編著, 『朝鮮革命テーゼ－歴史的文献と解説』, 柘植書房, 1979, p.51).

55 신채호, 위의 책, 268쪽(「朝鮮革命宣言」, pp.52~53).

56 신채호, 위의 책, 269쪽(「朝鮮革命宣言」, p.53).

이에 더하여, 신채호는 일본의 지배를 감수하면서 참정권이나 자치권의 획득을 목표로 민족의 실력의 양성을 주장하는, 소위 통치에 기생하려는 근대화론자나 문화운동가에 대하여 적의를 드러낸다. 또한 국제여론에 조선 구제를 호소하는 이들에게도 적의를 드러낸다. 신채호는 우선 이들의 계획이 순진한 것임을 다음과 같이 비난한다.

> 너희들은 '동양의 평화' '조선의 독립보전'을 보장한 맹약의 묵흔墨痕도 사라지기 전에 삼천리 강토를 집어삼켜버린 역사적 사실을 잊어버린 것인가. 너희들은 '조선인민의 생명재산·자유의 보호' '조선인민의 행복증진'을 노래한 선언이 실행으로 옮겨지지 않고, 삼천만 민족의 운명이 지옥으로 떨어진 사태가 보이지 않는 것인가.[57]

그는 이어서 다음과 같이 선언한다.

> 우리들은 우리들 생존의 적인 강도 일본과 타협하려고 하는 자(내치독립, 자치, 참정권 등을 제창하는 자)와, 강도 일본의 통치하에서 기생하려 하는 주의를 가진 자(소위 문화운동가)는 모두 우리들의 적임을 선언한다.[58]

여기에서 주의해야 할 것은, 그가 일본에 대해 타협하려 한다는 이유만으로 문화운동가나 준비론자들을 비난하고 있는 것이 아니라는 점이다. 그들이 아무리 (조국의 부흥이나 민족문화의 진흥 등의) 목적으로 자기를 정당

---

57 위의 책.
58 위의 책, 270쪽(「朝鮮革命宣言」, pp.54~55).

화하려 하더라도, 신채호의 논리에서 그들은 일본에 의한 조선 지배를 떠받치고 있는 존재에 불과하다는 점에 주의할 필요가 있다. 그러한 의미에서 그들도 일본과 같은 적이며, 민족의 '주체화'나 '강화' 등과 같은 언설은 제국주의자의 근대화 언설, 문명화 언설과 공범관계에 있다는 것이다. 또한 '약육강식'이라는 세계의 현실이 폭력을 만들어내는 것이라면, 그러한 현실에 의거한 이데올로기나 주장은 그 현실을 보완하는 것에 불과한 것이 될 것이다. 그리고 그것이 현실이라면, 그것을 직시하고, 사상적으로도 실천적으로도 그것에 적대하지 않으면 안 되는 것이 된다. 즉, 이 텍스트가 호소하고 있는 것은, 현실을 변혁하려 한다면 제국주의가 만들어 낸 폭력의 한가운데에서 대항하는 주체가 되어야 한다는 것이다.

이러한 텍스트가 만들어진 사정을 크로포트킨주의로 끌어당겨 이해한다면, "'진실'한 자신을 빼앗기고 있다"라는 신체적 감각을 직접적으로 표현해야 한다는 근원적 욕구가 신채호를 비롯한 조선의 지식인에게 있었기 때문이 아닐까. 크로포트킨에 의하면 사회는 과학적으로 개량되고, 인간의 자유와 도덕의 정당성은 과학적으로 실증되어야 한다.[59] 이러한 과학지상주의적 입장에 의거한다면, 현실에서의 투쟁은 필연적으로 비정치주의적인 것, 즉 교섭, 홍정, 타협 따위가 아니라 알기 쉬운 직접적인 실력행사라는 수단을 취하지 않을 수 없을 것이다. 왜냐하면 '과학적 진실'을 손에 쥐고 있다고 확신하고 있는 자에게는 정치적인 수법은 자신에 대한 '배신'이며, 도덕적으로 용납될 수 없기 때문이다.

신채호의 폭력론에 관해서는, '아我와 비아非我의 끝없는 투쟁으로서의

---

59 Кропоткин П.А., "Нравственные начала анархизма", *Анархия и нравственность*, – М. : Издательство АСТ, 2018, С.484~487.

역사'[60]라는 역사관에서 이와 같은 폭력 긍정론을 논한 조관자의 연구가 있다. 『조선상고사』에서 피력한 이러한 역사관에 대해 조관자는 다음과 같이 설명하고 있다.

> '아와 비아의 투쟁'의 인식론에는 역사에 있어서 아와 비아가, 그 강약에 관계없이 이해관계를 형성하는 '권력의 동등한 주체'이다. 주인과 노예가 '폭력의 동등한 주체'라는 것과 같이, 아와 비아의 투쟁론은 약자의 폭력적 주체성을 인정한다.[61]

이에 따르면, 아와 비아가 대등한 이상, 조선과 일본도 대등하며 일본인이 폭력으로 조선인을 압박한다면, 조선인도 폭력으로 일본인에 대항하는 것이 사물에 이치에 맞는 것이 된다. 폭력의 한 가운데에서 대항한다는 것은 이러한 것이다. 그러나 '사물의 이치 때문'이라 하더라도, 폭력을 긍정하는 자에게는 다른 문제가 닥쳐오게 된다. 즉, 그것이 수단으로서 정당한가 아닌가, 폭력을 선험적으로 악으로 규정한 위에서 목적은 수단을 긍정할 수 있는가, 등과 같은 이론적인 문제이다. 인간의 행위가 모든 제약으로부터 자유롭다고 생각하고 있는 자가 아닌 한, 이러한 문제에 직면하여 자신의 논리를 충실하게 이어가는 것은 곤란한 일일 터이다.

이렇게 본다면 문제는 신채호는 어찌하여 '아와 비아의 투쟁'이라는 논

---

60 신채호는 다음과 같이 서술하고 있다. "역사라는 것은 무엇인가. 인류사회의 '아'와 '비아'의 투쟁이 시간적으로 전개되고, 공간적으로 확대되는 심적 활동의 상태에 관한 기록이다." 신채호, 『조선상고사』, 비봉출판사, 2006, 24쪽.

61 趙寬子, 『植民地朝鮮 / 帝国日本の文化連環－ナショナリズムと反復する植民地主義』, 有志舎, 2007, p.43.

리에 충실할 수 있었는지이다. 조관자는 신채호의 폭력론에서 폭력을 두려워하는 '아'를 해체하고, 폭력을 둘러싸고 투쟁하는 '아와 비아'를 항상 만들어내는 과정을 발견한다.[62] 바꿔 말하면 폭력적 주체가 된다는 것은 '내적인 약함'을 자기비판으로 극복하는 과정을 통과한다는 것이다. 그러나 '내적인 약함'과 철저하게 마주하며 일체의 타협을 허용하지 않고 극복해 나간다는 '강함'을 신채호는 어떻게 몸에 익혔던 것일까. 조관자의 논의에서는 이점이 명확하게 제시되어 있지 않다.

필자의 견해로는 자신의 논리에 철저히 충실하려 하는 신채호의 '약함'은 크로포트킨주의의 영향이라 보지 않을 수 없다. 왜냐하면, 크로포트킨주의는 '과학적 진리'와 '도덕적 올바름'을 모두 손에 쥔 이념과 실천의 체계이며, '과학적 도덕'이라고도 불러야 할 자연과학적인 객관성에 뒷받침된 확신을 제공하는 과학주의 이데올로기였기 때문이다. 즉, 이러한 확신이야말로 신채호에게 폭력에 대해서도 꺾이지 않는 비타협적인 정신성을 가져왔다고 생각되는 것이다.

본고의 모두에서 서술한 것처럼, 20세기 초의 일본에서는 크로포트킨주의(협동주의적 아나키즘)을 공유한 지식인이 있었다. 이것은 일본에서 '아나키즘적 근대'의 양태를 나타내고 있는 것이지만, 동시기 조선지식인에게 있어서는 일본과는 다른 크로포트킨주의의 전개가 있었다고 말해야 한다. 즉, 조선에 있어서 크로포트킨주의는 "트랜스 내셔널한 공감, 우애, 공동체험, 부정에 대해 함께 분개하는 감각"을 기반으로 하면서, 자연과학에 의거한 확신적인 폭력혁명론을 동반하여 전개되었던 것이다. 이렇

62 Ibid., p.61.

듯 크로포트킨주의로부터 제국주의적 폭력에 철저하게 저항하는 강력한 주체를 창출하려고 한 모색이야말로, 조선에 있어서 '아나키즘적 근대'였다고 할 수 있다. 그리고 『조선혁명선언』은 그 양태를 여실하게 나타낸 텍스트였던 것이다.

5. 맺으며

본고에서는 20세기 초 동아시아에 있어서 크로포트킨주의의 확산이라는 지적 상황과 신채호의 『조선혁명선언』에 관계에 대하여 논함으로써, 조선에 있어서 '아나키즘적 근대'의 양태를 제시하였다. 그리고 이 과정에서 세 가지 사실을 밝혔다.

우선, 크로포트킨이 조선에서 젊은 지식인에게 깊은 영향을 주었던 사정이다. 즉, 그의 사상이 제국주의적인 지배를 비판하고, '강자의 논리'를 긍정하는 이데올로기를 초극하는 논리를 마련함과 동시에, 그들에 저항하려 하는 자들을 도덕적으로 옹호하고 그 반역을 정당화하는 것이었기 때문에 많은 지지를 획득할 수 있었던 것이다.

두 번째로, 크로포트킨의 영향 하에 있었던 신채호가 폭력혁명론을 제창하기에 이른 배경이다. 즉, 크로포트킨주의에 포함되어 있는 과학지상주의적인 논리와 도덕적 순수성을 존중하는 정신성에서, 급진적인 방법에 의한 변혁이라는 발상이 도출되었던 것이다.

마지막으로, 조선에 있어서 '아나키즘적 근대'의 특이성이다. 즉, '아와 비아의 투쟁'이라는 신채호의 역사인식에 크로포트킨주의가 제시하는

'과학적 도덕'이 접합되어 탄생한, 타협을 허락하지 않는 강력한 주체의 창출을 가능하게 하는 논리이다.

이 글에서는 신채호가 폭력을 긍정한 논리와 정신성의 형성과정에서 크로포트킨주의 수용의 의미를 논해왔지만 아직 해명해야 할 문제가 남아 있다. 예를 들어, 신채호를 '아나키즘적 근대'의 대표로 내세우는 것이 타당한가라는 문제이다. 신채호가 사망한 후에도 조선의 아나키스트들은 투쟁을 계속했기 때문에, 그들의 언설을 분석하고 신채호의 그것과 비교할 필요가 있을 것이다.

또한 신채호가 없는 시대에서 크로포트킨주의의 영향에 대해서도 본고에서는 다루지 못했지만, 이 논점은 중요하다. 왜냐하면, 아나키즘의 역사는 기본적으로 "'패배'의 역사"이지만, 그 본질적인 부분은 '패배'에 관계없이 사상적 유전자가 개인이나 사회의 심중에 스며들어 생활이나 문화에 변화를 가져온 것에 있기 때문이다. 코니시는 전술한 저서의 에필로그에서 다음과 같이 서술하면서, 일본에서의 협동주의적 아나키스트의 역할이 가지는 의미를 강조한다.

> 러일전쟁 후, 불과 25년 사이에 협동주의적 아나키스트들은 문화와 문화적인 것의 의미를 뒤엎고, 아나키즘적인 것으로 변했던 것이다. 나(코니시-인용자)는 아나키스트의 언설에서 문화 개념의 재구성을 아나키즘적 문화혁명이라 부른다. 그것은 문화표현의 장, 시간, 원천이 하이컬처에서 대중문화로, 국가에서 비국가로, 제도적인 것에서 비제도적인 것으로, 사회언어학적 다원주의에서 문화발전의 다양성으로, 포멀한 것에서 일상생활의 인포멀한 것으로 이행하는 가운데 생겨난 것이다.[63]

일본에서는 이 시기에 아동문학, 농촌문화, 에스페란토에 대한 관심이 높아지고 생활용품에서 '용의 미用の美'를 발견하는 민예운동民藝運動이 융성하는 등, 문화의 개념이 '고상한 것'에서 보다 생활이나 일상에 밀착된 것으로 전환되었는데, 그것은 아나키즘의 영향에 의한 것이었다. '아나키즘적 근대'의 임팩트가 그 후의 문화나 일상생활에 어떠한 변화를 가져왔는지에 대한 고찰은 이후의 과제로 남겨두고자 한다.

---

63 Konishi, *Anarchist Modernity*, p.329.

조선 말기의 근대적 공간

민주주의적 토양의 배양과정

이정길

1. 들어가며

1919년 4월 11일 대한민국 임시정부는 하기의 임시 헌장을 공포하였다. 일제 강점기 당시 임시정부는 하나의 상징에 불과하였지만, 해외에서 활발한 독립운동을 전개하였으며, 임시헌장의 정신도 오늘날까지 계승되고 있다.[1]

제1조 대한민국은 민주공화제로 한다. 제2조 대한민국은 임시 정부가 임시 의정원 결의에 의해 통치한다. 제3조 대한민국의 인민은 남녀의 귀천 및 빈부의 계급이 없고, 일체 평등하다. 제4조 대한민국의 인민은 종교, 언론, 저작, 출판, 결사, 집회, 신서信書, 주소, 이전, 신체 및 소유의 자유를 향유한다. 제5조

1 『대한민국헌법 전문』 1948년 7월 17일 ; 『대한민국헌법 전문』 1987년 10월 29일.

대한민국의 인민으로 공민 자격이 있는 자는 선거권 및 피선거권을 가진다.[2]

위의 임시헌장에서 특히 눈에 띄는 점은 1919년 당시 대한민국은 이미 민주공화국임을 천명했다는 점이다[1조]. 또한 권력분립에 대한 언급과 조선시대의 신분제를 뛰어넘는 '인권, 평등 및 자유'를 거론하며[2·3·4조], 이를 실체화하는 제도로서 '보통선거제'를 표방하고 있는 점도 주목할 만 하다[5조].

이는 오늘날 한국 민주주의가 1945년 해방 이후에 미국으로부터 이식된 게 아니라, 조선 말기 유교적 중앙집권체제[3]의 균열 속에서 시작된 "민주주의적 토양의 배양 과정"[4] 위에, 미소 냉전 논리가 가미된 자유민주주

---

2 『대한민국 임시헌장』 자화상, 2019, 17쪽.

3 민본주의라는 유교이념에 입각하여 왕과 신하를 통치의 주체로 한 관료제, 군현제, 율령제라는 합리적이고 효율적인 제도가 갖추어진 체제를 말한다. 여기서 백성들은 통치의 객체로서 철저한 신분제하에 예속되어 있었으며, 통치의 주체인 왕과 신하들에게는 덕치와 인정을 통해 민심을 얻도록 강조하였다. 손문호, 「조선초기의 정치사상연구 : 정도전을 중심으로」, 『호서문화논총6』, 1991; 강광식, 「붕당정치와 조선조 유교정치체제의 지배구조 변동양상 : 지배연합의 변동양상 분석을 중심으로」, 『OUGHTOPIA』 제24권 1호, 2009.

4 "민주주의적 토양의 배양 과정"이란 민주주의 이념에 입각한 헌법 및 정치체제가 성립되기 이전 단계로 민주주의의 수용자인 사람들의 정치의식 속에 선거, 분권, 인권 및 평등이라는 민주주의적 기본개념이 생성되는 과정을 가리킨다. 참고로 '선거'는 슘페터나 달 등에 의한 정의, 그리고 민주주의의 정도를 측정하는 폴리티 지표와 프리덤하우스 지표에서 알 수 있듯이 경쟁적인 선거를 민주주의와 비민주주의로 구별하는 최소한의 조건이다. 다음으로 '분권'은 몽테스키외의 법의 정신에서 빌린 개념인데, 그는 정치적 자유를 저해하는 권력 남용을 방지하기 위한 현실적 방법으로 권력이 권력을 저지하는 국가구조의 수립을 주장한다. 이것은 오늘날의 입법권, 행정권, 사법권이라는 삼권분립의 테제가 되며, 앞에 언급한 폴리티 지표에도 반영되고 있다. 마지막으로 '인권 및 평등'은 상호 관계되는 것으로 인권이란 개인 또는 국가의 구성원이라면 누구나 성, 종교, 사회적 출신, 재산 등과 관계없이 평등하게 누릴 수 있는 기본적인 자유와 권리를 말한다. 이는 「세계인권선언」 뿐만 아니라, 프리덤하우스 지표에도 언급되어 있으며, 오늘날 민주주의 체제의 기본적 요소라 할 수 있다. Joseph A. Schumpeter, *Capitalism, Socialism and Democracy, Harper and Brothers*, 1942(中山伊知郎·東畑精一 訳, 『資本主義·社会主義·民主主義』, 東洋経済新報社, 1995); Robert A. Dahl, *Polyarchy : Participation and Opposition*, Yale University Press, 1971(高畠通敏 訳, 『ポリアーキー』, 三一書房, 1981); モンテスキュー, 野田良之·稲本洋之助·上原行雄·田中治男·三辺博之·横田地弘 訳, 『法の精神(上·中·下)』, 岩波文庫, 1989年; http://www.systemicpeace.org/polity/polity4.htm; http://www.freedomhouse.org/; https://www.amnesty.or.jp/human-rights/what_is_human_rights/udhr.html

의 체제라는 씨앗이 뿌려진 결과라는 해석도 가능하다. 해방 이후 민주주의 외삽설에 반박하며 조선 말기의 민주주의 수용설을 주장하는 선행연구는 상당수 존재한다.[5] 필자는 각선행연구의 의의와 과제를 분석하면서 이들이 역사적 사건에 직면한 주역들의 정치적 선택에 대해 언급했지만, 구조(=유교적 중앙집권체제)에 대한 각 주역의 인식변화 과정은 충분히 가시화시키지 못한 점을 지적한 바 있다.[6] 이 글에서는 오늘날 민주주의적 기본 요소인 '선거, 분권, 인권 및 평등'의 개념을 언제부터 논의 되었는지를 "민주주의적 토양의 배양 과정"이라는 틀을 가지고 조선 말기를 다루고자 한다.

---

5 조선 말기의 민주주의 수용론을 다루는 선행연구로는 크게 세 가지로 분류할 수 있다. 먼저 '유교문화'와 민주주의와의 상반적 관계에 기반한 민주주의 수용론으로 강재언, 김태길, 이만갑 및 이광린 등을 들 수 있다. 이들의 연구는 '외부로부터의 근대'라는 관점에서 유교문화=반민주주의라는 도식에 입각해 기존의 구조적 조건이 서양 문물의 유입에 의해 서서히 붕괴되기 시작했고 민주주의의 토양 형성 과정을 촉진시켰다고 한다. 둘째, '유교문화' 속의 근대성에 주목하면서 조선 말기 민주주의 수용론을 다루는 연구로 조경달, 안외순, 김용직 및 김웅진 등을 들 수 있다. 조선 말기부터 식민지시대에 이르기까지 개화파 지식인들의 민주주의 수용을 유교적 질서와 진보적 가치와의 융합이라는 관점에서 분석하였다. 셋째, 현대의 제도 및 정치과정과 조선 말기의 독립협회 및 만민공동회와의 유사성에 주목하면서 한국 민주주의가 역사적 연원이 깊다고 주장하는 연구로서, 대표적 논자로는 최형익, 고쿠분 노리코, 김정인 및 김현정 등을 들 수 있다. 姜在彦, 『朝鮮の開化思想』, 岩波書店, 1980; 김태길, 「한국인의 전통적 가치의식과 서구 민주주의」, 『동아연구(서강대학교 동아연구소)』 12권, 1987; 이만갑, 「한국사회에서의 서구 민주주의 가치의 영향」, 『동아연구(서강대학교 동아연구소)』 12권, 1987; 이광린, 「한국에 있어서의 민주주의 수용」, 『동아연구(서강대학교 동아연구소)』12권, 1987년; 趙景達, 『近代朝鮮と日本』, 岩波新書, 2012; 안외순, 「조선에서의 민주주의 수용론의 추이 : 최한기에서 독립협회까지」, 『사회과학연구』 9권, 2000; 김용직, 「근대 한국의 민주주의 개념 : 독립신문을 중심으로」, 『세계정치』 제25집 2호, 2004; 김웅진, 「일제 강점기 민주주의 담론에 반영된 민주주의 개념의 변용 양상 : 자산 안확과 신지식인의 담론을 중심으로」, 『비교민주주의연구』 제13집 2호, 2017; 최형익, 「한국에서 근대 민주주의의 기원 : 구한말 독립신문, 독립협회, 만민공동회 활동」, 『정신문화연구』제27권 3호, 2004; 國分典子, 『近代東アジア世界と憲法思想』, 慶應義塾大学出版会, 2012; 김정인, 「초기독립운동과 민주공화주의의 태동」, 『인문과학연구』 24권, 2017; 김현정, 「대한제국의 정치적 결사 관련 법령 변천의 헌법사적 의미」, 『법학연구』 제25권 3호, 2017.

6 李正吉, 「朝鮮末期の民主主義の始動に関する諸考察－民主主義の土壌づくり過程の理論化に向けて」, 『北東アジア研究』 別冊5号, 2019.

이 글에서의 "민주주의적 토양의 배양 과정"은 순조 1년1800부터 시작된 세도정치와, 그로인한 유교적 중앙집권체제의 균열 속에서 고종 13년1876 '조일수호조규'부터 광무 3년1899 '대한국 국제 반포'에 이르기까지 조선 민중의 민주주의를 향한 의식의 생성과정을 가리키는 것으로, 크게 세 국면으로 나뉜다. 여기서 "국면"은 "획기적 사건→집단적 기억→기득권의 저항 및 탄압→문제 제기→대안→사회적 합의"라는 6단계를 내포하고 있는 것으로서, 고종 13년1876~광무 3년1899에 보여졌던 "획기적 사건→집단적 기억→기득권 탄압 및 저항→문제 제기(실패)" 혹은 "획기적 사건→집단적 기억→기득권의 저항 및 탄압→문제 제기(성공)→대안→사회적 합의"라는 사람들의 인식변화주기를 말한다.[7]

먼저 "획기적 사건"이란 사람들이 순응해 온 유교적 중앙집권체제(혹은 다른 체제)를 뒤흔들어, 기존 체제에 대한 사람들의 문제의식을 이끌어내는 계기를 가르킨다. 둘째, "집단적 기억"은 사람들이 획기적 사건과 조우한 이후 집단별로 나타나는 공통된 생각을 말한다. 구체적으로 집단적 기억이란 상호교류를 통한 개개인의 생각의 공유 및 공감이 아니라 획기적 사건을 경험한 동시에 개개인이 똑같은 생각을 갖는 것이다. 그 생각은 타인과 사회의 개입에 의해 정제되는 것이 아닌 개개인 안에 머물러 있는 것이지만, 이미 각개인은 공통된 생각을 가지고 있다는 것이다.[8] 셋째, "기

---

7 위의 글, pp.83·96~97.

8 여기에서 사용되는 "집단적 기억"은 알박스의 "집합적 기억(collective memory)"과 혼동하기 쉽다. 알박스는 개인적 기억과 집합적 기억을 구분한다. 전자가 '추억(=기억)'이라면, 후자는 개개인의 '추억(=기억)'이 모이는 것이 아니고, 자신과 타인의 기억 사이에 접점이 있어, 자신과 타인의 마음에 있는 공통의 관념을 출발점으로 하여 상호적 및 반복적으로 인정 및 재구성되는 것이다. 이 점에서 볼 때, 알박스의 "집합적 기억"은 여기에서 말하는 "문제 제기"에서 "사회적 합의"까지의 과정에 가까운 개념이라 할 수 있다. モーリスアルヴァックス, 小関藤一郎 訳, 『集合的記憶』, 行路社, 1989, pp.16~17.

득권의 저항 및 탄압"은 새로운 변화를 원하지 않는 기득권이 자신의 권력을 유지하기 위한 저항을 가리키는 것이다. 넷째, "문제 제기"는 유교적 중앙집권체제(혹은 다른 체제)의 근본적 변혁을 위한 사람들의 이의 제기이다. 다섯째로 새로운 "대안"의 형성은 기존의 "문제 제기"를 실현하기 위한 통일적이고 구체적인 방법을 가르킨다. 마지막 여섯째로 "사회적 합의"는 새로운 대안의 형성과 더불어 그에 걸맞은 제도화 및 정치적 결과가 초래되는 것이다.[9]

상기의 개념을 토대로 고종 13년1876 '조일수호조규'부터 광무 3년1899 '대한국 국제 반포'까지를 세 국면으로 나눌 수 있는데, 제1국면은 고종 13년1876년부터 고종 25년1888까지이다. 이 시기 "민주주의적 토양의 배양 과정"은 지배층내 급진개화파를 중심으로 이루어졌다. 이들은 '문호개방'을 전제로 하면서 '분권 및 선거'를 반영한 입헌군주제로의 변혁을 원했으나, 이러한 생각은 급진개화파의 지식적 레벨에만 머물러 있었고 민중과의 공유는 이루어지질 않고 있었다("문제 제기"의 실패). 제2국면은 고종 26년1889부터 고종 31년1894까지이다. 이 시기의 "민주주의적 토양의 배양 과정"은 민중(주로 동학)을 중심으로 이루어졌다. 당시 민중은 '보국안민과 사민평등'을 기초로 부정부패를 저지른 양반, 부호 및 탐관오리의 엄벌과 척왜척화를 주장하는 등 종래의 산발적인 민란과는 다른 양상을 보였다. 또한 누구나 마음속에 인격적인 하늘(한울님)을 모시고 있다는 시천주에 의거하여 노비문서의 소각, 천민의 처우개선, 청춘과부의 개가허가 등

9 필자는 위의 단계론을 토대로 1961년 이후 한국에서 약 30년간 지속되어 온 공고한 군부권위주의 체제하에서 민주화 요구 및 쟁점이 어떻게 형성되었는지를 분석하였다. 李正吉, 『韓国政治の転換点：「分断」と民主主義の政治力学』, 国際書院, 2020.

'인권 및 평등'적 측면을 부각시켰다. 하지만 이는 기존의 유교적 중앙집권체제의 근본적 변혁과 새로운 정치체제를 위한 비전까지는 제시하질 못했다(문제제기 실패). 제3국면은 고종 32년1895부터 광무 3년1899까지이다. 이 시기 "민주주의적 토양의 배양 과정"은 제1국면과 제2국면에서 실패를 겪은 지배세력 내의 급진개화파와 민중이 함께 '조선의 자주적 독립과 부국강병'을 실현하기 위해 조선인의 사고전환에 기반한 정치개혁(선거, 분권)과 사회개혁(인권, 평등)을 내세우는 등, 유교적 중앙집권체제에 대한 근본적 변혁을 요구하는 "문제제기"에 이르게 되었다. 그리고 이를 실행하기 위한 "대안"으로 의정원 개설도 제시되었다.

이 글은 위에서 언급한 세국면에 주목하여 '선거, 분권, 인권 및 평등'이라는 민주주의적 기본 개념이 어떻게 조선 말기 사람들의 의식 속에서 생성되어 나갔는지를 개관하고자 한다.

2. 조선 말기 "민주주의적 토양의 배양 과정"－제1국면

1) 조일수호조규와 개화정책을 위한 시도

고종 10년1873 11월 5일, 10년간 왕권 강화와 쇄국정책을 내세워 온 흥선대원군의 섭정은 막을 내렸다. 물론 대원군의 퇴진이 아니더라도 당시 국제정세는 조선으로 하여금 쇄국정책을 유지하기 어렵게 만들고 있었는데, 헌종 6년1840 아편전쟁 이후 청이 주도했던 동아시아 평화체제는 급격히 붕괴하고 있었고, 조선은 프랑스, 미국, 러시아에 의해 문호개방을 압박받고 있었다. 더욱이 일본은 조선보다 20년이나 일찍 문호를 개방하여 근대적 법체계와 정치체제를 갖추고 산업화를 추진하였는데, 이 과정에서 불거진 60여만 명에 달하는 무사들의 실업문제를 정한론으로 해결하고자 하였다.[10] 이렇게 급변하는 국제정세 속에 문호개방에 대한 조·일 간의 타임래그는 양국 간의 현저한 힘의 불균형을 초래하였고, 결국 조선은 고종 12년1875 8월 20일 운양호 사건을 효시로 이듬해 2월 2일에 조일수호조규를 체결케 되었다.[11]

조일수호조규는 순조 11년1811 이후부터 단절된 일본과의 외교관계, 고종 3년1866 병인박해 이후 더욱 강화된 쇄국정책, 그리고 중국과의 조공-책봉이라는 수직적 외교관계를 뒤흔드는 획기적 사건이 되었다.[12] 특히 조일수호조규는 고종과 개화파로 하여금 '부국강병을 위한 문호개방'이라는 생각을 굳혔는데, 조약 체결 당시 조선 측 대표였던 신헌과 윤자승은 다음과 같이 '부국강병'의 필요성을 역설했다.

> 오늘날 천하정세를 살펴보건대 각국이 무력으로 침공하여 그 동안에 겪은 수모가 이미 여러 번이었습니다. 그런데 이와 같은 군사력으로 만약 각국과 전쟁할 경우 앞으로 어떤 수모를 당할지 모르므로 정녕 우려되는 바입니다.[13]

---

10 김용구, 『세계관 충돌과 한말 외교사 1866~1882』, 문학과지성사, 2001, 187쪽.

11 이 점에 대해 이시다 도루는 서양발 충격 이후 조일간 대응 차이(개화, 쇄국)가 낳은 서계 문제로 인한 외교적 한계와 조일 양국 사이에 내재된 인식 차이(조선 멸시관, 왜양일체관)가 종국에는 운요호 사건과 조일수호조규에 이르게 했다고 보고 있다. 石田徹, 『近代移行期の日朝関係 : 国交刷新をめぐる日朝双方の論理』, 溪水社, 2013.

12 김정인은 민주주의적 관점에서 조일수호조규를 보면, 기존의 조선이 수직적 국제질서에서 수평적 국제질서로의 전환이라는 만국공법 질서로 진입한 것을 내외적으로 선언하는 것이었기에 당시의 민중, 지식인, 관료들에게 준 문화적 충격이 컸다고 한다. 김정인, 「근대 한국 민주주의 문화의 전통 수립과 특질」, 『역사와 현실 87』, 2013, p.207.

13 최병옥, 「교련병대(속칭 : 왜별기) 연구」, 『군사』 18집, 1989, 85쪽(재인용).

이후 고종과 개화파는 고종 17년1880 12월 20일 통리기무아문으로 하여금 정치와 군사기밀을 총괄케하여 적극적으로 개화정책을 추진해갔다. 첫 번째 예가 신사유람단 파견이다. 고종 18년1881 4월 10일 통리기무아문은 개화정책을 추진해 나갈 30~40대 젊은 관리 62명을 선발해 일본에 파견했다.신사유람단은 일본 정부 각 부처의 장과 접촉하는 한편 육군, 세관, 포병공창, 산업시설, 도서관, 박물관 등을 살펴 100여 권에 이르는 보고서를 작성했다. 두 번째 예가 고종 18년1881 4월 23일 신식군대의 창설과 근대식 군제개혁이었다. 통리기무아문은 신식군대 훈련교관으로 일본 공사관 소속 호리모토 레이조堀本禮造를 임명했으며 고종 18년1881 9월 26일에는 김윤식과 어윤중을 필두로 한 28명을 청에 파견해 서구 과학기술과 무기 제조법을 학습시켰다.[14]

2) '문호개방'에 대한 기득권의 저항

고종과 개화파의 개화 정책은 그리 순탄치만은 않았다. 당시 조선에는 '기존의 유교사상을 고수하고 문호개방을 철저히 거부한다'는 생각을 가진 위정척사파가 있었다. 그중 최익현은 고종 13년1876 2월 16일 '조일수호조규'를 추진하려는 고종과 개화파에 저항하면서 이하와 같은 '왜양일체론'을 주장했다.

> 왜인이 구적인 것을 과연 어떻게 참으로 아는가 하면 그들이 양적의 앞잡이가 됐기 때문이요, 그들이 필경 양적의 앞잡이가 된 것을 또한 무엇으로 분

14 백태남 편저, 『한국사 연표』, 다할미디어, 2019, 384쪽.

명히 살필 수 있는가 하면 왜와 양 두 무리가 뜻이 서로 통하여 중국을 횡행한 지 오래기 때문입니다.[15]

또한 고종 18년1881 2월 26일 본격적인 개화정책을 추진하는 중에 이만손을 필두로 한 영남 유생들은 최익현과 같은 '척양척왜'를 내세우며 저항하였다. 그 내용은 이하와 같다.

우리에게 사람이 없는 기회를 틈타 그들이 천하를 바꾸려고 하고, 중국을 좀먹으며 조선에 침입해 휩쓸고 있으니 주공, 공자는 아득히 밀려나고 정자, 주자도 끝장났습니다.[16]

그리하여 위정척사파는 고종 18년1881 8월 29일에 흥선대원군과 함께 고종의 이복동생인 이재선을 왕으로 추대하려 하였으나 뒤늦게 발각되어 이재선을 포함한 30명이 처형되기에 이르렀다.[17] 이어 고종 19년1882 6월 5일에는 '임오군란'이 발생했다. '임오군란'은 신식 군대의 창설로 인해 기존의 구식 군대 규모가 오군영에서 이군영 체제로 축소되면서 많은 실업자가 생겼고 남아있던 구식 군인들에게도 13개월간의 녹봉이 미지급되는 등의 열악한 처우가 발단이 되었다. 결국 구식 군인들의 봉기에 흥선대원군의 지지세력도 합류하였고, 이는 대원군의 정계 복귀를 가능케 하였다.[18]

---

15 최익현, 「지부복궐척화의소」, 이주명 편역, 『원문 사료로 읽는 한국 근대사』, 필맥, 2018, 19~20쪽.
16 이만손 외, 「영남만인소」, 이주명 편역, 『원문 사료로 읽는 한국 근대사』, 필맥, 2018, 48~56쪽.
17 백태남 편저, 앞의 책, 384쪽.
18 이계형, 『한국 근대사 1863~1910』, 청아출판사, 2018, 128~129쪽.

3) 개화파내의 분기와 갑신정변

'임오군란' 직후 개화파 김윤식과 어윤중은 청에 원병을 요청했고 고종 19년1882 6월 27일에 청은 속국인 조선을 보호한다는 명분으로 마건충과 정여창이 이끄는 군함 3척을 보냈다. 청은 임오군란의 책임을 물어 흥선대원군을 톈진으로 압송했고 11월에는 마건상과 독일인 멜렌도르프를 파견해 고문정치에 나섰다.

청의 개입으로 개화파는 다시 정치무대 전면에 등장했지만, 청의 내정간섭은 '문호개방'이라는 접점을 갖고 있던 개화파 내의 온건파와 급진파 간의 입장차를 도드라지게 하였다. 예를 들어 온건개화파는 전통 유교사상에 따라 단계적으로 서양문물을 수용하자는 생각으로 청의 양무운동을 모델로 삼았다. 대표적인 인물로는 김윤식, 어윤중, 김홍집, 이조연, 민영익 등을 들 수 있다. 이와 달리 급진개화파는 종래의 유교적 중앙집권체제를 서구적 정치체제로 개혁한다는 입장으로 일본의 메이지유신을 모델로 삼고 있었다. 대표적인 인물로는 김옥균, 박영효, 서재필, 홍영식, 서광범, 유길준[19] 등을 들 수 있다.[20]

---

19 유길준을 급진 개화파로 분류하기엔 조심스러운 부분이 있다. 유길준의 저서 『서유견문』을 보면 군민공치를 거론하며 가장 아름다운 정치체제라 칭송했으나 미국식 대통령제 도입에 강력히 반대하고 조선의 전통적 유교윤리체계를 존중하고 보수해야 한다고 주장했다. 그리고 인민의 지식수준 고양을 전제로 입헌군주제 도입을 긍정적으로 생각하는 점을 보면 그를 온건개화파라고도 분류할 수 있다. 그러나 그의 행적을 보면 지속적으로 급진 개화파 인사들과 교류한 점과 그 후에도 『독립신문』을 창간한 서재필과도 여러 공통점을 갖고 있다는 점에서 쉽게 온건 개화파로 분류할 수 없다. 예컨대 서재필과의 공통점을 보면 첫째는 미국에 유학하여 민주정체의 우수성을 인식했던 점, 둘째는 민씨척족이 이끈 친청정책에 반대했던 점, 셋째는 반러노선을 주창했던 점, 넷째는 민중계몽을 위해 신문의 중요성을 인식했던 점이다. 김학준, 『구한말의 서양정치학 수용 연구 : 유길준, 안국선, 이승만을 중심으로』, 서울대학교 출판문화원, 2013, 252~253 · 290~291 · 306~307쪽.

20 강준만, 『한국 근대사 산책』 1, 인물과사상사, 2007; 이계형, 앞의 책; 최선, 「한국근대헌법의 기원에 대한 의론」, 『한국학연구 41』, 2012, 289~321쪽.

급진개화파의 생각은 고종 20년1883 10월 17일 홍영식의 '미국 방문 보고'와 박영효와 유길준의 주도하에 창간한 『한성순보』의 논설에서도 드러난다.

> 미리견의 정권은 삼항으로 나뉘어 있습니다. 제1항은 의법지권인데 상하의원이 주재하고 부통령이 입법을 주장합니다. 제2항은 행정지권이니 대통령과 각6부 장관이 이를 주장하고 있습니다. (…중략…) 제3항은 사법지권인데, 법부장 및 심판각관등이 이를 주관하고 있습니다. (…중략…) 대통령은 4년마다 한 번씩 교체됩니다. (…중략…) 상하의원의 임기는 6년 또는 8년으로 차이가 있습니다. 행정부의 관원도 대통령이 교체될 때마다 수시로 체임됩니다.[21]

> 서양 여러 나라 가운데 (…중략…) 관대한 정치를 행하는 나라란 공의당 인원이 대권을 잡고 사농공상으로 하여금 모두 공거인원公擧人員의 지위를 나누어 갖게 하는 것이다.[22]

> 입헌정체는 민선을 근본으로 삼아 그 뜻을 따르기 때문에 나라 안의 현능자는 누구나 그 의원이 될 수 있고, 재상도 될 수 있으니 어찌 소인이 임금을 불의에 빠뜨릴 수 있겠는가?[23]

위의 '미국방문보고'와 『한성순보』를 보면 급진개화파는 국왕 중심의

---

21 홍영식, 「미국 방문 보고」, 이주명 편역, 『원문 사료로 읽는 한국 근대사』, 필맥, 2018, 61~62쪽.
22 『한성순보』 고종 21년(1884년) 1월 11일.
23 『한성순보』 고종 21년(1884년) 1월 30일.

전제군주제와 달리 입법, 행정, 사법이 분립되어 선거를 통해 대통령과 상하의원들이 선출되는 민주정체에 상당한 관심을 가졌음을 알 수 있다. 그 예로 위의 논설에서 삼권분립이 확립되어 모든 사람이 정치에 참여할 권리를 갖는 정치체제를 '관대한 정치'라고 표현하는 점을 들 수 있다. 그러나 급진개화파는 완전한 민주정보다는 국왕을 정점으로 재상과 의원을 선거로 뽑고 이들을 중심으로 한 국가운영을 이상적으로 생각했다.[24]

이러한 와중에 고종 21년1884 6월 19일 베트남을 둘러싼 청-프랑스 전쟁이 발발하였고 조선에 주둔했던 청군 3,000명 중 1,500명이 베트남 전선으로 대거 이동했다.[25] 이는 일본에게 조선에 대한 영향력 강화를 위한 인센티브로 작용했고, 일본은 당시 청에 반감을 갖고 있던 조정내 급진개화파를 군사적·재정적으로 지원하였다.[26] 반면 온건개화파는 민영익이 중심이 되어 한성부에 주둔하고 있는 청군과의 유대를 강화했고 급진개화파의 박영효를 포함하여 일본식 교육을 받은 인사들의 숙청을 진행하고 있었다.[27]

위와 같은 상황은 고종 21년1884 12월 4일 급진개화파로 하여금 갑신정변을 추동케 하였다. 하지만 이 시도는 불과 3일 만에 청과 온건개화파의 저항으로 인해 무위로 돌아갔다. 갑신정변이 실패한 이유로는 당시 발표되었던 「정강 14개조」에서 알 수 있듯이 급진개화파가 생각하고 있었던 이상적 정치체제와의 상당한 괴리를 들 수 있다. 특히 제13조와 제14조에는 기존의 의정부와 6조 이외의 기관을 폐지하여 내각의 권한을 강화시

---

24 주21을 참조할 것.
25 백태남 편저, 앞의 책, 387쪽.
26 한영우, 『미래를 여는 우리 근현대사』, 경세원, 2016, 44쪽.
27 강준만, 『한국 근대사 산책』 1, 인물과사상사, 2007, 331쪽.

키려 하였는데, 이는 급진개화파가 이상적으로 생각했던 '선거 및 분권'을 반영하지 않고 정변의 급진성과 과격함을 희석시켜서 기득권의 불안을 상쇄시키기 위한 현실적 조치였음을 알 수 있다.[28]

> 제13항 대신과 참찬은 합문 안의 의정소에서 매일 회의를 하여 정사를 결정한 뒤에 왕에게 품한 다음 정령을 공포하여 정사를 집행할 것. 제14항 정부는 육조외에 무릇 불필요한 관청에 속하는 것은 모두 폐지하고 대신과 참판으로 하여금 토의하여 처리하게 할 것.[29]

더욱이 '선거 및 분권'이라는 급진개화파의 생각은 『한성순보』를 통해 언급되었다 하더라도 한문으로의 발신이었기에, 이를 해독할 수 있는 중앙관리, 지방관리, 및 양반계층등 극히 일부가 '선거 및 분권'이라는 생각을 공유했을 뿐이었다. 즉 '선거 및 분권'이라는 생각은 급진개화파의 지적유희에만 머물러 있었을 뿐 유교적 중앙집권체제에 대한 문제제기로까지는 발전되지 못했다 말할 수 있다.

---

28 위의 책, 156쪽.

29 박은숙, 「갑신정변에 나타난 정치체제와 권력운영 구상」, 『한국사연구 124』, 2004, 143~173쪽(재인용).

3. 조선 말기 “민주주의적 토양의 배양 과정”－제2국면

1) 갑신정변 이후 조선의 현실과 동학의 ‘보국안민과 사민평등’

갑신정변 이후 조선 민중의 삶은 날로 피폐해져 갔다. 조일수호조규와 조청상민수륙무역장정을 통해 조선의 대외교역량은 증가했지만 청과 일본에 대한 최혜국대우(무관세)는 조선 상인들에게 커다란 타격을 줄 수 밖에 없었다. 특히 일본은 공업사회로의 전환기에 있었고 자국내 산업노동자에 대한 저임금을 유지하기 위해서라도 곡물가를 안정시킬 필요가 있었고, 그 대안으로 조선의 쌀과 콩 등을 염가로 수입했다.[30] 게다가 조선 내 각지방 탐관오리들은 백성들로부터 갖은 명목의 수탈을 자행하였기에 민중의 불만은 임계점에 달해 있었고, 고종 26년1889부터 곡창지대를 중심으로 한 민란이 계속되었다.[31]

이러한 상황에서 동학은 잘못된 방향으로 나아가는 나라를 바로잡아 돕고 민중에게는 최소한의 생활을 보장하는 평등한 사회, 즉 ‘보국안민과 사민평등’을 주창하고 있었다.[32] 동학에서 말하는 평등이란 사람마다 마음 속에 인격적인 하늘(한울님)을 모시고 있다는 시천주에 의거한다. 즉, 사람이 타인을 하늘처럼 섬기고, 각 사람마다 자기 안에 인격적인 하늘(한울님)을 모시게 되면, 양반, 중인, 양인, 천인, 남녀노소가 차별 없이 모두 지상신성 혹은 군자가 되며, 이로인해 각 사람마다 인격적 존엄이 생기기

---

30 하원호, 「개항후 방곡령실시의 원인에 관한 연구(상)」, 『한국사연구 49』, 1985, 79쪽; 이계형, 앞의 책, 185~186쪽.

31 유용태 · 박진우 · 박태균, 『함께 읽는 동아시아 근현대사』, 창작과비평사, 2018, 149~150쪽.

32 임현구, 「최제우의 보국안민 사상」, 『동학연구』 2, 1998, 93쪽; 한국철학사상연구회, 『한국철학스케치』 2, 풀빛, 2007, 154~156쪽.

때문에 비로소 만인이 평등한 관계를 누리게 된다는 것이다.[33] 이러한 동학의 생각은 경상도, 전라도, 충청도 지역의 민중들 사이에 급속히 공유되어 갔고, 이는 두 차례에 걸친 갑오농민전쟁의 기반이 되었다.

2) 제1차 갑오농민전쟁과 「폐정 12개조」

제1차 갑오농민전쟁은 전라도 고부지역에서 시작되었다. 당시 고부군수 조병갑은 민중으로 하여금 만석보라는 저수지를 파게 하고 수세를 징수했을 뿐만 아니라 아버지의 추모비를 세우기 위한 재원마련을 재차 민중들로부터 수금하는 탐학을 저지르고 있었다. 이에 분개한 고부지역 동학접주[34] 전봉준은 고종 31년1894 1월 10일에 농민 1,000여 명을 이끌고 관아를 습격해 아전들을 죽이고 곡식을 몰수하여 농민들에게 돌려주었다.[35] 그 후 전봉준, 손화중 및 김개남은 '보국안민'을 내세우며 주변 지역의 각 접주들에게도 합류할 것을 촉구하였다.

> 임금이 어질고 신하가 곧으며, 아비가 사랑하고 자식이 효도한 뒤에라야 비로소 집과 나라를 이루어 능히 끝없는 복을 누리게 되는 것이다. (…중략…) 안으로는 나라를 돕는 인재가 없고 밖으로는 백성에게 탐학한 관리만이 많아져 백성들의 마음은 날로 변해가고 있다. (…중략…) 백성은 나라의 근본이라, 근본이 깎이면 나라가 쇠잔해지는 것이다. 보국안민의 방책은 생각하지 않고 밖으로는 시골집을 건축하여 오로지 제 몸만을 위하면서 한갓

33 임현구, 위의 책, 97~98쪽.
34 동학의 군, 현 단위의 교단 조직이나 집회소를 가리키는 말로 '포(包)'와 '접(接)'이 있었다. 여기서 접주란 지역 교단의 장을 말한다.
35 한영우, 앞의 책, 54쪽.

녹봉과 지위만을 도둑질하고 있으니 어찌 옳은 일이라 하겠는가. (…중략…) 온 나라가 마음을 합하고 수많은 백성이 뜻을 모아 이제 의로운 깃발을 들어 보국안민으로써 사생을 맹세하노니.[36]

상기의 동학창의문을 보면 유교적 민본주의와 비슷하면서도 근본적으로 다른점이 있다. 즉, 동학에서 말하는 '민'이란 유교문화적 토대 위에 충·효의 가치를 중시하면서도, 모든사람들이 자기 안에 모셔져 있는 도덕적 및 인격적인 하늘(한울님)과 하나되기 위해 인격을 연마케 하였는데, 이로인해 '민'은 유교적 중앙집권체제하의 신분제가 요구하였던 통치의 객체에만 머무르지 않고 적극적으로 현실 문제를 해결하기 위해 나서게 되었다.[37] 더욱이 '민'은 종래의 산발적인 민란처럼 비판대상을 각 지방의 수령에게만 국한시키지 않고 조선 내의 모든 지배층으로 확대할 수 있었던 것이다.[38]

동학창의문이 세상에 나오자 민중의 반향은 실로 엄청났다. 당시 민중은 '잘했다', '망할 것은 빨리 망해 버리고 새로운 세상이 도래하여야 한다'며 들끓고 있었고, 가가호호 서로 얼굴을 마주할 때마다 동학창의문 이야기를 주고 받았다.[39] 그리고 고종 31년1894 3월 25일에는 금구, 부안, 고창으로부터 약 1만 명의 농민군이 고부군 태현 백산에 집결하여 아래의 격문을 만들었다.

---

36 呉知泳·梶村秀樹 訳, 『東学史 : 朝鮮民衆運動の記録』, 平凡社, 2006, pp.169~170(재인용).
37 임현구, 앞의 책, 89쪽.
38 박준성, 「제폭구민, 보국안민의 깃발을 들다 : 1894년 농민전쟁의 무장 창의문과 백산 격문」, 『내일을 여는 역사』 12, 2003, 226쪽
39 呉知泳·梶村秀樹 訳, 앞의 책, p.171.

우리가 의를 들어 이에 이르름은 그 본의가 결코 다른데 있지 아니하고 창생을 도탄 속에서 건지고 국가를 반석 위에다 두고자 함이라. 안으로는 탐학한 관리의 머리를 베고 밖으로는 횡포한 강적의 무리를 구축하고자 함이라. 양반과 부호 앞에서 고통을 받는 민중들과 방백과, 수령 밑에 굴욕을 삼키는 소리小吏들은 우리와 같이 원한이 깊은 자들이라.[40]

위의 내용에서 눈에 띄는 점은 아전까지도 농민군의 편으로 끌어들여 조직의 최대화를 꾀했다는 점이다.[41] 이후 전봉준과 농민군은 정읍 황토현에서 정부군과의 전투에 승리하였고, 고종 31년1894 4월 27일에는 전라도 전역을 장악하였다. 이에 4월 28일 조정은 청나라에 원병을 요청했는데 이때 일본도 톈진조약[42]을 빌미로 인천에 군대를 파병했다. 결국 농민군은 외국의 개입 없이 조정과의 문제를 원만히 해결하기 위해 고종 31년1894 5월 7일 전주화약을 맺었다.

제1조 정부와 동학교도 사이에 쌓인 원한을 씻고 모든 행정에 협력할 것. 제2조 탐관오리는 그 죄목을 조사하여 일일이 엄징할 것. 제3조 횡포한 부호의 무리는 엄징할 것. 제4조 불량한 유림과 양반의 무리는 징벌할 것. 제5조 노비문서는 불태워 버릴 것. 제6조 칠반천인의 대우를 개선하고 백정이 쓰는 패랭이를 벗겨 버릴 것. 제7조 청춘과부의 개가를 허락할 것. 제8조 무명잡세

40 위의 책, pp.174~175(재인용).
41 박준성, 앞의 글, 227쪽.
42 고종 22년(1885) 4월 18일 갑신정변이 끝나고 청과 일본 사이에 톈진조약이 체결되었다. 그 내용은 청·일 양국군대가 철수하고, 향후 양국 군대가 조선에 파병할 경우 상호 통고 및 동시출병을 한다는 약속이었다.

를 거두지 말 것. 제9조 관리의 채용은 지벌을 타파하고 인재를 등용할 것. 제10조 왜와 내통하는 자를 엄징할 것. 제11조 공사채를 물론하고 기왕의 것은 무효로 할 것. 제12조 토지는 평균으로 나누어 경작하게 할 것.[43]

당시 농민군이 제시한 「폐정 12개조」를 보면, '보국안민과 시민평등'에 대한 그들의 생각이 잘 나타나 있다. 즉 농민군은 지방 관리와 부자들의 부정부패와 자의적 수세행위를 엄벌에 처하여 잘못된 길로 가고 있는 나라를 바로잡는 일에 방점을 두었고 그와 동시에 양반과 천인의 차별을 바로잡기 위해 백정임을 알 수 있는 패랭이갓을 없앨 것과 노비문서 소각 등을 요구하였다.

3) 제2차 갑오농민전쟁과 「홍범 14개조」

고종 31년1894 6월 9일 조정은 농민군과의 전주화약을 근거로 일본군의 철수를 요구했다. 그러나 6월 21일 일본은 2,000여명의 군사로 경복궁을 점령한 뒤 청군 철수 및 청과의 조약 폐기를 강요하면서 시위군의 무장해제와 민씨 척족을 몰아냈다. 이어 6월 23일에는 아산만에 정박해 있던 청 군함과 수송선을 공격하여 청일전쟁을 발발시켰고, 조정 내에서 김홍집 친일내각을 세워 갑오개혁을 추진케 하였다.[44] 갑오개혁에서 볼 수 있는 일본의 의도는 고종과 민비척족의 무력화와 함께 「폐정 12개조」에도 거론된 과부개가의 허용, 공사노비제 폐지 및 반상문벌 폐지를 반영하여, 일본에 대한 조선 민중의 반발을 최소화하려는 것이었다.[45]

---

43 呉知泳・梶村秀樹 訳, 앞의 책, pp.191~192.
44 백태남 편저, 앞의 책, 394~395쪽.

결국 상기의 사건들은 제2차 갑오농민전쟁의 발단이 되었고, 고종 31년1894 10월 9일에 북부 지역의 손병희와 남부 지역의 전봉준에 의한 동학 농민군 20여만 명은 '척왜척화'를 내걸며 한성부로 진격하기 위해 충청도 공주에 집결하였다.[46] 그러나 10월 22일 농민군은 공주 우금치 전투에서 패퇴하고 충청도 논산까지 내몰렸고 하기의 고시를 통해 '척왜척화'라는 기치하에 정부군과 민중도 다같이 합류하기를 촉구했다.[47]

> 기실은 조선끼리 상전相戰하자 하는 바 아니거늘 여시如是 골육상전骨肉相戰하니 어찌 애닯지 아니하리요. 일변 생각하건데 조선사람끼리라도 도道는 다르나 척왜斥倭와 척화斥華는 기의其義가 일반이다. (…중략…) 각기 돌려보고 충군忠君 우국지심憂国之心이 있거던 곧 이리로 돌아오면 상우하여 같이 척왜척화하여 조선으로 왜국이 되지 아니하게 하고 동심협력하여 대사를 이루게 하을세라.[48]

갑오농민전쟁의 막바지에 일본은 고종 31년1894 11월 21일에 갑신정변의 주역이었던 박영효와 서광범을 제2차 김홍집 내각에 입각시켰고 12월 12일에는 「홍범 14개조」를 반포하였다.

> 제6조 납세는 모두 법으로 정하고 함부로 세금을 거두지 못한다. 제7조 조

---

45 갑오개혁의 내용을 보면, 첫째, 정치분야에서는 국왕 중심의 권력구조를 내각제로 바꾸고 의정부 총리대신 밑에 8개의 아문을 두어 총리와 각 아문의 대신들이 실권을 갖도록 했다. 둘째, 경제분야에서는 국가재정을 탁지아문에서 관장하도록 하고 은본위 화폐제도와 조세의 금납화를 실시했다. 셋째, 사회분야에서는 과부의 개가를 허용하고 공사노비제도, 반상문벌, 죄인연좌제 등을 폐지하였다. 한영우, 앞의 책, 58~59쪽.

46 이계형, 앞의 책, 204쪽.

47 崔玄植, 「全琫準의 革命思想考察 : 洪招録을 中心으로」, 『동학연구』 9 · 10, 2001, 29~30쪽.

48 姜在彦, 『朝鮮近代の変革運動 姜在彦著作選第Ⅱ巻』, 明石書店, 1996, pp.162~163(재인용).

세의 부과와 징수, 경비 지출은 모두 탁지아문이 관할한다. 제8조 왕실비용을 솔선 절감하여 각 아문과 지방관청의 모범이 되도록 한다. 제9조 왕실의 비용과 각 관비 비용은 1년 예산을 세워 제정의 기초를 확립한다. 제10조 지방관제를 속히 개정하여 지방관리의 직권을 제한, 조절한다.[49]

위의 「홍범 14개조」 중 제6조부터 제9조까지를 보면, 자의적인 재정운용에 따른 재정문란과 가렴주구 방지, 제10조는 부정부패를 일삼는 지방관리의 권력 타파, 그리고 법치주의를 확고히 하여 민중의 권리를 보호한다는 것이다. 비록 「홍범 14개조」는 일본의 간섭 아래 집약된 것이기는 하지만 상기의 내용들은 「폐정 12개조」에도 제시되었던 내용이기도 하고, 훗날 『독립신문』이나 독립협회에서도 「홍범 14개조」의 시행을 요구했다는 점에서[50] 1·2차 갑오농민전쟁과 갑오개혁 및 「홍범 14개조」는 조선 말기 민주주의적 토양의 배양 과정에 있어 중요한 부분을 차지한다 말할 수 있다.[51]

---

49 國分典子, 『近代東アジア世界と憲法思想』, 慶應義塾大学出版会, 2012, pp.119~120(재인용).
50 『독립신문』 광무 2년(1898년) 7월 13일.
51 閔京植, 「洪範十四条」, 『중앙법학』 제9집 2호, 2007, 44·57·79쪽.

4. 조선 말기 "민주주의적 토양의 배양 과정" – 제3국면

1) 삼국 간섭 이후 조선에 대한 일본의 독점적 영향력 후퇴

고종 32년1895 4월 17일에 체결된 시모노세키조약을 통해 일본은 공식적인 청일전쟁의 승전국이 되었다. 이후 요동반도, 대만, 팽호도를 할양받는 동시에 조선에 대한 영향력도 독점하게 되었다. 그러나 러시아, 독일, 프랑스는 일본으로 하여금 요동반도를 포기케 하였고 이로인해 조선에 대한 일본의 영향력 확대에 제동이 걸리게 되었다.[52]

위와 같은 국제정세 속에서 고종은 스스로 국정을 결재하겠다 밝혔고, 김홍집 친일 내각의 유길준과 김가진 등을 축출한 자리에 친러 인사들을 입각시켰다.[53] 하지만 일본은 8월 20일 민비시해사건을 일으켜 종전처럼 김홍집 내각을 유지시켰고,[54] 고종은 이듬해 2월 11일 러시아 공사관으로 피신한 뒤 새로이 친러파 중심의 박정양 내각을 수립시켰다(아관파천).[55]

이러한 격동기에 서재필은 민중의 호응 없이 '위로부터의 혁명'을 이끌어내려 했던 갑신정변의 실패를 거울삼아, 『독립신문』 및 독립협회와 같은 언설공간[56]을 만들어 '조선의 자주적 독립과 부국강병'이라는 생각을 민중과 공유해갔다.[57]

---

52 한영우, 앞의 책, 62쪽.

53 강준만, 『한국 근대사 산책』 2, 인물과사상사, 2007, 294쪽.

54 위의 책, 298~299쪽.

55 森万佑子, 『朝鮮外交の近代：宗属関係から大韓帝国へ』, 名古屋大学出版会, 2017, p.242.

56 존 드라이젝에 따르면 언설공간(공론의 장)이란 시민사회가 국가와 시장의 시스템 논리에서 벗어나 비판적 사고에 기초한 생활공동체의 기초를 제공하고 합리적 언설을 통해 일상의 정치적 활동을 영위할 수 있도록 하는 곳이다. Dryzek, John S, *Deliberative Democracy and Beyond: Liberals, Critics, and Contestations*, Oxford University Press, 2000.

57 서재필의 회고록을 보면 다음과 같이 언급하였다. '나는 두번 다시 미국으로 돌아가지 않더라도 관직에는 나가지 않고 민중을 교육하기 위한 신문을 발간하여, 정부의 일을 민중이 알도록 하고

2) 『독립신문』과 유교적 중앙집권체제에 대한 '문제제기'

최초의 한글판 신문인 『독립신문』은 양반뿐만 아니라 일반 민중에게도 널리 읽혀졌다. 그 예로 당시 민중은 『독립신문』을 회람했을 뿐만 아니라 글을 아는 사람이 대중 앞에서 낭독하는 경우도 있었다고 한다.[58] 이러한 상황을 고려하여 1부당 최소 200~300명이 읽었다는 단순계산도 나왔는데 『독립신문』이 폐간되기 전까지 매회 최대 3,000부를 전국에 배포했다는 점을 감안하면 회당 약 60만 명의 독자들이 『독립신문』의 내용을 공유했다는 결론이 나온다.[59] 참고로 당시 한성부 인구는 약 20만 명이었다. 더욱이 비록 일부이지만 민중은 자유기고 형식을 통해 신문 논설에 자신의 생각들을 게재하며 정치적 사회적 현안에 대한 공통의 문제의식과 공동체적 정체성도 함양할 수 있었다.[60]

특히 『독립신문』은 '조선의 자주적 독립과 부국강병'이라는 생각을 민

다른 나라가 조선에 대해 무엇을 하고 있는지 깨닫게 하는 데 힘쓰겠다고 했다. 유길준(당시 내부대신)은 이를 흔쾌히 수락해 재정적으로 후원하겠다고 굳게 약속했다.' 김을한, 『한국신문사화』, 탐구당, 1975, 27~29쪽.

이후 조정도 민비시해와 같은 일대 참사를 즉각 민중에게 알리고 여론을 불러일으킬 수단이 없었음을 경험했으므로 신문의 필요성에 공감하였다. 그래서 조정은 신문창간비 지원과 함께 각급 학교나 지방관청마다 신문 구독을 지시하였고, 기자가 자유롭게 관청에 들어가 취재할 수 있는 출입증까지 주었다. 최준, 『한국신문사논고』, 일조각, 1995, 75쪽; 강준만, 『한국 근대사 산책』 3, 인물과사상사, 2007, 50쪽.

58 홍창기, 「개화기 한국사회의 신문독자에 관한 연구」, 『한국사회와 언론』 제7호, 1996, 106쪽; 『독립신문』 광무 2년(1898년) 11월 9일.

59 최형익, 「한국에서 근대 민주주의의 기원 : 구한말 독립신문, 독립협회, 만민공동회 활동」, 『정신문화연구』 제27권 3호, 2004, 192쪽; 김정인, 『민주주의를 향한 역사』, 책과함께, 2018, 190쪽.

60 정용화, 『문명의 정치사상 : 유길준과 근대 한국』, 문학과지성사, 2004, 375~376쪽.
베네딕트 앤더슨은 근대에 들어와서 국어 사용과 국어로 된 출판물의 대량생산과 유통이 국민공동체의 실재를 구성하는 데 지대한 공헌을 했다고 보고, 그런 점에서 국민은 혈연관계나 지역을 바탕으로 한 자연적 공동체가 아니라 문화적으로 구성된 상상의 공동체가 됐다고 주장한다. 이러한 점에서 『독립신문』이 한글을 사용한 것은 조선의 근대 국민국가 형성에 큰 역할을 했다고 평가할 수 있다. Benedict Anderson, *Imagined Communities: Reflection on the Origin and Spread of Nationalism*, London : Verso, 1983.

중과 공유하기 위해 '조선인의 사고전환을 토대로 한 정치개혁과 사회개혁'을 내세우며 기존의 유교적 중앙집권체제에 대한 문제제기를 하였는데, 여기에서 정치개혁은 '선거와 분권'을 통한 효율적 국가운영이며 사회개혁은 '인권과 평등'을 기반한 것이었다.

먼저 『독립신문』은 고종32년1895민비시해사건, 춘생문사건,[61] 및 고종33년1896 아관파천 이후 정부내 친일파 인사 숙청, 친미 친러파와 친일파 간의 계속되는 알력다툼과 민중에 대한 가혹한 수탈을 지적하며, 조선에 새로운 시대가 도래했음에도 중앙 및 지방 관리는 나라를 부유케 하는 방법을 강구하지 않는다고 비판했다.

> 나라를 개혁하는 것도 목수가 헌집 고치는 것과 같은지라. 일에 선후가 있고 경중이 있는 것을 생각하지 않고, 뒤에 할 일을 먼저 한다든지 경한 일을 중한 일보다 더 힘쓴다든지 하는 것은 다만 일이 안될 뿐 아니라 이왕에 된 일도 없어질 터이다.[62]

> 밤낮 생각하는 것이 벼슬이나 도모하여 동포 형제의 피를 빨아먹을 생각들이나 하고 (…중략…) 그 열리고 강한 나라의 풍속과 규모와 정치를 본받아 아무쪼록 조선도 한번 그 나라들과 같이 되어 보고, 조선 백성들도 세계 각국 인민과 같이 되어 볼 생각들을 아니하고.[63]

---

61 이는 고종 32년(1895년) 10월 12일 경복궁 춘생문에서 러시아군, 미군 수병과 친러파 전 농상공부대신 이범진이 의정부 총리대신 김홍집 암살을 기도한 사건이다.
62 『독립신문』 고종 33년(1896년) 5월 23일.
63 『독립신문』 고종 33년(1896년) 8월 1일.

또한 『독립신문』은 비판의 대상을 관료에만 한정시키지 않았는데, 민중 또한 여전히 청 중심의 '조공-책봉' 체제하에서 스스로의 안보를 도모하였던 옛 사대주의적 사고방식에 머물러 있다며 비판했다.

나라가 독립이 되고 아니되고는 (…중략…) 전국 인민에게 달렸는데 (…중략…)어떤사람은 생각하기를 청나라 놈이 다시 오기를 바라기도 하고 또 어떤 사람들은 말하되 (…중략…) 내나라 일을 남이 하여 주기를 바란다.[64]

그러면서 『독립신문』은 관료들의 비리와 무능을 바로잡는 방법으로 '선거와 분권'을 통한 정치개혁을 제시했다.

관원들은 백성들이 투표하여 뽑아, 그 중에 지식있고 정직하고 물망있는 조선사람으로 중임들을 맡기는 까닭에 거기 관인들은 백성에게 돈 한푼이라도 무리하게 취할 수가 없고 (…중략…) 원이 백성 섬기기를 상전같이 섬기고 백성이 원 섬기기를 아비와 같이하여 관민이 상의하여[65]

행정관이 의정관의 직무를 하며 의정관이 행정관의 직무를 하라고 하여서는 의정도 아니되고 행정도 아니 될 것이다. (…중략…) 정부에 (…중략…) 혼잡하고 규칙없는 일을 없애려면 불가불 의정원을 따로 두어 나라 안에 학문있고, 지혜있고, 좋은 생각있는 사람들을 뽑아 (…중략…) 의논하고 작정하는

64 『독립신문』 고종 34년(1897년) 7월 27일; 『독립신문』 광무 원년(1897년) 10월 21일. 고종 34년(1897년) 8월 14일 연호가 광무로 바뀌었기에, 이 날짜 이후에는 개명한 연호를 표기하도록 한다.

65 『독립신문』 고종 34년(1897년)1월 16일.

권리만 주어 좋은 생각과 좋은 의론을 날마다 공평하게 토론하여[66]

아무렇게나 하는 것을 자유로 알고 남을 해롭게 하여 자기를 이롭게 하는 것을 권리로 아니 이러한 백성에게 홀연히 민권을 주어서 하의원을 설치하는 것은 도리어 위태함을 속하게 함이라.[67]

상기의 『독립신문』의 내용은 각 지방 관리 및 정부의 주요 관리를 선거로 뽑으면 관리의 잘못으로 인한 폐해가 왕의 책임으로 전가되지 않을 뿐만 아니라 선거에 참여한 모든 민중이 공동의 책임의식을 갖고 감시할 수 있다는 것이다. 또 정부와는 별도로 의정원을 설치하여 각현안에 대한 논의를 거듭하고 정부가 집행한다면, 종래의 국왕 중심의 비효율적 및 자의적인 통치로 인한 폐단도 줄일 수 있다고 강조했다.[68] 그러나 『독립신문』이 목표로 한 '선거와 분권'은 상당히 제한적이었고 의정원도 지배층에서만 선출된 의정관에 의한 운영을 가리키는 등, 애당초 민중의 수준은 의정원을 담당할 수 없다는 전제를 갖고 있었다.[69]

한편 『독립신문』은 사회개혁의 일환으로 '인권과 평등'을 언급하는데, 그 적용 대상은 주로 여성이었다. 이는 전통적 유교사회에서 여성이 사농공상의 모든 신분과 관계없이 남성보다 하위에 종속되는 존재였을 뿐만 아니라,[70] 발언과 행동의 자유도 없다 여겨졌기 때문이다.[71]

---

66 『독립신문』 광무 2년(1898년)4월 30일.

67 『독립신문』 광무 2년(1898년)7월 27일.

68 최선, 「한국 근대 헌법의 기원에 대한 논의-『독립신문』 논설을 중심으로」, 『한국학연구』 41, 2012, 305~306쪽.

69 주 21을 참조할 것.

70 강숙자는 '예기'의 '삼종의 도'를 들어, 조선시대 여성은 평생 독립된 인격이 되지 못한채 여성의

먼저 『독립신문』은 '인권'의 중요성을 들어 개인의 자주와 독립성이 곧 국가의 자주독립으로 이어진다 주장했고 특히 여성의 의사를 고려하지 않는 당시의 혼인 관습을 지적했다.

> 어린 아이들을 압제로 혼인을 시켜 서로 살라하니 (…중략…) 지각들이 난 후에는 후회하는 사람들이 많이 있는지라. 그런고로 음심 있는 사나이들은 첩을 얻고 음행을 하는 폐단이 생기는 것은 다름이 아니라 자기의 아내를 참 사랑하지 아니하는 것이요. 조선 여편네들을 압제로 풍속을 만들어 하고 싶은 말도 못하게 하는 까닭에 속에 분하고 원통한 일이 있어도 감히 말을 못하니[72]

다음으로 『독립신문』은 교육과 직업선택에서의 기회의 평등을 다룬다. 하기의 내용을 보면, 당시 강대국들의 개화된 여성이 어떻게 국가 발전에 기여하는지를 언급하면서 그 배경에 있는 여성 교육의 중요성을 주장하고 있다.

> 개화한 나라의 여인은 학문이 남자와 다를 것이 없어서 무슨 일이던지 가히 의론할만한 고로 아내가 되면 남편을 도와 대소사를 같이 분별하며 자녀를 옳은 길로 교육하여 집안이 먼저 흥하는 고로 전국이 자연히 흥왕하나니

일을 음식 장만하는 데만 한정했다는 점에 주목한다. '아내는 남자에게 복종하는 자이다. 주체적으로 일을 할 수 없으므로 삼종의 도가 있다. 결혼하기 전에는 아버지를 따르고, 결혼 후에는 남편을 따르며, 남편이 죽으면 자식을 따른다. 즉 스스로 뭔가를 이룰 수 없기에, 여성의 말은 가정내로 한정하고, 일도 식사준비로만 한다. 예기(본명해).' 姜淑子, 「儒教思想から見られる女性に対する理解(유교사상에 나타난 여성에 대한 이해)」, 『韓国東洋政治思想史研究』 3(2), 2004, p.12.

71 이나미, 「『독립신문』의 자유주의 페미니즘 : 울스턴 크래프트의 이론과의 비교를 중심으로」, 『한국동양정치사상사연구』 제16권 2호, 2017, 168쪽.

72 『독립신문』 고종 33년(1896년) 6월 6일.

> 서양 여인은 과연 내조라 함이 옳거니와 동양여인들은 불과 사나이의 노복이 라 어찌 통탄하지 않으리요.[73]

그러나 여기서 '평등'이란 모든 분야에서의 남녀평등을 말하는 게 아니라 '예기'의 '삼종의 도'[74]에서 보듯이 여성교육의 목적을 현모양처에 방점을 두고 있음을 알 수 있다.[75]

3) 의정원 개설이라는 "대안" 형성과 기득권과의 사회적 합의 실패

『독립신문』이 지면에서 유교적 중앙집권체제에 대한 "문제 제기"를 형성해 나가는 동안, 고종 33년1896 7월 2일에는 서재필, 윤치호 등이 중심이 되어 독립협회를 세웠다. 독립협회는 매주 일요일마다 토론회를 개최했는데 여기에는 학생들을 포함한 많은 민중이 참여했다. 토론회는 한 주제에 대한 찬반 패널을 2명씩 선정하였고, 토론의 승패를 청중이 결정하는 방식을 취했다. 이 토론회는 광무 2년1898 12월까지 총 34회가 개최되었는데, 광무 2년1898 11월 이후에는 참가자가 500명을 넘었다.

특히 당시 독립협회는 자주독립, 의정원 개설, 인권 및 평등을 포함한 다양한 정치적 사회적 현안에 대한 토론 뿐만 아니라 정부의 실책을 규탄하고 시정을 촉구하는 활동도 전개하였다.[76] 이러한 활동은 세 차례의 만민공동회와 한 차례의 관민공동회를 통해 더욱 도드라졌다. 먼저 제1차 만민공동회는 광무 2년1898 3월 10일부터 12일까지 한성부 종로에서 개

73 『독립신문』 광무 2년(1898년) 9월 13일.
74 주70을 참조할 것.
75 이나미, 앞의 글, 175쪽.
76 이계형, 앞의 책, 268쪽.

최되었다. 제1차 만민공동회의 주요 쟁점은 '러시아에 대한 절영도 저탄소 조차, 러시아인 군사교관과 재정고문의 철회'였다. 당시 『독립신문』의 논설과 만민공동회 연설문을 보면 다음과 같다.

> 절영도에 석탄고 터를 러시아 사람에게 허락하여 (…중략…) 오늘날 아라사 사람이 석탄고 지을 터를 청하여 구함은 이왕 일본에 먼저 빌려준 것을 빙자함이라 (…중략…) 온 나라 토지를 차례로 다른 나라 사람에게 허락하여 빌리기에 겨를치 못 할지라 우리나라 사람들은 어느 땅에 가서 살리요.[77]

> 우리 대한이 자주 독립하는 것은 세계 만국이 다 한가지로 아는바이요. 훈련사관과 재정 고문관을 외국사람에게 맡기는 것은 (…중략…) 대한 이천만 동포 형제가 한가지로 부끄럽고 분한바이라.[78]

위의 제1차 만민공동회의 요구를 보면, 주로 조선의 '자주독립'을 언급하고 있는데, 외국으로의 영토 조차는 물론 국가의 군사권과 재정권을 맡기는 것을 자주권의 심각한 침해로 받아들였던 것이다. 이후 정부는 절영도 조차를 거부하고 러시아 군사교관과 재정고문의 철수를 통보했다.

제2차 만민공동회는 광무 2년1898 4월 25일~10월 12일에 있었다. 제2차 만민공동회의 주요 쟁점은 '근대적 법제도의 실시'였는데, 하나는 '의정원 개설'이고, 다른 하나는 '연좌법 및 나륙법을 부활시키려는 수구파의 퇴진'이었다.[79]

---

77 『독립신문』 광무 2년(1898년) 3월 10일.
78 『독립신문』 광무 2년(1898년) 3월 15일 잡보.

행정관이 의정관의 직무를 하며 의정관이 행정관의 직무를 하라고 하여서는 의정도 아니되고 행정도 아니 될 것이다. (…중략…) 정부에 (…중략…) 혼잡하고 규칙없는 일을 없애려면 불가불 의정원을 따로 두어 나라 안에 학문 있고, 지혜 있고, 좋은 생각 있는 사람들을 뽑아 (…중략…) 의논하고 작정하는 권리만 주어 좋은 생각과 좋은 의론을 날마다 공평하게 토론하여[80]

신기선씨가 법부 대신 겸 중추원 의장으로서 (…중략…) 황상폐하께서 새로 개정하신 법률이 경홀하다하여 중추원이 실시하려 한다는 첫 사업이 이국편민하라는 목적은 강구치 않고 (…중략…) 다시 옛적 법률을 좇아 노륙법과 연좌법을 쓰려고 모든 의관을 모아 상소하였는지라.[81]

위의 내용을 보면 입법과 행정을 분리하면 전문화와 능률화는 물론 인재가 의정관으로 선출되어 매일 공평하게 토론하고 법률 및 제도를 만들기에 전제군주제의 폐정이 시정되고 나라가 융성해진다는 논리이다. 또한 광무 2년1898 9월 11일 김홍륙 독차사건[82]을 계기로 정부 내의 수구파 대신들이 사건에 연루된 사람의 가족에게도 사형 및 중형을 내리기 위한 법률 개정을 시도했는데, 이것이 발단이 되어 만민공동회에서 인권문제

79 이런 이유로 독립협회는 고종과 조병식, 이용익 등의 수구파로부터 미움을 받았고, 서재필은 중추원 고문에서 물러나 미국으로 쫓겨나게 됐다. 참고로 연좌법이나 나륙법은 연좌제의 일종으로 죄인의 아들에게도 사형을 내리는 제도였는데, 당시 수구파 대신들 중 신기선과 심순택이 이 제도를 부활시키려 했던 것이다.

80 『독립신문』 광무 2년(1898년) 4월 30일.

81 『독립신문』 광무 2년(1898년) 10월 4일.

82 김홍륙은 러시아어 통역관 출신으로 고종 33년(1896년) 아관파천 당시 고종의 비서가 되었고, 이후 학부협판까지 승진한 사람이다. 그러나 그는 광무 2년(1898년) 권력 남용과 러시아와의 협상에서 사리를 착복한 이유로 전라도 흑산도로 귀양 갔다. 이 일로 김홍륙은 고종과 세자를 시해하기 위해 공홍식에게 고종과 세자가 마실 커피에 다량의 아편을 투입하도록 지시하였다.

가 부각되어졌던 것이다. 결국 고종은 수구대신들을 파면하고 독립협회가 신임하는 박정양을 중심으로 한 정부를 출범시켰다.[83]

광무 2년1898 10월 13일~11월 4일에는 전현직 관료, 각 단체의 회원, 학생, 교원, 종교인 및 하층민 등 각계 각층의 인사가 참여한 제1차 관민공동회가 열렸다. 10월 24일 독립협회는 기존의 중추원 관제에 대한 개정안을 정부에 제시했는데 거기에는 의관 50명 중 관선과 민선을 25명씩으로 하고 민선의 경우는 독립협회가 투표를 통해 회원 중에서 선출한다는 내용이었다.[84] 또 10월 29일 집회를 폐회할 때에는 고종에게 올리는 「헌의6조」라는 통일된 "대안"을 민중과 정부대신들이 찬성하기에 이르렀다.[85]

> 제1조, 외국인에게 의지하지 말고 관리와 백성들이 마음을 함께하고 힘을 합쳐 전제 황권을 굳건히 한다. 제2조, 광산, 철도, 석탄, 산림 및 차관, 차병은 정부가 외국인과 조약을 맺는 것이니, 만약 각 부의 대신들과 중추원 의장이 합동하여 서명하고 날인한 것이 아니면 시행할 수 없다. 제3조, 전국의 재정은 어떤 세금이든지 막론하고 모두 다 탁지부에서 관할하고, 다른 부와 부 및 사적인 회사에서 간섭할 수 없으며, 예산과 결산을 사람들에게 공포한다. 제4조, 이제부터 중대한 범죄에 관계되는 것은 특별히 공판을 진행하되 피고에게 철저히 설명해서 마침내 피고가 자복한 후에 형을 시행한다. 제5조, 칙임관은 대황제 폐하가 정부에 자문해서 과반수의 찬성에 따라 임명한다. 제6

83 강준만, 『한국 근대사 산책』 3, 인물과사상사, 2007, 210쪽.

84 이방원, 『한말 정치변동과 중추원』, 혜안, 2010, 68~70쪽; 『독립신문』 광무 2년(1898년) 10월 27일 잡보.

85 조계원, 「대한제국기 만민/관민공동회(1898년)를 둘러싼 국왕과 독립협회의 갈등 : 동포, 민회 개념을 중심으로」, 『담론 201』 19집 2호, 2016, 98쪽.

조 장정을 실지로 시행한다.[86]

결국 광무 2년1898 11월 3일 고종은 독립협회가 제시한 행정과 입법과의 분권을 담은 중추원관제 개정안을 수용하였다.[87] 그러나 11월 5일 한성부 내에는 독립협회가 고종을 축출하고 공화국을 세운 뒤 대통령에 박정양, 부통령에 윤치호, 내부대신에 이상재, 그리고 외부대신에는 정교 등을 앉히려 한다는 익명서가 내걸렸다. 이를 빌미로 고종은 박정양의 파면과 만민공동회를 불법 집회로 간주하여 독립협회 간부 17명을 체포하였다.[88]

그리하여 독립협회는 광무 2년1898 11월 5일~12월 22일까지 제3차 만민공동회를 전개해 나갔다. 제3차 만민공동회에는 거의 매일 약 1~2만 명의 사람들이 집결했는데, 이를 더이상 방치할 수 없다 판단하여 고종은 12월 23일 정부군과 보부상을 동원해 강제 해산시켰고, 12월 25일에는 독립협회마저 폐쇄시켜 버렸다.[89]

그 후 고종과 수구파는 왕권 강화에 힘썼으며, 광무 3년1899 8월 17일에는 하기의 「대한국 국제」를 반포하기에 이르렀다.

제1조, 대한국은 세계 만국에 공인되온 바 자주 독립하온 제국이니라. 제2조, 대한제국의 정치는 이전부터 오백 년간 전래하시고 이후부터는 항만세 불변하오실 전제 정치이니라. 제3조, 대한국 대황제께옵서는 무한하온 군권을 양유하옵시느니 공법에 이르는바 자립 정체이니라. 제4조, 대한국 신민이

86 『독립신문』 광무 2년(1898년) 11월 1일.
87 『독립신문』 광무 2년(1898년) 11월 5일.
88 이방원, 앞의 책, 72쪽.
89 조재곤, 『한국 근대사회와 보부상』, 혜안, 2001, 185쪽.

대황제의 향유하옵시는 군권을 침손할 행위가 있으면 그 행위의 사전과 사후를 막론하고 신민의 도리를 잃어버린 자로 인정 할지니라. 제5조, 대한국 대황제께옵서는 국내 육해군을 통솔하옵셔서 편제를 정하옵시고 계엄, 해엄을 명령하옵시니라. 제6조, 대한국 대황제께옵서는 법률을 제정하옵셔서 그 반포와 집행을 명령하옵시고 만국의 공공한 법률을 표방하사 국내 법률로 개정하옵시고 대사, 특사, 감형, 복권을 명하옵시느니 공법에 이르는바 자정율례이니라. 제7조, 대한국 대황제께옵서는 행정 각 부의 관제와 문무관의 봉급을 제정 혹은 개정하옵시고 행정상 필요한 칙령을 발하옵시느니 공법에 이르는바 자행치리이니라. 제8조, 대한국 대황제께옵서는 문무관의 출척, 임면을 행하옵시고 작위, 훈장 및 기타 영전을 수여 혹은 체탈하옵시느니 공법에 이르는바 자선신공이니라. 제9조, 대한국 대황제께옵서는 각 국가에 사신을 파송 주찰케 하옵시고 선전, 강화 및 제반약조를 체결하옵시느니 공법에 이르는바 자견사신이니라.[90]

상기의 내용을 보면, 「대한국국제」는 개항 이후 더욱 훼손되어 가고 있던 왕권을 부국강병을 위해 회복시키려는 목적이 있었지만, 다른 한편에서는 사람들 속에서 꾸준히 논의되어 온 '민주주의적 기본개념'을 왕권강화라는 과거 회귀적 발상으로 덮어버리는 것이기도 했다.[91] 하지만 이미 쇠약해진 국력과 그에 더해 민중의 자발적 정치 참여에 대한 무력진압을

90 『독립신문』 광무 3년(1899년) 8월 23일.

91 이태진에 따르면 고종은 영조와 정조가 추구한 민국의 이념을 계승하고 군주가 나라의 대표자로서 백성들이 의지할 수 있는 나라를 만들려고 했다고 하는데, 이는 임금이 중심이 되어 정치를 해야 한다는 조선의 강고한 정치문화와도 부합한다고 지적했다. 이태진, 『고종시대의 재조명』, 태학사, 2000, 76~77쪽.

밑바탕으로 한 전제 군주제로의 개혁은 광무 9년1905 러일 전쟁 직후의 을사늑약, 제2차 한일협약 1910년 한일 병합에 의해 너무나도 쉽게 무력화되는 결과를 초래하게 되었다.

5. 맺으며

본고는 한국에서 '선거, 분권, 인권, 평등'이라는 민주주의적 요소가 해방 이후 이식된 게 아니라, 조선 말기 유교적 중앙집권체제의 균열 속에서 싹튼 것이라고 본다. 하지만 이는 당시의 정치 의식이 유교적 중앙집권체제의 균열 속에서 형성되었으나, 전제군주제를 원했던 고종과 수구파의 저항과 기존 체제에 의한 인식적 속박에서 완전히 벗어나지 못했기에 제도화에 이르지 못했다. 더욱이 일제에 의한 국권침탈의 가시화는 민중들에게 개인의 '인권과 평등' 보다는 '국권회복과 독립'이 더 절실해지게 만들었다.[92]

제1국면에는 급진개화파가 '선거 및 분권'를 통한 민주정에 상당한 관심이 있었음에도, 갑신정변 당시 내걸었던 정령 14개조를 보면 『한성순보』나 급진개화파의 언설 등에서 언급되었던 '선거 및 분권'은 급진개화파의 지식적 수준에 머물러 있었고, 실제로 언급되었던 기존 관료제의 틀 안에서 왕권을 제한하려고만 했었다. 제2국면에서는 동학이 각자의 마음 속에 인격적인 하늘을 모시고 있다는 시천주에 기초하여 '인권 및 평등'

92 김정인, 「근대 한국 민주주의 문화의 전통 수립과 특질」, 『역사와 현실』 87, 2013, 213쪽.

을 내걸었다. 하지만 이는 '보국안민'이라는 전제하에서 부패한 당시 양반, 부호 및 탐관오리에 의한 수탈과 차별에 시달리는 민중의 최소한의 생활을 영위할 수 있도록 하기 위한 것이었지, 새로운 정치체제를 향한 비전 제시까지는 이르지 못하였다. 마지막으로 제3국면에는 제1국면과 제2국면에서 실패했던 경험을 갖고있던 지배층과 민중은 『독립신문』 및 독립협회라는 언설공간을 통해 유교적 중앙집권체제에 대한 "문제제기"와 "대안"을 제시하였다. 그러나 '선거와 분권'을 상징하였던 의정원 설립은 오로지 지배층 내에서만 선출된 의정관에 의한 운영으로 한정되었고 '인권과 평등'을 실현하기 위한 여성에 대한 교육 목적도 현모양처 육성에만 맞춰져 있었다.

이처럼 조선 말기 "민주주의적 토양의 배양 과정"은 기존의 유교적 중앙집권체제의 균열 속에서 진행되었으나, 역설적으로 유교문화의 인식적 속박에서 자유로울 수 없었으며, "전제군주제 개혁을 통한 부국강병"을 내세우는 고종과 수구파의 저항으로 제도화의 단계로도 쉽게 나아갈 수 없었다. 더구나 광무 9년1905 러일전쟁 이후에는 조선의 식민지화가 가시화되면서 민중에게는 개인의 '인권과 평등'의 문제보다 '국권 회복과 독립'이 절실해졌다. 그럼에도 본고는 고종 13년1876 '조일수호조규'부터 광무 3년1899 「대한국국제」 반포에까지 이르는 과정에서 축적된 사람들의 정치의식이 광무 9년1905~1910년에 전개된 애국계몽운동과 1919년 3·1운동으로 이어졌고, 훗날 대한민국 임시헌장1919과 대한민국 헌법전문1948으로 결실을 맺는 등 한국의 민주주의적 토양 배양에 크게 기여했다고 생각한다.

/ 제3부 /

‘콘택트’로 보는 ‘빛’과 ‘그림자’

오키나와沖縄 근대 재고

일본제국과 동화주의의 문제

나미히라 쓰네오

정녕 옮김

1. 들어가며

오키나와의 근대는 일본제국에게 포섭되었던 시대였다. 그렇기 때문에 '오키나와의 근대'란 무엇이었는가를 묻는 일은, '일본의 근대'를 어떻게 인식하는가 하는 문제와 분리하여 논할 수 없다. 그리고 한 걸음 더 나아가 말하자면, 일본이나 오키나와 근대를 묻는 일은, 세계사(및 동・북동아시아사) 상의 '근대'나 '근대화'를 어떻게 생각하는가 하는 보다 포괄적인 물음과도 연결되어 있을 것이다.

이 글에서는, 근대(성) 혹은 근대화란 무엇인가 하는 문제에 대해서는 상세히 논하지 않겠다. 이 문제에 대해 많은 논자들이 공유하고 있는 상식적인 이해는 다음과 같다. 즉 '근대'가 대략 16세기 이후 유럽에서 발생하여, 19세기에 지구 구석구석까지 확산되었고, 지금도 여전히 세계 각지에서 '근대화'라고 하는, 되돌릴 수 없는 사회 변용을 일으키고 있다는 인식이 그것이다. 문제는 근대의 본질적 특성을 어떻게 보는가에 있겠지만, 이 글에서는 이 난제를 더 이상 논하지 않고, 동·북동 아시아에서는 19세기 중엽(이후) 근대화라는 커다란 파도가 밀려들어 왔다고 하는 상식적 이해 수준에서 논의를 진행하고자 한다.

일본을 포함한 동아시아 근대는 '서구의 충격'과 더불어 시작된다. 중국의 아편전쟁, 일본의 페리 내항來航이 이에 해당한다. 그렇기 때문에 일본의 근대는, 넓은 의미에서 페리 제독 일행의 최초 방문이란 형태로 서양의 충격이 들이닥친 1853년, 교과서적으로는 왕정복고와 메이지 개원改元이 이루어진 1868년에서 시작점을 찾는 것이 일반적일 것이다. 그로부터 제2차 세계대전 패전으로 대일본제국이 붕괴되는 1945년까지를, 이 글에서는 일본사의 '근대'로 부르기로 한다.

물론, 이 1945년이란 구획도 절대적인 것은 아니며, 일본사를 이해하는 차원에서 편리한 시기구분으로서 채용된 것에 불과한데, 통상적으로는, 근대 다음에 '전후' 내지는 '현대'가 이어진다는 상정에 입각한다. 따라서 근대와 현대를 구별하지 않고, 가령 '근대인가, 포스트근대인가'라는 식의 질문을 통해, 근대의 끝을 훨씬 이후 시기로 늘려서 파악하는 것도 하나의 유력한 사고방식이다. 이는 물음의 종류에 따라서는 필요한 일이기도 하다.

그런데 이와 같은 일본사의 시대구분과는 달리, '류큐琉球·오키나와사'의 일반적인 시대구분에서는, '근대'의 시작점을 1879년메이지 12의 류큐병합(이른바 '류큐처분')에서 찾고, 그리고 태평양전쟁 말기1945의 '오키나와 전투' 종결까지를 '근대'라 부른다. 즉, '근대'가 약간 늦게 시작되었다고 간주하고, 그 전제로서 서구의 충격보다도, 메이지明治 일본의 동향이 중요했다고 보는 것이다.

널리 알려진 것처럼, 1853년, 미국의 페리 제독 일행은 우라가浦賀 내항에 앞서 류큐에 들렀고, 그 이듬해 다시 찾아와 미일화친조약을 맺고는, 나하那覇에 기항해서 유미조약琉米條約을 체결하였다. 하지만 통상적으로 오키나와의 근대가 페리 내항으로 시작된다고는 생각하지 않는다. 오키나와에서는(아마도 대만과 조선 등에서도), 직접적으로는 '일본의 충격'이 '서양의 충격' 보다 근대의 개막에서 결정적이었다고 일반적으로 인식한다.

이렇게 류큐·오키나와 근대에 관하여 말하자면, 처음에 메이지 국가가 '처분'이란 명목으로 군대와 경찰력을 동원한 강제병합이 있었다. 이어 류큐왕국의 백성(류큐인)이던 사람들을 일본제국 신민으로 탈바꿈시키는, 동화·황민화를 중심으로 하는 다양한 근대적 사회변용 과정이 있었다. 그리고 마지막으로, 비참한 지상전투를 통해 주민 약 1/4의 목숨이 상실된 오키나와 근대의 불행한 총결산이 있었다. 다음에서는, 공식적으로 '오키나와현'이 설치되어 있던 이 66년간을, 좁은 의미에서의 '오키나와 근대'로 간주하고 논의를 진행하기로 한다.

말이 나온 김에 류큐·오키나와의 '전후'에 관해서도 간단히 언급하겠다. 류큐 열도에서는 오키나와 지상전투가 종결되자 이에 곧바로 이어지는 형태로 미군 통치(직접 점령)가 시작되었다. 그리고 1952년 '대일 평화조약' 발효로 일본이 주권을 회복한 이후에도, 계속 미국의 군사 통치를 받다가, 1972년 '조국복귀'(미국에서 일본으로 '시정권 반환')로 현재의 오키나와현이 부활했다. 정확히 말하자면, 미군과 미국의 통치를 받은 전후 27년간은 오키나와(현)가 아니라 '류큐'나 '류큐제도'가 공식 명칭이었다. 이러한 특이성을 배경으로 해서, 오키나와사에서는, 오키나와전 종료에서 72년 일본 복귀까지를 '전후', 그리고 72년 이후를 '현대'로 구분하여 부르는 경우가 많다.

물론, 오키나와에 관해서도 '근대(성)'이란 것을 (하버마스 식으로) 넓게 해석한다면, 그것은 오늘날에도 여전히 '미완의 프로젝트'라고 할 수 있다.[1] 널리 알려진 것처럼, 현재도 일본정부와 오키나와현은 재일미군 기지의 과중한 부담이나 신기지 건설 문제 등을 놓고 날카롭게 대립하고 있다. 그리고 기회가 있을 때마다 오키나와 측이, 현민의 '인권과 민주주의가 무시되고 있다'고 목소리를 내는 상황이 지속되고 있다. 말 그대로 '인권'과 '민주주의'라는 '근대'의 필수적인 이념에 호소해서, 그 실현과 실질화를 요구하는 상황이 장기간 지속되고 있는데, 이야말로 오키나와(그리고 이를 포함한 일본)에서는, 근대가 '미완'임을 여실히 보여주고 있는 것은 아닐까?

논의를 되돌리자면, 오키나와 근대는 일본제국에 병합되어 그 통치하에 놓였던 시대였다. 그 때문에 오키나와인의 근대체험은 좋든 싫든, 일본제국이라는 정치체의 모습에 크게 규정을 받았다. 이러한 피규정성의 하나로 중요한 것이, 홋카이도北海道의 아이누나 대만·조선 등 식민지 사람들과 공통적으로, 오키나와에 '동화'와 '황민화'가 강제되었다는 점임은 비교적 잘 알려져 있다. 이 점이 보여주는 것처럼, 근대 오키나와는 일본제국의 본국 내부나 식민지 어느 쪽에도 속하지 않는 양의성을 띤 지역이었다. 참고로, 이러한 양의성이란 점에서 오키나와와 일부 유사한 지역으로는 홋카이도가 있다. 근대 오키나와는, 홋카이도와 마찬가지로 종종 '국

1 J. Habermas, 三島憲一 編 譯, 『近代－未完のプロジェクト』, 岩波書店, 2000.

내(내국) 식민지'라는 범주를 통해 논의가 이루어져 왔다.

그런데 1982년 이래 몇 차례에 걸쳐, 중국과 한국이 일본의 역사교과서(검정문제)와 관련하여 주로 가까운 과거의 역사인식을 놓고 비판의 목소리를 냈다. 그리고 사실은 오키나와에서도 그 때마다, 주로 오키나와 전투의 집단자결이나 일본병사에 의한 주민학살과 관련해서, 일본정부 문부성文部省(문부과학성文部科学省)이나 민간 역사수정주의 조류에 대해 항의가 발생하였다. 이 점도 오키나와와 한국・중국(대만)등과의 유사성을 보여주는 것으로, 일본의 전쟁책임과 식민지책임을 둘러싼 역사청산과 비판적 반성이 불충분함을 보여주는 사례라고 말할 수 있지 않을까?

이렇게 역사인식과 관련된 문제를 생각할 때, 1930년대 이후 중일전쟁에서 태평양전쟁에 이르는 과정이나, 1895년 대만영유台湾領有, 1910년 한국병합 이후의 식민지 지배 문제뿐 아니라, 메이지유신明治維新 이후 근대 일본이 '신권천황제神權天皇制'[2] 하에서 집권적 국가체제를 형성하고, 몇 차례 대외전쟁을 거쳐 동아시아에서 일대 제국(='식민지 제국')을 구축했다는 것, 그러한 근대일본의 제국성이나 제국(주의)적 지배의 특성이라는 문제, 그리고 패전의 결과로 천황제 제국이 일거에 붕괴했다고 하는 탈식민지화의 특이성이 갖는 의미를 보다 중시할 필요가 있지 않을까? 일본의 경우, 태평양전쟁 종료와 순수한 탈식민지화 과정이 겹쳤기 때문에, 전후가 되자 자신이 옛날에 제국이었다는 것, 그것도 특이한 형태의 제국통치를 시행하고 있었다는 것을 안이하게 망각, 내지는 현저히 경시하게 된 것처럼 생각된다.

---

2 '신권천황제'의 개념에 관해서는, 梅田正己, 『日本ナショナリズムの歴史』 I~IV, 高文研, 2017을 참조.

본 장에서는 이상의 내용들을 염두에 두면서, 근대일본 제국화의 기점과 일본 제국통치의 특성으로서 '동화주의'라는 문제를, 메이지유신 이후의 일본제국과 이에 포섭된 오키나와의 관계라는 시점에서 고찰해 보도록 하겠다.

2. 제국과 제국주의

우선, '제국'과 '제국주의'라는 일본어 용어에 관해 간단히 논구하는 것으로 논의를 시작하겠다. '제국'이라 하면 명·청이란 '제국', 혹은 '중화제국' 같은 표현 때문에, 중국의 한자어에서 유래한 개념이라 생각하기 쉽지만, 실제로는 일본에서 태어난 말이다.[3]

요시무라 타다스케吉村忠典에 따르면, 일본어 '제국'이란 말은, 네덜란드어 '케이제레이크keizerrijk'(독일어 '카이저라이히Kaiserreich'에 대응)를 18세기 일본 난학자蘭學者들이 '제국'이라 번역한 것으로 거슬러 올라간다. 케이제르나 카이저 모두 고대 로마의 카에사르, 즉 황제帝에서 유래한다. 황제가 지배하는 나라, 그것이 제국이다.

한편으로 '제국'의 또 하나의 기원으로 임페리움imperium이란 말이 있다. 이는 고대 로마 제정기 이전부터 있던 말로, 최고 공직자의 명령(권)이 원래 뜻이며, 그 명령(권)이 미치는 영역 또한 지칭하게 되었다 한다. 영어의 엠파이어나 프랑스어 앙피르가 그 파생어이며, 이것들에는 반드시 황제

3 이하 '제국'의 개념사에 관해서는, 吉村忠典, 『ローマ帝国の研究』, 岩波書店, 2003을 참조.

가 있을 필요는 없다.

공식문서에서 '제국'이 등장한 최초 사례는, 미일화친조약1854에 첨부된 일본어 번역문이라고 한다. 여기에서 Empire of Japan이 '제국일본'이라 번역되었다. 그리고 안세이安政 연간(1855~1860년 사이의 일본 연호-역자 주)부터 난학을 대신하여 영학英學이 유행하게 되면서, '제국'이란 말은 엠파이어의 본래 번역어였던 것처럼 사용되기 시작했다. 하지만 에도시대에는 '제帝'란 쇼군將軍을 의미했다.

'제국'과 관련해서 이야기가 나온 김에, '국가'=state 개념도 언급하도록 하겠다. '국가'는 오래 전부터 존재한 용어로, 에도시대에는 일본 전체를 의미하는 경우와 이른바 '번藩'을 의미하는 경우가 있었다. 그리고, '제국'보다 훨씬 늦게, 영학의 보급과 함께 state의 번역어로 이 전통적 용어인 '국가'가 사용되었다. 유의해야 할 것은, 만국공법(근대국제법)에서는 '국가'가 기본적 단위이므로, '제국'을 칭하는 나라도 왕국이나 공화국 등과 마찬가지로 하나의 '국가'에 불과하다는 점이다. 하지만 근대 일본에서는, 이렇게 여러 국가들이 원리적으로 대등하다는 대외관념이, 특히 근대 對아시아 외교에서, 깊이 뿌리내리지 못했다고 말할 수 있다.

또한 위에서 말한 것과 관련해서 다음과 같은 사정도 유의할 만한 가치가 있을 것이다. 즉 서양에서도 근세 이전에는 군주의 작위爵로 국가의 랭크를 매긴다는 논의가 있었지만, 막말·유신기 일본 지식인들이 위와 비슷한 논의를 벌이던 무렵에는, 서양에서는 이미 독립국가는 군주 작위에 상관없이 모두 평등하다는 국제질서 관념이 확립되었다고 하는 점이 그것이다. 그리고 근대 영국은, 왕국United Kingdom임에도 불구하고 광대한 해외 영토를 소유하여, 영제국British Empire이라고 불리고 있었다. 한편 근세 후기 일본인들은, 앞서 말한 '제국'이 갖는 서로 다른 계통의 두 가지 뜻 중에서 '(황)제가 통치하는 나라'로서 '제국'을 이해하였고, 그 결과 천황이란 특별한 황제가 있는 나라, 즉 황국皇國이라는 특별한 제국으로 자국을 생각하게 되었다.[4] 바로 이 점이, 만국공법을 수단적으로 이용하면서도 여러 국가들이 원리적으로 대등하다는 이념은 눈에 띌 정도로 경시했던, 근대 일본 대對아시아 외교가 갖는 특징을 발생시킨 중요한 요인이라 할 수 있다.

다음으로 '제국주의'의 개념과 이론에 관해 간단히 언급하겠다. 세계사에서 '제국'이란 개념은 일찍부터 존재했다. 그러나 '제국주의'라는 용어는, 19세기 말 영국에서 정적을 비판하기 위한 용어로서 사용된 것에서 비롯된다. 영국에서도 19세기 중엽까지는 '자유무역주의'를 신봉하여 식민지 영유에 비판적인 정치가들이 많았다. 하지만 1870, 80년대 무렵부터 열강 간에 경쟁이 격화됨에 따라, 영국에서도 제국의 유지와 확장을 정당화하려는 풍조가 강해졌다. 당시 이런 풍조의 정점에 있던 보수당의 디즈레일리와 그 제2차 내각시기 정책들을, 자유당 좌파 논객들이 제국주의라 하여 비판했던 것이다.

널리 알려진 것처럼, '제국주의' 이론을 최초로 제기한 것은, 영국 홉슨의 『제국주의』1902와 레닌의 『제국주의론』1917이다. 이 두 저작은, 제국주의를 자본주의의 발전이라는 경제적 요인으로 설명한다는 점에서 공통부분도 많다. 그러나 전후 일본에서는 마르크스주의 영향이 강했기 때문인지, 레닌의 이론이 주로 인용되었다. 레닌은, 산업자본의 발전과 함께

---

4 桐原健真, 「『帝国』言説と幕末日本－蘭学・儒学・水戸学そして幕末尊攘論」, 明治維新史学会, 『講座明治維新 10 明治維新と思想・社会』, 有志社, 2016.

자본의 집적과 독점화가 진행되고, 이렇게 독점화된 산업자본과 은행자본이 국내보다 이윤율이 높은 국외·해외로 자본을 수출해서, 초과 이윤을 추구한다고 하는 식으로 제국주의의 경제적 구조를 설명했다. 그리고 사회주의자라는 입장에서, 자본주의는 1880년대부터 최고 발전단계인 제국주의로 이행했다고 주장했다. 즉 레닌은 제국주의를, 국가가 이러한 자본주의의 수요에 응해, 공업원료의 공급과 공업제품·잉여자본의 수출을 가능하게 할 지역을 식민지로 영유해 나갔다는, 19세기 말 이후의 현상으로 파악한 것이다.

이러한 제국주의=19세기 말 단계론, 즉 산업자본주의 단계에서 금융·독점자본주의 단계로의 이행이라는 경제적 요인으로 제국주의를 설명하는 마르크스주의적 역사이해(=불연속설)에 대해서, 20세기 중엽 새로이 제창된 영국 제국주의에 대한 설명이, 19세기 내내 영국 제국주의가 연속성을 띠고 있었다고 주장하는 갤러허와 로빈슨의 '자유무역제국주의'론이며, 그 연장선상에서 제창된 '공식제국', '비공식제국'이란 사고방식이다. 이들은 영국 제국주의가 19세기 내내 '가능하다면 비공식제국, 어쩔 수 없는 경우 공식제국'이란 '자유무역제국주의' 원칙으로 일관·연속되고 있었다고 본다.[5]

영국 제국주의에 대한 설명으로서는, 최근 케인과 홉킨즈가 제기한 '젠틀맨 자본주의'론의 임팩트도 중요하다. 갤러허와 로빈슨의 이론은 영국 본국(중심)의 정치경제 동향뿐 아니라, 주변(식민지·영향권)의 정치위기에 본국 정치가 휩쓸려 들어가 군사·제국주의적 관여가 일어난다고 하는,

5 J. Gallagher · R. Robinson, 河上肇 外 譯, 「自由貿易帝國主義」, George Nadel · Perry Curtis 編, 『帝国主義と植民地主義』, 御茶ノ水書房, 1983(원서는 1964년) 수록.

중심과 주변의 상호작용을 중시하는 것이었다. 이에 비해 케인과 홉킨즈는 다시 영국 본국 자본주의의 특유한 형태('젠틀맨 자본주의')에 착안해서, 영국 정치는 명예혁명 이래 제1차 세계대전 이후 시기에 이르기까지 일관되게 젠틀맨 계급이 주도했고, 산업자본가 계급이 주도권을 쥔 적은 없었다고 주장했다. 젠틀맨이란 본래 지주 계급이었는데, 서서히 런던 시티를 중심으로 한 금융·서비스 부문으로 진출했다. 반대로 이 부문을 중심으로 한 전문직 엘리트들은 젠틀맨 특유의 생활양식과 신조를 수용했다. 이렇게 신구 엘리트들이 융합한 결과, 영국에서는 경제구조의 금융·서비스화가 조기에 진전되었다. 케인과 홉킨즈는, 이런 식으로 영국에서 젠틀맨의 우위가 지속된 것, 그리고 20세기 영국 경제가 쇠퇴한 것까지 체계적으로 설명하려 했다.[6]

전후 일본에서는 이른바 ''반半' 식민지화의 위기'를 둘러싼 외압논쟁과 관련된 형태로, 이시이 다카시石井孝가 갤러허와 로빈슨의 자유무역제국주의론에 가까운 논지로, 메이지유신 시기 국제환경 연구를 진행했다. 또한 영국경제사 연구에서는 막스 베버의 근대 자본주의 에토스론을 중시하며 오랫동안 권위를 인정받았던 오츠카 히사오大塚久雄의 연구를 대체하는 형태로, 오치 다케오미越智武臣나 가와키타 미노루川北稔 등이 케인과 홉킨즈의 연구와 유사한 영국사 상像을 제기했다.[7] 하지만 필자는 서양사 내지 세계사 연구와 일본근대사 연구의 대화와 협동이 충분하지 못했다고 생각한다. 참고로, 1967년 시점에서 이시이 다카시는 다음과 같이 적었다.

---

6 Cain, P.J. · A. G. Hopkins, *British Imperialism 1688-2015* Third Edition, London and New York.

7 越智武臣, 『近代英国の起源』, ミネルヴァ書房, 1966; 川北稔, 『工業化の歴史的展開－帝国とジェントルマン』, 岩波書店, 1983.

45년 이전 국가주의적 유신관維新觀 하에서, 메이지유신은 구미 열강의 침략에 대항하기 위한 거국일치 국민운동이라 인식되었다. 그리고 지금 대동아전쟁大東亞戰爭 긍정론 등이 대두하는 풍조 속에서, 이러한 시각이 다시 부활하고 있다. 그런데 정치적으로는 그런 사람들과 가장 첨예하게 맞서고 있다고 자칭하는 사람들(좌파 역사가들 – 필자 주)이, 메이지유신에서 반식민지화의 위기에 대항한다는 민족운동 측면을 강조하고 있는 것은, 정말로 기묘한 일치라 하지 않을 수 없다.[8]

이 문장은, 메이지유신 시기나 그 직후 메이지 전기 무렵에, 일본을 반식민지화할 수 있는 나라는 영국 밖에 없다는 가정에 입각해 있다. 그리고 당시 구미열강의 국내적 · 대외적 상황을 볼 때 이 가정은 기본적으로 타당하다고 할 수 있다. 하지만 당시 '자유무역제국주의' 영국에 그런 의도나 동기가 있었을까? '식민지화 위기'설은 바로 이 점에서 충분한 논증을 결여한 채로 그 이후로도 일본에서 지속적으로 제창되었다. 그리고 이런 맥락에서, 일본의 (조숙한) 제국주의는 구미열강의 침략 위협에 대한 방어적 반응이며, 일본제국의 팽창과 아시아 침략도 구미 열강의 제국주의를 모방한 것에 불과하다는 자기변명적인 주장이 반복되어 온 것이 아닐까?

8 石井孝, 『近代史を視る眼 – 開国から現代まで』, 吉川弘文館, 1996, p.216.

3. 일본의 제국화와 류큐병합

일본 역사학계에서는, 일본의 제국화가 청일전쟁 이후 강화조약을 통해 청에게서 대만을 할양 받은 1895년에 시작되었다고 보는 것이 통설화 되어 있다. 하지만 앞서 말한 것처럼, 일본에서는 이미 에도시대부터 '제국'이란 호칭이 유통되고 있었다. 적어도 근대 일본은 명목상으로는 처음부터 신권적인 천황을 떠받드는 제국이었으며, 대만이나 한반도의 영유 이전부터 대일본제국이었다. 문제는 그 실질적인 제국화가 언제 시작되었는가이다.

그리고 근대 일본 영토 중에는 대만 영유보다도 이른 단계에 일본 통치하에 편입된 지역·국가·섬들이 있었다는 점에도 유의해야 한다. 홋카이도에조치(蝦夷地), 오키나와류큐, 오가사와라小笠原, 지시마千島가 바로 이런 사례다. 이들은 에도시대에는 이역이나 이국으로 간주되거나 혹은 소속이 불분명한 섬들이었는데, 메이지 초년 다양한 경위를 거쳐 일본에 편입·병합되었다. 이들 지역과 섬은 근대일본이 영유한 이후로도 오랫동안 특별제도에 의해 통치되었다. 또한 홋카이도를 예외로 하면, 제2차 세계대전 이후는 일본에서 분리되어 소련에 귀속되거나(지시마), 미국의 통치를 받다가 일본에 복귀하는 등(오가사와라, 오키나와), 일본 본토(내지內地)와는 다른 역사적 체험을 갖게 되었다.

근대 일본제국의 특질을 생각할 때 필자는, 일본의 (실질적) 제국화 시작점을 류큐 병합사 시기1872~79까지 거슬러 올라가 고찰해야 한다고 생각한다. 물론, 단순히 류큐병합 그 자체로 근대일본의 실질적 제국화가 시작되었다고 주장하려는 것은 아니다. 그것이 아니라, 1879년 류큐병합 완료를 포함하는, 1872~79년 류큐 병합사 시기의 다양한 정치적 사건을 통해서, 일본의 팽창주의 제국의식이 정치 엘리트나 국민들 사이에 널리 침투하기 시작했다고 보는 것이다.

필자는 졸저 『근대 동아시아사 속의 류큐병합近代東アジア史のなかの琉球併合』에서, 이제까지 일본중심 시점에서 근대주의적으로 해석된 류큐 병합사를 근본적으로 재고할 것을 제기하였다.[9] 그리고 이러한 재고의 하나로, 졸저에서는 류큐 병합사의 시작인 1872년 9월의 — 이제껏 '류큐번琉球藩 설치'라 불리던 — 사건을 '류큐번왕 책봉'이라 기술해야 한다고 문제를 제기했다. 그 이유는 간단하다. 메이지 정부나 류큐 측 모두 그 사건 관련 당사자들이 그렇게 (「번왕책봉」으로서) 이해하고 있었기 때문이다.

널리 알려진 것처럼, 에도 시대 동안 류큐는 조선 왕조와 마찬가지로, 도쿠가와 일본에게 '통신通信의 나라'(이른바 외교관계가 있는 이국)라는 대우를 받았지만, 천황(교토京都 조정)과는 아무런 관계가 없었다. 그렇기 때문에, 메이지유신(왕정복고)의 결과 등장한 메이지 천황제 국가는 류큐와의 관계를 설정(재편)할 필요가 있었다. 그래서 일본제국 황제인 천황의 이름으로, 류큐 국왕(쇼타이 왕尚泰王)을 '번왕'에 '책봉'해서 (의제적擬制的인) 군신관계를 설정함으로써, 메이지 정부는 비로소 류큐가 일본제국에 '번속藩屬'하게 되었다고 간주한 것이다.[10]

메이지 천황제 국가는 이렇게 류큐를 '번속'시킴으로써, 실질적 제국으로 가는 길을 한 걸음 내딛게 되었다. 그렇지만, 이 72년 단계에서는 아직 제국의 '(소小)중화 모델'이 전면에 나타나 있었음은 두 말할 필요도 없다.

---

9 波平恒男, 『近代東アジア史のなかの琉球併合－中華世界秩序から植民地帝国日本へ』, 岩波書店, 2014.
10 위의 책, 제2장 제4절을 참조.

'번왕책봉'은 당시 외무경外務卿 소에지마 타네오미副島種臣가 주도한 것이었는데, 그에 앞서 류큐 문제에 어떻게 대응할 것인가 하는 자문에 응한 좌원左院은, 일본은 '제국'이므로 그 밑에 '왕국'이나 '후국侯國'이 있어도 무방하다, 따라서 '왕' 호를 사용하여 쇼타이尚泰를 '책봉'하는 것을 용인한다는 답변을 제출하였다.[11]

이 단계에서는, 일본과 류큐의 관계는 그렇게 ('책봉', '번속'으로서) 생각되고 있었기 때문에, 이후로 2년 반 정도 양자의 관계는 비교적 평온했다. 류큐와 청淸과의 전통적 관계도 메이지 정부의 공인하에 종래대로 지속되었다. 그러나 1875년이 되면, 양자의 관계는 순식간에 험악하게 변한다.

75년 내무경內務卿 오쿠보 도시미치大久保利通는 류큐 중역들을 도쿄로 호출하여 '설유說諭'하였다. 그리고나서 내무성 고관 마츠다 미치유키松田道之를 파견하여, 류큐 당국에게 500년에 걸친 중국(청조)과의 전통적 관계(조공·책봉 등)를 끊도록 요구했다. 이와 같은 류큐와의 교섭 과정에서, 메이지 정부의 오쿠보나 마츠다 등은 '만국공법'을 수시로 들먹이면서, 이제껏 '묵허'해 온 류큐의 (일본과 청에 대한) '양속兩屬'은 만국공법상 허락되지 않는다며 청과의 관계정지를 요구했다. 메이지 정부가 왜 이렇게 기본정책을 변경했는가를 이해하기 위해서는, 그 배경으로, 그 사이 2년 동안에 일어난 두 개의 중요한 사건, 즉 73년 '정한론정변征韓論政變'과 74년 '대만출병臺灣出兵'의 존재를 간과하면 안 될 것이다.

1873년메이지6 정변이 불러온 '정한론' 비등과, 이듬해 74년 근대 일본 최초의 해외침략인 '대만출병'은, 실제로 '정한'이나 해외영토(대만 '번지蕃

11 위의 책, p.138.

地') 획득이란 결과를 가져오지는 않았다. 하지만, 일본인들에게 '제국' 의식이나 제국(주의)적 팽창을 당연시하는 의식을 환기시킨 점에서, 지극히 중요한 계기가 되었다고 생각한다. 또한, 75년 강화도 사건과 그 결과인 조일수호조규朝日修好條規 체결에 관해서도, 일본사의 통설에서는 페리식 포함외교의 모방이라 설명하는 경우가 많은데, 그 실태는 무력 발동을 수반한 군사적 위협의 산물이었다. 대만출병 역시 청국 영토에 대한 명백한 군사침략으로, 일본군의 대만 주둔이 지속되는 가운데 일본과 청 사이에 화의和議 교섭이 이루어졌다. 그리하여 비록 위험시된 양국간 전쟁은 회피되었지만, 이상의 사건들은 이듬해 일본이 류큐에게 청과의 전통적 '종번宗藩(종속)' 관계를 정지하도록 강요한 것으로부터 79년 류큐 병합으로 이어지는 과정에서, 되돌릴 수 없는 하나의 전기轉機가 되었다. 이러한 70년대 중반 대외관계 속에서, 리얼 폴리틱스를 지향하는 (침략적) 조약외교라는, 이른바 '서구 모델'의 계기도 역시 전면에 등장하게 된다.

장기적 관점에서 볼 때, 근대일본의 실질적 제국화를 촉진했다는 점에서는, 류큐 이상으로 조선 왕조의 존재가 매우 중요하다. 필자는 졸저에서, 조선왕조와 류큐 사이의 유비성類比性과 관계성에 관해 '두 개의 병합' 이란 테제에 입각하여 논구했다.[12] 왕정복고 이후 메이지 정부는 류큐와 똑같은 이유로, 게다가 류큐의 경우보다 선행하여 조선 왕조와의 사이에서 국교 재편이란 난제에 직면했다. 이른바 '서계書契 문제'가 그것인데, 이 문제로 교섭이 교착 상태에 빠지자, 1872년 가을 외무성이 옛 츠시마對馬 세력에게서 부산 왜관을 접수하였고, 73년메이지 6에 이르면 '정한' 문제가

12 이하의 서술에 관해서는, 위의책, 제5장을 참조.

급부상한다. 이러한 정한론의 밑바탕에는, 한반도가 고대에 일본의 조공국속국이었고, 현재 왕정복고가 실현되었으니 이를 다시 황국 일본에게 '번속'시켜야 한다는, 거만하고도 시대착오적인 사상이 존재했다. 정한파 참의參議들을 정부에서 내쫓은 오쿠보 토시미치 등 내치우선파도 이러한 사상을 원리적으로 부정하지는 않았으며, 국내 통치가 아직 정비되지 못해 군사력 측면에서 무리가 있으니 정한을 연기하자는 입장에 선 것에 불과했다.

'정한'이란 발상은 일찍이 요시다 쇼인吉田松陰 등 막말 존왕양이론자들도 제창했던 사상이었다. 유의할 점은, 이 사상에 조선 왕조나 류큐 등 주변국들을 명시하여 속국 내지는 속국 후보지로 간주하거나, 혹은 자국의 팽창을 위한 단순한 프론티어라 생각하는 대외관이 근저에 있었다는 것, 그리고 이런 대외관이 정치적으로 표면화한 것이 왕정복고와 폐번치현廢藩置縣을 거친 메이지 이 무렵이었다는 것이다.

이듬해 74년에 이루어진 대만출병은, 정한론 정변 이후 불평 사족들을 위한 대책이 필요하다는 이유에서 실시된 것이었는데, 이와 동시에 명백히 영토적 야심도 담겨 있었다. 하지만, 출병의 가장 큰 대의명분은, 약 2년 반 전인 71년 말 대만 '번지蕃地, 선주민의 거주지역'에서 발생한 류큐인 살해 사건에 대한 보복이었다. 그렇기 때문에 74년 대만 침략, 그리고 이에 대해 청조와 교섭이 끝난 이후에는, 그 경위가 국제적인 주목을 받은 점도 있어서, 메이지 정부는 류큐와 청 사이의 전통적 관계를 더 이상 용인할 수 없게 되었다. 그 결과, 이미 설명한 것처럼 75년에 대만출병이란 '은혜'를 생색내면서 류큐 당국에 청과의 관계를 단절하도록 강요했다. 그리고 류큐 측이 이 요구를 따르지 않았다는 것을 이유로, 79년에 결국 군대와 경찰을 동원하여 강제합병인 '처분'을 실행했다.

류큐와 조선 왕조는 에도 시절 도쿠가와 일본과 '통신'국 관계에 있었고, 왕정복고 이후 메이지 초기에 모두 '번속'화나 그런 시도를 경험했다. 하지만 한 쪽은 비교적 용이하게 병합되었고, 다른 한쪽은 그로부터 30여 년이나 지난 뒤 병합되었다. 이러한 시기 차이는 기본적으로 다음과 같은 두 이유에서 비롯되었다고 할 수 있다. 먼저 첫 번째는, 조선과 류큐의 규모 차이, 특히 폭력 저항 능력이란 점에서 현저한 차이가 있었다는 점이다. 마츠다 미치유키가 기초한 처분안에서 언급된 것처럼, 류큐의 경우는 무력 반항에 의한 군사적 실패 가능성이 없다고 생각되었다. 그 때문에 메이지 정부는 외국의 간섭 가능성이 적다고 판단하여, 주저 없이 무력 위협을 배경으로 강제병합이란 수단을 사용할 수 있었다.

다음으로 두 번째 이유는, 류큐 병합이 끝난 1880년대 이후, 중화제국 체제 붕괴라는 위기감이 높아진 청이, 남아 있는 마지막 조공국인 조선을 보호하려는 태도를 강화했다는 점이다. 그리고 청일전쟁 이후, 조선한국이 일본을 경계하는 차원에서 러시아에 의존하는 등, 서양 각국의 간섭과 진출 가능성이 높아진 점도 사실이었다. 이러한 국제적인 간섭 가능성도 고려하면서 일본 정부 안팎에서는, 조선 중립국화론을 포함하여 시시각각 변하는 환경에 대응할 다양한 한국방침과 장래구상이 모색되었다. 그러나 이러한 우여곡절과 여러 구상이 갖는 진폭의 크기에도 불구하고, 이것들의 근저에는 메이지 초년 이래의 정한론적 충동이 일관되게 흐르고 있었음을 간과해서는 안된다.

4. 일본제국의 동심원적 구조

근대 일본은 본국을 중심으로 하여 동심원적으로 식민지와 세력권을 확대하는 형태로 제국을 형성해 나갔다. 이러한 일본제국의 구조에 관해서는, 최근 식민지 연구가 진전된 점도 있기 때문에, '황국' 본국(과 내지인内地人)에 의한 식민지(인) 지배와 이에 뒤따르는 다양한 민족차별 현상에 관심이 쏠리기 쉽다. 하지만 이와 함께 잊어서는 안될 점은, 근대일본 신권천황제 하에서 유사한 차별구조가 **본국 자체의 내부에도** 엄연히 존재했다는 사실이다. 이 사실은 전후가 시작된 시점에서는 사람들이 광범위하게 인식하고 있었을 것이다. 하지만 그 이후 시대의 추이 속에서 망각이 진행되었던 것처럼 보인다.

일본에서는 1990년대 이후, 역사학을 중심으로 인문·사회과학 분야에서 '국민국가'론 내지는 '국민국가 비판'론이 활발히 논의되었다. 우에노 치즈코上野千鶴子는 90년대 국민국가론의 융성을 '유통이라기 보다는 유행했다'고 표현하고, 또한 '금방 질려서 사라졌다'고 말하고 있다.[13] 필자는 국민국가론이 가진 문제는, 일본제국 신민들을 '국민'으로 인식하여, 실태 이상으로 시민의식을 지닌 등질적 존재인 것처럼 묘사한 점에 있다고 생각한다. 어쨌든, 이러한 '유행 현상'을 통해 메이지유신 이후의 근대사를, '근대적 국민국가' 형성을 성공적으로 달성한 역사, 즉 근대화 성공담으로서 해석하는 경향이 상당히 정착된 것도 확실하다.

국민국가론 융성에 이어 2000년 전후 무렵부터는, '제국'론과 '제국'

---

13 上野千鶴子, 「解説－『国民国家』論の功と罪－ポスト国民国家の時代に『国境の越え方』を読む」, 西川長夫 編, 『(増補)国境の越え方－国民国家論序説』, 平凡社, 2001 수록.

연구가 일정 정도 고조되었다. 그리고 야마무로 신이치山室信一는 이상에서 언급한 두 연구 동향을 염두에 두면서, '국민제국'이란 독자적 개념 혹은 패러다임을 제기했다.[14] 야마무로가 이 개념을 제창한 것은, 근대 제국주의 열강이 거의 공통적으로 보여주는 특징으로, 이들 강국이 국민국가로서 응집성을 강화시켜 가는 과정과 제국으로 확대되어 가는 과정이 통상 서로 떼어 생각할 수 없는 관계에 있었기 때문이다. 야마무로에 따르면 국민제국이란 이런 국민국가 단계의 제국을 말한다. 이는 '주권국가 체계하에서 국민국가 형태를 취하는 본국과, 이민족·원격지배 지역으로 구성되는 복수의 정치공간을 통합해 나가는 통치형태'를 취하는 것이 통례다. 19세기 후반에서 20세기 초에 걸쳐 식민지 제국을 건설한 일본의 경우도, 동일하게 "국민국가 건설과 제국 건설이 병행하며 진행되었는데, 홋카이도와 오키나와, 특히 오키나와를 '국내식민지'로 파악함으로써, 이 두 과정을 통합적으로 파악하는 시각을 얻을 수 있다". 이러한 야마무로의 지적은 분명히 풍부한 시사점을 제공한다. 하지만 야마무로는 '국내 식민지'론에 관해 이 이상 논지를 전개하지 않았다. 게다가, 야마무로의 논의는 '국민제국' 일반론을 지향한 것에 반해, 필자의 관심은 오히려 일본제국의 특성 및 이에 포섭된 오키나와 근대의 특성을 해명하는 것에 있다.

그런데 이상과 같은 '국민국가'론이나 '제국'론, 그리고 '국민제국'은 가령 전후일본이 시작되는 시점에 작성된 마루야마 마사오丸山真男의 「초국가주의의 이론과 심리超国家主義の理論と真理」1946.5와 비교할 때, 과연 얼마나 지知의 진보를 보여주고 있을까? 이 점에 대한 나의 평가는 앞에서 시사한 것

14 山室信一, 「『国民帝国』論の射程」, 山本有造 編, 『帝国の研究－原理・類型・関係』, 名古屋大学出版会, 2003.

처럼 부정적이다. 마루야마의 일본 '초국가주의'론은 이른바 '천황제 파시즘'으로 귀결된 근대 일본의 내셔널리즘(=국가주의)의 고질병을 도려내서 해명한 것으로, 그 과정에서 드러난 일본 근대와 천황제국가(제국일본)의 뒤틀림과 내적 병리에 대한 지적으로서도 그 중요성은 여전하다.

마루야마는 이 논고 앞머리에서, 일본의 '초국가주의'가 연합국에게 울트라 내셔널리즘이나 익스트림 내셔널리즘이라 불렸다는 점을 지적한 뒤, 일반적으로 근대국가들이 공통적으로 가진 내셔널리즘과 일본의 '극단적' 내셔널리즘이 어디가 다른가 하는 질문으로 논의를 시작한다. 근대국가가 국민국가 성격을 가지는 한, 내셔널리즘은 어느 국가에도 나타나는 현상이며, 또한 무력적인 팽창경향이 내셔널리즘의 내재적 충동을 이룩해 왔다는 점도 확실하다. 이를 감안한 다음, 마루야마는 일본의 특수성에 관해 다음과 같이 말한다.

> 우리의 국가주의는 단순히 그런 충동이 보다 강했다거나, 발현되는 방식이 보다 노골적이었다 하는 것 이상으로, 그 대외팽창 내지 대내억압의 정신적 기동력起動力 면에서 질적인 차이가 발견된다는 점 때문에 비로소 진정한 울트라적 성격을 띠게 된 것이다.[15]

즉 근대국가의 통상적 내셔널리즘과 일본의 '(초)국가주의' 사이에, '대외팽창'이나 '대내억압'의 '정신적 기동력 면에서 질적인 차이'가 있다고 말한 다음, 그 질적 차이가 발생하는 근본적 이유를, 간단히 말하자면, 근

15 丸山真男, 「超国家主義の理論と真理」(1964), 『丸山真男集』 第3券, 岩波書店, 1995, p.19.

대일본의 천황제(황국=신주神州, 국체國體) 이데올로기에서 찾은 것이다.

서양의 경우, 근대국가는 칼 슈미트Carl Schmitt가 말하는 '중성국가中性國家'에 머물렀고, 궁극적 가치들의 선택은 다른 조직(교회)이나 개인 내면의 자유에게 맡겨졌다. 이러한 자유가 바로 시민으로서의 주체성과 책임의 기반을 이룬다.

이에 반해 근대 일본에서는, 조직이나 개인의 가치는 '천황과의 거리(근접도)'에 의해 결정되었다. 그리고 이런 체계는 천황황실을 중심으로 해서 밖으로 동심원적으로 확대되었다. 모든 가치는 (자유로운 주체가 선택하는 것이 아니라) 그 중심으로부터 흘러나온다. 그리고 이렇게 유출된 가치들의 절대성과 무한성을 보증하는 것이, 천양무궁天壤無窮한 황통皇統이란, 동심원의 중심을 세로로 관통하는 시간축이다.

이렇게 마루야마는 근대일본의 초국가주의 논리를 '세로축시간축의 연장, 즉 원공간의 확대'로 공식화했다. 그리고 그 기원은 메이지유신에 의한 '권위'와 '권력'의 일체화, 즉 막말기까지 조정의 권위와 막부의 권력이란 형태로 이원 분립해 있던 권위와 권력을 근대천황제 국가가 일원화하는 시점으로 거슬러 올라간다고 파악했다.

> '천양무궁'이 가치의 타당 범위가 끊임없이 확대되는 것을 보장하고, 역으로 '황국무덕皇國武德'의 확대가 중심 가치의 절대성을 강화한다. 이러한 순환 과정은 청일·러일전쟁에서 만주사변·중일전쟁을 거쳐 태평양 전쟁에 이르기까지 나선형적으로 고조되어 갔다.[16]

16 위의 책, p.39.

이상과 같은 마루야마의 논의에 입각해서, 이 글에서 확인해 두고자 하는 포인트는 다음의 두 가지다. 그 첫째는, 식민지제국 일본에서는 본국 안에서도 이른바 '국민'이, 자유롭고 평등하며 주체·등질적 시민들로 이루어진 집합체가 아니라, 오히려 천황에 대한 거리에 따라 격차가 매겨진 신민들의 집합체로 스스로를 이해하고 있었다는 점이다. 그리고 둘째로, 일본제국이 동심원적으로 지배권을 확대한 식민지나 그 밖의 주민·출신자들은, 천황과의 거리가 훨씬 더 먼 존재로 일시동인一視同仁이란 미사어구나 황국신민화 정책에도 불구하고, 본래의 황국민=야마토大和민족과는 구별되었고 지속적인 차별의 대상이었다는 점이다.

필자는, 이러한 식민지제국 일본의 동심원적 구조가 류큐병합이란 문제뿐 아니라, 오키나와 근대의 동화 문제, 보다 정확히 말하자면, 그 끝이 없는 동화의 문제를 생각할 때에도 지극히 중요하다고 본다. 본국 내부에서조차 '국민'이 평등한 시민권을 지닌 공민公民들의 집합체라 생각되지 않고, 천황=중심축과의 거리에 의한 격차구조를 지닌 것으로 생각되는 한, 아무리 동화되려 애쓴다 해도 본래 황국의 민民이 되는 것은 거의 불가능하고, 그 목표는 영원히 도달할 수 없는 것일 수밖에 없기 때문이다.[17]

마루야마 같은 '전후계몽' 지식인들은, '이상화된 서양근대'에 비추어 일본의 '뒤틀린 근대'를 지탄했다 해서 나중에 비판을 받았다. 그렇게 된 배경에는, 전후 점령개혁과 그 이후 고도경제성장을 거치는 과정에서, 확실히 자유롭고 평등한 시민들로 구성된 '국민'이란 의제擬制가 얼마간 실체화되었다는 사정이 있었다고 볼 수 있다. 그리고 전후 진보 지식인들의

17 오키나와인의 동화 문제에 관한 상세는, 波平恒男, 「教育の普及と同化の論理」, 沖縄県教育委員会, 『沖縄県史 各論編 5 近代』, 2011을 참조하기 바란다.

영향력이 저하됨과 함께 일본 지성계에서 비판의식이 상실되면서, 전후의 상징천황이나 '국민' 이미지가 45년 이전으로 투영되는 경향이 발생한 이후 두드러졌다. 이리하여 가령 시바 료타로司馬遼太郎의 역사관에서 보이는 것처럼, 메이지 일본을 근대화 성공스토리로 묘사하고, 그러한 시바조차 '어두운 쇼와昭和'라 형용한 시기에 대해서도, 그 죄책성이 상대화되기에 이르렀던 것이라 본다.

5. 일본제국의 동화주의, 오키나와의 동화

1879년 류큐 병합에 즈음하여 메이지 천황은 다음과 같은 칙서를 내렸다. 이 칙서는 이제껏 그다지 주목을 받지 못했지만, 여기서 약간 주목해 보도록 하겠다.

> 류큐번은 오랫동안 왕화王化에 복服하고, 진실로 복육覆育의 덕을 뢰賴하여 왔다. 지금은 도리어 은恩을 고怙하고, 혐嫌을 협挟하며, 사명使命을 공恭하지 않는다. 이는 대저 주로舟路가 요원遼遠하여, 견문에 한계가 있기 때문으로, 짐朕은, 일시동인一視同仁하여, 기왕의 죄를 깊게 책責하지 않는다. 류큐번을 폐하여 쇼타이尚泰를 도쿄부東京府로 옮겨 살게 하고 저택을 사賜한다. 또한 쇼켄尚健과 쇼히츠尚弼를 화족華族에 열列하고, 함께 도쿄부에 관속貫屬하게 한다. 소사所司는 봉행奉行하라.(방점은 필자)[18]

18 波平恒男, 위의 책, p.288을 참조.

이 칙서는, 그것이 언제부터였는지는 전혀 언급하지 않은 채, 류큐가 '오랫동안 왕화에 복하고' '복육의 덕'을 따랐다고, 중화모델의 천하국가론적인 용어로 서술하고 있다. 그럼에도 불구하고, '주로가 요원하여, 견문에 한계가 있기' 때문에 여러가지 죄과를 저질렀고, 따라서 '류큐번을 폐'하게 되었다. 그렇지만 천황은 '일시동인'이므로, '기왕의 죄'를 깊이 책하지 않고, 관대한 처분에 머물 것이라는 것 등의 내용이 기재되어 있다. 상세한 논의는 생략하지만, 이 칙서에는 천자(=황제)의 덕이 주변에 은택·혜택을 미친다고 하는 '중화모델'적 논리에 따라, 류큐·오키나와의 병합처분이란 제국적 팽창의 정당화가 이루어진다. 그리고 이후 대만·한반도 등 식민지 지배의 정당화에도 이용된 '황화皇化에 욕浴하게 한다'는 표현이나, '일시동인'은 최고의 혜택이며 절대적인 선이라는 발상, 바꾸어 말하자면, 마루야마가 말한 '초국가주의'의 맹아적 발현 형태를 확인할 수 있다. 이러한 발상 하에서 일본은 자국 주변으로부터 식민지를 확대시켜 나갔다. 이 점에서 볼 때, 근대 천황제국가의 '인접식민지' 제국으로의 길, 그리고 그런 식민지제국의 통치원칙인 '동화주의'는 류큐병합 시기에 이미 '과잉결정'되어 있었다고 말할 수 있을 것이다.

그런데 '동화(정책)'은, 일본제국이 식민지 주민·민족을 순치順治하기 위해 채용한 지배양식으로 알려져 있으며, 특히 대만이나 한반도같은, 일본본국(내지)과 가깝고 게다가 일본에 의한 지배 역사가 비교적 길었던 식민지에서 가장 철저히 실행되었다. 참고로 『고지엔広辞苑』제7판은, 동화정책을 「본국이 식민지 민족을 자신의 생활양식이나 사상 등에 동화시키고자 하는 정책」이라 설명하며, 동화정책을 '식민지' 지배와 결부시키고 있다. 한편으로 『다이지린大辞林』제3판은, 동화정책을 "본국 내지 지배민족이 식민지

원주민 내지 국내 소수민족을, 자신들의 생활양식이나 사고방식에 따르게 하거나 일체화하려는 정책"이라 정의하여, '국내 소수민족'의 동화 사례도 포함한다. 이처럼 동화정책은, 이른바 근대 (다민족)국가가 '국민형성' 내지는 '국민통합'의 일환으로, 국내 '소수민족'을 포섭·통합하는 시책에도 적용될 수 있다. 일본의 경우에는 아이누 민족의 사례가 전형적으로 이에 해당하는데, 병합 이후 오키나와의 경우도 이와 상당히 유사한 점이 있다.

그렇다면, 왜 근대 오키나와에서는 '동화'가 문제 혹은 과제가 되었을까? 다시 그 이유를 생각해 보면, 크게 두 가지 요인이 있었다고 할 수 있다. 첫번째는, 근대 일본이 새롭게 판도에 넣은 여러 지역에 대해 ('자유주의'가 아니라) '동화주의'(≒내지연장주의)라는 기본정책을 취했다는, 일본의 제국통치 그 자체의 특성과 관련되는 요인이다.

그리고 둘째로, 홋카이도와 함께 이러한 판도확대의 최초 사례인 류큐·오키나와의 '생활양식과 사상'이 일본 본토(내지)와 현저히 달랐다고 하는 점을 지적할 수 있다. 물론 국민국가론이 지적하는 것처럼, 일본도 메이지 초창기까지는 국내적으로 지역이나 신분·계층별로 문화 차이가 컸다. 공통 문화가 형성된 것은 나름 시간이 지난 뒤였다(이른바 '국민형성'). 하지만 오키나와의 경우는, 언어나 습속·관습 등에서 나타난 커다란 문화적 차이가, 본국내 지방 사이의 차이라기보다는 식민지 민족과의 차이를 연상시킬 정도로 현저하다고 생각되었다. 그 때문에 오키나와에서는, '동화'나 '동화정책'이란 용어를 그 정책을 위에서 추진했던 통치자 측뿐 아니라, 정책의 대상이 된 오키나와인도 사용하였다.

이제 논의를 앞에서 언급한 첫번째 요인, 즉 일본제국이 식민지 지배상의 특질로 채택한 동화주의 문제로 되돌려서, 45년 이전 일본 식민정책학을 대표하는 두 학자의 연구를 참조하면서 식민지 지배 유형론을 논구하도록 하겠다. 한 명은 교토제국대학의 야마모토 미오노山本美越乃, 그리고 또 한 명은 도쿄제국대학의 야나이하라 타다오矢内原忠雄다. 근대 식민지 지배에 관해서는 예부터 다양한 논의가 이루어져 왔지만, 이 글에서는 본 장의 시점에서 중요하다 생각되는 '동화주의'와 '자유주의'(='자치주의')라는 유형론에 대해서만 언급하도록 한다.

교토제대의 야마모토 미오노는, 『식민정책연구植民政策研究』1920년 초판, 1925년 개정 제7판과 『식민지문제사견植民地問題私見』1921에서, '선진식민국'의 식민지 통치는 '두 개의 서로 대립하는 주의'로 대별된다고 지적하고, 이를 각기 '동화주의'와 '자치주의'라 부르고는 다음과 같이 정리했다.

> 동화주의란 것은 한 마디로 정리하면, 모국이 식민지를 마치 본국 안의 한 지방처럼 간주하여, 식민지 제반 정무에 힘쓰고 모국과 통일적인 취급을 하려는 것이며, 자치주의란 것은, 식민지가 모국의 이익을 해하는 행동에 나서지 않는 한, 가급적 간섭이나 강제를 가하지 않고 가능한 한 식민지 스스로 자신의 문제를 처리하게 하고, 모국은 단지 이를 감독·지도함에 그치는 것을 말한다.[19]

야마모토는 위와 같이 '동화주의'와 '자치주의'를 정리한 다음, 프랑스와 영국의 식민지 통치를 이들 두 유형의 대표적 사례로 들었다.

---

19 山本美越乃, 『植民地問題私見』, 弘文堂書房, 1921, pp.7~8; 山本美越乃, 『改訂 植民政策研究』, 弘文堂書房, 1925, pp.156~157도 참조.

야마모토보다 약간 늦게, 1920년대 후반부터 1930년대에 걸쳐 일본의 식민정책학을 리드한 야나이하라 타다오는, '동화주의에 의한 식민지 유지 : 프랑스'에 대해 '자주주의에 의한 식민지 유지 : 영국'을 대치시키고, 자치주의가 아니라 '자주주의'란 개념을 채용했다. 야나이하라의 이 개념도 영국의 도미니온Dominion을 모델로 한 것으로, 내용적으로는 야마모토의 '자치주의'와 거의 공통되었다. 물론, 야마모토와 야나이하라 모두 일본의 식민지 통치를 프랑스를 대표적 사례로 하는 '동화주의' 유형에 속한다고 보았다.[20]

우리들이 볼 때 주목되는 것은, 야마모토나 야나이하라가 이들 두 통치 양식을 어떻게 평가했는가 하는 점이다. 먼저 지적해야 할 점은, 둘 다 식민지 '독립'을 궁극적인 목표로 보는 '자치주의'(='자주주의') 통치, 그 중에도 영국의 통치를 비교적 높게 평가하며, 프랑스 및 일본의 '동화주의'에는 비판적이었다는 것이다.

야마모토에 따르면, 프랑스의 "동화주의가 의거하는 이론적 근거는, 인류사회 공통의 이성이란 것을 상당히 중시해서 (…중략…) 모국 즉 문명국민의 이성에 호소해서 시인될 선량한 제도는, 공통된 이성을 가진 식민지 주민들도 당연히 시인할 것이다"라는 신념이다. 하지만 야마모토는 이런 프랑스형 동화주의의 신념에 관해, "식민지 주민 또한 그들이 최선의 방법이라 믿는 바에 의거하여, 그 생존권을 주장할 수 있는 권리가 있음은 물론으로 (…중략…) 식민지 주민의 사상, 습관, 제도, 신념 등은 일고의 가치도 없다는 식의 사고방식은 허용될 수 없는 편견이다"[21]라고 비판했다.

---

20 矢内原忠雄, 『植民及植民政策』(1926), 『矢内原忠雄全集』 제1권, 岩波書店, 1963에 수록.
21 山本美越乃, 『植民地問題私見』, pp.10~11.

야나이하라 역시 동화 강제는 집단적 인격 침해이므로 원주민의 반항을 불러일으킨다고 말한 뒤, 일본과 프랑스의 동화주의가 지닌 군사·폭력적 성격을 지적하며 일본의 식민지 통치를 직접·간접으로 비판했다. 특히 주목할 만한 점은 야나이하라가 일본과 프랑스의 식민지 정책에 관해, '양자에게 공통적인 일반적 특색은 군사 및 동화주의적 견지의 우월'이라 하면서도, 양자의 차이에 관해 다음과 같이 명확히 지적하는 부분이다. 즉, 같은 동화주의라고는 해도, 일본의 정책은 "프랑스처럼 자연법적 인간관에 기초한 것이 아니라, 오히려 **일본국민정신의 우월성**이란 신념에 기초한 것이어서, 그런 의미에서 프랑스 동화정책보다도 훨씬 민족·국가적이고, 따라서 프랑스보다 훨씬 군사 지배와 결부되기 쉽다"(강조는 필자).[22]

6. '국내식민지'론 내지는 '내부식민지주의'론에 관하여

근대 오키나와 지식인으로 유명한 오타 쵸후太田朝敷는, 일본제국에 병합된 이후 오키나와현 사람들에 관해, 이들이 정치권력뿐 아니라 '사회적 세력'도 상실하는 상황에 처했다고 지적한 다음, '이런 지역은 식민지 이외에는 달리 없다'[23]고 말했다. 현청縣廳뿐 아니라 각계의 중요 자리는 모두 다른 부현府縣 출신자(내지인)들이 차지했다. 구관존치舊慣存置라는 기본정책 하에서 여러 근대적 개혁은 지연된 반면, 일본식 학교교육만은 나름 노

22 矢内原忠雄, 「軍事的と同化的・日仏植民政策比較の一論」, 『国家学雑誌』 1937년 2월 초출; 『矢内原忠雄 全集』 제4권, 岩波書店, 1963, p.297·301에 수록.
23 太田朝敷, 『沖縄県政五十年』(1932), 『太田朝敷選集』 上券, 第一書房, 1993, p.149에 수록.

력이 기울여졌다. 이는 일본정부가 성인세대 오키나와인들이 일본제국에게 충성이나 귀복歸服할 것이란 기대를 포기하고, 유소년 세대부터 일본인으로 개조할 수밖에 없다고 판단했기 때문이었다.

오키나와현의 초대 현령縣令 나베시마 나오요시鍋島直彬는, "언어와 풍속을 본주本州와 동일하게 하는 것이 당현當縣이 시정에서 직면한 가장 급한 임무이며, 그 방법은 본디 교육 이외에는 없다"면서, 일본식 학교교육을 위한 예산을 정부에 상신上申했다. 또한 1881년 부임한 제2대 현령 우에스기 모치노리上杉茂憲는 자신이 구상한 오키나와 교육에 관해, "그 교육이란 것은 (…중략…) 서신 왕복과 일상의 필산筆算, 그리고 황국 국체를 지료知了하게 함으로써 충군애국이란 대의를 이해하게 하고, 그 언어도 내지와 통동通洞하게 해서 아이들로 하여금 애국의 정情을 일으키게 하며, 종래처럼 일본과 청에 양속한다는 식의 사상을 뇌리에서 지우도록 기期하는 것이다"라고 제시하였다. 참고로, 우에스기는 류큐왕국 이래의 토지·세금·지방관리役人제도 등 '구관제제도舊慣諸制度' 존속을 기본정책으로 삼은 메이지 정부에게, 일정한 개혁책을 제안하다가 대립 끝에 파면된다. 그러나 앞에서 제시한 우에스기의 동화·황민화 교육구상은, 이후 오키나와 교육에서 부동의 원리로 자리잡는다.[24]

그런데 홋카이도의 경우와 마찬가지로, 근대 오키나와에서도 오랫동안 특별제도 하에서 통치가 지속되었다는 점을 중시하여, 양자의 근대(특히 그 전반기)를 '국내(내국) 식민지'로 파악하는 연구들이 있다. 일찍이 다나카 아키라田中彰는 주로 정치적 차별구조의 공통성을 강조하면서, 홋카이도

24 상세는, 波平恒男, 「教育の普及と同化の論理」를 참조할 것. 나베시마의 상신서와 우에스기의 교육사상의 출전에 관해서는 pp.491~492를 참조할 것.

와 오키나와를 '국내식민지'라 규정했다. 다만, 홋카이도에는 막대한 국비가 투입되었음에 비해, 반대로 오키나와에서는 과도한 조세 수탈이 이루어졌다는 차이도 강조하였다.[25]

필자는 오키나와 근대를 보는 시점과 관련하여, 미국 사회학자 마이클 헥터의 연구 『내부식민지주의-영국의 내셔널한 발전에서의 켈트 변경』1975·1999이 지금도 시사하는 바가 크다고 생각한다.[26] 헥터의 주장을 한 마디로 말하면, 근대 영국브리튼 연합왕국은 그 중추인 잉글랜드와, 헥터가 '켈트 변경'이라 부른 웨일스, 스코틀랜드, 아일랜드 사이에 식민지주의적 관계를 형성·유지했다는 것이다.

헥터는 근대화나 국민형성 등을 다룬 종래의 사회학 연구에서 '전파 모델' 대 '내부(국내) 식민지주의 모델'이란 두 유형을 추출했다. 그리고는 근대 영국브리튼의 내셔널한 발전에는 후자 모델이 들어맞는다고 주장했다. '전파 모델'이란, 근대적 산업발전(공업화) 과정에 뒤따르는 사회적 유동화 과정에서 지역·민족·신분적인 여러 차이가 용융溶融·균질화되어, 단일하고 내셔널한 아이덴티티가 형성될 것이라고 상정하는 사고방식을 말한다. 알기 쉬운 예를 들자면, 근대의 사회적 유동화를 '영원한 의자 빼기 게임'에 비유하여, 산업사회 발흥과 네이션 형성을 연결한 어네스트 겔너의 내셔널리즘 연구,[27] 혹은 영국브리튼의 네이션 의식이 실효적으로 형성단조(鍛造)되었음을 강조하는 린다 컬리의 연구 등을 들 수 있다.[28]

---

25 田中彰, 『明治維新』(『日本の歴史』 제24권), 小学館, 1976, p.379; 桑原真人, 『近代北海道研究序説』, 北海道大学図書刊行会, 1982, 서장을 참조.

26 Michael Hechter, *International Colonialism : The Celtic Fringe in British National Development*, 1975 by University of California Press, 1999 by Transaction Publishers.

27 Ernest Gellner, *Nations and Nationalism*, Blackwell Publishers, Oxford, 1983. 일본어역은 『民族とナショナリズム』, 岩波書店, 2000.

이에 비해 '내부식민지주의 모델'은, **조건**에 따라서는, 근대 산업화를 거쳤다 해도 지역적 차이나 에스닉(내지는 내셔널)한 차이의식이 재생산 · 지속될 수 있다고 상정한다. 헥터가 그 **주된 조건**으로 든 것이 cultural division of labor인데, 포괄적인 사회적 분업 양상(분업체계 내 각 사람의 배치)을 문화 · 민족적 속성이 규정(제약)하는 경우에, 그 조건이 들어맞는다. 즉, 잉글랜드인과 그 밖의 세 켈트계 사람들 사이에, 전자가 보다 높은 지위 · 직업을 획득하는 경우가 많고, 후자는 그 반대의 경향을 보인다. 이런 형태로 (식민지주의적) 관계가 지속되었다. 그것이 웨일즈, 스코틀랜드, 아일랜드에서 내셔널한 의식과 아이덴티티 — 그것은 조그마한 계기로 내셔널리즘으로 전화한다 — 의 유지 · 지속을 초래했다는 것이다.

영국은 프랑스와 함께 흔히 근대국가(국민국가)의 전형이라 인식되었다. 그러나 최근 네 개의 네이션 접근이라 불리는 연구조류가 나타난 것처럼, 영국의 역사상도 전후가 경과하는 가운데 아주 새롭게 다시 쓰이고 있다.[29]

영국의 식민지 통합 원칙인 '자치주의' · '자유주의', 혹은 '별개의 발전 separate development'은, 루이스 H. 갠이 말하는 것처럼, 영국의 국내 통치양식(분권적 경향)이 해외로 '흘러 넘친' 것이라는 성격을 가진다. 이는 일본 국내통치의 특질이라 할 중앙집권주의 · 국가주의가 인접 식민지에 연장 · 투사되어, 그곳에서 동화주의 정책이 이루어진 것과 좋은 대조를 이룬다.[30]

---

28 Linda Colley, *Britons : Forging the Nation 1707-1837*, Yale University, 1992. 일본어역은『イギリス国民の誕生』, 名古屋大学出版会, 2000.

29 Hugh Kearney, *The British Isles : A History of Four Nations*, Cambridge University Press, 1986, 2006.

30 Gann, Lewis, H., "Western and Japanese Colonialism: Some Preliminary Comparisons", in Ramon H. Myers · Mark R. Peattie (eds.), *The Japanese Colonial Empire*, Princeton University Press, 1984.

그러한 의미에서 필자는 영국(대영제국)을 중심으로 서양 각국의 식민지 지배와 일본의 그것을 비교연구하는 것이 지극히 중요한 과제라고 본다. 일본에서는 학문 외부의 정치적 입장이나 학문에 내재한 약점들 때문에, 서양 근대에 관해서도, 제국일본 근대사에 관해서도, 적절한 이해가 성립하기 어려운 상황이 지속된 것처럼 보인다. 전후 역사학에서는 마르크스주의(레닌의 '제국주의론'도 포함하여)의 영향이 상당히 강했다. 그 영향을 받은 역사학자들은 일반적으로, 자본의 탐욕스러움과 가까운 미래에 자본주의가 몰락한다는 것을 믿고 있었다. 따라서 이른바 '서구열강'(선진자본주의국)의 침략성을 강조하거나, 혹은 이런 침략성을 무조건적으로 가정하는 경향이 강했다. 이런 경향 때문에, 앞에서 인용한 이시이 다카시도 시사한 것처럼, 우파도 좌파도 서양근대나 자본주의 일반을 그 실태 이상으로 폄하하거나, 혹은 근대의 보편적 가치를 질문하기 전에 그 억압성만을 논하고 스스로 만족해 버리는 경향이 오늘날까지 지속되고 있는 것이 아닐까?

어찌 되었든, 오키나와 근대를 고찰할 때는 이와 동시에 그 틀을 형성하는 조건인 일본제국의 특이성을 제대로 파악할 필요가 있을 것이다. 이런 작업이 없다면, 오키나와 근대가 (세계사 속에서 갖는) 특성도 적절하게 해명할 수 없기 때문이다.

7. 맺으며

본고에서는 1872년에 시작하여 79년 류큐병합에 이르는 과정과, 그 시기에 발생한 정한론 비등, 대만출병, 그리고 강화도 사건 등에 의해, 근대일본의 실질적 '제국화'가 시작되었다는 필자의 생각을 서술했다. 그리고, 근대일본은 자국 주변부터 시작하여 동심원적으로 식민지나 지배권을 확대했고, 그런 지역에서 동화주의에 입각해 통치했다는 것, 오키나와는 (아이누 민족과 함께) 그런 통치방침이 적용된 최초의 사례라는 것, 그 초기에는 (소)중화주의적 내지는 중화모델적 발상이 경시할 수 없을 정도의 의의를 갖고 있었다는 것, 그리고 이러한 의미에서 일본의 제국화와 동화주의는 서로 밀접히 관련되어 있었다는 것을 차례로 논했다. 실제 소영국주의의 영향을 받은 동양경제신보사東洋経済新報社의 이시바시 단잔石橋湛山이, 제1차 세계대전 이후 '소일본주의' 입장에서 모든 식민지를 방기할 것을 주장하고 있을 무렵, 하라 다카시原敬 수상은 제국의회에서 오키나와 동화정책 성공을 근거로, 대만과 한반도에서도 동화주의(≒내지연장주의)에 입각한 통치원칙이 적용되어야 한다는 방침을 다시금 표명하였다.[31]

대만이나 한반도보다 일찍 병합되었고 그 규모도 작은 오키나와에서, 동화·황민화가 보다 쉽게 그리고 보다 철저하게 추진되었던 것은 사실이다. 하지만, 그 결과 일본인(제국신민)으로의 개조가 그만큼 더 성공적이었다고 해도, 그 과정에는 그 나름 다양하고 고통스런 체험이 뒤따랐을 것이라는 점, 차별에서 벗어나기 위한 동화라는 논리 연장선상에 오키나와 전

31 春山明哲『近代日本と台湾』, 藤原書店, 2008년, p.214를 참조.

투에서의 '집단자결' 비극이 있었다는 점, 그리고 일본군에 의한 오키나와 '주민학살'의 배경에 '천황에 대한 거리'로 인간의 가치가 결정되는 초국가주의라는 암우暗愚가 있었다는 점 등에 관하여, 논증 차원에서는 불충분하지만 추찰推察의 실마리 정도는 제시했다고 생각한다.

메이지유신 이후, 식민지제국으로 벼락출세한 일본은, 동화·황민화라는 피지배 민족의 문화부정(민족성 말살) 정책을 실행한 끝에 제2차 세계대전 패전으로 일거에 해외 식민지를 잃고도, 탈식민지화라는 과제에 정면으로 마주서기를 피해 왔다. 이러한 제국통합과 탈식민지화의 특이성 때문에, 일본은 이웃 국가들과의 사이에 여러가지 문제를 안게 되었고, 아직도 이를 극복하지 못하고 있다. 본고에서는 일본과 미국의 '군사식민지' 성격을 함께 지닌 전후 오키나와에 관해서는 지면의 제약상 논구하지 못했다. 그러나, '들어가며'에서 언급했던, 미군기지 문제를 둘러싼 현재 일본정부와 오키나와의 대립도, 일본근대의 동화주의나 민족차별 문제, 그리고 현재의 식민지주의 미청산이란 문제와 근저에서 이어지고 있다고 필자는 생각한다.

대한제국기 한성의 수도 건설*

식민지 도시 경성의 이중 구조론과의 관련으로부터

마쓰다 도시히코

홍영미 옮김

1. 들어가며

20세기 초 조선은 여러 열강의 외압 속에서 자주독립을 모색하면서, 그 열강으로부터 서양의 문화·제도·시설을 도입하여 '근대화'를 꾀한다는 과제를 안고 있었다. 본고는 이 문제를 대한제국기1897~1910 수도 한성(식민지 시기에는 '경성'이라고 불림. 현재의 서울)의 상수도 부설사업1908년 개통을 통해 검토한다. 여기서 대한제국을 무대로 한 여러 열강의 이권획득 경쟁이라는 국제관계 및 식민지 시기 '경성'(이하 따옴표 생략)을 둘러싼 이중구조론이라는 문제를 염두에 두고 있다.

---

* 일러두기

1. 1897년 이전의 조선 국가·정부 명칭은 '조선', 그 이후는 대한제국의 약칭으로서 '한국'을 사용했다. 다만, 한반도의 지리·민족·사회 등에 관한 명칭은 모두 '조선'을 썼다.
2. 대한제국의 수도는 '한성'으로 표기하였고, 식민시기의 호칭은 '경성'으로 했다. 수도 이름도 대한제국 시기와 식민지 시기에 '한성수도'와 '경성수도'로 표기를 구분하였다.
3. 신문기사 및 외무성 기록의 날짜는 1926년 12월 28일을 26.12.28과 같이 약기하였다.

먼저 두 번째 논점에서 검토하고 싶다. 일반적으로 식민지 도시에는 종주국으로부터 이민이 유입되어 지배민족과 피지배민족의 주거지가 나뉘는 공간적인 이중구조가 생겨난다. 한성-경성의 경우, 조선 개항1876 후 한성부에 설치된 일본공사관1880이 남산 기슭의 왜성대로 이전1882했고, 그 후 주위에 일본인 거류지가 형성되었다. 러일전쟁 후에는 거류민단이 형성되어 있었다(1906년 경성거류민단, 1907년 용산거류민단. 1910년에 두 거류민단이 합병). 또 제2차 한일협약을사조약에 따라 한국 통감부와 함께 경성 이사청이 설치되었다1905. 강점 후, 1910년에 경성부가 발족했다. 이 사이 재한성 일본인 인구는 청일전쟁기의 848명1894 말에서 한국병탄 시기에 이르러 35,316명1910 말까지 증가했다.

식민지 도시 경성에는 북부의 조선인 거주지북촌와 남부의 일본인 집주지남촌의 분화가 나타났다. 이 같은 경성의 공간적 이중구조는 일본인과 조선인의 인구분포, 도로 등의 시가지 정비, 정町, 마치 · 동洞 등의 지명, 건물과 상업 오락 시설의 분포, 사용된 언어, 문학의 표상 등 다양한 측면에서 밝혀졌다.[1] 경성에서의 남북의 격차는 식민지 시대에 이미 인식되고 있었으며, 특히 1920년대 이후 활발한 조선어 신문 · 잡지에 의해 지탄받았다. 그 상징이 상수도 시설이었다. 예컨대, 조선어 신문의 「경성 수도는 남부 전용물」『조선일보』 26.12.28, 「수도의 혜택도 북촌엔 태무[殆無] 남 · 북촌이 비교 안되어」『조선일보』 32.2.11와 같은 제목에서 당시의 조선 지식인의 의식을 볼 수 있다.

오늘날 식민지 도시 경성에 대한 연구도 수도가 표상하는 이러한 이중

1 최근의 성과와 문제점에 대해서는 김종근, 「식민도시 경성의 이중 도시론에 대한 비판적 고찰」, 『서울학연구』 제38호, 2010을 참조.

구조를 추인하고 있다. 식민지 도시 연구를 선도해 온 하시야 히로시橋谷弘는 1925년의 경성의 일본인·조선인의 수도 보급률(호수비례)이 각각 84.8%와 28.3%에 이르는 수치였던 것을 예로 들어, 일본인 거주지에 있던 인프라 장비의 우위성을 보여주고 있다.[2] 또 최근에는 '식민지 근대성'론의 틀에서 경성 수도에 대하여, 수도를 사용한 일본인과 우물을 사용한 조선인이 분화되고 있던 것, 수돗물이 깨끗하다는 위생 관념이 1920년대 이후 조선총독부와 조선인 지식인에 의하여 확산된 것, 그럼에도 불구하고 계량제(미터제, 1924년에 도입)가 조선 영세민을 수돗물 이용으로부터 더 멀어지게 한 것 등의 문제가 주목받게 되었다.[3]

그러나 경성의 수도는 애초에 일본인이 일본인을 위해 만든 것일까? 답은 '아니오'이다. 일본인 거류민단이 공사의 중심이었던 부산이나 목포의 수도는, 일본이 한국 정부를 움직여 만든 평양이나 인천의 수도 등과는 달랐고, 한성의 수도는 대한제국기에 있어서 한성의 도시 근대화라는 상황 속에서 콜브란 & 보스트윅이라는 미국계 기업에 의해 만들어졌다. 이 점

2 橋谷弘, 「植民地都市としてのソウル」, 『歴史学研究』 第614号, 1990, p.12.

3 식민시기의 경성 수도에 대해서는 김영미, 「일제시기 도시의 상수도 문제와 공공성」, 『사회와 역사』 제20호, 2002; 홍성태, 「식민지 근대화와 생활의 변화－근대 상수도의 보급과 일상생활의 변화」, 『식민지의 일상, 지배와 균열』, 문학과학사, 2006; 김백영, 「일제 하 서울의 도시위생문제와 공간정치－상하수도와 우물의 관계를 중심으로」, 『사총』 제68호, 2009; 「京城の都市衛生問題と上下水道の空間政治」, 『環日本海研究年報』 제17호, 2010; 주동빈, 「1920년대 경성부 상수도 생활용수 계획제 시행과정과 식민지 '공공성'」, 『한국사연구』 제173호, 2016; 「수돗물 분배의 정치경제학－1920년대 경성의 계층별 수돗물 사용량 변화와 수돗물 필수재 담론의 정치성」, 『역사문제연구』 제38호, 2017; 박유미, 「근현대 서울의 법령과 근대의 일상성－수도법령으로 나타난 경성의 일상변화를 중심으로」, 『서울민속학』 제5호, 2018; 백선례, 「1928년 경성의 장티푸스 유행과 상수도 수질논쟁」, 『서울과 역사』 제101호, 2019 등이 있다. 또 식민지 시기 조선의 수도사업 전반에 관해서는 윤철환, 「서울 20세기 위생조건의 변화－상·하수도의 발달」, 『서울 20세기 : 공간변천사』 제101호, 2019; 배석만, 「수도관련 기록물의 개설과 해제」, 『일제 문서 해제·토목편』, 2010; 広瀬貞三, 「近代朝鮮の水道事業と地域社会」, 『朝鮮学報』 第240輯, 2016.

에서 문제가 복잡해진다. 여기에서 처음에 서술했던 두 가지 논점 중 첫 번째, 즉 대한제국기에 있어서 국제관계와 수도건설이라는 문제로 넘어가자.

1898년, 미국인 콜브란은 한성부와의 사이에 한성 상수도특허 가계약을 체결하였다. 이것은 후에 콜브란 & 보스트윅 상회(이하 C&B로 약칭)[4]와의 상수도부설 특허 계약이 되었다. 이 수도부설특권을 1905년에 양도받은 대한수도회사가 한성수도의 공사를 시행하여(C&B가 하도급자) 1908년 8월에 급수를 시작하였다.[5]

마츠자키 유우코松崎裕子가 밝힌 바에 따르면, C&B는 대한제국의 황권강화정책 하에서의 '근대화', 즉 '광무개혁'의 협력자인 동시에 경제침략자였다.[6] 즉 한편으로 C&B는 수도사업만이 아니라 한성의 노면전차나 전등사업 등 여러 독점특권을 획득하여 한성에 근대적 인프라를 도입했다. 다른 한편, C&B는 대한제국에 대한 여러 열강의 이권획득 경쟁 속에서 권익을 추구한 기업이었고, 구미 열강 가운데 미국이 최대이권을 획득하는 데에 한몫했다.

이렇게 보면 한성-경성 수도를 식민지 도시 이중구조론과 단순히 연결한 기존연구는 같은 수도를 둘러싼 역사적 경위를 충분히 감안하지 않은

4 1898년 최초의 계약체결 시에는 콜브란 단독이었지만, 1900년 보스트윅과 파트너를 이뤄 Collbran & Bostwick이 되었고 1906년에는 The Collbran-Bostwick Deveolpment Company 라고 사명을 변경하였다. 이하 기업체를 가리킬 때에는 C&B(콜브란&보스트윅(상회))로 통일한다.

5 대한제국 시기의 수도사업에 관해서는 손정목, 『한국 개항기 도시사회 경제사연구』, 일지사, 1982; 김재호, 「물장수와 서울의 수도-'측정'문제와 제도변화」, 『경제사학』 제23호, 1997; 松崎裕子, 「朝鮮植民地化とコルブラン＆ボストウィックの利権問題」, 名古屋大学大学院国際開発研究科博士論文, 2001.

6 위의 글, p.16.

것이 아닌가라는 의문이 생긴다. 본고는 수도사업이라는 작은 관측점을 통하여 한성-경성에는 식민지 지배에 따른 거주공간 분화뿐만 아니라, 강점 이전에 있던 대한제국의 도시건설 역사도 흘러들어 있어 단순히 이분법으로 나뉘지 않고 공간형성의 과정이 있었다는 것을 보여주고 싶다.

2. 수도건설 이전의 조선인·재조일본인의 수자원 이용

조선반도에는 전통적으로 하천이나 우물을 중심으로 한 자연수가 이용되어왔다. 수도 한성은 조선왕조 말기에 수질이 악화된 도성 내의 작은 하천보다 공용 우물을 이용하는 것이 일반적이었다.

1906년에 영국인 수도기사가 조사한 보고서에는, 음용수는 한성부 내에 약 1,000피트305m 간격으로 산재해 있는 공용 우물뿐인데, 대부분은 하수에서 가까워 오염되어 있었다고 한다.[7] 양질의 우물을 골라 물을 운반해야 한다는 주민의 수요에 부응한 것이 물장수였다. 한성에 거주하는 상류계층의 물을 운반하기 위해 일하게 된 영세민은 1908년경에 그 수가 2,000명에 달했다.[8]

한편, 1885년 이후 남산 기슭의 진고개泥峴 일대에 거류지를 형성하고 있던 일본인도 비슷한 상황이었다. 일본 본국에서는 1880년대에 대도시

7 Livesey, "Son&Henderson to S.W.(Seoul Waterworks) Syndicate(1906.1.20)", 『米国人'コールブラン'·'ボストウィック'ノ韓国ニ於ケル獲得利権関係雑件－京城電気鉄道,電灯,水道,電話ノ部』第2巻(アジア歴史資料センター, ref. B09040862100), f.360~362. 이하 동 자료는『雑件』1,『雑件』2로 표기함.

8 김재호, 앞의 글, 127쪽; 이승원,『사라진 職業의 歷史』, 자음과 모음, 2011, 185~208쪽.

로의 수도건설이 진행되고 있었다. 조선의 일본인 거류지에도 부산에서 1895년에 최초의 수도가 개통되었다. 그러나 한성에서는 1887년에 일본인 거류민(당시 65호)이 최초의 공용 우물을 거류지 내에 개착하는 단계였다. 1905년경에는 자가용 우물이 수백 개소로 증가하고 있었지만, 음용에 적합한 것은 5~6개소에 불과했다.[9] 따라서 조선인과 마찬가지로 일본인도 "세입자는 빈 석유통에 가득 담은 물을 몇 푼에 사고 있었다. 물장수라고 불리는 물을 긷는 인부(…중략…)가 있고, 그가 공용 수전 또는 우물에서 각 집에 공급하고 있었다".[10]

이처럼 한성수도 개통 이전 조선인, 재류일본인 모두 공용 우물에서 물장수에 의하여 물을 얻는 것이 일반적이었고, 양자의 수자원 이용방법이 달라지기 시작한 것은 대한제국기였다.

3. 한성수도의 건설

1) 한국 정부와 콜브란&보스트윅의 수도사업특허 계약

1897년, 조선은 국호를 '대한'으로 바꾸었다. 이 대한제국기에 한국은 미국인 콜브란에게 한성에서의 수도건설 특허를 주었다. 한편, 동시기에 재조일본인 사이에도 수도건설의 움직임이 일어나고 있었다. 당초 별개로 진행되고 있던 두 사업은 점차 경합하게 되었다.

---

9 朝鮮總督府京畿道廳 編, 『朝鮮水道水質之研究』, 1919, p.25; 「京城水道の水質」, 『朝鮮彙報』 1月号, 1916, p.97; 和田常一・山口太兵衛, 「請願書」(05.1.31. 『雑件』 1, f.250).

10 今村鞆, 「二十年以前の朝鮮」, 『居留民之昔物語』, 朝鮮二昔会事務所, 1927, p.181.

먼저 대한제국의 수도정비 움직임을 보자. 1898년 12월, 한성부 판윤 이채연李采淵과 콜브란 사이에 특허 가계약이 체결되었고, 콜브란은 한성 전역에 급수할 수 있는 근대적인 수도시설을 건설·운용할 권리를 독점적으로 부여받았다.[11]

헨리 콜브란Collbran Henry, 1852~1925은 영국 브라이튼에서 태어나 1881년에 미국으로 이주하였고, 콜로라도주에서 콜로라도 미들랜드 철도, 미드랜드 터미널 철도 등을 경영했다. 1891년에 미국 국적을 취득했다. 1896년에 철도사업을 매각하고 조선으로 건너갔다. 조선에서 운산금광의 특허를 취득한 모스Morse, James와 헌트Hunt, Leigh로부터 이 금광의 공동경영을 제의받았기 때문이었다. 콜브란은 이 제의는 거절했지만, 이후 1898년에 한성의 노면전차와 전등사업의 독점특허를, 1904년에는 갑산광산의 이권을 획득했다. 그는 대한제국에서 미국의 경제권익을 대표하는 기업가의 한 사람이었다.[12]

뒤이어 1900년 7월에 수도부설계약이 이채연과 C&B의 계약으로 개정되었다. 이 계약에는 1898년 가계약의 합의와 권리가 모두 편입되었다.[13] 또한 보스트윅Bostwick, Harry은 샌프란시스코 출신으로, 1897년에 콜브란과 만나 파트너가 되었다.

---

11 "Seoul City Water Works, Copies of Concession, Contract, Paper etc. in Possession of Messres. Collbran and Bostwick, pertaining to the above. Concession, Copy of." July 7, 1901, *Despatch from United States Ministers to Korea* 1883-1905(National Archives, M134, #500 appendix10-A, R18). 이하 Despatch from … M134는 M134로 약칭한다.

12 Dean A. Arnold, "Collbran of Colorado: Concessionaire in Korea", *The Colorado Quarterly* 13(1), 1959; Donald Southerton, *Colorado's Henry Collbran and the Roots of Early Korean Entrepreneurialism*(eBook : Bridging Culture Worldwide, 2012).

13 Ye Cha Yun, Governor of Seoul·H. Collbran, per H.R. Bostwick, Contractor, "Confirmatory Concession, Copy of", M134, #500 appendix10-B, R18.

그러나 대한제국을 둘러싼 열강의 세력 부식 공작이 얽혀서 수도사업은 지지부진했다. 모리야마 시게노리森山茂德에 따르면, 대한제국기 열강(특히 일·러)이 조선 문제를 둘러싼 이합집산을 반복하는 가운데 고종은 '세력균형정책'을 전개했다.[14] 특정한 한 나라(특히 일본)가 한국에 배타적 지배권을 확립하는 것을 막고 독립을 유지하려고 한 것이다. 미국의 수도 이권도 이러한 국제관계 속에서 표류했다.

1900년 후반에는 수도사업을 위한 차관이 문제화되었다. 1899년경부터 한국 정부는 고종황제의 세력균형정책에 따라 열강 각국으로부터 차관을 도입하려고 했다. 도화선에 불을 붙인 것은 미국이었다. 1900년 9월, 고종은 C&B를 포함한 미국인 신디케이트가 한성수도사업 등을 위한 차관을 해관세 수입을 담보로 하여 공여해주기를 바랐다. 하지만 한국 정부 내에서 폐제 개혁을 추진하려던 궁내부 내장원경 이용익李容翊 및 영·러·일 각국의 반대로 실현되지 않았다.[15]

그런데 1901년에 들어가면 대한 차관을 둘러싼 미국의 고립은 일변하여 해소되었다. 한국 정부가 영국인 총 세무사 브라운Brown, McLeavy의 해고를 영국에 통고한 사건1901.2 및 이용익이 운남 신디케이트Yunnan Syndicate, 1896년에 영·프 자본가가 합동하여 청나라 운남성 광산채굴을 목적으로 설립한 신디케이트와 차관협약을 체결한 사건1901.4 — 이 두 문제에 대하여 미국 및 일·영이 모두 반대 입장을 취했고, 그것이 3국의 공사의 협력을 이끌어 냈다.

알렌 주한미국공사Allen, Horace N.의 기본적인 인식은 한성수도사업은 미국인에게 주어진 독점의 특허이고, 해관 수입이 "유일하게 이용 가능한"

---

14 森山茂德, 『近代日韓関係史研究－朝鮮植民地化と国際関係』, 東京大学出版会, 1987.
15 위의 책, pp.88~90.

자금이며, 러 · 프가 "우리를 배제하려는 심각한 시도"를 행하고 있다는 것이었다. 그리고 이러한 인지적 틀에서 브라운 배척사건이나 운남 신디케이트 차관문제는 러 · 프 및 이용익에 의한 책동의 일부로 파악되었다.[16] 한편, 영 · 일 양국 공사는 이러한 문제를 통해 러 · 프를 적대시하며 미국과 이해의 일치를 보게 되었다.[17] 알렌은 하야시 곤스케林權助 주한일본공사 및 가빈즈Gubbins, John 영국공사와 접촉하여, "영 · 일 우리 동료와 브라운씨는 서울에의 안전한 물 공급이 매우 필요하다고 인식하고 있다며 (…중략…) 콜브란&보스트윅의 이 사업 권리를 전면적으로 승인"하였다고 본국에 보고하였다.[18]

결국, 1901년 6월, 한국 정부는 브라운 해고를 철회하고, 뒤이어 다음 해 2월에 운남 신디케이트 차관을 취소하였다. 알렌은 1902년 10월 11일에 고종황제를 알현하여 수도건설의 의사를 확인하고자 했다.[19] 고종의 태도는 흔들렸다. 한성은 전 해1901에 30년 만에 가뭄이 우물을 고갈시키는 참상을 겪었기 때문에, 고종은 수도사업에 관심을 가졌다. 반면 가뭄 직후라 예산이 심각한 상황이었다. 알렌은 황제가 망설이는 배후에 러 · 프의 지원을 받은 이용익의 영향이 있다고 보는 동시에, 해관 수입을 수도사업에 충당할 수 있도록 확약을 강요했다. 2일 후인 10월 13일, 알렌은 다른 연회에서 고종과 면담하여 약속을 얻었다. 그 결과 고종은 브라운 총세무사에게 해관 수입으로부터 매년 20만 엔씩 8년 동안 수도사업에 충

16 Allen to Hay, June 6, 1901, M134, #358, R17; Allen to Hay, April 24, 1901, M134, #335, R17.

17 김현숙, 「한말 고문관 J. McLeavy Brown의 연구(1893~1905)」, 이화여대 석사논문, 1988, 73; 森山茂德, 앞의 책, pp.93~94.

18 Allen to Hay, April 24, 1901, M134, #335, R17.

19 Allen to Hay, October 11, 1901, M134, #407, R17

당하라고 명령했다.[20]

고종에게 수도사업이라는 미국의 권익을 장래까지 보장하는 것은 힘든 결정이었음이 틀림없다. 알렌의 관찰에 의하면, 고종은 확약한 것을 후회하는 것처럼 보였다고 한다. 한편, 고종은 그 세력균형정책에서 특히 한미수호조약1882 제1조 '거중 조정good office' 조항을 기대하고 있으며, 알렌에게도 긴급 시 미국에 정치적 지원을 구하고 싶다고 종종 말하곤 했다.[21] 수도 이권에 대한 타협은 대미 관계를 고려한 정치적 판단이었다(하지만 그 약속은 이행되지 않아 수도사업은 후술하듯 결국 외채에 의해 충당되었다).

그런데 같은 무렵 한성전기회사의 모기지론(양도 저당) 문제가 발생해 수도사업은 일시 중단되었다. 상세한 것은 선행연구에 넘기겠지만, 1898년에 고종·궁내부가 출자하여 설립하고 C&B가 청부계약을 체결했던 한성전기회사(한성의 노면전차·전등사업을 경영)는 1900년에 C&B와 채무 지불 계약을 체결했는데, 이 계약에 기초한 채무 지불 기한이 1902년 8월 15일에 다가오고 있었다. C&B가 한국 정부에 청구해 온 금액은 원 계약에는 포함되지 않았던 수도사업계약 등도 더해져 있었으므로 한국 정부 내의 이용익 등이 중심이 되어 모기지 이행을 거부했다.[22]

1903년 12월, 다시 한성 상수도 계약이 외부서리 이하영李夏榮과 알렌 미국공사 사이에 체결되어 1898년과 1900년의 상수도 특허를 재확인하였다.[23] C&B가 계약 당사자로 되어있던 지금까지의 특허 계약과 달리 국

---

20 Allen to Hay, October 14, 1901, M134, #411, R17, Allen to Hay, October 22, 1901, M134, #500appendix, 10-C, R18.

21 長田彰文, 『セオドア・ルーズベルトと韓国』, 未來社, 1992, pp.18~31.

22 松崎裕子, 앞의 글, pp.85~91. 이후 모기지 문제는 1904년 12월 한국 정부 측의 대대적인 양보에 의해 일단락 되었다.

23 "Copy of Franchise for Seoul City Waterworks System granted to Collbran and

가대표 사이의 계약으로 체결되었고, 1908년에 준공된 한성수도의 직접적인 법적 근거가 되었다.

2) 재한성 일본인 거류민의 수도건설과 한성수도의 개통

C&B의 수도건설을 촉진하면서 그것과 경쟁하게 된 것은 재류 일본인의 수도건설이었다. 1902년 6월이래, 한성에 사는 하야시다 카메오林田亀男, 출신지인 나가사키에서 수도개량사업을 도급받은 경험이 있음가 남산 기슭에서 물을 끌어와 판매하는 계획을 일본영사관에 청원했고, 영사관과 일본인 거류민단의 허가를 얻어 1903년 8월부터 급수를 시작했다.[24] 수도건설의 배경은 "미국인 콜브란이 과연 잘 착공할 수 있을지 아직 알 수 없다"[25]는 것이었다. 이 사설 수도(이하 남산수도)가 한성 상수도의 효시였다고 해도 배수관 길이가 385간약 700m에 불과했고, 이후의 한성수도약 64km에 비하면 아주 작은 규모였다. 1905년 2월 남산수도는 거류민단으로 경영이 이관되었다.[26]

재류 일본인의 수도건설은 본래 C&B의 독점특허에 저촉된다. 러일전쟁기에 남산수도를 확장하자는 논의가 일어난 것이 문제를 표면화시켰다. 러일전쟁기인 1904년 7월, 내무성 방역과장 노다 타다히로野田忠広가 한국을 시찰했는데, 이때 미마스 쿠메키치三増久米吉 경성영사와 협의하여 남산수도를 확장하고 "완전한 수도를 부설"하는 방안을 정했다.[27] 거류민이 증

Bostwick"(December 9, 1903), 아세아문제연구소 구한국외교문서편찬위원회 편, 『구한국외교문서』 제12권(미안3), 고려대 출판부, 1967, pp.719~725.

24 朝鮮総督府京畿道廳編刊, 『朝鮮水道水質之研究』, pp.26~27쪽. 미마스 구메기치(三増久米吉) 재경성영사가 고무라 주타로(小村壽太郎) 외무상에게 낸 보고 「私設水道敷設報告」(03.8.8. 『雜件』 1, f.163 · 168).

25 「私設水道敷設報告」(『雜件』1, f.163 · 168).

26 미마스 구메기치 재경성영사가 고무라 외무상에게 보낸 보고 「水道布設ニ関シ国庫補助稟請ノ件」(05.2.2. 『雜件』 1, f.246).

가하고 있었을 뿐만 아니라, 한국 주차군駐箚軍의 편성8월도 예정되어 있었기 때문이다. 계획안은 남산에 새로 둑을 쌓아 빗물을 저장하여 거류민 1.3만 명에게 급수하기로 되어있었다. 1905년 2월에 이 계획을 알게 된 알렌 미국공사는 C&B의 수도특허에 저촉되지 않을 것을 요구한 동시에, 수도공사는 동년 봄에 착공예정이라고 전했다.[28] 이 때문에 결국 남산수도는 확장되지 않았다.

그럼에도 일본은 여전히 C&B 수도사업의 실현성에 의문을 품고 있었다. 3월, 하야시 주한공사는 C&B에 계획서를 제출하게 했는데, "설계비 및 경영비는 최소한으로 견적을 내고, 반대로 수입은 현저하게 가산한 것"으로 혹평했다(이 계획에 대해서는 제4절에서 검토).[29] 또 C&B는 런던에서 수도사업 자금을 모집하기 시작했지만, 대장성 · 외무성에서는 "성공할지 의심스럽다"고 보았다.[30]

그러나 일본 측의 예상과 반대로 미국공사관 · C&B 측은 한국 정부에 대하여 유리한 조건으로 수도부설 · 경영의 조건을 재확인시킨 동시에 신디케이트를 자금조달로 만드는 것에 성공했다.

한국정부와의 교섭에서 보자면, 1905년 5월 한국 외부는 알렌 미국공사에 대하여 1903년의 수도특허 계약에 대한 이하와 같은 수정을 요구했다. ① C&B는 수도사업계획을 보고할 의무가 있지는 않지만, 공식적으로

---

27 미마스 구메기치 재경성영사가 고무라 외무상에게 보낸 보고 「水道布設計画ニ関スル件」(『雑件』1, f.241~242).

28 Allen to Hayashi, February 1, 1905(『雑件』1, f.264).

29 하야시 공사가 고무라 외무상에게 보낸 보고 「米国人独占京城水道事業ニ関スル件」(『雑件』 1, f.259).

30 다카하시 고레키요(高橋是清) 일본은행 부총재가 소네 아라스케(曾禰荒助) 대장상(大蔵相)에게 보낸 보고(05.4.16.『雑件』 1, f.265). 하야시 공사가 고무라 외무상에게 보낸 보고(05.4.18,『雑件』 1, f.266).

한성부를 통하여 한국정부에 계획을 제출한다는 조항을 마련해야 한다. ② 기계 자재나 수도사업 건물 등이 무관세·비과세로 되어있지만, 공적 부담은 해야 한다. ③ 수도공사는 1917년[정확히는 1914년]까지 연기할 수 있다고 되어있지만, 공사 완료기한을 명기하여 수정할 필요가 있다. 그러나 알렌은 모두 거부했다.[31]

자금조달에 대해서는, 1904년 8월에 C&B가 런던의 인터내셔널 신디케이트International Syndicate[32]와 계약해 1905년 8월에 수도부설권을 6.5만 파운드에 매각했다. 이에 따라 신디케이트가 설립한 대한수도회사Korean Water Works가 수도의 부설과 경영을 하게 되었다. 1903년의 특허 계약에는 수도의 건설·경영권의 양도가 금지되어 있었으므로 이것은 명백한 계약 위반이었다. 한국 정부가 항의했으나,[33] C&B 측 은 묵살했다.

그렇다고 C&B가 수도사업에서 손을 뗀 것이 아니었다. C&B는 인터내셔널 신디케이트를 포함한 영·미 소재의 만·한 이권 관련 회사나 단체 5개사를 대표하는 것으로 되어있었다.[34] 또 C&B는 대한수도회사로부터 수도공사를 도급받았기 때문에, 실질적인 시공업자라는 점도 변함이 없었다. 신디케이트와 C&B의 관계를 조사한 하야시 공사도 "예상대로 (…

31 Department of Foreign Affairs, Seoul to Allen, May 6, 1905(『雑件』 2, f.394~396); Allen to Mr. Yun Chi Ho, Acting Minister for Foreign Affairs, May 11, 1905(『雑件』 2, f.392~393). 더구나 같은 시기 한국 정부는 수도 이외에 C&B가 경영하던 전등·전차사업에 대해서도 경영조건 수정을 요구하고 있다(松崎裕子, 앞의 글, p.144).

32 1902년 11월에 런던에 등기된, 리버스 윌슨경(Wilson, Charles Rivers)을 이사회 회장, 영국의 전 재무성·외무성 고관, 은행가, 기업주를 주요 출자자로 하는 신디케이트("The International Syndicate Ltd", December 31, 1904, 『雑件』 1, f.279~282).

33 이하영 한국 외부대신이 알렌 미국 공사에게 보낸 보고 「漢城水道合同改正促求」(05.5.27, 『구한국외교문서』 제12권(미안 3), pp.750~752).

34 미마스(三増) 영사가 가토 아카아키(加藤高明) 외무상에게 보낸 보고 「コールブラン,エンド,ボストヰック商会組織変更報告ノ件」(06.1.25, 『雑件』 2, f.306~310).

중략…) 관계가 있다"는 결론에 이르고 있다.[35]

한편, 대한수도회사의 사장에는 영국인 바함Barham, H · G · Foster이 취임했다. 그는 수도기술자로서 호주에서 브리즈번 수도의 조사에 종사하다가 1905년경에 한국으로 건너왔다. 영국 자본인 인터내셔널 신디케이트가 출자자가 된 것과 동시에, 이러한 영국인 경영자의 참여는 러일전쟁 후 C&B의 사업이 다국적화되고 있었다는 일단을 보여준다.[36]

1905년 8월, 인터내셔널 신디케이트는 영국에서 한성으로 기사를 보내 현지 조사를 실시하였다(이 보고서에 대해서는 제4절에서 검토). 공사 때에는 한강 동쪽 상류의 뚝섬을 수원지로 삼아, 펌프로 끌어 올린 물을 정화하여 철관을 통해 한성 시내로 배수하기로 하였다. 1906년 7월 7일, 기관실보일러실의 기초공사가 시작되었고, 연말까지 제방 · 여과지濾過池 둘레벽 공사가 진행되는 동시에 철관 · 보일러 등의 재료가 영국에서 출하되어 들어왔다. 1907년 봄부터 배수관 부설에 착수하여 1908년 3월경에는 부설을 마쳤다.[37]

또한 기술자는 영국 고문 기사 · 미국 기사장을 제하면 대부분이 일본인이었다. 일본인 업자가 공구工區마다 하청을 받고 있었고, 감독관 · 인부 등도 포함해 60여 명이 참가하고 있다. 한편, 공사 현장에는 매일 200여 명의 조선인 · 중국인 인부가 사역되었다.[38] 한성수도의 건설은 영국 자본 아래에서 미국 기업이 도급을 받고, 일본인 업자 · 기술자가 하청받아 현장 지휘를 담당했으며, 또 중국인 · 조선인 노동자를 동원한 다국적이고 민족

---

35 가토 외무상이 하야시 공사에게 보낸 전신(06.1.11. 『雜件』 2, f.297). 하야시 공사가 가토 외무상에게 보낸 보고 「京城給水工事ニ関スル件」(06.2.9, 『雜件』 2, f.358).

36 松崎裕子, 앞의 글, pp.209~214, 참조.

37 『朝鮮新報』 07.1.28, 『京城新報』 08.3.21.

38 『朝鮮新報』 07.12.8 · 4.12.

위계적인 구조를 가진 사업이었다.

1908년 8월, 한성수도는 드디어 급수를 시작하였다. 창설 당시의 급수능력은 12,500m^2로, 예정 급수인구는 12만 2,250명으로 되어있다. 그러나 수도개통을 전후하여 일본공사관·거류민과 수도회사는 점차 관계가 악화되고 있었다.

3) 조선총독부로의 한성수도 이관

1908년 완공 후의 한성수도를 둘러싼 C&B와 일본 측의 관계를 살펴보자. 러일전쟁 후 한국에 대하여 지배권을 확립한 일본은 열강의 한국 이권회수에 착수하여수도사업에 대한 태도를 바꾸었다. 거기에는 세 가지 계기가 관계되어 있다.

첫째, 일본공사관·거류민은 대한수도회사—C&B의 수도사업에 따가운 시선을 주고 있었다. 러일전쟁기인 1905년 3월에 거류민단이 남산수도를 확장하여 알렌 미국공사로부터 항의를 받았다는 것은 전술하였다. 이 과정에서 하야시 공사는 "본 사업을 미국인에게만 경영하게 하는 것은 매우 유감스럽다"고 외무성에 보고하면서,[39] 한성수도를 일본 측이 매수했으면 좋겠다고 암시했다.

재류일본인도 수도사업 혹은 콜브란에게 좋은 인상을 갖고 있지는 않았다. 재류일본인이 간행하고 있던 『경성신보』의 사설은 "수도사업의 설비도 그렇고 지금 또 이 전차사업도 그렇고, 이들 공공적 독점사업을 (… 중략…) 외인의 손에 맡기고 게대가 실적이랄 것도 없다"고 비난하고 있

39 하야시 공사가 고무라 외상에게 보낸 보고 「米国人独占京城水道事業ニ関スル件」(『雑件』 1, f.260).

다.[40] 여기에서 언급되고 있는 전차사업고종과 C&B의 협정에 따라 1904년 2월에 설립된 한·미전기주식회사가 운영하고 있던 노면전차에 대해서는 1908년 초에 운임 인상을 둘러싸고 여러 신문사가 자주 반대 집회를 개최하고 있었다.[41]

두 번째 계기는 콜브란 스스로 수도사업 매각을 고려하고 있었다는 것이다. 수도개통과 거의 때를 같이하는 1908년 8월, 외무성 통상국장 하기와라 모리이치萩原守一는 부통감 소네 아라스케曾禰荒助 앞으로 콜브란이 한·미전기주식회사와 대한수도회사의 사업 권리를 도쿄 자본가에게 매각할 것을 제의했다고 전했다.[42] 이때쯤 C&B는 보유한 갑산광산 권리를 둘러싼 1904년 이래 외무성·통감부와의 분쟁에 대한 해결을 보고 있었다. 광산사업에 주력할 조건이 갖추어졌기 때문에, 수도나 전기사업 등 다른 권리는 정리하려고 생각했던 것 같다.[43] 더욱이 여기에는 C&B 측의 자금난이라는 경제적 이유와 "'통감 정치와의 도발적인 논쟁'에 휘말리기 보다는 매각을 원한다"[44]는 정치적 이유가 겹쳐져 있었다. 1908년 가을, 전기·수도 이권의 매각 교섭이 나카시마 다카키치中島多嘉吉를 중개자로 하여 콜브란의 대리인과 진행되었으나,[45] 인수가격이 합의되지 않았다.

그런데 대한수도회사—C&B는 실제로 '통감 정치와의 도발적인 논쟁'에 말려들어 있었다. 세 번째로 통감부와의 대립을 살펴보자.

---

40 「社説－京城電鉄に就て」, 『京城新報』 07.11.22.

41 경성신보, 조선일일신문, 대한일보, 제국신문(조선인 경영) 등이 집회를 기획기도 하고 항의 기사를 연재하기도 했다(『京城新報』 08.1.12·1.14·1.17).

42 하기와라(萩原) 통상국장이 소네 한국부통감에게 보낸 보고(08.8.27. 『雑件』 2, f.454).

43 松崎裕子, 앞의 글, pp.192~194; 『朝鮮新報』, 08.8.18.

44 Sammons to O'brien, May 3, 1909, Numerical File(1906~1910)(National Archives, M862, 4151/85-86).

45 나카지마 타카키쓰(中島多嘉吉)가 하기와라 모리이치에게 보낸 보고(08.9.27. 『雑件』 2, f.468~472).

우선, 1908년 후반, 콜브란은 한 재판 중에 자주 거론되었다. 항일운동 탄압재판으로 알려진 양기탁梁起鐸 재판이었다. 1907년 이래 양기탁은 한국이 대일 차관을 모금을 통해 상환하려는 국채보상운동의 중심이 되어 왔으나, 보상금 횡령 혐의로 재판을 받게 되었다. 1908년 9월의 재판에서 무죄가 되었지만, 이 재판으로 통감부는 반일 논조가 강한 『대한매일신보』를 양기탁과 함께 창간한 영국인 베델Bethell, Ernest에 대한 조선인의 신뢰를 실추시키는 것에 성공했다.[46]

재판 기소장에는 베델이 횡령금의 일부를 C&B에 지불한(금광회사 주식 매입 대금) 것으로 되어있다. 콜브란도 출정을 요구받았지만 이에 불응하고 미국영사관을 통하여 진술서를 제출했다.[47]

콜브란으로서는 베델과의 관계가 기업가로서의 관계를 넘어서는 것은 아니었을 것이다. 그러나 재조일본인 신문 『경성신보』에 실린 칼럼은 콜브란이 '배일본당을 위한 돈주머니'가 되고 있다며 반일운동의 배후인 것처럼 보도했다.[48] 콜브란의 이미지가 나빠진 것은 틀림없다.

더욱이 이듬해 1909년 가을 콜레라가 유행하여 한성에서만 1,000명이 넘는 감염자가 확진되었는데, 통감부와 대한수도회사는 콜레라 대책을 놓고 대립하였다. 경성이사청은 조선인이 사용하는 우물이 감염원이라고 보고 한성의 우물을 일시적으로 폐쇄하는 대신 대한수도회사에 수돗물의 무료공급을 시키기로 했다. 1909년 9월 26일, 수도회사 사장 바함과 미우라 야고로三浦彌五郎 경성이사관 사이에 각서가 교환되어, 10월까지 한성

---

46 小川原宏幸,「日本の韓国保護政策と韓国におけるイギリスの領事裁判権－梁起鐸裁判をめぐって」,『明治大学文学研究論集(文学・史学・地理学)』第13号, 2000.
47 콜브란의 진술서(일본어 번역)는 국사편찬위원회 편, 『통감부 문서』 제5권, 1999, p.280 참조.
48 対星楼山人,「外交団の置土産 ベッセル及コールブラン」,『京城新報』(08.2.13・2.16).

부 내의 216개 공용수전(모두 조선인 거주지역에 설치되었음)을 무료로 개방하고 일본 측은 그 대가로 월 2,484엔을 회사에 지불하기로 한 것이다.[49]

그러나 대한수도회사는 보상액을 훨씬 넘는 손실을 입었다고 주장했다. 수돗물의 남용으로 월 4,103.14엔, 또한 공용수전 사용자로부터의 대금 징수를 하청받고 있던 수상조합水商組合, 수상야학회과 계약을 해제했기 때문에 월 1,600엔의 손실이 있었다고 했다.[50] 특히 문제가 된 것은 재류일본인에 의한 수돗물 남용·부정 이용이었다. 즉, 대한수도회사의 주장에 따르면 콜레라 유행 이후 개인용 수전을 사용하는 일본인이 수도를 계약하지 않은 인근 주민에게 물을 나눠주었다. 이러한 무계약의 수돗물 이용자가 1만 가구가 있다는 것이었다.[51] 그런데 식민지 시기에 조선총독부 당국이 수돗물의 부정이용 범인으로 비난해 온 것은 항상 조선인이었는데,[52] 역사적으로 볼 때 처음으로 수도 도용 문제의 초점이 된 것이 조선인이 아닌 일본인이었다는 사실이 흥미롭다.

수도회사의 보상 요청에 대하여 미우라 이사관은 10월 3일에 위협적인 답장으로 응했다. "수도공급과 같이 공공복리에 불가결한 사업을 자신의 이익만을 주장하는 귀사와 같은 회사의 손에 전적으로 내맡길 수 있을지" 의문시하고 있다고 기술하였다.[53] 그다음 날인 4일에는 1908년 8월 24일자 대한수도회사에 대한 승인(일본 거류지 내의 수도부설 승인이라고 여겨진다)

---

49 "Memorandum of Correspondence between Mr. H.G. Foster-Barham, Manager and Engineer of the Corean Waterworks Limited, a British Company, and Mr. Miura, H.I.J.M Resident in Seoul, regarding water supply during the outbreak of Cholera in Seoul in September and October 1909"(『雜件』 2, f.513~514).

50 위의 글, f.515.

51 *The Seoul Press*, October 8·13·15, 1909.

52 김재호, 앞의 글, 148~149쪽; 주동빈, 앞의 글, 2016, 287~289쪽 참조.

53 Miura Yagoro to H. G. Foster Barham, October 3, 1909(『雜件』 2, f.511).

을 취소할 것을 경성이사청 유달諭達 제11호로 공포했다. 한편, 바함은 한성에서 발행되고 있던 영자신문 *The Seoul Press*에 투서하여 10월 8일부터 17일에 걸쳐 항변했다.

미우라의 강경한 태도는 일본인 거류민 여론의 뒷받침이 있었다. 일본인이 간행하는 『경성신보』, 『대한신문』, 『조선신보』, 『조신일일신문』은 수도회사의 사리 추구를 비난하는 캠페인을 폈다. 지난해의 전차운임인상 문제에 이어 C&B의 사업은 재류일본인 미디어가 비난하는 표적이 된 것이다. 또 거류민 측은 남산의 저수지를 개방하여 대한수도회사의 수돗물은 사용하지 않겠다는 의사를 밝혔다. 더욱이 대한수도회사는 한성수도를 용산지구로 연장하기 위하여 용산거류민단과 교섭 중이었으나, 콜레라 유행 이후 민단 측은 태도가 경화되어 교섭을 중단했다.[54]

이처럼 통감부나 일본인 거류민과의 대립으로 대한수도회사가 일본의 보호국 상태인 한국에서의 사업의 어려움을 한층 더 통감한 것은 틀림없다. 회사 대표가 동경으로 가서 중단된 수도사업매각 교섭을 재개했다고도 한다.[55] 그러나 이 건은 C&B가 가지고 있던 다른 이권—예를 들어 갑산광산 이권—과 같은 미·일 외교당국 사이의 장기적 대립으로 발전하지는 않았다. 왜냐하면, 대한수도회사 자체는 영국 국적의 회사이기에 수도 이권은 영국의 권익으로 간주되었다. 1905년의 제2차 영·일 동맹에 따라 영국은 일본의 한국에서의 경제적 권리를 승인하고 있었기 때문에, 양국 외무당국은 수도 문제로 관계가 악화되는 것을 극력 회피하였다.[56]

---

54 이상 『京城新報』09.10.8·10.10·11.18.

55 교섭에 대해서는 『京城新報』 09.10.13·11.25·10.10.12·12.23, 참조.

56 Horace Rumbold to K. Ishii(石井菊次郎, 외무차관), February 19, 1910. 이시즈카 에이조(石塚英藏) 통감부 총무장관 서리가 이시이(石井)에게 보낸 보고(10.4.7, 『雜件』 2, f.515~517).

1910년 8월, 한국 강점이 단행되었다. 그리고 머지않아 1911년 1월, 대한수도회사는 시부사와 에이이치渋沢栄一의 신디케이트에 의해 매수되었고, 다시 4월 1일 28만 5천 파운드에 조선총독부가 매수하여 관영사업으로 변하였다.[57] 주일영국총영사의 보고는, 콜레라가 유행할 때 통감부와의 갈등이 매각에 직접적인 계기가 되었음을 암시하고 있다. 단, 수도회사는 이 인수액이 손해를 본 것은 아니라고도 부기하고 있다.[58]

4. 경성 이중도시구조론과 수도

1) 한성 수도계획의 내용

본고의 서두에 서술하였듯이, 식민지 시기 한성-경성수도는 일본인 집주 지역과 조선인 집주 지역의 인프라 격차의 상징이었다. 그러나 한성수도를 건설한 것은 일본인이 아니라 한국 황제로부터 특허를 받은 미국의 기업가 콜브란&보스트윅이었다. 그렇다면 양자는 수도 정비에 관한 견해에 어떠한 차이가 있던 것일까?

결론적으로 말하자면, C&B는 조선인에게 일정한 수돗물 수요가 있다고 본 반면, 일본 측은 부정적이었다. 1901년, 알렌 주한미국공사는 "조선인은 한성에 '산의 물'[\"mountian water\"]을 공급한다는 이 시도에 큰 관심

이시이 차관이 영국대사관 럼볼트에게 보낸 보고(10.4.29, 『雑件』 2, f.526~529).

57 朝鮮総督府 編, 『水道小誌』, 1913, pp.10・103.

58 Consul-General Bonar to Sir Edward Grey, January 6, 1911, "Corea, Annual Report, 1910", *Japan & Dependencies : Political & Economic Reports 1906-1910* vol.11(Archive Editions), 1994, p.138.

을 갖고 있다"는 의견을 기술하고 있다.[59] 또 1905년에 인터내셔널 신디케이트에 의해 파견된 기사는 "조선인은 일본인의 습관을 받아들이는 전반적인 경향이 있어"서, "수도공급이 새로이 가능해진다면 현재보다도 훨씬 많은 물의 이용이 당연히 확실하다고 본다"라고 보고하였다.[60] 한편, 일본 측의 견해는 대조적이었다. 1905년, C&B의 수도사업계획을 자세히 조사한 하야시 주한공사는 조선인은 "구습을 고수"하므로 "급속히 우물 또는 저수지의 이용을 폐지하고 곧바로 수도의 공급을 바라는 것은 가망이 없다"[61]고 피력하였다.

그렇다면, C&B의 수도사업계획에서 조선인 주민에 대한 급수는 어떠한 위치를 부여받고 있었는가? 이하의 〈표 1~3〉은 1901~1906년에 C&B가 책정한 계획이다.

첫째, 한성수도의 규모는 C&B의 원래 계획과 비하면 상당히 축소되어 건조되었다. 제3절 1)에서 설명한 바와 같이 1898년 수도부설에 관한 특허 가계약이 체결되어다가 1900년에 개정되었다. 1898년 계약에서는 콜브란이 "서울시 전체에 충분한 양의 물을 공급하는 근대적이고 완전한 수도 시스템의 건설과 운용"을[62] 도급받기로 되어있었다. 〈표 1〉 중에 '7월 제안'은 C&B가 1901년에 제시한 최초의 방안이다. 그런데 동년 10월, 알렌은 고종황제에게 해관 수입을 수도사업에 충당하자고 요구하며 재정 부담이 적은 방안인 '10월 제안'도 제시했다. '7월 제안'에서는 배수관을 한성 전체에 설치한다고 했으나, '10월 제안'에서는 후일의 확장에 내맡

59 Allen to the Secretary of State, October 11, 1901, M134, #407, R17.
60 주7과 같음(『雑件』2, f.362).
61 하야시 공사가 고무라 외상에게 보낸 보고 「米国人独占京城水道事業ニ関スル件」, 『雑件』 1(f.257).
62 주11과 같음.

기고 있다. 규모로 보면 실제 한성수도의 배수관 총 길이는 64.0km1909년 말로 '7월 제안'의 52.75마일(약 84.9km)와 '10월 제안'의 20마일(약 32.2km)의 중간쯤이었다. 그렇지만 가장 중요한 급수량은 '7월 제안'에서 1,000만 갤런(약 37,854m^2) 이상, '10월 제안'은 급수량 250만 갤런(약 9,464m^2)이다. 실제 한성수도의 급수량은 13,607m^2였으므로, '10월 제안'의 규모에 가깝다는 것을 알 수 있다. 또 '10월 제안'에는 펌프를 2대 설치하는 것으로 급수능력이 여유를 갖게 하고, 이를 통해 후일의 확장을 기약하고 있다. 이것도 실제로 한성수도에 채용된 방안이었다.

〈표 1〉 콜브란 & 보스트윅의 1901년 7월 및 10월 제안[63][64]

항목	7월 제안	10월 제안
시내배수관	총길이 52.75마일(약 84.9km)인 배수관을 시 전체에 설치한다. 지름은 4~30인치.	총길이 20마일(약 32.2km)인 배수관만. 지름은 6~16인치.
급수인구	하루 1인당 10갤런을 100만 명의 시민에게 공급한다.	하루 1인당 10갤런을 25만 명의 시민에게 공급한다. 후일 시설확장이 가능하도록 2대의 펌프를 설치(펌프 2대 모두 가동시킴으로써 급수 능력을 2배로 할 수 있다).
총가격	불분명	총계 160만 엔

둘째, 축소되었다고는 하나, C&B의 급수계획은 조선인 집주 지역 · 일본인 집주 지역 모두를 포함하는 한성 전체에 대한 급수를 사정하고 있다. 한성 재류 일본인의 수도계획(1905년의 남산수도확장계획)이 '진고개 부근

63 "Comparison of Collbran and Bostick's Original Proposition of July 26th, with Collbran and Bostick's Reduced Proposition of Oct. 7th", M134, #407 appendix, R17. '10월 제안'의 '급수능력' 일부와 '총가격'에 대해서는 "Comparative Statement of Waterworks Systems for Seoul as Proposed by Mr. P. A. Chance, January 1900, and Collbran and Bostwick, October 7th 1901", ibid.에서 보충했다.

64 자료출처 중 "Comparative Statement of…"는 Anglo-Eastern Syndicate의 대표인 영국인 P.A.Chance가 1900년 총세무사 브라운의 주선으로 한성수도공사권을 획득하려던 때의 계획서와 콜브란&보스트윅의 계획('10월 제안')을 비교한 자료이다.

〈표 2〉 콜브란&보르트윅이 하야시 곤스케 주한공사에게 제출했던 계획서[67] [68]

예상수입	(1) 공설 공용전(하루 평균 100만 갤런을 사용한다고 상정하여 100갤런당 4전 내지 동등한 한국 통화로 지급)	146,000엔
	(2) 사설 개별전(가옥 내에 배관. 월정액)	10,000엔
	(3) 사설 공용전(정원·저택 안 등에 설치하는 급수전 또는 수도꼭지수도꼭지. 평균 1.25호에 월 4엔)	60,000엔
	(4) 일본인 거류지	15,000엔
	(5) 왕궁·관청·소방·위생용인 정부에의 급수	96,000엔
수입총계(연액 ①)	327,000엔	
예상지출	영업비용	61,280엔
	감채기금	50,000엔
지출총계(연액 ②)	111,280엔	
순이익총액(연액 = ①-②)	215,720엔	

일대에 그침', 즉 일본인 집주 지역에 급수구역을 한정시킨 것[65]과는 확연한 차이가 났다.

C&B는 조선인·일본인에 각각 어느 정도의 급수량을 계획하고 있었는가. 1905년 3월에 작성된 수입 전망을 정리한 〈표 2〉에서는 (4) '일본인 거류지'가 독립된 항목으로 되어 있기 때문에, 그 이외의 (1) '공설 공용수전', (2) '사설 개별수전', (3) '사설 공용수전'[66] 및 (5) '왕궁·관청·소방·위생용인 정부에 대한 급수'는 조선인을 대상으로 한다고 생각된다. 이에 따르면, 총수입 327,000엔(①) 중 일본인 거류지 전용은 겨우 15,000엔, 4.6%에 불과하고, 조선인용 급수가 312,000엔((1)+(2)+(3)+(5)), 95.4%

65 「京城居留民団體水道事業」(미마스 경성영사가 고무라 외상에게 보낸 보고 「水道布設ニ関シ国庫補助稟請ノ件」(05.2.2, 『雑件』 1, f.248).

66 각각이 어떠한 급수 방식을 나타내고 있는지는 자료에는 명기되어 있지 않다. 한국강점 후 총독부가 공포한 부령(府令) 제18호 「官営水道給水規則」(1911.2)에는 급수는 다음과 같이 분류되어 있었다. 전용급수 : "한가구 또는 다른 한 곳의 전용에 속하는 것", 공용급수(1915년부터 사설 공용급수라고 호칭) : "두 가구 이상의 공용에 속하는 것", 특별공용급수(1915년부터 관설 공용급수라고 호칭. 본고에서는 공설 공용 수전이라는 호칭으로 통일함) : "구역을 정하여 판매인이 수요자에게 공급하게 하는 것".

〈표 3〉 인터내셔널 신디케이트가 파견한 기사에 의한 조사(1906년)[71]

급수대상	인구(명)	1인당 하루 소비량(갤런)	하루당 종합수량(갤런)
1) 상류층 조선인	10,000	15	150,000
2) 도시 조선인	159,000	8	1,272,000
3) 교외 조선인	40,000	8	320,000
4) 병원			10,000
5) 왕궁			10,000
6) 병영			10,000
7) 여관			40,000
8) 일본인	13,000	18	234,000
9) 외국인	800	40	32,000
10) 중국인	1,500	15	23,000
11) 철도			50,000
계	224,300		2,421,000

를 얻는 계획이었다. 또 공설 공용수전에서의 수입이 높은 비율(총수입의 44.6%)을 차지하고 있다는 점도 특징적이다. 즉, 수도 수입의 대부분은 조선인, 특히 노상에 설치된 공설 공용수전을 사용하는 이용자로부터의 징수 요금을 상정하고 있었던 것이다.

1906년의 계획(〈표 3〉)에서도 같은 발상이 지적된다. 급수예정인구는 조선인(1)+2)+3))이 209,000명(93.2%),[69] 일본인이 13,000명(6.1%)으로 돼 있어 역시 조선인이 압도적으로 높은 비중을 차지하고 있다. 관견으로는 한성수도에 관한 계획은 이 1906년 계획이 마지막이다. 다만 1908년의 수도개통까지 추가로 변경이 가해져 일본인 거류지의 수도부설이 확장되었을 가능성은 남아 있다.[70]

---

67 Seoul Water Works, "Estimated Reciepts"(하야시 주한공사가 오무라 외무상에게 보낸 「米国人独占京城水道事業ニ関スル件」 05.3.31, 『雑件』 1, f.262).

68 자료 출처에는 언젠가 한국정부와 협상하여 물세(water rate)를 징수할 수 있게 되는 경우, 공설 공용전에서의 예상수입이 153,000엔이라고 하는 수지(収支)에 대한 표도 기재되어 있다. 이 경우 순익 총액은 22,720이 될 것으로 예상되고 있다.

69 〈표 3〉의 4)~7)도 조선인이라고 생각되지만, 원표에는 인원수가 기재되어 있지 않으므로 여기에 산입하지 않았다.

70 1907년 11월에 대한수도회사(한성수도가 경영하는 회사. 후술)와 경성거류민단 사이에 계약

2) 한국 강점 이후의 변화

1908년에 준공된 한성수도는 한국강점 후인 1911년에 총독부 관할이 되었다. C&B의 구상은 실제 한성수도에 어느 정도 반영되고 있었는가? 또 식민지 시기 그것은 어떻게 변모되었는가? 일본인(강점 후에는 '내지인'이라고 호칭. 이하 괄호 생략)과 조선인의 수도이용이라는 문제를 염두에 두고, 경성수도의 시가지 배수관이나 수도이용자의 수, 사용 수전의 종별이라는 점에서 검토해보고자 한다.

첫째, 경성 시가지 배수관의 설치 상황에 대하여 검토해보자. 개통 시의 상황은 다음과 같이 설명되고 있다.

한성 상류인 뚝섬을 수원으로 삼은 한성수도는 한성의 동쪽 성벽인 광희문으로부터 성안으로 들어와 청녕교青寧橋에서 A~D 4개 선으로 갈라진다.

A(4인치 관 2개)

: 황금정黄金町 동쪽으로 가서 성벽에 도달한다.

B(8인치 관에서 출발하여 분기)

: 본정통本町通에서 나가서 → 동대문통 조선은행 앞에 이른다.

C(12인치 관에서 출발하여 분기)

: 동대문통에서 나가서 좌우로 분기 → 오른쪽은 동대문으로 향한다. 왼

이 체결되었다. 이에 따라 대한수도회사는 거류민단의 관공서·학교·유치원·병원에 9만 갤런 이하의 물을 무료로 제공한다(제1항), 수도관은 거류민단 내에 민단 공무원이 명한 적당한 방법·위치로 공공도로에 설치한다(제4항) 등이 결정되었다(『京城新報』 07·11·3). 그렇다고 해도, 거류지 내의 수전 수는 수도개통 당시에는 많지 않았던 것 같다. 1909년 10월에 거류민단은 250~260개소, 대한수도회사는 800개소가 좀 더 되었다고 한다(『京城新報』09·10·8). 식민시기의 수전 수(뒤의 〈표 4〉 참조)에 비하면 미미한 것이다.

71 Livesey, Son&Henderson to S.W.(Seoul Waterworks) Syndicate, 1906.1.20(하야시 주한공사가 가토 다카아키에게 보낸 「京城給水工事ニ関スル件」 06·2·9, 『雜件』 2, f.361).

쪽은 창덕궁 앞에서 분기하여 전동典洞·종로로 향하다가→서대문으로 향하는 도중 광화문 앞거리에서 다시 ①~③ 3개 선으로 분기한다.

① 신교통新橋通→태평정太平町→남대문통

② 경복궁 앞→북서부로 향한다.

③ 서대문→화천정和泉町→봉래정蓬莱町→어성정御成町→마포로 향하여 공덕리·경성감옥 남쪽에 이른다.

D(16인치 관에서 출발하여 분기)

: 죽원정竹園町·황금정→남대문통 3가·조선은행 앞에서 북쪽으로 약 1정町에 이른다. 남대문통·어성정·고시정古市町·강기정岡崎町·청파青坡를 통하여 용산 원정元町 3가부터 원정 1가 한강연안에 이른다. 강기정에서 분기하여 신용산→강기정 한강통 1가 주차군 사령부 남쪽에 이른다.[72]

B는 내지인 집주 지역의 번화가인 본정本町을 동서로 달리는 배수관이며, D도 '정'이 붙은 내지인 집주 지역[73] 및 용산의 일본군 위수지에 급수하는 노선으로 되어있다. 한편 C는 조선인 집주 지역의 번화가인 종로를 동쪽으로 돌던 도중에 복잡한 분기로 인해 관청가官庁街, 조선인 집주 지역의 북부·서부를 둘러싸고 있으며, 이 수도망으로 조선인 집주 지역을 커버하고 있었던 것으로 생각된다.

배수관 부설 상황이 도시圖示되어 있지 않기 때문에 결정적인 근거는 부족하지만, 적어도 B, D 두 간선이 내지인 집주 지역을 통과하고 있던 것

---

72 『水道小誌』, pp.7~8.

73 한성에서는 일본인 거류민이 1901년에 '~정', '~통' 등의 지명 34개(최종 114개까지 증가)를 설정했기 때문에, 기존의 대한제국 행정구역시스템('~방', '~동', '~리' 등)과 일본식 지명이 병존하게 되었다.

으로 보인다. 그렇다면 조선인 주민을 중심으로 한 원래 계획은 이미 개통 당시부터 어느 정도 변경이 가해져 내지인·조선인 모두 급수 대상이 되었다고 생각할 수 있겠다(주66 참조).

더군다나 강점 후 배수관은 내지인 집주 지역에 집중적으로 증설되었다. 기록이 남아 있는 1911~1913년도의 배수관 부설 공사를 보면, 죽원정竹園町·어성정1911년, 황금정·앵정정櫻井町·우의정羽衣町, 1912년도, 미창정米倉町·어성정1914년도 등 '정' 구역, 즉 남부의 내지인 집주 지역이 중심이다. '동' 지역에서의 공사는 백운동과 대동(오늘날의 종로구 궁정동)에서의 소규모 공사 이외에는 확인할 수 없었다.[74]

이 일은 수도이용자의 조선인과 내지인 내역을 크게 바꿔놓았다. 둘째, 수도이용 가구 수를 보자. 1913년에는 내지인 9,091호, 조선인 10,253호였다. 즉, 식민지 시대 초기에는 조선인 쪽이 수돗물 이용자 가구 수가 많았다. 원래 조선인의 이용을 주안점으로 두었던 한성수도의 성격이 강점 초기에는 아직 남아 있었다고도 말할 수 있다. 그러나 수도 보급은 내지인 쪽이 압도적으로 빨라서, 이듬해인 1914년 이후에는 내지인 수도 사용 가구가 조선인을 상회했다. 또 당연히 경성 거주자 인구는 내지인보다 조선인이 훨씬 많았기 때문에(1913년 말에 내지인 11,589호, 조선인 39,365호), 민족별 수도이용자 비율을 보면 내지인이 조선인을 크게 상회했다. 〈그림 1〉은 내지인·조선인의 수도보급률을 그래프로 한 것인데, 수도이용을 둘러싼 내지인과 조선인의 격차는 적어도 1910년대에는 확대일로를 걷고 있었다.

---

74 『水道小誌』, pp.10~13.

75 내지인·조선인 중 수도사용자 호수에 대해서는 경성부가 편찬한 『京城府上水道概要』(1938년)

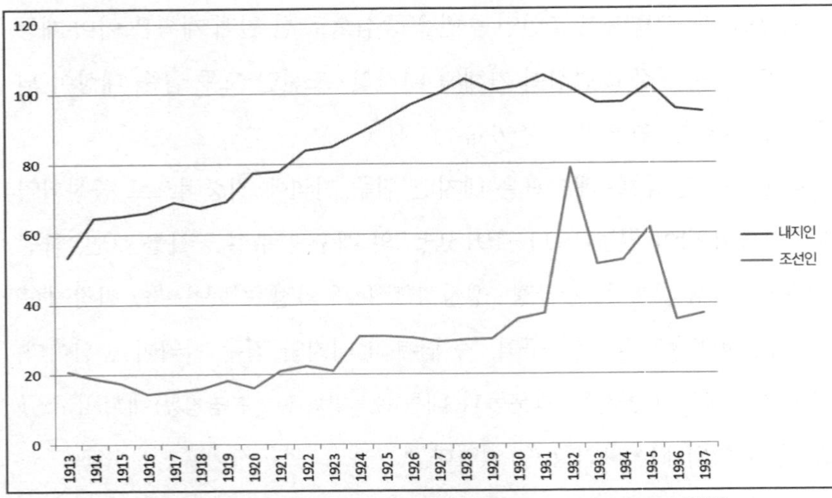

〈그림 1〉 내지인 · 조선인의 수도보급률(총 호수에 대한 백분율 1913~1937년)[75][76]

마지막으로 급수전을 살펴보자. C&B의 계획에서는 경제력이 떨어지는 조선인에게 공설 공용 수전을 통해 급수하는 방식이 상정되어 있었다(4절 1) 참조). 1909년 9월에 공설 공용 수전의 수는 216이며, 모두 조선인 집주 지역에 설치되어 있었지만, 대한수도회사는 일본인 거류지에 공설 공용 수전을 설치할 생각은 없었다.[77]

강점 후인 1914년에도 경성수도는 조선 내의 다른 주요 수도와 비교하여 공설 공용 수전의 비율이 비교적 높았다.[78] 그리고 내지인과 조선인이

부록표, p.3. 총 호수에 대해서는 조선총독부가 편찬한 『朝鮮総督府統計年報』의 해당년도 판본을 따랐다.

76 자료에 의거하여 수도사용자 호수가 총 호수 중 차지하는 비율을 그래프화 했다. 내지인의 일부 수치가 100%를 초과하고 있는 이유는 불분명하다.

77 *The Seoul Press*, October 16, 1909.

78 전체 수전 수에서 공설 공용 수전이 차지하는 비율은 경성수도 6.7%, 평양수도 3.3%, 인천수도 4.5%, 부산수도 4.6%이다(「官営水道に就て」, 『朝鮮彙報』 1915年 5月号; 「平壌,鎮南浦及釜山水道」, 『朝鮮彙報』 1915年 6月号).

사용하는 수전에는 뚜렷한 차이가 있었다. 〈표 4〉에 따르면 내지인 중 공설 공용 수전 사용 가구 수는 감소했고, 전용 수전·사설 공용 수전의 이용 가구 수가 증가하는 경향이 있었다. 한편, 조선인의 경우 대부분은 공설 공용 수전을 계속 사용하고 있으며, 사용 가구 수는 1913~1920년에 95.8%에서 88.0%로 미미한 감소에 그치고 있다.

〈표 4〉 내지인 및 조선인이 사용하는 수전(1913~1920년)[79]

년도	제1종 전용		제2종 전용		사설공용		공설공용		총계	
	내지인	조선인	내지인	조선인	내지인	조선인	내지인	조선인	내지인	조선인
1913	347	62	1,865	337	3,561	33	3,318	9,821	9,091	12,166
1914	422	86	2,109	407	4,343	180	3,473	6,626	10,347	9,213
1915	482	44	2,210	433	4,557	212	3,790	5,935	11,039	8,539
1916	539	106	2,564	346	5,070	105	3,565	5,191	11,738	7,664
1917	597	116	2,772	445	5,293	95	3,502	5,404	12,164	7,977
1918	612	126	2,827	451	5,115	95	3,392	5,571	11,946	8,161
1919	798	162	3,073	517	5,316	116	3,202	6,301	12,389	9,015
1920	820	213	3,236	500	5,460	139	3,041	5,261	12,557	8,033

그리고 식민지 시기에는 내지인의 사용자 비율이 높을 수전일수록 증설되었다. 1912~1920년의 수전 수 추이를 보면, 제1종 전용 수전(계량하지 않는 전용 수전)은 664에서 2,053으로 3.8배, 제2종 전용 수전(계량하는 전용 수전)은 2,392에서 4,471로 1.9배, 사설 공용 수전은 776에서 1,451로 1.9배가 되었다. 공설 공용 수전은 229에서 386으로 1.7배 늘었다.[80] 또 제도적으로도 공설 공용 수전은 냉대받았다.[81] 1914년 경기도는 물장수(경성 수상水商조합)가 공설 공용 수전에서 급수받아 배달하는 것을 금지하

79 「附統計諸表」, 『京城府上水道概要』, p.3.
80 京城府編刊, 「附統計諸表」, 『京城府上水道概要』, 1938, p.4.
81 김재호, 앞의 글, p.145; 주동빈, 앞의 글, 2016, p.287.

고, 대신에 주민 가운데에서 총대總代를 선출하여 수도세를 징수하게 하는 방식을 택하였다. 물장수가 아닌 이용자 스스로 물을 길어야 했으므로 공용 수전 이용자는 감소—우물물 이용자는 증가—했다. 1920년대에는 공설 공용 수전의 사용요금을 누진제로 해서 전용 수전·시설 수전 이용자를 우대하고 있다.

5. 맺으며

이 글은 한성의 수도건설 과정을 추적하여 대한제국 시기 수도사업의 구상과 식민지 시기 경성의 수도 실태 사이에는 거리가 있는 것은 아닌가 하는 문제를 제기했다.

대한제국의 수도사업은 고종황제의 세력균형정책을 배경으로 열강의 이해대립의 한 초점이 되었다. 1898년 미국계 기업가 콜브란이 수도부설 특허를 획득했지만, 열강의 의도 및 그와 관련된 한국 정부 내의 반대 속에서 쉽게 진척되지 못하였다. 러일전쟁 이후가 되자 C&B는 통감부 및 재류 일본인과의 갈등에 직면하였고, 그것은 결국 한국강점 이후 조선총독부에 의한 수도사업 인수로 귀결되었다.

C&B의 수도건설은 미국의 이권획득 경쟁의 일환이었지만, 한편으론 대한제국에 의한 근대적 인프라 정비의 측면에서 조선인 주민을 수혜자로 하고 있었다. 그것은 주로 조선인인 공설 급수전 이용자를 상정하여 급수한다는 C&B—대한수도회사의 설계 사상에 나타나 있었다. 조선인은 공설 공용 수전, 일본인은 사설 수전으로 급수 방식을 구분한다는 구상의

흔적은 개통 후의 한성수도에도 남아 있었다.

이러한 한성수도의 성격은 총독부에 의하여 인수된 이후 점차 소실되어 갔다. 일본인 집주 지역을 중심으로 수도망의 정비가 진척된 한편, 조선인이 사용하는 공설 공용 수전은 냉대받고 수도의 성격은 일본인 거류민의 편의를 우선하는 방향으로 수정되고 있던 것이다. 그것이야말로 곧 1920년대 식민지적 이중공간도시 경성에서 민족 격차의 상징으로서 수도가 부상하게 된 역사적 전제가 되었던 것이다.

몽강蒙疆 그리기

종군화가 후카자와 쇼조深澤省三의 미술 활동과 창작

왕중천
홍영미 옮김

1. 무엇이 '몽강'인가?

소위 '몽강'이란 일종의 특수한 역사적 상황에서 탄생한 지역 개념이다. 1937년 8월, 노구교盧溝橋사변으로 시작된 일본의 중국 침략전쟁은 더 확대되었다. 관동군은 이 기회를 틈타 찰합이察哈爾 남부, 산서山西 북부 및 수원綏遠 지역을 점령하였고, 이들 지역에 각각 '찰남察南자치정부', '진북晉北자치정부', '몽골연맹자치정부' 등 일본의 군사적 침략에 협조하는 괴뢰정부를 수립하였다. 동년 12월, 이 세 정부가 소위 '자치정부'로 통합되어 장가구張家口에 '몽강연합위원회'가 설립되었다. '몽골연맹자치정부'를 통솔하던 덕왕德王 더무추커둥루프德穆楚克栋鲁普, 1902~1966가 '몽강엽합위원회' 주석에 취임하였으나, 정권의 실제 운영 권력은 최고 고문인 가나이 쇼지金井章次, 1886~1967의 손에 쥐어졌다. 따라서 덕왕이 '몽고인 자치' 정권을 세우려는 구상에서 '몽강'이라는 어휘에 반대했지만, "일본 측이 '만주滿洲'

및 중국에 대한 전체 정책적 고려에서 '몽강정권'의 지위를 검토한" 결과, 이 정권 즉 '연합위원회'에 '몽강'이라는 이름을 붙이기로 한 것이다.[1]

1939년 9월, 이 정권은 '몽골연합자치정부'로 개명하였고, 1941년에 다시 '몽골자치국自治邦'으로 개명하였다. 그러나 '몽강'이라는 명칭은 줄곧 친일 괴뢰정권의 관할지를 지칭하는 개념으로 사용되었다. 예를 들어 1940년 11월 출판된 『북지나몽강연감北支蒙疆年鑒』은 다음과 같이 적고 있다.

> 몽강이란 몽골족 고유의 정주지역에 대한 총칭이지만, 이 연감에서의 '몽강'은 몽골연합정부가 관할하는 범위 내의 전 지역을 지칭한다. 지나사변(즉 '노구교 사변'－인용자) 이후 '몽강' 개념에는 적지 않은 변화가 나타났다. 민국 26년 9월 4일 찰남자치정부가 성립되면서 구舊 찰합이성 외장성선外长城線 이남-내장성선內長城線 이북의 10개 현이 국민정부의 구속에서 벗어났고, 그다음 달 산서성 내장성선 이북의 13개 현도 산서성에서 이탈하여 진북자치정부의 관할이 되었고, 동년 10월 하순 몽골연맹자치정부가 성립되면서 구 찰합이성과 수원성을 가로지르는 다섯 개의 맹盟을 되찾아 치하에 두었다. 이전에 소위 북중국 다섯 성 중의 두 성인 찰합이와 수원의 성정부는 곧 취소되었고, 세 자치정부가 연합한 새로운 정치 · 행정 관할에 들어갔다. 그런데 올해 9월 1일, 몽골연합자치정부가 성립되자 상술한 지역 모두 일원적으로 이 정부 아래에 통합되었으며, 그것이 동아시아 방공 특수지대의 회랑으로서 존재하는 의의 점점 강화되었다.[2]

1 中見立夫, 『「満蒙問題」の歴史的構図』, 東京大学出版会, 2013, p.21.
2 『北支蒙疆年鑑』, 北支那経済通信社, 1940, p.527.

이 외에도 다른 용례를 더 들 수 있다. 예를 들어 '몽강' 정권 아래 설립된 국책신문 『몽강신보蒙疆新報』는 창간부터 일본 전패 때까지 줄곧 이름을 바꾸지 않았다. 이 정권의 중앙은행도 1937년 설립부터 1945년 해체될 때까지 계속 '몽강은행'이라는 명칭을 사용했다.

그렇다 해도 '몽강'이라는 지역은 어디까지나 전쟁상황에서 형성된 특정 구역이기 때문에, 전세의 변화에 따라 '몽강정권'의 통치범위는 시시때때로 늘거나 줄었고 '적'의 세력이 침투해 들어오기도 했다. 따라서 지역 개념으로서의 '몽강'이 가리키는 대상도 유동성 혹은 교차성의 특징을 지니고 있었다.

본문은 이러한 관점에서 '몽강' 지역의 특징을 파악하였고, 이를 기초로 이 지역에서 8년이나 생활한 화가 후쿠자와 쇼조1899~1992를 고찰대상으로 선정하여 후쿠자와의 인생 역정을 간략하게 추소하고, 그가 아동화 화가에서 종군화가로 전향한 경위를 규명한 후, '몽강'에서의 교유와 미술 활동을 조사하여 전후 출판된 『후쿠자와 쇼조 화집』에 수록되지 않은 전국戰局에 영합하는 선전성 작품을 발굴함으로써 '몽강' 화백으로 불리는 후쿠자와 쇼조가 '몽강'을 그려낸 예술 행위와 침략전쟁의 연관성을 밝혀내고자 한다. 마지막으로, '몽강' 후쿠자와 쇼조의 〈몽골 군민 협화도協和圖〉를 예로 들어 '몽강' 이미지의 대표 회화로 여겨지는 이 작품의 구도와 요지를 분석하고, 그 가운데 감춰진 화가 본인의 의도를 뛰어넘는 함의를 밝혀낼 것이다.

2. 아동화 화가에서 종군화가로

후쿠자와 쇼조는 유명한 아동화 화가이다. 그의 『한담 여억록如憶錄』에 수록된 한 글에 따르면, 동경미술학교에 재학하던 시절 요시오 시미즈清水良雄, 1891~1954의 소개로 그는 스즈키 미에키치鈴木三重吉, 1882~1936가 편집을 맡은 아동문학 잡지 『적색조赤色鳥』의 삽화 화가가 되었다.[3] 처음에는 마치 그림을 배우는 학생이 아르바이트를 하는 것 같았지만, 스즈키 미에키치와 마음이 잘 맞아 다이쇼 9년1920 제4권 제5호부터 쇼와 11년1936 복간 12권 13호스즈키 미에키치 추도 특집호까지 17년 가까이 후쿠자와 쇼조는 쉬지 않고 『적색조』의 삽화, 속표지, 표지를 그렸다. 몸과 마음을 다 쏟아부었다고 할만하다. 문학사가 오다기리 치카시小田切近, 1924~1992는 일본 근현대 문화예술사에 있어서 『적색조』가 공헌한 바를 평가하며 "스즈키 미에키치가 이처럼 훌륭한 잡지를 창간하여 새로운 시대를 여는 업적을 남겼다. 이는 물론 아쿠타가와 류노스케芥川龍之介, 기타하라 하쿠슈北原白秋, 아리시마 다케오有島武郎 등 일류 문학가들의 지지가 있었기 때문이지만, 만약 요시오 시미즈, 후쿠자와 쇼조, 스즈키 준鈴木淳, 다케오 타케이武井武雄, 시로 카와카미川上四郎와 같은 화가들의 열정적인 협조가 없었다면, 『적색조』는 분명히 특색을 잃고 매력이 없었을 것이다".[4]

후쿠자와 쇼조는 미술학교에서 유화를 전공했고, 그의 작품은 '제국 미술 전람회'에 입선된 적이 있다. 아동화를 그린 것은 의심할 여지 없이 생

3 深澤省三, 「閑話 思い出ずるままに」(昭和 63年 8月 12日, 산속 호반산장에서 기록함), 摩美術大學美術參考資料館 編, 『深澤省三・童画の世界七十年』, 1988, p.54.

4 小田切進, 「深澤省三の仕事」, 摩美術大學美術參考資料館 編, 『深澤省三・童画の世界七十年』, 1988, p.46.

계를 위해서였다. 그런데 쇼와 2년1927 그가 다케오 타케이1894~1983, 무라야마 토모요시村山知意, 1901~1977 등과 함께 일본 아동화가 협회를 결성한 후 "아동화가의 축이 형성되었으며, 작업이 격증해 『적색조』 외에도 『아동그림책兒童繪本』, 『아동의 나라兒童之國』, 『아동의 친구兒童之友』 등의 잡지로 확장되어 그의 수많은 아동화 작품을 남겼다".[5] 그러나 쇼와 11년1936 8월, 스즈키 미에키치가 서거하면서 『적색조』의 발행이 중단되었고, 다른 아동문예 잡지도 경영 부실 상태에 빠졌다. 후쿠자와 쇼조의 말을 빌리자면 "아동서적의 시대는 이미 끝났다". 이에 그는 "몽골에 갈 것을 결심했다".[6] 훗날 후쿠자와는 자신의 '몽골' 체험을 다음과 같이 서술했다.

> 몽골은 내가 8년 동안 생활한 제2의 고향이다. 몽골에서는 정치방면에서도 중용되었고, 화제畫題로 삼을만한 동물의 혜택을 볼 수 있어서 광막한 몽골을 더욱 좋아하게 되었다. 메이지유신 시기의 사람들처럼 마음 내키는 대로 할 수 있었고, 젊었기에 자유롭게 일을 맡았다. 지금껏 이렇게 흥미로운 국가를 본 적이 없었지만, 전패한 후에는 정말 괴로웠다.[7]

후쿠자와 쇼조 『연보』 두 종류를 살펴보면, 각각 "쇼와 13년, 1938년, 39세. 6월, 종군화가 자격으로 몽골에 도착하여 종전까지 7년 동안 주로 장가구에서 회화 창작에 종사하였다",[8] "쇼와 13년1938, 몽골로 가서 종전

5 仙仁司, 「『赤い鳥』と深澤省三の童画世界」, 摩美術大學美術參考資料館 編, 『深澤省三・童画の世界七十年』, 1988, p.63.
6 深澤省三, 앞의 글, pp.58~59.
7 深澤省三, 앞의 글, p.59.
8 『深澤省三画集』, 荻生書房, 1989, p.192.

까지 현지인용 소학교 교과서의 삽화를 그렸다"[9]고 기재하고 있다. 기록한 바가 모두 후쿠자와 본인의 회고와 마찬가지로 그가 달려간 장소를 '몽골'로 적고 있다. 그러나 후쿠자와가 말한 '몽골'의 함의가 애매하여 정식 지역 명칭은 아니라는 점을 짚고 넘어가야 한다.

확실히 '몽골'은 민족의 명칭이고, 또 이 민족이 생활하는 지역을 가리키는 명사로 사용되고 있다. 그러나 청대에 청 정부는 '맹기제盟旗制'로 몽골족을 통치했고, 분할된 약간의 '기旗' 혹은 중앙정부에 위임된 대신이나 장군에 직속되거나, 혹은 중앙정부가 설치한 '이번원理藩院'이 관리하였지 하나의 행정구획으로서 '몽골'이 있던 것은 아니다. 1912년에 중화민국이 성립되자, 북경 정부는 몽골족과의 관계를 다시 구축하기 위하여 1914년에 일반적으로 일컬어지는 '내몽골內蒙古' 지역에 수원, 찰합이, 열하熱河 3개의 특별구를 설치하였다. 1924년 11월, 몽골 인민공화국이 성립되면서 일반적으로 일컬어지는 '외몽골外蒙古' 지역이 중화민국을 이탈했다. 1928년, 남경에 성립된 국민정부는 북경 국민정부 시기의 정책을 이어받았고, 더 나아가 수원, 찰합이, 열하 지역에 '행성제行省制'를 도입하여 세 개의 특별구를 '성'으로 승격시켰다. 이렇게 보면 중화민국 시기에 들어선 후에도 지역명으로서의 '몽골'은 존재하지 않았으므로, 후쿠자와 쇼조가 1938년 6월에 일본을 떠나 일본이 전패하기 전까지 생활한 '몽골'을 정식 지명을 사용하여 말한다면 '몽강'이라고 해야 할 것이다. 하지만 상술한 것처럼 '몽강'은 끝없는 초원과 맑은 하늘, 말과 소와 양, 목자 등으로 구성된 이국적 정취가 충만한 공간이라기보다는, 일본군대의 점령을 배경으로 하는

9 摩美術大學美術參考資料館 編, 『深澤省三・童画の世界七十年』, 1988, p.68.

공간이자 친일정권이 통치한 공간이었다.

3. '몽강' 화백

이미 유명한 아동화 화가였던 후쿠자와 쇼조는 왜 종군화가로 변신하여 '몽강'으로 달려간 것일까? 앞에서 인용한 후쿠자와 본인의 회고록에서 "몽골에 갈 것을 결심했다"고 했으므로, 이는 그가 스스로 결단한 것이지 군대에 의한 강제징용이 아니었음을 알 수 있다. 그의 회고록에는 그밖에 다른 말은 없었지만, 쇼와 16년1941 발표한 한 편의 글에서 후쿠자와는 자신이 '몽강'에 가게 된 계기를 간접적으로 언급하고 있다.

> 처음 이노우에井上 선생과 만난 것은 4년 전으로, 쇼와 13년 초여름 내가 장가구 선린회善鄰會를 방문했을 때였다. 이노우에 선생은 당시 사변이 갑작스럽게 발발한 때에 협회 이사로서 중대한 임무를 부여받아 한 중국식 저택의 방 안에서 온종일 바빴다. 내가 종군화가 자격으로 처음 장가구에 갔을 때 사촌형 무라타니村谷씨가 나에게 말하길, 선생은 덕망이 높고 인격이 훌륭하므로 여기오면 가장 먼저 경의를 표해야 할 인물이라는 것이다. 그래서 당시에 아직 적응하지 못한 인력거를 타고 장가구 시내에서 선린회로 가는 낯설고도 평탄하지 않은 길을 흔들거리며 달려가 찾아뵙고 문안을 드렸다.[10]

---

10 深澤省三, 「井上璞先生を悼む」, 『新岩手人』 昭和 16年 3月号, p.2.

여기서 말하는 '이노우에 선생'은 이 글의 제목에 적혀진 이노우에 마코토井上璞, 1877~1941이다. 그는 퇴역한 육군 중장 신분으로 1934년에 일본 육군성과 내무성 등의 지지를 받아 설립된 선린협회의 제1대 이사장에 취임하였다. 이 협회는 내몽골 민간문화사업 활동의 전개를 명분으로 이노우에를 여러 차례 내몽골에 파견하여 덕왕과 연락하게 했고, 1938년 4월에 '몽강정권'이 수립된 후에는 '몽강'의 수도인 장가구에 선린협회 본부를 설치하였으며, 6월부터는 이사장인 이노우에 마코토가 본부에 상주하였다.[11] 후쿠자와 쇼조가 장가구에 온 후 서둘러 이노우에를 찾아간 것은 당연히 동향 선배의 덕망과 인격을 경모했기 때문만은 아니고, '몽강' 문화사업 지도자의 지위에 있는 인물의 비호를 얻으려는 심산도 있었다.

마찬가지로 주목할 점은 위에서 인용한 문장 중 언급된 '무라타니 씨'이다. 후쿠자와가 '사촌 형'이라고 부르는 무라타니 씨의 이름은 무라타니 히코지로村谷彦治郎이다. 쇼와 16년1941 발행된 『몽강년감』에 그의 이력이 수록되어 있다.

> 흥몽興蒙위원회 주임 고문 겸 주석부主席府 비서처장, [암수현岩手縣 출신], 메이지 22년생, [동경대학교 정치학과], 고지현高知縣 이사관理事官, 군마현群馬縣 내무부 서무과장, 만주 민생부 관동군 촉탁囑託, 몽골 군정부 최고 고문, 참의부參議府 비서처장 등을 역임.[12]

---

11 선립협회의 설립에 관해서는 何広梅, 「第二次世界大戦前におけるモンゴル人の留日教育活動－善隣協会のモンゴル人留学生支援事業を中心に」, 『人間文化創成科学論叢』 第19巻, 2016, pp.145~153을 참고할 수 있다. 이노우에 마코토의 내몽골에서의 활동 및 그와 덕왕의 관계에 대해서는 祁建民, 「蒙疆政府年表」, 『県立長崎シーボルト大学国際情報学部紀要』 第8号, 2007, pp.249~270을 참고할 수 있다.

12 「人名録・蒙疆」, 『蒙疆年鑑』, 蒙疆新聞社, 1941, p.44.

이로부터 무라타니 씨는 원래 일본 내무부 관료였고, 훗날 '만주'로 가서 상당히 일찍부터 '몽골자치운동'에 참여했음을 알 수 있다. 여기 기록된 '몽골 군정부'는 1936년 4월 오주목심烏珠穆沁에 건립된 조직으로, 덕왕 세력이 남경 국민정부를 이탈하기 위해 내디뎠던 첫걸음이었는데 무라타니가 '최고 고문'으로서 참여하고 있던 것이다. 그 후 역임한 '참의부 비서처장'은 1939년 9월에 '몽강연합회'가 '몽골연합자치정부'로 개조된 후 설치된 직위이며, 개조 전인 '몽강연합회' 시기 무라타니는 최고 고문이던 가나이 쇼지에 버금가는 참의였다.[13] 1941년 4월, '몽골연합자치정부'는 '조직 개혁'을 실시했는데 이와 동시에 '최고 인사변동'이 발생하여 '참의부 비서처장'이던 무라타니가 신설된 '흥몽위원회'의 '주임 고문'에 임명된 것이다.[14] 두말할 필요가 없는 요직이었다. 후쿠자와가 일본 국내에서 아동화 화가로서의 삶이 좌절된 후 '몽강'으로 가서 새로운 길을 모색한 것은 '몽강'에서 요직을 차지하고 있는 사촌 형과 분명히 깊은 관계가 있다. 후쿠자와가 1939년 7월에 가족에게 보낸 서신에 따르면, '몽강'에 온 지 1년 남짓한 시간 동안 그의 인맥은 이미 '몽강정권'의 고위층까지 뻗어 있었다.

> 6월 28일부터 후화厚和, 이전의 수원에서 몽골대회가 열릴 예정이라 매우 기대된다. 듣자 하니 이번 대회가 제3회이며, 이후 10년 혹은 20년에 한 번 거행될 예정이라 천재일우의 기회라 할 수 있다. 무라타니 참의와 기무라木村 사무관(이와테현 고노헤 사람) 두 사람과 나, 그리고 가나이 몽골 최고 고문과 대

13 위의 글, p.46.
14 위의 글, pp.79~80.

동大同 최고 고문까지 일행 다섯 명이 대청산大青山 호텔에 머물렀다.

덕왕이 배알을 허락했다. 내 상상보다 훨씬 왕자의 풍채를 갖추고 있었다. 우리를 인도하여 몽강정부의 건축물을 참관하였는데, 튼튼하고 견고했다. 서둘러서 덕왕에게 초상을 스케치해주었더니 매우 기뻐하며 화폭에 '덕친왕德親王'이라는 서명과 몽골문자를 적었다. 듣자 하니 유례없는 일이라고 한다.[15]

앞에 인용한 후쿠자와 쇼조의 회고록에는 '몽강'에 있을 때 "정치방면에서도 중용되었다"고 적고 있지만, 그가 어떻게 중용되었는지에 대한 설명은 없다. 조사한 바에 따르면 1940년에 그는 '몽골자치정부 촉탁' 혹은 '명예 촉탁'의 직함을 갖고 있던 것 같다.[16] 촉탁은 대략 고문에 해당한다. 그런데 1941년에 발행된 『몽강년감』의 '인명록'은 다음과 같이 기록하고 있다. "후쿠자와 쇼조, 화가, 몽골자치정부군 촉탁, 장가구 동채원촌東菜園村 무라타니 사택 거주."[17] 후쿠자와가 '몽강'의 정부, 군 모두와 관계를 맺고 있었음을 알 수 있다.

물론 화가로서 후쿠자와의 주요 활동은 미술 영역에 있었다. 개인의 회화 창작 외에 그는 '몽강 미술가 협회'의 조직자로서도 활약하고 있었다. 사료의 제약으로 이 협회 존립의 전모를 충분히 해명할 순 없지만, 약간의 단편적 자료를 종합해보면 대략 다음과 같은 사항을 알 수 있다.

---

15 深澤省三, 「蒙古の旅から」, 『新岩手人』 昭和 14年 9月号, pp.18~19. 이 글 앞에 붙은 편집자의 설명에는 "아래의 기록은 지금 몽골여행 중인 화백이 가족에게 보낸 편지에서 발췌한 것으로, 문장의 책임은 기자에게 있습니다"라고 적혀 있다.

16 「張家口県人会」, 『新岩手人』 昭和 15年 7月号, p.15 참고. 이 글의 마지막에 당시 출석자 명단이 나열되어 있는데, 후쿠자와 쇼조의 이름 아래 기재된 직함이 '몽골자치정부 촉탁'이다. 이 외에 深澤省三, 「随筆 ターキーの空」, 『新岩手日報』 昭和 15年 3月 29日에 수록된 작가 소개에는 "몽골연합정부의 명예 촉탁"이라고 적혀 있다.

17 「人名録・蒙疆」, 『蒙疆年鑑』, 蒙疆新聞社, 1941, p.39.

① 위에 인용한 『몽강년감』1941의 '문화'란에는 '미술가 협회' 항목이 없다. 기록에 따르면

미술로써 몽강 여러 민족의 융합과 친선을 꾀하고 문화계몽과 진보를 촉진하기 위하여, 735년칭기즈칸 기원, 쇼와 15년 8월 장가구에 몽강 미술가 협회를 창립하였으니 장성 이북 몽강 문화사상 특별히 기록해야 할 대사大事이다. 그 규약을 초록하면 다음과 같다.

1. 대회는 몽강에 거주중인 미술가로 구성하고, 회원은 미술가(회화, 조소)로 제한한다.
2. 본 협회는 몽강 문화의 개발과 발전의 촉진을 위해 힘쓴다.
3. 본 협회는 미술을 통한 일본·몽골·중국 사이의 상호 소개와 선전을 진행한다.
4. 본 협회는 매년 1회 정기적으로 전람회를 개최한다(다른 도시에서도 순회 전시함).

간부 : 회장 후쿠자와 쇼조

간사 : 하야시 이치조林一三, 와다 기타사쿠和田北佐久, 오노 토미오大野都美男, 니시하라 료조西原良蔵, 이시모토 마사오石本正郎, 도네 하루요시刀弥治义, 요시이즈미 도쿠이치吉泉徳一, 모리 시게루森茂, 오자와 요지로小泽与次郎

② 상기한 『몽강년감』1941의 '문화'란에는 '몽강미술전' 보도도 있다. 기재한 내용은 다음과 같다.

몽강 미술가 협회가 주최하는 제1회 몽강 미술전람회가 735년 12월 6일부

터 12일까지 장가구 상보上堡의 몽강신문사에서 거행되었다. 가나이 최고 고문, 츠네오카常岡 몽강학원 원장, 후쿠자와 화백 등이 특별 출품한 외에 일본·몽골·중국인 출품인이 총 40명이고, 서양화, 일본화, 중국화, 공예품이 총 120점에 달했다. 전람 기간에 입장한 참관자가 만 명을 넘었고, 몽강의 첫 번째 미술전으로서 전례 없던 성황으로 기대 이상의 효과를 거두었다. 첫회 수상자는 31명이었다.

③ 1942년 6월 몽강 문예간담회의 기관잡지로 창간된 『몽강문학』 역시 '몽강미술'에 관한 보도를 자주 게재하였다. 이 잡지의 쇼와 17년1942 9월호에는 「몽강 미술협회 소품전 평론」이 수록되었는데 문미에 저자의 필명 S가 서명되어 있다. 같은 호 시사 단평 코너인 '오르도스鄂爾多斯'에 게재된 한 보도에 따르면, "S선생은 프랑스 전패 후에도 여전히 파리에 1년여간 체류하였다". 이번에 "장가구에 여행하러 온"[18] 화가 S선생의 「전람평」에는 "몽강 미술협회의 회원들은 모두 각자의 직업이 있어서 아마도 그림을 그리는 일에 특별히 전념할 수는 없었을 것이다. 하지만 모두가 그림을 그리려는 마음을 갖고 있다"고 쓰여 있다.[19] 이로 미루어보면 몽강 미술가 협회는 주로 아마추어 화가들로 구성되어 있었다.

4) 『몽강문학』의 창간멤버이자 몽강 문예 간담회의 사회자였던 고이케 슈요小池秋羊의 미간未刊 회고록에는 다음과 같이 기술되어 있다. "『몽강문

18 「オルドス(鄂爾多斯)」, 『蒙疆文学』 昭和 17年 9月号(1巻3号, 蒙古政府成立三周年記念特輯号), p.28 참고. 이 코너의 글들은 다수의 집필자가 있는 듯하지만, 서명이 없다.
19 S, 「蒙疆美術協会小品展評」, 『蒙疆文学』 昭和 17年 9月号, p.49.

학』은 후쿠자와 씨와 『몽강신문』에 재직 중인 다카타마 테루오高玉輝雄 씨 등의 대대적인 협조를 얻었고, 그들의 회화 작품이 자주 잡지의 한 면을 장식했다."[20] 이로부터 다카타마 테루오도 후쿠자와와 마찬가지로 몽강 미술계에서 활약한 인물임을 알 수 있다. 다카타마 씨가 쓴 「몽강 미술가 협회 연구소의 설립에 관하여」라는 글에는 몽강 미술가 협회의 종지宗旨와 목표가 비교적 분명하게 기술되어 있다.

후쿠자와 쇼조 화백이 주재한 몽강 미술가 협회가 이번에 장가구에 설립한 몽골 미술연구소는 미술을 통한 몽강 신문화의 창설을 지향하며 출범되었다. 이는 이 협회가 현 시국에 대하여 품고 있는 포부와 전개된 실천을 구체적으로 보여준다. 현 시국하에서의 미술 과제를 어떻게 연구하고 실현할 것인가? 어떻게 그것을 몽강의 토지 위에 생동감 있게 전시할 것인가? 이는 몽강 문화 건설 운동에 중대한 의의를 부여하는 조치였다고 할 수 있다.

(…중략…)

예술은 이미 개인만의 것이 아니라 민족의 것이자 국가의 것이다. 대동아 공영권의 중요한 일익으로서 서북아시아를 수호하는 관문인 몽강에 거주하는 미술가와 미술작품이 응당 지향해야 할 목표는 뚜렷하고 명확한 것이어야 한다. 이 목표를 향하여 미술가 협회는 이 연구소를 본부의 사무소로 삼아 내부적으로 회원 사이에 정신과 기술을 절차탁마하고, 대외적으로 현지인을 지도하여 순수한 미술을 이해하게 하여, 초원과 장성 이북의 예술을 부흥시키고 오래된 동아시아 민족전통에 새 생기를 불어넣어 몽강 대지에 뿌리내린

20 小池秋羊, 「『蒙疆文学』そのころ」(未刊稿).

순수한 문화의 창건을 위하여 적극적으로 일한다.[21]

위에 인용한 문장을 읽은 후 후쿠자와 쇼조가 주도한 몽강 미술가 협회와 몽골 미술연구소가 창건하고자 한 새로운 미술을 어렵지 않게 이해할 수 있다. 소위 초원예술 및 장성 이북 예술을 부흥시키는 동시에 '몽강' 문화건설 및 '대동아공영권 건설'의 조류에 영합해야 했던 것이다.

4. '몽강' 시기의 회화 창작

'몽강'에서 생활한 근 8년은 후쿠자와 쇼조가 정력적으로 회화 작품을 창작한 시기로 여러 차례 회화 전람회에 참여하거나 전람회를 개최하였다. 그의 '연보'에 기재된 바에 따르면, "쇼와 14년1939 40세, 1월 몽고에서 귀국했다. 마키노 토라오牧野虎雄가 주최한 왕현사旺玄社 전람회는 그가 몽고에서 창작한 작품 36폭 및 덕왕의 부탁을 받고 수집한 수원의 청동기, 비연호鼻煙壺 등을 특별 진열했다". 이 밖에 동년 "3월, 성강시盛岡市에 있는 천덕川德 백화점이 '후쿠자와 쇼조 몽강 풍물 전람회'를 개최하여 '몽강부인' 4폭, '단체 상인隊商', '몽골평원', '낙타' 4폭, '운강 석불雲岡石佛' 9폭 등 총 유화 34폭과 소묘 30폭을 전시했다".[22]

『몽강문학』 쇼와 18년1943 12월호2권 9호의 '문화소식' 코너에도 후쿠자와의 전람회에 대한 기록이 게재되어 있다. "11월 8일~12일, 몽골자치국

21 高玉輝雄, 「蒙疆美術家協会研究所設立について」, 『蒙疆文学』 昭和 18年 3月号(2巻3号), p.62.
22 「深澤省三年譜」, 『深澤省三画集』, 荻生書房, 1989, pp.192~193.

이 주최하는 제2회 몽골 미술 전람회가 제1국민학교에서 거행되었다. 이즈음 동아회관東亞會館에서 후쿠자와 쇼조의 개인전이 개최되었다. 작년에 아소 유타카麻生豊 씨도 같은 동아회관에서 개인전을 개최한 적이 있는데, 당시 거래액이 2만 엔 가까이 되었다고 한다. 이번 후쿠자와 씨 회화전에서 팔린 작품 거래액도 1만 7천 엔을 넘었다고 한다. 그림에 능통한지를 차치하고 장가구에 사는 일본인 1만 7~8천 명만 놓고 봤을 때, 이러한 미술시장을 개척해냈다는 것은 확실히 주목할만하다."[23] 이 소식을 통해 당시 후쿠자와 쇼조가 '몽강'의 대표 화가로서 이미 널리 인정받고 있었고, 미술시장에서도 상당히 인기가 있었음을 알 수 있다.

1945년 8월, 일본이 전패하면서 '몽강정권'이 붕괴되었고, 12월에는 후쿠자와가 송환자 자격으로 본국에 돌아왔다. 훗날 그는 친구에게 "그 많던 몽골을 묘사한 회화 작품들이 어떻게 됐는지 모르겠다. 전패의 처참함과 공포[를 느꼈다], 몽골인의 태도는 손바닥 뒤집듯이 말이 떨어지기가 무섭게 변했다"고 말했다.[24] 일부 연구자도 후쿠자와가 말한 대로 그가 '몽강'에 있던 시기의 "회화 작품은 대부분 현지에 남겨졌다"고 보고 있다.[25]

화가 생전에 출판된 『후쿠자와 쇼조 화집』1989에 수록된 '몽강' 시기의 회화 작품이 몇 폭 없는 것은 아마도 이러한 이유 때문일 것이다. 이 화집에 '1938~1945년'이라고 설명된 작품은 대부분 몽골 특색이 뚜렷한 인물·풍경·동물을 제재로 삼고 있으며, 작품이 묘사한 대륙인의 골격과 용모는 후쿠자와가 '몽강'에 가기 전에 그린 아동화에 나타난 '서양풍의 현

23 「文化消息」, 『蒙疆文学』昭和18年12月号(2巻9号), 37쪽 참고.
24 重石晃子, 「深澤省三先生と紅子先生のこと」, 『紅子と省三 絵がき夫婦の70周年』(岩手県立美術館, 2019年), 8쪽 참고.
25 仙仁司, 「深澤省三の童画世界」, 『深澤省三画集』, 荻生書房, 1989, p.173.

대적 인물'[26]과 선명한 대조를 이룬다. 그러나 후쿠자와가 동일시기에 창작한 풍경화는 그가 '몽강'에 가기 전에 그린 동류 작품들과 일정한 연속성을 갖고 있음을 알 수 있다. 다만 '몽강' 시기 작품은 인상파 혹은 후기 인상파의 구도적 특징과 색채가 더욱 선명하고, 유화 화가로서 그의 예술적 진보도 매우 뚜렷하다.

5. 전쟁 시국에 영합하는 선전성 작품은 전부 소멸된 것인가?

『후쿠자와 쇼조 화집』에 수록된 '몽강' 시기의 작품 중에서 그가 그려낸 인물 스케치와 초상화가 먼저 사람들의 눈길을 끈다. 이들은 대부분 '몽강 정권'의 상류층 인사 혹은 그들의 가족을 모델로 삼고 있는데, 이는 '몽강' 화백이라고 불리던 후쿠자와 씨의 당시 인맥과 연관된 동시에, 그의

〈그림 1〉 〈몽골왕자〉(출처 : 『아동의 친구』 4, 1942)

26 仙仁司, 「『赤い鳥』と深澤省三の童画世界」, 摩美術大學美術參考資料館 編, 『深澤省三・童画の世界七十年』, 1988, p.63 참고.

〈그림 2〉 〈용감히 진격〉(출처 : 『몽강문학』 3, 1943)

시선이 하류층 사회에는 거의 미치지 않았음을 보여준다.

더 이해할 수 없는 것은 이들 작품에서 전쟁상황의 분위기를 전혀 느낄 수 없다는 점이다. 그러나 후쿠자와는 가족에게 보낸 편지에서 그가 '몽강' 각지를 여행하며 그림을 그릴 때에도 늘 권총을 휴대해야 한다고 적고 있다.[27] 또 상술한 것처럼 후쿠자와가 주도한 몽강 미술가 협회는 원래 매우 적극적으로 '대동아공영권 건설'에 참여하고 있었고, 그의 회화 창작도 자연스럽게 당시 전쟁 시국과 관련될 수밖에 없었다.

필자는 초보적인 조사를 했을 뿐이지만, 이미 『후쿠자와 쇼조 화집』에 수록되지 않은 '몽강' 시기 후쿠자와의 일부 작품을 발견했다. 하나는 잡지 『아동의 친구』 쇼와 17년1942 4월호에 게재된 삽화 〈몽골왕자〉이다. 그림에는 복식이 화려한 몽골 왕공이 그의 아들왕자을 데리고 한 화가가 그림을 그리는 것을 감상하고 있다. 그들 옆에는 일본 사병 두 명이 총을 메고 서 있는데 보안 담당임이 분명해 보인다. 다른 하나는 『몽강문학』 쇼와 18년1943 3월호의 표지로 그림 속 여성의 격렬한 표정과 여성 옆에 적어

27 앞에서 인용한 「蒙古の旅から」에서 후쿠자와는 다음과 같이 묘사하고 있다. "다룬(多伦)현에서 몽골 여인을 소묘하였는데 준비가 부족하여 자유롭지 못한 부분이 매우 많았다. 밤에는 권총을 베개 아래에 놓고 자야 했다. 아마도 너는 이를 통해 여기서 그림을 그리는 고됨을 알 수 있을 것이다"

놓은 그림의 제목 〈용감히 진격〉을 같이 보면 대동아 전쟁 시국에 호응하는 선전화임을 어렵지 않게 파악할 수 있다.

상술한 두 그림의 사례만 보아도 전후 출판된 『후쿠자와 쇼조 화집』은 화가가 당시 침략전쟁에 협조하여 미술 활동에 종사한 사실을 의식적으로 은폐하고 있다고 말할 수 있다. 그러나 그가 그 당시 그린 선전성 작품들은 분명히 여러 매체의 환영을 받았을 것이므로 전부 소실될 수 없다. 종군화가 후쿠자와 쇼조의 실상과 그가 작품으로 표현한 '몽강' 이미지를 해명하기 위하여 계속해서 이들 작품에 대한 조사와 발굴을 진행할 필요가 있는 것이다.

6. 〈몽골 군민 협화도〉의 다의적 의미

마지막으로 후쿠자와 쇼조가 종군화가로서 극찬을 받은 대표작 〈몽골 군민 협화도〉를 살펴보자. 제목이 보여주듯이 이 그림은 일본 점령군과 피점령지인 '몽강'의 '민' 사이에 '협화'한 광경을 표현한 작품이다. 전경에 서 있는 두 사람은 일본 황족인 기타시라카와노미야 나가히사北白川宮永久, 1910~1940왕과 '몽강정부' 최고 고문인 가나이 쇼지를 모델로 그린 것이다. 널리 알려진 바와 같이, 군복을 입고 있는 기타시라카와노미야는 육군 대장 기타시라카와노미야 나루히사北白川宮成久 친왕과 메이지 천황의 제7황녀 후사코房子 내친왕이 낳은 제1왕자이다. 당시 육군포병 대위로 '몽강'에 주둔하고 있다가 쇼와 15년1940 9월 4일, 장가구에서 거행된 항공훈련 중 발생한 사고로 인해 사망하였다. 아마도 이 인물의 특수한 지위 때문에 쇼와

〈그림 3〉〈몽골 군민 협화도〉(출처 : 야스쿠니신사 유취관(靖國神社遊就館), 1940)

16년1941 7월 육군의 외곽 단체인 육군 미술협회가 주최한 '제2회 성전聖戰 미술 전람회'의 제11전시실육군 작전기록화 작품 부분에 이 작품을 전시하고,[28] 쇼와 천황의 '천람화天覽畫'에 끼워 넣어 종군화가 후쿠자와 쇼조에게 큰 영예를 안겨준 것으로 보인다.[29]

그러나 이 작품을 자세히 살펴보면, 후쿠자와가 비록 풍경화와 인물화

28 『第二回聖戰美術展覧会目録』, 朝日新聞社東京本社, 昭和 16年, p.13 참고. 이 책의 출품 일련번호 133호 작품 아래에 적힌 설명에 따르면, "고(故) 기타시라카와노미야 나가히사왕 전하께서 몽고 출정 중 중요한 정무에 참가하시는 한편, 항상 군민 협화에 마음을 쓰셨다는 것이 진실로 황공하다. 이 그림은 장가구 대경문(大境門) 밖에서 몽골평원으로 이어지는 강가에 장이 열려 몽골인과 한인(漢人)이 혼잡한 가운데 친히 민정을 시찰하시는 전하를 그려서 바친 것이다. 수행원은 몽골연합자치정부 최고 고문인 가나이 쇼지 씨와 호위 무관 츠키야마(築山) 중좌이다". 이로부터 그림 속 정경의 소재와 인물의 원형을 확인할 수 있다.

29 陸軍美術協会 編, 『聖戦美術』 第2輯(昭和17年, 非売品). 여기에 수록된 「天覧画に就いて」에 따르면, 쇼와 천황과 황후가 그림을 관람하였는데, 특히 후쿠자와 쇼조의 〈몽골 군민 협화도〉에서 고 기타시라카와노미야 나가히사 왕의 얼굴을 떠올리며 매우 개탄했다고 한다.

(동물 포함)를 한 화면에 응축하려고 노력했지만, 화면의 배경이 되는 장성·산 및 전경에 있는 동물이 전경에 있는 인물과 균형을 이루고 있다고 하긴 어렵다. 특히 '군' 측면에서의 시선이 '민' 측면의 시선과 친밀하게 어우러졌다기보다는 차라리 현지의 '민'들이 외부침입자인 '군'을 맞닥뜨려 조성된 긴장의 분위기가 화면에 차고 넘친다고 말하는 편이 나을 것이다. 이렇게 보면 후쿠자와 쇼조는 사실 '몽강'에서의 격동적 생활 체험 중 얻은 화가의 직감으로 일종의 '불협화음'을 무의식중에 표현해낸 것일 수도 있다.

근대적 동북아시아의 형성과 러시아 변경*

1920년 니콜라예프스크 사건과 사할린주 보장 점령

바리셰프 에두아르
송영화 옮김

1. 들어가며

'지역'이라는 현상은 특정한 것의 내적이자 외적인 관계성 위에 성립되어 있다고 할 수 있는데, 그 독특한 일체성은 모든 요인에 의해서 규정될 수 있다. 정치 · 경제 · 민족 · 문화 · 종교적인 규범의 존재는 무엇보다도 이해하기 쉬운 예이겠지만, '상호의존'으로 특징지어진 현재의 세계에서는 역사적으로 계승되어 온 문제, 복잡하게 겹친 다종다양한 활동의 여러 모습, 혹은 '지역'의 구성 단위 사이에 성립한 '역학관계의 추축' 등이 영향력을 발휘하고 있는 것으로 생각된다.

동북아시아를 하나의 지역으로 이해하기 위해서는 바로 이 지역 내의 역사적 관계성이나 상호의존성을 염두에 둘 필요가 있다. 또한 현대 동북

* 지금은 죽은 친구이자 사할린 연구가인 세르게이 페르보힌(1961~2020)에게 바친다.

아시아의 존재방식은 그것을 구성하는 국가·지역·경제문화권 간에 계속해서 생성되어 온, 대립에서 협력까지의 복잡한 관계의 결과로서 성립되어 있다고 말할 수 있다. 이 새로운 공간의 형성과정에서 특히 중대한 의미를 지닌 것이 한편으로는 제국체제와 식민지주의, 다른 한편으로는 민족해방운동과 혁명이라는 요소라고 생각된다. 그럼에도 불구하고 지금의 동북아 각 나라의 정권 대부분은 그 정통성을 독립운동이 확대한 '피점령시대'에서 찾고 있고, 이러한 '고난의 역사'에 대한 기억이 국민 정체성의 필수적인 일부가 되고 있기 때문이다.

이 글에서는 통상 경시되기 쉬운 동북아시아의 북쪽 변두리 지역으로서 자리매김되는 러시아의 변경에 초점을 맞추고, 1920년의 니콜라예프스크 사건과 일본에 의한 사할린주 점령을 주제로 하여 동북아시아의 역사적인 형성이라는 문제의식을 염두에 두고 동시대의 지역과 주민, 또 그와 밀접한 관계를 지니고 있던 동북아시아 사람들의 경험과 기억을 고찰하고자 한다. 사할린 섬이나 아무르강 유역은 오늘날에도 일본이나 러시아에서는 향토사의 대상으로 인식되는 경우가 많지만, 동북아시아사라는 넓은 맥락 가운데 위치하게 한다면, 그곳에는 결코 과소평가할 수 없는 중요한 측면이 발견된다고 확신한다.[1]

---

1 이 주제 관련 기초 선행연구로 다음과 같은 것을 들 수 있다. 和田春樹, 「シベリア戦争史研究の諸問題」, 『ロシア史研究』 第20号, 1973, pp.2~15; 原暉之, 「〈尼港事件〉の諸問題」, 『ロシア史研究』 第23号, 1975, pp.2~17; 伊藤秀一, 「ニコラエフスク事件と中国砲艦」, 『ロシア史研究』 第23号, 1975, pp.18~32; 原暉之, 『シベリア出兵－革命と干渉 1917~1922』, 筑摩書房, 1989, pp.518~525·536~544; 吉村道男, 『増補 日本とロシア』, 日本経済評論社, 1991, pp.405~424; Hara Teruyuki, edited by Stephen Kotkin and David Wolff, "Japan Moves North : The Japanese Occupation of Northern Sakhalin (1920s)", in *Rediscovering Russia in Asia: Siberia and the Russian Far East*, M.E. Sharpe, 1995, pp.55~67.

2. 사할린주와 니콜라옙스크 사건

제1차 세계대전 전야인 1914년 2월 러시아 국내에서 역설적이게도 사할린 반도라고 불리던 북사할린에 연해주 우드스키 군이 병합된 결과, 사할린주의 면적과 인구는 4.5배(39,832km²에서 186,870km², 9,300명에서 43,300명) 정도가 되었고, 이 주의 경제적 · 행정적 중심지는 강 건너편에 있는 니콜라예프스크시로 이동했다. 이러한 재편의 결과 유형지 시대의 사할린 섬과는 전혀 다른 사회정치적 공간이 생겨났다.[2]

아무르 하구에서 45km 떨어진 곳에 위치한 니콜라예프스크는 프리아무르 지방의 출입구로서 전략적으로 중요한 지점에 있었고, 아무르강 해만海湾을 중심으로 한 러시아 극동어업의 중요한 거점이기도 했다. 전성기 때 인구가 1만 5,000명1915년 1월에 달했던 주도 니콜라예프스크는 매년 어획량 5만 톤을 자랑하며 3만 4,000명 가량의 노동자가 몰렸다. 노동자의 반 이상이 일본에서 왔고, 어획의 대부분이 일본 시장에 제공되던 관계로,

---

2 *Адрес-календарь и торгово-промышленный указатель Дальнего Востока и спутник по Сибири, Маньчжурии, Амуру и Уссурийскому краю Вып. X. Отд. II*(이하 *Адрес-календарь*), Владивосток, 1914, pp.93~94 · 126; *Дальний Восток России накануне Первой мировой войны : справочные материалы из《Сибирского ежегодника》*(이하는 Сибирский ежегодник), Владивосток : РГИАДВ, 2018, pp.106~107 · 121~123 · 152~155 · 159~161; Анфилов В. К. "Полуостров Сахалин", *Нива*, No.16, 19 апреля 1914 г., pp.313~315; *История Сахалина и Курильских островов с древнейших времен до начала XXI столетия : Учебное пособие для высших учебных заведений по специальности《история》*(이하는 ИСиКО), Под ред. М. С. Высокова и др., Южно-Сахалинск : Сахалинское книжное издательство, 2008, pp.379~383 · 389; 原暉之, 「日露戦争後ロシア領サハリンの再定義－1905~1909年」, 原暉之 編, 『日露戦争とサハリン島』, 北海道大学出版会, 2011, pp.251~278; Гридяева М. В., *Остров Сахалин во второй половине XIX-начале XX века : Административное устройство и управление*, Южно-Сахалинск, 2008, pp.54~61 · 64~74 · 86~87; Козлов Н. А., "Островная анкета (Из истории первых переписей на Сахалине и Курильских островов)", *Краеведческий бюллетень*, Южно-Сахалинск, 1998, pp.42 · 46~47.

시마다 겐타로島田元太郎, 1870~1945 등으로 대표되는 일본의 상업자본이 이곳을 확고한 근거지로 삼고 있었다. 어업발전의 영향을 받은 니콜라예프스크시는, 북부 연해주에서 다민족적이고 국제적인 상업 지점으로 번창해, 유대계 러시아인이나 화교의 상당수도 그곳을 거점으로 비즈니스를 전개하고 있었다.[3]

참고로 우드스키 군내에는 연해 광산구가 포함되어 있었지만, 동 광산구 감독관이나 광산구 경찰관의 소재지도 니콜라예프스크였다. 당시 극동의 광산업에서는 중국인 노동자의 비율이 약 75%에 달하기도 했으며, 우드스키 군 니콜라예프스크 시의 중국인 총수는 4,500명을 넘었다. 그 중 약 30%인 1,500명이 주도州都에 거주했으며, 50%에 조금 못 미치는 2,400명은 광산구 내의 암군강 유역의 금광에서 노동자로 일하고 있었다. 중국인 총인구에서 남성이 차지하는 비율은 약 99%로, 중국인의 지역 사회는 크게 활황이었다. 위의 금광에서 채굴된 금이 대량으로 중국으로 밀수출되고, 러시아 극동 여러 지역에 증류주가 끊임없이 밀수입되고 있었다는 것은 당시 암묵적인 비밀이었다. 또한, 동 주의 대륙 지구에서 조선인의 총수는 2,294명으로(3할 정도의 귀화한 시민 포함), 니콜라예프스크 부근에서 채소를 재배하고 사는 사람이 많았지만, 그 절반 가까이는 역시 광부나 건설현장 노동자로 일하고 있었다. 물론 러시아 극동 지역의 조선인

3 *Доклады Приморской окружной торгово-промышленной палаты по вопросам экономики русского Дальнего Востока, представленные на Вашингтонскую мирную конференцию 1921 года*, Владивосток, 1922(이하는 Доклады ПОТПП), pp.122 · 133~134; Глуздовский В. Е., "Приморско-Амурская окраина и Северная Маньчжурия", *Владивосток*: 《*Далекая Окраина*》, 1917, pp.120~123. 시마다(島田)에 대해서는, 하라 테루유키(原暉之)의 「大戦と革命と干渉－在ロシア日本人ディアスポラの支店から」, 『日ロ関係史－パラレル・ヒストリの挑戦』, 東京大学出版, 2015, pp.178~182 참조.

인구는 조선해방운동과 정비례하여 계속 증가하고 있었다.[4]

제1차 세계대전의 결과로 러시아와 서유럽 간의 경제적 교류가 단절되면서 니콜라예프스크항이라는 태평양 해안 한 지점은 두드러지게 중요해졌다. 사할린주의 천연자원과 수산물도 더욱 주목받게 되면서 러시아 본토의 자본이 점차 사할린주의 천연자원 개척의 길을 열려고 했다. 특히 눈에 띈 것은 니콜라예프스크 시의 유대계 이등상인이자 어업가인 메이엘 뤼리1881~1954와 아브람 뤼리?~1920의 형제와 제휴해 북사할린의 탄전·유전을 수중에 넣으려고 한 상공 합명회사 이반 스타헤예프(이하, 스타헤예프 상회)의 활동이었다.[5]

일본 해군, 그리고 이와 유착한 자본도 1916년경부터 이곳의 이권 획득 운동을 적극적으로 전개하고 있으며, 1918년 8월에 시작된 시베리아 출병은 동북아에서의 그 권익을 확대하기 위한 절호의 기회로 받아들여졌다. 그 결과 바이칼호 동쪽 시베리아 철길의 요충지가 점령됐고 니콜라예프스크에도 수비대가 설치됐다. 북사할린에는 부대가 파견되어 있지 않았지만, 옴스크 정권의 사실상의 지배가 확립되기 어려운 외딴 섬인 이곳에서는 스타헤예프 상사와의 협력 관계를 구실로 북신회北辰会 등으로 대표되는 일본 해군이 거의 바라던 대로 천연 자원의 조사를 할 수 있게 됐다.

---

4 *Доклады ПОТПП*, pp.116~117·122·133~134; Глуздовский, op. cit., pp.120~123·129~130; *Адрес-календарь Отд II.*, pp.93~94; Емельянов К., *Люди в аду: К20-летию гибели Николаевска на Амуре с предисловием Я. Ловича*, Шанхай, 1940, p.45; Торопов А. А., "Корейская эмиграция на Дальнем Востоке России: вторая половина XIX в. - 1937 г.", *Revue des études slaves*, Vol. 71, No. 1, 1999, p.124.

5 Барышев Э. А., "Первая мировая война и《сахалинский вопрос》(1914-1918 гг.): Борьба за российские недра", *Ученые записки Сахалинского государственного университета. Вып. XIII/XIV*(2016~2017), pp.85~91; Люри Р. М., "Воспоминания об отце, сибирском самородке", *Краеведческий бюллетень. Южно-Сахалинск*, 1998, № 2. pp.88~89; 沢田和彦, 『日露交流都市物語』, 成文社, 2014, p.68.

러시아 자본은 여전히 '반도半島'의 탄전 개발에 힘을 쓰고 있던 한편, 일본 측은 러시아령 사할린의 풍부한 유전에 매료되어 있었다.[6]

1920년 1월 옴스크 정권이 무너진 뒤 러시아 극동 곳곳에서는 여러 사회주의 정권이 들어서 빨치산 운동이 시베리아 변경 지역까지 퍼졌다. 연합군이 아직 주둔하고 있던 블라디보스토크에서는 연해주 젬스트보 참사회 임시정부가 구성됐고 북사할린에서는 임시혁명위원회와 젬스트보지방자치회의 사회주의적 분자들로 구성된 임시연정집행위원회가 설립됐다. 강추위였던 2월 초순 일본 수비대와 백위군 잔존 지대支隊, 러일 자위단 등총 800~900명의 호위를 받고 있던 니콜라예프스크는 야코프 트랴피친1897~1920년이 이끄는 빨치산 지대약 2,000명에 포위됐다. 일본 육군 당국은 내지로부터 구호대 파견을 계획하기 시작해, 북사할린을 '니항파견대'의 한 거점으로 삼는 구상이 유력해졌지만 해군이 실시한 정찰 결과 구호대 상륙이 불가능한 것으로 밝혀졌다. 2월 하순 니콜라예프스크 일본 수비대는 육군 당국의 명령에 따라 빨치산의 제의를 받아들여 정전협정을 시작했고, 같은 달 28일 빨치산 부대와 정전협정이 서명됐다. 좌파 세력은 빨치산의 점령을 환영했으나 점령 직후 사할린주의 전 부지사 프리드리히 폰 분게1860~1920를 비롯한 반대파 진영 400여 명이 투옥되고, 미움을 받던 구舊 '지배계급' 주민에 대한 폭행과 약탈, 학살에서 볼 수 있는 '붉은 테러'가 시작됐다. 3월 11일 트랴피친 등이 일본 부대에 신변안전을 대가로 무장해제

---

6 *Победа Советской власти на Северном Сахалине, 1917-1925 : Сборник документов и материалов*(이하는 ПСВ), Южно-Сахалинск, 1959, pp.103~106 · 108~110; 駄場裕司, 「日本海軍の北樺太油田利権獲得工作」, 海軍史研究会 編, 『日本海軍史の研究』, 吉川弘文館, 2014, pp.40~45; 麻田雅文, 『シベリア出兵－近代日本の忘れられた七年戦争』, 公新書, 2016, pp.152~154; 石塚経二, 『尼港事件秘録－アムールのささやき』, 第一印刷, 1972, pp.28~40 · 67~85.

를 요구해, 사할린주 노농병의원대회가 개시되기로 한 다음날 새벽에 일본 수비대는 거류민 자위단의 도움을 받아 빨치산을 습격했으나 결국 약 4,300명까지 확대된 빨치산 부대에 의해 봉쇄되고, 일반 일본 거류민과 체포중인 '반과격파'의 시민 모두 가차없이 학살되어, 약 130명의 일본인이 '포로'가 되었다. 3월 12~14일 사이에 빨치산에 의해 남녀노소를 불문하고 1,200~1,400명(러시아인 600~800명 및 일본인 600명)이 잔인하게 살해된 것으로 추측된다.[7]

3. 일본군에 의한 북사할린과 아무르강 하류지역의 점령

당연히 북사할린의 러시아 시민들도 이러한 정치적, 사회적 정세와 무관할 수 없었고, 아무르 하류에서 활약하던 빨치산 세력에 과감히 뛰어든 이들이 있었다. 1920년 2월중, 사할린의 임시연립집행위원회는 트랴피친 지대와 연락을 취해, 사할린 섬 소비에트의 대표이기도 한 V. E. 드보비크(니콜라예프스크 사건에서 전사)가 인솔하는 지원대를 니콜라예프스크로 파견하여, 소총과 탄약을 수송한 한편, 알렉산드로프스크에는 A. M. 포민(1921년에 전사)이 이끄는 십 수명 정도의 트랴피친 지대의 빨치산이 도착했다. 니콜라예프스크 학살 직전인 3월 9일 알렉산드로프스크 시에서는

7 *ПСВ*, pp.124~127 · 143; 『日本外交文書－大正九年第一冊下巻』, 外務省, 1972, p.773; 『西伯利出兵史』 参謀本部, 1924, 第2巻, pp.901~939; 第3巻, pp.890~903; 陳抜, 「ニコラエフスクの回想」, 『ロシア史研究』 第23号, 1975, p.34; 原暉之, 「〈尼港事件〉の諸問題」, pp.2~17; Гутман А. Я., *Гибель Николаевска на Амуре : Страницы из истории гражданской войны на Дальнем Востоке*, Берлин, 1924, pp.7 · 17 · 23~54 · 206 · 216; Емельянов, op, cit., pp.4~6 · 15~18; Tne National Archives(further-TNA), FO 371, Vol.4100(1919-20), pp.72~75.

북사할린 노농병의원대회가 개최됐고 이곳에서는 트랴피친의 대표인 클리볼린을 수령으로 하는 동 대회집행위원회가 선출됐으며 경험 있는 혁명가이자 무선 전신국장인 알렉산드르 차프코1884~1920가 재정경제부장이 됐다. 그 직후 동 집행위원회는 노동자 계급에 의한 독재를 주의로 하는 사할린 지역의 소비에트 정권 수립을 선언했다. 또한 니콜라예프스크에서도 3월 12~15일의 시가전에서 일본 수비대의 저항이 진압되고, 러시아 '반과격파反過激派'가 궤멸된 뒤 마침내 사할린주 노농병의원대회가 열렸다. 그러나 이 석상에서는 사회혁명당원들과 사회민주당 우파가 대거 들어와 있던 블라디보스토크의 젬스토보 참사회 임시정부와의 협력노선과, 완충국가 수립을 호소한 모스크바의 볼셰비키의 방침은 후퇴하고, 트랴피친 등이 니콜라예프스크와 사할린주를 거점으로 한 '극동소비에트공화국'을 수립하는 방침을 굳혔다.[8]

같은 해 3월 30일 볼셰비키의 입김이 점차 거세지고 있던 연해주 젬스토보 참사회 임시정부는 연해주, 아무르 주, 사할린주 및 캄차카 주가 모두 관할 하에 있다고 선언하여 극동임시정부를 자칭했다. 이러한 움직임은 극동에서 일본의 국제정치적인 상황을 위협하였으나, 니항사건이라는 이름으로 알려지게 된 상기의 비극은 국제정치적으로 볼 때 일본에 좋은 구실이 되었다. 3월 31일 자 선언에서 일본 정부는 시베리아와의 특별한 관계를 가지고 있음을 이유로 일본의 '접양接壤 지방의 정치상황[이] 안정되어, 선만지방에 대한 위험[이] 제거'되도록 함과 동시에, 시베리아에 있는 일본'거류민의 생명재산을 거류민의 생명재산을 안전하고 확고하게

8 *ИСиКО*, pp.389~396; *ПСВ*, pp.127~133; 『西伯利出兵史』 第3巻, pp.815~817; 原暉之, 「〈尼港事件〉の諸問題」, p.7; 石塚経二, 앞의 책, pp.103~104.

하기' 위해 시베리아에서의 병사 주둔을 계속할 것이라고 공언하였다. 이것은 사실상 '제2의 시베리아 출병'을 향한 서막이었다.[9]

4월 4~5일, 일본파견군은 연해주의 러시아 부대의 무장해제를 진행하고 무력으로 '과격파'의 추가적인 진출을 견제했다. 4월 6일에 베르흐네우딘스크에서 극동공화의 건국이 선언되었고, 극동러시아에서 블라디보스토크, 블라고베시첸스크와 베르흐네우딘스크 등의 지방정권 간의 관계를 조정할 필요가 생겼지만, 연해주 아무르주 사할린주의 극동3주를 통합하는 정권에 큰 기대를 갖고 있던 일본당국은 일본군이 주둔하는 자바이칼지방과 연해주의 '친일세력'을 발판으로 삼아, 새로이 등장하는 완충국과의 우호관계의 구축을 모색하기 시작했다. 그 일환으로 4월 29일, 블라디보스토크의 '분홍색정권バラ色政権'(역자 주－연해주 젬스트보 임시정부를 가리킴)과 일본파견군 사이에 일본 측의 우세상황을 보장하는 러일협정이 체결되었다.[10]

아무르 하구 지역에서 일어난 혁명주의적 테러의 추가 확대가 우려되던 가운데, 일본 육군 당국이 바라는 형태로 4월 19일 다몬多門 대좌가 이끄는 '니항파견대'가 전함 미카사三笠, 일본해 해전시 연합함대기선를 이끌고 오타루小樽를 출발하여 북사할린으로 향했다. 4월 21일 아침, 먼저 가서 목적지에 도착

---

9 *Доклады ПОТПП*, p.435;「我が政府の声明－撤兵問題に関して」,『樺太日日新聞』大正 9年 4月 2日号, p.2; Пак Б. П., *Корейцы в Советской России(1917-конец 30-х годов)*, Москва-Иркутск, 1995, pp.54~55.

10 B. P. Правовое положение русских в занятых Японией местностях Сахалинской области (이하는 ППР). Библиотека 《Свободной России》 № 16. Владивосток : 《Свободная Россия》, 1921, pp.11~13; Болдырев В. Г. Директория-Колчак-Интервенты : Воспоминания(Из цикла 《Шесть лет》 1917-1922 гг.). Новониколаевск, 1925, pp.324~344; Hoover Institution Archives, Stanford University, V. P. Antonenko Papers; Антоненко В. П. Краткая история смены правительств во Владивостоке, pp.1~8.

한 쇄빙선 미시마見島, 전 러시아 해군의 해방전함 '애드미럴 세냐빈'는, 상륙지점과 알렉산드로프스크 혁명세력의 규모, 시민의 경계 태도를 정찰해, 철저한 정보 수집을 실시한 뒤, 동시에 거주하는 일본 거류민 약 30명을 연극 구경을 구실로 군함에 피난시켰다. 다음날 아침 미카사에 탑승할 2,000명의 지대가 사전에 세워진 계획에 따라 상륙하여 우체국, 전신국, 관공서 등 주요 지역을 점령하고 주민들을 무장해제했다. 이 지대의 상륙에 앞서, '민심 동요를 방지하기' 위해 수상비행기로부터 살포한 '투항권고선언'에는 상륙 목적이 다음과 같이 설명되어 있다. "우리 지대는 우리 동포가 살해됐다는 제 보고를 받은 당지방이 놓여져 있는 상황의 진상을 확실하게 하기 위해 이 땅에 상륙했다. 즉 우리 지대支隊는 러시아인의 생명과 재산에 해를 가하지 않는다(필자 주— 일본어 원문을 존중한 러시아어 문장으로부터의 반역反訳)."[11]

점령 당시 북사할린의 인구는 약 8,000명이었으며, 그중 러시아인은 5,000명, 선주민은 2,300명, 중국인과 조선인은 합해서 800명 정도였다고 한다. 또한 알렉산드로프스크의 인구는 2,000명 미만이고 러시아인이 1,300~1,400명 정도 살고 있었다.[12] 트랴피친 등은 일본 부대가 러시아령 사할린에 상륙하면 광산, 부두, 알렉산드로프스크의 큰 건물을 모두 폭파해 투옥됐던 죄수 전원을 살해하고 재류 일본인 가족을 인질로 삼아 삼림으로 퇴각해 빨치산 전쟁을 개시할 것을 당지의 집행위원회에 요구했

---

11 ИСиКО, pp.396~397; 「亜港上陸と宣言」, 『樺太日日新聞』 大正 9年 5月 6日号, p.2; ППР, p.14; Доклады ПОТПП, p.136; ПСВ, pp.137~138. 일본군에 의한 알렉산드로프스크 점령에 대해 러시아 온건파가 받아들이는 방식에 대해서는, "Занятие Александровска", *Дело России*, No.7, 1920.4.30. p.1을 참조.

12 東京大学大学院法学政治学研究科附属近代日本法政史料センター, 黒木親徳文書 「樺太と日本との交渉及樺太の住民」 リール 第1301号, p.531; 『大正十三年度北樺太統計表』 薩哈嗹軍政部, 1924(?), p.13; 河合裸石, 『薩哈嗹の旅－薩哈嗹州案内』, いろは堂書店, 1922, pp.200 · 220~221; Козлов Н. А., *Островная анкета*, pp.42 · 46~47.

으나 빨치산 부대의 간부는, 의용병 약 150여 명을 징집하자마자 장병 약 300~400명의 세력으로는 일본파견대에 대항할 수 없다고 판단했기 때문에, 일본파견대의 상륙의 직전에 섬의 깊숙한 곳으로 퇴각했다. 동시에 온건좌파의 연립집행위원회는 옴스크정권기의 활동가를 형무소로부터 해방했다. 이리하여 '과격파'의 지역정권은 와해했기 때문에 새로운 통치 제도의 형성이 초미의 과제가 되었는데, 상륙한 일본부대는 당초 이러한 시민의 자치체제를 만드는 운동을 전투적으로 지지했다. 임시행정조직으로 유형수의 후손으로 현지에서 나고 자란 실업가 이반 페트로프스키1887~1935 이후 같은 유산계급의 대표가 참여한 시위원회가 만들어진 후, 알렉산드로프스크 시의원 선거의 준비가 곧바로 시작했다.[13]

일본 참모본부는 이상과 같은 움직임을 숨겨서, 괴뢰정권을 수립할 계획을 진행하고 있었으나, 동지의 정치 리더 후보로서 일본부대와 함께 알렉산드로프스크에 도착한 사할린주의 전 지사로 일본 망명 중이었던 드미트리 그리고리예프1866~1932가 갑자기 부상했다. 그러나 당지의 유력시민은 일본 측의 무력과 재력의 후원에 기대는 그리고리예프를 지도자로서 받아들일 의향이 없음을 보여, 협의제의 자치제를 구축한다는 선택을 했다. '니항파견대'에게도 참모본부의 공작을 회의적으로 보는 경향이 있었지만, 영국 및 벨기에의 자본과 연휴하고 있던 러시아 극동공업주식회사의 대리인으로서, 스타헤예프 상회 및 일본의 자본을 배제하려고 하는 의혹이 그리고리예프에게 있는 것이 판명되면, 일본해군은 참모본부의

13 Вишневский Н. В., *Отасу: Этнополитические очерки Изд 2-ое*, Южно-Сахалинск, 2013, pp.28~32; *ИСиКО*, p.397; "В Александровске на Сахалине", *Дело России*, 1920.618, No.13, p.4; 『西伯利出兵史』 第3巻 815, p.824; 『北樺太』(薩哈嗹軍政部, 1922年), p.91.

그 계획을 단호히 저지하려고 했다.[14] 일반적으로 말하자면 점령직후의 당면 간, 일본군은 내정에 간섭하지 않는 것처럼 보이며, 지역의 러시아 행정을 온존하려 함으로써, 입수할 수 있는 만큼의 이권과 권리를 수중에 넣으려고 하였다. 5월 중순까지 스타헤예프상회의 로가토이 곶 탄광이 점유되었을 뿐만 아니라, 북진회北辰會 조사단원의 적극적인 운동의 결과, 동 상회의 간부들은 알지 못한 채, 스타헤예프 상회에는 유전광구(535개)에 관해 광산구 감독의 시굴허가가 떨어졌다.[15]

북사할린의 정치정세를 한 층 복잡하게 한 것은 북사할린을 자신의 판도에 포함시키고 있었던 블라디보스토크의 젬스트보 정권의 움직임이었다. 5월 4일 북사할린주의 행정장관의 직함을 가진 쿠라킨이 이끄는 젬스트보 정권의 활동가 4명이 알렉산드로프스크에 도착했다. 혁명적 박해로부터 스스로를 지키고자 했던 러시아령 사할린의 온건파도 이 '초대받지 않은 손님'을 적잖이 경계시하고 있었으나, 블라디보스토크 정권과의 원만한 관계의 구축이 필수라고도 생각했다. 한편으로 일본육군은 당초 북사할린을 러시아 본토로부터 떼어내려고 하여, '독립정권'을 수립할 방침을 고집하고 있었다.[16]

---

14 "Â Александровске на Сахалине", *Дело России*, 1920.6.18, No.13. p.4; ПСВ. pp.139~141 · 146; 防衛省防衛研究所資料室, 日独戦書, 第T3-169-626号, 「自大正三年至大正九年戦時書類, 巻176」(アジア歴史史料センター, C10128416800, pp.1968~1971 · 1973~1974, 1981),

15 中里重次, 「北樺太に於ける石油事業の沿革と現状」, 『燃料協会誌』 第11巻, 1932.10, p.1455; 外務省外交史料館, 第E.4.2.2.2-1号『帝国ノ対露利権問題関係雑件 北樺太石油会社関係』(1928年1~12月)第2巻, 「北樺太石油会社沿革史」(アジア歴史史料センター, B09040929600, pp.380~381); 日本外交史料館, 第1.7.6.4-1号『油田利権関係雑件/露国ノ部』 第1巻, 「〈スタヘーエフ〉対北辰会及三菱契約関係 自大正九年七月」(アジア歴史史料センター, B04011077100 , p.188)所収.

16 "В Александровске на Сахалине", *Дело России*, 1920.6.18, No.13. Л. 4; *ПСВ*. pp.139~141 · 146; 防衛省防衛研 究所資料室, 日独戦 書, 第T3-169-626号, 「自大正三年至大正九年戦 時書類, 巻176」(アジア歴 史史料センター, C10128416800, pp.1968~1971 · 1973~1974 · 1981).

일본 육해군당국은 알렉산드로프스크를 '니항파견대'의 일시적인 전진 기지로 간주하고, 체포된 전前 집행위원과 체포되어 투항한 빨치산으로부터 정보를 철저하게 수집하여, 사할린 대안의 점령작전 계획을 짰다. 5월 상순, '니항파견대'를 포함한 형태로 북부 연해주 파견대가 새로이 편성되어, 쓰노津野 육군중장이 사령관에 임명되었다. 5월 11일 블라디보스토크 파견군 사령관 명의로 발표된 이 선언은 일본이 러시아의 영토권을 침해할 의도가 없다고 재차 주장하면서, 니콜라예프스크 사건은 개별적으로 해결해야 한다고 유보적으로 설명했다. 5월 13일 일본구원대 선발대는 알렉산드로프스크에서 데카스트리만現 치하쵸프만으로 향했다.[17]

5월 중순, 일본육군은 그리고리예프 옹립운동을 포기하고, 시회의원 선거의 막후 준비에 착수했다. 동 17일 혁명세력의 대두를 미연에 방지하기 위해, 전前 소비에트 정권하의 집행위원 차프코 등을 체포했다(중요한 정보원으로 간주된 차프코는 그 직후에 일본 군함에 연행되어 행방불명되었다). 일본 측의 공작 결과 20일 실시된 선거에서는 온건파 세력이 대다수를 차지해 좌파 세력의 입김이 중립화됐다. 다음날 블라디보스토크의 젬스트보 정권 대표들이 상륙하지 못한 채 귀로에 올랐고, 22일에는 그리고리예프도 알렉산드로프스크를 떠났다.[18]

당연하게도 니콜라예프스크의 혁명군은 일본 니항파견대의 행동을 유심히 좇고 있었고, 동대同隊가 북사할린에 상륙했음을 파악하고 있었다. 상

17 『西伯利出兵史』第3巻, pp.807~811·825~826; *Доклады ПОТПП*, pp.436~437.

18 Hara, *Japan Moves North*, p.61; *ИСиКО*, pp.398~399; "Â Александровске на Сахалине", *Дело России*, 1920.6.18, No.13, p.4; *ПСВ*, pp.139~141·144; 防衛省防衛研究所資料室, 日独戦書, 第T3-169-626号, 「自大正三年至大正九年戦時書類, 巻176」(アジア歴史史料センター, C10128416800, pp.1989~1990).

륙한 직후, 다몬 지대장 등은 무선 전신으로, 체포된 빨치산을 개입시켜 니콜라예프스크의 일본 재류민의 안전 확인을 시도하고, 모두 무사하다는 트랴피친의 회답을 얻은 것으로 보인다. 또 알렉산드로프스크에서 퇴각한 200여 명의 빨치산 대부분은 지대를 떠났지만 포민 사령관이 이끄는 수십 명은 타타르 해협 빙판 위를 건너 무사히 니콜라예프스크에 도착했다. 이렇게 해서 트랴피친 등의 근거지로 들어온 '일본인들이 곧 쳐들어 온다'는 소식은 빨치산의 과격한 행동을 더욱 부추겼다고 생각된다. 왜냐하면 알렉산드로프스크에 상륙한 일본부대 장병이 일반 시민과 대화할 때 '니콜라예프스크를 전멸시키라'는 명령을 받았다는 발언을 한 적이 있었기 때문이다.[19]

북부 연해주 파견대 기간부대가 데카스트리만에 상륙하자 일본부대와의 충돌을 피하라는 극동공화국의 명령을 받은 트랴피친 등은 도시에서 철수할 준비에 들어갔다. 혁명적 증오에 불타던 빨치산은 반볼셰비키 정권 지지자와 일본 협력자로 간주된 2,000여 명의 일반 시민과 억류된 일본인들을 학살하고 시와 주변 어촌을 폐허로 만든 후 아무르강 항만의 수로를 배 등으로 막고 대륙 깊숙이 철수했다.[20] 6월 3일 일본 부대는 아직도 불타고 있던 니콜라예프스크에 도착했는데, 이 시를 점령했을 때, 북부 연해주 파견대 사령관 명의로 선언서 전단이 배포됐다. 이 전단에는 "우리 내항의 목적은, 우리 동포가 희생된 실태를 조사하고 재류민을 보호하

---

19 『西伯利出兵史』 第3巻, p.825; 原暉之, 「〈尼港事件〉の諸問題」, p.4; Гутман, op. cit., p.212; *ПСВ*, pp.124~127 · 140 · 143; Николаевск-на-Амуре, *Страницы истории: Сборник архивных документов об истории развития города Николаевска-на-Амуре*, Хабаровск, 2015, p.234.

20 『西伯利出兵史』 第3巻, pp.784~786; 「津野少将と特別任務」, 『樺太日日新聞』 大正 9年 5月 9日号, p.2; 河合裸石, 앞의 책, p.156.

는 것뿐이다"라고 분명히 적혀 있었고, "제국 군대의 행동을 방해하지 않는 러시아 일반 시민이나 다른 주민에 대해서 적대적인 행위를 취하지 않는다"고 약속되어 있었다(필자 주–러시아어로부터의 반역反訳).[21]

4. 사할린주의 '보장점령'을 향해

1918년 현재 1만 2,200명이 살았던 니콜라예프스크시는 1920년 전반의 전투와 테러로 4,000명 가량의 시민이 학살당했기 때문에, 살아남은 자는 3분의 2 정도이다. 빨치산에 참여한 자, 빨치산에 의해 연행된 자, 빨치산에게 양해를 구하고 피신한 자, 빨치산을 탈출한 자 등 여러 종류의 사람들이 있었으나 6월 초순경에는 이 시에서 사람의 그림자를 찾아보기 어려웠다.[22] 일본부대가 침입하자 주변의 숲 등에 숨어있던 사람들이 조금씩 도시로 돌아오기 시작했지만 파괴를 면한 아무르기선상업회사 건물에는, 알렉산드로프스크와 똑같이, '외국인 취급소Канцелярия для иностранцев'라는 부서가 개설되어, 그곳에서 돌아오는 시민의 신원조사가 이루어졌다. 6월 중순까지 돌아올 수 있을 만큼의 사람들이 돌아와, '대체로 거처를 얻은' 2,600명의 귀환 주민이 조사받은 듯하다.[23]

---

21 「尼港占領広報」, 『樺太日々新聞』 大正 9年 6月 6日号, p.2; 「尼港占領詳報」, 『樺太日々新聞』 大正 9年 6月 10日号, p.2; 「非絶, 惨絶, 尼港内に同胞残存者無し」, 『樺太日々新聞』 大正 9年 6月 11日号, p.3; 「奮闘して全滅」, 『樺太日日新聞』 大正9年6月13日号, p.2; 「派遣軍の宣言」, 『樺太日日新聞』 大正9年6月13日号, p.2, 『樺太日日新聞』 大正 9年 6月 13日号, p.2; *ППР*, p.15; *Доклады ПОТПП*, p.309; Гутман, op. cit., p.238.

22 河合裸石, 앞의 책, p.100; 『西伯利出兵史』 第3巻, pp.858 · 860 · 864~865 · 876~877; Гутман, op. cit., pp.83 · 103~104.

23 『西伯利出兵史』 第3巻, p.877; 「尼港郊外の朝鮮部落から重大なる秘密を蔵めるらしき石川少佐の

점령 직후 니콜라예프스크에서는 콘스탄틴 에밀리아노프가 이끄는 시위원회가 만들어졌지만, 자치체제 구축에 대한 시민들의 움직임을 점령군은 지지하지 않았다. 동위원회는 현상 조사나, 인접 지역의 다른 자치체나 빨치산과의 연락·교섭을 보다 원만하게 실시하기 위해서 점령군에게 필요했다. 페트로파블로프스크 전前 지구재판관 출신인 에밀리아노프는 혁명군에 징용되어, 3월 20일부터 트랴피친 지대 참모부에서 서기 보좌를 맡다가 4월 16일 투옥돼 약 3주 만에 풀려나 대량학살이 한창이던 5월 24일, 아내와 함께 타이가로 도망쳤다. 기적적으로 살아남은 그가 남긴 증언은 이 사건을 상세하게 기술한 아나톨리 구트만1889~1950의 『니콜라예프스크 나 아무레의 전멸』베를린, 1924에서 크게 활용됐고 『지옥 속의 사람들』상하이, 1940로도 개별 간행되었다.[24]

파견 계획 초기부터 일본 신민으로 간주됐던 현지 조선인을 '친일적으로 지도'하고 그 '광폭한 태도를 응징'할 필요가 인식됐으나, 니콜라예프스크 점령과 동시에 시작된 조사과정에서 드러난 사실은 일본 측에 새로운 걱정거리가 되었다. 우선 일본인과 러시아 시민 살육에는 다수의 조선인과 중국인이 직접적으로 관여한 것으로 드러났다. 니콜라예프스크를 공격한 빨치산 부대에는 용병으로 중국인 근로자 상당수가 이미 들어와 있었지만 포위전 도중에 중국인 병사의 수는 더욱 늘었다. 더욱이 빨치산이 이 지역을 점령하면서 트랴피친 등과 지역 조선인 독립운동가 그룹의

軍服と二兵士の虐殺死體発見さる－外人取扱所の活動から」, 『樺太日日新聞』 大正 9年 7月 10日, p.3; Емельянов, op. cit., p.88; *Дело России*, No.16, 10.07.1920. p.4; 原暉之, 「〈尼港事件〉の諸問題」, p.3.

24 Гутман, . op. cit., p.15·21·41·44·106~107·152·257~259; Емельянов, op. cit., pp.8·66·72~73; 『西伯利出兵史』 第3巻, p.913.

동맹관계가 정식으로 맺어졌고, 박병길朴秉吉, 박 바실리을 사령관으로 한 380여명의 조선인 부대가 새로 조직됐다. 그 결과, 3월 12일 현재 4,300명이 넘은 '적군부대赤軍部隊'에는 중국인 공병대 1,000여 명 및 조선인 의용병 500여명이 참여했으며, 빨치산 부대의 3명 중 1명은 소위 국제연대에 소속된 병사였다. 이후 시민 학살이 횡행하고, 빨치산 안에서 지도부에 대한 불만이 나타나기 시작하면서 중국인과 조선인으로 구성된 국제부대는 독재자 트랴피친의 '친위대'가 됐다. 5월 들어서 교도소 경비 및 사형 집행이 대부분 조선인과 중국인에 의해 이뤄졌다고 한다. 두말할 나위도 없이 일본군이 빨치산 협력자로 체포한 조선인과 중국인의 운명은 비참했다. 점령군의 '조사의 손길이 깊게 미친' 장소로, 도시의 북부 1리에 있었던 부락, 이전에 빨치산에 가담했던 조선인들이 '시치미를 떼고 양민 행세를 하며' 살았던 낙가촌洛加村, Nakka을 들 수 있다.[25] 더욱이 일본육군 당국의 조사 결과, 중국인 상인이 빨치산에 물자를 공급하고 중국 포함砲艦이 빨치산에 가담하였으며, 중국 영사관이 빨치산에 매우 협조적인 모습을 보인 사실 등이 밝혀졌다. 중국 포함砲艦 문제는 1920년 중·일 관계의 중요한 안건이 되었고, 조선인의 관여 문제는 조선독립운동을 한 층 더 탄압하는 것으로 이어졌다.[26]

---

25 『西伯利出兵史』 第3巻, pp.853·891~892~895; 「奇怪なる報道」, 『樺太日日新聞』 大正 9年 6月 29日号, p.2; 「尼港郊外の朝鮮部落から重大なる秘密を蔵めるらしき石川少佐の軍服と二兵士の虐殺死體発見さる」, 『樺太日日新聞』 大正 9年 7月 10日, p.3; 石塚経二, 앞의 책, pp.246~247; Гутман, op. cit, pp.19·24·31·119~122·212·229~230·232·234; 和田, 앞의 책, pp.11~ 12; 原暉之, 「〈尼港事件〉の諸問題」, pp.10~12; 伊藤, 앞의 책, pp.29~30; 麻田雅文, 앞의 책, pp.157~159; Ким М. Т., *Корейские интернационалисты в борьбе за власть Советов на Дальнем Востоке(1918~1922)*, М. : Наука, 1979, pp.120~121·132~133; Пак, op. cit., pp.54~57.

26 『日本外交文書－大正九年第一冊下巻』, 外務省, 1972, pp.773~774; 『中华民国外交史资料选编 : 1919~1931』, 北京大学出版社, 1985, pp.86~98; 『西伯利出兵史』 第3巻, pp.919~920; 石塚経

분명 니콜라예프스크와 주변의 어촌을 폐허로 만든 트랴피친의 방식은, 점령군이 기댈 수 있는 주민이나 이용 가치가 있는 설비나 자원을 남기지 않는다는 초토화 작전이었지만,[27] 며칠 동안에 도시를 완전하게 파괴하는 것은 역시 불가능했다. 흥미롭게도, 트랴피친이 예상한 대로, 침입한 일본군은 즉시 포획압수품 정리위원 등을 두고, 사용할 수 있는 장비와 설비 재료 및 자원을 수집하기로 했다.[28] 그 결과 일본군은 항구의 설비나 공구, 선박이나 화물선, 철 등의 재료, 창고에 남겨져 있던 곡물류 등을 압수했다.[29] 요컨대 구조된 러시아 시민의 예상과 달리, 일본 측은 전소된 시의 복구에 힘을 쓸 생각은 없었으며, 시민을 보호하는 체제를 구축하는 데에도 소극적이었다. 이런 상황에서 기적적으로 살아남아 도시로 돌아온 러시아 피난민 대부분은 생계를 꾸릴 가망이 없어 고향을 떠나야 했다. 6월말까지 약 1,150명의 러시아 시민이 하바로프스크와 블라디보스토크에 약 절반씩 '송환'된 후, 그 다수는 하얼빈으로 향했다. 같은 해 9월 말까지 총 약 6,000명의 러시아 시민, 중국인과 조선인이 '본토'로 보내졌다. 니콜라예프스크에 잔류한 러시아 시민들의 정치적, 경제적, 사회적 요구와 인권은 점령군에 의해 완전히 무시당했다.[30]

二, 앞의 책, pp.246~247; 陳拔, 「ニコラエフスクの回想」, 『ロシア史研究』 第23号, 1975, pp.34~36; Гутман, op. cit., pp.19 · 24 · 30 · 116~120; Погребецкий А. И., *Денежное обращение и денежные знаки Дальнего Востока за период войны и революции(1914-1924)*, Харбин, 1924, p.164. 1920년 2월부터 동 5월까지의 기간은 실로 중·소 관계의 밀월이었으며, 북경 정부는 중·일동맹을 파기할 의도가 있었을 정도이다 .예를 들면 Хейфец А. Н., *Советская Россия и сопредельные страны Востока в годы Гражданской войны(1918-1920)*, М. : Наука, 1964, pp.376~398을 참조.

27 *ПСВ*, pp.148~159; Гутман, op. cit., p.227; 『西伯利出兵史』 第3巻, pp.858~859.

28 『西伯利出兵史』 第3巻, pp.878~880.

29 *Доклады ПОТПП*, pp.249~253 · 312~320; "Николаевское《правительство》", *Новости жизни*, 1920.9.25, No.203, p.3; 『西伯利出兵史』 第3巻, pp.888~889 · 912~913; Гутман, op. cit., pp.152~153.

6월 말 1920년 동영지冬營地로 강 건너 북사할린이 선택되면서 파견대의 일시 철수가 결정됨과 동시에 사할린주의 보장 점령 방침이 정해졌다.[31] 7월 3일 마침내 발표된 선언에서는 '사할린주 점령'은 다음과 같이 설명되어 있었다. "올해 3월 12일 이후 5월 말에 걸쳐 '니콜라예프스크'항에서 제국수비대, 영사관원 및 체류 신민 약 700명, 남녀노소 구분없이 그 지역 과격파로 인해 학살당했다. 그 상황이 진실로 비참하여 제국정부는 국가의 위신을 다하기 위해 필요한 조치를 취하지 않으면 안 된다. 그러나 현재 실제로 교섭할 수 없는 정부가 없이, 어찌할 수 없는 상황에 있음에 따라 장래 정당한 정부가 수립되고 본 사건의 만족스러운 해결을 보기까지 사할린주 내에서 필요하다고 인정되는 지점을 점령해야 한다."[32] 말할 것도 없이, 니콜라예프스크 사건은 어쨌든 간에 일본군에 의한 사할린주 점령은 극동 러시아에서 많은 반감을 일으켰고 반볼셰비키 세력 내의 '친일파'의 입장을 더욱 어렵게 만들었다.

혁명내전의 격동과 경제적 문제에 시달리던 사할린주의 온건한 주민들은 일본 부대를 해방자로 환영하며 처음에는 협조적 자세를 보였지만, 구호대의 상륙만으로 이들의 문제가 해결되지는 않았다. 오히려 시민 상당수는 당장 사할린주 출병의 부정적 영향을 받았다. 특히 4월 하순 이후 작전 중 '러시아 본토'와 교통과 연락이 두절되면서, 생필품이 북사할린에 들어오지 않아 물가가 크게 올라 주민은 아사 직전에 몰렸다.[33] 이에 더

---

30 Погребецкий, op. cit., pp.165~173; 『西伯利出兵史』 第3巻, pp.888~890 · 919; Гутман, op. cit., pp.152~153; *Дело России*, No.16, 1910.7.10, p.4; Н. Амурский, "У николаевских беженцев", *Дело России*, No.17~18, 1920.7.16, 1920.7.24; 河合裸石, 앞의 책, pp.99~100.

31 『西伯利出兵史』 第3巻, pp.790~802 · 905~912.

32 参謀本部 編, 『北樺太占領ニ関スル経緯及占領後ノ状況』, 1924, p.24; 『日本外交文書 – 大正九年第一冊下巻』, 外務省, 1972, p.796; *Доклады ПОТПП*, pp.437~438.

해, 일본 파견대가 공표한 선언과 현실과의 괴리가 점차 깊어져 갔다. 6월 들어 점령 통치가 한층 강화돼, 좌파 운동가 탄압, 전신과 무선전신의 이용 금지, 물자 압수, 섬 내 이동 제한통과증제(通過証制), 전화선 이용 금지, 검열, 수상한 자 감시, 시민에 대한 폭력 약탈 행위 등이 나타났다. 시장으로 선출된 페트로브스키와 시회 등의 "친일파"는 억지로 점령의 방패막이로 점령군의 눈치를 살필 수밖에 없게 되었다.[34] 같은 달 말에 현지에 도착한 『가라후토니치니치신문樺太日日新聞』의 특파원도 시중에 감도는 '부자연스러운 정적'이 일본 수비대의 총검으로 유지되고 있다고 보고했다.

파견대 상륙 당초부터 시정 방침은 '점령 지역 내에서의 다른 권력을 부정하고 배제한다'는 원칙에 있었기 때문에, 러시아의 다른 지역, 특히 블라디보스토크의 극동 임시정부와 사할린주의 연락을 끊을 필요가 있었다. 무장해제된 블라디보스토크 정권은 극동의 인민대회 의원 선거를 치르도록 촉구했고, 7월 3일 자로 사할린주 보장 점령에 관한 선언이 공표되기 직전, 북사할린 대표 5명이 블라디보스토크로 가려 했으나, 일본 측은 이를 막았다. 또한 동월 5일 알렉산드로프스크에는 블라디보스토크 임시정부 대표 2명이 도착했으나, 상륙한 지 몇 시간 안에 기선에 연행되어, 블라디보스토크로 돌아갔다. 참고로, 중요한 보장 점령 선언의 내용은 주로 국제사회를 향한 문서이며, 알렉산드로프스크 시민에게는 한동안 공표되지 않았다.[35]

---

33 "В Александровске на Сахалине", *Дело России*, No.13, 1920.6.18; *ПСВ*, p.148~158.

34 *ПСВ*, pp.148~158; 河合裸石, 앞의 책, pp.33~35; 関筑東, [最近の亜歴山港(上)], 『樺太日日新聞』 大正9年7月11日, p.2.

35 *ПСВ*, pp.148~155; 『西伯利出兵史』 第3巻, p.924; 外交史料館, 第1.7.6.4-1号 『油田利権関係雑件ー露国ノ部』 第一巻, 「『スタヘーエフ』対北辰会及三菱契約関係 自大正九年七月」(アジア歴史資料センター, B04011076900)所収.

5. 군정 도입과 현지 러시아인 사회

7월 14일이 되자 사할린주 시민들에게는 동 25일부터 일제 군정이 도입된다는 발표가 나오고 관영 공영시설 거주자들은 철수해야 했다. 점령지 내의 공유 재산은 압수되어, 점령지를 통치하는 행정 기관으로서, 파견군 사령관의 아래에 군정부가 설치되었다. 같은 달 21일에는 헌병당국의 허가 없이 광고를 게재하거나 회의, 강연회, 공연 등 모든 행사를 개최하는 것이 금지됐다. 25일 숙영에 적합한 관영건물이 적다는 이유로, 시민 소유 주택의 일부를 일시적으로 접수하기로 선언하여, 사할린을 떠나지 말라고 호소했다.[36]

사할린주의 땅과 재산이 일본인들에 의해 점거되면서 러시아 행정의 폐지 움직임이 나타나기 시작하자 북사할린의 이권을 갖고 있던 러시아의 자본가들은 일본 측의 '침략적 행동'을 견제하기 위해, 북사할린 석탄 채굴사업의 국제화를 꾀했다. 7월 중순 젬스트보 행정부는 경매입찰을 통해 봉쇄지대 내 탄전을 영미인들에게 양보하여 제공하려 하고, 이 문제를 심의하기 위해 특별위원회를 구성하기로 했다. 그것은 브리넬 상회의 오너로서 북사할린의 피리보 탄광 등을 경영하는, 상공대신의 광산기사 보리스 브리넬1889~1948이 추진하고, 스타헤예프 상회도 지지하는 정책이었다.

'영국인이 양보를 얻으려고 진력'하고 있다는 정보는, 구바라久原의 블라디보스토크 대표 고니시 마스타로小西增太郎, 1862~1940에게, 북사할린의 지하자원에서 스타헤예프 상회의 수로안내인이었던 전前 러시아상공성 지질

36 *ПСВ*, pp.148~159; 「薩哈嗹州に愈軍政を布くに決定」, 『樺太日日新聞』 大正 9年 7月 14日, p.2.

학위원회의 광산기사 표트르 팔레보이1873~1938로부터 전해졌다. 북사할린이 점령되었을 때, 스타헤예프 상회·북진회 사업으로 북사할린의 지질학적인 조사에 임하고 있던 팔레보이는 가족과 함께 알렉산드로프스크에 있었는데, 5월 중순에는 알렉산드로프스크 시의원 선거 준비를 하고 있던 정도였지만, 6월 상순에는 젬스트보 정권과 의사소통을 도모하기 위해 일본을 경유해 블라디보스토크로 향하여, 구바라에게 중요한 정보원이 되었다. 덧붙여서, 팔레보이의 가족이 살고 있던 알렉산드로프스크의 주택도 점령군에 의해서 징발되었으므로, 그는 구바라에게 협력을 의뢰해, 급히 의용 함대선으로 동지同地에 돌아오기로 했다. 한편 위협을 느낀 고니시 등은 구바라 회사의 간부와 블라디보스토크 파견군 간부를 압박해 블라디보스토크 정권이 '사할린에 간섭'하지 않도록 신속히 압력을 가할 것을 요구하는 동시에 북사할린에서의 블라디보스토크 정권 대표 2명의 축출을 요청했다. 일본 자본의 입장에서 보면, 북사할린의 처분이 끝날 때까지, 동지의 이권이 제3자의 손에 들어오지 않도록 하는 것은 '좋은 계책'이었다.[37] 이러한 움직임의 연장선상에서 8월 2일 사할린주 파견군 사령관에 임명된 전前 조선주차헌병대사령관 겸 조선총독부 경무총장인 고지마 소우지로児島惣次郎 육군중장의 광고가 발포되었고, 지난 7월 3일 이후 러시아 행정권은 사할린주 내에 효력이 없으며, 천연자원 조사에 관련된 모든 법령과 지령은 효력을 상실하고, 기득권리는 새로 조사한 후 인가된다고 소급적으로 선언되었다.[38]

---

37 外交史料館, 第1.7.6.4-1号『油田利権関係雑件－露国ノ部』第一巻, 「『スタヘーエフ』対北辰会及三菱契約関係 自大正九年七月」(アジア歴史資料センター, B04011076900); "Владивостокское правительство и Сахалин", *Дело России*, No.14, 1920.6.24, p.4.

38 *ПСВ*, p.148; "Положение на Сахалине", *Новости жизни*, 1920.9.10, No.192, p.2; 나아가,

이상과 같이, 8월 초순까지 군정이 도입되어 러시아 시민의 생활 전체가 엄격하게 규정되고 말았다. 북사할린에 남아 있던 러시아 시민들은 이로 인해 더욱 곤경에 빠져 섬을 떠나려 하였지만, 8월 10일 다몬 대좌 및 페트로브스키 시장이 연명으로 시민을 향한 호소를 공표하였다. 게다가, 개인 소유 건물의 접수는 일시적인 수단이며, 이듬해 봄까지 이 건물들은 시민에게 반환될 것이라고 강조하고, 러시아 시민은 일본인으로부터 어떠한 탄압이나 손해를 입지 않았기 때문에, 대륙으로 돌아가는 것을 중지해 달라고 요청했다. 이로 인해 점령군의 허가 없이 대륙으로 나가는 것은 사실상 불가능하게 되었기 때문에, 주민들에게 남은 것은 결빙기에 타타르 해협의 빙판 위로 도망치는 것 정도였다.[39]

당연하게도 니콜라예프스크가 처한 상황에 결정적인 영향을 미친 것은 어업문제다. 7월 24일, 트랴피친 지대에서 막 해방된 니콜라예프스크에서 러시아 어업가가 사실상 참가하지 못한 가운데, 1920년도의 아무르하구 유역과 동同 해만에서 어업 구역의 경매가 실시되었다. 그 결과 이전에 러시아인이 조업했던 42개 어업구역 모두가 19일 일본 군함으로 현지에 도착한 어민들에 의해 압류되었고, 러일어업협정 조항을 위반하는 형태로 이전에는 현지의 러시아인 농민과 원주민이 이용하던 니콜라예프스크시 주변 아무르하 유역의 어업구역 및 보호지구로 정해진 해만 수역(우드와 랑글이라는 두 섬)이 일본인 어업가에게 부여됐다.[40] 그리하여 일본 어

『日本外交文書－大正 9年 第1冊 下巻』, pp.809~812 참조.

39 *Доклады ПОТПП*, p.310; *ПСВ*, pp.152 · 156~157 · 159.

40 *Доклады ПОТПП*, p.249~253 · 312~320; 『西伯利出兵史』 第3巻, pp.910~911; 河合裸石, 앞의 책, pp.188~194. 당시의 아무르강 하류지역 및 아무르강 해만에서의 어업 투쟁의 성질에 대해서는, 原暉之, 「〈尼港事件〉の諸問題」, pp.9~10 참조.

민들은 1920년 여름에 이미 '니항사건'의 일종의 보상을 받을 수 있었지만, 결빙기 전야에 육해군이 철수한다는 결정을 알게 된 어민들은 분개하였다.[41]

물론 살아남은 니콜라예프스크 시민들에게도 일본군의 철수는 받아들이기 어려운 일이었다. 왜냐하면 이는 아무르강 하류 지역의 자치체제가 재건되지 않은 사이에 실시되었기 때문이다. 즉 파괴된 니콜라예프스크의 경우 자치체제를 재구축하려면 우선 재원을 확보해야 하는데 일본 당국은 이 방면에서 완전히 비협조적인 자세를 취했다. 자치체제의 부흥을 목표로 한 사할린주 의원대회가 파견군의 양해를 얻어 1920년 8월 15일부터 23일까지 니콜라예프스크에서 개최되었으나 일본군은 그 움직임을 마비시키고 어업에 관한 대회의 제언과 요구를 무시했다. 니콜라예프스크에 남아 있던 가용자원이 모두 압수되어, 일본군의 전리품으로 돌아가게 되었는데, 이와 함께 러시아 측에는 납세 등의 권한이 주어지지 않았다. 이러한 행위는 일부 러시아 시민의 눈에는 약탈 그 자체로 보였으며, 트랴피친의 도시 파괴에 버금가는 '재해'였다. 동지의 러시아 시민들의 우려는 사할린주 의원대회 대표 에밀리아노프의 명의로 1920년 9월 10일에 나온 파견군 외사부장에게 보낸 서한에서 구체적으로 묘사되는데, 여기에서는 일본이 시민들에게 적절한 지원을 하고 러시아 시민이 점령체제하에서 갖는 권리 및 국가적 공적 사적인 재산의 압수 이유를 제대로 설명하지 않으면, 반일적인 기운이 더욱 확산될 것이라고 외교적인 표현으로 경고하고 있다.[42] 군정 도입은 인민혁명재판소에 의해 유죄로 인정

41 예컨대, 『西伯利出兵史』 第3巻, pp.910~911; 「尼港派遣軍冬営を主張す」, 『日露実業新報』 第6巻 第7号, 1920.7, p.3; 河合裸石, 앞의 책, pp.121~123.

돼 7월 9일 사형에 처해진 트랴피친 사후 이뤄진 것이어서, 러시아 시민에게는 그 정당성이 더욱 의심스러웠다.

8월 20일, 사할린에 도차한 고지마 사령관은 군정개시를 포고했다. 발표된 유고諭告 가운데, 알렉산드로프스크에 설치된 사할린주파견군사령부는 '민정을 통일하여, 민중의 안녕을 지켜, 그 복지를 증진한다'고 함과 동시에, '가능하면 종래의 법규, 관습을 존중'할 예정이라고 강조했다. 동월 25일, 페트로프스키 시장을 시작으로 한 현지의 러시아 통치기관의 제장諸長이 군정부에 출두하여, 점령선언발표 이후, 러시아행정권이 실효失効했다는 뜻의 문서에 서명하게 되었다. 그러나 대륙으로 나가는 것이 불가능해지며 급료가 지급되지 않았는데도 이들은 수중에 있는 공문서를 관리하는 등 계속해서 업무에 종사해야 했다. 또한 동월 26일 군정장관에 갓 임명된 육군참모장 쓰노津野 소장의 고시 제1호에 따라, 7월 3일 점령 선언 이후 러시아 관헌의 행정이 배제돼 있어 러시아 행정에 의해 시행된 처분에는 효력이 없지만, 그래도 러시아 관헌으로부터 어떠한 권리를 획득했을 경우 7일 이내에 군정부에 신고해야 한다고 선고되어, 매매 등에 따른 권리 이전이 금지되었다.[43] 일본 측은 4월말부터 8월 중순에 걸쳐, 경제적인 이권의 일부가 외국인의 손에 넘어가는 것은 아닐지 걱정하고 있었다.

군정체제의 법적인 기반은 8월말일부터 적극적으로 정비되기 시작하

---

42 *Доклады ПОТПП*, pp.249~253 · 312~320; *Дело России*, No.30, декабрь 1920 г, pp.5~10; *Дело России*, No.27, 1920.10.15, pp.7~9; *Дело России*, No.28, 1920.10.22, pp.6~7; Н. Амурский, "Погибшая область", *Дело России*, No.23, 1920.9.7, pp.25~26; "Николаевское 《правительство》", *Новости жизни*, No.203, 1920.9.25., p.3; 『西伯利出兵史』 第3巻, pp.912~913; Гутман, op. cit., pp.152~153.

43 *Доклады ПОТПП*, pp.310~311; 「北樺太軍発令一括」, 『日露実業新報』 第6巻 第11号, 1920.11, p.51; "Японцы на Сахалине", *Новости жизни*, No.204, 1920.9.26, p.2.

여, 군정당국은 법령조규의 편성에 착수하여, 동년 10월 말일까지 파견군령 28건 및 군정부령 9건을 공포했다. 8월 30일, 일본신민 이외의 인민에 대해서 적용된 군율사(薩) 군령 제4호과 형사령(동5호)가 공포되어, 파견군에 대한 유해한 원인으로서 인식되는 범죄행위 전부와 군벌의 종류(사형, 감금, 과료, 추방, 몰수)등이 정해졌다. 또한 같은 날 파견군령 제7호에 의해 이전의 러시아 재판제도가 폐지되어, 일본의 법률에 기반한 민형사재판이 불복 등이 허용되지 않는 형태로 파견군법률부속의 군사재판사 한 명의 손으로 행해지게 되었다. 30일 이하의 감금부터 50엔 이하의 과료 및 몰수에 처하는 군령위반죄는, 정식 재판을 통하지 않고, 헌병기관의 각 장長이 즉결하는 형사즉결령(제8호)도 같은 날에 공포되었다. 재주자취체법규在住者取締規則(제15호)에 의해, '공안을 해하는 풍속을 문란하게 할 유려가 있다고 인정된' 러시아 시민에 대해서 1년 이상 3년 이하의 재주금지가 적용되어, 파견군령제16호에 의해 '민정지역'에 입성하려 하는 러시아인을 포함한 외국인 전원은 일본 외교기관의 사증이 찍힌 여권을 제시해야 했다. 또한 지하자원이 풍부한 북사할린인 만큼 다음날인 31일에는 제19호의 광업단속령도 공포되었는데, 그에 따라 ① 탐광허가·광구허가 신청절차 정지 ② 기득광업권의 이양·인도 금지 ③ 기득권자는 10월 31일까지 일본당국에 보고할 것 ④ 기득광업권자로 사업계속 중인 기업인만 사업을 지속할 것 ⑤ 군정부장이 필요할 때 기득광업권을 제한·금지하는 것 등이 결정되었다.[44]

44 *Доклады ПОТПП*, pp.310~311; *ППР*, pp.22~56;「北樺太軍発令一括」,『日露実業新報』第6巻第11号, 1920.11, p.51; 外務省外交史料館, 第E.4.2.2.2-1号『帝国ノ対露利権問題関係雑件 北樺太石油会社関係』(1928年 1~12月)第2巻,「北樺太石油会社沿革史」(アジア歴史史料センター, B09040929600, 382~383枚目)所収; 河合裸石, 앞의 책, pp.165~166.

이상과 같이, 이 군사법제는 러시아 시민의 인권 · 시민권 · 경제권을 완전히 무시한 것으로, 9월 이후, 이상의 법적인 규정이 한층 더 연장 · 확장된 결과, 시민에 의한 자유로운 정치 · 사회 · 경제적인 제반활동은 모두 불가능하게 되었다. 상징적인 일로, 조합 규칙 관련 동월 12일 자 파견군령 제13호에서는 '민정 지역'이 '일본'으로서 자리매김되고 있었다. 동월 17일부 범죄단속규칙 제24호는 모든 정치적 활동을 금지하고, 실행범과 공모자만이 아니라, 범죄의사가 있는 시민 전원도 처벌 대상에 포함시켰다. 또한 동월 25일부 파견군령 제25호에 따라 자치제에 관한 옛 러시아 법령이 모두 폐지되는 대신 시정촌市町村의 모든 것에는 명예 · 무급의 관직으로서 군정 당국의 지령등을 주민에게 알리고, 군정부나 헌병 기관의 의뢰를 집행하는 장로(총대總代상담역)를 두었다. 또한, 군정부가 지정한 시정촌에는, 장로 아래에 협의회가 설치되어 있었다. 동시대의 일본인이 인정했듯이, 이러한 법규에 의거한 군정은 '순연한 일본식민지 통치관'을 띠고 있었다.[45] 또한 전쟁상태가 없이 만들어진, 이상과 같은 '유형지에서나 볼 수 있는 레짐'은 사유권 경시, 경제활동과 이동 · 집회 자유의 부정 등에서 소비에트 · 러시아 정치 체제와 닮았다고 러시아 평론가가 비난했다.[46]

사할린주의 본래 중심지인 니콜라예프스크는 다소 다른 상황에 놓여있었다. 9월 말 일본 측은 주요 건축물을 보호할 목적으로 현지 대표자를 선정하여, 첩보원을 배치하고 포획기선 등을 처분하고, 자위단의 지도와 죄인처분을 한 뒤 동시同市에서 일본부대를 철수시켰다. 시민대표 선거가 28일 치러졌으며, 니콜라예프스크 시민어업조합 부장을 지낸 파벨 에포

45 *ППР*, pp.57~58; 北樺太日本人会 編, 『保障占領中ノ北樺太ト引揚前後ノ事情』, 1927, pp.2~3.
46 *Доклады ПОТПП*, pp.439~443; *ППР*, pp.25 · 46~47.

프1884~1935가 이끄는 협의회가 설립됐고, 이 협의회와 일본군 사이에 계약이 체결됐다. 협의회가 병영 등 동同 시내의 건축물 및 항내의 기선을 보존하고, 치안 유지에 노력하는 대신, 일본군은 필요한 경비를 부담하거나 포획 병기 중에서 약간의 소총과 탄약을 제공하는 것총 65정에 전면적으로 협력하도록 결정됐다. 동同 협의회는 적어도 매월 한 차례 알렉산드로프스크 주재 사령관에게 보고서를 제출하고, 체포·구금된 자를 일본군에 인도해야 했다. 협의회가 그 임무를 잘 수행하면 일본군은 이듬해 이에 보상하겠다고 약속했다. 9월 29일 아르카디 마키예프를 시작으로, 일본 파견군에 '부득이 필요한' 러시아 협력자 33명이 육군 운송선으로 알렉산드로프스크로 수송되었다.[47] 남겨진 니콜라예프스크에는 당시 700명 정도의 주민밖에 없었으며 그 가운데 중국인과 조선인이 거의 절반을 차지하고 있었다.[48]

6. 맺으며

이 글에서는 니콜라예프스크 사건 및 이를 계기로 행해진 사할린주 보장 점령이라는 사건을 러시아인의 체험과 기억을 축으로 하여 검토해 보았는데, 이 역사는 동북아 여러 나라의 사람들에게 크게 시사하는 바가 있다고 생각된다. 동북아시아의 사람들은 이 근현대사의 가운데에서, 반드시라고 말해도 좋을 만큼 '망국', '점령', '혁명'이라는 것을 체험하고 있

47 『西伯利出兵史』 第3巻, pp.933~937.
48 「北樺太と尼港の産業」, 『大阪市商工時報』 第33号, 1921.12, p.57.

지만, 니콜라예프스크 사건과 사할린주 보장점령은 동북아시아의 '러시아부部'를 무대로 하는, 이와 같은 체험을 상징하는 사건이며, 이를 통해 동북아시아의 근현대사를 미니어처판로 바라볼 수 있다.

세계지도에서 오늘날 동북아시아의 윤곽이 주로 제2차 세계대전 직후에 대일본제국이 멸망함으로써 형성되었다는 관점에서 보면, 이상과 같은 사건은 동지역만의 제국 공간의 본연의 자세와 군국주의의 본질, 근대적인 내셔널리즘 및 혁명주의의 확대를 명시하고 있다. 니콜라예프스크에서 제국 시대를 대표하는 '가해자'인 일본 부대 및 '전前지배계급'인 러시아인이 적화한 러시아인, 중국인, 조선인의 '하급사회적 분자下級社會的分子'에 의해 처음으로 '희생'되었고, 제국일본은 소비에트 러시아, 중국과 조선 해방 운동에 대해 엄격한 청산을 요구했다. 일본은 첫째, 대러 보복 수단으로 연해주 러시아 부대를 완전 무장해제하고 니콜라예프스크가 사할린주라는 명목으로 아무르강 유역 및 북사할린을 점령했다. 둘째, 강경한 외교적 수단을 통해 중국 베이징 정부에 사과와 책임자 처벌, 위자료 지급을 의무화했다. 셋째, 조선인 독립운동에 대한 탄압을 강화하면서 같은 해에 간도 출병을 단행했다. 니콜라예프스크 사건은 일본 군국주의를 더욱 경직시킨 일본 역사의 중요한 분기점이었으며, 당시 해결되지 않은 채 남겨진 문제들은 제2차 세계대전기까지 계속 재생되었다고 할 수 있다. 그 과정에서 일본 국민은 이웃나라 국민이 증오하는 그 정치 체제로부터 적지 않은 혜택을 누리면서도 그 체제의 희생자이자 '인질'이기도 했다.

1920년 4월부터 전개된 일본의 '제2의 대러간섭'은 러시아령 극동지역을 통합해야 하는 러시아 정권에 대한 보상의 요구이면서, 사실상 볼셰비키 정권에 외교교섭 개시를 앞당기는 수단이었다. 이 행동은 혁명적인 독재를 받아들일 수 없었던 '반혁명파'를 비롯한 러시아 국민의 입장을 완전히 무시했기 때문에, 러시아 내에서 반일적인 기운을 고조시키고 극동 지역의 추가적인 볼셰비키화를 촉구했을 뿐이었다. 그 결과 일본 제국이 인도적 지원을 기대하던 러시아의 친일파 혹은 지일파의 대부분이 일본에 대한 태도를 바꿀 수밖에 없었다.[49] 트랴피친 등의 테러로 거의 전멸당한 아무르강 하류 유역의 일반 러시아 시민들은 고향을 떠나야 했고 북사할린 시민 대부분은 점령하에 살게 되었다. 또한 동주同州의 온건한 시민 중 일부는 잔혹한 혁명주의적 테러와 일본의 편의주의적 군국주의 사이에 끼어, 어쩔 수 없이 일본과의 협력관계를 선택해야 했다. 혁명적인 독재와는 다른 러시아의 미래를 꿈꾸던 '망명 러시아인'의 비극은 그곳에 있었다.

중국인과 조선인 대다수가 트랴피친의 단명으로 끝난 무정부주의적 독재정권 수립을 지지하고 니콜라예프스크 대량학살에 관여한 것은 분명 동同 사건의 중요한 특징이다. 러시아혁명은 '피착취' 제 민족과 제 계급의 불만과 파괴적인 에너지를 러시아인의 '대국주의' 및 다른 '제국주의'로 향하게 하며, 이러한 외적인 요인에 의해 방향이 지워지고 있었다. 빨치산에 중국인과 조선인이 가담한 것은 니콜라예프스크 사건의 한 원인이 되었고, '제국주의적' 일본에 대한 혁명적 증오는 중국인과 조선인들이 품고 있던 대일 악감정에 의해 배가되었다. 러시아혁명운동에서 중국

49 이를 테면 이하의 사료를 참조. "Занятие Александровска", *Дело России*, No.7, 1920.4.30, p.1; "Пути японской политики в русском вопросе", *Дело России*, No.17, 16.07.1920, p.2; HIA, Mikhail Mikhailovich Kostenko Papers, box 1, folder 2, Kostenko to Merkulov, 18.10.1921; Mikhail Nikolaevich Girs Papers, box 25, folder 4, Г.А. Крамаренко, *Япония и ее политика на Дальнем Востоке*, ноябрь 1920 г.

인과 조선인의 역할을 정확히 평가하기 위해서는 더 많은 연구가 필요하지만, 민족해방의 꿈을 꾸었던 조선인이나 중국인들이 '과격파' 러시아인 다수와 함께 이런 혁명적 제노사이드에 손을 더럽힌 것 또한 현대적인 동북아시아사의 부정적인 에피소드로 우리 기억에 새겨야 할 것이다.

청의 문호 개방 후의 러시아의 차 무역*

캬흐타 · 한구漢口의 유통을 재료로 하여

모리나가 다카코

박설희 옮김

1. 들어가며

19세기 노청 무역에서 차茶는 가장 중요한 상품 중 하나였으며 그 소비는 러시아 사회의 생활 문화, 공업화와 함께 밀접히 결부되어 있었다. 기후적으로 러시아에서 재배가 곤란한 차를 중국에서 유입하게 됨으로써 유럽 각국에 대한 청의 문호 개방 후, 러시아 상인도 그 시장에 참여하게 되었다. 18세기 이후 그들의 활동 거점은 노청 국경선의 캬흐타恰克圖, 마이마이청買賣城이었으나, 19세기 중반 이후는 여기에 청의 상업 도시 한구

* 본고는 2017년에 집필한 「1860년대 이후의 러시아와 청의 차 무역-모스크바, 캬흐타, 한구를 연결하는 유통의 시점에서」, 『북동 아시아 연구』 별책 제4호, 2018.9, pp.101~124를 수정 · 가필한 것이다.
또한 자료 수집에 관해서는 과연비 기반연구C 「근대 유라시아의 러시아 상인과 차 무역」(대표 : 모리나가 다카코, 2013~2015) 및 과연비 기반연구C 「19세기 러시아 차 무역과 글로벌 시장 : 회계 장부 분석」(대표 : 모리나가 다카코, 2017~2020)의 조성을 받았다.
본고 집필에 있어 중국사에 관한 정보 확인 등, 동료 리쓰메이칸 대학 문학부 동양사 전공 교수 이노우에 미쓰유키 씨께 조언을 얻었다. 이 자리를 빌어 재삼 깊은 감사를 전한다.

현 무한시가 더해졌다.

근래 들어 유통사, 문화사의 영역에 있어 '차의 역사' 연구가 활발하다. 향신료, 설탕, 커피를 비롯한 스테이플 상품으로서의 식품, 기호품의 역사는 경제사 분야에서 언제나 주목되어 왔다. 또한 글로벌 히스토리의 활성화로 이들 상품에 관련된 나라, 지역, 도시와 경계선을 넘어 활동하는 상인, 수송·유통을 담당하는 이들에게도 시선이 향하게 되었다. 글로벌 히스토리 연구의 고전, 이매뉴얼 월러스틴의 "근대세계체제론"은 주로 16세기 이후 유럽에 의한 국제 상업의 확대를 논함으로써 근대 세계의 중심부, 반주변부, 주변부의 경제 구조를 설명하려 했다.[1] 이어서 여러 글로벌 히스토리 연구가 이루어지게 되어 네덜란드, 영국, 미국 등 근대 중심 국가를 대상으로 하는 경제사 연구와 대서양, 태평양, 인도양 등 해역사를 대상으로 하는 연구 등이 지금까지 진행되고 있다.[2] 그러나 「근대세계체제론」은 '유럽 중심 주의적Euro-centric'이라고 비판되었고, 21세기에 걸쳐 아시아와 라틴 아메리카 등 다른 나라·지역의 시점에 의한 연구도 등장했다.[3] 또한 케네드 포머란츠는 제도와 사회 구조로 봤을 때 아주 비슷했

1 근대세계체제론의 최초 저작은 1974년에 발행. Immanuel Maurice Wallerstein, *The Modern World-System : Capitalist Agriculture and the European World-Economy in the Sixteenth Century*, Academic Press, 1974(일본어역 : I. 월러스틴, 기타가와 미노루 역, 『근대세계체제〈1〉농업 자본 주의와 「유럽 세계 경제」의 성립』, 이와나미 서점, 2006).

2 예를 들면, 이하 참조. 얀 드 브리스·아드 판 데어 바우더, 오시마 요시유키·스기우라 미키 역, 『최초의 근대 경제 : 네덜란드 경제의 성공·실패와 지속력 1500~1815』, 나고야 대학 출판회, 2009(원저 : Jan de Vries · Ad van der Woude, *The First Modern Economy, Success, failure, and perseverance of the Dutch economy, 1500-1815*, Cambridge University Press, 1997); 버나드 베일린, 와다 미쓰히로 역, 『아틀랜틱 히스토리』, 나고야 대학 출판회, 2007(원저 : Bernard Bailyn, *Atlantic History*, Harvard University Press, 2005). 대서양사에 관한 연구서는 그 외에도 다수 출판되어 있다. David Armitage, Alison Bashford, *Pacific Histories : Ocean, Land, People*, Red Globe Press, 2013. 글로벌 히스토리도 근년 방대한 저작들이 있으나, 본고의 테마는 그것을 총괄하는 것은 아니기 때문에 할애한다.

3 월러스틴 비판의 필두로서 안드레 군더 프랑크의 연구를 들 수 있다. *ReORIENT : Global*

던 유럽과 아시아가 17세기 이후 크게 '다른 세계'로 갈라진 요인에 관심을 두고, 중국과 영국, 프랑스, 독일을 주요 재료로 하여 경제, 제도를 비롯한 개별적 문제를 비교 분석했다.[4] 일본에 있어서도 일본사, 동양사 등의 입장에서 세계사/글로벌 히스토리의 새로운 연구, 재해석이 이루어지고 있다.[5]

본고의 테마인 '차 무역'의 역사는 이러한 글로벌 히스토리 연구와도 친밀하다. 지금까지 선행 연구에서 차는 특히 영국과 아시아 사이의 경제 관계를 나타내는 아주 좋은 재료로 인식되어, 영국의 공식·비공식적 제국의 정치·경제·사회·문화 등과 관련해 상당히 넓은 영역의 역사를 커버해왔다. 구체적으로는 17~18세기 영국에서 보급된 커피 하우스나 저널리즘, 산업 혁명, 미국 독립 전쟁, 19세기 영국·인도·중국 간의 삼각 무역 등을 들 수 있다. 선행 연구에서 '차의 역사'라고 하면 중국, 일본의 그것

Economy in the Asian Age, University of California Press, 1998(일본어역 : 안드레 군더 프랑크, 야마시타 노리히사 역, 『리오리엔트』, 후지와라 서점, 2000).

4 예를 들면 2000년에 간행된 케네드 포머란츠의 『대분기』는 당시의 경제사 연구에 파문을 일으켜, 일본에서도 논의가 이루어졌다. Kenneth Pomeranz, *The Great Divergence : China, Europe, and the Making of the Modern World Economy*, Princeton University Press, 2000(일본어역 : 케네드 포머란츠, 기타가와 미노루 역, 『대분기－중국, 유럽, 그리고 근대 세계 경제의 형성』, 나고야 대학 출판회, 2015).

5 아시아 연구자의 시점에서 본 연구서로 해역사·광역 경제사를 테마로 하는 이하의 논문집이 있다. 가고타니 나오토·와키무라 고헤 편, 『제국과 아시아·네트워크－장기간의 19세기』, 세계 사상사, 2009. 또한 페르시아사 전문가인 하네다 마사시는 도쿄 대학 동양문화 연구소를 거점으로 과연비 대표로서 「유라시아의 근대와 새로운 세계사 서술」(2010~2014년도); 「새로운 세계사/글로벌 히스토리 공동 연구 거점의 구축」; (2015~2019년도)를 주재, 아시아사까지 포함한 「세계사/글로벌 히스토리」의 공부회나 심포지엄, 성과물을 간행했다. 그중 일부를 이하 게재한다. 하네다 마사시 편, 『새로운 세계사로－지구 시민을 위한 구상』, 이와나미 신서, 2011; 하네다 마사시 편, 『글로벌 히스토리와 동아시아사』, 도쿄 대학 출판회, 2016년; 하네다 마사시 편, 『글로벌화와 세계사』, 도쿄 대학 출판회, 2018. 영국 제국사가 전문인 아키타 시게루는 영국과 아시아의 시점에서 글로벌 히스토리에 관한 이하의 연구서, 논문집을 간행했다. 아키타 시게루 편, 『아시아에서 본 글로벌 히스토리 : 「장기간의 18세기」에서 「동아시아 경제적 부흥」으로』, 미네르바 서방, 2013; 『「대분기」를 넘어서－아시아에서 본 19세기 재고찰』, 미네르바 서방, 2018; 『글로벌화의 세계사』, 미네르바 서방, 2019.

이나 '영국 및 영국 동인도 회사의 차 무역사'가 중심이며 그 전제로 '국가', '국민 문화'의 형성 · 발전이라는 시점이 존재해 왔다. 그 중에서도 영국의 차 무역사는 '유럽에서 본 세계사'상과 표리일체이며 지금까지도 일반적인 테마이다. 예를 들면 보스턴 차 사건과 미국 독립 전쟁은 17~18세기의 네덜란드인, 영국인 식민자가 미국 사회에 차를 마시는 습관을 보급한 것을 배경으로 하고 있으며, 영국 동인도 회사의 차 수출입 특권과 과세가 식민지의 '애국심'을 선동한 것이다.[6] 일본의 영국 경제사가1921~2014인 고故 쓰노야마 사카에는 『차의 세계사』1980에서 서양 경제사의 문맥에서 차 무역을 논하며 네덜란드 · 영국 · 중국 · 일본 · 인도 등을 아우르는 세계사 상을 제시했다.[7] 이러한 '주된' 차 무역사 연구는 영국에 초점이 맞춰지기 쉬우며, 영국의 차 소비 문화, 인도 식민지의 다원 경영, 영미의 클리퍼 선에 의한 차의 수송 경쟁(해사사maritaime history에서 본 문제 등)과 같은 테마는 자세히 연구되어져 있다.[8]

그러나 19세기까지 세계 최대 차 생산지이자 수출국이었던 청에게 있어 차의 수출 대상은 물론 영국뿐만은 아니었다. 특히, 예로부터 중국과 무역을 행해왔던 유라시아의 차 무역은 동양사와 일본사의 문맥에서도 연구되어 왔다. 역사적으로 차의 주요 생산지가 중국과 일본이었기 때문

---

6 William H. Ukers, *All About Tea* Vols Ⅰ · Ⅱ, Martino Pub., 2007, pp.49~66(초판은 *New York : Tea & Coffee Journal*, 1935). 부분적 일본어 역으로 W.H. 유커스, 스기모토 다쿠 역, 『로맨스 오브 티 : 녹차와 홍차의 1600년』, 야사카 서방, 2007이 있다.

7 쓰노야마 사카에, 『차의 세계사 녹차의 문화와 홍차의 사회』, 쥬쿄 신서, 1980.

8 근래의 영국, 미국을 중심으로 한 차 무역의 주된 연구 성과로 이하의 것들이 있다. Ellis Markman, Richard Coulton, Matthew Mauger, *Empire of tea : The Asian leaf that conquered the World*, Reaktion Books, 2015(일본어 역 : 마크만 엘리스 · 리처드 컬튼 · 매튜 모거, 고시 도모히코 역, 『홍차의 제국 세계를 정복한 아시아의 차』, 연구사, 2019); Erika Rappaport, *A Thirst for empire : how tea shaped the modern world*, Princeton University Press, 2017.

에 이것은 당연하다.[9] 그러나 같은 유라시아 '차 문화권'인 러시아, 중앙아시아 지역 등에 대해 일본에서의 연구는 상대적으로 적으며, 유럽에서도 그렇게 활발하지는 않다. 그러나 근대 이후의 러시아는 차를 자신들의 '전통 문화', '정체성'으로 보았으며, 일상적인 기호품이 되었다. 근래들어서야 러시아의 차 수입액이 커피보다 줄어들어 사람들의 기호의 변화가 나타나고 있으나,[10] 근대로부터 소련기에 걸쳐 러시아의 가장 중요한 비알콜 음료는 차였다. 제국으로서의 러시아는 16세기 이후 타타르인을 비롯해 아시아계 선주민을 정복하여 내륙 루트를 개척하고 육로로 청과 직접 무역을 개시했다. 러시아의 차 무역사를 더듬어 보는 것은 러시아의 근대화와 유통의 확대, 글로벌화에 따른 영국, 그 외 유럽 각국과의 경제적 경쟁 관계의 변화를 부각시키는 것이기도 하다. 따라서 캬흐타·한구의 차 무역을 19세기 국제 정세와 비교 검토함으로써 로컬한 차 무역이 갖는 글로벌성을 명확히 하는 것이 가능하지 않을까. 근자의 '차의 역사' 연구는 러시아의 차 무역 이외에 광동항과 네덜란드, 북유럽 각국의 무역관계, 중국 내륙부의 '차마고도茶馬古道', 일본의 나가사키 무역 등 개별 연구의 성과를 도입해 가면서 그 전체상이 정리되고 있다.[11]

---

9 중국, 일본에서 차 역사 연구서는 그 양이 방대하므로 여기서는 할애하나, 일본에서의 주요한 연구자로 후노메 쵸후(1919~2001), 구마쿠라 이사오(1943~)를 들 수 있다. 또한 주1에서 열거한 Ukers, *All About tea*의 Vol. Ⅱ에서는 각 절을 설정해 중국, 일본의 차 역사를 개관하였는데, 일본에 관한 절은 일본어로 번역되어 있다. 윌리엄 H. 유커스, 고니타 세지 감수, 스즈키 미카 역, 『일본 차 문화 대전』, 지센서관, 2006.

10 예를 들면 2019년 러시아의 차 수입 통계는 4억 2,570만 달러(세계 전체 7.4%)인데 반해, 커피는 6억 3,145달러에 달했다. Daniel Workman, "Tea Imports by Country", *World's Top Exports*, http://www.worldstopexports.com/tea-imports-by-country/; A.Melkadze, "Annual value of coffee imports in Russia from 2015 to Jan-May 2020", Statista, https://www.statista.com/statistics/1014852/russia-import-value-of-coffee/

11 중국과 러시아의 내륙 차 무역 루트를 다룬 개별적 실증 연구로 M.Avery, *The Tea Road : China and Russia meet across the steppe*, China International Press, 2003을 들 수 있다. 한편, 비유럽권

러시아의 차 무역은 분명히 제국의 변경인 시베리아의 로컬한 중국 무역에서 출발했다. 그러나 남경조약1842, 톈진조약1858, 베이징조약1860을 거쳐, 청이 유럽 각국에 대해 영사관을 설치하고 무역항을 개방하자, 러시아는 청과 선린 우호 관계를 뒤엎고 강경책으로 돌아선다. 이 과정에서 캬흐타 무역에 경험이 풍부한 '캬흐타 상인러시아 상인'[12]들은 적극적으로 청의 내부에 들어가 스스로 현지에서 다원 관리, 제다 공장 경영을 개시했다. 러시아 민간 상인을 통해서 한구는 동북아시아뿐만 아니라 러시아 서부, 유럽 등 원격지 시장과도 접속하여 차의 수송 중개 거점의 역할을 수행했다. 해상 수송의 우위를 확보한 영국은 러시아와 다른 수송 루트를 확립하고 있었고, 러시아는 육로를 주요 수송로로 하며 해상 수송에도 참여하려 하였다.

내륙 국가로서 러시아는 19세기 동안 영국 등 유럽 각국의 해운업에 크게 의존하여 해로 무역에 고전해 왔다. 해운업 참여에는 모스크바 등 전통적 러시아 상인의 성장뿐만 아니라 다양한 지역, 민족의 민간 상인이나[13] 캬흐타를 통한 중국 무역의 경험 축적, 외국 자본과의 제휴·협력이 필요했으며 러시아 정부에 의한 정치적·경제적 지원만을 의지할 수는 없었

과 영국 이외의 유럽 각국을 포함한 '차의 세계사'를 시도한 것으로 이하의 연구가 있다. Beatrice Hohenegger, *Liquid Jade : The Story of Tea from East to West*, St Martins Pr., 2007(일본어 역 : 베아트리스 호헤네거, 『차의 세계사 중국의 영약에서 세계의 음료로』, 하쿠스이샤, 2010); Victor H. Mair, Erling Hoh, *The True History of Tea*, Thames&Hudson Ltd., London, 2009(일본어 역 : 빅터 H. 메어·얼링 호, 다다히라 미유키 역, 『차의 역사』, 가와데 서방, 2010).

12 이 경우의 '카흐타 상인'은 어디까지나 '캬흐타 무역에 종사하는 상인'으로, 주요 참여자인 모스크바 상인, 이르쿠츠크 상인 등 다양한 도시를 포함한 무역 관계자들을 뜻한다.

13 예를 들면, 지중해 방면에 관여하는 그리스 상인, 중앙 아시아와 볼가 수역에 관여하는 아르메니아 상인, 발트해 지역에서 이주한 독일계 상인, 러시아 서부 국경 지역에서도 활동한 유대인계 상인 등을 들 수 있다.

다. 이에 관해 사콘 유키무라는 19세기 말 러시아 의용 함대Добровольный флот를 주요한 대상으로 상세히 연구했는데, 러시아 내외에서 별로 관심을 받지 못했던 러시아의 해운에 관해 자세히 설명했다. 그러나 사콘 씨의 저서는 의용 함대와 러시아 해운업의 성장, 그 정치적 측면에 중점을 둔 것이며 해운업에서 중요시 되는 선주, 선원, 자본, 하주荷主 등의 다양성, 다민족성이라는 문제에는 그다지 시선을 두지 않고 있는 듯 하다.[14]

러시아의 차 무역을 이해하기 위해서는 육해의 수송을 포함한 러시아 제국의 정치적 틀을 벗어나 참여한 다양한 그룹, 경제적 폭의 확대에도 눈길을 돌려야 할 것이다. 왜냐하면 차의 수송에 관한 사람들의 활동은 수시로 러시아 제국의 경계선과 일치하지 않는 실태가 있기 때문이다. 러시아 제국의 각 지역 · 각 민족 상인이 제국 경계선이나 정치적 제약 아래 형성한 네트워크 거래 수단, 글로벌화의 영향, 밀수에 대한 대처와 같은 문제는 연구가 곤란하나, 동시에 검토해야 할 문제이기도 하다. 후술하는 애훈조약1858 이후의 캬흐타 무역과 러시아 상인의 활동은 대외적으로는 영국을 비롯한 경제적 위협에 대한 직접적 반응이며, 한편으로 중국 · 유럽 각국의 국제 관계 변화와 동시에 일어난 현상이기도 하다. 19세기 후반 이후의 노청 차 무역은 2개국 간의 단지 로컬한 '경계 횡단적 현상'[15]에 그

14 사콘 유키무라, 『바다의 러시아사 – 유라시아 제국의 해운과 세계 경제』, 나고야대학출판회, 2020.

15 독일의 연구자 세바스티안 콘라드는 예로부터 '경계 횡단적 현상'에 관심이 존재했음에도 불구하고 이것이 근래 들어 역사가의 새로운 요구, 생각의 변화에 의해 글로벌 히스토리의 논쟁에 연결되었음을 지적했다. 그 중 알기 쉬운 첫번째 접근으로 특정 관념이나 물건이 시대를 넘어 횡단하는 글로벌 히스토리로서 차와 커피의 역사를 다룬다. 또 콘라드가 다루는 두번째 접근인 '교환과 접촉'도 차의 역사에 있어 중요한 요소이다. 근래들어 여기에 '국내 변화와 글로벌한 변용'을 통합하려는 세번째 접근이 중심이 되고 있다. 세바스티안 콘라드, 오다와라 린 역, 『글로벌 히스토리 – 비판적 역사 서술을 위하여』, 이와나미서점, 2021, pp.4~11(원저 : Sebastian Conrad, *What is global history?*, Princeton University Press, 2016). 콘라드는 전술한 하네다

치지 않고, 차의 국제 시황과 유통과도 연동되는 점에서 더 글로벌한 영향 아래 있었다고 할 수 있다.

여기에서는 우선 제정 시대부터의 러시아의 차 무역 연구를 돌아보겠다. 러시아에서는 중국 무역의 증가와 병행하여 19세기 중반부터 차 무역사 연구가 진행되게 되었다.[16] 제정 시대의 경제학자 A. П. 스보틴1852~1906은 러시아 무역의 전문가로서 동시대의 러시아를 축으로 포괄적인 차 무역사 연구서 『차와 차 무역』1892를 간행했다.[17] 그의 연구는 그 외에도 러시아의 중국 무역이나 외교 관계 등을 논한 연구서, 통계서가 대소를 포함해 다수 간행되었다.[18]

그러나 소련 시대의 러시아의 차 무역사 연구는 거의 정체되어 있다. 이는 혁명에 의해 중국차 수입이 끊긴 것, 소련 사학의 이데올로기적 제약, 공업사 연구로의 편향이 영향이라고 사료되며, 유통사를 다루는 일이 줄어들었다. 고작 소련 시대의 차 문화 연구서로써 포프레킨의 『차, 그 타입, 특성, 소비』모스크바, 1981를 들 수 있으나, 이것은 현대 러시아에서도 독특한 문화사 연구서로서 계속 재판되고 있다.[19]

마사루가 이끄는 「새로운 세계사/글로벌 히스토리 공동 연구 거점의 구축」에도 참가해 적극적으로 국제 공동 연구를 행하고 있다.

16 예를 들면, 그리고리에프, 『차』, 페테르부르크, 1855는 러시아의 차 무역사 개요를 간결히 설명했다. Я.И.Григорьев, *Чай : [Очерк]*, СПб., 1855. 이 전에도 팸플릿 형식으로 간행된 책자가 몇몇 존재한다.

17 А.П.Субботин, *Чай и чайная торговля в Росии и других государствах. Производство, потребление чая*, СПб., 1892.

18 예를 들면 이하의 것들이 있다. К.А.Скачков, *Наши торговые дела в Китае*, СПб., 1863; Ф.Ф. Мартенс, *Россия и Китай : историко-политическое исследование*, СПб., 1881.

19 В.В.Похлебкин, *Чай, его типы, свойства, употребление*, М. : Лег. и Пищ. Пром-ть, 1981. 포프레킨은 원래 스칸디나비아 각국 국제 관계사의 전문가이나 그 후 세계의 '민족 요리'도 연구한 독특한 연구자이다. 상술한 연구서 외에 훗날 보드카의 역사를 가필한 것도 간행되었다. В.В. Похлебкин, *Чай и водка в истории России*, Новосибирск, 1995.

한편, 러시아의 차 무역사와 겹쳐지는 노청 무역은 외교사와 무역 통계 사료에 초점이 맞춰져 왔다.[20] 이들은 노청 무역사를 '국가'의 시점에서 개관할 수 있는 유익한 성과이며, 소련 사학의 굳건한 선행 연구이다. 유럽 각국이 18세기 이후 해로로 광동 무역을 해 온 것에 반해, 러시아는 청으로부터 이를 거부당하고 '육로로' 캬흐타 무역을 행해 왔다. 그리고 캬흐타 무역은 19세기 초반까지 '러시아가 청에게 모피를 팔기 위한 무역' 이었다. 이러한 노청 무역의 성격은 시베리아의 풍부한 모피 자원, 청조 만주 귀족들의 검은 단비 소비, 중국 전토의 모피 유행에 지탱되어 왔다.[21] 그 후 모피 자원 고갈과 청의 모피 수요 감소로 인해 캬흐타 무역은 '청이 러시아에게 차를 팔기 위한 무역'으로 변모되었고 차 무역은 러시아 상인에게 있어 아시아 시장과 연결되는 수단이 되었다. 그러나, 소련기의 노청 무역사 연구는 무역 현장에서 활동한 노청 상인, 몽골인, 브리야트인 등 주변의 각 민족, 밀수, 사회 구조와 같은 유통 실태에 대해서는 파헤치지 않았다. 사료적 제약도 있으나, 소련 사학에서는 상인(혹은 브르주아) 연구 자체가 학술적인 연구로서 간주되지 않았다. 소련 사학에서 상인을 다룰 때는 '국가', '제국'에 공헌한 인물이 언급되는 경향이 있다. 또한 역사적으로 볼 때 러시아 상인이 무역을 할 경우는 외국 자본·수송 수단에 크게 의존했기 때문에 경제사 연구에서 중요시되지 않았던 측면이 있다.

---

20 예를 들면, Е.П.Силин, *Кяхта в XVIII веке. Из истории русско-китайской торговли*, Иркутск, 1947; М.И.Сладковский, *История торгово-экономических отношений народов России с Китаем* (до 1917г.), М., 1974. 일본에서는 요시다 긴이치의 연구가 기본 선행 연구로서 알려져 있다. 요시다 긴이치, 「러시아와 청의 무역에 대하여」, 『동양학보』 제45권 4호, 1963.8, pp.39~86; 『근대 노청 관계사』, 곤도 출판사, 1974; 『러시아의 동방 진출과 네르친스크 조약』, 동양문고, 1984.

21 니시무라 사부로, 『모피와 인간의 역사』, 기노쿠니야서점, 2003, pp.187~191 · 252~258.

이러한 소련기의 정체를 거쳐 근래 러시아에서는 다시금 차 무역사·차 문화사 연구가 행해지고 있으며 주도적 역할을 한 것이 이반 알렉세비치 소코로프이다.[22] 그는 주로 문화사적, 계보학적 시점에서 러시아 상인 데이터를 백과사전 형식으로 수집, 정리하고 있다. 이러한 연구는 현재 러시아 사학에 있어서 상인사·기업가사 연구, 시장 경제사 연구의 활성화에 힘 입은 바 크다. 또한 소코로프가 발신하는 정보도 요즘의 중국 경제 성장이나 러시아와의 협력 관계가 그 연구를 뒷받침하고 있다고 추측할 수 있다.[23]

캬흐타 무역에 관해서는 야나기사와 아키라, 이와이 시게키 등의 연구 성과에 의해 종래의 이미지가 바뀌고 있다. 캬흐타 무역은 '조공 무역'과 달리 민간 자유 무역으로 '호시'의 일종이며 금은 결제를 금지하는 '바터 무역'이 큰 특징이다. 이러한 호시 연구와 함께 러시아에서도 최근 울란우데에 있어서의 캬흐타 무역에 관한 새로운 문서 연구 성과가 간행되고 있다.[24] 그러나 1850년대 태평천국의 난과 영미 등으로부터의 자본주의

22 소코로프는 2008년 간행된 저서(И.А.Соколов, *Чаеторговцы Москвы, члены их семей, некоторые предки и отдельные потомки, 1700-е – 1990-е годы. Биографический справочник*, M., 2008)를 필두로 러시아의 차 거래 종사자에 대해 지금까지 정력적으로 저서를 간행하고 있다. 또한 인터넷을 통해 적극적인 정보 발신도 하고 있다. 본고에서는 지면의 관계로 그 성과의 일부분밖에 다루지 못했다.

23 소코로프의 저작 И.А.Соколов, *Чай и чайная торговля России : 1790-1919гг.*, M., 2012는 이하와 같이 중국어로도 번역되어 있다. 伊万·索科洛夫 编著, 黄敬東 訳, 『俄罗斯的中国茶时代』, 武汉出版社, 2016. 중국어 번역서는 동료 이노우에 미쓰유키 씨로부터 정보를 제공받았다.

24 캬흐타 무역의 개별 문제에 대해서는 후술할 것이나 주된 것으로 이하를 참조. 요시다 긴이치, 「러시아와 청의 무역에 대하여」, 『동양학보』 제45권 4호, 1963.3, pp.39~86; 기시모토 미오, 『청대 중국의 물가와 경제 변동』, 겐분출판, 1997, pp.176~178; 모리나가 다카코, 『이르쿠츠크 상인과 캬흐타 무역 – 제정 러시아의 유라시아 상업』, 홋카이도 대학 출판회, 2010. 청의 조공 무역과 호시의 문제에 대해서는 이와이 시게키 씨에 의한 일련의 연구 성과가 있다. 그의 연구의 집대성으로 근년 이하의 책이 간행되었다. 이와이 시게키, 『조공·해금·호시 – 근세 동아시아의 무역과 질서』, 나고야 대학 출판회, 2020. 야나기사와 아키라의 연구에 대해서는 2절의 주석에서 다루겠다.

적 '자유 무역' 공세는 캬흐타 무역에 구 제도의 변혁을 요구했다. 그 속에서 캬흐타의 러시아 상인들은 새로운 비지니스 찬스를 발견하고 청조 내부로 확대해 갔다. 그 발판이 된 것이 한구이며 차 생산지인 호남성, 호북성이었다.[25] 영국 차 무역사 연구에 가려져 지나치기 십상이나, 중국 시장에 직접 참여해 제다업을 해 온 것은 러시아 상인뿐이며 영국 상인은 중국인 중개업자로부터 차를 수입하면서[26] 19세기 중반 이후에는 인도 차 생산에 주력했다. 중국에 있어 러시아 상인의 적극적 활동은 캬흐타 무역에서 오랜 세월 상품 지식을 축적한 것, 중국 수출에 대한 마케팅을 연구하여 상인 간의 네크워크를 구축한 경험에 힘입은 바 크다.

러시아 상인의 한구 진출에 대해서는 근래 리진윈Lee Chinyun, 李今芸의 연구가 있는데 리 씨는 동시대의 영국, 일본의 신문이나 중국어로 번역된 러시아 개설서, 중국 측의 논고 등을 총합하여 이하와 같이 지적했다. 그는, "러시아 상인의 제다 회사는 스스로 차를 선별하고 적극적인 기술 혁신을

또한 러시아 과학 아카데미 시베리아 지부의 몽골학 · 불교학 · 티벳 연구소(ИМБТ СО РАН)로부터 Л.Б. 쟈바에바를 편자로 캬흐타 무역의 실태에 관한 이하의 최신 성과가 간행되었다. Л. Б. Жабанва, *Кяхта – Маймачен. Прообразы свободных экономических зонâ Российской империи : история, современность, перспективы*, Улан-Удэ, 2014. 동서 4장은 필자의 감수로 와세다대학교 대학원생 다니카와 하루나(谷川春菜) 씨의 일본어역이 간행되었다. 레오니드 블라디밀로비치 클라스, 모리나가 다카코 감수, 다니카와 하루나 역, 아라이 유키야스 협력, 「캬흐타 관세 – 밀수와 그 대책」, 『사적』 43호, 2021.12, pp.228~262.

25 한구를 도시사, 문화사 등의 시점에서 연구한 윌리엄 T.로는 '서양인의 눈에는 차가 한구의 유일한 존재 이유였다'고 지적하고 있으나 미즈노 고키치가 실시한 일본 영사관 조사에서 알 수 있듯이, 실제로는 한강, 장강을 통해 쌀, 면, 기름 등 다양한 상품이 모이는 도시였으며 국내외의 배송 거점이었다. Wlilliam T.Rowe, *Hankow, Commerce and Society in a Chinese City, 1796-1889*, Stanford, California : Stanford University Press, 1984, pp.122~125.

26 영국 상인이 중국 국내 시장에 차를 매입하기 위해 직접 들어가지 않은 이유로 많은 화인 상인이 영국 국적을 취득하여 영국 상인의 대리상으로서 거래를 했던 실태도 관련이 있는 것으로 보인다. 영국 국적 화인에 대해서는 무라카미 에이 씨에 의한 복건 상인을 대상으로 한 극히 실증적인 연구 성과가 있다. 무라카미 에이, 『바다의 근대 중국 – 복건인의 활동과 영국 · 청조』, 나고야대학 출판회, 2013.

행하는 등, 다양한 기업 노력을 해 왔음에도 불구하고 중국 시장에 대해 관심을 갖지 않았으며 미국이나 호주 시장에 판매하지 않아 영국 상인이나 일본 상인과 같이 시장 확대를 하지 않았다. 그 원인은 러시아 상인이 사업에 있어 너무나도 제정 러시아 정부에 의존했기 때문이다"라고 했다.[27] 물론 러시아 상인의 사업은 우선 러시아 시장을 축으로 전개되어 지금의 '보다 열린 국제 무역'과 비교하면 범위는 한정적이었다. 또한 러시아·미국 회사의 해산, 알래스카 매각1867 등에 의해 러시아 해운이 태평양에 진출하지 못 했던 것도 미국, 호주 시장을 개척하지 못 한 요인일 것이다. 그러나 개별적 러시아 상인의 차 무역 사업을 보면 영국 차 무역업자나 상인 은행과 자본 협력을 해 가면서 런던 시장의 동향을 고려해 한편으로는 러시아 시장에 진입해 외국 시장과의 중개를 해 온 비러시아계 상인들도 있었다. 적어도 소련 초기의 블럭 경제와는 달리 제정 시대 말기까지 러시아의 차 무역은 국제 시장과 무관하지는 않았다.

19세기 제국주의적 조류 속에서 러시아 상인들은 노청 양 제국의 정책에 농락당하며 정치적 제약을 받으면서도 살아 남기 위해 경영 노력을 계속했다. 그 결과, 러시아는 19세기 말부터 20세기 초반에 걸쳐 세계 최대의 중국차 소비국이 되었으며 영국의 중국차 수입량을 능가했다. 그 후 러시아의 차 무역은 혁명에 의한 정치적 혼란으로 인해 차단되고 소련 시장에서는 인도 차, 조지아 차가 중국차를 대신했다.[28] 그러나 혁명 전야까지

---

27 Lee Chinyun, "From Kiachta to Vladivostok", *Region* Vol.3, No.2, 2014, pp.195~218. 상기 논문의 분석 대상은 러시아 상인이지만, 같은 캬흐타 무역으로 활동했던 산서 상인을 다룬 논고로 이하의 중국어 논문이 있다. 李今芸, 「恰克圖茶葉貿易與晉商(1862~1917)」, 『漢學研究』 28-3, 2010.9, pp.167~196.

28 하라 데루유키, 『블라디보스톡 이야기』, 산세도, 1998, p.148.

북동아시아를 통한 차 무역이 활성화된 것은 정치적 경계를 넘어 움직이는 민간 상인의 네트워크와 국제 정세의 변화가 상호작용한 결과라 할 수 있을 것이다.

본고에서는 이상의 선행 연구와 문제점을 근거로 19세기 중반에 일어난 캬흐타 무역의 위기적 상황에서 러시아 상인이 한구를 거점으로 제다업을 확대하는 과정을 검토하고, 러시아인의 제다 공장과 차 무역의 의의를 고찰할 것이다. 여기에서는 필자의 언어 능력의 관계로 주로 러시아 측의 자료를 사용할 것이며, 또한 논의의 성격 상 다른 잡지에 게재된 논문 정보 등도 포함되어 있음을 미리 말씀드린다.[29]

2. 1850년대의 캬흐타 무역 위기와 러시아 상인의 구조

러시아 상인의 한구 진출은 그들이 캬흐타 무역에 오랜 시간 종사해 온 경험이 없었더라면 곤란했을 것이다. 캬흐타에서는 1950년대까지 노청 상인이 국경을 넘어 상대국 시장에 진출하는 것이 금지되어 있었으나, 중국 상인 측은 장사를 위해 러시아어를 배우고 될 수 있는 한 비지니스 정보를 교환했다.[30] 여기서 먼저 캬흐타 무역에 종사한 러시아 상인의 실태에 대해 살펴보도록 하겠다.

29 모리나가 다카코, 「모스크바 상인과 캬흐타 위기－공문서가 보여주는 19세기 노청 무역 구조와 변화」, 『러시아사 연구』 100호, 2017.12, pp.119~144; 「러시아 제정 말기의 차와 사회 운동」, 『리츠메이칸 문학』 제661호, 2019.3, pp.81~102.

30 청조 정부는 러시아 측에 중국어를 배우지 못하도록 자국 상인에게 훈령을 내렸던 것이 러시아 측이 입수한 자료에서 밝혀져 있기 때문에, 중국 상인은 러시아어의 피진어를 사용했다고 보여진다. РГАДА, Ф.183, Оп.1, Д.32, Л.2-5об.

1727년 풀라 조약, 1728년 캬흐타 조약으로 개시된 캬흐타 무역은 상품 교환 비율을 설정해 화폐를 사용하지 않고 상품을 교환하는 '바터 무역'이었다. 이것은 노청 양국이 은의 유출을 우려해 화폐에 의한 결제를 금지했기 때문이었다. 러시아가 청에 조공 사절단을 파견한 북경 무역과는 달리, 캬흐타 무역은 무관세의 민간 무역을 전제로 하는 '자유 무역'이었다. 한편 러시아 정부는 캬흐타의 모피 수출을 금하고 북경 무역에서 모피 이익을 독점하려 했으나, 이 원칙은 밀수 횡행에 의해 파괴되었다. 그 때문에 신 관세 규칙 교부1755, 캬흐타에서 모피 수출 해금1762에 의해 민간 상인의 모피 무역이 사실상 인정 받았다. 1762년 이후 캬흐타에서는 노청 양국이 서로 자국 상인에게 관세를 부과한 사실을 은폐하는 한편, 무역은 증가되었다. 그러나 캬흐타 무역은 노청의 안전 보장이라는 아슬아슬한 정치적 균형 위에서 성립되었고[31] 청조 정부는 러시아 측의 관세 부과 사실과 국경 지대 주변에 살고 있는 선주민의 러시아 령으로의 도주를 구실로 누차 무역 정지를 선언했다.[32] 18세기 당시의 청은 러시아 모피의 최대 수출 대상국이었고, 만주 귀족을 비롯한 중국인의 모피 수요가 컸다. 이것은 러시아인 모피 업자의 북태평양, 알래스카 진출을 재촉한 주된 요인이었다. 1785~92년 마지막 정지 기간을 거치고 난 후 캬흐타 무역은 정지되는 일 없이 계속되었고 바터 무역을 지속하면서 공식적으로 관세를 징수하게 되었다.

---

31 야나기사와 아키라, 「캬흐타 조약 이전의 외몽골-러시아 국경대」, 『동방학』 77호, 1989.1, pp.1~15; 「1768년의 '캬흐타 조약 추가 조항'을 둘러싼 청과 러시아의 교섭에 대하여」, 『동양사 연구』 62권 3호, 2003.12, pp.568~600.

32 И.В.Щеглов, *Хронологический перечень важнейших данных из истории Сибири 1032-1882 г.*, Сургут, 1993, С.153(Иркутск, 1883의 재판); 요시다 긴이치, 「러시아와 청의 무역에 대해서」, 『동양학보』 제45권, 1963, p.48.

캬흐타 무역에 종사한 중국 상인은 주로 산서 상인이었다.[33] 중국 상인은 국경선 상에서 캬흐타 맞은편 마이마이청에 거주하며 점포를 운영했다. 한편 캬흐타에는 러시아 제국 각지에서 모인 상인이 모피 판매를 위해 숙박을 하고 면직물 등 중국 상품을 구입했다.[34] 18세기 시베리아에는 모피 이익에 매료되어 유럽·러시아[35]에서 상인이 이주해 왔으나 시베리아 상인은 자본, 인원수에서 유럽이나 러시아 상인에 비해 취약했다. 이러던 중 캬흐타의 배후지로 동 시베리아의 교통 요충지에 있으며 모피 집산지였던 이르쿠츠크에서 모피 사업을 기반으로 상인층이 성장하기 시작했다. 한편으로 유럽·러시아에서는 북 러시아, 중앙 러시아 등의 상인이 캬흐타에 출장해 왔으나, 그 중에서도 자본금, 상인의 수로 모스크바 상인이 주도적 위치를 점했다.[36] 상술한 상인들 중에서 북태평양의 모피 사업에 출자하여 배로 알래스카에 도항하는 상인이 나타나, 후에 러시아·아메리카 회사의 원류가 되는 자본 그룹을 형성하였다.

19세기에도 캬흐타에서는 다양한 도시의 러시아 상인이 무역을 행하였다. 그러나 1820년대, 30년대에 그 구조에 변화가 일어났다. 먼저 무역 품목을 보면, 1810년 경까지 청에서 러시아로의 무역 품목 중 차의 거래

---

33 Н.А.Носков, *Кяхта*, Иркутск, 1861, С.2.

34 캬흐타는 19세기에 들어서기 까지 항상적으로 생활할 수 있는 도시는 아니었으며, 초기에는 인공적 상업촌이었다. Г.Ф.Миллер, *Описание о торгах сибирских*, СПб., 1756, С.41; П.С.Паллас, В.Зуев перевел, *Путешествие по разным провинциям Российскаго Государства. Часть третья. половина первая. 1772 и 1773 годов*, СПб., 1788, С.182~183.

35 우랄 산맥으로부터 서쪽 러시아 영역을 일반적으로 유럽·러시아(구로부)라 부르고, 시베리아는 아시아·러시아라고 불리었다. 이 때문에 같은 러시아 제국 상인이어도 유럽·러시아에서 온 '러시아 상인'과 시베리아 상인은 명확히 구별되었다.

36 Ю.В.Гагемейстер, *Статистическое обозрение Сибири. Часть* 2, С.593; А.Корсак, *Историко-статискическое обозрение торговых сношений России с Китаем*, С.94; Х.Трусевич, *Посольския и торговыя сношения России с Китаем. (до XIX века)*, С.245.

치가 면직물을 상회하게 되었고, 수입률이 급증했다.[37] 또한 1820년대 이후 러시아에서 청으로의 모피 수출이 감소하기 시작했고 이를 대신하여 외국산 모직물, 면직물의 수출이 급증했다.[38] 그러나 캬흐타를 경유해 청으로 수출된 비러시아제 모직물 · 면직물은 청이 영국에서 수입한 저렴한 제품에 밀려 그다지 증가하지 않았다.[39] 그러나 1830년대 이후 캬흐타에서 러시아제 모직물 · 면직물의 수출이 본격화되기 시작하자, 큰 비중을 차지하게 되었다.

이러한 캬흐타 무역 변화의 요인은 그 대부분이 러시아의 '차 수입 증가'에 기인한다. 그리삼바로프의 통계에 의하면 1801년 청에서 러시아로 수입된 차는 약 49,000푸드약 802,620kg였는데, 1850년에는 약 317,000푸드약 5,192,460 kg로 증가했다(〈표 1〉). 50년 동안 약 6배 증가한 것인데 이 수치는 당시 금지되었던 발트해, 러시아 서부 국경을 경유한 광동 차의 밀수는 포함되지 않은 것이다.[40] 이로 보아도 상술한 기간 동안 차의 수입량은 통계 수치를 훨씬 웃돌았을 것으로 추측된다.

비교를 위하여 〈그래프 1〉에는 커피 수입량도 추가했으나 1870년 이전에 차의 밀수가 많았던 것, 위법적인 대용차, 위조차가 끊이지 않았던 것

---

37 *Труды статистическаго отделения департамента таможенных сборов. Статистическия сведения о торговле России с Китаем*, СПб., 1909, С.9.

38 *Труды статистическаго отделения департамента таможенных сборов*..., С.8; *Краткий очерк возникновения, развития и теперешняго состояния наших торговых с Китаем сношений через Кяхту*, М., 1896, С.38

39 *Краткий очерк возникновения, развития и теперешняго состояния наших торговых с Китаем сношений через Кяхту*, С.36~37.

40 '광동차'는 광동에서 거래된, 영국 등 구미 제국의 배로 유럽에 운반된 차를 말한다. 러시아에는 사실상 영국 배로 차가 운반되었다고 여겨지는데, 차의 해로 수송이 러시아에서 법적으로 허가되기 이전에는 밀수에 의한 것이었다. 광동차는 저렴한 해운 수송비, 러시아의 국내 차에 대한 고액 관세를 면했던 것으로 인해 가격이 쌌고, 유복하지 않은 일반인들의 수요가 높았기 때문에 러시아 정부는 밀수 박멸에 고심했다. 차의 해로 수송 해금에 대해서는 후술하겠다.

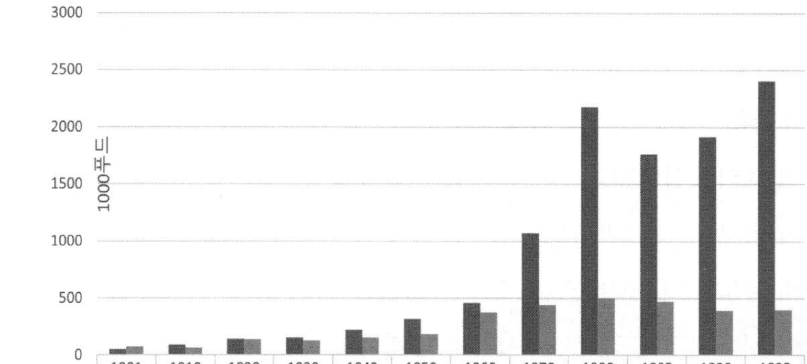

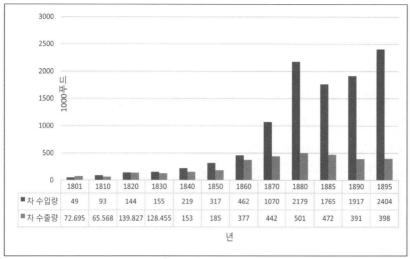

	1801	1810	1820	1830	1840	1850	1860	1870	1880	1885	1890	1895
■차 수입량	49	93	144	155	219	317	462	1070	2179	1765	1917	2404
■차 수출량	72.695	65.568	139.827	128.455	153	185	377	442	501	472	391	398

년

〈그래프 1〉 19세기 러시아 차 수입량[42]

을 가미하면[41] 차가 커피 수입의 증가를 훨씬 웃돌았다는 것을 알 수 있다. 당시 커피 수요가 높았던 것은 미합중국, 독일 지역이었으며 러시아는 차 소비국이었다. 또한 그리샴바로프가 지적했듯이, 19세기 초엽 차는 세기 말에 비해 비쌌다. 예를 들면 1805년 차의 수입량 72,000푸드약 1,179,360kg에서 1푸드당 25은 루블 25코페이카로 계산하면 총합 1,818,150은 루블(=2,346,000 지폐 루블)이었다. 이에 대해 1895년은 차의 국내 수요만 2,403,706푸드약 39,372,704kg로 1푸드 당 16루블, 총합 38,770,789 은 루블이었다.[43] 즉 19세기 초엽과 말을 비교하면 차의 수입량 증가가 수입액의 증가보다

41 모리나가 다카코, 「제정 말기의 차와 사회 운동」, pp.84~85.

42 Ст.О.Гулишамбаров, *Всемирная торговля в XIX в и участие в ней России*, СПб., 1898, С.36~37.

43 Ст.О.Гулишамбаров, *Всемирная торговля в XIX в и участие в ней России*, С.36. 그리샴바로프의 수치는 계산이 다른 부분이 있다고 보여지나, 여기서는 수정하지 않고 그대로 기재했다.

도 현저했다.

이러한 차의 수입 증가가 러시아 수출에 영향을 미친 것은 캬흐타 무역이 1850년대까지 바터 무역이었으며 금은 결제를 할 수 없었기 때문이다. 즉 캬흐타에서 더 많은 차를 구입하기 위해서는 그 대가로 교환 상품을 늘려야만 했다. 1820년대까지는 모피가 교환 상품의 대부분을 점유했으나 차의 수입량이 증가하면서 모피만으로는 교환 상품이 부족했다. 바터 무역이 지속되면서 러시아에서는 다음과 같은 변화가 일어났다. 즉, ① 캬흐타에서 차 수입 증가에 대응할 교환 상품으로써 공업 제품 수출을 늘리고 ② 18세기 말부터 1820년대에 걸쳐 러시아에서 성행한 모직물, 면직물 제조업의 근대화가 진전되면서 1830년 이후 아시아 시장을 타겟으로 하는 러시아 섬유 공업 생산이 확대되었다. 당초 캬흐타에서 외국제 섬유 제품의 중개 수출이 이루어졌던 것은 차를 수입하기 위해서였으며, 이 상황을 타개하기 위하여 러시아제 섬유 제품 생산이 자극을 받았다. 농노제의 존재로 공업 제품의 국내 수요가 적었던 러시아에게 있어 청, 중앙 아시아 등에 이를 수출할 수 있었던 것은 산업 혁명에 의해 러시아 섬유산업을 발전시키는 계기가 되었다. 모스크바 공장주들은 캬흐타의 산서 상인을 통해 면직물 제품의 크기, 색, 모양 등의 기호를 적극적으로 마케팅했다.[44]

캬흐타 무역의 수출입 품목 변화와 함께 캬흐타 무역에 종사하는 러시아 상인의 구조도 변화했다. 시베리아 상인 중에서는 이르쿠츠크 상인, 바이칼 호 서부의 자바이칼 변경의 상인들[45]이 서서히 성장하여, 1820년대

---

44 이 부분에 관해서는 시오타니 마사치카, 『러시아 면업 발전의 계기 – 러시아 사라사와 아시아 상인』, 지센 서관, 2014이 자세하다.

45 예를 들면, 베르흐네우딘스크, 세레긴스크와 함께 종래 상인이 거주하지 않는 지역이었던 캬흐타에 거주하며, 길드 등록을 하고 성장한 바스닌, 크류코프, 체레파노프, 몰차노프 등 상인이

부터 거래량을 늘려 갔다. 유럽·러시아 상인은 자금면에서 계속 우위에 있었지만, 그들의 경쟁과 도태가 진행되자 모스크바 상인이 압도적 우위에 서게 되었다.[46] 이는 당시의 '캬흐타 차'가 매우 고가의 상품이었기 때문이었는데, 비싼 관세를 지불하기 위해 자금력 있는 상인이 아니면 거래에 참여할 수 없었기 때문이다. 더욱이 모직물, 면직물 공장 소유자는 차와 교환 가능한 상품을 준비할 수 있다는 점에서 일반 상인보다도 유리했고, 그 생산 공장이 많았던 모스크바 상인이 캬흐타 무역=차 무역의 주도권을 쥐게 되었다.[47] 한편으로 러시아로부터 모피 수출이 감소한 것은 시베리아 지역 상인들에게 있어 불리하게 작용했으나, 이르쿠츠크 상인의 신세대 중에는 구세대의 모피 업자를 대신해 바스닌가와 같이 차 무역에 주력하여 성공하는 자들이 나타났다.[48]

아편전쟁1840~1842때는 캬흐타 무역에의 영향이 우려되었으나, 차의 내륙 수송 루트와는 상관이 없었기 때문에 문제가 없었다. 오히려 아편 전쟁 종결 직후인 1843년, 영국을 포함한 유럽 각국의 배가 운반해 온 대량의 차를 팔아 치우지 못하고 잉여 재고가 러시아에 흘러든 것이 간접적으로 영향을 미쳐, 같은 해 캬흐타 무역이 감소했다. 1840년대는 무역액이 늘어 '캬흐타 무역의 황금기'가 되었다.[49] 이러한 무역 증가에 의해 캬흐타

포함된다. РГАДА.Ф.183, Оп.1, Д.84а, Л.91-об., 93-об., 98-101, 156-157об., 173-173об.; Ф.183, Оп.1, Д.82А, Л.8-11.

46 РГАДА, Ф.183, Оп.1, Д.82А, Л.8-9об.-11.

47 1829년 캬흐타 관세 대장에 기록되어 있는 모스크바 상인인 보트킨가는 비교적 소규모의 차 거래로 출발하여 19세기를 거쳐 차 무역과 모직물 제조업으로 성장했다. РГАДА.Ф.183, Оп.1, Д.84а, Л.8.-11.

48 바스닌의 방대한 캬흐타 무역 사료는 모스크바의 러시아 국립 고문서관(РГАДА), 국립 역사박물관 수고과(ОПИ ГИМ)에 소장되어 있다.

49 А.Корсак, *Историко-статискическое обозрение торговых сношений России с Китаем,* С.168~169.

무역 종사자 사이에서는 금은 결제를 할 수 없는 바터 무역에 대한 불만이 커져 갔다. 그러나 이러한 의견은 다수는 아니었으며 1837년 캬흐타 상인으로부터 금융 대신 칸크린을 대상으로 한 청원서에는 '바터 무역이 중국에 대한 러시아 공업 제품 수출을 지탱하고 있다'는 이유로 바터 무역 지지를 호소하여 현상 유지가 결정되었다.[50] 청원서는 특히 모스크바 상인의 목소리를 반영한 것으로 1841년 이후에는 서서히 차의 관세도 인하되었다.

유럽 각국에 대한 청의 개항의 움직임이 시작되던 중 러시아는 1851년 이리 조약을 체결하여 우르가울란바토르, 클리쟈에 러시아 영사관을 설치하고 청과의 새로운 내륙 무역 창구를 열고자 하였다. 그러나 태평천국의 난1851~1864이 청 국내의 차 수송 루트에 심각한 타격을 주자, 1853년에는 캬흐타로의 차 반입이 격감되어 캬흐타 무역이 위기에 빠지게 되었다.[51] 이때 다시금 금은 결제 문제가 캬흐타 상인들로부터 러시아 정부에 제출되었다. 그들은 전술한 광동차 밀수에 대해 강한 위기감을 느끼고 타개 방식을 논의했다. 그 결과, 1854년 8월 6일 칙령에 의해 캬흐타에서 공업 제품 총액의 3분의 1 내지는 모피 총액의 2분의 1을 은 제품으로 지불할 것, 캬흐타를 경유해 청에 금은을 수출할 것을 허가 받았다.[52] 또한 1855년 8월 5일 칙령에서는 캬흐타에서의 바터 무역 규제 자체가 폐지되었다. 유

---

50 РГАДА, Ф.183, Оп.1, Д.48, Л.1-4об.

51 РГИА, Ф.19, Оп.3, Д.469, Л.11об.

52 РГИА. Ф. 1265. Оп. 3. Д. 107. Л. 2. 화폐 사용 허가 문제가 거론된 배경에는 1850년 이후의 규제 강화로 인해 차와 화폐의 밀수를 이유로 체포, 구속되는 러시아인 업자, 선주민이 증가하여 밀수의 구조와 실태를 현지 당국도 파악하게 된 것에 있다. 체포된 것은 현지인, 중개 브리야트인 뿐만 아니라, 밀수업자로서 명백히 유대인 성을 가진 사람들이 다수 관여했던 것도 지적되고 있다. Л.Б.Жабаева, *Кяхта－Маймачен Прообразы свободных экономических зонâ Российской империи: история, современность, перспективы, Кяхта－Маймачен*···, С.119~128.

럽 각국이 '자유 무역'을 원하며 청에 조약 체결을 요구하던 중, 캬흐타 무역은 드디어 이 시기부터 '화폐에 의한 자유 무역'으로 전환되었다.

이상으로 러시아 상인이 한구에 진출하기 직전 시기의 상황을 개관해 보았다. 러시아 제국 내에서는 모스크바 상인을 중심으로 차 무역 네트워크가 구축되었고, 시베리아 상인이 그 움직임을 따라 성장하는 과정에서 전통적 바터 무역 제도도 태평천국의 난의 여파로 종언을 고했다. 영국형 '자유 무역'의 조류와 국제 시장의 영향을 강하게 의식하면서 러시아 상인들은 정부에의 청원을 통해 캬흐타 무역의 제도 전환을 실현하고 곧 중국 시장에 직접 진출하기 시작했다.

3. 러시아 상인의 한구 진출과 제다 공장

청조에 대한 동 시베리아 총감 무라비요프의 강경한 외교 자세와 애훈 조약1858에 의한 연해주의 러시아 합병은 이르쿠츠크 상인을 비롯한 시베리아 상인의 눈을 극동으로 향하게 했다.[53] 종래 청에 대한 '선린 우호' 자세를 전통으로 하고 있던 러시아 정부는 이 때를 기점으로 외교 방침을 크게 변화시켜, 군사적 압력을 가했다.

1860년 톈진조약 비준이 청과 영불러미 간에 이루어지자, 같은 해 영국이 양자강에 조사단을 파견하여 한구에 영국 조계를 설치했다. 한구는 예

53 이르쿠츠크 상인 안드레이 벨라갈로비가 대표를 임하고 1858년 설립된 아무르 회사는 아무르 합병과 극동 사업 발전에 대한 지역 상인들의 기대를 업고 있었으나, 곧 파산했다. Н.С.Романов, *Иркутская летопись 1857-1880г., Продолжение "Летопись" П.И.Пежемского и В.А.Кротова. Иркутск*, 1914, С.17 · 19~20 · 23 · 25~26 · 28~33.

로부터 '구성九省의 요체'라 불리우는 내륙부의 교통, 유통의 요충지였으며 호북성, 호남성, 강서성, 안휘성에서 생산된 차가 모여들었다.[54] 영국 조계의 설치로부터 20세기까지 한구는 중국 내륙부의 상공업 중심지로서 발전했다.

러시아는 1896년에 드디어 한구에 조계를 설치했는데 러시아 상인들은 그 30년 이상 전인 1861년부터 차 무역을 위해 한구에 진출하기 시작했다. 같은 해에는 이미 영국 상인도 한구에서 차를 거래하고 있었다.[55] 모스크바 상인을 포함한 '캬흐타 상인'들은 중국어, 영어의 지식도 전혀 없는 상태였음에도 불구하고, 러시아 상품과 화폐를 지닌 대상隊商을 출발시켰다. 1862년에는 중국 수급인을 중개업자로 삼고, 러시아 상인 차 발주자들이 호북성, 호남성의 차 생산지에 직접 나가 전차의 제조 방법을 시찰했다. K. A. 포포프 『중국에서의 차와 러시아인에 의한 제다에 대해서』모스크바, 1870에 의하면 이 때 제다 공정 작업은 모두 중국인의 수중에 있었고, 호북성, 호남성으로 직접 나간 러시아 상인 발주자들은 작업에 참견할 틈도 없이 '종시 관찰자로 있'을 수 밖에 없었다. 그 결과 질 좋은 차를 구입하려는 시도는 실패로 끝났다. 러시아인이 차의 생산·가공을 직접 본 것은 이것이 처음이며 현지의 말도 몰랐기 때문에 '관찰자로 있'었던 것은 어쩔 수 없는 일이었을 것이다. 포포프는 러시아 상인의 출장과 중국인 생산자에의 지시가 실패한 원인으로 원재료비를 받은 중국인들이 제다비용

54 미즈노 고키치, 『한구 중앙 지나 사정』, 후잔보, 1907, p.415; W. T. Rowe, op. cit., pp.122~125. 현재는 '한구'라는 지명이 아니라 무한시로 흡수되었다.

55 이 해 영국에 의해 한구를 창구로 하는 중국차 수출이 정식으로 개시되었는데 그 이전인 1855년에는 호북성 양루동 시장의 동사무소에서 차의 수출 관세가 정해졌다. W. T. Rowe, op. cit., pp.125~126.

을 절감하여 가능한 한 많은 이익을 얻기 위해 고심했기 때문이라고 지적했다.[56]

그러나 러시아 상인 측은 중국차 제조업자나 품질에 대해 어느 정도 사전 정보도 입수했었다고 추측된다. 모스크바 상인 보트킨의 장부에는 1852년 백호차의 종류와 생산자 상표 리스트가 있는데 페이지 왼쪽에는 러시아 표기가, 오른쪽에는 중국명이 한자로 기재되어 있다.[57] 필적으로 추측하건대, 러시아 측이 러시아 표기를, 중국 측이 한자 표기의 명칭을 썼고 캬흐타 무역 때 서로 리스트에 적음으로써 상표와 종류를 확인한 것으로 생각된다.

첫 시찰의 실패로부터 러시아의 상인들은 제다 기술의 완전 습득이 필요 불가결하다고 판단하고 우선 수급인에게 원료가 되는 차를 시장 가격으로 구입하게끔 한 후, 중국인 공장주에게는 전차 가공의 비용만을 건네 제조하는 방법을 취했다. 또한 1863년 이바노프Иванов, 오크로프Окулов, 토크마코프Токмаков[58] 3상인은 호북성의 숭양Цунян, C'hung-yang[59]에서 공동으로 제다용 공장을 빌려 전차를 제조하기 시작했다.[60] 이를 바탕으로 차 수입 전문 상사 '오보린 · 토크마코프 상회'를 설립하고 한구, 양자강가를 기반으로 차 수입에 종사했다.[61] 또한 같은 해 '리트비노프 상회 S. W.

---

56 К.А.Попов, *О чае и его приготовлении русскими в Китае*, М., 1870, С.22~24.

57 ОПИ ГИМ, Ф.122, Ед.6, Л.52-61.

58 이반 표드로비치 토크마코프 (생몰년 미상)를 가리키는 것으로 추측된다. 캬흐타 시 제일의 길드 상인.

59 숭양에는 1874년에 러시아 정부가 파견한 중국 학술 무역 조사단이 방문했는데 현지의 사진 등 기록이 남아있다. "Улица Цунян между домами в стиле хуэй с декорированными крышами и резными изогнутыми карнизами. Провинция Хубэй, Китай, 1874г.", *Мировая Цифрвая Библиотека*, https://www.wdl.org/ru/item/2102/

60 전차는 차를 압축시켜 굳힌 고형차인데 이른바 찻잎뿐만 아니라 가지나 잎 부스러기 등도 함께 압축하는 경우가 있어, 원래 품질이 좋은 차로 취급받지 못했다.

〈표 1〉 1869년 시점의 중국에서의 러시아 상인 소유 제다 공장[64]

성	러시아 표기 지명	공장수	계
호북성	Цун-Ян (쓴 · 얀/崇陽)	3	12
	Янлоухун(얀로픈)	3	
	Да-Шапен(다 · 샤펜)	1	
	Сянин (샤닌)	2	
	Мяцяо (마쨔오)	1	
	Яндзя-ман(얀쟈 · 만)	1	
	Ши-мын(시 · 무인)	1	
호남성	Недеш(네데시)	1	3
	Лайсчин(라이스틴)	1	
	Сяйшам(샤이샴)	1	

Litvinoff&Co'도 설립되었다. 후에 토크마코프는 오보린과 제휴를 해소하고[62] 1866년에 '토크마코프 · 모로트코프 상회Токмаков, Молотков и Ко/Tokmakoff, Molotkoff&Co'로 개칭했다.[63]

당초 러시아인의 전차 제조 공장은 증기 기관도 사용했으나 거의 수작업이었다. 압축 작업원은 22~24명, 목수 5명, 계량 작업원 12~15명으로 하루에 한 번 압축 작업을 하여 전차 45~50상자를 제조했다. 1863년에는 전차 제조량이 10,500상자 정도였는데, 1869년에는 77,103상자까지 늘었다. 이 시기 러시아인의 백호차 제조 기술은 미숙해서 생산량이 한정

61 К.А. Попов, *О чае и его приготовлении русскими в Китае*, С.24.
62 오보린의 그 후에 대해서는 정보가 적은데 П.А.포노마레프가 간행한 팸플릿에는 1882년에 오데사에서 차 판매 사업을 하던 '아드리안 이바노비치 오보린'이라는 상인의 정보가 있다. П.А. Пономарев, Русская фабрика, *Плиточный чай первой русской фабрики в Китае П.А Пономарева в Ханкоу, испробованный одобренный и рекомендованный Военным министерством и ординарным профессором Военно-медицинской академии А Бородиным*, М., 1882, С.4.
63 Lee Chinyun, "From Kiachta to Vladivostok", p.199; ОПИ ГИМ, Ф.122, Ед.64, Л.7-об., 9, 10, 11, 12, 13-об., 14-об., 15-об., 16-об., 17-об., 18.
64 위의 책, C.25.

적이었으므로 전차 제조가 전문화되어 있었다. 1869년 전차 생산액은 480,730량лан[=반량전], 97펀фын[=전]으로 기록되어 있는데 1870년 환율에 의하면 1,249,900루블 52코페이카에 상당했다. 그 가운데 러시아인이 경영하는 전차 공장은 점점 증가하여 1869년에 호북성에 12곳, 호남성에 3곳이 있었다.[65]

〈표 1〉은 포포프의 문헌을 바탕으로 한 제차 공장의 입지와 그 수이다. 그러나 지명이 러시아어 표기이므로 현시점에서 숭양을 제외한 중국어 표기는 판별할 수 없었다.

한구의 제다업에 종사한 러시아 상인 중에는 옛부터 차 무역을 해 왔던 페테르부르크와 모스크바 상인도 포함되어 있었다. 표 1의 데이터를 제공한 콘스탄틴 아브라모비치 포포프1818~1872는 1840년대부터 페테르부르크의 네프스키 큰 길에서 차를 팔았는데 1843년에는 모스크바 쿠즈네츠키 모스트에 진출해 동생 시메온과 함께 '포포프 상회K. и С. Поповы'를 열고 차 무역에 종사했으며 톈진조약 후에는 숭양과 복주에 제다 공장을 빌렸다.[66] 또한 1861년에는 독일, 벨기에, 하노버, 영국, 프랑스로 상용 여행을 떠나 차 재배 기술 습득과 차 무역 사업의 확대를 꾀했다.[67] 창업자인 콘스탄틴은 1872년에 죽었는데 런던에서 은행을 경영했던 독일계 영국 상인 브랜트(후술)의 회람 자료에서 포포프 상회는 1882년 전후에 프랑스에서도 거래를 했었던 것 같다는 것, 1888년에 한구에서 지점을 냈던 것을 알 수 있다.[68]

---

65 К.А.Попов, *О чае и его приготовлении русскими в Китае*, С.22・25.

66 С.Фоменко, *Абрикосовы*, М., 2011, С.45~47

67 И.А.Соколов, *Чаеторговцы Российской империи. Биографическая энциклопедия (с добавлением членов их семей, предков и потомков)*, М., 2011, С.181.

이렇듯 19세기 후반에는 러시아 상인의 차 무역과 청 국내의 전차 제조업이 같이 이루어졌다. 이 배경에는 러시아에서 차의 관세 인하가 점점 진행된 점,[69] 해로 수입 해금을 계기로 러시아 사회 하층 노동자들에게까지 차를 마시는 습관이 퍼진 것, 건강을 위한 차의 효능이 인지되게 된 점,[70] 보다 저렴하고 관세가 싼 전차 수요가 증대한 점이 있다.

한편 1869년 수에즈운하가 개통되자 1871년 오데사항에 최초로 관동차가 정식으로 유송된 것을 계기로 해로를 통한 차 수입이 시작되어, 러시아의 차 수입량은 배가되었다(〈그래프 1〉 참조). 통계 수치의 증가는 종래 러시아 서부 국경에서 대량으로 밀수되던 차가 정식으로 허가를 받은 수입품으로 무역 통계에 나타났기 때문이다.

러시아 해로 무역은 수에즈운하 개통 전부터 원면 수입 등을 통해 성장할 징조가 보였는데 1860년에는 아시아로부터 원면 228,000푸드약 3,734,640kg가, 1864년에는 704,000푸드약 11,531,520kg가 수입되었다. 또한 1868년에는 원면 250만 푸드가 영국, 프로이센, 미합중국 등으로부터 수입되었다. 이 무역망으로 러시아는 영국 런던, 독일 브레멘과 같은 도시와 접촉하여 그곳의 업자를 통해 인도와도 무역을 행했다.[71] 수에즈운하 개통에 대해서는 러시아 상공업 원조협회ОДСРПиТ의 서기 К. Ф. 스카르코프스키1843~1906[72]도 중

---

68 Bt 1/1/11(January 1882-December 1884); Bt 1/1/13(1887-1888).

69 관세율에 있어 전차는 찻잎보다 훨씬 싸게 책정되어 있었다. 또한 캬흐타 무역 보호를 위해 유럽 국경을 경유해 수입되는 차는 아주 비싸게 책정되었다. А.П.Субботин, *Чай и чайная торговля в Росии и других государствах*, Производство, потребление чая, С.476

70 모리나가 다카코, 「러시아 제정 말기의 차와 사회 운동」, pp.88~90.

71 [Anonymous], *Russian Trade with India. [Reprinted from the] Supplement to the Gazette of India, November 26, 1870*, British Library, Historical Print Editions, p.7.

72 광산 기사이기도 하며 러시아 태평양 무역의 전망 등 경제 분야의 저작이 다수 있다. К.Скальков ский, *Русская торговля в Тихом океане : экономическое исследование русской торговли и мо реходства в Приморской области Восточной Сибири, Карее, Китае, Японии и Калифорнии*, С

국, 인도 무역 발전을 기대한다는 보고서를 작성했다.[73]

차의 해로 수입이 증가하고 캬흐타 경유 무역이 감소하던 중에, 한구 주재 러시아 부영사 파웰 안드레비치 포노마레프1844~1883[74]는 1878년 2월 금융성을 상대로 이하와 같이 보고했다. 모스크바 트라페즈니코프 상회[75]로부터 영국에서 특별 압축 제법에 의한 전차 제조가 시작되었다는 소식을 듣고, 급히 런던으로 가서 공장을 시찰했다. 그 제조법으로 만들어진 차는 향 등을 잃지 않았으며 중국에서 러시아인이 제조하는 것 보다 훨씬 질이 좋았다. 그래서 런던에서 영국식 기계를 구입했다, 라고 하였다.[76] 당시 런던에서는 러시아 상인이 차 무역 지점이나 사무소를 내고 해로에 의한 광동차 수입을 위해 정보 수집을 하고 있었다.

North China Herald 등 그 시대의 영자 신문 및 일본어 자료를 조사한 리 진원은 러시아 공장에서 차 부스러기를 빼고 양질의 찻잎을 선별, 압축해 이전의 전차보다도 비교적 운반하기 쉽게 한 '태블릿 차плиточный чай'의

Пб., 1883.

73 [Anonymous], *Russian Trade with India. [Reprinted from the] Supplement to the Gazette of India, November 26*, p.5

74 포노마레프는 이르쿠츠크 동업 조합원 집안에서 태어나 젊을 때 부터 아버지를 도와 양초, 비누를 제조했다. 아버지 안드레이의 사망을 계기로 1867년 이르쿠츠크 상인으로 중국의 다원, 제다업을 경영했던 Н. Л. 로지오노프(1824~1903), И. С. 하미노프(1817~84)의 회사에 참여해 1871년 한구로 이주했다.

75 모스크바의 차 상인 '트라페즈니코프'는 복수 있는데 참조한 러시아 국립 역사 문서관(РГИА)의 기록에는 어느 트라페즈니코프인지 명시되어 있지 않다. 그러나 러시아 상인과 거래가 많았던 독일계 영국 상인 은행가 브랜트가 Brandt의 기록을 조사한 결과, 거기에 A.트라페즈니코프 상회의 정보가 있었다. 이에 의하면 A.트라페즈니코프 상회 창설자는 원 이르쿠츠크 제일의 길드이자 모스크바 제일의 길드 상인, 명예 시민인 알렉산도르 콘스탄티노비치 트라페즈니코프(1821~1895)일 가능성이 크다. 동인물은 1860년대부터 모스크바에 거주하며 공장 경영과 차 거래에 종사했다. Brandt Circular, Bt 1/1/15(1891&1892); Bt 1/1/17(1895&1896); Н.Г. Гаврилова,"Александр Константинович (Трапезников)", Д.Я. Резун, Д.М. Терешков, *Краткая энциклопедия по истории купечества и коммерции Сибири*, Т.4(С–Я) К.2, Новосибирск, 1998. С.9~10.

76 РГИА, Ф.20, Оп.5, Д.297, Л.4–5.

№ 489
ПЛИТОЧНЫЙ ЧАЙ
ПЕРВОЙ РУССКОЙ ФАБРИКИ ВЪ Китаѣ,
П. А. ПОНОМАРЕВА
ВЪ Ханькоу,
испробованный, одобренный и рекомендованный Военнымъ Министер-
ствомъ и Ординарнымъ профессоромъ Военно-Медицынской Академіи,
А. БОРОДИНЫМЪ.

〈그림 1〉 포노마레프 공장의 태블릿 차 그 외 선전 팸플릿[78]

발명을 지적했다. 이 '태블릿 차' 제조에 도입된 압축 제법이 최신 '타르 제법Goudron process'이었고 그 후 러시아인의 제다 공장은 근대적인 영국제 기기를 도입했다.[77] 이 '태블릿 차'는 여행 중에도 잘 부서지지 않았으므로 인기를 누렸다고 한다.

전술한 포노마레프 보고에서 보여지듯이 러시아 상인은 한구를 거점으로 하는 자사의 전차 제조에 최신 기술을 도입하여 생산 효율화를 꾀함과 동시에 중국 제다업 자체의 근대화의 길을 열었다. 1870년대를 통해 한구 주재 러시아 부영사를 지낸 포노마레프는 그때까지 공동으로 사업을 해 왔던 로지오노프, 하미노프의 제다 회사 주식을 1876년 매수해 '포노마레프 상회'로 개칭했다. 또한 러시아 정부와 밀접한 파이프가 있어 러시아 군에도 전차를 납입하였고 일본, 오스만 제국, 유럽 등과도 거래를 했다.[79] 또 그는 한구에서 저렴한 차의 관세 인하에도 힘을 썼다고 한다.

---

77 Lee Chinyun, "From Kiachta to Vladivostok", p.203.

78 П.А.Пономарев, *Русская фабрика. Плиточный чай первой русской фабрики в Китае. П.А.Пономарева в Ханкоу, испробованный, одобренный и рекомендованный Военным министерством и ординарным профессором Военно-медицинской академии А.Бородиным*, М., 1882, С.1.

79 П.А.Пономарев, *Русская фабрика. Плиточный чай первой русской фабрики в Китае. П.А.Пономарева в Ханкоу*, С.5~6; Н.Г.Гаврилова, "Пономарев Павел Андреевич", Д.Я.Резун, Д.М.Терешков(гл.ред.), *Краткая энциклопедия по истории купечества и коммерции Сибири в четрех томах*, Т.3, Кн.3, Новосибирск, 1997, С.35~36.

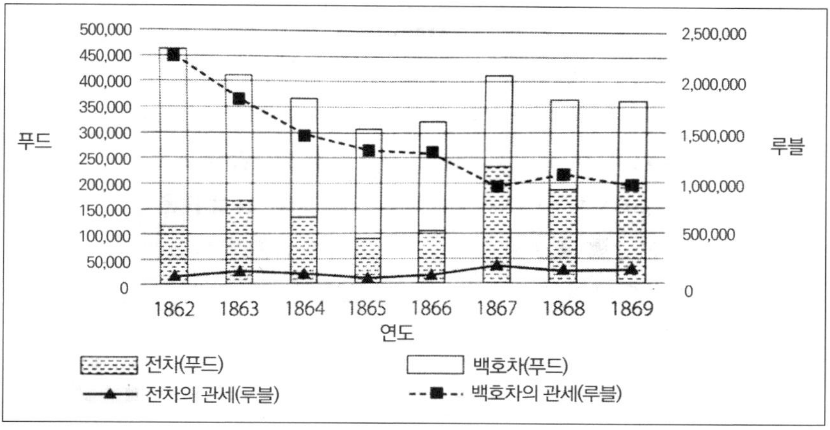

〈그래프 2〉 이르쿠츠크 세관을 경유한 차와 관세 수입[80]

〈그림 1〉은 포노마레프 공장에서 제조한 '태블릿 차'를 선전하는 3페이지짜리 팸플릿의 표지이다. 여기에는 '새로운' 전차가 군의軍醫 아카데미 교수의 추천을 받았다는 것, 1878년부터 러시아, 유럽 용으로 제조를 시작한 것, 강서성Цзянь-си, 호북성, 호남성의 차나무를 원료로 생산된 것 등이 게재되어 있다. 이 태블릿 차가 본격적으로 러시아 시장에 등장한 것은 1880년이었다.[81]

1870년 이후 캬흐타는 더이상 차를 수입하는 유일한 창구가 아니었으며 세관도 이르쿠츠크로 이전되었다. 한편 한구에서 러시아 상인의 제다업, 무역 사업이 성장함과 함께 제조된 전차는 육로로 캬흐타, 시베리아, 유럽·러시아로 수송되어 경유지 이르쿠츠크에서 기록되었다(〈그래프 2〉). 특히 1867년 이후는 전차 제조가 궤도에 올라 백호차 수입을 웃돌게 되

80 *Краткий очерк возникновения развития и теперешняго состояния наших торговых с Китаем сношений через Кяхту*, С.75.
81 *К столетию чайной фирмы В Перлов с сыновьями 1787-1887г.*, М., 1898, С.64.

었다.

〈그래프 2〉를 보면 캬흐타, 이르쿠츠크 경유로 유입된 차의 감소 경향과 러시아 국내에서 수요로 하는 차 종류의 변화를 알 수 있다. 19세기 중반까지 러시아인의 기호가 향신료나 꽃 등을 섞지 않은, 순수 찻잎의 깔끔한 백호차였던 것을 고려하면,[82] 전차의 수입 증가는 러시아에서 기호 변화의 조짐을 나타내는 것이며 그것은 러시아 측의 생산에 의해 결정된 것이라고도 할 수 있다.

4. 러시아의 차 무역 루트 확대와 한구의 역할

한구의 번영은 예로부터 중국 내륙 유통의 구조와 집산 기능에 의한 것이었는데 1860년 이후에는 유럽 각국에의 개항의 영향을 받았다. 그 이후, 러시아를 포함한 유럽 각국 상인이 양자강을 통해 상해를 경유, 나아가 해로로 그 너머까지 상품을 운반하는 것이 가능해졌기 때문이다.

러시아 용 차는 먼저 한구와 그 근린 주변에서 운반된 차를 배에 싣고 양자강을 타고 내려가 상해로, 거기서 천진으로 운행하여 북경을 향한 후, 육로로 우르가, 캬흐타로 운반되었다. 이 때 캬흐타에서 하천 교통 등을 이용해 이르쿠츠크, 니즈니·노브고로드, 모스크바로 차가 운반되었다. 러시아 제국 내에서 차의 최대 소비지는 모스크바였으며 '캬흐타 차'의

---

82 프챠틴 사절단과 함께 일본, 중국을 방문한 곤차로프의 기록『전함 팔라다』에는 상해에서 꽃잎을 넣은 '화차'에 위화감을 표현한 기술이 있다. Арина Мельникова, "Кронштадтское чаепитие", *Кронштадский Вестник*, https://kronvestnik.ru/history/8807

종착점이었다.[83] 이 루트는 한구가 대외적으로 개항하기 이전부터 캬흐타 무역을 위해 이용되었는데, 1860년 개항 이후에는 영국 선적, 독일 선적, 러시아 상사의 배를 이용해 러시아차를 운반했다. 1870년대 이후 캬흐타 무역액은 증감을 반복하였고 1880년에는 2,577만 루블에 달했으나 그 후 2,000만 루블 밑으로 떨어져 감소됐다. 1887년에는 다시금 2654만 루블로 증가했으나 이듬해에는 1886년 수준으로 돌아갔다(〈그래프 3〉).

1880년의 증가는 전술한 태블릿 차의 등장도 영향을 미친 것으로 추측되나, 의용 함대가 정기 선로에 취항하면서 한구에서 선박 수송 루트를 독자적으로 확보한 것도 하나의 요인으로 생각된다. 의용 함대는 노토전쟁 후 산스테파노 조약에 대한 반발로 모스크바 상인들의 의연금으로 조직된 것을 시작으로 하는데, 정부의 지원을 얻어 1879년부터 오데사-블라디보스톡 간 시범 수송이 시작되었다.[84] 동 함대는 배를 4척 소유하고 있었는데 1883년에 운반한 차는 4,400톤에 달하며 그 후에도 증가했다.[85] 선행 연구에 있어서 러시아 해운이 16세기 이후 네덜란드 선박, 영국 선박 등 외국 선박에 크게 의존해 온 역사에 대해서는 많이 연구되어 있는 것에 비해 의용함대에 의한 수송은 그다지 평가 받지 못했다.[86] 그러나

---

83 러시아에 차의 해로 수입이 금지되어 있었던 시기에는 모스크바로부터 다시 육로를 통해 페테르부르크로 차가 운반되었다.

84 사콘 유키무라, 『바다의 러시아사』, pp.97~108. 의용함대 설립에 관해 이전 『북동아시아 연구』 별책 제4호, 2018년 9월에 게재된 모리나가 다카코, 「1860년대 이후의 러시아와 청의 차 무역－모스크바, 캬흐타, 한구를 연결하는 유통의 시점에서」, p.117에 잘못이 있었음을 지적하고 있으므로, 여기에 수정해 둔다.

85 하라 데루유키, 『블라디보스톡 이야기』, 산세도, 1998, p.145.

86 이 점에 있어 필자의 의견에 대하여 사콘 씨로부터 비판이 있는데, 사콘 씨는 최근 저서에서 1890년 시점의 러시아 상선 중 의용 함대에 소속된 배의 수가 10분의 1이하였다는 것을 명기하면서, 연구사 자체가 한정적이라고 설명하고 있다. 사콘 유키무라, 『바다의 러시아사』, pp.10·13~15.

1880년대 이후 해로에 의한 차의 수입이 더욱 증가한 것은 사실이며 외국 선박에 의한 수송에 크게 의존하면서도 의용 함대를 이용한 러시아 제국의 차 수송 루트가 확대된 것은 새로운 비즈니스 찬스를 낳았다. 의용 함대의 사업은 항상 순조로웠던 것은 아니었는데 정부는 1886년 '의용 함대 임시 규칙'을 제정하여 선박 우송을 장려하였다. 캬흐타를 경유하는 노청 무역이 1887년에 증가한 것은 의용 함대에 대한 지원도 적지 않은 영향을 미쳤다고 있다고 보여진다.

한편 모스크바 상인은 한구-캬흐타 경유, 수에즈운하-오데사 경유의 무역 루트 중 어느 한 쪽만에 의존했던 것은 아니었다. 예를 들면, 앞서 열거한 모스크바 상인 보트킨가의 경우 19세기 후반부터 20세기 초반까지 한구에 차를 계속 발주하였고, '파트코프 · 몰챠노프 상회', '치리코프 상회', 'A. Л. 로시오노프 상회', '토크마코프 · 모로트코프 상회' 등을 통해 차를 수입하고 있었다.[87] 또한 보트킨은 런던에 지점이 있어 차 매입을 한 적도 있었고, 비지니스 관계에 있었던 보험 회사로는 스코티쉬 · 유니언, 내셔널 아일랜드 협회 등 영국계 회사, 독일 은행, 러시아 협회나 살라만더 등 러시아계 회사명이 보인다.[88] 보트킨가는 표트르 코노노비치 보트킨1781~1853의 아들 대에 'П. 보트킨의 아들들' 상회를 열고1854~[89] 모스크바-런던을 중심으로 넓은 비지니스 망을 가지고 있었다. 또한 보트킨과 거래했던 토크마코프는 1863년 전차 공장 대차 후, 기선 사업에 나서 다

87 ОПИ ГИМ, Ф.122, Оп.1, Д.63, Л.10-об., 17, 19-20об., 23-24. 필자가 역사 박물관에 있는 복수의 문서사료에서 확인한 파트코프 · 몰챠노프 상회는 리진윈 논문에 기재된 "몰챠노프 · 파트코프 상회"를 가리키고 있을 가능성이 있다. 단, 대표의 변경으로 상사명이 바뀌었는지 혹은 표기의 오독인지에 대한 확인은 거절한다.

88 ОПИ ГИМ, Ф.122, Оп.1, Д.64, Л.102

89 И.А.Соколов, *Чаеторговцы Российской империи: Биографическая энциклопедия*, С.37

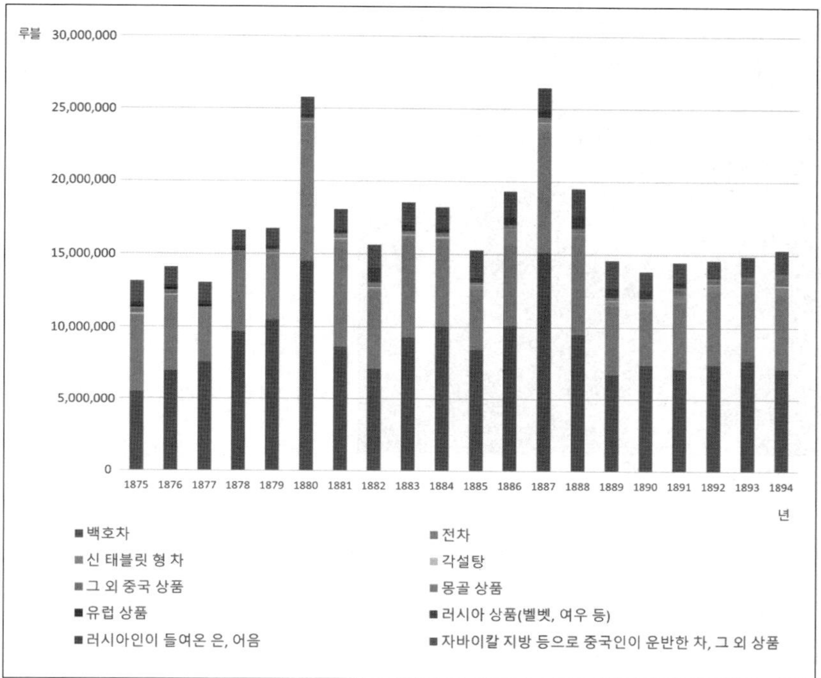

〈그래프 3〉 캬흐타를 경유한 노청 무역(러시아 수입)[90]

양한 상인들과 사업 제휴를 맺었다.

해로 수송 루트가 열림으로 인해 1890년대에 걸쳐 캬흐타를 경유한 육로 수송은 1880년, 87년을 제외하고는 보합 시세였다(〈그래프 3〉). 변동이 있기는 했다. 1870년대 중반부터 캬흐타를 경유한 백호차 수입액도 증가했는데, 러시아 상인의 공장에서 백호차 제조에 성공하기 시작한 것도 한 원인으로 생각된다.

90 *Статистическия сведения об оборотах сухопутной торговли России с Кмтаем через Кяхту с 1857 по 1894 год и торговли Китая с дргими государствами за последные годы.* М., 1996, С.2~11.

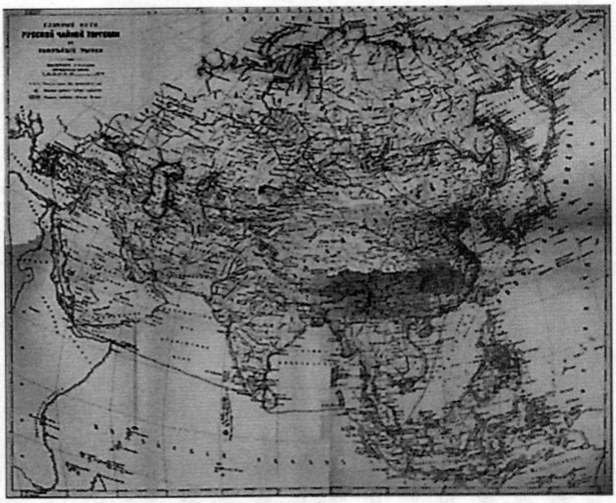
〈그림 2〉 러시아의 차 무역 루트[93]

같은 시기에 모스크바 상인 중 차 무역에서 중요한 역할을 한 것이 독일 프랑크푸르트 암 마인에서 러시아로 이주한 필립 막시밀리안 폰 보가우1807~1880[91]였다. 페테르부르크, 모스크바의 화학 염료 거래로 시작한 보가우는 섬유 산업에 관여하면서 차 무역에도 참여했다. 그는 오데사를 경유한 차 수입 사업에 가장 먼저 반응하여 런던, 인도, 실론, 중국, 인도네시아로부터 직접 해로로 수송하는 루트를 개척한 것으로 알려져 있다.[92] 그러나 그는 동시에 캬흐타를 경유한 육로도 이용하여 육해 루트에 의한 거래망을 구축했다. 독일계 상인이었던 그는 같은 모스크바 재주 독일계 상인 반사가, 마르크가 등 러시아 재주 외국인 상인과 사업 제휴를 적극적으로 맺었고 보험업, 사라사 제조업에도 나섰다.

흥미롭게도, 런던의 보가우가 네트워크는 전술한 브랜트가의 은행과 관계가 있었다.[94] William Brandt's Son & Co를 경영했던 브랜트가는 단순히 영국의 독일계 상인이었던 것이 아니라 19세기 초입부터 아르한겔스

---

91 러시아 이름은 막심 막시모비치 보가우.
92 И.А.Соколов, *Чаеторговцы Российской империи; Биографическая энциклопедия*, С.62~67.
93 А.П.Субботин, *Чай и Чайная торговля в России и других государствах. Производство, потребления чая*, СПб., 1892.(권말 첨부 지도)
94 Brandt Circular, Bt 1/1/12(December 1884-December 1886).

크, 페테르부르크 무역에 종사하여 19세기 중반에는 일족 중의 어거스터스 페르디난도1835~1904가 런던에서 금융업으로 전향했다.[95] 그 후에도 브랜트가는 금융면에서 아르헨티나, 미합중국, 영국 국내, 프랑스, 독일 지역 등 구미를 중심으로 폭넓게 거래했다. 그 속에서 러시아 상인과의 거래도 계속됐고, 브랜트가 회람 파일에서도 '토크마코프 · 모로토코프 상회'나 리트비노프 등과 거래가 있었던 것을 추측할 수 있다.

이 무역 네트워크를 이용하여 1892년에는 보가우가, 반사가, 마르크가, 런던에 재주 중인 잠정적 모스크바 상인 슈마허가 자본 제휴를 맺고 러시아 국경으로부터 차를 수출하는 첫 전문 회사 '캐러밴Караван'을 설립했다. 출자자를 연결한 것은 같은 '루터파 신교' 독일계 상인이라는 사회적 신분이었다.[96] 1911~13년 시점에서 '캐러밴'의 출자금은 150만 루블로 1,000만 루블의 쿠즈네쵸프사와 유대인계 비소츠키사에는 미치지 못했으나, 보트킨 상회의 180만 루블에 필적하여 외국계 상사로서는 성공한 부류이다.[97] 보가우는 모스크바 상인 커뮤니티에 잘 적응했다고 하는데, 러시아 정교도 중심의 모스크바 상인과 모스크바 재주의 신입 외국인인 보가우의

95 S.Thompstone, "Brandt, Augustus Ferdinand," *Oxford Dictionary of National Biography*, 25 May 2006(https://doi.org/10.1093/ref : odnb/48862). 노팅엄대학교에 소장되어 있는 Brandt Circular에는 18세기에 브랜트가가 아르한겔스크에서 거래할 시의 영어 · 러시아어 증서와 영수증 사본이 남아있다.

96 ЦИАМ, Ф.16, Оп.126, Д.131, Л.1-об., 3-4. '캐러밴'의 전신인 '보가우 상회'는 1840년 설립되어 그 출자자는 5명의 컴파니온, 즉 콘래드 카를로비치 반사, 구고 막시모비치 폰 보가우, 독일 신민 모리츠 필리포프 마르크, 모스크바 제일의 길드 상인이자 상트페테르부르크 재주였던 막심 카를로비치 폰 보가우, 잠정적 모스크바 상인으로 런던 재주였던 에블린 슈마허, 라고 기재되어 있는데 모두 루터파에 속하는 독일계 상인이다. 이 중 마르크는 독일 신민으로 완전한 외국인 상인이었다.

97 Н.П.Коломийцев, *Чай : Мировая торговля чаем и вопрос о казенной чайной монополии в России*, М., 1916. С.144~145; С.А.Рогатко, *Итстория продовольствия России с древния времен до 1917г.*, М., С.942.

〈표 2〉[99]

중국명 표기	러시아 상사명	차 거래량 (상자)				
		1901	1902	1903	1904	1905
신태(Xin-tai)	토크마코프 · 모로트코프 상회	54,788	57,172	110,541	78,364	106,378
두창(Fu-chang)	몰챠노프 · 페챠트노프 상회	122,110	76,135	96,200	108,732	97,760
순풍(Shun-feng)	리트비노프 상회	98,449	85,979	69,805	73,889	80,322
백창(Bai-chang)	포포프 형제 상회	52,201	51,507	52,379	57,839	16,483
원태(Yuang-tai)	나크반시 · 베르샤닌 상회	8,188	15,064	20,474	15,810	3,504
거창(Chu-chang)	불명	14,424	18,270	10,495	—	—

※상사명은 리의 표기를, 데이터는 미즈노의 수치를 사용했다.[100]

거래망은 아주 달랐을 것으로 추측된다.

이상과 같이 1860년대 이후의 러시아의 차 무역은 한구, 상해, 천진, 캬흐타, 이르쿠츠크, 모스크바를 연결하는 무역 루트를 기간으로 했으며, 한구 러시아 상인의 활동과 무역 거점으로서 캬흐타의 역할은 여전히 중요했다. 이것은 중국차의 집산지, 수출항으로서의 한구의 역할이 20세기 초반까지 계속되었기 때문이다.

한구 주재 일본 영사였던 미즈노 고키치는 1907년 간행한 자료에서 1901~1905년 외국 차상 18사와 그 거래액을 게재했다.[98] 이들 외국 상사 중에서 압도적 비중을 차지하고 있었던 것은 영국이었으며 일찍부터 영국 조계가 존재한 것에 의해 우위를 점하고 있었다. 이러한 영국 상사에 이어 중국명 '신태新泰', '부창阜昌', '순풍順豊', '백창百昌', '원태源泰', '거창巨昌'이라 칭하는 러시아 상사 6사와 프랑스 상사 1사가 나머지를 차지해 차 수출항으로서의 한구는 영국 상인, 러시아 상인의 활동이 중심이 되었다. 상기의 한자 사명은 어디까지나 중국에서의 표기이며 이것을 러시아 상

98 미즈노 고키치, 『한구 중앙 지나 사정』, pp.422~424.

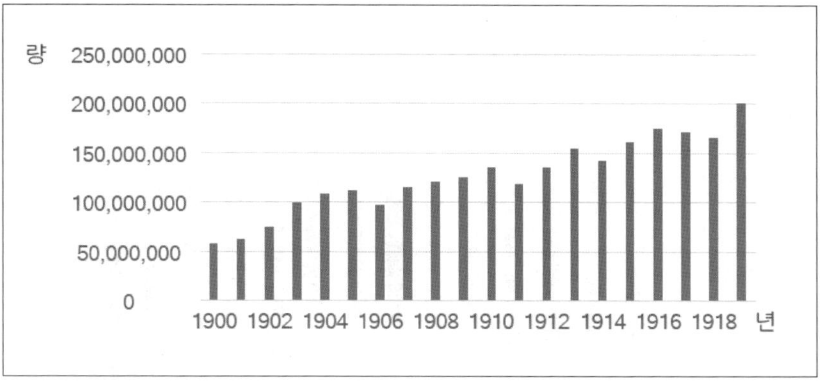

〈그래프 4〉 한구 수출입 무역 순액 통계(단위 : 량)[101]

사명과 대조해 보면 이하와 같다(〈표 2〉).

상기의 표를 보면 19세기 후반에는 활동했으나 1901년 시점에서는 사라진 상사도 몇 군데 있다. 러시아 상사 중에 20세기 초엽에도 안정적으로 사업을 계속했던 것은 '토크마코프 · 모로트코프 상회', '몰차노프 · 페차트노프 상회', '리트비노프 상회'였다.

한편 1900년부터 1919년까지 재수출을 제외한 한구의 수출입 무역 순액은 전체적으로 증가 경향을 보였는데 1900년 57,050,639량에서 1919년 200,398,431량까지 거의 4배로 증가했다(〈그래프 4〉). 이는 양자강 하천 수송뿐 아니라 1906년 개통한 경한 철도에 의해 북경으로의 육로가

99 Lee Chinyun, "From Kiachta to Vladivostok", pp.208~209; 미즈노 고키치, 『한구 중앙 지나 사정』, pp.422~424.

100 리진윈 씨가 상기 논문에서 참조한 『한구 주재반 조사 보고서』 제105권, 1906, pp.42~43의 데이터는 여기에서 인용한 미즈노 고키치, 『한구 중앙 지나 사정』, pp.422~424의 데이터와 수치가 미묘하게 달라 검토를 요한다. 그러나 수치의 경향 자체는 그다지 다르지 않다. 또한 이들 러시아 상사의 중국어 표기 확인에는 동료인 동양사 연구자 이노우에 미쓰유키 씨의 협력을 얻었다.

101 『다이쇼 8년 한구 일본 상업회의소 연보』, 한구 일본 상업회의소, 1919(다이쇼 8년), p.9.

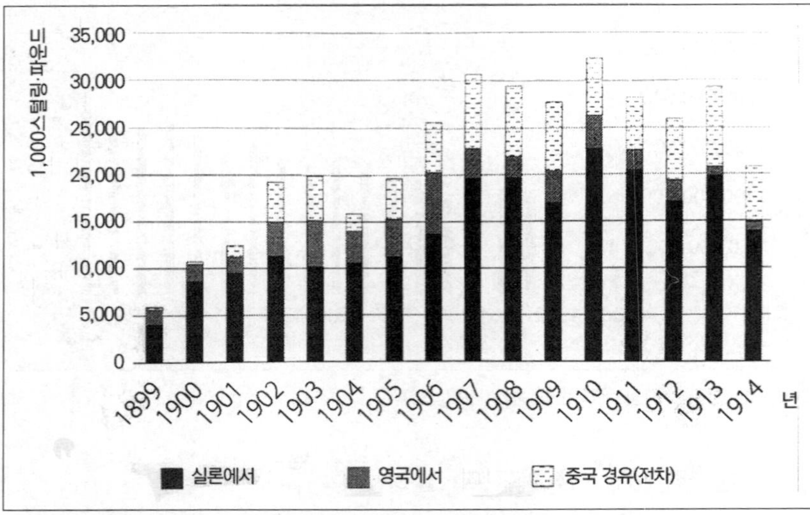

〈그래프 5〉영국 통계에 의한 러시아의 차 수입량(1,000스털링 · 파운드)[103]

열려, 시베리아 철도와 연결된 것도 영향이 있다.

한구의 무역 데이터를 좀 더 분석하면 1910년부터 1919년의 수출입은 수출이 언제나 수입을 웃돌았는데, 공업 제품을 포함하여 수출항으로서의 성격이 강한 것이 특징이었다. 반대로 수입은 중국 무역항 중에서 그다지 많지 않았는데 1910년 시점에서 상해, 천진, 광동에 이어 4위였다. 그 후 1912년에는 한구의 수입액이 광동을 넘어서 3위로 상승했지만 제1차 세계 대전기부터 대련이 무역항으로서의 지위를 향상시키면서 1917년에 한구를 넘어섰다.[102] 한구는 수출입에 있어 각기 다른 역할을 했는데 청조 멸망 후에도 무역항으로서 중요성은 거의 변하지 않았다. 오히려 1919년

102 위의 책, pp.12~13.

103 С.А.Рогатко, *Итстория продовольствия Росси с древния времен до 1917г.*, С.937. (필자주) 로가트코는 Н.П. Коломийцев, op. cit.의 С.27을 통계의 출전으로 삼고 있는데, 합치하는 수치를 찾을 수 없다.

에는 장기간의 대전이 끝남으로써 부족했던 외국 제품의 수입이 단숨에 증가하며 미증유의 호경기로 들끓었다. 이러한 시황에서 한구의 일본 상업 회의소는 러시아의 차 전문 상사에 대해 '두창 양행(=몰챠노프·페챠트노프 상회)' 차 창고 성쇠'라며 번창하는 모습을 보고했다.[104]

〈그래프 5〉는 영국 통계로부터 러시아의 차 수입량을 비교한 것으로 흥미로운 다른 경향이 보인다. 19세기 말부터 러시아에서 실론차 수입이 보이는데, 1899년 4,041,000파운드약 1,830,573kg였던 것이 1911년 시점에서 20,428,000파운드약 9,253,884kg로 영국으로부터의 수입량이 약 10배에 달했다. 이에 반해 중국으로부터의 차 수입량은 실론차를 밑돌았다. 이 수치는 어디까지나 영국 통계이므로 주로 해로를 중심으로 오데사, 발트 해를 경유한 러시아차 수입량을 나타낸 것이라고 추측된다.

한편 다른 통계에서는 러시아의 아시아 국경으로부터의 차 수입량이 20세기 이후 호조를 보여 19세기보다 증가한 것을 알 수 있다. 1908년에는 유럽·러시아 국경에서의 차 수입량 715,000푸드약 11,711,700kg에 대해, 아시아 국경을 경유한 것은 4,605,000푸드약 75,429,900 kg로[105] 전술한대로 캬흐타, 한구의 역할은 여전히 컸던 것을 알 수 있다. 이렇게 한구와 러시아 상인의 차 무역은 인도양을 경유하는 해로 수송과 함께 20세기 초반 러시아의 무역망을 형성했다. 그러나 이 구조는 러시아혁명을 계기로 종언을 맞게 된다.

---

104 위의 책, C.1.
105 사콘 유키무라, 『바다의 러시아사』, p.64.

5. 노청 무역의 종언과 차 무역

신해혁명 후 1912년에 성립된 중화민국은 청조의 정치 기강을 이어 가면서 지방 세력을 북경 정권하에 통제하려 했다. 이러한 정치적 혼란이 유럽 각국의 정치적, 경제적 개입을 촉진하여 제2차 세계 대전 복발에도 불구하고 중국의 주요 무역항에서의 거래액을 증대시켰다. 이 시기 한구에서 러시아로 수출된 상품 규모에 대해서는 각국별 관세액의 비교 통계로 추측해 볼 수 있다. 우선 1915년 관세 부담액은 영국선이 1,565,787,695량으로 1위를 차지했고 다음으로 일본선이 1,314,663,390량이었다. 러시아선은 중국선 다음으로 4번째였는데 관세 부담액은 196,720,871량으로 영국선의 거의 8분의 1이었다. 또한 이듬해 미국선의 관세 부담액이 러시아선을 넘어서, 한구에서의 러시아의 존재감은 저하되었다. 그러나 1917년 러시아선의 관세 부담액이 급증해 일본선, 영국선에 거의 필적하는 1,136,661,277량에 달했다.[106]

1917년에 한구의 러시아 관세 부담액이 돌연 급증한 요인으로 전시 중 군대에서의 차 공급이 증가한 것, 그 때문에 차의 거래가 증가한 것, 유럽 방면의 수송이 곤란해진 것 등이 생각된다. 그러나 제1차 세계대전이 거의 종식된 1918년에는 러시아 관세액이 200만 량 대로 떨어졌고, 1919년에는 기록이 보이지 않는다. 이들 데이터로부터 적어도 1918년 시점에서 러시아선에 의한 차의 수송은 급감하였고 철도 등에 의한 육로 수송이 증가했다고도 생각된다. 또한 제1차 세계대전 중에는 교전국 독일로부터

106 『다이쇼 8년 한구 일본 상업회의소 연보』, p.25.

해로로 공격당할 가능성도 있었으나 당시 중화민국정부는 독일과 단교하고 한구의 독일 조계를 회수하였으므로 영향이 컸을 것이라고는 생각되지 않는다. 따라서 1917년 러시아의 거래와 관세액의 급증은 어디까지나 일시적인 것이었다.

1918~19년에 러시아 관세액이 감소한 최대 원인은 러시아혁명의 혼란이라고 생각된다. 한구의 차 산업도 러시아 수출이 불안정해진 것, 미국에의 차 금수 조치에 의해 그 방면으로 수출을 할 수 없게 된 것으로 심각한 타격을 입었다.

러시아혁명 발발 전, 전술한 보가우가는 1915년에 흑백인조에 의한 파그롬으로 괴멸적 피해를 입었다. 이것은 교전국인 독일에 대한 증오가 방아쇠가 되었다고 보여지는데 이 때 보가우 상회는 자산을 매각할 수 밖에 없었고, 1916년에 사실상 활동이 끊기고 말았다.[107] 차 전문 상사 '캐러밴'도 이 시점에서 소멸되었다. 한편 1920년 북양 정부는 소련 정부와 새로운 약정을 맺고 러시아 조계를 회수했다. 이로 인해 러시아 상인은 중국에서의 차 무역의 거점을 잃었다. 또한 소련 정부는 조지아, 아프하지아, 아제르바이잔 등에서 차의 시험 재배를 시작하였고, 1936년에는 크라스노다 지방에서 재배를 시작했다. 이에 더해 인도차를 대체 수입하는 것으로 소련은 중국과의 차 무역을 사실상 종료했다. 그 결과 제정 러시아 시대에 배양된 차 무역 네트워크는 제1차 세계 대전 후 정치적 변동과 함께 단절되었다. 청조 멸망과 중화민국 및 소련의 성립, 그 후 만몽 문제 발생이라는 정치적 변화는 소련, 중국 간에 '제국'과는 다른 새로운 정치적, 경

107 И.А.Соколов, *Чаеторговцы Российской империи. Биографическая энциклопедия*, С.62~67.

제적 관계의 구축을 가져왔다.

이상으로, 1860년대 이후의 러시아와 청의 차 무역에 대해 검토해 보았다. 이들의 경위로 판명된 것은 19세기 후반 러시아 상인의 제다업이 아주 활발했다는 것과, 19세기 말에는 중국인 중개업자에 의존하면서도 영국 상인의 중국차 거래를 능가했다는 것, 독일계 러시아 상인인 보가우 등 외국계 상인을 통해 러시아 상사의 차 무역이 육해 루트를 이용하여 광범위한 차 무역 루트를 형성했다는 것이다.

보가우와 같은 외국계 상인의 활동은 눈에 띌 뿐 아니라, 실제로 큰 사업으로 성장했지만 포포프 상회와 같이 프랑스와 접점을 가지면서 유럽 시장에 진출한 러시아 상사도 존재했다. 한구에서 가장 큰 러시아 상사를 경영한 토크마코프의 이름도 차 무역 자료에 빈번히 등장한다. 이들 네트워크를 보는 한, 리진윈 씨가 지적하듯이 러시아 상인이 '러시아 시장 이외에는 관심을 가지지 않았다'라는 것은 실태와는 다르지 않을까.

차 무역 시장으로서는 러시아가 타겟이었지만 그 거래, 수송에 관여한 사람들은 제국이 갖는 다민족성, 지역성에 근거한 네트워크를 이용했고 정부의 의도만으로 조종될 수 있는 것은 아니었다. 한구에 진출한 러시아 상인들은 '러시아 시장 이외에는 관심을 가지지 않았다'기 보다는 영국 상인이 경제적으로 우위를 점하는 중국 시장에서 제약을 받으면서도 캬흐타 무역에서 축적한 상업 지식과 경험을 살려 1860년대 이후 한구 시장에 끼어들었다. 신해혁명으로 러시아 상사는 그다지 타격을 받지는 않았지만 러시아혁명의 복발은 러시아 상사의 기반을 완전히 붕괴시켰고 사회주의 정권의 확립은 '자유로운 기업 활동' 그 자체를 종식시켰다. 그러나 이미 끽다 습관이 정착된 러시아는 인도 시장과 공화국 내의 차 재배 가능성에 눈길을 돌려 새로운 수입처를 개척했다. 노청 간의 차 무역 종언의 요인은 양 제국에서 거의 동시기에 일어난 혁명이며, 반드시 상인 측의 '관심'만의 문제는 아닌 것이다.

이러한 실태로부터 세계 경제 긴밀화의 연장선상에 있는 '러시아 제국'의 상인 경제 네트워크는 국제 정세의 영향을 받았으며 영국 등 유럽 각국 상인과의 경쟁 관계, 러시아 상인 · 외국 상인(특히 독일계 상인)이 주특기 분야에서 공존에 의한 구조 변화를 거쳐 기술, 제조업의 근대화를 진행시키는 데 기여하였다. 이것은 18세기 주로 외국 상인에 의존했던 러시아 무역의 형태와는 근본적으로 다른, 새로운 무역 구조의 출현이었다. 중국 시장과의 관계는 톈진조약 이후 보다 복잡해졌으며 육해 루트 무역이 활성화되었다. 지금도 '해양 국가'가 아닌 '대륙 국가'로 간주되는 러시아는 영국, 미합중국과 같은 해운업에 크게 뒤져 참가했지만 19세기 후반에 확립된 러시아 상인의 활동은 유라시아 대륙 전체를 둘러싼 범위를 지니고 있으며, 반드시 협소한 지리적 범위 안에 그쳤던 것은 아니었다.

그러나 러시아 상인의 활동은 사회주의 국가 소련의 성립이라는 정치 체제의 변환과 미증유의 사회적 혼란에 대응하지 못했다. 이러한 글로벌화의 흐름을 중단, 정체시킨 것은 제1차 세계대전과 혁명에 의해 생긴 세계 경제의 구조 변화였다. 여기에 러시아 상인을 포함한 무역상들이 지니기 시작한 경제적 월경성과, 그것을 방해하는 정지척 한계가 존재했다고 할 수 있다.

근대이행기 제주도민의 이동과 트랜스 내셔널 아이덴티티

조성윤

1. 들어가며

나는 꽤 오래 전부터 제주도 주민의 입장에서 제주도 통사를 쓰고 싶어 계획을 세우고 있었다. 이유는 그동안 출간된 대부분의 제주도 역사서가 오늘날의 국민국가인 한국 역사의 일부로, 그리고 민족주의 입장에서 제주도 역사를 서술하고 있다고 보기 때문이다. 이렇게 말하면서도 일국사적 서술을 벗어나 제주도에서 태어나 살아온 섬 주민의 관점에서 역사를 바라본다면 얼마나 다른 역사 해석이 가능할 것인지는 아직 본격적으로 시도해보지 못한 상태이다. 주민의 입장과 관점을 내세운다는 것 역시 편파적인 시각이라고 비판을 받을 수 있다. 그렇지만 관점을 달리해서 역사를 바라보는 관점의 다양화는 균형 잡힌 역사 서술을 위한 방법적인 전략일 수도 있다고 생각한다.

물론 제주도 주민은 한국인이다. 하지만 역사의 각 국면에서 한국인의 입장과 제주도 주민의 입장이 일치하는 것은 아니다. 주민들 사이에서도 서로 다른 입장이 충돌할 수도 있다. 그리고 일국사적 관점에서 보면, 그리고 대한민국 수도 서울에서 보면, 제주도는 가장 멀리 떨어진 변방에 위치한 섬일 뿐이다. 그러나 동아시아 해역으로 시야를 넓혀 놓고 보면, 제주도는 서울이나, 일본 여러 도시나, 상해를 배를 타고 갈 수 있는 동아시아 해역의 교차로에 자리 잡고 있다. 그런 점에서 고대와 중세 시대에 배를 타고 바다를 건너 다니며 교역하던 세력에게는 중요한 기항지였고, 국가 간의 전쟁을 염두에 둔다면 최전선의 방어요새가 될 가능성이 높은 지역이다.

제주도는 과거 오랜 세월 동안 탐라국이라는 이름의 정치체로 독립성을 유지해왔다. 탐라국 사람들은 스스로 배를 만들어 한반도는 물론, 일본과 중국의 여러 지역과 교역하며 생활했다. 그러다가 12세기부터 고려의 지배를 받게 되었는데, 이때부터 제주라는 이름을 사용하였고, 고려 정부에 세금을 바쳤다.[1] 이어서 조선왕국도 제주를 지배했다. 조선 정부는 제주도에 목장을 만들어 말을 생산했고, 해산물과 귤 등의 특산물을 공납 받는 데만 관심이 있었다. 중앙정부의 지배력이 강화되자, 따라서 수탈도 심해졌다. 그러자 제주도민들은 다양한 형태로 지배에 저항했다. 그 중에서도 제주도를 떠나 해양 유민이 되는 것이 가장 큰 저항이었다.[2] 그러자 정부는 출륙금지령을 내려 모든 주민의 섬 밖으로 나가지 못하게 막았다. 배를 빼앗고, 농사와 목축으로 살아가라고 강제했다. 이 조치는 200년 이상 계속되었다.[3]

---

1 전경수, 「문화주권과 '제주 해녀'와 해군기지」, 『제주도연구』 제38집, 제주학회, 2012, 13쪽.
2 이영권, 『조선시대 해양 유민의 사회사』, 한울, 2013, 제3장.

근대사회가 되면서 조선은 일본 제국의 침략을 받아 식민지가 되었다. 조선에는 총독부가 설치되어 통치를 담당했고, 조선인은 일본 제국의 식민지 주민으로 생활했다. 제주도에도 일본 어민들이 몰려와 해양자원을 독식했다. 이 때문에 제주도민들도 고통을 받았다. 그러나 동시에 바로 이 시기부터 제주도민들은 오래 동안 자신들을 묶었던 금지의 쇠사슬에서 벗어나기 시작했다. 그들은 섬 밖으로 나갔다. 제주도 해녀들은 지리적으로 가까운 한반도 남해안 일대에서 일을 하기 시작했다. 부산에 거점을 마련한 다음, 전국 해안으로 활동무대를 넓혀갔다. 제주도민들은 일본의 오사카를 중심으로 한 한신阪神공업지대 노동자로 이주했다. 일본으로 이주하는 사람이 많아지면서, 제주도민들의 활동 반경은 동경으로, 센다이로, 큐슈로 넓혀졌다. 그 시기 제주도민의 인구가 20만이 넘는 정도였는데, 1930년대 말이 되면 제주도민 거의 절반이 섬 밖으로 나가서 생활한다고 말할 정도가 되었다. 그런 점에서 일제 식민지 지배 기간은 제주도민들에게는 고통의 시기이면서 동시에 개방적인 생활환경 속에서 새로운 가능성을 발견한 시기였다.

1945년 전쟁이 끝나면서 일본의 국경은 제국 이전 상태로 환원되었다. 조선은 남한과 북한으로 양분되었으며, 중국과 대만이 분리되었다. 이미 제주도를 벗어나 부산과 오사카, 그리고 동경 등 여러 지역에 공동체를 형성하고, 자유롭게 왕래하면서 지냈던 제주도민들로서는 일본 제국 시기에 없었던 국가라는 경계의 틀이 생겨버린 것이다. 그러나 그 후에도 제주도민들은 경계를 넘어서 왕래를 계속했으며, 이런 현상은 1980년대까지

---

3 조성윤, 「조선시대 제주도 인구의 변화 추이」, 『耽羅文化』 제26집, 제주대학교 탐라문화 연구소.

계속되었다.

이 글은 근대 제주도민들의 이동과 생활, 그리고 특정 지역 한계를 넘어선 네트워크 형성과 그 역사적 의미를 정리할 것이다. 그리고 이를 통해 오랜 기간 동안 변경에서 소외되고 수탈당하던 제주도민들이 국가의 경계를 넘어서 동아시아 각지로 이주해서 그들의 공동체를 만들어간 배경에는 그들의 트랜스 내셔널한 정체성이 자리 잡고 있음을 밝힐 것이다.

2. 역사 속의 제주 – 탐라에서 제주로

국가State라는 개념을 사용할 때는 계급 분화가 이루어지고 종족 공동체 수준을 넘어서서 지배 조직이 갖추어지는 상태를 생각할 수 있다. 그런 점에서 탐라국을 고구려, 백제, 신라와 대등한 수준의 국가로 생각하는 경우도 있지만, 비록 사회발전단계가 고구려, 신라, 백제와 같은 단계에 이르지는 않았을지라도 자율적으로 운영되던 정치체제였다는 점은 의견의 일치를 보고 있다[4] 제주도가 국가 단계까지 이르지 못했다고 생각하는 사람들은 추장사회Chiefdom Society라고 말한다.[5]

탐라와 다른 지역 국가들의 교류를 보여주는 기록을 보면, 다른 지역의 배들이 탐라를 찾아와서 교류한 경우는 드물었다. 그보다는 탐라사람들이 적극적으로 백제, 신라는 물론, 일본, 중국의 여러 지역을 찾아가서 교류

4 전경수, 「上古耽羅社會의 基本構造와 運動方向」, 『濟州島硏究』 4, 濟州島硏究會, 1987; 박원실, 「耽羅國의 形成·發展過程硏究」, 서강대 석사논문, 1993; 진영일, 「古代耽羅의 交易과 '國'形成考」, 『濟州島史硏究』 3, 濟州島史硏究會, 1994.

5 진영일, 『고대 중세 제주역사 탐색』, 제주대학교 탐라문화연구소, 2008, 33쪽.

했고, 백제, 신라에 토산물을 바쳤다는 기록은 수십 차례 보인다. 또 탐라 사람들이 항해를 하다가 표류하여 일본과 중국으로 떠내려갔던 사실도 있다. 제주 사람들은 배를 직접 건조해서 이것을 타고 다른 지역을 찾아가 교류하고, 물건을 사고 팔았다. 그런 점에서 보면 제주인들이 매우 적극적으로 다른 지역과 교류를 했고, 상당히 먼 거리를 운항할 수 있는 수준의 배를 직접 건조하고, 항해하는 기술도 있었다.[6] 탐라국 주민들은 소와 돼지 기르기를 좋아하고, 상업 활동을 활발히 한다는 표현은 자주 나오지만, 농사를 짓는다는 표현은 거의 찾아볼 수 없다. 교역을 할 때 조개류, 전복 등의 해산물을 비롯한 각종 특산물을 내다 팔고, 식량과 각종 생활 도구들을 사들였다. 결국 제주도민들은 오랫동안 수산업에 종사했던 경험을 지닌 데다 배를 건조할 수 있는 목재도 풍부했고, 건조 능력도 뛰어났다고 말할 수 있을 것이다.

고려가 탐라국을 지방 단위로 편입시킨 것은 1105년이었다. 물론 지방관이 파견됐지만, 제주도 지배세력은 여전히 힘을 갖고 있었으므로 직접 통치에는 한계가 있었고, 토착 세력에 의지하여 조세를 거두어가는 수준에 그쳤다. 고려 후기 1273년 몽골 군대가 제주에 들어오고, 제주는 몽골의 지배하에 들어간다. 탐라총관부가 설치되고, 이후 100년간 고려 왕국에서 분리되어 원元의 직접 통치를 받았다. 이 기간 동안 몽골의 말 기르는 전문가들이 들어와 제주도 산업 구조를 바꾸어 놓았다. 몽골은 제주에서 낙타 양 등 여러 가축을 갖고 들어와 길러보았다. 그 가운데 중점은 역시 말에 두고 있었다. 말을 정기적으로 원나라에 공납하였는데, 한꺼번에

---

6 김일우, 「제주사람들의 海上活動과 그 유형(고려시대 이전을 중심으로)」, 『제주해양포럼』, 대한민국해양연맹, 2004, 73쪽.

4~5백 필의 말을 원나라로 가져갔다고 한다.[7]

탐라국 토착지배 세력이 힘을 잃고 확실하게 중앙정부에 예속되는 것은 1392년 조선시대로 들어서면서 부터이다. 이때부터 제주도는 고려시대보다 훨씬 강력한 중앙집권체제의 지배를 받았다. 고려시대만 해도 특산물을 수취하는 정도에 그쳤지만 조선시대에는 각종 특산물을 중심으로 하는 진상 수취체계를 갖추었고, 말을 양육하기 위한 국영목장 체제도 정비하는 한편, 토착세력을 순화시켜 지배체제로 끌어들였다. 당시 제주도에서는 바다를 무대로 활동했던 사람들이 많았고, 그들을 포작인浦作人이라고 불렀다. 그런데 포작인들은 조세 수탈이 강화되자 배를 타고 가족과 함께 제주도를 탈출했다. 굳이 제주에 머물러야 할 이유가 없었다. 제주도를 떠난 포작인 가족은 호남 충청 영남 등 해안지역에 흩어졌으며, 일부는 중국이나 일본의 섬 지역으로 흘러가 정착했다. 이 때문에 제주도의 8만 인구가 5만 이하까지 떨어졌다.[8]

제주도 인구가 계속 줄어들자, 정부는 출륙금지령을 내렸다. 모든 제주도민은 관청의 허가를 받아야 배를 탈 수 있고, 특별한 이유가 없는 한 육지로 나가기가 불가능해진 것이다. 더 이상 도망칠 수 없게 된 하층민들은 막대한 부역賦役과 진상품進上品 만들기에 동원됐다. 1629년에 내린 금지령은 약 250년간 이어 오다가 조선 말기에 풀린다. 출륙금지령의 가장 큰 문제는 제주 사람들을 섬 속에만 묶어 두었다는 점이다. 이는 제주 사람들이 바다를 무대로 활동할 수 있는 가능성을 원천적으로 막았다. 이 때문에 조선 후기 내내 제주도민들은 배를 탈 수 없었고 바다와 멀어졌다. 수산

7 김일우, 『高麗時代 耽羅史 硏究』, 新書苑, 2000, 296~298쪽.
8 이영권, 『조선시대 해양 유민의 사회사』, 한울, 2013.

업, 조선업이 사라지고, 해외 무역도 사라졌다. 대신 제주도의 주산업은 말을 키우고 농사를 짓는 것으로 바뀌었다. 제주도 주민들은 '해민海民'으로서의 감각을 잃어버리고 농업과 목축업 중심으로 살아갈 수밖에 없었다. 물론 해안에서 소라, 바지락, 해초미역 등을 채취해 건조시킨 뒤 특산물로 중앙정부에 바치고 일부 팔기도 했지만 그 비중은 적었다.

3. 해녀들의 출가노동

서세동점, 제국열강의 압박 속에서 일본은 메이지 유신에 의해 근대국가를 구성한 후 부국강병, 해외 팽창정책을 적극적으로 전개하면서 제국이 되어 갔다. 그 첫 단추는 조선의 개항이었다. 1876년 일본은 조선을 강제로 개항 시킨다. 이후 일본 어민들이 대거 조선으로 몰려왔는데, 제주도 역시 중요한 지역 가운데 하나였다. 제주를 찾아온 어부들은 시모노세키, 나가사키, 가고시마 출신이 많았다. 그들은 배를 가지고 있거나 각종 기기를 갖추고 수산업에 종사할 재정능력을 갖춘 자들이었다. 그들은 1890년대부터 제주도의 수산자원을 독점했다. 제주도민들이 저항했지만, 곧 진압당했다.[9]

1910년 일제의 식민지 지배가 본격화하면서 일본인들은 제주도를 수산업을 발전시킬 수 있는 최적의 장소로 보고 적극 진출하였다. 어업에 종사하던 일본인들은 좋은 배와 발달한 어로 기술, 그리고 잠수기선潛水器船을

9 강만생, 「한말 일본의 제주어업 침탈과 도민의 대응」, 『제주도연구』 제3집, 제주도연구회, 1986.

이용하여 제주 바다의 풍요로운 어장을 휩쓸었으며, 어획물을 일본이나 육지로 반출하기 위한 처리 공장을 세웠다. 그들은 조천朝天, 함덕咸德, 월정月汀, 행원杏源, 성산포城山浦, 서귀포西歸浦, 모슬포毛瑟浦 등 포구에 주로 모여 살았다. 이 지역에 경찰관 주재소, 등기소, 우편소, 학교를 세웠다.[10] 이러한 해안 마을의 발달은 일본인들의 정책과 산업 때문이기도 했지만, 한편 마을 주민들의 활발한 경제 활동도 큰 몫을 했다. 과거에 비해 훨씬 높은 경제적 가치를 갖게 된 어업활동에 주민들이 적극 참여하였으며, 특히 해녀들의 적극적인 활동은 그 어느 때 보다도 활발하였다. 제주 남자들은 선원으로 일본인 배에 고용되고, 여자들은 해녀海女로서 물질을 하여 전복, 해삼, 성게, 각종 해초류를 거두어들였다. 일제는 어업조합을 조직해서 이들이 생산하는 해산물을 모두 상품화했다.[11]

한편 잠수기선을 동원한 일본 어민들의 남획濫獲은 이미 1910년대부터 제주 해안의 자원의 고갈을 가져왔다. 제주 여성들은 해안에서 전복, 소라 등을 채취할 우수한 기술을 갖고 있었지만 어장에서 나오는 생산물은 자꾸만 줄어들어갔다. 그러자 일본인 선주들과 상인들은 해녀가 활동하지 않는 한반도 해안 지역에 주목했다. 그들은 잠수 능력이 뛰어난 제주 해녀들을 모집해서 배에 태우고 원정물질을 떠났다. 배를 가진 선주가 마을을 다니면서 해녀로 일하는 여성을 모집하고 부모에서 3~4년간의 임금을 선불한 뒤 여성들을 배에 태우고 조선과 일본의 어장으로 이동하여 장기간 노동에 종사하게 하는 것이었다. 이에 따라 제주 여성들은 부산, 경남은

---

10 조성윤, 「일주도로개설과 촌락의 중심이동」, 『제민일보』, 2001년 9월 3일 자.

11 안미정, 「식민지 시대의 한・일 해역의 자원과 해녀의 이동」, 『한국민족문화』 59호, 부산대학교 민족문화연구소, 2016.

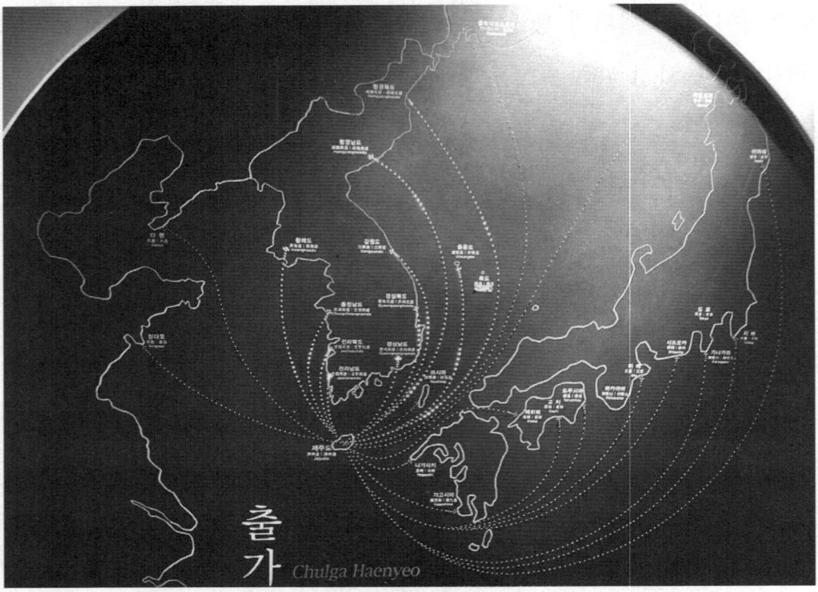

〈사진 1〉 일제 시기 제주 해녀들의 출가물질(출처 : 제주해녀박물관)

물론 호남, 강원도, 함경도, 심지어 대마도를 비롯한 일본 각지 해안과 중국, 러시아의 블라디보스토크까지 이동하였다. 〈그림 1〉은 제주 해녀들이 출가 물질을 하기 위해 방문했던 한반도와 일본 각 지역, 그리고 중국의 대련大連과 청도淸島, 러시아의 블라디보스크를 표시한 것이다.[12]

제주 해녀의 출가물질 인원은 1929년에 3,500명이었다. 같은 시기 제주도내 작업 인원은 7,300여 명이었으니, 합치면 1만 명이 넘는다. 당시 제주 인구가 20만 이하였으므로 적어도 전체 인구의 5%가 해녀로 활동한 셈이다. 특히 일본으로의 출가 물질의 경제적 효과는 제주도에서 작업할 때보다 4배 정도 수입을 얻을 수 있다 보니 출가물질에 대한 욕구는 점

---

12 伊地知紀子, 「帝國日本と済州島チャムスの出稼ぎ」, 『일본학』 34권, 동국대학교 일본학연구소, 2012, pp. pp.71~117.

점 더 높아져 갔다.

제주도청이 발간한 『제주도세요람』의 통계를 보면 1937년 일본으로 나간 제주해녀는 1,561명으로, 쓰시마 750명, 고지 130명, 가고시마 55명, 동경 215명, 나가사키 65명, 시즈오카 265명, 지바 51명, 에히메 10명, 도쿠시마 50명으로 지역 분포도 다양할 뿐 아니라, 출가 물질 인원도 절정을 이룬다. 1939년 통계 또한 비슷한 수치인 1,492명으로 대략 1,500명으로 추산되고 있다. 이 통계는 출가물질을 나갈 때 출가증을 교부 받은 수치이고, 이런 형식적인 절차들을 무시하고 개인적인 독립 출가도 있었으므로, 실제로는 훨씬 많았을 것으로 추정할 수 있다.[13]

이렇게 동아시아 바다를 무대로 넓게 펴져 활동하던 제주 해녀들 중에서는 처음에는 1년에 몇 개월만 일하고 고향으로 돌아가는 것이 일반적이었지만, 때로는 아예 일본 어촌에 정착해서 생활하는 경우도 생겨났다. 예를 들어 지바千葉현 아와군安房郡 와다마치和田町의 장흥원長興院이라는 사찰에는 40여 기의 묘가 조성되어 있는데, 그 중 절반 이상이 제주 해녀와 관계자들의 묘이다. 제주 출신 박기만朴基滿은 그 지역 해안의 입어권入漁權을 매입하고, 고향 마을에서 해녀들을 모집해서 사업을 전개했다. 점차 그 지역에 정착하는 해녀들이 늘어나면서 해녀와 그 가족들 상당수는 그 지역에서 살게 되었고, 결국 고향으로 돌아가지 못하고 사찰에 묻히게 된 것이다.[14]

제주 여성들이 한반도 전역으로, 일본, 중국, 러시아로 물질을 나가면

---

13 장혜련, 「제주해녀－바다를 횡단하는 트랜스내셔널 유목주체」, 『비교한국학』 19권 1호, 국제비교한국학회, 2011, 205~206쪽.

14 金榮·梁澄子, 『海を渡った朝鮮人海女』, 新宿書房, 1988; 金東栓, 「재일제주인 '済州島水産業의 先覺者' 朴基滿과 海女의 移住와定着」, 『아시아·태평양지역의 이주와 트랜스 내셔널리즘 : 국제비교한국학회학술대회 발표문집』, 2010, 23~32쪽.

서, 남자들 역시 선원이 되어 배를 타게 되었다. 이렇게 해서 제주사람들은 비로소 다시 바다를 무대로 살아가는 사람들이 되어갔다. 제주도 주민들은 노동자가 되어 일본인 어부들 밑에서 일하면서 일본인 어부들의 어업에 대한 적극적인 태도와 활동을 통해 상당한 학습을 하게 되었다. 바다에서 어업에 종사하고, 바다를 활동 무대로 삼는 새로운 인구가 생겨나게 되었고, 이들이 해방 후 한국 어업의 근간을 이룬다.

4. 재일제주인 사회의 형성

식민지 시기 초기에는 주로 해녀들의 활동이 활발했지만, 1914년 무렵에 오사카 방적이 제주도에서 직공을 모집한 것을 비롯해 오사카와 큐슈의 여러 공장에서 조직적으로 제주도민을 모집함으로써 대규모 도일이 이루어졌다. 1914년 무렵에 오사카의 방적공장이 제주도에서 직공을 모집한 것이 시작이었다.[15]

1922년 제주도와 일본 오사카를 잇는 정기 연락선이 개설된 이후 제주도민은 대거 고향을 떠나서 돈을 벌기 위해서 일본으로 건너갔다. 한동안 제주도민들이 일본을 가기 위해서는 부산이나 목포에서 배를 타야 했다. 그런데 오사카행 항로가 열림으로써 제주도민들은 더 쉽게, 그리고 싼 뱃삯으로 오사카에 갈 수 있게 된 것이다.[16]

15 서지영, 「식민지 시기 일본 공장으로 간 제주여성」, 『비교 한국학』 18권 3호, 국제 비교한국학회, 2010.

16 杉原達, 『越境する民－近代大阪の朝鮮人史研究』, 新幹社, 1998, 第III章.

이렇게 직항 노선까지 생기게 된 이유를 이준식은 제주도민들의 적극적인 도항渡航 열기가 자본 측의 이해관계와 맞아떨어졌기 때문이라고 보았다. 오사카의 기반은 노동집약적 중소기업인데, 오사카의 자본, 행정당국, 언론은 한 목소리로 제주도 출신을 '근면 성실'하다고 긍정적으로 평가하고 있었다. '근면 성실함'은 열악한 조건에서 일할 저임 노동력을 구하던 오사카 자본의 이해관계에 딱 들어맞는 것이었다. 따라서 제주도 출신 노동자에 대한 긍정적 평가는 오사카 자본이 이들을 계속 고용하는 바탕이 되었다는 것이다. 또한 제주도 경제가 재일노동자의 송금에 크게 의존할 수밖에 없는 구조였기 때문에, 제주도 당국이 적극적으로 노동력 송출에 앞장섰다는 것이다.[17]

정기 연락선의 종착지인 오사카로 간 사람들은 일본 최대의 공업 지역이었던 오사카, 고베, 교토 일대에서 근로자 또는 자영업자로 정착한 경우가 가장 많았다. 그러나 제주도 주민들은 점차 도쿄, 나고야, 규슈, 센다이 등으로 거주지를 넓혀갔다. 이런 확장이 가능했던 가장 중요한 이유로 이준식은 "도일渡日에 따른 위험부담을 줄이는 역할을 한, 제주도 특유의 사회적 연결망"을 거론한다. 제주도민 도항자들은 처음 일본에 갈 때, 부모, 형, 오빠, 삼촌과 같은 피붙이나 아니면 같은 마을 출신의 친지를 찾아 도일한다. 게다가 제주도민들은 특정 지역에 모여 살았다. 오사카라는 낯선 곳에 또 하나의 제주를 만들어가고 있었던 것이다. 일단 오사카에 생활 기반을 마련한 사람은 제주도에 오사카 정보를 전하는 한편, 고향의 가족, 친척, 친지를 불러들였으며, 제주도에 남아 있던 사람이 오사카로부터 온

17 李俊植, 「일제식민지 시기 제주도민의 오사카 이주」, 『韓日民族問題研究』 3輯, 韓日民族問題学会, 2006, 13~14쪽.

정보를 듣고 찾아오기도 하였다. 제주도 안에 존재하고 있던 연결망을 기반으로 제주도와 오사카 사이에 만들어진 연결망이 급속하게 확장됨으로써 도항자는 급증할 수 있었다. 이렇게 사회적 연결망이 도일을 촉진하는 중요한 변수로 작용하였다.

제주도 출신 노동자는 같은 직종의 일본인 노동자에 비해 더 열악한 조건에서 일하면서도 더 적은 임금을 받았다. 정주화 과정에서도 집을 구하지 못해 일본인들이 살기를 꺼리는 불량주택, 가건물, 축사, 전염병 환자 수용시설 등의 열악한 공간에 모여 살았다. 다행히 집을 구하더라도 거기에는 일본인보다 많은 보증인과 보증금이 필요했고, 집주인의 횡포와 그로 인한 차가借家쟁의가 잇달았다.[18]

처음에는 단신으로 떠나 도시 지역에서 노동자와 자영업자로 일하던 청년들은 점차 결혼해서 가족을 이루었고, 2세들이 태어나 성장하면서 재일제주인 사회의 큰 비중을 차지하게 되었다. 오사카나 동경에서 일하는 가족들은 자녀들을 제주도의 조부모 밑에서 교육을 받도록 보내는 경우도 많았다. 또 장례를 치를 때는 일부러 시신을 제주까지 갖고 오기도 하였다. 이렇게 재일제주인 사회는 제주도와 가족, 친족, 마을 사람들의 연결망이 복잡하게 뒤얽힌 가운데 관계를 유지하고 있었다. 이렇게 오사카 등 대도시에 정착한 사람들이 늘어났으며 제주도의 인구는 20만 명이 안 되지만 오사카를 비롯한 일본에 5만 명 이상이 정착했다. 일본에 또 하나의 제주사회가 형성된 것이다. 구체적인 인구변화 추이는 〈표 1〉과 같다.

제국 일본의 지배시기에는 일본이 내지로 조선과 대만, 남양군도는 식

18 李俊植, 위의 글, 20쪽.

〈표 1〉 재일제주도민의 현황 (단위 : 명)[19]

연도	도항자			귀환자			잔류자 누계
	남	여	계	남	여	계	
1923	-	-	-	-	-	-	10.381
1924	-	-	-	-	-	-	19,552
1925	-	-	-	-	-	-	25,782
1926	11,742	4,120	15,862	10,029	3,471	13,500	28,144
1927	14,479	4,745	19,224	12,015	4,848	16,863	30,305
1928	11,745	5,017	16,762	10,100	4,603	14,703	23,564
1929	15,519	4,903	20,418	13,326	4,334	17,660	35,322
1930	12,029	5,861	17,890	15,175	6,251	21,416	31,786
1931	11,635	7,287	18,922	12,512	5,533	17,685	33,023
1932	11,695	9,719	21,409	10,382	7,925	18,307	36,125
1933	15,723	13,485	29.208	12,356	5,706	18,062	47,271
1934	9,060	7,844	16,904	8,115	6,015	14,130	50,045
1935	4,327	5,157	9,484	5,986	5,175	11,161	48,368
1936	4,739	4,451	9,190	6,037	5,058	11,095	46,463

민지였으나 모두 제국 일본의 경계 안에 있었다. 제주도민들이 도항을 할 때는 도항증명만 있으면 일본 내 어디든 갈 수 있었다. 물론 일본에서 뿐만 아니라 대만, 남양군도까지 자유롭게 갈 수 있었다. 국가의 범위가 넓을 때는 사람의 이동을 단지 사람의 이주라고 부를 뿐이다. 제주도민은 대부분의 인재들이 도외에서 노동하고 있으며, 이에 따라 한반도에서는 부산, 그리고 일본에서는 오사카를 중심으로 재일제주인 사회를 만들었다. 제주도민의 생활 반경이 넓어진 것이다.

19 桝田一二, 「済州道人の内地出稼ぎ」, 1939, p.20.; 済州島廳, 『昭和14年済州道勢要覽』.

5. 제국의 해체와 국경, 그리고 밀항

재일한인은 일본 제국의 영역에 강제로 편입된 조선 땅에서 태어나고 자랐던 사람들이 일본으로 건너가 생활하면서 형성된 집단이다. 일본의 산업화가 진행되던 1920년대부터 본격적으로 늘어나기 시작한 재일한인은 1940년까지 하층민들이 주로 일본으로 건너갔는데, 경상도 사람들이 가장 많았고, 전라도, 그리고 제주도 사람들이 뒤를 이었다. 1945년 8월 전쟁이 모두 끝났을 때, 일본에 남아 있던 조선인들은 모두 200만이 넘었다. 그들은 대부분 조국으로 고향으로 돌아오고 싶어 했다. 그러나 여러 가지 사정으로 돌아오지 못한 이들도 많았다.

재일제주인은 제주에서 태어나 생활하다가 일본으로 건너가 생활하는 사람들과 그들이 일본에서 낳은 2세,·3세 자녀를 묶어서 부르는 호칭이다. 이들을 시기별로 구분해 보면,

A. 1920년대부터 해방 전까지 군대환君代丸을 타고 오사카로 건너간 사람들로, 일본 최대의 공업 지역이었던 오사카, 고베 교토 일대에서 노동자로 또는 자영업자로 정착한 사람들이다.

B. 1942년부터 1945년 8월까지 강제 동원되어 징용, 징병된 사람들. 해방 전에는 대체로 두 그룹으로 나눌 수 있는데, B 그룹 중에서 살아남은 사람들은 거의 모두 돌아왔지만, B 그룹의 상당수가 그대로 눌러 앉았다.

C. 밀항密航 세대 : 해방 이후 돌아왔던 사람들 상당수가 정착하지 못하고 다시 일본행을 택한다. 또 4·3사건 등 국가폭력에 의한 민중학살이 심해지자, 일본으로 도망간 사람들도 많아졌다.

D. 뉴커머 : 1965년 국교 수립 이후에도 한일 간에는 쉽게 다니기 어려웠다. 그러다가 1986년 한국의 여행 자유화 조치 이후에는 비로소 일본으로 건너가는 한국인이 급증하고, 특히 제주도 사람들은 오사카 지역과 동경지역에 많이 건너간다.

A그룹과 B그룹은 1945년 이전 제국 일본 시기에 형성된 그룹이다. 전후 미군정과 일본정부는 해방 이전에 식민지 주민에게 부여했던 일본인의 자격을 박탈했다. 그것은 그들이 원해서 일본에 정착했든, 아니면 B그룹처럼 전시에 비행장공사, 댐 공사 등에 동원되었다가 돌아가지 못하고 정착한 사람들이든 마찬가지였다. 재일제주인들은 대부분 A그룹에 속해 있었다. 그들은 부모 세대는 제주도에, 자녀 세대는 일본 오사카, 또는 동경에 거주하는 사례가 많았으며, 형제 간에도 제주도와 일본에서 각기 생활 기반을 조성해서 정착하고 있었다.

반면 C그룹과 D그룹은 전쟁이 끝나서 새로운 국경선이 그어진 다음에 일본으로 건너온 그룹이다. 오오무라 수용소는 이 중에서도 주로 C그룹과 관련된 시설이다. 미군과 일본정부는 일본을 떠나 한국으로 가는 귀환자들은 허용했지만, 한국에 갔다가 다시 돌아오는 것을 막았다. 이미 한국과 일본 사이에는 국경이 설정된 후였다. 그렇기 때문에 불법인 줄은 알지만 많은 사람들이 밀항이라는 방법을 선택했다. 밀항은 주로 부산에서 출발해서 일본으로 갔지만, 밀항자의 80% 이상이 제주도 출신이었다. 때문에 밀항은 곧 제주도 사람들이 하는 것이고, 재일제주인을 형성하는 중요한 요인의 하나가 되었다.

물론 한국전쟁 시기를 포함한 1950년대만 해도 제주도민 만이 아니라 전국 각지에서 일본으로 밀항하는 사람들이 있었다. 그들의 밀항 목적은 유학을 위해서, 돈을 벌기 위해서, 병역 의무를 피하기 위해서 등 다양했다. 하지만 제주도민들의 경우는 달랐다. 그들은 제주, 부산, 동경, 오사카 간에 형성된 네트워크를 유지하고 생활하기 위해서 국경을 넘었다. 그러나 일본 정부와 마찬가지로 한국 정부도 일본 사회 내에 형성된 다양한 제주인 공동체가 제주도에 거주하는 가족, 친족, 마을 주민들과 긴밀한 상호 네트워크를 형성하고 있으며 쌍방향으로 끊임없이 작동하고 있다는 점을 인식하고 배려하지 않았다. 아니 인식하지 못하고, 조금도, 배려할 생각은 없었던 것이다.

1970년대 이후 밀항을 하는 것은 제주도에 거주하는 제주 도민들이었다. 그들의 머릿속에는 일본에 거주하는 가족, 친척, 그리고 마을 사람들 간에 존재하는 네트워크가 작동하고 있었다. 그리고 전국이 도시로 돈을 벌러 가는 분위기 속에서 제주도민들은 서울이나 부산으로 갔지만 많은 사람이 일본으로 갔다. 일본과의 심리적 거리가 그만큼 가깝다는 말이다.

오오무라 수용소는 나가사키현 오오무라시에 설치된 입국관리법 위반자 수용시설이다. 요즘 이곳에 수용된 사람들은 동남아시아 국가 출신들이 대부분이다. 그러나 적어도 1980년대까지는 오오무라 수용소 수감자는 거의 다 한국인이었으며, 그 중 절반 이상이 제주도 출신이었다. 그들은 밀항을 해서 일본에 상륙하려다 적발된 경우가 많았고, 일본 내에서 생활하다가 밀항자로 적발된 경우도 있었다. 일본에 거주하는 한국인 가운데 제주도 출신이 영호남 출신 국가들보다 훨씬 적은데도 밀항하는 사람, 오오무라수용소에 수용된 사람들의 다수가 제주도 사람이었다.[20]

현무암은 오오무라 수용소에 수용됐던 제주인들에 대해서 "오오무라 수용소에서 집단의 송환이 전면 중단되고 수용인원이 가장 많았던 시기에 1,600명을 넘는 수감자 중 1,000명 이상이 제주 섬 사람이었다."고 했다. 재일코리안 가운데 절반 이상은 경상도 출신이다. 그리고 다음으로 전라도 출신이 많다. 제주도 출신은 15~20% 정도였다. 재일코리안 중에서 제주도 출신이 영남, 호남 출신보다 훨씬 적은데 밀항하는 사람, 오오무라 수용소에 수용된 사람들 중 제주도 사람이 가장 많은 이유는 무었일까. 그것은 제주인들이 일본 사회 내에 구축한 공동체와 제주도 주민들이 끊임없이 교류하는 네트워크 때문이었다. 일본의 제주인 공동체는 제주도에 계속 신호를 보냈고, 이에 호응해 제주도민들도 가난을 벗어나기 위해, 한편으로 정치적 위험에서 벗어나기 위해 '밀항'하여 일본의 제주공동체의 구성원이 되었다. 그런 점에서 제주도와 일본의 제주인 공동체는 하나로 밀접하게 연결된 네트워크를 공유하고 있었다고 현무암은 지적했다.[21]

한일협정이 맺어진 1965년 이후에는 경상도 사람과 전라도 사람이 일본으로 가는 경우가 크게 줄어든 반면, 제주 사람들은 계속해서 한국과 일본을 오고 갔다. 그들이 선택한 방법은 여전히 밀항이었다. 제주에서 직접 일본으로 가는 경우도 있었지만, 대부분 부산 영도에서 출발했다. 부산에는 해방 전부터 형성된 제주인 공동체가 있었다. 이 공동체가 해방 후에 점점 더 커졌는데, 이곳이 일본의 오사카, 동경 등의 제주인 공동체와 제주도 주민을 이어주는 연결 고리 역할을 했다. 물론 1965년 이후 법적으로 한국과 일본을 왕래하는 데는 문제가 없었다. 그러나 한국에서는 해외

20 趙誠倫, 「在日済州人과 大村收容所」, 『コリアン・ディアスポラと在日済州人 学術大会発表文集』, 大阪市立大学人権問題研究センター, 2012.6.21.

21 玄武岩, 「密航・大村収容所・済州島–大阪と済州島を結ぶ「密航」のネットワーク」, 『現代思想』 35-7, 2007.6, p.170.

여행을 하기 위해 여권旅券을 발급받기가 매우 어려웠고, 재일제주인은 한국정부에 의해 총련, 또는 북한과의 연결 관계를 의심받았다. 실제로 재일제주인 중에 상당수가 가족 중 일부가 북송선을 탔고, 북한에 거주하고 있었다. 그런 어려운 조건 속에서도 일본에 일가친척을 둔 제주도민들은 일본을 가려고 했고, 재일제주인들은 고향을 방문해야 했다. 그들의 머릿속에는 제주 사람들과 일본에 거주하는 가족, 친척, 그리고 마을 사람들 간에 존재하는 네트워크가 긴밀하게 작동하고 있었다. 그렇기 때문에 전국이 도시로 돈을 벌러 가는 분위기 속에서 제주도인들도 서울이나 부산으로 간 사람도 물론 있지만, 그에 못지않게 많은 사람이 일본으로 갔다. 일본과의 심리적 거리가 그만큼 가까웠다.

일본 사회 내에 형성된 다양한 제주인 공동체가 제주도에 거주하는 가족, 친족, 마을 주민들과 긴밀한 상호 네트워크를 형성하고 있으며, 쌍방향으로 끊임없이 작동하고 있다는 점에서, 재일제주인 공동체는 영남 출신, 호남 출신들과는 달리 제주도에서 지속적으로 제주도민을 공급받아 재구성하면서 변화해 온 현재적 공동체였다.

일본 사회에서 재일제주인은 재일한인 사회의 일부분으로 살아간다. 한인들은 경상도, 전라도 등 다른 지역 출신들과 함께 총련總聯, 在日本朝鮮人總聯合會과 민단民團, 大韓民國 在日居留民團을 조직하여 같이 활동하면서 지낸다. 그러면서도 한편으로는 고내리 친목회처럼 마을 단위 모임을 만들고, 나아가 재일본 동경제주도민협회, 관서도민협회처럼 제주도민들만의 조직을 만들기도 했다.

재일한인 중에서도 재일제주도민들은 결속력이 강하다. 처음 일본으로 건너올 때부터 친족과 마을 친지들의 네트워크를 따라서 이동하게 되고,

일본에서 정착하는 거주지를 정하고 직업을 선택하는 데도 지역 단위 주민들의 네트워크가 크게 영향을 미친다. 물론 이것은 제주도민에게만 해당되는 이야기는 결코 아니다. 경상도 출신, 전라도 출신도 기본적으로는 마찬가지이다. 하지만 재일한인들 중에서는 유독 제주도 사람들이 다른 지역 출신들 보다도 훨씬 결집력이 강하다는 지적처럼,[22] 일본 사회 안에서도 강한 상호 결집력을 보여주는 동시에, 고향과의 유대 역시 가장 강력하다는 점을 보면서 제주도 출신들이 다른 지역 주민들과 특별히 다른 특성을 갖고 있다고 본다.

고선휘는 "제주도인濟州島人의 국가관에 의하면, 제주도는 하나의 國country이었다. 제주도가 하나의 國이면, 한국은 하나의 國家state가 되는데, 한국이라는 국가에 대한 귀속의식은 관념적인 것에 지나지 않고, 외국에 가까운 것이므로, 국가濟州島에 대한 귀속의식은 현실적으로 중첩되게 된다. 그렇기 때문에 제주도인의 국가관은 國濟州島과 國家한국, 한반도의 이중구조를 갖게 된다. 제주도 사람은 그때그때 상황에 따라서 國과 國家를 나누어 사용한다. 제주도인 동료와의 관계에서는 國이고, 한반도 출신자와의 관계에서는 國家이다. (…중략…) 제주도인濟州島人의 국가관을 정리하면, 제주도인濟州島人에게 한국韓國이라는 국가관은 조선전쟁 이후에 심어진 것이었다. 이와 비교해 볼 때 濟州島(國)人이라는 의식은 역사적으로 자주성을 지킬 수 있었던 데서도 볼 수 있었듯이, 그들에게 내재화 되어 있다"고 설명하였다.[23]

---

22 이문웅, 「재일제주인의 의례생활과 사회조직」, 『제주도연구』 제5집, 제주도연구회, 1988; 「재일제주인사회에서의 지연과 혈연」, 『한국인류학의 성과와 과제』, 集文堂, 1998.

23 高鮮徽, 『20世紀の滯日済州島人－その生活過程と意識』, 明石書店, 1998, pp.40~41.

나는 이러한 설명이 제주도인의 트랜스 내셔널 아이덴티티의 상당 부분을 설명해준다고 본다. 물론 그가 제시한 인식 틀에는 문제가 있다. 그가 제시한 국國/국가國家의 구분은 일본인의 의식구조를 말할 때 자연스럽지만, 한국에서는 낯설게 느껴지는 인식 틀이다. 한반도에서 성립되었던 정권인 고려, 조선은 일본에 비해 이미 상당한 정도로 중앙집권화가 진행되고 있었다. 물론 다른 지방과 비교해보면 제주도는 중앙에의 포섭 정도가 훨씬 낮은 수준이었음이 분명하지만, 그렇더라도 그것을 국國의 관념으로 설명할 수 있는지 의문이다.

어쨌든 제주도 사람들은 중앙정부에의 귀속의식이라는 점에서 한반도 출신들과는 상당히 달랐다. 제주도 사람들은 제주도를 중심으로 서울을 가거나 일본을 가거나, 중국을 가는 것이 마찬가지일 수 있다. 특히 군대환君代丸을 타고 오사카를 오가는 정기연락선은 1920년대 초부터 해방 전까지 계속 유지되었는데, 이 배를 타고 일본을 왔다 갔다 하던 제주도민들에게는 오사카 항구가 서울보다 심리적으로 훨씬 가까웠을 것이다.

그런데 이제는 D그룹의 뉴커머가 많아지고 있다. 1965년 국교 수립 이후에도 한일 간에는 쉽게 다니기 어려웠다. 그러다가 1986년 한국의 여행 자유화 조치 이후에는 일본으로 건너가는 한국인이 급증하게 되었다. 특히 21세기 이후 한류 붐이 일어난 이후에는 유학생은 물론 일자리를 찾아가는 노동자도 크게 늘었다. 그들을 우리는 뉴커머라고 부른다. 재일한국인 중에서 뉴커머가 차지하는 비중이 늘어나는 반면, 일본의 오사카와 동경의 제주인 공동체에는 이제 1세가 얼마 남지 않았다. 이미 2세와 3세가 중심이다. 일본에서 태어난 2세, 3세들에게는 밀항의 개념이 없다. 부모세대에게는 밀항과 제주도가 중요했지만, 자신들과는 관련이 없는 먼

이야기다. 그리고 1990년대 이후에는 더 이상 밀항이 중요한 문제는 아니다. 그들은 일본에서 태어나 학교를 다니고, 졸업 후에는 취직을 했다. 그리고 결혼해서 아이를 낳아 기르며 살았다. 그들은 돌아갈 고향도 없다. 물론 네트워크는 있다. 부모 세대가 갖고 있던 네트워크의 연장선상에 있는 네트워크를 바탕으로 이들은 제주도를 드나들었다. 고향에 각종 성금誠金을 기부하고, 재일제주도인들 사이의 협력을 확대해 갔다.

변화를 거듭해온 오사카와 동경, 그리고 센다이 등의 재일제주인 공동체는 1920년대 이후 제주인들이 활동 영역을 넓혀, 일본에 건설한 '또 하나의 제주'였다. 그러므로 재일제주인 공동체를 일본 사회 내의 재일코리안의 일부로만 파악할 것이 아니라, 지금 제주도에서 생활하고 있는 제주도민들이 근대 사회로 들어서면서 섬 밖으로 나가 건설한 또 하나의 제주 사회이며, 제주도와 무수한 네트워크로 이어져 있는 공동체로 파악해야 할 것이다.

6. 맺으며

재일한국인은 20세기 제국 일본 시기에 형성된 집단이며, 특히 재일제주인은 그 일부분이다. 모든 디아스포라가 그렇듯이 재일제주인은 일제 침략기부터, 아니 본격적으로는 1920년대 초 정기연락선이 제주와 오사카를 왕복하게 되면서 일본으로 건너가기 시작했다. 그런데 그런 행렬이 멈추지 않고 끝없이 이어지면서 제주에서 일본으로 건너간 한 해 인구가 5만 명을 넘어설 때도 있었다. 제주도민들이 경험한 근대는 상대적으로 개방적이고 활동적인 시대였다. 특히 식민지 시대, 제주도민의 활동 무대는 제국 일본의 식민지 지배 영역과 거의 일치한다. 제주민들은 부산을 비롯한 한반도 전역과 일본, 대만, 그리고 다롄, 블라디보스토크 등 넓은 지역으로 나아가 활동했다. 대부분 해녀로, 공장 노동자로 취업했지만 때론 상인으로, 선박의 선원으로 일했다. 이 점만 놓고 보면 제주도민들은 식민지 지배구조 속에서 일본 자본주의의 하부구조를 담당한 최하층 노동자들이었다. 그러나 동시에 "제주도민의 도일은 그들의 생존 전략으로서의 적극적인 선택이기도 했다".[24]

제주도민들은 갇혀 살던 섬 공간을 벗어나 한반도보다도 더 넓은 일본 대도시를 찾아가 근대 자본주의 사회의 생활을 체험하고, 제주 도민끼리이지만, 현지에서 결혼하고 2세, 3세를 낳고 가족을 만들었으며, 일본에서 노동운동에 참여해 근대사상 근대교육을 받았다. 수백 년간 출륙금지령에 따라 폐쇄된 섬에서 생활하던 제주도민이 근대가 시작되면서부터 부산에 이어 오사카, 동경으로 생활무대를 넓히면서 한반도 주민보다 훨씬 넓은 세계로 진출해 자신들의 생활공동체를 형성하고 근대적 사고를 받아들여 자신들의 네트워크를 형성한 것이다. 그런 의미에서 제주도민들에게 제국 일본의 지배영역은 자신들의 새로운 인생을 만들어가는 신천지였다.

1945년 전쟁이 끝난 뒤 일본의 식민지 지배가 끝났다. 제국 일본은 사라지고 각각 일본, 북한, 한국, 대만, 중국, 소련 등 국가로 분리됐다. 건국 초기 제주도민 지도자들은 사회주의 이념에 바탕을 둔 공화국 수립을 주장하

24 李俊植, 앞의 글, 30쪽.

며 미군정에 맞서다 실패하였다. 제주에서는 경찰과 군대가 주민 중에서 사회주의 세력을 탄압했고, 나아가 주민 3만 명 이상을 살해했다. 그것이 제주 4·3사건이다. 이러한 대량학살을 피해 도망친 제주도민들은 부산 오사카 도쿄로 이주해서 이미 그곳에 정착해 있던 제주도민 공동체에 합류했다. 제주도 외부에 공동체를 형성한 제주도민은 본토 주민들과 긴밀한 관계를 유지했다. 긴밀한 관계 네트워크는 1980년대 말까지 유지됐다.

재일제주도민들 중에서 가장 흔하게 볼 수 있는 패턴 중 하나가 가족들이 일본 오사카와 동경에 있고, 형제들 중 일부는 1950년대 말 북송선을 타고 북한으로 가서 평양에 있고, 부모나 친척들은 제주도에 있는 경우다. 전후 4·3 시기에, 그리고 1950년대에 제주를 탈출하여 일본으로 밀항했던 사람들 중에는 총련에 소속되어 간부로 활동했던 사람들도 많다. 그 때문에 고향 제주도에 오고 싶어도 오지 못한 채 지낼 수밖에 없었다. 그런 그들은 1980년대까지는 평양을 자주 방문하면서 지냈지만, 요즘은 고향을 방문하기 위해 민단으로 적을 바꾼 사람들도 있다. 지금도 우리 주변에서 정기적으로 일본에 몇 달 가서 일을 하다가 돌아오거나, 아예 1~2년씩 취업 비자를 받아서 재일제주인 친척들이 경영하는 공장에 가서 일하는 제주도민들을 쉽게 만날 수 있다. 하지만 전반적인 추세는 달라지고 있다.

제주인들이 경험한 근대는 한국인이 일반적으로 경험하고 받아들인 근대와는 상당히 달랐다. 물론 그것은 지리적인 요인 때문이었다. 일반적으로 한국인들은 조선시대나 일제 시기, 그리고 해방 이후에도 끊임없이 서울 지향적이었지만, 제주인들은 아니었다. 오히려 일본 지향적이었다. 제주도 사람들은 근대적인 사고, 중세의 사고방식을 벗어나고 보다 합리적 사고방식을 갖고 사회주의 사상을 흡수하면서 자본주의를 넘어서는 방향으로 움직였다. 그런 생각들을 한반도의 중심인 서울로부터 흡수하기 보다는, 일본으로부터 흡수한 측면이 강했다. 물론 한국사회의 급속한 경제발전과 매스미디어에 의한 강력한 흡수 통합력이 작동하면서 일본과의 교류가 크게 줄어들고 있지만, 제주도민의 일본에로의 이주의 역사는 아직 끝나지 않았다. 재일제주인은 형성기를 거쳐, 계속해서 성장하다가 정체 상태로 들어 있는데, 한국, 일본, 북한 등 국경을 넘어서 이어져 있는 혈연관계망이 점차 줄어들고 희미해지고 있다. 결국에는 점차 줄어들면서 일본 사회 내로 흡수되는 존재로 되어 갈 것이다. 이를 한 개인의 일생에 비유해서 재일제주인의 일생이라고 이름을 붙여 볼 수도 있을 것이다.

1912~1932년 내몽골인의 활동

동몽서국, 몽골문화촉진회 및 동북몽기사범학교를 사례로

나히야
김동건 옮김

1. 들어가며

내몽골에 있어 청조를 이은 지배자는 중화민국정부였다. 중화민국정부는 내몽골 지역의 정치 분열 위기를 회피할 수 있도록 회유정책과 무력을 배경으로 하는 강경한 시책을 동시에 강구했다. 1912년에서 1932년에 걸쳐 중화민국정부가 '몽골우대조례', '몽골 맹부기蒙部旗 조직법' 등의 결의안을 발포하는 한편 내몽골 왕공에 의한 지역의 자율적 지배를 무너뜨리고 특별행정구나 성의 설치, 기현旗縣병존 제도 등의 조치를 취했다. 이에 의해 종래 몽골 측이 가지고 있던 군사권, 행정권, 사법권 등이 크게 제한되었기 때문에 몽골 측의 강렬한 반발을 불러왔다.

중화민국기에 있어 중앙정부와 지방정부의 대 몽골인 정책은 통일되어 있지 않았고 특히 몽골인에 대한 교육사업은 각 지방정권과 몽골인들과의 교섭 속에서 이루어졌다. 중화민국기는 북양군벌정부기1912~1928와 남경 국민정부기1928~1949로 나누어지지만 정부에 의한 대 몽골 문화 · 교육 사업이 본격적으로 진행된 것은 1930년대에 진입한 다음부터 이다.

한편 청말의 내몽골에 근대가 찾아온 때부터 몽골의 정치적 지도자들은 근대화를 목표로 교육문제에 임하였다. 중화민국기에 있어서 그 활동은 몽골인 지식인이나 엘리트들에 의해 이어져서 한漢 문화에의 대항의식이 느껴진다.

그러나 중화민국 시대에 약소민족이 된 몽골인은 독자적으로 강력한 문화와 교육활동을 전개하는 것이 어려워 각 지방정권군벌과 거래를 하지 않을 수 없었다. 동몽서국東蒙書局과 몽골문화촉진회 등의 몽골문화단체의 활동 및 그것들을 발족 모체로 하는 동북몽기사범학교東北蒙旗師範學校[1]는, 그 전형적인 예라고 할 수 있다.

2. 중화민국기의 대 몽골교육정책

1912년부터 1930년대초 무렵까지 내몽골에서 북양군벌정부와 남경국민정부에 의한 대몽골정책이 실시되었다. 1912년 5월, 몽장 사무처蒙藏事務處(같은 해 8월, 몽장 사무국으로 개명)가 설치되어, 공산노로브가 총재로, 야오 시광姚錫光이 부총재로 취임했다. 몽장사무국은 총무과, 민치과民治科, 변경방위과邊境防衛科, 권업과勸業科와 종교과를 두고, 민치과가 교육사업을 담당했다.[2]

1912년 7월, 차이 위안페이蔡元培, 교육부 총장의 주최로 '임시교육회의'가 북

1 동북사범학교에 대해서, 娜荷芽(2019)를 참조바람.
2 蒙蔵委員会編訳室(1971 : 9).

경에서 개최되었다. 희의에서 '몽장회 교육계획蒙藏回教育計畫'이 채택되어 그 다음해부터 대몽골이나 티베트의 교육행정기구로서 보통교육사 제5과普通教育司第5科가 설치되었다. 이로써 민국의 '몽장교육蒙藏教育'이 시작되었다고 한다. 위에 소개한 몽장회 교육계획에서는, 교육에 있어 언어나 문자 문제에 대해서는 국어(한어 즉 중국어)를 가지고 해결한다고 기록되었다.[3]

1914년 5월, 대통령 권한 강화를 규정하는 중화민국 약법의 성립을 배경으로 내몽골에의 지배체제 강화를 꾀하기 위해 위안 스카이 는 국무총리 폐지와 더불어 몽장사무국蒙藏事務局을 몽장원蒙藏院으로 개편하여 총통 직속기구로 삼았다.[4] 몽장원은 총무청, 참사실, 비서실, 제1사, 제2사를 설치했는데 제1사의 민치과에 교육관계가 설치되었다. 이때 궁산노로브는 다시 총재로 임명되었다.

1927년 남경 국민정부 성립 후 1928년에 몽장위원회가 설치되었다. 위원회에서 몽골사무처의 제2과가 교육사업을 담당하였으나, 그 구체적인 활동은 확실하지 않다. 그러나, 이후죠맹伊克昭盟에서 소학교가 설립되었을 때 위원회는 변경 교육경비 2,000엔을 갹출하여 개교 후에는 매년 1,500엔을 지급하기로 약속했다고 한다.[5]

그렇게 하여 같은 해에 차이 위안페이중화민국 대학원 원장에 의한 '제1차 전국교육회의'가 남경에서 개최되었다. 그 회의에서 「각 민족을 융화하고 문화를 발양하는 안融和各民族並發揚文化案」이 가결되었다.[6] 1929년, 제3회 중국

---

3 黃鶴声(1936a : 39~40).

4 몽장사무국의 전신인 몽장사무처는 북경정부 내무부의 일개 기관이었다. 내무부에 '내지'와 '몽장' 지역과 양쪽 사무를 부담시키게 되었기 때문에 사무절차는 번잡하게 되어 그 결과 1942년 8월에 국무총리에 직속되는 몽장사무국이 설치된 것이다(貴志 1989 : 28).

5 岡本雅享(2008 : 98).

6 黃鶴声(1936a : 40).

국민당 중앙집행위원 제2차 전체회의에서, ① 남경에 '몽장학교'를 설립할 것, ② 몽골, 티베트의 교육경비를 확정할 것, ③ '몽장교육사'를 설립할 것, (4) '몽고·신강·서강' 출신의 학생을 우대할 것 등의 4항목으로 구성된 대 몽골, 티베트 교육 실시계획이 가결되었던 것이다.[7]

1929년 7월의 몽장위원회 시정강령의 제7항 '교육의 진흥'에서, 각종 서적의 번역이나 몽골과 티베트에서 각급학교를 만드는 방침을 정해서 교육부에 의한 '몽장학생을 우대하는 장정優待蒙藏學生章程'이 공포되었다. 그에 의거하여, 국립중앙대학, 국립북평대학國立北平大學에 '몽장반蒙藏班'이 설치되었다. 1930년 2월, 몽장위원회의 몽골회의는, 「몽골교육에 관한 결의안」을 채택했다. 그 내용은, ① 1931년까지는, 몽골 각기各旗에서 학령아동의 수에 따라 소학교를 1개교 이상 설립할 것, ② 몽골의 각맹各盟에 6년 이내에 중학교를 한 학교씩 설립할 것, ③ 몽골의 각맹에 6년 이내에 직업학교를 한 학교 설립할 것 이었다.[8]

그래서 1931년 9월, 제3회 중앙집행위원회의 제17회 상무위원회에서 '몽장교육蒙藏教育'의 실시목표가 명문화되었다. 그 내용에 의하면 쑨원의 민족평등 원칙에 따라 교육사업을 통해서 몽골인, 티베트인의 언어와 의식을 통일시켜 오족공화라는 이념으로 국가통일을 꾀하려 하였다.[9]

1932년 8월, 몽장위원회 소속 몽장교육위원회(주임 바이 윈티白雲梯, 남경)가 발족되었다. 1920년대, 주임위원의 체렌돈로브(바이 윈티白雲梯, 1894~1980)를 중심으로 결성된 내몽골 국민당이 메르세(궈 다오푸郭道甫, 1894~1932) 등

---

7 黃奮声(1936 : 548~559).
8 胡春梅(2003 : 26).
9 자세하게는 「邊境教育」, 沈雲龍(1986 : 1211~1212)을 참조할 것.

을 중심으로 결성된 흐룬베이얼 청년당과 연합하여 내몽골인민혁명당을 창건했다. 내몽골인민혁명당의 교육강령으로서 국비로 대중소의 학교를 설치하는 것과 빈곤학생의 학비면제 등의 내용을 들고 있다. 하지만 내몽골 인민혁명당 내부분열에 의해 바이 원티 등은 국민당내 몽골특별당으로 개편되어 그 뒤 그는 몽장위원회 위원이 되었던 것이다.[10]

결과부터 말한다면 1919년 단계에서 내몽골 50기 중 28기에 합계 30개교의 소학교가 있었지만 1932년에는 30기에 158개교의 소학교를 가지게 되었다.[11] 중앙에는 중등교육기관으로서의 몽장학교(북경, 후에 북평몽장학교로 개명), '중앙정치학교 부설 몽장학교'남경등이 설치되어, 몽골인 학생 대상의 우대책이 검토되었다. 그러나 중화민국정부에 의한 몽골문화·교육정책은 실제로는 시행되지 않고 계획으로 끝난 것도 많았다.

한편, 내몽골에 대학을 설치하는 것에 관해서 민국정부는 소극적 자세를 보였다. 1930년에 개최된 제2차 전국교육회의에서 장래의 목표로 하는 고등교육설치안이 심의되었다. 그 내용은 장래의 적절한 시기에 몽골 및 티베트에 농·공·상의 전문학교와 대학을 각각 설치하는 것이었으나,[12] 1949년까지 실현되지 않았다. 정리하자면 몽골인의대학교육에 대한 중화민국정부의 자세는 '만주국' 정부와 공통성을 가진다.[13]

---

10 娜荷芽(2018b : 29).
11 烏蘭図克(1994 : 108); 岡本雅享(2008 : 194).
12 黄季陸(1971 : 234); 劉国彬(2004 : 124).
13 娜荷芽(2012a : 118~129); 娜荷芽(2018a : 23~38).

3. 동몽서국과 몽고문화촉진회

중화민국기에 몽골 민족운동에 몰두하는 움직임이 활발화하는 한편 몽골지식인을 주체로 하는 문화적 활동 및 교육사업이 왕성해졌다. 저명한 것으로서 최초의 몽골어 출판사인 몽문서사1923, 북경, 몽골문화의 진흥과 교육의 보급을 설립취지로 삼은 몽문학회1926, 북경, 몽골문화의 발전 및 교육진흥을 목적으로 한 동몽서국1926, 봉천, 동몽서국을 기초로 조직된 몽고문화촉진회1928, 봉천등을 들 수 있다. 당시, 민족문화의 계승이나 몽골 전체의 진흥을 취지로 하는 이러한 몽골인 문화·교육단체에 의한 몽골어 서적, 교과서 발행이 왕성하게 일어났다. 예를 들면 몽문서사蒙文書社는 많은 몽골어 서적을 발행하는 한편 동몽서국 등에 대해서 몽골어인쇄기술 원조를 하고 있었다.

당시 학교설립 등 지식인의 활발한 교육활동도 전개되었다. 내몽골의 교육, 출판, 번역관련사업에 많은 업적을 남긴 헤싱게克興額, 1889~1950, 동몽서국 창건자는 봉천시 번역 서기관을 거쳐 1910년대 중반 무렵에 고향에 돌아와 하르친 좌익전기 공립 몽한초·고등소학당科爾沁左翼前旗公立蒙漢初·高等小學堂을 창설하고 '백도서실柏圖書室'을 개설했다. 몽골어 활자를 만든 터무거트特睦格圖, 1888~1939, 몽문서사의 창건자는 1910년대에 몽장학교북경의 교원을 하고 그 뒤 남경정부 교육부 몽장교육사 과장 겸 상임편심常任編審을 거쳐 1930년 중반 무렵 '만주국'으로 이주해서 흥안 군관학교왕야묘(王爺廟)의 몽골어 교사로 취임했다. 몽문학회의 창건자인 브흐헤시그梁萃軒, 1902~1943는 1920년대에 북경법정대학 러시아어학과 졸업후, 몽장학교 교원을 거쳐 1930년대에 '만주국' 흥안서성 문교과장으로 일했다.

동시대에 봉천, 치치하얼에 몽골인 주도에 의한 중등교육기관이 발족되었다. 구체적으로 말하면 1929년, 흑룡강성 관할하에 있던 이후미얀간기旗, 도르브도기, 고르로스기, 쟈라이토기 등의 4개의 몽골기旗가 공동으로 출자하고 흑룡강성 교육청의 원조를 받아서 흑룡강 몽기사범학교黒竜江蒙旗師範學校, 치치하얼가 발족되었다. 같은 해 메르세 등 '몽고문화촉진회' 멤버의 노력에 의해서 동북 몽기 사범학교봉천가 되었다. 이 두 학교는 나중에 흥안동성 자란툰 사도학교興安東省扎蘭屯師道學校의 모체가 되지만,[14] 창건되었던 당시는 모두 중국의 동북지역에 위치해 있었다.

몽골인에 의한 이러한 활동은 일견 성공한 것처럼 보였다. 하지만 몽문서사를 비롯하여 몽문학회, 동몽서국 등의 문화단체는 모두 자금부족에 의한 경영난 문제에 직면했다. 중화민국 시기에 중앙정부에 의한 지원이나 자금을 획득할 수 없는 등 경제적 실력을 포함해서 몽골인 문화·교육단체의 힘이 약해진 것도 있어서 자력으로 충분한 활동을 할 수 없는 경우가 많았다. 이 외에 충분한 운영비확보에 성공한[15] 동북몽기사범학교는 몇 안 되는 성공례의 하나였고 그 배경에는 동북지방정권과의 협력관계가 있었다. 여기서는 몽골어출판사의 동몽서국 및 서국내에 설치된 몽고문화촉진회를 거론하여 몽고문화촉진회의 진력으로 봉천에 만들어진 동북 몽기 사범학교의 활동에 대해서도 고찰하겠다.

동몽서국설립시의 주요멤버는 헤싱게, 포얀만다호博彦満都,1894~1980,[16] 로르가르쟈브락륵(諾勒格日扎布),1889~1941, 슈밍가壽明阿,1885~1947, 이에시 하이슌業喜海

14 娜荷芽(2012b : 6).
15 仁欽莫德格(1996 : 174).
16 보얀만다흐의 문화·교육관계활동에 대해서는 娜荷芽(2015 : 108~119)를 참조 바람.

順, 1891~1944 등 지역 유력자(왕공 귀족)이나 지식인들이다. 동몽서국의 건설 자금을 얻기 위해서 헤싱거는 자기 집안 재산을 기부한 것 이외에 로르가르쟈브, 슈밍가, 이에시 하이슌 등 지역 유력자의 자금원조를 얻었다.[17]

그 중에서 로르가르쟈브는 헤시그텐기 출신 귀족이다. 중화민국 시대 그는 보국공輔國公으로 봉해졌지만 헤시그텐기 자사그기장(旗長) 바토자야와의 권력투쟁에 패배하여 외몽골로 향했다. 그 후 고향에 돌아와, 봉천 독군서 자의관奉天督軍署諮議官을 거쳐 1929년에 헤시그텐기 자사그에 취임한다. '만주국' 시대에는 민정청장1933, 흥안서성 성장1937 등을 역임했다.[18]

슈밍거는 하르친 우익후기右翼後旗출신의 귀족이다. 중화민국시대에는 보국공1916, 참의원의원, 동삼성 보안총사령부 고문, 총통부 고문1923, 봉천성 정부 자의관奉天省政府諮議官, 몽고 선무사서 고문蒙古宣撫使署顧問, 1924, 몽변독판공서 몽무처장蒙邊督辦公署蒙務處長, 1931등을 역임하고 '만주국' 시대에 흥안총서 이사관興安總署理事官, 1932, 몽정부 민정사장蒙政部民政司長, 흥안남성 성장興安南省省長, 만주전기회사 이사1942등을 역임했다. 1945년에 장춘의 민보民報(Arad-un sonin)사社 사장에 임명되었지만 전후 체포된 후에 사망했다.[19]

동몽서국은 '몽골민족의 문화나 교육을 발전시키는 것을 취지'로 삼았다.[20] 그것을 위해 동몽서국은 먼저 학교용 사전, 참고서와 교과서의 인쇄 및 발행에 힘을 기울였다. 동몽서국同書局으로부터 출판된 교과서, 특히 로르가르자브 편, 헤싱게 감수『Angqan surγaqu ulus-un udq-a/초학국문初學國文』전8책, 1928[21]에는 알파벳부터 시작해서 발음이나 문자의 습득 이외

17 克·莫日根(2001 : 32).
18 Ü·Šuγar-a(1987 : 393~394).
19 広川佐保(2005 : 235).
20 Ü·Šuγar-a(1987 : 395).

에 몽골의 지리 역사 등에 관한 내용을 도입하였기 때문에 당시 교육계에 있어 높은 평가를 얻었다. 흥미로운 것은 그 교과서의 제목에는 ulus-un udq-a/'국문國文'이라는 말을 사용했다는 것이다. 그러나 이 경우의 '국國'이 중화민국을 가리키는 것인지, 몽골인의 나라를 가리키는 것인지, 그렇지 않으면 단순한 단어 번역 레벨의 문제인지 명확하지 않다.

동몽서국은 출판사로서 운영자금 부족이라는 문제를 안고 있으면서도 교과서 등의 인쇄발행을 늦춘 적이 없었다. 동몽서국은 교육관계의 교과서 등 이외에 역사, 문학관계 서적을 다수 출판했다.[22] 그 외에 동북주판몽기위원회東北籌辦蒙旗委員會 기관지인 『몽기순간蒙旗旬刊』도 이곳에서 인쇄되었다.[23]

한편 동몽서국은 1920년대에서 1932년까지 봉천의 몽골인들의 활동 센터적인 역할을 했다. 학생, 교사, 노동자, 지식인이나 승려들이 동몽서국을 방문하여 의견교환을 했다고 전해진다.[24]

1928년에 메르세 및 동몽서국의 주된 멤버를 중심으로 몽골문화촉진회가 조직되었다. 메르세는 후룬보이르呼倫貝爾의 자라무타이札拉木台에서 태어난 다우르 · 몽골인[25]으로 후룬보이르와 내몽골 정치운동의 지도자로서 또 교육자로서 활약하고 있었다. 메르세는 정치가였지만 정치활동과 병행하여 교육활동을 중시했던 것이다. 그는 학교교육을 통해서 청년들의 의식

---

21 Rolγarǰab, Kesingge, 1928~1929. *Angqan surγaqu ulus-un udq-a*(Erdenitoγtaqu, 1983 : 41~302).

22 Ü · Šuγar-a(1987 : 345~358).

23 東北籌弁蒙旗委員会蒙旗処(1929 : 1(1) : 奥付); Ü · Šuγar-a(1987 : 346).

24 克 · 莫日根(2001 : 38).。

25 메르세는 다우르(達斡爾, 지역에 따라 다우르, 다후르 등 여러방식으로 불리워졌다)계 몽골인이다. 몽골어족의 다우르는 광의의 몽골족 집단이며 1950년대까지는 몽골로 간주되어 '다우르 · 몽골'이라고도 불리어졌다. 1950년대에 중화인민공화국의 '민족식별공작'에 의거하여 다우르는 '다우르 민족'으로 인정되었다.

개조를 행하고 중국어로 쓴 저작을 통해서 한족 지식인에게 몽골인의 입장을 호소하려 하였다.[26] 메르세가 중국어로 쓴 저작은 『후레유기庫倫游記』출판지 미기재, 1923, 『몽고문제』원제목 『황화의 부활(黃禍之復活)』, 출판지 미기재, 1923.2), 『신몽고新蒙古』출판지 미기재, 1923.11, 『내몽고신청년內蒙古新青年』1923.2, 『몽골민족 자각운동』출판지 미기재, 1924, 『몽고문제강연록』심양, 동북몽기사범학교, 1929, 『후룬부이르 문제呼倫貝爾問題』상해, 대동서국, 1931의 7권이다.[27]

1917년에 메르세는 흑룡강성내의 학교와 북경의 전문학교에서 배우고 있던 청년들을 조직하여 그 지도자가 되어 '지방정치개량'을 목적으로 한 '호룬부이르 청년회'를 조직했다. 1925년에 외몽골, 코민테른의 대표 등을 맞이하여 내몽골 인민혁명당 제1차 대표대회가 장가구에서 열렸는데 그 때 메르세는 비서장으로 선출되었다.

1918년에 메르세는 하이라얼에서 자가의 부동산을 교사로 삼아 후룬부이르 몽기 소학교(사립)를 창설하고 스스로 교장을 맡았다. 1920년 후룬부이르 몽기 소학교는 메르세의 의지에 의해서 후루분이르 부도통 공서副都統公署에 속하는 공립학교로 개편되어 새롭게 중학부가 증설되었지만 메르세는 계속 교장을 맡았다. 메르세는 학교 창립뿐만 아니 다우르·몽골인을 위한 교육을 위해 라틴문자 알파벳에 기초한 다우르어 문자를 만든 것으로도 알려져 있다.

1928년 메르세는 코민테른의 지시에 의해 후룬부이르에서 폭동을 일으켰지만 실패했다. 그 후 장쉐량張學良은 메르세에게 사자를 파견해서 교섭한 적이 있다.[28] 그것을 계기로 메르세와 동북지방정권의 협력관계가 시

26 中見立夫(2001 : 128).
27 恩和巴図(1996 : 140); 奥登挂(2009).

작되었다. 이를 배경으로 상기의 몽고문화촉진회는 봉천에 거주하는 몽골 왕공들의 지지 이외에 장쉐량이나 동북정무위원회의 협력을 얻는 것에도 성공했던 것이다.

이처럼 1928년 10월 경 '몽골문화촉진회蒙古文化促進會'가 봉천에서 창립되어 사무실은 동몽서국내에 설치되었다. 몽골문화촉진회의 취지는 "몽기문화를 촉진하고 교육을 일으켜 몽골어도서의 편찬출판사업을 발전시킨다"는 것에 있다고 기록되었다.[29]

그 후 1928년 말경 메르세는 몽골문화촉진회의 명의로 동북몽기사범학교의 건설을 장쉐량과 동북정무위원회에 제안했다. 1929년 1월 이 제안은 가결되어 동북정무위원회의 수정안에 기초하여 동북몽기사범학교 이사회가 설치되었다. 이사장에 장쉐량, 부이사장에 위안 진카이袁金鎧, 1870~1947, 이사는 하르친 좌익중기 자사그 친왕親王인 나무질세렌1884~?등이 선임되었다. 같은해 7월 동북몽기사범학교는 봉천에서 개교하여 메르세가 교장, 헤싱게가 몽골어 교사를 겸임했다.

4. 동북몽기사범학교

동북몽기사범학교의 취지는 "몽기에 있어서 교육인재를 육성하는 것과 함께 몽기문화를 촉진하여 몽기진흥을 위한 인재육성"을 꾀하는 것에 있었다. 1929년 전부 16조로 된 「동북몽기사범학교장정東北蒙旗師範學校長程」이

28 中見立夫(2001 : 141).
29 克·莫日根(2001 : 39).

공포되어 모집정원, 입학자격, 연령, 시험항목, 이수연한, 이수과목, 학비 등에 관한 내용이 포함되었다.[30]

장정에 의하면 동북몽기사범학교의 경영비는 요녕성遼寧省에 의해 지출되었다. 사범과(중학교) 외에, 학교 부설의 소학교도 있었다. 또 동북정무위원회의 초빙에 의한 학교이사회가 설치되어 각기의 몽골 왕공 및 요녕성 교육청장이 이사를 겸임했다.

동북몽기사범학교의 입학 자격에 대해서는 응모시에 17~31세로, 기공서旗公署의 추천을 얻은 자 혹은 스스로 지원해서 시험에 합격한 사람으로 하여 몽골인과 한인학생을 반반씩 모집했다. 학과는 강습과(2년급)와 사범과(2년급)이고 졸업연한은 각각 2년과 3년이었다. 각과 학생을 사비생과 관비생으로 나누고 관비생의 정원을 10명으로 하였다. 사범과의 사비생은 제복비를 부담하는 것 이외에 숙박, 식사, 교재비가 전액 면제되었다.

동북몽기사범학교의 전임 및 겸임 교직원에 메르세교장, 후왕청광黄成光,교무주임, 전 서북주변사 쉬주징 (元西北籌邊使徐樹錚)의 막료, 진허니앤金鶴年, 훈육주임, 량치시옹梁啓雄, 교육, 량치차오(梁啓超)의 남동생, 북경대학 졸, 세렌니마몽골어, 동북대학 문학부졸, 메르겐바토르博物, 헤싱게몽골어, 리여우단李又聃, 심리, 논리, 북경사범대학 졸, 왕수병王樹屏,수학, 전 동북대학 교사, 리둥바이李東白, 중국어, 왕종뤄汪宗洛, 중국어, 동북정무위원회 몽기처직원 등이 있던 외에, 뤄시천娄熙沈, 서무 겸 회계주임, 심양유통은행 경리(瀋陽裕通銀行経理), 장즈겅張子賡, 비서과 고용인 수 명이 있었다. 그 중에서 리여우단은 후에 몽민 후생회가 설립한 중학교의 육성학원에서 수학과 화학을 담당하여 교무주임을 맡았다. 부설소학교에서는 주임1명, 고급반(4~6년차)담당2명, 초급반(1~4년차)담당

30 東北籌弁蒙旗委員会蒙旗處(1929 : 1(8)).

2명, 교원2명, 고용인 1명이 있었다.[31]

1929년 동북몽기사범학교의 제2기 학생모집이 이루어졌다(부록 〈자료 1〉 참조). 그 다음 해 가을 무렵 메르세의 의견에 기초하여 학교에 여자강습과(중학교), 여자가정강습과(민중교육)을 각각 증설했다. 그 후 메르세는 학교 경영규모를 확대하여 강습과를 2반에서 3반으로 늘렸다.[32] 동북몽기사범학교의 강습과 및 사범과에서 가르치고 있었던 과목은 부록의 〈표 1〉, 〈표 2〉와 같다.

위의 커리큘럼은 중화민국 교육부가 정한 커리큘럼에 기반하여 설치된 것이다. 다만, 중화민국 교육부 규정 커리큘럼의 외국어 수업은 몽골어로 바뀌어졌다. 이같은 커리큘럼을 '만주국' 시대의 국립흥안학원國立興安學院 커리큘럼과 비교하면 흥미로운 사실이 떠오른다.[33] 그것은 ① 중화민국 시대, 몽골어와 중국어의 수업시수는 거의 같았지만 몽골어는 국어로서가 아니라 외국어나 방언으로서 가르치고 있었다는 점, ② '만주국' 시대, 일본어의 수업시수는 몽골어 수업시수의 약 2배 가까이 였는데 국어로서 가르쳤다는 점이었다. 국어는 그 국가를 대표하는 언어로 공공의 성격을 짊어진 언어를 지칭하는 것이라고 한다면,[34] 이 경우의 몽골어는 정치적으로 강한 의미를 갖고 있었던 동시에 몽골인이 처해있던 정치환경을 반영하는 것이기도 했다고 생각된다.

1930년 경, 동북몽기사범학교의 학생대표단이 봉천에서 국제음악제에 참가했다. 음악제에는 러시아, 일본, 덴마크, 오스트레일리아, 영국, 미국,

---

31 仁欽莫德格(1996 : 171).
32 『盛京時報』, 1930.6.16 , p.2; 『盛京時報』, 1930.6.19, p.4.
33 娜荷芽(2012b : 8~9).
34 「国語」,『言語学大辞典』(1996(6) : 546).

중국 등 8개국의 대표단이 참가했다. 동북몽기사범학교의 학생들은 '다나발danabal' 이라고 하는 몽골민요를 불렀던 것으로 여겨진다.[35]

1931년 가을 무렵, 동북몽기사범학교는 1기째의 졸업생 33명(몽골인 28명, 한족 5명)을 배출했다. 그들의 진로를 보면 동북정무위원회 및 동북몽기사범학교 부속 소학교가 10명을 채용한 이외에 거의 전원이 각각의 희망에 따라 각 몽골기의 교육, 행정기관에 취직했다.[36]

동북몽기사범학교는 1930년에 하홍가한자명 滕續文,1908~1970, 린친메데그1909~? 편찬 *Jegün qoyitu-yin mongγul qosiγuud-un baγsi-yin surγaγuli-yin darumal*/『동북몽기사범학교전간東北蒙旗師範學校專刊』(몽골어-중국어 대조,1932년까지 전 3기) 창간호를 발행했던 것이다.[37] 하홍가는 1929~30년에 동북몽기사범학교에 재학중에 상기 학교 간행물校刊 2기의 편집작업을 담당했다. 창간호에 메르세의 「발간사」, 하홍가의 3개의 시몽골어 및 1편의 에세이중국어이외에 몽골어의 역사관계 서적이나 기旗의 교육문제에 관한 논설, 소설, 번역원고하홍가 역, 외몽골에 관한 소개문, 교내 뉴스 등의 내용이 게재되었다. 1931년 9월 18일에 만주사변이 발발했기 때문에 동북몽기사범학교는 일시적으로 폐교되었지만 1932년 봄에 다시개교한다. 그후 합병과 개명을 거쳐 흥안동성 자란툰 사도학교興安東省扎蘭屯師道學校로서 개조되어 발족했다.

---

35 *Jegün qoyitu-yin mongγul qosiγuud-un baγsi-yin surγaγuli-yin darumal*(1930 : 26)/『東北蒙旗師範学校専刊』(1930 : 26).

36 『蒙蔵週報』(1931 : 78); 内蒙古教育史志資料編集委員会(1995 : 485).

37 『東北蒙旗師範学校校刊』(1930 : 創刊号).

5. 맺으며

중화민국정부는 근대 다민족국가의 형성·정착 과정에서 '5족공화'에 의한 국민통합이란 과제를 안고 몽골인에 대한 여러 정책을 실시했다. 그러나 청말에서 남경 국민정부 설립에 이르는 군벌혼전을 배경으로 중앙정부와 지방정권의 대 몽골정책은 일관성을 가지고 있지 않았고 몽골인에 대한 문화와 교육사업은 기본적으로 각 지방정권과 몽골인과의 교섭 속에 이루어졌다.

동시기의 내몽골의 왕공과 지식인들의 움직임에 눈을 돌리면 그들은 내몽골과 외몽골 이외에도 북경, 남경, 봉천심양,길림 등의 각지를 거점으로 정치, 경제, 문화, 교육을 비롯하여 여러 종류의 활동·운동의 전개를 모색하고 있었다. 이를 배경으로 몽골인을 주체로 하는 문화와 교육단체는 상호 제휴하여 활발한 활동을 하고 있었다.

그러나 몽골인의 힘만으로는 강력한 활동을 전개하는 것이 어려웠고 각 지방정권과 거래를 하지 않을 수 없었다. 동몽서국, 몽고문화촉진회 및 동북 몽기사범학교의 활동은 그 전형적인 사례이다. 동몽서국은 1920년대부터 1932년까지 봉천의 몽골인 활동의 중심적 역할을 다하고 몽고문화촉진회의 진력에 의해서 동북몽기사범학교가 세워졌다. 동북몽기사범학교는 하홍가를 비롯한 다수의 졸업생을 배출했지만 그들은 '만주국'시대에 몽골인 관료로서 임용되었다. 그리고 헤싱게를 필두로 하는 동북몽기사범학교의 교원들은 '만주국'시대에 몽골인에 대한 문화·교육활동에 있어 중심적인 역할을 수행하게 된다.

〈자료 1〉「동북몽기사범학교모집요항」東北蒙旗師範学校募集要項, 1929

1. 종지宗旨 본교는 몽골기의 교육인재 육성 및 문화 촉진을 종지로 한다.
2. 주소 요령성 성대남변 문내로 서애가 후통遼寧省城大南邊門内路西艾家胡同
3. 정원 사범과의 정원은 50명(몽골인, 한족), 강습과 50명(위와 같음)
4. 자격 사범과는 초급중학교 졸업자, 강습과는 고등소학교졸업자를 모집대상으로 한다.
5. 연령 : 15~25세
6. 신청일 : 1930년 1월 5일~2월 25일
7. 신청방법

   응모자는 신분증명서 및 사진(4촌)2장 수수료1엔을 소지하여 입학원서를 본교에 제출한다. 시험 후, 신분증명서 및 사진은 본인에게 반환한다.
8. 시험일 : 1930년 2월 26일~28일의 3일간
9. 시험과목 : 건강진단, 필기시험 및 면접시험

   (1) 사범과 : 국어(중국어), 수학(수학, 대수, 평면기하), 이화(물리, 화학), 박물, 사지(史地, 중국외국)

   (2) 강습과 : 국어(중국어), 수학(산수), 이과(상식), 본국역사지리
10. 이수연한 : 3년
11 .통상 이수과목 이외에 매주 6시간의 몽골어를 추가한다.
12. 비용 : 입학시 10엔의 보증금을 받는다(졸업시 반환). 제복비 등 약 55엔, 그 이외의 숙박비, 식사비 및 교재비를 본교가 부담한다.
13. 대우 : 졸업 후 몽골기의 교육, 행정직원으로서, 동북정무위원회 등

의 기관이나 몽골기의 소학교에 채용하여 급료우대제도를 받는다.

14. 의무 : 졸업 후, 몽골기의 소학교 등에서 3년간 근무하는 것을 의무로 한다. 3년 미만에 전직할 경우 재학시에 급부된 비용을 전액 반환하도록 명한다.

— 출전 : 내몽고 교육사지(教育史志), 자료편집위원회, 1995, 482~484쪽

〈표 1〉 동북몽기사범학교 강습과 커리큘럼

동북몽기사범학교 강습과 커리큘럼(1929년)				
학과	제1학년(주)		제2학년(주)	
	1학기	2학기	1학기	2학기
몽골어	7	6	5	3
국어(중국어)	7	6	6	4
교육	-	4	6	12
산수	5	5	5	3
역사	2	2	2	2
지리	2	2	2	2
이과	2	2	2	2
공민	2	2	2	2
수공(手工)	1	1	1	1
도화(圖畫)	1	1	1	1
음악	1	1	1	1
체육	3	3	3	3
논리	2	1	-	-
심리	2	1	-	-
법제	-	-	1	-
경제	-	-	-	1
총계(시수)	37	37	37	37

— 『몽기순간(蒙旗旬刊)』1929.1(8); 내몽고 교육사지 자료편집위원회, 1995,480~482쪽

〈표 2〉 동북몽기사범학교 사범과 커리큘럼

동북몽기사범학교 사범과 커리큘럼(1929년)						
학과	제1학년		제2학년		제3학년	
	1학기	2학기	1학기	2학기	1학기	2학기
몽골어	7	6	5	5	5	3
국어(한어)	6	6	6	5	5	3
교육	-	3	5	5	5	12
산수	4	4	4	4	4	4
역사	2	2	2	2	2	2
지리	2	2	2	2	2	2
박물	2	2	2	2	3	-
공민	1	1	1	2	2	1
수공	1	1	1	1	1	1
도화	1	1	1	1	1	1
음악	2	2	1	2	2	1
체육	2	2	3	3	3	3
논리	2	1	-	-	-	-
심리	2	1	-	-	-	-
법제	-	-	-	-	1	1
경제	-	-	-	-	1	1
이화(理化)	2	2	2	2	-	-
총계(시수)	36	36	36	36	37	37

—『몽기순간 (蒙旗旬刊) 』1929.1(8); 내몽골 교육사지 자료편집위원회 1995 : 480~482쪽

참고문헌

1. 일본어 문헌(일본어 오십음도순)

岡本雅享, 『中国の少数民族教育と言語政策』(増補改訂版), 東京 : 社会評論社, 2008.

亀井孝 · 千野栄一 · 河野六郎, 『言語学大辞典』 第6巻, 東京 : 三省堂, 1996.

貴志俊彦, 「袁世凱政権の内モンゴル地域支配體制の形成 – 「蒙蔵院」 の成立と内モンゴル三特別行政区の設置」, 『史学研究』, 1989.

中見立夫, 「ナショナリズムからエスノ · ナショナリズムへ – モンゴル人メルセにとっての国家, 地域, 民族」, 毛里和子 編, 『現代中国の構造変動(7) – 中華世界 : アイデンティティの再編』, 東京 : 東京大学出版会, 2001.

娜荷芽, 「留学教育」, 「近代内モンゴルにおける文化 · 教育政策研究」, 東京大学大学院総合文化研究科へ提出した博士学位論文, 2012a.

______, 「「満洲国」におけるモンゴル人中等教育 – 興安学院を事例に」, 『日本モンゴル学会紀要』, 2012b.

______, 「1930~40年代の内モンゴル東部におけるモンゴル人の活動 – 文化 · 教育活動を中心に」, 『日本とモンゴル』, 2015. 49(2).

______, 「「満洲国」期におけるモンゴル人留学事業の展開」, 東京大学, 『アジア地域文化研究』, 2018a. 15.

______, 「東北蒙旗師範学校及びその学報『東北蒙旗師範学校専刊』について」, 島根県立大学『東北アジア研究』, 2019年12月, 別冊第5号 , 2019.12.

広川佐保, 『蒙地奉上 – 満州国の土地政策』, 東京 : 汲古書院, 2005.

劉国彬, 「中国 · 内蒙古自治区における高等教育システムの成立基盤に関する初歩的考察」, 『中国四国教育学会教育学研究紀要』, 2004. 50.

2. 중국어 문헌

奥登挂, 『郭道甫文選』, 海拉爾 : 内蒙古文化出版社, 2009.

烏蘭図克, 『内蒙古民族教育概況』, 海拉爾 : 内蒙古文化出版社, 1994.

内蒙古教育史志資料編集委員会, 『内蒙古教育史志資料 2』, 呼和浩特 : 内蒙古大学出社, 1995.

額爾敦陶克陶, 『蒙古族教育文献資料彙編』, 呼和浩特 : 内蒙古教育出版社, 1983.

恩和巴図, 「郭道甫先生和満文字母的達呼爾文」, 『達斡爾族研究第5輯 : 郭道甫誕辰100周年学術研究会専輯』, 1996. 5.

克·莫日根, 『克興額 : 一個科爾沁蒙古人』, 呼和浩特 : 内蒙古教育出版社, 2001.

黄季陸, 『抗戦前教育政策與改革』 革命文献 第54輯. 臺北 : 中央文物供應社, 1971.

黄鶴声, 「我国辺境教育之計画與施設 : 上」, 『教育雑誌』, 1936a. 26(5).

______, 「我国辺境教育之計画與施設 : 下」, 『教育雑誌』, 1936b. 26(6).

______, 『蒙蔵新誌』, 上海 : 中華書局, 1936.

胡春梅, 「偽満時期内蒙古蒙古族学校教育」, 『民族教育発展研究』, 内呼和浩特 : 蒙古教育出版社, 2003.

『盛京時報』, 1930.6.16.

『盛京時報』, 1930.6.19.

「辺境教育」, 沈雲龍, 1986.

『第2次中国教育年鑑』, 台北 : 文海出版社.

東北籌弁蒙旗委員会蒙旗処, 『蒙旗旬刊』, 1929a. 1(1).

______________________, 『蒙旗旬刊』, 1929b. 1(8).

東北蒙旗師範学校編集委員会, 『東北蒙旗師範学校校刊』 創刊号, 奉天 : 東北蒙旗師範学校, 1930.

娜荷芽, 『二十世紀三四十年代内蒙古東部地区文教発展史』, 呼和浩特 : 内蒙古人民出版社, 2018b.

蒙蔵委員会編訳室, 『蒙蔵委員会簡史』, 台北 : 蒙蔵委員会, 1971.

『蒙蔵週報』, 1931.

仁欽莫徳格, 「瀋陽東北蒙旗師範学校」, 『達斡爾族研究第5輯 : 郭道甫誕辰100周年学術研究会専輯』, 1996.5.

3. 몽골어 문헌

Ü · Šuɣar-a, *Mongɣul ündüsüten-ü orčin üy-e-ün uran ǰokiyal-un teüke*, öbür mongɣul-un, 1987

yeke surɣaɣuli-un keblel-ün qoriy-a, Hökeqota(烏·蘇古拉, 『蒙古族現代文学史』, 内

呼和浩特 : 蒙古大学出版社,, 1987).

ǰegün qoyitu-yin mongγul qosiγuud-un baγsi-yin surγaγuli, *ǰegün qoyitu-yin mongγul qosiγuud-un baγsi-yin surγaγuli-yin darumal*(東北蒙旗師範学校, 『東北蒙旗師範学校専刊』), 1930.

Rolγarǰab,Kesingge, "Angqan surγaqu ulus-un udq-a"(1928~1931), Erdenitoɣtaqu, *Mongγulündüsüten-ü surγan kümüǰil-ün bičig matwriyal-un emkidgel*, öbür mongγul-un surγan kümüǰil-ün keblel-ün qoriy-a, Hökeqota, 1983(ロルガルジャブ編, ヘーシンゲー監修, 「初学国文」(全8冊中1, 3, 4, 5, 6冊), 額爾敦陶克陶,1983, 『蒙古族教育文献資料彙編』, 呼和浩特 : 内蒙古教育出版社, 1928~1929).

지금까지의 연구 발자취

이정길

일본 시마네현립대학교 북동아시아지역연구센터Institute for North East Asian Research(이하 NEAR 센터)는 2016년도에 대학공동이용기관법인 인간문화연구기구의 국내 5대 거점으로 선정되었다. 그 후 NEAR 센터는 "동북아에서의 근대적 공간의 형성과 그 영향"이라는 공동연구 프로젝트를 추진하였고 여러 연구자들의 협력으로 많은 성과들을 남길 수 있었다.

이 책은 동북아 근대를 통치이념, 사상, 제도, 교류 등 다양한 측면에서 다루었는데, 동북아 연구를 한, 중, 일에 국한시키지 않고, 러시아, 몽골, 쓰시마, 류큐, 제주도까지를 포괄시켜 동북아의 근대적 공간을 다양한 관계에 기반한 네트워크로 보고, 배태기, 태동기, 형성기로 나누어 고찰해왔다.

바로 그 시작이 2016년 11월 19일~20일에 치뤄진 제1회 국제 심포지엄 "동북아 : 배태기의 제상諸相"이었다.

○ 11월 19일 (토)

9 : 30~9 : 40	취지설명 : 이노우에 아쓰시井上厚史
9 : 40~12 : 10	제1섹션 – 인식 : 자기인식 혹은 역사
	(사회 : 리샤오동李曉東)
이이야마 도모야스飯山知保	몽골·"중국"의 접양지대로서의 12~14세기 화북
이노우에 오사무井上治	"몽골 연대기"의 성립과 그 후대로의 전개 연구
이노우에 아쓰시井上厚史	조선과 일본의 자타인식
나카무라 요시카즈中村喜和	고의식파 러시아인의 유토피아 전설 〈白水境〉
토론자 : 오카 히로키岡洋樹	
12 : 10~13 : 30	점심시간
13 : 30~16 : 00	제2섹션 – 통치이념(사회 : 이시다 도루石田徹)
구리우자와 다케오栗生澤猛夫	"배태기"러시아에서의 "통치이념"
모테기 도시오茂木敏夫	중국적 질서 이념
오카 히로키岡洋樹	대청국에 의한 몽골 통치의 몽골사적 문맥
도현철都賢喆	조선왕조의 주자학적 지배이념과 중국과의 관계
토론자 : 리샤오동李曉東	

○ 11월 20일 (일)

9 : 30~12 : 10	제3섹션 – 교류(사회 : 류지안훼이劉建輝)
한둥위韓東育	전근대 중일 사상계의 "제심制心"문제를 둘러싼 의론
야나기사와 아키라柳澤明	17~19세기의 러청외교와 매개언어

토론자 : 나미히라 쓰네오波平恒男, 아마노 나오키天野尚樹, 이노우에 오사무井上治

12 : 10~13 : 30	점심시간

13 : 30~16 : 30 종합토론

(사회 : 이노우에 아쓰시井上厚史)

토론자 : 고나가야 유키小長谷有紀, 오카 히로키岡洋樹, 나히아娜荷芽, 바리셰프 에드아르Baryshev Eduard

16 : 30 폐회

제1회 국제 심포지엄에서는 동북아 지역을 어떻게 관찰해야 하고, 어떠한 과제가 존재하고 있는지를 망라적으로 개관하였다. 즉 공간적으로는 서쪽의 키예프 및 모스크바부터 동쪽의 한반도와 일본까지, 시간적으로는 9세기부터 17세기까지를 다루어, 다음 3가지 문제제기와 과제를 도출하였다. 첫째, 몽골은 유럽적 아이덴티티를 갖고 있는 러시아에게 어떠한 영향을 끼쳤고, '동방'에 대한 러시아인의 관심과 어떠한 연관성이 있는가이다. 둘째, 중국의 '관용과 불관용'의 질서관은 청 제국의 근대화에 어떠한 영향을 끼쳤고 주변에 위치한 러시아, 몽골, 조선, 일본의 근대화와 어떠한 작용 및 반작용을 낳았는가이다. 셋째, 주변국으로만 인식되어 왔던 몽골이 동북아 국가들의 근대화에 끼친 영향을 명확히 함과 동시에, 자신은 어떠한 변용을 완수하였는지의 역할을 내외적 접근에서 확정할 필요성이었다. 특히 제1회 국제 심포지엄에서 18명의 연구자가 공통적으로 가졌던 문제 의식은 '인식(자기인식 혹은 역사)', '통치이념', '교류'를 토대로 동북아에서의 몽골, 러시아, 중국, 조선, 일본의 위치 정립에 관한 것이었다. 이는 동북아에서 근대화의 주역으로 인식되어 왔던 러시아, 중국, 일본의 독자적 역할을 강조함과 동시에 몽골과 조선의 역할도 새롭게 조명할 수가 있었다.[1]

둘째로 2017년 9월 19일~20일에 중국 장춘시 동북사범대학교에서 치뤄진 제2회 국제 심포지엄 "동북아 : 태동기의 제상諸相"을 들 수 있다.

◯ 9월 19일 (화)

9 : 30~9 : 45	개회인사 및 취지설명
	(인사 : 한둥위韓東育, 이노우에 아쓰시井上厚史)
	(취지설명 : 이노우에 아쓰시井上厚史)
9 : 45~12 : 30	제1섹션 – 인식 : 타자인식으로서의 아시아
	(사회 : 이시카와 하지메石川肇)
S.촐룬Chuluun	동방에 대한 네르친스크 조약의 몽골 문제 : 점거와 해결
탕옌훈唐艷鳳	17~18세기의 러시안인의 중국관
사와이 게이이치澤井啓一	유교 공영권의 환영 : 18세기 동아시아 자포니즘
구로즈미 마코토黒住真	동아시아 18~19세기 일본의 "영성"
토론자 : 이노우에 아쓰시井上厚史	
14 : 00~18 : 00	제2섹션 – 통치이념(사회 : 류샤오동劉曉東)
사사키 시로佐々木史郎	청조 아무르 지배 통치이념과 그 실상
소드빌리그蘇德畢力格	청조의 대몽골 정책 '인속시치因俗施治'의 19세기에서의 조우
한둥위韓東育	청조의 '비한세계非漢世界'에 대한 '대중화大中華' 표지 :

1 井上厚史, 「第1回国際シンポジウム2016〈北東アジア : 胚胎期の諸相〉総括」, 『北東アジア研究』 別冊 第3号, 2017, p.8. 참고로 제1회 국제 심포지엄의 모든 성과는 『北東アジア研究』 別冊 3号(2017.9)라는 논문집으로 발간하였다.

『대의각미록大義覚迷録』~『청제손위조서清帝遜位詔書』

쭈앙슌庄声 　다이칭그룬 시대 통치 영역의 지리적 특성과 그 재해 구호 정책 : 동북남해 훈춘하 유역을 중심으로

마카베 진眞壁仁 　에도 유학계의 청조 영역 통치를 둘러싼 평가

토론자 : 오카 히로키岡洋樹

○ 9월 20일 (수)

10 : 00~12 : 30 　제3섹션－교류 : "사람과 물건"

(사회 : 리샤오동李暁東, 나히야娜荷芽)

모리나가 다카코森永貴子 　1860년대 이후 러시아와 청나라의 차 무역 : 모스크바, 캬흐타, 한구를 연결하는 유통의 시점에서

나미히라 쓰네오波平恒男 　류큐인의 근대 서양과의 첫 만남 : 바질 홀 저 『조선 · 류큐 항해기』1818를 중심으로」

이시다 도루石田 徹 　근세 쓰시마의 이국선 내착과 그 대응 : 쓰시마 소가宗家 문서로 생각하는 "동북아"

토론자 : 류지안훼이劉建輝

14 : 00~17 : 00 　종합토론

(사회 : 이노우에 아쓰시井上厚史)

토론 : 고나가야 유키小長谷有紀, 한둥위韓東育, 류지안훼이劉建輝, 구로즈미 마코토黑住真, 장인성張寅性, 황커우黃克武

17 : 00 　폐회

제2회 국제 심포지엄에서는 23명의 연구자들이 '인식 : 타자 인식으로

서의 아시아', '통치 이념', '교류 : 사람과 물건'이라는 시점에서 동북아 내 각 지역이 근대화 태동기에 직면했던 여러 문제들을 다루었다. 제2회 국제 심포지엄에서 제시 되었던 중요한 시점으로 다음의 4가지를 들 수 있다. ① 동북아 지역 내를 이동하는 사람들(이민과 상인)의 존재, ② 그들이 '대중화大中華'라는 세계관=통치 이념의 보호 하에 있었기 때문에 지역 내에서 자유롭게 교류와 이동이 가능하였다는 점, ③ '대중화大中華'의 동쪽 변경에 위치한 조선과 일본 간에 '대중화大中華'의 정통적 학문이었던 주자학을 둘러싼 내셔널리즘 공방이 생기고, 그것이 일본에서 국가 종교나 신도라는 내셔널리즘적 정치 종교 운동을 낳았다는 점, ④ 류큐나 쓰시마와 같은 접양지역에는 이미 '대중화大中華'라는 세계관=통치이념이 완전히 사라질 만큼 거대한 정치적 변동의 소용돌이에 휘말리고 있었던 점이었다. 이렇게 제2회 국제 심포지엄은 동북아의 근대화 태동기에 나타났던 청조 중국의 쇠퇴, 일본의 근대 국가 건설과 동북아 지역에 대한 정치적, 군사적, 경제적, 문화적 프레젠스의 증대가 지역 내에 어떠한 변용과 동요를 초래했는지, 또 서구 열강의 침입과 정복 속에서 동북아 각국은 어떠한 근대적 공간을 구상하고 구축하였는지를 고찰할 수 있는 토대를 제공하였다.[2]

셋째로 프로젝트 3년째를 맞이했던 2018년도에는 제3회 국제 심포지엄과 두 차례의 워크숍을 들 수 있다. 먼저 9월 22~23일에 인간문화연구기구 동북아 지역연구 추진사업의 국내 6대 거점(국립 민족학 박물관, 홋카이

2 井上厚史, 「第2回国際シンポジウム2017〈北東アジア：胎動期の諸相〉総括」, 『北東アジア研究』 別冊 第4号, 2018, p.11. 참고로 제2회 국제 심포지엄의 모든 성과는 『北東アジア研究』 別冊4号(2018.9)라는 논문집으로 발간하였다.

도대학교 슬라브 유라시아 연구센터, 도호쿠대학교 동북아시아 연구센터, 도야마대학교 극동연구센터, 시마네현립대학교 NEAR센터, 와세다대학교 현대중국 연구센터)이 공동 심포지엄 "동북아시아 지역 구조의 변용 : 월경越境에서 고찰하는 공생의 길"을 개최하였는데, 시마네현립대학교 NEAR센터는 "근대화의 시동"이라는 섹션에서 4명의 연구자가 연구발표 및 토론을 담당하였다.

○ 9월 23일 (일)

주제 : 근대화의 시동(사회 : 이노우에 아쓰시井上厚史)

장인성張寅性	유길준의 문명사회 구상과 스코틀랜드 계몽사상 : 한국 근대사상의 수용과 변용의 한 양상
리샤오동李曉東	근대 법리학의 중국 수용과 전개 : 량치차오梁啓超를 중심으로
나히야娜荷芽	"만주국"기의 몽골인의 일본 유학에 대해서

토론 : 이노우에 아쓰시井上厚史

다음으로 9월 25일에는 "콘택트 존에서의 '근대'"라는 테마로 류큐대학교에서 워크숍을 개최하여 11명의 연구자들이 연구 발표 및 토론을 하였다.

○ 9월 25일 (화)

주제 : '콘택트 존에서의 "근대"'

개회인사 및 취지설명 : 리샤오동李曉東

제1섹션(사회 : 이노우에 아쓰시井上厚史)

나미히라 쓰네오波平恒男	오키나와 근대의 재고에 비추어

미야기 하루미宮城晴美　　　“피근대”하의 오키나와 여성의 지위 : 풍속 개량으로부터 “집단 자결”까지

토론 : 아베 고수즈阿部小涼, 리샤오동李暁東, 이노우에 아쓰시井上厚史, 이노우에 오사무井上治, 야마모토 겐소山本健三

제2섹션(사회 : 리샤오동李暁東)

이시다 도루石田徹　　　쓰시마에서 생각한다 “동북아의 근대적 공간”

조성윤趙誠倫　　　근대 이행기의 제주도민의 이동과 트랜스 네셔널 아이덴티티transnational identity

바리셰프 에두아르Baryshev Eduard　　　오호츠크 해역권에서의 “근대화” “피근대화”의 격랑 : 국경 변동과 민족 이동을 단면으로’

토론 : 아베 고수즈阿部小涼, 리샤오동李暁東, 이노우에 아쓰시井上厚史, 이노우에 오사무井上治, 야마모토 겐소山本健三

폐회인사 : 나미히라 쓰네오波平恒男

마지막으로 2019년 3월 16일에는 국제일본문화연구센터에서 “동북아에서의 근대공간의 성립”을 테마로 10명의 연구자들과 함께 워크숍을 가졌다.

○ 3월 16일 (토)

개회인사 및 취지설명 : 리샤오동李暁東

제1섹션(사회 : 류지안훼이劉建輝)

고나가야 유키小長谷有紀　　　사진으로 본 몽골 고원남변 농업개발 : 동북아 근대공간의 성립

류지안훼이劉建輝　　지도, 조감도에서 보는 동북아 근대공간의 성립

제2섹션(사회 : 류지안훼이劉建輝)

이정길李正吉　　한국 민주주의의 시동 : 조선 말기~1919년 대한민국 임시정부 수립을 대상으로

이시카와 하지메石川肇　　여행 안내도에서 전쟁 안내도로 : 조선을 기점으로 동아시아 근대공간을 조감한다

종합토론(사회 : 류지안훼이劉建輝)

폐회인사 : 리샤오동李曉東

상기의 제3회 국제 심포지엄과 두번의 워크숍에서도 '통치이념', '제도(관행 및 습속등도 포함)', '교류'적 측면에서 동북아의 '변경' 지역에 초점을 맞추어, '주연' 및 '변경'이라는 이질적인 문화가 서구발 근대와 접촉하고 충돌하는 접양성이나, 그 속에서 서로 대립하여 다투는 결절점으로서의 성질에 주목하였다. 이로 인해 동북아가 다양한 '콘택트 존(접양지역)'으로 신축성이 큰 네트워크이며, 근대 국가의 형성과 함께 배타적으로 그어졌던 경계선에 따른 지역이 아니라는 점을 알 수 있었다.

이와 같은 '콘택트 존'을 근대라는 배경 속에서 생각해 보면, 가시적인 지리적 공간과 사상적 정신적 공간으로 나눌 수 있다. 먼저 지리적 공간으로는 ① 복수의 요인이 교착하고 상호작용하는 하이브리드성과 ② 주연성과 변경성으로 나뉜다. ①은 당시 몽골인들의 이동 중계지로서의 역참, 쇄국시대의 대외적 창구가 되어 왔던 광둥이나 나가사키, 화이질서하에서 '양속'적인 성격을 가졌던 류큐, 쓰시마, 다문화가 섞인 구만주지역, 그리고 조약항으로서 근대도시로 성장했던 상하이와 우한 등이 이에 해당한

다. ②는 국민국가의 주변부가 되었던 류큐, 쓰시마, 제주, 사할린 등을 들 수 있다. 본래 동북아라는 네트워크에 '중심-주연' 관념이 있었지만, 그렇다고 해서 경계선이 중시되지는 않았다. 근대화 과정에서 배타적인 경계가 그어진 후, 주권국가의 논리에 기초한 배타적인 '중심-주연' 구조가 생성되었던 것이다. 그 속에서 '콘택트 존'은 내재된 하이브리드성으로 인해 근대화의 흐름을 타고 크게 발전한 도시나 지역도 있었지만, 국민국가 논리에 의한 균질화 과정에서 국민국가의 주연부로 편입되어 기존의 독자성과 자율성을 잃어버린 지역도 다수 존재했다.

그리고 사상적 정신적 공간을 보면 서구에서 통시적으로 형성된 '근대'가 공시적으로 동북아 내 여러지역에서 수용되었는데, 그 과정에서 자유주의, 사회주의, 무정부주의 등은 지역내 사람들에게 다수의 '근대'상을 초래하였다. 더욱이 이는 동북아 내 국가 간의 타임래그도 낳았는데, 근대화를 순조롭게 진행한 국가와 좌절된 국가, 근대화를 추진할 환경과 조건조차 가질 수 없었던 나라와 국가, 또 국가의 근대화로 인해 남겨진 주변지역 등, 여러 국내외 환경이나 정치적 역학에 의해 매우 복잡한 양상을 띠었다.

이렇게 2018년도에는 '콘택트 존'의 접양성에 주목한 다양한 근대화 과정에 대한 고찰을 통해, 동북아 근대적 공간의 형성 과정과 특징을 밝혔다. 그와 동시에 동북아에서 서구발 근대는 어떤 의미를 가지고 있고, 스스로의 근대는 무엇인지를 물었다.[3]

3　李暁東, 「はしがき」, 『北東アジア研究』 別冊 第5号, 2019, pp.3~9. 참고로 제3회 국제심포지엄과 두 차례에 걸친 워크숍의 모든 성과는 『北東アジア研究』 別冊 5号(2019.12)라는 논문집으로 발간하였다.

넷째, 프로젝트 4년째를 맞은 2019년도에는 서울대학교 아시아 연구소와 함께 '동북아 '근대' 공간의 형성 : 제국과 사상"이라는 주제로 제4회 국제 심포지엄을 개최하였다.

○ 10월 5일 (토)

개회인사 : 장인성張寅性

취지설명 : 리샤오동李曉東

제1섹션(사회 : 장인성張寅性)

야마모토 겐소山本健三	조선의 "아나키즘적 근대" : 20세기 초 동북아의 크로포트킨주의 확대와 『조선혁명선언』
토론 : 노관범盧官汎	
이경미李慶美	1920 년대 식민지 조선의 "생의 정치언설"
토론 : 리샤오동李曉東	
이정길李正吉	조선 말기 민주주의 시동에 관한 제고찰 : "민주주의 토양 형성 과정"의 이론화를 위하여
토론 : 김정인金正仁	

제2섹션(사회 : 이노우에 오사무井上治)

김인수金仁洙	일본군의 대소련 정보 사상전 : 조선군과 관동군의 사례와 그 함의
토론 : 안자코 유카庵逧由香	
아오키 마사히로青木雅浩	몽골인민 공화국 건국기의 정치 사건과 국제 정세
토론 : 이평래李平來	

제3섹션(사회 : 이시다 도루石田徹)

문명기文明基 대만, 조선의 식민지사 비교 연구 : 경찰 및 경찰 보조 기구를 중심으로

토론 : 오카모토 마키코岡本真希子

황커우黄克武 "중국본부-변강"의 언어의 의미 전환과 근대중국의 나라 만들기

토론 : 이희옥李熙玉

폐회인사 : 리샤오동李暁東

12월 14일에는 국제 일본문화 연구센터에서 제5회 국제 심포지엄 "동북아 근대 공간의 성립 : 이른바 만몽満蒙을 중심으로"를 개최하였다.

○ 12월 14일 (토)

개회사 및 취지설명 : 리샤오동李暁東

제1섹션(사회 : 리샤오동李暁東)

왕중천王中忱 표상되는 몽강 : 후카자와 쇼조深澤省三를 중심으로

가오옌원高燕文 야마다 세이자부로의 눈에 비친 만주 개척지 : 『나의 개척지수기』를 중심으로

산허준単荷君 제1차 점령기 칭다오 군정서의 도시개발 : 일본인 신시장 형성을 중심으로

유웬찌엔따袁漸達 모순 투성이의 선택 : 만주국 초기의 중국 정부 수뇌 관료에 대한 재탐구(1932~1937)

진웨이靳巍 일제와 "만주" 면양 개량 사업

제2섹션(사회 : 리샤오동李暁東)

조우유웨周閲	오카쿠라 텐신岡倉天心의 중국 여행과 중국 인식 : 첫 중국 여행을 중심으로
류지안훼이劉建輝	반전하는 모더니즘 : 조차지 대련大連의 도시공간과 문화생산

종합토론 : 황커우黃克武, 이노우에 오사무井上治, 야마모토 겐소山本健三, 리샤오동李暁東, 이시다 도루石田徹, 이정길李正吉

특히 '3·1운동'과 '5·4운동'의 100주년인 2019년도에 각 연구자들과 두번의 국제 심포지엄을 통해 동북아 근대를 논할 수 있었던 것은 매우 의미가 깊었다. 18세기 서구에서 통시적으로 형성된 근대가 공시적으로 동북아에 들어와 지역내 각 전통 및 문화와 교착하여, 복잡한 성격을 띠는 근대를 형성함과 동시에 각각의 근대화 과정에 커다란 타임래그를 만들어냈던 점에 착목하여, 다음 세 가지를 지적하였다. ① 동북아의 근대적 공간에서 증기전차, 전신, 우편, 인쇄 등의 근대적 물질문명이나 서양문명의 정신이 수용되는 한편, 문명화가 강제와 억압을 동반하여 식민지 지배를 정당화 할 구실로서 추진되었던 점이다. ② '콘택트 존' 속에서 추진되었던 근대화 정책은 다양한 형태를 띤 고유의 교류 형태나 통용되고 있던 관행, 관념과의 사이에 알력을 낳고, 많은 반발과 저항을 초래하였던 점이다. ③ 근대에 의해 생성된 억압적 구조가 서구로부터 왔을 뿐만 아니라, 일본의 식민지주의와 같이 동북아 내부에서도 생산되었던 점을 강조하였다. 이상의 문제제기를 갖고 있었던 2019년도의 국제 심포지엄에서는 근대의 식민지주의 논리에 의해 지배된 지역을 시작으로 한 "콘택트 존"을 중심으로 각 지역에서의 여러 힘과 문화의 접촉 속에서 굴절된 동북아의

근대를 말할 수가 있었다.[4]

마지막 다섯째로는 지난 4년간의 논의를 총괄하고자 2020년 11월 7일에 제6회 국제 심포지엄을 개최하였다. 최초 계획으로는 "최종성과논집의 일관성"과 "거점 멤버들(17명) 간의 접근성" 등을 고려하여, 7월 4~5일에 와세다대학교에서 개최할 예정이었지만, 코로나 사태의 장기화로 심포지엄 개최는 물론 개최 방식도 온라인으로 대체되었다.

이렇게 개최된 제6회 국제 심포지엄에서는 지난 4년간의 성과를 기반으로 동북아 지역의 다양성을 주시하면서 통치이념과 사상, 제도(관행, 습속 등도 포함), 교류 등에서 종래의 한중일 중심의 "동북아"를 상대화시키고자 하였다. 이로 인해 러시아 · 몽골이 보다 중시되었고, "주연周縁"으로 여겨져 왔던 류큐 · 제주까지도 시야에 넣어, 동북아 지역을 다양한 관계로부터 짜여진 네트워크라는 점을 재확인할 수 있었다. 특히 제6회 국제 심포지엄에서는 논의의 지평을 보다 넓히기 위해 기존의 거점 멤버 17명은 물론 외부 인사 6명을 초청하여 1, 2부로 나눠 강도 높은 토론을 벌였다. 먼저 1부는 "이념의 다양성"이라는 제목으로 14명의 연구자가 각각의 주제에 대해 발표 및 토론을 벌였다.

○ 11월 7일 (土)

개회취지설명 : 리샤오동李暁東

제1섹션(사회 : 이시다 도루石田徹)

4 李暁東,「はしがき：コンタクト・ゾーンに見る北東アジアの近代の多面性」,『北東アジア研究』別冊第 6号, 2021, pp.3~5. 참고로 제4회와 제5회 국제심포지엄의 모든 성과는『北東アジア研究』別冊 6号(2021.3)라는 논문집으로 발간하였다.

이노우에 아쓰시井上厚史	동북아 근대적 공간 형성에 있어 조선이 수행한 역할
사와이 게이이치澤井啓一	동아시아의 다양성 형성 : "심학"을 소재로
모테기 도시오茂木敏夫	중국적 질서의 이념 : 그 특징과 근현대에서의 문제화
한둥위韓東育	청조의 "비한민족세계"에서의 "대중화大中華"표현 : 『대의각미록大義覚迷録』~『청제손위조서清帝遜位詔書』
오카 히로키岡洋樹	대청국에 의한 역사기술의 몽골사적 맥락
장인성張寅性	유길준의 문명사회 구상과 스코틀랜드 계몽사상 : 동아시아 근대사상의 수용과 변용의 한 양상
이정길李正吉	동북아 근대적 공간에서의 조선 말기 민주주의적 토양 만들기 과정
야마모토 겐소山本健三	조선의 "아나키즘적 근대" : 20세기 초 동북아의 크로포트킨주의 확대와 『조선혁명선언』
리샤오동李暁東	근대 법리학의 중국에서의 수용과 전개 : 량치차오梁啓超를 중심으로
나미히라 쓰네오波平恒男	오키나와 근대의 재고에 비추어
황커우黄克武	"중국본부－변강"의 언어의 의미 전환과 근대중국의 나라 만들기
이노우에 오사무井上治	근대 몽골에서 쓰여진 몽골 중세사에 대해서
류지안훼이劉建輝	반전하는 모더니즘 : 조차지 대련大連의 도시공간과 문화생산
왕중천王中忱	표상되는 몽강 : 후카자와 쇼조深澤省三를 중심으로

종합토론 : 보고자 전원에 의한 자유토론

제2부는 "콘택트의 제상諸相"이라는 제목으로 9명의 연구자가 각각의 주제에 대해 발표 및 토론을 벌였다.

사회 : 야마모토 겐소山本健三

이이야마 도모야스飯山知保	몽골·"중국"의 접양지대로서의 12~14세기 화북 : 몽골제국의 통치와 화북사회의 변용
야나기사와 아키라柳澤明	17~19세기의 러청외교와 매개언어
나카무라 아쓰시中村篤志	역참의 수인守人(모리비토) : 몽골국 하라틴 집단의 역사와 기억
모리나가 다카코森永貴子	1860년대 이후 러시아와 청나라의 차 무역 : 모스크바, 캬흐타, 한구를 연결하는 유통의 시점에서
이시다 도루石田徹	쓰시마와 이국선 : 내착과 도항
마쓰다 도시히코松田利彦	"한국병합" 전후의 한성-경성 상수도 사업 : 식민지 도시에서 이중구조 문제와 관련하여
조성윤趙誠倫	근대 이행기 제주도민의 이동과 트랜스 내셔널 아이덴티티
바리셰프 에두아르Baryshev Eduard	보장 점령하의 북부 사할린과 "스타헤예프 상회"의 활동(1920~1925년)
나히아娜荷芽	동북몽기사범학교 및 그 학보 : 『동북몽기사범학교전간』에 대해서

종합토론 : 보고자 전원에 의한 자유토론

폐회인사 : 리샤오동李曉東

각 연구자들의 발표 및 토론은 근대적 국민국가에서의 자유·평등 이념과 자유주의 시장경제, 근대적 입헌제도 등을 특징으로 하는 서구발 "근대"가 다양한 성격을 가지면서도 동북아에 "동점"하였음을 다루었다. 또한 서구의 "근대"와 "동북아" 지역의 다양한 전통과의 접촉, 그리고 근대화를 둘러싼 동북아 여러 지역 간의 타임래그를 통해 "동북아의 근대화"가 다양하고 복잡한 양상을 띠고 있다는 인식을 공유할 수 있었다.

지난 5년간의 활동을 통해 우리가 얻을 수 있었던 것은 "근대화론", "내발적 발전론", "문화 촉변론" 등 종래의 동북아 "근대"를 논하는 여러 연구들의 유의성을 확인함과 동시에 동북아 근대의 다양성을 재확인할 수 있었던 점이다. 즉 우리는 그 다양성이 갖는 특징과 의미를 고찰하기 위해 서구의 근대는 동북아에 무엇을 초래하였는가 라는 시점에서 배타적 "영역성", 근대국가의 "균일성", "근대성", 서구 중심주의로 인한 "억압성"이라는 4가지 특징을 이끌어냈다. 그리고 이러한 특징이 초래하였던 동북아 근대에 관한 문제군을 "이념", "제도", "교류"를 중심으로 고찰하고자 했다. 특히 "콘택트 존"을 통해 억압, 강제, 충돌, 상호촉발, 재해석 등 문화 촉변의 다양성을 발견할 수 있었던 건 큰 의의가 있다. 이로 인해 우리는 지금의 가치관, 세계관이 갖는 존재 구속성을 자각 및 탈구축하여 응시하고 동북아의 모습을 재구축할 수 있는 토대를 제공하였다 생각한다. 즉 우리는 이 책을 통해, 동북아가 서구발 "근대"와의 대치 속에서도 대두하였던 각 지역의 문화와 전통을 재확인할 수 있었고, 동북아 "근대"의 독자성은 물론, 서구발 "근대"에 의해 형성된 현대 동북아의 영토 문제와 내셔널리즘 문제를 극복하기 위한 자원이 자체의 역사 속에서 존재하는 점도 확인하였다.

물론 이 책은 기존의 "근대화론"를 부정하는 게 아니다. 단지 미완의 프로젝트인 근대에 동북아적 접근을 더한다면, 보다 보편적인 근대를 추구할 수 있다는 면에서 우리가 걸어왔던 지난 5년간의 발자취는 향후 연구에 있어 중요한 이정표가 되길 기대할 따름이다.

기타

ㄱ

ㄴ

ㅂ

ㅅ

ㅈ

필자 소개(수록순)

이이야마 도모야스(飯山知保, IIYAMA Tomoyasu)
와세다대학교 문학학술원

오카 히로키(岡洋樹, OKA Hiroki)
도호쿠대학교 동북아시아연구센터 기초연구부문 몽골・중앙아시아연구분야

S.촐론(Сампилдондовын Чулуун)
칭기스 칸 박물관

나카무라 아쓰시(中村篤志, NAKAMURA Atsushi)
야마가타대학교 인문사회과학부

한둥위(韓東育, HAN Dongyu)
동북사범대학교 역사문화학원

사와이 게이이치(澤井啓一, SAWAI Keiichi)
게이센여학원대학교 인문학부

이노우에 아쓰시(井上厚史, INOUE Atsushi)
시마네현립대학교 지역정책학부

류지안훼이(劉建輝, LIU Jianhui)
국제일본문화연구센터

이시다 도루(石田徹, ISHIDA Toru) | 감수
시마네현립대학교 국제관계학부

야나기사와 아키라(柳澤明, YANAGISAWA Akira)
와세다대학교 문학학술원

모테기 도시오(茂木敏夫, MOTEGI Toshio)
도쿄여자대학교 현대교양학부

이노우에 오사무(井上治, INOUE Osamu)
시마네현립대학교 국제관계학부

황커우(黃克武, MAX K. W. Huang)
타이완 중앙연구원 근대사연구소

장인성(張寅性, JANG In-sung)
서울대학교 정치외교학부

리샤오동(李曉東, LI Xiaodong)
시마네현립대학교 국제관계학부
시마네현립대학교 북동아시아지역연구센터

야마모토 겐소(山本健三, YAMAMOTO Kenso)
시마네현립대학교 국제관계학부

이정길(李正吉, LEE Jung-kil) | **번역 및 감수**
대학공동이용기관법인 인간문화연구기구 총합인간문화연구추진센터
시마네현립대학교 북동아시아지역연구센터

나미히라 쓰네오(波平恒男, NAMIHIRA Tsuneo)
류큐대학교 법문학부

마쓰다 도시히코(松田利彦, MATSUDA Toshihiko)
국제일본문화연구센터

왕중천(王中忱, WANG Zhongchen)
칭화대학교 인문학원

바리셰프 에두아르(Эдуард Анатольевич Барышев)
쓰쿠바대학교 도서관정보계

모리나가 다카코(森永貴子, MORINAGA Takako)
리쓰메이칸대학교 문학부

조성윤(趙誠倫, CHO Sung-youn)
제주대학교 사회학과

나히야(娜荷芽, NAHEYA)
내몽골대학교 몽골역사계

역자 소개(가나다순)

김동건(金東建, KIM Dong-kun)
성균관대학교 비교문화연구소

김혜진(金慧眞, KIM Hye-jin)
성균관대학교 동아시아법・정치연구소

류일현(柳逸鉉, RYOU Il-hyeon) | 감수
성균관대학교 동아시아법 · 정치연구소

박설희(朴雪熙, PARK Seol-hee)
도쿄대학교 대학원 총합문화연구과 지역문화연구 전공

박형진(朴炯振, PARK Hyung-jin)
성균관대학교 비교문화연구소

송영화(宋英和, SONG Young-hwa)
성균관대학교 사학과

이기원(李基原, LEE Gi-won)
강원대학교 철학과

이형주(李炯周, LEE Hyeong-ju)
나고야대학교 대학원 인문학연구과

정녕(鄭녕, CHUNG Nyung)
서강대학교 국제인문학부

호리우치 가오리(堀內香里, HORIUCHI Kaori)
도호쿠대학교 동북아시아연구센터

홍영미(洪瑛媄, HONG Young-mi)
경희대학교 및 단국대학교, 한국연구재단 인문사회학술연구교수 성과확산센터